吉林人民出版社

简体字本二十六史

清史稿

卷五九——卷一〇四

（三）

〔民国〕 赵尔巽等 撰

许凯等 标点

清史稿卷五九
志第三四

地理六

安　徽

　　安徽：《禹贡》扬及徐、豫三州之域。明属南京。清顺治二年，改江南省，置凤阳巡抚及安庐池太巡抚，兼理操江军务，并统于淮阳总督。六年，俱罢。十八年，设江南左、右布政使，以左布政辖安庆、徽州、宁国、池州、太平、庐州、凤阳、淮安、扬州九府，暨徐、滁、和、广德四直隶州，驻江宁。康熙元年，始分建安徽为省治，复置巡抚，驻安庆。三年，江南分按察使来治。五年，割扬州、淮安、徐州还隶江宁右布政。六年，改左布政为安徽布政使司。雍正元年，以两江总督统治安徽、江苏、江西三省。二年，升凤阳府属之颍、亳、泗三州，庐州府属之六安州，为直隶州。十三年，颍州升府，亳州复降属颍。乾隆二十五年，安徽布政使亦自江宁来驻。东至江苏溧水；西至湖北麻城；南至江西彭泽、浙江遂安；北至河南鹿邑。广七百三十五里，袤六百六十六里。宣统三年，编户三百一十四万二千一百八十四，口一千六百二十二万九百五十二。共领府八。直隶州五，属州四。县五十一。其名山：霍、皖、黄、九华、陵阳、敬亭。其大川：大江、皖、泾、枞阳、巢湖、淮、颍、涡、滁、浍、西肥、北肥、洪泽湖。航路东达江苏，西达江西、湖北。驿路：自安庆北逾北峡关渡淮达江苏徐州；自江心驿东南出清流关达江浦；自桐城西南达湖北黄梅。铁路拟设芜宁路。电线。

安庆府:冲,繁,难。安庐滁和道治所。巡抚,布政、提学、提法三使,巡警、劝业道,同驻。顺治初,因明制,属江南左布政使司。康熙元年,始分建安微省。十四年,设提督,辖上江营汛。十八年,省提督,并入江南。乾隆二十五年,移左布政使来治。嘉庆八年,以巡抚兼提督,辖二镇各标。西北距京师二千七百里。广四百五十里,袤二百七十五里。北极高三十度三十七分,京师偏东三十四分。领县六。怀宁冲,繁,难。倚。东北:大龙山。西:皖山,柏子。西北:独秀山。大江自望江入,径城南而东北出趋池口,又东北入无为。皖水自潜山,入会长河,径石牌港入江。北:黄麻河,一名黄马河,自潜山入,会沙河、高河,达桐城为练潭河。西北:井田河,上达练潭。西:冶塘湖,曲皖口入江。东北:长枫港引莲湖、槐湖水入江,即古之长风沙也。碎石岭汛二,石牌镇汛一。长枫、三桥二镇,巡司各一。一驿:练潭。商埠。滨江。桐城冲,繁,难。府东北百二十里。东北:浮度山,北:峡山,一名北峡关,与舒城界。西:挂车。北:龙眠山,有水流为龙眠河,入松山、鸭子诸湖。东南:大江自怀宁入,东流,径县西南练潭骄为练潭河。双河出县东,二派合流,为孔城河,与东南长河、白兔河俱入练潭河,至枞阳入江。三道岩关,县西,咸丰十年重筑。六百丈。北峡关:练潭镇、马踏石巡司四。驿二:陶冲、吕亭。潜山冲,繁。府西北百二十里。北:灊山,一日皖山,又名天柱。汉武帝登灊礼天柱,号为"南岳",即此,道书所谓"第十四洞天"也。潜水今名前河,源出公盖山,西流为开源洞。东南流,径城北,东合皖水。出公盖山,东径乌石波,至城东崩河合潜水。南至石牌市,与太湖东诸水会,径怀宁入江。东北:昆仑山,沙河出,会黄马河入怀宁。吴塘堰,历代开以灌田,康熙十一年修治。天堂砦,后部河所出。有巡司一。一驿:青口。太湖冲,难。府西北二百二十里。东:马头山。南:新塞,香茗。西北:龙山。北:珠子山。有关,西与英山界。太湖旧与小湖五,并堙。东北:银河自潜山入,为后部河。右合羊角河,为龙湾河。汇南阳、青石、棠梨、罗溪诸河,为马路河。环城而东,折东北仍之。后部、白沙巡司各一。一驿:小池。宿松冲,难。府西南百六十里。东北:严恭、烽火。东南:湾池。西南:得胜山。大江自湖北黄梅入,流径小孤山。元立铁柱于上,名"海门第一关"。分流东下入望江。二郎河一名扬溪河,承雷水,南流入望江。北:三溪河自湖北蕲州、黄梅分入,合于监口,南流入江。东北:旧县河出白崖诸山,合荆桥河,入望江之泊湖。东:张富池,会大小泊滂湖,龙湖莲若湖,白湖、棠梨、小黄三湖,趋于泊湖。又南龙宫湖、大官湖,均东连泊湖,成巨浸。有便民仓镇，南北粮仓贮此。有归林滩镇，旧置巡司，裁。其复兴、泾江口二镇有巡司二。一驿：枫香。**望江**简。府西南百二十里。西北：太茗、小茗对峙。东：周河山。西：麒麟山。北：宝珠山。南：大江自宿松入，滨城缘峨眉洲，东北流，至华阳口纳油湖。油湖受宿松浮湖、茅湖诸水，合流为扬溪河，即雷水也。雷港，明时湮。今从华阳镇入江。镇四：苏家、吉水、香新沟，又华阳。雷港、游击驻。有巡司。雍正中由杨湾改。一驿：雷港。

庐州府冲，雌，隶安庐滁和道。明，庐州府，属江南。顺治初，因明制，改二州、六县，属江南左布政使司。康熙六年，分隶安徽省。雍正二年，升六安为直隶州，以英山、霍山二县改属，余仍旧。南距省治四百六十里。广二百二十里，袤二百一十里。北极高三十一度五十六分，京师偏东四十七分。领州一。县四。**合肥**冲，繁，疲，难，倚。东：龙泉、青阳。东北：大小岘山。西南：紫蓬。东：浮槎。东南：四鼎山一名四顶山。东：巢湖一名焦湖，延袤四百余里，中有三小山，曰鞋、曰姥、曰孤，港汊凡三面六十，纳众水而南注之江。东店阜河，南派河、三汊河，皆入焉。肥水径鸡鸣山，淮水来与之合，县名昉此。东：逍遥津。梁园镇。西：庐镇关。梁园、青阳、官亭巡司三。督粮通判一。县丞一。驿五：护城、金斗、店埠、派河、吴山庙。**舒城**冲，繁。府西南面二十里。南：春秋山、华盖、鼓乐。西南：龙眠、七门山。东：巢湖与合肥、庐江、巢分界，县境诸水华汇于此。龙舒河源出巢西，孤井，东流会石塞河，流径七门堰，又径城南入巢湖。上七里河在县西九里，西山诸水所汇，径南溪入巢湖。其在县七里者为下七里河，上接南溪，下达巢湖。七门堰在西南，七门山下，有三堰：一乌羊，二千功，三槽棋也。南北峡关、西阳山寨、上阳镇有汛。晓天镇巡司一。驿二：三沟、梅心。**庐江**简。府南百八十里。东北：冶父山。西北：冷水关。两山夹立如门。东：梅山，西：罷山、郎家。东南：砚山。东北：巢湖，西纳三河，逶东金牛、潇野诸水汇焉。其南白湖，南移为复湖，西播为黄陂湖，汇县河及作枋河。东出为青帘河，曲无为入江。西南高子水，南罗昌河，并入桐城。冷水关有汛一，巡司一。驿一：庐江。**巢**简。府东北百八十里。东：东山，滨江为险。东南：七宝山。西北：万家山。西南：巢湖，旧居巢地，后陷为湖，因名。县境诸川多自此导流。濡须水自巢东口流径城南，一名天河水。东流，径东北亚父山南。又东南，径七宝、濡须两山间，亦曰东关水，入无为。潇溪河自巢湖导流，径县东，合芙蓉水，下流会濡须水。西柘皋、白露、巧溪、花塘诸河皆入巢湖。柘皋有汛。巡司、典史各一。二驿：高井、镇巢。**无为州**繁，疲，难。府东南二百六十里。界城内紫芝山。东北：偃月，即濡须阴，东西有二关。西南：三公、九卿。西：孤避。北：青檀。南：太江自桐城入，为石炭河口。又东北，青帘水自庐江入，为西河，合鹅毛、永安、直皂，是为泥汊河口。又北，神塘河口。又东径北蟂矶山，其西獭浦，入和。北有濡须水。自巢湖缘界，径七宝山，又东为黄洛河，合州河、运河及马肠、奥龙河，入含山为裕溪。有汛。黄洛、泥汊、奥龙、土桥巡司四。

凤阳府：冲，繁，疲，难。分巡凤颍六泗道治所。元，壕州。明初升府曰临壕。洪武二年为中都。六年改中立府。七年更名凤阳，属江南。顺治初，因明制，领五州、十三县，属江南左布政使司。康熙六年，分隶安徽省。雍正三年，升颍、亳、泗三州为直隶州，分颍上、霍丘属颍，太和、蒙城属亳，盱眙、天长、五河属泗。十一年，分寿州置凤台县。十三年，颍州府以亳州及所隶二县属之。乾隆二十年，省临淮入凤阳。四十二年，省虹县入泗州。南距省治六百七十里。广四百二十八里，袤四百八十里。北极高三十二度五十五分。京师偏东一度十二分。领州二，县五。凤阳冲，繁，疲，倚。明始析临淮置。寻又割虹县地益之，为府治。国初废临淮县，省入。北：凤凰山，府以此名。东北：乌云山，出钟乳。淮水自寿州入，径城东北流入泗州。壕水出城南，有二源，至升高东有巨石绝水，即古壕梁，一名石梁河，东北入淮。涡水自蒙城入，径城西北入怀远。西：龙子河，源出南山，汇为湖，径长淮关入淮。北：沫河上承诸湖，径城东北入淮，曰沫河口。东：溪河，一名大溪河，即古黄溪也。东：月明湖，北流入淮。东北：花园湖，东北，洪塘湖。东南：明孝陵，在县西南。有城卫。顺治七年，改设左卫，守备一。西北：长淮关。东北：临淮关。铁路所经：临淮乡、徐家桥、溪河集、蚌埠、小溪。有溪河集县丞一。蚌埠镇主簿一。临淮镇巡司一。驿三：王庄、壕梁、红心。县东南有铁路。怀远疲，难。府西北七十里。北：荆山。东南：涂山。南：平阿山。淮水自凤台入，径县东，过荆、涂两山间，会涡、壕、沙、淝诸水，合流入泗州。北淝水自蒙城入，至县正义村，汇为巨浸，下流入灵璧。清沟自涡阳龙山湖东南流，合十湖、天堰诸水，至县北会淝水，而水始大。旧自灵璧南至沫河口入淮。涡水自凤阳入，径城北，东入淮，谓之涡口。南：洛水，北流入淮，亦名洛涧。沙水自颍州入，经荆山南入淮。上密龙元集有主簿一。洛河巡司一。定远冲，繁。府南九十里。西北：横涧山。东：银岭。南：池河，自巢入，东北径盱眙入淮，谓之池口。西：洛河，上承苑马塘，即淝水支流。二河俱入于淮。芡河从西至，径城南会淮水。岱山铺有汛。泸桥主簿一。池河巡检一。驿三：定远、张桥、永康镇。县东有铁路。**凤台**繁，疲，难。府西南百八十里。明省入寿州治。雍正十一年，分寿州城东经隔增置。西北：八公山。东北：紫金山。南淝水自涡阳入，历颍上，由峡口西入淮。西淝河一名夏肥水，自合肥入，至肥口入淮。白龙潭、顾家桥、石头埠、刘家集、阚疃集有汛。阚疃集巡司一。驿二：太行、丁家集。**寿州**繁，疲，难。府西百八十里。寿春镇总兵驻。城北：八公山，在淝北淮南，亦名北山。峡石山西北夹淮为险，在西岸为峡石，在东岸为寿阳山。西北：淮水自霍丘东径正阳镇，颍水流合焉，谓之颍口。又东至城北，淝水流合焉，谓之淝口，亦谓之淮口。又东北流入怀远。淝水凡三。在州境者曰东淝河，在州东北，源出合肥鸡鸣山。北流分为二，一东南入巢湖，一西北流至州入淮，乃淮南之淝水也。西北：颍水自颍州入，入淮处名颍尾。西：淠水自颍州入，北流达于淮，即沘水也。正阳关、瓦寿汛有汛。凤阳通判驻。有税关。正阳镇巡司一。驿四：正阳关、安丰、姚皋店、瓦埠。**宿州**冲，繁，疲，难。府西北二百三十里。西北：相山、石山、土山。又诸阳山，一名睢阳山，在睢水之阳。北：淮水自河南永城入。南：澳水，一名涉水，今名浍河，亦自河南永城入，经灵璧东南入泗州五河。东南：沱水出州东南紫芦河，东流入灵璧，分二派，至泗州复合，由五河入淮，即浍水也。又北淝水，出州西龙山湖，本入涡，今入淮。西南：泡水，源出亳州舒安湖，流径废临涣城，与浍水合。东南：解河亦东流入浍河，一名蟹河。睢水，州北，自河南入，径相城故城，合涣水及湖水，过陵子湖、崔家湖入泗州。宿州营原设都司一员，乾隆初改守备，嘉庆十一年又改都司。龙山、百善有分防营汛二。有卫。南平集，凤颍捕盗同知一，州判一。时村集巡司一。驿四：大店、夹沟、睢阳、百善。城外有铁路。**灵璧**卫，繁，疲，难。府西北百八十里。本虹县灵璧镇，宋始置县。明属宿州。清初降宿州，同隶凤阳治。西南：齐眉。北：磬石。西：凤凰山。北：黄河自江苏徐州入，东南入睢宁，即古泗水。北淝水自怀远入，径城南，至凤阳沫河口入睢。浍河、汴水、沱河皆自宿州入，径县境，下流入泗州，北小河上流即淮水，亦自宿州入，又东入江苏睢宁。东有石湖，北有穆家湖、土山湖。双兴镇州同一。固镇有汛。巡司一。驿一：灵璧。

颍州府：繁，疲，难。隶凤颍六泗道。明，颍州，属凤阳府。顺治初，因明制，与颍上、太和二县俱属凤阳。雍正二年，升直隶州，改隶安徽省，以颍上暨霍丘来属，分太和属亳州。十三年升府，增设阜阳县，降亳州及所隶太和、蒙城二县来属隶。东南距省治八百四十里。广二百一十里，袤二百二十里。北极高三十二度五十八分。京师偏西三十二分。领州一，县六。阜阳繁，疲，难。西：七旗岭、金牛岭。县西南：仁胜岗。南：安舟岗。淮水自河南固始入，径城南三河尖入凤阳。颍水自河南登封入，径城北东流，茨河、谷河来入之。北：沙河，承太和诸湖水亦来会。西：柳河承小汝河、白洋湖诸水，并纳于颍。东南流，至洙河口达于淮。西：旧黄河原经城北合颍水。自河徙鹿邑，黄流逐绝。西北：沈丘镇，即古寝丘。巡检一。包家寨、永安镇、西洋集、驿口桥有汛。王家集，通判一，县丞一。一驿：桥口。颍上疲，难。府东南百二十里。西南：黄岗。东南：垂岗。北：管谷。西南：淮水自阜阳入，合清河、大润河，至西正阳城，折东北八里垛。颍水自颍州入，径汉慎县，合乌江水，又东南合樊家湖，至城东。又东南，右合老梧冈湖来会，颍谓颍尾也，又东北入凤台。其北花水涧、涞沟、济水入凤台。八里垛有汛。一驿：甘城。霍丘繁，疲，难。府东南二百九十里。明属寿州。雍正初，改隶颍。南：九仙、九丈潭。西：长山，三山相连。西北：临水山。淮水自河南固始入。西南：史家河自六安入，径叶家集，错固始复入，合曲河，至三河尖来会。又东合众水，径义城废县，分减河、淠河入凤台。减河亦入淮。叶家集有汛。洪家集、三河尖二巡司。开顺集巡司、史各一。亳州冲，繁，难。府西北八十里。明初，降为县，寻复故，属凤阳府。雍正十三年，仍降属州，来隶。西：涡河自河南鹿邑入，北马尚河，合流入蒙城。马尚河在城北，自河南商丘浉河分流，径州境，包河来注之，下流入涡。其支流入河南永城，谓之洇水。南：淝河自河南鹿邑入，流至州境孟家桥，东流，径城南入太和。又径州之龙德寺入阜阳，即夏肥水也。西北：聂家湖、花马潭，东南百尺沟，均入涡。东：义门镇。龙德寺集、翟家集有汛。州同一。驻丁园寺集。涡阳冲，繁，难。府东北二百七十里。同治三年，割阜阳、亳州、蒙城及凤阳府之宿州地增置。南：云梦山。东北：龙山。北：石弓山。北淝河自亳州入，潴为白湖淮，又东入蒙城。涡河亦自亳入，会五毒沟、龙凤沟、梭沟、银沟、金沟诸水始大，东南流，径蒙城，达怀远，入淮。西南：蔡湖，亦入涡。东南西洋有汛。西北义门集巡司一。太和繁，疲，难。府西北八十里。明属凤阳。雍正间改隶颍。北：万寿山。沙河自河南沈丘入，径城南达亳州，入颍，即颍水上流。东北：茨河自河南鹿邑入，东南入沙河，故沙河亦蒙茨河之名。其支流为宋塘河，流径宋王城入谷河。谷河自西北卧龙冈分流入茨，铭河从之。南：柳河，旧黄河支流也，上通河南项城，下达颍州，合城西舒阳河，入沙河。青泥浅有汛。洪山巡司及黄史各一。蒙城繁，疲，难。府东北百八十里。

顺治初,属亳州,寻同太和改隶颍。西北:驼山、狼山。北:檀城山。涡水自蒙城入,径城北,再折而东,南流,由怀远涡口入淮。北淝河径城北板桥集入凤阳。双涧集有汛。

徽州府:繁,疲,难。隶徽宁池太广道。明,徽州府,属江南。顺治初因之,属江南左布政使司。康熙六年,分隶安徽省。西北距省治五百七十里。广三百九十里,袤二百二十里。北极高二十九度五十七分。京师偏东二度四分。领县六。**歙县**繁,疲,倚。南:紫阳山。东:问政山。西北:黄山,旧名黟山,盘亘三百余里,浙、歙、饶、池诸山皆支脉也。丰乐水出黄山,流至城西,合场之水。扬之水自绩溪入,达城西,名练溪,一名徽溪,南达歙浦,谓之浦口,为新安江上流,下至浙江建德,与东阳江合为浙江上源。歙浦在县南,练江、浙江合流于此。又南昌溪,北洪武水,皆足溉田。明初设课税局,兼置巡司,今废。阮溪司、黄山、街口渡巡司三。驿一:歙县。**休宁**繁,疲。府西六十里。北:松萝。东:万安山。西:白岳。西北:率山。率水出其阳,水南下而西流者,会于彭蠡。其北水分二支:一出梅溪口入祁门,合孚溪水;一出彭亘坑口,会流至县西江潭,合浙溪水,流径南港、东港,会于率口,入歙浦,其下流为新安江。南:汊水出白际山,与佩琅水、璜源水合流,绕县南岐阳山下,因名汊水,又北流入浙溪。西:白鹤溪,源出黟县吉阳山,合夹源、夹溪二水,径县南,与南港、东港合流入屯溪。屯溪,县东南,为茶务都会,盐捕同知驻此。太厦镇巡司。一驿:休宁。**婺源**繁,疲。府西南二百四十里。北:浙源山,浙溪出,下流入休宁。梅源水出西梅源山,合武溪、婺水出西北大广山,南会斜水,入武溪。武溪水出北回岭下,下流径江西乐平入鄱阳湖。县境之水,出自县东及东北者,会流于汪口之西,为北港。出自县北者,会流于清华之西,为西港。北至武口,二水合流,绕城而西,又西南流入江西德兴,下流注鄱阳湖。项村巡司。一驿:婺源。**祁门**疲,难。府西百八十里。西:新安。东北:祁山。北:大共,亦大洪,巡司驻。大共水西流,合武亭及禾戌岭水,至秀溪、霄溪下闾门潬,会大北港水,注倒湖,入江西浮梁。西武陵、鳙溪二水,东南王公峰水,西南新安、卢溪二水,皆入大共。大洪巡司。一驿:祁门。**黟县**简。府西北百四十里。县以黟山名,即今黄山也。西南:林历。东北:吉阳,吉阳水出,一名黟水,西南流,北牛泉水东南来注之。又东南过噎泽,至白茅渡,会横江水,横江水南出武亭山,章水自东南流县西来合之,至鱼亭口,会鱼亭水,复东流,合吉阳水,入休宁。西:武关,接祁门界。一驿:黟县。**绩溪**疲,难。府东北六十里。唐始分歙县地置。东:大障山,一名玉山,《山海经》三天子鄣山即此。东北:尨岊山,其山四合,中一径通宁国。旧有丛山关,其下巧溪,亦名扬溪,流为扬之水,分二支,一北流入宁国,一南流至大屏山,乳溪水、徽水来注之。东北:大障水,会登水,合为临溪。又西会上溪水,入练溪。东绩溪源亦出扬溪,与徽水交流如绩,县名昉此。西北:太平镇有徽岭关。壕寨巡司。一驿:绩溪。

宁国府:繁,难。隶徽宁池太广道。明,宁国府,属江南。顺治初因之,属江南左布政使司。康熙六年,分隶安徽省。西北距省治四百三十里。广二百二十里,袤三百三十五里。北极高二十度二分。京师偏东二度十六分。领县六。**宣城**繁,疲,难,倚。响山,县南。城内:陵阳山。城北隅:敬亭山。南:响山。东南:华阳山,盘亘宣、泾、宁、旌四县,华阳之水出焉。东流径鲁山为鲁显水。又东北流为鲁溪,会句溪、宛溪、双溪,北流入青草湖,复合南湖、慈溪,由芜湖入江。东北有大南崎、小南崎湖。又绥溪一名白河,纳广德、建平诸水,入南湖。西:青弋江,《汉志》为青水,一名冷水,自泾县入,汇西南境诸水,东北流,会太平黄池河,入芜湖。北湾河有镇,今为盐埠,漕运并会此。其水出扬青口,亦会黄池河。西:青弋关。水阳镇巡司。西河、杨柳铺、沈村并有汛。一驿:宣城。**宁国**简。府东北九十里。南:凤山。东:银山。南:尨岊山。徽水自绩溪入,合仙人洞、篁岭、滑渡、葛村、龙潭诸水,是为西溪。又东北流,合东溪。东溪出浙江天目山,入县境,合汤公山、博里溪塘、千顷山、洋丁山诸水,流为杭水,北受宣城柏枧溪水,是为句溪上源。岳山、湖乐二巡司。一驿:宁国。**泾**疲,难。府南百里。西南:石柱。东北:幙山。北:琴高。西南:蓝山。南:泾水自旌德入,北流,一名滕溪,纳枫村、小溪诸水,北入岩潭,与赏溪合。赏溪上源为舒溪、麻川,二水相合,出麻口,入县境,会乌石水。滕溪,北流至城西南,纳乌溪、西坑水、幕溪水,又北径马头山芦塘入青弋江。琴溪东北受曹溪、丁溪水,与赏溪合。南花林、方村二水,并入赏溪。东南有兰石镇、黄沙镇。县丞一,驻查村。茹麻岭巡司一。一驿:泾县。**太平**疲,难。府西南二百二十里。唐析泾县地置。西:龙门。南:黄山,麻川出其麓,与舒溪合,流入泾之赏溪。梅溪水出县北三门山,合麻川,为麻口。又有裏、浦二溪水,亦同注麻川。浮丘垣、谭家桥有汛。宏潭镇巡司。一驿:太平。**旌德**繁,难。府南二百二十里。唐永泰中,始析太平县置。东南:大鳌石岛。北石壁。西南:蛟山、天井。徽水自绩溪入,南合清潭、霞溪水自东溪来注。又合绩溪之龙头水,北过石壁山,与抱麟溪、玉溪水合,是名三溪。北至龙首山入泾县,为泾水上源。抱鳞溪源出黄华岭,东流,与陶环溪、丰溪合,亦曰三溪。陶环溪即玉溪也。有分防营汛一。三溪镇巡司一。一驿:旌德。**南陵**繁,难。府西九十里。南:吕山,有泉涌出,即淮水之源也。南流至孔镇浦,与漳水合,为澄清河。绕城东流为东溪,一名浣溪。县南鹅岭诸溪水皆汇焉。又北受籍山、后港、浦桥诸水,为小淮河,并入芜湖石硊渡入青弋江。西港源出玉山朗陵之南,合诸水北流,自西南水门入城,绕治前达东市,曰中港,其出城西北水门者曰后港。鹅岭镇巡司一。一驿:公馆。

池州府:冲,疲。隶徽宁池太道。明,池州府,属江南。顺治初因之,属江南左布政使司。康熙六年,分隶安徽省。西北距省治一百二十里。广三百七十里,袤二百三十五里。北极高三十度四十五分。京师偏东五十九分。领县六。**贵池**冲,繁,倚。西南:大雄山。东:碧山,滨湖。南:大梭。西:乌石。大江自东流缘界径县北至吉阳河,北折至大通河,入铜陵。西:贵池水,一名池口河,北达大江,古称鳤口。大通河东北与铜陵界。梅根河自青阳入,至县东斗龙山,沿五埠河口,合双河,北注大江。一名梅根港,又曰钱溪,为历代铸钱之所。东北:清溪河,源出潜者为上清溪,出南太仆山者为下清溪,俱东北入江。西南:秋浦。西北:池口镇。黄龙矶废巡司一。殷家汇汛一。池口驿一。李阳河镇巡司一。碧湖村县丞一。**青阳**冲,难。府东八十里。北:青山。西南:九华,原名九子山,梅根水出,流入贵池。大江径县北百里,滨江有镇曰大通,盐茶所集。西:五溪俱出九华山,合流北汇为大通河,临城河亦西流会于大通河。南:博山河、三溪河、七溪河均下流入石埭。东南:陵阳镇有废司。五溪汛。一驿:青阳。**铜陵**冲,繁。府东北百二十里。东:铜井、杏山。北:鹊头山,古名鹊头戍。西:云门。南:伏牛、石耳。西南:大江自贵池入,合大通河。大通河别派汇县南之东桥湖,至大通镇入江。北:天门水出天门山,由县东北至荻港达江,为境内众水合流入江之口,汇而为河,县东湖城所出之顺安河来合焉。西接凤心闸,北接黄河。凤心闸河会东湖、西湖水达荻港。黄浒河东北自南陵入,西流合荻港。栖凤湖在县东南,源出仪凤岭,下流通凤心闸。西南和悦州,一名荷叶洲,汛一。并有大通营水师驻此。池太分防同知一。大通镇巡检一。驿一:铜陵。**石埭**疲,难。府东南百六十里。西:城子、雨台。南:盖山、慈云。北:陵阳。池口河源出栎山,西流经龙须河,会苍隼潭,为秋浦,贡溪水西来入之。西:管溪源亦出栎山,至管口入石埭乡,与大洪岭水合。西南:鸿陵溪,西北流,合舒溪,自太平西北流入县西舒泉乡,合县南之余溪、前溪,县北、县西

之后溪、岳溪，西南之船溪，东入太平。县西有巨石三，横亘溪中，曰头埭、中
埭、下埭，县名以此。有汛一。驿一：石埭。**建德**简。府西南百八十里。治白
象山麓。南：玉峰、南丰。西南：梅山。东南：艮木岭，黄溢河出焉，东流入贵池。
前河出东南石门岭，汇为官池。后河出石门别岭，亦名石门溪，一曰南河，流至
双河口与贵池西溪水合，入东流。南：龙口河，县南迆入江西饶州府之独山湖。
南：永丰镇有汛一。巡司一。**东流**冲，疲。府西南百八十里。南：马当山，横枕江
流，险。安庆、宿松、江西之彭泽，皆以此山为界。西北：大江自马当东北流，径
香口、青阳诸镇，至黄溢河入贵池。城西江口河、南东流河、香口河，下流皆入
江。南黄金、白洋二湖，东大清湖，亦皆入江。黄石矶，东北滨江。香河镇，明置
巡司，今移驻青阳镇。张家镇旧有河泊所，雁汉镇昔有巡司，今皆裁废。有汛。
驿一：东流。

太平府：冲，简。隶徽宁池太广道。长江水师提督驻。明，太平府，属江
南。顺治初因之，属江南左布政使司。康熙六年，分隶安徽省。西南
距省治一百九十里。广九十里，袤二百一十里。北极高三十一度三
十八分。京师偏东二度三分。领县三。当涂冲，繁，倚。南：凌家、甑山。
南、东南：青山、龙山。北：采石山，一名牛渚。西：博望山，即天门山，又名东梁
山，与和州西梁山夹岸对峙。大江自繁昌荻港入，过东西梁山，绕城北而东，下
采石入江南。东南：丹阳湖。东南再东则固城湖、石白湖，总名三湖。徽、宁、池、
广及江宁之水毕汇，南流入芜湖，北为姑熟溪上源。新坝，东南引姑熟水入城
濠。中军守备驻此。黄池河自宣城入，受丹阳南入之水，西北流，合夹河入江。
乌溪、黄池镇、金柱关有汛。池太分防捕盗同知一，管粮通判一，县丞一。采石、
大信巡司二。一驿：采石。**芜湖**冲，繁。府西南六十里。东北：赭山，山色纯赤，
古丹阳郡因此得名。西南：战鸟山，一名孤圻山，对岸孤立为蟂矶。大江自繁昌
入，径城西，为中江故道。南：鲁港，上承青弋江，下并高淳、东灞之水入江。西
南：芜湖自丹阳湖南支分流，合青弋江及五丈、路西诸湖之水，西流径城南，为
长河，北入江。东：扁担河，即长河分流，入当涂，合大信河。东南：天成湖，亦丹
阳湖下流所汇，流达长河。徽宁池太广道、监督工关、钞关，驻。江口、芜湖、采
石有汛。芜湖关商埠，咸丰八年开。河口镇巡司。一驿：鲁港。**繁昌**简。府西
南百三十里。南：磕山，一名屟居山。西北：凤皇。东北：三山矶。大江自铜陵
入，径城北而东，过芜湖、当涂入江南界，合黄浒河，汇于荻港入江。东：小淮水
自南陵入，会城河入芜湖。一驿：荻港。有汛。河口镇、三山司、荻港巡司三。

广德直隶州：繁，难。隶徽宁池太广道。明初广兴府，置县曰广阳。寻降州，直隶江南。顺治初因之，属江南左布政使司。康熙六年，分隶安徽省。西距省治五百九十里。广一百三十里，袤一百六十里。北极高三十度五十九分。京师偏东二度五十四分。领县一。西：横山。东南：桃花、乾溪。西北：白茅岭。南：桐山一名白石山。桐水出，南横梗溪，东南鲤洪溪，皆合焉。北：九斗川，源出五花岩山，汇诸山涧水，西北流，径建平，汇于郎川。西：玉溪绕城北，合碧溪、大源溪，同入建平之南绮湖。菁洪山岭、誓节渡有汛。州判一。杭村、广安巡司二。建平繁，难。州西北九十里。西北：凤栖山、五牙山。南：镇山。西南：赤山。桐水自州入，径城西入宣城，为白河川，汇于江南之丹阳湖，入大江，或谓之白石水。南绮湖受县境诸水，北入丹阳湖。郎溪、三峡、苏大二溪，径城西南，汇诸山涧水，入南绮湖。白茅山有汛。梅渚巡司一。

滁州直隶州：冲，繁。隶安庐滁和道。明初，以州治清流县。省入，直隶江南。顺治初因之，属江南左布政使司。康熙六年，分隶安徽省。西南距省治五百五十里。广一百四十里，袤三百一十里。北极高三十二度十七分。京师偏东一度五十三分。领县二。州境皆山。西：琅琊。东南：皇道。西北：清流河所出，一名北角河，绕城至乌衣，东合来安水，入滁河。其别出者为白茅河，径城西北入清流河。滁河东南由全椒入，合襄水、清流，田三汊河口，下流入江苏六合。大沙河由来安入，汇西北诸山涧水，至城东达清流河。小沙河源出西南菱山，径城西注石濑涧，以合清流。乌衣有汛。大铨镇巡司一。有铁路。全椒简。州南五十里。北：覆釜山，城跨其上。西北：桑根山，有南隐、中隐、北隐。南：南岗。东南：九斗，一名徐陵山。滁河南源出庐，由合肥入，至石潭，与襄水合，入滁州。襄水源出西北石臼山，东南流，合涧谷诸水，亦至石潭达滁。西南：蟹湖，居民引流资灌溉。南：六丈镇。凤皇桥有汛一。驿二：大柳、滁阳。来安简。州东北四十里。西：嘉山。北：马岭尖山。东：五湖山。西北：北信山。来安水出五湖山，径县东，至水口镇，入滁州。西北：沛水有二源，一出旴眙、招信界岭下，一出练寺山，二水合而南流入州。独山水、秋沛水皆由县西北合流，至瓦店河同入滁河。东北：白塔镇。有汛。

和州直隶州：繁，疲。隶安庐滁和道。明初以州治历阳县，省入，寻复和州，直隶江南。顺治初因之，属江南左布政使司。康熙六年，分隶安徽省。西南距省治四百六十里。广一百八十里，袤二百里。北极高三十一度四十四分。京师偏东一度五十一分。领县一。西：历阳。南：梁山。西北：乌石山。北：夹山。大江自无为州入，又东北入江苏江浦。西南：栅山，与无为州分中流为界，即古濡须口也，白石水自含山西南来注之。东南：横江，南直采石矶，亦名横江浦，会开胜河，东流达江。南：裕溪河，源出巢湖，自无为入，上承牛屯河，入江。东北：石拔河、芝麻河、穴子河皆入江。东南：当利浦，一名河口，大江之别浦也。州同一。牛屯河巡司一。裕溪、新河口、瓦蓬沟有汛。含山简。州东六十里。北：大小岘山，一名赤焰山。西南：白石山，道书第二十一洞天也。濡须水出，是为东关口水，自巢湖东流径亚父山，出东关口，东南径黄洛河，又南径运漕河，至新浴口，会西清溪河，至栅江口同入大江，一名天河。东南：铜城闸受天河、黄洛河支流，东至闸口分流，一支为牛屯河，入州，一支南出，入三汊河。练固镇、裕溪河镇有汛。巡司二：运漕、裕溪。

六安直隶州：繁，疲，难。隶凤颍六泗道。明初以州治六安县，省入，属凤阳府，寻还属庐州府。顺治初因之。雍正二年，升直隶州，属安徽省。东南距省治四百四十里。广二百一十里，袤二百二十里。北极高三十一度五十分。京师偏东二分。领县二。东：龙穴山一名龙池山，与合肥界。东南：洪家山，四围壁立。南：小同山。西南：团山，下临淠水。淠水一名白沙河，源出霍山，径城西，又北流入河南固始，即沘水也。西南：青石河。西：三元、幢河、青龙河，皆入合史河，东南：马栅河，流径舒城桃城镇，入巢湖。南：溶水河，源出齐云山，西北流入河南固始，合史河。西南：麻埠镇。钱家集有汛。和尚司、马头汛二。巡司一。驿二：六安、椿树岗。**英山**简。州西南三百六十里。东：英山，县以此名。北：鸡鸣山。南：密峰尖、三吴山。西北：多云山。西：岐岭，通湖广界。英山河出英山，有二源，东曰东矼，西曰西矼，南流至城南而合。会北洞水，流入湖北蕲水。南：鸡儿河，亦由蕲水入江。北柳林关，西石门关，亦险要也。茅草畈有汛。七引店巡司一。**霍山**繁，难。州西南九十里。西北：霍山，又名天柱山，亦名南岳。东：复览山。西南：四十八盘。东南：铁炉山。淠水即沘水，出沘山，俗名太阳河，北径磨子潭，右合中埠及双，至天柱山西，左合漫水，及陡山、桃源河，又东北径城西。有潜台山，其西六万山。又北合新店河、楮皮岭水，入州东梅子关。包家河有汛一。上土市镇巡司。千罗畈镇县废司。

泗州直隶州：繁，疲，难。隶颍六泗道。明属凤阳府。寻复升直隶州。以临淮县省入。顺治初因之。康熙六年，分属安徽省，隶凤阳如故。十九年，州城圮，陷入洪泽湖，寄治盱眙。雍正二年，升直隶州，隶安徽省。乾隆四十二年，裁观阳府之虹县，省入泗州为州治。泗州旧治在今州城，东南百八十里。自明末清口久淤，旧黄河真正堤决，黄流夺淮水倒灌入泗，州境时有水患。至清康熙十九年，城遂圮陷于湖。今州治即虹县旧城。东北距省治七百六十里。广二百九十里，袤二百里。北极高三十三度二十八分。京师偏东一度二十三分。领县三。北：屏山，下有湖。南：鹿鸣山。东：秦桥山，有双泉。东北：朱山，上有圣水井，下有峰山湖。南：淮水自凤阳废临淮入，径五河入洪泽湖。汴河自灵壁入，东南入淮，即莨荡渠，一名竣仪渠，唐、宋通漕故道。睢河径城北，东流会安河注，南注洪泽湖。潼河在故缸县西，俗曰南潼河，自万安湖流径五河注淮北。潼水，在今州北，东流注骆马湖。沱河在今州西南，源出宿州紫芦湖，径州东为南沱湖，州西为北沱河，二水合流入五湖。又石梁河、天井湖，西合漴水，过五河入淮。施家岗有汛。半城镇州判驻。双沟镇同知驻。驿二：泗水、龙窝。**盱眙**疲，难。州南百里，滨湖倚山，无城郭。康熙间，泗州陷于湖，乃寄州治于此。后以虹县省入泗州，乃复为属如故。东：盱眙山，县以此名。南：宝积山。北：陡山、龟山。东南：都梁。西北：浮山，滨淮水，故一名临淮山。淮河径城北汇洪泽湖。与泗州中流分界。自五河流入，东北至清河口合黄河。东北：运河池河自合肥入，北注于淮。洪泽湖旧名破釜塘，亦古洪泽镇地，昔人开水门以以资灌田。自泗州陷入，湖界日巨，汪洋几三百里，延袤皖、苏二省。南以老子山、北以湖泊岗，与江苏桃源县分界。旧县有汛一。驿二：淮原、都梁。**天长**疲，难。州东南百五十七里。南：横山、冶山。西：望城岗。北：红山。西北：石梁河自滁州来安入，汇为五湖。北合德胜河，又东接高邮漉沙湖，其分流为樊梁溪。白塔河自来安入，合汊涧，径石梁镇，又东大河湾，至城西右合白杨河，东北潴为丁溪湖，播为感荡、上泊、白马、沂洋诸湖。其南秦兰河，并入江苏，注渭沙湖。东北：下河镇。北：铜城镇。汊涧有汛一。城门乡巡司一。一驿：安淮。**五河**疲。州南百三十里。南：金岗。西南：翠柏。西：卧龙岗，下有龙潭。北：陡山岗。沱河水溢，淮水在城东一里。自故临淮县东北流径此，又东入州境。浍河自灵壁入，旧径城南一里，后水涨沙淤徙于北浒，又径城西北，合沱河，又东入淮，或谓之澳水。东：潼河自州入，径天井湖，南至铁锁岭入淮。漴河在城南二里。南湖在城南七里汇众流而成流为此河，又东流入淮。以上所谓五河也。其交会处在城东二里，谓之五河口。

西：临淮关，有汛。。驿一：五河。

清史稿卷六〇
志第三五

地理七

山　西

　　山西：《禹贡》冀州之域。清初沿明制为省，置总督、巡抚。顺治末，总督裁。康熙四年，并冀南、冀北置雁平道。雍正元年，置归化厅。二年，增直隶州八。平定、忻、代、保、解、绛、吉、隰。三年，增府二。宁武、朔平。六年，升蒲、泽二州并为府，置归绥道。乾隆四年，增置绥远厅同知。二十五年，又以归绥所属地增置五通判。归化城、清水河、萨拉齐、和林格尔、托克托城。与归、绥二厅并属归绥道。二十九年，裁归化城通判。三十七年，吉州改属平阳府，霍州为直隶州。今领府九，直隶州十，厅十二，州六，县八十五。东界直隶井陉。三百七十五里。西界陕西吴堡。五百五里。南界河南济源。七百三十里。北界内蒙古四子部落草地。一千一百里。广八百八十里，袤一千六百二十里。北极高三十四度五十七分至四十一度五十分。京师偏西三度四分至五度四十五分。东北距京师一千二百里。宣统三年，编户一百九十九万三十五，口九百二十一万九千九百八十七。其名山：管涔、太行、王屋、雷首、底柱、析城、恒、霍、句注、五台。其巨川：汾、沁、涑、桑乾、滹沱、清漳、浊漳。铁路：正太。驿道：西达蒙古、陕西潼关，东北至京师。电线达京师，西南西安。

　　太原府：冲，繁，难。隶冀宁道。巡抚，布政、提学、提法司，巡警、劝业道驻。初沿明制，领州五，县二十。雍正中，平定、忻、代、保德直隶，割十县分入之；寻兴还隶。乾隆二十八年，省清源入徐沟。距京师千二百为省治。广六百里，袤七百里。北极高三十七度五十四分。京师偏西三度五十六分。领州一，县十。**阳曲**冲，繁，难，倚。东北：阪泉山。西北：崛𪩘。北：梁鸿。西南：汾水自交城入，径冽石口，左合墰谷水，折东南，左合洛阴及石桥、真谷水。《水经注》"径盂县、狼孟故城南"者。至城西北，左合石河、南社河，又南入太原。天门关、石岭关二巡司驻。王封镇，同知驻。墰峪村、杨兴寨。城晋、陵井驿。**太原**冲，繁。府西南四十里。西南：尖山。西北：蒙山，其南风峪、悬瓮，晋水出焉。东北：驼山。汾水自阳曲入，左纳洞河，径城东，至南张村与合，又西南入徐沟。东：洞涡水自徐沟来，西南流，径县南，仍入徐沟界。**榆次**冲，繁，难。府东南六十里。北：罕山。东南：麓台。东北：小五台。洞涡水自寿阳入，左纳金水河，古涂水，即《水经注》蒲水，合八赋岭、鹰山水（今所谓大、小涂，即《水经注》蒲谷水注之。右合原过水（四派，唐贞观中，令孙洪引以溉田），径城南，西南入徐沟。其洞水入蒜谷，又西入太原。源涡、什帖二镇。鸣谦、王胡二驿。**太谷**繁。府东南百二十里。南：凤皇山。北：壁谷。东南：凤巢、大塔，大涂水出焉，西北流入榆次。西：乌马河自榆社入，右合奄谷水，左咸阳谷水，径城北入祁。象谷水即古蒋谷水，入徐沟，有马岭关、杏林寨。主簿驻范村镇。**祁**冲，繁。府西南百四十里。东南：竭方、帻山。侯甲水自武乡入，径龙舟峪，为龙舟水。又盘陀水，西北为昌源渠，径城北入平遥。东北：乌马河自太谷入，又西入徐沟。子洪、盘陀、围柏、贾令四镇。安寨、盘陀二驿。**徐沟**冲，繁，难。府南八十里。乾隆二十八年省清源为乡人。训导及巡司驻。西壶屏山。其北，白石、中隐。汾水自太原入，径孔村至西堡。东北：洞涡水自榆次入，错太原，复入县西，左纳乌马及象河入焉。故驿镇：同戈驿。**交城**简。府西南百二十里。交城山，北百二十五里，相近羊肠。西北：狐突。汾水自静乐入，径火山村，右合孔河，折东入阳曲。西北：孝文山，文水出，会浑谷、西谷，屈东南，左合酸水，为文谷水，入文水界，从之下流，并达之。故交村，巡司驻。**文水**繁，难。府西南百六十里。西：陶山。西北：熊耳。西南：隐泉。东有汾水，自徐沟入，西南入平遥。西北：文谷河自交城入，径文谷口。唐栅城废渠在焉。至城北，又东南，左合磁窑河、步浑水，折西南入汾阳。有义镇。**岢岚州**简。府西北三百二十里。岢岚山，东北百里，一曰管涔。移西南，芦芽、荷叶坪、雪山。东南：直道村，岚漪水出东北，右合黄道川、三角城二水，折西北，径城南，又西径大涧河，左合砂河，又西南径巨麓山入兴。水峪关。**岚**简。府西北二百六十里。西南：黄崄山。西：野鸡山，蔚汾水出，入兴。南：赤坚岭，岚水出，东北径桃尖山，左合乏马岭、双松山水，折东南入静乐。有东村镇。**兴**简。府西北四百里。雍正二年隶保德州。八年仍来隶。东：桃花山。西南：采林。西北：黄河自保德入。东北：岚漪水自岢岚入，径石楼山。东南：蔚汾水自岚入，径合查山，至县西合南川水并入焉。又南合紫荆山水入临。蔚汾、合河二关，皆要隘。

　汾州府：冲，繁，难。隶冀宁道。康熙六年，省明冀南道入。东北距省治二百二十里。至京师千三百八十里。广三百五十里，斜。袤三百二十里。沿明制。北极高三十七度十九分。京师偏西四度四十五分。领州一，县七。**汾阳**繁，疲，难。倚。西：将军山、黄芦岭。北：谒泉。东北：文谷水自文水入，循汾水故道，右合原公、金锁关水，至府治东为文湖。又南，右纳义水入孝义。郭栅、阳城二镇。冀村巡司驻。有驿。**孝义**繁。府南少东三十五里。西：上殿山。西北：龙门、薛颉岭，古狐岐山，《禹贡》"治梁及岐"。其南，盘重原，胜水出焉，俗名孝河，会南川、阳泉水，径城南而东。东北：文谷河自汾阳合义水入，径盐锅头入介休。温泉、凤尾二镇。**平遥**繁，冲，难。府东八十里。西北：汾水自文入，径长寿村。东北：侯甲水自祁入，左合谒戾山、婴涧、过岭、鲁涧、超山、中都及亭冈水入焉。又南入介休。上殿镇。洪善驿。**介休**冲，繁，难。府东南七十里。南，介山，一曰绵山，绵水出。东：天峻，石河出，又东石桐水出。东北：汾水自平遥入，后先合之，入灵石。张兰镇，同知驻。义棠驿。**石楼**简。府西少南百八十里。东南：石楼山。西：九重。西北：团圆山。黄河自宁乡入，合屈产泉，古牧马川，复合温泉，即石羊水，入永和。**临**简。府西北三百二十里。东南：汉高山。西南：招贤，马头河水左渎自兴入，合紫金山水，又南径曲峪镇，入永宁。其漱水亦自兴入，径赤壁山，合连枝、积翠、黄龙、汉高、云山凡十六水入焉，又南入永宁。有三交镇。**永宁州**冲，繁，难。府西北百七十里。东：九凤镇。东北：吕梁。西：匾斗、南山。西北：马头河水左渎自临入。东北：赤坚岭，离石水出曰北川。南：步佛山，合芦子山，水径城西合东川，纳南川，清水河入焉，又南入宁乡。吴城、柳林、永安三镇。柳林、方山堡二巡司。玉亭、吴城、青龙三驿。**宁乡**简。府西百四十里。南：云集岭。北：宁阳山。东：柏窊、蕉山。西南：泉子，清水河出，北合屏风山，水径城东，又西北入永宁注河。河水左渎复入，径三交镇，合石口、牛尾泉水入石楼。有锄钩镇。

　潞安府：繁，疲，难。隶冀宁道。初沿明制，领县八。**乾隆二十九年，省**

平顺分入潞城、壶关、黎城。西北距省治四百五十里。至京师千三百里。广三百里,袤二百七十里。北极高三十六度七分。京师偏西三度二十八分。领县七。**长治**繁,难,倚。东:壶口山。东南:五龙。东北:柏谷。西南:福泉。浊漳水自长子入。东南陶水出雄山,北合八谏、鸡鸣山水,右会淘清河入。又北至秦村,左会蓝水,右石子河入,又西北入屯留。镇四:韩店、高河、大义、西火。分防同知驻太义镇。县丞驻西火镇。驿二:龙泉、太平。**长子**冲。府西少南五十里。东南:紫云山、羊头。西南:发鸠山,水经注鹿谷。浊漳水出其东麓四星池,东会伞盖、阳泉水,径城南,右合尧水、慈林水及梁水,入长治。西北:蓝水自屯留入,径河,右会雍水,亦入长治。鲍店镇,县丞驻。漳泽驿。**屯留**冲。府西北六十里。东北:良材山。西北:五嶬。西南:盘秀,蓝水出其阳摩河岭,古绛水,东入长子,注浊漳。至长县北流,径县东,入潞城,今绛水出其阴,东径石田山,左会高丽水,又东北,右合霜泽左三山,水径城北,右合疑水。鸡鸣水乃古谏水,径余吾故城南、屯留故城北者。镇二:寺底、丰仪。驿一:余吾。**襄垣**冲。府北少西九十里。西南:五钻山。北:五音、仙堂。西北:紫岩。东南:鹿台。浊漳水自潞城入,径其北,左会铜鞮水,又北径城东。东北:涅水自武乡入,右会临水,史水自左注之。为合河口,入黎城。镇二:东周、下良。驿一:虎亭。**潞城**简。府东北四十里。南:卢山、大禹。东南:伏牛、葛井。东:静林。西:三垂。西北:黄阜。西南:浊漳水自屯留入,左合绛水,为交漳,即《禹贡》降水。又西北入襄垣,至黎城错入,径潞县故城,是浊漳兼有潞浸之称。又东复错黎城,仍入境。东出马塔口,入河南。涉县西南有三垂冈。东南有虹梯关,即鲁般门,巡司驻。镇三:神头、黄碾、羊围。东南:平顺乡城,乡学训导驻焉。**壶关**简。府东南三十里。壶关山,西北六里。东北:风穴山。东:马驹、麦积、安公。壶水出西北,径城北为石子河,左合清流河,东南大王、抱犊,又东赤壤。其阴东井岭,淘清河出,西北径黄山,并入长治。岭东五指河,东南为沾水,径紫团山入河南林县。东有玉峡关、冯坡镇。**黎城**简。府东北百十里。东南:潞祠山。西北:积布、蚂峪。浊漳水自襄垣入,东南径联珠山,错潞城复入,左合黄须水,东径赤壁山,仍入之。东北:绣屏、清漳水自辽入,径吾儿峪,古壶关在焉,入河南涉县。玉泉水从之。

泽州府:冲,难。隶冀宁道。初沿明制,为直隶州。领县四。雍正六年为府,增附郭。西北距省治六百二十里。至京师千六百里。至京师千六百里。广三百四十里,袤二百三十里。北极高三十五度三十一分。京师偏西三度三十七分。领县五。凤台冲，繁，难，倚。南：太行山，其巅石岭，其北天井关。西南：小口，即太行陉马牢。东南：硖石、泽山。北：司马。东北：丹水自高平入，左合蒲水，南径高都故城东。其南源泽水，出西北二仙掌，合塔河来会。又南，左纳丈水，径八盘、垒石、石人山、白水。合西沙河，径城南，合辘轳水，天井溪右注之，入河南河内。西北：吴山，阳阿水出，南径蟠龙、圣王山，入阳城注沁水。沁水复入，入济源盘子。镇三：横望、拦车、周村。驿二：太行、星轺。丞兼巡司驻星轺。高平冲，繁。府北少东八十五里。北：韩王山。东：七佛。西：懒懒、浩山。西南：空仓。西北：发鸠，漳水出其阴。其巅风头，丹水北源出，左会白水，右绝水，实滋水。东南：右合长平水，径城北，又东南左合西东长河，至枇树。右合五龙山水，俗亦曰滋水，入凤台。东有蒲水，自陵川入，从之。东有石壁关。西北有长平关。镇四：米山、丁壁、野川、时庄。乔村、长平二驿。阳城难。府西八十里。西南：王屋，其东析城，有三峰：赤田底柱，瀵水出。东南：莽山，水出瀵，北源，并入河南济源。东北：沁水自翼县入，左合史山河，右合阳泉水，东南径南庄。其涧河入为南河，右合沪泽水，径阎家津，右合桑林水，左纳阳阿水，入凤台。东南有白云隘，路通济源。县置十七隘，此为最要。东冶镇，同知驻。陵川简。府东北西二十里。西南：九仙山。西北：宝应。圣宫山，蒲水出，屈西，左会龙门山、凤山水，入高平。东北：尧庄，丈河出，西南径灵泉、石景、佛儿水诸山，入凤台。东南：王莽岭，源水出，浍水枏，平田水出，并入河南辉县。南：双头泉，屈南，径瘦驴岭入修武。东北：浙山，湛水出，俗浙水，径熊耳，即沮洳山，入壶关。沁水简。府西北百七十里。西：皋山。西南：辅山。东北：隗山。北：大尖，至河头寨，右合梅河、杏河。沁水自岳阳右会东河，即《水经》黑岭水。又东南径紫金山至端氏故城，左合秦川及熊耳山水，即水经注水。又东南，左合潘河，入阳城。西南：鹿台山，芦河出，古阳泉水。其南涧河并从之。镇四：郭壁、武安、固镇、端氏，巡司驻。

辽州直隶州：繁，隶冀宁道。西北距省治三百四十里。至京师千三百里。广三百三十里，袤百七十里。北极高三十七度三分。京师偏西三度一分。领县二。辽阳山，城东三里。东：云东。南：武军城。西：崇山。东北：摩天岭。清漳水自和顺入，径黄张钳，屈南，右会西源西漳河。为交漳口。左合箕山水（即洗耳泉东六十里，此附会为河南登封山者。）径銮城东，入河南涉县，至林县与浊漳合。长城、黄张、芹泉、桐峪、麻田、韩王、拶儿，凡七镇。黄泽关之十八盘，巡司驻。南关驿。和顺简。府东北九十里。东北：合山。

西南：断孤。西北：九京。北：麻衣。清漳水自平定入，径石猴岭，屈折至城东南，右会南源梁余水，又东南，左合清水，古黄万水，径首阳山入州。西南，八赋岭，其西源辽阳河出其北辕山。《水经注》辕水，亦西漳水，东南径仪城镇，从之。武乡水出其南武山，入。榆社、松烟寨、湖马岭、青城、虎峪、马坊、横岭、温泉，凡八镇。八赋岭巡司。**榆社**简。府西九十里。东南：秀容山。东：清凉、箕山。北：北泉。东北：武乡水自和顺入，西径其故城（北三十里即《地形志》榆社城。），折南，径城西，又南纳县之西川、仪川等水，入武乡界。西北：黄花岭，乌马河出焉，西北流入太谷界。北有马陵关，西有石会关、云簇镇。

沁州直隶州：冲，繁。隶冀宁道。西北距省治三百三十里。广三百二十里，袤百三十里。北极高三十六度四十一分。京师偏西三度四十二分。领县二。东：麟山。西：尧山。西南：铜鞮。西北：伏牛。迤东漳源镇，小漳水出，左会花山、烂柯山，径城西，又南，右合后泉、上官泉，至万安山北，右会铜鞮水，入襄垣，亦通目之。郭村、西阳二镇。沁阳驿。**沁源**简。州西少南百二十里。西北：绵山，其异名曰谒戾，曰羊头，沁水出焉。东南径仁雾山，右会铜鞮水，左琴谷水，至交口折西南，径城东，合芹泉山水，至南石，左会青龙山水，右西川、大南川，入岳阳。柏子、郭道、官军三镇。**武乡**简。州东北五十里。城东北：鞞山。东南：三原。西：麓台。西北：侯甲山。有分水岭，侯甲水出其阴，北入祁。涅水出其阳，实《水经注》汤谷五泉水。左会高砦寺河，古白鸡水，径城西，右会武乡水，又东至城南，左合南亭水，折南，左合锅窑岭水，入襄垣。镇二：盘龙、墨镫。驿二：权店、南关。

平定直隶州：冲，繁。隶冀宁道。初沿明制，为太原属州。雍正二年升，仍领，并割盂、寿阳来隶。嘉庆元年，省乐平入。西北距省治二百七十五里。至京师八百七十里。广二百七十里，袤二百九十五里。北极高三十七度五十分。京师偏西二度四十八分。领县二。东：皋落山。东北：蒙山。东南：松子岭。西南：沾岭；冶水南源沾水出，会小松鸣水，东入直隶井陉。其北甘桃河。西北：桃水自寿阳入，汇保安河、平潭、阳泉水，径城北，又东，右合南川，径交原村，左纳文谷水，至古承天军。右合毕发水，并从之。清漳三源。北源出其西大要谷，《山海经》所谓“出少山”者，南入和顺。洞涡水出其北陡泉岭，西径马尾岭，左合浮化山，纳木瓜岭水。《水经注》，南路西入寿阳。东有故关，东北有娘子关，并接井陉界为要隘。有正太铁路。一镇：静阳。三驿：测石、甘桃、柏井。乐平乡城，州判及乡学教谕驻。柏井巡司驻。其

甘桃，裁。孟冲。州西北百里。南：石艾山。东：白马。东北：原仇。北：牛道
岭。滹沱水自五台入，径其西，右合乌河，又东，右合龙花河，入直隶平山。西
南：秀水出南上社，合香水，夹城东南，从行千二百余里，下至天津入海。东北
黄安、十八盘、榆枣诸关，并通平山，东横河槽通井陉，并要隘。芹泉驿旧设巡
司，后裁。寿阳冲，繁。州西百里。初隶太原府。雍正二年来隶。北：方山。西
北：双凤、罕山。东：桃源沟，冶水北源桃水出。《地理志》，绵蔓水会芹泉水东入
其州。南：洞涡水自州入，至县南过山。西南：要罗山，寿水出，东会黑水，龙门
河注之，西入榆次。有正太铁路。一镇：遂成。一驿：太安。驿丞兼巡司驻。

平阳府：冲，繁，难。太原镇总兵驻。初沿明制，领州六，县二十八。
雍正二年，蒲、解、绛、吉、隰直隶，割临晋二十县分隶太平、襄陵、汾
西，寻复。乾隆中，霍直隶，割赵城、灵石属之，吉州及乡宁复。东北
距省治六百十里。至京师千八百里。广二百七十里，袤百八十里。
北极高三十六度五分。京师偏西四度五十六分。领州一，县十。临
汾冲，繁，难，倚。东南：浮山。北有汾水自洪洞入。东南：滴水自浮山入，径其
东，左合金水河，右涝水注之，南径城西。有姑射山，一名平山。平水东注之。其
南出者并入襄陵。西北：分水岭，大东河出，入蒲。泊庄、矾山二镇。建雄驿。洪
洞冲，繁。府东北五十五里。东：九箕山、霍山。北有汾水自赵城入，径城西，
右合北洞，屈西南，左纳南洞，右合娄山、禹门山水，入临汾。郭盆镇。普润驿。
浮山简。府东少南七十里。浮山西南三十里，金水河出。东南：银洞。东北：
尧山乌岭，涝水出，西入临汾。东：天坛，南河出，西南：壶口。实蜀山，水出。东
北：横岭，即中条，东河出，入沁水。东张镇。岳阳简。府东北百二十里。北：
雪白。西北：尖阳。东南：刁黄。东北：沁水自沁源入，右合和川河，左纳横河，
屈南入沁水。东北：安吉岭，洞河出。其一源出西北金堆里，水径城东屏风山，
又南，左合永乐里水，其南，南洞出郭店，并西入洪洞。东北有潼关隘。曲沃
冲，繁，难。府南百二十里。西南：绛山。西北：桥山。西有汾水自太平入，左纳
釜水，入绛。东有浍水，自翼城入，左纳绛水，亦入绛。镇二：柴村、侯马。驿二：
侯马、蒙城。巡司驻侯马。翼城难。府东南百三十里。北：丹山、蜀山。东南：
历山。东北：乌岭、佛山。浍水南北源出，合径城东而南，左会东源绛高山水，今
涑水。乌岭，霍东支，故《说文》"浍出霍山"，《水经》则统曰"出浍交东高山"。又
西南径浍交，错绛复入，入曲沃。西北：小绵山，滏水出，西南流，亦入曲沃。有
隆化镇。太平冲，繁，难。府西北九十里。雍正二年，隶绛，七年复。南：汾阴。

西南：九泉。东经：汾水由襄陵入，南入曲沃。镇三：浦储、赵康、史村。一驿：史村驿。丞兼巡司驻。襄陵难。府西南三十里。雍正二年隶绛，七年，复。东南：崇山。西南：三嶝。东有汾水自临汾入，右合平水。又诸山涧水三派东注，入太平。赵曲镇。汾西简。府西北百九十里。雍正二年，隶隰。九年，复。汾阴山，西南五十五里。东南：汾水自霍入，右合蓑蓑涧、勍香河，径商山入赵城。乡宁简。府西少南二百三十里。雍正二年隶吉州，乾隆三十六年，仍来隶。东北：柏山、秦山。西南：两乳。东南：马头。西北：香炉岩。河水自吉入，径其麓，有师家滩。东：鄂山，鄂水出，会北源高天山水。又西合罗谷水，径城南，又西北入焉。又东南，入河津。营里镇。吉州繁。府西百七十里。雍正二年，直隶；乾隆三十七年，复。吉山，治北。东北：难山、石门。北：庖山、风山河水自大宁入，径龙王延，禹贡、壶口在焉，即孟门山。至小船窝。东南：高天山，清水河出。《水经注》，羊求水合激马岭、云台山水，西径城南，入焉。又东南入乡宁。三垢镇。

蒲州府：冲，繁，难。隶河东道。明，平阳属州。雍正二年，直隶。仍明所领临晋、荣河、猗氏、万泉，惟河津割。六年，为府，置附郭。寻增虞乡。东北距省治千一百里。至京师二千二百里。广百三十里，袤百十里。北极高三十四度五十二分。偏西六度十五分。领县六。永济冲，繁，难，倚。明州治，省河东入。雍正六年置。东南：中条，即《禹贡》雷首，其南阜尧山、首阳，迤东历山。东北：河水由临晋入，西径苍陵谷，至蒲家营，错陕西郃阳、朝邑。其涑水会姚暹渠，于东五姓湖入，又西从之，至盐滩复入。迤东南径风陵渡，渐涔入焉，扬雄赋所谓“河灵、矍踢，掌华蹈襄”者。又东入芮城。镇四：赵伊、匼河、楮桃、永乐。同知驻永乐。河东驿。临晋冲，繁，难。府东北七十里。东北：嶷山。西北：河水由荣河入，径吴王渡。东南：涑水自猗氏缘虞乡界，注五姓湖，从之。樊桥镇及驿。虞乡难。府东六十里。明洪元制，省入临晋。雍正八年，复析置。南：中条山，有王官谷。西南：五老、蒐雀、方山。其北檀首，其北五姓湖。《水经注》，张阳池有鸭子池，合中条水。东北：涑水自临晋入，会姚暹渠，并汇焉。又西入永济。故市镇。汤家驿。荣河难。府东北百二十里。城东：峨眉岭。西北：河水由河津入，汾水入焉。古汾睢澶。即春秋葵丘。南径城西入临晋。胡壁、孙吉二镇。阳陵驿。猗氏冲，繁。府东北一百十里。东有涑水由安邑入，西南入临晋。有张岳镇。万泉难。府东北百六十里。东：介山，其西峰孤山。城南山阴暖泉。又东洞。解店镇。

解州直隶州：繁，难。河东道兼盐法驻安邑。运城，明平阳属州。领县五。雍正二年升，割闻喜易其垣曲，寻并隶绛。东北距省治九百五十里。至京师千四百五十里。广二百二十里，袤百四十里。北极高三十四度五十八分。京师偏西五度三十八分。领县四。东南：中条山，其脊横岭，又白径、分云。其北盐池。又北盐水，今姚暹渠，自安邑入，径其北，西入虞乡城。西北硝池，浊泽。长乐镇。长乐、盐池二巡司。安邑冲，繁，难。府东北五十五里。东南：吴山。南：中条。西南：盐池。池北运城。河东道及州判驻。东有苦池。东北：姚暹渠，即盐水，自夏入，径城北，又丁南径运城北，入州。又东北，涑水自夏入，西入猗氏。镇二：东郭、圣惠。有巡司。浈芝驿。夏冲，繁。府东北百里。南：柏塔山。东北：翠岩、稷王。东南：温泉。巫咸山，盐水出，今姚暹渠，西北径云谷，至城南折西。西北：涑水自闻喜入，南径夏后陵，并入安邑。曹张、胡张、尉郭、水头、裴介五镇。平陆简。府东南九十里。东北：虞山，上有虞城。其西傅岩、清凉山。西北：天井、卑耳。西南：河水自芮城入，径洪池，至茅津渡。中条山诸洞，迤东北至砥柱。砥柱、禹凿、六峰、三门山在焉。纳刘家沟、后沟、积石水，入垣曲。镇六：洪池、张店、张谷、常乐、葛赵、茅津。县丞驻茅津。有废巡司。芮城难。府西南七十里。北：横岭、漱水岭，洪源洞出，会葡萄洞、地皇泉。西南：河水自永济入，径鱼鳞碛，至城南。又东，洭水入，迤北，入平陆。

绛州直隶州：繁，难。隶雁平道。明，平阳属州。领稷山、绛、垣曲。雍正二年升，并割太平、襄陵、河津来隶，以绛属平阳，垣曲属解。七年，又割闻喜、绛，垣曲复，而太平、襄陵还旧隶。东北距省治七百十里。至京师千八百里。广四百里，袤百里。北极高三十五度三十八分。京师偏西五度十三分。领县五。南：峨眉岭，即晋原。西北：马首山。北：九原、鼓山。古水出，即清浊二泉。东北：汾水自太平入，至城南。左会浍水，《水经注》"径王泽，举水入焉"者。又西南合古水，入稷山。南：重兴关。西：武平关。垣曲繁。州东南二百十里。雍正二年，隶解。七年，复。东北：诸冯山、王屋。其北教山，教水出，《水经注》"南历鼓钟、上峡、下峡、马头山"者，亦曰沇水。清廉，俗风山，清水出其西岭，东径皋落镇，会亳水及白水，曰亳清河。西南：河水自平陆入，径鹰嘴山，入河南济源。河水入晋境，冷行二千七百余里。

鼓钟镇、迎驾、六郎镇。**闻喜**冲，繁，难。州南七十里。初隶平阳。雍正七年，改。东：凤皇原。东南：香山、汤寨，古景山，景水出，实《水经注》沙渠水。其北美良川。东北：紫金，古三浚。涑水自绛县入，径董泊，右合甘泉，复左合景水，径城南，又西入夏。诗"扬之水，不流束薪"者。镇八：上东、下东、横水、裴社、宋店、栗村、郭店、兰德。涑川一驿。**绛**简。州东南八十里。初隶平阳。雍正七年改。绛山，西北二十里。北：牛村。东北：备穷。浍水自翼城错入，合故郡水，又西北入之。东南：回马岭，绛水出《水经注》所谓"出绛山东，寒泉奋涌，扬波北注。"者。其西华池有陈村峪水，实《注》所谓乾河。西迳大阴山，合紫谷水，又西会烟庄冷口水。《水经》"出闻喜冢葭谷，径存云岭入闻喜南绛故城"。镇曰浍交。**稷山**难。州西五十里。稷山，南五十里。北：姑射、圣王。东南：汾水自州入，径城南，又西，华水故道出焉，入河津。小河、翟店、下迪、大杜四镇。**河津**冲，繁。州西百里。初隶平阳。雍正二年改。东北：黄颊山。西北：河水自乡宁入，径龙门山。《禹贡》"自积石至"者。韩原在焉，所谓少梁。又南入荣。东南：汾水自稷山入，径疏属、仙掌山，又西南从之。镇四：方平、禹门、东张、僧楼。禹门，巡司驻。

　　隰州直隶州：繁。隶河东道。明，平阳属州。领大宁、永和。雍正二年升，并割汾西。九年，又割吉之蒲属之，而汾西还旧隶。东北距省治五百五十里。至京师千七百里。广二百六十里，袤二百三十里。北极高三十六度三十九分。京师偏西五度三十一分。领县三。北：妙楼山。东：五鹿。东北：蒲子。其界石楼者，有水头村，蒲川水出，西南合回龙、交口水，径城西，又东南，会义泉河于仵城镇北。《水经注》所谓"出石楼山，南径蒲城（蒲子县）、得黄栌谷水"者，俗曰隰川，入大宁。义泉、张家川、罗真、蒿城、康成、大麦、辛庄、西曲、回龙九镇。又广武镇，巡司驻。**大宁**简。州西南九十里。城南：翠微山。西南：石子。西北：孔山。河水自永和入，径马斗关。东北：隰川，即蒲川水，自州入径罗曲镇，折西，径城出，至蓝公山。其南源第一河东南自蒲入，实紫川水合县底河入焉，又东南入吉。蒲川水莽灌数百里，《元和志》曰斤水。寰宇记"曰斤水"，明志因误"昕水"，方乘从之，非也。一镇：安阜。**蒲**简。州东南百二十里。旧属平阳。雍正二年，属吉，九年来隶。东：东神山。西南：翠屏。东北：姑射。有分水岭。蒲水南源第一河出，《水经注》"紫川西会南川所谓合江水"者。径城东南，右合东小河，又西入大宁。镇六：化乐、张村、乔麦湾、薛关、古驿、松峪。**永和**简。州西北九十里。东：双山。南：楼山。西：

烈凤、马脊。东北：结北。其南仙芝谷，古城谷。西北：河水自石楼入，径老牛滩，仙芝河合索陀川、榆林河，《水经注》"域谷水东启荒原，西历长溪"者。至城西南，合露河入焉，又南入大宁。桑壁、岔口、刘台三镇。

霍州直隶州：冲，繁，难。隶河东道。明，平阳属州。领灵石。乾隆三十七年升，复割赵城来隶。东北距省治四百六十里。至京师千五百五十里。广八十里，袤二百三十五里。北极高三十六度三十五分。京师偏西四度四十四分。领县二。霍山，东南四十里，《禹贡》大岳。彘水出石鼻谷。西北：汾水自灵石入，径灵佛岩合之。《水经注》"径观阜北"者。入汾。辛丰镇。霍山驿。**赵城**冲。州南五十里。乾隆三十七年，自平阳来隶。东北：霍山，霍水出。西：罗云。西北：汾水自汾西入，径城西，西北合之，南入洪洞。有驿。**灵石**冲。州北百里。乾隆三十七年，自平阳来隶。东：孝文山。东南：尖阳、十八盘。东北：静岩、绵山，有五龙泉，俗小水河。汾水自介休入，至城西北，左合之，屈南，右合石门峪、新水峪；左仁义河，径阴地关入州。《水经注》"又南过冠爵津，俗雀鼠谷"者。其南高壁岭，今韩信岭。镇二：夏门、仁义。驿二：瑞石、仁义。驿丞兼巡司驻仁义镇。

大同府：冲，繁，难。总兵驻。初因明制，领州四，县七。雍正中，增阳高、天镇，改朔及马邑隶朔平，蔚及黄昌分隶直隶宣化、易州。南距省治六百二十里。至京师七百二十里。广二百一十里，袤二百六十里。北极高四十度五分。京师偏西三度十二分。领州二，县七。**大同**冲，繁，难，倚。顺治五年，徙西安堡，九年，复。北：纥干山。东：白登，其东牛皮岭。迤北少咸，敦水出。西南：采掠。桑乾水自应入，径其南，右合马耳山水，左有玉母古浑水，自丰镇入，右径方山合卷子，右镇川河，又南径孤山村，右纳小泗水，至城东，又南，右纳肖书河，《水经注》所谓"右会武周川"者，又南来会。又东，敦水出少咸山；径西堰头，并入阳高。瓮城、聚乐二驿。**怀仁**冲。府西南八十里。西：清凉山、锦屏。西南：芦子。新庄子河出其村，径大于口入山阴。有安宿峒镇。西安驿。**浑源州**难。府东南百二十里。顺治十六年，安东中、前二所省。西南：龙山。西北：书锦。北：龙角。东南：恒山，北岳，顺治十七年自曲阳移祀于此。山高三千九百丈，周回数千里，横跨燕、赵，屏蔽京师。曲阳其趾，阜平其脊，州境其主峰也。其别阜南曰枪峰岭，古高氏山，唐河上源寇水出，《周礼》所谓"呕夷，并州川"。左会别源翠屏山水，《水经注》所谓侯塘川，东径蔡家峪入灵丘。其温泉埋。岭之西北浑河出，一曰崞川，西北汇别源乱岭关及瓷窑峡、李峪、神谷、横山诸水，入应。王家庄堡，巡司驻。上盘驿。**应州**冲。府南百二十里。顺治十六年，安东中屯卫省入。雍正八年，罢所隶故城州。东南：茹越山。东北：龙首。西南：龙湾。西：桑乾河自山阴入，径州东北，浑源河自州来会。《水经注》"径巨魏亭北，又东，崞川注之"者。亦通曰浑河。又东北，入大同。一镇曰安边。安东卫巡司。安银子驿。**山阴**冲。府西南百八十里。南：复宿山、香山。西：桑乾河自朔入，至城北，折东南，径黄花山，即黄瓜埠，右合黄水河入应。岱岳站，巡司驻。有驿。**阳高**冲。府东北百二十里。雍正三年，以阳高卫降置。西：断头山、龙混。北：虎头、云门。西南：白登山，敇水自大同入，径其麓。南：洋河自丰镇入，南流，径守口堡入边。右合马邑水，径城北，又东南，会白登河，入天镇。西南：桑乾水自大同入，径黄土梁，又东并入天镇。**天镇**冲。府东北百八十里。雍正三年，以天镇卫改置。北：环翠山。东：阳门，其辖神头，其支丰稔。西南：牵牛。桑乾水自大同入，径嘴儿图，左合五泉河、石门沟。五泉，古安阳水，阳原故城在焉。又东，入直隶西宁。其北南洋河自阳高入，径福禄山。《水经注》"雁门水东北入阳门山，谓之阳门水"者。右合三沙河，古崞水，径城北，又东北径折儿岭入怀安。又北，西洋河自丰镇入，右合南沟水，径暖泉墩，及东南小沟口河，齐入怀安。**广灵**简。府东南二百四十里。东南：加斗山。北：千福。西北：九疃。西：望狐、白羊，壶流河出。莎泉，祁夷水东南径石梯岭，合作疃池。枕头河径城南，又东径壶山，入直隶蔚州，迳桑前，为南支。直谷、林关、火烧、桦涧西镇。马厂驿。**灵丘**冲。府东南二百七十里。南：太白山。西北：漫山，其东牧回岭，古滋水出焉。寇水自浑源入，左合黑龙河，径城南，又东南径隘门山、银钗岭入直隶广昌。驿一：太白。

朔平府：冲，繁，难。明，右玉林、左云川、平虏三卫地，属山西行都司。清初为右玉、左云、平鲁三卫。雍正三年，于右玉卫置府，并改三卫为县，属雁平道。南距省治六百七十里。至京师九百六十里。广二百十里，袤二百九十里。北极高四十度十一分。京师偏西四度十一分。领州一，县三。**右玉**冲，繁，倚。雍正三年，以右玉卫改置。玉林山，西二十里。东南：石堂山、纱幅。西南：沧头河自平鲁入，右合牛心山，左孙家川、云石堡水，屈北，径府治西。右合范家堡水、马营河，又北，右会兔毛河。西北有边墙，西南接平鲁，东北至右玉，有杀虎、水栅、铁山、水沙、云石等口。威远堡、杀虎口二巡司。**朔州**冲，繁，难。府东南二百四十里。明属大同府。雍正三年来隶。嘉庆元年,所领马邑省入为乡,有乡学训导。东北:契吴。东:洪涛,其支单雷山。左黄道泉,右金龙池,桑乾水出,《水经注》所谓"洪源七轮即桑涾水"者。东南汇于腊河口,古马邑川本南源。恢河,古漯水,由宁武入,径城南,折东,右合七里河,左沙楞水,又东北至下馆故城北来会,入山阴。城东、广武二驿。左云冲。府东南七十五里。雍正三年,左云卫改置。东北:弥陀山。东:雕岭。东南:龙王堂。南:南石,肖书河出,北径城西南,右合温泉,又北折东,左合龙泉,径焦山,又东南入怀仁。田有助马堡巡司,裁。平鲁冲。府西南西百十五里。雍正三年,以平鲁卫改置。南:十二连山。西南:迎恩。西:小青。西北:七介、西平、磨儿。清水河出,入其斤,古树颓水。城内北圆山、北:尖山。东南:天门,栅近奎星台。北岳峰,盖《水经注》大浴真山,浴头河出。古中陵水,西北贯城出,折东径碧峰山入右玉。乐宁、佑远二镇。

　　宁武府冲。隶雁平道。明置宁武关并所。嘉靖中,置三关镇,驻宁武。又偏岢道驻偏头,后改岢岚、宁武二道分驻。浦初,前后并废。雍正三年,改所为府,置附郭,偏关所、神池堡、五寨堡为县。南距省治三百四十里。至京师九百五十里。广二百九十里,袤三百六十里。北极高三十九度六分。京师偏西四度十一分。领县四。宁武冲,倚。明置宁化所。雍正三年为府,并置。西南:管涔山,其东天池,其下分水岭。西出者汾水,左会林溪,楼子山别源,折西南,径宁化堡入静乐。东出者恢河,一曰浑河,古漯水,《水经注》"出累头山",《地理志》谓之"治水"者,东北径城南,又东北径阳方口,出边,入朔为桑乾。南源有阳方堡。宁化所巡司。偏关冲。府北百八十里。明置守御所。雍正三年改。东:了角山。北:蚕虎。西北:河水左渎由浦水河入,径老牛湾西,又西南,东有关河由平鲁入,合红水沟,径应南,又西北入焉。又西南入河曲。老营堡有废巡司。神池冲。府北三十里。明置神池口发安司,后增神池堡营。雍正三年,改。南:黄龙岭。西南:濉山、虎北、洪佛。北:沐达河,西径磨石山,左合义井河。河本潮流,康熙二十六年,祖西圣祖西征,饮马驼于此,赐名兴隆。折北入五寨。五寨冲。府西百里。明建五寨城。雍正三年改。西南:芦芽山,管涔绝顶也,高三千丈。上有弥连池,即弥泽,下洼浦涟河,东北达沐河自偏关入会之,为大涧河,折西入河曲。有三岔堡。

　　忻州直隶州冲、繁。明,太原属州。雍正二年升,仍领定襄,割太原之静乐来隶。西南距省治百四十里。至京师千三百里。广三百

六十里，袤百里。北极高三十八度二十五分。京师偏西三度四十三
分。领县二。南：系舟山。西南：云母。西：九原。西北：云中，相属双尖，云
中水出，东北入崞，会忻川注滹沱。滹沱复错入，入定襄。西南：白马山，牧马河
出，古三会水，合陀罗、大岭、清水诸山水，东北径城南，从之。九原一驿。定襄
繁。州东五十里。东南：七岩山。东北：圣阜。西北：横山。滹沱水自州入，东
南径城北，又东北，右会牧马河，入五台。南有丛蒙山，三会泉出，北流注牧马
河。西北有滹沱渠，资灌溉。一镇：芳兰。静乐冲。州西百八十里。雍正二年，
自太原来隶。东：两岭山。东南：天柱。西北：营涔，汾水出其阴，自宁武入，径
马头山，至城，西南左合碾河，右纳岚水，又东南径楼烦镇，右合石楼、临春山
水，入交城。西南：离石水入永宁。镇三：故镇、窟谷、永安。又有楼烦镇巡司。
康家会驿。

　　代州直隶州：冲，繁，难。雁平道驻。明，太原府属州。雍正二年升，
仍所领。西南距省治三百二十里。至京师七百七十里。北极高三
十九度六分。京师偏西三度三十二分。领县三。西北：句注，其岭太和，
唐置雁门关，古曰西陉，隘有十八。其东夏屋，中峰曰复宿。东南：舜山、圭峰。
东：滹沱河自繁峙入，左纳峨水，右合夏屋、雁门水，径城南。又西南，右合羊
头、神河入崞。雁门关，一驿。五台难。州东南百四十里。五台山东北百二十
里，一名清凉山。圣祖、高宗、仁宗前后十三巡幸。中台有太华池水，西北流，会
县北峨岭水，出峨口入繁峙。北：锦屏。西北：铁岭。西：紫罗。滹沱河自定襄
入，径东冶镇，左合虑虒水、清水河，又东南入盂。东：乌牛山，滋水出，东流入
直隶平山。镇三：窦村、东冶、台怀。巡司驻台怀。崞冲。州西南八十里。崞
山，西南四十五里。其西黄鬼。南：前高。西北：柏枝。东北：滹沱河自州入，径
城东，又南，右合羊虎谷水，又西南，云中河自忻入，会忻川入忻。原平、闹泥二
驿。繁峙简。州东六十里。北：茹越山。东南：憨山、小五台。东：秦戏。滹沱
水出泰华池，一曰派水，并州川。《说文》"起雁门郡葰人县戍夫山"者。西会三
泉，伏流，汇华岩诸水，复出，径沙涧驿，至城南入州，峨水从之。其东岩头有白
坡，沙河出，南入直隶阜平，古恒水支。平刑关，巡司驻。平刑、沙涧二驿。

　　保德直隶州：冲，繁。隶雁平道。明为太原属州。雍正二年升，并割
河曲、兴来隶。八年，兴还隶太原。东南距省治四百六十五里。至
京师千七百十五里。广二百十里，袤百十一里。北极高三十九度四
分。京师偏西五度四十分。领县一。城南：莲花山。东南：马头。西南：

羊头。东北：石梯。河水左渎自河曲入，径城北，屈西至花园堡，壶庐山水入，为
朱家川。又西南，合裴家川入兴。**河曲**冲。州东北百二十里。明隶太原。雍
正二年改。乾隆二十九年，徙河保营为今治。东：阻险山。南：翠峰。西南：火
山。东北：河水左渎自偏关入，径城西大汕渡。又西南，东有清涟河自五寨入，
为六涧河入焉，古弥泽，入州。壶庐山水从之。河邑巡司驻旧县。乾隆二十九
年，徙治河保营，即今治。

　　归化城直隶厅：冲，繁，疲，难。归绥道镇守、副都统驻。明嘉靖中，蒙古
据丰州，是为西土默特，驻牧建城，后封顺义王，名其城曰归化。天聪八年，内
附。顺治三年置左右翼及四副都统。雍正元年，置理事同知，驻西河，隶朔平
府。乾隆元年，增协理通判二，增绥远厅。六年，置归绥道厅及二协隶。二十五
年，省协理，徙同知驻城。裁左右翼及副都统。余副都统一，同驻。光绪十年，
改抚民同知。南距省治九百六十里。至京师千一百八十里。广百八
十里，袤二百九十里。北极高四十度四十九分。京师偏西四度四十
八分。北：大青山，即阴山，古白道川。其支阜，西石绿，西北克寿，东北乌兰察
布、喀喇克沁、钟山。金河，古芒干水，俗大黑河，西南径厅南。左合小黑河，即
紫河，古武泉水。又西南，右合哈尔几河，入托克托。克鲁库河，古白道，中溪水
从之。卡伦二十有二。台站四。有巡司，一在城，兼司狱，一在毕齐克齐。有递。

　　萨拉齐直隶厅：冲，繁，疲，难。隶归绥道。明初，云内州，后为云内县，
属丰州，寻废。乾隆四年，置萨拉齐及善岱二协理通判。六年，隶归绥
道。二十五年，改理事厅，以善岱协理通判省人。同治四年，改置同
知。光绪十年，改抚民。东南距省治千二百里。至京师千四百二十
里。广二百五十里，袤百里。北极高四十度三十九分。京师偏西五
度十六分。又兼辖鄂尔多斯左翼后旗地。广四百三十里，袤二百二十里。西
北：牛头、朝那山、夹山。北：宿嵬。东：拜羡古儿。河水左渎自五原南界东流入
境，包头、五当河并北来注之。径沙尔沁村，又东至厅南，合苏尔哲、帽带河，入
托克托。察苏河入托克托。卡伦五。台站一，在厅治。有巡司兼司狱一，驻包
头镇。有递。

　　清水河直隶厅：繁，疲，难。隶归绥道。明，置东胜卫千户所。乾隆元
年，置协理通判。六年，隶归绥道。二十五年，改理事厅。光绪十年，
改抚民通判。东南距省治九百二十里。至京师千又二十里。广百

三十五里，袤百四十里。北极高四十度六分。京师偏西四度四十八分。东：鄂博图山、连岭。东南：吐颓，有君子津。西北：河水左渎由托克托入，径红山口，东南清水河自平鲁入，右合汤溪河，西北径三叉河至厅南。又西北盐古长城，左会兔毛河，亦称红河，古中陵水入焉；又南入偏关。有巡司兼司狱在厅治。有递。

丰镇直隶厅：繁，疲，难。隶归绥道。明，大同及阳和、天成二卫边外地。康熙十四年，徙察哈尔蒙古部驻。雍正十二年，置丰川卫及镇宁所，大朔理事通判统之。乾隆十五年改置，大同、阳高通判徙驻。三十三年，还故治，增置大同理事同知。光绪十年，改抚民。南距省治六百七十里。至京师八百六十里。广二百三十里，袤二百二十里。北极高四十度三十分。京师偏西三度十二分。北：尖子山、狼头。西北：留云。东：盘羊。东北：大青、牛心。其西南壶卢海，如浑水出，今曰玉河，屈西南，左合大科庄水，古族鸿池，径古庆粱，右合尖子山水，至厅东南新城湾。右会得胜河，古羊水，入大同。东北：五禄户滩，东洋河出，古修水，亦于延水，东径碾房窑，入直隶张家口。其南胡鲁苏台，西洋河出，古延乡水，及南沟水，径马市口入天镇。又西清凉岭，南洋河出，古雁门水，南径守口堡入阳高，并达之。自东洋外，并逾边。巡司三：一驻城，兼司狱；一二道河；一张皋尔。二道河后改设兴和厅。有递。

托克托直隶厅：繁，疲，难。隶归绥道。明，东胜左卫。嘉靖中入土默特。曰脱脱，亦曰托克托。乾隆元年，增协理通判。二十五年，改理事厅。光绪十年，改抚民通判。东南距省治八百六十里。至京师千一百里。广八十五里，袤一百三十里。兼辖河西鄂尔多斯右翼后旗地。广百三十里，袤百五十里。北极高四十度三十分。京师偏西四度四十分。南：红山，古缘朏。西北：河水左渎由萨拉齐入。大黑河东自归化入，左会黄水，又西右会克鲁库，至厅东北会察苏河，径厅北，旧汇为黛山湖，古芒干水，合南源白道中溪塞水注沙陵湖者，又西入焉。又南入清水河。有巡司兼司狱。有递。

宁远直隶厅：冲，疲，难。隶归绥道。明，宣德卫。后为大同边外地。康熙十六年，察哈尔部析驻。雍正十二年，置宁朔卫及怀远所，大朔理事通判统之。乾隆十五年省改，徙朔平通判驻。二十一年，改理事通判。光绪十年，改抚民。南距省治八百十里。至京师千又二十里。

广百八十里,袤二百九十里。北极高四十度二十一分。京师偏西三
度五十二分。东:猴山。北:仓盘、汗漫、平顶。黑河南源永兴河出,古白渠水。
其南参河陉,今西沟门,古沃水出,今曰宁远水。南径将军梁,左合宁远堡水,
古可不泥,长城。东北:平顶永兴河东四道凹,得胜河出,径丰城沟入丰镇。其
北大海,古诸闻泽,周百余里。其南小海,《地理志》"盐泽",古通目曰参合陂。
有巡司。有递。旧有科布尔巡司,后改设陶林厅。

和林格尔直隶厅:繁,疲,难。隶归绥道。明,置玉林、云川二卫。后为
蒙古西土默特据。康熙中,置站曰二十家子,蒙语和林格尔。乾隆元
年,置协理通判。二十五年,改理事厅。光绪十年,改抚民通判。南
距省治八百四十里。至京师千六十里。广百七十里,袤百八十里。
北极高四十度二十分。京师偏西四度二十四分。东:九峰山。西:摩天
岭。南:大松。东南:玉林。兔毛河自右玉入,边径枭虎口,右会宁远河,径其麓,
西北至厅。西南折西入浦水河。东北:黄水自宁远入,西径厅北,入托克托。有
巡司兼司狱。有递。

兴和直隶厅:明初,天城卫边北地。光绪二十二年,以丰镇之二道
河巡司置,隶归绥道。西南距省治八百九十里。至京师千七十里。
广袤阙。北:大青山。东南:水泉入。西北:东洋河自察哈尔旗入。二源合,东
西径厅北,入直隶张家口。有递。

陶林直隶厅:要。隶归绥道。明,大同边外地。光绪二十九年,以宁
远厅之科布匀巡司置。西南距省治千三百里。至京师千四百五十
里。广袤阙。北:伊马图山。南:回头梁。大黑河南源黄水河,古白渠水,出
大东沟,西南径五坝,入宁远。有递。

武川直隶厅:要。隶归绥道。明,西土特默牧场。光绪二十九年,以
其北境翁滚置,治乌兰花,寄治归化城。南距省治千百七十里。至
京师千二百九十里。广袤阙。北:托克图山。西北:克寿。东有乌
兰察布源泉,厅治。一递。

五原直隶厅:要。隶归绥道。光绪二十九年,析萨拉齐西境兴盛
旺置抚民同知,治隆兴长,寄治包头镇。东南距省治千七百九十里。
至京师二千一百十里。北极高四十度三十九分。京师偏西五度十
六分。西北:阳山。北:阴山。河水自甘肃边外环内蒙鄂尔多斯,折东自乌拉

特循其南麓入。有鄂博口,古稒阳道。又东径厅南,合博长河入萨拉齐。有递。

东胜直隶厅:要。隶归绥道。明初,东胜卫西界、陕西榆林卫河套地,后为元裔所居。光绪三十二年,以鄂尔多斯左翼中郡王右翼前末扎萨克旗垦地置,治羊壕厂,寄治萨拉齐之包头镇。北极高四十度四十九分。京师偏西四度四十八分。西北:河水自鄂尔多斯循五原入厅北,折东南入萨拉齐。边墙西自陕西榆林入。又东有递。

清史稿卷六一
志第三六

地理八

山　东

　　山东:《禹贡》青、徐及兖、豫四州之域。明置山东承宣布政使
司。清初因之。雍正二年,升济南府之泰安、武定、滨,兖州府之济
宁、曹、沂等六州为直隶州。八年,济宁州仍属兖州府。十二年,升
武定、沂二州为府,滨州改属武定。十三年,升泰安、曹二州为府。乾
隆四十一年,仍升济宁、临清为直隶州。凡领府十,州二,散州八,县
九十六。在京师之南。八百里。东至大海;一千三百里。西至直隶元
城县界;三百四十里。南至江南沛县界;五百七十里。北至直隶宁津县
界。二百四十里。广一千六百四十里,袤八百里。北极高三十四度三
十五分至三十八度二十分。京师偏西一度二十五分至偏东六度四
十分。宣统三年,编户五百三十七万七千八百七十二,口三千一百
三万六千九百四十四。

　　济南府:冲,繁,难。巡抚、布政、提学、提法、盐运司,济东泰武临、巡警、
劝业道驻。初沿明制为省治,领州四,县二十六。雍正中,武定、泰安、滨直隶,
割阳信、莱芜、利津等九县属之。北至京师八百里。广三百六十里,袤二
百八十里。北极高三十六度四十五分。京师偏东四十一分。领州
一,县十五。**历城**冲,繁,难,倚。城南:历山。东:华不注。东南:长城岭,玉
水出焉。锦云川水入长清,注黄河。河即大清、济水故道,其右漯入,西北径药

山，北至泺口镇，又东北径鹊山，其南新小清河入，径城北，右受大明湖，东径虞山，纳巨合及关卢、武原水，并入章丘。今大明湖在城内，惟汇珍珠、濯缨诸泉，乃宋西湖，非唐以前遗址矣。有巡司：申公集。主簿：谭城。龙山驿。津浦、胶济铁路。**章丘**繁，疲，难。府东百十里。南：长白山、东陵、平顶。西南：危山；鸡山，《水经注》：巨合水出西北"，径榆科泉庄，及武源、关卢水，入历城，注新小清河。新小清复入西北，右合绣江，即沟河，注百脉水，出土鼓故城，径阳丘故城黄巾固。小清河又东北径贾庄入齐东。其北黄河右渎自历城入，缘济阳界。小清昔源泺水，今源獭河，别源出东南野狐岭，西北径青龙山，土鼓、宁戚故城，折东入邹平，即小清故道。有普济镇。**邹平**疲。府东北百六十五里。南：长白山。东南：黄山。西南：九龙。北：新小清河，自齐东入，东入长山。西北：獭河自章丘入，径浒山泺，东北为清河沟，并入长山。东南：孝妇河，即泷水，自长山错入。左合白条沟、沙河，径伏生墓，屈东北，仍入之。其故道径梁邹故城。有孙家镇。**淄川**简。府东少南二百二十里。东南：原山，淄水出焉。南有猪龙河，俗呼孝妇，即泷水，自博山入，径城西南，右合般水，又北径浮山。獭水河出黉山，径昌国故城，会浸泗河，自左注之，乃古德会水。左得萌水口，入长山。铁路。**长山**简。府东北百九十里。西南：长白山。南：凤山。西北：新山。清河自邹平入，折北入高苑。清河沟东入新城。东南：孝妇河自淄川入，左得鱼子沟，错邹平仍入。有周村镇。**新城**简。府东北二百十六里。东南：商山。西北：清河沟自长山入，右迤为青沙泊，淤。东有乌河，即时水，径西安故城，左纳涝淄河，折北，径会城湖入博兴，西通麻大湖。西北：孝妇河自长山入，右会郑黄沟及系水，时枝津汇焉。**齐河**冲，繁，难。府西五十里。西南：黄河左渎自长清入，径城南，又东入历城。北：徒骇，自马城入。西南赵牛河自长清入，歧为岔河，并入禹城，而经流复入，合倪伦河自右注之，又东径梁家庄入临邑刘宏镇。有驿曰晏城。**齐东**疲，难。府东北百五十里。西北：黄河右渎自济阳入，径延安镇，又东缘惠民界，入青城。南：新小清自章丘入，径临济故城，又东入邹平。减水河、坝河，堙。临河镇。**济阳**疲，难。府东北七十里。黄河左渎自禹城入，径城南，又东北缘齐东界入之。西北：徒骇及商河并自临邑入，屈北入商河镇。镇二：回河、新市。**禹城**冲。府西北百十里。西南：徒骇河自高唐入，少淤，径三岔口，右会潒河及管氏、赵牛、岔河，径城西北，又东北入齐河。赵牛河错入，右合温聪、刁强河，仍入注之。禹城桥，县丞驻。新安镇。刘普驿。铁路。**临邑**简。府北百四十里。南：徒骇河自禹城、东南商河自齐河入，并东入济阳。西：

钩盘自陵缘界，东北仍入之，并淤。**长清**冲，繁，疲，难。府西南七十里。南：碣滑山。东南：方山，有行宫。东北：峨眉。西南：孝堂，古巫山。黄河自肥城入，径城西北，右合南沙河。《水经注》"出南格马山宾溪谷，北径户县故城北与中川水合"者。又东北缘齐河界纳玉水，其南新小清并入历城。西南：赵牛河自茌平入，右纳赵王河，北入齐河。张夏镇，县丞驻。二驿：崮山、长城。**陵**简。府西北二百里。故城与德互徙。明永乐七年，西新鬲津河自德入，环城又东，右合笃马、赵王，又东钩盘自禹城入，并入德平，并涸。滋博镇。**德州**冲，繁，难。府西北二百六十里。粮道驻。南有运河自恩入，北径城西。其南支四女寺减河入檀。老黄河故道径城东北哨马营，是为北支，并入直隶。东南：马颊河，即笃马，自平原入，《水经注》"径临齐城南"，今边临镇，州判驻，东北入德平。其新鬲津，东北入陵，淤。有鬲故城，古湨在焉。老黄河故屯氏渎，笃马其别河南渎。桑园、安德驿。又良店、梁家庄水驿二。铁路。**德平**难。府北二百五十里。西：马颊河自德入，右会小河，东北入乐陵及直隶宁津，下至海丰月河口入海。自直隶元城入，凡行山东境六百四十八里。南有钩盘自陵入，东北入商河，涸。有怀仁镇。**平原**冲。府西北百八十里。西：马颊河自夏津缘界，合蒲河，其东新鬲津故道，并北入德。东：笃马沟，旧合赵王河入陵，涸。有水务镇。桃源驿。铁路。

东昌府

冲，繁。隶济东泰武临道。初沿明制，领州三，县五。雍、乾间，濮、临清直隶，割范、观城、朝城、夏津、丘。东距省治二百二十里。广二百二十里，袤二百八十里。北极高三十六度三十三分。京师偏西十八分。领州一，县九。**聊城**冲，繁，难，倚。南有运河，即会通，自阳谷入，右播为赵牛、湄河，入茌平。王官镇。崇武水驿。**堂邑**冲，疲。府西四十里。东北：运河自聊城入，径梁乡闸。西南：马颊自冠入，径张家堂，绝运，并入博平。侯固镇有城。**博平**冲，繁。府东北四十里。西南：运河自堂邑入，径土桥闸，西北至田家口。其西马颊自堂邑入，西北复绝。西：徒骇自聊城入，径郑家桥，右纳湄河，东北擅湿故渎，入茌平，涸。**茌平**冲，繁，难。府东北六十里。管氏河首李庄，汇小冯新河，东北入禹城。西北：徒骇自博平错入，入高唐。西：湄河自聊城错入，入博平。南：赵牛河自聊城入，错东阿复入，入长清。西：古黄河。有四渎口。广平镇。**清平**冲，繁。府北少东七十里。西南：运河自堂邑入，北径魏家湾，有巡司，入临清。西：马颊自博平再入，入高唐。古黄河，西北自临清入，入夏津。水驿。**莘**简。府西一百里。西北：马颊，宋六塔、二股河所径，自朝城入，东北入冠。东有古湿河,自朝城入,入聊城;分支入阳谷。镇:马桥。**冠**冲,繁,难。府西百里。东南:弁山,马颊自莘入,入堂邑。其西,古黄河,径西北二十里冉子墓,东入馆陶。宋北流故渎,乾隆、道光两次决入马颊,至府境入运为患。其故道循陈公堤,北入馆陶、临清,绝运,至旧城外,曰沙河,入直隶吴桥。**馆陶**简。府西北百二十里。南:馆陶镇。有废巡司。陶山,西南四十里。卫河,隋永济渠,自直隶元城入,左合漳水,径乔亭城东北,右会古黄河,入临清。其北,屯氏。**高唐**冲,繁,难。府东北百十里。雍正八年,直隶,十二年削所领禹城、平原、临邑、陵。高唐山,东北五里。东南:徒骇自茌平入,东北入禹城。《地理志》"河水自灵县别出为鸣犊河"。其故渎西南马颊自清平入,北入夏津,并湮。固河镇。鱼丘驿。**恩**冲,繁,疲,难。府东北百八十里。西北:卫河自武城错入。西南,古黄河,南马颊,左渎并夏津入,入德。四女寺,县丞驻。太平驿。

　　泰安府:冲,繁,难。隶济东泰武临道。初沿明制,为济南属州。雍正二年,直隶,领新泰、莱芜、长清。长清寻换肥城。十三年,为府,增附郭,降东平与其所领东阿、平阴来隶。北距省八十里。广四百三十里,袤百七十里。北极高三十六度十五分。京师偏东五十二分。领州一,县六。**泰安**冲,繁,疲,难,倚。泰山,北五里,东岳,亦曰岱宗,《周略》百六十里,高四十里,有行宫。南:介石、石闾、亭亭、梁父。东南:龟山、徂徕。西南:杜首、高里,其峰南有汶水,自莱芜入,右合天津水,左合牟汶,西南径博故城,右合北汶、泮河及石汶、环水。其北汶北出者沙河,入长清。又西南,径阳关、龙故城。东南:淄水,自宁阳入,径岱山、梁父、柴故城,曰柴汶,右河、仙源河自左注之。又西南,大汶口,缘界径汶阳故城南,合西浊,古蛇水,入东平。西北:黄山,肥河出,西入肥城。济运泉六十有六。静封镇。娄德旧置巡司,改通判。安驾庄,主簿驻。**肥城**简。府西七十里。雍正十三年,自济南来隶。西:金牛山。西北:陶山、巫山、黄崖。东南:瀑布。南:马头,沙河出,亦曰小会肥河,入东南,右合孤山河、黄河、赵王河,入西北,并东北入长清。范公河,堙。济运泉十有二。石横镇。清泉水驿。**新泰**冲,繁。府东南五十里。东南:敖山,西南:龟山。西北:新甫。北:青沙岘。东北:龙堂,小汶即牟汶,出西南径敖阳镇,右合平阳、西周、苏庄、羊流,左广明河,径灵查保入泰安。济运泉四十。上四庄巡司。敖阳驿。**莱芜**简。府东百二十里。西南:冠山。北:阴凉。东南:大石。南:安期。西北:羊丘。东北:杓山;原山,《地理志》"淄水出其阴,东入博山"。《周礼》"幽州,其浸菑时"。汶水出其阳,所谓嬴汶,屈折西南,汇黑虎、辛兴、鱼池诸泉,径嬴县故城入泰安。东南:牟汶自蒙阴入,径牟县故城,汇响水湾、海眼泉、孝义河水,至城南,又西,左合司马河,从之。济运泉四十有九。**东平州**冲,繁,难。府西百四十里。明属兖州。雍正八年直隶。十三年,降削所领东阿、平阴、阳谷、寿张。北:蚕尾山、瓠山,龙山即危山。东有汶水自泰安入,右纳汇河,明筑戴村坝网之,西南入汶上。其溢而西者,夺漆沟径龙堌北,亦曰大清河。其径南者,小清合龙拱河,所谓"城南二汶"。夹城至马口而合。又西北,黄河西自寿张入,夺之。运河即元会通河,后自汶上入,即梁山泺,径安氏山东,绝之,并入东阿。安山湖、赤河并堙。济运泉三十有五。**东阿**冲,繁。府西北二百十里。东北:谷城山。东南:云翠。西北:曲山。西南:黄河自东平夺大清入,径鱼山,《水经注》"马颊口"在焉。又西北,右合狼溪,入平阴。西北赵王河从之,其正渠赵牛河,自茌平错入,并涸。而古黄河、瓠子堙。运河自东平绝黄河入,径陶城铺入阳谷。旧运河,淤。四镇:杨刘、安平、南谷、新桥。二驿:旧县、铜山。**平阴**简。府西北百九十里。明属东平。雍正十二年来隶。西:邿山。西北:榆山。西南:黄河自东阿入,右合锦水,径城西北,又东入肥城。其肥河入东南,合柳沟泉,折南入东平。西北:赵王河,自东阿入,分入肥城、长清。古黄河,堙。镇:滑口。

武定府:繁,难。隶济东泰武临道。初沿明制,永乐初改金棣州曰乐安,宣德初,平汉庶人,改曰武安。国制为济南属州,领县三。雍正二年直隶。十二年为府,置附郭,降滨并所领利津、沾化、蒲台及济南之青城、商河来隶。**西南**距省治二百里。广二百八十里,袤二百七十里。北极高三十七度三十四分。京师偏东一度十三分。领州一,县九。**惠民**繁,疲,难,倚。明初省入州。雍正十二年复。南有黄河左渎自济阳入,径清河口,西入济南。徒骇自商河东径聂索镇,与清河经永利、支角西亦入滨。又北,沙河、商河分入而合,通曰沙河,径钟家营、阳信,右得惠民沟,又西北,钩盘入。**青城**简。府东南六十里。雍正十二年,自济南来隶。黄河右渎自齐入,径董沟东,入滨。有田镇。**阳信**疲。府东北四十里。西南:钩盘自惠民入,径红庙庄,一曰信河,县氏焉,东北入沾化,涸。沙河错入,仍入之。有钦风镇。**海丰**简。府东北六十里。西北:骝山。海,东北百五十里,为大沽河口,与直隶盐山接。有巡司。鬲津河径马谷山入,又东南,月河口。马颊河自庆云径街东镇入。其故道堙。今马颊,唐所开。又东南,石桥口。至沾化,钩盘错入,仍入之。有分水镇。**乐陵**疲,难。府西北九十里。西北:鬲津河,自直隶、宁津入,错南皮复入,入盐山。西南:马颊,自德平入,东北径兴隆镇入庆云,古钩盘。《水经注》"屯氏别河",径乐陵故城北,北溲径重合定县故城南,并堙。旧县镇,明置安司,废。**商河**繁,疲,难。府西南九十里。古商河,北十五里。《水经注》"径枸县故城南",实沙河,今图误。钩盘自德平入,涸,而沙南徙,西首临邑界,径城南。南有徒骇,即古黄河,及其支津商河,自济阳入,并东入惠民,而商与沙合。宽河镇。**滨州**繁,难。府东九十里。雍正二年直隶。十二年,复将所领蒲台、利津、化削。西南:黄河,自惠民、青城入,屈东北,错蒲台,复缘界故道,左出与合右溲仍入之。徒骇自惠民入,左合沙河,涸。迤东北入沾化。**利津**繁。府东百五十里。海,东北百六十里。西与沾化接。西南:黄河,自滨、蒲台入,侧城东北,入为牡蛎嘴。丰国镇有巡司。**沾化**难。府东北七十里。海,北少东百里。西与海丰接。西有钩盘河自阳信入,错海丰复入,又东南大洋口。西南:徒骇,自滨入。镇:永丰,久山有废巡司。**蒲台**疲,难。府东少南百二十里。雍正十二年自滨来隶。西有黄河自滨入,径城南,又东北,左溲仍缘滨合故道入利津。龙湖。镇:龙混。

临清直隶州:冲,繁,难。隶济东泰武临道。初沿明制,为东昌属州,领县二。乾隆四十一年,直隶,割武城、夏津、丘还隶,而馆陶还东昌。东南距省治百十里。广百五十二里,袤百三十里。北极高三十六度五十七分。京师偏西三十六分。领县三。东有运河自清平入,径城南。西南:卫河自馆陶来会,是为南运河,亦通曰卫河,贯城而北,擅屯氏故溲,入直隶清河。古黄河,东北自馆陶入,歧为沙河,并入夏津。王家浅巡司。清源渡口水驿。**武城**冲,繁。府北少东一百里。南有卫河自夏津入,径城西,折东北,馥会沙河,错恩复入,入直隶故城。旧有一字、黄芦、五沟诸水。县皁淖,金末艾家凹水泺,广数十里,深一丈。汉复阳故城,今饶阳镇。甲马营巡司,又驿。**夏津**波。府东少北四十里。北:孙生镇。西有卫河自州入,再错直隶清河入,入武城。旧有沙河自州入,东有古黄河、马颊,并自清平入,入恩。**丘简**。府西南八十里。章河,此顺治九年自广平平固店直注者,非古漳故道。二并自直隶曲周入,一径城西,至宋八疃仍入之,一径城东,至柳疃入清河。

兖州府:冲,繁,难。总兵,兖沂曹济道治所。初沿明制,领州四,县二十三。雍正中,沂、曹、济宁、东平,济宁直隶。先后割县十三分隶,而东平降割泰安。东北距省治三百二十里。广五百十里,袤二百六十里。北极高三十五度四十二分。京师偏东三十四分。领县十。**滋阳**冲,繁,难,倚。嵫山,西北三十里。东有泗水,自曲阜入,至金口坝,歧为府河,贯城而出。左得十四泉，入济宁，实珠水渠，又南左合沂水、蓼水，入邹。西北：漕河，自宁阳入，左合汉马，右洸河，亦南入济宁，涸。故城驿二：昌平、新平。铁路。**曲阜**简。府东三十里。东：防山。又东：戈山。泗水自其县入，右合崄水及石门山水。东南：沂水、蓼水，自邹入沂，径城西南而分流，得右洙、左雩，复合蓼，径北店村而分，一仍入邹，一与泗、沂并西入滋阳。古者洙北、泗南，今互易，盖自后魏乱流始。泗故道，孔林夫子墓南。济运泉二十有八。铁路。**宁阳**简。府北五十里。宁山，北十八里。西：水牛。西北：鹤山。东北：告山、寿山。南：凤山，淄水出，北径鲁成邑，北入泰安注汶。汶复缘界径汉汶阳至刚故城，洸水出焉，所谓"汶为阐"，与漕河、汉白马并南入滋阳。正渠复径春城口入东平。青川驿。铁路。**邹**冲，繁。府东南五十里。东南：绎山。相近红山，实凫山。北：沙河出，与白水河并入滕。南：昌平，而岱脉南驰宁阳、曲阜，入东北六里，曰尼山，其西南昌平有乡，孔子生焉，故属曲阜。今山南长莎村相近四基西麓，孟子墓在焉。沂水导源尼山，西与蓼水并入曲阜，注泗。泗复自滋阳入，西北错济宁复入，入鱼台。蓼水亦复入，会溪湖水，为白马河，合大沙、红沟河，从之。咸丘。县丞驻辛庄。驿二：郗城、界河。铁路。**泗水**简。府东少北九十里。东北：历山、龟山、陪尾。有桃墟，泗水出，其北关山，洙水出，径卞故城而合。南，姑蔑郡城。又西，左合黄渊、右金线诸河，入曲阜。济运泉八十有七。**滕**冲，繁，疲，难。府东南百四十里。东：桃山。狐骀自驿入，径微山湖，右有许由泉，自驿入，为南明河。薛河径昌虑南，石桥泉径薛城注之，再错出江苏沛县。郭水出东北述山，径蓝陵、祝其、合乡故城，合南梁水，趵突入沛注之，复入，右合三里河，北沙河自邹入，夹休城，其白马河入合界河为郁郎渊注之，又西北入鱼台。东北：小沂水，入费，而昭阳湖堙。镇：安平、南谷、陶阳。别有夏镇、加河通判驻。驿二：滕阳、临城。**峄**冲，繁，难。府东南二百六十里。北：君山。相近车梢峪，丞水出焉，曰沧浪渊，会许池泉，径葛峄山，合金注河，其南茅茨、仙人河。东南：运河自江苏邳州入合之，又北径微山湖、南阳湖，入滕。乾隆中浚伊家河。济运泉十有四。万家庄水驿。**汶上**冲，繁，难。府西北九十里。东北：太白山、坦山。西南：赵王河，自郓城入，入嘉祥。北有汶水，自东平入，受泺诸泉、蒲湾泊水，曰鲁沟，西南擅鹅河故渎，注南旺湖，济运运河，遂东南入嘉祥达济宁，西北入东平达临清。湖东接蜀山湖，北马踏湖，并《水经注》汶左二水，径东平陆故城北，汉县，古厥国，入茂都淀。柴城镇。南旺、马村二集，并县丞驻。新桥、开河二水驿。**阳谷**冲，繁，疲，难。府西北三百里。南有黄河，自范入，错寿张入。运河入,径东阿故城,有阿泽,又北入聊城。西:徒骇河故道,自范入,错朝城,莘,再入,入聊城。镇:安乐。阿城,县丞驻。**寿张**疲,难。府西北二百四十里。东南:梁山,旧有泺。西南:黄河自阳谷入,仍错出复入,入东阿。其北,运河,自东阿错入,仍入之。有张秋镇。其南沙湾、沮河并入郓城。有竹口镇。

沂州府冲,繁,难。隶兖、沂曹、济道。初沿明制,为兖州属州。领县二。雍正二年直隶。十二年为府,置附郭,降莒及所属蒙阴、沂水、日照来隶。**西北距省治六百六十里。广五百二十里,袤五百十里。北极高三十五度九分。京师偏东二度十二分。领州一,县六。兰山**冲,繁,难。倚。西南:宝山。东南:马陵。北:大柱。沂水自其县入。蒙山河入为汶水,径铁角山,纳小河,又南径鲁中丘故城王祥墓右,合孝感河,至府治东北,右纳小沂及胭脂河,又涑支津,其正渠径勃庄南,为芦塘河。沂水又南径龙塘口,右歧为武河,其东白马河。东北:沭水自莒入,右合温泉水,右武阳沟,再入郯城,而武河、芦塘河错郯城复入而合。又东,西泇河自费入,并南入江苏邳州,而西加右纳别源巨梁水,复歧为夹山河,分入峄芙蓉湖。镇:长江、罗滕。青驼寺巡司。杨家庄、徐公店二驿。府属沿海墩台二十有八。**郯城**冲,繁,难。府东南百二十里。东北:羽山、苍山。沭水自兰山再入,径城东北,右得墨河故渎焉,环城南入宿迁,又南径马陵山,西至红花埠。又西,白马河入径城西,并入江苏宿迁。又西,沂水入,入邳州。又西支津武水入,又西,芦塘河入,合燕子河,右歧为鸭蛋河,入邳。正渠又南与武水,仍入之。大兴镇,通判驻。旧置沂郯海赣同知,乾隆三十八年,改。又磨山有废巡司。红花埠驿。道平、解屯废驿。**费**简。府西北九十里。西北:蒙山。西南:南城。西北:聪山,浚水出,即《地理志》"南武阳冠石山治水",应劭曰"武水南径古颛臾"。右纳小淮水,一曰水沂,又东南径万松山,右合祊水,至钟山。左合洪塔、蒙阳、红衣诸河。东南:旗山,东加出。西南:抱犊崮。南:大沭崮,涑水出,西加水出,并入兰山。镇:毛阳。关阳、平邑二巡司。**莒州**简。府东北九十里。雍正二年直隶。十三年,降削所领沂水、日照、蒙阴。北:七宝山。东:观山、卢山。南:焦原。西:浮丘,有莒子墓,或误浮来。有寺曰定林,因为二山。西北:洛山。《水经注》潍水导源潍山,东南径屋山,汉箕县故城。今合南源瓦屋山水,折东北,径仲固山,右合析泉水。其东浯水,地理志、说文,出灵门壶山,径汉姑幕故城,并入诸城。其西沭水,自沂水入,合华洛、袁公水,侧城东南,左纳鹤水、浔水,右合黄华水、马沟河,至道口入兰山。东南:石河,《地理志》夜头水,入日照。其西柘汪、朱汪、青口三河入,并入江苏赣榆，达于海。葛陂水，堙。十字路镇。石埠集有巡司。**沂水**冲，繁。府东北百二十里。西：龙山。西南：灵山。东：峨。西北：䰋山。北：沂山。其连麓大弁，沐水出，东南径杨家城子注邳乡南。左合大小岘、箕山水，径孟母墓。莒西北，沂水自蒙阴入，左合螳螂河，东南径盖故城，《水经注》左合连绵、浮来、小沂水，至城西北，左纳雪山、英山河，右合间山、时密水，至河阳集，右纳东汶水，入兰山。其西，蒙山河自蒙阴入，复分支入费。县丞驻东里店。垛庄巡司，又驿。

蒙阴冲。府西北二百里。南：蒙山。东北：卢崮、具山。西北：敖山。北：两县。沂水三源，郑氏主中源，出沂山，班氏主东源，出临乐山，桑氏主西源，出艾山，径龙洞山而合，东入沂水。其北鲁山，螳螂水出。西南：五女山，桑泉水出，屈北径城南，左会巨围、堂阜，右崮水，又东，俗曰汶河，右合桃墟河，古蒙阴水，径铁城东北，卢川水会金星梓水，再错沂水复入，合著善河，自左注之，又东南入沂水。黑龙寨。紫金关有巡司。**日照**简。府东二百四十里。西北：昆山。西南：矮岐。北：会稽、白石。南：观山、烟台。海，东南五十里。东北：自诸城以南为石白口，纳潮河。又南，夹仓口，傅疃河合伐庄河、固河入。又南，涛雒口、涨雒口、岚头山口。折西为狄水口，纳石河。故安东卫在焉，有巡司。西有浔水，《水经注》"出巨公山"，俗黄墩河，其北鹤水，并西入莒。北有潍水，自莒错入，东入诸城，洪陵河从之。镇三：涛洛、夹仓、石白。巨峰寨。

　　曹州府：繁，疲，难。隶兖沂曹济道。总兵驻。初沿明制，为兖州属州。雍正二年直隶，仍领县二。八年，钜野、嘉祥自兖割隶。十三年为府，置附郭。降濮并所领县三，又割兖之单、城武、郓城来属；而嘉祥还旧隶。东北距省治五百八十五里。广百九十五里，袤二百八十里。北极高三十五度二十分。京师偏西五十一分。领州一，县十。**菏泽**繁，疲，难，倚。黄河自直隶开州入，其南瓠子故道。《水经注》，东至济阴句阳为新沟。城南：雠河。又南：北渠、沛河。《水经注》，北沛东北径煮枣城南、冤朐北、莒都南。冤水，今大浀沟。有沙土集巡司。**单**繁，疲，难。府南一百五十里。明洪武二年，降单州为县，属济宁。十八年，改属兖州。雍正十三年，改隶。东：栖霞山。西南：大陵山。南：黄河，自河南仪封县界流入县南，东流入江南砀山县界。东：古涞河流入金乡县，湮。**巨野**繁，疲，难。府东一百四十里。明洪武初，县属济宁。十八年，属兖州府济宁州。雍正二年，分属济宁州。八年改隶。东南：高平山，山出蜂石，石片上结成形，有酷肖者。其东北：白马山。东南：独山、麟山。巨野泽在县北五里，亦曰巨泽，济水故渎所入也，元末为沙水所决，遂湮。东北：运河。东南：

会通河。西南有故黄河，堙。有通济闸闸官。**郓城**简。府东北一百二十里。明洪武十八年，属兖州府济宁州。雍正二年，分属济宁州。八年，属兖州府。十三年，改隶。东北：独孤山。东：金线岭。黄河，东北流，径郓城西二十五里，有黄河故道。瀍河自直隶东明县流入，东北经郓城，西南入寿张县界。古济二水合流，北径郓，城南流入东平州界。**城武**简。府东南一百十里。明洪武四年，属济宁府，寻改属兖州府，以城武为武成。雍正十三年，改隶。明正德十四年，县城圮于黄河，后河决多在城武。南有黄河故道，后堙。黄水自河南考城县流入，东径城武县，南入江南丰县界。城武东北有黄水枝沟。**曹**繁，疲，难。府东南四十里。东：青山。东南：景山。北：曹南山，即《禹贡》陶丘。古泛水出，与南沛、古黄河、贾鲁河并堙，今惟南泡水河，首河南商丘界，东南至青涸集，歧为涞河，又八里河，入单，而西北柳林沙及南堤、夏月湖、白花诸河并淤。安陵、盘山镇。县丞驻刘家口。**定陶**简。府东南四十里。东：菏泽，古南沛、北沛汇焉。菏水出西陶丘西南七里，南沛今南渠，中渠今泛故道，径劈山，北沛合北渠为潴水河，并入钜野，南渠之南柳河，沙河并自曹入，入城武，并涸。**濮州**繁，疲，难。府北百二十里。雍正八年，直隶，领范、观城、朝城。十三年，降所领削。东：古濮水，堙。西南：黄河。北：金堤河。并自直隶开州入，东北入范。东南：赵王河，古瀍水，自钜野入，入郓城。古清河即沛水，今黄河即魏河，实濮渠，亦北沛，其所合西无名洪河，亦堙。有瓠河镇。**范**简。府东北百六十里。范水，堙。西南：黄河自濮入。《水经注》"径范秦亭西"，春秋筑台于秦。又东径委栗津，其金堤入径城南，并入阳谷。镇：安定。**观城**简。府北百七十里。南北引河，首直隶清丰界，径城东，分入朝城，涸。夹堤河，首县西马陵堤下古龙潭，入杜家河，东北至樱桃园入范，下至朝城入漯。沙河首角四池，北径马厂，入朝城，下至莘入漯。浮河自直隶开州入，至朝城入河，堙。有武乡镇。**朝城**简。府北二百十里。古漯水，亦武水故道，自西南杨家陂径雁翎铺入阳谷，合夹堤河、石人陂水，入莘合沙河，下至聊城入运，堙。南北引河旧自观城入，夹城东西，分入阳谷、莘。马颊自直隶元城入，此唐笃马，非禹迹也，东北入莘，下至堂邑入运，并涸。

　　济宁直隶州：冲，繁，难。隶兖沂曹济道。运河道驻。明，兖州属州。雍正二年直隶，仍领嘉祥、巨野、郓城。八年，仍降属兖州。乾隆四十一年，复割汶上、鱼台并嘉祥来隶。寻以嘉祥易汶上。东北距省治百八十里。广百四十里，袤百八十里。北极高三十五度三十三分。京师偏东二十八分。

领县三。南:承注山。西南:缙云。西北:运河,自嘉祥入,左受蜀山湖、马场湖,府、洸二河自滋阳分入汇焉。径城南,又东南径南阳湖,左纳泗水,入鱼台。泗复歧为新泗,错邹复入,合白马河。西:赵王河,自嘉祥入,东南径王贵屯桥,为牛头河,又合长濠,纳蔡河,并入鱼台。赵王,古黄河北沖,长濠,河水南沖。有鲁桥镇。**金乡**简。府西南百里。明属兖州。乾隆四十五年,来隶。金乡山,西北三十七里,隶巨野阳山。西:万福河,自钜野入,右会西沟,屈东北,左合柳林河,又东径苏家桥,右通涞河自单入,合东沟,并东入鱼台。左通蔡河,自嘉祥入,入州。柳林,古菏水,即沛也。**嘉祥**简。府西五十里。城南:澹台山。东南:武翟。西南:遂山。东北:南旺湖,运河自汶上入径之,入州两蹑焉。其赵王河入西北径万善桥,左合牛头河。西南:南清河自巨野入,右合姚河,至城南为澹台河,东南并入州。其金山河入为蔡河,东入金乡,涸。**鱼台**沖,繁,难。府南百十里。东北:黄山、平山、独山。有湖一,曰南阳。运河自州入,左合新河,受之。牛头河,入。西北:涞河、柳林河,自金乡入,合为新开河来会。又东南,并入滕。而牛头支津南入沛后,又有东支、西支河,自丰入焉。南阳镇。河桥水驿。

　　登州府:沖,繁。总兵驻。登莱青胶道;今徙烟台。明,领州一,县七。雍正十三年,裁所辖四卫,置荣成、海阳。**西南距省治九百二十里。广五百六十里,袤三百五十里。北极高三十七度四十八分。京师偏东四度三十六分。领州一,县九。蓬莱**沖,繁。倚。东:朱高山、九目。东南:羽山、龙山、金果、马山、丘山。府治三面环海,运舶驶焉。西北:自黄迤东为栾家口、西山口,又东丹崖山,古蓬莱岛,水城环之,黑水入。又东抹直口,沙河入。湾子口,安香河入。迤东南解、宋营口、平畅口,至福山界,时家河从之。西南:崮山河入黄。其栾家口西北:大黑山岛、北沙河岛,东北:长山岛,南北城隍岛。有驿。**黄**繁。府西南六十里。黄山,南二十里。又南,石城。东南:莱山、掇芝。西南:卢山。北、西际海,西自招远迤东北,界首河、隋家疃河入,至龙口,纳吕家疃河。其西峀屺岛。又东,纳颍门及南栾河。其外,依岛、桑岛。又东,黄河营口,纳榆林及庄头河,至蓬莱界。马停镇。黄山馆巡司。龙山、黄山馆二驿。**福山**沖,繁。府东少南二百三十里。福山,西北五里。又西北,磁山,古牟山。东南:蛤垆。西南:迷鸡、青石。海,北十余里。自蓬莱迤东为八角口、浮澜口,其时家河又东,古县河入,至县北,纳清洋及大姑、道平河。之罘岛即转附。又东,烟台,明奇山所,今东海关,同治二年,登莱溥道徙驻。奇山所巡司。孙夼镇废司。商埠。**栖霞**简。府东南百五十里。西北:艾山。北:白山。东:岠嵎,即

书峗夷,《地理志》"睡有居上山,声洋、丹水所出"。今灵山,丹今清阳,西径翠
屏山,屈东北,左纳清涟水。其东大沽河自莱阳入,右会安浚河从之,入福山。
声洋今杨础河,南径釜甑山,会西源郭落山水。其西方山,县河出,左会观裹
河,其东蛇窝河、陶漳河,并南入莱阳。西北:榆林河。入黄。**招远**简。府西南
百四十里。东北:罗山。颍门河出云屯。西南:齐山。北:乌喙城。东:滚泉。
西北:际海,自掖迤东,万盛河入。又东,东良河口,界河入,至黄界,其东徐家
疃,颍门及南栾河并从之。其南:会仙山,大沽河亦古冶水,入莱阳。西南:万岁
河,入掖。**莱阳**冲,繁。府南二百五十里。《地理志》"长广有莱山",今旌旗北
三十里。东南:昌山。西:长清。东:仓山、福阜。西南:高丽。东北:三螺,大姑
河出,入栖霞。南际海,西南:自即墨迤东为五龙口。东北:陶漳河,自栖霞入,
至城东南,右会杨础、蛇窝、观裹河,又南,右合九里,左会昌水河,为五龙河,
山以氏焉。折东南,径浮山入之,东至海阳界。西北:大沽河,自招远入,右合夼
裹河,左合平南、东良河,西南分流,其东吴姑河,其西小沽自掖缘界并入即
墨。县丞驻姜山集。**宁海州**冲,繁。府东少南二百六十里。顺治十六年省宁
海卫入之。东:卢山、九佛。东南:大昆仑。西南:铁官。东北:金山。南北际海。
西北有福山,迤东为龙门港口,辛安、七里河入。其外栲栳岛。又东,戏山口,沁
水河入,至小河口,龙泉河入,至文登界。西南:自海阳迤东为浪暖废口,黄垒
河入,亦至文登界。西南:安浚河,入栖霞。厥港、夏村局河并入海阳。汤泉镇。
文登冲,繁。府东南三百三十里。雍正十二年,省威海、靖海二卫入之。城东:
文登山。西:紫金、绿山。东南:斥山、石门、牛仙。西南:马鞍、岊山。南:北际
海,西北:自宁海迤东为鹿门口,羊亭河入。又东,楮岛。其内,威海卫。卫东,
刘公岛。折南至荣成界,招阜河从之。西南:自宁海迤东为姚山口,木渚河汇送
驾、古桥诸河入。古桥合小河,古昌水,汉故昌阳在焉。又东,望海口,高村河
入。其南,靖海卫。卫北,铁槎山。其西,五垒岛。其东南,苏门岛。东北,延真、
琵琶岛。温泉镇。文登营。威海、靖海二巡司。**荣成**简。府东四百六十里。明
洪武置成山卫及寻山所。顺治十二年,所省入。雍正十二年改置。成山,东三
十里。其麓召石,即朝舞。南:龙山。西南:浮山。三面际海,北自文登而东为
渤海青岛,纳柘埠河,不夜河亦入焉。有鸡鸣岛。又北,东海驴岛,为龙口、崖
口。迤西南,荣盛澳。西南:寻山所,纳沽河为卸口。又西南,宁津所。其南,镆
铘岛,至文登界。盐滩石岛巡司。租署。**海阳**简。府东南二百二十里。明洪
武三十一年,置大嵩卫及海洋所。顺治十二年,省入。雍正十二年,改置。东:

岠嵎山。西:昌山,北:嵩山、林寺。西北:观山。海,城南二里,自莱阳而东为沙家口,白沙河入。有鲁岛、牙岛。又东,纪疃河入。有泥岛、土阜岛。至城南,为老龙头,纳厫港河入,为刘格庄河。其东,草岛嘴。其南,千里岛。又东北,大小竹岛、小青岛。乳山口纳夏村河、局河。又东,绵花岛。又东北,宫家岛、腰岛,至宁海界。西北:观山,古观水出,俗废。发城河,今入莱阳。行村寨有巡司。

莱州府:冲,繁。旧隶登莱青胶道。明,领州二,县五。光绪三十一年,胶直隶,割高密、即墨。西距省治六百八十里。广二百九十里,袤四百三十里。北极高三十度十分。京师偏东三度四十二分。领州一,县三。掖冲,繁,倚。掖山,东二十里,今大基,掖水出,径城南,合三里河。又二十里,崮山。西北:斧山。府北际海,西北自昌邑迤东为海沧口,其胶莱北河入,有土山,移东泥河入,古过国在焉。又东,白沙、英村、果村河、掖水、淇水、苏郭河入。又东,太平湾口,龙王河入。有小石岛。其西,芙蓉岛、古傅岩。其东,三山岛口,纳万岁河。其西岸,万里沙。又东,朱桥河入,至招远界。《地理志》"曲城阳丘山,冶水出"。《左传》尤水即小姑。其西,朱东河,并入平度。沙丘城。海沧镇。县丞驻朱桥。柴胡、沧海二废司。飞霜驿。平度州简。府南百里。雍正十二年削所领潍、昌邑。东:六曲山。北:公沙、天柱、大泽。明堂,白沙河出,南径鱼脊山,至分水口,东为胶莱南河,左合云河、落药河,入州。东北:小沽河,自掖缘界合朱东河,墨水从之。西为胶莱北河,缘界合现河、龙王、韩村、药石河,西北入掖。二镇:亭口、灰埠,州同驻。又驿。潍冲,繁,难。府南少西二百五十里。西南:程符山。西:黑山。海,北百里,自寿光而东,尧丹河入。其桂河入,会大于、白狼,及孝义河入。又东至昌邑界。东南:塔山,溉水出。又东,寒泥河、瀑沙、浮塘、张固河。又东,潍水,自安丘缘界,左合汶河,并入昌邑。固底镇巡司。古亭驿。昌邑冲,繁。府南百十里。城东:东山。南:陆山。海,北五十里,自潍而东,其寒泥、瀑沙、浮糠、张固四河并入焉。又东,安丘、潍水入。又东,胶莱北河自平度缘界,径密阜。其西,汉故下密密乡在焉。又北,径狗冢山,合媒河入,至平度界。夏店驿。铁路。

青州府:冲,繁,难。登莱青胶道治所。副都统驻。领安东卫,州一,县十三。雍正中,莒直隶,割蒙阴、沂水、日照,寻降并属沂,增置博山。乾隆七年卫省。西距省治三百三十里。广二百七十五里,袤三百九十里。北极高三十六度四十五分。京师偏东二度十二分。领县十一。益都冲,繁,难。倚。东:箕山。西:金山。西北:尧山。西南:淄水自博山入,右合仁河,东北径稷山，其西时水，并入临淄。又西，涝淄河，入新城。西南：石膏山，与城南云门并，即逢山。《水经注》"洋水出工春东南，入临朐"者。石沟水亦曰石膏，其东北贯城者曰南阳水，右合建德水，东南巨洋水，今沔河，自临朐入合之。折东北，右纳康浪水、洗耳河、尧水，其西跃龙河，《地理志》"为山，浊水出"，俗北阳河，径高柳村，并入寿光。县丞驻金岭镇。青社驿。**博山**简。府西南百八十里。明兵备副使治所。雍正二年，改置，割淄、莱地益之。博山东南五十里，岳阳城。东：荆山。西南：原山；长城岭，陇水出，《水经注》"古袁水"，合白洋河，北径城西，合倒流泉、沙沟河入淄川。南有淄河，自莱芜入，东径石马山、莱芜谷，迤北，右合泉河，圣水，出金鸡山口，入益都镇。**临淄**简。府西北五十五里。西南：弁中峪。西：葵丘。南有淄水自益都入，《水经注》，径牛山西，其北營丘，东得天齐水口，又北径管仲墓，至城东，径雪宫西高敬仲墓东入乐安。西南：时水自益都分入而合，北径杜山，右合濁水及系水、京水，又北折西，一曰乌河，即乾时，入新城。西北：渑水，亦汉漯，分水乐安、博兴。《周礼》"其浸菑时"。东南：鼎足山，《地理志》"菟头，女水出"，北径故鄨亭，伏至汉东安平故城复出。**博兴**简。府西北百十里。西南：小清河、支脉沟自高苑入，并淤。今自马踏湖纳新城涝淄水，左得小清故道，故亦曰小清河。又东为会城泊，《水经注》"平州坑右纳汉漯"，即渑水，出为预备河，并入乐安。冶城河，埋。有纯化镇。**高苑**简。府西北百五十里。南有小清河，自新入，至军张闸，右得故道，左为支脉沟，俗岔河，东入博兴。田镇，横所居。**乐安**冲，繁。府北少东九十里。海，东北百三十里，自利津迤东南为淄河口，有小清、支脉沟自博兴入之。一故道至寿光界，今小清入。西北其富民河亦入焉，右会淄水，缘其界，其女水入，分流折东并入之。西南：渑水自临淄错入，亦仍入之。乐安、高家港镇。塘头塞。**寿光**冲，繁，难。府东北六十里。海，东北百四十里，自乐安迤东南为淄河门。西南，清水泊，古巨定，有盐城，汇益都跃龙、王钦、北阳河，临淄女水、小清古沛渎。又东南，沔河口水，南自益都入，径剧故城，古纪国，又北径黑家泊，又东南至潍。东：尧河，亦自益都入，径故乐城。南丹河自昌乐入，径斟灌国。其桂河入，径故乐望。广陵、侯镇。**临朐**简。府南少东四十五里。朐山，东二里。西：逢山。东南：大弁。西南：八旗、嵩山、大岘。其关一，曰穆陵，有巡司。《地理志》，朱虚东泰山，今沂山，汶水出其东，东北左合英山水，入安丘。其北虚水、西丹水并从之。巨洋水出其西北，径月明崖，右合龙门、南丹，左略遰、冶泉，径城东，又北径委粟山，左纳石膏水，入益都。其东，康浪水、洗耳河、尧水从之。**安丘**繁，难。府东南百六十里。安丘山，西南十五里，即今牟山，所谓牟娄，古牟夷国。又西南：刘山、峿山、书院。东北：担山。南有峿水，自莒入，左合淇河、鼋泉河，东入诸城。东南：潍水，自诸城入，径砺阜山，左合小峿水，侧有盖公山，又北缘昌邑界复入，径岞山入潍。汶水西自临朐入，左合金山，右合牛沐山水，《水经注》："东北径汉故城北、管宁冢东、孙嵩墓东、柴阜山西"，今右合灵水，又侧城东北径汉故淳于，从之。镇：李文。景芝，县丞驻。**昌乐**冲，繁。府东七十里。东：弧山。南：乔山。东南：丛角，小汶河出，入安丘。塔山，《水经注》覆"甗"，溉水出。其西，孝义河。西南：播鼓，白狼河出，东径后魏故营陵。东南：方山，虞河出。并入潍。其北麓，桂河出，其西麓，东丹水出，西丹水自朐来入会，径北郝集，丹朱墓在焉。其西：尧水，自益都缘界，并北入寿光。丹河镇。铁路。**诸城**冲、繁、难。府东南二百八十里。东南：琅邪山、云母、烽火。南：黄山。西南：马耳；九仙山，潮河出，会北源石河、峪水，径故梁乡，入日照，达于海。海又东为宋家河口，距城百二十里，黄山河入。又东，徐家港，纪里河纳白马河入。又东，崔家溜口，东南横河东源自胶入，会西源入。其外，沐官岛。又东，鸭岛。迤北，齐堂岛。又北，龙潭口；琅邪台在焉。至莒界，潍水入。西南：涓水，纳白纳河，自其右注之，左纳西商沟河。又东，径白玉山，右合抚淇水，至城北。折北，右合卢水，《地理志》"横故山，久台水"。密水，径巴山入高密。其东五龙河，其西长干沟，又西浯水自安丘入，径汉故平昌，合荆水，并从之。信阳、龙湾、普庆、芝盘镇。南信巡司。药沟驿。

胶州直隶州：冲，繁，难。明，莱州，领县二。雍正中降，省灵山卫入之。光绪三十一年，直隶。西距省治百里。仍所领。南：艾山、珠山、崂峒。东暨南际海，自即墨迤西南为麻湾口。北有胶莱南河，自平度入。西南：胶河自诸城入，右合西源望荡山水，径汉袚故祝兹，错复入，径金梁乡镇，汉袚侯国，即东黔陬城。又径西黔陬，左合周阳河，错高密，合张奴水复入，径都泺。又东南，右合碧沟，至夹河套，左会沽河。又南守风湾、云溪河、洋水，又南黄山岛、淮子口，迤西薛家岛、灵山岛。其北岸灵山卫，卫北徐山，又西柴湖荡口、湘子门口，至诸城界麻湾、女姑口，外为胶州湾。光绪二十三年，德人租之。镇：古镇、逢猛。夏河寨。灵山巡司。铁路。**高密**简。府西南一百二十里。南：王子山。胶河自州入，右合张奴水，径都泺，仍入之。北：胶莱北河自平度缘界，纳五龙河，仍入之。侧有百脉湖，淜。西南：潍水自诸城入，左合张洋河，左长干沟，又西北径砺阜，郑康成墓在焉。左纳浯水，入安丘。铁路。**即墨**冲、繁。府东南二百五十里。东南:不其山、劳山。西南:天室。西:高鞍。东及南际海,东北自莱阳入,为周疃口。其内鳌山废卫。迤东南,栲栳岛。巡司二。又南,田横岛、峱山口。又西,女姑口汇海口,远西河入。其外胶澳。又西,赤岛。西南:青岛,至州界。北:孟沙河入平度,注姑河。姑河复缘界入州,流浩河从之。

清史稿卷六二
志第三七

地理九

河　南

　　河南:《禹贡》豫及冀、扬三州之域。明置河南布政使司。清初
为河南省,置巡抚。雍正二年,升陈、许、禹、郑、陕、光六州为直隶
州。十二年,升陈许为府,郑、禹仍属州。乾隆九年,许复直隶。光
绪末,郑复直隶。宣统初,淅川厅直隶。领府九,直隶州五。直录厅
一,州五。县九十六。东至江苏萧县,六百五里。西至陕西潼关县,
一千三十里。南至湖北黄陂县,一千一十里。北至直隶磁州,五百
八十里。广千六百三十里,袤千三百九十里。宣统三年,编户四百
六十六万一千五百六十六。口二千六百八十九万四千九百四十五。
其名山,嵩高、三崤、熊耳、太行。其大川:河水、淮、汴、洛、颍、汝、白丹、卫、漳。
其铁路:京汉,开郑,道泽。其电线:东北达济南、京师;西,长安。

　　开封府:冲,繁,疲,难。巡抚、布政、提学、提法司、盐粮、开归陈许郑、兵
备、巡警、劝业道驻。明洪武元年,以元汴梁路改。清初,河南省治仍领。州
四,县三十。雍正二年,陈、许、郑、禹直隶,割县十四隶之。延津、原
武属卫辉、怀庆。乾隆中,禹及密、新郑还隶;河阴省;阳武、封丘属
怀庆、卫辉;仪封为厅,后亦省。北至京师千五百八十里。广三百七
十里,袤三百六十里。北极高三十四度五十一分。京师偏西一度五
十五分。领州一,县十一。祥符冲,繁,难,倚。城东北隅,夷山。东北:赤

冈河水自元至中始，尽历府幸，自中牟缘封丘界，径黑冈、柳园口入，东入陈留。其贾鲁河入，径朱仙镇入尉氏，即蔡故渎，上游一日沙。《水经注》渠水实鸿沟，而浚水堙。其惠济河入，径府治，南亦入陈留。宋都四渠及六丈、白沟河亦堙。吹台，县丞驻。陈桥镇。大梁驿。郑汴铁路。**陈留**冲。府东少南五十里。东北：潘冈。河水自祥符，径小黄故城北，又东入兰仪。北：惠济河，自祥符入，径城北，《水经注》"沙水径牛首亭东，鲁渠出焉。"者。其东，桃河、古涣水，又东，睢水并汴支津东南入杞。观省陂在焉。县驿一。**杞**冲，繁，难。府东百里。西北：惠济河自陈留入。《水经注》"径阳乐城南、鸣雁亭北"。睢水亦自陈留入，径高阳城，合桃河为横河，实古浍水，并东南入睢。西南：青冈河自通许缘界入太康。河水旧径县北，故有汉堤、隋堤，自大梁至灌口，即老鹳河也。雍丘驿。**通许**简。府东南九十里。吴召冈、李大冈诸冈绵亘县境，河流环之。东南：青冈。河出县西北，下流为燕城河，入太康。北：双沟，蔡故渠。《水经注》"沙水径袭氏亭西，澹台子羽冢东"者，半截河出焉，西南入尉氏。县驿一。**尉氏**冲。府西南九十里。城内：尉缭子台。东：锦被冈。西南：三亭冈。城南：五凤山。东北：贾鲁河自祥符入，右合康沟及大沟新河。《水经注》"长明沟径向城北、尉氏故城南，三分"者。至白潭镇，左纳半截河，东南入扶沟。县驿一。**洧川**简。府西南百五十里。东：东里。东南：赤坂冈。西：双洎河，即洧水，自长葛改入，左合蛰龙复受清河、大沼水，径新汲故城考升庙，北大隧涧在焉，迤东入鄢陵。县驿一。**鄢陵**难。府西南百九十里。北：彭祖冈。东北：虎冈。双洎河自洧川入，径彭祖冈，东南入扶沟。南：艾城河自临颍缘界，右会石梁为流颍河，径陶城入西华。城南：文水。又南，三道河，达太丘城。县驿一。**中牟**冲，繁。府西七十里。北：牟山。西南：马陵。西北：圃田泽。河水自郑入，径杨桥口，又东，黄练集。贾鲁河入，合龙须沟，《隋志》郑水。又东，右合鸭陂水，至县西。乾隆六年浚为惠济河。正渠又东径官渡城，又东南，右合粪陂，古末水，丈八沟，焦城在焉，古清池水，并入祥符。自周定王五年，河南徙，邑沮洳。明万历中，令陈幼学浚渠百九十有六。县境濒河，有管河上汛县丞、下汛县丞驻。曲遇聚、白沙、东张、杨桥四镇。城驿一。郑汴铁路。**兰封**冲，繁。府东北九十里。明，兰阳。道光四年，改兰仪。同治二年省仪封厅入。宣统元年，复讳改。东北：黄陵冈。西北：河水自陈留入，旧入考城。咸丰五年，决铜瓦厢，改东北径龙门口入直隶长垣。旧贾鲁七河堙。阳封，管河县丞驻。城驿。**禹州**冲，繁。府西南二百九十里。明初钧州，后改。雍正二年升，十二年降属许州府。乾隆六年还隶。北：大駇山。西南：九山。西北：荆山，小洪河出，入长葛；崆峒、铁母。颍水自登封入，径康城阳关聚，左合书常麻地川。右涌水，径城南，一曰褚河，入襄城，其西土炉河，下流并达之。《水经注》"故渎径三封山，有喝水"。今泉二：上棘、小韩。清颍一驿。**密**简。府南二百八十里。清初，自禹来隶。雍正二年，复属禹。乾隆六年复。南：密岵山。西北：开阳。东南：洧水，源出登封马岭，东北流，径县东南，绥水注之。又东流，溱水注之。又东入新郑。东南：大駇山，潩水出，其玉女陂从之。东北：圣水峪，圣水出，入郑郐城。县驿一。**新郑**冲。府西二百里。清初自禹来隶。雍正二年，复属禹。乾隆六年复。东南：大駇山，潩水自密出山，径风后顶，又东南，径陉山入长葛。其北，洧水自密会溱入，曰双洎河，至城南为洧渊，又东南，径土城，左合黄水，右梨园河，亦入长葛，梅从之。《水经注》：长明沟水出苑陵故城西北，东即古制泽、西琐泽，合龙渊泉、白雁陂"者。永新、郭店二驿。郑汴铁路。

归德府：冲，繁，难。隶开归陈许郑道。总兵驻。西距省治二百八十里。广四百七十里，袤三百二十里。北极高三十四度三十二分。京师偏西三十五分。沿明制。领州一，县八。**商丘**冲，繁，难，倚。商丘城，西南三里。又城南四十里，谷丘。河水自宋开宝四年至康熙四年决入郡境者以十数，府治与为转徙，南北不恒。咸丰五年后，故道淤。丰乐河出焉，东南入夏邑。古汴水一曰护水，其支津浍河，即睢水上源，湮。今首县西北，俗名沙河，歧为三。北岔入永城。正渠及南岔，与其支苞河、其西陈两河，自宁陵入，右合沙家洼、冀家河，左合古宋河，并入安徽亳州。沙为马尚，南岔为武家，而陈两为清河。大蒙，古景亳。小蒙侧有漆沟、孟诸泽。济阳、葛驿二镇。县驿一。**宁陵**冲。府西六十里。西：甘露岭。东北：河水故道，淤。其自睢入西南者曰张公河，径汉己吾故城，东入柘城。西北：陈梁沙河，俗名陈两汴。长安一镇。宁城一驿。**鹿邑**繁，疲，难。府南百二十里。故城，县西，古鸣鹿，县丞驻。东：阴灵山、隐山。西南：横岭。西北：惠济河自柘城入，径贾滩南。涡水自太康入，错淮宁复入。南：清水河，涡支津，旧自淮宁入，今首虞诩墓，北径汇城，东南为练沟，并入安徽亳州。其清水，南出偃王陵者，茨刺河，右合霍水，会西明河。《水经注》"自陈城百尺沟东径宁平故城南"者，入太和，东明河亦入之。谷阳一镇。县驿一。**夏邑**冲，难。府东百二十里。清河自虞城入，左合横河。西北：丰乐河自商丘入，为响河，及虬龙河、歧河，并东南入永城。分防夏商永、县丞驻。会亭一驿。**永城**冲，繁，难。府东南百八十里。北：砀山。巴清河即减水沟，自夏邑入，东南入江苏萧县。东洪沟，自萧入，仍从之。响河径太丘故城，合虬龙沟、歧河，为巴沟河，径城北，东南入安徽宿州。南：浍河自商丘入，径建平、鄗、费故城北，合台北岔沙河。又东，包河自安徽亳州入，并从之。祈兴、保安二镇。太丘一驿。**虞城**冲，繁。府东北七十里。东北：柱冈、黎丘。河水故道自商丘入，东入江苏砀山，即古汴渠。《水经注》"径周坞侧"者，横河出焉。南：惠民沟，并入夏邑。治平一镇。石榴堌一驿。**睢州**冲，繁。府西百里。城西：骆驼冈。北：黄河故道自考城入，明嘉靖十九年，决野鸡冈，南流者为张弓河，入宁陵。西：惠济河自杞入，左合横河，即擅其故道，东南入柘城。横即睢，睢即涣。《水经注》"径承匡城，又东径襄邑故城南"者。归化、重华二镇。五桥集，州判驻。葵丘一驿。**考城**简。府西北百二十里。乾隆四十九年，改隶卫辉。光绪元年复。南：葛冈。河水故道旧自兰封入，东入山东曹县，咸丰五年北徙。旧有戴水，并堙。斜城、葵丘有驿。**柘城**简。府西南九十里。城东北隅：廓山。河水故道二。西北：惠济河自睢入，径心冈寺，《水经注》："睢水历县北"者，旧纳涡支津。北：张弓河自宁陵入，径牛斗城，会于东南瓦桥，东南入鹿邑。又东刘家河，古谷水，即涣水，《水经注》"径邵城北"者。又古泓水，县西，并堙。八桥一镇。县驿一。

陈州府：繁，难。隶开归许郑道。清初，沿明制，为开封属州，领县四。雍正二年，升直隶州。十二年，升府，并割太康、扶沟来隶，增附郭。西北距省治三百里。广一百九十里，袤二百十五里。北极高三十度四十七分。京师偏西一度二十六分。领县七。**淮宁**繁：疲，难，倚。明省宛丘入州。雍正十二年，析改为府治。西北：西铭山、杏冈。北：鞍子岭，西明河出，径汉新平故城北。东北：涡水自太康入，并入鹿邑。西南：沙河自商水缘界，会贾鲁河入，径赵牛口，纳柳涉河，径新站集，又东南，左纳西蔡河，又东南入项城。汾河自商水流入县西南，又东入项城。东南：东蔡河入沈丘，周家口在县西南，贾鲁河、沙河交汇于此。县驿一。**商水**简。府西南七十里。西北：沙河，古渡水，自西华入，径郑城，又东，右会颍水，径丛台，至周家口。南绾汝、蔡，北毂陈、汴，通判驻。左会贾鲁河，径灌溉城、颍歧渡，缘淮宁界入之。西有汾河，旧自西华入，径扶苏城，左合枯河，东径范台，右纳界沟河，入淮宁。谷阳一镇。县驿一。**西华**难。府西北百八十里。南：宜山。西：庙陵冈。西南：沙河自郾城入，东径小陶、夏亭城，入商水。渚河即颍，右合土炉河，又东北，左纳其支津流颍为合河口，径丛桑村，又东，左纳大浪沟从之。西南：洪河自上蔡错入，仍入之。又贾鲁河西北自扶沟入，径护当城，侧城东南入淮宁。柳涉河源自县东，东南入淮宁。常社一镇。县驿一。**项城**简。府南百二十里。河水故道即今沙河，自淮宁入，径公路城入沈丘。汾河西北入，径后魏、平乡诸陂，《水经注》"径南顿故城南"者。西有泥河，即蔡河，自上蔡入，错汝南复入，径石桥，并东入沈丘。县驿一。**沈丘**难。府东南百三十里。北：大沙河自项城入，左纳东蔡河，径其北，汾河入为小沙，左右合谷河、泥河，径城南入安徽太和。纸店一镇。县驿一。**太康**繁，疲，难。府北五十里。北：石山。东北：长白。西北：青冈。河自通许入，为燕城河，涡水冒为源，汇白洋诸沟，径城南，又东南，左合河水故渠，径马厂集入鹿邑。槐店，县丞驻。崔桥一镇。县驿一。**扶沟**简。府西北百二十里。西北：雕陵冈。贾鲁河自尉氏入，至张单口，左会双泊河，《水经注》"洧水经桐丘城西"，其孟亭故堙。所谓小扶亭、洧沟，县氏焉。侧城东南，径大扶城，古涡水出焉。又东南，入西华。其西，文水河自鄢陵入，右合三道河，为大浪沟，径鸭冈，洧西南故道径新汲故城西、匡城南，左迤为鸭子陂者亦入之。白亭、洧阳、固城、吕潭四镇。县驿一。

许州直隶州：冲，繁。隶开归陈许郑道。清初沿明制，为开封属州。雍正二年升，仍所领。十二年为府。乾隆六年复。东北距省治二百五十里。广九十里，袤百二十里。北极高三十四度五分。京师偏西二度二十五分。领县四。西南：熊耳山。渚河，今颍水，自襄城缘界入，径颍阳故城，古许国，东南入临颍。其古颍水支津石梁河，西北自禹入，左纳暖泉河，径城西。又东南，右合湛洞，其东浍河，即溟水，《水经注》"径射犬城"，自长葛入，东至秋湖，曰艾城河。其东，洧仓城、其西岸亭，并从之。湛洞、石固二镇。县驿一。铁路。**临颍**冲。府东南六十里。颍水自州入。《水经注》"径繁昌故城北"，有锅雍口，东则枣只河故渎出焉。又东南，径泽城北，古皋鼬，缘鄢城界，错西华复入，入西华。其东支津石梁河，亦自州入，径大陵城南、御龙城南，左会艾城河，右合五里河左渎，入鄢陵。西南：土炉河自襄城缘界，并达之。繁城一镇。县驿一。**襄城**冲，繁。府西南九十里。城南：首山。汝水西自郏入，左合泛河，《水经注》"径西石羹河南"，右纳湛河、辉河，入舞阳。东北：颍水自禹入，径汾丘城，缘州界之。东北：土炉河自禹州入，径李膺墓、白草原，汇为朱湖潭，一曰乾勒河，左渎入临颍。其南：玛瑙河，出县东，东南入鄢城。襄城一驿。**鄢城**冲。府东南百二十里。东：召陵冈。城南：陉亭。西北：颍水自临颍缘界，径青陵城，东入西华。其土炉河入径裴城时曲栅，右合玛瑙河，出乾勒桥

从之。西有沙河，即汝水，自舞阳入，径道州城，至城南，右合沣河、唐河，曰大
溵河。东南歧为洄曲河，径沱口镇五沟营。其故渠自西平入，左合淤泥河来会，
入上蔡。正渠折东北，一曰螺湾河，亦入西华。县驿一。**长葛**简。府西北五十
里。西北：延秀冈。双洎河，即洧水，自新郑入，左合梅河，屈东北入洧川。洧河
在县西，上游曰溟水，自新郑入，后河自西注之。又东南，入许州，曰艾城河。暖
泉河自禹入，径城西南隅，东南入州。镇五：董村、石相、和尚桥、会河、后河。县
驿一。

　　郑州直隶州：冲，繁，疲，难。隶开归陈许郑道。明属开封。雍正二年
升，并割其县四。十二年，并还隶。乾隆三十年，省河阴入荥泽。东
北距省治百四十里。广五十三里，袤六十五里。北极高三十四度四
十九分。京师偏西二度三十四分。领县三。西南：梅山。南：泰山。西
北：河水自荥泽入，径花园口，又东入中牟。须索河入，会京水，东径衍南、祭城
北，右合郑水，为沙河，一曰贾鲁河，右合潮河从之。古汴水，《禹贡》曰"灉"，
《春秋》曰"郊"，秦鸿沟，汉蒗荡渠，东流曰官渡水，曰阴沟，曰浚仪渠。管城一
驿。京汉、郑洛、郑汴铁路。**荥泽**冲，繁。州西四十里。乾隆三十年，省河阴入
为乡，巡司驻。西北：河水自汜水入，径敖山，又东，广武荥泽口，又东入州。西
南：索水自荥阳入，径故城，践土营在焉，右会须水，为须索河，径平桃城。其京
水缘州界，从之。广武一驿。郑洛铁路。**荥阳**冲。州西七十里。东南：嵩渚山，
一名大周山，《水经注》谓之黄堆山。其西有万山、贾峪山、灵源、檀山。诸山皆
与中岳联体，而嵩渚为尊。索水，古㳂然水，出其麓，转北径城东。东南：京故
城。西：索氏。所谓"楚汉战荥阳南京索间"，屈折东北，入荥泽，须水从之。京
水达之。索亭一驿。郑洛铁路。**汜水**冲。州西百一十里。城北：太和山。东
南：五云。西北：河水自巩入，径成皋县北，即虎牢，《春秋》北制所谓东虢。侧
有黄马关。其南，方山，《山海经》"浮戏，记水出"，左纳玉仙水，北径城西入焉。
《尔雅》"水决复入汜"。又东，板渚，入荥泽。县驿一。郑洛铁路。

　　河南府：冲，繁。隶河陕汝道。粮捕、水利通判驻。清初沿明制，领州
一，县十三。雍正二年，陕升直隶州，灵宝、阌乡、卢氏先后割属。东
距省治三百八十里。广三百六十里，袤五百十五里。北极高三十四
度。京师偏西四度二分。洛阳冲，繁，难，倚。城北：北邙山。东南：大石。
南：周山。西南：秦山。洛水自宜阳入，右合甘水，至王城西南。涧水，即谷水，
自新安入，径谷城故城，东合孝水、金谷水来会。又东，径王城南，至城南，瀍水

亦自孟津来会。所谓"涧水东、瀍水西,惟洛食"。南有伊水,自伊阳入,右纳江左河,古大狂水,又北左合上沟、板桥、厌涧,右纳小狂水,古来需水,径前亭、伊阙口,其左龙门,右香山,左合灵岩寺,水径右枝津,左枝渠故渎从之。龙门、彭婆、翟庄、白沙四镇。周南一驿。**偃师**冲。府东少北七十里。古西薄。县西,帝喾及汤所都。城北:北邙山。东南:轩辕。西:首阳。南:缑氏、景山。古阳渠、谷水故道,堙。洛水自洛阳入,伊河注之。又折东北,流入巩。伊河亦自洛阳入,径县西南,又东北注于洛。又合水、刘水、休水,郭水皆注于洛。府店一镇。首阳一驿。**宜阳**简。府西南七十里。韩城镇,丞驻。南:锦屏山、万安城。西南:石墨。西:熊耳。洛水自永宁入,《水经注》:东合白马溪、昌溪、杜阳涧。又东,左合渠谷、厌梁、黄中涧、禄泉、共、临亭川水,又东径九曲南,注豪水,右合黑涧、虢水,又东北出散关南,又东,枝渎出在焉,惠水注之,入洛阳。韩城镇,县丞驻。又福昌、三乡二镇。县驿一。**新安**冲。府西七十里。东南:瞻诸山。西南:郁山。北:慕容山。南:密山。西北:队山。河水自渑池入,径匡口渡,合畛水。《山海经》"出青要山"。《水经注》:强山俗名强山水,又东入孟津,横水从之。《山海经》:正回水出骢山。谷水径烂柯山,又东径阙门,合广阳川,右石黙溪、宋水,径城南,又东径函谷关,东入特坂,右合皂涧、爽慈涧水,入洛阳达之。慈涧即娄涿山。少水出瞻诸山,实乱流合涧水。白石山陂水,古涧水正源,《水经注》意主山海经,而并列四涧,则郭注误之耳。匡口、杨守、仓头、石寺、北冶、石井、慈涧、阙门八镇。西关一驿。**巩**冲。府东北百二十里。周巩伯邑。后东周君居。有轩辕山、九山。东南:天陵,《山海经》霍山,以其西宋诸陵改焉。南:侯山。西北:苋山。河水自孟津入,为裴峪渡,古小平津,右合鲔水,又东五社津、神尾山。西南:洛水自偃师合休水,径郫城、訾城,右合罗水、明溪泉。又东北,黑石渡,右合黄水、康水、石子河,径城北,右合市河、魏氏河,又东神堤渡,右合任村水,为洛口,亦洛汭,入汜水,石城河从之。黑石渡、青泥、回郭三镇。洛口一驿。**孟津**简。府东北四十里。城南:邙山。西:柏崖。西北:河水自新安入,合正回水,又东合庸庸水为河清渡,后魏峡石津。又东径汉平阴,合五曲、九水,径光武陵,至城北。又东,古孟津,径平县故城,北合水,入巩。西南:谷城山,瀍水出,其任岭从之。长泉、旧县、双槐、油房四镇。县驿一。**登封**简。府东南百十里。北:太室山。汉置嵩高以奉,是为中岳,古外方。其西少室,休水出,合大穴山水入偃师。其西南,大熊,《山海经》大鼖,《地理志》阳乾。颍水出颍谷,是为右颍,左会中颍,左颍径城南,又东,左合少阳溪、五渡水,径阳城故县南,左合石淙水,古平洛溪,又东南入禹。其北,阳城山,洧水出,东径阳子台,入密。西南:大碨口,狂水出,《水经注》:西径纶氏故城南,左与倚薄山水合,八风溪水注之。又西得三交水口,径岳高山北,与涟水合,又西径湮阳城南",入洛阳,来需水从之。县驿一。**永宁**简。府南百九十里。崤山,县北,汉回溪坂在焉。东北:熊耳。东南:天柱。西南:金门。洛水自卢氏入,右合大沟河。《水经注》:"东径高门城南,东与高门水合"者。又东,松阳溪水,径黄亭南,合黄亭溪水。又东得鹈鹕水口,右元沪山水、荀公涧口,径檀山南,库谷水注之。又径仆谷亭北,左合北水。又东,侯谷水,径龙骧城北,左合宜阳北山水,又东,右广由涧水、直谷水,左蠡县西坞水,又东过蠡城县南,右会金门溪水,左合款水,黍良谷水入焉。又东,右太阴谷水、白马溪,又东,左合北溪,入宜阳。昌涧水、杜阳溪水、西度水并从之。县驿一。**渑池**冲。府西百六十里。东:大媚山。北:韶山、石门。东北:天坛、白石。西北:河水自陕入,为槐耙渡,径桓王山,合五龙潭,又东,济民渡,合金陵涧,入新安。西南:马头山�陕。谷水出谷阳谷,径土壕,合熊耳北阜水,《水经注》渑池川。又东,径俱利城,左合羊耳河,至城南,又东,左合北溪,搭泥镇千秋亭,雍谷水、晋水从焉。崤店一镇。南村巡司。义昌、蠡城二驿。**嵩**难。府西南百六十里。东北:三涂山、鸣泉。北:介立。西北:陆浑。东:惠明。西南:卧云。伊水自卢氏入,径郭落山北,《水经注》,左合庸庸水。又东北,南屈为渊潭,右合太阳谷水、鲜水,左蛮水,又东,北历崖口,左合七谷水,径嵩县南,左合蚕谷水,又东北径陆浑岭,东,温泉水、焦涧水、明水、洧阳水、马怀桥水,右大戟水,左吴涧水,又东北入伊阳。伊阙前溪水从之。乾隆中,令康基渊浚新故渠二十有一。南:伏牛山,汝水出,其分水岭石柏谷。《水经注》:东北径太和城,历长白沙口,狐白溪水注之,东入伊阳。又西北,离山,浕水出,俗名白河,东入南召。旧县镇,巡司驻。县驿一。

　　陕州直隶州:冲,繁。河陕汝道治所。州隶之。清初沿明制,为河南府属州,领县二。雍正二年升。十二年,割卢氏来隶。东距省治六百八十里。广三百三十里,袤五百四十里。北极高三十四度四十六分。京师偏西五度二十分。领县三。东:崤山。南:常烝。西:虢山。河水自灵宝入,合桥头沟、藏龙、青龙涧。《水经注》:安阳溪及谯水、橐水、崤水汇焉。有太阳津。又东径城北为茅津渡,又东三门山,过砥柱入渑池,谷水从焉。曲沃、张茅、石壕、上村、乾壕五镇。硖石一驿。**灵宝**冲,繁。州西六十里。南:秦山。西南:地肺、石城、浮山。东南:岘山、鹿蹄。南:女郎。西北:河水自阌乡入,合柏谷水、稠桑河,又东径函谷关,合宏农涧,古门水。及烛水、田渠水,径城北,又东合曹水、畜水入州。虢略一镇。桃林一驿。**阌乡**冲,难。州西北百二十里。南:荆山、秦山。其支阌山,其东皇天原,又西桃原,古桃林,瑕城在焉。河水自陕西潼关入,为风陵渡,径黄卷坂,合玉溪涧,又合泉鸠涧,为津渡,又东径曹公垒,合石姥峪、夸父山水,即湖水,为西关渡,径城北,又东入灵宝,稠桑河从之。关东一镇。鼎湖一驿。**卢氏**简。州西南百四十里。卢氏山,西北。小青。洛水自陕西雒南入,其南熊耳,禹所导。东径城北入永宁。其支蔓渠,俗名冈顿岭,伊水出,东北径栾川镇,入嵩。西南:汤水,俗名黄沙五渡,入内乡。《水经注》:出卢氏大嵩山。朱阳一镇。县驿一。

汝州直隶州:繁,难。隶南汝光道。粮捕、水利州同驻。**东北距省治四百九十里。广袤各二百二十里。北极高三十四度十三分。京师偏西三度三十六分。沿明制,领县四。**西南:崆峒山。东北:风穴山。其石楼、鹿台、望云、檀树、狼皋、銮驾诸山,皆中岳熊耳之支脉也。西北:永安河入伊阳,水入径阳家楼。《水经注》"趋狼皋山东出峡,谓之汝厄。东历麻解城北,径周平城南,又东与广成泽水合。又东得鲁公水口,合霍阳山水"者。又东径城西南,左纳洗耳河,又东,左合赵洛河,径成安故城北,又东,黄水注之,即承休水,入郏、宝丰。杨家楼,州同驻。赵洛、临汝二镇。县驿一。**鲁山**难。州西南百二十里。东:鲁山。南:籔箕。东南:商余。西北:尧山,《水经》"滍水出",故汝支津,今出西百七十里吴大岭,俗名沙河。《水经注》"与波水合,又东径鲁阳故城南,右合鲁阳关水,又东北合牛兰水,又东径应城南,彭水注之"者。又东缘宝丰界入,叶犨水从之。赵家村巡司。县驿一。**郏**难。州东南九十里。北:绿石山。东南:紫云。西北:大刘、扈阳。汝水自州缘界,合扈涧水,纳青龙河,入径城南,右纳石河,又东,左纳蓝水。《水经注》"径化民城西,黄阜东"者。又东径摩陂入襄城。长桥、黄道二镇。县驿一。**宝丰**难。州东九十里。东南:香山、扁鹊。西:锯齿岭。汝水自州缘郏界之西北。石河,古养水,源出三堆山,东南流,有柏河来会,又东南入郏。柏河有二源,皆出县西山中,东流而合,又东南注石河。滍河即沙河,在县东南,自鲁山入,东入叶应水,一名灅河,又名石渠,源出北峠山,东南注滍河。东:湛水,东南流入叶。宋村、曹二镇。县驿一。**伊阳**简。州西南九十里。东南:云萝山。南:霍阳。东北:连珠。西北:筛子垛。伊水自嵩缘界,合杜水,纳永定河,入洛阳。西南:汝水自嵩缘界入,径城南,右合马蓝河,径紫逻口,左合练溪,入州。上店一镇。县驿一。

彰德府：冲，繁。隶河北道。粮捕、通判驻。清初沿明制，领州一，县六。雍正中，割直隶大名之内黄来隶，以磁隶广平。南距省治三百六十里。广三百二十里，袤二百里。北极高三十六度六分。京师偏西二度。领县七。安阳冲，繁，疲，倚。西南：蒙贲山。西北：铜山、蓝嵯、鲁山、清凉山。漳水自陟入，径邯郸故城，缘直隶磁州界，又东径丰乐镇，入临漳。东南：汤水自汤阴缘界，合水及南万金渠、防水，又东径伏恩村。西有洹水自林伏入，至善应山北复出。其西龙山，合虎洞水，右歧为南、北、中、三万金渠，又北径河亶甲城，左合珍珠泉，折东径殷墟、韩陵山故渎，右出焉，又东南，先后来会，又东入内黄。丰乐镇，县丞驻。邺城一驿。铁路。临漳繁。府东北七十里。河故道在县界，今已南徙。滏水、汙水并在县西，今为漳、汙所经。漳河南自安阳、磁州入，侧城西南，分二派，东至大名，并注卫河。鸬鹚陂为境内蒲鱼之利。三台在邺城内西北隅，讲武城在西。漳水上曹操疑冢在焉。冰井、铜雀、金凤。回隆、邺二镇。县驿一。铁路。汤阴冲，繁。府西南四十五里。西：五岩山、柏尖。西南：淇水自林缘界，卫河自浚缘界，北径五陵，其西邺城。又北，普济河出焉，缘内黄界入之。西：牟山，《水经注》石尚荡水出，唐改汤，径城北，至岳王坟东。宜师沟出西南黑山，一曰永通河，北径高膜桥注之。又东北抵安阳界，左合羑水入之。镇二：鹤壁、宜沟。县驿一。铁路。林繁。府西南百十里。林虑山，西二十里，太行支。其异目：西黄华、天平、玉泉，西南谼峪、栖霞，西北：鲁般门、倚阳，皆林虑之异名者也。浊漳自山西潞城入，缘涉界，左会清漳为漳水，东入河内。《水经注》所谓"径葛公亭、潘阳城北合沧溪"者。其南，洹水自黎城伏入，复出为大河头，径城北，左合史家河、陵阳河，至龙头山复伏。西南：淇水自辉入，径石城、淇阳城，左会浙水，入汤阴。县驿一。武安繁。府西北六十里。南：鼓山。西：龙虎头。西南：磁山、冈与。西北：摩天岭、三门。有磨盘峧，南洺河出，屈东北，径粟山，合玉带及紫金河。其天井峧，北洺河出，径儒山，合于紫金山，西入直隶永年。县驿一。涉简。府西北二百二十里。城北：龙山。南：熊耳。东：韩五。西南：风洞。东北：符山。东南：青头。西北：石鼓、毛岭口。清漳水自山西辽州入，径城南，一曰涉河，县以是名。又东南，浊漳自黎城缘林界来会，为合漳口，入安阳。索堡一镇。县驿一。内黄繁，难。府东百十里。明属大名。雍正二年来隶。东：博望冈。河水故渎在焉。有金堤。西南：卫河自安阳缘界，径牵城入，左合汤水、洹水，径繁阳城，折东楚王镇，右合柯河，入直隶清丰。卫实淇水，《水经注》"过内黄县南为白沟，径并阳城为黄浑,径戏阳城东"。《地理志》清河水。隋,永济渠。高堤一镇。县驿一。

卫辉府:冲,繁。隶河北道。上北河,卫粮通判驻。清初沿明制,领县六。雍正中,割开封之延津直隶,大名之浚、滑来隶,胙城省。乾隆中,割开封之封丘、归德之考城来隶。光绪初,考城仍还隶。东南距省治百六十里。广三百九十里,袤百七十八里。北有高三十五度二十七分。京师偏西二度十二分。领县九。汲冲,繁,倚。西北:霖落、苍峪、坛山。西:仙翁。北:华盖。并太行支脉也。东南:河故渎。北:卫河自新乡入,一曰清水河,右纳孟姜女河,径府治北,比干墓南,又东北,右纳沧河,缘淇界入之。铜关、杏园、淇门三镇。驿一。卫源铁路。新乡冲,繁。府西五十里。北:寺儿山、五陵冈。西南:黄、沁故渎。东北:卫河自获嘉入,右合小丹河及沙河,有合河镇。又东北入汲。驿一:新中。获嘉冲,繁。府西南九十里。东北:同盟山。南:黄、沁故渎。西:小丹河自修武入;其新河会重泉注之,东径三桥,左纳峪河,即清水河。其西北,太白陂,《春秋》大陆。又东入新乡。北流河自辉入为沙河,从之。崇宁、亢村二驿。丞兼巡司。铁路。淇冲。府北五十里。东北:浮山。西北:灵山。西:朝阳。东南:卫河自汲合沧河缘界,纳斮胫河,所谓"肥泉"。又东北会淇水入浚。早生、青龙二镇。淇门一驿。辉繁。府西六十里。西:太行。其支,东北:方山。北:九山。西北:苏门,卫河出焉,曰百泉,诗"毖彼泉水"。汇卓水、白沙、莲花、万泉,历闸五,入新乡,下至山东临清会汶,行九百二十三里。其西沙河,汇丁公、清廉、焦泉,又西峪河、清水,汇梅竹、重泉,并入获嘉。重泉,《水经注》长泉,径邓城东,又谓白屋水。淇山,西北。《山海经》沮洳。《淮南子》大号。淇水出东北,入林。县驿一。延津冲,疲。府南七十里。雍正二年,自开封来隶。五年,省胙城入。西南:酸枣山。北:河水故渎。西北:孟姜女河东北流,至汲,注卫河。濮水、酸水、延津、枣津、文石津,并堙,惟乌巢泽存。沙门一镇。驿一,曰廪延。浚冲,繁。府东北百十里。城西南隅,浮丘山。东南:大伾,即黎阳山,其支,紫金、凤皇。有禹二渠。白马津西即遮害亭,又西,卫河。古泉源水自汲会淇入卫。《诗》所谓"在右"。淇口,古宿胥口。魏遏淇入白沟,所谓枋头,即今之淇门渡也,东北径榆城南,又北径白祀山、顿丘故城。道口镇,县丞驻。县驿一。滑繁,难。府东九十里。东北:白马山、鲋鰅城。西北:狗脊、天台。河故渎在焉。有瓠子堤、金堤。滑水,堙。西北:卫河自浚错缘界仍入之。老岸一镇,巡司驻。县驿一。封丘繁。府东南百里。南有河水自阳武入,缘祥符界入之。城北:黑山。东北:淳于冈、青陵台,圮。

古濮渠，堙。潘店、中栾二镇。有驿。

怀庆府：冲，繁。隶河北道。河北镇总兵、黄沁同知驻。**清初沿明制，领县六，后割开封之原武、阳武来隶。东南距省治三百里。广三百九十里，袤百三十里。北极高三十五度六分。京师偏西三度二十七分。领县八。河内**冲，繁，倚。北：太行山。沁水自济源入，《左传》少水，《水经注》"东径小沁亭北，右合小沁、倍洞水、邘水，径野王故城北"者。其沸水径柏香镇，绵城为猪龙河，合丰稔南支，南入孟。其支津东北贯城，合利仁河，东出合广济支津注之。左会丹水，又东径武德镇，古州邑，入武陟。丹水自山西凤台入，为丹口，径邓城、苑乡城，酾为十九渠，古光沟、界沟、长明沟故渎在焉，并注沁。而小丹河为大，合白马沟，径清化镇。广济河及北支丰稔自济源入，并绝济。广济复歧为二支津，并入温。镇七：崇义、柏香、邘台、万善、清化、尚香、武德。驿二：覃怀、万善。**济源**难。府西七十里。西：王屋、天坛。王屋，志称"天下第一洞天"。天台，道书所谓"清虚小有洞天"也。西北：析城、秦岭、陵山。北：盘谷。东北：孔山、熊山。西南：河水自山西垣曲入，纳瀑水。又东，河清渡、马渚合柴河。《水经注》"湛水径向城、淇城东"者。又东入孟。湛水源出西北山，东南流，径城东南，注漠河，径琮山口，至勋掌村，淤。故《水经注》，漠出原山勋掌谷，俗谓之白涧水。侧城东南，其南源姑嫂、五指、秦岭三山水自右来会，又东南，左合济支津。济出王屋山麓太乙池，为沇水，伏九十里，至共山南，复出于东丘，为济渎。东西二源乱流，其南复注漠。又东入河内，为猪龙河。东北：沁水自山西凤台入，为枋口，东南，右歧为广济河，古秦渠。《水经注》朱沟，元为广济河，明为二十四堰。在永福堰者利仁渠，在广福堰者丰稔南北渠，古奉沟，与正渠并入河内。在永利堰者永利渠，又歧为二，一南注沸为支，一东南为余沸，入。邵源镇巡司驻。县驿一。**原武**难。府东百八十里。明属开封。雍正二年来隶。东北：黑洋山，古漭水出。西南：河水自荥泽入，又东入中牟，天然渠从之。下至扶沟，长七十五里。县驿一。**修武**冲，繁。府东北百十里。北：太行山。西北：天门。西南：小丹河自武陟入，一曰预河，径冠村，侧城东北，又东入获嘉。新河上承灵泉、刘公河，至城东北，汇皇母诸泉，入获嘉。待王、丞恩二镇。县驿一。**武陟**冲，繁。府东百里。河北道治。西南：清风岭。河水自温入，纳广济河，沁河水注之，又东入荥泽。沁河自河内入，径故怀城木栾店，侧城东南，又东径詹店入原武。广济河自河内入，径县西南，注黄河。小丹水亦自河内入，径县西北，入修武。永桥、宁郭二镇。武陟、宁郭二驿。**孟**冲，繁。府南五十里。城西：紫金山。西北：五龙台岭。山下至梁村，古溴梁。其东，马吉岭。西南：河水自济源入，径宋河清故城，为白坡渡，古冶孤津，其下吉利湺，古高渚。又东合轵阳涧，其下杨树湺，古淘渚。又东径野戍镇，为河阳渡，古孟津，其下郭湺：所谓"河阳三城"。古河中渚，合衡硐，又东顺硐至城南，其渡小平津，又东径沇水镇入温。西北：溴水自济源入，径冶城，右合同水，径古安国城，合青龙涧，又南径谷旦镇，至无鼻城，左合余济南支。又南，孟港。东：猪龙河自河内缘界，合丰稔南支及余济北支，并从之。允河、白陂二镇。驿一：河阳。**温**繁。府东南五十里。西：太平山。西南：河水自孟入，至小营。西北：济水自河内入，为猪龙河，缘界合丰稔北支。又有大埝水，至上浣村，仍曰沇水，径虢公台南，会溴水入焉，径城南。又东至平泉西，大丰及长济及兴隆堰水亦自河内入焉，又东入武陟。赵堡一镇。县驿一。**阳武**繁。府东北九十里。西南：河水自原武入，径官渡，东入祥符。天然渠径黄练集，东北入封丘。其河、济故渎西北。河自山西垣曲入郡境，凡行六百四十六里。太平、延州二镇。县驿一。

　　南阳府：冲，繁，难。隶南汝光道。南阳镇总兵驻。清初沿明制，领州二，县十一。道光中，淅川升厅。东北距省治六百十里。广五百八十里，袤三百四十里。北极高三十三度六分。京师偏西三度五十五分。领州二，县十。**南阳**冲，繁，难，倚。西北：精山、紫山。东北：丰山、蒲山。清水俗名白河，自南召入，径其北。《水经注》"径博望西鄂故城，又南径豫山宛城东，梅溪水注之"者。至府治南，支津南出为溧河，又西南，右合木沟、十二里河，径淯阳城，并入新野。潦河缘镇平界从之。东有唐河，自裕缘唐界入，桐河从之。石桥一镇。赊旗店巡司。博望驿驿丞。林水驿驿丞。又宛城一驿。**南召**难。府西北百二十里。顺治十七年省入南阳。雍正十二年复。南：百重山、天子、望山。西：香炉。西南：燕尾、壶山。西北：伏牛、圣人。白河自嵩入，径其东，右合狮子、黄洋河，左五路山水，至十里冈，右合留山及空山、鸡子河。留即丹霞，其河即鲁阳关水，《水经注》"径皇后城西"者，关古三鸦路。有雉衡山，《地理志》醴水出，东入叶。李青店巡司。县驿一。**唐**繁，难。府东百二十里。城南：天封、百里、唐子山、紫玉、午峰、花山。西北：富春。东南：孤山、马武。东北：唐河自南阳缘界入，左会沘水及马仁陂水，右合桐河，侧城西南。左纳沣河及江河、秋河，径湖阳故城西、谢城北，合谢水、湖河，径苍苔镇，缘新野界入湖北襄阳。苍苔镇，县丞驻。明阳、桐河二镇。县驿一。**泌阳**简。府东二百里。北：虎头脑山。东：万千。东南：祝家衡。东北：大胡、沘水出，论"泌"，县氏焉。

左会小铜山水,径城南,又西,比阳故城南,左合蔡水,右澳水。《水经注》"出磐石、苉丘二山"者,入唐,马仁陂水从之。其支江河,与出磐石红崖河,并入桐柏。西北扶予,氵允水出,东北中阳,溇水出,合为沙河,东入遂平。古路、饶良、羊栅三镇。县驿一。**桐柏**简。府东南三百里。东:石门山、映山。西:天木。桐柏山在县西南,与熊耳、伏牛联体。其支大复、胎簪、黄山、石柱,通目之。淮水、沣水出。淮东北汇水帘洞、太阳城诸水,伏,至阳口复出,东径尖山,东南径复阳、义阳故城,左合月河,入湖北随州。栗树河从之。《地理志》,东南至淮陵入海,过郡四,行三千四百二十里。沣西北汇红泥、三家,右纳红崖,径平氏故城东,入唐。西南秋河,西北江河,自泌阳缘界自随州入,并从之。吴城一镇。县驿一。**镇平**简。府西七十里。东:遮山。西北:歧棘。潦河出其东麓,缘南阳界入之,下注淯。照河,出娇女朵,俗十二里河,汇东西三里淇河,及其西严陵河,并达之。县驿一。**邓州**繁,难。府西南百二十里。南:析隈山。西:五陇。西北:灵山、永青。湍水自内乡入,径临湍、冠军故城,右合得子河,侧城东南,至急滩,左纳赵河及严陵河。《水经注》"又径穰县为六门陂,又东南径魏武故城东北白半邑,安众故城南,涅水注之"者,汉东阳、涅阳城在焉。入新野,与淯会,为白河。其西,刁河自内乡入,径红崖山,右合朝水,东南径紫金山,为钳卢陂,又南,黄渠河并从之。西南:禹山,茱萸河出,合排子河入湖北光化。板桥、急滩、千金、张村、穰东五镇。县驿一。**内乡**繁,难。府西百九十里。北:老君山。其南:秋林、夏馆。《山海经》,翼望山,湍水出,会青山河,径赤眉城,右合长城。又螺蛳河,《水经注》"东南径南郦故城东,菊水注之"者。径城东又南,右合黄水,丹水故城在焉。又南,左合墨河。西北:霄山,刁河出,并入邓。西北:熊耳山。浙水自卢氏入,径修阳故城,一曰汤河,俗名黄沙五渡。径菊潭,至西峡口,曰三渡河,又东南入浙川,与丹水会。丹水复径顺阳川,缘界入湖北光化。西峡口巡司。马尾一镇。县驿一。**新野**冲。府东南五十里。北:蔓荆山。白河自南阳入,径冈头镇,又西南,右合潦河,会湍水,合城东北,又西南,右纳刁河,其支樊陂,折东南,径新店镇,左纳支津漂河,复右纳黄渠河。东南:唐河自其县入,径苍苔镇,右合小洞河,古安仁陂水,并入湖北襄阳。湍城一驿。**裕州**冲,难。府东北百二十里。东北:黄石山、方城山。东:中封。北:七峰,拐河出,醴河旧自南召入合之,今淤。东径牛心山,洪河上游沘别源贾河出,分流东南径小乘山复合,折东北,并入叶。西北:郦鸣山,唐河北源赵河出,南径赊旗店,三里河即堵水,合清河、潘河、吕河注之,入唐。平台一镇。赭阳一驿。**舞阳**简。

府东北百七十里。南：牛脑山、苏家寨、铁山。东南：瞻山。西：马鞍。西：千江河自叶入，径城南，曰三里河，右合八里河，东入西平，滚河从之。北：汝水自叶入，错襄城，有湛河来注，又东南注沙河。沙河自叶入，有辉河、沣河，亦自叶来注，又东入郾城。唐河源出城东北，东流至郾城，注沣。县驿一。**叶冲**。府北百三十里。西南：方城、黄城。西北：北渡。滍、汝同源，俗名沙河，自宝丰入，径河山，至卧羊山，北为汝坟，东入舞阳。北：湛河亦自宝丰入，径平顶山，缘襄城界。其南辉河，古昆水，《水经注》，出鲁阳县唐山，径昆阳故城南。又南拐河，即沣水，自裕入，径王乔墓南。又南，贾河自裕入，曰江千河，古沔水，自泌阳入与会，通目之。滍水、保安二驿。保安，县丞驻。

汝宁府：冲，繁，难。隶南汝光道。汝南分防通判。新息分防通判驻。清初沿明制，领州二，县十二。雍正二年，光州直隶，光山、固始、息、商城割隶。北距省治四百六十里。广二百四十里，袤五百九十里。北极高三十三度一分。京师偏西二度九分。领州一，县八。**汝阳**繁，难，倚。城北：天中山。北汝，汝正源。西汝，沔及澺。南汝，溱。元季，汝溢病蔡，自舞阳揭故渎，则沔及西平、云庄诸山水擅之。明嘉靖中涸，则遂平濯、溱擅之。汝源凡三易，今北汝自上蔡合澺，通曰洪河。右合朱马、马常，左茅河，径庙湾镇，右合荆河，其故道蔡埠河入会。南汝右纳黄酉、吴桂桥水，左迤为悬瓠池，右栗渚，侧城东南，右合半截河，纳溱水，错正阳复入，并入新蔡。庙湾镇巡司。黄冈、阳埠、射子、寒冻四镇。县驿一。**正阳**繁。府南百二十里。明真阳。雍正二年，改。西：横山。东北：南汝河自汝阳错入，右合固城港、陈家沟，仍入之。《水经注》，首受慎水于慎阳故城南陂，注七陂，东入汝。南有淮水，自信阳缘界入息。西南：间河、清水港并自确山入，又东从之。汝南埠，通判驻。县驿一。**上蔡**繁，难。府北七十里。东：蔡冈。西北：北汝自郾城入，西汝沔水右自西平会，澺来注，遂通曰洪河，东南绝蔡河入汝阳，茅河、朱马、马常河从之。其故道自西洪桥右出纳流堰为朱里河，通目之。复纳石洋河，为蔡埠河，其西溱水即南汝，自遂平入。右合清水河，并亦并入汝阳。蔡河，澺支津，《水经注》"东南流为练沟，至上蔡西冈，北为黄陵陂，于上蔡冈东为蔡塘"者。又东为包河，入项城。北：华陂集，界沟河出，东缘商水界入之。邵店一镇。县驿一。**新蔡**简。府东南百四十里。南汝，溱，即汝水，洪河，澺，并自汝阳入，合于城东五里三汊口，又东南入息。又安徽阜阳谷水，即鲖水，从之；延河亦入焉。《水经注》"汝水径栎亭北，又东南径新蔡故城南，又东南，左会澺水，径壶丘故城北，澺水径平舆故城南，左迤为葛陵"者。汉葛陵故城在焉。县驿一。**西平**冲，繁。府西北百二十里。西：九顶山。沅水旧自舞阳入，径故城。《水经注》，其西有吕墟，至合水镇，汇诸石、云庄诸山水。径城北，又东歧为二，左支合周家泊水，古意水。《水经注》"上承汝水，别流于奇頟城东"者，今淤。泥河，缘郾城界，复合右支，会流堰河，并入上蔡。沅即西汝，自元季于舞阳锅河塌之，今云庄诸山水擅其故渎，又会意水，因通曰洪河。重渠、蔡砦、仪封三镇。县驿一。铁路。**遂平**冲，繁。府西北九十里。西：奥崃山、查岈。南汝上游沙河，古溠水，自沁阳入，径金山，左合杨奉河。《水经注》"东过吴房县南，又东过灈阳县南"者，入上蔡。其径城南支津，东北出为新河，会石洋河，河古灈，出西北仓峰垛，《水经注》兴山。径吴家桥东南，清水河自确山入，并从之。县驿一。**确山**冲，繁。府西南九十里。确山，城东南二里。又东南，朗陵、佛光。城南：蟠山。西南：平顶。西北：乐山，练水出，俗名黄酉河。秀山，吴桂桥河出。西有溱水自沁阳入，俗名石磙河，又东曰吴砦，径确山故城。《水经注》谓"溱出浮石岭北青衣山"，又东北径独山，并入汝阳。东南，间河塘、下沟河、清水港，并入正阳。西北，清水河，入遂平。姬家堰。毛城、竹沟、明港三镇。县驿一。**信阳州**冲，繁，难。府西南二百七十里。东南：钟山。南：士雅、岘山。西南：董奉。西：卓斧、坚山。西北：淮水自湖北随州入，左合明港河，屈东缘信阳界入罗山。《水经注》"径平春城阳钟武故城南"。其浉水入合油水、三湾河、九渡水，径城南从之平昌关，州判驻。杨家堂巡司。信阳、明港二驿。京汉铁路。**罗山**繁，难。府南二百三十里。罗山，城南十里。又南，独山、鹊山。西南：黄神、霸山。皆桐柏支麓也。西北：淮水自信阳入，径谢城合浉水，又东径县北。西南：六斗山，竹竿河出。《水经注》谷水，合黑龙池、小黄河、古瑟水，缘光山界注之，入息。大胜关，巡司驻。县驿一。

　　光州直隶州：繁，疲，难。隶南汝光道。监捕、水利通判驻。清初沿明制，为汝宁属州。雍正二年升直隶州。北距省治八百里。广二百四十五里，袤二百里。北极高三十二度十三分。京师偏西一度二十分。领县四。州，古黄国。故城，西十二里。东：凤凰山，为州左翼。西：浦口冈，为州右翼。东南：彭山。南：车谷。西北：淮水自光山入，合寨河，古壑水，又东北径郑家店，复合黄水。《水经注》"径弋阳郡东，又东入固始"。其双轮河入为白鹭河，古卑水。及春河自商城缘界，古诏虞水，并从之。州驿一。**光山**繁，难。州西南四十里。古弦子国。县境大半山区，自西北而来，绵亘近二百里。其最著者,老君山、天台、春风岭、黑石诸山。老君山之北,云台、仙居、马鞍、守军、浮光诸山,皆桐柏支脉也。《地理志》弋山,西有淮水自罗山合竹竿河,缘界径轵县故城至其麓。又东入州。西南:黄茅脑,寨河出。《水经》墼水。会马鞍山水为清流河,又合牢山龙潭、冲水、泥河,其东黄水,至花石山为三道河。右合梅林河,径塔山,右合泼陂河。《水经注》木陵关水。左合晏家河,径黄川西阳故城,至城南为官渡河,径天赐山,水经注卑水。又东双轮河,并从之。中渡、牛山二镇。长潭一驿。**固始**繁,疲,难。州东百四十里。东:大山。南:独山、木贼、青峰岭。西北:淮水自息入,径枣林冈、安宁、期思。古蒋国,亦浸丘故城,其左岸会汝水,至朱皋镇,纳白鹭及春河。又东,往流集,巡司驻。至三河尖、决水、灌水入焉。决自商城入,为史河。左合长江河,右歧为泉河,古阳泉水,《水经注》,自雩娄东北径鸡备亭,过安丰故城,边城郡治。又径茹陂。陂今龙潭口。右歧为清河,合胜湖,又西北径史家故城,左纳羊行河、急流涧,径城东而北,古蓼国在焉。灌自商城入为曲河。《淮南子》"孙叔敖决期思之水,以灌雩娄之野"。又西北,径蓼潭,至城北来会,为两河口。东魏淯州在焉。又东北,右歧为堪河,迤为七里冈,复与清泉二支津合。又北入淮。淮水又东入霍丘。朱皋、期思二镇。县驿一。**息**繁,疲,难。州西北九十里。西有淮水自罗山入,又东径白公城,至城南。又东,新息故城。分流,左纳清水港,合泥河,复合间河,自正阳入,盖慎水故渎,径褒信长陵故城注之。《水经注》申陂水。又东径乌龙集入州。其白鹭河入径期思集。西北:汝水自汝阳入,入新蔡,复缘安徽阜阳界径固城汛,并达之玉梁渠。杨庄一镇。县驿一。**商城**难。州东南百二十里。东南:大苏山,古大别。南:花阳、马头。东北:青山。西南:牛山,决水出。《水经注》"出庐江雩娄县南大别山"。东合八仙台、黄昏山、五关水。又东北曰寨河,左合麻河,径金家寨,其西北则长江、石槽、沙河。西南:黄柏,灌水出,北合木厂、盛家店、九水河,径城西,亦曰龙潭河,并入固始。西北:熊山,春河出。《水经》诏虞水。亦缘固始界放州。牛食畈巡司。县驿一。

淅川直隶厅:繁,难。明复析内乡置县。道光十二年为厅。宣统元年升,改南汝、光道为南汝光淅道。西:岵山。西北:簧锁里。丹水自陕西商南缘界径荆子关,其北葛花山,其南丹崖。又东南,径凌老龙山,其黑漆河入为淇河,径花园关、岈峪、独阜山注之。至城西南纳滔河,径石杯、雷山至于村保,古商于三户城在焉。左会淅水。又东南径太白、玉照山,缘内乡界入湖北均州。《水经注》"丹水自三户城径丹水故城南、南乡县北,右合汋水"。即均,形之误。荆子关,县丞驻。峡口一镇。厅驿一。

清史稿卷六三
志第三八

地理十

陕　西

　　陕西省:《禹贡》雍、梁二州之域。明置陕西等处左、右承宣布政使司,并治西安。清初因之,置巡抚,治西安,并置总督,兼辖四川,寻改辖山陕。雍正九年,专辖陕甘,治西安。十三年,复辖四川。乾隆十三年,罢兼辖。十九年,兼甘肃巡抚事。二十四年,改陕甘总督。二十九年,移驻甘肃兰州,遂为定制。康熙二年,析临洮、巩昌、平凉、庆阳四府置甘肃省,移右布政使治之。雍正三年,升西安府之商、同、华、耀、乾、邠六州,延安府之鄜、绥德、葭三州,为直隶州。九年,改榆林卫为府。十三年,同州升府,华仍降州隶焉,耀并降州,还旧隶。乾隆元年,葭仍降州隶榆林。四十八年,升兴安州为府。东界河南阌乡。三百五里。西界甘肃清水。六百三十里。南界四川太平。一千三十里。北界边墙。一千三百九十六里。广九百三十五里,袤二千四百二十六里。宣统三年,编户一百六十万一千四百四十四,口八百五万四千四百七。领府七,直隶州五,厅七,州五,县七十三。

　　西安府:冲,繁,疲,难。巡抚,布政、提学、提法三司,监法、巡警、劝业三道,提督、将军、副都统驻。明领州六,县三十一。雍正三年,升商、同、华、耀、乾、邠为直隶州,割县十七他属。十三年,耀及同官还旧属,白水改隶同州。乾隆四十七年,置孝义厅。嘉庆五年,置宁陕厅。东北距京师二千六百五十里。广三百五里，袤四百三十八里。北极高三十四度十六分。京师偏西七度三十二分。领厅二，州一，县十五。长安冲，繁，疲，难，倚。府西偏。西北：龙首山。西南：清华、圭峰。南：终南山，横亘长安、咸宁、鄠、盩厔四县境。渭水自西径县北，东入咸宁。西南：潏水，歧为二：一，西南合镐水为东交河，沣水东北流来会，又北经咸阳入渭；一，北流为皂河，折东经咸阳入渭。南有漕渠。又西南有通济渠。镇三：杜角、秦杜、三桥。主簿驻斗门。行宫，城内。光绪二十六年，德宗西幸，改旧抚置驻焉。咸宁冲，繁，疲，难，倚。府东偏。南：乐游、少陵原。渭水径县北而东，灞水、浐水自东北合注之。又东径高陵入临潼。皂水即漕水，一名阜水，出东南石鳖谷。其西，镐水自宁陕入，右合白石、小库诸水，左合梗梓水，入长安。明秦藩城在府城东北隅、县治北。顺治六年，改建满城，将军、都统驻。县丞旧自灞桥移尹家卫，改驻县北草滩。灞桥、渭桥、鸣犊三镇。驿一：京兆。咸阳冲，繁，难。府东南五十五里。北：华原。东：鲜原。东南：高阳。西南：短阴。南：渭水自兴平入，纳泥渠水，东北会二沣水为鸡心滩，东入长安。东北：泾水，东入泾阳。镇四：高桥、窑店、北贺、马庄。驿一：渭水。兴平冲，繁。府东百里。西：马嵬坡。北：黄山。渭水自武功入，左纳清黑、夹逮诸水，合新开河，东入咸阳。县丞驻张店。镇二：马村、桑家。驿一：白渠。临潼冲，繁，难。府东北六十里。东南：骊山，有温泉。北：普陀原。东：鸿门坂。西南：坑儒谷。渭水自咸宁入，径县北，石川河合清谷水南流注之。西有潼水，东有戏水、零水，均北流注之，东入渭南。县丞驻关山镇。镇五：新丰、零口、交口、广阳、栎阳。驿一：新丰。高陵简。府东北七十里。西：降鹤山。南：奉政原。西南：渭自咸宁缘界，径鹿苑原，左合泾水，又东缘临潼界之。西北：白渠自泾阳入，播为二，曰昌运，曰高望。西南有毗沙镇。鄠繁，难。府西南七十里。东南：紫阁峰。南：圭峰。东南：终南山。北有渭水自兴平入，入咸阳。东南：沣水自长安缘界入，会涝水。涝水出县南，合潩波水，东北入咸阳，注渭。镇四：秦渡、赵王、涝店、大王。蓝田简。府东南九十里。北：横岭。南：秦岭、七盘、峣山、蕡山。东：蓝田山，有关。灞水出县东倒回谷，即蓝田谷，径南境，纳蓝水、辋水，径城南，又西北合土胶河、猗水注水入咸宁。浐水出南山土门谷，西北流为焦戴河，合汤谷水，均入咸宁。镇三：蓝桥、焦戴、新街。泾阳冲，繁，难。府西北七十里。北：嵯峨山。西北：甘泉、仲山。泾水自醴泉缘界入，径城南，东南入高陵。北：冶谷水自淳化入，会清水入三原。西北：龙洞渠径县北，歧为三：曰北白渠，入三原；中白渠，入高陵；下白渠，流数里，伏。又有冶清渠。冶峪，县丞驻。镇六：永乐、临泾、石桥、云阳、孟店、王桥。**三原**冲，繁，难。府北九十里。北：浮山。西北：嵯峨、尧山。浊谷水自耀入，曰楼底河，东流散入各渠。赵氏河即洞谷水，自富平错入，仍入富平。清谷水自耀入，西北入泾阳，复经西境合冶谷水，贯流南北二城中，东南入高陵。镇四：陂西、王店、楼底、西阳。学政驻所。驿一：建忠。**盩厔**繁，难。府西南百六十里。南：秦岭。东南：石楼。西南：安乐山。西：骆谷。竹谷水北缘鄠界，仍径清化入，一曰西清水河，合车谷、稻谷诸水，入武功，注渭。渭水径县北而东，西南有黑水，即芒水，北流注之，又东入兴平。东南：甘水亦北入兴平。县丞驻祖庵。镇五：终南、尚村、哑柏、清化、临川。**渭南**冲，繁，难。府东北百四十里。西南：石鼓。南：倒虎山。西：马峪，冷水出，合驹儿岭水，西北入临潼。注渭。渭水合杜化谷水，径城北，古白渠在焉。西湭水，东赤水，俱北注之，又东入华州。县丞驻下邽。镇二：赤水、田市。驿一：丰源。**富平**繁，疲，难。府东北百二十里。西北：檀山，F天乳、土门。西南：荆山。东北：频山。石川河即漆沮，入耀，下流自西北受金定河，一名赵氏河，即洞谷水，东南入临潼。县丞驻美原镇。又东北，道贤镇。**醴泉**冲。府西北百二十里。北：武将山。东北：九嵕山、芳山。泾水自永寿入，东北：甘河自县北东流注之，东南入泾阳。镇二：阡、甘北。驿一：张店。**同官**简。府东北百八十里。明属西安府。雍正三年改属耀州。十三年，还属。西南：白马、铁龙。北：女回。又神女峡内有金锁关。东：水出北高山，至城北，合同官川及雄同、雷平川，西南流，西有沮水，南流，俱入耀州。东北：大小石磬山水合北入宜君。其南乌泥川，东入蒲城。驿一：漆水。**耀州**简。府东北百三十三里。明属西安府。雍正三年，升直隶州。十三年仍为州，还属。东北：五台山、磬玉。北：木门、大唐。西北：牛耳山。沮水上源姚渠川，自宜君入，合银耳坪、太子石水于杨秀川，为宜君水，南合胡思泉，为沮水，东南径城西，又东，左会漆水，入富平。洞谷水、清谷水、浊谷水均出西北，南入三原。镇四：小丘、柳林、照金、庙湾。驿一：顺义。**孝义厅**繁，难。府东南二百四十里。乾隆四十七年，析咸宁、蓝田、镇安三县地置，设同知驻孝义川。嘉庆七年，移驻旧县关，即今治。北：秦岭。东：大顶山。西南：车轮、天书。大峪河一名乾祐河，即柞水，出西北大峪岭，西南流；东北：金井河即甲水，东流；东社川河，东南流；西北洵河，南流；俱入镇安。**宁陕厅**繁，难。府南五百二十里。明正德十六年，设柴家关、五郎坝二巡司。顺治中废。乾隆四十八年，移西安府水利通判驻五郎关。嘉庆五年，析长安、盩厔、洋、石泉、镇安五县地置，改设同知。东北：秦岭。北：万华山、子午谷。南：五台山。洵河出纱罗岭，西南至江口。左合江河，又南至孝义，沣河、日河并从之。西北：甘泉砭，文水出，汇东谷、西河诸水，屈西南入洋，蒲河从之。北：要竹岭，长安河出，南径城东，合东河、堤坪河入石泉。有四亩地、寺郎关汛。主簿驻江口。嘉庆七年自长安斗门镇移此。四备地巡检，嘉庆十三年移驻新城，十八年废。

　　同州府冲，繁，难。隶潼商道。明，同州属西安府，领县五。**雍正三年升直隶州。十三年升府，置附郭县。耀、白水还隶，又降华州暨所属之华阴、蒲城、潼关来隶。乾隆十二年，潼关升厅。西南距省治二百四十里。广一百八十八里，袤二百九十里。北极高三十四度五十分。京师偏西六度三十七分。领厅一，州一，县八。大荔**繁，疲，难，倚。雍正十三年，以同州地改置。西：黄堆山。北：商颜。南：沙苑。洛水自蒲城缘界径其西，折东南，至船舍渡入。径西南，东流，渭水径南界，东北流，并入朝邑。县丞驻羌白镇。又坊头、船舍、潘驿三镇。**朝邑**繁，难。府东三十里。明隶西安府。雍正三年来属。黄河自郃阳入，径东境而南，受金水，至赵渡南之望仙观，为洛水入河故道。光绪三十四年，洛徙，至赵渡入之。又南三河口，渭水自大荔入，东北流注之，折东入潼关。主簿驻大庆关。有两女、太奇、赵渡三镇。**郃阳**难。府东北百十里。明隶西安府。雍正三年来属。西北：梁山。东北：方山。黄河自韩城入，缘东界而南，受百良水。徐水西北、金水东南流，俱入朝邑。古治水，亦瀵水，西南入朝邑。西北：大峪水，自澄城缘界，屈南仍入之。镇五：百良坊、甘井、王村、黑地、路井。**澄城**简。府北百里。明隶西安府。雍正十年来属。北：界头山、将军。西北：壶梯、云门山。西：洛水，受甘泉水，即县西河，南入蒲城。东大谷河南缘郃阳界从之。镇九：寺头、业善、韦庄、交通、密头、王庄、冯原、塔冢、良辅。**韩城**难。府东北二百二十里。明隶西安府。雍正三年来属。东北：龙门山。西北：梁山。西南：韩原，即少梁。黄河缘东北自宜川入，合治户川，屈南得龙门口，禹积存焉，南至官渡，合澽水及芝川，又南入郃阳。西北：神道岭汛。薛峰、谷村二镇。**华州**冲。府东百八十里。明隶西安府。雍正三年升直隶州。十三年，仍为州，来隶。西南：五龙。南：少华山。渭水自渭南入，径北境而东，纳州南诸谷水，东北入华阴。镇七：罗纹、柳子、台头、王宿、瓜坡、高唐、江村。驿一：华山。**华阴**冲，繁。府南百六十里。明隶西安府。雍正三年改属华州，十三年来属。南：太华山，即西岳。河水自朝邑入。西北：渭水自华缘界，合沈水，又东合敷水、黄酸水，诸谷水并注焉，又东入于河。镇三：

华岳、泉店、敷水。**蒲城**疲，繁，难。府西八十里。明隶西安府。雍正三年，改属华州，十三年来隶。北：尧山，一名浮山。西北：丰山，一名苏愚山。东北：金粟山。洛水自白水入，径避魔堡，在纳甘泉水，合大峪河，入大荔。东北：永丰汛。镇十：常乐、石表、渭原、孝同、兴市、武店、汉底、车渡、荆姚、高阳。**白水**简。府西北百三十里。明隶西安府。雍正三年，改属耀州，十三年来属。东北：黄龙山。西北：秦山。洛水自宜春入，受铁牛河，经县北，受孔走河，又东南，白水，即南河水，自南境东流注之，又南入蒲城。镇十：冯雷、西故、南河、雷村、新村、新瑶、铁牛、雷衙、武庄、孔走。**潼关厅**冲，繁，难。府东南百里。潼关道治所。明置潼关卫。雍正二年废。四年，置潼关县，属华州，十三年来隶。乾隆十二年，升厅。东：麟凤山。西：凤山，倚以为城。黄河自华阴入，径厅北，潼水自厅南贯城北流注之，东入河南阌乡。巡司兼司狱驻风陵渡。驿一：潼关。

凤翔府：冲，繁。凤邠道治所。东南距省治三百六十里。广四百二十里，袤三百四十里。北极高三十四度二十八分。京师偏西八度五十九分。领县七，州一。**凤翔**冲，繁，倚。西北：雍山，雍水出焉，南流经县西，折东南，与塔寺河合；又东有横水，俱东南入岐山。汧水自汧阳缘界，南入宝鸡。镇五：横水、窑店、虢王、彪角、陈村。驿一：东河桥。**岐山**冲，繁。府东五十里。北：岐山，又有周原。南：秦岭。北：武将山。西南：渭水自宝鸡入，径城南，东流，斜谷水出西南堥山，东北流，并入郿。西：沣水，即雍水，自凤翔入，合横水，径县南，东入扶风。時沟河自扶风缘界仍入从之。镇五：益店、龙尾、蔡家、高店、青化。驿一：岐周。**宝鸡**冲，繁，难。府西南九十里。秦岭在南，亦名秦山。东南：陈仓山、石鼓山。西南：和尚原、大散岭。渭水自秦州缘界入，径城南而东，右合塔河、洛谷水，左合汧水，又东合潘溪，入岐山。东南：太白河，西南入留坝。上谷水、虢川河、西南冻河即故道水，并西入凤。东北：利民渠。巡检驻虢川镇。又底店、阳平、马营、益门四镇。驿二：陈仓、东河。**扶风**冲，繁。府东百十里。北：岐山、吴双。东北：梁山。南：飞凤、贤山。西北：美山。东：茂陵、三時原。东南渭水，南沣水，与县境漆水、美水合，并东入武功。镇七：伏波、杏林、绛帐、午井、召公、天度、崇正。驿一：凤泉。**郿**简。府东南百十里。东：太白山，即《禹贡》惇物。西：马冢山。西南：武功、斜谷，有五丈原。渭水自岐山入，右合斜谷水，中支磨渠，东支清水河，东南径城北，又东入扶风。东井田、西南斜谷二渠。斜谷关汛。镇五：槐芽、横渠、青化、清湫、金渠。**麟游**简。府北百十里。城内童山。西：天台。东：石白。南：箭括山。漆水出县西青莲山，东北合岐水,其西麻夫川、东雨亭河,并入甘肃灵台。杜水出西北杜山,径城南,受澄水,东入乾州。西良舍、西北招贤二镇。**汧阳**冲。府西北七十里。东:圭山、龙泉。北:天台。西:卧虎。南:箭括岭。汧水自陇入,西北纳草碧谷、晖川河,径城南,纳洞口河、界止河,东南入凤翔。东糜隃泽。东黄理、西草碧二镇。**陇州**冲。府西北百五十里。南:吴岳。西北:陇山,即陇坂。又汧山,汧水出,合龙门、关山、蒲峪诸水,径城南而东受北河,又东南纳八渡水,入汧阳。渭水自甘肃秦州径西南,东入宝鸡。西:关山汛。镇十四:杜阳、东凉、新街、县头、八渡、神泉、马鹿、长宁、赤延、故川、香泉、大松、通关河、温水。驿一:长宁。

　　汉中府:冲,繁,疲,难。陕安道治所。总兵驻。明领州一,县八。乾隆三十八年,置留坝厅。嘉庆七年,置定远厅。道光五年,置佛坪厅。东北距省治一千七百里。广八百一十里,袤六百五十里。北极高三十三度。京师偏西九度十四分。领厅三,州一,县八。**南郑**冲,繁,难,倚。西南:旱山、黄牛。南:大巴山。东南:梁州。西:龙冈山。东北:武乡谷、骆谷。沔水即汉水,自褒入,东受褒水中、东二支,及廉水、池水,东入城固。青石关,巡司驻。又西大坝关。镇四:长柳、上水渡、沙河、弥勒院。驿一:汉阳。**褒城**简。府西北四十里。北:七盘山,上为鸡头关。西北:连城。西:牛郎山。南:天池。褒谷在东北,自此入连云栈。西北百五十里达留坝。沔水自其县入,西南流,纳华阳河,又东受褒水,入南郑。西南:让水,一名逊水。北马道、虎头、武曲、南松梁、米仓,西北:汉阳、甘亭,七关。南:黄官岭,汛巡司同驻。镇四:宗营、褒城、长林、高台坝。驿三:马道、青桥、开山。**城固**简。府东七十里。北:通关、九真、白云。西北:斗山。汉水自南郑入,径胡城,左纳文水,即文川,右纳南沙河、小沙河,径城南入洋。阴平、袁扬、原公、文川四镇。**洋**简。府东百二十里。东北:太白。东南:子午谷。西经:邦都。北:兴势山,又傥谷,即骆谷南口。东:赤坂、黄金谷。汉水自城固入,径南境,左纳傥水即铁冶河、大龙河、酉水、金水河,右纳东谷河、桃溪水,东南入西乡。北:塔水,西经城固,复入西南境,注于汉水。北:华阳营。东北:茅坪汛。县丞驻。华阳镇。又渭门、真符、谢村、塔水四镇。**西乡**繁,疲,难。府东二百四十里。西南:大巴、小巴,南皂、军山。东北:饶风岭。东南:子午山。汉水自洋入,左子午河即椒溪,合宁陕纹河,西南流注之。牧马河自城固入,径城东南,合洋水、白铁河、神溪,东北流注之。折东入石泉,高川从之。西南:菩提河南入四川通江。北:司上汛。县丞驻五里坝,嘉庆七年自大池坝移此。巡司驻大巴关。监场巡司,嘉庆七年废。镇二:茶溪、子午。**凤**冲。府西北三百八十里。西北：红崖。北：豆积。东北：黄牛寨山。故道水即嘉陵江上流，自宝鸡入，径东北，受三岔河，折西合黄花川、马鞍山水，至双石铺，红崖河自右注之，入甘肃两当。野羊河留坝入，径城南，合东沟河，入略阳。西南：仙人关。东北：大散关，有汉凤营驻防。东南：铁炉川营。东北：黄牛堡汛。镇四：南星、庙台子、方石、白石。驿三：草凉、三岔、梁山。丞兼巡司驻。三岔。**宁羌州**冲，疲，难。府西南三百八十里。东南：龙头。西北：鸡鸣。东北：五丁山，有关。北：冢山，汉水出焉，初名漾水，合五丁峡、黄铜铺水，东北入沔。玉带河出西南箭竹岭，径城北，受白岩水，为白岩河，亦北入沔。西汉水径西境，纳七道水，西南入四川广元，为嘉陵江。西北：阳平关，州同驻。大安、黄坝二汛。西北：青乌镇。驿二：柏林、黄坝。**沔**冲。府西四百十里。北：铁山。东南：定军山。东北：天荡、武兴。西北：珈珂。漾水自西宁羌入，西南受白岩河，北沮水，西南流，径沔阳东境，复入县西为黑河，南流注之，始名沔水，又径城南，东入襃城。西北：黑河汛。镇四：黄沙、旧州、元山、青羊。驿三：黄沙、顺政、大要。**略阳**冲。府西北二百九十里。北：青泥岭。西北：杀金岭。东南：大丙山，丙穴在焉。故道水自甘肃徽县入，东北合浊水，为白水江入。西：西汉水，即犀牛江，自甘肃成县人，合石门河来会，是为嘉陵江。又西南，纳八渡河，右纳落索河，径野猪山入宁羌。沮水径东北，合冷水河，东南复入沔。东北：有白水江汛。峡口、石门二镇。**佛坪厅**要。府东北四百里。嘉庆中设盩洋县丞于袁家庄，属西安府。道光五年析盩厔、洋二县地置，省县丞，设同知，来隶。南：冠山、鳌山。东：天华。西北：秦岭、太白。西：杨家沟口，婿水出，马黄沟水自宝鸡南流注之，又南入洋。黑水出北扇子山，东北合蟒河、八斗河，入盩厔。椒溪河出厅东，东南入宁陕。东北：骆谷关，北口属直盩厔，南口属洋，中贯厅境，有十八盘。有黄柏塬、厚轸子二汛。巡司驻袁家庄。**定远厅**要。府东南四百里。嘉庆七年析西乡地置，设同知。西：金竹。南：归仁。西北：父子山。东：星子山，洋水出焉，即清凉川，径城南，合小洋河、七里沟水，折西北入西乡。东北楮河、东南双北河，并东南入紫阳。东南渔水，西北巴水，并西南入四川通江。汛三：瓦石坪、渔渡坝、观音堂。有渔渡坝、简池坝二巡司。**留坝厅**冲，繁，难。府西北百四十里。本凤县地，明设巡司。乾隆十五年，移汉中捕盗通判驻之。三十年析，置职抚民。三十九年改置同知。西北：紫柏山，其东柴关岭。西北：太白河，为襃水上游，自宝鸡入，受红岩河，为紫金河。虢川河亦自宝鸡来注，径东南，受文川河、青羊河，又东纳武关河，入襃城。野羊河出紫柏山，西北入凤。东北:西江口汛。巡司驻南星。武关巡司省。驿三:松林、留坝、武关。

兴安府:繁,疲,难。隶陕安道。总兵驻。明曰兴安州,领县六。**乾隆四十七年,升府,置安康县为府治,并省汉阴入之。五十五年,复置汉阴厅。北距省治六百八十里。广七百六十里,袤六百二十里。北极高三十二度三十二分。京师偏西七度六分。领厅一,县六。**安康繁,疲,难,倚。明为兴安州,新旧治均在汉南,万历十一年徙新治。顺治四年还旧治。康熙四十六年复徙新治。乾隆四十七年州升府,改置。北:梅花、牛首。南:赵台。西:凤凰。东北:白云山。西南:魏山。汉水自西紫阳缘界折北入,径城北,右纳大道河,左蒿坪河、月河、神滩河,东北入洵阳。东南:八仙河汛。通判、县丞同驻西南砖坪。西:秦郊、衡口二镇。**平利**简。府东南百八十里。旧治在西北灌河口。嘉庆八年徙白土关为今治。西北:女涡山。北:八里冈。西:锦屏。西南:石梁。岚河出花池岭,西有黄洋河与灌河合,俱入安康,北流注汉。东:冲河,会秋河,北入洵阳,为坝河,注汉。东南:南江河,东入湖北竹山。县丞驻镇坪。**洵阳**简。府东百二十里。北:羊山。东北:水银、龙山。东南:紫荆山。南:将军、女华。西北:庙垭,傅家河出,入安康,注汉。汉水自西径城南,洵河合乾祐河、任河南流注之。又东纳蜀河、仙河入白河。南:七里关汛。**白河**简。府东四百里。嘉庆二年,增筑外城。南:龙冈山。东北:锡义山。汉水自洵阳入,西径城北,右纳冷水河、白石河,东入湖北郧。**紫阳**简。府西南二百四十里。东:三台。南:三尖。东南:板厂。南:瓮山,下有紫阳洞。又南,望夫山。汉水自汉阴入,径其西,屈南,任河合紫溪河西南来注,又东径城南,纳汝河、洞河,东北入安康,蒿坪河从之。毛坝关,主簿驻。**石泉**简。府西北二百七十里。东:马岭。南:银洞。西:天池山。西:饶风岭,旧有关。长安河自宁陕入,纳汶水河,入西乡,注汉。汉水自西境折西南,受珍珠河,又东径城南,受江河、池河,东南入汉阴。富水河自西乡入,东径乌石梁,从之。**汉阴厅**繁,疲,难,简。府西北百八十里。明县。乾隆四十七年省入安康,设盐捕通判。五十五年复置为厅,改抚民。东南:梁门山。东北:朝阳山。南:文华、凤、天山。迟河自宁陕入,合龙王沟,又西南入石泉,注汉。汉水自西南径城南,受富水河、木樨河,东南入紫阳。月河出厅西分水岭,纳花石河,东南入安康,合衡河注汉。

延安府:繁,难。隶延榆绥道。明,领州三,县十六。**雍正三年升鄜、绥德、葭三州为直隶州,以洛川、中部、宜君、米脂、清涧、吴堡、神木、府谷八县分隶之。乾隆初,以榆林府之定边、靖边二县来隶。南距**

省治七百四十里。广四百八十里，袤三百九十里。北极高三十六度四十二分。京师偏西七度四分。领县十。肤施简，倚。西：凤凰山。城跨其上。北：伏龙。东北：清凉。东南：嘉岭。南：卧虎。延水自安塞入，西北而东，西川水东流注之。又东北，南河水北流注之。又曲折东北，左纳丰林川、清化水，东入延长。南：石油泉。安塞简。府北四十里。北：云台。东：天泽。西：龙安山。延水自保安入，西北纳杏子河，径城南，曲折东南，入肤施。西南：洛水南入甘泉，北有边墙。甘泉简。府南九十里。东北：伏陆山。南：秦冒、温泉山。洛水自安塞入，右纳自修川、北河、美水，左纳清泉水、漫涨河水，南入鄜州。西南有甘泉，县以此名。临真镇，县丞驻。安定简。府北百八十里。东：鹏山。西：祖师山。西北：高柏山，怀宁河出焉，亦名走马水，又东北有东沟，并东入清涧。秀延水自安塞入，即北河，俗名县河，径城北，合根水、革班川，东南亦入清涧。南：清化水，南入肤施。保安简。府西北二百二十里。东：艾蒿岭。南：石楼、台山。西：九吾，洛水自靖边入，径城西纳梁家河、吴堡川、周水，东南入安塞。北：杏子河亦自靖边入，从之。有沙家、静远二镇。宜川简。府东南二百八十里。东：凤翘山。北：石关。西南：丹阳。东南：盘古山。黄河自延川入。南：延水径东北来注之，又南过壶口，受云岩河，经孟门，受银川水，即西川，又东南入韩城。北有百直、交口镇。延川简。府东北百九十里。城西：西山。东：东峰。西北：青眉山。黄河自清涧入，至老龙口，秀延水合清平川、南站川诸水，东南流注之，又南入延长。西北：永平村，有石油井。延长简。府东百五十里。东北：独占。北：高奴山。西：延水自肤施入，径城，右合关子口，左小铺原水，又东径翠屏山，纳苏家河，右安沟，东南入宜川。西北交口水，东至延川注延水。南：锦屏山，下旧有石油井。光绪三十二年，用新法鉴取，油旺质佳。附近肤施、延川、宜君数县境均产石油。定边冲，繁。府西北三百五十里。明正统二年置定边营，属延安镇。雍正九年，以定边、监场、砖井、安边、柳树涧五堡地置，属榆林府。乾隆初来隶。东南：南梁山。西北：白露山，即白于山，洛水出焉，右合贝川水、郎儿沟，又东左合吴仓坡水，东南入保安。南：三山水，一名耿家河，自甘肃灵州入，复合黄家泉，西南入甘肃环县。北有边墙自甘肃花马池入，东南至靖边。西：盐场堡，县丞驻，后省。靖边冲，难。府西北三百里。明成化十一年置靖边营，属延绥镇。顺治初，为靖边所。雍正二年设同知。九年以安边、安塞、镇罗、镇靖、龙州五堡地置，属榆林府。乾隆初来隶。西南：大白、莲花山。东：箭杆山。东南：芦关岭。西：红柳河，东荞麦河，至城北合流，北出边墙，折东复入怀远边墙为圁水。东北：寺湾河、大理河并东入怀远。龙州堡、宁塞堡二汛。又宁条梁汛巡司同驻。

　　榆林府：冲，繁，难。延榆绥道治所。初沿明制，置东、中、西三路道。康熙元年省西路入中。雍正九年改中为榆葭道，东为延绥鄜道。乾隆二十六年改。总兵同驻。明曰榆林卫。**雍正九年，改置榆林府，并置榆林、怀远、定边、靖边四县。乾隆初，改定边、靖边属延安府，葭降州，暨所隶神木、府谷二县来隶。**南距省治一千三百五十里。广五百二十里，袤二百二十二里。北极高三十八度十八分。京师偏西七度六分。领州一，县四。**榆林**冲，难，倚。本双山、常乐、保安、归德、鱼河五堡地。明成化七年置榆林卫。雍正二年省入绥德，九年复置县为府治。城东：驼山。北：红山，上筑墩。东南：石山。无定河自怀远入，西径城南而东。清水河一名西河，即榆林河，自边入，西北纳县境诸水，东南流注之，又东南入米脂。东北：葭芦川，一名沙河，东南入葭州。西北边墙有鱼河堡、常乐堡二汛。南：碎金镇。驿二：榆林、鱼河。**怀远**冲。府西百六十里。明天顺中，置怀远堡，属榆林卫。雍正二年，改属绥德。九年以怀远、波罗、响水、威武、清平五堡地置，来隶。南：火石山。东：五龙。西南：龙凤山，无定河即生水，上流曰额图浑河，一名奢延河，又名幌忽都河，自鄂尔多斯右翼入，径城北而东，纳硬地梁、黑水头河、柿子河诸水，又东入榆林。西南：圁水自靖边入，东北流，径城北出边墙，入无定河。南：大理河自靖边入，合小理河，东入米脂，复经城东南，入米脂。西北：边墙。**葭州**疲，难。府东南百七十里。明属延安府。雍正三年，升直隶州。乾隆初，仍降州，来隶。南：白云。北：第一峰。西：西岭。黄河自神木入，南：秃尾河，即吐浑河，径城北，东南流注之。葭芦川自西南合五女川，东流来注之，又南受乌龙水、荷叶川入吴堡。**神木**冲，繁。府东北二百四十里。明属葭州。乾隆初来隶。西：笔架。东南：天台。东：龙眼山。东北：响山崖，石马河出，入府谷，注河。河水折西南入，受屈野河、芹河、泗沧河、大柏油河、柏林河诸水，西南入葭。秃尾河自边入，合永利河从之。神木管理事同知驻。西南：柏林堡汛。**府谷**冲。府东北二百里。明属葭州。乾隆初来属。北：高梁山。西南：天保。东：五龙山。黄河自鄂尔多斯左翼缘东界而南，受黄甫川、清水川，经南界，孤山川自西北合镇羌水、麻家沟水、本瓜川，东南流注之，又西南，受石马川，入神木。有孤山堡、木瓜园堡、清水堡三汛。巡司驻麻地沟。府谷、孤山、镇羌废驿。

　　乾州直隶州：冲，繁，难。隶西乾鄜道。明属西安府。雍正三年，升直隶州。东南距省治一百六十里。广九十五里,袤二百二十里。北极高三十四度三十三分。京师偏西八度十五分。领县二。西北:梁山。东北:鸡子堆。西:明月。北:漠谷水,西北:武水,一名武亭水,即杜水,均径城西南入武功。东北:泔水纳甘沟,东入醴泉。镇七:薛禄、陆陌、临平、阳峪、冯市、阳洪、关头。驿一:威胜。**武功**冲,繁。州西南六十里。东:东原。西:西原。西南:三畤原。渭水自扶风入,径城南,嘉庆中北徙,东入兴平。西北:武水自州入,径城北,合漠谷水,又东南,沛水东流来汇,又南入兴平。清水自整屋入,东北流,径城东南,又东至兴平入渭。镇六:魏公、游凤、普集、大庄、杨陵、永安。驿一:邰阳。**永寿**冲。州西北九十里。西南:武陵山。北:分水岭,泔水出,径城东,漠谷水亦出之,径城西,并南入州。武水出西南石牛山,南径州西北,复径县南,入州。西北:拜家河,东北入邠州,注太谷水。北:吕公渠,西南:赵家渠、李家渠、杜渠。镇四:底窖、蒿店、监军、仪井。驿一:永安。

商州直隶州:繁,疲,难。隶潼商道。明属西安府。**雍正三年,升直隶州。**西北距省治三百里。广四百六十里,袤四百三十里。北极高三十三度四十九分。京师偏西六度三十五分。领县四。东南:商山。西:熊耳山。东:鸡冠。北:金凤、小华。西:西岩。西北:冢岭,即秦岭。丹水一名丹江,出其东麓,合黑龙峪水,东南流,受水道河、林岔河,经城南,受乳水,又东南受老君峪水,入山阳。有商洛、老君店、黄川、大荆、泉村、西市、丰阳诸镇。龙驹寨汛,州同同驻。又东,武关汛。**镇安**繁,疲,难。州西南三百四十里。北:都家岭、长陵、天书山。东南:石驴。东北:梦谷。金井河自孝义缘界入,合社川河,东南入山阳。北:乾祐河径城东南,纳县河、冷水河、西南洵河,合小任河,并东南入洵阳。又西南,大任河亦东南入洵阳,注于洵河。有镇安营驻防。**雒南**简。州东北九十里。北:云堂山。东北:阳华。东南:王乔。西:冢岭山,洛水出焉,东南径元扈山,北纳文峪川,又东径城北,合石门川,又东会县河,故县川、灵水、要水径熊耳山,北入河南卢氏。三要司巡司驻。鸡头关汛。**山阳**简。州东北百二十里。东南:天柱山。北:莲花、元武。东:孤山。西:三凤。西南:金井河,即甲河,自镇安入,合花水河,至城南合河口。安武水即关柑水,径城西合县河、桐峪河,又东受董家沟、箭河、漫川河诸水,南入湖北郧西,注于汉。东:丹江,与银花河并入商南。竹林关、漫川关二汛。**商南**简。州东南二百五十里。南:商雒山。东:鱼难。东南:青山。东北:角山。丹水自州入,西南受银花河,为两河,又东纳武关河、清油河,径城南,合县河、湘河,东入河南淅川。有富水关汛。

邠州直隶州:简。隶凤邠道。明属西安府。雍正三年,升直隶州。东南距省治三百二十里。广二百九十里,袤九十五里。北极高三十五度四分。京师偏西八度二十三分。领县三。南:齒山。西:无量。东:蒲泽谷。泾水自长武缘界入,西北而东,径城北合安化河、白土川即漆水,复合西河、南河,左纳皇涧、过涧,又东南至断泾渡,右纳太峪河,缘永寿界入淳化。镇七:高村、大峪、宜禄、停口、永乐、史店、白吉。驿一:新平。三水简。州东北六十里。城东:翠屏。东南:石门山,七里川出,即姜嫄河,西南入淳化。东北:汃水,一名县河,自宜宾入,受连家河、苍耳沟水,径城南,并西南入州。西北:大陵水即皇涧,自甘肃正宁入,会罗川水,其南梁渠川,即过涧,并入州。又西经,马岭水入甘肃宁州。镇五:土桥、张洪、大羽、职田、底庙。淳化简。州东南百四十里。东北:寿峰山。西北:甘泉山。西:泾水左渎自泾入,受姜嫄河,径城南入醴泉。冶谷水出县北蝎子掌山,屈东,径城东,汇甘泉、走马水、胡卢河,东南入泾阳。东北:清水自耀缘界,东南流,仍入之。镇六:常实、大店、石桥、辛店、通润、姜嫄。长武简。州西北八十里。西:鹑觚原。北:神龙。南:宜山。泾水自甘肃泾州入,径北界,受马莲河,折南径城东,至回龙山北。西南黑水即芮水,与纳水合,东南流,注之,又东南入邠。镇三:停口、冉店、窑店。驿一:宜禄。

鄜州直隶州:繁,疲,难。隶西乾鄜道。明属延安府。雍正三年,升直隶州。南距省治五百五十里。广三百五十里,袤三百八十五里。北极高三十六度四分。京师偏西七度十一分。领县三。南:高奴山。东北:晋师。北:开元坡。北:洛水自甘泉入,南流纳采铜川、牛武川,径城东南,厢西水合开抚水,自洛川会街子河来注之,又南入洛川。西北:华池水,即清水河,自甘肃合水入,径城西,与黑水会,又南纳直道河、三川水,西南入中部。州判驻王家角镇。又交道、屯磨、张村、隆益、牛武五镇。洛川简。州东南七十里。旧治在东北。乾隆三十一年徙凤栖堡,为今治。北:高庙山。东南:烂柯。南:鄜畤山。洛水自西北南流,纳杜家河,入中部。东:仙官河、黄梁河,径城南,西南流注之,又南入中部。东南:聿津河西南入宜君。又南川水,东入宜川。镇十六:仙官、白城、化石、土基、黄连、吴庄、兴平、梁原、乐生、化庄、朱牛、汉寨、厢西、进蒙、永乡、聿津。中部简。州西南百四十里。城北:桥山。西北:石堂。洛水自洛川入,右受华池水、沮水、香川水、五交河,又南入宜君。镇五:北谷、保安、孟家、芦保、龙坊。驿一:翟道。宜君简。州西南二百十里。东南:秦山。西北：太白。西南：青龙。洛水自东北南流，右受石盘川，左受沙河，即聿津河，又南入白水。西南：缠带水，合玉华川，东北流，入中部，注沮水。又马兰川，西南入三水。姚渠川，东南入同官。马兰镇，巡司驻。又雷远、五里、杏头、石梯、偏桥、突泉六镇。县西姚曲村有石油井。

绥德州直隶州：冲，繁。隶延榆绥道。明属延安府。领县一。雍正三年升直隶州，以延安府清涧来隶。乾隆元年，以葭州之吴堡来隶。西南距省治一千一百一百里。广二百七十里，袤二百四十五里。北极高三十七度三十七分。京师偏西六度二十五分。领县三。城内：疏属山。西南：雕阴。西：合龙。东：凤凰山。黄河自吴堡入，南入清涧。无定河自米脂入，至城东北，右纳大理河、怀宁河，东南入清涧。驿一：义合。**米脂**简。州南百四十里。南：文屏。北：高家山。无定河自榆林入，径城西，左纳背川水。西南：大理河自怀远入，并南入州。驿一：圁川。**清涧**简。州南百四十里。明属延安府。雍正三年来隶。城内：草场山。西：笔架、烽台。北：官山。黄河缘东界而南，东北无定河，东南流注之，又南入延川。西：秀延水即辱水，一名清涧水，东流，纳士子河，折东南，纳坡底河，南入延川。西北：怀宁河，东北流入州境。驿二：奢延、石嘴。**吴堡**简。州东百四十里。明属葭州。乾隆初来隶。西北：高原、砭山。南：龙凤。北：大境。黄河自葭入，东北缘界，东南流，纳龟洲水，又西南纳柳毫沟、相公泉、清水沟诸水，又东南入州。宋家川、川口、辛家沟镇。驿一：河西。

清史稿卷六四
志第三九

地理十一

甘　肃

　　甘肃：《禹贡》雍州。南兼梁州。之域。明陕西布政使司及陕西行都指挥使司地。清顺治初，因明制，设甘肃巡抚驻宁夏。宁夏巡抚旋裁。五年，徙甘肃巡抚驻兰州。康熙三年，分陕西为左、右布政使司，以右布政使司驻巩昌，领四府如故。六年，改陕西右布政使司为巩昌布政使司。七年，又改甘肃布政使司，徙治兰州。雍正三年，裁行都指挥使司及诸卫所，改置甘州、凉州、宁夏、西宁，升肃州及秦、阶二州为直隶州。乾隆三年，废临洮府，徙兰州，因更名。二十四年，置安西府。二十九年，裁巡抚，以陕甘总督治兰州，行巡抚事。三十八年，置镇西府于巴里坤、迪化直隶州于为鲁木齐。三十九年，降安西府为直隶州。四十二年，升泾州为直隶州。同治十一年，置化平川直隶厅。十二年，升固原州为直隶州。光绪十二年，新疆改建行省，割迪化、镇西往属。东至陕西。及鄜州、邠州。南至四川。保宁、龙安。西南至青海。北至阿拉善、额济纳二旗。及喀尔喀札萨克图汗部。广二千一百二十里，袤一千四百十里。宣统三年，编户九十万六千六百三十九，口四百六十九万一千六百二十。领府八，直隶州六，直隶厅一，州六，厅八，县四十七。其名山：陇、嶓冢、崆峒、西倾、积石。其大川：黄河、西汉、渭、泾、洮、湟。其重险：萧关、嘉峪、玉门。其驿道：一，东南逾六盘达陕西长武；一，西北河出嘉峪关达新疆哈密。电线：西北通迪化，东南通西安。

兰州府：冲，繁，难。陕甘总督，布政、提学、提法三使，巡警、劝业道驻。明为州，属临洮府，领金、渭源、河州。乾隆三年，徙临洮府来治，更名，以所隶河州、狄道、渭源三州县改属，升狄道为州，置皋兰县为府治，兼割巩昌府属之靖远隶之。东北距京师四千四十里。广千二百二十五里，袤八百里。北极高三十六度八分。京师偏西四十二度三十四分。领州二，县四。**皋兰**冲，繁，疲，难，倚。城南五里，皋兰山，五泉出其下。百四十里，康狼山。北：九州、台山、松山。西：沃干岭、马衔山。黄河，西南自河州入，西流，至孔家寺，折而东北，复东流，迤南，径城北，至东坪，与金县分界。又东北，径乌金峡，入靖远。洮水南自狄道来，西北流至毛龙峡入黄河。边墙，西自平番来，起县西北毛牛圈，东南迤至小芦塘，入靖远盐池。边墙外，北与蒙古分界，有界碑六。镇一：纳米。驿三：兰泉、沙井、摩云。县丞驻红水堡。**金**冲，疲。府东南八十里。南：㲋山。西南：马衔山。东北：北峦山、车道岭。东：驼项。西北：猪嘴。黄河自皋兰入，南新营河自狄道入，至大营川，右合瓦家河，右合清水河，合㲋峪、徐家峡、大峡诸水，西北至皋兰入于河。黄河又东北过乌金峡入靖远。边墙西自皋兰来，逾黄河南至索桥，合旧边墙，东北入中卫。驿二：定远、清水。**狄道州**繁，疲，难。府南二百里。南：抹邦山、煤山。北：马衔山，故关原。西：西平山。西南：十八盘山。洮水，南自洮州入，合抹邦、东峪、三岔、留川四水及诸小水，屈曲北注，径沙泥州判境，沙泥水出摩云岭西麓，西流入之。洮水又北，入皋兰。州北河渠，雍正三年浚，引洮流溉田三百顷。赵土司驻所，州东南六盘山麓。驿四：沙泥、洮阳、窨底、庆平。州判驻沙泥堡。**渭源**冲，疲。府南少东二百五十里。西北：七峰山。南：露骨。西南：五行。西：乌鼠山。渭水出其北麓，东南流，径城北，合清源、锹峪两水，东入陇西。驿一：庆平。**靖远**疲，难。府东北二百里。明，靖虏卫。雍正二年省，卫设同知，属巩昌。八年置县，裁同知。乾隆三年来属。东：红山、屈吴山。南：乌兰。北：雪山。黄河，西南自金县入，至城北。祖厉河南自会宁来，会左关川水，北流入之。黄河又纳县境诸水，北流迤西逾边墙东北入中卫。边墙自皋兰红水堡来，接中卫。**河州**繁，疲，难。府西南二百里。陕西河州镇总兵驻。雍正四年，省河水卫并入州属。北：凤林山。西南：石门山。西北：小积石山，即《水经注》唐述山。黄河西自循化入，至积石关入州境，右纳样卑、吹麻、银川三水，东径城南，又东至莲花寺。

大夏河，西南自循化来，会州境诸小水，屈曲北流入之。黄河又东入皋兰。韩土司及土番、老鸦、端言、红岩、牙党、川撒诸族，分居州西境。驿五：长宁、凤林、银川、和政、定羌。太子寺，州判驻。

平凉府：中，冲，繁。平庆泾固化道治所。明为府，领州三，县七。顺治初，因明制。乾隆四十三年，升泾州为直隶州。同治十一年，割平凉、华亭、固原、隆德四州县属地，置化平川直隶厅。十二年，升固原州为直隶州。西北距省治七百六十里。广五百里，袤五百八十里。北极高三十五度三十五分。京师偏西九度四十八分。领州一，县三。平凉冲，疲，难，倚。西北：天坛。东南：石马。西南：可蓝。西：空同山。其支麓为笄头、马屯山、弹筝峡。泾水北源西自固原州来，至沙沟门入境；南源西自化平川厅来，至味子沟入境。合流城西，右纳大峡河，左纳小芦、大芦、潘阴洞诸水，东南入泾州。汭水西自崇信入，径县东南王家寺，东入泾州。东：利民渠，明浚，县南诸水汇焉。峡石、安国二镇。驿一：高平。华亭疲。府南九十里。东：义山。西：陇山。北接大漠，南抵汧、陇。西北：美高、朝那山。汭水北源出县西锹头津，南源出县西大关山，东流夹城，汇为一，又东右纳策底河，左纳五村川水，东迤北入崇信。盘口河出县西南山中，东流，支津左出为五村川水，入崇信。惠民渠，明浚，遏流引入城。制胜、六盘关、三乡、黄石河镇。驿一：瓦亭。静宁州冲，疲，难。府西二百三十里。东：陇山、上峡、东山。南：石门。西：西岩。北：横山。苦水河即长源河，北自隆德入，环城南注，纳甜水河及州境诸小水，屈曲南入秦安。西：兴陇渠，明浚。驿一：泾阳。隆德冲，难。府西北百四十里。乾隆四十三年，省庄浪县，以其地来属。东：六盘山。苦水河北自固原入，纳马莲川、滥泥河诸水，南入静宁。其东支甜水河，即陇水，亦出六盘，径城北，西合底堡川、南源沟水，并从之。驿一：隆城。县丞驻庄浪故城。

巩昌府：冲，繁，疲，难。隶平庆泾固化道。明置府，领州三，县十四。顺治初，因明制。雍正七年，升秦、阶二州为直隶州，降徽州为县，及清水、秦安、礼、两当隶秦州，以文县、成县隶阶州。八年，增置岷州及靖远县。乾隆三年，割靖远隶兰州。十三年，改洮州卫为厅来属，旋并漳县入陇西，隶巩秦阶道。西北距省治四百二十里。广二百九十五里，袤千二百三十里。北极高三十四度五十七分。京师偏西十一度四十三分。领厅一，州一，县七。陇西冲，繁，倚。东：三品石、仁寿。北：

赤亭。西南：首阳。西：西倾。西北：八角山。渭水西自渭源入，合广阳水为山河口，左合援阳河，右合科阳，径城北，纳县境诸水，东南入宁远。漳水一曰清水河，西南自岷州入，径漳县故城南，东入宁远。镇一：天衢。驿二：通远、三岔。县丞驻漳县故城。**安定**冲，难。府北百六十里。南：二安山。东：照城、凤凰。西：岩山。东南：温泉山。北：车道岘。关川水东源出县南禅牧山麓，一曰南河，西北流，西源出县西南胡麻岭，一曰西河，东北流，径县城北，汇为一川，一曰北河，北入会宁。镇一：龟光嘴。驿四：延寿、通安、西巩、秤钩。**会宁**冲，难。府东北二百里。东南：桃花。北：乌兰山，乌兰关在其下。南：铁木山。东北：屈吴山。祖河出东南王家山，西流，属河出南米家峡，北流，汇于城南，曰祖厉河。左纳西巩驿水，右合仓下什子川，西北，入靖远。关川水西南自安定入，径县境西北，入靖远。镇一：翟家。驿四：保宁、乾沟、郭城、青家。**通渭**简。府东北二百里。西北：笔架山。东北：玉狼。南：十八盘山。华川水出会宁华川岭，入县境。东南径西河湾；左合南家河，右龙尾沟，又东错秦安，关川河从之。再错复入，为散渡河，合青石峡水、清溪，入伏羌。镇二：鸡川、安远。**宁远**冲。府东南九十里。南：银观峪。西：广吴山。南：董墨。东北：石门。西南：武城。渭水，西北自陇西入，径鸳鸯嘴，合漳水及文吴河，迤东径城北，纳县境诸水，东入伏羌。县境浚渠二十七。镇六：马务、威远、来远、落门、纳泥、榆盘。**伏羌**冲，难。府东南百九十里。南：天门山。西：三都谷。西南：朱圉山。渭水，西自宁远入，纳南来诸水，径城北，华川水北自通渭来注之，东入秦安。藉水一曰乌油江，出县南山中，东入秦州。广济、陆田、通济三渠，皆明浚。**西和**疲。府东南三百里。东南：太祖山。北：宝泉。东北：鸡峰。西北：祁山。西南：仇池山。西汉水东自礼县入，径县北，横水河径城东，合叶家河、白水，仍西入礼县。复东流入境，径县南，江底河出县西南香山，东南流注之，又东南入阶州。东北：盐井。镇一：长道。**岷州**疲，难。府西南二百四十里。明卫。雍正八年改置。北：岷山。东南：岷峨山。洮水自西洮州厅入，东流过城北，叠藏河西南自杨土司境来，合多邦、绿园二水北流注之。洮水西北复入洮州厅。岷峨江一曰良恭河，出岷峨山东麓分水岭，南流迤东，入礼县。白龙江上源曰阿坞河，出岷峨山西麓分水岭，东南流，合数小水曰岷江，又东南，径临铺江西入阶州。驿三：岷山、西津、酒店。土司二：麻童、百林口堡。番族一：沙庄。**洮州厅**繁，难。府西南三百六十里。西南：西倾山。山脉东迤曰阴得尔图塔拉山、绰那搜尔山、多克第山、阿穆尼恰珠温恭山、多噶尔山。洮水出西倾东麓，一曰巴克西河，南流迤东，纳库库乌苏、波尔波河、多克第河、合拉尔河、底穆唐河诸水,径厅城南,东入岷州,折而西北,复入厅境,径厅东北入狄道。白水江,即《禹贡》桓水,一曰垫江,西自四川松潘厅入,径厅城西南,东南入阶州。边墙南起洮州卫故城南峪口,北入河州。镇一:广思。土司三:著逊、卓泥杨氏、资卜马氏。诸土司皆贫弱,地什九人卓泥杨氏,幅员千余里,南与松潘接。南路隘口七,通四川番地。西路隘口六,通青海。北路隘口三,通循化厅番地。

庆阳府:中,疲,难。隶平庆泾固化道。顺治初,因明制,并置庆阳卫。雍正五年,省卫。西距省治千一百八十里。广三百十里,袤四百二十里。北极高三十六度三分。京师偏西八度四十六分。领州一,县四。**安化**疲,难,倚。东北:太白、青沙岭。西北:铁边山。环河一曰马莲河,西北自环县入,东南流,径城南,铁边河纳境内诸水南流注之。又东南,合教子川,入合水,东北荔原川亦入焉。又北,白豹川入陕西保安。县北大小盐池。镇五:槐安、五交、业乐、马岭、董志。驿一:驿马关。县丞驻董志原。**合水**简。府东七十里。西:锦屏。东:桥山、子午山。环河西北自安化入,至板桥镇合建水,一曰东河,西南径城东,右东北川为合水,纳马莲河,南入宁州故城,川出子午从之。镇四:华池、凤川、平戎、太白。驿三:华池、邵庄、宋庄。**环**简。府西北百八十里。东:尖山。西:青山。西北:青冈峡,环河出其南麓,东南流,径城西,左右纳小水十余,又东南入安化,清水、萧家河并从之。西南,寡妇川亦入焉。镇三:马岭、木钵、石昌。驿三:灵武、灵祐、曲干。**正宁**简。府南二百四十里。本真宁,乾隆初更名。罗水出县东罗山。西南流,径城南,纳马造沟水,西入宁州。镇三:湫头、平子、山河。**宁州**中,疲,难。府南百四十里。东:雕岭。南:云寂。东北:五掌山。泾水,西自泾州入,纳茹水河,南流迤东,环河北自合水来会,纳境内诸水,径城西,南流注之,又东纳罗水,入陕西长武。镇八:襄乐、政平、早社、焦村、大昌、新庄、南义井、凤皇。驿二:彭原、焦村。

宁夏府:卫,繁,疲,难。宁夏道治所。将军、副都统、总兵驻。明宁夏五卫。初因明制。顺治十五年,并前卫入左卫、中卫入右卫。雍正三年省卫所置府及宁夏、宁朔、平罗、中卫四县,以灵州直隶州来属。五年,置新渠县。七年,置宝丰县。乾隆三年,省新渠、宝丰入平罗。同治十一年,置宁灵厅。西南距省治九百四十里。广五百三十里,袤六百六十里。北极高三十八度三十二分。京师偏西十度二十分。领厅一，州一，县四。宁夏冲，繁，疲，难，倚。治府东偏。本前、左二卫地。雍正四年置县。黄河西南自灵州入，东北至昌润渠口入平罗。河入中国，宁夏独食其利，支渠酾分，灌溉府境。惠农渠，雍正四年浚，汉延渠，雍正九年重修，皆南自宁朔入。唐渠，雍正九年重修，西自宁朔入。皆东北入平罗。东：高台寺湖。北：月湖。东北：金波湖、三塔湖。驿三：宁夏、王铉、横城口。宁朔冲，难，倚。治府西偏。本中、右二卫地。雍正三年置县。西北：贺兰山山脉绵褫，北抵大漠，南讫中卫，山外蒙古阿拉善、额济纳地。黄河，南自宁灵、中卫入，东北至叶升渡入宁夏。惠农渠于县南上马家滩承黄河支流，东北入宁夏。汉延渠于县南下马家滩承黄河支流，东北纳数小渠，入宁夏。大清渠，康熙四十九年浚于汉渠南承河流，北过双塔湖，合唐渠。唐渠于县南青铜峡首受河流，东北纳支渠十余，入平罗。南：长湖。西：观音湖。吉兰泰盐池在贺兰山麓。边墙，沿山自北而南，逾分守岭，入中卫。定远城在打台沟，雍正间阿拉善适博罗克科克于此，筑城设守。阿拉善王旋还旧游牧，仍以定远城赐之。平罗疲，难。府北少东百二十□。故平罗所。雍正三年置县。乾隆三年省新渠、宝丰二县，以其地来属。黄河西南自宁夏入，分为二派，东北流百余里，复合流，北入鄂尔多斯。唐渠、惠农渠西南自宁朔入，东北至石嘴子，复入于河。昌润渠，雍正六年浚，即故六羊河故渎，疏流建闸；起县东南，北流径宝丰故县，东复入于河。边墙，县北，西起贺兰山麓，东讫河干。县丞驻宝丰故城。灵州要，繁，疲，难。府东南九十里。初因明制，为直隶州。雍正三年来属，并省后卫，以其地入州境。黄河西南自宁灵厅来，东岸旁州西境。山水河出州南山中，西北流，入平远，复北入州境。苜蓿渠首受黄河，自西来会，支渠，右出曰秦渠。山水河又北径流，西北入黄河。支流北出曰滂河；北至三道桥，又分二渎，一西北入黄河，一北流会秦渠，入河。黄河又东北至横城口，入宁夏。东南有蒲草湖、东湖。南、北、中三盐池，花马池，红柳池，俱州东南。边墙，起横城堡，东入陕西延安。镇一：耀德。驿三：灵州、红山、沙泉。州同驻花马池。盐捕通判驻惠安堡。中卫冲，繁，疲。府西南三百六十里。故中卫地。雍正三年置县。黄河西自靖远入，径城西南，支渠左酾为美利渠、太平渠，右酾为羚羊角渠，过城东南，右酾为羚羊店渠，又东，左酾为永兴渠、胜水渠，右酾为羚羊峡渠。清水河，东南自平远来，北流注之。黄河又东，迤北，右酾为七星渠，左酾为顺水渠、丰乐渠。诸渠皆东北复入于河。黄河又东北入宁灵。边墙旁黄河南岸，逾河东入宁灵。驿三：中卫、渠口、长流水。巡司驻渠宁。县北阿拉善旗界有汉、蒙分界碑。宁灵厅要。府南□

百里。故金积堡,属灵州。同治十一年,总督左宗棠督师克复,奏设厅,改宁夏水利同知为抚民同知,驻焉。南:金积山。东南:大蠡。东北:紫金。西南:青铜峡。黄河,南自中卫入,行峡中,东北入宁朔、灵州。清水河,西南自海城入,左合边墙沟、红沟,入中卫注河。汉渠自厅城西,首受黄河,下流汇山水河。

西宁府:最要,冲,繁,疲,难。西宁道治所。办事大臣、总兵驻。明西宁卫。初因明制。雍正二年,省卫,置府及西宁、碾伯二县。乾隆九年,置巴燕戎格厅。二十六年,置大通县。五十七年,置贵德、丹噶尔二厅,割兰州之循化来属。东南距省治六百二十里。广三百五十里,袤六百五里。北极高三十六度三十九分。京师偏西十四度十三分。领厅四,县三。西宁冲,繁,疲,难,倚。东:峡口山,汉隍陬地;红崖子山。西:土楼山、金山。南:拔延山。西南:南禅山、积石山、拉脊山。西北:北禅山。黄河,西自贵德厅,径城南,东入巴燕戎格。湟水西自彤噶尔入,径城北,北川河西北自大通来注之,又东南入碾伯。大通河径县东北入平番。县西:伯颜川渠。县南:那孩川渠。驿二:西宁、平戎。土司四:陈氏、吉氏、祁氏、李氏。番庄二:上朵壤尔、乜亥加。番族三:上郭岔、松巴、巴哇。碾伯冲,繁。府东百三十里。故守御千户所,属西宁卫。雍正二年,置县。南:雪山。西:四望山。东北:阿剌古山。湟水,西自西宁入,东南流,径城南,曰碾伯河。纳县境诸川,东南至莲花台;大通河北自平番来会。河北、河南两渠,引湟溉田,酾支渠三十。驿三:嘉顺、老鸦、巴州。土司三:九家港、胜番沟、老鸦堡。他番族十余,分居县境。大通难。府西北百三十里。故番地。雍正二年,以番族效顺,置大通卫。乾隆二十六年,省卫置县。西北:大雪山。北:大寒。东:五峰。南:元朔山。大通河,古浩亹水,西自青海入,东南入平番。北:川河西自青海入,有二源,北曰布库克河,南曰沙库克河,合流至城北,为北川河,又东南入西宁。东峡川、峡门堡二渠。长宁驿。土司六:起塔镇、乩迭沟、大通川、王家堡、朱家堡、美都沟。西北与青海分界,有界碑。贵德厅要。府南。故归德千户所属河州卫。雍正四年,省卫所隶河州。乾隆三年,改隶西宁。二十六年,设县丞。五十七年升厅设抚番同知。东:郭图。南:莫曲山、图尔根山。东南:圆柱。南:南山。黄河,南自青海改西北流,折而东北,哈克图河来注之。又东北,环厅西境,至陇羊峡西折而东南,合龙池河及乌兰石尔廓尔河,并诸小水入循化、巴燕戎格。番族分生、熟、野番三种。熟番五十四族,田赋视齐民。生番十九族,畜牧资生。野番八族,其汪食代克一族,乾隆末北徙丹噶尔,余七族,咸居厅东境,插帐黄河南岸。**循化厅**要。府东南。旧属兰州，为河州同知驻所。乾隆末，移隶西宁。西南:多噶尔群山，不一名。黄河西自贵德入，北岸为巴燕戎格厅地，保安大河南自丹噶尔北流注之，又东纳厅境诸水，至积石关入河州。大夏河，古漓水，出厅南边外山中，北流径拉布楞寺，屈曲东南入河州。青海和硕特游牧地错入厅南境。番族:上隆布西番十六寨，南番二十一寨，阿巴那西番八寨，多奈错勿日二寨，素呼思记二寨，边都沟西番十寨，东乡西番五寨。回民撒拉族所居，曰上八工、下八工。**丹噶尔厅**府西南。抚番同知驻。东:翠山。南:日月。北:北极山。湟水出青海噶尔藏岭，东流至札藏寺入厅境，径城南，东入西宁。清水河出贵德厅南速古山，东北流。隆武河出循化厅西南番地，北流汇为保安大河，北入循化。韩土司辖地在厅东南。东科尔寺在厅西南。西宁、青海孔道。沙喇库图尔番族聚居处。**巴燕戎格厅**府东南，通判驻。明，西宁、碾伯、洮州厅地。乾隆三年，以巩昌裁缺通判徙改。北:雪山。西:小积石。东南:拉札山。黄河，西自贵德厅入，南岸为循化境，巴燕戎格河出小积石山东麓，纳厅境诸小水，南入黄河。

　　凉州府:冲，繁，疲，难。甘凉道治所。副都统、总兵驻。明凉州卫。顺治初，因明制。雍正二年升府，置厅、县。东南距省治五百六十里。广九百三十里，袤五百二十里。北极高三十七度五十九分。京师偏西十三度四十八分。领厅一，县五。**武威**冲，繁，疲，难，倚。故凉州卫地。雍正二年置县。南:祁连山，一名大雪山，绵亘千里，西北抵甘州境。沙沟水出山麓，屈曲北注，会黄羊渠为白塔河，又西北迤，径城北，会杂木河、大七河、金塔寺渠、海藏大河、炭山河、北沙河诸川，为郭河，北入镇番。东北:边墙，起镇番境蔡旗堡，南至土门关，入古浪。县三:武威、怀安、大河。**镇番**繁，疲。府东北二百里。故镇番卫。雍正二年置县。南:亦不剌山，环东北三面。郭河南自武威入，西北出边墙，酾支渠四，又西北出塞潴为大泽，蒙古谓之哈剌海谟，古体屠泽也。青盐池、鸳鸯白盐池、小白盐池皆在西北边墙外。边墙，西接永昌，东至县城北，折而南，逾郭河入武威。**永昌**冲，繁，疲。府西北百六十里。故永昌卫。雍正二年置县。北:金山。西:燕支。东北:马蹄。东南:炭山。水磨川出县西南祁连山北麓，四源并导，汇为一川，北流折东，又东北出边墙，潴为昌宁湖;今涸。炭山河出县南，北流至永丰堡南，折而东南入武威。边墙，西起水泉堡，东讫镇番境红崖堡。驿二:永昌、水泉。**古浪**冲，疲。府东南百三十里。故古浪所。雍正二年置县。西:白岭。东南:黑松林。古浪河出县南乌鞘岭北麓,纳县境诸水;东北出边墙潴为泽,曰白海。边墙,自武威南逾古浪河,迤东南入平番。驿二:古浪、黑松。巡司驻大靖。**平番**冲,繁,疲,难。府东南三百三十里。故庄浪所。雍正二年,置县。东:松山。北:炭山。西:卓子山。西北:分水岭。北为萱麻河,入古浪。庄浪河出岭南麓,纳金羌、石门、清水诸小河,至城南,又南至头道河入皋兰。大通河西北自大通入,径城西入碾伯,注湟水。大盐沟,东南。边墙,起县西北,东南入皋兰。驿五:庄浪、大通、通远、镇羌、平城。土司二:古城、连城。县丞驻西大通。**庄浪厅**简。府东南。同知、理事、通判同驻。庄浪河,北自平番入,南至皋兰境,入于河。大通河西北自平番入,东南至皋兰、河州境入于河。土司一:大营湾。

甘州府:冲,繁,疲。隶甘凉道。提督驻。明,陕西行都司治。顺治初,因明制。雍正二年,罢行都司,置府及张掖、山丹、高台三县。七年,割高台隶肃州。乾隆间,增置抚彝厅。东南距省治千五百里。广三百二十里,袤二百里。北极高三十九度。京师偏西十五度三十一分。领厅一,县二。**张掖**要,冲,繁,疲,倚。故甘州左、右卫。雍正二年置县。北:合黎山。西南:祁连山,绵亘府境,与青海分界。山丹河,东自山丹入,洪水河出县东南金山北麓,北流注之。又西北径城北,张掖河,古羌谷水,出祁连山中,汇县境诸渠,北流来会。山丹河自此蒙黑河之称。又西北,入抚彝。张掖河东岸黑番牧地,西岸黄番牧地。边墙,傍山丹河北岸,东入山丹。驿二:甘泉、仁寿。县丞驻东乐。**山丹**冲,繁,疲。府东百二十里。故山丹卫。雍正二年,置县。山丹河即《禹贡》弱水,出县南祁连山麓,四源并导,汇于城南,东入张掖。红盐池在县北,白盐池滨居延泽。大草滩,东南与凉州、西宁、青海分界。边墙,起合黎山南,径县城北,东入永昌。驿四:山丹、东乐、新河、峡口。**抚彝厅**府西北百五十里。旧隶甘州后卫。雍正二年卫省,属高台。乾隆十八年来属,置厅设通判。南:祁连。响山河出东南,黑河自张掖入合之,西北径厅北,左合三清渠,右出支渠,北自鲁墩湾入高台。边墙,傍黑河北岸东入张掖。驿一:同厅名。

泾州直隶州:要,冲,疲,难。隶平庆泾固化道。明隶平凉府,领灵台。顺治初,因明制。乾隆四十二年,升直隶州。割崇信、镇原来属。西距省治九百五十九里。广百一十里,袤三百五里。北极高三十五度二十三分。京师偏西九度七分。领县三。北:兼山。西:回山。西南:弁耳山、青溪岭。泾水西自平凉入,径城北,汭水西南自崇信来注之。又东至唐长武故城,洪河西北自镇原来注之。又东至宁州界,茹水西北自镇原来注之,南入陕西长武。盘口河西自灵台入,旁州南境,东入长武。镇一:盘口。驿一:安定。**崇信**难。州西南百二十里。城据锦屏山北麓。西南:箭筈山。西北:峡口。汭水西自华亭入,汇五龙、断万、五马三山及九峪水,屈东径城北,东入平凉。盘口河即黑河,亦自华亭入,傍县南境,东北入灵台。新柳滩旁汭水,顺治中疏为渠。**镇原**疲。州西北二百里。东:东山。北:潜夫、孝山。茹水西北自固原入,径城南,纳交口河、蒲河暨县北境诸水,东南入宁州。洪河西北自固原入,合平泉水,西南潘阳洞,入州。镇二:新城、柳泉。驿一:白水。**灵台**疲,难。州南二百城。北:台山。东:苍山。东北:书台。西南:离山。达溪水西自陕西陇州入,左合镇川口河,至百里镇,右合妲巳,左小建河,径城南,东北入陕西长武。盘口河,西自崇信入,径县东北,合槐树沟水,东入州。镇七:东朝那、良原、百里、邵寨、石塘、上良、西屯。

　　固原直隶州:冲,繁,难。隶平庆泾固化道。陕西提督驻。明隶平凉府。顺治初因之。同治十二年,升直隶州,置平远、海城二县属焉。西距省治八百九十里。广五百二十里,袤三百十里。北极高三十六度四分。京师偏西十度七分。领县二。西北:石城山。北:须弥。西南:陇山,一曰六盘山,绵跨平凉化平川境。清水河出陇山开城岭北麓,古高平川,二源并导,汇为一川,径城东,纳州境诸水,北入平远。泾水北源出开城岭南麓,为大小南川,会于瓦亭驿;东径蒿店,曰横河,出弹筝峡,入平凉。茹水出开城岭东麓,洪河出州东南陶家海子,并东入镇原。驿三:永宁、三营、瓦亭。州判驻硝河城。**平远**冲,难。州北二百四十里。故平远所。同治十二年置县,又割海城之下马关西地及灵州同心城来属。西北:罗山。南:打狼。西北:麦朵。西南:白杨林。清水河,南自州境入,甜水河自东来注之,又纳县境诸水,西北入中卫。山水河东自灵州入,径县北境,复西入灵州。**海城**冲,疲,难。州西北二百十里。平凉府属海剌都地。乾隆十四年徙盐茶同知驻此。同治十二年,省同知置县。西:天都山。西南:莲花。南:五桥山。北:大黑河、红井堡水、相洞川,并东入州,注清水河。清水河径红古堡,合石峡水,又北合兴仁堡水,入宁灵。西北:乾盐池堡水,径打拉池,县丞驻。

　　阶州直隶州:疲。隶巩秦阶道。明隶巩昌府,领文县。顺治初,因明制。雍正七年,升直隶州,割巩昌之成县来属。西北距省治千一百五十里。广二百九十里,袤五百五十里。北极高三十三度二十三分。京师偏西十一度二十三分。领县二。北:凤凰山。白水江,西北自洮州入,南流,迤东,径西固城南,白龙江北自岷州来注之。又东南,径城西,纳数小水,南入文县。西汉水,西北自礼县入,屈曲东南入成县。镇四:平乐、安化、角弓、石门。驿三:阶州、官城、杀贼桥。州同驻西固城。州判驻白马关。**文县**。州西南二百里。白水江,北自州境来,径县东南,清江水一曰文县河,西北自四川松潘厅,上承察冈公河,东南流入境,纳县西诸水来会。白水江又东南纳县东诸水,入四川昭化。南:阴平隘。驿二:文县、临江。**成县**。州东北二百里。西:泥功山、仇池山。东:木皮岭。西:汉水西北自州境入,径县西南。黑峪河出县北山中,纳县境诸水,西南流注之。西汉水至此蒙犀牛江之称,东南入陕西略阳。镇三:泥阳、横川、抛沙。驿一:小川。

秦州直隶州:要,冲,繁,难。巩秦阶道治所。明隶巩昌府,领秦安、清水、礼三县。顺治初,因明制,雍正七年,升直隶州,降巩昌属之徽州为县,与所领两当县来属。西北距省治七百三十里。广三百九十里,袤四百五十里。北极高三十四度三十五分。京师偏西十度四十分。领县五。西:刑马山。西北:邽山。东南:麦积。西南:嶓冢。渭水西自伏羌入,右纳藉水,左纳牛头河,东径城南,又东纳诸小水,过三岔城北,迤东入陕西陇州。西:汉水出嶓冢山南麓,西入礼县,骆驼川水出冢山东麓,流合数小水,南入徽县。镇四:关子、高要、社树坪、董城。州判驻三岔镇。**秦安**疲,难。州北八十里。东:九龙山。北:显亲峡。南:新阳崖。东北:青龙。罗玉河古陇水,北自静宁州入,上承苦水河,南径县西,至新阳崖入州境注渭。略阳川水东自清水入,西合石版泉,入静宁,注苦水河。镇六:金城、川口、郭嘉、太平、陇城、大寨。**清水**冲,疲。州东北百二十里。东:陇山,大震关在其下。牛头河一曰东亭河,古桥水,出陇山西麓,众源并导,汇为一川,径城北,东流,迤南入州境。略阳川水亦出陇山西麓,西流纳县境诸水,径龙山镇入秦安。镇八:白沙、岩年、清水、百家、玉屏、松树、龙山、恭门。驿一:长宁。**礼县**疲。州西南二百里。东:祁山。东南:仇池山。西南:岷峨山。西:汉水,东自州境入,纳县境诸水,径城东折南,又西入阶州。镇二:石岭、崖城。**徽县**难。州南二百八十里。北:鸾亭。东:赤玉。南:铁山、青泥岭。西:栗亭山、木皮岭。东南:杀金坪,仙人关在其上。故道河,东自两当入,骆驼川水北自州境来入之,西径县南,纳小水二,西南入陕西略阳,嘉陵江上游也。栗水出栗亭山,南流为泥阳河,南入略阳。镇三:永

宁、栗亭、火钻。两当简。州南二百七十里。东：鸳鸯。南：天门。东北：申家，
古南大夫山。故道河，东自陕西凤县入，河即两当水，径县南，纳小水二，西南
径秦冈山为琵琶湖，入徽。镇二：广乡、两当。有驿。

　　肃州直隶州：冲，繁，疲。安肃道治所。总兵驻。明，肃州卫。顺治初，
因明制。雍正二年，省卫并入甘州府。七年，置直隶州，割甘州之高
台县来属。东南距省治千四百六十里。广百九十里，袤百五十里。
北极高三十九度十六分。京师偏西十七度十二分。领县一。东南：
观音山。南：祁连山。东跨高台，与青海分界。西：嘉峪山。其西麓设关，俄罗
斯通商孔道，税务司驻焉。洮赖河出州西南祁连山北麓，古呼蚕水，北流东迤，
支渠旁出，左播为四，右播为三。又东为北大河，至临水堡，临水河出祁连山最
高处，东北流注之，折而北，径金塔寺，西南边墙为北大河，至古城右会红水，
左合清水河，曰白河，东北入高台。丰乐川出州东南祁连山天涝池，北流酾十
数渠。南：金厂。边墙，自嘉峪关迤西北逾洮赖河，折而东南，入高台。驿二：酒
泉、临水。州同驻金塔寺。巡司驻嘉峪关。高台冲，繁，疲。州东南二百七十
里。故守御千户所。雍正三年置县。西：崆峒。南：榆木。东北：合黎山。黑河
东自抚彝厅入，西北流，径城北，左出支渠五。又西北径深沟驿，复酾为数小
渠，又北至镇夷营。出边墙，右酾为双树子屯渠，左酾为毛目渠，白河西南自州
来会，北入额济纳旗界，汇于居延海。县西北盐池。边墙，西自州境来，逾黑河，
东南入抚彝厅。驿四：双井、深沟、黑泉、盐池。县丞驻毛目屯。

　　安西直隶州：冲，繁，疲，难。隶安肃道。明，赤斤、沙州二卫。后以番扰
内徙，空其地。康熙五十七年，番族内附，置靖逆、赤斤二卫，设靖逆
同知领之，寻增设通判，治柳沟。雍正元年，复置沙州所，筑布隆吉
城，设安西同知治焉。三年，省靖逆同知，徙通判治其地，仍领二卫，
旋升沙州所为卫。六年，徙安西厅台大湾。乾隆二十四年升府，置
渊泉县附郭，省靖逆通判，并赤斤卫，置玉门县。二十五年，以沙州
卫为敦煌县，省渊泉入府治。二十八年，降直隶州，隶安肃道。东距
省治二千一百二十里。广六百二十里，袤六百里。北极高三十九度
四十分。京师偏西十八度五十二分。领县二。雪山自葱岭支分，迤逦
东趋，绵跨州境，山外皆大戈壁，与青海分界。其北连山无极，与哈密及札萨克
图汗分界。疏勒河，古南籍端水，一曰布隆吉河，其西源昌马河，东入玉门，与

东源合,复入,右合支渠。巩昌河西北径桥湾营南,左纳小水七,迤北西流,径城南,支渠左出为南工渠、北工渠,经流西入敦煌。边墙,西起布隆吉城东疏勒河北岸,东讫桥湾营入玉门。驿七:柳沟、小宛、瓜州口、白打子、红柳圈、大泉、马连井。**敦煌**繁,难。州西南二百七十里。东南:三危山、鸣沙山。西南:龙勒山。西:白龙堆流沙碛。疏勒河东自州境入,西至城北双河岔,党河自南来注之。党河,古氐置水,蒙古谓之西拉噶金,出县南山中,两源并导,汇为一川。北流径城西,酾分十数渠,又北入疏勒河。疏勒河又西潴为哈剌泊。东南:盐池。玉门关、阳关,皆县西南。**玉门**冲,繁。州东二百九十五里。金山环东、西、北三面,绵亘二百余里。西北:赤金峡。疏勒河出县南山中,北流,纳昌马河、巩昌河,又北径城西,迤东入州境。阿拉克湖即延兴湖。又东白杨河。有石油泉,古石脂水。边墙,西自州境来,东入肃州。驿二:赤金湖、赤金峡。

化平川直隶厅:繁,疲,难。隶平庆泾固化道。平凉、华亭、固原、隆德四州县地。同治十一年,陇东戡定,置厅设通判。西北距省治七百四十九里。广袤各百余里。北极高三十五度有奇。京师偏西南十度有奇。东:观山。西南:大关山。泾水南源出山麓老龙潭,东径白崖山,合白岩河,又东径飞龙拔银,左纳圣女川、龙江峡水,东入平凉。

清史稿卷六五
志第四〇

地理十二

浙　江

　　浙江:《禹贡》扬州之域。明设布政使司。清初为浙江省,置巡抚,福建置总督。兼辖之。驻福州。顺治十五年,置浙江总督。驻温州。康熙元年,移驻杭州。八年,裁,寻复。二十五年,复裁,兼辖如故。雍正五年,改巡抚为总督。十二年,仍为巡抚。乾隆元年,复置浙江总督。三年,改闽浙总督,自是为定制。顺治五年,遣固山额真金砺来杭驻防,掌平南将军印。康熙初年改将军,总督驻福州,将军、巡抚驻杭州。三十六年,舟山置定海县,以旧县改置镇海。雍正六年,增置温台玉环厅。道光二十一年,升定海为直隶厅。乾隆三十八年,升海宁县为州,降安吉州为县。领府十一,直隶厅一,州一,厅一,县七十五。东至海中普陀山;四百九十里。西至安徽歙县界;三百七十里。南至福建寿宁界;七百八十四里。北至江苏吴县界。二百里。广八百八十里,袤一千二百八十里。北极高二十七度三十五分至三十度五十八分。京师偏东一度五十五分至五度四十分。宣统三年,编户三百八十八万八千三百一十一,口一千六百一十四万九千四百五。其名山:会稽、天目、四明、天台、括苍、金华。其大川:浙江、浦阳江、苕溪。天目自余杭飞霤而入,为黄山三天都之一。

　　杭州府:冲,繁,难。杭嘉湖道治所。初治嘉兴府,今改驻。巡抚,布政、交涉、提学、提法、盐运各司,粮储、巡警、劝业各道,及将军、副都统,织造,同驻。明为浙江布政使司,领县九。顺治初,因明制。乾隆三十八年,升海宁县为州。东北距京师四千二百里。广百九十五里,袤百三十里。北极高三十度十七分。京师偏东三度三十九分。领州一,县八。**钱塘**冲,繁,难。倚。西:灵隐山,古武林山,西湖源此。北为南北二高峰。西南:天竺山,其东丁家山,濒湖周三十里。唐刺史白居易、宋守苏轼导。厥后水汪尉横,纵成苏堤,横成白堤。迤西为孤屿,有行宫,与城内吴山为二。其北圣塘涧水,石函三闸,以时防泄。其东涌金闸,导之入城,曰城河。浙江,古制河,东南自富阳入。城河出武林门,会西溪入下塘河,一名宦塘河,径江涨桥。有盐场司,兼管吴山驿。出北新关,有桥曰拱宸。光绪二十一年,与日本约,定为通商埠。抵奉口陡门。左会苕溪。有西溪、瓶窑二镇。宣统元年,移府同知驻瓶窑。有武林驿。城南盐场司。浙江驿。**仁和**冲,繁,难,倚。南:凤凰山。西北:皋亭山。浙江,西南自萧山、钱塘入,东北流,入海。捍海石塘,自钱塘岛龙庙一堡至戚井村十二堡,西防同知治。又东至翁家埠,十七堡中防同知治。城河出候潮门,入上塘河,旧名运河,一曰夹官河,北流,右出枝津为备塘河,入海宁。下塘河西自钱塘入,西北流者官塘河,与苕溪会。其北流者为新开运河,径塘栖,歧为二,一入德清,一入海宁。苕溪自钱塘缘西北界入德清、武康为界水。有盐场司。汤镇、塘栖镇巡司二。又德胜、临平二镇。**海宁州**疲,繁,难。府东北百七十里。东:黄湾山。临黄湾浦入石墩山,迤东凤凰山,并建炮台。浙江,西南自仁和入,出鳖子亹为大海。自海盐至此,潮流倒灌,与江水相薄,此为浙西第一门户,南、北二大亹扼其中。潮昔趋南,后改徙北。一线危堤,屡受冲激。自仁和十七堡至南门外三十三堡,东防同知治。又自一堡至十八堡界海盐,累朝修筑。下塘河西北自石门、德清界入,径永安桥,歧为二。北支为运河,入石门为长安塘。东支复歧为二,一周王庙塘河,一许公塘河,入海盐。左出枝津为硖石河,入海盐、桐乡为界水。上塘河自仁和入,流为二十五里塘河,合备塘河,会袁花塘河,入海盐,为招宝塘。有袁花、郭店、硖石、石墩、长安、马牧港六镇。长安,州判驻。戴家桥有行宫,有汛。有巡司。许村、西路盐场二。**富阳**冲,繁。府西南九十里。东:五泄山。下二泄属诸暨。泄或作"洩",泄溪源此。西:贝山。北:桐岭。富春江,浙江上流西南自桐庐入,纳浦江。湖氿水即壶源江,右合剡浦,左纳苋浦,自天目山伏流,入县西北,始出山。错出复入,流为白洋溪,径城南,合安吴川,抵渔山埠,北入钱塘,南入萧山。城河即庆春河,起观山讫苋浦。

陡门二。有渔山、灵桥、场口、汤家、洋波场五镇。会江驿。**余杭**繁，难。府西北七十里。南：由拳山。西北：禹航山。北：独松岭，并百丈、幽岭为三关。南苕溪、中苕溪西自临安分入而合，会北苕溪，为瓶窑大河。又一支出武康界孔井山入焉。南苕性悍，逼临城东，厮二濑以引之，自滚坝泄流为余杭塘河。其南南湖，北流为黄母港，会苕溪，分上湖、下湖。镇三：双溪、石濑、闲林。**临安**简。府西北百里。西南：临安山，县以此名。西：枫树岭。天目山，即《山海经》浮玉之山，苕水出其阴，合董、平、鹤三溪。又东南，右合潘溪，左合马跑泉，侧城北而东，锦溪合南溪入焉。又东为南苕溪，西北为中苕溪。松溪出南黄岭，其西娄塘，当苕之冲，乾隆五年圮。有青山、亭川、板桥、化龙、横坂、三口、鹤山七镇。青山近城。公、姥二山夹锁苕源，最险要。**于潜**简。府西北百七十里。东：石柱山。西北：龙翔岭。西：天目，上有两池，若左右目。左属临安曰东溪，右曰西溪，出尖顶，合流，径白鹤桥双溪口，合虞溪为浮溪。至寮车桥，左合藻溪，右合交溪。紫溪西南自昌化入合之。其上流柳溪。有千秋、白沙、桐岭、豪千、孔夫诸关。**新城**简。府西南百二十里。西：大雷山。西北：青牛岭。并天目支阜。南：百丈岭，界余杭。葛溪出，合武源、里仁二水，出大源桥，右合菖溪，左纳槎溪，上承分水广陵溪为三溪口，径练头庄为练头溪，合松溪为双港口，曰鼍江。北有塔山堰。有东安镇。**昌化**简。府西二百十里。西南：福泉山，其东芦岭。南：杨岭。西：昱岭。北：峤岭、黄花岭。并置关。又马头岭，上溪出，合高溪、仁里溪，东流为无他溪。合云溪，右纳颊口溪，径晚山下为西晚溪，径城南为双溪。又南为下阮溪、三溪。伽溪出南峡川，上博溪东南纳分水青坑溪、览溪，西南承萧、浦二水，以达柳溪。其中柯相公潭，与于潜为界水。有手窄、颊口、柯桥三镇。

　　嘉兴府：冲，繁，疲，难。隶杭嘉湖道。副将驻。**乾隆十五年裁所，并海宁卫嘉兴府。**西南距省治百八十里。广百五十里，袤百里。北极高三十度五十二分。京师偏东四度三分。领县七。**嘉兴**冲，繁，疲，难。倚。府境之水二派，曰武林、天目，而天目派由石门、秀水入运，则合武林为一。长水塘南自桐乡、海盐界入，合练浦塘。海盐塘东南自其县入，并汇于南湖，一名鸳鸯湖，东南接彪湖、六里泾承南湖水，歧为二，一魏塘，一汉塘。合王庙、空庙、众欢诸塘，左出枝津为伍子塘。有王店、新丰、钟埭、新礼四镇。王店、新丰有汛。西水驿有丞。有铁路。**秀水**冲，繁，难。明宣德四年，析嘉兴置，同附郭。西南：运河自桐乡入，合石入泾，左出枝津为新胜。南塘侧城西南，注南湖。

新胜塘西北自江苏震泽入，纳新胜北塘，与南塘合，径北丽桥。长水、海盐二塘东南自嘉兴注之，是为秀水，县以是名。东北流，右出枝津北流，潴为姚泾、杨舍、上马诸港，分趋南官、北官、连四、梅家、陆家诸荡，入江苏吴江。魏塘东自嘉兴入，入嘉善。烂溪西北自桐乡入，入震泽、吴江为界水。王江泾，通判驻。旧设同知及东西两塘协办同知，并裁。濮院镇、新胜、九里汇有汛。新城、陆门二镇。**嘉善**繁，疲，难。府东北三十里。南：瓶山。魏塘自秀水入，会东郭湖塘，贯西城壕出东门，流为枫泾塘，入江苏娄县。伍子塘南自嘉兴入，贯南城壕，出北门入祥符荡。其北沈家、白鱼、上白诸荡，西北乌贫潭、木斜湖、吴家漾，并入江苏青浦。西北：汾湖流汇处，播为南北许荡、南北夏墓荡，入吴江。斜塘镇，县丞驻。枫泾镇，主簿驻。天宁庄镇，有汛。魏塘、陶庄、干家窑三镇。**海盐**繁，难。府东南八十里。南：秦驻。东南：白塔。西北：独山。海，东北自平湖入，径县城，又南至澉浦。道光二十四年设水师都司。其西长墙山，横截海湾，建炮台。捍海石塘，西南接海宁，东北亘平湖。秦驻坞水出秦驻山，歧为三，通曰秦溪，纵横数十里，贯以招宝、乌坵两塘。招宝塘西南自海宁入，乌坵塘出长生桥，合之，是为嘉兴塘。又自玙城东海贯城壕出北门流为平湖塘。长水塘亦自海宁入，缘西北界，错出复入，入嘉兴、桐乡为界水。有鲍郎、海沙二盐场司。海口、沈荡二镇。有汛。**石门**冲，繁，难。府西南八十里。明为崇德。康熙元年改名。西北：含山。运河，西南自德清入，纳海宁下塘枝水。左枝为南界泾，入归安，右纳下塘河、长安塘，并自海宁南注之。左支为南沙渚塘，入海宁、桐乡为界水，侧城南而北，右出二枝津为中北沙渚塘，又北襟塘，左石人、瓜塔、沙木诸泾，折东环湾如带，是为王湾。其塘右诸泾、半截运河注塘，左半由含山入归安。有玉溪镇。皂林驿。**平湖**繁，疲，难。府东南五十四里。东南：雅山，又苦竹山，水师战舰泊焉。迤东。羊、许二山，峭立海中，为江、浙分疆处，浙西第三门户也。海，东南自江苏金山卫入，又西径乍浦。雍正二年设水师营，七年，移杭州副都统来驻。道光三年，移府海防同知产驻。东西两海口，北接广陈汛。自此入澉浦达杭州，为钱塘江口北岸，西人名乍浦湾。汉塘西自嘉兴入，分流注当湖。右得平湖塘，西南自海盐入合之。在得乍浦塘，出东南前黄山，合何陈塘注之。东北流，歧为二，分流复合，入泖湖，其口曰朱洞港。有汛一。广陈塘右出枝津为盐船河，出放港为秦河，入泖湖，正渠并入之。镇五：白门、广陈、乍浦、新埭、青莲寺。有白沙湾巡司。芦沥、横浦二盐场。天后宫、观山麓、陈山嘴炮台。**桐乡**繁，难。府西南五十里。东：㐅山。南：王家山。运河西南自石门入,枝津入震泽界为烂溪,正渠径永新桥歧为三,南流注永新港,达石人泾,北流注五往泾入烂溪,东流入秀水。石人泾亦自石门入,合瓜塔泾及北沙渚塘,径屠甸,复合沙木泾。南沙渚塘亦自石门入,合中沙渚塘,入海宁。长水塘自海宁、海盐缘东南界,入海盐、嘉兴为界水。镇五:濮院、炉镇、皂林、陈庄,又青墩巡司。

湖州府:繁,疲,难。隶杭嘉湖道。明,领州一,县五。副将所千总驻。**乾隆三十八年,改安吉为县。东南距省治百八十里。广百八十二里,袤百三十八里。北极高三十度五十二分。京师偏东三度二十七分。领县七。乌程**繁,疲,难。倚。南:衡山、金盖山。西北:弁山。太湖,东北八十里,古震泽,周五百里,汇上游诸水。大小雷山扼其东,西亘长兴,北至小雷界吴江。浙源为东西二苕溪。东苕溪东南自归安入,合西塘河注碧浪湖。山塘溪亦自其县注之。合妙喜港,左得吕山塘,西北自长兴入合之。左出枝津为北塘河,分潴二十五溇港。西苕溪亦自长兴入,合四安溪。左出枝津小梅港及横港,分潴十二溇港。正渠与东苕合,是为江渚,汇合潴大钱港入太湖,三十六溇港并入。其东,运河自归安入,合浔溪入震泽。烂溪自归安、桐乡缘界,左出枝津,为白米塘河,纳安中埭河并入之。太湖营守备驻,同知驻乌镇,通判驻南浔溪,并晟舍、大钱、马要、圆通桥、小梅、青山、伍浦有汛。南浔、大钱、湖口三巡司。苕溪驿。**归安**繁,疲,难。倚。东南:长超山。西南:梅峰山。东北:太湖。东:苕溪东南自德清入,左出枝津为吴兴塘,纳石门、含山塘注钱山漾。西塘河,南自武康入,洛舍漾逾埭溪注之,与东苕合。径城南,吕山塘西自乌程注之,右出枝津为菜花泾,播为运河,历月河为霅溪,抵临湖水门。自钱山漾至,与乌程界水。双菱镇,守备驻。县丞驻射村港镇;主簿驻菱湖镇。并涵山、善连有汛。琏市、埭溪二巡司。**长兴**冲,繁。府西北六十。西:白石山。西北:碣石山。北:啄木岭,界江苏荆溪。东北:太湖。大雷、小雷西南自安吉入,其西四安溪,出朱湾岭,合书溪。西北箬溪二源合于长安渡,故曰合溪。罨书溪右出枝津为吕山塘,歧为二:一中横塘,入乌程;一南横塘,入北横塘。正渠径横石桥,与北横塘会。其北顾渚溪,出悬白岭,流为紫花涧,潴于包洋湖,分二十八溇港,南至蔡浦,接乌程小梅港,西至夹浦,为顾渚溪来源。横溪,出东北横玉山,分潴长大、上周、蒋家、金村四港。香山岭水潴双桥港,浮渚岭水潴斯圻港,并入太湖。镇六。夹浦,县丞驻。有四安、合溪二巡司。并新塘有汛。**德清**繁,疲,难。府南九十里。东:德清山,本乌山,县以此名。东北:漱山。西北:白岘山。

苕溪南自仁和入,纳武康南塘河,径南水门,曰龟溪。左出枝津入洛舍漾,为归安、武康界水。正渠贯城壕西北流,东苕溪分运河入之。东塘河,其枝津运河亦自仁和入,缘东南界错出复入。有钱市镇巡司。**武康**疲,难。府南百二十里。东:封山。西北:莫干。又铜岘山为余英溪北源,南源出西上郎山,汇于牌头,径新塘滩为前溪,会湘溪、后溪。其枝津侧城南而东,左得封溪故道,又东北合阜溪,左出枝津注洛舍漾。苕溪自钱塘入,缘东南界,合官塘河,北流为余不溪。镇二:牌头、上柏。**安吉**疲,难。府西南百三十里。明为州。乾隆三十八年降。东南:白杨山。北:金乌山,界长兴。东南:独松岭,界余杭。东溪出。大溪,即苕溪,西南自孝丰入,径塔潭。东溪合梅园溪,复纳孝丰丰食、吴渚一溪入焉。侧城东合丁埠港水,北流,左合理溪,右合鲁家溪,径梅溪。浑水溇亦自孝丰注之,又北合四公溪。小溪市、梅溪镇、递铺镇有汛。乾隆十七年移州判驻南溪。**孝丰**简。府西南九十里。西南:天目山,界临安、于潜。又桃花山。南:广苕山,苕溪出,合深溪、横溪。其东大海岭,东滨溪出,下流为吴渚溪,又东市岭,大溪出,下流为丰食溪。梅家山溪出北梅家山,下流为浑水溇。有天目山巡司。沿干镇。

宁波府:冲,繁。宁绍台道治所。提督驻。康熙二十六年,改定海曰镇海,移置定海于舟山。宣统三年,增置南田。西北距省治四百四十里。广二百二十四里,袤二百八里。北极高二十九度五十五分。京师偏东四度五十七分。领县六。**鄞**冲,繁,难,倚。西南:四明山。东:傍海为鄮山。西南:灌顶、梅园山、海浦、羊求山。海,东南自象山入,径大嵩水口。顺治十七年,裁所置游击。雍正七年设同知。东接瞻崎,南毗盐场,有司。又北通东钱湖,汇东境诸水,有南北二塘、梅墟石塘。奉化江南自其县入,鄞江出四明山,合而北流,为甬江。又与慈溪江合,河流纵贯。道光二十三年,开租界,与英立约,为五口通商之一。径白沙市。左出一枝津,首白沙,讫张家堰,与镇海为界水。西南:南塘河出四明,歧为二,前港贯城壕,注日、月二湖。后港即裹弄港,会中塘、西塘及中、南二河,入江。其东,前塘河三源汇于横溪,出横石桥,会中塘、北塘河,径和安桥,为三河总渠,注大石契入江。有浙海关。四明水驿。铁路。横山、岙猛港等炮台。**慈溪**繁,疲,难。府西北五十里。西南:大宝、句余。东南:石柱山。海,西北自余姚入,北抵海盐。迤东有海王山,又东为松浦港口。港分杜湖水,出三眼桥,界镇海。慈溪江上流即姚江,自余姚入,径丈亭渡,歧为二:前江历车厩岭,抵大浃江口,会甬江;后江贯城壕,出东郭,曰管

山江,南抵西渡会前江,西抵化纸闸会横溪。西南:蓝溪自龚村汇二十六陂水,
出玉女山。西南:诸水出四明,入蛟门,北资杜、白二湖。海壖设塘置闸,曰松
浦、淹浦、古窑、津浦、洋浦。镇五:丈亭、洪塘、东埠、松浦有巡司、向头废司。鹤
鸣盐场司。车厩驿。有瓜蒂山、东山炮台。**奉化**疲,难。府西南八十里。东南:
奉化山,县以此名。又鲒埼山,光绪十年法兵舰来犯炮台,毙其将孤拔,遂遁。
海,东北自鄞入,径湖头渡关,又西径塔山城、应家棚,东接杨村汛,又西为河
泊所。其口有悬山。又天门山,下即《汉志》天门水,南为江彭山,界象山、宁海。
县溪出西南大公陂,七十二曲,朱、白二溪逾赵河注之。抵琎琳契,歧流为长它
江,抵三江口。金溪出东金峨山,径白杜河来会。其西刻溪,出六诏岭,合左溪,
纳西晦溪,是为奉化江。又东合长它江,迤东北会甬江。塔山城巡司。应家棚
守备。有鲒埼镇。连山驿。祥岭、董公、桐照等炮台。**镇海**冲,繁。府东北六
十里。海,西北自慈溪入,东至澥浦,水师参将驻,为郡北要害。又东径招宝山
抵钳口门。道光二十一年,英兵舰由北登岸。其东蛟门,西虎蹲,并称天险。又
东穿山所,临黄歧洋。又东崎头角,临崎洋头,长跳嘴山扼其口,并为郡东要
害。转南至郭卫所,南接昆亭汛。迤南扑蛇山,临双屿港。又南至荒屿,界鄞。
外洋各岛,其著者,东北七姊妹山,东西霍山,迤东捣杵山。东距金塘水道为大
陂子港。转南有天隍山,东西二屿,界象山。涌江西南自鄞入,入海口为大浃江
口,即古甬句,东自张家堰至此,与鄞为界水。西北诸水潴为凤浦、沈窖、灵绪、
白沙四湖,播为巨河。夹江河西自鄞分甬江水,逾白沙,历鹭林,入前大河。中
大河上流后江自慈溪入,北流为西河。大闸河上流松浦亦自其县入,歧为三:
一抵澥浦入海,一流为西大河入浃江河,一径箭港为后大河。其中港贯前、后
两河,并入城河,出头二闸入海。其东南上河注径大契市,中河径穿山契,会芦
江河入海。有庄市、柴埠二镇。定海关有管界、长山、穿山三巡司。龙头、穿山、
清泉三场。有北城角、威远、定远、宏远、平远、绥远、靖远、镇远各炮台。**象山**
简。府东南二百七十里。海,西自奉化入,径西周渡,虎山扼其口,南接泗州头
汛。径东、西塔嘴入,为陈山渡,接海口汛。又东径前仓所,西接珠溪汛,东对牛
鼻山。其东北猎户角,为南岸尽处。迤南径爵溪城,青门、羊背诸山扼之,并为
郡南要害。其南天目山,东即韭山列岛。又南至昌国,顺治中裁卫,置水师营都
司。又南至石浦,明为所,道光三年移府海防同知驻。南出为东门,与小铜礁对
峙。中为铜瓦门,道光二十二年英兵舰来犯,由此门入。过此曰下湾门、金齿
门,西为林门、珠门。又南至大田岛,光绪初,派开垦委员驻此。宣统三年改为

抚民厅，移府通判、左营游击驻樊岙，守备、千总驻龙泉、鹤浦两塘。岛北为石浦港，西即三门湾。转西至台宁屿，界宁海。东大河出王家岙及旋井、飞凤诸山，注会源碶。南大河出凤跃山，自西水门接诸河，注朝宗碶。西大河出郭家诸涧，注灵长碶，并入海。上洋三碶蓄三河水，防泄下洋，下洋永丰诸碶防泄入海。有南田、竹山二巡司。前岙岭、高塘山等炮台。**南田**简。旧隶象山。宣统三年新置，治大佛头山麓。孤峙海中，东、南、西大洋，惟北距石浦较近，水程十有余里。海中十洲，此为第一。明汤和惧赵宋遗族苞蘖，拟废象山、弃翁洲，遂徙南田居民。后复有群入垦煎者。道光三年，巡抚帅承瀛奏谓"明与定海、玉环并封禁。嗣定、玉展辟而南田独否，以彼泥潮而此沙垆，匪船易留，故复徙之"。大小共一百八岙，南路四十九，北路五十九。

定海直隶厅：简。隶宁绍台道。总兵及同知驻。古句章地。明为卫。康熙二十七年，改县。道光二十一年，升直隶厅。西距省治七百六十里。广百四十里，袤八十三里。北极高二十九度五十九分。京师偏东五度五十八分。舟山，古翁洲山，即定海山。康熙、道光间陷于英。咸丰间复陷英、法。澳外岛屿屹峙。西洋螺角，东竟留角，对峙若门。洋螺南为螺头山，西即大樹山，接象山港。口北各岛为厅南险汛。又六横山西对前仓嘴，牛鼻山扼其中。其东南为桃花山、登步山。桃花东北、登步东南为朱家岛，中有岛沙山，曰岛沙门。东岸狼湾，其东普陀山西北嘴对舟山东嘴，中为莲花洋，西即沈家门，商舶鳞萃。北达兰秀湾，西北距千礁角，曰龟水道，青山屹立，中为灌门，航路最险。兰秀以北为官山，中为乱山门。官山以北为岱山，中为高定洋，利停泊。其西北大沙澳，北距长白山，中为长白水道。其西为岑港。西北接大、小沙汛。又西即金塘水道。其东北为册子山，中为西堠门。岱山以西为两头洞山。又大渔山、屿心脑山与乍浦为犄角。以东为竹屿港。又东曰大小长涂、东西福山，并为厅北险汛。其东北大衢山，四围多澳。有岑港、道头二巡司。沥港、沈家门二镇。定远、振威、永清等炮台。

绍兴府：冲，繁，难。隶宁绍台道。副将、卫守备驻。西北距省治百四十里。广三百二十里，袤二百九十里。北极高三十度五分。京师偏东四度四分。领县八。**山阴**冲，繁，难，倚。西北：兴龙山，南麓本卧龙山，康熙二十七年驻跸，改。南：龟山、阳台、兰渚山、秦望山。西北：涂山、梅山。东北：蕺山。海，自萧山入，径三江口，为杭州湾，南岸水口对岸为海宁。南大亹、中小亹扼其中。潮昔趋南，暴岸冲击，其后海塘东接会稽，西亘萧山。浦阳江西南自诸暨入。运河西北自萧山入,合监湖枝津北注瓜渚湖。湖分青电湖水入西水门,复合入铜盘湖港,抵港口与西小江会。江分为二,自萧山古万安桥入,缘北界,西溪出鸡头山注之。径钱清镇,错出复入,抵三江闸。湘湖自萧山贯运河来会,又东入海。鉴湖,古镜湖,周三百五十里,今只存西溪及会稽,若耶溪为其别源,湘湖为其正源,仅十五里矣。三江城,通判驻,有盐场司,与钱清为二。有柯桥巡司,蓬莱驿。**会稽**冲,繁,倚。南:会稽山,有禹陵,县以此名。其宛委、秦望、天柱,并为支阜。海,东北自山阴入,径沥海城,南接蛏浦。西曰西会渚,北与澉浦遥对,为险汛,有防海塘。曹娥江上流剡溪,东南自上虞入,纳嵊小舜江,错出复入,历曹娥坝,抵宣港入海。运河自曹娥坝分诸溪河水,径通陵桥,会攒宫河,宋六陵在焉。出五云门西,有若耶溪出化山注之,入山阴运河。有三江、东江、曹娥盐场。曹娥巡司。东关驿。篆风镇。平水关、宣港、临山炮台。**萧山**冲,繁,难。府西北百十里。东南:大罗山。东北:龛、赭二山。浙江西北自富阳入,浦阳江西南自诸暨入,合于渔浦街。古时浦阳与浙江阂,后开碛堰始通。抵中小亹,出南大亹入海。海潮自鳖子亹入,为龛、赭所束,洪涛奔突,捍以危堤二十余里。西小江,古潘水,出临浦市山,历麻溪坝,贯运河,入山阴,下至三江口入海。运河自西兴渡引浙江水,径望湖桥,湘湖汇西南诸山水贯之,又东南入山阴。临浦镇,县丞驻。有渔浦、河庄山二巡司,义桥镇汛。西兴水驿有丞。钱浦课场。有西陵、渔临两关。北只庵炮台。**诸暨**简。府西南百十里。东:紫薇、铁崖山。西:洞岩、鸡冠、五泄山。北:银冶、杭乌山。浦阳江南自浦江入,一名上西江,合酥溪,东北流,合上瀼溪,与上东江会。江出东阳界东白山,曰孝义溪,合开工化溪,流为洪浦江,合下瀼溪注之,是为浣江。径城东,歧为二,东曰下东江,合枫桥港诸溪,西曰下西江,合五泄诸溪,分而复合,亦曰大江,并入萧山。有枫桥镇。长清关。**余姚**疲,繁,难。府东北百十里。南:大吴山。西:龙泉山,古绪山。北:历山。东北:四明、石匮山。海,北自上虞入,径临山卫。康熙八年移庙山巡司驻。四十七年移沥海守备并驻。北临山港,东泗门港,为滨海要口。径破山浦,有防海塘、利济塘。外炮台七所。其西南姚江,出太平山及菁山,古句章渠水,错出复入,纳上虞、马渚、横河,贯两城间,抵竹山潭,合兰塑港,逾姜家渡,纳慈溪官船浦,是为丈亭江。镇四:梁寿、眉山、庙山,其三山有巡司。石堰、鸣鹤二盐场。中村、北溪、梁同、周巷、周家路有汛。姚江驿,康熙九年并入县。**上虞**繁,疲。府东百二十里。南:覆邑山。西南:象田山。西北:夏盖山,南临夏。盖湖汇白马、上妃二湖水,周百五里。北枕海,西北自会稽入,径沥海所,有四卫、施湖二隘。其塘外为沙涂。上虞江即曹娥江,古柯水,亦曰东小江,上流剡溪,西南自嵊入,纳会稽小舜江,径梁湖堰,其东为运河。外有通水河,径百官渡,其东为马渚横河,抵备塘。自梁湖堰至此,与会稽为界水。有曹娥驿,康熙元年裁丞。其侧盐场二。梁湖镇巡司。**嵊**冲,繁。府东南百八十里。东:金庭山。西南:五龙、真如二山。分水冈,剡溪出,合大、小白山水,东南流,右合珠溪,左事箩松溪,径白杨村,纳富润、江田二溪,侧城东南,有潭遏溪、嵊宝溪注之,是为剡溪。黄泽溪亦自其县入,合北庄溪注之。又西北,合丫溪、强口溪、溪,入上虞为曹娥江,即古浦阳江也。东北:西梅溪,出大屏山,入奉化。镇三:浦口、长乐、三界。有汛。**新昌**余。府东南二百十里。东:天姥山。东南:关岭。东北:苏木岭。东:港溪自天台入,合泄上山溪、潜溪,下流为潭遏溪。西港溪上流夹溪,西南自东阳入,合三洲谭溪,下流为宝溪。北港溪出奉化界蔡岙山,历岩头岭,别源自宁海缘界合流为黄泽溪。彩烟镇。黄渡有汛。

台州府:疲,难。隶宁绍台道。海门镇总兵驻。原名黄岩镇,总兵驻黄岩。光绪二年移此。西北距省治五百九十里。广三百七十里,袤二百七十里。北极高二十八度五十三分。京师偏东四度三十九分。领县六。**临海**繁,疲,难,倚。西南:括苍山。东:曤倭山。南:盖竹山,《道书》"十九洞天第二福地"也。东蔡岭、西石松山,并筑石城。海,东自宁海入,径坡坝江,白岩山扼其口。纳上流花桥港,南径泗淋汛,纳上流洞港,又南径有殿角,南对白梳角,曰清塘门。桃渚港出东大罗山,合矩溪入之。其寨顺治十八年废,康熙十一年复,守备驻。自白梳角移南至白沙山,为台州湾口北岸,迤南至前所城,游击及巡司驻。南对海门,顺治十七年裁卫,总兵驻。其西家子镇,同知驻,是为椒江口。口外群岛联亘,迤南为窦门山、鹿青山。归浦江二源,北为始丰溪,自天台入,合大石溪,归溪为百步溪,出三江村,西南永安溪,合黄沙溪、芳溪来会,是为灵江。径双港口,合大田港,径三江口,会永宁江,是为椒江。又东,合章安、东逻二浦入海。镇二:蛟湖,其花桥县丞驻。有杜渎盐场司。赤城驿。牛头颈、外沙、小圆山炮台。**黄岩**疲,繁,难。府东南六十里。东:永宁山。南:委羽山,《道书》"第二洞天"。西:黄岩山,县以此名。海,东自临海入,径浪矶山,为台州湾口内岸,有丁进、洪辅两塘,长六十余里,内为盐地,北接临海,南亘太平。西北:永宁江出西尘山,别源出黄岩山,合流为大横溪,径大碶头为宁溪。径乌岩为乌岩溪,合柔极、小坑二港为长潭。又东南合官岙水、茅畲溪,径山头洲为断江。径后垟合西江，是为澄江。径东浦，外东浦即东官河，侧城东北，合裹东浦，为黄林港，下流为永宁江。南官河汇沙埠、九峰诸水，南支接太平金清港，北支贯城壕，左出枝津，分流复合，入西江。又北流为裹东浦。乌岩镇，县丞驻。有长浦巡司。黄岩盐场司。丹霞驿。乌岩三港口、沙埠、宁溪、洋屿、白湖塘有汛。**天台**简。府西北九十里。北：天台山，周八百里，支阜赤城，有玉京洞，《道书》"第六洞天"。始丰溪西南自东阳入，合寒、明二岩，鹊鸪诸山水，侧城西，左得青溪，合桃源瀑布、关岭溪壑注之，东抵凤凰山下，合宝华脏螺欢、倒灵诸溪，折南又合大小淡溪。西北：福溪出正台山西麓，混水溪出南麓，其东泳溪出苍山东北麓。又界溪出龙鸣山。有清溪镇。桑洲驿。**仙居**疲。难。府西九十里。西南：韦羌山、景星岩。北：罗城岩。西北：苍岭，一名风门。西南：大溪，南源出永嘉界坑山，曰永安溪，左出枝津抵安仁岭下，曰安仁溪，入缙云。西源自缙云入，曰金坑水，合仙人溪，径四都，与南源会。径洋山潭，合含裹溪。又东北，右得马岭溪、大陈山水，左得珠母、韦羌、南溪诸水。又东北，纳萍溪。上流榉溪，西北自永康入合之，径城东，合白水溪、彭溪，抵塔山西，合朱溪，入临海。有蟠滩镇讯。**宁海**简。府东北百有八里。水师参将驻。西北：龙须山。北：天门山。海，东北自奉化入，径浮溪口，纳上流铁江，转东径黄墩港，纳上流白渚溪，错出为象山港南岸。又自石浦入，径台宁屿，又西径茶院港，分出东北许家、双坑二山，合流为柞浦溪，径龙口塘。又西径白峤港，上流白溪，西南自天台入，别源出西桃花山，合径亭头渡来会，西南径清溪口，上承天台泳溪，径旗门渡。又南为亭旁、海游二溪口，一承天台界溪，一出西南分水岭，合径连蛇渡。又西南径健跳所，守备驻，临健跳江。上流横渡溪，合小白溪来会。外有健阳塘，东北对石浦城，是为宁海湾口门。群岛错峙，其著者为田湾岛，岛东为青门山，临牛头洋，北为五屿门，外朱门洋，内蛇蟠洋，并险汛。镇四：海岙、越溪、亭旁，其海游，县丞驻。有长亭盐场司。朱岙驿。**太平**简。府东南百四十里。水师参将驻。南：石盘山。西南：灵山。西：温岭。海，东南自台州湾入，径金星门，又南道士冠山、盘马寨。其东白岩山，中为捣白门。又东沙镬山，东南积谷山，东北即台州群岛。其著者上、下大陈山，转南径松门城，置守备，临松门港，松门山扼其口，中有窄水道。其东牛山岛，又东苏丹岛，东南三蒜岛。转西径隘顽寨，群峰剌天，慢游岭尤险夨。中有大海湾，错出温州府境，径天澳、木杓诸山，转西北径楚门城。西北：白浆诸溪，正源大溪与别源小溪合流为双溪，北流折东为新建河，合桃溪、温岭溪，径大溪口。西南西溪出梅岭来会，是为金清

港,北通黄岩官河。又东径新河城为迁江,县丞驻,又东入海。间溪一名练溪,
并入之。有蒲歧、温岭二镇。松门巡司。凤尾、盘马、沙角、寺前镇、石塘、金清、
箬裹有汛。

金华府:冲,繁,难。隶金衢严道。副将驻。明初为宁越府,后复改。东
北距省治四百五十里。广三百四十里,袤二百四十四里。北极高二
十九度十分。京师偏东二度二十一分。领县八。**金华**冲,繁,倚。北:
金华山,县以此名,古曰常山。东南:至道山,康熙二年,耿逆遣兵踞此。东阳江
自义乌入,曰东港,合航慈溪,东南流,纳孝顺溪、芝溪、赤松溪,径城南,合城
中七宝渠。南港自武义入,西北流,抵燕尾洲,与东港会,是为婺港,一名双溪。
又西北,桐溪、白沙溪并自汤溪入,抵栅头,有盘溪承徐公湖、九龙山水,流为
黄烟溪注之,此北渠也。古时南渠与衢港会,今游狭。有孝顺镇。双溪驿。**兰
溪**冲,繁,难。府西北五十里。东:铜山。西:砚山,界龙游、寿昌。婺港东南自
金华入,合黄烟溪,径城西南。衢港自龙游入,纳寿昌游埠溪,错出复入,左得
永昌溪,径兰阴山下,会杨子港,是为兰港。又北合虎溪、乾溪、香溪,抵施家
滩,纳浦江大梅溪。有黄溢堤,康熙、雍正间屡修筑。镇三:平渡、香溪,又女埠
有废司。浴水驿。**东阳**繁,难。府东北百里。东南:大盆山,界天台。东:玉山,
一名封山。东北有东西白山,接太白山。东阳江二源:南源定安溪,即歌溪,出
大盆墨岭,合金蒙坑、茅洋诸水,径双溪口;北源上白溪,出东白山,会西白出
水,南流,合白峰溪,渼沙溪来会,西流,右得笕竹溪、蟠溪,左得龙化溪、泗渡
溪,又西合雅溪、郎坑溪。书溪出大盆西麓,始丰溪出南麓,其东上夹溪出尖山
市,下来溪出天笠山。有白坦、永宁二镇。白峰、夹溪汛。**义乌**疲,难。府东北
百里。南:淡云、八保。北:黄蘗山。东:江古乌。伤溪自东阳入,合廿三里诸
溪,折西南,会瑞云溪、麟溪。又西南,右合绣湖,左合鲇溪善溪,径江湾市,会
画溪,又南纳吴溪,入金华。其北航慈溪,出覆釜山,会仙洪岩水,缘西北界入。
素溪出西南古寺坑。北酥溪出清潭山。又洪巡溪出西北绸岩。镇四:龙祈、酥
溪、佛堂、廿三里溪。有汛。**永康**疲,难。府东南百十里。东:方岩。东南:灵
岩。南:绝尘山。永康港二源:北源华溪,出密浦山,径社山下为鹤鸣溪,合酥
溪,出仁政桥;南源南溪,即建阳溪。自缙云入,右合卢溪,左合横坑溪,径水峥
岩,右合李溪,径双溪口,两源相合,是为永康港。又西,合西门、烈桥、高坑诸
溪,入武义。东北:双牌溪,出八盆岭,下流为灵溪,入缙云。又东,樟溪出大岭,
下流为萍溪,入仙居。樟溪村,府都司及县丞驻。有孝义、裹溪汛。华溪驿。**武**

义疲，难。府东南七十五里。东：百义山，又乌牛山界永康。西：铜釜山。武义港上承永康港，东自其县入，合清溪、郭同溪，侧城东北，左得熟溪，西南自宣平入，合诸溪水汇焉，西北流，右合东溪、朱吴溪，左合桃溪，入金华。其南日溪自丽水入，合泄溪，入宣平。西：梅溪自宣平入，入金华。东北：素溪，出大捞箕山，自金华错入，仍入之。**浦江**简。府东北百十里。东：半壁山、五路岭。西北：深泉山，涌泉为深泉溪，浦阳江源此。别源出西并硎岭，东流为吴溪来会。又合诸溪水，侧城南，有东、西二溪夹流注之，是为南江。合澄、左二溪，又东北右得大溪，即演溪，东南义乌入，合流径康侯山下，为潮溪。又东，右合深溪、白麟诸溪入诸暨。南：梅溪出雷公、城宝诸山，西流入兰溪。西北：湖源溪出石楂岭，径五泄山，错出复入浦江，下流为湖洑水。江横溪、胡公、斤竹有汛。**汤溪**简。府西南五十里。西北：汤塘山，县以此名。南：银岭。东南：辅仓山，白沙溪出。浴江即衢港，西自龙游入。古无"浴"字，当即《汉志》谷水。东北流，合莘版溪。又东北，左得双溪，上流永安溪枝津，北自兰溪入合之。右得潦溪，上流游埠溪，亦自其县入合之。是为三港口。又东北合罗埠溪，入遂昌。白沙溪，南自遂昌入，合诸溪水。堰三十六，而金华得其十。

　　衢州府冲，繁，难。金衢严道治所，总兵驻。明洪武初，改龙游府，明年复改，属浙江布政使司。顺治八年，浙闽总督移此。康熙二十三年裁。东北距省治五百四十里。广二百二十五里，袤二百二十里。北极高二十九度二分。京师偏东二度三十五分。领县五。**西安**冲，繁，倚。南：爵豆山。北：铜钱岭。西北：铜山。衢港二源：南源文溪，即江山港，自其县入；北源信安溪，即常山港，亦自其县入，会于双港口，亦曰西溪，侧城西北，合柘溪、青冈溪，东抵鸡鸣山下。右得东溪，南自遂昌入，出石室堰来会，古曰定阳溪。又东北，合银坑、罗张、胜塘诸溪，径屏风滩，合芝溪。又东径马叶埠，入龙游。樟树镇，县丞驻。有金旺巡司。岩剥、柏固二废司。上航驿。上方、新桥街、杜泽、朝京埠有汛。**龙游**冲，难。府东北七十里。西：龙山，又岑山。北：乌石山、大乘山，八十里梅岭。北有龙游港，即衢港，西自西安入，合金村源水，径下溪滩，右得灵山港，南自遂昌入，合桐溪、小莲岭水来会。又东，右得斗潭溪，北自寿昌合之。又东合筑溪，错出复入者再，又东北入汤溪。有湖头镇巡司。亭步驿。溪口前市汛。**江山**冲，疲。府西南七十五里。仙霞岭，南百里，上置五关，其枫岭为浙、闽分疆处，顺治十一年置游击驻二十八都，县丞并驻。康熙九年并入福建。十三年仍隶两省。又江郎山，即《隋书》"江山"。大溪一名鹿溪，出仙霞诸岭,汇东角、箬坑、白石诸水,径城东合三桥溪、逸溪,入西安。西有文溪,分出,复汇于礼贤镇东北,与大溪会,是为江山港。其北石崆溪,出斜趺山。又岘山溪出大寨山东峰。峡石镇,同知驻。有清湖镇巡司,兼管广济水驿。顺治十年自常山来隶。并灵谷山、官溪、外村有汛。**常山**冲,繁。府西八十里。东有常山,县以此名。南:岘山岩岭。北:三衢山。马金溪北自开化入,合马厄溪,径源口,合谢源水,径叠石,为金川。径傥溪桥,合诸山水,径清水潭,厮以官坝,外紫港,内广济港。昔时文溪自江山入,达金川为治水,注内溪,后湖涸,水道徙南。又东,石碇港、岘山溪并自江山泾之。又东合虹桥溪、芳枝溪,入西安。有草坪镇巡司。球川镇。马车、曹会关有汛。又镇平、甘露二镇。**开化**简。府西北百六十里。东:鸦金岭,界常山。北:矿山,又马金、金竹二岭。马金溪二源:一出汪公岭,即马支阜;一出西北际岭,会于辛田渡,东南流,合金竹岭水,侧城东南,左得汪边溪。出北讴歌岭,贯城壕,出南门合之,西会白沙溪,达华埠。左得池淮溪,径藤岩下,曰池淮坂。径星口市,为星口溪,合流入常山,是为常山港。西北:洪源溪,入江西德兴,镇二、马金、华埠,金竹岭巡司。

严州府:简。隶金衢严道。副将驻。乾隆二十五年,裁卫并入杭州。东北距省治二百九十里。广三百七十里,袤百七十五里。北极高二十九度三十七分。京师偏东三度三分。领县六。**建德**简,倚。东:高峰山。西:铜官山。北:乌龙山。新安江西自淳安入,右纳艾溪,东北流,合洋溪、下涯溪、西溪,侧城南。兰港东南自兰溪入,合三合溪、大、小洋水来会,是为浙江南源,一名丁字水。又东北合余浦、苔溪,径七里泷,左合胥溪,又东北合岔柏溪。清渚港东北自桐庐错入,会杜息溪,并入桐庐注之。东湖出乌龙山,合建安山水,由余浦出口。康熙十一年筑坝,水涨,绕江家塘注西湖,入江。有安仁、乾潭、三都、洋溪、大溪五镇。东:乌门关,东南:三河关。有富春驿。**淳安**简。府西北六十五里。东:龟鹤山。南:云濛山。西南:雉山。前溪出西北塘坞山。新安江自歙县入,一名徽港,左得蜀口溪,东南流,合富至源、云源溪,又东合桐梓溪,折自合景溪。径南山东麓,左得东溪上流进贤溪,汇诸山水注之,径城南,合云濛溪。又东南,右得武强溪。又东南,合商家源、洋溪、锦溪,入建德。罗伍溪出东北白坑岭,罗溪出东坞山,龙溪出西北官山尖。镇四:威坪、茶园、街口、港口有汛。**桐庐**简。府东北九十五里。东北:桐庐山,县以此名。西北:鸡笼山。西:富春山。新安江西自建德入,为七里濑,即富春渚,合芦茨溪,径麻车出麓,左得清水港,西北自分水入,合琴溪,错出复入,径桐君山下,西会分水港,是为桐江。又东曰下淮,江流扼要处。又东北合窄溪、东梓溪。湖源溪东南自浦江入,仍入之。有芝厦、旧县、柴埠、窄溪、翔冈五镇。桐江驿。**遂安**简。府西南百八十里。西南:洪洞山。西:白石山,又百祭岭,界安徽休宁。武强溪出,合双溪、仙溪、华溪,东南流,左合大连岭水,右合前后溪,侧城南,合连溪、灵岩溪。折东,右得龙溪,北自淳安注之。径寺前村,有凤林港合东西港注之。又东北,合罟纲、东亭二溪,入淳安。有凤林、横沿、郭村、安阳、东亭五镇。**寿昌**简。府西南九十里。南:砚山,亘金、衢二郡。西:万松山。寿昌溪出鹅笼山,合大小源、松坑二溪,东北流,合交溪,为大同溪。又东北,合梅溪、曹溪,自城西而东,曰艾溪,东北径城南,至淤塌,为淤溪。又东北,至湖岑坂,为湖岑溪,北抵罗桐埠,入建德。有大同、新市二镇。**分水**简。府西北百二十三里。东:狮、象二山。南:脊岭、设峰。西南:云梯岭、铜桥山,最险要。天目溪一名分水港,上流虞溪,东北自于潜入,径印渚渡,为印渚溪。右得前溪,西南自淳安入,合罗伍溪及罗溪,汇于雏溪。东南流,合塘源水、夏塘溪,抵毕浦,左合文岭、良梅诸山水,右合斜尖山水。其南歌舞溪,出歌舞岭,会直坞、海高坞诸水,下流入建德,为清渚港。有毕浦、百江二镇。

温州府:冲,难。温处道治所。总兵驻。明领县五。雍正六年,增置玉环厅。西北距省治八百九十里。广百六十里,袤五百里。北极高二十八度。京师偏东四度二十一分。领厅一,县五。**永嘉**冲,繁,倚。城有九斗山,内华盖,《道书》"第十八洞天"。西北:大若岩,即赤水山,"第十二福地"。东南:大罗山。南:吹台山。西:瓯浦山。北:孤屿山,横亘江中,英领事署在焉。海,东自乐清入,为瓯江口,南径龙湾、徙门,又南径宁村所,康熙九年改寨、置游击。海口曰温州湾,灵昆岛扼之。瓯江上流大溪,西南自青田入,东流,合菰溪及韩埠、上戍二港,侧城西北。右得会昌湖,分出郭、瞿、雄三溪,合流径望江门外。光绪二年《烟台之约》,立租界。径陡门桥北,右合塘河,抵永乐界,为馆头江。其右合双井、茶山二河,又东南合瑶溪、白水溪,入海。丹溪镇,县丞驻。有西溪巡司,永嘉盐场司,窑岙镇兼驿。沙头、碧莲、韩埠、枫林、双溪有汛。有龙湾山、茅竹岭、状元桥炮台。**瑞安**冲,繁。府南八十里。水师副将驻。东:龙山。北:集云山、大、小二洋山。海,东北自永嘉入,径梅头大城,又南径海安所,又南径飞云江口,有关。其外洋凤凰山与西江横山对峙,曰凤凰门。迤北大小丁山。迤东南齿头山。东:长带山。移北南策山,与东策、北策相望。北策以西,与永嘉、大瞿以东,称佳澳焉。飞云江上流大溪西自泰顺入,合桂溪,径甓口村,右合洄溪。又东合九溪、方坑溪。又东北,左得祭门溪,汇诸溪水,折东南,合半溪,左纳南岸塘河入海。有大嵩、江岸二巡司,双穗盐场。黑城、宋埠有汛。

乐清冲,繁,难。府东北八十里。水师副将驻。北:雁荡山。东:窑嶴山。西:章嶴山,与沙角、黄华并置寨。黄华有关,迫临海口,为第一门户。海,东北自大平入,径大荆城,游击驻。转西南径铧锹埠,北接大嵩汛。又西南径蒲岐,至城南,为瓯江口。自木杓山至此,曰乐清湾。东北:新市河,东源出白龙山,西源出玳球、赤岩、硐坪诸山,合流为黄双塘溪。北:梅溪出左原诸山,流为石堠河,并汇万桥港入海。东:芙蓉川,分出长蛇岭及西中奥四十九盘岭,合流为清江,北接蔡吞汛,南接光岩汛。又白溪出雁荡东麓,径灵岩,流为净名溪。东北:蒲溪,二源,一出石门潭,合南阁、北阁诸水,一出荆潭,合垟桐隑、门岭诸水,汇于水涨,并入海。城河即东溪,出县治东北诸山。左出诸枝河,并通西城河。河即西溪,径下马桥,与东溪合,是为运河,西南入馆头江。东径磐石,都司及巡司驻。南接天妃汛,与龙湾对峙,为第二门户。又东至白沙岭入海。自此径曹田汛,抵歧头山,即海口也。有馆头镇,岭店驿。县丞驻大荆城。有长林盐场。东门、西山岭镇。瓯歧头炮台。

平阳冲,繁。府南百三十里。水师副将驻。西:雁荡山,对乐清曰南雁荡。其东焦溪、天井洋、赤岩诸山。西南:分水岭,泉出泷上,东西分流,以限闽、浙。海,东北自瑞安入,径沙园城,南径鳌江口,又南径金乡营,东北接舥艚汛。又南为大濩海口,官山岛扼之,分南、北水道。西南:鳌江,古曰始阳江。南港二源,一平水,一燥溪,歧为东西溪。北港二源,一顺溪,一梅溪,两港会于萧家渡西,合径罗源山下,为横源江。径钱仓镇,为钱仓江。又东合东塘河,抵墨城汛,入海。城河分出西南毗岩岭诸山,入城为腰带水,汇于抗云桥,一出东郭,入海,一出北郭,为城北运河。其夹屿桥河在南夹屿下,下汇城南诸水,歧为二,一西塘河,一东塘河,分趋入海。南运河出东南金狮山,合直浃河,赤溪出西南矾山,并入之。二镇:仙口、钱仓。蒲门巡司。天富盐场。下垟诸炮台。

泰顺简。府西南百三十里。东:飞龙山。南:石岭。西:双港岭。仙居溪出西北诸山,径洪口渡,洪溪会葛溪注之,古曰渔溪。东北流,左得三插溪,东北自景宁入,会左溪,又东北,右合莒冈溪,左纳青田、下窑口溪,古曰龙溪。其北太平溪,出上庄,贯城壕,出南门,合白溪,错出复入,缘界抵赤水坑口,会双港溪。溪自寿宁入,径五步,合棠坪水,径石竹洲,合周边诸水,抵交溪村,会四溪及仕阳、龟伏二溪,与福建霞浦、福安为界水。有瓯西第一、分水、桂峰、武岭头镇南诸关,排岭、牛头上下排、龙岩岭、分水排诸隘。池村、三魁二镇。有巡司。墩头隘、吴家墩、洋冈、后街有汛。**玉环厅**简。府东北二百里。参将及同知驻。坎门、钓艚隩抛险要。钓艚东即鹰捕隩。北车首头与东北木杓山斜对,中为栈头港,东通灵门港,外列虎叉、鸡冠、羊屿诸山。东南至鹿门。外洋虎叉以东为披山。外洋以北为白马嘴,嘴东有沙角、镫台、茅草诸山。西有花岩浦。西北接后坎汛。进此曰漩门,两山鉴束,一水中流,航路最险。其西为分水山,北为苔山。分水以东为楚门港,以南为乌洋港,西接浦歧港。又南为西青屿、乌岩。北为大青、小青。迤西为茅岘山。又西江埏山。其南大乌、小乌。又南为莲屿。西南为大门、小门。迤东南为黄大岙,中有重山。黄大岙之西,重山之北,中曰天门。又东南为状元隩,为三盘山。东北为鹿栖山。西北至大岩头。又北接梁湾汛,东南即黄门。门东为南排山。北教场隩、里隩。有岙寨镇,玉环巡司,蛇屿炮台。

处州府:简。隶温处道。总兵及卫守备驻。北距省治一千九十八里。广四百九十里,袤四百十里。北极高二十八度二十五分。京师偏东三度二十五分。领县十。**丽水**简,倚。都司驻。道光二十八年,改守备。东:银场山、杨梅冈。北:丽阳山,县以此名。大溪,西南自云和入,左得松阴溪,西自松阳来会,为大港头。又东合松阮水,为郭溪。又东合通济渠,折北,左得畎溪。西北自宣平入,合西岸溪来会。西北:稽勾溪,纳宣平小溪,是为三港口。径溪口,合丽阳水,环城南为洞溪。又东,左得好溪,东北自缙云入,合严溪注之。镇二:宝定,其碧湖,县丞驻。十八都、蓬蒿岭、皂阮、库头、却金馆、沙溪有汛。有保定镇。括苍驿。**青田**简。府东南百五十里。北:青田山,县以此名,一曰大鹤山,《道书》"第三十六洞天"。西:石门山,"第三十七洞天"。南:方山。大溪出西南龙须山,上承洞溪,西北自丽水入,合海溪、芝溪、中坑、石塍诸水。又东南,右纳小溪,上承山溪,自景宁入,流为浣纱溪,复流为双溪来会。左合石溪,侧城西南。折东合顾溪,入永嘉为瓯江。西南:浯溪出蒲斜岭,下流为下窄口溪。又南田坑水出天马山,入瑞安,下流为泗溪。大溪七十二滩,在青田者都三十有三。黄礶镇,县丞驻。有芝田驿,黄礶、淡洋二废巡司。**缙云**简。府东北九十里。东:括苍山。西南:冯公岭,古桃枝岭,上有桃花隘。好溪出东大盘山,径大皿为九曲溪,合黄檀、洞川二水,径冷水三港口,合虬里溪,右得灵溪,北自永康入合之。又西南,合棠、赤二溪,出贤母桥,合管溪,径岱石,会访溪,径城南。左合荆坑水,右合贞溪,为南港溪。又西入丽水,下达温州入海。其北南港溪出雪峰山,合建洋溪,径县北,汇梅、龟二溪。又北为黄碧溪,入永康,下会兰溪入浙江。西南：岩溪，出纱帽岭，合芳溪，亦入丽水。又龙溪，出分水，仰纳仙居安仙溪，下流为金坑水。有丹峰驿。松阳简。府西北百二十里。西南：箬篌山。南：白峰、尖山。北：竹喀岭，势险仄。松阴溪西北自遂昌入，合东湖山水，径卯酉山下，合霏溪、仑溪，径青龙堰，右得大竹溪，分出西南香乳、玉岩二山，会为夏川，合南岱、亚岱水为中隩川，又合小竹溪，三台水来会。又东南，右得竹喀溪，北支入宣平，南支与松阴合，径城西合循居溪。又东南，合蛤湖、石仓源，会裕溪、小槎溪入丽水。东白岸溪，出桐乡县。有旧治镇。乾隆二十八年移汛于此。遂昌简。府西北百八十里。西南：君子山。东：尹公山。西：奕山、湖山。北：兑谷山、金石岩。南：贵义岭，前溪出，南支入龙泉，北支径城南，出东关桥，会后溪上流柘溪，东流为好川，汇梅山二水，是为双溪。又东为航川。其西蔡溪上流住溪，西南自龙泉入，合碧陇源，出宏济桥，合关川为钟溪。径周公村，左得东川，上承福建浦城罟纲水入之。抵龙鼻头隘，右出枝津为梭溪，即柘溪上流。正渠入西安，为乌溪港。北官溪出侵云岭，右得马戌源，出汤溪界银岭，入为桃溪，合白水源，下流为灵山港。有高平、关堂二隘。龙泉疲，难。府西南二百四十里。南：豫章山。又琉华山，下有琉田，土宜陶，有乌瓷窑、青瓷窑，今曰龙泉窑。北：黄鹤岭。大溪西南自庆元入，曰秦溪，合小梅溪，错庆元复入，会山溪。径查田市，又东北至独田滩，蒋溪合桑溪来会。合豫章川，径南大垟村，潴为剑池湖。出披云桥，合锦川。径城南，中阻槎洲，分流复合。右合大贵溪，左合铁杓溪，东北流。右得白雁溪，上流前溪，西北自遂昌入合之。又东北合道太、安仁二溪，错出复入者再。其西南住溪，自福建浦城入，东北入遂昌。下流为蔡溪，碧陇源亦自其县入。一溪出南九祭山，东南入景宁。安仁庄，县丞驻。查田废司。五都、洋村有汛。庆元简。府西南四百里。南：赤搏岭。东：九台山。西北：蛮头山，秦溪出，下流为大溪。山溪出东源头山，小梅溪出北大拗岭，并入龙泉。东北：钤高山，南洋溪出。东南：鸡冠山，鱼头溪并入景宁。其东光石山，盖竹溪出，合濛洲溪、交剑水，径城北为大溪。左合竹坑溪，右合焦坑溪，径八都镇。右得芸洲溪，西南自福建政和入合之，是为槎溪，循束兰西入福建松溪。其西北竹口溪，出雷凤山，合下祭、新窑二溪并入之。举溪出东南棠荫山，入政和。有汛。伏石、大泽二关。云和简。府西南百二十里。东南：白龙山。北：牛头山。南：前溪山，两山竦峙，抛险要。西：岩山。北：石镜岩，大溪径其南，自龙泉入，错出复入，右合乌椹源，左合麻、梅二洋，复错出，自冶川口入，合冶川及朱坑、乌龙坑水，折东南，会浮云溪。溪出西南黄栈坑，合朱源水，出利济桥，有雾溪合新溪注之。环城而东，右合黄溪，左合双溪，为戈溪。又合诸坑水，为规溪，入丽水。丰源水出西南丰源山、入景宁。**宣平**简。府西北百二十里。东：岱石山。南：俞高山。西：竹喀岭。双溪二源：东源分出龙樊岭，上坦、小妃汇冈山下，曰东溪，亦曰午溪；西源出峇坑山，合新锦溪，曰西溪，亦曰申溪。两源汇于绿岩潭。东南流，纳松阳竹喀溪，又东南，右纳欧涧水，上流曰溪，东自武义入合之。左合石浦水，又东南，右纳松阳、白石溪，入丽水为畎溪。北：梅溪出黄塘山，东流入武义。汛五：曰竹喀、玉岩山、陶村、和尚田、式河头。**景宁**简。府南百四十里。东：罗岱山。西南：豸山。北：莘田岭。山溪上流南洋溪，西自庆元入，左得英川，即定度溪，上流一溪西自龙泉来会，东南流，合标溪，径新亭村，右得丰源水，西北自云和来会，折东北，右得鹤沐溪，会坌溪入焉。又合大小顺坑水，入青田为小溪。南白鹤溪，出梨树岭，下流为三插溪。有龙首、龙汇、白鹿诸关。

清史稿卷六六
志第四一

地理十三

江　西

　　江西省:《禹贡》扬州之域。明置江西巡抚,承宣布政使司,南赣巡抚。清初因之。顺治四年,置江南河南江西总督。<small>治江宁。</small>六年,罢河南不辖。九年,移治南昌。<small>寻还旧治。</small>十八年,置江西总督。康熙四年复故。先于三年裁南赣巡抚,为永制。乾隆八年,吉安增置莲花厅。十九年,升赣州、宁都县为直隶州。三十八年,升赣州、定南县为厅。光绪二十九年,改赣州、观音阁通判为虔南厅。三十三年,改铜鼓营为厅,属瑞州。东至安徽婺源县;<small>六百五十八里。</small>南至广东连平州。<small>一千三百里。</small>西至湖南浏阳县;<small>四百二十里。</small>北至湖北黄梅县。<small>三百四十里。</small>广九百七十七里,袤一千八百二十里。北极高二十四度十七分至二十九度五十八。京师偏东一度五十五分至偏西二度二十四分。宣统三年,编户三百四十三万九千八百七十三,口一千三百五十二万七千二十九。凡领府十三,直隶州一,厅四,州一,县七十四。驿道达各省者五:一,北渡江达湖北黄梅;一,东南逾杉关达福建光泽;一,东逾怀玉山达浙江常山;一,南逾大庾岭达广东南雄;一,西出插岭达湖南醴陵。铁路拟筑者四:曰南浔铁路,自九江而南昌而吉安而赣南,凡三段,备与广东接,此外道瑞、袁通湘,道抚、建通闽,道广、信通浙。为支路亦三。航路则九江为江轮停泊之埠。电线自南昌北通九江,南通广州;又自九江东通芜湖,西通汉口。

南昌府:冲,繁,难。隶粮储道。江西巡抚,布政、提学、提法三司,粮储、巡警、劝业三道驻。东北距京师三千二百四十五里。广四百四十里,袤四百二十五里。北极高二十八度三十七分。京师偏西三十七分。领州一,县七。**南昌**冲,繁,难。倚。东南:麦山、渐山。南:斜山、虎山。西:赣江,一曰章江,自丰城入,经市汊汛,歧为二。一东北行,会抚河,仍合经流与东湖通,东北径蛟溪,入新建。东:武阳水,即盱水,西北行入进贤。万公堤。竿韶镇。三江口、市汊二巡司。一驿:市汊。**新建**冲,繁,难,倚。西:西山,古曰散原,亘奉新、建昌诸县境。西南:逍遥。北:松门。西北:铜山。西南:赣江上承剑江,自丰城入,流径瑞河口,蜀江自高安来会。东北行,径吴城,修水自建昌来会,流合鄱阳湖。经星子,出湖口,入大江。湖即彭蠡也。全湖跨南昌、饶州、南康、九江四府境,为省境诸水所汇。南浔铁路起沙井。巡司驻生米镇,同知驻吴城镇。樵舍、海口、吉山、望湖亭、后河、白马六汛。新兴废驿。**丰城**冲,繁,难。府南一百三十里。西南:丰城山,县以此名,《道书》“三十七福地”之一。东:钟山。西南:澄山。西北:马鞍山。南:罗山,富水出。栎山,丰水出。赣江自清江入,流径县西,东北行,丰水南来合富水会焉。又东北入南昌、新建。东:零韶水,来自临川,西北行,入赣江。松湖、港口、曲江三镇。大江口巡司。一驿:剑江。**进贤**冲。府东南一百二十里。城内三台山。西南:麻山。东:栖贤。西:碭英山、金山。盱水自南昌入,东北行,径县西,抵八字埠,入鄱阳湖。西有军山胡、日月湖、青岚湖,俱流会三阳水入鄱阳湖。巡司驻梅庄。有邹子废司。**奉新**冲。府西北一百一十五里。北:登高山。西南:华林。东南:岐山。西北:药王山。西:百丈山,冯水出,左合侧潭水,右合金港源,又东南至九梓铺,纳龙头溪、白水、华林水、至城南。又东纳鸣溪三溪,入安义界。巡司驻罗坊。**靖安**简。府西北一百五十五里。北:吴懋山。西北:金城、葛仙山;桃源山,桃源水所出,流合双溪。双溪一曰南河,源出义宁毛竹山,合龙头坳、管家坳、委源诸水,径高湖,歧为二,环城南北,至鸭婆潭复合。一曰北河,出双坑洞,合烂草湖、大横溪,径象湖入安义,会冯水。龙头坳镇。**武宁**繁,难。府西北三百五十里。西北:辽山。西南:大孤。东:辽东山。修水自义宁入,右合洋湖水,左合青坪水,至城南,纳杨浦、凤口水,又西合碛溪、箬溪、鲁溪、中黄、三碛水,入建昌。县丞驻木高。箬溪水汛。太平陆汛。高坪市巡司。**义宁州**繁,疲,难。府西北三百五十五里。原名宁州,嘉庆三年改。东南:毛竹山。东:旌阳。西:九龙。西北：黄龙、幕阜二山。修水出，东南左合百萓水、杭口水，右东津水，至城西。武宁乡水出大沩山，合东乡水及鹿源水自南来会，又西折北至城东，合安平水、鹤源水，入武宁。查津，同知驻。八叠岭镇有巡司，与排埠塘、杉市为三。

饶州府：冲，繁，疲，难。隶饶九道。西南距省治三百六十里。广四百八十七里，袤三百四十里。北极高二十八度五十九分。京师偏东一十一分。沿明制，领县七。鄱阳冲，繁，难，倚。北：芝山。东：郭璞山。西：尧山。南：关山。鄱阳湖，西南，鄱江汇焉。有二源，一自安徽祁门来，历浮梁为昌江，一自安徽婺源来，历德兴、乐平，为乐安江。流会城东，环城北出，歧为双港，分注鄱阳湖。东有东湖，一名督军，流合鄱江。汛八：八字埫、围转、强山、馆驿前、黄龙庙、乐安河、螺蛳嘴、棠阴。石门巡司。芝山驿。余干冲，难。府东南一百十里。西：藏山。东北：万重、武陵。西南：李梅。东南：黄蘗山。西北有康郎山，在鄱阳湖中，湖因名康郎。龙窟河一曰安仁江，自安仁入，流经潼口滩，歧为二，西北行，三余诸水入焉，流抵饶河口，俱入鄱阳湖。康山、黄丘埠、瑞洪三镇。康山、梅溪、表恩、高溪四汛。瑞洪，县丞驻。一驿：龙津，裁。乐平繁，难。府东一百十七里。东：康山。北：凤游。西：吴溪。东南：石城山。婺江自德兴入，为乐安江，合长乐水、建节水、吴溪、殷河，流径县南乐安乡，因名。西南流入万年界。仙鹤、八涧二镇。康山驿。浮梁冲，繁，难。府东北一百八十七里。北：孔阜山。东：芭蕉。西：金鱼。西南：阳麻山。东南：大游、小游山。昌江自安徽祁门入，合小北港、苦竹坑水、磨刀港，流径城南，西南行，会历降水，柳家湾水，入鄱阳。景德、桃树二镇。巡司驻景德。德兴冲，繁。府东二百三十七里。东：银山、铜山。西北：洪雅。东南：大茅山。大溪自安徽婺源入，建节水自弋阳入，合乐平之桐山港，洎山之洎水为乐安江，并入乐平。白沙巡司。银峰驿。安仁冲。府东南一百八十里。东：张古山。北：蟠象山。东北：青山。西南：积烟。西北：华山。安仁江上源为上饶江，自贵溪入，合玉石涧，径城南，西北行，与白塔河会。至城西北合蓝溪，入余干。万年难。府东南一百二十里。城北万年山，县以此名。西南：围湖。西：托裹。西北：轴山。东南：百丈岭，殷河出，合文溪、南溪，入乐平，注乐安江。又西入鄱阳。巡司驻石头街。

广信府：冲，繁，难。隶广饶九道。西北距省治五百六十里。广四百二十五里，袤三百六十里。北极高二十八度二十七分。京师偏东一度三十八分。沿明制，领县七。上饶冲，繁，疲，难，倚。北：茶山。西：

铜山。南：铜塘山。东南：铁山。南：屏山。上饶江自玉山入，流径城南，左纳永
丰溪，右合楮溪，其南有岑阳关，自福建崇安入。又西北并入铅山。郑家坊、八
房场二巡司。葛阳驿。**玉山**冲，繁，疲，难。府东一百里。西：回龙。南：武安
山。北：三清、怀玉山。上干溪有二源：一出三清山冰玉洞，一自浙江常山来会，
合下干溪，径城南，为玉溪。又西行，右合仑溪、沙溪，入上饶为上饶江。县丞驻
营盘要口，巡司驻太平桥。一驿：怀玉，裁。**弋阳**冲，难。府西一百三十里。南：
龟峰、军阳山。东：捣药山。上饶江自铅山入，径黄沙港，合大洲溪，右渎自兴安
入，合弋溪，县以此名。又西径城南，左合军阳水，右纳葛溪，西行入贵溪。大桥
汛。县丞驻漆工镇。一驿：葛溪，裁。**贵溪**冲，繁，难。府西二百五里。南：龙
虎山。西：自鸣山。西南：象山。北：百丈岭。贵溪一名芗溪，上流为弋阳江，自
弋阳入，流径县南，纳须溪、箬溪又西合惠安溪、横石港，会上清溪，西行入安
仁。有火烧关与福建光泽界。县丞驻江浒山。上清镇、鹰潭镇巡司二。芗溪废
驿。**铅山**冲，繁。府西南八十里。西：铅山，县以此名。北：鹅湖。南：凤凰。西
南：铜宝。西北：芙蓉山。上饶江自上饶入，流径县西，至汭口，桐木、紫溪诸水
合为汭口水注焉，西行入弋阳。其东大洲溪自上饶入从之。分水、温林、桐木、
云际并有关。紫溪，河口二镇。湖坊镇巡司。河口，县丞驻。鹅湖驿。**广丰**繁，
难。府东南五十五里。旧名永丰，雍正九年改。西：鹤山。西北：覆泉。东：双
门、三岩山、念青岭。南：平洋山。永丰溪自福建浦城入，合铜铮、封禁诸山水，
又北，合永平溪，折西南，径城南，流至水南渡，合西桥诸水，入上饶江。拓阳
镇。巡司驻洋口。**兴安**简。府西八十五里。北：横峰山、重山。南：赭亭山。西：
仙岩。葛溪自上饶来，南行注弋阳江，合黄藤港水，又西入弋阳。

　　南康府：冲。隶饶广九南道。南距省治二百四十里。广三百里，袤
一百十里。北极高二十九度三十一分。京师偏西二十五分。沿明
制，领县四。**星子**简，倚。西南有黄龙山。西北有庐山，朱子知南康军讲学
处。北：吴章。东北：定山。鄱阳湖在县城外，赣江经焉，北行至都昌。又北入
德化。南：落星湖。东：官亭湖，鄱阳湖之随地异名者也。谷廉水自德安入，东
南行，入鄱阳湖。诸矶、青山、谢师塘、冈窑四汛。诸溪、青山二巡司。**都昌**疲，
难。府东六十里。西：元辰山，《道书》"五十一福地"。东：阳储。北：檀树。东
北：篁竹山。鄱阳湖在西，其中有强山、四望、松门诸山，北流入湖口。北通后港
河，自左蠡石流嘴引入，至徐家埠，又北汇西洋桥水入湖口。柴棚、左蠡二镇。
棠阴、黄金嘴、猪婆山、左蠡四汛。县丞驻张家岭。巡司驻周溪。一驿：团山，裁。

建昌冲，繁。府西南一百二十里。北：将军。西：越山。西南：长山。冯水自安义入，至城南曰南河，流合修水。修水自武宁入，至县西曰西河，右合桃花水、云门水，左合白杨港水、白水，东北入新建，注赣江。芦埠、河浒二镇。南浔铁路。安义冲，繁。府西南二百里。南：文山。东：西山。西：台山。北：马山。冯水自奉新入，左纳双溪，右合兆州水，至闵房分流复合，东北汇洪泉水，入建昌。龙江水、东阳、新径水俱自靖安入，流注修水。

九江府冲，繁，难。饶广九南道治所。九江镇总兵驻。南距省治三百里。广四百十里，袤七十里。北极高二十九度五十二分。京师偏西二十四分。沿明制，领县五。德化冲，繁，疲，难。倚。南：庐山，《道书》"第八洞天"，又与虎溪为"七十二福地"之二。西南：柴桑。东南：天花井山。东南：鄱阳湖，大孤山在其中。湖东北流，行至德化界。大江右渎自瑞昌入，曰浔阳江，流径城西北，东行合溢水，其支津潴为城门、金鸡、鹤向诸湖，会龙开河，东径白石矶入湖口。西南：黄婼河、潘溪入德安。东：女儿港，源出庐山，东北流，入鄱阳湖。城西有钞关。商场：咸丰十一年开，在西门外。南浔铁路止龙开河。巡司三：大姑塘、小池口、城子镇。汛三。一驿：通远。浔阳驿，裁。德安冲，繁。府西南一百二十里。南有博阳山，古敷浅原，前有博阳水。北：孤山。西北：望夫山。谷廉水出康王谷，东南流，入星子。庐山河一名东河，出庐山乌龙潭，西北流。黄婼河一名北河，出高良山，南流。西河出苦竹源，东南流。三河合于县东北之乌石门，曰三港口。南浔铁路所经。瑞昌简。府西七十里。南：榜山。西：白龙。西北：苏山、鸦髻。西南：清溢山，清溢水出焉，流径城西，南行入德化。西：襄溪，西南流入大江。江在县北，自湖北兴国入，纳下曹湖、赤湖，东入德化。西南：傅阳水，出小坳，东南入德安。黄土岩水出大坳，西北入兴国。北有梁公堤。巡司驻肇陈口。湖口冲，繁，难。府东六十里。长江水师总兵驻。东：武山。西南：旗山。南：上石钟山。北：下石钟山。北：下石钟山。山西岸为梅家洲，鄱阳湖挟赣江由此入大江。江来自德化，纳清水港、太平关水，东北行，入彭泽。北有长虹堤，水师中营驻。汛十一：上下石钟、洋港、大王庙、马家湾、梅家洲、龙潭、柘矶、八里江、白浒塘、老洲头。镇四：流撕桥、湖口、柘矶、茭石矶。一驿：彭蠡，裁。彭泽冲，繁。府东北一百五十里。南：龙游山。东南：浩山。北：小孤山，山在江中，江畔彭浪矶，与山对峙。东北：马当山，枕大江。江自湖口入，纳马埠水，潴为筲箕港、黄土港，其支津太平关水，入湖口。又东合六口水，至马当山麓，入安徽望江，东流。巡司驻马当。汛六：马当、小孤洑、北风套、芙蓉墩、陆口、金刚料。一驿：龙城，裁。

建昌府：繁，疲，难。隶督粮道。西北距省治三百六十里。广二百二十五里，袤三百七十里。北极高二十七度三十四分。京师偏东一十一分。沿明制，领县五。**南城**冲，繁，难，倚。城内高空敛山。东：敛山。西：云盖。东北：白马。西南：麻姑山。盱江一曰建昌江，自南丰入，纳彭武溪、斤竹涧，径城东，合黎滩水、飞猿水，为东江，东北行，入金溪。巡司驻新丰。蓝田、洑牛二镇。**新城**冲，繁。府东南一百二十里。西：日山。南：福山。东：飞猿岭。西南：红水岭，黎滩水出，一名中川，合九折水，至南津，左合七星涧，右合九龙潭，径城南。又西北至港口，左会龙安水，至公口入南城。飞水一名东川，源自济源杉岭，周湖并下，西北行，入南城，合黎滩水，为东江。龙安水一名西川，出会仙峰，东北流，注黎滩水。石峡、龙安、五福三镇。极高、同安二巡司。**南丰**繁，疲，难。府南一百二十里。西：军山。东：大龙。南：石龙。东南：百丈岭。盱江自广昌入，左合瞿溪、洒溪，右九剧水，径城南而东，合蔓草湖、双港、梓港，入南城。盘州、黄沙、白舍、龙池、仙居五镇。龙池、罗坊二巡司。**广昌**难。府南二百四十里。西北：金嶂。西南：望军山。东：中华。南：翔凤。东南：血木岭，盱水出焉，西北右合庚坊、文会、大凌诸港，至南门外，亦曰西大川。又北径城东，左合学溪、青铜港，入泸溪。白水、头陂二汛。白水、秀岭二巡司。**泸溪**简。府东北五十里。南：莲花山。东：石笋。西：鱼山。西南：云溪。东南：五凤山。泸溪自福建光泽入，屈西北至石陂渡，合枧溪，径城北，至三溪口，左合南港水，折东北，径高阜，右合严槎港、税溪，入贵溪为上清溪。有泸溪镇。

抚州府：繁，疲，难。隶督粮道。北距省治二百里。广三百七十五里，袤三百里。北极高二十七度五十六分。京师偏西十分。沿明制，领县六。**临川**冲，繁，难，倚。城内香楳山。西：铜山。东：英巨。北：笔架。南：戚姑。东南：灵谷山。汝水即盱江，一曰抚河，自金溪入，西北行，合临水入南昌界，注赣江。临水自崇仁入，东北行，会宜黄水，径县北，注汝水。北有千金陂。航步镇。巡司一驻温家圳，一驻东馆。孔家驿，裁。**金溪**繁。府东南一百三十里。南：官山。西：拓冈。东：银山、金窟山、云林山，跨抚、建、信三府境。盱水自南城入，径明山港，合清江，亦曰石门水，会金溪、苦竹水，入临川。清江水出福建光泽，至县之清江桥，曰清江水。西北流，合盱水。三港水出崖山，合青田港、仙岩港，入东乡。一镇，许湾。县丞驻。**崇仁**繁，难。府西九十里。西有崇仁山，县以此名。东南：沸湖。南：华盖山、相山。东：仙游。北：栎山。临水即宝塘水,自乐安入,径严陀寨,巴水会焉,折东合罗山右水。西:宁水,径城南,又东合罗山左水及青水,右孤岭水,至白鹭渡入临川,与宜黄水会。巡司驻凤冈墟。**宜黄**繁,难。府西南一百二十里。城北隅:凤台山。南:黄山。北:曹山。西南有黄土岭,黄水出焉。东南有军山,宜水出焉。二水合流曰宜黄水。合蓝水、曹水,合于城东,入临川,注临水。巡司驻棠阴。**乐安**简。府西南九十里。东南:鳌头。西:仕山。北:万灵山。东:芙蓉山,鳌溪水出,西合西华山水,至城东,合载兴山、甑盖山水,径城南至负陂,合远溪、大溪,入永丰。西北:大盘山,宝唐水出,东北合河源、蛟河等水,入崇仁为临水。龙义镇。招携巡司。**东乡**难。府东北八十里。东:七宝。北:五彩。西:槲山。东北:三港口水汇花山港、太平桥水,西径新陂,纳齐冈水,入临川,注汝水。其金溪、三港入为田埠水,缘安仁界入之。洞溪亦三源,合于岩前陂,北入余干。镇二:白玕、平塘。

　　临江府:冲,繁。隶盐法道。东北距省治二百十里。广二百五十里,袤一百七十五里。北极高二十七度五十八分。京师偏西一度三分。沿明制,领县四。**清江**冲,繁,疲。倚,西:章山。东:阁皂山。南:瑞筠山。赣江自新淦入,袁江自新喻入境,合上下横河,绕郡城而北,为清江。自赣江北冲蛇溪江不复合,至城北二十里始复会焉。北行会萧、淦诸水,入丰城。东有梅家堤。东北:白公堤。樟树镇汛,通判驻。一驿:萧滩,裁。**新淦**冲,繁。府南六十里。东:溢山。南:枫冈山。西:百丈峰。东北:小庐。赣江自峡江入,合沂江、芦岭水、逆口溪,径城西,又流径县西南,北行,左合桂湖,右金水,入清江。柘山巡司。金川废驿。**新喻**繁,难。府西一百二十里。西南:铜山。北:蒙山。南:虎瞰山。袁江一曰渝水,自分宜入,左合严塘江,右坂陂水,径县南,东行入。径严潭,至城南亦曰秀水。左合画水、睦宣水,右纳七里山水、麻田水,又东北入清江。西南:黄金水自庐陵入,入峡江。巡司驻水北墟。**峡江**冲。府西南一百三十里。西:凤凰山。东:玉笥山。南:刀剑山。赣江自吉水入,纳黄金水,北径城南,亦曰峡江。又东北,右合玉洞水,左亭头水,至乌石渡,纳堰水、象水、莲花潭水,入新淦。沂江自新淦入,河源头水、南源水环蜈蚣山仍入之。有峡江废司。玉峡废驿。

　　瑞州府:冲。隶盐法道。顺治初,沿明制。光绪三十三年,改铜鼓营为厅来属。东北距省治一百二十里。广二百二十五里,袤一百五十里。北极高二十八度二十五分。京师偏西一度十一分。领县三,厅一。高安冲，繁，倚。城内碧落山。东:大愚。西:凤岭。南:羊山。北:米山。西北:华林山。蜀江一名锦水，自上高入，东行至瑞河口之象牙潭，与赣江会。曲水出蒙山，南入赣江。冈岭镇。灰埠巡司。**新昌**疲，难。府西北一百二十里。西:黄蘗。北:大姑岭，相连为八叠岭。西经:黄冈山。西南:锦水自上高入，左合长胜，东南至凌江口入上高。凌江一名盐溪，源出逍遥、八叠二山，流径城西，合滕江，注蜀江。巡司二:大姑岭、黄冈洞。**上高**难。府西南一百二十里。北:敖山。南:蒙山。西南:米山。蜀江自万载入，左合益乐水，右合云江。又东北合凌江，又东南合六口水、斜口水，径城南，又东北至洞口脑入高安。有离娄桥镇。**铜鼓厅**简。府西北二百二十里。光绪三十三年，裁都司营改置。西:大沩山，宁乡水出，一名西河，下流注修水。排埠塘巡司。碙头汛。

袁州府:冲，繁。分巡道治所。萍乡原为监法道兼巡袁州、瑞州、临江三府，驻南昌。光绪三十三年，改夺分巡加兵备衔，拟由南昌移治，南昌并属焉。东北距省治四百八十里。广三百里，袤二百八十里。北极高二十七度四十九分。京师偏西二度五分。沿明制，领县四。**宜春**冲，倚。南:仰山。北:喝断山。东:震山、万胜冈。西南:望凤山。袁江，古牵水，自萍乡入，合鸾溪为稠江，至城北为秀江，右合清沥江、九曲水，左渥江，入分宜。西北:沧江、岭水入萍乡。太平关镇汛。黄圃巡司。**分宜**冲。府东八十里。东:钟山。西:昌山。北:贵山。东北:鸡足山。袁江西南自宜春入，径城南为县前江，东行出钟山峡，入新喻。东北:竹桥水、麻田水、砚江，入安福、庐陵。贵山镇。安仁废驿。**萍乡**冲，繁。府西一百四十里。西:徐仙山。南:笔架。东南:罗霄山，罗霄水出焉。分二支:一东流合牵水、渝水，折东径宣凤汛，入宜春，为袁江;一西流合泉江，径城南，会罗霄西北水，折西北，径湘东镇，右合平溪岭水，入湖南醴陵，注渌江。四镇:宣凤、芦溪、上栗、插岭关。巡司二:芦溪市、安乐。有草市废司。铁路达湖南醴陵。**万载**繁，难。府北九十里。北:龙山。东:东歧山。西:铁山。西北:紫盖山。龙江，古蜀水，源出县西剑池，会别源钵盂塘水，东汇于金镳湖。其西流者入湖南浏阳。又东流至楮树潭，合野猪河，至城北，会龙河。又西，左合康乐水，入上高界。巡司驻珠树潭。

吉安府:冲，繁，疲，难。隶吉赣南宁道。顺治初因之。乾隆八年，析永新西北境、安福西境，置莲花厅。东南距省治四百八十里。广五百里，袤三百九十里。北极高二十七度八分。京师偏西一度三十五分。沿明制,领县九。庐陵冲,繁,疲,难,倚。西:天华。北:瑞华。东南:青原。南:神冈。北:螺子山。赣江自泰和入,纳义昌水,东北径庙前汛,庐水西自安福入,会永新禾水、邕水,径神冈山来会。又北径城东,合真君山,径白鹭洲至螺子川,曰螺川。又东北合横石水、西冈岭水,并入吉水。固江、永阳、富田三巡司。泰和冲。府东南八十里。东:王山。西:武山。西北:傅担山。赣江西南自万安入,曰澄江,流抵县之珠林口,云亭江西北流来会,左合清溪,径矶头,右纳仙槎江,其西北邕水并入庐陵。白羊凹镇。马家州巡司。吉水冲,繁。府东北四十五里。东:东山。南:天岳。北:王岭。西北:朝元。东南:观山。义昌水自永丰入,合卢江,至张家渡入庐陵。赣江又东北流,径城西南合恩江,为吉文水,东北行,入峡江。卢江源出永丰,入境汇为卢陂,下流注赣江。阜田巡司。永丰疲,难。府东北一百三十五里。南:龙华。西:西华。北:嶙山。东:郭山。西北:王岭。恩江一名永丰水,出宁都及乐安、兴国,流径城东南,合葛溪、白水,会龙门江、义昌水,入吉水,注赣江。巡司三:层山、沙溪、表湖。有上固汛。安福繁,难。府西北一百二十里。东:蒙冈。南:南冈。北:鹅湖。西北:武功山,泸水出,即古庐水,至城北又东合智溪,折南至洋口,与王江合,入庐陵,会永新江入赣江。石镇镇。萝塘巡司。龙泉繁,疲,难。府西南三百七十里。西:石含。东:银山。南:五峰。东南:钱塘山。遂水一曰龙泉江,源出左、右溪。左溪一自湖南桂阳入,一自上犹入,至县之左安而合。右溪出石含山,至李派渡合左溪,为遂水,东行入万安。蜀水一名禾蜀,出县北黄坳,东行至太和之瓦窑,入赣江。三镇:禾源,其北乡、秀州并有巡司,与左安三。万安冲,繁。府东南一百八十里。西:芙蓉。东:蕉源。南:朝山。赣江自赣入,合梁口、造口及油田溪,径城西南,合龙溪、桧溪,又北径黄公滩纳韶水,为韶口。又东北合城江,至窑塘入泰和。其西蜀水自龙泉入,亦入泰和界,西北有梅陂。巡司二:武索、滩头。一驿:皂口,裁。永新繁,难。府西二百二十里。东:东华山。东北:高士。南:义山。西北:禾山,禾水出,一曰永新江,自莲花厅入,东行绕县至白堡,入庐陵。上坪寨巡司。永宁简。府西二百八十里。东:旗山。西:浆山。西北:七溪岭,胜业水出焉,西会拐湖山水,径城南,又西会浆山水,折北径小江山,入永新,注禾川。巡司驻升乡寨。莲花厅冲,疲,难。府西二百六十里。乾隆八年置。西:关城山。东南:壶山。北:黄暘。东北:玉屏山。文汇江,西北出萍乡及湖南攸县界,经高天岩,合上西、碧溪二乡水,汇于龙陂。环城而西,合琴亭水,自马江至君山口注永新。东北:水云洞水入萍乡。西南:茶水出书堂岭,入湖南。富汉村巡司。莲花桥汛。

赣州府:冲,繁,疲,难。吉赣南宁道治所。南赣吉袁临宁总兵驻。顺治初,因明制,置南赣巡抚。康熙三年,裁巡抚。乾隆十九年,升宁都县为直隶州,割瑞金、石城隶之。三十八年,升定南县为厅。光绪二十九年,改观音阁通判为虔南厅。东北距省治九百三十里。广三百三十里,袤五百六十里。北极高二十五度五十二分。京师偏西一度四十一分。领县八。赣冲,繁,难,倚。南:崆峒山。东南:玉房。西南:九峰。北:储山、黄唐。东北:金螺山。章水自南康入,东北行,径城西,贡水自雩都入,西行,径城东,至鱼尾潭与章水合,是为赣江,赣阙在焉,古称湖汉水,北行入万安。十八滩,九隶县境。钞关在治北。长兴、桂源、大湖江三巡司。水口、官屯、良富、东塘四汛。雩都难。府东一百五十五里。东:峡山。北:雩山。西南:药山。东南:柴侯山。贡水自会昌入,北径齐茅汛,右合雷公嶂水,又西合坳脑庑水,至白石塘,合宁都水,入赣。兴仁巡司。信丰繁,疲,难。府南一百六十里。西:木公山。东:长老。西北:廪山。桃江自龙南入,北行入境,为信丰江。东北行,合三江水,入赣,注贡水。杨溪堡巡司。兴国难。府东北一百八十里。西:玉山。东:崖石山。北:覆笥。东北:蜈蚣山。潋江一名兴国江,会平川,折南径城东,又西,左合程水,右菏岭、廖屋溪、乌山、嵊水,入赣注贡水。西:义昌水出虞公山,入永丰。北:云亭江入泰和。衣锦寨巡司。均村、崖石二汛。会昌冲,繁。府东南三百二十里。南:四望山。北:明山。东:古方。东南:盘古山。贡水自瑞金入,会绵、濓、湘水,西行入雩都。东南:荣阳水出筠门岭,入武平。有湘乡、承乡二镇。筠门岭巡司。安远简。府东南三百三十里。西:源华。北:铁山。东南:马鞍山。濓江一名安远江,出长宁仰天湖,西径城南,西北合欣山、安远水,县以此名。东北行,径古田,会上濓水,又北,左合里仁、小华江,右云雷水,入会昌,汇湘水。三百坑水出三百山,西南流,入定南。县丞驻罗塘市,巡司驻板石镇。长宁简。府东南四百四十里。西:大帽山。西南:钤山。北:官溪。东南:项山。寻邬水出寻邬堡、新窖路山,屈东南,合马伏炼水,又西南至城东大陂角,会马蹄江、河岭、太湖洞水,入广东龙川。双桥镇。新坪、黄乡堡二巡司。龙南简。府南三百五十里。南:归美。西:禄马。东南:清修。西南:冬桃山,桃水出焉。东北行,径城北,与濓、渥二水合,为三江口。又北合洒源堡水,径龙头山,入信丰,为桃江。定南厅繁,疲,难。府南四百三十五里。旧为县。乾隆三十八年改置。城内:文昌山。南:三台。北:杨梅山。东北有刘奉山。鹤子水上源即三百坑水,出自安远,入为九曲河,径九洲,合刘奉隘水,至水口。右合汶岭水,又北径三溪口,合三坑水,入广东龙川。碱水出南坑诸山,流抵龙南,会濂水,注桃江。下历镇有巡司。**虔南厅**繁,疲,难。府南四百五里。旧为观音阁,通判治。光绪二十九年改置。桃水自龙南来,东行入三江口。巡司驻杨溪堡。

宁都直隶州繁,疲,难。隶吉赣南宁道。顺治初,因明制,赣州为县。乾隆十九年,升直隶州,并割瑞金、石城隶之。北距省治七百二十里。广二百十五里,袤四百五里。北极高二十六度二十七分。京师偏西三十八分。领县二。西:金精山。东:翠屏。南:螺石。北:凌云山。东北:梅岭,梅江水出焉,南行合诸水为东江,抵州东北,合西江,为三江口。又南,合白沙、白鹿水,为宁都水,入雩都。下河寨巡司。萧田、芦甾、黄陂、固村四汛。**瑞金**繁,疲,难。州东南一百七十里。东北:陈石。西:石门。南:云龙。北:瑞云山。贡水由福建长汀入,至城东南,会绵水、罗汉水,至水东渡会北坝水,入会昌。东北:琴江,自宁都缘界入雩都。瑞林寨、湖陂二巡司。瑞林寨汛。**石城**简。州东一百十里。东:荀石。东北:牙梳。西南:八卦。西:西华山。琴水出牙梳山之鹰子冈,西南会坝水,至城东,又西南,右合虾公碟,左枫树坳、莲花水,径古樟潭,合梨子岽、黄株潭水,入州。捉杀寨巡司。

南安府冲,繁。隶吉赣南宁道。东北距省治一千一百三十里。广三百五十里,袤三百六十五里。北极高二十五度二十九分。京师偏西二度三十分。沿明制,领县四。**大庾**冲,繁,倚。西南有大庾岭,县以此名,一曰梅岭,上有关曰梅关,相连为小梅岭。东:狮子。西:西华。北:铁冈。东北:玉泉。章江自崇义入,径东北徒峰山,合李洞碧、赤岭水,又东南,合平政水及凉热水,又东纳浮江,径城南,又东合大沙河、湛口江,入南康。赤石岭、林镇二巡司。小城、新城二镇。一驿:小溪。其横浦驿,裁。**南康**冲,繁。府东北一百三十五里。北:旭山。东北:丫髻。东南:独秀。西南:龙山。西北:禽山。芙蓉江即章江,自大庾入,东流折北,纳南埜水,又东北,上犹江自其县入,合西符水,左合禽水、过水、梅江来入,是为三江口。又东入赣会贡水。潭口、相安二巡司。南埜废驿。**上犹**简。府东北二百五里。东:资寿。西:书山。南:方山。北:飞凤山。章水西南自崇义合西北琴江及礼信水,径蜈蚣峡,左合斗水、米潮水、料水,折东南,径城南,曰县前水。又东,左合犹水,曰上犹江。复合九十九曲水,又东南,合感坑水,与城南稍水并入南康,注章水。浮龙巡司。营前,县丞驻。**崇义**简。府北一百二十里。北:崇山。南:观音。西北:桶冈。西南:聂都山,章水出,南径师子岩,歧为二:南派亦曰池江,入大庾;北派东北径城西,其西源流为益浆水,东纳琴江入上犹,东南至坪江。西:符水,合南源水,右纳义安水,至符江口。又南浮江,并入南康。横水出大嶂山,绕城北出,会东溪水,入上犹江。上保、文英二镇。金坑、铅厂、长龙三巡司。

清史稿卷六七
志第四二

地理十四

湖　北

　　湖北:《禹贡》荆州之域。明置湖广等处承宣布政使司。旋设湖广巡抚及总督。清康熙三年,分置湖北布政司,始领府八:武昌、汉阳、黄州、安陆、德安、荆州、襄阳、郧阳。并设湖北巡抚。雍正六年,升归州为直隶州。十三年,升夷陵州为宜昌府,降归州直隶州为州属焉。以恩施县治置施南府。乾隆五十六年,升荆门州为直隶州。光绪三十年,升鹤峰州为直隶厅。东至安徽宿松。五百五十里。南至湖南临湘。四百里。西至四川巫山;千八百九十里。北至河南罗山。二百八十里。广二千四百四十里,袤六百八十里。面积凡五十八万九千一百一十六方里。北距京师三千一百五十五里。宣统三年,编户五百五万五千九十一,口二千三百九十一万七千二百二十八。共领府十,直隶州一,直隶厅一,县六十。驿道:自武昌西北渡江、汉达河南淅川;自襄阳西渡江达湖南沣州。电线:汉口东通九江,西通成都,南通长沙,北通郑州。铁路:京汉南段,粤汉北段。航路:自汉口以下,黄州、黄口港、蕲州、武穴,汉口以上,金口、宝塔州、新堤、城陵矶、沙市、宜昌,皆江轮舣泊处。

　　武昌府:要,冲,繁,难。隶盐法武昌道。吸为湖广布政使司治。康熙三年为湖北布政司治。湖广总督及湖北巡抚、布政使、按察使、督粮道驻。广五百三十二里,袤四百七十二里。北极高三十度三十三分,京师偏西二度十四分。领州一,县九。**江夏**要,冲,繁,难。倚。其名山:荆山、内方、大别。城内黄鹄山,亦名黄鹤山。与城北隔凤凰山,俱置炮台。东有洪山,一名东山,百战地也。西临大江,雄据东南上游,有险无蔽。大江自嘉鱼来,径城西北,入武昌。光绪中,沿江岸建纺纱、织布、缫丝、制麻各局。西南:金水,一曰涂水,自咸宁来,汇为斧头湖,北至金口,入江。有金口镇事巡司。南:南湖,通大江,今为军屯重地。西南:鲇鱼套、南山坡二巡司。东北:浒黄洲废司。西:长江关。有将台、东湖、山坡、土桥四驿。**武昌**繁,难。府东一百八十里。南:黄龙。西:樊山。东:石门。有长港,即樊港,纳县南诸湖水,径樊口入江。大江自江夏来,东北流,径县北入大冶。西:芦洲。东:安乐矶。西南:金牛镇,县东金子矶巡司移驻此。西:白湖镇巡司,后移葛仙镇。有华容驿。**嘉鱼**简,难。府西南一百五十里。城西:鱼岳山。东南:阴山。东北:赤壁。南:白云。大江自湖南临湘入,右径陆口,入江夏。陆水自北来会,径嘉鱼口,有太平、岳公诸湖水流合焉。牌洲、石头口二镇,有巡司。有驿。**蒲圻**冲,难。府西南三百六十里。城内:叠秀山。西:茅山。东:黄葛。西北:竹山、茗山。西南:羊楼洞。白鹿山,荆港水出焉。南:陆水,一曰蒲圻河。东:赤马港与荆港俱入焉。西南:新店。古大嶓水通黄盖湖,下流至嘉鱼石头港,入江。有港口巡司。羊楼洞废司。港口、官塘二驿。凤山废驿。铁路。**咸宁**冲。府东南二百四十里。东:二高山。西:钴鉧。东南:相山。南:桃花尖山。涂水出其西桃花泉,曰白栲港,与西源竣水岭减河会,又西北径城南金镫山,始为涂水,西北合诸湖港水,入江夏。其北麓东水出,下流入武昌之樊港。又东杨埠桥水,源出石川畈,流合东水,即东水别源也。西有咸宁驿。雍正六年,徙入。**崇阳**繁,疲,难。府南三百六十里。西:岩头。北:葛仙。东:雨山。西南:龙泉山。陆水自通城县流入,曰崇阳河,右合梓木港,左合桂口港,至莎塘铺,流径花山。至城南,又东折,西北径仰莲山,又西北至壶头山,为崇阳洪,入蒲圻。有桂口巡司。**通城**难。府西南五百里。九岭。西南:白面。东南:幕府山,陆水所出,一曰隽水,纳秀水入崇阳。南:黄龙山,新安港水出,东有鲤港,源出襄荷洞,流合新安港,西入之。**兴国州**繁。府东南三百八十里。南:阁闾。东:大坡。西:黄姑。北:大银山。西南:龙山。东北:大江自大冶入,又东入江西瑞昌境。富水自西流入,谓之富池口。有富池镇巡司。西南:龙港,北与富水合,移州东北。黄颡口,巡司驻之。有驿。**大冶**难。府东南一百五十里。顺治二年,自兴国州改隶。东:围炉。北:铁山。西南:铜绿。北:白雉山。光绪间,矿政大兴,铁冶之利甲于全省。东北:磁湖山,产磁石。

东：西塞山，下有道士洑，矶临大江。旧设巡司，后移县北。大江，西北自武昌
入，为黄石港，东南流入兴国州。有驿。**通山**难。府南一百八十里。顺治二年，
自兴国州改隶。南：九宫山。顺治初，李自成为乡人击毙于此。东：沈水。西南：
白青，古羊溢山，窝水出，亦曰通羊港，合湄港，自南流入。东南：黄梨山，宝石
河出，合桐港，自西流入，东北至兴国州合流，谓之富水。东有黄泥垅旧司，后
裁。

　　汉阳府：冲，繁，疲，难。隶汉黄德道。顺治初，沿明制，属湖广布政
司。康熙三年，属湖北布政司。东北距省治十里。广二百七十里，
袤四百七十里。北极高三十度三十三分。京师偏西二度二十一分。
领州一，厅一，县四。**汉阳**繁，疲，难，倚。西南：九真。东北：大别，即鲁山，
光绪间建铁政局于山下。汉水自汉川入，径龙麓。大江自嘉鱼来，环城而东合
焉。西南：太白湖，接沔阳界，汇江、汉支流及诸湖泽，东泄于沌水。出江即沌口
也。有沌口镇巡司，后移下蒲潭。又西，蔡店镇。西南：新滩口镇，汉口镇，仁义、
礼智四巡司。光绪二十四年，移礼智司属夏口厅。县及蔡甸二驿。**汉川**冲，繁。
府西北一百二十里。东南：小别，俗名甑山。西南：阳台山，康熙间更名采芝。汉
水自沔阳天门来，入汉阳。东：涢水自云梦、应城入，沧河、西河、汉水皆注之，
下流至夏口厅入汉，谓之涢口。有刘家埠、小里潭二巡司。县及田儿河二驿。
孝感冲，繁，疲，难。府北一百四十里。雍正七年自德安府来属。北：黄茅岭。
东北：大悟，一名上界山。又北有澴水，自河南信阳州流入。南：沧河，即澴水下
流也，上通涢水，东会澴水入江。太平、双桥二镇。县丞驻东南马溪河巡司，后
移东北杨店驿。又北，小河溪巡司，嘉庆十一年，改驻澴口。有九里关，一名黄
岘关，义阳三关之一也。县及小河溪、杨店三驿。铁路。**黄陂**冲，繁，难。府北
一百二十里。雍正七年自黄州府来属。东北：大陂山。东：鲁台山。宋二程夫
子于此筑台望鲁，因名。东南：大江自汉阳入，澴河注之，又东入黄冈界。县河
即澴水，南合沧河。又武湖即武口水也，承澴水分流，皆入焉。澴口、河口二镇。
大成潭、澴口镇二巡司。县及双庙、澴口三驿。**沔阳州**繁，疲，难。府西南三
百二十里。明属承天府。顺治间属安陆。乾隆二十八年来属，析州分置文泉县。
三十年省入。东南：黄蓬山、乌林矶。大江自监利来，入嘉鱼境。汉水南派自天
门来，入汉川境。又南长夏河，一曰夏水，江水支流也。又有襄水，为汉水支流，
即沱潜也。自襄河泽口分流，径监利县入境，右合夏水，东汇于阳，名太白诸
湖。西南：漕河，即玉带河，西北通顺、洛江、恩江等河俱自潜水分流入沔，今皆

淤。州判驻仙桃镇。锅底湾、沙镇二巡司。有驿。**夏口厅**冲，繁，疲，难。府治北。光绪二十四年析汉阳县。汉水以北地分置，治汉口镇。自咸丰八年辟商埠，设江汉关。汉黄德道自黄州徙驻。西北：柏泉山。城东大江自汉阳来，至南岸嘴，合汉水，入黄冈界。汉水自汉川缘界会涢水，曰口。又东南来会，为汉口。古夏口，亦沔口，其故道襄河口。又东北入黄陂，为滠口。北有铁路自大智门北经黄陂、孝感、应山等县，与河南信阳州路接，为京汉铁路南段。新沟市汛。礼智司巡司。

黄州府：冲，繁，难。隶汉黄德道。顺治初，沿明制，属湖广布政司。康熙三年，属湖北布政司。东北距省治一百八十里。广六百六十五里，袤四百八十里。北极高三十度二十六分。京师偏西一度四十一分。领州一，县七。**黄冈**冲，繁，难，倚。故城西北黄冈山。城东北大崎。北：淘金山。西：武矶。大江自黄陂来，入蕲水界。东巴水，西举水，自麻城入，会道观河、沙河，南入之，谓之举口，亦谓三江口。西北：新生洲，与武昌白鹿矶相对。但店、团风、阳逻三镇，与仓子埠四巡司。有齐安驿，李坪、阳逻废驿。**黄安**简。府西北三百二十里。西北：老山。东北：张家。东南：五云。西南：似马。北：鸡公。紫潭河源出白沙关，合境内诸水，南流至黄冈入江。西：滠水源出北仙居山，下流入黄陂。东南有中和镇、黄陂站二巡司。西北有金局关，一名金山关，相近有大城关，即麻城五关之一也。**蕲水**冲，繁，难。府东南一百十里。东：斗方。北：茶山。东北：张家。东南：仙女。西南：滨江。大江自黄冈来，入蕲州，浠水、巴河自罗田来注之。有兰溪镇、巴河镇二巡司。巴水、浠川二驿。**罗田**简。府东一百六十里。南：望江。北：鸡笼、桂家。东北：盐堆山，巴水所出，一名平湖乡河。有尤河合汤河、北峰河，径城东至蕲水界，折西北，合石源河来会。东南有浠水，源出安徽英山，缘界右合乐秋、王家、观音诸河，入蕲水。东北有多云镇巡司。又北有栗子关。东北有瓮门关。西北又有平湖、同罗、松子等关。**麻城**繁，难。府东北一百八十里。西：大安。西北：羚羊。东南：白臬。举水出县境龟峰、黄蘖诸山，受阎家、柏塔、麻溪、白臬、浮桥诸河，下流至黄冈，入江。又木樨、二里河与东义州河，并南流，亦至黄冈，入巴水。东北：殷山畈，上有阴山关，相近有虎头关巡司。又北，木陵山，上有木陵关，与黄土、虎头、白沙暨黄安之大城，为麻城五关。又西鹅笼山巡司，一名铁壁关，后移县西南宋埠。同知驻歧亭镇。有驿。**蕲州**冲，繁，难。府东一百八十里。东北：百家冶。西北：灵虬。西：安空石。大江自蕲水来，入广济。蕲水源出大浮山，西南流，合三十六水及钴锛潭入赤东湖,至州西入江,谓之挂口,一曰蕲阳口。有茅山镇、大同镇二巡司。西河驿。又蕲阳水驿。**广济**冲,繁。府东二百五十里。明隶蕲州领属。顺治初改属。东:大阆。东南:太平。西南:积布,即古高山也。大江自蕲州入,东南流,入黄梅。东有梅川,下流入午山湖。西南有马口湖。通江有马口巡司,后移武穴镇。东南:龙坪镇巡司。西南:田家镇,水利同知驻。镇对半壁山,束江流最狭处,咸丰中置炮台。有广济、双城二驿。**黄梅**冲,繁。府东三百五十里。明隶蕲州领属。顺治初改属。西北:黄梅山,县以此名。东南:矿山。东北:冯茂。西南:蔡山。大江在南,自广济入,东南流,径清江镇,入宿松。县河在县东,即隆斗河,及县西双城河,会诸湖港水,至黄连嘴合流,出急水沟入之。东北:县丞驻清江废镇。新开口、亭前、孔垅三镇巡司,均有驿。

安陆府:冲,繁。隶安襄郧荆道。明,承天府,属湖广布政司。顺治三年更名。康熙三年,属湖北布政司。西北距省治五百三十五里。广五百二十里,袤七百四十五里。北极高三十一度十二分。京师偏西三度五十九分。领县四。**钟祥**繁,疲,难,倚。城南:横木山。东北:纯德。北:九华。西北:马鞍。西:汉水自宜城来,入荆门州。又东聊屈山,白水出,即《左传》所谓"成白"。东北:黄仙洞山,敖水出,下流曰直河。西南权水、北丰乐河,皆入于汉。丰乐有驿,设巡司。又丽阳驿,乾隆三十二年自荆门州割隶,移仙居口巡司于此。又石城、郢东二驿。石牌镇,县丞驻。**京山**繁,难。府东一百五十里。东:京山。西北:大洪。南:子陵。西南:宝香。西:汉水自钟祥入,径丁口潭,又东南缘潜江界入之。溾水俗名回河,径城南,皆汇县境诸水之。中源曰县河,南流入天门界。又富水一曰撞河,源出大洪山,东南会小富水,为双河口,合石板河,入应城。又聊屈山,白水出,古成白也,与潼水、小河会,曰南河,东南入天门。其东杨水、巾水并从之。有宋河镇巡司,乾隆二十九年自荆门州新城移此。有驿。**潜江**难。府南二百二十里。汉水自京山来,径县北,分入天门、沔阳界。东有潜水,一名芦洑河,自汉水别出,南有沱水,自江陵流入,在县西沱埠渊合流,为江、汉会通故道,后淤。东南县河、班湾河、沙口河,皆潜水下流,亦淤。西:夜汊河,上承汉水,旧由大泽口分流,亦谓策口。咸丰时改由吴滩溃口,即吴家改口。西南高家场巡司,有驿。**天门**冲,繁,难。府东南二百二十里。明为景陵县,隶沔阳州,属承天府。顺治三年直属今府。雍正四年更名。西北有天门山,汉水北派自潜江西南径县南,下流合南派,入汉川界。又潼水自京山流入,合杨水、巾水,曰三汊河,一曰汊水。《禹贡》"过三",即此。至城西分二派,合于城东,北通杨桑湖,东通三台湖,至汉川注于松湖,分流入汉。南岳口市,县丞驻。乾滩镇巡司。有驿。

德安府:冲。隶汉黄德道。顺治初,沿明制,属湖广布政司。康熙三年,属湖北布政司。西北距省治三百二十里。广三百八十里,袤三百八十里。北极高三十一度十八分。京师偏西二度五十五分。领州一,县四。**安陆**冲,倚。东:章山,即豫章山。西:太平。西北:寿山。涢水亦曰府河,即清发水,《左传》"吴败楚于柏举,从之及于清发"是也。自随州应山流入,会㳇水、漼水、石河水,至两河口,与杨家河合。南:高穹镇,有废巡司。西北:崇阳镇。有驿。**云梦**冲,难。府东南六十里。涢水自安陆来,东南流,入汉川界。北岸有涢河堤,康熙五年重筑,其支津由白河口南分流而东,为县河,会郑家河,入孝感界,通河。东兴安、南隔蒲潭、北利塘三镇。兴安有废巡司。有驿。**应城**难。府南八十里。东南:高楼山。东临涢水。西北有西河,即富水也。富水自京山入,又南,左纳省港,至桂口,右歧为小河,注三台、五当,纳五龙河。又东南,金梁湖为金盆,入汉川。右潼水出县西北潼山,自县南又东,径安陆入涢,湮。东:长江埠巡司,自崎山镇移此。有驿。**随州**疲,难。府西北一百三十里。北:厉山,一名烈山。西南:大洪山,涢水出焉。西北:溠水,源出栲栳山,南流注之。又左受溅水、溧水,右受支水、浪水,下流至夏口厅入汉。西南有章水,东南流,经安陆、应城县界入,亦曰杨家河。祝林镇,州同驻。唐县镇,州判驻。环潭、梅丘巡司驻。高城镇,总巡司驻。又有合河店巡司、唐县镇巡司,嘉庆十五年裁。**应山**冲,繁。府北九十里。左:孔山。西:洞庭。东北:黄茅。西北:瞒箭山,溮水出,西南入随达涢。二水又东南缘界合徐家河,入安陆。东:黄沙河,亦曰环河,出县东北鸡头山,有东河会籔箕港水流合焉,南入孝感。西北有三里店巡司,雍正十年自平里市镇移,后迁平靖关,俗名恨这关,即古之冥阨也。又礼山关,即武胜关,一名武阳关,亦汉铁路所经之义阳三关,此其二也。广水、马平港、龙泉、太平四镇。县城、平靖关、观音店、广水镇四驿。

荆州府:冲,繁,疲,难。隶荆宜道。将军、左右翼副都统均驻。顺治初,沿明制,属湖广布政司。康熙三年,属湖北布政司。西距省治八百里。广七百二十五里,袤二百十里。北极高三十度二十六分。京师偏西四度二十八分。领县七。**江陵**冲,繁,疲,难,倚。西北:龙山。北:纪山。大江自松滋东来,径城南,入公安界。沮水自当阳县合漳水,南来注之。西南:虎渡河,自大江分流,下注沣水,入洞庭湖,即《禹贡》"导江东至于沣"也。

东南：夏水，即沱江，为大江支津。又有涌水，则夏水支流也，通江处谓之涌口。漕河在城东北，名草市河，经沙市，名沙市河。又东，瓦子湖，一名长湖，汇诸湖水下流俱达于沔。万城堤在县西南，雍正中筑，乾隆五十三年修，岁遣大臣驻防。沙市，通判驻，有巡司。光绪二十一年，开为商埠。与龙湾市，虎渡口巡司三。郝穴口有废司。荆南、丫角庙二驿。**公安**冲，繁。府西南一百四十里。顺治八年，由斗湖徙祝家冈。同治十二年复徙唐家冈。东：太岁。东南：黄山。大江在北，自江陵东入石首界。西：油水，旧由油河口入江，今淤。虎渡河自江陵县南流入境，至黄金口，分一支为东河，合吴达河诸水达荐祖溪。正流南经港口，会孙黄河，东南流，至泗水口，均入湖南，注沣水。东北：屏陵镇巡司。东有涂郭市。东南有孟家溪市。有孙黄驿，后裁。**石首**简。府东南一百八十里。东：石首山。东南：石门。西：阳歧山。大江自公安入，径县北，入监利界。其支津由藕池口分数道南达洞庭湖。又东焦山河，亦其支流也，自调弦口经焦山，亦达洞庭。南：黄金堤市。西：杨林市。**监利**繁，疲，难。府东少南二百四十里。东南：狮子山。西：大江自石首来，径县西南，入湖南华容。东：鲁洑江，即夏水也。自江陵流入。东为大马长川，周环二百余里，与林长、分盐、龙潭、三汊等河均至沔阳州合于沔水。白螺矶、分盐所、窑圻镇三巡司。朱家河司废。**松滋**简。府西一百二十里。东：竺园。南：金羊。西：九冈。西南：巴山。大江自枝江入，径县北，亦曰川江。岷江至此分为三派，下流复合为一，达于江陵。危水源出西南之起龙山，即古危山，径樟木山，右合隔沙河，左天木河，径文公山，又东曰纸厂河，入公安，达洞庭湖。东南：磨盘洲巡司，红崖子砦巡司，后废。有县城、浼市二驿。**枝江**简。府西一百八十里。南有紫山。西：金紫。西南：官木。大江自宜都来，径县北，入松滋。江中有百里洲。南为外江，北为内江，即江与沱也。东北：沮水，又西北白水港，合群溪水注之。有江口巡司。董市镇。**宜都**简。府西北一百八十里。顺治初属夷陵州。雍正十三年改属。南：羊肠。西南：大梁。东北：石羊。西北：荆门山，对岸即虎牙山。大江自东湖来，径其间，为绝险处，东南流入枝江。西涨北：清江，即夷水也，自长阳流入，东南流，会汉洋河，至清江口入江。东北沧茫溪，一名玛瑙河，亦入江。白洋在江北岸，顺治初侨治于此，寻复故。东北：普通关废司。西南：聂家河市。北：安福市。又虎脑背市，即古猇亭。

　　襄阳府：冲，繁，难。隶安襄郧道。顺治初，沿明制，属湖广布政司。康熙三年，属湖北布政司。东南距省治六百八十里。广六百七十里,袤二百七十里。北极高三十二度五分。京师偏西四度二十分。
领州一,县六。襄阳冲,繁,难。倚。东南:鹿门。西南:虎头。南:岘山。西:
隆中山。汉水自谷城来,径城北,入宜城。城四周有堤,谓之襄阳城堤。对岸即
樊城,古重镇也。东北:淯水,自河南唐县入,名唐河,合浊水,名唐白河。县别
有白水,自东来会。又西北清泥河、东淳河,皆入汉。同知、丞驻樊城。吕堰、双
沟二巡司。油房废司。汉江、吕堰二驿。汉江今移城中。宜城冲。府东南一
百二十里。西:石梁。东南:赤山。南:太山。汉水自襄阳会潼水入,径县东,入
钟祥。西南:蛮水,一曰鄢水,又曰夷水,合潀水,与其支津木里沟、长渠皆入
汉。又氵育水自汉中来,合于蛮水,谓之氵育口。北:疏水,亦名襄水,土人呼涑水,
亦自疏口入汉。东南楼子汊、南康坡汊、北羊祜汊,皆汉水之旁出也。西:田家
集巡司。南:鄢城驿。南漳简。府西南一百二十里。西南有八叠山,一名相山,
又名相山,吴朱然、诸葛瑾北出沮中,即此。西有荆山,《左氏传》所云"荆山九
州之险"是也。漳水出焉,下流至当阳会沮水入江。其北深溪河,蛮水入,曰榨
洛河,径大鸿山,至城南,入宜城界。有方家堰巡司,后移保安镇。南有鸡头关,
东北有石河铺。枣阳冲,繁,难。府东北一百四十里。东:霸山。东南:资山。
南:滠源山,滠水所出。东:大阜山,白水所出。又东南昆水,西南浕水,合白水
下流入于清水,至襄阳入汉。西南蔡水,西流亦入清水。有湖河、鹿头、双河、太
平诸镇。谷城简。府西北一百四十里。湖北提督驻。西北:谷城山,县以此名。
西南:薤山。南:金斗。东北:汉水自光化入,亦曰谷水。南:筑水,一名南河,东
入沔,谓之筑口。北:泛水,一名古羊河,或曰北河,至城东与筑水合。有花石
街、张家集二巡司。张家集后移驻太平店。光化简。府西北一百八十里。西
北:三夫山。汉水自均州入,径城西,有涓水流入,历上涓、中涓、下涓三口入谷
城。又黑水、排子、朱寨诸河下流皆入焉。东南旧有茨湖,今湮。有左旗营巡司,
后徙县南老河口。均州简。府西北三百九十里。南:武当,一曰太和,亦曰篓
上山,明时尊为"太岳",浪河、曾水并出焉汉水自郧远河口入,又东为《禹贡》
沧浪之水。其由浪河入者,有殷家河、萧河,其由曾水入者,有黄沙、小芝、水磨
笃河。又均水自州南流,至光化之小江口,亦入之。有草店、浪河诸镇。光绪四
年,置孙家湾巡司。

郧阳府:繁,疲,难。隶安襄郧荆道。总兵驻。顺治初,沿明制,属湖
广布政司,并设抚治、都御史。康熙三年,属湖北省布政司。六年,
罢抚治。东南距省治一千二百五十里。广七百十里,袤四百里。北

极高三十二度四十九分。京师偏西五度四十二分。领县六。郧难，
倚。北：兜鍪。西：锡穴。西北：老砦。西南：白马。汉水自郧西入均州。堵水
自县南流入焉，谓之堵口。又将军河、曲远河、神定河、龙门河、远河俱来入。淘
河自陕西商州流入，经县东北，会丹水，入河南淅川。西：黄龙镇巡司。雷峰垭
镇、青桐关二巡司，裁。有驿。房倚。府西南三百一十里。西南：房山。南：景
山，一名雁塞山，沮水出焉。又东，汛水，今名八渡河。北：筑水，源出杨子山。东
北有粉水，俱流径保康，入谷城，注汉。有三岔口、九道梁二巡司。竹山难。府
西南三百六十里。东南：方城，又名望楚山。西南：白马塞山。西：丫角山。南
有堵水，一名陡河，源出陕西平利，自竹溪东流入境。右会官渡河、章落河、霍
河，左受苦桃河、上元水、钦峪河、对峙河，又东北流，经房北，至郧入汉。同知
驻白河堡。官渡河堡巡司。黄茅关、吉阳关二废司。竹溪倚。府西南五百九
十里。东：诰轴。西南：峒崎山，有砦，最险隘。西北：竹溪河流合县河，为堵水
上源。南秦坪河，东南白沙河，会柿河注堵水。有尹店社、白土关二废巡司。东：
县河镇。保康倚。府东南三百四十里。东：蛇峪山。西有汤浃河，一名汤洋河，
水温可疗疾。西北：粉水东流，与筑水会，名曰南河。西南：板仓河，北来注之。
东南有常平堡废巡司。郧西倚。府西北一百三十里。顺治十六年，以西北上
津县省入。西：矿山。西北：十八盘山。南有汉水，缘界合仙河、白河，又东径金
兰山，甲河自山阳来会，入郧西。天河源出县西北牛头山，激浪河、麦峪河流入
焉。西北：上津堡废巡司。西：江口镇。

宜昌府：冲。隶荆宜道。总兵官驻。顺治初，沿明制，为夷陵州，属
荆州府。雍正十三年升为府，更名，属湖北布政司，置东湖为治。鹤
峰、长乐，降归州及所属长阳、兴山、巴东来隶。光绪三十年，析荆宜
施道为施鹤道，升鹤峰为厅隶之。东距省治一千八十里。广五百九
十里，袤四百十里。北极高三十度四十九分。京师偏西五度十五分。
领州一，县五。东湖冲，繁，难。倚。旧为夷陵县。明省入夷陵州。雍正十
三年复置，更名。光绪二年，辟城南为宜昌商埠。东：对马。北：丰宝。南：高笋。
东北：方山。西北：黄牛峡，亦称黄牛山。北：西陵峡，一名夷山，古所谓"三峡"
之二。大江自归州来经之，至县西，始出峡就平地，东入宜都。东南：虎牙山，对
岸为宜都之荆门山，下临虎牙滩。更有流头、使君、鹿角、狼尾等滩，皆奇险。
北：黄柏河，下流为长桥溪，由长桥入江。西北：南沱巡司。又南津、西津、白虎
诸关。有驿。归州倚。府西北三百五里。明属荆州府。雍正六年升为直隶州。

十三年复降为州来属。大江自巴东来，东入东湖界。香溪源出兴山县，南入之，曰香溪口。江中有新滩、叱滩及石碣、达洞、独石诸滩，又有马肝、白狗、空舲三峡，皆险处也。有南逻口、牛口巡司。州城及坪二驿。**长阳**简。府西南七十六里。明隶夷陵州，属荆州府。雍正六年属直隶归州，十三年来属。北：宜阳。西北：佷山。西：资丘。清江自巴东入，径武落、钟离山，一名难留城山，五姓蛮所从出也。清江，俗名长阳河，合招徕河，又东径金紫山，合平乐河、丹水，径城南，又东入宜都。西有旧关堡、蹇家园二废巡司。有资丘镇。古扞关。**兴山**简。府北三百十里。明隶归州，属荆州府。康熙中，直属荆州府。雍正六年，属直隶归州。十三年来属。西北：神龙、茅麓。北：罗镜。东：仙侣。西：万朝。城南香溪，一名县前河，建阳、南阳两河入之，合白沙、九衡河至城南，始为香溪。又南合大里溪，至峡门口，会大峡水，又西南入归州。有关口垭、青林垭、猫儿关诸隘。又有簝叶坞，出郧、襄间道也。西北：高鸡寨废巡司。**巴东**冲，难。府西四百二十五里。明隶归州，属荆州府。康熙中，直属荆州府。雍正六年属直隶归州，十三年来属。东：铁峰。北：青铜。南：巴山，一名金字山。西南：安居。大江自四川巫山来，由巫峡流入，径城北，出东湖，西陵峡下流至黄梅，入安徽宿松县界。三灢源出县西北九府坪，支流三，其一入西襄溪，东曰东襄溪，径城北，又东径牛口山。西南：清江自建始入，下流入归。野山关巡司，后移驻县南劝农亭。县城、火峰口二驿。**长乐**简。府西一百九十一里。明为五峰司，隶容美宣抚司，属施州卫。雍正十三年置县，以石梁、水浕、长茅三司，及长阳、松滋、枝江、宜都，与湖南石门等县边地益之，来属。西北：金鸡。南：壶坪。西：五峰山。长茅河经县北，会县河入清江。东：汉洋河源出东北山中，东经百年关北、渔阳关南，下流至宜都，亦入清江。南：白溪河，即溇水之上源。西南：湾潭，县丞驻焉。

施南府：简，难。隶施鹤道。明施州卫，属湖广都司。康熙中，因明制，为施州卫，属荆州府。雍正六年，改为恩施县，属直隶归州。十三年升为府，更名，属湖北布政司，增宣恩、来凤、咸丰、利川。乾隆元年，割四川夔州、建始来隶。西距省一千九百八十里。广四百二十八里，袤四百九十四里。北极高一十度十六分。京师偏西七度二分。领县六。**恩施**繁，难，倚。明为施州卫。雍正六年置县，更名。十三年建府治，遂属焉。以原属支罗等地分入他县。西北：都亭。东北：扞山。东：连珠，一名五峰山，下有五峰关。北：清江，源出四川石龙关东诸山，一曰夷水，又曰盐水。

《后汉书》"廪君乘土船从夷水至盐阳",即此。经县东,有忠建河及麒麟、金印诸溪水注之,下流入于大江。崔家坝巡司。木贡,县丞驻。**宣恩**简。府东南八十里。明为施南宣抚司,属施州卫。康熙时,为施南土司。雍正六年属恩施县。十三年置县属府。以忠峒、高罗、木册、东乡、忠建、石虎荆司地益之。北:墨达山。南:将军山,白水河出焉,一曰东溪,又曰西溪,入来凤,下流谓之漫水。溇水出县东北莺嘴荒,一曰九溪河,沣之北源也。忠建河在城东,名玉带溪,自咸丰发源,北入清江。有狮子、东门二关,乾灞巡司。东有东乡镇巡司,后裁。**来凤**简。府南二百七十里。明,散毛宣抚司,属施州卫。康熙时为散毛土司。雍正六年属恩施县。十三年置县,治司属之桐子园,隶以蜡壁、大旺、东流、卯峒、漫水五司地,属府。东南:翔凤。西北:三尖。西:佛山,与雀儿峰对峙,高峒河水出焉。东有佛塘崖,下有佛塘河,即宣恩之白水河也,流合众川,径峒东流,入于辰河。有卯峒巡司,滴水、老鸦二关。**咸丰**简。府西南二百二十五里。明为大田军民千户所,属施州卫。康熙时改设巡司。雍正六年,属恩施县。十三年置县,以唐崖、龙潭、金筒三司地益之。城内:角楼山。东:小关。西北:龙潭河,一曰唐崖河,自利川入,西南入四川黔江,谓之黔水。西:龙嘴河,亦自利川入,径万顷湖,南入彭水。西南:张家坪巡司。**利川**简。府西一百七十八里。明,施南司属之,官渡灞、粗石地。雍正十三年置县,以忠路、忠孝、沙溪三司及恩施属之,支罗、南坪堡等处益之。东:金字。西:桂子、七药山,前江出焉,南与后江合流,谓之龙嘴河,即中清河上源也。北有清江。境内水多伏流。有南坪、建南二巡司。**建始**简。府东北一百二十里。初因明制,属四川夔州府。乾隆元年改属。南:文山。西:石乳。东:州基山。西:石乳山,上有关,马水河出。西南:右合桐木溪、木瓜河,径禄山,右会广涧河,至撒毛入恩施。南有清江,入径麻根挡口、景阳河,又东入巴东。有龙驹河。大岩岭镇,县丞驻。

荆门直隶州:冲,繁,疲,难。隶安襄郧荆道。明属承天府。顺治初,沿明制,为安陆府属州。乾隆五十六年,升直隶州,属湖北布政司。东南距省治六百里。广二百六十里,袤三百二十五里。北极高三十一度四分。京师偏西四度十六分。领县二。南三十里荆门山。西北:武陵。东:伯夷。西:象山。东南:章山,即内方山。汉水来径城东,亦曰沔水,东南入潜江。滨汉为堤,亦自内方山达潜江,为五邑保障。西权水,北象河,东南有直江,下流均入汉。又建水一名建阳河,上流古通汉,今淤,下流至江陵汇为湖。有建阳镇、石桥镇二巡司,俱有驿。又城有荆山驿。旧设新城镇、仙居口二巡司,及荆门所、宜门所,后均废。东南有沙洋镇。**当阳**简。州西南一百二十里。明属州,隶承天府。顺治初属安陆府。乾隆五十六年还属。东南:紫盖。东北:绿林。玉泉山,玉泉水出焉。北:沮水,自远安来,东南流,合巩河、玉泉水,至麦城南,与漳水会,下流入江。有河溶镇巡司。北:百宝砦。东:清溪镇。有驿。**远安**简。州西一百四十里。明属夷陵州,隶荆州府。雍正十三年,直属府。乾隆五十六年来属。西北:鸣凤。北:神马。沮水自南漳来,径县东南流,合福河溪、通天楼河、石洋河、白龙溪、泥水溪、青溪诸水,入当阳界。西北:黄柏河。北:南襄堡,西北:砦洋坪汛。

　　鹤峰直隶厅:冲,繁,疲,难。光绪三十年,析荆宜施道为施鹤道,厅隶之。顺治初,因明制,为容美土司,属施州卫。雍正六年,属恩施县。十三年置州,以五星坪、北佳坪益之,属宜昌府。光绪三十年,升直隶厅,属湖北布政司。西距省治一千五百五十里。广一百九十五里,袤三百四十五里。北极高三十度。京师偏西六度三十分。东南:柘鸡。东:平山。北:印山。南:天星。西北:巴子山。南:八峰山。有山河,即溇水之上源,东南流,大典河入焉。东北:咸盈河,径巴东入于清江。有奇峰、邬阳、大崖诸关。山羊隘,旧属湖南慈利,雍正时来属。设巡司驻之,后移白果坪。

清史稿卷六八
志第四三

地理十五

湖　南

　　湖南:《禹贡》荆州之域。明属湖广布政使司,置偏沅巡抚。清初因之。康熙三年,析置湖南布政使司,移偏沅巡抚驻长沙。雍正二年,改偏沅巡抚为湖南巡抚,并归湖广总督兼辖。七年,置永顺府,升岳州之澧州。十年,升衡州之桂阳州。乾隆元年,升辰州之沅州为府。嘉庆二年,升辰州之乾州、凤凰、永绥三厅。二十二年,置晃州厅。光绪十八年,置南州厅。领府九,直隶厅五,直隶州四,属州三,县六十四,东至江西义宁;三百五十里。西至贵州铜仁;一千七百三十五里。南至广东运州;八百二十里。北至湖北监利。三百五十里。广一千四百二十里,袤一千一百五十里。北极高二十四度四十九分至二十九度三十七分。京师偏西二度十上分至七度四十三分。宣统三年,编户四在二十八万八千一百六十四,口二千二百五万二千一百五十九。其名山:衡岳、九疑、都庞、骑田、萌渚、幕阜。其巨川:湘、沅、资、澧。其泽:洞庭。驿道:自长沙北达湖北蒲圻;东南出插岭关达江西萍乡;南达广西全州;西达贵州玉屏。铁路干:粤汉中段。支:萍株。航路:自长沙南达湘潭,北达汉口。电线:自长沙北达汉口,南通桂林,西通洪江,东通江西萍乡、安源。

　　长沙府:冲,繁,难。巡抚治;布政、提学、提法三司、巡警、劝业、盐法、长宝四道同治。府隶之。明隶湖广布政使司。康熙中，偏沅巡抚自沅州徙驻，为省治。雍正二年改湖南巡抚。**东北至京师三千五百八十五里。广一千里，袤五百九十里，北极高二十八度十三分。京师偏西三度四十分。领州一，县十一。长沙**冲，繁，难。倚。东：天井。西：谷山。北：罗洋、石宝、麻潭、智度、铜山。巨川则大江，洞庭湖汇湘、沅、资、澧入焉。湘江自湘潭、善化入，纳漤浒河及白沙河。又西北，右合下泥港，左桐树港，纳八曲河，径铜官山，至靖港，为古新康江口。又西北，会乔口河，入湘阴。济阳河在县南，源出大围山，西北流，经县界入湘。陶关在县西南。有乔头镇巡司。乔头、长沙二驿。长株铁咱。**善化**冲，繁，难，倚。南：昭山。西：岳麓。西北：金盘。东南：锡山，湘水在西，自湘潭入，西北流，左纳观音港，至瓦官口，靳江水从西南来注之。北过水陆洲，入于长沙。东：浏渭水自浏阳入，北合金塘港，至长沙入湘水。又西，卯江水，一名满官江，源出宁乡秸架山，东北与螺陂河水合。入长沙，是为八曲河。南有暮云市废巡司。有驿。长株铁路。**湘潭**冲，繁，难。府西南一百里。西：乌台。东：石潭。南：晓霞。东北：昭山，其下有昭潭。西北：韶山。西南：隐山。东南：凤凰山。湘水自衡山入，东南流，过晚洲，屈而北，朱亭港水注之。又东北，过淦田市，东与醴陵县界。又北，过空冷峡，又东北至于金石浦。屈而西，涓水自西南来会。水径县西易俗乡，又名曰易俗河。又北至湘河口，左合涟水。又东北过县治南，又西北为峨眉洲，入于善化。其西靳江水自宁乡入，迤东至善化，入湘水。二镇：朱亭，县丞驻；下漖，旧有巡司，废。又永宁巡司亦废。黄茅巡司，乾隆二十六年置，后迁县东洙洲市，更名。有南岸驿。有商埠，光绪三十一年奏开。有长株，株萍铁路。**湘阴**冲，繁，难。府北一百二十里。北：黄陵。东：神鼎。东南：玉池。东北：汨罗山、玉笥山。西北：锡山。湘水在西，自长沙入，北合门泾江，又北流，西别出为濠河水，西北与资水分流，其合处曰临资口。其正渠又北至县治西南，白水江注之。又北过芦林潭，锡江水合濠河水自西来会。又北合汨水，西与湄水合。又西北会罗水，为汨罗江，西北流，歧为二，至屈潭复合，西北过屈罗戍南，分流注湘水。湘水西北至磊石山，入于洞庭湖。镇三：营田、萧婆、大荆。县丞治林子口。西北有营田巡司，后废。新市、大荆镇二巡司。湘阴、归义二驿。**宁乡**冲。府西北一百里。南：石鼓。北：香林。东：天马。东南：秸山。西：大沩山，沩水出，东南流，右纳黄绢水，左瑕溪，至双江口，流沙河水自西南来注之。又东北，左合玉堂江水，右乌江水，又东北至县治南，屈而东，会平江水，又东北入于长沙，为新康江，又有靳江水在县南，源出湘乡，迤东至湘潭入湘。有唐市镇。有驿。**浏阳**繁，疲，难。府东一百五十里。西：洞阳山。北：道吾。东北：大光山。又大围山，浏水出，西南至双江口，小溪水自东来会。又过县治西南，浏渭水北流入焉。又西与小河水合，西北入于长沙。北：石柱峰，漻浒河出，西南流，屈西北至长沙为涝塘水。又南川水即澄潭江，自江西万载入，西南过江口入于醴陵，其下流是为渌不也。永兴、居仁二镇。梅子园一巡司，澄潭江，后卷县西永安市。**醴陵**简。府东南一百八十里。北：小沩山。东：王乔。东南：大屏。西南：君子山。湘水渎自湘潭入。又西渌江水，有二源：北源曰南川水，自浏阳入，西南至双江口，萍水自南来会；水出江西萍乡县，是为南源。又西过县治南，右纳姜湾水，又西与铁江合。水一名北江，自攸县入，北合清水江，又北流为泗汾河。水又北入渌水，至渌口入于湘。有插岭关。渌口镇巡司及驿，与醴陵驿为二。株萍铁路。**益阳**冲，难。府西北二百里。北：五溪山。南：小庐。西：修山。西北：紫云。西南：浮丘山。益阳江在南，一名茱萸江，即资水，自安化入，东合泥溪、沾溪、桃花江、志溪诸水，过县治南，别出为兰溪水。合乔江，东北流，北别出为甘溪，入沅江。东有乔江水，首受资水，自沅江入。西：西林港，歧为二，一东北入湘阴，一东南入长沙，皆合湘水。北有益水，出五溪山，东与甘溪水合，至沅江入资。有瓦湖镇。有驿。**湘乡**冲，疲，难。府西南二百一十里。北：仙女山。东：东台。西：石佛。西北：灵羊。西南有大禹山。涟水一名湘乡河，自邵阳入，北合金竹水，又北与蓝田水会。东北流，左纳西阴水，屈东南至大江口，侧水合崖源水自西南来注。又东北过石鱼山东，青陂水南流合焉，东北至湘潭入湘水。虞塘、定胜二镇。县丞治永丰市。娄底巡司。明置武障，乾隆三年徙改。**攸**繁，疲，难。府东南二百八十里。东：司空。东北：罗浮。西北：明月山。攸水在东，源出江西萍乡县西，合阳升江水，西南至县治东南入洣水。水自茶陵入，亦名曰茶陵江也。洣水又西与阴山江合，入衡山。东北有凤岭巡司，雍正十一年置。**安化**简。府西二百六十里。东：移风。南：浮青。北：大峰。西北：小辰。西南：大熊山。山与新化接界。资水在西，一名邵河，自新化入。西北合渠水，屈东北流，过县治北，屈而东，敷溪水自南来注。又东纳善溪水，入于益阳。东南有蓝田水，亦自新化入，东北至湘乡入涟水。又归溪水，源出县西司徒岭，西南流，与湄江合。屈东南至湘乡，合蓝田水。**茶陵州**繁，难。府东南四百八十里。西：云阳。东：皇雯。东北：景阳山，即茶山。洣水自郴入，亦曰茶陵江，西北流，右纳洮水，北过州治东，茶水自东北来注，又西北入攸。有视渡口巡司，治州南视渡关，后迁高冈南关。

宝庆府：难。隶长宝道。旧隶湖广布政使司，康熙三年来属。**东北距省治五百里**。广六百六十里，袤六百三十里。北极高二十七度四分。京师偏四五度六分。领州一，县四。**邵阳**繁，难，倚。南：四望。东：大云。东北有龙山。西北：首望。资水自武冈入，东纳辰溪水，东北过府治北。北：邵水出龙山，南合桐江、檀江，屈西北流注之，北与渔溪合。西北会高平水，入新化。又涟水亦出龙山，东北入湘乡。又烝水源出邪姜山，合大云水，至衡阳入湘。又西洋江出西北隆回乡，南至武冈，流合洞口水。有隆回巡司。其黑田铺巡司，乾隆二十五年置，后废。通判驻桃花坪。**新化**繁，难。府西北一百八十里。北：大熊山。东北有黄柏界山，皆与安化接界。南：梅山、长龙。西南：文仙。西北：清虚，一名大西山。资水在东，自邵阳入，西北过县治北，云溪水合洋溪自西南来注之。又北与油溪水合，入安化。西有渠江水，源出冷溪山，北至安化入资水。东有蓝田水，上源曰墨溪，出邵阳，亦入安化。高平水出西南首望山，东南流，入邵阳，注资水。西北有苏溪镇巡司，乾隆四十年废。**城步**难。府西南四百二十里。乾隆三年改隶靖州，七年复。东：罗汉山。东南：金紫山，与广西全州接界。西南：金童，又有蓝山。西北：枫门山。东北：青角山，即古路山，资水所出，一名都梁水，又名济水。北流屈东，左会疑溪水，入武冈。又有巫水，源出东北巫山，南屈而西为渔渡江，县东南诸水皆入焉。至县治西南，左纳界背水，西北与清溪水合，入绥宁。西南有长平水，又曰蓝山水，亦入绥宁，为临川水。又有长滩水，出县南，南至广西龙胜厅，曰贝子溪，其下流是为浔江。同官水亦地入龙胜，为太平溪，流合贝子溪。有横岭峒巡司，本寨头司，乾隆元年置，后迁横岭更名。江头泛巡司治莫且峒，乾隆六十年置长安营，同知驻。辖瑶峒五：曰蓬峒、牛栏、莫宜、扶城、横岭。为寨四十有八。**武冈州**繁，疲，难。府西南二百八十里。西北有武冈山，州以是名。又西北，天尊山，山与绥宁接界。南：云山。东南：宝方，又名资胜山。资水在南，自城步入，东合威溪。又东过州治南，左合渠水，右纳石门水，又东北流，蓼溪水自西来会。蓼溪一曰高沙市水，出绥宁。又北合洞口水，水上源曰平溪，出黔阳，东南流，右给岳溪水，东合西洋江，至平溪口入资水。资水又北，屈而东，径紫阳山，曰紫阳河，龙江水北流入焉。又东南与夫夷水会，入邵阳。西北：那溪自绥宁入，至黔阳，入沅水。州同驻高沙市。峡口、石门司二巡司。紫阳、蓼溪二废司。**新宁**繁，难。府西南三百里。西：花溪。南：金城。西南：莨山。东南：大云。东北：高桂。又有紫云山，山与武冈、东安接界。夫夷水在南，一名罗江水，其上源曰西延水，自广西全州入,东北流,左纳深冲水,又北至县治西南,新寨水自西来注之。屈东过笔架山,合水头水,又东北纳东江水,合小溪水,入武冈,为资水别源。东有靖位镇巡司,康熙二十三年废。

岳州府:冲,繁,难。隶岳常澧道。旧隶湖广布政使司。康熙三年来属。初沿明制,领州一,县七。雍正七年,澧升直隶州,石门、安乡、慈利割隶。西南距省治三百里。广三百八十里,袤三百四十里。北极高二十九度二十四分。京师偏西三度三十四分。领县四。同知一。道光元年移治君山,后废。有岳州商埠,光绪二直四年奏开。巴陵冲,繁,疲,难,倚。城内巴丘山。东:大云、铜鼓,皆与临湘县接界。东南:灵屋、五龙。大江在西北,洞庭湖在西南。君山、扁山、石城山皆在湖中。湖周八百余里,南运青草,西接赤沙,谓之三湖,湘、沅、资、澧诸水咸汇焉。东北至三江口,合大江,古谓之五渚。大江又东北入临湘。有城陵矶,天险也。南有新墙河,即微水,自临湘入,西南流,左纳沙港,迤西至灌口,入洞庭湖。水出东南清水岭,西南至湘阴合汨水。湖在东南,一名翁湖,又东为角子湖。杨林街,县丞。鹿角镇,主簿。东:岳阳驿。旧有青冈驿,顺治十六年置,有丞,乾隆十六年裁。临湘冲,繁。府东北九十里。东:黄皋。西南,微落。东南:大云。又龙窖山,跨湖北通城、蒲圻诸县,微水所出,迤西径城,左纳马港,西南入巴陵。大江在县西,自巴陵入,东北过彭城山,松阳湖水自东南来注之。又东北与白泥湖水合,过鸭兰矶,入湖北嘉鱼。黄盖湖在东北,县东诸水皆区焉,北注清江口,入大江。东南有桃林、长安巡司,城陵矶,乾隆二十六年徙长安镇,更名,寻复故。云溪、长安二驿。鸭栏矶、长安二镇。华容疲,难。府西北一百八十里。北:黄湖。东:石门、墨山。东北:东山。东南:鼓楼山。大江右渎自湖北监利入,东届而南,入巴陵。北华容河,西涌水,皆首受大江水,自湖北石首入,东南流入洞庭湖。澧水在县南,自安乡入,合赤沙湖,亦注洞庭。东北:大荆湖及团湖,合流入大江。黄家穴司巡司。黄家、鼓楼二镇。平江疲,难。府东南二百四十里。北:永宁。西:湖源。东:道岩。东南:连云。东北:幕阜山,一名天岳山,下有天岳关。又有汨水,自江西义宁入,西南流,右纳红桥水,左纳白铅诸水,又西南至白湖口,屈而北,钟洞水南流西屈注之。又西合卢水,又西北与暹江水合,屈西南,过县治南,左纳晋坑水。又西北至将军山,昌水自东北来会,迤西入于湘阴。东有长寿巡司。

常德府:冲,繁,难。隶岳常澧道。旧隶湖广布政使司。康熙三年来属。东南距省治四百十五里。广四百二十里,袤六百二十里。北极高二十九度一分。京师偏西五度十分。领县四。商埠,光绪三十二年奏开。
武陵冲,繁,疲,难,倚。西有平山,即武陵山,亦名河洑。北有阳山。东北:叶
山。东南:善德山。沅水自桃源入,南径河洑洲,屈而东,至府治东南,歧为马家
吉河水。又东南流,枉水自西南来注之。又东过牛鼻滩,北别出为小河水,东北
汇连山湖,合渐水。沅水又东南入龙阳。渐水在北,一名澹水,源出安福,南流
屈东,右纳马家吉河水,又东北至马家洲,歧为二,一东与小河水合,一东北合
麻河水到沙夹入沅水。东北有冲天湖、直山湖、官塘湖,皆合渐水。县丞一,治
牛鼻滩。北有大龙巡司,乾隆四十一年置,后废。有麻河驿。**桃源**冲,繁,难。
府西南八十里。北:毒旗。南:绿苏。西南:桃源。沅水在南,自沅陵入,东过高
都镇,左纳大洑溪,又东北与小洑溪合。屈而东,夷望溪东北屈注之。又东合
水溪,过县治东南,屈而北,延溪水自西来入。又东北与白洋河合。河出慈利,
曰龙潭河,东南入县境,合兰溪、汤溪,又南流为漆家河,入沅水,又东南入武
陵。新店、郑家店二巡司。又高都、郑家店二废巡司。新店、郑家店、桃源三驿。
苏溪、麻溪、高都三镇。**龙阳**冲。府东南八十里。南:横山,一名龙阳山,县以
此名。北:宝台。东南:军山。东北:洞庭湖。沅水自武陵入,东过小河口,屈而
南,沧浪水自西南来注之。东过县治东北,南别出为支港,东通后江湖,至沅江
县合资水。其正渠又东北至鼎港口,小河水分流来注之。又东北流为西河,渐
水合小河水自西来会,入于洞庭。其入湖处谓之西河口也。东南有龙潭桥巡
司。龙阳驿。小江、鼎口二镇。**沅江**简。府东南二百七十一里。西南:烟波山,
西北:赤山,东北:明山,并滨洞庭湖。湖水西龙阳受资水。资水自益阳入,迤东
至毛角子口,南别出为乔江水,至湘阴会湘水。其正渠北屈而西,又西北过县
治东,白泥湖水首受益水,自西南来注之。又北至小河口,歧为二,一东北流,
至益阳江口入洞庭,一西北与沅水合,汇于洞庭湖。

　　澧州直隶州:冲,繁,难。岳常澧道驻。旧为岳属州,雍正七年升,割石
门、安乡、慈利来隶,并置安福。十三年增永定。**东南距省治六百有五里。**
广四百三十五里,袤二百有五里。北极高二十九度三十七分。京师
偏西四度四十四分领县五。西北:天供、大清。东南:关山、彭山、铜山、大
浮。澧水在南,自安福入,东北流,东别出为内河,屈东南至道口,道水自西南
来注之。又东至六冢口会澹水。水出石门,东过州治北,屈而南,又东至伍公
嘴,涔水自西北来会。又南合澧水,至汇口入于安乡。东有虎渡水,一名后小
江,首受大江水,自湖北公安入,南流为一箭河水,其左岸则安乡县界也。又南

至汇口入澧水。州判驻津市镇。清化、顺林二巡司。兰松、水马二驿。汇口、三汊河、津市、嘉山四镇。顺林司，后废。**石门**难。州西南九十里。雍正七年自岳州来属。西：石门。北：燕子。西北：层步，一名层山。又西北有卢黄山。澧水在南，又曰零阳河，自慈利入，北屈而东，与溇水合。水出西北龙门洞，东南流，右纳黄水，左纳温水，又东南至溇口入澧水。澧水又东过县治南，双溪水自北来注之，又东北合朝阳溪水，入安福。又道水自慈利入，亦东北流入安福。西北有水南渡巡司。**安乡**简。州东南一百二十里。雍正七年自岳州来属。北：黄山。东：石家。西：石龟。西北：古田。澧水在西，自州入，南至区口，西别出为羡口水。又西南流为麻河，至武陵入渐水。其正渠东南区于大鲸湖。又东过县治南，长河水首受大江，北自公安来注之。又东南入南洲。又东，后江水，亦受大江，自湖北石首入，南流为景港水，至南洲入澧水。大溶湖北受澧水，注于沅。康熙十八年置焦圻、峒产二驿，后废。有羡口镇。**慈利**简。州西南一百六十里。雍正七年自岳州来属。北：道人。东北：星子。西南：零阳。又有云朝山。澧水在西，自永定入，东至褚溪口，右合九渡水，又东北与九溪河水合。水出湖北鹤峰州，即古溇水也。又东过县治北，右纳零溪水，入石门。又道水亦东北入石门。又龙潭河出西南，南至桃源入沅水。澧水在境为洲渚者八，为潭者二，为滩濑者百三十二。有麻寮所、九溪卫城巡司。**安福**难。州西南六十里。雍正七年，以慈利县、九溪卫地置，析澧州地益之，治裴家河，来属。北：大铜。东：营驻。西南：大浮山，山跨石门、桃源、武陵诸县。澧水在北，自石门入，迤东流，左纳合溪，右纳恶蛇溪，又东入澧州。又道水在县南，亦自石门入，东北至澧州入澧水。有添平所、新安市巡司，乾隆三十二年废。**永定**疲，难。州西南三百四十里。雍正十三年，以慈利、永定卫置，析安福县地益之，治旧卫城，来属。南：天门。西南：崇山。西北：马耳。东北：香炉。澧水在南，自桑植入，南屈而东，武溪水自南来注之，又东与大庸溪合。又东流，左纳无事溪，右纳仙人溪，又过县治东南，西溪水北流入焉，又东合社溪入慈利。又九渡水出县南，东北至慈利入澧水。大庸所城在县西。

南州直隶厅：繁，疲，难。隶岳常澧道。本华容县地。咸丰四年，湖北石首县藕池口决，江水溢入洞庭，淤为洲。光绪十七年置厅，治九都市，并析华容、巴陵、安乡、武陵、龙阳、沅江诸县地益之。东南距省治五百四十里。广一百一十里，袤九十里。北极高二十九度二十一分。京师偏西四度一十三分。北：太阳山。东：明山。西南：清介。东南：洞庭湖。寄山、团山皆在湖中。西有澧水自安乡入，东南径白板口，歧为二，一西南至天心湖合沅水，一东与后江水合，又西南至冷饭洲，区于洞庭。又有游桥水，首受后江，南至麻濠口入洞庭。又涌水自华容入，东南流，至厅治东北，南别出为神童港，与游桥水会。迤东过明山，其北岸则华容县界也，又东至锯子口入洞庭湖。

衡州府：冲，繁，难。隶衡永彬桂道。旧隶湖广布政使司。康熙三年来属。乾隆中增置清泉。东北距省治三百八十里。广四百六十里，袤二百九十五里。北极高二十六度五十六分。京师偏西四度五分。领县七。衡阳冲，繁，疲，难。倚。城内金鳖山。北：岣嵝山。西北：九峰、黄龙。西南：大云山。东南：湘水左渎自清泉入，北过府治东，北受烝水。水出邵阳，东合等江水，至陡江口，岳山水南流入焉。右纳演陂，南流，武水自西南来会，纳清化河，其右岸则清泉县界也，东北径石鼓山入湘水。又北，东入于衡山。有寒溪镇。县丞治查江市。有衡阳驿。清泉疲，难。倚。乾隆二十一，年析衡阳县东南乡置，来属。东：清泉山，县以此名。南：回雁峰，衡狱之首峰也。南：雨母。西南：七宝、探山。湘水自祁阳入，迤东流，右界常宁县，栗江水自西北来注之。又东过菱河口，西北过府治东，合未水，北屈而东入衡山。西南：柿江水、清化水，皆东北至衡阳，入烝水。东南有新城市巡司。廖田驿。衡山冲，繁，难。府东北一百里。西北：衡山，是为地狱。东：灵山。东北：凤凰。东南：杨山，又名武阳山，湘水自衡阳入，东北合龙隐港水，至茶陵江口，涞水合永乐江自东南来注之。北过县治东，为观湘洲。右纳石湾港，左纳樊田港，又北，东入湘潭。又涓水源出湘乡，东合兴乐江，东北至湘潭入湘水。有草市、永寿二巡司。雷家镇有驿。耒阳冲，繁，难。府东南一百五十里。西：石白。东：侯计山，跨安仁、永兴二县。东南：天门。东北：明月。耒水自永兴入，东北流，右纳肥江，西北至城南，屈东北，浔江水自东来注之，西北入清泉。其东以水从之，京至清泉入耒水。罗渡镇有废巡司。有驿。常宁难。府西南一百二十里。北：憩山。西南：塔山、液麻山。东南有逍遥。东北：盟山。西北：湘水右渎自祁阳入，合吴水。又东北，左与清泉分岸。又东与宜水合。水出县南西江山，北径县治西，左有蓝江，右有潭水，皆流合焉，又东北至江口市入湘水。湘水又东北流，右纳盐湖，至茭河口，春水北流西出来会。水自桂阳州入，一名茭源河，其东岸则耒阳县界也。湘水又北入清泉。有杉树堡。西南壤接瑶峒。安仁简。府东南一百五十里。南：大湖山。西：金紫。北：军山。东北：排山。东南：大松山。西北：永乐江自永兴人，北与浦阳港合。又北流，左纳油陂港，右纳莲花港，北至安平市,大坪港西流合焉。又过城西北,宜阳港水自南来注之,西北至衡山入涞水。
有潭湖镇、安平镇废巡司。**酃** 简。府东南三百里。北:青台。南:泰和。东南:
万阳。西南:屏水山。山与桂东接界,洣水出焉。迤北至双江口,漠渡水北流,
西屈注之。又西合春江,即云秋水,东北合洣水入茶陵,是为茶陵江。其东沔渡
水,北为洮水,下流合于洣水。

永州府:冲,繁。隶辰沅永靖道。总兵驻。旧属湖广布政使司。康熙三
年来属。北距省治六百七十里。广三百四十里,袤五百九十里。北
极高二十六度九分。京师偏西四度五十三分。领州一,县七。江蓝
同知一,嘉庆十九年移治江华县涛墟市,后又卷于锦田所城。通判一,道光十
二年移治新田县杨家铺。**零陵** 冲,繁,难,倚。城内万石山。西:西山。北:万
石。东北:肖山。东南:阳明山。西南:石城山、永山。湘水自东安合西南石头
江入,至府治西北,东南潇水自道州合麻江水入,北与永水径袁家渡至城南,
合愚溪及钴锊潭来会,是为潇湘。湘水北与芦洪江水合,又北,东入祁阳。黄溪
水出南,马子江出西南,并流合湘水。县丞驻冷水滩。北有黄杨堡巡司,后废。
有驿。**祁阳** 冲,繁。府东北一百里。北有祁山,县以是名。南:白水。东南:乐
山。东北:七星,即大云山。西北:四望山。湘水自零陵入,东纳浯溪,过县城南,
合祁水。水一名小东江,古曰氾口,源出西北腾云岭,东南流,烟江水自北来
会,入湘水。湘水迤东过白水镇,白江水合黄溪水自西南来注之。屈东北,与清
江水合。水出县北镇潭山,即古余溪水也。东有归阳市巡司,乾隆二十一年移
治排山驿,寻复故。文明市有永隆废巡司。有驿。有白水、乐山、文明、沙镇、大
营五镇。**东安** 简。府西九十里。北:东山。西北:舜峰。东北:高霞。东南:伏
虎。湘水自广西全州流入,北屈而东,清溪江合宥江水自西北来注之,东与石
期江水合,又东北入零陵。芦洪江源出东北八十四渡山,东南流,左会龙合江,
东南至零陵入湘水。有芦洪市巡司,石期市废司。绿埠、石期、荆塘三镇。**道**
州 难。府一百五十里。城内:元山。北:宜山。西北:潇山、营道山。西南:
营山。又都庞岭界接永明,盖五岭之第三岭也。潇水在东,即古营水,又曰泥
江,自宁远县入,西北至青口,与南源沲水合。水自江华入,北屈而西,合掩水,
东北至州治南,营道水自西南来注之,今谓之小营水。又东北,左给宜江,会潇
水。其会流处曰三江口。潇水又北纳麻江水,入零陵。有白滩营。永安关界广
西灌阳。瑶山在东南。**宁远** 简。府东南一百八十里。南:九疑山,跨道州、江
华、蓝山诸县。北:阳明山、黄溪山。东北:春陵,一名仰山。潇水在南,源出九

疑三分石,西北至江口会瀑水。水出东南舜源峰,即古泠水也,北流合潇水。又西北过县治,都溪水自东北来注之,入潇水。东北白江水,北入祁阳。其西大竹源水,一名杨柳溪,亦东北至祁阳。有梅冈镇。九疑、鲁观巡司。**永明**难。府西南二百二十里。北:永明岭,即都庞岭。东南:马山。西南:荆峡镇山,其下有镇峡关,界接广西恭城县。掩水源出西北大掩峰,北过县治,西右合古泽水,屈而东,角马河水自东南来注之,东北至道州会沲水。西南:沐水,南合邀水,西至桃川所城,右纳皋泽,左纳扶灵,西南:入于恭城,其下流是为平乐水也。西南周棠寨巡司。又有白面墟司巡检,后迁东南楷杷所城,更名,寻废。桃川废司。白象镇。瑶山在县西。**江华**繁。府南二百二十里。东:豸山。南:吴望。西南:苍梧岭,即临贺岭,又名萌渚岭,跨广西富川、贺县,盖五岭之第四岭也。沲水在东,上源曰中河,自蓝山入,南屈而东,前河、后河皆流合焉,又西南径锦田所城。宜迁水出广东连山,西北流注之,西与灵江合。又西北合冯水,今谓之练江水也,至县城东曰东河。西河曰萌渚水,自西南来会,又西北入道州。西南有锦冈巡司。锦田废司。瑶山在县东。**新田**简。府东南二百八十里。南:七贤、蓝山。西北:春陵山,与桂阳州宁远县接界,春水出焉,俗曰乌江,水东南径夫人山,又南至县城西南为西河水,东河水自东北来注之,又东屈而北,入于桂阳。东南:白面墟废司。东有瑶山。

桂阳直隶州:繁、疲、难。隶衡永彬桂道。旧桂阳州隶衡州府。雍正十年升为直隶州,仍所领。东北距省治六百三十里。广二百二十七里,袤二百五十里。北极高二十五度四十九分。京师偏西四度零五分。领县三。东:鹿峰。西:大凑,一名宝山。西北:坛山。西南:石门。东南:神渡。春水自新田入,北过象鼻嘴,溕水合鼠峡水,自西北来注之,即桂水也。屈东会钟水,纳泮溪,又北与枫江水合,至常宁入湘水。东南:仰天湖,屯湖水出,西北流,左合麻沦江,又北与泉田水合。屈东北,莲蓬溪水北流来会,又东北入郴州。南牛桥镇、北泗州寨二废巡司。**临武**简。州西南一百四十里。北:八源,一名东山。西:舜峰。西南:华阴。又有西山,古名桐柏山,溱水出焉,东北流,左纳贝溪,与秀溪水合。屈而北,武溪水合江水自西来会。又东,赤土溪水南流合焉,东南入宜章。有赤土镇。瑶山在县南。**蓝山**简。州西南一百五十里。北:蓝山。西:九疑。南:地风坳,界接广东连州,钟水出焉,西流屈北会归水。水出九疑山,曰九疑水,亦谓之舜水,东北径县治南,左纳滢溪,屈而东,毛俊水合华荆津水自东南来注之,又北与蓝溪水合,东北入嘉禾。西南中河,入江华为沱水，下流合于潇水。有毛俊镇。大桥镇巡司，后迁临武营，更名。瑶山在县南。**嘉禾**简。州西南一百一十里。西：晋岭，即蓝山。北：石门。西北：石燕山。钟水在南，自蓝山入，东北流，至县城东北，含溪水自西来注之，北至桂阳州入春水。东南：泮溪水，源出临武，北与芹溪水合，亦至桂阳州入春水。有两路口废巡司。

郴州直隶州：冲，繁，难。隶衡永郴桂道。旧隶湖广布政使司。康熙三年来属。北距省治六百八十里。广三百四十里，袤二百三十里。北极高二十五度四十八分。京师偏西三度四十九分三十分。领县五。东：马岭山。东南：五盖。西南：灵寿山。又黄岑山即骑田岭，又名腊岭，盖五领之第二岭也。耒水左渎自兴宁入，西北流，梓塘江自东南注之，东北合郴水。出黄岑山，一名黄水，东北与沙江合。又北受千秋水，过县治东，北合骡溪，又北至郴江口入耒水。耒水东北入永兴，西有屯湖水，北径栖凤山，曰栖凤水，又东北至永兴入耒水。南有良田市巡司。有驿。**永兴**冲，繁。州北八十里。城内三台山。西：高亭。南：土富。北：金鹅。东北：桃源。西南：白豹山。耒水自州入，北合注江水，屈西过县城西南，左纳灵江，西北至森口湖，屯水合高亭水自西南来会，东北入耒阳。东大步江，源出兴宁县，合潦溪水，东北至安仁为永乐江。北安福、西南高亭二巡司，后废。有驿。**宜章**冲，繁，难。州南九十里。北：黄岑。东北：漏天。南：西山。西南：莽山。溱水在南，亦曰武水，自临武入，东南流，岑水合浯水自西北来注之，东南入广东乐昌县。北：章水，南至乐昌，为罗渡水，入武水县。南：长乐水，东北流，屈西，又东北至广东乳源，为武阳溪，亦入武水。东赤石、西南白沙二巡司。有驿。有瑶山在县南。**兴宁**疲，难。州东北八十里。东：石牛。西：九峰。北：七宝。南：浦溪山。东南耒水自桂阳入，迤西至丰溪口，沤江自东北来注之，西北与资兴江水合。水出县东，即古清溪，亦谓之乙陂江，又西北合雷溪水，入郴州。县北程江，西南至永兴入耒水。东北：小江水，一名大步江，亦西入永兴。又东春江，至鄪合涞水。有涤口巡司，州门镇废巡司。**桂阳**简。州东南一百六十里。南：屋岭。东：洞灵。西：义通。西南：大官。东南：东岭。耒水在南，出耒山，西北合潂水，秀溪水自西南来会。又西北与寿江水合，入兴宁。北：沤江知桂东入，右纳淇江，为北水河，西北至兴宁入耒水。县地屋岭水，南与蓝田合，又南入仁化为恩溪。又益将河出东岭，左合孤山水，东北至崇义为积龙水，下流合于章水。有益将、文明市二巡司。山口镇、濠村镇有二废巡司。瑶山在县南。**桂东**简。州东北二百七十里。西：紫台山。南：鸟春。东：胸膛。东北：都寮山。又有屏水山，沤江出焉，一名澄江，南与螺川水合。西过县城南，桂水自西北来会，又南为严溪，左东溪、右白竹皆流合焉，西纳双坑水，与大江水合，南流入桂阳。东南：泥湖山，大坪水出，入江西龙泉，为遂江水，入赣水。左溪水亦至龙泉合遂江水。西南有高分镇废巡司。

辰州府：冲，繁，难。隶辰沅永靖道。旧隶湖广布政使司。康熙三年来属。初沿明制，领州一，县六。乾隆元年，沅州升府，黔阳、麻阳割隶。**东距省治八百五里。广三百五十里，袤六百五十里。北极高二十八度二十三分。京师偏西六度二十二分。领县四。沅陵**冲，繁，难。南：南山，一名客山。西北：小西。东北：壶头、明月。东南：圣人山。沅水在南，自泸溪入，东北合蓝溪，至府治。西南西水合明溪、小西溪自西北来注之。东北合深溪，北屈而东，左纳朱洪溪、洞庭溪，右纳怡溪，迤东入桃源。又冷溪出东南，北兴三渡水合，又东北至桃源为夷望溪，入沅水。通判驻浦市。县丞驻荔溪市。有马底镇、船溪二巡司。池蓬、明溪、会溪三度巡司。辰阳、马底二驿。**泸溪**简。府西南七十里。明卢溪，清初改。东：权山。西：天桥，一名羊乔。北：虎头。西南：踏湖山。沅水在东，自辰溪合浦溪入，北至县城南，武水合沱江水自西来注之。水出乾州厅，曰武溪水，又名卢水也。沅水又东北入沅陵。西北：潭溪水，西南：大能水，皆流合武水。又太平溪出西南，东南至麻阳入沅水。南有溪洞废巡司。**辰溪**冲。府西南一百一十里。南：五岘。西：大獻。北：熊头。西南：房连、龙阳山。东南：沅水自黔阳入，北过茶龙山，合麻溪水，北入溆浦。又西北复入县东，右纳柿溪，迤西过县城南，辰水自西来会，东北入泸溪。县南龙门溪，北流合辰水。有黄溪口巡司。山塘驿。有渡口、普市二镇。**溆浦**繁，疲，难。府东南二百七十里。东：红旗。东南：顿家。西北：庐峰。西南：大溆山。沅水在西，右会溆水，一名双龙江，源出县南金字山，径龙潭溪，进马江自东南来注之。屈而北，左纳猫儿江，右纳柿溪江，又北与龙湾江水合。又西北流，宣阳江东北自圣人山来会，西至县治东南，大潭水南流焉，又西合沅水，东北入辰溪。南有龙潭巡司。瑶山在县南。

沅州府：冲。隶辰沅永靖道。本明沅州，隶辰州府。乾隆元年升为府。**东北距省治一千一百三十五里。广二百八十里，袤二百五十五里。北极高二十七度二十三分。京师偏西七度零三分三十秒。领县三。芷江**冲，繁，难，倚。乾隆元年，以州地置。北：明山。东北：武阳。东：花山。东南：高明。西南：罗山。西北：米公山。沅水即无水，自晃州入，东北流，左纳柳林溪、粟米溪，屈东南，过府治南，杨溪东流屈北注之，与五郎溪合。东屈而南，丰溪水自东北来入，东南入黔阳。西南：中和溪，出晃州东南，至黔阳入沅水。县丞治榆树湾，怀化、便水二巡司。晃州、便水、罗旧、怀化四驿。**黔阳**冲。府东南九十里。本隶辰州府。乾隆元年来属。南：赤宝。北：紫霄。东：龙标。东北：钧崖。东南：罗公山。沅水在西，自会同入，东至托口寨，左合中和溪，右合渠水，屈东北至县城西，与沅水会。其会流处曰清江口，即古无口也。又东南流，错入会同，迤东北复入县东，俣溪水北流西屈注之。水出绥宁，其上流为荤溪水，东北入辰奚。东：石桥、安江二巡司，道光十二年废。瑶山在东南。**麻阳**难。府西北一百二十里。本隶辰州府。乾隆元年来属。北：纱帽。南：西晃。东：苞茅。东南有齐天。东北：雄山，其下有雄关。辰水在南，一名麻阳江，自贵州铜仁入，东与密粟溪水合。左纳铜信溪，右纳石桥溪，过县治东南，屈而北，乐濠溪自西北来注之，又东合太平溪，至辰奚入沅水。县丞治严门寨。有高村巡司。岩门驿。

永顺府：难。隶辰沅永靖道。明为永顺等处军民宣慰使司。领土州三：南渭、施溶、上溪；长官司六：腊惹峒、梦者黄峒、驴迟峒、施溶峒、白崖峒、田家峒。隶湖广都司。雍正四年改流官置厅，隶辰州府。七年升为府。东南距省治一千八十里。广五百里，袤五百五十里。北极高二十九度二分，京师偏西六度四十分。领县四。**永顺**难，倚。本永顺宣慰司地。雍正七年置治猛峒。东南距旧司治三十里。东：飞霞山、贺虎。东北：蟠龙。东南：羊峰。西北：万笏。酉水中源自保靖合入逝溪，东与喇集溪合。溪出龙山，曰汝池河，东南过府，治西南小溪水自北来注之，南与牛路河合，入酉水。酉水又南屈而东，左纳施溶溪，入沅陵。东南：明溪，亦南至沅陵入酉水。东北：上洞河，出县北，过十万坪入桑植，是为澧水南源。府经历驻刘家寨。王村巡司。田家冈废司。驿三：王村、毛坪、高望界。**龙山**简。府西北二百二十里。雍正七年析永顺宣慰司地置，治麂皮坝。乾隆元年又省大喇土司地入焉。南：洛塔。东南：铁炉。西南：八面山。酉水在南，即北河，又名更始水，三源，其北源曰白水河，自湖北宣恩缘界流入，南径县治西北，中界湖北来凤县，又南流，果利河自东北来注之。又南与皮渡合，为卯洞河，西南错入酉阳州。其中源曰邑梅河，出秀山，北流东出来会，又东复入县西南境。其右岸则保靖县界也。东与洗车河合，入保靖。东南：汝池河，至永顺入酉水。有隆头巡司。**保靖**难。府西南一百四十里。本保靖宣尉司地。领五寨、早子坪二长官司。雍正四年改流官置厅，隶

辰州府。七年改为县来属,治茅坪。西南距旧司治半里。西:烟霞、洛浦。北:
云台。南:吕洞山。酉水自四川酉阳州入,迤东流,左界龙山,又东屈而南。其
南源牛角河,出贵州松桃厅,东流屈北来会。又东过县治北,左纳蒙冲溪。又东
与白溪水合,入永顺。张家寨巡司。保靖、白栖关二站。**桑植**简。府东北一百
二十里。本桑植安抚司地。领美坪等苗峒凡十有八。雍正四年,改流官置厅,
隶岳州府。七年改为县,析慈利县安福所地益之。治安福所城。乾隆无年,复
省上峒、下峒、茅冈三土司地入焉。北:天星。东:阳岐。东南:簸箕山。澧水三
源:西北源曰夹石河,出栗山陂,东南为绿水河,又东至两河口;南源上峒河,
自永顺北流来会,又东与凉水口河合;河出西北七眼泉,是为澧水北源。东屈
而南,至县治西北,长酉水自东北来注之,又南入永定。又有绳子溪出东北红
花岭,东南至慈利入溇水。有下峒废巡司。

　　靖州直隶州:繁,难。隶辰沅永靖道。本隶湖广布政使司。康熙三年来
属。雍正五年,割天柱隶贵州黎平。**东北距省治一千六十里。广三百七
十里,袤三百六十里。北极高二十度三十五分。京师偏西七度。领
县三。**南:侍郎。东:鸿陵。西:飞山。西北:艮山。西南:青萝。渠水在东,古
谓之叙水,自通道入,北至县治东南,右纳老鸦溪,左纳洪溪,西北入会同。西
南有四乡河,源出贵州开泰,东北至道入渠水。有零溪巡司。**会同**难。州北九
十里。北:岩屋。西北:八仙。东北:金龙。沅水在西北,自贵州天柱县入,东北
错入黔阳。又东驼县东北,巫水合苦水溪自东南来注之,入于黔阳。西:渠水自
靖州入,北径县治西北,右纳平川,与吉朗溪合。水出贵州开泰,又名郎江水,
西北至黔阳入沅水。西南堡子巡司。洪江司,废。**通道**难。州南九十里。东:
玉柱。东南:福湖。又佛子山,渠水出焉,西北过犁嘴山,播阳河自西南来会。河
出开泰,曰六冲江,又名洪州江也。北与四乡河水合,北至县治西南,临川河入
焉,又东北入靖州。西南有播阳废巡司。**绥宁**繁,难。州东南一百二十里。北:
宝鼎。东北:蓝溪。又有枫门山,巫水在西,即洪江,古谓之运水,又曰雄溪,自
城步入,西北至界溪口,昔竹水自南来注之。又北流为竹舟江,西北至会同入
沅水。又蓼溪水,源出东北鸡笼山,东为武阳水,又东北入武冈州,是为高沙市
水也。南:长平水自城步入,西流,右给驾马溪,又西与双江水合,西北至通道
合渠水。有青陂、双江二巡司。

　　乾州直隶厅:繁,难。隶辰沅永靖道。明为镇溪军民千户所,隶辰州府
沪溪县。康熙三十九年改为乾州。四十七年置厅,治镇溪所城,仍隶辰州府。嘉

庆元年升直隶厅。辖苗寨一百一十有五。**东北距省治九百六十五里。广一百二十里，袤九十里。北极高二十八度十二分。京师偏西六度五十九分。**东：镇溪。西：武山，武水出焉，一名武溪，又名卢溪，迤东过厅治西，屈而南，万溶江自凤凰厅北流东屈注之。又东与镇溪合，东南入沪溪。有河溪、乾州二废巡司。镇溪、喜鹊二营，皆嘉庆二年置。

凤凰直隶厅：繁，难。镇旱总兵、辰沅永靖道驻。明为五寨、旱子坪二长官司，隶保靖宣慰使司。康熙四十三年，改流官置通判，辰沅靖道剑事徙驻。雍正四年改凤凰营。乾隆五十二年改厅，升通判为同知。嘉庆元年升直隶厅。辖红苗寨一百有五。**东北距省治一千五十里。广一百八十四里，袤一百二十里。北极高二十七度五十三分。京师偏西七度三分。**南：南华山。西：凤凰山，上有凤凰营，又有凤凰营司巡检，后废。东南：观景。南：二华。西南：都督。沱江自贵州铜仁入，迤东北流，乌巢江自北来注之。东过厅治北，又东北入于沪溪，是为武水最南源也。又，万溶江源出西北天星砦山，东屈而北，左纳龙爪溪，西北至乾州合武水。西南：乐濠溪，东南至麻阳入辰水。祐营，知事驻。得胜营、五寨站有巡司。

永绥直隶厅：繁，难。隶辰沅永靖道。绥靖总兵驻。明，镇溪千户所、崇山卫地，隶辰州府沪溪县。雍正元年置厅吉多营，仍隶辰州府。嘉庆元年升直隶厅。七年称治花园堡。辖红苗寨二百二十有八。**东北距省治一千一百五十九里。广九十里，袤一百五十五里。北极高二十八度四十三分。京师偏西七度。**南：大排吾山。西：苞茅。西南：腊尔牛角河即酉水南源，自贵州松桃厅缘界流入，北至茶洞城，其左岸则四川酉阳州界也。屈而东北，界保靖县。东过厅治北，腊尔堡河自西南来注之，东北入保靖。西南：高严河，源出西牛潭，入乾州为镇溪，入武水。茶洞，废知事。隆转、排补二砦废司。有花园砦。

晃州直隶厅：冲。隶辰沅永靖道。本芷江晃州堡地，属沅州府。嘉庆二十二年析置直隶厅，移凉伴通判治焉。**东北距省治一千二百四十五里。广五十二里，袤一百四十五里。北极高二十七度二分。京师偏西七度二十二分。**西：龙溪。西南：尖坡。东南：宝骏山。沅水在南，一名无水，又名舞水。上流曰镇阳江，自贵州玉屏入，东北与龙溪合。过厅治南，左纳木多溪，东流会平溪，东北入芷江。东南：中和溪，一名罗岩江，亦东北流入芷江。晃州、凉伴二巡司。有驿。

清史稿卷六九
志第四四

地理十六

四　川

　　四川:《禹贡》梁州之域。明置四川等处承宣布政使司。清初因之。顺治二年,置四川省,设巡抚,治成都。十四年,增设四川总督。康熙四年,改乌撒隶贵州。七年,改设川湖总督,驻湖北荆州。九年,移驻重庆。十九年又改为川陕甘总督,驻陕西西安。雍正六年,改东川、乌蒙、镇雄隶云南,遵义隶贵州,省马湖入叙州,改建宁卫为宁远府,升锦、茂、达三州及资县并为直隶州。七年,升雅州为府。十二年,升嘉定、潼川二州为府,升忠州为直隶州,置黔彭直隶厅。乾隆元年裁,改酉阳土司为酉阳直隶州,升叙永厅为直隶厅。十四年,复专设四川总督,裁巡抚,以总督兼理巡抚事,治成都。二十五年,改松潘卫为松潘直隶厅,改杂古脑为理番直隶厅。二十六年,改石土司为石柱直隶厅。嘉庆七年,升达州为绥定府。光绪三十年,升打箭庐厅为直隶厅。三十二年,设督办川滇边务大臣,驻巴塘。三十四年,改叙永厅为永宁直隶州,升打箭炉厅为康定府,升巴安县为巴安府。宣统元年,改德尔格忒土司为登科府。东至湖北巴东县;一千七百六十里。西至甘肃西宁番界;一千二百四十里。南至云南元谋县;二千三十里。北至陕西宁洌州。一千一百八十里。广三千里,袤三千二百里。由康定府至前藏拉萨,驻藏办事大臣驻。四千七百一十里。

北极高二十七度五十四分至三十二度二十二分。京师偏西六度五十三分至十四度十二分。宣统三年,编户五百四万一千七百八十,口五千二百八十四万四百四十六。都领府十五,直隶州九,直隶厅三,州十一,厅十一,县百十八,土司二十九。其名山:东北有崌家。蜿蜒川、陕界者,巴山。西北自岷分二支:南迤于大金川东西者,青城、蒙、峨眉,在西者,噶察克拉岭、折多山;其在岷东南迤者,摩天岭、剑门山。硕古里,自青海东巴颜喀喇分支。其大川:金沙、鸦龙、岷、嘉陵、渠、涪江,大渡河。航路:东境自夔至叙。驿路:自成都东北逾剑阁达陕西沔县,西渡泸定桥逾大雪山达西藏江卡。铁路:川汉,未竣工。电线:自成都东达汉口,西达打箭炉。

成都府 冲,繁,难。明,府。成绵龙茂道治所。光绪三十四年裁总督。布政使、提学使、提法使、监运使,巡警道、劝业道,将军、副都统、提督驻。旧领州六,县二十五。顺治十六年,省罗江入德阳,省彰明入绵。康熙元年,省崇宁入循,省彭入新繁。九年,省华阳入成都。雍正六年,复设华阳,升绵、茂二州有资县并为直隶州,以德阳、绵竹、安隶绵,汶川、保隶茂,资阳、仁寿、井研隶资,又省威入保。六年,复设崇宁、双流、彭、彰明四属府。七年,以彰明改属龙安。东北距京师五千七百十里。广二百四十里,袤二百七十里。北极高三十度四十二分。京师偏西十二度十六分。领州三,县十三。**成都**冲,繁,难,倚。武担山在城西北隅。西:龙华山。北:天回山。江自郫县入,绕城东而南,入华阳,与锦江合,名二江,亦曰都江。沱江自新繁入,径县北,又东流入新都。金水河自城西穿城东出入江。摩柯池在城内。有天回、沱江二镇。一驿:锦官。**华阳**冲,繁,难,倚。康熙九年并入成都。雍正五年复置。东:大面山。西:西山,亦名雪岭。南:六对、铁炉。锦江一名汶江,自郫县入,径城南,折而东,会成都之郫江。又折而西,新开河自双流来会,下流入彭山。浣花溪在城东南,一名百花潭。驿同成都。**双流**冲。府西南四十里。康熙元年并入新津。雍正六年复置。南:应天、宜城。东南:普贤山。新开河自温江入,径城南,东流入华阳。石鱼河、杨柳河亦自温江入,径城西南,合流入新津。注大江。**温江**繁。府西少南五十里。北:女郎、大墓二山。岷江俗名温江,即金马河,自灌县入,西南入新津。石鱼河在城西,自金马河分流,杨柳河自石鱼河分流。又酸枣河自县郫入,东流径城北,俱入双流。**新繁**繁。府西北五十六里。西北:五龙、平阳。北:曲尺山。沱

江即北江,自郫县入,径城南,入成都。北:清白江,即古湔水,自彭县入,东入
新都。锦水河亦自彭县入,东流径城南,都桥河自彭县西南分清白江,东流径
城北,俱入新都。**金堂**繁难。府东北七十里。西:金堂山,县以此名。南:云顶
山,亦名百城山。东:三学山,绵阳河即绵水,自汉州合雒水入,右纳马木河。又
南至焦山坡,西有清白江及其枝津督桥河自新都入,合于城东。其昆桥河即沱
江,先后来会,是为中江,又南入简州。有古城、下市、柏茂三镇。**新都**冲、难。
府北五十里。南:龙门、赤岸。北:丽元山。沱江即毗桥河,下流自成都入。督
桥河、锦水河俱自新繁入。锦水又歧为利水河,并入金堂。其正流至城东南入
湔水,在县北,亦自新繁入,合弥牟水,东入金堂。有弥牟、军屯二镇。一驿:广
汉。**郫**冲。府西四十五里。西:平乐山。北:郫江自崇宁入,东流入新繁。郫
江俗名油子河,自走马河分流,径城西,又东入成都。沱江自崇宁入,东流入新
繁。西:九曲江分走马河小支,绕城西北,下流入油子河。双清江即走马河,亦
自崇宁入,东流入华阳,为锦江。有马街一镇。**灌**冲、繁。府西北百二十五里。
西北:灌口、玉垒。南:赵公山。西南:青城山。县西南一里离堆,秦李冰凿江处。
大江径此分二大支,曰南江,曰北江。南江分三派:正派南流入崇庆为西河;东
派为白马河,又分为里石溪河,亦入崇宁;西派西南流,又分二支,俱入新津。
北江分南北二大派。南派又分为三:曰龙安江,入崇庆;曰金马河,入温江;曰
酸枣河,入郫县。北大派之南派曰沱江,北派曰湔水,俱入崇宁。西南僚泽、西
北玉垒、蚕崖三关。**彭**繁,疲,难。府北九十里。康熙元年,并入新繁。雍正六
年复置。西北:彭门山,与牛心山隔江对峙。又有大隋、中隋二山。南:清白江
自崇宁入,歧为督桥河,东入新繁。西北:王村河,源出五峰山,南流折东入汉
川,为马水河。锦水河亦自崇宁入,径城南,东流入新繁。**渳漾**水源出琅邪山,
即弥牟水上游,东流至新津,入湔江。北:静塞关。**崇宁**简。府西北八十里。康
熙元年省入郫。雍正七年复置。西:铁砧山。北:金马山。沱江自灌县入,径城
南:东入皇县。湔水自灌县分沱江,东流四十里,驼城北,又东入郫县,为清白
江。郫江自灌县入,径城南,歧为走马河。又一支为油子河,俱南,东入郫县。徐
偃河出郫江,亦自灌县来会,东入彭县。**简州**冲、难。府东少南百二十里。东:
李八百山。西:孝子山。东北:石鼓。西南:忠国。西北:丹景山。中江即沱江,
或称大有作为江,自金堂入,合绛水,南流入资阳。绛溪河发源西北月亮沟,东
南流,径城北,入江。西南:赤水,一名黄龙溪,西流入仁寿,即兰溪上源也。有
阳安关。巡司驻龙泉镇。一驿:龙泉。**崇庆州**。繁府西南九十里。西:鹤鸣

山。西北：龙华山。北：味江自灌县入，径州西，西南流，折东与白马江合。白马
江由味江分流，径城东，又东南会西河，入新津为白西河。黑石溪河自白马江
分流，至城东三江口，仍入白马江。羊马江在白马江东，自灌县分大江，东南
流，径州境，又南入新津。一驿：阳安。**新津**冲，难。府西南九十里。南：天柱
山。北：平盖山。东南：宝资山。岷江自温江入，径城东，又东南流，入彭山。北：
白西河即味江，自崇庆入，东南流，合羊马河，入江。汶井江即古仆干水，今名
南河，自邛州入，东北流，径城南，又东入江。乾溪、溪水二河自灌县分味江，西
南流，折东南，径城南，又东注汶井江。**汉州**冲，难。府北少东九十里。东：铜
官、东觉二山。雁江自什邡入，至州东北合沈犀河，有白鱼河亦自什邡来注之。
又东南合雁江，入石亭江。石亭江即雒江，亦自什邡入，径州北，东南入金堂。
绵水自德阳入，径州东，南流入雒江。一驿：广汉。**什邡**繁。府北百三十里。南：
雍齿山。西北：章山，即雒通山，雒水出焉，径城北，东南流，入汉州。金雁河、沈
犀河、白鱼河三水并出县境，亦入汉州。西：高镜关。

　　重庆府冲，繁，难。川东道治所。明，府。顺治初，因明制，领州三，
县十七。康熙元年，省铜梁、安居入合州，省璧山入永川，省武隆入
涪州。八年，省定远入合州。六十年，复置铜梁，以安居并入。雍正
六年，复置大足、璧山、定远三县。十三年，升忠州为直隶州，丰都、
垫江属之。析黔江、彭水二县置黔彭直隶厅。乾隆元年，改隶酉阳
直隶州。二十九年，以巴县江北镇置江北厅。西北距省治九百六十
里。广五百六十里，袤五百九十里。北极高二十度四十二分。京师
偏西九度四十八分。领厅一，州二，县十一。**巴**冲，繁，难，倚。城内：巴
山，县以此名。东：涂山。又北：太华。西：跃越、缙云。南：霖峰。县东有明月
峡者，大江径此。大江自江津入，径城东南，又东北入江北厅。嘉陵江即涪江，
自合州入，南流至城东，与大江合。东：丹溪自綦江入，交龙溪自和寿入，俱入
大江。巡司一，驻木洞镇。西：佛图关。驿二：朝天、白市。**江津**冲，繁，难。府
南百二十里。南：鼎山。东：云篆、珞黄。东：华盖、女仙。东南：固城山。大江
自合江入，东北流，径县西、北、东三面，亦名九字水，又东北入巴县。南江即古
刺溪，自綦江入，径城东，又北入大江。徇溪源出南綦盘山，北流注南江。砦溪、
乐城溪俱入大江。南：崖门关。一驿：茅坝。**长寿**冲。府东北百五十里。东：
长寿山，县以此名。北：铜鼓。西：牛心。东北：罗纹山。大江自江北厅入，径城

东入涪州。龙溪一名溶溪，即古容溪，自垫江入，南流入大江。海棠溪合桃花溪
自邻水入，径城东北，一名梅溪，西南流入巴县。一驿：龙溪。**永川**冲。府西北
百八十里。西：英山。北：铜鼓。南：沪龙。西北：溪山。侯溪上流曰车对河，西
南流，至城南，会西来一水，南流为株溶溪，又南入大江。松子溉源出龙洞山，
亦东入大江。一驿：东皋。**荣昌**冲。府西少南二百六十里。东：葛仙。南：宝
盖。北：驻跸。东南：庆云山。长桥河自大足入，径城西思济桥，为思济河。西
南流，至清江滩入沪州。大鹿溪源出南山，折东南入合江。一驿：峰高。**綦江**
简。府南三百里。西：扶欢。东：石徇。北：牛冈。南：祝融、罗绿二山。刺溪亦
名夜郎溪，自贵州桐梓来入，名綦江，径城东，又西北流入江津。至南江口注大
江。东骨溪、北金沙溪、西奉恩溪，并入綦江。南三舍溪、捍水二关。**南川**难。
府东南二百五十里。东：九盘山、马嘴山，西：永隆。南：方竹箐山，白水出，径城
南镇江桥溪，屈流至城北水东桥，为大溪河，入涪州。四十八渡水与流金水俱
至水东桥合白水。水从溪源出水从山，西流入綦江，合南江，即南江别源也。南
马头、北冷水二关。**合州**冲，繁，难。府北二百里。北：瑞应。西：牟山。南：铜
梁。东：钓鱼山。东北：书台山。渠江即宕渠水，自广安入，涪江自遂宁入，俱合
嘉陵江。嘉陵江自定远入，东北合渠江曰嘉渠口，又东南合涪江曰三江口，又
南入江。北：跳石溪自铜梁入，东北流入涪江。二驿：刘家场、温场。**涪州**冲，
繁，难。府东少北三百五十里。东：龟山。西：五花、玉璧。北：铁枢、北岩。东
南：武龙山。大江自长寿入，径城北会涪陵江。涪陵江即古延江，自彭水入，北
合大江。大溪河自南川入，东北流，径州东南入涪陵江。巡司一：驻武卫镇。一
驿：涪陵。**铜梁**繁。府西北二百四十里。康熙元年并入合州。六十年复置。西：
六瀼。东：新开山。南：双山。西北有小铜梁山，县以此名。涪江自遂宁入，径
城东北，又东南流入合州。安居溪一名关箭溪，又名渗江，自遂宁入，径城南，
折东北流入涪江。马滩河一名赤水溪，源出六瀼山，南流入大足，合沙溪河，入
县城。合巴川河，东南流，绕县境如"巴"字，亦入城。与赤水溪合流，出城东流，
合小安溪，东北入合州。有安居镇巡司。**大足**繁。府西三百十里。康熙元年
省入荣昌。雍正六年复置。南：鸡栖。东：三华。西：龙岊。东南：玉城山。长
桥河上流即岳阳溪，自安岳入，径城西，又西南入荣昌。小安溪一名单石溪，东
北流入永川。赤水溪自铜梁入，东北流，合沙河溪，仍入铜梁。东米粮、北化龙
二关。**璧山**冲。府西少北百里。康熙元年省入永川。雍正六年复置。南：龙
珰。北：缙云。西南：垂壁。东南：王来山、来凤。油溪二源，出汤口峡，一为来

凤桥溪,南流,一为马坊桥溪,东南流,俱至斗牛石,合流入江津,注大江。有双溪镇。一驿:来凤。**定远**冲。府北少西二百九十五里。康熙八年并入合州。雍正六年复置。东:武胜山。北:焦石山。嘉陵江自南充入,环县境北、东、南三百,南流入合州。花石溪源出岳池,西南流,盐滩溪源出蓬溪,东南流,俱入嘉陵江。**江北厅**简。府北一里。明为巴县之江北镇。乾隆十九年设厅。东:卧龙山。北:大华莺山。东北:石城山。大江自巴入,径厅东南,又东入长寿。涪江自合州入,径厅南,又东南,与巴县分水入大汇。东:铜锣峡关,为水路门户。

　　保宁府:中,冲,繁。川北道治所。川北镇总兵驻。明,府。顺治初,因明制,领州二,县八。雍正五年,改梓潼属绵州直隶州。西南距省治六百二十里。广七百一十里,袤六百里。北极高三十一度五十九分。京师偏西十度五十分。领州二,县七。**阆中**冲,繁。倚。西:阆中山,县以此得名。东:盘龙、文城。南:钟山、玉立山。东北:大像山、灵山。嘉陵江即西汉水,自苍溪入,南流径城西,折东又径城南入南部。东河一名宋江,亦自苍溪入,东南流,径城东,与嘉陵江合。西水河自南部入,至梁家坡仍入之。西:锯山关。一驿:锦屏。**苍溪**府西北四十里。东:离堆、白鹤山。西:老池。南:小锦屏。东南:大获山。西北:方山。嘉陵江自剑州入,径县东北,又南入阆中。东河自广元入,径大获山麓,西南流,亦入阆中,塘溪河从之。曲肘川源出玉女山,东南流入江。**南部**繁。府东南七十里。东:龙奔山。西:兰登山。南:南山,亦名跨鳌山。东南:离堆山。嘉陵江自阆中入,径城东北,又东南流,入蓬州。西水河即小潼水,自剑州入,径城南,又东南亦入蓬州。南渡水、西伏元溪、东安溪,皆嘉陵江之溢流也。县丞、巡司驻富村驿。**广元**冲,繁,难。府北三百里。潭毒山在北,下瞰大江。又七盘岭为秦、蜀分界处。东:凤凰山。西:乌奴、白马。北:金城。东北:可沉山。嘉陵江自陕西宁羌入,径城西,又西南入昭化。宋江即东河,亦自宁羌入,径城东,又南入苍溪。北:潜水源出龙门山,径龙洞口,至朝天驿入嘉陵江,汉寿水、漆溪从之。巡司二,驻神宣驿、百丈关。驿三:问津、神宣、望云。**昭化**冲,繁。府北少西二百八十里。西:牛头、人头。南:仙人。北:大高、长宁。西北:木马山。嘉陵江自广元入,径城东北,又南入剑州。白水江即羌水,自平武入,东南流入嘉陵江。清水江自剑州入,径城西北,又东与白水江合。桔柏津在城东,即嘉陵、白水二江合流处也。西北:白水关。二驿:昭化、大木树。**巴州**繁,疲,难。府东北三百五十里。东:东龛山。西:西龛山。在东又南:南龛、北龛。东南:石城。西北:义阳岳、木强二山。巴江源出大巴山,自南江入，径州东南入达县。清水源出广东南境，径恩阳废县西北，又东南流，径州西南，宕水自通江入，注巴江。州判一，驻龙泉关。**通江**府东北五百五十里。东：大钟。西：金童。南：秋锦。东北：龙山。宕水一名东河，源出陕西西乡，西南流，径城东，会诺水。诺水源出陕西南郑，亦名西河，径城西与宕水合，入巴州。白石水一名清水，自西乡入，西南入宕水，名洪口河。东白阳、北羊圈、东北濛垭三关。**南江**府东北四百七十里。东：望元山。西：龙耳山。南：公山。北：孤云山。又大巴、小巴二山。巴江即宕渠水，源出大巴山，径城东，又东南入巴州。东：难江，一名南屯河，上流曰三溪河，至两河口，入巴江。南平桑水，北明水、韩溪、苍溪，俱从之。**剑州**冲，繁。府西北二百二十里。东：鹤鸣、浮沧。大剑山，亦曰梁山，相属有小剑山，中为剑阁道。嘉陵江自昭化入，径城东，又南入苍溪。清水江即黄沙江，自平武流入，径城北，又东入昭化。西：小河即小潼水之下流也，又名武运河，源出五子山，东南流，入南都。北：剑门关。驿二：武运、剑门。驿丞驻。

　　顺庆府：冲，繁，难。隶川北道。明，府。顺治初，因明制，领州二，县八。嘉庆十九年，改大竹、渠属绥定府。西南距省治六百二十里。广二百九十里，袤二百三十里。北极高三十度五十分。京师偏西十度十九分。领州二，县六。**南充**冲，繁，难，倚。东：鹤鸣山。南：清居山。西：大、小方山。嘉陵江自蓬州入，径县东，又南入定远。西：西溪源出西充，流溪源出大耽山，俱东流至县南，入嘉陵江，曲水、清溪水从之。盐井在县境者十有五。**西充**繁。府西北九十里。城西北隅西充山，县以此名。东：亚夫、扶龙。西：乔珠。南：南岷山。陵溪亦名小陵河，自县西小陵镇至三河口，与象溪、虹溪合流入南充。海棠川源出双图山，西流，折而南绕城，又南入南充，注嘉陵江。**蓬州**繁。府东北四十里。城北隅：玉环山，嘉陵江水环之，故名。西：三合。南：永安。东：云山。嘉陵江自南部入，南流，绕城三面如玦，折而南，入南充。清溪水源出营山之披衣山，南流入州，名清澹河，又四十里至州南清溪口，入嘉陵江。盐井一。**营山**繁。府东北百八十里。城西南营山，县以此名。东：青羊。西：披衣。东北：大、小蓬山。流江自仪陇入，七曲萦回，亦名七曲堰，径城东，又东南入渠县。畎天溪源出西西岩，绕城东南流，至七曲堰入流江。清溪源出披衣山，西南流入蓬州。**仪陇**简。府东北二百六十里。城内：金城山。东：望龙山。南：南图山。西：仪陇山，县以此名，流江之水出焉。流江自仪陇山南流，折东径城东，又东南入营山。平溪源出东允家山，南流入流江。**广安州**繁。府东南百九十里。东：谷城。西：秀屏。南：猊峰。北：谏坡山。渠江自渠县入，径州北，谓之篆水。以江中有三十六滩，滩石纵横，波纹如篆，故又名篆江。绕城而南，亦名洄水。又西南入合州。浓水即西溪水，源出北山，南流径城西，折东至城南五里，合渠江。清溪水自邻水入，左会大池河，流至州南入渠江。**邻水**繁，难。府东南二百七十里。南：晶然。东：宝谷山。北：银华。西：少陵。东北：邻山。邻水上源即芭蕉河，自大竹入，西南流，径城东，又西南与观音河、宝石河合，流入长寿。有邻山、太平二镇。**岳池**冲，府东南百二十里。东：岳安山、龙扶速山。北：龙穴。西：姜山，岳池水出焉。岳池水自姜山流至县东，折南，合灵溪、龙穴二水，入定远。

叙州府：要，冲，繁，难。隶永宁道。明，府。顺治初，因明制，领县十。旋改高州为高县。雍正六年，改贵州永宁县来属，又裁马湖府，以所辖屏山来隶。八年，复以永宁往属叙永厅。乾隆二十六年，置雷波厅。二十九年，置马边厅。西北距省治七百九十里。广五百九十里，袤三百七十五里。北极高二十八度三十八分。京师偏西十一度四十三分。领厅二，县十一，土司四。**宜宾**冲，繁，难。倚。西：天仓、朱提。南：七星。西南：大、小黎山。大江在县东北，一名汶江，亦名都江，自健为入，东南流，入南溪。马湖江一名泸水，即金沙江，自屏山入，径县南，又东与大江合。石门江，俗呼横江，又名小江，自庆符入，至城西南，又东北合马湖江。北：涪溪、苏溪俱入大江。东：二郎关。**庆符**简。府南少东百二十里。南：石门、兴庆。东：迎祥山。石门江上流曰纹溪，源出云南乌蒙，南广水即古符黑水，自高县入，俱东北流，径城西，北入宜宾。**富顺**冲，繁，难。府东北二百四十里。西：凌云、玛瑙。东：禄来、桂子。北：朝阳。西南：虎头山。沱江一名金川，又名釜川，自内江入，径城东，东南流，入泸州。荣溪自荣县入，鳌溪源出县东马鞍山，俱入沱江。县丞二，驻邓井关、自流井。**南溪**冲。府东百十里。南：琴山、可庐。西：平盖。北：瑞云。东：龙腾山。大江自宜宾入，径城南，又东入江安。西北：福溪亦名服溪，亦自宜宾入，南流入大江。刺溪与九盘溪合流，至城东入江。一驿：龙腾。**长宁**简。府东南百四十里。东：牛心。南：槿山、越王山。北：宝屏、龙峨。东西二溪与冷水溪俱至县东北清井合流为淯溪，一名三江口。又东北至武宁砦，为武宁溪，又东北至安宁砦，又东北至江安入大江。**高县**。府西南百五十里。南：阁梯。北：连珠。东南：七宝。西南：腾山。宋江自云南镇雄入，北流，径筠连东，分五道，北至平寨，径城东而北。梅岭溪自筠连入，至城北合宋江，又北入庆符。**筠连**简。府西南二百五十里。南：暮春、黄牛。西：学士。东：景阳山。定川溪有二源，一出乌蒙黑桃湾，一出云南镇雄羊落沟，合流径城西，又北入高县，为梅岭溪。**珙**简。府南少东二百里。北：麒麟、芙蓉。西：虎牢。西北：梅得山。珙溪一名落浦河，径县西南，折而东北入长宁，合清溪。**兴文**简。府东南百八十里。东：摩旗。东南：文印山。南：南寿山。水车河一名三渡河，源出故建武城山谷中，至县东北，又西流，经梅岭堡，入长宁，注清溪。**隆昌**冲，难。府东北二百七十里。北：道观山。南：回龙山、玉蟾山。沱江自内江入，径城西南入泸州。小溪一名隆桥河，在县东，自内江、荣昌二县山溪水合流而成，东南流，亦入泸州。**屏山**简。府西南二百二十里。西：镜山。东：书楼。东北：赤崖。西南：小悍山。马湖江一名泸水，即金沙江，自云南昭通入，东北径蛮夷、平夷二土司界，又东北径城南，又东入宜宾，与大江合。泥溪、什嘠溪、大鹿溪并入马湖江。巡司驻石角营。**马边**厅冲，繁。府西六百里。本屏山地，初为马边营，乾隆二十九年改厅。东：遮烟山。南：大池山。北：龙泉山。东南：金凤山。清水溪一叶新镇河，源出凉山蛮界，径厅南，折北转东，过沐川司入健为。**雷波**厅繁。府西南五百七十里。本屏山财，名雷波乡。康熙初置长官司。雍正六年改雷波卫。乾隆二十六年升厅。东：贝海。西：龙头。北：雷番。西北：宝毒山。金沙江自云南昭通入，径厅南，东北流，入屏山。南古城河，西南秦沙河，并源出蛮界，东流注金沙江。北马湖，为黄种、芭蕉二溪上流。西南：神龙关。**蛮夷长官司**隶屏山。在县西南，旧属马湖府。雍正五年改属。东：大鹿山。西：什嘠溪。**沐川长官司**隶屏山。在县西北。东：青孤山。南：沐溪，东流入健为界。**泥溪长官司**隶屏山。在县西。元至元十三年，与马湖路同置。明改县，移司于此。有明旧。**平夷长官司**隶屏山。在县西。西北：隆马、崖山。马湖江自云南昭通入，又南有大纹溪。

　　夔州府要，冲，繁，难。隶川东道。明，府。顺治初，沿明制，领州一，县十二。康熙六年，省大宁入奉节。七年，省新宁入梁山。九年，省大昌入巫山。雍正六年，升达州为直录州，以东乡、太平二县往隶。七年，复置大宁、新宁二县。旋改新宁隶达州，改梁山隶忠州。乾隆元年，改建始隶湖北施南府。西距省治一千七百四十里。广四百十里，袤五百四十里。北极高三十一度十一分。京师偏西六度五十三分。领县六。**奉节**冲，繁。倚。东：白帝山。赤甲与白盐隔江，两山对峙。西：

官口。南:胜已、文山。北:天门山。东:瞿塘峡,峡口为沣预堆,大江即岷江,自云阳入,径县南,东流出瞿塘峡,自峡以下谓之峡江,亦名锁江,又东入巫山。东:大裏水、清裏水,并入大江。东:瞿塘关。**巫山**冲,繁。府东百三十里。东:巫山,山有十二峰,亦曰巫峡。南:南山。北:磊头。东北:金头。西北:天县山。南:大江自奉节入,东流径巫陕,又东入湖北巴东。巫溪水一名昌江,自大宁入,东南流入大江。又鸟飞水在县西南,发源奉节山谷中,东北流,亦入大江。清溪、万流溪从之。**云阳**冲,繁。府西百四十里。东:石城。北:汉城、马岭。南:飞凤。东南:新军山。西北:大梁山。大江自万入,径城南,东流入奉节。彭溪一名开江,亦名临江,自开入,东南流,径城西入大江。汤溪水即东裏河,东流径五溪关,又东至城东入于江。盐井十。监课大使驻云安厂。**万**冲,繁。府西少南二百八十里。东:黑象山。西:天城、鱼存。南:南山。北:都历、高梁。西南:羊尾山。西北:万户山。大江自忠州入,径城南,又东入云阳。芭溪即古池溪,自梁山入,至城西,复南流入江。**开**简。府西少北二百三十里。北:盛山。西:大池。南:九龙。东南:瑞石。东北:熊耳山。开江亦曰监江,即古彭溪,自新宁入,径县南,又东南会青江、垫江入云阳。三潮溪、白水溪并东流入清江。**大宁**难。府北百八十里。东:凤山。北:石柱、宝源山。东北:石钟。巫溪一名昌江,源出县境西北,径城东,曰大宁河,又南入巫山。马连溪即白杨河,径城南,又东入大宁河。有铁山关。

　　龙安府:繁。隶成绵龙茂道。明,府。顺治初,因明制,领县三。雍正九年,改绵州之彰明来隶。西南距省治六百五十里。广七百七十里,袤五百二十里。北极高三十二度二十二分。京师偏西十一度四十九分。领县四,土司一。**平武**繁,倚。东:左担。西:太平。南:镇南、羊角。北:大风。东南:箐青、石门山。涪江自松潘入,东流径城南,青漪江一名小江河,即古廉裏水,亦东南流,并入江油。白水江自甘肃文县入,径城西北,又东南流,入昭化。石泉河自石泉入,径县东南,入彰明。火溪河一名白马河,有二源,流至阳地溢口而合,西南入涪江。又东青川溪,东流入剑州。县丞驻青山镇。东北:北雄关。**江油**简。府东南二百六十里。东:窦圌山。西:玉枕、大匡。南:龙头。北:白鱼。西南:大小匡山。涪江自平武入,径城东,与青漪江并东南流入彰明。龙潭溪源出窦圌山,流至石舍崖,入涪江。东:涪水关。**石泉**简。府西南三百二十里。南:石纽。东:金字山。西:千佛。东北:鸡栖山。石泉河即湔水,自平武入,左合大鱼口水,其西南源神泉河自茂入,西源坝底水自右来会,折东径城南至素龙山,为石密溪,折地缘江油界入彰明。西石板、西北上雄二关。**彰明**简。府东南三百二十里。东北:太华山。北:紫山、兽目山。涪江自江油入,分二派,夹城东西流,至县南合,又南会石泉河入绵州。青漪江亦自江油入,南流入涪江。**阳地隘口长官司**隶平武。在县北。宋为守御千户。元至元时,授宣慰副使。明改置长官司。顺治六年投诚因之。

宁远府要,冲,繁,难。隶建昌道。建昌镇总兵驻。明,建昌卫。顺治初,因明制为卫。雍正六年改府,以会理州来属,并置西昌、冕宁、盐源三县,越嶲一厅隶之。宣统元年,增置盐边厅。二年,又置昭觉县。东北距省治一千二百三十里。广八百四十里,袤一千二百九十里。北极高二十七度五十四分,京师偏西十四度十二分。领厅二,州一,县四,土司十一。**西昌**冲,繁,倚。旧建昌卫。雍正六年改县。东:木托。西:天王山。南:巴洞。东北:凉山。东南:螺髻。西南:旄牛山。安宁河即孙水,自冕宁入,径城北,热水河自东来注之。又径城西,西河自西来注之。北纳东河、宁远河,南纳邛河,南流入会理。东西溪河、三岔河均入金沙江。石门、罗锁、泸沽、太平四关。巡司二,驻普威、德昌所。**冕宁**繁,难。府北少西五百八十里。初仍明制为宁番卫。雍正六年改。县东南:冕山,县以此名。东:东山。南:南山。北:北山。孙水有三源,自县北纳瓦那河,径城东南,西源三水合为小村,又南至王家营,东源曰松溪河,合小相公岭水,西北流曰泸沽,来会,又南入西昌。若水即鸦龙江,自雅州入,西南入盐源。沙沱、乌角、冕山、九盐四关。**盐源**繁,难。府西南三百十里。明,盐井卫。雍正六年改。县南:柏林山。西沽斛樊和。西北:刺红瓦山。打冲河即鸦龙江下流,自冕宁入,径城西北,纳左所河。又南盐井河,合双桥、浪渠二水,与别列河、麦架河西北流来注。又东南纳右所河。又南纳椒崖、那噶诸河,入会理。双桥、古得二关。阿拉场巡司。盐井二。**昭觉**繁,疲,难。府东北。旧为交脚汛地,在凉山夷巢中。宣统元年,剿办凉山保夷。二年,就汛地增设县治,改今名,并移建昌中营守备驻之。**会理州**冲,繁。府南四百里。本会川卫。康熙二十九年分置会理州。雍正六年省会川卫,移州治卫城,隶宁远。东:密勒山。西:斜山。南:白塔。西南:芦那山。金沙江左渎自盐源入,右与云南大姚分岸。安宁河自州北纳公母河、一碗水,西南与打冲河合,并西流入之。又南纳黎溪水,入云南武定。东玉虎河、玉虹河、会通河俱入金沙江。有泸津、松坪、永昌、大龙、虎头等关。巡司二,驻迷易所、洼乌场。

监边厅府西南。盐源县属阿所拉地。嘉庆二十二年增设巡司。宣统元年升厅，改今名。**越嶲厅**冲，繁。府北少东二百八十里。初因明制为越嶲卫。雍正六年废卫设厅。南：大孤山、小相公岭。西：小孤山、阿露山。又西南：嶲山。大渡河自打箭炉入，纳松林河、鹿子河，东北流，老鸦漩河自西来，合二小注之，又东北入清溪。越嶲河自厅西南，二水合流，径厅东，保罗、腊梅菅水东来注之，又东北纳宁越菅、桂贤村二水，入峨边，注大渡河。小相公岭、青冈、海棠、晒经四关。经历驻大树堡。**沙麻宣抚司**隶西昌。在县东北。康熙四十九年置。**瓜别安抚司**隶盐源。在县西北。康熙四十九年置。**木裹安抚司**隶盐源。在县西北。雍正八年置。**威龙州长官司**隶西昌。在县东南。元，威龙州地。明洪武间置司。仍明旧。**普济州长官司**隶西昌。在县西南。元，普济州地。明洪武七年置土知州。康熙四十九年改置。**昌州长官司**隶西昌。在县南。元，昌州地。明洪武九年以云南大理府土职调守。仍明旧。**河东长官司**。隶西昌。在县东南。明为宣慰司。康熙四十九年改置。**阿都长官司**隶西昌。在县东南。顺治六年归附。康熙四十九年授宣抚司。雍正六年改置。**阿都副长官司**隶西昌。雍正六年置。**马喇长官司**隶盐源。在县西南。与云南永北厅接界。康熙四十九年置。**邛部长官司**隶越嶲。在厅北。康熙四十二年归附，授宣抚司。五十二年改置。

　　雅州府：冲，繁，难。建昌道治所。明，雅州。顺治初，因明制，为直隶州，领县三。雍正七年升府，抚民同知驻靖西关地，在哲孟雄之北，为亚东出入要路。有商埠。以其地增置雅安县，改天全土司为天全州，改长河西、鱼通、宁远宣慰司为打箭炉厅。八年，改黎大所为清溪县，均属府。光绪三十年，升打箭炉为直隶厅。三十四年升康定府。东北距省治三百四十里。广五百十里，袤三百八十里。北极高三十度四分。京师偏西十三度二十一分。领州一，县五，土司一。**雅安**冲，繁，难，倚。西：雅安山，县以此名。东：周公。南：岩道山。北：七盘山。青衣江一名平羌江，俗称雅河，即大渡水。自芦山入，至县北门外，东南流入洪雅。小溪河自名山入，邛水自荣经入，并入青衣江。北飞仙、金鸡、南飞龙三关。**名山**冲，难。府东北四十里。城内：月心山。西北：名山，县以此名。西：蒙山。东：白马。南：总冈。东北：百丈山。名山水在县东二百步，东南流，入雅安，为小溪河。百丈河源出莲花山，东南流，入蒲江，为铁溪河。东：黑竹关。一驿：百丈。**荣经**冲，

繁。府南九十里。北:铜山。东:孟山。西:中峻。南:邛崃、瓦屋、大关。荣、经
二水为邛水上源。荣水出邛崃山,五派并发,流径城西而合,又北流,绕城北与
经水合,曰荣经水。又北名邛水,入雅安。下改溪源出下改山,北流至城南。入
经水。祭风溪在西,源出龙游山,入荣经水。西北紫眼、西邛崃、东北天险三关。
一驿:箐口。**芦山**简。府西北百里。东:始阳山,即《贡禹》蒙山,相接为卢山。
西北:通灵山,为外番要道。南:青衣水有二源:西源即天全州流入之沫水,东
源出邛州伏牛山,即古青衣水,二水夹城东西流,会于城南,又西南流,折东入
雅安。和川水自天全入,径城南入青衣江,曰三江口。西北:灵关。东北:八步
关。东南:飞仙关。**天全州**繁,难。府西少北百二十里。东:多功、卧龙。南:
燕子。西:马鞍。东北:金凤山。沫水一名浮图水,自羌界入,径州北,东南流,
入芦山。南:和川水,一名始阳河,二源合而南流,折东亦入卢山。碉门,吏目
驻。西:禁门、仙人、紫石三关。**清溪**冲,繁。府西南百六十里。东:冲天。西:
牛心。南:盘陀。东北:圣钟山。又县北五十里有大相公岭,即荣经之邛崃山。
大渡河一名沪水,在县南,自打箭炉入,与越嶲分水,穿凉大渡河。巡司一,驻
黄木厂。南:黑崖、清溪二关。驿二:泥头、沈村。**董卜韩胡宣慰司**隶天全。
在州西北。仍明旧。有灵关河,径司西北,与多功水合。又冷边长官司,亦隶天
全。沈边长官司,隶清溪,均于宣统三年改流。

　　嘉定府:冲,繁。隶建昌道。明,嘉定州。顺治初,因明制,为直隶州。
领县六。康熙十二年升府,以其地置乐山。嘉庆十三年,设峨边厅。
北距省治三百九十里。广六百余里,袤二百九十里。北极高二十九
度二十六分。京师偏西十二度三十一分。领厅一,县七。**乐山**冲,繁,
倚。城西隅,高标山。东:凌云、乌尤。北:白崖山。通江即岷江,自青神入,径
城东南,会阳江,入健为。阳江即大渡河,自峨眉入,径城西南,与青衣江合。青
衣江一名平羌江,自夹江入,径城西,纳泥溪、竹公溪二水,入岷江。西苏溪,西
南临江溪,均自峨眉入,苏溪入青衣江,临江溪入大渡河。东:安庆关。北:平
羌、嘉禾二关。**峨眉**繁。府西七十里。大峨、中峨、小峨三山俱在南。西南:绥
山。西北:铧山。大渡河亦名中镇河,自峨边入,径城南,东北流,与罗目江合,
入乐山,为临江溪。北:粗石河发源大峨山麓,合符文水,东南流,径城北亦入
乐山,为苏溪。西南:土地、太围二关。**洪雅**繁。府西北百三十里。南:隐蒙、
八面。东:乌尤、葛仙山。西:竹箐山。东北:金鸡山。西南:逊周山。青衣江自
雅安入,径县南,又东南入夹江,一名洪雅江。拥泔水出可慕山谷,径县入丹

稜。龙门溪二源合流,东北入青衣江。花溪源出荣经,东北流,至城西入青衣江。西:竹菁关。**夹江**繁。府西北八十里。西:云吟、平羌。东:虎履。南:凤凰。北:大观山,一名观斗山。青衣江自洪雅入,径城西南,南流入乐山。西:飞水溪,一名瀑布泉,与青衣江合。西南:龙鼻溪,绕龙鼻山入江。西:铁石关。**健为**冲,难。府东南百二十里。南:子云山。东:天马。东:张纲山。北:舞凤山。西南:沈犀山。岷江自乐山入,径县东,又东南入宜宾。沐溪、清水溪俱在南,并发源屏山,东流入江。东北:四望溪,自荣入,径三江镇,下与岷江合。盐捕通判一,驻黄角井。大使一,驻牛华溪。**荣**繁,难。府东五十里。北:铁山、荣黎。东:梧桐。西:凤西、白石、龙虎。南:龟泉山、五保山。荣溪自仁寿入,有二源,东西夹城流,至城南而合,东南流,入富顺。大牢溪源出铁山,南流径城西,至宜宾入岷江。县丞一,驻贡井。**威远**繁。府东二百六十里。西北:云台。西:龙泉、老君山。西北:龙泉。西:紫金山。西北:献宝溪,一名硫黄溪,三源合流,至县东,有龙会河自西北南流注之,即秦川溪也,南入富顺。**峨边厅**要。府西二百六十里。本峨眉县地。乾隆五十五年,设主簿分驻。嘉庆十三年裁主簿,置厅,设通判。九隘皆为厅地。南:龙山。东:药子山,左界马边,右接夷境。西:横木。北:马湖山。中镇水即大渡河,自清流入,径厅北,又东入峨眉。厅属有岭夷十二姓地。

潼川府:中,繁,难。隶川北道。明,潼川州。顺治初,因明制,为直隶州。领县七。雍正十二年升府,以其地置三台县。西南距省治三百二十里。广三百八十里,袤五百七十城。北极高三十一度六分。京师偏西十一度六分。领县八。**三台**繁,难,倚。东:东山,在县东四里。又黄龙、鼓楼。西:三台山,县以此名。南:印台、金鱼。西南:牛头。东北:万峰。中江即古五城水,自中江入,径城西南入涪江。涪江自绵州入,径县东北入射洪。又东桃花溪,亦入射洪县。产盐,上井三,中井九,下井二百十六。县丞驻葫芦溪。**射洪**繁,难。府东南六十里。南:白岩。东:东武。北:金华。东南:通泉山。东北:公成山。涪江自三台入,径县东,又南流入莲溪。梓潼水一名射江,亦曰弥江,又曰白马河,自盐亭入,南流,径东南独坐山下入涪江。东:黄浒溪亦自监亭入,与梓潼水合。桃花水自三台入,南流入涪江。通判一,驻太和镇。盐课大使驻青堤渡。**盐亭**简。府东少北百二十里。西:负戴山。东:光禄。南:宝莲。北:金紫。盐亭水亦名小沙河,发源县东北境,下流入梓潼水。樟潼水自绵州樟潼入,径城南,合物溪入射洪。有盐井二十。**中江**难。府西百二十里。城内：斗山。东五城与西栖妙隔江对峙。西南：铜官山。中江水名凯江，自罗江入，径城西南，又东北流入三台。双桥河源出县西北白莲洞，东南流，径城西，转南至铜鱼山下，入中江。巡司一，驻胖子店。**遂宁**繁，难。府东南二百十五里。东：铜盘、龙头。西：箕山。北：广山。西南：书台，与宝嘉、金鱼二山相连为三峰。涪江自蓬溪入，径城东，又东南入合州。东北：郪江有三源，并东北流至蓬莱镇，合入涪江。安居水一名关箭溪，自安岳入，径城西南入铜溪。盐井五十二。县丞兼批验大使驻梓潼镇。**蓬溪**繁，难。府东南百九十里。东：蓬莱、赤城。西：龙门。南：铜钵。北：石龙。西北：龙马山。涪江自射洪入，径城西南流，入遂宁。西北：郪江，东流至黄龙铺入涪江。又北蓬溪，源出西充，西南流，径城北，入遂宁。盐井七百九十五。县丞驻蓬莱镇。盐课大使驻康家渡。**安岳**繁，难。府南三百八十里。治后铁峰山。东：紫薇、白云。西：大云。南：安泉。东南：云居水自乐至入，径城北，又东南入遂宁。鱼海河有二源，一东流至城东，合入安居水。南：岳阳溪，东南流，入大足。**乐至**简。府南少西三百九十里。南：棋盘山。东：玉栏坡山、金鸡山。西：周鼎。东南：乾峨山。安居水源出县东北，东流，玉带溪源出县西清水潭，东南流，并入安岳。又乐至池在县东二里，县以此名。

绥定府：繁，疲，难。隶川东道。明，达州。顺治初，因明制，为夔州府，属之达州。雍正六年，升直隶州，以夔州之东乡、太平、新宁三县来属。嘉庆七年升府，改名绥定，并于州地置达县，升太平为直隶厅。十九年，以顺庆府属之大竹、渠二县来隶。道光九年，移太平同知驻城口，改名城口厅，太平厅还为县，均仍隶府。西距省治一千二百里。广四百三十里，袤六百余里。北极高三十一度十八分。亦师偏西八度五十一分。领厅一，县六。**达**繁，疲，难。倚。东：龙城山、**大竹**。南：火峰、南岩。西：石城、金华。东南：金匮、石门。东北：竹飓山。通川江即渠江，自东乡入，径城南，又西南入渠县，为宕渠江。南江自新宁入，东会沪滩河，北流折西，至城东入通川江。北水即巴江，自巴州入，并合通川江。西：凤凰、铁山、龙船三关。巡司驻麻柳场。**东乡**简。府东少北九十里。东：平楼、文字。西：印石。南：金榜。北：蟠龙。东南：峨城山。西南：石人山。前、中、后三江为通川江上流，俱自太平入，至城东合流，入达县。长乐河上流为白龙、赤甲二泉，源出东长乐镇，合西流，至城南入通川江。文字溪发源文字山，合前江。有高桥、马渡二关。**新宁**繁，难。府东少南百一十里。西：屏山。东：鸡山。南：冠子山。北：天马。西南：鼓啸山。东北：筱城山。南江自县东北三角山发源，径城南，折西北流，会聊珠峡水入达县。泸滩水源出大竹山，自达县东南界北流，与南江合。开江在县东北，东流入开县。东：豆山关。**渠**简。府西二百二十里。北：龙骧。西：玉蟾山。东北：八蒙、大斌。渠江即宕渠水，自达县入，径城东，又西南入广安。流江自营山入，东南流，与渠江合。白水溪源出东南白水洞，西流入渠江。北：卫渠关。县丞驻三汇场。**大竹**繁。府西南百二十里。东：月城山。西：九盘、邻山。东北：狮子山。金盘山亦名仙门山。仙门水自月城山发源，邻水自邻山发源，并西南流入邻水。北：东流溪，一名清溪河，西流入渠县，注渠江。县丞驻石桥铺。**太平**要。府东北百四十里。南：翠屏。东：天池、板塞。北：大横山。前、中、后三江俱自县境发源，径城东，西并入东乡。白沙河源出板塞山，西南流，径城南入后江。东：蓝津关。**城口厅**繁，疲，难。府东北三百六十里。西：城口山，厅以此名。东南：金城。东北：黄礤山。北江自黄礤山发源，经大竹渡，折北入陕西紫阳为任河，注汉江。万顷池在峡口山，南邻境之水多源于此。东北：深溪关。

　　康定府：要。隶康安道。明，长河西鱼通安远宣慰司。康熙初，明宣慰司以地归附。雍正七年，移雅州府同知来治，置打箭箭炉厅，仍隶雅州府。光绪三十年，升直隶厅。三十四年升府，改名康定，隶康安道，升裹化县为裹化厅，并以河口、稻成二县同隶府。宣统三年，旧隶打箭炉之宣慰、宣抚、安抚长官各土司，全体改流，先后分别设治，并先各就其地置委员、理事等官。东北距省治九百六十里。广六百四十里，袤八百三十里。北极高三十度九分。京师偏西十四度三十八分。领厅一，县二。东：大岊山。南：无脊山。东南：大雪山。东北：郭达。西南：折多山，为入藏要道。鸦龙江即古若水，自青海境发源，南流，径府西南入冕宁。大渡河即古沫水，自懋功入，径府东，又南入清溪。泸河源出折多山，东北流，至城西南，有木鸦河自番界东流来注，并入大渡河。有榷税泸关。巡司一，驻泸定桥。一驿：烹坝。**裹化厅**要。府西六百四十里。裹塘宣慰、宣抚司故地。旧设有粮务委员。光绪三十二年设裹化县。三十四年升厅。东：紫木喇山。东北：高日山。东：鸦龙江自喇滚入，有三渡水自盐源之木裹土司及云南中甸来注之，会金沙江入马湖。西南：色隆达河，源出额东额山，入金沙江。**河口**要。府西。裹塘、明正两土司交界地，旧名中渡。光绪三十二年，裹塘改流，设县。西有鸦龙江。**稻**

成要。裹塘土司地。旧名稻坝。光绪三十二年改流。三十四年设县。县丞一，驻贡噶岭。

巴安府：要。康安道治所。督办川滇边务大臣、按察使衔炉安兵备兼分巡道驻。巴塘宣抚司地。光绪三十一年改流。三十三年置巴安县。三十四年升府，并置三坝厅，盐井、定乡二县隶之。东北距省治二千一百里。领厅一，县二。东：龙新山、甲噶喇山。西南：宁静山。巴冲楮河自瞻对入，与金沙江合。色楮河即金沙江，自三岩入，径府西至得荣入云南丽江。

三坝厅要。府东二百三十里。巴塘、裹塘两土司交界地。三十三年改流。三十四年设厅，驻通判。盐井要。巴塘土司地。光绪三十一年改流。三十四年设县。澜沧江自察木多入，绕由云南入缅甸。定乡要。裹塘土司地。旧名乡城。光绪三十二年改流。三十四年设县。

登科府：要。德尔格忒宣司地。边北道治所。宣统元年改流，析其地为五区。于北区设府，仍名登科，并置德化、白玉二州，石渠、同普二县隶之。东北距省治三千三百五十里。领州二，县二，土司十二。川、藏交隘，东连甘孜、瞻对，西邻纳夺、察木多，南与巴塘、乍了接壤，北界西宁、俄落，乃金沙江之上游。德化州要。德尔格忒土司中区地，旧名更庆。宣统元年改流设州。鸦龙江自甘孜入，入瞻对。巴冲楮河自巴塘入，下流入金沙江。石渠要。府西北二百一十里。德尔格忒土司北区地。即杂渠卡，一名色许。宣统元年改流设县。白玉州要。府南六百三十里。德尔格忒土司南区地。宣统元年改流设县。北有海子山。同普要。德尔格忒土司西区地。宣统元年改流设县。并分管察木多呼图克图及纳夺土司之地。乍了呼图克图地，入藏要路。宣统三年设理事官。察木多呼图克图地，亦名昌都。东接德格、纳夺、贡觉，西与八宿、诺隆宗毗连。旧设有粮员，置兵戍之。宣统三年增设理事官。得荣巴塘土司地。与云南接壤。宣统三年设委员。江卡旧为给藏地，置有兵戍。北接三岩、乍了。西连波密、察木多。宣统二年收回。三年设委员。贡觉旧为给藏地。宣统二年收回。三年设委员。桑昂旧为给藏地。宣统二年收回。三年设委员。杂瑜旧为给藏地。宣统二年收回。三年设委员。三岩野番地。跨金沙江之上，有上岩、中岩、下岩之分。宣统二年归附。三年设委员。甘孜麻书、孔撒两土司地。宣统元年改流，设委员。兼管白利、东科、德格、倬倭、章谷之地。**章谷**土司地,与孔撒、麻书、德格、瞻对均接壤。改流后亦名炉霍屯。宣统三年设委员。**道坞**麻书、孔撒两土司地。宣统三年改流设委员。**瞻对**旧为土司地,给与藏人。东连明正、单东、孔撒、麻书、章谷各土司界。南接裹塘、毛丫、崇禧。西北与德格接壤。据鸦龙江之上游。有上瞻、中瞻、下瞻之分,亦名三瞻。宣统三年收回,设委员。

　　邛州直隶州:中,卫,繁。隶建昌道。明,州。东北距省治百八十里。广二百二十里,袤百五十里。北极高三十度十八分。京师偏西十二度五十三分。领县二。东南:铜官山。南:文华、古城。西:相台、马岚、七盘。北:渠亭。西南:邛崃山。南:邛水,即古仆千水,亦名文井江,源出西北牛心山,东流入新津。牙江水、斜江水、潇水俱自大邑入,东南流,与邛水合。西南:火井。南:夹门关。巡司驻火井漕。**大邑**繁,难。州北少东四十里。东:银屏山。西:高唐山。北:雾中山。西北:鹤鸣山。牙江水源出县境,潇水源出凤凰山,斜江水源出鹤鸣山,并东南流入州。东:乾溪镇。**蒲江**简。州东南六十里。南:金釜山、长秋山。北:白鹤山。南:蒲江自丹棱入,东北流入州,合邛水。北:铁溪河自名山入,即百丈河,下流会蒲江入邛水。西南:黑竹关。

　　绵州直隶州:冲,繁,难。旧隶成绵龙茂道。光绪三十四年裁。明成都府,属州。顺治初,仍明制。雍正五年,升直隶州,以成都之绵竹、德阳、安及保宁之梓潼来隶,并设彰明、罗江二县,寻改彰明属龙安府。乾隆三十五年,移州治罗江,省罗江县。嘉庆六年,还旧治,复设罗江。西南距省治二百七十里。广三百里,袤百零五里。北极高三十度二十七分。京师偏西十一度三十五分。领县五。东:金山。南:延贤。东北:天池。北:绵山,州以此名。涪江自彰明入,径州北及东,又东南入三台,亦谓之内水。龙安水、茶坪水俱自安县入,并东南流,与涪江合。州产盐,有中井十一,下井一。盐捕州判驻丰谷井。县丞驻魏城。驿二:魏城、金山。**德阳**冲,繁。州西南百五十里。北:鹿头山、浮中山。绵水一名绵阳河,处绵生入,东南流,径城南入汉州。石亭水亦自绵竹入,径城西南,入汉州。北:鹿头关。一驿:旌阳。**安**繁。州西北百一十里。北:千佛。东:西昌山。南:浮山。东北:金山。黑水河一名宁口河,冷水河一曰乾河,并东南流入罗江。茶坪水源出千佛山,发源东南,径城西会龙安水入州。西小坝、睢水,北曲山三关。**绵竹**繁。州西南百八十里。北:武都。南:文曲。西南:飞凫。西北:紫岩山。绵水、石亭水俱自茂州入，左流为绵水，径城北，东南入德阳。射水一名紫溪河，源出三溪山，径城南，与石亭水合。白水河源出土司漆寨坪，东南流，径城西南，马尾河源出土司天池山，东南流，径城西北，折而东，并入射水河。南：石碑镇。**梓潼**冲，繁。州东北百二十里。东：兜率山。西：葛山。南：长卿山。北：五妇山。梓潼水一名歧江，源出龙安平武山溪，东南流，径城西南，又南入盐亭，即古驰水也。西北：九曲水，源出龙安洞子口，九转入潼江。一驿：武连。**罗江**冲，繁。州西南九十里。北：潺山。南：天台山。西南：龙池山。黑水、冷水俱自安县入，东南流，至县东北合，是为罗江。又折南，径县东，入中江。南：芙蓉溪，源出白马关下，东南流，至县南，与罗江膈，一名三紫水。西南：白马关。一驿：罗江。

　　资州直隶州：繁，难。隶川南永宁道。明，资县。顺治初，仍明制，为资县，属成都府。雍正五年，升直隶州，以成都之仁寿、井研、资阳、内江来属。西北距省治三百四十里。广四百三十里，袤五百里。北极高三十九度五十分。京师偏西十一度三十二分。领县四。资山在西北，州以此名。南：银山、铁山。西南：玉京、金炉。西：盘石山。中江自资阳入，径城西南为资江，亦曰中江。北纳小溪，东纳大濛溪，东南流入内江。珠溪源出井研北境，东北流，至州西北与中江合。大濛溪源出西龙家坝，又名都溪，东流径城南，至唐明渡入资江。州判驻罗泉井。一驿：珠江。**资阳**繁，难。州西百三十里。东：宝台、万钟。西：凤台。南：书台。西南：独秀，亦名资山。沱江亦名雁江，自简州入，杨花溪自乐至西来注之。资溪、孔子溪均东来注之，南入州。一驿：南津。**内江**冲。州东南九十里。西：翔龙、铧萼。东：降福。南：铧影。西南：石城、东南：金紫山。沱江自州入，径城南，清流河合高桥河入之，南入富顺。西南：玉带溪，流合中江。城内西北隅有桂湖，与中江通。一驿：安仁。**仁寿**繁，难。州西二百里。三隅山峙东、西、北三隅。南：觉山。西：天池。东：佛岩山。赤水一名黄龙溪，自简州入，西流径县北，又西入彭山，合府河。鱼蛇水发源县西境，西南流，入眉州。**井研**简。州西南二百四十里。城内：麟山。西：书台、五星。北：瑞芝、九龙。东北：铁山。西南：磨玉山。拥思茫水有二源，夹城西南流，合为泥溪，入乐山。县产盐，有上井四，中井七，下井二百二十六。

　　茂州直隶州：中。原隶成都龙茂道。光绪三十四年裁。明，成都府，属州。顺治初，仍明制。雍正六年，升直隶州，以成都之汶川及保县来隶。嘉庆六年，省保县入杂谷厅。东南距省四百十里。广百八十里，袤四百三十里。北极高三十度十七分。京师偏西十二度三十一分。领县一，土司六。东南：岷山，一名雪山，俗呼九顶山，北自松茂，南接灌县。东：五味山。南：巨人。北：茂湿山。岷江自松潘入，南流径州西，亦曰汶江，黑水河即古翼水，东南来注。又北，纳三溪，南纳南龙溪及白水江自松潘入，南流径州西，亦曰汶江，黑水河即古翼水，东南来注，松溪自黑虎寨来注。又北，纳三溪，南纳南龙溪及白水河，西流入江。东桃坪、南七星、雁门、实大四关。一驿：来远。汶川冲，繁。州西南百二十里。南：岷山，又南娘子岭，为县门户。东：玉垒。西：河屏。北：寿山、七盘。东南：龙泉山。岷江自杂谷入，径县北，名汶江，亦名玉轮江。东纳大溪口水，西纳登溪沟水，径城西南，桃川水自东来注，又草坡河、龙潭沟、天赦山水、卧龙关水，并东南来注，入灌县。有桃关、在彻底二关。驿二：寒水、太平。瓦寺宣慰司隶汶川。在县西北。明为安抚司。嘉庆元年改置。司境有草坡河。沙坝安抚司隶州。在州北。仍明旧。静州长官司隶州。在州东。仍明旧。岳希长官司隶州。在州西。仍明旧。实大关长官司隶州。在州西。仍明旧。陇木长官司隶州。在州西。仍明旧。

忠州直隶州：繁，难。隶川东道。明，重庆府，属州。顺治初，仍明制。雍正十二年，升直隶州，以重庆之丰都、垫江及夔州之梁山来隶。西距省治一千五百里。广二百六十里，袤百八十里。北极高三十度十六分。京师偏西八度二十分。领县三。东：毓秀。西：高盈山、屏风山。东南：涂山。东北：九亭山。大江自丰都入，径城西，西溪来注。又径州东，瀹溪河来注。又东，涂井河自西来注。又北入万县。州产盐，有上井三，中井八，下井二十四。州判驻石桥井，巡司驻敦里八甲。东南：涂井镇。丰都简。州西南百十里。东：青牛、大峰。西：石壁。南：金盘。东北：平都山。《水经》所谓“径东望峡，东历平都”者也。大江自涪州入，东北流，径城南，又东北入州。渠溪自州西南流，葫芦溪自石柱西流，碧溪自金盘山东南流，并入大江。西：北涪镇。垫江繁，难。州西北百三十里。东：佛转山。西：白龙洞。南：望月。东南：将军崖山。罗平水有三源，北源出石人山，西源出白龙洞，南源出将军崖，会于三河口，又东与高滩溪合。高滩溪自梁山入，径城东南，又西南入长寿，为龙溪。一驿：白渡。梁山繁，难。州西北百里。东：峰门。西：金凤。南：石马。北：高都。东：蟠龙山，下有溪东南流，入州，为涂溪。又桂溪，发源五斗山，北流径城西，折西南流入垫江，为高滩溪。宁溪源出县境，东南流入万溪。虎溪镇。一驿：

太平。

酉阳直隶州：繁，难。隶川东道。明，酉阳宣慰司。属重庆府。顺治初，仍明制。雍正十二年，改重庆属之黔江、彭水二县置黔彭直隶厅。十三年，又改平茶长官司为秀山县，属厅。乾隆元年，废厅，改为酉阳直隶州，以黔、彭、秀三县来隶。西北距省治一千七百四十里。广四百六十里，袤五百六十里。北极高二十八度五十一分。京师偏西七度三十八分。领县三。北：酉阳山，州以此得名。东：龙山、荷敷。西：鬼岩。南：佛山。东南：三江山。黔江自贵州安化入，径城西，纳南溪河、洪渡河，入彭水。北河自湖北来凤入，径城东，南流，会邑梅河，折东入湖南保靖，为酉水。东南：叠溪，上承凯歌河，自贵州铜仁入，亦名买赛河，东北流，秀山之哨溪来会。又纳后溪、容溪，东入酉水。州同驻龙潭镇。巡司驻龚滩镇。秀山繁，难。州东南二百六十里。西：高秀山，县以此名。东：巴惯山。南：擎团、鼎桂。西南：白岁山，哨溪出焉，东与满溪合，入州会买赛河。南：地澄溪，东合遵岫溪，入凯歌河。邑梅河在东南，有红河溪会嘉塘河东北流注之，又与北河合。巡司驻石堤。黔江简。州北二百八十里。东：酉阳山。北：黄连大垩山。西：金鸡、箐山。西南：梅子关山。唐崖河自湖北咸丰入，大木溪合七十八溪水来入之。阿蓬水亦名东小溪，径城东南，又西南入州，为南溪河。有石胜、白崖、梅子三关。彭水难。州西二百里。西：壶头山。东：甘山。南：丹阳。西南：盈川山。东北：伏牛山。涪陵江即黔江，自州入，西纳长溪，北径城西。龙嘴河自黔江来会，后江河、水洞河入之。又北纳合溪河、射香溪，西入涪州合大江。东北：亭子关。东：盐井、郁山二镇。巡司驻郁山镇。

眉州直隶州：冲，繁。隶建昌道。明，州。康熙初，彭山；青神二县先后省入州。雍正六年复置，仍隶州。东北距省治百九十里。广百六十里，袤百八十里。北极高三十度六分。京师偏西十二度三十一分。领县三。西南：连鳌山。西：醴泉。北：盘龙。东：蟆颐山。下临玻璃江，一名蟆颐津，即岷江，自彭山入，径武阳驿，分流复合，南入青神。醴泉江发源盘龙山，东西二源，出盘龙山，分流至州北，合为双河口，绕州城与松江合，入岷江。思濛江在南，一名芙蓉溪，拥甘水在西南，一名金流江，俱自丹棱入，径州东南流，并至青神与岷江合。有鱼耶、东馆二镇。丹棱简。州西九十里。南：长山。北：龙鹄山。东南：三峰、金釜二山。思濛江源出龙鹄山。夷郎川源出赤崖山，与思濛合，泫甘水自洪雅入，俱东南流入州。南：栅头镇。**彭山**繁。州北四十里。东：金华山。北：彭亡山，本名彭女水，名彭望。东北：居㟼、天社。西北：回龙山。大江一名汶江，又名武阳江，自新津入，径城东北入州。府河即锦水，下流纳赤水，俱自仁寿入，南流入大江。东北：双江镇。**青神**冲。州南八十里。西：熊耳。西：多棱山。东：上岩、中岩、下岩，即三岩。大江一名导江，自州入，南流入乐山。思濛江、泫甘水俱自州入，东北鱼蛇水自仁寿入，西南流，并入大江。

泸州直隶州：要，冲，繁，难。川南永宁道治所。明，州。光绪三十四年，析九姓乡隶永宁州。西北距省治七百五十里。广三百十里，袤二百二十里。北极高二十八度五十四分。京师偏西十度五十七分。领县三。州治在忠山麓，即宝山，一名泸峰。东：神臂岩。南：方山。北：玉蟾山。资江即沱江，下流自富顺入，东流径北门外，至城东北，与大江会。大江自纳溪入，东北流，径城南，折流合沱江，曰合江，又东入合江。悦江源出荣昌白马洞，南流入大江。支江自富顺椽子漕入，思晏江自荣昌入，并南入资江。九曲溪自隆昌入，南流至玉蟾山下，合思晏江。南龙透、北玉蟾二关。巡司驻嘉明镇。州判驻。九姓乡。**纳溪**冲。州西南四十里。东：楼子、掇旗。西：冠山。南：马鞍山。北：滨江。西：纳溪，俗名清水河，即永宁河，下流源出阿永番部，东流入大江。南：倒马、石虎二关。驿一：江门。**合江**冲，难。州东北百二十里。南：少岷，即安乐山。东南：榕山。西南：丁山。大江自州入，东流，径北门，东入江津。安乐溪一名小江，即古大涉水，亦曰习部水，自贵州仁怀入。之溪亦自仁怀入，合以至城东北，入大江。南：符关。**江安**冲。州西南百十里。南：南照山。北：北照山。东：凤凰山。大江在城北，自南溪入，东北流，入纳溪。清溪自长宁入，东北流，径城西北，入大江。绵溪源同连天山，亦入大江，曰绵水口。

永宁直隶州：要，冲，繁，难。隶川南永宁道。明，叙州府。叙永同知及贵州都司永宁冲辖地。顺治初，仍明制，置同知，隶叙州府。析永宁卫隶贵州威宁府。康熙二十六年，改卫为县。雍正五年，厅地并入县，改属叙州府。八年，复设同知。乾隆元年，升为叙永直隶厅，以永宁县来属。光绪三十三年，以永宁移治古蔺。三十四年，改厅曰永宁直隶州，改县曰古蔺，并析泸州之泸卫，分州地曰九姓乡，置古宋县属焉。西北距省治九百九十里。广四百余里，袤三百九十里。北极高二十七度五十六分。京师偏西十一度十一分。领县二。东：天马山。

西：宝真。南：青龙。东北：红崖。东南：狮子山。永宁河亦曰界首河，一源自小井坝入，径城西，一源自铁矢坎入，合北流，通江溪自贵州入，纳鱼漕溪注之，入纳溪，合大江。东：罗付大河，与贵州遵义接界，下流入乌江。东雪山、西北江门二关。驿一：永安。**古蔺**繁，难。州东九十里。旧为巡检司驻。光绪三十三年改永宁县为今名，移治此。东：雪山。西：海漫山。赤水河自云南镇雄入，径赤水卫东北合永宁河入纳溪。北：梯口关。县丞一，驻赤水镇。**古宋**冲，繁，难。州西。旧泸卫。明设九姓长官司，属永宁卫，后属泸州。顺治四年归附，仍明制。康熙二十四年并入泸州。雍正四年设州同，后改州判。光绪三十四年裁，升县改今名。西：中和山。南：古洞岩。鱼漕溪东流入州，合通川溪。

　　松潘直隶厅：要，冲，繁，难。旧隶成绵龙茂道。明，松潘卫，隶四川都司。顺治初，仍明制，为卫属龙安府。雍正九年，裁卫置厅。乾隆二十五年，升直隶厅。旧隶成绵龙茂道。松潘镇总兵驻。南距省治九百五十里。广二百七十七里，袤二百二十里。北极高三十二度四十六分。京师偏西十二度五十一分。南：火焰山。北：大小分不岭。西北：岷山，即渎山，又谓之汶阜，一名沃焦山。禹导江处，其水曰渎水，即岷江，一曰汶江。东：雪栏山，下有白水，为涪江之源。合三舍堡、羊峒口诸水，经小河营，曰小河，入平武。岷江自岷山之羊膊岭南来，杀鹿洞一水东来注，经黄胜关弓槟口，一水西来注，径厅东南，左纳东胜河，右纳窗可。又南，左纳云昌沟，右纳山坝溪，经平定关入茂州。西：黑水河，有南北二源，合流亦入茂州。有望山、雪栏、风洞、红崖、黄胜、平定、武都等关。巡司一，驻南坪。

　　石砫直隶厅：简。隶川东道。明，宣慰司，属夔州府。顺治十六年归附，授宣慰司，属夔州府。乾隆二十七年，升为直隶厅。西距省治一千二百里。广二百三十里，袤二百四十里。北极高三十度十八分。京师偏西八度十五分。东：石砫山。南：大峰门山。北：方斗山。大江自丰都入，右纳神溪、钟溪、沼溪，东北流入万县。东南：宾河有二源，俱自湖北利川入，曰龙嘴溪，曰冷箐溪，径沙子关，合为三江溪。又西南流曰后河，径厅北，大凤溪来注。又西南，江池溪自龙潭来注。又西南为葫芦溪，西北流入丰都，注大江。东沙子、南大凤二关。巡司一，驻西界沱。

　　理番直隶厅：难。旧录成绵龙茂道。明，杂谷安抚司，属茂州。顺治初，仍明制。乾隆十七年改厅，驻理番同知。二十五年，升直隶厅。嘉庆六年，以茂州属之保县入之。东南距省治三百八十里。广九百六

十五里,衰一百七十里。北极高三十一度四十分。京师偏西十三度
十三分。领土司四。西:熊耳山。东:高碉。北:马革、龙山。西北:姜维、花
崖二山。大江自茂州入,径厅东南,又南入汶川。沱江在城西北,有二源:南曰
杂谷河,北孟董沟,并东南流,至城西北而合,折南入大江。西:大溪,源出梭磨
土司、东界大雪山,东南流,亦入大江。西南:维关、镇远关。东北:镇安关。**梭
磨宣慰司**厅西北。旧为长官司。乾隆四十年升置。大溪源出司境大雪山,东
北流入厅。从噶克长官司厅西北。乾隆十八年置。**卓克采长官司**厅四。乾
隆十四年置。**丹坝长官司**厅西。旧为土舍。乾隆二十四年改置。

　　懋功屯务厅:大小金川土司地。顺治七年,小金川归附。康熙
六年,大金川归附。雍正元年,授安抚司。乾隆四十一年,分置美诺、
阿尔古两厅。四十年,并阿尔古入美诺。四十八年,改懋功厅,驻同
知,理五屯事务。广千四百五里,衰五百七十里。北极高三十度四
十四分。京师偏西十三度六十分。领屯五,土司二。懋功屯厅治。东:
巴郎山。南:汉牛、雪山。北:日尔拉山。西南:喇嘛寺山。东北:商角山。小金
川河自抚边入,东南流,径厅北,受南北两山水,至章谷合金沙河。**抚边屯**厅
北百三十五里。北:孟拜山。西:空卡雪山。小金川河在屯南,合日尔拉、索乌、
巴郎诸山水,西南入懋功。**章谷屯**厅北百三十五里。东:墨尔多山、丹噶山。
金川河自崇化入,径屯东南,与小金川河合,折西南,流入打箭炉,为大渡河。
崇化屯厅西二百五十里。东:刮耳崖。东南:丹噶山。东北:木果木山。金川
河自绥靖入,径屯西入章谷。小溪河发源空卡山,东流入小金川河。**绥靖屯**
厅西二百七十里。东:索乌山。南:足古山。东南:功噶山。金川河自绰斯甲布
土司入,径屯西入崇化。**鄂克什安抚司**厅东。乾隆十五年置。**绰斯甲布安
抚司**厅西。乾隆四十一年置。东:宜喜山。金川河自司境南流入绥靖。

清史稿卷七〇
志第四五

地理十七

福　建

　　福建:《禹贡》扬州南境。明置福建行中书省,改承宣布政使司。清初为福建省,置闽浙总督。康熙二十三年,海岛平,以其地置台湾府。雍正十二年升福宁州为府,永春、龙岩为直隶州。增置霞浦、屏南、福鼎。光绪十三年,升台湾府为行省,与福建分治。后入日本。东至海:百九十里。西至江西石城。千五百五十五里。南至海。二百七十里。北至浙江景宁。四百六十里。广九百一十里,袤九百七十五里。南至沼南县南境,北极高二十三度四十四分。北至浦城县北境,北极高二十八度。东至长乐县东境,京师偏东三度一十七分。西至武平县西境,偏西二十二分。宣统三年,编户二百三十七万六千八百五十五。口一千四百二十二万九千九百六十三。领府九,直隶州二,厅一,县五十七。

　　福州府:冲,繁,疲,难。清为省治。闽浙总督兼巡抚布政、提法、交涉、提学四司,盐、粮、巡警、劝业四道,福州将军、副都统驻。道光二十三年,与英订约五口通商之一。租界在闽江北岸,曰南台,与府城对。航路:厦门、福州、三都澳。驿路:北逾仙霞岭达浙江江山;西南达广东黄冈。电线由福州北通杭州,西南通广州,东通马尾、川石山,东北通三都澳。海线由川石山东通台湾淡水,由厦门东北通上海,西南通香港。北至京师六千一百三十四里。广三百七

十七里,袤四百十二里。北极高二十六度三分。京师偏东三度。领
县十。闽冲,繁,疲,难,倚。府东偏。东:鼓山,为郡之镇。东南:九仙、大象、
南台。南:方山。海自浙江温州迤西南入福宁,环府之罗源、连江,至县东百九
十里,为五虎门。其外大洋,其内闽江口。闽江,闽大川,上汇富屯、沙、建三溪,
至侯官分二派入:北派承洪山江,东径中洲为南台江,至中歧为马头江,台大
定江、演江,亦曰东峡江,至罗星塔;南派泽苗江入,为陶汇,径螺州,左合黄山
水,又东南为阴崎汇,又东为乌龙江,右合榕溪,又东亦曰西峡江,又东来会,
又东过青洲,右纳太平港水,径员山,又北支津北抵亭头乡。又东为琅琦江,复
歧为二,一西北出五虎门,一东南与长乐分徙,为厂石江。梅花江出白猴屿,并
入焉。其下历兴化、泉、漳至粤,水程二千里,陆千二百里。闽海关总口二:一驻
南台,海防同知;一驻闽安镇,副将同。顺治十五年筑城,置战船,南北岸炮
台。县丞驻营前。雍正十二年徙三水部。关外、镇口、中洲三镇。巡司三:闽安、
五虎门、永庆。三山、大田二驿。**侯官**冲,繁,疲,难。倚。府西偏。西南隅:闽
山。北隅:越王。东北隅:冶山。南:方山。西南:怡山。西:清泉。西北:雪峰。
北:莲花、寿山。西北:梧桐岭。城南:闽江,西北上承洪清大溪入,径大竺,左合
陈溪,至小箬,仍错出复入,右合鼋溪,左为二:北派东南左合五峰山水,为石
岊江,又为螺江、金锁江,至城西为洪山江,分流复合,左合西湖水;南派右纳
楼梯岭水,又南大樟溪自永福入,合浯溪、潢溪、喆溪、印溪,歧为泽苗港,先后
来会,为泽苗江,又东南并入闽。北:宦溪出莲花山,北会板桥塘水,折西,右合
长箕岭水,径下密,折东北为日溪,为密溪,入连江。西湖、东湖、南湖并堙。西
河场。县西:西江口,大使驻。闽画地为埕,漉海水曝之,与江、淮浙煮盐异。县
丞驻大湖。梅岭、大穆、芋原、辽沙四镇。竹崎、五县寨二巡司。白沙、芋原二驿。
长乐疲,难。府东南百里。东:壶井山。东南:龙泉。西南:岩遇。东北:越迁。
北、东、南际海。北界闽之马江口。太平港自七岸山循界西北分入,一入其营
前,一合资圣溪及文治浦,自东水关贯城东出。又北,合考溪入洋屿。又东至筹
港为广石江、梅花江、陈塘港,入猫屿。其外东沙、北犬、南犬、南为磁澳。江西
其仙歧寨、蕉山寨,西至漳港为漳江。又南至壶井澳,为壶井江。又南至铁炉屿
为巴头港,三溪入。其外双帆石、东洛屿、西洛屿。又南径御国山、小祉、大祉为
松下江口,至福清界。宋建炎初,陈可大始兴水利。乾道四年,徐璹为斗门及湖
塘陂堰,溉田都二千八十三顷。磁澳镇。广石、筹港、泽里、厚福四汛。猫屿、蕉
山小祉废巡司。**福清**冲,繁,疲,难。府南少东百三十五里。城北隅:灵鹫山。

东:瑞岩。东南:兴庐、海坛、南日。东南际海。自长乐迤西南为鼓屿、猫屿。屿头龙江口、海口。江上源崔溪,出西北百丈岭,东汇龙潭山水、无患溪曰西溪。至城南,左合东皋山水,为龙首河,潴为琵琶洋入。又东南三山、高山、市天马山。至莲盘。北际御国山。有大扁屿、东沙。自鼓屿迤东南为大练门。海坛南有三十六派湖。其北:军山、钟山,西:水马山。南:南茭山、草屿。东甲、西甲。又西:南日山,迤北:大坼、小坼,至径江口。南日江上游,径江上承苏渔溪入,西南江口桥至莆田界。牛头前、薛峰头、上径诸讯。锦屏、江口二废巡司。宏路、蒜岭二驿。**连江**疲,难。府东北百里。城北:龙际山。西北:白岩、去居。城南:金鳌。东南:定岐。东北:马鞍。东际海。自罗源迤南为北茭。其南北竿塘山,与闽南竿塘直连江口。江即鳌江,上区龙源罗溪、长潭溪及凤板溪,闽清雪峰水,宁德排楼溪于五县寨口。又东至罗岑渡为宝溪,又东为鳌江。左俟财溪、利安溪及雪溪;又东径东贷为贷江。右合蟛步江,左珠浦,又东与东冲力直循东洛、西洛,又西可门、濂澳门、松崎江口。城西:罗川,出蒋山,合九溪、四明溪,岐为南北溪。复合,东径禹步迹,县北九龙溪合起步溪来会,与白水溪、小护溪、大护溪并达于松崎江。其东南至连江界。西南:凤板溪、长潭溪。西:霍口溪,上承侯官密溪。左纳苏洋溪,屈东,南为罗溪。左纳老人山水,又东南入连江。西北:杨溪入宁德。鉴江、濂澳、松山、上地四镇。**古田**冲,疲。府西北二百七十里。城北:翠屏山。城西:北台。西南:九龙。东:盖竹。大溪二源,东溪出杉洋镇黄居岭,西南右会太平山水,左纳甘棠溪,又西南,左合石马山水,右纳富洋溪,又东,径城东,为东溪。屈南,西溪自其右来会,南迳鸣玉滩,错闽清复入。剑溪自南平入,左合赤凌溪、岭头水,折东南,迳小武当山北来会,曰水口,亦名因溪,又东南入闽清。东:苏洋溪、老人山水,西南入罗源。柯潭、平湖,各溉二十顷余。县丞驻水口。黄田镇。并有驿。白溪、西溪二废巡司。**屏南**疲,难。府西北二百二十里。雍正十二年析古田置。东南:罗经山。南仙、字岩。西南:灵峰。城西:双溪,南源出水竹洋,北源出天台岭,合为龟溪,又南至棠口为棠口溪。右合白溪。折东南,其南龙源溪、黛溪,并入宁德。西南:甘棠溪。西:富洋溪、牛溪。**闽清**简。府西北百二十里。城西:南台山。西:鼎峰。西北:白云。南:金钟。东北:凤皇。城东:建江,西北自古田入,东合东溪,错入,合石步坑水;又东南,右合大雄溪,错侯官东北,陈溪注之。又南梅溪出马坑岭,会瞿昙溪。又西,左合峰洋溪,折东北,左合演水溪。又北径城西,环而东南,合盖平、仁寿、孝顺、金沙诸里小溪来会,曰闽清口,屈东北,入侯官。清窑镇。洋头塘汛。永福疲。府西南百四十里。东北：摩笄山。北：文殊岩。城南：大张。南：陈山。东：观猎。西南：高盖，《道书》第七福地。城东大樟溪，西南上承德化浐溪入，合浓溪为浓口溪。又东北，左合东洋村及上、下潦水，又东径嵩口，至重光寺。右纳游溪，为西溪，为东溪，又东北，左合龟洋溪、潄溪，为双溪。右纳游洋支津为大溪。又东北，左合梧岭水，右十八溪，又东北径大樟山北，是为大樟溪，入侯官。白叶湖，宋乾道二年修，溉十顷。大樟镇。潄门巡司。

福宁府．冲。隶福州道。总兵驻。明州，领县三。雍正十二年为府，割福建之寿宁来隶，增霞浦。乾隆四年，复析置福鼎。西南距省治五百四十五里。广三百二十四里，袤二百三里。北极高二十六度五十四分。京师偏东三度四十一分。领县五。霞浦冲，繁，倚。西南：霞浦山，县以此名。城北：龙首。南：罗浮。东：箬山。西：慧日。西北：望海。东、南、西际海。自福鼎迤南，小峏山、乌崎港。杨家溪纳梓柏、洋溪为赤溪，折东为雄溪入。又南三沙，迤西小皓瓜溪入。又西松山、赤岸溪合倒流溪、三涧水入。又西百茶村、欧公河入。又西南渔洋埠、后垅溪入。又迤东南武崎山。又南废大金山千户所。又南罗浮山，是为三都澳，商埠、海关在焉。又西叶山。又南北壁。又南东冲口。又西至福安界。其北呆头山，霞浦溪入。又北盐田关，柘溪入。其西坪溪、坑口溪、富溪并入福安。斗门闸溉田万顷。东冲、大金、古镇、斗米、牙城五镇。柘洋、三沙二巡司。高罗、杨家溪二废司。福鼎冲，繁，府东北二百十里。治桐山南麓。东：福鼎山，县以此名。东：福全。东南：茭阳。西：铁樟。南：太姥。东、南际海。自浙江平阳迤西南为沙埕港。桐山溪出西北金尖山，屈东北，合金钗溪、茭溪、南溪，折南为乌溪。合透埕溪、贯岭溪，径城东而南，合龙山溪为夹城溪，又东南为关盘港。会三叉河、前歧溪、象溪，其西南会董江为白水江，又东南径金屿门入。又西屏风山，有福安塘，弹江入。又西黄崎山，篑笥溪入。又西北九曲港，王柄溪会才溪、蔗溪、跃鲤溪、秋溪入。又西峡门，硖门溪合濮阳溪入。又西至霞浦界。西南：樟柏洋溪入霞浦，管洋溪入浙江泰顺。沙埕、峡门、南关三镇。秦屿，参将驻。有巡司。激城废司。福安疲，难。府西北百三十里。城北隔：铜冠山。城东：鹤山。北：屃山。东北：大东。西：福源。东南：马顶城山。南：重金。南际海。自霞浦迤西南，为官井洋、白马门口。大溪二源：东溪北上承浙江泰顺，宁寿后溪，自缘界入，右会蟾溪；西溪上承宁寿托溪来会，为交溪，至城西栖云潭，右合秦溪，是为大溪。又东南，左纳坑口、西坪水，折西南，会松洋溪，为三江口。又南为苏江，右合薛阪，左赤石关水，又东南为印江、黄崎江入。又东南，径白马门，达官井洋，入于海。月白石关巡司。白石镇废司。**宁德**疲，难。府西南百三十里。西：白鹤山。东：官扈。东南：金瓯。南：勒马。北：霍童山，《白玉经云》"三十六洞天第一"。高二十里，周五十里。东南际海。自福安迤西南，为云淡门，松洋溪支津西北自寿宁入，纳麻阳峡水，为南门溪。显圣溪缘屏南界，合双溪来会，为外渺溪。又东南，左合赤溪，径铜镜为金乘港入。又西南北溪，西北上承屏南龙溵溪入，径石堂山合黛溪。又南，东为金溪。又东南，覆鼎屿、白匏山、青山。其南，青屿门。北溪南支合钟洋溪，纳杨溪，径城北为蓝田溪。又东南合古溪，又东合蒲岭水，为飞蛮江，合焦溪入。又西南至罗源界。其松洋溪经流东南入福安。东湖、飞蛮镇。霍童巡司。石堂二废司。**寿宁**简。府西北二百八十里。城北隅：真武山。北：立茂。东：丛珠。西：天马。托溪即北溪，西北自浙江庆元入，为九岭溪。又东南合西溪，至斜滩会南溪。其北蟾溪出西北大熟岭，会茗溪贯城东出，径笔架山，屈东南，缘界并入福安达交溪。又北，西溪出庆元界青田隘，东合官台山官田洋水，又东为葛家渡溪。又北后溪自浙江景宁入，为上地溪，合小东水。又东，折北，错泰顺复入。又东南为百步溪，右合武溪，复错泰顺与西溪合。下游亦注交溪。西南：松洋溪自政和入，径芹山至泗洲桥，支津西南出，又东南至溪口，并入宁德。里老桥陂溉田二百余亩。渔溪巡司。

延平府：冲，难。延建邵道治所。明领县七。雍正十二年，割大田隶永春。东南距省治三百六十里。广三百里，袤三百十八里。北极高二十六度三十九分。京师偏东一度四十九分。领县六。**南平**冲，繁，难，倚。南：九峰山。东南：屏山。城西：虎头。东北：演仙。西北：莲花。西南：金凤。剑江一曰建江，为闽江上流。二源：东北东溪，上承建安建溪入，径高桐，左合埂埕溪，右群仙洋，大、小湇水径城东而南；西北西溪，上承顺昌大溪入，径上洋口，左合鸬鹚溪，又东南，右合黄泥溪，至双溪口，右纳沙溪，又东南，折东北，径城南来会，是为剑江。右合十里庵口溪、南平里溪、罗源溪，左纳吉溪。又东南，左合岳溪，右金钢岭水，尤溪亦自南来会。又东，左合武步溪入古田。东溪、黯淡滩、南溪、龙窟滩险甚。岭峡巡司。又大历废司。大横、剑浦二驿。**顺昌**繁，难。府西少北百二十里。北：华阳山。西：凤山。西南：大明。西北：七台。城南大溪，二源：西北富屯溪，上承邵武大溪入，东南左合顺溪，右大干溪，径城西而南，亦曰秄帖溪；西金溪，自将乐入，合交溪、娄杉溪来会，是为大溪。右合洄村溪水、南溪，又东，右合石溪、棋溪，入南平。镇四：仁寿、上洋、大干、安抚。仁寿废巡司。**将乐**疲。府西二百二十里。城北：西台山、龟山。东：莲花。西：钟楼。东南：天阶、乌石。东北：封山、石帆。南：仙人塘。西南：五龙城。南金溪，西北上承泰宁大溪入，径万全北，合常溪、竹洲溪、将溪，屈东南，右合三溪寨水，左望江溪、獬村溪，又东，右纳池湖溪、水口溪，折东北，至城东南，是为金溪。龙池溪合沙溪自北来会。又东，左合安福口溪，径三涧渡，右合常口溪、漠村溪，左濑口溪、黄坑口溪，又东入顺昌。西北瓜坂，屈西北入泰宁。万安巡司。**沙**繁，难。府西南百二十里。城北：凤冈山。西：岩山。西北：陶金。西南：吕峰。北：将军。东北：马笠。东：玉山。南：七朵。其下沙溪，二源：一太史溪，西南上承永安燕水溪入，径莘口，右合西霞坂水，左明溪，又北右合蒋坑水，左斑竹溪、陇东溪，至城东南；东溪出顺昌界天柱山，曰半溪，东南至漈口，又会瓦溪，合幼溪，又南径城东来会，是为太史溪。又东左合鸬鹚溪、玉溪、杨溪、下涌溪、下湖溪，右洛溪、琅溪、丹溪、高溪、渔溪，入南平。北乡岩巡司。**永安**繁，难。府西南三百里。城东：二山，南：登云塔。北：枏桐。西北：黄杨岩。东南：斗山。东北：贡川。城北燕水溪，西北上承清流九龙滩水入，径大岭，屈东，左合罗峰溪；右檄岭水，至八仙岩。东连城、姑田溪，自西南来会，是为燕水溪。又东，右会南溪及浮流溪、林田水、桂溪，至城北，右合大梅溪、左益溪，又东并为贡溪，左纳坊溪、田沙溪，右合青溪，其东南黄田岭水，北合乌坑水为西霞坂水。其北明溪自归化入，又东并入。镇二：西洋、星桥。安沙、小陶二巡司。英果、黄杨，湖口三废司。**尤溪**繁，难。府南百六十里。城北：永山。西南：鸬鹚。西：璠山。东南：石井。南：眠象。东：参拜。尤溪城南二源：湖田溪西南上承大田县溪入，径高才，左合包溪，右漈头溪及汶水，又北左合新桥溪；右宝溪，至城南；青印溪出沙界罗岩峰，东南右合新坑水，左麻溪、小溪，径城西来会，是为尤溪。又东为云潭，右合双髻山源湖水，左华南溪，又东左合塔兜，右资寿溪，入南平。明溪北自归化入，又东入沙。官陂西南溉田数千顷，波及德化界。高才坂巡司。

　　建宁府：冲，繁。隶延建邵道。明领县八。雍正十二年，割寿宁属福宁。东南距省治四百八十里。广四百九十五里，袤四百三十里。北极高二十七度四分。京师偏东二度。领县七。**建安**冲，疲，难。府东南。东北隅：黄华山。城南：覆船山。东北：马鞍山。东南：象山。西南：龙池。建溪亦曰建江，二源：松溪东北自政和入，屈西南，左合川石源，右东游、横谷、坤口、千源诸溪，又西南左合东苌溪、沙溪，至城东南为东溪；又西，西溪自瓯宁径城西南来会,是为建溪。又南径太平驿,右合古老岭、下溪、秦溪及其支津,左纳百丈溪、房村口溪,入南平。双溪、大官陂各溉田十一顷。迪口县丞。房村巡司。太平一驿。**瓯宁**冲,繁。附府西北。北:天湖山。西北:石乌、石东。东:东山城。西:龙首。城南:覆船。东北:天堂。西溪二源:建阳溪自县入,东南径叶坊驿;柘溪自浦城入,迤西南,左合蓬岭水来会,为双溪口,又南,右合吉阳溪、兴贤溪、跃鳞溪,左紫溪、宜均溪,至城北分流,复合于临监江门外,是为西溪。百丈溪出县西北山,合登仙里水,东游溪出东北嵛口,并入建安。巧溪出西黄源岭,入顺昌。凤坑水出东北白石山,东入松溪。将军山下陂,溉田千余顷。吉阳、头二巡司。叶坊、城西二驿。**建阳**冲,疲。府西北百二十里。城西隅:大潭山。西三十里,太平、九峰、唐石。西北:芦峰。北:阑干。东北:砚山。南:莲台。西南:五峰。建阳溪亦建溪,二源并西北,崇安自崇安入,曰北溪,左合陈溪,又南折东,左合芹溪,至河船,右合石船溪,左锦溪及油溪,屈西南至城东南;西溪出西北毛虚潒山,会竹溪、瓦溪,屈南,右合化龙溪,折东右合莒溪、马伏溪、左龙口溪,径玉枕峰西,又东来会,是为建溪,亦曰交溪。迤东南径樟滩,左合窑溪、将溪,右长湍溪、吴墩溪、徐墩溪,入瓯宁。油陂溉田五十顷。西:麻沙镇。南:盖竹镇。南槎巡司。建溪一驿。**崇安**冲,繁,府西北二百四十里。南:武夷山,《道书》第十六洞天,周百二十里,峰三十六,岩三十七,岸壁红腻,稜叠可爱。北:黄石。东北:济拔。西北:三瑿。西:白华。东:仙洲。东南:寨山。崇溪二源:东溪出东北石白里,汇岑阳、寮竹诸山水,西南左合小浑溪,右浴水溪、岚溪、新丰溪,至大浑里,右合大潒溪,又西南至林渡;西溪出西北分水岭,会大安源、双溪,又东左合温林、观音二寨水来会,是为崇溪。又南过押衙洲,分流复合,径城东,右合黄龙溪,又南左合梅溪,迤西右合九曲溪,屈南至黄庭,右合黄石溪及籍溪,又东南入建阳,为北溪。芦陂溉田万余顷。镇二:温岭、黄亭。五夫里巡司。兴田、裴村、大安三驿。**浦城**冲,繁。府东北二十七里。治黄华山南麓。城东隅:越王山。城北:横山。东北:太姥、盖仙、仙霞岭。南:回隆。西南:西阳。东南:金斗、柘溪、南浦溪出东北柘岭,西南右合灰坞潒、上溪,左半源、渔仓、里洋诸水,又西右合渔梁溪,左官田溪,侧城西南,冻葢夹岩,亦曰梅花溪。新岭了西北百丈山,合洪源溪来会,是为柘溪。又南,右合东源溪,左大石溪,又西南右合临江溪,左富岭溪,径曹村,右合石陂溪,又南入瓯宁。北盆亭溪,西会小竿岭、梨岭水、詹溪,入江西广丰,注信溪。富岭,县丞治。镇一:渔梁。巡司二:庙湾、溪源。驿二:小关、人和。**松溪**简。府东百六十里。治蹲狮子山南麓石壁山。东：王认山。东南：七峰。西：皆望。东北：鸾峰。松溪二源：分出浙江龙泉小梅、庆元温屿而合，径木城隘入。西南径旧县塘，又纳新窑水，又西，右纳松源溪，又西，至城东南，右合杉溪、白石溪，又西南入政和。吴村，县丞驻。渭田巡司。政和简。府东百四十五里。东：池栋山。东南：大凤。南：飞凤。洞宫山，《道书》三十七洞天。东北：天柱峰。西北：南禅。松溪自其县入，径常口，迤东南至西津渡。七星至西津渡，七星溪径铁山口，合石龟溪、胡屯溪，又西合茶溪，径城南，合官湖，又西南来会。又南亦曰当阳溪，左合小层溪、右山表溪，入建安，为东溪。东北新坑水，出天柱山，东南双洞溪出溪门岭，合下园溪、李洋水，并入寿宁。又南和溪出西表岭，入宁德。范屯诸陂四十有四。下庄巡司。又苦竹废巡司。

　　邵武府：冲，疲。隶延建邵道。明属福建布政司。顺治三年，隶武平道及分守建南道。康熙六年，并废，改。东南距省六百七十里。广二百二十里，袤二百六十里。北极高二十七度二十一分。京师偏东一度五分。领县四。邵武冲，繁，疲，难，倚。西南：珠山，为郡祖龙。西：登高。南：福山。东：鸡鸣。东南：浮潭。北：云际。东北：泉山。邵武溪即大溪，西北上承光泽、交溪，入中合中坊溪左勋河。又东南，左合田段溪口，右和顺高家渡龙斗溪，径紫云滩，右合溪西镇龙桥叶村水。又东至城北，左合石鼓溪、石樵溪，又东南右合鹿口溪、铜青溪、大竹溪。折东，左合拿口上下溪，右密溪。又南，左合骄溪，至板孔滩，右合外石，左卫闽溪。又南，右合谢坊，左下黄溪、绣溪，至水口，右合桃溪，又东南入顺昌。官坊溪出东南官尖峰，西南入泰宁，注龙湖溪。黄溪溉田四十顷。乌坂城，城东。黄土关，西南。有黄土三盐场。水口、拿口巡司二。光泽冲，难。府西北八十里。城东：罗嘉山。西南：管蜜。西北：大和、昂山。东北：乌君坞。西溪上承马岭山水，自江西新城入，东径罗家渡，右会象牙山岩岭隘，左石螺山水，为西溪。迤北，左得小禾山水，又东至水口，左纳朱溪，右陈溪，折北合大岭水，至册下。左合马了山、何家山、上下原诸水，径城西，支津入城为九曲溪。又北，过牛洲至城东，复与云岩水来会。又东至乌洲。北溪东北自铅山马铃隘入，径云际关南会大棋山水。又西南，左合延寮，右火烧关水，至举贤，右合苦株阮，左肩盘岭水，又西径小寺州，右纳冷水坑水。又西南，右合峰坳水，又南径城东来会，是为交溪。又东南，右合花园水，入邵武。西北大和山水，其西牛田水，并入芦溪。松林陂溉田八顷。清化镇、大寺巡司。建宁疲，难。府西南二百十里。西北：白鹿山。北：何家。东南：大亏。

城东：南山。西：凤山。城南：濉江，西南上承宁化宁溪入，左合都溪及里源溪，又北，右合金铙山水，又东北，右合百丈岭水，是为濉溪，径城东而北，汇为何潭。又东，右合开山溪，径横口，左纳永城溪，右合武调溪及冯家源溪，又北，东入泰宁。东南黄土岭水，东入归化。双溪、张家陂各溉田七顷。**泰宁**简。府西南百四十里。城西隅：炉峰山。北：钟石。西：青莲。东北：旗山。南：石山。大溪亦东溪，东北上承邵武官坊溪入，右会龙湖。东溪纳龙湖，东南径济桥，右纳交溪，左合梅林溪及朱口溪。又西南合龙门溪及将溪，至山夹桥，左纳黄溪，至城东右合杉溪，汇于何潭，是为城东三涧。折西，左合福冲溪、均福溪、二十四溪，至南会保，右合瑞溪、石塘溪，建宁濉江亦自西来会，是为双溪口。折南，右合龙安溪、金口溪，又东南为布溪，入将乐。乐思坝，本鸬鹚陂，溉田四十顷。

　　汀州府：冲，繁，疲。隶汀漳龙道。东北距省治九百七十五里。广三百五十五里，袤四百三十里。北极高二十五度四十七分。京师偏东二分。领县八。**长汀**冲，繁，倚。今治南城。北：卧龙山。东：马鞍。城南：圆珠、宣严。西：玉女。东北：翟峰。东南：七宝。鄞江即汀水，东北自宁化入，右合将军山、天井山水，又西南出龙门峡，右合梓步溪。又南为湘洪峡，右合小湘溪。折西，右合北溪及东溪，又西南右合筼竹岭水，径城南，右会西溪，又南，左合南溪，又东南，左合钟家坑诸水。又西南，左合黄凤溪，濯田溪合桃杨隘水、腊溪、黄峰水、桐木坑水，径濯田自其西来会。又南左合羊角溪，右纳小澜溪，入上杭，下至广东下埔为韩江，至澄海入海。东：虎忙岭水，其南牛尾岭水，又南八仙岩水，并入连城。其西矾头水，入上杭。西北贡水，即湖汉水，入江西瑞金，为贡江，行七百余里，下流与章江会为赣江。大城寨巡司。馆前、临汀、三洲三驿。**宁化**简。府东北六十里。城北：翠华山。南：五灵。西南：南山。东：墨瓦。东北：宝螺。西北：西华。大溪二源：西溪西南出狐栖岭，东汇为蛟湖，折北，左会陈家坑水、觉溪，折东至城东南；东溪北出建宁界三都岭，又南，左合罕坑，右若竹岭水来会，是为大溪。有乌路峡。右合合溪及上坪村诸水，与其南安乐水、罗溪并入清流。西南龙萝山水，入长汀。西北宁溪，东北入建宁。七里圳导竹篙岭水自新安桥至西溪三百五十丈，溉田数千顷。县丞驻泉上里。石牛、安远二巡怀。**清流**简。府东北二百里。城北：屏山。南：龙山。东：东华。东北：国母峰。东：隘岭。清溪即大溪，西北上承宁化大溪入，左合三港溪、郑家坑溪，右合安乐水，径城南，右事严坊水，左嵩溪、梓材坑水，又东南至罗口。文川溪，上承连城清溪入，合楮岭水，会罗溪。又东北，合官坊溪来会。又东，左合油瓶、隔右、洞口水，又东入永安。东北梦溪合芹溪、炭山水入注之。铁石矶废巡司。归化简。府东北二百九十里。南：楼台、鼓角山。西南：银瓶、玉玦。东：龟山。东南：南山。西：黄牛。北：峨眉。东北：龙西嶂。明溪西出永安界五通坳，会大岭水，径城北，右合黄溪而东，左合隘门叉，右雪口水。又珩溪、小明溪，又东左合瀚溪，又东为沙溪，左合无尘坑，右吕源水，至紫口坊。右合夏阳溪，折东南，左合紫云台水，与南大吉溪、胡坊溪并入永安。西北铺溪出黄婆山，会宁化泉、上里水。又北建宁水，自长岭隘入，合枫溪来会，折东，左合鳌坑，右丘地、茶坑二水，又东北入将乐。东北瓦溪入沙。大陂圳西北长二十里，溉田数万亩。夏阳巡司。明溪驿。连城简。府东南百四十里。北：蟠龙山、萧坑。南：银瓶。东：莲峰。东南：天马。东北：马坑。文川溪源自西南五磜，东北，右会金鸡山，左张坊水，径城南而东合划笠山水。折北，左合李坊水至麻潭，右合楮岭水。又西北，左纳虎忙岭、牛尾岃二水，折东北入清流。西南南丰头溪，源自郎村隘，左会冈上水，右会牛尾岃南水。又西南，左合莒溪、芎园溪，右纳八仙岩水，入上杭。东南曲溪，其南赖源水，折东北入永安。少西大东溪，又西隔溪，并东南入宁洋。北团寨巡司。上杭冲，繁。府南二是四十里。北：紫金山。东北：覆箩。东：冷洋。东南：铁障。南：横琴。西：展旗。西南：羊厨。城南大溪二源：鄞江西北自长汀入，屈东南，左合射溪、金山溪，在九华溪，至水铺塘，右纳檀溪，至九洲关；丰头溪东北自连城入，右纳矶头水，左合九曲溪、苦竹溪，又西南来会，是为大溪。屈南，迳城东而南，濑溪自西南来会。横琴冈一曰龙翔溪，又南，左合安乡溪，至樟树潭，左纳丰稔溪，又西南，右合白沙磜水，又东南，左会永定溪，右合磜头水，入广东大埔，注神泉河。县丞驻峰市。平西、篮屋二驿。武平简。府西南二百六十里。北：交椅山。东：梁野。西：灵洞。武平溪二源：东北大丰溪，源自永平寨，左会当风岭水，右合渔溪，右灵聚溪，西南，左合下黄溪、黄沙溪，为化龙溪，至朱阮西北；大溪自江西会昌入，左合石径岭水，径武平所东，屈南，右合溪头水来会，是为武平溪。又西南，左合岩前寨水，入广东镇平，注大溪。东中保水，东南象洞水，并入上杭。北大顺溪，东北，左纳石子岭水，入长汀。西南马战紫水，西北张阮水，分入江西长宁、会昌。象洞、永平二巡司。永定繁，难。府东南三百六十里。北：龙冈山。南：桂榜。西：印匣。西北：黎袍峻。东北：寒袍峻。东：圆岭。永定溪东北上承龙岩、文笔山水，径富岭北，屈西南，右合分水岭水，右文溪；武溪，至溪口，右合凉伞寨，左湖雷水，径城东。又西南，左合当风坳水，入上杭。东南金丰溪，出岩背山，西会下佛子隘水,屈西南,左合高头水、莒溪、香南溪,右鸣岐岭、新村水,入广东大埔。西北丰稔溪,出茫荡洋山,错上杭,会大丰坝水,复入,合合溪、香溪、跳鱼溪、跃鳞溪、汤湖溪,再错复入,合小大阜溁水仍入之。三层岭、大平砦二巡司。兴化废司。

漳州府:冲,繁,疲,难。汀漳龙道。漳州总兵驻。明,领县十。清初因之。雍正十二年,升龙岩为直隶州。漳平、宁洋割隶。嘉庆元年,析平和、诏安地增置云霄厅。东北距省治六百八十里。广二百七十里,袤二百九十里。北极高二十四度三十二分。京师偏东一度二十分。领县七,厅一。龙溪,冲,繁,疲,难,倚。城西北隅:登高山。北:天柱。西北:九龙。南:名第。东:文山。东南:龙溁。西:天宝。九龙江西北上承漳平九龙溪入,径涵口,又南为华葑溪。又东南,左合石兀山水,径下漳,左纳高层溪,右三脚灶水,入为汰溪。碧溪至香洲渡,左纳龙津溪为郭溪,又东为柳营江。南门溪上承南靖大溪入为梅溪,支津入城。又东,合龙溁山水,至三叉河歧为石码港,又东北来会,为福河。又东为锦江,过许茂乌礁歧为二,分出二洲间,并入海澄,与南溪合入海。通判驻石码。镇四:东关外、木屐、石尾、玉洲。驿三:江东、甘棠、丹霞。有新岱巡司。九龙、柳营江二废司。海澄难。府东南五十里。雍正十一年,割漳浦之镇海卫来隶。西南:儒山。北:文圃。南:席帽。东:吴养。西南:侯山。东南:鹿石。东、南、北际海。北自同安迤西南为浮宫港。南溪,西南上承南靖马坪溪,缘界为马口溪,又东南为倒港,歧为二:一东北径白水营北入;一东北径城南,复歧为二,一北夹洲入,一北径城西而北为普贤港,径沉屿为卢沉港,会龙溪、石码港、锦江,又东过恒溪、玉枕二洲,径湖使二屿、圭屿与海沧港,达同安鼓浪屿入焉。镇四:镇海、浯屿、海沧、海门。海门、濠门、岛美三废巡司。南靖繁,疲。府西四十里。南:林壁山、西天山、独坐。东北:岩仓岭。东:峡口。西南:麒麟。西北:朝天岭。城南:双二源:大溪亦西溪,西南自和平入,为高港,西北径长窑墟,折东北为小溪口,左纳博平岭水,折东南为鲤鱼溪、船场溪,合象溪,纳琯溪,至旗尾渡;小溪亦东溪,西北自漳平入为员沙溪,又南合圊水、阮水,折东合鹅譬山水,又南径金山北,出涌口至太监岭,西合涵溪,折东,左纳苦竹村水,又南来会,为双溪口。折东,径城南,为湖山溪,又东南为峡口溪,又东入龙溪。马坪溪自平和缘界,合老灶山水,又北,东入漳浦。龙礁陂溉田三千余库。巡司二:和溪、永丰。又九龙砦废司。驿一:平南。漳浦冲,繁,难。府南百二十里。城北:罗山。南:梁山,西麓盘陀岭。西南:将军。东：海云。东北：太武。东南：良山。东南际海。自海澄迤西南为井尾澳，黄女江入。又南将军澳。迤西虎头山，山北六鳌废所。又西竹屿、浮头港。李澳川西北上承平租五寨溪入，右合崎溪，又东南为秦河，又东南径龙头保入，又西南为古雷城，至云霄厅界。其北杜浔溪入。南溪上承南靖马坪溪，缘界合小溪，又东径大帽山北入海澄。县丞驻佛昙。镇一：杜浔。驿二：临漳、盘陀岭。

平和冲，繁。府西南二百里。东北：长卢山。东：九牙。南：天马。西北：象湖。东南：大棒，四溪出焉。曰河头溪，西会官寮山水为合溪、粗溪，又西径楼宅山，至城南。又西，右合大芦溪，入广东大埔，注清远河。曰高山溪，东北左会小坪山水，右合南胜溪。又东北为琯溪，左合高礁团溪、碧微溪，右九团溪，又东北入南靖。曰河上溪，东南会白石山水，为三合溪，又东南，合佛几岭水，入云霄厅。曰徐坑溪，西南会陈溪、天马山水，又南，左合下陂溪、马溪，入诏安。东、南五寨溪，东入漳浦为李澳川。高港溪东北入南靖为大溪。南靖故城，县丞驻。镇二：南胜、庵后。有琯溪巡司。**诏安**冲，繁。府西南二百五十里。城西：良峰山。西北：金鸡。北：乌山。东：奇山。东南：川陵。东南际海。自云霄厅迤西南为铜山废所，东北与古雷城直为石城屿。其西渐山，八尺门汛。其间后澳港、大陂溪合梅洲溪入，有金石废司。其南南浦，又西南宫前，迤西北悬钟废所。东溪东北上承平利徐坑溪，合下陂溪，又南，右合白叶洞水，又东南合赤溪，径城东园林歧为二，一自东沈村循甲州而东，一自奥雅头右合磁窑溪，径牛姆礁，入于海。南南澳，总兵驻。又西至广东饶平界。新陂溉二千余亩。镇九：悬钟、云澳、青澳、西炮台、草寮尾、红花岭、分水关及铜林之后林村、宫前村。铜山场大使。漳潮巡司。驿二：南诏、大碑塘。**长泰**简。府东北三十八里。西北：良冈山。北：董峰。东：天柱、蜈蚣。东北：内方。龙津溪出东北林口隘，东南在合芹果溪，又南，左合白桐山水，右歧为严溪，注高层溪，入龙溪。又南，左合马洋溪、可垄溪，折西径城南，又西南径鼎山北入龙溪。有朝天岭废巡司。**云霄厅**中。府西南百六十里。嘉庆三年，析平和、诏安置。东：大臣山。南：马山。西：将军。西北：真武崎。西北：呈奇岭。东南际海。自漳浦迤西南，杜浔港入。又西，西林溪，西北上承平和白石溪入厅北，又南径大田，左合岭脚水，右纳龙头水，又南径为西林溪，右合将军山水，侧城东南，右合御史岭水，与杜浔港达于漳江。陈岱港出城东南盘石，东南流，径八尺门，入于海。石蛇尾、梅州二镇。

龙岩直隶州：繁，难。隶汀漳龙道。清初因明制为县，属漳州。雍正十二年，为直隶州，割漳州之漳平、宁洋隶之。东北距省治九百二十里。广二百二里,袤百九十一里。北极高二十五度九分。京师偏东三十九分。领县二。城内:大嶂山。城北:后山。南:奇迈。东:东宝。西:虎岭。城南龙川,出州西九曲岭,会大、小池水,东为罗桥溪,径城南,汇为石鼓潭。右合陈陂溪及曹溪,又东为东溪,径观音座山,汇为瓮口潭。左合傅溪,又东北为雁石溪,左合碎溪、碰头溪。其北藿溪,上承连城大东溪入,合隔溪,径溪口,右合长坡溪,左纳小东溪。有雁石巡司。适中驿。**漳平**难。州东百七十里。西北:古潦山。北:三山。西:龙停。东:东关。南:覆鼎。东北:凌云。城南九龙溪二源:东源西北上承宁洋大溪入,为九鹏溪,又东南。左纳藿溪、西坑水,又南径盐场塘西;西源雁石溪自州来会,是为九龙溪,又东,右合吴地溪,径城南,汇为九龙潭,又东南,右合黄畲铺水,至华口塘,左纳感化溪,右合下折溪,二溪相交如十字然,又东南,与南三脚灶水并入龙溪。东北古格岭水,入安溪。后溪洋陂,溉田六顷有奇。有永福里镇。归化、芦溪南废巡司。**宁洋**简。州东北百八十里。北:金凤山。南:香寮。西:芙蓉。西北:杀狐岭。城南大溪三源:北溪出西北梨子岭,会百种畲洞水,径城北,会西溪,至城南,会南溪,是为大溪;又南,右合西溪,又东南,并入漳平;东溪出县西炉山峰,西南流,合热水、小溪水入龙岩。

兴化府:冲,繁。隶兴泉永道。清初因明制。北距省治二百四十里。广二百十里,袤八十五里。北极高二十五度二十六分。京师偏东二度四十七分。领县二。莆田冲,繁,难,倚。南:壶公山。东南:五侯。西南:天马、龟山。西北:夹漈。北:浮山。东北:澄渚。东:持久。东、南际海。自福清迤南为黄竿。北荻芦溪会澳溪为洙溪,汇为北洋太平陂,达迎仙港。延寿溪上承九鲤湖,东为莒溪,汇为北洋延寿陂,达涵头港。木兰溪上承仙游、仙溪,东为濑溪,又东堰为南洋木兰陂,达白湖港。三港既会,是为三江口,又东入焉。又南:美南。东南:青山。沥浔塘,唐筑,溉田百四十顷。县丞驻平海。盐场大使三,驻涵江、前沁、东峤。湄州、忠门二镇。涵江二巡司。大洋、凌厝废司。莆阳驿。**仙游**难。府西七十里。治大飞山南麓。西北:仙游山。东:铁山。北:将军。东北:石所。南:白岩。城南:仙溪西北自德化入,为大目溪,右合古濑溪,又东右纳金沙溪,左合大济溪,为三会溪。右合神堂溪,径城南又东北,左合走马山水,右纳石二岭水,至东渡,左合安吉溪。其北九鲤湖并入莆田。其地枫亭溪入海北。游洋溪入永福。兴泰、枫亭二巡司。白岭废司。

泉州府:冲,繁,疲,难。隶兴泉永道。提督驻。通判驻蚶江。明领县七。

雍正十二年，升永春为直隶州，割德化隶之。东北距省治四百十里。广二百七十里，袤二百里。北极高二十四度五十六分。京师偏东二度二十五分。领县五。晋江冲，繁，疲，难，倚。城北：清源山。东南：法石。南：狮山。西南：石塔。北：双阳。东北：凤山。东南际海。自惠安迤西，其洛阳港入为洛阳江，会长溪入白屿。晋江上承南安黄龙江，东南为笋江、浯江、溜石江，至磁灶，径法石汛为蚶江入。少南，陈埭、玉兰浦、植壁港入金屿。屿南石湖即日湖。又东东埔，东北与崇武所直。又西深沪湾，又西南团头镇，又西北石菌、白沙。九溪自南安入，为安海港，合灵源山水入，又西至南安界。县丞驻石狮。浔美场大使。镇二。深沪巡司二：鹧鸪、雉阳。又庵上废司。驿一：晋安。

南安繁，疲，难。府西四十五里。城北：葵山。西北：鹊鬐。南：灵秀。西：九日。西南：觉海。城南金溪二源：自永春入者桃溪、小姑溪，合于便口，又东南歧为二，一南合高田山水，一东合泸溪、凌斜溪，复合为双溪口；自南安入者蓝溪，东径珠渊汛，左合洞后埔水，右英溪、归溪，又东亦歧为二，东与永春水会，东南径金鸡山，为金溪，至城南为黄龙江，一南合困山、蟹坑山水，至白石复歧，一东径娘子桥，一南径官厝，全柏峰山水为九溪，并入晋江。县丞驻罗溪。莲河场大使驻营前。镇一：洪濑。巡司驻大盈。又澳头、莲河二废司。驿一：康店。

惠安冲，繁，难。府东北五十里。东北：龙屈岭。西北：大帽山。东：五公。东南：松洋。南：锦田。西南：盘龙城。西：登科。东际海。自莆田迤西为横屿、洋屿、沙格澳；傅埭、添崎港入，又南峰尾澳、峰崎港入岱屿、吉屿，又南黄崎澳，又南小岞，东北与莆禧所直。胡埭出石佛岭，合藩厝水，迤西大岞，又西崇武澳、獭窟澳，又西下按澳。峰崎港支津西南径走马埭，合龙津溪、马山埭入。其北洛阳港，至晋江界。又北大溪，入仙游。镇三：崇武、沙格、黄崎。门头乡，盐大使驻。良兴巡司。涂岭废司。驿一：锦田。同安冲，繁，疲，难。府西南百三十里。北：三秀山。东北：大轮。北：辰山。东：九跃。南：宝盖。西：西山、夕阳。南际海。自南安迤南为大嶝屿，莲溪入。又西北石寻港，抵城南，东溪、西溪入。又南下店、浔尾，后溪、深青溪入。迤东高埔、离埔、沺洲屿、白屿。其南大岛二，东曰金门，有北大武山，县丞驻。其北官澳，其东峰上，又东料罗。西曰厦门，故嘉禾屿，东南与澎湖直，有洪济山。道光中二十二年，金陵条约为商埠。分巡兵备道。光绪甲午后，水师提督驻。五通渡、高崎汛、筼筜港入金厦之间。悬屿有大担门、小担门，南抵海澄、浯屿。厦门西南隔鼓浪屿，有德、英、日、法领事置。镇六：店头、新墟、下店、大路尾、浯屿、高崎。通判驻马家巷。浯州、祥丰二盐大使。灌口、石浔、刘五店三巡司。驿二：大轮、深青。**安溪**疲，难。府西一百五里。西：蓬莱、驷马。南：黄龙山。黄檗又名午山，为县中众山之宗。北：凤山、翠屏、雪山。东南：北观、金龟。西南：龙塘。西北：鹤顶、佛耳、朝天诸山。县南三里，蓝溪亦曰清溪，源二。西北源出龙岩、漳平东北古格岭，东南流入县。东南径桃舟隘，西受梯子岭水，南流径连德坂，南折而东北，径龟坝南来会，又东北错入永春洲，永春洞口溪自北来注之，又折而东南，复入县。又东径小横乡南，受熊田溪，溪亦自永春入。又东南，受汉阪水，又南至魁斗西，受东溪、三层溪，麓又东南径县治西，曰吴埔溪，又南合西源。西源出县西南北岸山东麓，东北流，受白叶山水，又东北径举溪坝南，受留山水，又东北受溪益水，复合九峰山后溪、胡坑诸水，又折而东南，径五里埔北，受龙门岭水，又东曰湾江，又东与西北源合。合而环县东南，是为蓝溪。又东径罗渡南、田隙乡北，入南安。有长坑、湄上二镇。

　　永春直隶州：繁，难。隶兴泉永道。明，县，属泉州府。清初因之。雍正十二年为直隶州，泉州、德化、延平、大田割隶。东北距省治四百十里。广百八十五里，袤百八十八里。北极高二十五度一十八分。京师偏东一度一十八分。领县二。西北：大鹏山、雪山。东：昆仑。东南：花石。西：陈岩。西南：龙山。北：浮空。东北：乐山、雪山。桃溪出，为陈岩溪，合锦溪为埔兜溪，左合新田溪，又东径东平山，为浕溪。左合冷水坑水。又北，东为磁灶溪、石鼓溪，合龟龙溪，又东，为州前溪、留湾溪，左合新溪支津，又东南与小姑溪并入南安。新溪出西北天马山，其经流，东入仙游。西北熊田溪，自德化入，屈西南，为碧溪，右合上窑水、南洋水，其西洞口溪，并入安溪。黄坂镇。**德化**难。州西北三十里。治龙浔山南麓。北：绣屏。东北：石牛。东：龙门。东南：天门。南：双鱼。西：五华。西北：戴云。浐溪出为东埔水，会李山水，南，西为白泉溪；又南，右合黄洋溪、花桥溪，为石溪、苏溪、涂坂溪，右合龙潭水，左盖竹溪、郭坂溪、丘店溪，又东为西门溪，至城南，是为浐溪。右合大云溪、黄斜溪，左丁溪。又东北，左合龙门溪，右碧潭水，至高漈。左合龙潭水及上云溪，又东北，径岱山，左合南埕溪，折西北，左合卢溪，又东北，入永福。西北小尤溪、锦屏山水、汤岭水，分入大田、永春、尤溪。东北，石牛洞水，入仙游。内洋镇。小尤、杨梅诸废巡司。**大田**简。州西北二百六十五里。同：大仙山。西南：台阁。东：银瓶。东南：文笔。北：双髻。东北：白鹤。县前溪上承小坑溪，东南自德化入，合龙背岭水为梓溪。又西北，左合小坑水，折东北为汤泉溪，至城南,汇为塔兜潭。又东北径京口,右合仙峰溪,左上华水,至漈头。英果溪合渡头溪,自其西来会,又北入尤溪。西南沈口溪入宁洋。其南武陵安水入漳平。在桃源巡司。花桥废司。

清史稿卷七一

志第四六

地理十八

台　湾

　　台湾：古荒服之地，不通中国，名曰东番。隋开皇中，遣虎贲陈棱略澎湖三十六岛。明嘉靖四十二年，海寇林道乾掠近海郡县，都督俞大猷征之，追至澎湖，道乾遁入台湾。天启元年，闽人颜思齐引日本国人据其地。久之，为荷兰所夺。清顺治十八年，海寇郑成功逐荷兰人据之，伪置承天府，名曰东都，设二县，曰天兴，曰万年。其子郑经改东都为东宁省，升二县为州。康熙二十二年讨平之，改置台湾府，属福建省，领县三。雍正元年，增置彰化县，领县四。光绪十三年，改建行省。光绪十三年九月庚午，闽浙总督杨昌浚、台湾巡抚刘铭传会奏，略云："台湾疆域南北相距七百余里，东西近者二百余里，远或三四百里，崇山大溪，钩连高下。从前所治不过山前迤南一线，故仅设三县而有余。自后榛莽日开，故屡增厅治而犹不足。光绪元年，沈葆桢请设台北府、县以固北路，又将同知移治卑南以顾后山，全台官制，粗有规模。然彼时局势，未闻择要修举，非一劳永逸之计也。臣等公同商酌，窃谓建置之法，恃险与势，分治之道，贵其平。台省治理，视内地为难，而各县幅员，反较多于内地。如彰化、嘉义、凤山、新竹、淡水等县，纵横二百余里、三百里不等，仓卒有事，鞭长莫及。且防务为治台要领，辖境太广，则耳目难周，控制太宽，则声气多阻。至山后中、北两路，延袤三四百里，仅区段所设碉堡，并无专驻治理之员，前寄清虚，亦难遥制。现当改设伊始，百废俱兴，若不量予变通，何以定责成而垂久远？臣铭传于上年九月亲赴中路督剿叛番，沿途察看地势，并据各地方官，将境内扼塞道里、田园山溪，绘图贴说，呈送前来。又据抚番清赋各员弁将抚垦地所陆续禀报，谨就山前后通局筹画，有应添设者，有应改设者，有应裁撤者。查彰化桥孜图地方，山环水复，中开平原，气象宏敞，又当全台适中之地，拟照前抚臣岑毓英议，就该处建立省城，分彰化东北之境设首府曰台湾府，附郭首县曰台湾县，将原有之台湾府、县改为台南府安平县。嘉义之东，彰化之南，自浊水溪至姑石圭溪止，截长补短方长曰百余里，拟添设一县曰云林县。新竹苗栗街一带，扼内山之冲，东连大湖，沿山新垦荒地甚多，拟于新竹西南各境添设一县曰苗栗县，合原有之彰化及埔里社通判，一厅、四县，均隶台湾府属。其鹿港同知一缺，应即裁撤。淡水之北，东控三貂岭，番社歧出，距县太远。基隆为台北第一门户，通商建埠，交涉纷繁，现值开采煤矿，修造铁路，商民麝集，尤赖抚绥。拟分淡水东北四堡之地，撤归基隆厅管辖，将原设通判改为抚民理番同知，以重事权。此前路添改之大略也。后山形势，北以苏溪为总隘，南以卑南为要区，控扼中权，厥惟水尾。其地与拟设之云林县东西相直，现开路百九十余里，由丹社岭集集街经达彰化，将去省城，建立中路，前后脉络，呼吸相通，实为台东锁钥。拟添设直隶州知州一员曰台东直隶州，左界宜兰，右界恒春，计长五百余里，宽约四十里、十余里不等，统归该州管辖，仍隶于台湾兵备道。其卑南厅旧治，拟请改设直隶州同一员。水尾迤南，改为花莲港厅。其内已垦熟田约数千亩。其外海口水深数丈，稽查商舶，弹压民番，拟请添设直隶州判一员，常川驻扎，均隶台东直隶州属。此后路添设之大略也。谨按台湾疆土赋役，日增月广，与旧时羁縻侨置情形迥不相同。因地制宜，似难再缓。况年来生番归化，狉榛之性初就范围，尤须分道拊循，藉收实效。辑退牖迩，在在需员，臣等身在局中，既不敢遇事纷更，以紊典章之旧，亦不敢因陋就简，以失富庶之基，损益酌中，期归妥协。二十一年，割隶日本。省在福建东南五百四十里。西北距京师七千二百五十里。东界海。西界澎湖岛。南界海矼头。北界基隆城。海广五百里。袤一千八百里。《一统志》载户口原额人丁一万八千八百二十七，滋生男妇大小口共一百七十八万六千八百八十三，户二十二万四千六百四十六。领府三，州一，厅三，县十一。台湾屹峙海中，为东南屏障，四百环海，崇山峻岭，横截其中，背负峰冈，襟带列岛。浪峤南屏，鸡笼北卫，澎湖为门户，鹿耳为咽喉。七鲲身毗连环护，三茅港汇聚澄泓。畜牧之饶，无异中土。诚东南一大都会也。

台湾府:冲,繁,疲,难。为台湾省治。巡抚、布政使、分巡兵备道兼按察使衔,共驻。其地东及东南界台东州;西及北界海;南及西南界台南府;东北界台北府。广袤里数阙。北极高二十四度三十三分。京师偏东四度二十分。领县四,厅一。台湾冲,繁,疲,难,倚。分彰化县治。葫芦墩巡司驻。彰化繁,难。府北百里。鹿港县丞驻。云林难。林圯埔,县丞驻。苗栗冲。大甲,巡司驻。埔里社厅调。府东南。其山在府境者。西北:五鹤、牛困山。西:史老楣山。南:芦芝、芎根、郡坑、松柏山、土山。东:内山。浊水出埔里社厅东南山,西南流,左合二水,经云林县东北一水自南来注之。曲北,右纳一水,经县北。又西北一水自嘉义县来,北流注之。又西经牛埔厝,歧为三支:一支曰石龟溪,西为牛椆溪;一支曰虎尾溪,经汕头厝为麦寮港,并经县西入于海;一支为东螺溪,又歧为三:曰刺桐港即番仔港,曰鹿港,曰二林港,并经彰化县西入于海。大肚溪上源曰合水溪,出埔里厅东南鱼池仔,西北流,合南碰溪,经厅西北、北港溪、北碰溪并西流注之。又西,珠子山二水合西北流注之,经府治南,左右各纳一水,经大肚街为大肚溪,又西北入于海。大甲溪出苗栗县东南,合数小水,西南流,右出支津,注于吞霄溪。正渠南流,左纳一水,折西北,经铁砧山南,又西北入于海。吞霄溪出苗栗县东南,合大甲溪支津,经县南,西北流,入于海。后垅溪出苗栗县东南山,合一水,西北流,经五鹤山,南至钢罗湾,夹二洲,又西北,经县治北,右通中港溪,左纳一水,入于海。中港溪出县东山,缘界西北流,经县治,左出支津,合后垅港支水为乌眉溪,与正渠并西北入于海。

台南府:冲,繁,难。旧台湾府改设。东北距省治二百里。东及东南界台东州;西及南界海;北及东北界台湾府。广袤里数阙。北极高二十三度。京师偏东三度三十一分。领县四,厅一。噶玛兰头围,巡司驻。安平冲,繁,难,倚。大武垅、斗六门二巡司。凤山繁,难。府南八十里。下司淡水,县丞驻。枋寮,巡驻。嘉义繁,难。府北一百十七里。笨港,县丞驻。佳里兴,巡司驻。恒春疲,难。澎湖厅简。府西。水程二百四十里。澎湖,总兵驻。澎湖八罩巡司。其山在府境者,北:太湖、白水、木冈山。东北:大福兴、大利山。东:观音、枕头山。北:华山。东南:武吉、草山。南:虎头、龟山。西:凤山,凤山县以此得名。凤山北大冈滚水、大武陇、大木冈山。县东傀儡山,俗曰加礼山。澎湖厅陇居海中。牛椆溪出嘉义县东,西北流,经治北,与布袋嘴港并西流入于海。八掌溪出云林县界,西北流,经平鼻山、北半月山,南合濑箕湖及一小水,西流至盐水港,入于海。急水溪二源,并出云林县西界,经嘉义县东南,合西流,又经急水铺南,左纳十八重溪,又经铁线桥街北,又西入于海。会文溪出府治东北,西北流,经大武陇北,右纳茄拔溪,左纳一小水,经府治北,又西经倒风港,入于海。柴头港出府治东北山,西北流,经治北,又西合德庆港,为安平港,入于海。二层行溪出府治东,茄定港出雁门关岭,阿公店溪出凤山县,东北并西流,入于海。淡水溪出府治东六张犁,西南流,右纳一水,左纳二水,经下淡水西,凤山县治东,至潮州厝泛北,西冷水,沟水出县东芋匏山,合二水,西南流注之。又西南汇为东港,入于海。加藤港在凤山县南,西流入于海。率芒溪出恒春县北武吉山,合一水,西流入于海。刺桐港、枫港、五重溪、三重溪、射寮溪并在恒春县北,西流入于海。龙銮潭在恒春县南,西北流入于海。猪猡束港在恒春县东,东流入于海。

台北府:冲,繁。西南距省治三百五十里。东、北、西界海;南界台东州;西南界台湾府。广袤里数阙。北极高二十五度十七分。京师偏东五度十五分。领县三,厅一。淡水冲。倚。新竹疲,难。府西南。宜兰疲,难。府东南。头围,县丞驻。基隆厅冲,繁。府东北二百七十五里。其山在府境者,北:大屯、沙帽、大武陇山。东北:鸡笼山,在基隆厅东。府城东:攀山。南:瓦窑山、大翿尖山、五指山。西南:横山、金面山、虎头山。西南:嵌山。海环府东、北、西三面。基隆口在基隆厅东北。沪尾口在府治西北。磺溪出府治南山,合石头溪,东北流,左右各纳一小水,至枋桥街,红仙水合摆接溪诸水西流注之。又北经府治西,艋舺、十八重溪水北流折东注之。至大稻埕。大隆洞溪出基隆厅东鸡笼山,合一水西流注之。又西北,分流复合,经扈尾港入于海。南崁港上流为大过溪,在府治西北。中沥溪、土牛沟、红毛港、凤山崎溪、旧港、油车港、香山港并在新竹县西北入于海。三貂溪在基隆厅东南,草岭大溪、加礼远港、苏澳门并在宜兰县南,俱入于海。

台东直隶州冲,繁,疲,难。卑南厅改设。西北距省治五百里。东及南界海。西及西北界台湾府。北界台北府。西南界台南府。广袤里数阙。北极高二十二度二十五分。京师偏东四度。卑南州同驻。花莲港,州判驻。其山在州境者,北:岐来山、能高山。西:秀姑峦山。东:丁象山。西出八同关,为秀姑峦山一带番社,系属峦番所居。西南一带高山番社,系属昆番所居。大港上源曰打马搵溪,出秀姑峦山,东流,经治北,右合网网溪,左合一水,经奇密社,北入于海。卑南大溪出州西南新武洛社,合三水东南流入

于海。花莲港二源，并出州西北，合数小水，经太平厂南入于海。东澳、南澳、大
浊水溪、大清水溪、小清水溪、得其黎溪、三栈溪、尤丹溪、米崙港并在州东北，
入于海。红虾港、黎仔坑溪、郎阿郎溪、马武窟溪、八里芒溪、吕家望溪、知本
溪、大苗里溪、虾子崙溪、大足高溪、干子壁溪、大鸟万溪、巴塱卫溪、鲁木鹿
溪、牡丹湾、八磘湾并在州东南，入于海。

清史稿卷七二

志第四七

地理十九

广　东

广东:《禹贡》扬州之南裔。明置布政使司,治广州。清初因明制,定为省。雍正中,升连州,又程乡为嘉应州,并直隶。嘉庆中,南雄降直隶州,寻并复故,增佛冈,南雄仍降州,增连山。同治中,阳江升厅,增赤溪。光绪中,升钦州、崖州,降万州。为道六,为府九,直隶州七,直隶厅三,散州四,散厅一,县七十九。东至福建诏南。千里。西至广西宣化。二千四百里。南至海。三百里。北至湖南桂阳。七百八十里。东南至海。二百八十里。西南至崖州海。二千四百里。东北至江西长宁。八百里。西北至广西贺。七百三十里。广二千五里,袤一千八百里。东北距京师七千五里七十里。宣统三年编户五百四万一千七百八十。口二千八百一万五百六十四。其名山:灵洲、黄岭、罗浮。其巨川:西江、北江、东江。铁路:粤汉南段,自广州西迄三水,又北清远、英德、曲江至乐昌,兴湖南兴宁路接。

广州府:冲,繁,疲,难。隶广肇罗道。两广总督旧驻肇庆,乾隆十一年徙。光绪二十四年裁巡抚,寻复。三十一年,仍与粤海关盐督、粮道同裁。布政、提学、提法、监运四司,巡警、劝业二道,广州将军、满州、汉军副都统、广东水师提督驻。明领县十三。康熙中增置花县。广四百二十里,袤五百二十二里。北极高二十三度十一分。京师偏西三度三十三分。领县十四。

有厅三：曰佛山，雍正十一年置；曰前山，乾隆八年置；曰虎门，道光二十五年置。有粤海关，康熙二十四年置。广州商埠，道光二十二年英《南京条约》订开。**南海**冲，繁，疲，难，倚。府西偏。粤之山，五岭据其三。北：粤秀。西北：灵洲。西南：西樵山。北江自三水入，东南流，东别出为紫洞水，至番禺，合珠江入顺德。西江自三水入，东南过九江，亦入顺德。西北马迳水首受芦包水，南与三江水会，屈东北流，左合黄洞水，南流溪水自番禺西南注之。南出石门山为石门水，过府治西南，屈东为珠江，入番禺。有九江浦主簿。三江、金利、神安、黄鼎、江浦、五斗六巡司。西粤汉，西南三佛铁路。**番禺**冲，繁，难，倚。在城有番、禺二山，县以是名。北：白云。东南：浮练，一名浮莲冈。东南滨海。南有珠江上承南海石门水，东南流，歧为二，至长洲复合。又东南为波罗江，左合东江为三江口。又东南，狮子洋合沙湾水，入于海。有狮子营。西：永靖营。有慕德、鹿步、沙湾、茭塘四巡司。鱼雷营有船坞在黄埔。番禺、五羊二驿。东广九，西北粤汉铁路。**顺德**繁，疲，难。府南百里。北：都宁。西：天湖。西北：西淋山。北江自南海入，为河澎海，东南流，屈北为扶间海，又东叠石海，东别为沙湾水，合珠江。至半江为板沙海，入香山。西江自南海入，东别出为甘竹滩水，与板沙海合，过仰船冈，别出为仰船海，至新会入海。县丞一：治容奇。有紫泥、江村、马宁，又北都宁四巡司。有甘竹商埠。光绪二十三年，《中英缅甸条约》开。**东莞**冲，繁，疲，难。府东北百八十里。南：黄岭。东南：宝山。西、北滨海。海中秀山，东西峙若门然，曰虎头门，珠江出其中，又谓之珠江口。有炮台五，曰威远、上横档、下横档、大角、沙角。东江自博罗入，合沥林水、九江水，西过黄家山，南别出为到涌水，会珠江皆入海。石龙镇，县丞一。京山、缺口、中堂巡司三。铁冈驿一。广九铁路。**从化**简。府北百三十里。东北：五指山。又十八山，流溪水出焉，南合陈峒水、玉溪合，过县治东南，左纳曲江，右纳黎塘，至番禺入石门。有流溪巡司。石岐驿。**龙门**简。府东北二百一十里。西：蓝潆山。西北：分水凹山。山西之水汇流溪入北江，山东之水汇西林水入东江。西林水一名九淋水，出西北三角山，合高明、白沙，屈西南，纳群溪水、永清水，入增城为增江。有热水湖在西北。有庙子角巡司。后迁永清墟。**新宁**疲，难。府西南三百六十里。北：三台。东：百峰山。西南：大隆山。南滨海。海中有上川洲，下川洲。北：长沙河即恩平江，自开平入，东南流，合南门河，西北合紫霞河，入新会。东南：泥涌河南合牛角水，至烽火角，入海。西：那扶水，亦南至狮子洲入海。又有潭滘河，康熙二十六年，总督吴在南凿，西引泥涌河，东北达新会崖门,以通舟楫。温泉、醴泉在西南。广海寨,县丞驻。有上川盐巡司。有公益商埠。宁阳铁路。**增城**简。府东百六十二里。西:云母。西南:南樵。东北:罗浮山。东江自博罗入,西流屈南,至番禺合珠江。增江上流为龙门水,南与派潭水合,又南至三江口,右纳澄溪水,左纳九曲水,过县治东南,分流入东江。绥福水出西北青幽山,亦东南入于东江。有茅田巡司。新塘墟主簿。**香山**疲,繁,难。府东南二百二十里。北:浮虚。东南:五桂。又濠镜澳山,山突出海中成半岛形,曰澳门。光绪十三年入于葡萄牙。其北,濠镜澳关。又西,拱北湾有关。东、南滨海。海中有东澳山、九星山,下曰九星洋。又有老万、九澳、横琴、三灶、浪白诸山在海中。西北:板沙海,自顺德入,东南至潭洲。木头海首受仰船水,东南分流入海。古镇海首受西江,亦自顺德入,东南至螺洲,与石岐水合,南出磨刀门,入海。前山寨城,县丞驻。黄梁都城,都司、巡检驻。又淇澳、香山、黄圃三巡司。有香洲商埠。宣统元年奏开。**新会**繁,疲,难。府西南二百三十里。北:黄云、圭峰。东南:崖山,与西南汤瓶嘴山对峙,熊海出其中,曰崖门。南滨海。西江自南海入,为天河河,东屈而南,过猪头山,歧为二:东南出者曰荷塘水,合古镇海,东南入香山,又西别为外海水,西南至虎跳门入海;西南出者曰分水江,合潬水,南过江门,注熊海。又西恩平江自开平入,与潭江合,东北流为青胆洋,左纳桥亭水,东南合分水江,出崖门入海。江门,县丞驻。潮连、牛肚湾、沙村三巡司。大瓦司废。蚬冈、东亭二驿。江门商埠,光绪二十八年《中英商约》订开。有宁阳铁路。**三水**冲,难。府西北二百七十里。南:昆都。北:龙坡山。北江西南流,至胥江口,东别为芦包水,又西南至四会,合绥江,别为思贤滘水,会西江。东过县治南,为肆江,至于西南潭,入南海北江自西南潭别出为三江水,与芦包水合,至南海出石门,其下流为珠江。西有西江自高要入,青岐水首受绥江,东南过金洲山,亦入南海。西南镇,县丞驻。有胥江、三水二巡司。三水口亦名河口,有商埠。光绪二十三年《中英缅甸条约》订开。有三水、西南二驿。三佛铁路。**清远**冲,难。府北三百四十里。西:秦王。东:中宿峡,一名飞来峡。北江自英德入,西南流,滨江水东来注之,曰滨江口。至县治西南,合政宾江,屈南,右纳山塘水,左纳大燕水,过回岐山,入三水。有回岐、滨江、滨江三巡司。有清远驿,安远废驿。有粤汉铁路。**新安**疲,难。府东南二百六十里。康熙六年省入东莞。八年复置。南:杯渡,一名圣山,古谓之屯门山。东南:官富。东北:大鹏山。其南日老大鹏山,有东涌所城。东、西、南三面滨海。海中有零丁山,其下曰零丁洋。又南,头沱泞、佛堂门、急水门、大屿山,榕树湾等澳。西北:永平河首受东莞、九江水,东南至碧头汛入海。大鹏所,县丞驻。有福永、九龙二巡司。其南:香港岛,道光二十二年割于英。咸丰十年,又割九龙寨属焉。光绪二十四年,又拓租九龙司属地二百方英里,订九十九年之约,置九龙关权税。有广九铁路。**花**简。府北九十里。康熙二十四年,以番禺县平岭置,析南海县地益之,来属。东北:花山,县以是名。西北:盘古洞,黄洞水出焉,西南流,右纳横潭水、罗洞水,屈南曰泥水,出清远,自西北来注之,又东南入南海。有狮岭、水西二巡司。有粤汉铁路。

肇庆府:冲,繁,疲,难。广肇罗道治所。初沿明制,领州一,县十一。雍正九年增鹤山。同治九年,阳江升直隶厅。光绪三十二年,复改直隶州,阳春、恩平割隶。东距省治二百九十里。广一百一十九里,袤三百九十五里。北极高二十三度五分。京师偏西四度八分。领州一,县九。**高要**冲,繁,疲,难。倚。北:定山。东北:顶湖,有高峡。西北:腾豺山。西江自德庆入县西北境,曰端溪,北屈而东,都偃水、笋洞水南流入焉。东合大湘水,屈南合小湘水,过府治南,新兴江自西南来注之,谓之新江口。又东北与宋崇水合。过羚羊峡,左纳长利水,右纳苍梧水,入三水。县丞驻金利墟。有横槎、禄步二巡司。高要、新村二驿。**四会**简。府东北百三十里。北:金鸡山。南:贞山。东南:北江自三水入。西北:绥江,一名绥建水,自广宁入,东南流,至县治东南,龙江水西北来注之。过消息南岭,别出为青岐水,至三水,合西江,东至南津口,合北江入三水。有南津巡司。**新兴**冲,难。府西南百三十里。北:巨福、云斛。南:龙山。东北:利山。北:新兴江源出县南六坑顶山,屈西北流,入东安。迳县西南为锦水,东北至洞口,卢溪水北流合焉。又北与通利利水合,是为新兴江也。又西北,入东安。西南:立将巡司,治天堂墟。有腰古废驿。**高明**疲。府东南七十里。西北:老香山。东北:凌云。西南:表山。西江自三水入。南沧江一名仓步水,出高要,东南流,合云宿水、屏山水,迳县治东南,左纳北港水,右纳清泰水,又东南合西江水,入南海。有三洲巡司。**广宁**疲。府西北二百九十里。东北:大罗山。西南:高望山。西:绥江自广西怀集入,南流,出峡山,南乡水东北流合焉。又南与顾水合,屈东南,右纳金场水、新招水,左纳东乡水、扶罗水,东南入四会。又龙江水出东北石马山,亦至四会合绥江。**开平**疲,难。府东南二百六十里。顺治六年以新兴县开平屯置,析新会、恩平二县地益之,来属。东北:梁金山。西南:猎山、罗汉山。蚬江水上承恩平江,东南流,右纳长塘水,东南至赤磡为赤磡水。北双桥水,南流入焉,至县治南,与独鹤水合，是为尖石水也。又东南流，为长沙河，过赤水口，入新会。有松柏、沙冈二巡司。**鹤山**疲，难。府东南二百六十里。雍正九年，以广州府新会县、大官田置，析开平县地益之，来属。在城有鹤山，县以是名。东北：昆仑。西北：云宿。西江自南海入，过县东北境，曰古劳河，又曰苏海，合古劳小河，东过大雁山，入新会。潭江出县西马耳山，东南至锣鼓潭，屈西错入开平，至新会合恩平江。官田水出东北嶂背山，东南与岚洞水合，入新会，为桥亭水也。双桥水出西北云盖村，西南流，至水坪墟，曰水坪江，西南过胡卢山入开平。有双桥、药径二巡司。**德庆州**冲。府西百八十里。西北：香山，一名利人山。东北：西源山。南：西江自封川入，东流过锦石山，曰锦水。又东与渌水合，过州治，端溪水南流入焉。又东过南江口，合为墟水、悦城水。悦城水上源曰灵溪，又曰灵陵水也，东北入高要。有悦城巡司。德庆驿。旧寿康驿废。**封川**冲。府西北三百三十里。东：封门山。东北：白马、留连、大山。西江，古郁水，合黔水、桂水，自广西苍梧入，东南至灵州。贺江自开建入，左合宁洞、文德水，右合东安江，又东南，右纳蟠龙、左世阳水，迳圆珠山，屈西南，入德庆。渌水出东北丰寿山，亦南至德庆入西江。有文德巡司。封川驿。旧麟山驿，废。**开建**简。府西北四百一十里。西北：圆珠山。东北：忠谠山。开江在西，即贺江，古谓之封溪水，自广西贺县入，东南至潭霜山，潭霜水合金装水南流入焉。又南与莲塘水合，过县治西南，左纳金缕水、黎水，右纳大、小玉水，屈东南入封川。

　　罗定直隶州：繁，疲，难。隶广肇罗道。东北距省治六百八十九里。广一百八十四里，袤二百里。北极高二十三度四十二分。京师偏西五度十三分。沿明制，领县二。西：云致山。西南：云际山，一名云沙山。泷水源出西宁县蓄棉村，东北流，入州西南分界墟，东南过罗镜所城，屈北与石印水合，又西南合三都水，过州治入西宁，为南江。东水出州南沙菁墟，亦东北入西宁合南江。州判治罗镜墟。晋康巡司治连滩地。有晋康废驿。**东安**难。州东北百六十里。西南：云雾山。西江自西宁入，东南至绛水口，大绛水自西南来注之，又东北入高要。东南：新兴出新兴，东北流，左纳客朗水，过腰古讯，入高要。合西江有西山巡司。**西宁**难。州北百二十里。北：玉枕山。西江自封川入，至罗旁口，文昌水合宝珠水、桂河水，北流入焉。又南，南江上源泷水出西南蓄棉村，东北入罗定，过连滩墟合西江，入于东安。西南：到沙水，出罗云山，东南至罗定入泷水。又西，蟠龙水，出大笋岭，东北入封川。有夜护巡司，都城巡司废。

佛冈直隶厅：难。隶广肇罗道。明大埔坪地，分属清远、英德。雍
正九年置同知，隶广州府。乾隆七年废。嘉庆十六年复置，更名。北
距省治四百四十里。广五十七里，袤四十八里。北极高二十三度五
十分。京师偏西二度五十九分。北：观音山。东北：独凤山。水头汛河出焉，
北合高江水，至燕岭墟为燕岭水。又西北至英德，合罗纹水，入翁江。吉河水亦
出独凤山，迤西流，神迳水自北来注之，南别出为达溪，潴为潭。过厅治北，屈
南，右纳黄沙河，出大庙峡，入清远。黄华水出东南羊角山，亦西南入清远，合
于吉河水。其下流是为滉江也。

赤溪直隶厅：要。隶广肇罗道。同治七年，析新宁县赤溪、曹冲等
地置。东北距省治四百一十五里。广二十里，袤二十里。北极高二
十一度五十四分。京师偏西三度三十五分。厅东、西、南三面滨海。南：
曹冲山。西南：铜鼓山，其下曰铜鼓海。又有黄茅、青洲、大金、小金诸山，在海
中。

韶州府：冲，疲，难。韶连道治所。南距省治八百七十里。广一百
九十五里，袤三百一十一里。北极高二十四度五十五分。京师偏西
三度二十一分。领县六。有太平桥钞关，旧在南雄，后迁府治西南。又有
太平分关，在英德。曲江繁，难，倚。北：浮岳。东北：韶石。西：芙蓉山。东南：
南华山。浈水在东，一名湘江，自始兴入，西南流，合锦江、零溪，迳府治东南，
武水自北来会，曰曲江，又谓之始兴大江也。又西南，过虎榜山，屈东南，右纳
泷水，左纳曹溪水、宣溪水，南入英德，为北江。县丞治莲花岭村。有濛裹、平圃
二巡司。曲江县驿。旧芙蓉驿，废。有粤汉铁路。乐昌冲，难。府西北八十里。
东：昌山，县以是名。北：桂山。东北：冷君。西北：九峰山。武水在西，一名虎
溪，古谓之溱水，出湖南临武，东北至宜章。屈而南，入县西北境，武阳溪自乳
源东流合焉，屈东南，历蓝毫山，为三泷水，与罗渡水、九峰水合。过县治西南，
莲花江分流注之。又东，屈而南，左纳长垎水，右纳杨溪水，入曲江。有九峰、罗
家渡二巡司。有粤汉铁路。仁化简。府东北百里。西北：黄岭山。东南：丹霞
山。东：锦江出分水坳，西南至恩口，与恩溪水合，即蓝田水也。西南流，左纳扶
溪水、康溪水，过县治东南，渐溪水合潼阳水自西北来注之，屈东南入曲江。有
扶溪巡司。仁化县驿。乳源简。府西九十里。北：云门山。西南：腊岭。武阳
溪自湖南宜章入，东北迳武阳司，右合七姑滩水，左纳浴溪，屈东，至乐昌入武

水。杨溪水出西北神仙坪，亦至乐昌入武水。亦泷水一名洲头水，出西南梯子山北，屈而东，左纳员子山水，右纳汤盘水，过县治南，大布水北流合焉，又东南入于曲江。南有武阳巡司。世袭抚瑶厅一，管埠市。**翁源**冲，难。府东南百八十里。嘉庆十六年改隶江西南安府，十七年仍来属。北：鸡笼。东：玉华。东北：婆髻山，罗江水所出，西南迳岩山南，浦水自东南来注之。屈南，右纳芙蓉水，左纳龙仙水，又西南与周陂水合，迤西过三华镇入英德。又西太平水，一名江镇水，出东北桂了山，南流至英德，合罗江水，是为翁江也。桂山、磜下二巡司。**英德**冲，难。府南二百二十里。北：英山。南：南山。又南：皋石山，一名浈阳峡。北江在北，自曲江入，过浈石山，屈西至县治东南，东有翁江，右合曲潭水，左合罗纹水，西南流合焉。南至洸口，洭水合波罗水自西北来会。洭江水者，湟水也，亦曰洸水，东南流，入清远。有洸口、象冈二巡司。英德县驿。旧浈阳驿，废。有粤汉铁路。

南雄直隶州：冲，繁，疲。隶南韶连道。初沿明制为府，领县二，治保昌。嘉庆十一年降为直隶州，省保昌县。十六年复升为府。十七年又降为直隶州。西南距省治千一百七十里。广一百七十里，袤一百二十一里。北极高二十五度十五分。京师偏西二度三十分。领县一。大庾岭在东北，一名梅岭，有梅关。东：天柱。东南：青嶂山。南有浈水，出东北油山，南径浆田镇，与昌水合，西南流，左合平田水、芙蓉水，右合东溪水，至长浦桥，北坑水合横水南流入焉。水出梅岭，又谓之大庾河水也。又西合长潭水，过州治南，楼船水自西北来注之。西南与修仁水合，又北纳半径水，入始兴。又西北，分水坳，石峡水出为康溪水，入仁化。有平田、红梅、百顺三巡司。有保昌驿。旧临江驿，废。**始兴**冲，繁。北：丹凤山。南：机山。北：浈水自州入，西南至圆岭铺，跃溪水北流合焉。又南墨江出西南沙子岭，迤东为清化水，屈西北，为凉伞水，右合翔水为始兴水，即古斜阶水也。又西北过县治南，与官石水合，又西北合浈水入曲江。有清化径巡司。在城驿。

连州直隶州：冲，难。隶南韶连道。初沿明制，隶广州府。雍正五年升为直隶州，其阳山、连山割隶。嘉庆中，连山直隶。东南距省治七百六十里。广八十里，袤一百六十八里。北极高二十四度四十八分。京师偏西四度十七分。领县一。南：楞枷，一名贞女山。西南：昆湖。西北：桂阳。湟水在西，一名洭水，《汉志》以为汇水。上源为卢溪，出西北黄蘖岭，又曰蘖水，南迤东过圭峰山，东北合奉化、潭源、黄娇诸水，至州治西南，高良水自连山西来注之，东南过同冠峡，入阳山。州判治皇子墟。有朱冈巡司。**阳山**难。州东南二百里。雍正十五年，自广州府来属。北：骑田岭。西北：阳岩。东北：宝源山。湟水自州入，一名阳溪，南合同冠水，又东南过县治南，通儒水自马丁岭东流注之。又东与青莲水合。水出县北大陂墟，又谓之大陂水也。又东南过三陕，入英德。有淇潭、七巩二巡司。

连山直隶厅：繁，难。隶南韶连道。本连山县，隶广州府。雍正五年，改隶连州。嘉庆二十一年，升为绥瑶厅。东南距省治八百七十里。广一百里，袤一百二十六里。北极高二十四度四十九分。京师偏西四度三十五分。北：昆湖山。西北：钟留、大雾。南：黄帝源山。一名黄连山，中有大排瑶五，小排瑶二十四。高良水在南，一名大获水，上源为横水，出西北天堂岭，东南流，迳厅治南，屈东北，与茂古水合。过鸡鸣关，入连州，合于湟水，又，上吉水出厅西分水坳，西南流，至木羌墟，八排瑶水自东南来注之，屈西北，过钟山，入广西贺县，又为贺江别源也。有宜善巡司。

惠州府：冲，繁，难。隶惠潮嘉道。西距省治三百九十里。广四百五十里，袤四百里。北极高二十四度八分。京师偏西二度三十七分。领州一，县九。有通判一，治碣石卫城，道光二十一年置有惠州商埠。光绪二十八年《中英商约》订开。**归善**冲，繁，难，倚。东北：归化山，一名鸡笼山。东南：平海山。东南滨海，中有霞涌、吉头、澳头诸港。东江在北，一名龙江，自河源入，西南流，至府治东北。西江出县东龙头石山，西南合长塘水、上、下淮水，入博罗。西丰湖、潼湖，皆引流入于东江。内外管、理平山、平政、平海、碧甲五巡司欣乐司，废。**博罗**繁，疲。府西北三十里。西北：罗浮山。东北：象山。东江自河源入，中与归善分界，合公庄水，迳县治南，右纳榕溪水，过缸瓦洲入东莞。其支渠西北至黄家山，与罗阳水合，过石湾镇，入增城。有石湾、善政、苏州三巡司。莫村废驿。**长宁**简。府西北四百里。北：玉女峰、云髻山。东北：雪洞山。新丰水在南，出西北分水凹，屈东与沙罗山水合一，东迳县治，又东左合羌坑水，迳马头墟，左纳密溪、大席、忠信水，右纳锡场水，过立溪口，至河源入东江。罗纹水出县西宋洞山，西北至来石汛，屈西南，入英德合翁江。有坭坪巡司。**永安**简。府东北二百里。西南：越王山。东南：南岭。南：秋香江，一名揽溪，出县东鸡公岭，西南流，与南山水合，至河源入东江。又西，神江、义容江从之。南：琴江源出公坑嶂，南流至米潭，又东北入长乐。北：琴江亦至长乐，合于南琴江，其下流是为梅江也。有驯雉里、宽仁里二巡司。**海丰**难。府东南三百里。东:龙山。西北:五坡岭。南滨海。有丽江,一名长沙港,上流曰龙津水,出西北莲花山,东南会黄姜水,南屈而西,至鹿镜山汇为青草澳,合大液水迳大金笼山入海。东北有热水,南流过九龙山,屈东为大德港,至陆丰合内河水入海。西:凤河水,南与鹅埠水合为小漠港入。东:汕尾镇,县丞驻。有鹅埠巡司。平安废驿。**陆丰**难。府东南三百五十里。雍正九年析海丰县地置治东海滘,来属。东北:内洋山。南:虎头山。滨海。北:内河水,一名罗江,源出东北旗头嶂,与吉石溪合,南过石头山,分流至大德港、乌墩港入海。又东:草洋水东南流,屈西为华清港,至甲子港入海。上沙墟水出东北赤岭,至普宁合南溪。有甲子、黄沙坑、河田三巡司。有法留铺在县西,道接海丰。又东至惠来百六十里。有盐场三:曰石桥、海甲、小靖。**龙川**简。府东北四百里。东:霍山。东北:龙穴,一名龙川山。西北:嶅山。龙川水在东,又名合河,上源为定南水,自和平入,东南合河口,会杜田河,西南流,与浰溪合,迳县治东南,雷江水南流入焉。又西南,合合溪入河源为东江。又练溪出东北鹅石嶂,西南流,右纳通衢水,入长乐。有老隆、通衢、十一都三巡司。雷乡废驿。**连平州**简。府北四百里。东北:九连山。南:戈罗笔山。有密溪水出分水坳,东南流,与杨梅坪水合,又过州治南,纳内管水、九岭水,东南至长宁入新丰水。东大席水从之。又忠信水西南入河源,有忠信、上坪、长吉三巡司。**河源**冲,难。府北百五十五里。西:桂山。东:古云。东北:蓝溪山。东江,一名槎江,西南至蓝镇墟,左纳蓝溪水,右纳曾田水,又西南与康禾水合。过县治东南,新丰江自长宁东来注之,西南合秋香江,入归善。西北:忠信水,出连平,西南过枫木镇,合二龙冈水,至长宁入新丰水。鳄湖东为河源旧城,今谓之下城也。有蓝口巡司。义合、宝江二驿,后废。**和平**简。府东北四百二十里。北:紫云山。西:九连山。东北:定南水自江西定南入,东南流,右纳乌虎水,又东北过江口,屈东南入龙川,浰水出西北羊角山,东南至合水口,汤坊水自东北来注之,过林镇墟与九龙水合。屈东至龙川,入于定南水。有浰头巡司,后废。

　　潮州府:冲,繁,难。隶惠潮嘉道。西距省治千一百八十五里。广二百五十五里,袤三百里。北极高二十三度二十七分。京师偏东十二分。领厅一,县九。有黄冈同知,康熙五十七年置。有通判一,治庵埠镇。**海阳**冲,繁,难,倚。东:韩山。南:桑浦山。西:湖山。西北:海洋山。韩江在东,一名意溪,上承隍隍河自丰顺入,东南过蒲都山,分流为三:正渠东南流为东溪;东北出者曰涸溪,旧名鳄溪,屈东南,过七屏山至饶平为后溪;西南出者曰西溪,过府治东南,右纳白茫洲水,屈南,北溪水自揭阳来注之,屈东,与东溪合,南流入于澄海。县丞一,治庵埠镇。有浮洋巡司。凤城废驿。**丰顺**疲,难。府西北百九十里。乾隆三年以海阳,县丰顺镇置,析嘉应州及揭阳、大埔二县地益之,来属。南:瘦牛山,一名云落山。东北:铜鼓嶂。东:隍河自大埔入,西南合丰溪水,又南合九河水,入海阳,为韩江。又南:汤溪,一名汤坑水,下流至揭阳为北溪。有汤坑、隆隍二巡司。**潮阳**繁,疲,难。府南百四十里。东:东山。东南:钱澳。西北:曾山,一名双髻山。北、东、南三面滨海。海中有东沙岛。练江在西,首受揭阳南溪,自普宁入,至县治南合后溪,西南出海门入海。西北:后溪水亦出揭阳,东南过石井山,为铺前水,过浔洄山,别出为后溪,引流入练江,过磊口山为招沙水,屈南,至河渡门入海。有招宁、吉安、门辟三巡司。有灵山驿。**揭阳**繁,难。府西南八十里。西:独山。西北:揭阳山。东、南滨海。南:南溪出县西明山,东南流,入普宁,又东北入县。西南:古溪水北流合焉。迤东迳县治南,与北溪别派合,东南过双溪口,入海。北溪山丰顺南,屈东,分流注南溪,又东北至海阳,合韩江。县丞驻棉湖寨。有河婆、北寨二巡司。**饶平**难。府东北百五十里。北:九峻。西:凤凰山。东南:红螺山。南滨海。海中有井洲、信洲、浮浔、牛心石诸澳。东南:黄冈溪,出东北界山,西屈而南,至望海岭,桃源水自西北来注之,南与飞龙径水合,屈东南,为大石溪,至黄冈镇分流入海。西南:韩江,自海阳入,合后溪水,东入澄海。东南有黄冈镇城,其东南为大城所城,又南为柘林,有柘林巡司。海山、东界二盐场。**惠来**难。府西南二百七十里。西:龙溪。西南:钓鳌山。东、南滨海。南:神泉港,上流为龙江溪,出西北南阳山,东南合葵潭水、梅林水,迤东过龙江关,林招溪自西北来注之,东注神泉港。东福溪、禄昌溪皆流合焉,又南入海。有神泉、葵潭二巡司。北山驿。惠来栅盐场。**大埔**简。府东北百六十里。西:阴那山。汀水自福建上杭入,一名神泉河,东南流,迳县治东北,屈西,漳溪水东流北屈注之。又西过大河山,屈南与小河水合,又南至三河市。清远河西北流合焉。河出福建平和,其上源曰河头溪也,东南入丰顺。有三河、白堠二巡司。乌槎司一,废。**澄海**繁,难。府东南六十里。康熙五年省入海阳县八年复置。北:管陇山。西南:龙泉山。东、南滨海。海中有凤屿,其下曰侍郎洲、大莱芜、小莱芜山。西北:横陇溪,首受东溪,自海阳入,西南别出为新港水,分流入海。正渠迤东流,南别出为玉带溪,至县治东南入海。又东迳狮子山,与饶平后溪合,东至东陇关,为东陇港入海。有漳林、鮀浦二巡司。商埠曰沙汕头。咸丰八年,英《天津条约》订开。有潮海关。潮汕铁路。小江盐场。**普宁**繁，疲，难。府西南百二十里。南：铁山。西北：官人、望山。南溪自揭阳入，歧为二：一东迳马嘶岩山，东北入揭阳；一西南迳鲤湖埠为鲤湖水，屈东南，与上沙墟水合，过望夫石山，为寒婆径水。东北为白坑湖，又东入潮阳为练江。又东：普宁港一名通潮港，东北入揭阳为古溪。有云落径巡司。**南澳**厅中。府东南百五十里。本南澳镇地。分四澳。云、青二澳隶闽之诏安，隆、深二澳隶粤之饶平。雍正十年置海防同知，为南澳厅治，深澳来属。南：金山。东南：云盖山。四面滨海。北腊屿、虎屿，在海中。西南有赤屿、白屿，其田产盐。有南澳巡司。

嘉应直隶州：冲，繁，难。隶惠潮嘉道。旧程乡县，隶潮州府。雍正十一年升为嘉应州，直隶广东布政使司。嘉庆十二年升为嘉应府，复置程乡县为府治。十七年仍改为直隶州，省程乡县。西南距省治千二百八十二里。广百五十七里，袤百五十四里。北极高二十四度十二分。京师偏西十九分。领县四。东：百花。东南：酉阳，一名九峰山。东北：王寿山。南：梅江即兴宁江，东北流迳州治南，左纳程江水，屈东与周溪水合，东北至丙市，石窟溪西北自镇平来注之。东北合松源溪，屈东南，过蓬辣滩，入大埔，是为小河水也。州同驻松口。有丰顺、太平二巡司。程乡、武宁二驿，后废。**长乐**冲，难。州西南百一十里。旧隶惠州府。雍正十一年来隶。北：五华山。东南：嵩螺山。西南：龙村河自永安入，东北至琴乡乡，华阳水首受北琴江，东流合焉，东北至七都河口。会岐岭河，河出龙川曰练溪，其下流又谓之清溪也又东北流为长乐河，入兴宁。有十二都巡司。**兴宁**难。州西七十里。旧隶惠州府。雍正十一年来属。东：鸡灵山。北：大望山。其西麓罗冈水合龙归水、杨梅岩水，西南流为大河水，又迳县治西，为西河，亦名通海河，屈东南至水口镇，长乐河自西南来会，是为兴宁江也，东北入嘉应为梅江。西北：杜田河出江西长宁，西南过杜田汛入龙川。有十三都、水口二巡司。**平远**简。州西北七十里。旧隶潮州府。雍正十一年来属。东北：顶山、五子、石山。西：凤头嶂。其东麓曰分水坳，县前水出焉，东南流，左纳项山水，过卓笔山，至福建武平，合于武平溪。又河头溪源出西南九乡堡，东南过石镇山，大拓水东流合焉，东南流为横梁溪，与长田水合，东入镇平为徐溪。有坝头巡司。**镇平**简。州北六十里。旧隶潮州府。雍正十一年来属。西：铁山嶂。东：大峰嶂。西北：石窟溪出平远，自福建武平入，合杨子山水，过县治西，与东山水合，南至小诰山，纳徐溪，至嘉应入于梅溪。又东北松源溪源出玉华峰，亦至嘉应，入梅溪。有罗冈巡司。

高州府：冲，繁，难。高雷阳道治所。东北距省治千六十里。广三百
一十五里，袤二百三十里。北极高二十一度四十九分。京师偏西五
度四十分。领州一，县五。有通判一，治梅菉。茂名繁，难，倚。高凉山在
东北，州以是名。东山在东。南滨海。北：窦江自信宜入，东南流，左纳双柚水，
至府治东北，鉴江水西流合焉，今又谓之石骨水也。屈西南，过那射岭入化州。
东南有浮山水，即三桥河，出电白，西南至赤岭为赤岭水，又西南入吴川。有赤
水、平山二巡司。大陵废驿。电白繁，疲，难。府东南百六十里。北：浮山。南：
莲头山，其下曰莲头港。又西南有赤水港。南滨海。有博贺岛在海中。东、北
有儒垌河，源出分水凹，西南流，过望夫山，曰望夫水，屈南与界头河合，又西南
为五蓝河入于海。又三桥河出东北木力岭，西南至潭儒山为潭儒河，合龙珠
河，西南入于茂名，其下流是为浮山水也。有沙琅巡司。盐场二：曰博茂、电茂。
信宜难。府东北八十里。东：龙山。东北：云开。西川水出大人山，西南过旧
潭峨县，曰潭峨江，至县治西南东川水来会。屈南过罗窦洞为窦江，又南入茂
名。东：双龙水出长坑坑，西南至古丁墟，屈东入阳春，合双滘水。又东北双床
水出大水岭，南合吐珠水，屈东北流为石印水，至罗定入泷水。又怀乡水出东
北黄陂岭，会扶龙水、石人水，西北与响水合，为黄华江，入广西岑溪。又金洞
水出县北雷公岭，水西北至广西容县为渭龙江也。有怀乡巡司。化州简。府
西南九十里。北：浮梁山。东北：龙王，一名来安山。茂名水在东北，即窦江。又
东北有陵水，源出广西，北流屈西南至合江墟，罗水亦自陆水入，其合流曰罗
江，又谓之陵罗水也。屈东南，迳州治北，合窦江，又东南流为平源江，入吴川。
有梁家沙巡司。吴川简。府西南百二十里。北：丽山。西北：特思山。东、南
滨海。南为利剑门，至硇州，又西南至于通明港谓之广州湾。光绪二十五年租
于法。吴川水在东北，一名吴江，自化州入，东南过三江岭，浮山水西流合焉。
屈西南为木棉江，与平城江合，分流至限门港入海。石门港源出石城东桥水，
东南流，山角水自东北来注之，又东南至麻斜入海。有塘缀巡司。盐场一，曰茂
晖。石城简。府西南百九十里。北：谢建山。西南：敷复山，滨海。西有南廉
江，即乌江，自广西陆川入，西南流，至石角墟曰石角水。又西南与武陵江合，
为合江，青榕水西流合焉。又西南为九洲江，贺水自西北来注之，至鲤鱼潭
入海。又西，洗米河出广西博白，迤南流，为英罗港入海。又东，东桥水，出鸡头
岭，东南过两家滩，入吴川，是为石门港也。有凌禄巡司。息安废驿。

雷州府:简。隶高雷阳道。东南距省治千五百一十里。广九十五里,袤二百二十九里。北极高二十度四十九分。京师偏西六度二十八分。领县三。府境突出海中作半岛形。东为广州湾。西为东京湾。其南则琼州海峡也。同知一,治海安所城。后废。海康疲,倚。西:博袍山。南:擎雷山。东、西滨海。有北莉埠、新芎埠诸岛在东海中。西北:南渡水出博政村,东南流,屈北,西别出为东亭水,潴为湖。屈东,过县治南,又别出为大肚河,北至遂溪入海。又东南流为双溪港,擎雷水自西南来注之,又东北入海。有清道巡司。雷阳废驿。武郎废盐场。遂溪简。府东北百八十里。东:石门岭,其下曰石门港东、西滨海。海中有东山岛,一名湛川岛,岛北为分流港,其西则通明港也。西北有西溪水,出分界村,东南流,与东溪水合,屈南过县治南,东北合石门港入海。又城月水,出西南螺冈岭,南屈而东为库竹港,入海。又牛鼻水亦出螺冈岭,迤西流为乐民港,入海。县丞治杨柑墟。有湛川废司。城月废驿。调楼、蚕村二废盐场。徐闻简。府西南百六十里。西:冠头岭。东、西、南三面滨海。北:遇贤水出石湾岭,会青桐港水,又西合濂滨水,为流沙港入海。又东,大水溪出东北龙床岭,西南与葫芦溪合,西南流为海安港,入海。有宁海、东场二巡司。又能新兴盐场,后废。

阳江直隶州:繁,难。隶高雷阳道。旧阳江县,隶肇庆府。同治五年,升为直隶厅。光绪三十二年,改为直隶州。东北距省治七百三十里。广一百三十里袤一百一十五里。北极高二十一度五十二分。京师偏西四度三十分。领县二。北:北甘山。东南:北津山。又海朗,一名镇海山,南滨海。海陵山在海中。西:漠阳江自阳春入,左合轮水河,东南至河口市,左合第八河,右歧为西河,又东南至州治南为鼍江,亦谓之恩江也。左纳那龙河,为北津港,西河水自西南来注之,东南过虎头山入海。紫萝水源出紫萝山,下流为三鸦港,入海。坡尾河出罗王嶂,与纤簀河合。又东南为丰头港,亦入海。又西南有双鱼港。又有北额港,上源即望夫水也。有太平巡司、那龙巡司,后废。有太平驿、莲塘驿,亦废。盐场一,曰双恩。阳春冲,难。州西北百七十里。旧隶肇庆府。光绪三十二年来属。东南:射木。东北:铜石。西:漠阳江源出县北云浮山,曰云浮水,东南流,合云霖水,屈西南,左纳罗凤水,右纳博学水,至县治西北,北泷水西流合焉,东南入阳江。又西,双滘水,出东安,南合双龙水,又南屈而东,麻陈水自西南来注之,又东过古良镇,屈东北,合于汉阳江。有古良、黄泥湾二巡司。乐安废驿。恩平简。州东北百五十一里。旧隶肇庆府。光绪三十二年来属。石神山在北,一名鳌山。龙鼍山在西南。
南有恩平江,亦曰锦水,上源为岑洞水,出西北双穴,迳东南至平城山,君子河
东流合焉。又东与横槎水合,屈东北,左纳牛冈水,右纳金鸡水,又东入开平。
又东南,长塘水,亦至开平合于恩平江。又西南:那吉水,南至阳江,其下流为
那龙水也。

廉州府:繁,难。隶廉钦道。初沿明制。领州一,县二。光绪十四
年,钦州直隶。东北距省治千八百里。广一百六十里,袤二百二十
六里。北极高二十一度二十四分。京师偏西七度十九分。领县二。
合浦疲,倚。东北:大廉山,州以是名。又北:五黄山。南:冠头岭。东、南滨海。
海中有珠池,曰珠海。又有涠洲、蛇洋洲,在海中。廉江在北,一名西门江,自广
西博白入,迤西流,右纳小江水,又西合张黄江,屈西南,为罗成江。武利江自
东北来注之,至府治西北合洪潮江,又西南分流入海。又东北,漆桐江自广西
兴业入,左合六硍江,又西北入广西贵县,是为武思江也。县丞驻永安所城。珠
场、高仰、涠洲、永平四巡司。北海市税关。商埠,光绪二年英《烟台会议条约》
订开。有还珠废驿。灵山简。府西北百八十里。北:洪崖山。西:六峰山。西
南:林冶山。南:陆屋江,一名南岸大江源,出县东罗田山,西南至钦州为钦江。
西北:那良江出那良山,南流过太平墟,曰太平江,又东北入广西横州为平塘
江也。又黄橄江出西北英雄山,亦东北入广西永淳,为秋风江。有西乡巡司。太
平废驿。

钦州直隶州:冲,繁,难。廉钦道治所。初沿明制,属廉州府。光绪
十四年升为直隶州,析灵山县林墟司隶之,又析州属防城、如昔二
司置,防城县来属。东北距省治千九百里。广二百二十四里,袤一
百九十五里。北极高二十一度五十五分。京师偏西七度五十分。领
县一。北:铜鱼山。东南:乌雷岭,其下曰乌雷港。南滨海。海中有牙山、龙门
诸岛。东:钦江自灵山入,迤西南,至州治南,歧为二,又西南汇为猫尾海,屈东
南,过龙门入海。北:那蒙江,源出灵山高塘岭,西南流,右合长潭水,至三门
滩,大寺江自西来注之,又南为渔洪江,又东南合于钦江。又篆岭江亦出灵山,
西南至平银渡曰平银江,屈东南,与丹竹江合,南流为大观港,入海。又那陈江
出西北心岭,东北至那陈墟为那陈江,又东北复入宣化为八尺江也。有沿海、
林墟、长墩三巡司。那陈司废。防城冲,繁,难。州西南百里。十万大山在西
北。白龙山在西南。山麓斗入海,向隶越南,光绪十三年来属。又西南,分茅岭,

与越南界。南滨海。防城江出西北稔宾山,东南流,右纳滑石江,迳县治南,过石龟头汛入海。北:大直江,出虎豹隘,南与卖竹江合。又东南,过狮子岭,那狼江东北流合焉。又东为凤凰江,又东南合于渔洪江,至钦州入海。又西,河洪江出大勉山,东南过铜皮山为潭洪港,入海。北崙河其上源曰文义河,出拷邦岭,东北至北崙汛,屈而南,嘉隆江自西南来注之。其南岸则越南界也。又东与那良江合,迳越南海宁府北境入海。东兴,县丞驻。有如昔、永坪二巡司。

琼州府:繁,疲,难。琼崖道治所。东北距省治千八百一十里。广一百五十二里,袤二百一十里。北极高二十度一分。京师偏西六度五分。领州一,县七。府及崖州在南海中,曰海南岛,中有五指山,绵亘数邑,山南隶崖州,山北隶府。环山中生黎,其外熟黎,又外各州县。山峒深阴,黎、岐出没为患。光绪十五年,总督张之洞始开五指山道为大路十二:东路三,西路三,南路、北路、东南路、东北路、西南路、西北路各一。奥区荒徼,辟为坦途,人以为便。琼州商埠,咸丰八年英《天津条约》订开。有琼海关。琼山繁,倚。南:琼山,县以是名。北滨海。海西南白石河即建江,自澄迈入,北屈而东,入定安。又北入县东南,为南渡江,又北为北沙河,屈西北至白沙门入海。县丞驻海口所城。有水尾巡司。感恩盐场。澄迈简。府西六十里。迈山在南。北滨海。西南:建江,一名新安江,自临高入,东南过黎母岭,右纳新田溪,入于琼山。又澄江出东南独珠岭,西北流,至县治西,合九曲水,又西为东水港入海。稍阳水上源为南滚泉,北合沙地水,过石矍岭,为石矍港,入海。有澄迈巡司。定安简。府南八十里。西南有五指山,一名黎母山,绵亘而东为光螺岭。又东为南间岭,南远溪出焉。北建江自琼山入,东合南远溪,过县治东北,潭览溪、仙客溪北流入焉,东北入于琼山,为南渡江。西南有万全河,出喃唠峒,东南流入乐会。有太平巡司。文昌难。府东南百六十里。北:玉阳。南:紫贝山。东、北滨海。海中有浮山,其下曰分洲洋。南:文昌溪出县西白玉岭,东南流,右纳白石溪、白芒溪,屈东,平昌溪自西北来注之。又南为清澜港,入海。又南,白迁溪,出入角山,东南为长岐港。入海。又南,白延溪出八角山,东南为长岐港,入海又北,兰江水即罗汉溪,出抱虎岭,西北流为铺前港,入海。有铺前、青蓝二巡司。有乐会盐场。会同简。府东南二百九十里。东:多异岭,滨海。西:龙角溪源出西崖岭,东南至嘉积市为嘉积溪,黎盆溪西流合焉。又东南为五湾溪水,入乐会。乐会简。府东南三百三十里。西:白石岭。西南:纵横岭。东滨海。西:万全河自定安入,迤东流,屈而北,会太平水。又东南,会五湾水,迳龙磨山，分流环县治，复合，又东过莲花峰，屈东南为博鳌港，入海。又流马河源出西南龙岩岭，东南入万县。与龙滚河合。又东北复入县境，为嘉濂河。又东北为九曲河，纳莲塘溪。又东北会万全河入海。**临高**疲。府西南百八十里。南：那盆岭。西：毗耶山。北滨海。南：大江即建江，自儋州入，北至腰背岭，西别出为县前江，屈东北流，至文澜村，为文澜水。透滩水北流合。亦谓之迎恩水也。又北为博铺港，入海。其正渠，东北过白石岭，入澄迈。有和舍巡司。马枭盐场。

儋州要。府西南三百里。儋耳山在北，一名松林山，又名藤山。西、北滨海。狮子山在海中。东南：建江亦曰黎母江，西北过龙头岭，歧为二：东出曰大江，东北入临高；西出曰北门江，一名伦江，西北流，至州治东北，屈而西，为新英港，新昌江自东南来注之，又西南入海。东北有榕桥江，西南有沙沟江，皆西北流入海。有薄沙巡司。镇南司，废。盐场曰兰馨。

崖州直隶州：冲，繁。隶琼崖道。崖州旧隶琼州府，光绪三十一年升为直隶州。东北距省治二千六百八十里。广二百四十二里，袤一百七十五里。北极高十八度二十七分。京师偏西七度三十六分。领县四。东：回风岭。西南澄岛山，一名澄崖山。东、南滨海。东北：宁远水自陵水入，西南流，至郎勇岭，歧为二：一西南至大蛋村入海；一西北流为抱漾水，过州治北，屈南为保平港入海。北：乐安河西南过多港岭，屈西北入感恩。东：多银水，一名盐川水，出黎峒，东南与三亚水合，又东南为榆林港，入海。有乐安、永宁二巡司。临场曰临川。**感恩**难。府西北百九十五里。旧隶琼州府。光绪三十一年来属。东：大雅山。东北：九龙山。西滨海。东南：龙江出小黎母山，西南流，别出为感恩水，迤西至县治北，为县门港，入海。其正渠西北过北黎市为北黎港，又西南入海。乐安河出州西北，流入昌化。**昌化**简。州西北三百六十里。旧隶琼州府，光绪三十一年来属。东北：峻灵山。东南：九峰山。西、北滨海。南昌江即乐安河，自感恩入，至县治东南，歧为二：西南出曰南崖江，北出曰北江，皆入海。又安海江出东北歌谤岭，西北至儋州入海。**陵水**难。州东北二百一十里。旧隶琼州府，光绪三十一年来属。西：独秀山。南：多云岭。东、南滨海。有加摄屿、双女屿在海中。西北：大河水出七指岭，东南过博吉岭，屈南为桐栖港，又东入海。又南，青水塘水出西北狼牙村，东南流，至县治西，别出为笔架山水，与大河水合，潴为灶仔港。屈西南，至新村港口入海。有宝停巡司。**万**冲，繁。州东北三百七十里。万州旧隶琼州府，光绪三十一年降为县，来属。东：东山。北：六连岭。东南滨海。海中有独洲山，其下曰独洲洋。西北：

龙滚河出纵横峒,南屈而东,与流马河合,又东北入乐会,屈东南复入县北。东别出为莲塘溪,屈北至乐会,合万全河。其正渠,东南过连岐岭入海。又都封水亦出纵横峒,东南流,歧为四派:曰和乐港,曰港北港,曰石狗洞,曰金仙河,至县治东北入海。又南,踢容河,出西北鹧鸪山,东南至瘦田村分流,与石龟河合,又东南流入海。有龙滚巡司。盐场一,曰新安。

清史稿卷七三

志第四八

地理二十

广　西

　　广西：《禹贡》荆州南徼之域。明置广西等处行中书省，改承宣布政使司。清初建省，置巡抚、布政共治焉。置广总督。康熙二年，广东西分设总督，四年复故。雍正元年复分设，明年复合。六年以云贵总督兼辖广西。十二年仍复故，驻广东肇庆府，后移治广州府。初领府九。桂林、柳州、庆远、思恩、平乐、梧州、浔州、南宁、太平。顺治十五年升泗城土州为府，寻改为军民府。雍正三年升郁林、宾州为直隶州。五年泗城复为府。七年置镇安府。十二年降宾州隶思恩府，升西隆州为直隶州。乾隆七年，降西隆州隶泗城府。光绪元年升百色厅为直隶厅。十二年升归顺州为直隶州。十八年升上思州为直隶厅。东北距京师七千四百六十里。东至湖南道州；三百七十里。西至贵州普安；二千五百五十里。南至广东信宜九百四十里。北至湖南城步县三百二十里。广二千八百十里，袤二千九百六十里。宣统三年，编户百二十七万四千五百四十四。口八百七十四万六千七百四十七。领府十一，直隶厅二，直隶州二，厅八，州十五，县四十九，土州二十四，土县四，土司十三。在庆远者曰长官司。其名山：越城、临贺、句漏、阳海、大容。其巨川：漓江、黔江、郁江、湘江。驿道：东北逾越城峤达湖南永州；西南逾昆仑关达龙州；东南达广东封川。电线东北达长沙,东南达广州,西通庆远。铁路:自龙州出镇南关达安南谅山。

桂林府:冲,繁,难。隶桂平梧郁道。巡抚、布政、提学、提法,劝业、巡警道驻。光绪三十二年,桂平梧郁兼管盐法道,徙驻梧州。提督徙驻南宁。明洪武五年,改静江府为桂林。府领州二,县七。顺治初,因明旧,为省治。乾隆六年析义宁县地置龙胜厅。光绪三十二年析永宁州、永福、融、柳城、雒容四县地,置中渡厅。广二百五十里,袤三百里。北极高二十五度十三分。京师偏西六度十四分。领厅一,州二,县七。临桂冲,繁,难,倚。明府治因之。内:桂山、独秀。城东:七星。南:南溪。西:隐山。东北:骖鹿。漓水一曰桂江,省境西江北岸第二大受渠也。自灵川入,西南流经府治,合阳江。屈而东南,右受灵建水,又东与秋陂江合。屈东南流,乘水西流注之,南入阳朔。西:白石江上源曰义江,自义宁入,经县西南,入永福。相思江出县南卧石山,南注分水塘,歧为二:东出者与浪石江合,入漓江;西出者与绕江合,入白石江。南,六塘堡有汛。同知驻大墟,光绪三十二年徙中渡。西南,苏桥巡司;南,六塘巡司。驿一:东江。兴安冲,繁。府东北百三十四里。东北:越城岭,一曰始安峤,五岭在广西北境者二,此其最西岭也。东南:龙蟠山。西南:郁金山。海阳江即湘、漓二水源也,出灵川,右受石梯山水,左受太平堡水,又东北,经治东分水塘,歧为二,西南流者为漓水,东北流者为湘水。湘水自治东东北流,右受莫川,入全州。漓水经治北曰陡河,西流折南,至兴隆市,六峒江合黄柏江、华江、川江、反璧江为大融江,自西北来注,西南入灵川。西北:小融江出戴云山,东南流,亦入灵川。全州营分防汛驻城。西北有沫水汛。社水巡司。盐砂、唐家二寨废司。驿一:白云。灵川冲,难。府东北五十里。北:北障山。东南:尧山。西:吕仙。北:凤凰。东南:海阳山。海阳江出,绕兴安城西南流为漓水,复经县东北曰灵江。合小融江,左又西南至治东,右受潞江,左受淦水,西南合甘棠江入临桂。甘棠江自兴安入,经县西北曰东江,东南流,合西江,又南,松木江合流风江东流注之。经龙岩,诸水汇岩下,伏流而南,左受社江,曲流入灵江。有带融南北二堰,引潞江溉田二千余顷。西,塘下有镇。全州营分防汛驻。驿一:大龙。阳朔冲。府南少东百五十四里。北:阳朔山。西北:云源。西:都利。南:古罗漓水自临桂入,东南流,兴平、熙平二水西流注之。屈曲南流,至治东折东,安乐、归义二水东北流注之。左受白鹤山水,东南入平乐。西:金宝堡,明置戍,康熙八年,游击驻防,后废。桂林营分防汛驻城。东北有铅宝塘汛。有水汛。驿一:古祚。永宁州简。府西百四十里。东:百寿岩。

东北：都狼。北：银瓶山，白马江经其下。东江一曰黄源水，出龙胜西南；经州北，东南流，至江口村，白马江合大岩江、风门隘、茫洞江诸水，东北流，经治东注之，东南入临桂境，折入永福，会白石江。富河江出州西南古河山；东南流，经高坡，伏流，至蒲台寨西复出，合大洋江，西南错入中渡曰中渡江，即雒容水也。西南桐木、富禄、南常安三镇。永宁营驻城。西南。安良、屯秋，南常安，有汛。南喇峒巡司。**永福**冲。府西南百里。明初属府，后属永宁州。顺治初，改属府。西南：金山与马芒山对峙，江流经其中。又太和山滨江。西：白石江自临桂入，北经治东曰永福江，毛江自泗定河西北流注之。东江亦自临桂入，合西江东流注之。西南流，受雒容水，入雒容为洛清江。石流江上源曰四牌溪，自修仁流经县东南，折而西。亦入雒容。西南：兰麻山，俗呼拦马山，拦马水所出，东入永福江。出路险绝。有兰麻镇。桂林营左哨驻城。南寨沙、西南理定、黄冕、鹿寨有汛。县丞驻鹿寨。驿二：三里、横塘。**义宁**难。府西北八十二里。明初属府。后属永宁州。顺治初改属。西南：华严山、灵鹫。西北：智慧。北：丁岭下河，义江出，南流，右受观音田山、江头岭、河北诸山溪水。又南，智慧江，合高家山水，东南流注之。经治西，左受石豪江，南入临桂⧣白石江。西北旧有桑江口废司。乾隆六年以所属置龙胜通判。东：杨梅关，入宁协左营分防汛驻。城南有大岭汛。**全州**冲，繁，难。府东北二百五十四里。东：黄华山。西：覆釜、湘山、礼山。西北有七十二峰，州西诸水多滥觞山麓。湘水自兴安入，右受建安乡水，又东北，四溪源、大朝源水合为长亭江，北流注之。经治南，灌江自灌阳北流注之。罗水承万乡、寨墟、大会三水，东南流注之。又东北，宜湘河合横溪、梓溪、锅头、玉升诸源水，西北入湖南零陵。西延水出州西，东北合众小水，入湖南新宁。西延镇，州同驻。有山角、山枣二巡司。康熙二十五年改置全州营，驻城。黄沙、西延并有汛。驿一：零陵。**灌阳**难。府东北三百六十四里。明属全州。顺治初改属。东北：麒麟山。东南：三峰山。西南：贲子山。灌江，古观水，出县西南仙人掌诸山，合牛江，至黄牛市，盐川承贲子诸山水，东南流注之。又东北，右受瀍江水，经治东，左受龙川水，马渡江承乌石江、黑岩水，东南流注之。北入全州，合于湘水。东北石柜、永安，北昭义有关。全州营分防汛驻城。北：巨岩堡汛。西南：崇顺里巡司。**龙胜厅**要。府西北二百十七里。明义宁县地。乾隆六年析义宁西北地置，改龙胜理苗通判。东南：龙脊山。西南：大罗山。贝子溪自湖南城步入，西南流，右合芙蓉溪，经治北，左受牛胫溪、平水江，又西北，南平江合，西南诸水北流注之。太平溪亦自城步入，合独车溪，西

南流注之,西入怀远,是为浔江。有义宁协左营驻防副将驻,右营分防。西北:
广南、城北小江、独车。东北龙甸、芙蓉、贝子,西瓢里,西北石村有汛。西:广南
巡司。又有龙胜巡司,本桑江,改驻城。**中渡厅**要。府西南百二十里。光绪
三十年,剿平四十八峒匪,以桂林同知带兵移驻峒内。三十二年,析永宁、永
福、融、柳城、雒容地置,四十八峒俱入辖境。改桂林同知为中渡抚民同知,仍
属府。中渡江上源即富河江,自永宁入,东北受北来一水,折东南,经治东,受
西来一水,东至永福曰雒容水,入永福江。有保安营驻防。西:平山巡司,光绪
三十二年,以原驻中渡平乐司改置,移驻峒内平山墟。

　　柳州府:冲,难。右江道驻府,隶焉。明洪武元年为府,领州二,领县十。
顺治初,因明旧为府。雍正三年,升宾州为直隶州,以府属之来宾、
武宣、迁江、上林四县隶之。十二年,降宾州隶思恩府,来宾还属。有
柳庆镇标左右营、柳州城守营驻防。提督旧驻府,光绪十二年移驻龙州,置柳
庆镇总兵官驻。光绪末年废。东北距省治三百六十里。广百五十里,袤
五百里。北极高二十四度二十一分。京师偏西六度五十七分。领
州一,县七。马平冲,繁,难,倚。明府治,因之。城东北隅:鹊山。南:仙奕、
石鱼。东南:甑山。东北:龙壁山。柳江即黔江,省境西江北岸第一大受渠也。
自柳城入,南与五都水合。屈东南,绕府治西、南、东三面,东北经横濑山麓,左
界雒容。复西南,三江出县西,伏流,至鸡公山北复出,东北流注之。东流,左受
洛清江,折南入象州为象江,穿山水从之。东新兴、西樟木有镇。东振柳、东南
白沙、西北洛满塘、南穿山、西南三都墟、鸡公山有汛。穿山、三都二巡司。驿
二:雷塘、穿山。**雒容**冲,难。府东北六十里。光绪三十二年,划长盛坳以北地
属中渡厅。西:横濑山。西北:八角岭。西南:独静山。南有柳江缘界东流,入
象州。洛清江自永福流入县东北,西南,流,左受山道江,经治南,屈曲东南,流
注柳江。柳庆镇左营分防汛驻。城西洛垢墟、西南高岭、南丰轨乡,有汛。东南
有江口镇巡司。因明旧置。**罗城**难。府西北百四十里。东北:覆钟。北:青陵、
磨盘山。东:大、小蒙山。西:九万山。武阳江旧名归顺水,有二源:一出西北平
西里,一出东北高悬里,合于寺门墟,东南入融江。大仁江一曰通道江,源出西
北大仁岗,东流经三防司北,东入融县曰背汛。融怀营分防汛驻城北。通道汛。
通道旧有镇,当万山中,多瘴疠,明置巡司。乾隆五十一年改为三防塘主簿。又
武阳镇巡司,因明旧置。**柳城**简。府北七十里。南:乌銮。西南:青凤。东:伏
虎山。北:融江自融县流入县北曰柳江,东南流,沙铺水出融县思管镇,西南流

注之。洛淹河出中渡黄泥村，西流注之。经治西，会龙江，南入马平。柳庆镇右营分防汛驻城东。北山嘴汛、西北古砦镇二巡司，因明旧置。驿三：马头、东江、罗江。**怀远**冲，难。府北三百十里。北：白云、龙项、九曲。东北：林溪。西北：朝万山。西：溶江上源曰黔江，自贵州永从入县西北，曰福禄江。东流合蔡江、大年河、南江，又东左受腮江、孟团江折南受浔江。经治北，歧为二，绕至治南复合，入融县。浔江即贝子溪下流也，自龙胜入，西南流，左受斗江，右受石眼江，西南注福禄江。融怀营驻城。西北石牌塘、沈口有汛。东北浔江、西北万石有镇。梅寨巡司。古宜甲主簿。驿一：在城。**来宾**冲，难。府南百八十五里。明属府。雍正三年改属，直隶宾州。十二年还属。北：龙镇山、瑞象。东北：鹅头。东南：金峰山。城南、大江即红水江，一曰都泥江，西江干流也，自迁江入，东北流，左受北三工，至城南，白马溪出白牛峒，北流注之。又东北，右受观音山水，左受定清水，复折东南，与象江会曰潭江，入武宣。东：蓬莱镇。宾州营分防汛驻城东南：平安汛。有界牌巡司，因明旧置。驿一：在城。**融**冲，难。府西北二百五十里。西南：真仙岩，一曰老群洞。西北：揽口山。东北：老鸦山。福禄江自怀远入，左受宝江曰融江，西南流，浪溪江自永宁来，合南江，西流注之。又西南，背江上承三源，其一即罗城通道江也，合于三江门，东南流注之。经治东，西南流，左受清流江，右受高桥江，合罗城之武阳江，南入柳城。南：清流镇。融怀营分防汛驻城。东南思管镇、东北长安镇二巡司，因明旧置。**象州**冲。府东南百五十里。西：象山。又西：西山。南：独傲。东：雷山。东北：圣塘山。北：象江即柳江，自马平入州。北：运江，上承仁义、下里二江，西流注之。折西而南，经治西，又南，古城江自武宣来，西流注之，南入武宣。雍岭，城东南，营水江所出，一曰十里江，溉田甚广，西北入象江柳庆镇左营分防汛驻城。东北：大乐汛。龙门寨巡司，因明旧置。驿一：象。

庆远府繁，难。隶右江道。庆远协左营驻防副将驻。明洪武三年复为府，领州四，县五，长官司三。顺治初，因明旧。雍正七年，划分东兰土州，同升东兰土州为州，设流官。十年，改河池州属之荔波县隶贵州都匀府。光绪三十一年，置安化厅。东北距省治五百八十里。广四百七十里，袤二百九十里。北极高二十四度三十分。京师偏西七度四十二分。领厅一，州二，县三，土州二，土县一，长官司三。**宜山**繁，难，倚。北：北山，一曰宜山，下临龙江。南：大号南山。西：羊角。东：小曹、大曹。西北：龙江上源曰劳村江，柳江西系也，自河池入，合东江，东南流，折北，右受马鬃河,左受中洲、小河。又东南,经府治北,合洛蒙江、思吾溪,经永顺副土司,南受永顺水,东至柳城,合于融江。东大曹、西怀远、东江有镇。有白土、德胜、龙门三巡司。县丞驻楞村。水驿二:大曹、宜阳。马驿:德胜。**天河**难。府北八十五里。东:东山。北:独俊山。西北:高寨山。东小江源出罗城,流入县东北,合数小水,西南流经治北,思吾溪合西北小水,东南流注之,又东南入宜山,注龙江。西南:福禄镇。庆远协左营分防汛驻城。**河池州**难。府西二百五里。北:凤仪山,州城半枕山麓。东:都铭。南:天马。西:吴山。东北:屏凤。金城江,龙江上流也,自南丹土州入,右合秀水,经治南,伏而复出,东入宜山。洪龙江出南丹北,为中平溪,流入州西,右受坡旺水,东南入永顺土司。下流为刁江庆远协右营驻城。州同驻三旺里。**思恩**难。府北百二十里。明旧属府。正德元年,属河池州。顺治初改属府。明建治欧家山。顺治中迁治清潭村,十五年仍徙欧家山。北:观荫、绀山。南:寒山。东:三峰。西:金鸡山。东南:米岭。环江,东江上流也,自安化入县北,屈曲南流,经治西,至宜山注龙江。中洲小河亦自安化入,南流至宜山注龙江。庆远协右营分防汛驻城。**安化厅**要。府北二百里。光绪三十一年析思恩北境置,以宜山、德胜理苗同知移驻五十二峒改为抚民理苗同知。东北:中洲上里,接贵州古州八万瑶山界。中洲小河自古州流入厅东北,中有沙洲,四面水绕,分上、中、下三里,悉为瑶居。环江自贵州荔波来,南流合带溪,南入思恩。有庆远防营驻防。**东兰州**难。府西南四百四十里。雍正七年,以东院内六哨改流建治。东:都夷。东南:霸陵。南:双凤。北:福山。西北:红水江自那地壬州入,为陇洞江,右纳九曲水,又东南迳那州墟,左合平绁江,迳板马墟入兴隆。**南丹土州**府,西北三百四十里。北:莲花山、青云峰。西北:孟英。东南:三宝、罗侯。东北:劳村江自贵州荔波入,东南流,右受金城江,左界思恩,南流入河池。中平溪出州北十里许,经治东,东南流,入河池,曰洪龙江。**那地土州**府西北三百四里。北:黄花岭。西北:翠灵山。又三碧、虎山。红水江自凌云流入州西北,左受一水,东南入东兰。有龙泉沟,出州北,经黄花岭,一州水利赖之。**东兰土州**府西五百二十里。明东兰州地。雍正七年降土知州为州同,分辖凤山外六哨地。北:交椅。东:十八鹤。东北:九曲。乔英墟水出州西北银腾隘,东南流,入水云洞,至州治北复出,经治西至坡龙村,伏流数里,又南出,复伏流入百色。三里墟水出东北巴华村,东流,右纳一水,折入东兰。**忻城土县**府南少东九十里。北:马鞍山。西北:叠石山。红水江自安定土司缘南界东流,右为上林界。龙塘江出永定土司,南流注之。又东南，右界迁江，左受古万墟水，入迁江。**永定长官司**府南六十里。南：头盔山。东：罗汉山司。东：凤凰岭。西北：龙桥江出司西北，东南流合北来一水，南入忻城，曰龙塘江。**永顺正长官司**府西南三百里。南：高椅山。北：西龙山。司北：多灵山。东北有泉溉田。刁江，洪龙江下流也，自河池流入司西北，东南流，经司治北，入安定土司。**永顺副长官司**府东北四十里。永顺水有二源，一自罗城入，一自柳城入，至司南合流，入龙江。

　　思恩府：繁，难。隶右江道。明正统四年升府。六年改军民府。领州二，县二，土巡检司九。顺治初改明军民府复为府。康熙二年镇安土府改流官来属。三年，降直隶土田州来属。五年，升安隆长官司为西隆州，上林长官司为西林县，并来属。雍正七年升镇安土府为府，以向武、都康、上映三土州隶之，析土田州置百色厅。八年，改西隆州、西林县隶泗城府。十年，改奉议州判隶镇安府。十二年，降直隶宾州，并所领迁江、上林二县来属。乾隆七年，析土田州置阳万土州判。同治九年，废那马土司，改置那马厅。光绪元年，升百色厅为直隶厅，废土田州，置恩隆县及上林土县、下旺土司，往属之。五年，改阳万土州判为恩阳州判，并属百色直隶厅。东北距省治千百五十里。广三百三十五里，袤二百四十里。北极高二十三度二十七分。京师偏西八度五分。领厅一，州一，县三，土司七。土司疆域，华离瓯脱。无附郭县。东北：三台山，东溪出。西北：笔架山，西溪出。夹城而南，合为府江，入武缘。**武缘**繁，难。府南七十五里。明正统七年，府迁治乔利，在今治北四十里白山土司境。嘉靖七年，徙县北止戈里之荒田驿，即今治安山。府治北：蜿蜒山。东北：大名。东：思邻山。县东：黄道山。北：高峰岭。府江二源，至府城南合流，左受大揽江，右受仙湖江，经治西，与南流江会。南流江自上林经县东北，受名山、黄塘各墟水，折西南，驮浅江出县东南，西流注之，会府江。又西南，左受那楞江，又西，右受三朝水，西流，入隆安。思恩营驻城府城。有分防汛。西有高井寨巡司，旧驻上林土县，乾隆十九年移驻罗墟。**宾州**繁，难。府东二百里。明属柳州府。顺治初因之。雍正三年升直隶州，领迁江、上林、来宾、武宣四县。十二年降州来属。南：仙影山。西：古漏山，古漏水所出。镇龙山，东南七十五里。思览江上源曰北江，自上林流经州东北，武陵江出州南，合龙龚江曰李依江，又合丁桥江北流注之，东入迁江，下流为清水江。丁桥江出州

西南,二源合东北流,歧为二,至州治东北,复合入李依江。宾州营驻城。东:安
城汛。有安城镇巡司。驿二:在城、清水。**迁江**冲,难。府东少北三百二十里。
明属宾州。顺治初隶柳州府。雍正三年改属,直隶宾州。十二年来属。北:泊
鉴山。西北:云屏。东北:莲花。东南:牛眠、纱帽。红水江自上林入,东南流,
左受俭排水,经治北会清水江,东入来宾。思览江自宾州入,县南,屈曲北流,
左受贺水曰清水江,北注红水江。北三江出忻城土县,经县东,北流入来宾,注
红水江。东南有清水镇。宾州营分防汛驻。城北:北四墟、西洛峒有汛。西平
阳墟巡司。**上林**繁,难。府东百八十里。明属宾州。顺治初隶柳州府。雍正
三年改属,直隶宾州。十二年来属。北:八角山。东北:云凌山。东南:张光岭。
南、北两江合流,其下红水江,经县北,缘忻城南界,东南流入迁江。北江出县
西北清水隘,东南流,经治北,右受南江,曰鼓江。又东,汇水自县东北二源合
南流注之。又东,右受狮螺江,东南入宾州。县丞驻三里城。乾隆三年改州同,
置三里营驻焉。东邹墟。北:六便。东北:乔贤墟。思吉镇有汛。又东北周安
镇东南思陇墟二巡司。驿一:思陇。**那马厅**府西北八十五里。明那马巡司。
顺治初因之。同治九年,废那马土司,改置通判,仍属府。东:邑鹿山。东南:邑
颜山。西北:苏圩山,苏圩水出焉,北流,右受邑马山水,北入兴隆土司。西南:
秾企水出秾企山,北入旧城土司。**白山土司**府北八十里。旧治西南乔利墟。
明末移治陇免村。吴三桂乱,徙博结村,即今治。南:独秀山。西南:九儿山。红
水江在北,左界安定土司,东北流,入忻城,合姑娘江,屈东南入上林。**兴隆土
司**府北七十里。西南:七首山。西北:天堂岭。红水江自都阳土司境南流入司
西北,右界恩隆,折东南,经都阳土司南、旧城土司东北,复入司境。又东北,右
受那马水、罗墟、乔利墟水合西流注之,北入白山、安定二土司界。**定罗土司**
府西九十里。北:罗汉山。东北:五更。架溪出旧城土司,东南流,至五更山,右
受一水,伏流,经那马合秾企水,至旧城贡村墟入红水江。**旧城土司**府西北
百五十里。北:八峰山。东北:崒嵝山。红水江界司东北境,秾企水流合焉。那
感水出治前,南流入武缘。**都阳土司**府西北二百八十五里。北:邑皂山。南:
强山。西:宝珠岩。红水江界恩隆境入司西南,屈东北,右受北来一水,东南入
兴隆土司。**古零土司**府东北八十里。南:纱帽、象山。燕北:狮子山。古旺墟
水出司东局董村,东南流入龙洞,复出,经古旺墟,至上林注汇水。**安定土司**
府北百六十里。北:大察山。东南:八仙山。红水江自兴隆土司北流,经司东南,
合九邓墟水,迳灭蛮关入,左纳刁江,折东南入上林。匹夫关。

百色直隶厅：要。隶左江道。右江镇标中左营驻防总兵官，雍正七年由
泗城府䰀乐墟移驻。明为州，直隶布政司。顺治初，因明旧为土田州。康
熙三年，改属思恩府，隶右江道。雍正七年，迁思恩府理苗同知原驻
武缘。驻百色，曰百色厅。光绪元年，田州改土归流，升百色为直隶
厅，隶左江道，废土田州，置恩隆县及思恩府属之上林土县、下旺土
司并属焉。五年，又改阳万土州判为恩阳州判来属。东北距省治千
七百八十五里。广二百七十五里，袤百五十里。北极高二十三度五
十五分。京师偏西九度四十六分。领县一，州判一，土县一，土司一。
北：探鹅岭。东：献宝山。东北：仙桥山。西洋江一曰右江，亦曰鹅江，郁江北系
也，自恩阳来，右岸为恩阳界。东流，经治南，澄碧水自凌云南流注之。屈南而
东，入奉议。磺桑河亦自凌云南流，经厅东，入奉议。隆溪亦自凌云南流，经厅
东北，入恩隆，至奉议，并注右江。篆溪源出厅东北坡耶墟，东南流，缘界入东
兰，注红水江。厅城，雍正八年建，亦曰鹅城。**恩隆**冲，繁。厅东南百八十里。
光绪元年废土田州，改流来隶。五年，自来安徙平马墟，为今治。东：天马山。
北：莲花山。南：右江自奉议缘界，东南流，左受砀桑水，经治南，又东南入上林
土。东北：红水，经县东北，自东兰南流，左界兴隆土司，右受篆溪，又南，众水
汇合，东流注之。折东北，入都阳土司。恩隆营驻城。东：平马汛。燕峒在北，
县丞治。东榜墟巡司。**恩阳州判**厅西南。水程七十里。乾隆七年，析土田州
置阳万土州判，属思恩府。光绪五年改流，置恩阳州判来隶。西：马武山。其南：
大王山、八角山。西八十里，右江，即西洋江，古牂牁水也，自云南土富经剥隘
入州西北，者郎河北流注之。又东，左右受数水，左界百色境，折南，紫欧溪东，
北流注之。又东经治北，屈南入奉议。西巴平墟、西北逻村、渌丰墟有汛。西南：
东凌寨巡司。**上林土县**厅东南二百五十里。旧属思恩府。光绪元年来隶。南：
那造山。旧治在东邑耀。西北，右江界恩隆、奉议入县西北，又东南经治北，右
纳枯榕江，即大含溪，左纳小溪，又东南入果化土州。**下旺土司**厅东南二百
六十里。有瓯脱。旧属思恩府。光绪元年来隶。东：独秀山。北：魁山。东南：
波岌山，波岌水所出，绕司治东北流，入旧城土司。小溪水出旧城南流，经新
墟，至上林土县，入右江。

泗城府：难。隶左江道。右江镇标右营驻防。雍正五年置右江镇，驻䰀
乐墟。七年移驻百色。明为泗城州，与利州直隶布政司。嘉靖二年废利州。顺

治初,为泗城土府。十五年为府。寻改为军民府,属思恩府。雍正五年复为府,改流官,隶右江道。乾隆五年,置凌云县为府治。七年,降直隶西隆州并所属西林县来属。九年,改隶左江道。东北距省治千七百八十里。广四百二十里,袤二百五十里。北极高二十四度二十五分。京师偏西九度五十分。领州一,县二。凌云难,倚。乾隆五年,以泗城府本治置。北:凌云山、莲花峰。西:饯肠。东:三台坡。西北:青肝龙山。红水江为县北界,自西隆入,东北流,左界贵州贞丰、罗斛境,右受白朗塘、罗西塘水。东南布柳水,上承鞋里、甘田、伞里、巴更各墟水,东北流注之,东南入那地。澄碧水出县北灵洞,绕治西南流,入百色。东逻楼、农登,东北平蜡,东南龙川,南皈乐,西逻里,西北长隘、百乐,西南汪甸各墟有汛。天峨甲,县丞治。东有平乐一甲巡司。县城,嘉庆二年建。**西林**难。府西南五百十里。明上林长官司。万历中省入,泗城州,康熙五年,改流官,升县,隶思恩府。雍正十二年改属,直隶西隆州。乾隆七年来属。北:交椅山。东:端峰山。西北:界亭山。右江有二源,南源曰西洋江,北源曰清水河。西洋江自云南宝宁流入县南,东北流,与北源会。驮娘江上流即清水河,自西隆来,东南流,右受驮门江,经治东南,者文、那肠、界廷各墟水自县北合流注之。又东折南,会西洋江,入云南土富。上林营驻城。东北潞城、东南周马、南八盘、西八柴有汛。有潞城巡司。县城,康熙六年建。**西隆州**冲,难。府西北九百六十里。明安隆长官司。康熙五年改流官升州,隶思恩府。雍正十二年升直隶州,领西林县。乾隆七年复为州,来属。南:三台山。西:营盘山。西南:金钟山。南:盘江即八达河,西江初源也,下流为红水江,自云南宝宁缘界北流,受者扛、羊街二墟水,经州北,东南至北楼墟,冷水河合治西小水,东北流注之。又东北,会北盘江,东南流,入凌云。清水河即同舍河,自云南宝宁北流入州西南,折东北入西林。八达城,州同驻。旧州,州判驻。州城有里仁汛。东旧州、东北三隘、东南隆或、西南永静、古障有汛。州城,雍正七年建。

　　平乐府:冲,难。隶桂平梧郁道。平乐协左右营驻防。副将驻。明为府,领州一,县一。顺治初因明旧。宣统三年,析贺县、怀集暨广东开建地置信都厅。西北距省治二百十六里。广三百八十里,袤二百五十里。北极高二十四度三十五分。京师偏西五度四十七分。领厅一,州一,县七。平乐冲,繁,倚。明府治,因之。东:团山、瓜岭。东南:莲花。北:目岩。东北:鲁溪。桂江一曰府江,自阳朔缘界南流,会修江。屈东,经府治西南,平乐江自北来会，又东南流入昭平。平乐江亦曰乐川，上源曰东江，自恭城入县。东北纳岛坪江，又东南，势江自恭城东南境西北流注之。折西，诞山江合南平江西北流注之，折西南，合于府江。沙子街，县丞驻。水驿三：昭潭、昭平、龙门。**恭城**简。府东北九十里。北：仙姑。西：石盆。东南：五马山。东北：印山、银殿。西北：金龙山。东江自湖南永明入，西南流，平川江合平源、瑶小河南流注之。折南，右受南江，南错入平乐。旋复入县境，经治东，左受下山源、北洞源水，入平乐为乐川。平乐营分防汛驻城。东北：龙虎关汛。有镇峡寨巡司，因明旧置。**富川**繁，难。府东北二百六十里。东北：独秀岩。西南：白云山。东南：东山。富江出县西北石鼓山，东南流，左受麦岭水，经治东南龙窝水，合白源水，西南流注之。又南至钟山渡，折东南，左受白沙水，入贺县曰临水。麦岭，县北，麦岭营驻防。雍正八年移同知驻。光绪三十三年徙信都。旧治东南钟山下，县徙置镇，通判驻焉，宣统元年废。富贺营分防汛驻城。东白沙、东北牛岩、东南钟山西北小水峡有汛。西南有白霞寨巡司，因明旧置。**贺**繁，难。东南百九十五里。东北：临贺岭，即桂岭，五岭之第四岭也，与湖南江华、广东连山接界。西：瑞云山。西南：大桂山。临水自富川经县西北，东南流，右受马窝山水，左受里松墟水，经治北。又东南，右受大桂山水，贺江合桂岭诸山水西南流来会，东南入信都。富贺营驻城。东龙水、东北大发、大凝墟有汛。县丞驻桂岭大会墟。西北：里松乡巡司。**信都厅**简。府东南五百七十里。光绪三十四年，析贺县、怀集暨广东开建地置，改平乐府分防麦岭同知为抚民同知，移驻信都。铺门墟旧隶三县，抚民耕兵划归厅辖。宣统元年，迁治官潭墟。北：湖头山。西北：大龟。西南：云台。临水自贺南流，经治东，又南，右受临田水，至铺门墟，深冲源水西南流注之，右受云台山水，南入开建。东石牛坡、南铺门墟有汛。旧信都巡司，光绪三十四年废，改信都厅照磨兼司狱。**荔浦**简。府西七十五里。东北：三奇、火焰。西北：镇山。东南：鹅翎。修江一曰荔江，自修仁入，左受荔江尾水，东北经治东，左受夹板隘水，右受丹竹江水，又东北，绿水河上承栗江、普陀河、龙坪河东流注之，东北入平乐。注桂江。平乐协右营分防汛驻城。北两江墟、东北马岭、西北王瑶隘、西南莲塘有汛。**修仁**难。府西南百二十里。东北：罗仁山。西南：凌云山。南：崇仁、大峒。修江出西南瑶山界分水坳，东北流，经治东，至罗仁山东南麓，入荔浦，曰荔江。四牌溪出西南文笔山，西北流，经四牌墟入永福。平乐协右营分防汛驻城。西：石墙堡汛。**昭平**冲。府南二百里。东：木皮山，其北接米岭，山高路险。雍正三年，开凿岭道，上、下四十里。东南：

天朝岭、羊角岭。桂江自平乐流入县北，右受归化江，左受思勤江，经治东，又东南至马江塘，富郡江出县东，合招贤水，西南流注之，东南入苍梧。平乐协左营分防汛驻城。东南榄水、东北莲花、燕塘山口有汛。东：樟木墟巡司。东南：马江塘巡司。**永安州**简。府西南百六十五里。东北：石鼓山。东南：石印、古眉、摩天岭。西南：力山。西北：天堂、马鬃岭。眉江，古蒙水，一曰激江，出州西北，东南流，右受浊川水、西江水，经治南，左合银江，又东南，六樟水东流注之，又东南，榕木岭水西南流注之，南入藤县，曰濛江。平乐协右营分防汛驻城。

梧州府：冲，繁。桂平梧郁道治所。梧州协左右营驻。防副将驻。明洪武元年为府，领州一，县九。顺治初因明旧。雍正三年升郁林州为直隶州，割博白、北流、陆川、兴业四县往属焉。西北距省治九百三十五里。广二百七十里，袤四百六十里。北极高二十三度三十分。京师偏西五度二分。领县五。光绪二十三年设关通商，以桂平梧监法道兼梧州关监督。三十年，由桂林移驻。**苍梧**冲，繁，倚。明府治因之。东北：芋荚、古榄岭。西北：文殊山。南：铜镬、冲霄。龚江上流即藤江，自藤县流入，左受安平江，分流夹思化洲、长洲，右受须罗江、长行江，至石矶塘复合，又东会桂江，东入广州封川曰西江。桂江自昭平入，左受龙江，右受石洞河，东南流，思良江、峡山水出治北，南流注之，折西南，至治西注龚江。沿江有水汛。东分界塘、南三角嘴、广平墟，东南大燕，东北三番、西北籣竹、古榄，西南：戎墟有汛。同知驻戎墟。有东安乡、安平乡、长行乡三巡司，因明旧置。水驿二：府门、龙江。梧州关。商埠，光绪二十二年《中缅条约》开。**藤**繁，难。府西百六十里。南：灵山。西南：勾刀。西北：谷藤江上流即浔江，自平南入，流经县西，北右受都榜江，蒙江合牛皮江南流注之，曰龚江。又东南，右受慕寮江，折东，经治北，绣江合思罗江、黄华江、义昌江，自西南经治东来会，曰剑江。又东北，左受四培江，右受黄桶江、白石江，东入苍梧。梧州协左营分防汛驻。城沿江有水汛。东南糯峒、西白马有汛。有白石寨、窦家寨二巡司，因明旧置。明故五屯千户所，称藤峡左臂，今白石司治。驿四：双竞、黄甲、金鸡、藤江。**容**简。府西南四百八十里。东北：朝阳岭。东南：人文岭。西北：大容山，互数百里，浔郁分据其麓。容江上承北流之圭江，经县西南，渭龙江自广东宜信入，北经治南，左受思登江，曰容江，又东北，右受波罗江，北入藤县曰绣江。梧州协左营分防汛驻城。有自良墟、粉壁寨二巡司。驿二：自良、绣江。**岑溪**难。府西南百八十里。东：

白石山。西:邓公山。东南:通天岭。东北:周公。黄华江自广东信宜入,流经县南,西北流,折入藤县。腰峨岭,东北义昌江出,西南流,铁根隘水合黄陵隘水西北流注之。又西,洋罗隘水东北流注之,西北经治南入藤县。梧州协左营分防汛驻城。东:大浒汛。南:大峒镇。有平河巡司,因明旧置。**怀集**繁,难。府东三百里。西:忠谠山。南:天马。西北:齐狱、牛栏山。西南:白鹤山。怀溪一曰南溪,出县西北大石屋村,东南流,合古城水、赤水,又东南,右受宿泊水,左受冷坑水、白沙水,经治南,右受甘峒水。又东南,桃花水合东北诸山溪水西南流注之,东南入广东广宁,下流曰绥江。永固水出西南南洲山,北流,经永固墟,入广这。怀集营驻城。东龙门、东北洽水、西南朋冈有汛。有武城乡、慈乐寨二巡司,因明旧置。

郁林直隶州:冲,繁,难。隶左江道。浔州协郁林营驻防。明为州,属梧州府,领县四。顺治初因明旧。雍正三年升为直隶州。旧隶桂平梧郁道。光绪十三年,改隶左江道。东北距省治千五百二十五里。广二百七十里,袤二百九十里。北极高二十二度四十七分一分。京师偏西六度十分。领县四。北:寒山。东:信石、峡山。东南:天马。东北:大容山。西:石人岭。定川江自兴业入,东南流,左受鸦桥江,右受都黄江。又东南,绿蓝江自北来,西南流,经治南,合罗望江注之,曰南流江。又南,桥丽江即回龙江,自陆川西南流注之,入博白。东夹山,西平山、石井,北北底,西北蒲塘、枫木有汛。有抚康巡司。西瓯废驿。**博白**难。州西南九十里。雍正三年,自梧州来隶。南:大荒。东南:蟠龙。西南:九岐、飞云。西北:绿萝山。南流江自郁林入,流经治西,右受绿珠江,左受小白江、大白江。屈西,右合浪马江,至宴石山西麓,陀角江西北流注之。又西南,左受旺胜江,入广东合浦。郁林营分防汛驻城。西南:龙潭汛。有周罗寨、沙河寨二巡司。因明旧置。**北流**繁,难。州东六十里。雍正三年自梧州来隶。东北:句漏山,山脉自越南来,东入广东境,郁江南岸一大系也,东会灵山。西北:大容山。南:绿蓝山,绿蓝水所出,南入郁林,注南流江。圭江出县东南,有二源:一石梯水,出大云岭,一双威水,出双威山,至三口铺合流曰圭江,西北流,思贺江自陆川东北流注之。右受蟾蜍河,经治东,入容县,曰容江。郁林营分防汛驻城。东南陆靖、善迳有汛。有双威寨巡司,因明旧置。驿一:宝圭。**陆川**难。东南九十里。雍正三年自梧州来隶。东:文龙山。西:鸣石。西北:石湖。东南:大迳。北:分水山,二水源出焉:一南流,经治东,馒头岭水自西北绕城南合流曰乌川,又南,左受水车江、龙化江,曰平南江,入广东石城;一西北流,曰回龙江,屈西南,合略峒江,入郁林,曰桥丽江。郁林营分防汛驻城。北马坡、南花槎有汛。有温水寨巡司,因明旧置。有永宁废驿。**兴业**简。州西北七十三里。雍正三年自梧州来隶。北:北斗山,与东斗山对峙。西:万石、白马岩。西南:夔龙岩。定川江三源:北源曰龙穿江,出县西北,东南流,通济江自东北绕城来会,岑江自西来会,三江合曰定川江,东南入郁林。郁林营分防汛驻城。北番车、南六篆、西南雷壆、城隍墟有汛。

浔州府:冲,繁。隶右江道。浔州协左右营驻防副将驻。明洪武元年为府,领县三。顺治初因明旧,雍正八年,武宣来属旧,隶左江道。乾隆九年,改隶右江道。东北距省治八百七里。广四百里,袤五百二十里。北极高二十三度二十九分。京师偏西六度十六分。领县四。**桂平**冲。倚。明府治因之。西:西山、石梯。西南:罗丛。东南:白石、大容、紫荆关。西北:大藤峡数百里,跨西江西岸,明韩雍破瑶贼地,咸丰金田之役实肇乱于此。黔江上流即柳江,一曰右江,自武宣入县西北,左出支津曰南渌江,东南经治北,与郁江会。郁江一曰左江,自贵县经县西南,右受绣江,左受蓬阆江,屈曲东北流,至治东会黔江,曰浔江。又东北,大江岭水合东南诸水,西北流注之。南渌江,合相思江东流注之,东入平南。有南、北河水汛。北静安、东北武靖有镇。有大黄江、穆乐墟二巡司。**平南**冲。府东九十里。东北:勾崖岭。东南:黄花山。西北:阎石山。浔江,自桂平入,左受思旺江,东南流,乌江合数小水南流注之。经治南,又东南,左受秦川河、白沙江,自桂平东北充注之,东入藤县。大同江出西北龙军瑶地,东南流,亦入藤县。浔州协右营分防汛驻城。东南樟木墟、丹竹墟有汛。有大同乡、秦川乡二巡司,因明旧置。水驿:乌江。**贵**繁,难。府西南百七十里。北:大北山。东:小北山。龙山,北五十里,藤峡右臂也。西:金鸡峡。郁江自横州入县西南,武思江自广东合浦来,北流注之。东北流,左受思缴江,宝江自宾州来,东流注之。经治南而东,左受沙江、东津江,右受横眉江,入桂平。浔州协右营分防汛驻城。东南三塘、西覃塘、西北五山有汛。有五山镇巡司。通判驻木梓墟,宣统二年废。水驿二:东津、香江。**武宣**冲。府西北百九十里。明宣德六年更名,属象州。顺治初隶柳州府。雍正三年改属直隶宾州,八年来属。南:大藤峡。东北:金龙山。西南:仙岩山。柳江缘象州、来宾界,流经县西北,受古城水,屈曲南流,经治南,勾楼山水西南流注之。又东南,右受古豪江、武赖水,左受阴江、新江水,入桂平。浔州协左营分防汛驻城。南寺村、西南大樟有汛。有县廓镇巡司。驿一:仙山。

南宁府：冲，繁，难。左江道治所。左江镇中、左、右营、南宁城守营驻防。总兵官驻。光绪三十二年，提督由龙州移驻。明洪武元年为府，领州七、县三。顺治初因明旧。雍正十年，下雷土州改隶镇安府。光绪十三年，上思州改隶太平府。东北距省治千十里。广三百里，袤百五十里。北极高二十二度五十四分。京师偏西七度五十六分。领州二，县三，土州三。宣化冲，繁，疲，难。倚。明府治因之。北：高峰山。西北：圣岭。东北：昆仑山。郁江即左江，省境西江南岸一大受渠也，上承左、右二江。左江自新宁入，东北流，右江自隆安入，东南流，至合江镇合流曰郁江。屈折东流，左受星盈江，经府治南，右受乌水江、八尺江。又东，左受大冲江、伶俐江，入永淳。东八尺江、西三江口、南那晓墟、北宣宝陆路有汛。有八尺寨、坛三官堡、金城寨、迁隆寨、坛落墟五巡司。驿四：建武、黄花、陵山、大淮。南宁关商埠，光绪三十二年自开。新宁州简。府西百十里。北：青云山。南：独秀山。东北：六合山。丽江一曰左江，亦曰定渌江，郁江南系也，自土江州入，受响水，东北流，右受旺庄河，经治北，左受渌瓮水，曰左江，入宣化。左江镇右营分防汛驻城。隆安简。府西北二百八十五里。东：马王山。东南：金榜、梅龟山。右江自果化北、归德东南入，左纳塘河水，南，右受佛子溪、曲霞溪，经治经，东南流，绿绛水自万承来，合罗兴江，东北流注之。又东南，南流江亦自武缘来会，折南入宣化左江镇左营分防汛驻城。西北有果化卡汛。横州冲，繁。府东南三百四十里。东：横岭。北：震龙山。东北：定祥山。西北：平天岭。郁江自永淳入，东流，右受横槎江、平南江、鹿江，经治南，东北流，右受清江，右受武流江，折北，古江自永淳东南流注之，东北入贵县。南宁营分防汛驻城。有大滩巡司。水驿二：乌蛮、川门。永淳简。府东二百五里。明属横州。顺治初改属。府东：雷峰岭。东南：火烟。东北：镇龙山。郁江自宣化入，东南流，经治北，东班江自宾州来注之。绕城东南，秋风江自广东灵山来注之。又东南入横州。左江镇中营分防汛驻城。西南：那怀汛。北有武罗、南里乡二巡司。水驿二：永淳、火烟。土忠州府西南二百二十里。北：芭仙山。旺庄河出州南，东北流，经治南，折北入新宁，注定渌江。归德土州府西北三百二十五里。北：九儿山。右江自上林流经白山南、果化北入，缘界东南流，至驮湾村入隆安。果化土州府西北三百六十里。南：青秀山。东南：独石山。右江为州北界，东南流，经旺墟，右界归德，入隆安。

太平府：冲，难。太平思顺道治所。新太协左营驻防。副将驻。明洪武二年为府,领州十七,县三。顺治初因明旧。雍正三年,置上龙下龙二土司。七年,废下龙司,置龙州厅,十年,改思明土府为土思州,并所属下石西土州来属。十一年,改思明州为宁明州,置明江厅,兼管上石土州事,降直隶江州为土州,及所属罗白县为土县,又降思陵、恁祥二直隶为土州,并来属,省思城土州入崇善县。光绪十三年,上思州来属。十八年,升上思州为直隶厅。宣统二年,恁祥土司改流官,置凭祥厅。旧隶左江道。光绪十三年,改隶太平思顺道。提督驻龙州,督办边防。光绪十二年由柳州移驻。二十九年,改置督办边防大臣。三十一年废。以太平思顺道办理边防事务。自光绪十一年越南沦陷,法人逼处西南一隅,与越南谅山、高平、宣光等省接壤,边防处处险要。分三路:自镇南关口及关以内恁祥厅所辖各关前隘为中路;关以东,自明江厅宁明州暨下石西、思陵上州,至土思州属派迁山止所辖各隘为东路;关以西,自龙州、归顺州即下冻、下雷土州,至镇边县属各达村岩峒桥头止,所辖各隘为西路。沿边千八百九十四里,隘卡百五十有六,有防兵二十五营,分扎:沿边对汛及各炮台。东北距省治千二百八十里。广五百七十里,袤六百六里。北极高二十二度二十五分。京师偏西八度五十分。领厅二,州四,县一,土州十六,土县二,土司一。**崇善**冲,难,倚。明府治,又思城州地。顺治初因之。雍正十一年省思城土州入,以县丞分驻。北:青连。东:将军。东南:银山。西北:翠微、马鞍山。西南:丽江自上龙流经县西,南左受逻水,东北流,绕治西、南、东三面,纳逻水,旧名旧顺河,一曰旧县江,自安平东南流,通利江自养利来注之,又经太平流入县西北,右受多烈水,注丽江。东北有崩坎汛。有驮芦巡司。**左州**冲。府东北九十五里。南:天灯。东:云岩。西北:金山。西南:华父山。丽江自崇善缘界,经崇善驮卢司,左受桥龙江,东北入新宁。新大协左营分防汛驻城。驿一:驮林。**养利州**难。府西北百四十里。东:武阳山。南:无怀。西:印山。西北:通利江自龙英缘界,东南流入州,西经响水桥,大岭墟水东北来,至迎恩桥注之,南入崇善。新太协左营分防汛驻城。**永康州**难。府东北百八十里。明万历二十八年升州,省思同州入,与陀陵县并属府。顺治初因之。康熙三十八年,陀陵县并入州。南:凤凰山。西南:天马山。西:吞白、星游、月狮、连吸诸岭。西北:渌倥山,渌倥江所出,一曰绿瓮江,屈曲东南流,经治西南,渌零水东流注之,东南入罗阳。新太协左营分防汛驻城。**宁明州**

冲,难。府西南百二十里。明,思明州。顺治初为土州。康熙五十八年改流官。雍正五年罢知州,以思明府同知兼管州事。十一年,以思明四寨、六团改置宁明州。乾隆元年移治思明土府旧城。东北:枫门岭。西北:龙胜山。西南:伏波山。明江自土思州入,西流经明江厅西南,交趾河自越南来,左合下石州水注之,西北经治北,曲流三十余里,入上龙土司会龙江。馗纛营驻防枫门岭。西南罗隘有汛。**明江厅**冲,难。府西南百十里。明思明府又上石西州地。顺治初为思明土府同知。雍正十一年,改为明江理土督捕同知兼管上石西州事,驻思明土府旧城。北:珠峡。西南:伏波。东北:枫门岭。东南:白马山。明江自土思州入,屈西,迳明江厅至城东,又西北迳那关山,入上龙。馗纛营分防汛驻城。**龙州厅**冲,难。府西百八十里。明龙州,直隶布政司。顺治初来属。雍正三年罢州,析其地为上龙司、下龙司,置土巡检。七年废下龙司,移太平府通判驻扎。乾隆五十六年改同知。东:独山。北:军山。西南:秀岭。龙江有南北二源:北源曰平定溪,自越南流入厅西北水口关,东南流,经上下冻土州,至治西南,会南源;南源曰岜宜溪,自越南流经厅西南平而关,界凭祥北境,屈东北至治西南,与北源合,东流曰龙江,入上龙。光绪十三年,提督来驻。二十九年,督办边防大臣驻。寻废,提督移驻南宁。有提标中营、龙州城守营驻防。西北:水口关、斗奥隘有汛。龙州习。商埠,光绪十三年法越《商务条约》开。有东、西关炮台。有铁路。**凭祥厅**府西南二百三十里。明成化十八年升州,直隶布政司。顺治初为土州,来属。宣统二年改流官,置抚民同知,并明江同知兼摄之。旧上石土州入焉,并兼辖承审下石土州,仍旧治。东:白石山。南:叫谷山、马鞍山。龙江南源界厅北境,凭祥水自治南合洞水北流注之,东南入龙州。西南:镇南关,一曰界首关,越南入境第一门户也。有左右辅关炮台。东受降城、北平而关、南由隘南关、西南岉沙卡有汛。**太平土州**府西北百十里。东:九峰山。东南:龙蟠山。西北:逻水自安平入,右受五桥水,东南入崇善。多烈水亦自安平入,东南流,入上龙。**安平土州**府西北百三十七里。南:会仙岩。西南:星山。逻水自下雷入,东南经州署北,左界崇善、思城境,入太平。多烈水自越南流入,经岩昆山南麓,又东南亦入太平。五桥水出州西北要村隘,东南流,经五桥,至太平土州,注逻水。**万承土州**府东北二百五十里。东北:金童山。西北:莲花山。西南:云门、紫洞。绿降水一曰玉带水,出州西南,玉屏山经州署南,东北入隆安,注右江。**茗盈土州**府西北七十里。南:岜怀山。东北:观音岩,洞水出焉,西来一洞水,至州署南合流,曰茗盈水,西南经养利入龙英,注通利江。**全茗**土州府西北百六十里。北：州望山。西北：猛山。通利江自龙英东南流，至仙桥入境，又东南经州署西，合布显水，屈西南，复入龙英。**龙英**土州府西北二百里。北：笔架山。西南：通山。通利江自都康东流，入州西北，左受宁墟水，东南流，屈西南，经全茗境，复折入州，州署前诸水合茗盈水东流注之，又东南，纳茗盈水，入养利。**结伦**土州府西北二百三十里。东：高峙山。东北：阳果岭。西北：斗牟山。呐咨水出山涧中，流绕州前，南有呐毕水自都结来，堰水上流也。**结安**土州府西北二百二十里。东：马鞍山。南：窟井山。北：飞鼠山。西南有堰水，即洞水也，出都结山涧中，流入境，伏而复出，土夫堰水灌田，曰堰水。**镇远**土州府西北三百十里。南：笔架山。西：天马山。北：扬山。西北：布腰岩。磨水出，东南入结安。**都结**土州府东北三百六十里。北：青云山。南：观音山。西：阳果岭，沛水出焉，曲折东北流，受二小水，东南经州署北曰绿水江。东入隆安。呐毕水一曰洞水，西南流，经结伦，至结安南为堰水。**思陵**土州府西南二百四十里。明，思陵州，直隶布政司。顺治初为土州，来属。东：天马山。东北：东陵山。南：角硬山，角硬水所出，东流，右受板邦隘、叫荒隘二水，又东北，折西，经东陵山南麓，又西南，经州署南入越南。**土江州**府南二十五里。明江州，直隶布政司。顺治初为土州，来属。南：波岩山。州东：挂榜山。东南：榕树岭。丽江自上龙流经州西北，左界崇善境，东北流，屈东南，入左州、新宁界。**土思州**府南百二里。明思明府，直隶布政司。顺治初为土府，来属。雍正十年改土州，更名，移治伯江哨。西：飞仙岩。西南：摩天岭。东南：派迁山。明江自迁隆峒入，经州署北，又西入宁明。东有海渊墟汛。驿一：明江。**下石西**土州府西南百六十里，明属思明府。顺治初来属，归宁明州兼辖。宣统二年，改归凭祥厅。西北：白乐山。西：独山。东有一水，流合交趾河，东北注明江。**上下冻**土州府西二百二十里。南：湖山。北：邕梱山。西南：八峰山。龙江北源自越南入龙州西北辖境，东南流，经州署北，呐局隘水合叟花隘水，东流至州南注之，东入龙州。有龙州营分防汛。**罗白**土县府东南五十里。明属江州。顺治初来属。东南：龙洞山。西南：罗高山。北：独龙山。陇冬出，西北入江州。**罗阳**土县府东北二百里。东：青龙山。西北：白虎山，一曰白面山。绿瓮水自永康流经县署西南，又东南，沙房墟水合一水东流注之，入新宁。**上龙**土司府西百八十里。明龙州地。雍正三年析置。西北：武德山。北：古甑山，古甑泉出焉，南流经司署，西入龙州。龙江自龙州入司南，东北至三江口会明

江,屈东南流,合逻水,入崇善。多烈水自太平入司东北,亦东南入崇善,注逻水。·

上思直隶厅:要。隶左江道。提标上思营驻防。明,上思州,属南宁府。顺治初因明旧。光绪十三年改属太平府。十八年,升为直隶厅,以南宁府属之迁隆土司隶之。东北距省治千二百八十里。广百二十五里,袤七十三里。北极高二十二度十一分。京师偏西八度十三分。领土司一。厅北:望州岭。西南:营盘山。十万大山环列厅东、南、西三面,延袤百余里,接广东钦州讫越南禄州界,游匪出没所也。沿山有八隘。明江出厅西南十万山中,东北流六十余里,屈西北,经治南,又西南,平弄隘、平寨隘二水合会迁隆峒、板蒙隘水北流注之,西北入迁隆。**迁隆峒土司**厅西七十里。明土巡检司,属上思州。顺治初因之,与上思并属南宁府。光绪十八年来属。北:分界岭。东南:那马。明江自厅入,西北迳城东,屈西南入土思州。

镇安府:难。隶左江道。明洪武二年为府。顺治初,为土府,隶思恩府。康熙二年,改设流官通判。雍正七年,升为府,隶右江道,以向武、都康、上映三土州隶之,归顺州改流来属。十年,思恩府属之奉议土州,改设流官州判,又南宁府属之下雷土州并来属。改隶左江道,乾隆三年,置天保县为府治。三十一年,置小镇安厅。光绪元年,升奉议为州。十二年,升归顺州为直隶州,改小镇安厅为镇边县,并下雷土州往属之。东北距省治千六百八十五里。广百三十里,袤百六十里。北极高二十三度十九分。京师偏西九度四十三分。领州一,县一,土州三。**天保**难。倚。明镇安府地。乾隆三年置。北:天保山。东北:扶苏山。西:凿山。归顺江一曰浟㴬江,自归顺入县西,伏流,至凿山前复出,东流经治南,右受驮命江,天保泉自北来注,又东,左受来河,右受归顺之武平河,东北入奉议。镇安协右营分防汛驻城。**奉议州**冲。府东北二百十里。明洪武二十八年,改卫,寻复为州,直隶布政司。嘉靖中,改属思恩府。顺治初为土州。雍正十年,改掌印州判来属。光绪元年升为州。东北:狮子山。东南:三齐山。西:大、小莲花山。有莲花关。右江自百色南流入州,西北折东,经治北,又东北,矿桑河自百色来,隆溪自恩隆来,南流注之。东南流,右受归顺江,左界恩隆,入上林。镇安协营分防汛驻城。西南:古眉墟汛。东南:作登墟巡司。**向武土州**府东南百六十里。明初属田州府,寻废。建文中复置,直隶布政司。

顺治初隶思恩府。雍正七年来属。东南：天台。东北：向阳山，山上有关。西北：上旱山，下有上旱溪，出天保山中，东北流，入奉议。枯榕江一曰大乃溪，出上映州山中，东北曲流合劳溪，经州署西北，又东北入上林。有镇安协右营分防汛。**都康土州**府东南百九十里。明初没于夷獠。建文初复置，直隶布政司。康熙三年，改隶思恩府。雍正七年来属。东：崇山。北：映秀。南：翠屏山。通利江自上映州入，东流经州署南，左受邑营水，入龙英。**上映土州**府东南百八十五里。明初废为峒。万历中复置，隶思恩府。顺治初因之。雍正七年来属。南：锦屏山。西：鈌岫山。西南：八字娄。通利江上源为秀泉，出州西北山中，东南流，经州署南，至仙桥入都康。

　　归顺直隶州：繁，难。隶太平思顺道。镇安协左或驻防。副将驻。明归顺州，直隶布政司。顺治初为土州，隶思恩府。雍正七年，改流官，隶镇安府。乾隆十二年，省湖润寨土巡检司入焉。光绪十二年，升为直隶州，隶太平思顺道，改镇安府属之小镇安厅为镇边县，及下雷土州来属。东北距省治千八百六十里。广二百二十里，袤百六十里。北极高二十三度六分。京师偏西九度五十四分。领县一，土州一。南：狮子。西：岭卫。西南：叫鹅山。西北：三台、照阳山。龙潭水出城东北里许，南流经治东，秾黎水出州西北，东南流注之，入越南。秾那水出州西，亦东南入越南。归顺江出西北哎雷墟，武平河出东北小龙潭，并东流入天保。逻水出州东，东南流，左受立娄水，入下雷。西：荣劳墟。南：陇邦、壬庄、频峒各临有汛。东南：湖润寨巡司。**镇边**繁，滩。州西北二百三十里。明永乐中分置镇安土州，属思恩府，寻废。乾隆八年设土巡检。三十一年改流官。通判驻辖曰小镇安厅，光绪十二年改置县，更名来属。北：感驮岩。又北：末山，有水西北流，入云南土富。劳山，劳水所出，西北流，经治西，合大魁水、弄内水，折东北，伏流，复出，亦入土富德窝水出县南，东南流，经百合墟。折西南，茗华水、坡芽水、百都水，并出县西南，合流注之，入越南。那摩水自越南入州西、南边境，合坡酬水，复西入越南。镇安协右营驻防。**下雷土州**府东南二百二十里。本下雷峒。明万历十八年，升为州，属南宁府。顺治初，因之为土州。雍正十年，属镇安府。光绪十二年来属。北：天关山。南：地轴山。又南：神农山。逻水一曰西北河，自归顺入州西北，北河自向武来，伏流复出，西南流注之，经署东，又东南，西南河自越南缘界东流注之，入安平。有镇安营分防汛。

清史稿卷七四
志第四九

地理二十一

云　南

　　云南:《禹贡》梁州徼外地。清初沿明制,置承宣布政使司,为云南省,设巡抚,治云南府,并设云贵总督,两省互驻。康熙元年,改云南总督,驻曲靖。三年,裁贵州总督并云南,驻贵阳。二十二年,移驻云南。雍正五年,定云贵总督兼辖广西。十二年,停兼辖广西。乾隆元年,设云南总督。十二年,改云贵总督。光绪中,裁巡抚。领府二十,直隶州一。康熙五年,降北胜直隶州为州,隶大理。八年,降寻甸府为州,隶曲靖。三十七年,升北胜州为永北府,省永宁。雍正三年,改威远土州为直隶厅。四年,割四川之东川府来隶。五年,以四川乌蒙、镇雄二府来隶。六年,降镇雄为州,属乌蒙。东川、镇雄,元属云南,明属四川。乌蒙,元属四川,明初属云南,从改属四川。七年置普洱。八年置开化二府。九年改乌蒙为昭通府。乾隆三十一年,永北降直隶厅。三十五年,广西、武定、元江、镇沅四府降直隶州,景东、蒙化二府皆降直隶厅,省姚安属楚雄,改鹤庆府为州,属丽江。嘉庆二十四年,升腾越州为直隶厅。道光二年改分防同知,又改镇沅直隶州为直隶厅。光绪十三年置镇边抚夷直隶厅。二十四年升镇雄州为直隶厅。东至广西泗城。七百五十里。南至交阯界。七百五十里。北至四川会理四百里。西至天马关。接缅甸界。二千三百一十里。西南:英领缅甸。光绪中，曾纪泽谋与英勘界，索八募，复我太平江以南汉龙、天马、虎踞、铁壁四关侵地，议未决。薛福成继之，力持前画。腾越西以伊洛瓦谛江源流为界，江东野人山地概归中国，尚可由大盈江之新街入伊洛瓦谛，经阿瓦至仰光海口行轮，又索还故壤二千余里。及中东事起，俄、法、德居间，后赠法以红江瓯脱及孟俄地，英藉口改薛约，割科干，复许以滇缅铁路，而边事日棘，片马不守矣。广二千五百一十里，袤一千一百五十里。北极高二十九度三十分至二十一度四十分。京师偏西十度二十九分至十九度十分。宣统三年编户一百五十四万八千一十四。口六百四十万三千九百三。共领府十四，直隶厅六，直隶州三，厅十二，州二十六，县四十一；又土府一，土州三，土司十八。驿路：东达贵州普安，东南广西百色，西达缅甸八募，西南达缅甸景东。铁路：滇越。电线：东北通重庆，西通八募，东南通南宁。

云南府：冲，繁，疲，难。云武分巡粮储道治所。总督、巡抚，布政、提学、提法三使，监法、巡警、劝业各道驻。东北距京师八千二百里。广三百七十里，袤二百九十八里。北极高二十五度六分。京师偏西十三度三十七分。领州四，县七。昆明冲，繁，疲，难，倚。城内：五华山、螺山。山有潮音洞，山侧有翠湖。东：鹦鹉山。西：太华、聚仙。南：万德。北：商山。东北：龙泉山。西南：碧鸡山。盘龙江自嵩明入，西南流，迳城东，合银剿余梭河至县南，汇为滇海。滇池一名昆明池，长百二十余里，县东诸水入焉，下流折入昆阳州曰海口，即螳螂川上游。金剿余梭河自城东北松华坝分盘龙口水入滇池。宝象河自嵩明入，西南流，迳城南，亦入滇池。西：碧鸡关、高峣关。东：金马关。同知一，驻南关。驿二：板桥、滇阳。汛二：昆明、板桥。富民简。府西北七十里。东：天马山。西：卧云、玉屏。南：灵芝。北：法华山。螳螂川自安宁入，纳城西北农纳水，入武定州禄劝，为普渡河。大营河出昆明西北山，西流入境，洞溪水来会，西至城北入螳螂川，清水河从之。宜良冲，繁。府东百二十里。北：万寿。南：雉山。东：客争容山，县镇山也。西：石燕。东南：骆驼山。西南：凤凰山。西：大城江，自河阳之杨宗海流入，迳城西北，折东南，分二支，同入大池江。大池江即八达河，为南盘江上流，西北有汤池。嵩明州冲，难。府东北百三十里。城内：黄龙山。东：马头。西：灵云、登花。西北：东葛勒山，元梁王结寨地。南：凤鸡、石华山。龙巨河一曰龙济溪，自寻甸入，南流汇为嘉利泽，一名杨林海，迳城东南，纳杨梅河、对龙河诸水，汇为泽，周百余里。东南出河口，折北流入寻甸，为车洪河、宽郎河、邵甸河，合九十九泉，西南流，会牧养河。又西南，入昆明，为盘龙江，即滇池上源也。西南：免儿关。驿一：杨林。**晋宁州**繁，难。府南九十里。城内：螺髻山。东：梅溪、五龙。西：石美山与百花山相望。南：石壁。东南：玉案。西南：石鱼山。西有天女城。滇池在州西北，北大堡河自新兴来会，又西北迳城西，分数道流入滇池。盘龙河源出五龙山，分二派，一西北流入大坝河，一东北流分为二，一入澄江抚仙湖，一入昆池。**呈贡**冲，繁。府南四十里。明为归化同隶晋宁。康熙八年省归化入焉。北：三台山。东：军营。南：龙翔。东南：象兔、罗藏山。滇池在县西南。东捞鱼河、南淤泥河、东南梁王河皆汇焉。洛龙河源出城东白龙潭，西流，会黑龙潭，贯城注滇池，南冲河偕清水河从之。南：太平关，临、澄孔道。**安宁州**冲，繁。府西七十里。康熙六年省三泊入昆阳。雍正三年又改其地来隶。城内：太极、白华。西北：葱山。东：印山、龙马。西：罗青。南：天马山。螳螂川一名安宁河，自昆阳入，北流入富民。鸣蚊河源出龙洞，北流，望洋河，又北资利河，同来会。折东北，至州东南，入螳螂川。有煎盐水，出岈峻山。有大井、石井、河中、大界、连然等盐井。驿二：禄表、安宁。**罗次**简。府西北百三十里。西：金凤。北：百花。南：崛峻山、九成山，易江出焉。东北有苴么峎衰山，绵亘县西，两峰相望。易江北流入禄丰。金水河东北流，纳青龙山南北二溪水，又折西北，汇碧城河水、东渠河水，折西亦入禄丰，名星宿江。北：炼象关。**禄丰**简。府西北二百十里。西：三次和山，旧名蒙答缚山。北：象头、马头山。东：姚陵山。星宿江自罗次入，纳南河、九渡河诸水，南入易门。易江亦自罗次入县东境，绕安宁，复折入境，东南入易门。东：老鸦关。驿一：禄丰。**昆阳州**疲，难。府南百二十里。东：龙泉山。西：月山、珊蒙果山。南：金龟山。北：望州。东南：御屏。西北：葱蒙山。滇池在城东北隅。螳螂川自滇池分三支，西北入安宁。渠滥川迳城东南入滇池。南：铁炉关。**易门**简。府西南二百五十里。城内：龟山。东：屏山、左右旗山、鼓山。西：象山。东南：虎头山。星宿江自禄丰入，南流，纳太和川水，又南汇大小绿汁河，入丁癸江。南流，易江亦自禄丰入，南流汇上下渠江水，庙儿山水自东来合焉。折西，纳狮山水、速禾水，合星宿江为丁癸江，南流入峨峨。

　　武定直隶州：隶云武分巡粮储道。明武定府。领州二，县一。乾隆三十五年，降为直隶州，裁府治和曲，降禄劝州为县。东南距省治二百四十里。广三百六十里，袤三百三十九里。北极高二十五度三十二分三十秒。京师偏西十三度五十七分，领县二。北：甲甸背。西北：猗朵。西:狮子山。北:金沙江自元谋入,左有会川,卫水自四川会理合东安河南流来注。又东流,合大环川,入禄劝。盘龙河源出罗次白花山,为鸠水河,东北流,至城东,左会鹳鹰河,为盘龙河,东入禄劝。南:小营关。东南:小甸关。西北:油榨关、龙街关。明只旧、草起二盐井,今废。巡司一,驻金沙江岸。**元谋**难。州西北九十里。东:定见山。西:翠峰。南:马头。北:温泉、莲花山。北:金沙江自大姚入,合西溪河,即龙川江下流,自广通北流入境。又北会南号河、黑占乾河、元马河、罗又乾河、午茂乾河、炉头河,自大姚东流,合为苴宁河,又北入金沙江。元马冢,州北二十里。《华阳国志》谓县有元马,日行千里,元马河以此得名。土人呼马为"谋",县以此氏焉。东:望城关。**禄劝**难。州东北二十里。明州乾隆二十五年降。东北:乌蒙山,一名雪山。北:法块、幸丘。东南:普照山。北:金沙江自州入,东流,勒湾溪、东湾溪自幸邱山合北流入焉。又东纳普渡河水,乌龙河自乌蒙山北流注之,又东入东川巧家。普渡河即螳螂川,下流,自富民北流入境,纳掌鸠河水,北迳雪山入金沙江。西南:雄关。

大理府:冲,繁。迤西道治所。提督驻。顺治初因明制。康熙五年,降北胜直隶州为州,来属。三十一年,仍直隶。东南距省治八百九十里。广九百六十里,袤二百二十里。北极高二十五度四十四分。京师偏西十六度十一分。领州四,县三,长官司一。太和冲,繁,倚。西点苍山,高六十里,山椒县瀑,注为十八溪,绵亘百余里,府之镇山也,西拱县城如抱弓然。西洱河,亦名洱海,形如月抱珥,亦日珥河。县东五里,即古叶榆泽,源出浪穹北,境内诸水入焉。长百三十里,关三十九里,下流会样备江,迳赵州入蒙化。北:上关,亦日龙首关,又日石门关。南:下关,亦日龙尾关。谚曰:"苍山雪,洱海月,上关花,下关枫。"下关贸易极盛,南陬名镇。**赵州**冲,繁。府南六十里。东:九龙山,与州西凤仪山对峙。西:三台山。南:昆弥。东南:龙母。西南:华藏山。大江一名波罗江,有二源,合流而北,迳城南,折东会玉阗泉、乌龙、双塔诸水,北入洱海。白崖江即礼社江,上流自云南县入,流经白崖,有鼻鷹厂水及赤水江来会,入蒙化。东南:蒿菁关、松花关。南:弥渡市镇,通判驻。驿二:西岭、德胜。**云南**冲,难。府东南百三十里。明属赵州。顺治初改隶。府东:飞凤。西:金龙。南:青华山。北:梁王山。礼社江与一泡江同源于此。一支南流至囧山坝,分为三。其一南流为溪沟,经青华山南,入赵州,为礼社江东源。其二东流,一迳县南,汇为青龙海,一经县北,汇为品甸王海,仍归青龙海,海周四十余里,灌田利溥。一支北出为周官些海,合流而南,至云南县,折而东北,纳你甸河诸水,为一泡江,入姚州。东北:楚场关。东南:安南关。土主簿驻白岩川。**邓川州**疲,府。北九十里。东:玉案、鸡足。西:象山、弥勒山。东南:鼎胜。南:伏虎。北:天马山。西北:覆仲山。罗时江源山钟山下,缘玉池亦曰西湖南,流迳象山下,又东南至上关。冈地江源出州东北焦石洞,亦曰东湖,南流迳城东,又南至上关,弥苴佉江自浪穹来注之,入洱海。高洞河源出鸡足山,北流,罗陬河自鹤庆来会,合为枯木河,入宾川。东:大把关。驿一:邓川。**浪穹简**。府北百十里。明属邓川州。顺治初改属。府西:铁甲场山,冈江所出。西南:凤羽山。黑惠江自剑川入,亦曰白石江,南流迳城西,纳诸山溪水,入太和为样备江。大营河源出剑川,南流,凤羽河源出清源洞,北流,并会宁河。宁河源出罢谷山,汇为茈碧湖,南流,迳城东北,南会大营河,折西,纳冈江、凤羽河二水,曰三江口。又南,迳城东蒲陀崆,为弥苴佉江,历邓川入太和,即洱海上源也。西:罗坪关。西北:大树关。东北:一女关。有蒲陀崆、凤羽乡、上江嘴、下江嘴巡司四。**宾川州**难。府东百二十里。西:鸡足山。东:钟英山。北:华盖、摩尼。东北:赤石岩山。西北:翠屏山。东北:金沙江自鹤庆入,东流,纳答旦河、一泡江诸水,入姚州。答旦河一曰六溪河,其源有六,曰钟良溪、银溪、石宝溪、寒玉溪、通洱溪、赤龙溪,并自城西东流,又北迳城西北,丰乐溪自盒子孔山来会,亦曰七溪,北流入金沙江。西南:毕罗关。**云龙州**繁,难。府西五百里。东:大罗山。明设大罗卫,今废。西:三崇山。北:清水朗。东北:大雒马山与西小雒马夹河相望。西:澜沧江自丽江入,纳沘江表村河、松牧溪诸水,南入永昌。怒江、俅江自俅夷境入,迳三崇山,南入永昌。北:太平关。东:新关。有大井盐课大使。盐井六:顺荡、诺邓、石门、天耳山、井师井。**十二关长官司**府东三百里。本云南县楚场地。元置十二关防送千户所。明置长官司,隶大理,徙一泡江之西。清因之。土官李姓。世袭。东:白沙坡。西:观音箐。

　丽江府:要。隶迤西道。明为军民府,领州四,县一。顺治十六年改土府,省所属州县并入。雍正元年设流官。乾隆二十一年置中甸厅。三十五年,置丽江县为府治,改鹤庆府为州并所属剑川州维西厅来隶东南距省治一千二百四十里广六百七十里,袤九百五十九里。北极高二十六度五十二分。京师偏西十六度二分。领厅二,州二,县一。**丽江**疲,难,倚。明通安州。乾隆三十六年改今名。西南:老君山,南干诸山之祖。西北:雪山,一名玉龙。西:花马,汉薮山,高百仞,上有三湖。西:怒江即潞江县,源出西藏布喀池,自夷境入,南流入云龙。澜沧江自维西入,分二,正支西纳白水,南流入云龙,分支为漾备江,东流纳老君山下分江诸水,入剑川。金沙江即丽水,亦自维西入;纳汉薮山桥头、巨甸诸水,入鹤庆。东:雪山门关。西:石门关。有丽江井盐课大使。**鹤庆州**繁,难。府东南三百五十五里。明军民府,领剑川、顺州。康熙中,顺州省入。乾隆三十六年,降州来隶。西南:方丈山,为南诏十七名山之一。南:半子。北:汤乾。东北:三台山。东:金沙江自丽江入,东南流,合漾共江漾,一名鹤川,亦自丽江入,纳境内诸水,潴为湖,伏流石穴中三里,南出为腰江,折东流注金沙江。西南:观音山河,南流入大理浪穹。南:宣化关。北:印塘关。西南:观音山关,鹤丽镇总兵驻。**剑川州**冲。府南九十里。明属鹤庆,今改隶。东:青崖山。南:夜合。西:石钟山。西北:老君山,与丽江分界。白石江自丽江合分江水缘界入,合磨刀去石河。又东南,大桥头河亦曰黑惠江,出西北老君山,东南会千木河、螳螂河,至城南为剑湖,广六十里,合桃羌河诸水,西南出为剑川,曲流三折入浪穹。南:大理国望德故城。盐井二:弥沙、桥后。**中甸厅**要。府西二百三十里。明丽江府地。康熙时,吴三桂以其地界达赖喇嘛。雍正五年来隶。鹤庆府移剑川州,州判驻之。乾隆十一年,设厅治,隶府。东南:雪山,与丽江雪山接,两崖壁立,金沙江贯其中,流迳城东南,与维西以江为界,左合硕多冈河入丽江。多克楚河、里楚河,并自四川里塘入,为无量河,入永北。**维西厅**简。府西北七十里。明末拓元临西西北吐蕃池为土府。雍正五年设厅治,隶鹤庆府,通判驻之。乾隆十一年随鹤庆来隶。雪山东金沙江自四川巴塘入,总文河自巴塘东来注之,折东南,纳所楚河水入丽江。澜沧江亦自巴塘纳徐那山水,又南流,永青河水自城东北来注之,入丽江。

　　楚雄府:冲。隶迤西道。明领州二,县五。康熙八年,省碣嘉入南安。雍正七年,省定边,改隶蒙化府。乾隆三十五年,裁姚安府,以所辖姚州及大姚县来隶。东距省治四百二十里。广三百七十五里,袤五百八十里。北极高二十五度四分。京师偏西十四度四十五分。领州三,县四。**楚雄**冲,繁,倚。城内:雁塔山,即古金矿山。西:峨碌山。西南:九台、碧藏山。龙川江自镇南入,纳大石河、青龙河诸水,折东北,合方家河,缘定远界入广通。东:平山关。南:雪裹关。吕合一驿。土县丞驻县西南。**广通**冲。府东七十里。东:高登山。西:凤山。南:卧象山,与伏狮山对峙。东北:阿陋雄山,有阿陋井、猴井,俱产盐。龙川江自定远,东北流,纳立龙、清枫、罗申诸水,北流入元谋,注金沙江。立龙河自北,清枫河自东,并入龙川江。有阿陋井盐课大使。回礰关土巡司。驿二：路田、仙资。**定远**简。府北百二十里。
东：宝华。西：乌龙、云龙山。东北：诸葛鳌峰、宝应山，俱在旧狼盐井提举司。龙
川江自楚雄入，纳琅溪、零川、龙沟河、紫甸河诸水，入广通。县境产盐，后设琅
盐井提举司。后裁。黑盐井提举司驻宝泉乡。土主簿驻县西。驿一：新田。**南
安州**难。府东南五十里。康熙八年，省礰嘉废县入。雍正九年设州判驻焉。西
南：表罗山。东：健林苍山。南：茶山。青龙河源出州北，入楚雄。马龙河源出
镇南，南流，大厂河东南流，二水相合为礼社江。妥稍关、鹅毛关、会稽关，俱在
州南。**镇南州**冲，疲。府西北七十里。东：石鼓、五楼。南：石吷。西：茸力铺
山，白龙河出其下，纳清水河、平夷川诸水，与龙川江合流入楚雄。西：白崖江
自姚州缘界入，入南安。北：十八盘山，连厂河出，入姚州。其东，紫甸河入定
远。东南：阿雄关，土巡司驻。西：镇南关、鹦鹉关，土州同驻。永宁乡，土州判
驻。驿一：沙桥。**姚州**繁。府西北二百一十里。明姚安府。乾隆三十五年裁
府，以附郭之姚州改隶。东：白马山、燕子山。西：赤石、龟祥。东北：妙峰。西
北：回龙、象岭山。一字水源出黎武山，北流，迳白盐境，又西北入一泡江。香水
河出黎武南麓，西南流，入大姚。蜻蛉河出三窝山，西北流，潴为大石硼，北流，
纳回龙厂河，折东入大姚。阳派河源出金秀山，北流，汇为阳片湖，又北流，会
连场河，同入蜻蛉河。北：白盐井有提举司。驿一：普淜，州判驻。土州同驻州
西南六十里。**大姚**简。府西北三百二里。南：几山。北：方山、龙山。西北：玉
屏山。羊蹄江源出城北么岁村，东北流，入金沙江。香水河自姚州入，南流入大
姚河。大姚河源出镇南北十八盘山，纳蛟龙江、茸郸河、紫丘、滥泥箐诸水，入
金沙江。白马河、卧马剌河、矣资河从之。东：黎石关。西：龙门关。有茸郸巡
司。

　　永昌府：要。隶迤西道，明为军民府，领州一，县二，土府一，土州二。顺
治十六年，凤溪、施甸二长司省入。乾隆三十年削"军民"字。三十
五年置龙陵。嘉庆中，腾越升直隶厅。道光二年降。东距省治一千
三百四十五里。广六百九十里，袤一千一百二十里。北极高二十五
度六分。京师偏西十七度四分。领厅二，县二，土府一，土州二，宣
抚司五，安抚司三，长官司二。**保山**繁，难倚。城内：太保山，县以此名。
东：哀牢山。西：九隆。南：法宝。西北：怒江自云龙入，纳西溪、雪山、蒲缥、坪
市、八湾诸水，东南入潞江。东北：澜沧江自云龙来，与永平分水纳罗岷北山
水、沙木河水，东南入顺宁南甸河上流为清水河，有二源合流而南郎义河，自

城北来会，至城东，汇为青华海。折东南，穿峡口洞出，为枯柯河，南入湾甸土州。南：蒲关、水眼关。北：甸头关。东南：老姚关。东北：山塔关。西北：马面关。施甸、杉木和巡司二。**永平**简。府东北百七十里。东：天马、罗武。西：和邱。北：罗木。西南：博南山、花桥山。银龙江出东北阿荒山，南流至城东南，纳罗木场、曲洞河、花桥河诸水，入顺宁，入澜沧江。东：胜备江。源出罗武山，东南纳九渡、双桥诸水，至蒙化入碧溪江。西南：花桥关。东北：上甸关。**龙陵厅**要。府西南二百九十里。明猛弄司。乾隆三十五年置同知，徙驻。东：怒江，自潞江土司东南流入境，纳野猪河、施甸河、邦买、回环诸水，南流折西，历孟定土府入缅甸。龙川江缘厅西界，纳香柏河、芒市河，西南流，合南歌郎水，逐遮放南入龙川江。东：象达关。南：遮放副宣抚司，本陇川宣抚司地，明万历十二年以多恭为副宣抚使，管遮放。今因之。**腾越厅**要。迤西道驻。府西三百六十里。腾越镇，总兵驻。明属永昌府。嘉庆二十五年升直隶厅。道光二年，降厅。光绪间开埠通商。东：高黎贡山，一名昆仑岗，山顶有泉，东入保山，西入腾越，又名分水岭。北：明光。西：雅乌猛弄。西北：姊妹山。龙川江源出西藏桑楚河，亦曰麓川江，至城东，纳曲石江水，折而西，至天马关入缅甸。大盈江亦曰大车江，源出赤土山，曰马邑河，西流至城东，北纳马场河、黄坡、缅箐、桥头、曩拱诸水，南与槟榔江会，有盏达河北流来注，西南迳铜壁关东、铁壁关北，入蛮募土司，入大金沙江。西：槟榔江，东南流，入干崖土司，会大盈江。东：龙川江关。南：镇夷关。西：滇滩关。西北：神护关。**孟定土府**府东南八百七十里。明土府。顺治初因之。土官罕氏世袭隶府。北：无量山，跨镇康、耿马两土司界。南丁河，自缅宁入，纳无量山水，西南流，纳南卡、南路、南们、南底、南滚诸水，西迳府北，折南入阿瓦。怒江自龙陵入，俗名喳哩江，迳府北入缅甸。为府境之险要。**湾甸土州**府东南二百二十里。土官景姓世袭。隶府。西北：高黎贡山。东：孟通山。枯柯河自保山入，南流，姚关水来会，又南至城西北会镇康河。镇康河自镇康入，左纳响水河，右纳杜伟山水，北与枯柯河会，合为南甸河。折西，流入龙陵，注怒江。有黑泉，毒不可涉。北：姚关。**镇康土州**府南三百八十里。古石甸黑所。土官刁姓世袭，隶府。东南：乌木龙山。西：无量山，即蒙乐山。镇康河有二源，一出乌木龙山北麓，西北流，一出无量山北麓，东北流，合为乌木龙河，迳城西南，怕红河来会，为镇康河，折北迳城西，入湾甸。南：昔刺寨。西南：控尾寨。**潞江安抚司**隶府。府西南百三十五里。明柔远府，旋改乐江长官司。永乐九年升安抚司。顺治初因之。土官线氏世袭。

东：雷弄山。南：掌元山、高仑山。乐江自保山入，南流入龙陵。南：何坡寨。西南：景罕寨。东南：细甸。皆蛮酋结寨处。南：全胜关。**孟连长官司**隶府。在厅南。古名哈瓦。明永乐四年置长官司，直隶云南都司。嘉靖中裁。万历十三年复置。顺治初因之，属永昌。乾隆二十九年改属顺宁。光绪二十年，还属。东北：孟连河，东南流入阿瓦。**南甸宣抚司**隶腾越厅。厅南七十里。明置南甸府，属腾冲，旋改州。正统八年升宣抚司，直隶布政司。顺治妆因之，改隶腾越土司。刁氏世袭。东：丙弄蛮干山，土酋世居其上。南：沙木笼山。西南：牙山，延袤百余里，山泉流入南牙江。南牙江一名小梁河，即大盈江下流，纳猛送水，西入干崖。**干崖宣抚司**隶腾越厅。厅西南百二十里。明置府，属麓川平缅司。永乐元年析置长官司。正统九年升宣抚司，直隶布政司。顺治初因之，改隶腾越。土官刁氏世袭。东：云龙山，云龙河出焉。南：云晃山。西：刺朋山、布岭。北：白莲山，土官居之。大盈江自南甸入，名安乐河，西迳司北，与槟榔江会，又西南入盏达。**盏达副宣抚司**隶腾越厅。厅西南百四十里。本干崖地。明正统中置。万历中为缅据。顺治中复置。嘉庆二十四年隶腾越。土官刁氏世袭。北：盏达山，盏达河出焉，西南会曩送河入槟榔江。槟榔江自干崖入，迳司东南境，西南流入，腊撒。**陇川宣抚司**隶腾越厅。厅西南百四十里。明置麓川平缅军民宣抚司。正统十一年改置，治陇把，与干崖、南甸称为三宣抚，后入于缅。顺治初复置，隶腾越。土官多氏世袭。有摩犁、孔明、寄箭、罗木诸山。东：龙川江亦曰麓川江，自芒市入，西南流，入遮放。西北为大金沙江。**芒市安抚司**隶腾越厅。厅东南四十里。古为怒谋、大枯睒、小睒之地。明，芒市府。正统九年改置长官司，直隶布政司，后升安抚。顺治安因之，改隶腾越土司放氏。西南：青石山，峭拔万仞，夷砦居之。芒市河源出司西北境，西南流入遮放。**猛卯安抚司**隶腾越厅。厅西南百四十里。本木邦地，明析置蛮莫宣抚司。万历三十年改土酋长。顺治初复置。十六年改今名。土司思姓。司治后蛮哈山，山如象鼻。北：等练山，山有等练城，又有雷哈、打线诸地，皆司境险要。东：龙川江自遮放入，纳碗顶河、蛮河诸水，又西南，出汉龙、天马关间，又西入缅甸。又西南，那莫江，下流入大金沙江。**户撒长官司**隶腾越厅。厅西南百九十里。本茇昌夷地。明置土司。雍正二年裁。乾隆三十一年复置。**腊撒长官司**隶腾越厅。厅西南二百二十里。与户撒同时置。西北：槟榔江自盏达入，西南流入缅甸。

顺宁府：繁，难。隶迤西道。明顺宁府，领州一。顺治初沿明制。乾隆十二年,升猛缅长官司为缅宁厅。三十五年,置顺宁县为府治。东距省治一千二百里。广三百四十里,袤六百九十里。北极高二十四度三十六分。京师偏西十六度二十二分。领厅一,州一,县一,宣抚司一。**顺宁**要。倚。东:东山、九龙。西:旗山。南:昙花、把边、琼岳。北:鼓山、契山、墨玉、阿鲁司泥、赤龟。东南:猛濮者山。西南:西奥山,山下有琼英洞。北:黑惠江一名碧鸡江,即样澹江,自蒙化入,南流,绕津山东麓,合澜沧江。澜沧江自保山入,东南流,合高枧槽河、三苔菁水,会黑惠江,入云州。顺旬河、顺宁河合流从之。阿铎河源出阿铎山,南流入缅宁,注猛缅河。南:把边关。西南:等腊关。县西北:望城关、金马关。府经历驻县西北右甸。**缅宁厅**要。府南三百里。明猛缅长官司,隶云州。乾隆十二年,置厅,隶府,兼大猛撒之地,亦称三猛。西南:梳头山。东:银锭、翠屏、天喜、接天。西:高岚。南:凤凰山、乌龙山,北对松、猘狪山。澜沧江自景东入,迳厅东南入镇边。猛缅河,即南丁河上游,源出厅南猛准之分水岭,折东北,纳云州小河水及四十八道水,又西至猛赖南,为猛赖河,入孟定。南:分水岭关。西:箐口关。北:锡蒲关。南:猛猛土巡司。**云州**要。府东三十里。东北:无量山,即蒙乐山,东:阿轮山,层峰叠,四时苍翠。西:蛮赖山,多竹。北:八剌、天马。南:猛卯、蛮弥山。澜沧江自顺宁入,合顺宁河,东迳州南,猛郎河、猛麻河注焉。又东入景东。南有永镇关。小河水细流支分,凡四十八道,西南猛赖、西溪水,俱流入缅宁,注猛缅河。南:永镇关,大猛麻土巡司驻。**耿马宣抚司**府西南二百五十三里。古蛮地。本属孟定土府。明万历十三年,析孟定地置安抚司,旋升宣抚司,以喳哩江为界,北距孟定百里。顺治中,罕冈丢投诚,仍授宣抚司,世袭,隶永昌。乾隆二十九年改隶顺宁。西:三尖山、养马山。西南:们河,源山。西北:南路河源山。北:耿马河源山。南:们河西流,南路河北流,并入孟定。耿马河南流,合南别河,入镇边,即辣蒜江上源也。

　　永北直隶厅:繁,疲,难。隶迤西道。明,北胜州,隶鹤庆府,与澜沧卫同治。康熙五年,降为属州,隶大理。二十六年,省卫入州。三十一年,复为直隶州。三十七年,升永北府,以永宁土府隶之。三十八年,又以鹤庆府属故顺州地入焉。乾隆三十五年,改直隶厅。光绪三十四年,以厅属之华荣庄经历改设知县,仍隶厅。东南距省治一千四里。广四百七十五里,袤八百二十里。北极高二十六度四十三分。京师

偏西十五度三十一分。领县一,土府一,土府一,土州一。东:壶山、阿
剌山。东南:大坡难岭,高二万余丈,巅有龙湫。西:三刀山、伏虎山。西南:澜
沧山,卫驿皆以此得名。西北:太保山,一曰近屯东山,下有九龙潭。其西为的
屯西山,下有草海。西:金沙江自鹤庆入,缘厅西南入大姚。无量河自中甸入,
纳走马河、观音河、他留河、沘那河、三渡河诸水,南入金沙江。经历司二,一驻
旧卫坪,一驻华荣庄。今改县知事一,驻金沙。顺州土州同在厅西百二十里。
西:西山关。南:南山关。北:北山关。**华坪县**厅□□里,本名华荣庄,旧设经
历于此。光绪三十四年,云贵总督锡良奏改县,即以庄为县治。**永宁土府**厅
北四百五十里。明属鹤庆,寻升为府。土官阿姓。领长官司四。今属厅。北:
卜兀山、剌石。东南:甲母。东北:六捏山。打冲河源出府南,北流为三岔河,又
北至府东南,为勒基河,又北至府东南,纳沪沽湖水,东入四川,注鸦砻江。沪
沽湖在府东三十里,中有三岛,周二十五里,东北流,入打冲河。**蒗蕖土州**厅
北百八十里。明属鹤庆,寻废。顺治初,土官阿化投诚,未授职。康熙三十一年
改土官为土舍。道光十九年复设土州,仍以阿氏袭。西南:绵绵山,麦架河出,
亦曰蒗蕖水,折东北为挖开河,纳别别河、盐井河入鸦砻江。走马河源出东南
猓猡关,西南流,入水北厅。罗婆江自州北流,入永宁泸沽湖。

　　蒙化直录厅:要。隶迤西道。明蒙化府。康熙四年,置流官,设掌印
同知。雍正七年,省楚雄府之定边入之。乾隆三十五年改直隶厅。
东距省治八百二十里。广二百里,袤二百九十五里。北极高二十五
度十九分。京师偏西十五度五十七分。明,蒙化故卫。康熙六年裁。西:
文华、屯库、交椅、金牛。南:甸尾。北:蒙舍山、天耳山一名甸头山、石母山。东
南:玉屏山、螺盘山、月牙山。西南:五印山。西北:蚖圩图山。西南:澜沧江自
永昌入,南入顺宁。西北:漾濞江自太和入,缘厅西流入顺宁。礼社江有二源:
东源曰白崖睑江,东自赵州入,纳昆雌江水,东南流;西源曰阳江,西北自花判
山南流,纳盟石河、教场河、锦溪、五道河、定边河、窝接河诸水,东南与白崖睑
江会,曰礼社江,东南流,入南安。阿集左河即把边江上流,东南流,纳虎街、牛
街、安定河诸水,南入景东。诸始河纳七溪诸水,西南流,入顺宁。东:隆庆关。
东南:白普关。巡司三:一驻南涧,即废定边城;一驻澜沧江;一驻漾濞江。镇
一:迷渡。

　　景东直隶厅:繁,疲,难。隶迤西道。明景东府。康熙四年,置流官,
设掌印同知。乾隆三十五年改直隶厅。东北距省治一千一百七十

五里。广三百四十里，袤四百二十里。北极高二十四度二十九分三十秒。京师偏西十五度三十一分。治后玉屏山。东：凤山，旧土官陶姓世居。西：无量山，即蒙乐山，连亘三百余里，与蒙化、云州、缅宁、镇边接界，即《禹贡》梁州蒙山也。南：锦屏、孔雀、南鲸。北：鹤笼山。东南：瑞霞。西北：景董山，明建景东卫城于上。西南：澜沧江，自蒙化入，缘厅西界入镇边。江上汉永平中建兰津桥，两岸峭壁，熔铁系南北，古称巨险。把边江一名中川河，东南流入镇沅。又猛统河、者干河，均南流入镇沅。景谷河南流入威远。盐井四：在厅南者曰磨腊、磨外，在厅西者曰大井、小井。南：景兰关、母瓜关。北：安定关。西北：保甸土司，明宣德中建，土官陶姓，世袭巡司。北：三岔河土司，明弘治中建，土官杨姓，世袭巡司。东北：板桥驿，土官阿姓，世袭驿丞。有猛统巡司一。

曲靖府：冲，繁，疲，难。迤东道治所。明曲靖府，领州四，县二。康熙八年，省亦佐入罗平，又降寻甸府为州来隶。三十四年，改旧平彝卫为平彝县来隶。雍正五年，析沾益州地置宣威州。西南距省治三百里。广三百九十里，袤六百二十里。北极高二十五度三十三分。京师偏西十二度三十九分。领州六，县二。**南宁**冲，难，倚。东：青龙、白水、关山。西：胜峰。南：石宝、观音。北龙华山。东南：汤池、莲花、杨梅、潇湘。交河自沾益入，纳青北河水，迳县北，合白石江，折南，潇湘江自马龙入，西南入陆凉。东：东海子、黑龙潭，均资灌溉。白水关驿丞兼巡司，裁，移白崖巡司驻。南宁一驿。**沾益州**冲，难。府北三十里。康熙二十六年裁平夷卫，分境屯赋并州。三十五年仍改归平彝。雍正五年分置宣威州。北：花山洞，交河出，即《水经》温水，南盘江上源也，东南流，迳州东北，纳玉光溪、沙河、阿幢河诸水，入南宁。别有盘江，自贵州毕节入，绕州北境，仍入贵州南安。南：松韶关、阿幢关桥。有炎松巡司一。驿二：松林、炎方。**陆凉州**疲，难。府南百二十里。明置陆凉卫。康熙六年裁卫入州。东：丘雄山、山平。西：老鸦、月研铁山、桃花山。南：终南山、天马山。交河即南盘上流，自南宁入，纳板桥河、关上河、乾冲河，汇为中埏泽，折西流，纳大龙潭水，又西合西山大河、铺上河，入宜良，为大池江。东北：陆凉湖，与中埏泽相连，周百余里。南：大生关。西：木容关。北：石嘴头关。驿一：普陀。**罗平州**难。府东南二百七十里。东：金鸡、云峰、淑龙。西：天目、月涛。南：五台、碧泉。北：安乐山、禄命山。黄泥河自贵州普安入，缘平彝界，注块泽河，复入，右合恩勤河，迳州东南。西：楼革江自师宝入，右会鲁沂河，迳城北注之，至江底。八达河会西源交河，入贵州兴义，九龙河从之。板

桥、偏山、大水井、恩勤诸汛。**马龙州**冲，难。府西南五十里。西：杨唐山，一名
关索岭，上有夷关。又木容、华盖、鼎耳、罗仵侯、中和诸山。潇湘江源出木容
山，东北合流为龙潭河，又西南为白蟒河，折西入寻甸。响水河出州东北，东流
会扎海子水，东入南宁为白石江。东：三叉口关。西南：分水岭关。驿一。**寻
甸州**冲，繁。府西百三十里。明寻甸府。康熙八年降州来隶。东：哇山、中和
山、小关索岭。西：三棱山，山有九十九泉。南：石龙、梁王。北：珀珸山。车湖
源出花箐哨山，会北山诸水，潴为湖，一名清水海，周数十里，北入会泽界为小
江。龙洞，州北，三龙泉，州西，咸利灌溉。车洪河自嵩明入，亦曰寻川河，纳归
龙河、玉带河螳螂河诸水，为阿交合溪，又东北入会泽。果马溪源出果马山，南
流合花箐哨水，入嵩明为龙巨河。东南：木密关。北：八叉关。有易古巡司。驿
一：易龙。**平彝**冲，繁，难。府东北九十里。明平夷卫。康熙二十六年省卫入
沾益州。三十四年改平彝。东：蛮岗山、旱感山。南：宗孟山。北：蒙洞山。块
泽河自沾益入，东流为响水河，又东至城西为十里河，又南纳贵州普安明月所
水，南入罗平。东：豫顺关、宣威关。北：分山关。驿一：多罗。**宣威州**疲，难。
府北二百三十里。明，沾益州。顺治十六年移州治于交水。雍正五年析沾益州
新化里至高坡顶置。东：宣威岭。北：狮山、斗山、光山、马鞍、鹧鸪。东南：木宗
山。车洪江自寻甸入，纳赤水河、西泽河水，北入会泽。可渡河自贵州威宁入，
有二源，合为芒岔河，会得吉河、皂卫河诸水，东北流入贵州，即北盘江上流。
宛温水源出州南东屯，北流，纳州西境诸水。入可渡河。可渡关在焉，巡司驻
此。驿一：倪塘。

　　东川府要。隶迤东道。明东川府，寻改隶四川。康熙三十八年，设流
官。雍正四年，改隶云南。五年，置会泽县，治巧家汛。六年，移县
附郭。嘉庆十九年，设分防巧家同知。南距省治五百九十五里。广
五百里，袤四百二十里。北极高二十六度二十一分四十一秒。京师
偏西十三度一分。领厅一，县一。**会泽**要。倚。西：天马、云弄、纳雄。北：
青龙山，山有青龙洞。西南：绛云露山，盘亘七十余里，接禄劝界。车洪江一名
牛栏江，自宣威缘界入，纳沙河、小河，流迳贵州威宁，折西北入巧家。小江自
寻甸入，为阿汪河，纳花沟、普翅诸水，迳碧谷坝为碧谷江，北流入巧家。以礼
河源出县南野马川，东北纳麦则、夷溪诸水，环府治，歧数支，仍同流入巧家。
头道河源出县东犀牛塘，西北流入巧家。西南：者海一巡司。**巧家厅**要。府
北二百四十里。雍正四年置会泽县，治此。六年移县附郭。嘉庆十九年析会泽

县地置。东:堂琅山,《水经注》所谓"羊肠绳屈,八十余里",即此。西:拙。北:大乐。东北:大凉山。西北:归化山。西:金沙江自禄劝入,纳四川会通河水,又东流,纳会泽以礼河、牛栏江及境内木期古水、木期古北水,东北入鲁甸。牛栏江西流,与鲁甸分水,纳头道河水,并入金沙江。木期古土千户,乾隆三十一年设,禄氏世袭。

昭通府:最要。明,乌蒙府。寻改,隶四川。雍正五年,改隶云南。六年设流官,置恩安、永善两县,降镇雄府为州,并属府。九年,改今名。光绪三十四年,析永善之副官村置靖江县,仍升镇雄为直隶州。东南距省治九百二十里。广五百五十里,袤六百三十里。北极高二十七度二十分。京师偏西十二度三十六分三十秒。领厅二,县二。恩安繁,难,倚。明属乌蒙府。雍正六年置。东:宝山、我未山。东南:朴窝。西南:博特。东北:撒途。西北:九龙山。金沙江自鲁甸入,北流入永善。擦拉河自鲁甸入,东北流,会普五寨水、淄泥河、八仙海水,潴为湖。又东流入大关。大关厅最要。府北百八十里。雍正六年设大关通判。九年设府同知,驻此,移通判驻鲁甸。西:犄角山。北:鸡爪山、梨山。东南:雪山。西南,龙聚山。洒鱼河自恩安入,会大关河,北流,迳盐井渡,会永善河,又北流为大纹溪,入四川庆符。东北:角魁河自镇雄入,西北流,入大统一溪。西南:豆沙关。北:盐井渡巡司。鲁甸厅简。府西南四十里。雍正九年置,移大关通判驻此。北:鲁甸山,厅以此名。南:柴马厂山、大黑山。北:鲁甸大、小凉山,山峰危耸。金沙江自巧家入,北流,迳厅西南入恩安。牛栏江自贵州威宁入,西北流,至厅南入金沙江。擦拉河源出大黑山,东北流,会马鹿沟水,入恩安。洒鱼河源出大凉山,东流,纳居乐河水,入恩安。靖江旧为永善县境副官村,县丞驻此。光绪三十四年改县隶府。北:巴布梁山,蛮酋居之,广千里,袤二百余里。东北:龙头山,森林繁茂,矿产极盛。

镇雄直隶州:最要。隶迤东道。明镇雄府,隶四川。雍正五年,改隶云南。六年降为州,属昭通府,光绪三十四年,升直隶州。广、袤、北极偏度阙。东:凤翅、黄甲。西:九龙、沙呐。南:竹鸡山、咯砌雄山。北:乌通山。白水江自贵州威宁入,名八匡河,会九股水、黄水河、小溪河,迳牛街,西北入四川筠连,为定川溪。角魁河亦自威宁入,为洛泽河,又西北,纳龙塘、威洛河诸水,西北入大关。黑墩河西北流入四川筠连。洛甸河东流入四川永宁。苴虬河,东南流入贵州威宁。彝良,州同;威信,州判、知事驻。西北:牛街。母享巡司一。盐井二。

澄江府：繁，难。隶迤东道。明，澄江府，领州二，县三。康熙八年，省阳宗入河阳。西北距省治百二十里。广二百三十六里，袤百七十五里。北极高二十四度四十二分。京师偏西十三度二十七分。领州二，县二。河阳冲，繁，倚。康熙八年，省阳宗县入焉。东：云龙山。西：虎山。北：罗藏。东南：赦人、天马。东北：碌碌山。明湖，一名阳宗湖，周七十余里，合锦溪、日角溪、七古泉诸水，潴为湖，北入宜良，为大成江。南：抚仙湖，一名罗伽湖，周三百余里，东入铁池河，东流入路南。东北：玙札溪，一名东大河，合镜庄、北坡二泉，西南入抚仙关。罗藏溪、立马溪、石洞溪、西浦泉诸水并从之。东北有东关、中关、下关。江川冲，繁。府东南九十里。东：海瀛山，一名孤山，特立抚仙湖中，北：屈颡颠山，上有泉，三派分流，西入滇池，东入抚仙湖，南入星云湖。星云湖纳上河、中河、下河诸水，周八十余里，东由海门入河阳，汇为持仙湖。两湖相通，中有界鱼石。北：关索岭。关驿一：江川。新兴州繁。府南百二十里。东：连珠。西：马拖罗山。南：玉乞山、研和东山。北：金莲、落伽、卧牛。大溪自江川入，会香柏河、撒喇河，又西纳罗廀溪、罗木箐二水，至州西北为玉溪。玉溪河自江川入，纳西河、窑沟水、牟溪、黑龙潭，又西会甸苴河、良江河、清水河诸水，南入峛峿，即曲江上流也。北：刺桐关。路南州冲，繁。城内：鹿阜山。东南：遮口山。南：紫玉、香花。西南：竹子山，峰高千仞。大池江，即铁池河上流，自陆凉西流入，迳州北境，纳小河水入宜良，复自河阳流入州西南境，绕竹子山三面，纳巴盘江水，为铁池河，又南纳抚仙湖诸水入宁州。东南：革泥关。驿一：和摩。

广西直隶州：冲，繁，难。隶迤东道。明广西府，领州三。康熙八年省维摩州，改置三乡县。九年省入师宗。雍正九年设师宗州，州同驻旧维摩州之丘北。乾隆三十五年，降府为直隶州，降师宗、弥勒为县，降丘北同知为县丞。道光二十年，升丘北县丞为县。西北距省治四百里。广六百三十里，袤三百二十里。北极高二十四度三十九分。京师偏西十二度三十八分。领县三。东：灵龟山，下有矣邦池。南：文笔。北：骑鹤。西：阿卢山，山洞深邃，洞泉流入西溪，迳城西，与东溪合，入矣邦池。池一名龙甸海，中有岛，周三十余里，又东南汇为支醋，又南，伏流入盘江。盘江一名南盘江，自弥勒入，东北流，迳五鲁，入丘北。巴甸河一名巴盘江，一名潘江,南流入弥勒。五嶝,州判驻白马嶝。**师宗**难。州北八十里。明师宗州。乾隆三十五年改县。东:恩容山。西:通元洞。南:块卯。北:锁北门山。盘江自丘北入,流迳县西,与广西西林县分水,五罗河水南来注之,东北流入罗平。师宗水北流至县东南,有水自落龙洞北流来会,又北至大河口。通元洞水南流折东来会,又北入罗平,注蛇场河。**弥勒**冲,繁。州西九十里。明弥勒州。乾隆三十五年改县。东:盘江山。西:阿欲部山。南:部龙山。北:陀峨。西南:十八寨山,山箐连属。盘江自阿迷入,迳盘江山南,纳石穴中浊水,名混水江,又东北入州界。巴甸河自州南入,为瀑布河,纳赤甸泉、白马河、山金河、阿欲泉、竹园村、龙潭诸水,西南入盘江。北:革泥关。西南:捏治关。有竹园村一巡司。**丘北**要。州东南二百九十里。明维摩州地。康熙八年改置三乡县。九年省,设州同驻此。乾隆三十五年改州同为县丞。道光二十年改县。北革龙山。西:盘龙。南:石龙。盘江自州境入,纳清水河,东北流,入师宗。驿一:任城。

　　临安府:繁,疲,难。隶临安开广道。明临安府,领州五,县五。康熙五年省新化入新平。雍正十年改新平属元江。乾隆三十五年,降建水为县。北距省治四百三十里。广五百七十里,袤四百八十里。北极高二十三度四十分。京师偏西十三度二十三分。领州三,县五。**建水**疲,难,倚。明建水州。乾隆三十五年改县。东:石岩山,一名蒙山,山有水云、南明、万象三洞。西:马鞍山。南:焕文山、五老峰。北:回龙山、晴山。东南:矣和波山。西南有猛屏、曲通山。泸江自石屏入,纳黄龙潭、白沙江、象冲河、塌冲河水,伏流阎洞中,东出为乐蒙河,入阿迷。礼社江自石屏入,迳亏容土司境,东南入蒙自。曲江自通海入,纳狗街汛、羚羊河水,西入蒙自。黑江自思茅缘界纳茨通坝、猛蚌诸水,南流入交趾。临元镇总兵驻此。猛丁县,西南百六十里。光绪十六年,改土归流,设府经历。北:曲江巡司一。南:纳更土巡司一。西南:纳楼有中场、鹅黄、摩诃三矿。长官司一,光绪九年裁。西南:亏容长官司一,阿氏世袭。西北:大关。东北:箐口关。驿一:曲江。**石屏州**难。府西八十里。南:石屏山,州以此得名。又南:钟秀。东:回龙山。北:集英、乾阳。西南:左能、思陀。东南:五爪山。泸江源出州西宝秀湖,周三十里,夹城东流,汇为异龙湖,周百五十里,中有三岛。东流入建水为泸江,即盘江最远之一源也。北河纳白花、昌明诸水,西流过龟枢,奔洪为龟枢河,折南南流,为三百八渡河,有州南南河纳五塘、弥勒沟诸水,西流来会,又南入礼社江。礼社江自元江流入西南土司境。清水河、南鼎河诸水东南流入建水。西:宝秀关巡司一,乾隆二十年裁。西南:落恐长官司一,土官陈姓世袭。西南:左能长官司一,土官吴氏世袭。思陀长官司一,土司李氏世袭。南:芒渣、溪处土官各一,康熙四年省,寻复。置驿一:宝秀。**阿迷州**冲,繁。府东南百二十里。东:东山、水城山,周围诸泽。西:日冲、漾田。南:南洞山。东南:雷公。西南:万象洞山。北:火山,东北有火井。乐荣河即泸江,自万象洞伏流,东出,绕漾田山麓,至燕子洞,又伏流,东出,纳东山水,折东北入盘江。盘江自宁州入,南流,至州东北会泸江水,入弥勒。清水河自蒙自入,至冰泉山入乐荣河。白期河出禄丰乡,东南流,入文山。东:东山关。西:阿宝关。**宁州**冲,繁。府东北二百五十里。东:阳暮山。西:丹凤山。南:双狮山。北:华盖山。东南:登楼山,山顶有池,方百步。婆兮江,即铁池河,自建水入,会于婆兮甸,又东南会曲江。曲江自通海入,纳瓜水,东流,入阿迷,为盘江。抚仙湖、星云湖,俱北与河阳分界。杞麓湖西南与通海分界。西北:甸苴夫。**通海关**难。府东北百五十里。东:东华。西:西华。南:秀山,一名螺峰。北:梅山。西南:黄龙。东北:灵宝。曲江自河西入,纳东山、龙泉、六村河诸水,东入宁州。杞麓湖一名通海,周百五十里,白马沟、秀山沟、黄龙山诸水皆入焉,与河西湖中分界,与宁州湖边分界。东:宁海关。南:建通关。驿一:通海。**河西**简。府西北百八十里。东:碌溪山。西:普应、佛光、仙人洞山。南:茶山、九街子。北:琉璃山、夹雄山、碧山、黄草坝山。曲江上流为合流江,自峁峨入,亦曰碌碌河,迳县西,纳舍郎河水,东入通海,为曲江。杞麓湖源出碌溪山,凡跨三邑,周百五十里,北:曲陀关。**峁峨**难。府西北二百六十里。东:登云山。西:老鲁关、五凤。西北:胜郎。东北:峁山,其后峨山,县以此得名。曲江自新兴入,亦曰猊江,迳县北会练江。练江源出胜郎山,流迳石屏,名龙车河,东北会于猊江,为合流江,入河西。丁癸江自易门入,西南至新平入礼社江,即元江上流也。西北:伽罗关。西:老鲁关、兴衣关。**蒙自**繁,难。府东南百五十里。东:大、小云龙山。西:目则山,即蒙自山,县以是名。南:天马山。东南:屏枫。西南:麒麟。礼社江自建水入,为梨花江,纳蛮迷渡、蛮提渡、个旧厂诸水,又东至蛮板渡,纳稿吾卡水,又东南至蛮耗汛,入文山。东北:长桥海,源出县西大屯坝,曰矣波海,南流迳新安所,有法果泉、学海迳县南来会,下流合白期河,为三岔河,又南流,与红河会于河口,为中、法通商要口。新安所在城西南十五里。南:莲花滩,入越南大道。光绪间开埠通商,设临安开广道,有税关,移临元镇总兵同驻此。东南:石马脚关。西:箐江关。西南:杨柳口关、大窝关。南有打巫白箐,又南至江渐,地名矣咨母,渡江为勒古簿地,路通交趾。光绪间设府同知,驻个旧。

广南府:要。隶临安开广道。明广南府。顺治十八年改流官。康熙八年省广西府之维摩州,以其地来隶。乾隆元年设宝宁县为府治。西北距省治八百五十里。广七百二十里,袤四百三十里。北极高二十四度十四分。京师偏西十一度二十二分。领县一,州一。宝宁要,倚。乾隆元年置。东:零雨山。南:麻卯、僻令。东南:宝月关山。西北:速部、板郎、木主三山,山各一泉,为西洋江源,东南流入富州。马别河自文山入,纳者种河诸水,北入师宗。普梅河自文山入,为藤条江,东南入交趾。西北有宝宁溪,县以此得名。东:宝月关。南:普厅塘,府经历驻。土富州府东南二百六十里。土同知侬氏世袭。光绪间设通判。城内:翠岭。西:袪丕山。西北:花架、玉泉。西北:西安山,山洞深邃。西洋江自宝宁入,折东北,错入放广西西林界,右合剥江,左郎河水,仍入广西百色厅。西南:普梅河,自文山入,为木奔江,入越南,左赖河从之。东:剥隘镇。

开化府:最要。隶临安开广道。总兵驻。明,教化、王弄、安南三长官司,属临安府。康熙六年改流设府。八年,省广西府维摩州,分其地来隶。瓮正六年,命侍郎杭奕禄、学士任兰枝赐交址铅厂河内地四十里,以马白赌河下流为界。八年,置文山县为府治。嘉庆二十五年,改马白关同知为安平厅,仍属府。西北距省治七百五十里。广一千一百四十五里,袤四百二十五里。北极高二十三度二十一分。京师偏西十二度九分。领厅一,县一。文山要,倚。瓮正八年省通判、经历置。东:东文山,县以此得名。西:秀石、蓑衣。北:凤虎山。西南:西华山,层峦叠嶂,连络如屏,横列三十六峰,教化废长官司治在焉。西南:红河即礼社江下流,自蒙自入,左新现河,右龙膊河注之,东南流,入安平。白期河,一名三岔河,自蒙自流入,有那木果河注之,南流入安平界。开化大河源出县西白龙潭,北流,汇六十五潭水,至乌期石洞,出为乌期河,折东南流,为盘龙河,伏流,至府东北复出,经府东折而南,至天生桥汛,伏流出安平。北马别河,东普梅河,并入宝宁。南:明洪衣关、大窝关。县丞驻江那。安平厅要。府南百三十里。明,安南长官司地,属临安府。康熙四年,长官司王朔作乱,讨平之。六年,改属府。嘉庆二十五年改厅,并析文山县之东安、逢春、永平三里地属之,仍附郭。道光三年移今治。西:天洞山,顶有石洞,瀑布飞流。西南:阿得山,绵亘无际。红河自文山入，西南至河口汛，与白期水会。白期河自文山入，纳吉林箐诸水，与红河会，入交址。盘龙河自文山入，南流，至交址城汛，有牛羊河来会，又东南，纳左右数小水，入交址。普梅河自宝宁入，一名那楼江，仍南流，入宝宁。攀枝花河，厅西，下流为坝不河。南：马白河、归仁里二小水，均西南汊入盘龙河。南：马白关。

镇沅直隶厅：最要。隶迤南道。明镇沅府。雍正五年，设流官，并改者乐甸长官司为恩乐县来隶。乾隆三十五年，降直隶州。道光二十年升厅，省恩乐入焉。东北距省治九百一十里。广三百四十里，袤二百九十里。北极高二十三度四十九分。京师偏西十五度二十一分。东：云龙、石花。西：按板。南：马容。东南：波弄。东北：哀牢山。东：鲁马河自景东入，迳新平，复流入境，又南流入他郎，为阿墨江。东北：景东河自景东入，纳蛮岗、阿萨、大弄、凹必诸水，东南入他郎，为把边江。树根河亦名蛮况河，南流折西，猛统河自景东来会，为杉木江，又西南入威远。东南：猛赖河，合栏马河，南流入威远。东北：恩乐故城，府经历驻。新抚巡司，雍正十三年设，驻新抚。盐井二：东南曰波弄，东北曰按板。雍正三年设盐大使驻此。东北：旧禄谷寨长官司。

镇边直隶厅：最要。隶迤南道。明始置猛甸长官司。乾隆十二年，设缅宁厅，今厅境隶之。光绪十三年，析猓黑土司地。上改心为猛猛土巡检辖境，下改心为孟连宣抚司辖境。以小黑江为界。置厅以猛朗坝为厅治。西南距省治一千八百二十里。广四百九十里，袤一千零四十里。北极偏度阙。南：东岗。北：仙人、习远。东南：儒冈。西南：西盐、佧佤。西北：多衣岭、老炭山。西北：小黑江，即辣蒜江，源出耿马、孟定两土司境。纳仙人山水、南猛河水，东流入澜沧江。澜沧江自缅宁入，合蛮怕河、南底河，东南流入思茅。黑河，一名扎糯江，自厅北流，经大雅口，东入澜沧江。乾河自厅西磨刀厂东流，经小寨，纳南木河水，入思茅。南：西河，一名金河。厅西南有南康河，合落水洞、合英河、龙塘诸水，南流来会，入蟒冷。上改心厅东，下改心厅北，光绪十三年设二巡司分驻之。厅西境有佧佤、蟒冷诸夷。

元江直隶州：最要。隶迤南道。明元江府。领州二。顺治六年，设流官。十八年，省恭顺、奉化二州入之。雍正十年，以临安府新平县来隶。乾隆三十五年，降直隶州。东北距省治五百二十里。广三百里，

袤二千一百里。北极高二十三度三十六分。京师偏西十四度十九
分。领县一。辖土职五。儒林里辖门，复设辖门千总三。永丰里、茄革把总
二。东：玉台山，一名罗槃山，凡二十五峰。西：芒纳。西北：九龙。西南：宝山，
一名银矿山。元江即礼社江，自新平入，纳漫线河、甘庄河、南淇河诸水，迳城
东，南流，会清水河、南俒河、矣落河诸水入石屏。李仙江自他郎入，纳布固江、
萨普江，名三江口，入建水，为藤条江。龟枢河自新平入，纳厂沟、大小哨诸水，
东南入石屏，名三百八渡，入礼社江。南：猛甸关。北：青龙关。西南：界牌关。
西北：瓦厄关、定南关、杉木关。巡司一，驻因远。**新平**难。州北二百里。明属
临安府。雍正十年来隶。东：马鹿塘山。西：哀牢山；高百数十里，广八百里，滇
南最高山也。北：碰碰山。碰碰山北有诸龙山，与马笼，皆蛮酋结寨处。南：南
峒山，山七十二峒，巡司驻。西北：元江，有二源，一曰礼社江，一曰麻哈江，自
峁峨入，其上流为星宿江，名三岔河。迳哀牢山麓，纳化龙河、宾橘河、了味河、
马龙河诸水，南入州界为元江。龟枢河即峁峨，流入之。腊猛，纳县东北境羊毛
冲、牛毛冲诸水，南迳鲁魁山北，纳亚泥河、清水河、三他拉河、窑房、得勒诸箐
水，南流经大开门，为大开河，又东南流，纳石屏之北河水，折西，经鲁魁山南，
纳藤子箐诸水，入州东界。巡司一，驻杨武坝。

　　普洱府：最要。迤南道治所。普洱总兵驻。明车里宣慰司，属元江府。土
官那氏世袭。雍正七年，置普洱府。东北距省治一千二百三十里。广
一千七百九十里，袤一千二百四十里。北极高二十三度一分。京师
偏西十五度十二分。领厅三，县一，宣慰司一。宁洱要，倚。明车里宣
慰司地。顺治十六年编隶元江府。康熙三年，调元江府通判分防普洱。其车里
十二版仍属司。雍正七年，裁通判，以所属普洱等处六大茶山及橄榄坝江内六
版地置府。乾隆元年，裁攸乐通判，置县附郭。东：锦袍山，一名光山。西：太乙。
南：双星。北：观音、玉屏。东南：班鸠坡，高出群峰，行途艰危。把边江自他郎
入，纳磨黑、慢冈二河水，东南仍入他郎。猛赖河自威远入，西南流，入思茅。普
洱河一名三岔河，合金龙河水，南流，至县南合东河水，又南会南蕴河，入思
茅。补远江，源出县东，南纳整董河水，会大开河，东南入思茅。府经历驻通关
哨。东：磨黑井，设盐大使。猛乌、整董井二盐大使，今裁。同治十三年设石膏
井提举。光绪间，割猛乌、乌得与法。**威远厅**最要。府西三百四十里。明威
远直隶州。雍正三年改厅，属镇沅。又设猛班巡司。乾隆三十五年改府，并
以猛戛、扛哄、猛班三土弁隶焉。东南：集翠山、铁厂山。西南：仙人脚山。西：

波麻。北：雷贯。澜沧江自镇边入，杉木江纳景谷江、宝谷江水来会，入思茅。猛撒江一名猛赖河，自镇沅入，纳暖里河、铁厂河水，入宁洱。经历驻猛戛。西南有戛关。西：香盐、抱母二盐井，雍正三年，设盐大使，驻抱母。八年，驻，移香盐进口，名抱香井，今改隶石膏井。**思茅厅**最要。府南百二十里。明车里地，名思茅寨。雍正十三年设厅治，分车里九土司及攸乐土目地隶焉。东：倚象、铁山。西：玉屏、六困。东南：六茶山：曰攸乐、曰蟒支、曰革登、曰蛮砖、曰倚邦、曰漫撒。易武山亦产茶。澜沧江自威远入，纳猛撒江水，又东南，纳南钟、南匀诸水，绕九龙山麓，名九龙江，至车里北。南哈河自遮族入，又东会罗梭江，东南入交址。罗梭江上源为清水河，南流迳宁洱为大开河，仍流入境，纳龙谷、猛腊诸水，又西南入九龙江。南：永靖关。东南：倚象关。**他郎厅**要。府东北百六十里。明恭顺土州。顺治十八年省入元江府。雍正十年设厅。乾隆三十五年改属府。东：球香、水癸。西：红岩、猛连、遮蔽、灵山。东南：太极山。西南：班了、法山。把边江自镇沅入，迳宁洱，仍南流，至厅南入元江。阿墨江自镇沅入，纳慢会河水、他郎河水，为布固江。宁洱南平湖，汇流灌田。**车里宣慰司**辖江外六版地。乾隆三十八年宣慰司刁维屏潜逃，裁革。四十二年，以刁土宛复袭。

清史稿卷七五
志第五〇

地理二十二

贵　州

贵州:《禹贡》荆、梁二州徼外之域.清初沿明制,设贵州布政使司,为贵州省。顺治十六年,设巡抚,治贵阳,并设云贵总督,分驻两省。康熙元年,改贵州总督。四年,仍为云贵总督,驻贵州。二十一年,移驻云南。旧领府十。康熙三年,增置黔西、平远、大定、威宁四府。二十二年,大定、平远黔西降州,隶威宁府。雍正五年,增置南笼府。六年,割四川遵义来属。七年,复升大定、降威宁。乾隆四十一年,升仁怀,嘉庆二年,升松桃,均为直隶厅,改南笼为兴义府。三年,降平越府为直隶州。十四年,升普安为直隶州。十六年,改厅。东至湖南。晃州。五百四十里。西至云南沾益。五百五十里。南至广西南丹。二百二十里。北至四川。綦江。五百五十里。东北距京师七千六百四十里。广一千九十里,袤七百七十里。北极高二十五度四分至二十八度三十三分。京师偏西七度三十三分至十度五十五分。宣统三年,编户一百七十七万一千五百三十三,口八百五十万三千九百五十四。共领府十二,直隶厅三,直隶州一,厅十一,州十三,县三十四,土司五十三。驿道:一东出镇雄关达湖南晃州;一西逾关索岭达云南平彝;一西北渡六广河达四川永宁。电线:北通重庆、毕节,又分达威宁至云南。

贵阳府:冲,繁,难。巡抚、布政使、提学使、按察使、粮储道同驻。光绪三十四年,裁粮储道,设巡警道、劝业道。宣统元年改按察使为提法使。顺治初,因明为军民府,领州三,县一。康熙十一年,增置龙里县。二十六年,裁"军民"字,增置贵筑、修文二县,又改平越府之贵定来隶。三十四年,省新贵入贵筑。雍正四年,置长寨厅。光绪七年,以罗斛州判地置厅,移长寨同知驻,降长寨为镇,并入定番。广一百五十里,袤三百七十里。北极高九度五十二分。京师偏西九度五十二分。领厅一,州三,县四。南:青岩土千总一。东:虎坠司长官一,雍正八年裁。**贵筑**冲,繁,难,倚。明贵州贵前二卫。康熙二十六年改置,与新贵同城。三十四年省新贵入之。城内:翠屏山。东:铜鼓、栖霞、石门。北:贵山,府以此名。南:斗岩,板桥最高。西北:黔灵山,又木阁山,延袤百里,亘修文境内,通黔西。南明河自广顺入,合济番河,四方河、阿江河,折东,龙洞河北流注之,又北入开州。鸡公河自清镇北,流入境,又北,仍入清镇。贯城河出岈㟍山,合城北择溪水入城中,南流注南明河。东南:图安关。东北:鸦关。驿一:皇华。南:白纳司正副长官一,中曹司土千总一。西北:养龙司长官一。顺治初,承明府属,康熙间改属县。顺治十五年,设中曹司正副长官一,雍正七年裁。又喇平司,康熙二十三年裁。**贵定**冲,繁。府东百十里。顺治初因明隶平越。康熙二十六年改隶。南:文笔、天马、松牌、连珠山。西:金星、银盘。北:阳宝、西华。东北:蔡苗山。瓮首河出县西平伐土司,东北错入都匀,复迳县南,加牙河自龙里来注之。又北,八字河注之,北流,与博奇河会,折西北流,至巴香汛,合南明河。十万溪,在县北,苗众每恃险为乱。东:玉杵关、谷满关。西:马桑关、瓮城关。驿一:新添有汛。南:新添司长官一。又平伐、大平伐、小平伐司长官一。西牌土舍一。东丹平、北把平二司,均裁。**龙里**冲,繁。府东五十里。明龙里冲。康熙十一年改置。南:龙驾。西:长冲。北:云台。西南:回龙山。东:门水出县东南,老罗水、新安水西南分流,迳城北,合为博奇河。东:龙洞河西北来注之,入贵定。加牙河出谷者岩,东流入瓮首河。东:陇耸关。西:黎儿关。驿一:龙里。北:大谷龙土千总一。小谷龙土把总一。南:羊肠土千总一。又西北:龙里司,裁。**修文**冲。府北五十里。明,敷勇卫。康熙二十六年改置。城内:屏山。西:宝峰。北:凤凰、将军。东:西望山,绵亘百余里。东南:龙冈。乌江自黔西入,即黔江,迳城西北,合鸡公河,北流为六广河,入开州。鸡公河自清镇入,石洞水合孟冲水,西注之,又北注乌江。东北:底寨司正副长官一。**开州**难。府东百二十里。

东：鲁郎。西南：南望山、阴阳山。南明河自贵筑入，迳城东，洗泥河东北注之，又北流，落旺河东北注之，又东为清水江，合乌江。乌江自修文入，为六广河，迳城西北纳沙溪水、养龙水，迳城北，洋水河、横水河合流注之，东南会清水江，缘遵义境入瓮安。可渡河出城东南，伏流复出，为落旺河，东注清水江。东北：西司正副长官一，裁。**定番州**难。府南百里。定广协副将驻。东：琴山。南：三宝、笔架。西：旗山。东南：松岐。西北：屏枫山，蒙江出，即连江，一曰𤄵牁江，一曰都泥江，出城西北山中，连广顺再入境，崇水、潮井水注之，又西南入罗斛。丰宁河自都匀入，注巴盘江，错入罗斛，合北盘江东流，入广西那地土州。上马桥河出西北废上马桥司东，东北流，入贵筑，注南明河。南：石门关、克度关。东北：程番关。大塘、长寨州判二。附郭程番司长官一。东南：大龙番南、小龙番司长官一。南：韦番、罗番司长官一。西南：木瓜司正副长官一，麻响司长官一。东北：卢番司长官一。西：牛路、木官土舍一。又东：金石番司。南方番、卢山、洪番、卧龙番，西大华，西北上马桥、小程番七司，裁。**广顺州**难。府西南百十里。西：真武。东：螺拥、白云。南：天台山。南明河出城东北，折东入贵筑。鸡公河自普定入，麻线河注之，折北入安平。尤爱河在城东，从仁里，东流注济番河。东：白崖关、翁桂关。西：文马关。北：燕溪关。长寨州判一。有宗角、长寨、同笋三汛。有金筑司，裁。**罗斛厅**府西南四百二十里。顺治初，因明隶广西泗城土州，寻改隶泗城府。雍正三年割置永丰州，设州判，隶南笼府。乾隆十四年改隶定番。光绪七年置厅。东南：老人峰。西南：六合山。蒙江自定番入，克孟河自普定、猛渡河自归化合流注之，又西流，注北盘江。北盘江合南盘江自贞丰东流入，受濛江水，入那地土州。又巴盘江在城东北，上流曰丰宁河，自都匀入，合藤茶河，东南入广西泗城。扎佐司巡司一。有罗斛汛。罗斛打拱土千户一。何往土外委一。

　　安顺府：冲，繁，难。旧隶贵西道。提督驻。顺治初沿明制，为军民府。康熙二十六年，裁"军民"字。东北距省治百八十里。广三百十里，袤百六十里。北极高三十六度十二分。京师偏西二十度二十四分。领厅二，州二，县三。西北：西堡司副长官一。西南：安谷、西堡二司，裁。**普定**冲，繁，难，倚。明普定卫。康熙十一年改置，省定南所入之。城内：塔山。东：飞虹、岩孔。南：屏枫。东南：旗山。西北：旧坡、新坡山。宁谷河出东山，合数水，西南流入镇宁。籛渡河自镇宁入，东北流入安平。克孟河出县东南，南流入罗斛。猛渡河出县西南，南流入归化。鸡公河上源为大水河，出县东北，东南流入广顺。东：罗仙关、杨家关。南：半天关。西：牛蹄关、大屯关、老虎关、打铁关。驿一：普利。有宁谷废司。上五苑枝土千总，裁。**镇宁州**冲，繁。府西五十里。康熙二十六年，省安庄卫入之。南：玉京、青龙。东：东坡山。西：白岩、慈母山。北：九十九陇，周百余里。南：乌泥江，源出山箐中，汇诸溪涧水，东北定番宁谷河自普定入，合州西诸水，南流入贞丰，注北盘江。簸渡河自郎岱入，堕极河南流，谷龙河合三岔河北流，并注之。东北流，缘普定界入平远。东：猴儿关。西南：土地关、凤凰关、石龙关。驿二：安庄、坡贡。有坡贡汛。东康佐、北十二营二司，裁。**永宁州**冲，繁。府西百四十里。城内：顶箐山。东：二龙。南：箭眉。西：普肇、安笼箐山。西北：红崖山。北盘江自郎岱入，拖长江自普安合庚、戌二河，东北流注之，迳城西，纳西坡河、马凉河，又屈西南，马毕河自安南东北流注之，折东入贞丰。西：梅子关。募役巡检一。有关岭、募役、上卦三汛。西：沙营顶营长官一。盘江土巡检一。**清镇**冲，繁。府东北百二十里。明威清卫。康熙二十六年改置，省镇西卫，赫声、威武二所入之。东：狮子山。南：马鞍。西：铜鼓。北：羊耳山。鸡公河自安平入，北流迳城西，曲循城北，错入贵筑，又北入修文。三岔河自安平入，折西北流，牛场河西南来注之，亦入修文。西有滴澄关。**安平**冲，繁。府东六十里。明平坝卫。康熙二十六年改置，省柔远所入之。东：金鳌、高峰。南：国帽、天台。东南：马头山。簸渡河自普定入，迳天马山，北流入平远。鸡公河自广顺入，羊肠河东流注之。羊肠河双源夹城流，至县南十里而合，又屈东北，与麻线河会，折北入清镇。东：铜鼓关。南：沙子关、杨家关。东南：平坝关。**郎岱厅**简。府西百八十五里。明土司陇氏地。康熙五年平之。雍正九年置。永安协副将驻。北盘江自普安入，迳厅西，又东南流入永宁。簸渡濠自水城入，合厅北诸水，折东流入镇宁。东：石龙关。西：打铁关。驿一：毛口。有羊肠巡司一。**归化厅**要。府南百六十里。明康佐长官司及镇宁、定番、广顺三州交错之地。雍正八年置。岩下河出厅西，南流，错入贞丰，复入境。乌泥河西南流来会，复入贞丰。猛渡河自普定入，复东南入罗斛。东：摆浪关。北：银子关。南：红沙关。有大营、坝阳、白岩、猴场、鼠场、牛场六汛。

　　都匀府：要。隶贵东道。副将驻。顺治初因明制，领州二，县一。康熙中，置都匀。雍正中，辟八寨、都江、丹江，置同知一，通判二。十一年，广西荔波割隶。西北距省治二百四十里。广三百二十里，袤四百五十里。北极高二十六度十三分。京师偏西九度三分。领厅三,州二,县三。西南:六硐司长官一。南:王司、吴司长官司一。又东,天坝、西南:平州。西,丹行三司,裁。**都匀**繁,倚。明都匀卫。康熙十一年置。城内:东山。西:龙山。北:梦遇。西南:凯阳山。马尾河为清水江,南源出县西,南合一小水,又北纳邦水河、龙潭河,东流入麻哈。麦冲河出县南,合四小水,西南流为丰安河,入独山。西:石屏关、威镇关。北:平定关。南:都匀司,西:邦水司长官一,明属府。顺治初改隶。平浪司长官一,明属卫。顺治初改隶。瓮正五年裁。**麻哈州**繁,难。府北六十里。东:皮陇、天台。南:天马。西:玉屏、铜鼓山。南:麻哈河有二源,经城西,合为一水,又名两岔江,北流入平越。马尾河自府东流入境,迳吴家司,北流入清平。谷硐、卡乌二汛。南:乐平司长官一。落户土舍一。东:平定司长官一。宣威土舍一。北:养鹅土千总一。西:旧司土舍一。**独山州**要。府西南百二十里,南有独山,州以此名。东:文汉山。南:镇灵。西:行郎山。南:独山。江即都江,上源,古牂牁江也,出水岩梅花峒,东北流经烂土司,马场河分流注之,折东入都江。西:凤饮河,出飞凤井,环城流,入独山江。丰安河自都匀入,迳城北,深河、平舟河来注之,再西入长寨。南:鸡公关。北:阿坑关。三角坖州同一。巴开、打略二汛。附郭独山司长官一。南:丰宁上长官一。东南:丰宁下长官一。三捧土舍一。东:烂土司长官一。东北:普安土舍一。**清平**冲,难。府东北百二十里。明县。康熙七年省入麻哈州,十一年复置,裁清平卫入之。南:水箐。东:棋盘。北:侍讲山。东南:香炉。东北:天榜山。猪梁江为清水江,北源自平越入,会麻哈河,东流入清平。东南:马尾河,即剑江,自都匀入,北流入清水。南:鸡场关。凯里县丞一。排养、炉山二汛。东:凯里司安抚使,裁。**荔波**要。府东南二百里。顺治初承明,隶广西庆远府。雍正十年改隶。东:水排山。北:分水岭。荔泉在城北,县以此名。劳村江出县东北,西南流,与峨江会。峨江河,南、北二源,合于水董,再西南,永长溪自古州迳都江南,合数小水注之,入广西南丹土州。南:黎明关。西:马甲关。方村县丞一。有三洞、方村二汛。**八寨厅**要。府东九十里。明天坝土司地。雍正六年平苗疆置。西:得鹿山、大登高山,均险要。西:马尾河,自都匀入,东北流,入麻哈。龙泉自龙井、南泉自丹江,均入马尾河。都江自独山迳都江南,一水出厅北坡脚寨,南流入都江境来会。南:羊勇关。北:五里关。有九门汛。东南:扬武排调司长官一。东:永安司长官一。**丹江厅**要。府东北百四十里。明生苗地。雍正六年平苗疆置。西南:九门山。东南:牛皮箐,迤逦数百里,亘八寨、都江、古州界。大丹江源出厅西南,小丹江自厅东南来会,曰九股河,东北流,入台拱。东：防里河，西流入丹江。鸡讲、黄茅、乌叠、顶冠、空稗、松林六汛。东北鸡讲、北黄茅、西南乌叠土千总一。**都江厅**要。府东南二百二十二里。明来牛大寨地。雍正六年平苗疆置。西：柳叠山。岽北：大坪山。都江上流曰独山江，自独山东流入羊乌河合乌沟河来会，又东入古州。北：排常关。有顺德、归仁土千总一。

　　镇远府：冲，繁，难。隶贵东道。总兵驻。顺治初因明制。西南距省治四百五十二里。广一百七十五里，袤二百五里。北极高二十七度二分。京师偏西八度十三分。领厅二，州一，县三。治后。石屏山。山半有穴，久雨水注则江溢。东南：思邛山。都波、都来二山。邛水司南：马首山。偏桥司南：石柱山。偏桥司长官一。左副、右副长官一，嗣改左副、右副为七品土官。**镇远**冲，繁，倚。康熙二十二年，以湖广镇远卫来属，省入。县东：铁山、中河山、马场山、观音岩。南：五老山。北：大、小石崖山。东北：打杵岩。西：鼓楼坡山。清水江自施秉入，迳镇远土司，东入台拱。邛水有二源，合流迳邛水司，南入清江。德明河源出德明洞，东南入台拱，注清水江。邛水自施秉入，白水溪、小由溪诸水注之，迳城西南，为镇阳江，又东纳焦溪，东北流入青溪。西北：金石关。北：文德关、镇雄关。东：鸡鸣关。邛水县丞一。四十八溪主簿一。东南：邛水司、正副长官一，嗣改为七品土官。**施秉**冲，难。府西南七十里。康熙二十二年，以湖广偏桥卫来属。二十六年省入。县城内：飞凤山。东：金钟、玉屏。北：三台山、岑鳌山。清水江自黄平东流入，纳一小水，又东流入台拱。沅水自黄平东北流入，受芒窑河、杉木河诸水，小江南自黄平来会，谓之两江河，东流入镇远。西：栏桥关。胜秉县丞一。偏桥废，驿。**天柱**繁，疲，难。府东南二百十里。顺治初因明，隶湖广靖州。雍正五年改隶黎平府。十一年来隶。东：云高山、茨岭山。南：春花、黄少。西：莲花。北：柱石山，县以此名。清水江自开泰入，迳城南，直银水等溪东南流注之，入湖南会同。西江一曰等溪，东南流，至城北入鉴水江。东：老黄田关。南：王桥关。西：西安哨关。北：渡头关。柳霁，县丞一。远口巡司一。岔处、革溪二汛。**黄平州**冲，繁，难。府西南一百三十里。顺治初因明属平越。康熙二十六年，徙州治于旧兴隆卫。嘉庆三年来隶。东：飞云岩。南：鼓台山。西：斗岩山。北：北辰、舟、石林山。清水江上源二，并自清平入，迳城南合，东流入施秉。水出州南金凤山，北流，合西来二小水，东北入施秉。东：冷水河、秀水，溪、高溪，下流合秀水入重安江。东：马鬃岭关、大石关。旧州城巡检一。驿一：重安江。黄平汛。东岩关司、东南重安司长官一。又有朗城司土吏目，裁。**台拱厅**要。府东南一百三里。明九股生苗地。雍正十一年，平苗疆置，移清江同知驻之。北：猫坡山。东：莲花屯。西南：台雄山。清水江即施洞河，自镇远入，在城北，自黄平流入，折东南，迳革东汛，入丹江。九股河一名巴拉河，自丹江北流入境，至城西，斩水西北流来注之，折东北，入清水江。番招、台雄、革东、稿贡四汛。**清江厅**要。府东南一百九十里。明清水江苗地。雍正八年，平苗疆，设同知。十一年，移同知于台拱，改通判。清江协副将驻。南：白索。西：公鹅、三台。北：柳罗山、白济关山。清水江自台拱东南流入，邛水自左来注之。乌蔑河、乌拥河、乌拉河自丹江入，汇为南哨河，自右来注之。再东纳德河，入开泰。东：东镇关。北：白济关。

思南府：繁。隶贵东道。顺治初沿明十五里。西南距省治六百四十五里。广四百里，袤五百六十里。北极高二十七度五十六分。京师偏西八度五分。领县三。城内：中和山。东：东胜、思唐。西：岩门、白鹿。北：双峰、象山。乌江自石阡入，鹦鹉溪、板坪河会清江溪注之，折东错入安化。北行至齐滩场，复入府境，曹溪东流注之，小郎坝水北流注之，再北复入安化。东：石峡关、武胜关、永胜关。南：芙蓉关。西北：鹦鹉关。东郎溪司、北沿河司长官一。西：西山阳洞蛮夷司，裁。**安化**繁。旧附郭。光绪八年移治大堡。府北百三十里。东：凤凰、莲花。南：文中。北：柱岩、椅子山。西南：仓廪山，下俯煎茶溪，有泉名第一。乌江自府东北流入，思邛江即印江西北流注之。三岔小河自四川酉阳西流注之，东北流，入酉阳。洪渡河自龙泉东北流入，经简家沟，下流曰丰乐河，一水西北来注之，错入婺川，复东北入县境，北流入四川酉阳。西北：覃韩偏刀水废土巡司一。**婺川**繁，难。府西北二百四十里。东：大岩。南：泥塘。西：华盖。东北：长钱山。北：卧龙山。丰河自安化入，合龙登河，晓洋江合白皎溪东北来注之，又东北，复入安化。芙蓉江出县西，西北流，错入正安，复迳县西北，北流入四川涪州。东：焦岩关、水云关。西：石将关。北：九杵关、乌金关、石板关、青岩关。**印江**简。府南四十里。东：文笔、峨岭、大圣登山。西：河缝山。北：石笋山。思邛江自松桃入，折北流，合一小水，入安化，注乌江。东：峨岭关、仡楠关。南：秀宝关。

思州府：冲。隶贵东道。顺治初，因明制。领长官司四，不领县。雍正五年，割湖广平溪、清浪二卫来属。寻改玉屏、青溪二县。西南距省治五百四十里。广一百九十里，袤二百六十里。北极高二十七度十一分。京师偏西七度五十五分。领县二。东：岩前、龙塘。南：圣德。西：

盘山、岑巩。北:红崖、六农山。镇阳江自青溪入,迳城东南,入玉屏。潞濑河出府西北,合洪寨河,东南流,又纳施溪、洒溪、架溪诸水,东南入镇阳江。江易家河出府东北,合文水河,南流亦入镇阳江。东:都哨关。南:清平关黄士关。东北:鲇鱼关。西:盘山关。附郭都坪司。西南:都素司。东北:黄道溪司正、副长官一,嗣裁副长官。北:施溪司长官一。**玉屏**冲,繁。府东一百里。顺治初因明湖广平溪卫。雍正五年改置,来隶。北:玉屏山,县以此名。城内:回龙山。东:三台、月屏山。南:道定山,与双荐峰对峙。界牌山为诸蛮出入要路。镇阳江自府东北入,流迳城北,名曰平江,北流入湖南晃州。西:野鸡河汇西溪、梭溪诸水,迳飞凤山、野鸡坪,入平江,太平河从之。**青溪**冲,繁。府南九十里。顺治初因明湖广清浪卫。雍正五年改置,来隶。县治后:北障山。东:竺云。西:灵宝山。北:观音山。镇阳江即青溪江,自镇远入,铁厂河合竹坪河、描龙河注之,东北流入府。东:清浪关、鸡鸣关。西:粟子关。

铜仁府:中,繁,难。隶贵东道。副将驻。顺治初因明制。康熙四十三年,平红苗,设正大营,以同知驻其地。雍正八年,平松桃红苗,移同知驻,以正大营地割隶铜仁县。嘉庆三年,升松桃为直隶厅,以乌罗、平溪二司地拨归厅辖。光绪六年,剿平梵净山匪,移铜仁县治江口,即提溪吏目驻地,分府属五硐归县,分县属六乡及坝盘等三乡之半归府亲辖,移吏目大万山。西南距省治六百六里。广一百七十里,袤二百七十里。北极高二十七度三十八分。京师偏西七度三十分。领县一。南:铜崖,府以此名。东:石笏、天台。南:天马、六龙。西:诸葛山。北:翀凤山。大江即辰水,自县东流入府,合鸹怕洞水,又东与小江合。小江发源梵净山,合茶山塘水,南流与辰水会,东入湖南麻阳,谓之麻阳江。东:龙势、石榴、漾头等关。北:倒马、芭龙、瓮梅、倒水等关。大万山吏目一。正大、施溪二汛。东南省溪司、西提溪司正副长官一。**铜仁**繁。府西北九十里。月波山在县治右,形如半月,斜对三岩,高十余仞。西北有梵净山,周五六百里,跨思南、镇远、松桃、印江界。南:五云山。西南:百丈山。辰水出梵净山,有二源,右源纳标杆河、羊溪数小水,东南迳提溪司,左源经哨上渡,纳一小水,至提溪司,与右源会,省溪、凯洪溪注之,东流入府。正大营县丞一。滑石汛。

遵义府:中,冲,繁。旧隶贵东道。副将驻。顺治初因明制,为军民府,隶四川。康熙二十六年,裁"军民"字。雍正五年改隶。西南距省治二百八十里。广七百九十里，袤三百六十里。北极高二十七度三十七分。京师偏西九度二十九分。领厅一，州一，县四。遵义冲，繁，难，倚。顺治初，因明，隶四川。雍正七年，同府改隶。东：香枫、三台。西：洪关、元宝、大水田山、娄山。北：大楼、龙岩、定军山。西北：永安山。乌江缘开州入，中渡河、乐闽河及二小水南流注之，又东南会清水江，入瓮安。湘江出县西北龙岩山，二源合南流，洪江合凤凰溪来会，南迳湄潭，至瓮安注乌江。赤水河自仁怀入，沙坝河合数小水北流注之，又纳盐井河，错入桐梓。东：三渡关。西：乌江关、落蒙关。北：太平关。驿四：乌江、播川、松坎、湘川。桐梓繁，疲，难。府北百二十里。顺治初因明，隶四川。雍正七年同府，改隶。东：石女、九龙山。北：扶欢。南：金马。西：金鹅山。赤水河自仁怀东流入遵义，复错入县境，斋郎河合溱溪水西流注之，复入仁怀。松坎河，即綦江，上源自正安入，出县东北，二源合，西北流，坡头河自正安西流注之，又北入四川綦江。石嘴河，即温水上源，出县西北，入仁怀界。北：张九关。东北：石壶关。绥阳简。府东一百里。顺治初因明，隶四川。雍正七年，同府改隶。东：绥阳山，县以此名。南：鼓山、冠子。北：波利山、仙人山。西：金子山。乐安河一曰鹿塘河，二源出县北，合南流入遵义，注湘江。湄潭河自湄潭，南流迳城东南，仍入湄潭。小乌江一曰渡头河，出县北，合桑木塘水、关渡河，北流入正安。东：九杼关、石卯关、苦竹关。西：郎山关。南：板阁关。东有桑木关、龙洞关。正安州难。府东北三百四十里。顺治初因明，为真安，隶四川。康熙中迁治古凤。雍正二年改正安。七年同府改隶。南：罗蒙山、石场，清净。西：绅子、峻岭。北：豹子山。小乌江自绥阳入，右纳牛渡河，左纳清溪河，又东北流，注芙蓉江。三江河自四川綦江入，纳安四溪水，又东北入婺川。亦曰芙蓉江。坡头河自綦江西南流，迳县境，又西入桐梓，注松坎河。北：老鹰关、青岩关。西：白岩关。仁怀冲。府西北百八十里。顺治初因明隶四川。雍正七年，同府改隶。八年移治亭子坝。东：翠涛。西：夕阳。北：牛心山。西北：老色山。赤水河自四川永宁入，迳佴子关，合二小水，错入遵义、桐梓。折西北，复入县，右纳枫香坝河，左纳九溪河，古兰河北流注之。又西北，入赤水南，曲折西流，复东北，再入县境，纳高洞河，入四川合江。温水自桐梓入，合三岔沟水，入四川綦江。温水场，府经历一。有汛。赤水厅要。府西北二百四十里。雍正八年，以通判分驻之，留元坝，改置仁怀厅。乾隆四十一年升直隶厅。光绪三十四年，改名，降厅。东：天台。南：三台、五老。西：官山，绵长三百余里。赤水河自仁怀入，永思河亦自仁怀来注之，南纳儒溪、泥溪、猿猴溪，北纳葫芦溪、尧坝溪、沙坝溪，经厅南，后溪注之。又北流，枫水溪并二小水注之，东北流，仍入仁怀。南：葫芦关。西：中箐关。猿猴汛。

石阡府：简。旧隶粮储道。顺治初沿明制。康熙中省葛彰、苗民。雍正中，省石阡副司。西南距省治五百七十四里。广六十五里，袤四百四十里。北极高二十七度二十九分。京师偏西八度十九分。领县一。阡山自平越入境，蜿蜒数百里，府以此名。东：九龙、镇东。南：松明、十万山。西：万寿山。北：香炉山。乌江自余庆入，落花屯水东南流注之。龙底河有二源，经府治西，合一小水，东北流注之，入思南。龙底河一曰白岩河，上源为包溪，北流迳黄茅囤，纳大溪、凯斜溪，再北入乌江。南乐回溪，西北深溪、北洋溪，皆入龙底河。东：松明关。东南：大定关。西南：镇安关、乐平关。北：镇夷关。**龙泉**繁，难。府西北二百四十里。城内：凤凰山。南：将军山。西：绥阳。北：鸡翁山。龙泉出凤凰山麓，县以此名。羊子河、贯石河并出县西，合东流迳义阳山南，为义阳江。右合一水，东流为清江溪，入思南。洪渡河出县西，北山东北流，入安化。大水河，亦出县西，北合小水河东流从之。东：张教坝关。西：平水口关、虎踞关。偏刀水汛。土县丞、土主簿一，均裁。

黎平府：繁，疲，难。隶贵东道。顺治初因明制，领县一：永从。雍正三年，以湖南五开、铜鼓二卫来属。五年，改二卫为开泰、锦屏二县，又以湖南靖州之天柱县来属。七年增设古州厅。十一年改天柱属镇远府。乾隆三十五年增设下江厅。道光十二年，降锦屏为乡，以其地属开泰。西北距省治八百八十里。广四百七十里，袤四百三十里。北极高二十六度九分。京师偏西七度三十一分。领厅二，县二。城内：五龙山，中黄龙。东：太平。南：丑家。西北：宝唐，山势重叠。自北而南，亘百余里。洪州吏目一。有黎平汛。东南：洪州。北：潭溪、欧阳、湖耳司正副长官一。东北新化，西古州，北龙里、中林、八舟、亮寨司长官一。又三郎司、赤溪南洞司，裁。同知及理苗照磨驻古州。通判驻下江。吏目驻洪州。泊里长官司。**开泰**繁，难，倚。东：龙见、大岩。东北：挂榜。北：龙标、楚营、八舟山、茶山。西南：铜关、铁寨山。清水江自清江入，乌下江合二水，东北流注之。新化江出天甫山，亦东北流注之，入天柱。永从溪自永从入，东北流，曰潘老河，东入湖南靖州。东：宁溪关、黄泥关。东南：燕窝关。锦屏，县丞一。有汛。朗洞，县丞一。**永从**简。府南六十里。县治后：飞凤山。南：上、下皮林山。东南:鹿背、皮林山。西南:标瑞、龙图山。福禄江上流即古州江,自下江东南流入境,经丙妹南,错入广西怀远。曹平江亦自下江东南流入境,经丙妹北,东北怀远。永从溪二源出县南,合流,北入开泰。丙妹,县丞一。有永从、丙妹二汛。**古州厅**要。府西一百八十里。古州总兵、贵东道驻。东:双凤。西:偉飞、摆喇山。西南:狮子山。都江自都江入,名古州江,左纳彩江,入下江。榕江、车江并出厅北,合流注之,折东南入下江。朗洞江出厅北,东北流入开泰,注乌下江。东:永镇关。西:归化关。有王岭、寨蒿、小都江三汛。**下江厅**要。府西南一百八十里。南:朋论山。西南:崖鸡、乌地、雾猓、九千里山,亘数百里。都江自古州东南流入,迳厅南入永从。东江、溶江自古州合流入境,下游曰曹平江,东南流入永从。弱女江源出厅南,东北流至双江口,小溪东北流来会,再东北入古州江。

大定府:要。旧隶贵西道。明贵州宣慰司及乌撒军民府地。副将驻。康熙三年,平水西、乌撒,以大方城置。二十六年,降州,隶威宁府。雍正七年复升府。东南距省治三百三十里。广五百八十五里,袤六百六十里。北极高二十七度四分。京师偏西十度五十五分。领厅一,州三,县一。东:万松、火焰、凤山。西:五老山。北:大鸡。东北:九龙。西北:双山。乌江自毕节入,署仲河、通德河皆北流注之,又东,落折河合打鸡关诸水,折南来注之。乌西河合石溪河,自北来,猓龙河自南来,皆注之,又东分入平远。赤水河自毕节入,经府北,纳永岸小河,卧牛河,合油杉河诸水,东北入黔西。东:老蒙关。南:那集关。西:奢东关、乐聚关。北:大弄关、柯家关。仓上、乌西二汛。**平远州**繁,难。府东南八十里。康熙三年平水西乌撒,以比喇坝置府。二十二年,降州,隶大定。二十六年改隶威宁。雍正七年仍来隶。平远协副将驻。东:悬雾、东山。南:狮子、凤凰。西:白岩山。北:墨续山。乌江自府南入,高家河、卜牛河东北流注之。又东:纳么麦河水,入黔西。西:木底河,即鸭池河,自水城入,受武著河,错入安顺。北古河,合堕极河,南流注之,复迳城东,名簸渡。会牛塘河诸水,北流入黔西。东:织金关。南:凤凰关、望城关。**黔西州**繁,难。府东二百二十里。康熙三年,以水西置府。二十二年,降州来隶。二十六年改隶威宁。雍正七年仍来隶。城内:狮子山、牛饮山。南:石虎。北:分水岭。东:金鸡山。又十万溪箐,悬崖绝壁,四面皆砦。西北:白塔山、杓里箐、比喇大箐。猡革河即六归河,自府入,平溪南流注之。又东,鸭池河自平远入,又东会簸渡河,东入修文,为乌江南源。以济河源出州西北,西南流,合打鼓寨水,东北流,渭河合乌箐河来会,沙河合鼓楼水、三现身水,东南来注之,入修文。赤水河自府东北流迳州境,入四川永宁。西:化榨关。沙溪,沙土、右革关、鸭池、西溪六广、黄沙诸汛。**威宁州**要。府西三百八十三里。康熙三年以乌撒置府。雍正七年降州来隶。威宁镇总兵驻。东:飞凤山。东北:翠屏。西:火龙、麻窝。北:三台乌门。南:石龙、千丈崖。七星河为乌江上源,出州南,合八仙海、洮处海诸水,东北流,过清水塘,入毕节,再入州境,菩萨海南注之,黑章河北注之,又东,复入毕节。北盘江,出州西山,二源合南流,经芒渣汛,西为芒渣河,又南,错入云南宣威,为可渡河。牛栏江自云南会泽入,合腻书河,又北流,入云南恩安。洛泽河出州西北,合数小水,东北流,亦入恩安。东:石驼关、梅子关。南:云关。北:可渡关。西北:分水岭关。得胜坡巡检一,有汛,与江半坡二。水西宣慰使一,裁。**毕节**冲,繁,难。府西北一百里。明毕节赤水卫地。康熙二十六年置,隶威宁府。雍正七年改隶。贵西道驻。光绪三十四年裁,改巡警道,移驻贵阳。东:木稀山。南:脱颖。西:七星。北:石笋山。东北:东陵山、雪山、层台山。乌江自威宁入,亦名七星河,过芒甸汛,再入州境,又东复迳县境,则底河自云南镇雄入,合后所河,南流注之。又东南,合二小水入府。赤水河即赤虺河,自云南镇雄入,纳杉木河入府。东:木稀关。南:落折关。西:老鸦关。毕赤汛。**水城厅**要。府西南二百九十里。明水西地。雍正十年置。东:将军、玉笋山。南:马龙屯。北:麒麟、文笔山。籛渡河一曰鸦池河,出厅西,以且海合一水,东北流,经城北,折东南,水城河东北来会。又纳扒芒河、以固汛水、武著河诸水,错入郎岱。北盘江自云南宣威入,喇瓮河合桃花溪水自威宁来注之,北纳结里山东西二水及黑胜汛水,南纳木冬河,入盘州。州东:猴儿关。西:卡子斗关。普擦、猪场二汛。

　　兴义府:要。旧隶贵西道安义镇。总兵驻。顺治初因明为安笼所。康熙二十五年,置南笼厅,移贵阳通判驻之,仍隶府。雍正五年升府。嘉庆二年,改兴义。东北距省治五百八十里。广七百四十里,袤五百五里。北极高二十五度四分。京师偏西十度五十五分。领厅一,州一,县三。东:龙井山,珍珠泉山焉。将军山。西:九峰山。北:玉屏、万寿山。南:红江即南盘江,自兴义入,都威河西南流注之,又东入贞丰。北盘江自贞丰南流,错入府境,仍入州。鲁沟河,源出府北,左纳阿棒河,又东入贞丰,注北盘江。缘海出府城东北,众水所汇。南:梅子关。马芙田、哈马隘、狗场、卡子、额老诸汛。**贞丰州**要。府东北一百二十里。雍正五年,析广西西隆州红水江以北地设永丰州,隶南笼府。嘉庆二年改贞丰。署后枕峻山。东：六合山。北：九盘、花江岩山。西南：
笼鹤山，绵亘数十里。北盘江自永宁入，宁谷河亦自州来注之，又南会岩下河，
错入府，仍迳州境，左纳鲁沟河、缘海，南流与南盘江会，南盘江自府入，八卧
溪北来注之，又东合北盘江，东北入罗斛。东：坡呈箐关。西南：者党关。北：石
屯关。册亨，州同一。定头、高坎、王母、渡邑四汛。**普安**冲，繁。府西北二百
四十里。明新城、新兴二千户所。顺治十八年置，隶安顺府。康熙二十二年移
治新兴。瓮正五年改隶。东：乌龙、直武。南：九峰山。西：八纳山。北：落马、
大、小尖山、罗摩塔山。拖长江自盘州入，有三小水合流注之，又东北入永宁。
深溪河源出县南，右合阿希河，左合木郎河，东南流入兴义，注马别河。抹角河
自盘州入，合一小水，西南流，入云南平彝。西北：坚固关。北：芭蕉关。驿二：
罐子窑、杨松。旧设驿丞，裁。新城，县丞一。土州同，裁。**安南**冲，繁。府北
二百四十里。明安南卫。康熙二十六年置，隶安顺府。瓮正五年改隶。城内：
天马山。东：盘江。西：晴龙、白基山。西北：尾丽山。西北：毛口河即北盘江，
上源自盘州入，东南入郎岱。西、西宁河、西坡河，北甲猛河下流，皆入盘江。
南：巴林河，北流迳普安，至城东，又为大章河，下流合阿里河，注北盘江。东：
盘江关、海马关。西：鸟鸣关。南：老鸦关。盘江十一城，明天启间筑。驿一：列
当，旧设驿丞，裁。阿都汛、廖箕二汛。**兴义**要。府西北八十里。瓮正五年于
黄草坝设州判，隶普安州。嘉庆三年裁，改置县，隶府。十四年改隶普安直隶
州。十六年仍来隶。南：笔架。东：白马。北：狮子、马鞍山。南：盘江上源曰八
达河，自云南罗平入，迳城西南，沿界东北流，九龙河亦自罗平入，合上江水注
之，又东纳中江、下江二水，迳城南，马别河自普安南流注之，又东入府。棒鲊
巡检一。亦资孔驿丞一。**盘州厅**要。府西三百里。顺治初，因明普安州，隶
安顺府。康熙二十六年省普安卫入州。瓮正五年改隶。嘉庆五年改隶。嘉庆
十四年升直隶州。十六年改直隶厅。光绪三十四，年改名，降厅，仍隶府。南：
猗兰山，为滇、黔分界处。西：黑山，上有潭。北：广武山，绝顶有泉九汇为大池。
西南：党壁山。盘江自水城入，纳罗摩塔河，东南流入郎岱。拖长江出厅西南平
彝所，北流，有一水自海子铺来会，至桥驿，合数小水入普安。猪场河出厅北，
折东合二水，又东入普安，注拖长江。抹角河出厅西南，亦入普安。南：倒木关。
西：分水岭关。东南：安笼箐关。驿一：山门。上舍、白沙、刘官三汛。

松桃直隶厅：要，繁，疲，难。隶贵东道。副将驻。明红苗地。康熙四
十三年，讨平红苗，设正大营，置同知，隶铜仁府。瓮正八年，平松

桃，置厅，移同知驻。嘉庆二年，升直隶厅，益以铜仁府属平头、乌罗二土司地。西南距省治八百四十五里。广二百八十里，袤二百二十里。北极高二十八度八分。京师偏西七度三十三分。城内：蓼皋山。东：七星山。北：秋螺。南：狮子。西北：龙顶山武溪出厅西，为西水，西南源，合二水，东流，入四川秀山。沱江出厅南，东流入湖南凤凰厅。思邛出厅西，二水合西流，入印江。西：平头关、野猎关。有盘石、护国、木树、芭茅、石岘诸汛。西：乌罗、平头司长官一。

平越直隶州：冲，繁，难。旧隶粮储道。顺治初，因明为军民府。康熙十一年，改平越卫为县，附郭。二十六年，省“军民”字。嘉庆三年，降直隶州，省平越县。西南距省治一百九十里。广一百八十里，袤三百三十里。北极高二十六度三十八分。京师偏西九度五分。领县三。城内：福泉山。东：黎峨山。东南：叠翠山，群峰插天，中为老人峰。西：翁、杨山、杉木箐山，峰峦高峻。猪梁江为清水江，北源出州西北，合数水，迳黄丝驿，西北府城水、卡龙河、西南羊场河均注之，东流入清平。白水河一曰巉巉河，源出州西北，南流迳牛场，有二水来合，入猪梁江。东：羊肠关。南：武胜关。北：七星关。驿三：酉阳、黄丝、杨老。汛三：酉阳、杨老、打铁关。西杨义司，西北高坪、中坪司长官一。瓮安难。州北六十里。东：笔架山、都凹山。西：仙桥、白乐。北：九峰、玉华峰。乌江自开州入，迳城北，湘江自遵义南来注之，又东，瓮安河、坪桥河、红头铺河、草塘司河，东北流注之，湄潭河自遵义南来注之，东入余庆。东南：蓝家关。西：黄滩关。西北瓮水，东北：草塘，土县丞一。湄潭繁，疲，难。州北三百三十里。城内：玉屏山。西：玛瑙。北：觉仙。南：象山、牛星山。湄潭河二源，自大、小板角关入，合南流，至城北，汇数小水，西南流，迳遵义入瓮安，注乌江。北：士溪河自正安入，至老木凹，合青龙水，入婺州，注丰乐河。东：锡洛关。西北：板角关。北：青龙关。余庆简。州东北一百四十里。南：中华、拱辰。西：九龙山。北：梦峨山、牛塘山。乌江自瓮安入，余庆司水南流注之。河自瓮安纳小江、猪场河，东北流，牛场河郎白泥江，纳新村水，亦东北流注之，又东北入石阡。南：头关。西：中关。西北：余庆土县丞一。东北：白泥土主簿一。

清史稿卷七六
志第五一

地理二十三

新　疆

　　新疆：古雍州域外西戎之地。汉武帝设西域都护，天山以南，城郭三十六，国皆属焉。天山以北，东匈奴右部，西乌孙，未尝服属。后汉，山北如故，山南分五十余国，于阗、龟兹最著。自建武迄延光，三绝三通，设都护及长史治之。三国及晋，北为乌孙及鲜卑西部，南为于阗、龟兹诸国。北魏，柔然、乌孙、悦般、高车尽有山北地；后周，突厥、铁勒据之。其南以鄯善为强。唐于西州置北庭大都护府，统沙陀、突厥、回鹘、西突厥，北部诸都督府。于龟兹置安西大都护府，统龟兹、于阗、疏勒、碎叶四镇，蒙池、昆陵等都护。中叶后，为吐蕃所有。五代并于吐蕃、回鹘。宋时乌孙、回鹘居山北，于阗、龟兹诸国入于辽。元置三行尚书省，葱岭以东属巴什伯里行尚书省。寻增天山南、北宣慰司，北则巴什伯里，南则哈喇和卓，后为都哩特穆尔地。明，四卫拉特居北部，曰绰罗斯，曰杜尔伯特，曰和硕特，曰辉特。其南部则巴什伯里、叶尔羌、吐鲁番诸国回部，派噶木巴尔诸族居之。顺治四年，哈密内属，吐鲁番亦入贡，惟四卫拉特仍据其地。准噶尔即绰罗斯部。数侵喀尔喀，圣祖三临朔漠征之，噶尔丹走死，其兄子策妄阿拉布坦遁伊犁，传子及孙，从孙达瓦齐夺其位。乾隆十九年，杜尔伯特、和硕特、辉特先后来归。二十年，执达瓦齐，准噶尔平。二十二年，以阿睦尔撒纳叛，霍集占附之，再出师。二十三年，克库车、沙雅尔、阿克苏、乌什诸城，明年，收和阗、喀什噶尔、叶尔羌诸城，二酋走死回部，亦平。二十七年，设伊犁总统将军及都统、参赞、办事、协办、领队诸大臣，分驻各城，并设阿奇木伯克理回务。秩三品至七品。光绪十年裁，改设头目，以六品为限。同治三年，安集延酋阿古柏作乱，陕回白产虎应之。光绪八年，全部荡平。九年，建行省，置巡抚及布政使司，以分巡镇迪道兼理按察使衔，改甘肃迪化州及镇西、哈密、吐鲁番三厅来隶。迪化寻升府，建省治。又改阿克苏为温宿直隶州，喀喇沙尔、库车、乌什、英吉沙尔并为厅，置分巡阿克苏道辖之；喀什噶尔为疏勒，叶尔羌为莎车直隶州，英吉沙尔、玛喇巴什为厅，及和阗直隶州，置喀喇噶尔兵备道辖之；库尔喀喇乌苏为直隶厅，辖于镇迪道；又改伊犁为府，精河、塔尔巴哈台为厅，置分巡伊塔道辖之。二十四年升喀喇沙尔为焉耆府。二十八年，改库车厅为直隶州，疏勒、莎车、温宿三直隶州并为府，又改玛喇巴什厅为巴楚州，隶莎车府。凡领府六，直隶厅八，直隶州二，厅一，州一，县二十一。宣统三年，编户四十五万三千四百七十七，口二百六万九千一百六十五。东界外蒙古喀尔喀扎萨克图汗部；西界俄罗斯；南界西藏；北界阿尔泰山；东南界甘肃、青海；西南界帕米尔；东北界科布多；西北界俄罗斯。广七千四百里，袤三千七百里。东北距京师，由南路八千六百八十九里，由北路八千五百七十六里。北极高三十四度至四十九度有奇。京师偏西二十一度至四十三度。其名山：葱岭、昆仑、天山、博克达。其巨川：塔里木、叶尔羌、和阗、伊犁诸河。其道路：天山南、北。电线：由迪化东南通兰州，西北通伊犁，西南通喀什噶尔。

迪化府：要，冲，繁，难。巡抚、布政使、提学使、镇迪道兼提法司衔、副将同驻。汉，卑陆等十三国地，兼有匈奴属地及乌孙东境。后汉初，郁立师、单桓、乌贪訾离为车师所灭，后复立，时称车师六国。三国时，东西且弥、单桓、卑陆、蒲类、乌贪，并属车师后部。晋属铁勒，亦曰高车。初属蠕蠕。北魏时，大破蠕蠕。后周属突厥。隋大业中，西突厥始大，铁勒诸部皆臣之。唐贞观时内属。及灭高昌，置庭州。又置瑶池都督府及冯洛州各都督府，统于安西大都护府。武后时，改隶北庭大都护府。开元初，置北庭节度使。贞元后，其地属吐蕃，又属西州回鹘。宋为高昌北庭，臣服于辽。南宋属西辽。元太祖时，称回鹘别失八里。元末，猛可铁木儿据之，为瓦喇国。至明正统中为乜先。嘉靖间，分为四卫拉特,为瓦剌之转音。居乌鲁木齐者为和硕特部。后为准噶尔台吉游牧地。乾隆二十年,平准噶尔,始内属,改名乌鲁木齐,筑土城。二十五年,设同知。二十八年,筑新城于其北,名迪化。三十六年,设参赞大臣、理事、通判。明年,于迪化西八里筑满城,名曰巩宁。三十八年,改参赞为都统,设领队大臣,驻巩宁。三十八年,升直隶州,隶甘肃布政司。光绪九年,建行省,十二年,升府来隶。广一千四百里,袤五百二十里。北极高四十三度二十七分。京师偏西二十七度五十六分。领县六。光绪七年与俄立约,定为商埠。**迪化**冲,繁,难,倚。光绪十二年置。天山自西来,横亘境南、西南。雅马拉克山绵延二百里,东北达坂城岭。东南:哈拉巴尔噶逊山。乌鲁木齐河出南山,二源:东南曰库尔齐勒河,西曰阿拉塔济河,合北流,经城西,又北,名老龙河。头屯河自昌吉入,东北流,入境潴为八段、马厂二湖,溢出,北流,与西支合,为两县交界处,三屯河自昌吉北来注之。复东北流,合老龙河,北经沙漠,入古尔班托罗海。庙儿沟、羊圈沟、大东沟、小东沟诸水,均出县东南,分流,南入吐鲁番。达坂城水,源出阜康博克达山天马峰,入县境,南流,合大铜沟、华树林、方家沟、白家沟诸水,经达坂城卡伦入吐鲁番。东南:鄂门泊、达布逊泊。北:大戈壁,广五百里,长三百里。卡伦七。台八。驿四:巩宁、柴俄堡、达坂城、黑沟。有回庄六十七。**阜康**冲,繁,难。府东北一百三十里。汉,郁立师、车师后国。魏蠕蠕地。周、隋,突厥。唐,浮图、沙钵、凭洛、耶勒、俱六诸地,贞观中置金满县。元别失八里地。明,敦剌城,改名特讷格尔。乾隆二十五筑堡,置巡司,寻改县丞。二十八年建城,改州判,隶安西道。三十八年并入迪化州境。四十一年裁州判,置县。博克达山,绵亘南境,最高者曰福寿山。迤北,小黄山、大黄山。县境诸水均发源博克达山。西:水磨河,西北流,分大西沟、小西沟二水。东有三工河,北流,疏为五渠。又东有四工河,北流,疏为四渠。又东为土墩子河,北流,疏为六渠。又东有柏杨河,北流,疏为四渠。又东曰东沟、西沟,北流入沙漠,合流而北,复分为东、中、西三渠。卡伦四。台四。驿三:在城、戺乐、柏杨。县境分区二十七。**孚远**冲,繁,难。府东北三百六十里。两汉,车师后国,及其后城长国。魏,蠕蠕。周,突厥。唐,金满县。元,北庭都元帅府旧治。乾隆三十七年筑恺安城,四十一年设济木萨县丞,治恺安,属阜康。光绪二十年重修城,改名孚远。二十九年升置。博克达山支脉蜿蜒起伏入境。西南:无量山。东南冰山,迤北千佛洞,皆博克达山之麓。城南小水均发源冰山。曰太平、公盛二渠,由柏杨河分支。曰长山、三盛二渠，出四道桥北。曰济木萨河，分大有、兴隆二渠。曰长胜渠。曰大东沟，北流入庆阳湖。曰经二工河，北流，经老三台驿，潴为麻菰湖。泉水三：东、西曰大泉，中曰上暖泉，均北流入沙碛。驿二：保会、三台。卡伦二。有回庄二十五。**奇台**冲，繁，难。府东北五百五十里。汉，蒲类、车师后城长国。魏属蠕蠕。唐薄类，后置甘露州。同光初入辽东。南渡后为别失八里东境。元入畏吾儿。明卫拉特地。康熙中，准噶尔内附，乾隆二十四年建奇台堡，设管粮通判一，东吉尔玛泰，管粮巡检一。四十年筑靖远城。四十一年裁通判，置县，隶镇西。咸丰三年改隶迪化州。光绪十五年自靖远徙今治。天山支脉自西南更格尔入境，至穆家地沟东出境，绵亘四五百里，土人谓之南山。沙山自济木萨至县境旧城北，迄镇西厅，袤延三四百里。北：拜达克山。东北：哈布塔克山。县境诸水皆自南山出，曰奇台水、木垒河、木杨河、新户梁水、中葛根水、西葛根水、永丰渠水、吉尔库水、达坂河、更格尔水。柳树河自孚远东流入境，经县北，又东至三个庄子，入沙碛。驿十：古城子、平营、木垒河、阿克他斯、乌浪乌兰、色必口、头水沟、北道桥、黄草湖、元湖。县境分区三十六。卡伦十六。台七。旧城，巡司驻。光绪七年，俄约定古城为商埠。**昌吉**冲，繁。府西九十里。汉，单桓、东西且弥、乌贪訾离地。晋属高车。魏蠕蠕。隋：西突厥、铁勒地。唐属北庭。元属回鹘五城，名昌都剌。明属卫拉特。乾隆二十五年置厅，设通判。二十七年筑宁边城，设管粮巡检。三十八年改州同。四十二年置县。天山支脉，绵亘县境。南：骚呼达坂格栅图山、草达坂、石梯子山、塔拉盘山。头屯河出天山北麓，分东西二支：东支入迪化；西支经县治东，复北流，至县境合流入迪化。大西河亦出天山北麓，至县治西，分二支：东为三屯河，东北流，注头屯河；西为大西河，即洛克伦河，自焉者东北流入境，折西北流，经呼图壁，缘绥来界。呼图壁河源出塔拉盘山西，自焉者府北流入，枣沟水南来注之。又北经萨达坂，东分头工渠，西分土古里渠，又北至呼图壁城。复分二渠，东曰梁渠，西曰西河，北经牛圈子、三家梁，至双岔子合洛克伦河，西北入绥来，潴于阿雅尔淖尔。呼图壁原名呼图拜克，乾隆二十二年设洛克伦巡司。二十八年移驻呼图壁。二十九年筑城名景化，为巡司治所。光绪二十九年升县丞。驿二：宁边、景化。卡伦五。呼图壁卡伦一。台四。有大回庄四。**绥来**冲，繁，难。副将驻。府西北三百四十里。汉，乌贪訾离及乌孙东境。三国，乌孙。魏，高车。周，突厥。隋，西突厥、铁勒诸元。唐，西突厥处密部内属，隶北庭都护府。宋、元回鹘地。明卫拉特。乾隆二十八年筑绥来堡。三十三年设县丞。四十三年于旧阳巴勒噶逊城西建二城:北康吉,南绥宁,中靖远关。四十四年置县,治康吉城。光绪十二年合两城为一,移治南城。天山支脉,蜿蜒南境。西南:额林哈毕山、古尔班多博克达山、博罗托山。东南有甘沟山、古尔多拜山。南有大小卫和勒晶岭。玛纳斯河自焉耆府北流入,亦名龙骨河,经城西,折西北,潴为各林各土淖。尔东北流,注阿雅尔淖。尔洛克伦河自昌吉西北流入,径沙漠,亦入阿雅尔淖。尔和尔果斯河及安集海大小二水,皆出额林哈毕山。乌兰乌苏河出古尔班多博克达山。金沟水出博罗托山。塔西河出古尔多拜驿。山十二:在城、靖远、乐土、乌兰乌苏、安集海、撞田、沙门、新渠、小拐、三岔口、唐朝渠、黄羊。有大回庄十一。卡伦七。台五。

镇西直隶厅:冲,繁,难。隶镇迪道。巴里坤总兵驻。汉,东蒲类国。后汉属伊吾卢。北魏属蠕蠕。隋属突厥,后分属西突厥。唐,沙陀部与处月杂居,沙陀叛附吐蕃,徙居北庭。宋属伊州,后入于辽。元别失八里东境,属亦都护。明为和硕特部地。明末,固始汗迁青海,后为准噶尔台吉游牧地。熙三十六年平准噶尔,阿尔泰山以东地内属。雍正七年建城于巴尔库勒,改名巴里坤。九年设安西厅同知,隶甘肃布政司。乾隆三十七年,于厅东南筑会宁城,设领队大臣。三十八年,升镇西府,领宜禾、奇台二县。咸丰五年仍为厅,移镇迪道驻之。裁宜禾。光绪十二年来隶。西南距省治一千三百三十里。广千里,袤八百里。北极高四十三度三十九分。京师偏西二十三度三十六分。天山之脉迤逦南部者,为祁连山。西北有妙雷努雷山、锅底山、那梅州山。东北有萨混子山。东有松山、千里格山。巴尔库勒淖尔,即蒲类海,在厅西北,皇渠、水、磨河、高家湖合诸小水,均潴入之。北有盐池。东北:察哈泉。东南:柳条河与昭莫多河合。驿八:曲底、奎素、松树塘、苏吉、下肋巴泉、务涂水、芨芨台、上肋巴泉。卡伦二。厅境分区二十四。

吐鲁番直隶厅:冲,繁,难。隶镇迪道。回部郡王、台吉驻。汉,车师前王庭,后置戊巳二校尉。晋治高昌,后入凉。北魏为高昌国,并于蠕蠕。后立阚伯周为高昌巳,传至鞠嘉,为唐所灭,置西州,升安西都护府。贞元中,陷吐蕃。五代为回鹘所据,称西州回鹘。宋建隆二年入贡。元太祖平其地,号畏吾儿,设都护,封察哈台于此。明初为火州地嗣,称吐鲁番。顺治三年,吐鲁番阿布勒阿哈默特入贡。六年,助河西逆,回绝其使,寻复通。康熙二十四年回疆平。雍正五年内徙,安置瓜州,建城辟展。乾隆二

十四年,设建六城于辟展,置办事大臣、管粮同知,仍以吐鲁番、广
安城为回城。回城四:曰鲁克沁,曰色更木,曰哈喇和卓,曰托克逊。合吐鲁
番为六城。设阿奇木伯克理回务。四十四年,移同知驻吐鲁番,并设巡
检,隶甘肃布政使司。四十五年裁办事大臣,改设吐鲁番领队大臣,
归为鲁木齐都统节制。光绪十年裁领队大臣。十二年,置直隶厅,
来隶。西北距省治五百三十里。广八百余里,袤五百余里。北极高
四十三度四十分。京师偏西二十六度四十五分。领县一。天山横亘
北境,为群山、之总干。东北:柯格达坂。北:度吉尔山、阿布都尔山。西:湖洛
海、合同察海、卡卡苏各达坂。南:哈拉可山、库木什达坂、觉洛塔哈山。东南:
克子里、阿习布拉克、胜金台山。白杨河自迪化入,东南流径托克逊沙山,潴为
觉洛浣。西:乌斯水、作洛满若水、布而水,均出合同察海达坂,入焉者。驿十
一:杨和、胜金口、硁硁子、三角泉、布干台、托克逊、小草湖、苏巴什、阿哈布
拉、桑树园、库木什。卡伦一。有回庄二十。回城巡司一。光绪七年,俄约定为
商埠。**鄯善**冲,繁,难。厅东二百五十里。汉,车师前国东境楼关。元魏后为
高昌白棘城。唐,柳中县,属西州交河郡地。宋,六种属高昌,后入辽。元,鲁克
察鲁地。明柳城。康熙末内属。乾隆三十六年设辟展巡检。光绪二十九年改
置。天山分支亘于北境,有东西柯柯雅山、茂萌山、高泉达坂。县境诸水,出自
井泉,伏流地中。西北:五个泉、夹皮泉。北:柳树泉。西南:马厂湖。南:戈壁。
驿八:齐克滕木、土墩子、西盐池、惠井子、梧桐窝、七个井、车籓轳、连木沁。卡
伦一。有大回庄七。

　　哈密直隶厅:冲,繁。隶镇迪道。副将驻。汉,伊吾卢地,为匈奴呼衍王
庭,后置宜禾都尉。三国属鲜卑西部。晋属敦煌郡。北魏属蠕蠕。隋筑新城,
号新伊吾,后属东突厥。唐贞观四年,置西伊州,寻改伊州,置都督府。天宝初,
改伊吾郡,寻复初。广德后陷吐番。五代时号胡卢碛。宋雍熙后属回鹘。元属
畏吾儿,后为宗室纳勿里封地。明永乐四年建哈密卫。正德中服属吐鲁番。顺
治四年,哈密卫辉和尔都督入贡。六年以助逆绝贡,复通。康熙三
十六年俘献色布腾巴勒珠尔,赐额贝都拉扎萨克印。三十七年编列
旗队,设管旗章京。雍正五年,始建城。回城在城西,三里回子郡王所
居,康熙五十六年筑。设协办旗务伯克。十三年设驻防兵。乾隆二十二
年,准部平,其酋伊萨克内附,移靖逆、瓜州、黄墩各营驻之,撤驻防

兵。二十四年设办事大臣、协办大臣、抚民通判、巡检,隶甘肃布政
司。光绪十年升直隶厅。十二年来隶。西北距省治一千六百二十
里。广四百五十余里,袤二百五十里。北极高四十二度五十三分。
京师偏西二十二度三十四分。北:天山,其分支,西北:截达坂、沙克拉山、
可雅尔达坂、合塔手可拉山。东北:阿克相木山、坤翌图山、阿里铁洛可山、空
多洛托山。哈密河出厅西苏巴什湖,南流,潴为小南湖,又南流,东为硕洛浣,
西为阿里浣,折西南,潴为大泉。海子为沙漠所渗。东:乾河子。东北:乌拉台
水、安吉水、黑具玛水、达子湖。南:依他拉可水、八道沟等水。南:戈壁。驿十
四:伊吾、南山口、黄芦冈、长流水、格子烟墩、苦水、沙泉子、星星峡、头堡、三
堡、三道岭、辽墩、橙槽沟、一碗泉。新城巡司一。厅境分区三十五。有大回庄
十四。光绪七年俄约定为商埠。

　　库尔喀喇乌苏直隶厅:冲,繁,难。隶镇迪道。办事、领队大臣驻。汉
匈奴西境。晋后为铁勒部。北周属突厥。隋属西突厥,为处木昆部。唐永徽中,
破之,设郡县,属昆陵都护府。开元中置瀚海军。后唐时属辽。元回鹘地。明,
绰罗斯部地,后属准噶尔。乾隆二十二年平准部。二十七年设办事大
臣。二十八年筑庆绥城。三十七年设领队大臣、县丞。四十六年设
同知。明年设游击。四十八年,筑新城,定今名,设粮员,裁县丞。隶
乌鲁木齐都统。光绪十二年裁粮员,置直隶厅,改隶。东距省治七
百里。广三百三十里,袤五百四十里。北极高四十四度三十分。京
师偏西三十一度。天山之脉在境南者,额林哈毕尔噶、托罗滚、沙得格果沙
吐克土诸山,额布图、古尔班、恰克、额尔图诸岭。奎屯河出托罗滚山,合托罗
滚水、热水泉、沙格得水,北流,至城东,分二支渠,至二台驿,折西流,与济尔
噶朗河会。济尔噶朗河出古尔班岭,合札哈水、东斗水、哈峡图水,北流,会奎
屯河,又西流,入精河厅,与固尔图河会。固尔图河出额尔图岭,有五源,合北
流,折西入精河厅,与金光河会。西流,潴于喀喇塔拉阿西柯淖尔。精河巡司
一。驿九:西湖、奎屯、普尔塔齐墩、木达、固尔图、头台、二台、小草湖、鄂伦布
拉克。厅境分区九。有旧土尔扈特部游牧地。卡伦一。

　　伊犁府:冲,繁,疲,难。隶伊塔道。汉至晋为乌孙、伊烈两国地,后入铁
勒。北魏悦般国,又车高地。周突厥地。隋西突厥及石国。唐,西突厥及回鹘
地,又西境为突厥施乌质勒部,又西突厥及钦赤建国、石国地。大历后,葛逻禄
居之。宋为乌孙,后入辽。元名阿力麻里,为诸王海都行营处。明,绰罗斯部,

后属准噶尔。乾隆时，准部平，改乌哈尔里克为伊犁。二十五年设办事大臣。二十七年设将军，节制南北两路，以参赞大臣副之。初设二员，寻裁一。二十九年设锡伯营、索伦、察哈尔领队大臣各一。三十年设额鲁特领队大臣，三十四年设惠宁城领队大臣。**筑河北九城**。曰惠远，将军、参赞大臣、各营领队大臣驻。总兵先驻绥定，寻移驻。理事同知、抚民同知、巡司各一。改巴颜岱曰惠宁，领队大臣驻，粮员、巡司各一。改乌哈尔里克曰绥定，总兵驻，粮员、巡司各一。改乌克尔博罗素克曰广仁，屯镇左营游击驻。改察罕乌苏曰瞻德，都司、守备驻。改霍尔果斯曰拱宸，参将驻。巡司一。改哈拉布拉克曰熙春，屯镇都司驻，曰塔勒奇，屯镇守备驻。改固勒扎曰宁远，以居回民。设阿奇木伯克、伊什罕伯克各一。粮员一。**同治五年回。后又为俄占。光绪初，全疆底定。八年收回伊犁。十四年以绥定城置府**。将军、副都统、参赞大臣领队大臣、索伦、额鲁特、察哈尔、锡伯各领队大臣，及满洲八旗军标副将，理事同知，同驻惠远城。参将、霍尔果斯通判驻拱宸城。游击驻广仁城。守备驻瞻德城。都司驻熙春城。**东距省治一千五百四十五里。广一千五百余里，袤一千一百余里。北极高四十三度五十六分。京师偏西三十四度二十分。领县二**。咸丰元年，俄约定为商埠。**绥定冲，繁，疲，难。倚**。乾隆二十六年设巡检。光绪十四年置移巡检驻广仁城。天山支脉绵亘北境。北：塔勒奇山。东北：新开达坂、库森木什达坂。伊犁河自宁远西北流入。通惠渠南北二渠，乌拉果克水、大西沟、察罕尔乌苏水皆注之，又西至河源卡，会霍尔果斯河，西流入俄界。南：大、小博罗庄水、霍洛海庄水、沙拉诺海水、洪海水，均北流入沙碛。又东西阿里玛图水，北大小东沟水，亦入沙碛。北：赛里木淖尔。驿七：沙泉子、惠远城、芦草沟、塔尔奇阿满鄂博、勒齐尔鄂勒著衣图博木、胡素图布拉克。台站一，属锡伯营，回庄十六。额鲁特部上三旗、下五旗，及察哈尔部游牧地。卡伦十三，为中、俄交界，归额鲁特、锡伯营分辖。牌博自南而西至西北，均连俄界。自沙拉诺海小山立第十六牌博，至头胡第二十五牌博，凡十。**宁远繁，难**。府东南一百二十里。伊塔道治所。乾隆间筑宁远城于固勒扎。光绪八年设同知，十四年改置。东南：博罗布尔噶苏山、哈什山、大蒙柯图山、乌土达坂、木尼克得山、额林哈必尔山、克里克子达坂。南：索达坂、色格三达坂。西南：喀喇套山、格登山、汗腾格里山、沙拉套山、诺海托盖山。特克斯河出俄属木萨尔山，自胡素图卡南、诺海托盖山北入，折东流，纳戞雄河、大小霍洛海诸水，又东与崆吉斯河会。崆吉斯河自焉耆西北流入，径耶里格庄南，合特克斯河，西流，至阿瓦克庄西，与哈什河会。哈什河源出大蒙柯图山，西流，纳十二围场水、皇渠、锡伯营渠，合西北流，为伊犁河，入绥定。北：赛里木淖尔。驿一：在城。台站七，属锡伯营。回庄三十七。额鲁特游牧地。卡伦七，为中、俄交界，归额鲁特管辖。县境由南而西均界俄。自纳林哈勒噶立第一牌博，至阿哩千谷第十五牌博，凡十五。

塔尔巴哈台直隶厅：繁，疲，难。隶伊塔道。塔城左翼副都统、参赞大臣、领队大臣、副将驻。汉，匈奴右地。三国，鲜卑右部。北魏，高车、蠕蠕地。北周、隋属突厥。唐属车鼻南境，为葛罗禄，后南徙，地属黠戛斯。后周时贡于辽。南宋为乃蛮国。元封诸王昔里吉。明为土尔扈特部地，后属准噶尔。乾隆二十二年准部平，始内属。二十九年，筑城雅尔，名曰肇丰。三十一年，改筑城于楚呼楚，距雅尔二百里。名曰绥靖，易其地名为塔尔巴哈台，设参赞大臣、协办、领队大臣，专理游牧领队大臣各一。管粮理事抚民同知寻改通判，隶伊犁将军。光绪十四年，置直隶厅，改隶。于厅治东南里许，筑新城，改参赞大臣为左翼副都统。东南距省治一千六百二十四里。广一千二百里，袤八百里。北极高四十七度五分。京师偏西三十度三分。天山之脉，蜿蜒南部。东：斋尔山、苏海图山、巴戛阿拉戞凌图山。东南：喀喇图山。西南：巴尔鲁克山。东北：阿尔泰山、赛里山和博沙克里山、芍陇山。北：塔尔巴哈台山，支峰为毛海柯凌山、乌什岭、额依宾山。额尔齐斯河自科布多部西流入，纳哈布干诸水，西入俄界，潴于斋桑淖尔。额敏勒河出额依宾山西麓西流，至库尔噶苏台，合南源，西流，乌拉斯台水、乌宗戞拉水自俄境南流注之，博尔里河合察罕河北流注之，又东入俄境。和博克河出额依宾山东麓，东南流，合和博沙尔克河、巴杏萨拉水，又东南入昌吉，渗于沙。苏尔图河出斋尔山，东流会纳木河，又东潴为艾拉克淖尔。达尔达木河亦出斋尔山，东流，潴为盐池。说尔噶其河亦出斋尔山，东南流，入绥来，潴于阿尔雅淖尔。达尔达木河亦出斋尔山，东流，潴为盐池。说尔噶其河亦出斋尔山，东南流，入绥来，潴于阿尔雅淖尔。驿十二：郅支、干吉莫多、色特尔莫多、固尔图、霍洛、托罗布拉克、雅玛图、昆都伦、乌土布拉克、沙尔札克、乌纳木、库克申仑。有回庄九。额鲁特部、察哈尔部十牛录、旧土尔扈特部十四牛录游牧地。哈萨克四部游牧地：曰柯勒依，附以新旧两乌瓦克小部；曰赛布拉特，附以阿克奈曼部；曰曼毕特；曰吐尔图。卡伦六。厅境西北与俄界，自精河厅至厅迤南,立土斯赛第三十四牌博,至布尔罕布拉克第五十五牌博,凡牌博二十二。又东循哈巴尔乌苏塔尔巴哈台山梁,至穆斯岛,折北行,曰依生克里的,曰布罗呵卡,曰二支河等处,凡立牌博二十七。咸丰元年,俄约定为商埠。

精河直隶厅:冲,繁,难。隶伊塔道。汉、魏,乌孙。晋铁勒部。北魏为金山以南诸部。隋、唐,西突厥,后设嗢鹿州都督府。元曲只儿地。明准噶尔各鄂拓克台吉游牧地。乾隆二十二年,准部平,始建安阜城于精河,设典史。四十八年,于城东二里建新城,仍旧名设都司,粮员、巡司裁,典史隶乌鲁木齐都统。光绪十四年,置直隶厅,改隶。东距省治一千七十五里。广六百五十余里,袤四百五十余里。北极高四十四度四十分。京师偏西三十二度四十分。天山之脉自东北来,袤延境内。北:喀拉达坂、索达坂。南登努勒台山、乌兰达坂、布里沁达坂。西:德木克沁喀三达坂,别珍岛。博罗塔拉勒河出厅西,东流,布哈水南流,库森木什水北流注之。精河出登努勒台山,有五水南来注之。奎屯河自库尔喀喇乌苏厅西流入,合古尔图河,与博罗塔拉河、精河均潴于喀喇塔拉额西河柯淖尔。驿五:安阜、托里托、和木图、沙泉、托多克。博罗塔拉巡司一。北山,旧土尔扈特、察哈尔部游牧地。南山,哈萨克部游牧地。卡伦十三。为中、俄交界,归察哈尔营辖。

温宿府:冲,繁,疲。阿克苏道治所。阿克苏总兵驻。旧阿克苏回城。阿克译言"白",苏谓"水"也。汉,姑墨国。三国至北魏属龟兹。南宋时属西辽。元,别失八里西境,封宗王阿只吉。明永乐间入回部。后并于准噶尔。乾隆二十二年始内属,改名阿克苏。二十四年,回部平。四十四年,移乌什领队大臣来驻。嘉庆二年,改设办事大臣,隶喀什噶尔。光绪十年,裁,置直隶州。二十八年升府。光绪九年,筑新城,为府治。东北距省治二千七百八十里。广一千二百余里,袤八百余里。北极高四十一度九分。京师偏西三十七度十五分。领县二。西南:格达尔山、铁克列克达山、谷故提山、瑚玛喇克河、哈拉和旦河、托什罕河皆自温宿东南入,合流,纳毕底尔羌河,至赛里木为浑巴什河,径乙思坤庄,叶尔羌河自巴楚州北流注之,又纳和阗河,东南流为塔里木河,入沙雅。驿四:浑巴什、萨伊里克、乔里呼图、齐兰台柯坪。巡司一。大回庄十二。布鲁特诺依古特部游牧地。温宿冲,繁,难。府北二十五里。道光十九年筑城回城。西北曰旧城。光绪九年设巡司。二十八年置县。汗腾格里山为天山最高之峰,由县西北蜿蜒,东北为与伊犁府及俄罗斯界山。西北支山有萨雷雅斯山、楚克达尔山、萨瓦巴齐山、帖列达坂。东北支山有萨巴齐山、乌西拉克山、木素达坂、铁厂山、意什哈子山。铁梁河出县东,哈拉和旦河溢出之水,至县南合流,注浑巴什河。瑚玛喇克提河、托什罕河,均出县西,东南流,托干什河、毕底尔河自乌什东流注之,为浑巴什河,入府。驿十:在城、虽雅克、札木台、哈拉玉尔滚、阿尔巴特、和约伙罗、巴图拉特湖、斯图托海、塔木哈塔什、噶克察哈尔。大回庄九。卡伦一。**拜城**冲,疲。府东四百五十里。汉,姑墨国地。唐为阿悉言城,后并于龟兹。乾隆二十二年,内属,置阿奇木伯克理回务。光绪十年置县。天山绵亘北境。东北:哈雷克套山、冰山、大木素尔达坂、明布拉克山。东南:截达坂,有滴水崖、温巴什、托和奈旦、巩伯、和色尔铜矿五。木札拉提河,发源冰山,西南流,纳闹水、铁敏水,折东南,纳特拉布觉克水,为铜厂河。又纳哈拉苏水、宿什勒克水,为渭干河,东南入库车。驿五:姑墨、鄂伊斯塘、察尔齐、赛里木、河色尔。回庄二十一。卡伦三。

焉耆府:要,冲,难。隶阿克苏道。旧喀喇沙尔回城。喀喇译言"黑",沙尔"城"也。汉,焉耆、危须、尉犁诸国地。后汉至隋为焉耆国。唐贞观六年来朝,十八年置焉耆都督府,后立碎叶镇于此。贞元后,没于吐蕃。宋西州回鹘地,后属西辽。元别失八里东境。明初,朝贡,后徙天山南,据其地,号伊勒巴拉。康熙中,准部噶尔丹占为牧场,小策凌敦多布、噶尔丹策零无后据之。乾隆二十二年,准部平,改名喀喇沙尔。二十三年,始建城。城毁于火。置府。后就安集延回城拓大之。二十四年设办事大臣。辖布告尔、库尔勒二城,设游击,以阿奇木伯克理回务。三十八年,土尔扈特及和硕特移牧珠勒都斯,归办事大臣兼辖。光绪八年,裁,设喀喇沙尔直隶厅。二十四年升府易今名。北距省一千九十里。广一千余里,袤二千五百里。北极高四十二度七分。京师偏西二十九度十七分。领县三。西:达兰达坂、江布达坂、达哈特岭。西北:胡斯图达坂、泽达坂、察罕萨拉达坂、和屯博克岭。北:朱勒都斯山。东:博尔图山铁里达坂、萨萨尔达坂。东南:库尔泰山、大石山、干洛可达坂。开都河源出和屯博克岭,南流经朱勒都斯山,分二支,复合扣克讷克水,折东南,纳赛仁木诸小水;南流径城西,汇于博斯腾淖尔复溢出,径库尔勒回城,又汇为布它海子,入轮台。崆吉斯河源出城西北举尔达坂,西北流入宁远。玛纳斯河源出胡斯图达坂,北流入绥来。呼图壁河源出府北天格尔达坂,北流入昌吉。驿九:在城、清水河、乌沙克塔、新井子、榆

树沟、紫泥泉、库尔勒、上户地、库尔楚。大回庄八。土尔扈特部两札萨克、和硕
特部两札萨克游牧地。卡伦五。**新平**疲，难。府南三百六十余里。汉，尉犁国
地。三国后入焉耆。明，后什尼戛地，旧名罗布淖尔，属鲁克沁回王。光绪十一
年，设局蒲昌城，理屯防。二十四年置县治罗布淖尔。以游击驻蒲昌城。北：大
石山支脉自府境迤逦入县。塔里木河自沙雅东流入，分二支，南支汇为小罗布
淖尔，溢出，东行与北支合，渭干南河自沙雅东流注之，又东注为六泊。渭干北
河自轮台东流入，潴为冲库海子。孔雀河承布它海子水，自府入，溢出东流，与
冲库海子溢出水合，东南流，入婼羌。古斯拉克河由塔里木河所潴之第五泊溢
出，东北流，斜贯渭干北河，为罕溪河，东北汇为小海子，入婼羌。驿九：在城、
克泥尔、英气盖河、拉英格可立、乌鲁可立、古斯拉克庄、哈什墩、都拉里。回庄
二十。卡伦三。**轮台**冲，疲，难。府西南六百十五里。旧至古巡司。汉，轮台、
乌垒、渠犁。晋，龟兹国地。元魏后入吐谷浑。唐属安西都护，与于阗、疏勒、碎
叶为四镇，后陷吐番。元为别失八里东境。乾隆中内附。二十四年设阿奇木伯
克理回务。光绪八年裁，设巡司。二十八年以布告尔置县。北：珠勒土斯山，蜿
蜒数百里。的纳尔河发源库车之哈拉草湖，南流，入境，纳县北诸水，又南流，
汇为斯尔里克黑洗湖。渭干北河自沙雅东北流入，又东入新平。东南：大戈壁。
驿四：布告尔、洋萨尔、策达雅尔、野云沟。回庄九十一。**婼羌**要。府东南一千
二百余里。汉，婼羌国。乾隆二十四年，设阿奇木伯克理回务。光绪二十四年
裁，设卡克里克县丞，隶府。二十八年置县。昆仑之脉亘于境内。南：乌兰达布
逊山、阿勒腾塔格岭、阿里哈屯山、大、中、小屈莽山。东：阿思腾塔格山。孔雀
河自新平东南入，分二支，一东流潴为孔雀海子；一合阿喇铁里木河，至托乎
沙塔庄，注罗布淖尔。卡墙河自于阗东北流入，并注淖尔。淖尔广袤三四百里。
古蒲昌海，亦盐泽、泑泽，伏流东南千五百里，再出积石为黄河。其东北硕洛
浣，南库木浣，东阿不旦海，并入于沙。驿六：在城、罗布、破城、托和莽、阿拉
罕、哈拉台。回庄十一。额鲁特部游牧地。

库车直隶州：冲，繁。隶阿克苏道。旧回城。汉，龟兹国。后汉，建武
中灭于莎车，寻复立，属匈奴。永元三年内属。晋太康中为焉耆所灭，寻复立。
唐贞观中置龟兹都督府。显庆三年，徙安西大都护治之。北宋时入贡。南宋属
西辽。元为别失八里西境。明永乐中并入回部。顺治、康熙间，准噶尔兼
有其地。乾隆二十三年，讨霍集占伯克，阿集以城降，改名库车。库
译言"此地"，车谓"皆井"也。二十四年设办事大臣。设都司，以阿奇木伯

克理回务。光绪十年，裁，置直隶州。北距省治二千三十里。广六百十里，袤七百里。北极高四十一度三十七分。京师偏西三十三度三十二分。领县一。汗腾格里山支脉，绵亘北境。东北有迭拉尔达坂。西北：阿尔齐里克达坂、马纳克齐达坂、泰来买提达坂、阿拉阿奇达坂。西：托和拉旦达坂、千佛洞。北：苏巴什铜厂。龙口河源出迭拉尔达坂，西南流，纳塔里克水、托克苏拉水、卡拉淖水、朵托水，至随鲁庄，分为叶斯巴里河、乌恰萨伊河、密尔特彦河，合流而东，潴为沙哈里克草湖。拉依苏河出城北，分二支，均南流，一入轮台，一入沙哈里克草湖。渭干河自拜城东南流入，径千佛洞，南流入沙雅。驿五：鸠兹、托和拉旦、托和奈、哈尔巴、阿尔巴特。大小回庄一百二十六。卡伦四。**沙雅**州南百八十里。唐，突厥施沙雁州。乾隆二十四年，设阿奇木伯克理回务。光绪十年裁。二十九年以沙雅尔回城置县。西北：哈电克套山。渭干河自州南入，折东流，至萨牙巴克庄，为鄂根河，径沙克理克，分支南流，入塔里木河。又东径阿洽，分二支，一东南流，出境为渭干南河，入新平；一东北流，出境为渭干北河，入轮台。塔里木河自温宿东南入，至可可觅，纳渭干河支流，至喀喇墩，东流入新平。西南：下和里海子。西：草湖浣。驿二：在城、亮噶尔。回庄六十四。卡伦三。

　　乌什直隶厅：要，冲，疲，难。隶阿克苏道。副将驻。汉，温宿国。后汉，内附。北魏入龟兹。唐贞观中平之，置温肃州，隶安西都护府。南宋属西辽。元为别失八里西境，封宗王阿只吉。明永乐中，其王西迁地入回部。后并于准噶尔，名图尔璊。乾隆二十年，阿奇木伯克霍集斯擒达瓦齐，以城内属，改名乌什。二十三年，设办事大臣、参将。三十一年，筑永宁城，移喀什噶尔参赞大臣、协办大臣驻之，又设领队大臣。四十四年，移领队驻阿克苏。五十二年，移参赞、协办驻喀什噶尔，仍留办事大臣。光绪九年，裁，置直隶厅。东北距省治三千二十里。广一千一百八十里，袤三百七十里。北有高四十一度六分。京师偏西三十八度二十七分。天山支脉，绵亘境内。西南：乌鲁山达坂。南：木其别什达坂、登鲁古达坂、屯珠素山。东南：库鲁克达哈山。西北：上齐哈尔达坂。北：廓喀沙勒山、戈什山、哈克善山。东北：贡古鲁达坂、珍旦达坂、英阿瓦达山。托什罕河二源，一自伽师东北入，纳上齐哈尔达坂水，合东流，纳希布勒孔盖河、玉簪河，至乌什庄，别叠水南流注之。又东为毕底尔河，贡古鲁及可可容二水合为柳树泉，南流注之，东流入温宿。驿二：乌赤、洋海。回庄二十八。布鲁特二部游牧

地：曰奇里克，曰胡什齐。卡伦十三。厅境北及西北均界俄。自喀依车奇哈达
坂，至齐恰尔达坂，立牌博六。

疏勒府：冲，繁，疲。喀什噶尔道治所。乌鲁木齐提督同驻。旧喀什噶
尔道徕宁城。喀什译言“各色”，噶尔为“砖房”。汉，疏勒国地。永平中，龟兹
并之，寻复立。元魏太延二年内属。隋末属西突厥。唐置佉沙都督府。宋开宝
二年并于于阗。南宋属西辽。元至元二十五年，置达鲁花赤屯田于此，隶阿母
河省。明为哈实哈儿国。明末，玛木特玉布素自亚剌伯来，奉回教。乾隆间，
准噶尔汗囚其曾孙玛罕木于伊犁，并其二子波罗泥都、霍集占。二
十年，平伊犁，玛罕木已死，定北将军班第释波罗泥都囚，使归喀什
噶尔统其众，留霍集占于军。旋逃至叶尔羌，据城叛。二十四年，将
军富德克之，阿浑以喀什噶尔降，始内属。设参赞大臣，总办天山南
路八城事务，以阿奇木伯克理回务。领队大臣、协办大臣各一，专理喀什
噶尔、英吉沙尔事务。总兵一。二十七年，于沽溇巴海筑徕宁城。旧回
城西北二里。三十一年，移参赞、协办什，改设办事大臣。五十二年复
设参赞、协办。道光七年，于哈喇哈依筑新城，名曰恢武。光绪九年，
裁参赞、协办，置直隶州。二十九年，升府，增伽师，又巴楚州同隶，
寻割巴楚属莎车。东北距省治四千五百里。广一千六百余里，袤七
百余里。北极高三十九度二十五分。京师偏西四十二度二十五分。
领县二。乌兰乌苏河自府东流入，径城南，复东北流入伽师。罕爱里克河、雅满
雅满尔河亦自府东流入，注岳普尔湖之东库山河。下游别什干渠，自英吉沙尔
东北流入，分数小水入沙碛。驿三：系弦、雅满雅尔、雅卜藏。汉屯八，大小回庄
六。布鲁特部游牧地。卡伦二，咸丰元年，俄约定为商埠。疏附冲，繁，疲。府
西北二十四里。旧回庄。光绪九年，划乌兰乌苏河上游十一庄置。西北：乌孜
别里山，为葱岭、天山之过脉，葱岭支脉。西南：喀喇特山、玛尔干山、喀卜喀
山、额依尔阿特山。南：乌鲁瓦特山、阿依阿奇山、勒泰乌巴什山，皆在乌兰乌
苏河南，天山支峰。西北：萨瓦雅尔德山、西康山、克子图山、库斯浑山、东克依
克山，皆在乌兰乌苏河北。乌兰乌苏河源出葱岭，东流。纳业金水、玛尔塔苏
河、阿依阿奇水、库斯浑水，径城西南，一支渠东流入府，一东流。图苏克塔什
河合察克玛克河北来注之，入伽师。雅满雅尔河自蒲犁北流入，东北出，一支
渠入府。驿一，在城。回庄九。布鲁特五部游牧地：曰胡什齐，曰冲巴噶什，曰

岳瓦什,曰希布察克,曰奈曼。卡伦三十三。牌博自西南乌孜别里山豁至东北帖列克山豁,凡二十二。**伽师**冲,繁,难。府东一百六十里。汉疏勒国地。唐,佉沙城。乾隆二十四年设阿奇木伯克理回务。光绪二十九年以牌素巴特回庄置。天山支脉迤逦北境。北:郭克阿勒山、以格孜达坂、阿奇克山、依提约尔山。西北:依得朗山、伦郭斯山。东:苏潭山。乌兰乌苏河自境及疏附分支东流入境,径城北,喀什噶尔河南流注之。又东北为二支,潴为草湖,溢出复合,流入巴楚。驿五:在城、英阿瓦特、龙口桥、雅素里在、玉代里克。大回庄五。卡伦八。牌博自西北黑皮恰克至乌图鲁达坂,凡五。

莎车府:冲,繁,难。隶喀什噶尔道。副将驻。旧叶尔羌回城。叶尔译言"地",羌谓"宽广"也。汉,莎车国地。后汉并于于阗,元和后内附。三国属疏勒。北魏为渠沙国,后疏勒并之。隋、唐至宋皆属于阗。南宋属西辽。元曰雅儿看,以封宗王阿鲁忽。明曰叶尔羌,国最强。顺治十三年,哈密、吐鲁番入贡,其表均叶尔羌阿布都刺汗署名。康熙三十五年,破准噶尔,其王来朝,寻为准噶尔所阻。乾隆二十年,始内属。二十四年,平霍集占,旧伯克回民以城降。二十六年设办事大臣、协办大臣兼领队事务各一,副将一。道光八年,改参赞大臣,寻复旧制。光绪八年平回乱。九年裁办事、领队大臣。二十四年,筑新城,设直隶州。二十八年升府。东北距省治四千七十三里。广一千三百里,袤一千二百里。北极高三十八度十九分。京师偏西四十度十分。领厅一,州一,县二。昆仑山脉绵亘本境。西南:协坦耿山、铁格山、海立雅山。泽勒普善河自蒲犁厅东北流入,纳喇斯库木河,东北入巴楚厅。杂布河自叶城东北流入,径别什干庄,东流入叶城。驿四:在城、科科热瓦牙、合哎勒克、和色尔。回城巡司一。大回庄十七。布鲁特部游牧地。卡伦六。**蒲犁厅**府西南八百里。旧色勒库尔地。汉,蒲犁、西夜、乌托、依耐诸国地。后汉,德若国。魏,满犁、亿若二国,并属疏勒。北魏及唐喝盘陀国。宋、元,于阗国。明属叶尔羌。顺治后为布鲁特西部。光绪二十八年置。葱岭北支绵亘北境。东北有铁里达坂。西北:克则勒借瓦山。西南:乌鲁克瓦提达坂。南:喀楚特山。赛里河出厅南,喀楚特河东北流注之,北流至申底南,折东流,名托布隆河,纳汤吉塔尔河,又东流入府,注泽勒普善河。奇盘河自叶城西北流入,合喇斯库木河,折东北入府,为泽勒普善河。雅满雅尔河自俄国东流入,纳木吉河,东北流,入疏附。西北:爱南湖、喀喇库湖、白希库湖、布伦库尔湖、霍什干大库湖。驿十一:在城、申底、奇

哈尔、塔尔拜什、托鲁布伦、七里拱、拜塔、布达克、巴海开子、阿普里克、托乎
拉克。大回庄二十七。布鲁特部及塔吉克族游牧地。卡伦十一。**巴楚州**冲，
繁，疲。府东二百四十里。汉尉头国。三国及北魏属龟兹。隋入疏勒。唐蔚头
州。宋属疏勒。元、明，别失八里地。乾隆中内属，设阿奇木伯克理回务。道光
十二年，筑城，设粮员。光绪九年，置玛喇巴什直隶厅，设水利抚民通判。二十
九年，改置治巴尔楚克，易今名。天山支脉，蜿蜒北境。东：乌果洛可山、觉里孔
山。南：克拉甫山。西：沙格山。泽勒普善河自莎车东北流入，合老玉河，为叶
尔羌河，折东北入温宿。乌兰乌苏河合喀什噶尔羌河，自伽师东流入，至古鹰
州城，折东北，注叶尔羌河，入温宿厅。杂布河自叶城东北流入，分数支渠。又
有苏沙湖、咸海、故海、小海子。驿八：七台、察巴克、图木舒克、车底车勒、哈雅
尔库图克、色瓦特、屈尔盖、卡拉克沁。回庄八十六。卡伦二。**叶城**冲，疲，难。
府东南二百里。旧哈哈里克。汉莎车、子合国地。后魏，渠沙、悉居半、宋俱诸
国地。唐，沮渠、朱俱波西地，入阗。明叶尔羌。乾隆中内附。光绪九年，以
哈哈里克置。葱岭北支，绵亘县境。有奇盘山、密尔岱山。南：玛尔胡鲁克山。
西南：八沙拉达坂。东：玉拔达坂。奇盘河源出八沙拉达坂，北流，福新河自皮
山西北流注之，又西北入蒲犁厅。杂布河为福新河分支，北流，径城西，又东北
流入巴楚。驿二：哈哈里克、上波斯坎。大回庄十一。卡伦七。**皮山**冲，疲，难。
府东南四百里。旧啯玛回庄。汉，皮山国地。后汉入于阗，寻复立。三国皮
穴。北魏蒲山。北周、隋、唐属于阗。乾隆间内属。光绪二十八年，于苏各庄置
泽普县，寻移治啯玛，易今名。葱岭山脉绵亘境内。南：卡拉胡鲁木山、素盖提
山、桑珠山。东南：普下山、阳阿里克山、杜瓦山。福新河出卡拉胡鲁木山，西北
流径达尔乌孜庄，入叶城。哈拉哈什河自和阗西北流入，潴为别里克奇草湖，
复溢出，东北流入和阗。驿五：啯玛、淖洛克、木吉、装桂雅、怕尔漫。大回庄四
十三。卡伦六。县南卡拉胡鲁木山与英分界，立牌博一。

　　和阗直隶州：疲，难。和阗译言"黑台"，回人谓汉人也。隶喀什噶尔道。
旧额里齐回城。汉，于阗国。后汉建武时，并于莎车，寻复立。北魏至唐皆通
朝贡。贞观中置毗沙都督府，仪凤中陷吐蕃，寻自立。后晋、后汉及北宋朝贡不
绝。南宋后属西辽。辽亡，属乃蛮。元太祖九年，曷思麦里杀乃蛮主内附。十
六年，术赤取玉龙杰赤等城，后并可失哈儿、雅儿看，即莎车为三城，以封阿鲁
忽。至元初，阿鲁忽叛。十六年，以忽必来别速台为都元帅，戌干端城，二十六
年罢。明永乐四年入贡。明末并于回部。**康熙中入准噶尔。乾隆二十年**，

准部平,始内属。二十四年设办事大臣、协办大臣各一。驻伊尔齐,辖回城六,隶于叶尔羌大臣。又设都司一。光绪九年,裁,设直隶州。东北距省治四千九百六十三里。广二千三百里,袤一千二百里。北极高三十七度。京师偏西三十五度五十二分。领县二。南:札客安巴山。西南:哈喇科珑山、尼蟒依山、阿拉克达坂、库布哈达坂。东南:察察岭、乙根达坂。东:卡浪古达坂、乌鲁达坂。玉珑哈什河源出尼蟒依山,西北流至而梗勒司庄,折东北,纳泥沙诸山,至八栅为州境,与洛浦分界,又东北与哈拉哈什河会。哈拉哈什河亦出尼蟒依山,西流,纳库布哈达坂水,折西北,入皮山,复东北流,径州境入洛浦。驿二:托弥、杂瓦。回庄二十九。**于阗**繁,难。州东四百六十里。汉,打弥、渠勒、精绝、戎卢、且末、小宛诸国地。后汉为拘弥。北魏附蠕蠕。隋属突厥。唐初为毗沙都督府地。仪凤中,陷吐番,长寿时,复立国,属于阗。石晋置绀州。宋仍属于阗。南宋属西辽,后属乃蛮。元阿鲁忽封地。明并于回部。康熙时,属准噶尔回务。乾隆二十年内属。二十四年,设阿奇木伯克理回务。光绪九年置。治哈啦合哈什,寻徙治克里雅。昆仑绵亘县境。东南:昆折克图拉尔山。东:苏拉瓦克山大金厂,卡巴山小金厂。东北:阿里屯塔格山。西南:克里雅山、喀喇布拉克山、皮介山、阿羌山。卡墙河出县东,纳乌苏克苏水,阿克塔克水、阿里雅拉克水,西流,又纳觉可沙衣水,跳提勒水,北流,分数渠,东北入婼羌。伊尔里克淖尔在县西南,纳阿山、皮介山诸小水,北流入沙碛。驿二:罕兰、渠勒。回庄五十九。**洛浦**繁,难。州东七十里。光绪二十八年,析和阗东境玉河以东、于阗西境一根阗干以西置。东南:铁盖列克山。玉珑哈什河自州东北流,至八栅入,北流至塔瓦克,合哈拉哈什河,名和阗河,入温宿,注塔里木河。驿一:白石。回庄四十一。

英吉沙尔直隶厅:冲,繁,难。隶喀什噶尔道。故回庄。汉依耐国地。后汉并于莎车。魏至隋勒国地。唐朱俱波国地。宋并于于阗。元为可失哈儿地,以封宗王。明末玛木特玉素来自亚剌伯,遂为回教阿浑所居。乾隆二十四年,平霍集占,始内属,定今名,英吉译言"新",沙尔"城"也。设总兵。三十一年,设领队大臣,隶喀什噶尔。光绪九年,裁,置直隶厅。东北距省治四千二百七十四里。广二百六十里,袤一百五十五里。北极高三十八度四十九分。京师偏西四十一度五十分。葱岭支脉,环绕厅境东、西、南三面。西南:齐齐克山、铁里达坂、哈拉山、哈什克素山、黑甲克山。西:科可山。西北:清气山、佳音山。东南:黑子尔山。东:阿依普山。罕依拉克水,源出齐齐克山,东北流,径铁列山,为库山河。分二支,一绕城东南,又分为特尔木齐克河,折东北入沙碛。一东北流,为图木舒河,旁分二支,一经城西南,潴为阿哈海,溢出东流入沙碛,一经城北黄壤沙地,注英乙泉水。其正支东北流,又分二支,一与英乙泉水合,入草地,潴为小湖,一径阿克托八栅,为别什干渠,东北至疏勒入沙碛。塔思滚水发源哈什克素山,东北流,分三支,至阿依普山麓,入沙碛。东南:黑子尔泉,且木伦泉均东北流,合为铁列克水,入沙碛。驿三:依耐、托和布拉台、黑子尔。回庄六十八。布鲁特冲巴噶什等十四部游牧地。

清史稿卷七七
志第五二

地理二十四

内蒙古

　　内蒙古：古雍、冀、幽、并营五州北境。周，猃狁、山戎。秦、汉，匈奴尽有其地。汉末，乌桓、鲜卑荐居。元魏，蠕蠕及库莫奚为大。隋、唐属突厥，后入回纥、薛延陀。辽、金建都邑城郭同内地。元，故蒙古，起西北，有天下。明，阿裕实哩达喇遁归朔漠，复改号，遗踵衍曼，北陲多故。清兴，蒙古科尔沁部首内附。既灭察哈尔，诸部踵降，正其疆界，悉遵约束。有大征伐，并帅师以从。定鼎后，禄爵世及，岁时朝贡，置理藩院统之。部落二十有五，旗五十有一，并同内八旗。乾隆间，改归化城土默特入山西，仍有部落二十四，旗四十九。其贡道：由山海关者，科尔沁、郭尔罗斯、杜尔伯特、札赉特四部，旗十；由喜峰口者，阿噶科尔沁、札噜特、土默特、喀喇沁、喀尔喀左翼、奈曼、翁牛特、八部，旗十三；由独石口者，阿巴噶左翼、阿巴哈纳尔左翼、浩齐特、乌珠穆沁、巴林、克什克腾六部，旗九；由张家口者，阿巴噶右翼、阿巴哈纳尔右翼、苏尼特、四子部落、喀尔喀右翼、茂明安六部，旗七；由杀虎口者，归化城土默特、乌喇特、鄂尔多斯三部，旗十二。是为内札萨克蒙古。袤延万余里。东界吉林、黑龙江，西界厄鲁特，南界盛京、直隶、山西、陕西、甘肃，五省并以长城为限。北外蒙古。面积百四十八万一千七百六十方里。北极三十七度三十分至四十七度十五分。经线京师偏东九度至偏西九度三十分。

　　科尔沁部六旗：在喜峰口东北八百七十里。西南距京师一千二百八十里。秦、汉，辽东郡北境。后汉为扶余、鲜卑地。隋、唐为契丹靺鞨地。辽为上京东境、东京北境。金分属上京、北京及咸平路。元开元路北境。明置三卫，自黄泥洼逾铁岭至开原曰福余卫，以元后乌梁海酋领为都指挥，后自立国号曰科尔沁。**清初以接壤联姻。其后台吉奥巴为察哈尔所侵，率先来降，太祖赐以土谢图汗之号，后封亲王四、郡王三、贝勒三、贝子一、镇国公一、辅国公五，掌旗世袭。所部广八百七十里，袤二千一百里。东界札赉特，西界札鲁特，南界盛京边墙，北界索伦。**贡道由山海关。

科尔沁右翼中旗札萨克驻巴音和硕南，曰塔克禅，在喜峰口东北一千二百里。西南距京师一千六百十里。本靺鞨地。辽为黄龙府北境。金属上京路。元废。牧地当哈古勒河、阿鲁坤都伦河合流之北岸。东界那哈太山，南界察罕莽哈，西界塔勒布拉克，北界巴音和硕。广一百五十里，袤四百五十里。北极高四十六度十七分。京师偏东四度三十分。其山：东曰乌兰峰、那哈太山。南，达察汉陀罗海坡、汉惠图坡。西，鲜卑山，土名蒙格。北，温山，蒙名哈禄纳。东南，巴朗济喇坡。西南，乌尔图冈。其水：西北，郭特尔河，上承哈尔古勒河，自札鲁特东南流入界，径科尔沁左翼中旗。南，阿鲁坤都伦河、鄂布尔坤都伦河，并自札鲁特东来，合流注之。又东南，径右翼中旗南、左翼中旗北，屈曲流，至翁衮山东南，汇为察罕泊。北阿尔达河源出温山，径榆木山，东南流入右翼前旗；海拉苏台河，一名榆河，源出兴安山，径火山，东南流，皆与贵勒尔河会。鹤午河源出伊克呼巴海山，径磨尔托山，东南流入右翼前旗，入榆河。**科尔沁左翼中旗**札萨克驻西辽河之北伊克唐噶里克坡，在喜峰口东北一千六十五里。西南距京师一千四百七十五里。本契丹地。辽为黄龙府北境。金属上京路。元废。牧地当吉林赫尔苏边门外，昌图厅界，跨东西二辽河。东界鄂拉达，南界小陀果勒济山。西界唐海。北界博罗霍吉尔山。广一百八十里，袤五百五十里。北极高四十三度四十分。京师偏东六度四十分。其山：东南曰伊克图虎尔九山，一名牛头山、巴汉图虎尔九山、巴汉哈尔巴尔山。西北，巴颜朔龙山、吉尔巴尔山一名水精山、巴汉查克朵尔山一名小房山。北，五峰山蒙名他奔拖罗海、伊克查克朵尔山一名大房山。东北，大石山蒙名葛伦齐老、太保山蒙名图斯哈尔图。西南，吉里冈。东南：辽河自永吉州入，径额尔金山，西北流入左翼后旗，又西南会潢河入边。潢河自札鲁特左翼入，径噶尔冈东南来注之。卓索河源出边内，西北流，入左翼后旗，会尹几哈台河，入辽河。西北：和尔河，一名合河，自札鲁特左翼入，东径右翼中旗、前旗、后旗地，入因沁插汉池。阿禄昆都伦河自札鲁特左翼入,径葛勒图温都尔山,东流,会颓伯尔昆都伦河,入右翼中旗,西北经魁屯山,东南流,会于合河。西北:中天河东天河蒙名都穆达图腾葛里,源均出吉尔巴尔山,东南流,会儿伯图泉,入佟噶喇克插汉池,儿伯图泉、他拉泉从之。**科尔沁左翼后旗**札萨克驻双和尔山,在喜峰口东北一千四十里。西南距京师一千四百五十里。本契丹地。辽置凤州。金废。牧地当法库边门北,东西二辽河于此合流。东界硕勒和硕,南界柳条边,西界伊柯鄂尔多,北界格尔莽噶。广二百里,袤一百五十里。北极高四十二度。京师偏东六度二十分。其山:东,得石山。西南曰巴汉巴虎山。东北得石拖罗海山。东,奚王岭,土名蒙古尔拖罗海。东南,羊城泺,蒙名尹几哈台,源出边,内流入,境北流会卓索河,入边河。**科尔沁右翼前旗**札萨克驻锡喇布尔哈苏,在喜峰口东北一千三百五十里。西南距京师一千七百六十里。本靺鞨地。金置肇州,隶会宁府。海陵改属济州。承安三年升镇。元,辽王乃颜分地。牧地当索岳尔济山,南洮尔河、归喇里河于是合流注嫩江。东界岳索图济喇。南界达什伊哈克。西界那哈太山。北界索岳尔济山。广一百二十里,袤三百八十里。北极高四十六度。京师偏东五度三十分。其山:西北曰喀喇阿几尔汉山、魁勒库山。北,神山、火山。东北,羊山,蒙名衣马图、骆驼山蒙名特门。南,插汉碧老岱坡。西:洮儿河,源出西北兴安山,东南流,合贵勒尔河,又东北,折径右翼后旗南,又东径札贲特南,汇为纳蓝撒蓝池,入嫩江。北:贵勒乐河,自右翼鹤五河东北汉,会榆河,为贵勒尔河,径魁勒库山,东南流,会阿尔达尔,入洮儿河。骆驼河,蒙名特门河,源出葛尔济隆山,东流会戳儿河,东入嫩江。**科尔沁右翼后旗**札萨克驻额木图坡,在喜峰口东北一千四百五十里。西南距京师一千八百六十里。本靺鞨地。辽置衍州安广军。金州废。元为乃颜分地。牧地跨洮儿河,即陀喇河。东界查巴尔太山,南界拜格台陀博,西界博达尔罕山,北界庆哈山。广一百二十里,袤三百七十里。北极高四十六度。京师偏东五度三十分。其山:东北曰西伯图山、纳几山。北,朱尔噶岱山、卓索台山。西南,鬲满乌里堵坡。东南,因沁插汉池。**科尔沁左翼前旗**札萨克驻伊克岳里泊,在喜峰口东北八百七十里。西南距京师一千二百八十里。本契丹地。辽置长青州。金降为县,隶泰州。元废。牧地当法库边门外养息牧牧场东。东界霍雅斯,南界柳条边,西界伊拉木图,北界阿木塔克。广一百里,袤一百二十里。北极高四十三度。京师偏东六度四十分。东南:龙门山蒙名阿会图。东南:布敦山、宽山、东龙峰。南:鸭子河,蒙名冲古尔,其地有二泉,并名冲古尔,西南流入养息牧河。东南有巴汉岳里泊。

扎赉特部一旗：附科尔沁右翼。札萨克驻图卜新察汗坡，在喜峰口东北一千六百里。西南距京师二千十里。本契丹地。辽，长春州。金泰州北境。元为辽王分地。明为科尔沁所据，后分与其弟阿敏，是为扎赉特。天命中，台吉蒙衮来降，后封贝勒，世袭掌旗。牧地在齐齐哈尔城西。东界嫩江，南界钟奇，西界乌兰陀博，北界鄂鲁起达巴哈山。广六十里，袤四百里。北极高四十六度三十分。京师偏东七度四十五分。贡道由山海关。东北：阿敏山，盖以所部之祖名其山也。西北：赤房山蒙名乌兰格尔、雕窠山蒙名岳乐。北：朵云山、塞肯山。西南：阿扬噶尔坡。东：嫩江，自黑龙江入，又南入郭尔罗斯前旗。北：绰尔河，源出西北兴安山，东南流，至旗西，分数歧，又东南折入嫩江。西北：佗新河，自右翼后旗入，径托额贵山，东南流，会绰尔河。西南：洮儿河，自右翼后旗入，东南流，汇为日月池，同入嫩江。以上统盟于哲里木。盟地在科尔沁右翼中旗境内。

杜尔伯特部一旗：附科尔沁右翼。札萨克驻多克多尔坡，在喜峰口东北一千六百四十里。西南距京师二千五十里。本契丹地。辽长春州。金泰州北境。元辽王分地。明为科尔沁所据，后分与弟爱纳噶，是为杜尔伯特。天聪中，台吉阿都齐来降，后封其子赛冷贝子，世袭掌旗。牧地当嫩江东岸、齐齐哈尔城东南。东界哈他伯齐坡，南界阿苏台札噶，西界嫩江，北界布台格尔池、乌柯尔鄂克达。广一百七十里，袤二百四十里。北极高四十七度十五分。京师偏东七度十分。贡道由山海关。东：富峪蒙名巴雅猋。东南：哈他伯齐坡。西南：和儿蒙克坡。东北：阿拉克阿儿尔汉坡。北：叠翟岩蒙名磨朵图。西：嫩江自黑龙江境南流入，西与札赉特分界，又南入郭尔罗斯后旗。东：乌叶尔河，源出黑龙江境，西南入，径党纳坡，又南入郭尔罗斯后旗。

郭尔罗斯部二旗：附科尔沁左翼。在喜峰口东北。本契丹地。辽置泰州昌德，属上京。金大定中废，移州于长春县，以故地为金安县，隶之。元为辽王分地。明为科尔沁所据，后分与其弟乌巴什，是为郭尔罗斯。天聪七年，台吉古木及布木巴来降，后封古木弟桑阿尔赛辅国公，世袭掌前旗，布木巴镇国公，世袭掌后旗。其所部东界盛京永吉州，南界盛京边墙，西及北界科尔沁。贡道由山海关。郭尔罗斯前旗札萨克驻固尔班察汉。在喜峰口东北一千四百八十七里。西南距京师一千八百九十七里。牧地当嫩江与松花江合流之西岸,在吉林伊通边门外长春厅之西。东界乌拉河。南界柳条边。西界博果图。北界拜格台。广二百三十里,袤四百里。北极高四十五度三十分。京师偏东八度十分。其山:西南曰巴颜朱尔克山,一名牛心山。东南,衣马图峰。北,他奔拖罗海坡。东北,巴吉岱坡。西,巴颜布他冈。东:混同江,土名吉林江,自吉林西北入,东北流,会嫩江,又东折入后旗地,东北流,会黑龙江,东入海。南:一秃河,源出奉天永吉州境,北流出边,径龙安城,又东北流,会伊尔们河,入混同江。东南:伊尔们河,源出永吉州境,北流出边,受南来之乌苏土乌海河,会一秃河,入混同江。**郭尔罗斯后旗**札萨克驻榛子岭,在喜峰口东北一千五百七十里。西南至京师一千九百八十里。牧地当混同江北岸、嫩江东岸。东界阿勒克巴鲁。南界嫩江。西界嫩江。北界乌鲁勒图。广二百二十里,袤二百六十里。北极高四十六度十分。京师偏东八度二十分。其山:东曰常峡坡。东南:阿禄布克色坡、阿拉克碧老坡。西北:拜拉喇齐坡。东北:布拉克台坡。西:乌叶尔河,自杜尔伯特入,分流为西讷河,西南流,同入嫩江。嫩江分流为牛川,蒙名乌库尔,东南流,会乌叶尔河。

　　喀喇沁部二旗,新增一旗曰中旗:在喜峰口东北。秦、汉辽西郡境。唐,饶乐都督府,后入契丹。辽置中京大定府。金北京。元大宁路。明洪武中,封子权宁王。永乐初,尽以大宁地赐朵颜、泰宁、福余三卫。朵颜时阴附鞑靼为边患,后为察哈尔所灭,以其地予其塔布囊,是为喀喇沁。**天聪七年,部长苏布地率昆弟塞冷等来降,后封苏布地之子古鲁思起布为贝子,主右翼,塞冷为镇国公,主左翼,并世袭。康熙中,增设一旗,授喀宁阿一等他布囊,加公衔,袭封。所部东界土默特及敖汉。西界察哈尔正蓝旗牧场。南界盛京边墙外。北界翁牛特。广五百里,袤四百五十里。**贡道由喜峰口。**喀喇沁右翼**札萨克驻锡伯河庄,在喜峰口北三百九十里。西南距京师八百里。牧地在围场东,跨老哈河。东界鄂博噶图南界霍落苏泰。西界察罕鄂博。北界霍尔图哈岭。广三百里,袤二百八十里。北极高四十一度五十分。京师偏东二度四十分。其山:东曰和尔坤都伦喀喇山、乌尔图纳苏图波罗山、伊玛岱山、七金山蒙名和尔博勒津、大红螺山蒙名巴颜乌兰。东南,大斧山蒙名喀喇和邵、柞山蒙名巴图插汉、大青山蒙名巴颜喀喇。南,和尔和克阿惠山、常吉尔岱山、拉克拉哈尔山。西南,昆都伦喀喇山。西,昆都尔图山。北,鄂通台和罗图山、绰和罗漠林岭。南:老河,蒙名老哈,源出明安山,东北流，会诸小水，径敖汉北，翁牛特左翼南，又经奈曼、喀尔喀二部，纳奇札带河，北流与潢河会。南，虎查河、和尔和克河、上神水河、呼鲁苏台河、巴尔汉河、纳林昆都伦河，东，落马河，同入老河。西：木睿喀喇克沁河，源出卯金插汉拖罗海山，西北流，会布墩河，又西流，合宜孙河，南入泺河。淘金图河，西南流，会乌喇林河，亦南入泺河。东南：土河，蒙名土尔根，源出西默特山，东南流入土默特右翼。西：卯金温泉有二，一出卯金河东，西流会卯金河，一出卯金河西，东南流，亦会卯金河。卯金河源出卯金岭，西南流，会热河。赛因阿拉克温泉，即热河之源也。**喀喇沁左翼**札萨克驻牛心山，在喜峰口东北三百五十里。西南距京师七百六十里。牧地当傲木伦河源。东界乌兰哈达图和硕，南界宁远边墙，西界乌里苏太梁，北界唐奇獵陀罗海。广二百三里，袤一百七十里。北极高四十一度十分。京师偏东三度四十分。其山：东北曰峨伦和歌诺戌山，东，柏树山蒙名迈拉苏台喀喇。东南，阿布察山、噶海图博罗山。南，翁噶尔图山、拖和喀喇山、他奔拖罗海图山。西南，桦山蒙名韦苏图、柞子岭、贵石岭。西，佗苏图，喀喇山。西北，察尔契山、库葛会山。西北：青龙河蒙名顾沁河，源出长吉尔岱山，西南流，会汤图河，径额伦碧老岭，入边城，径永平府，北入泺河。南：额类河源出额类岭，南流会宽河，至奉天宁远州西入边，为黑水河，入六州河。北：大凌河蒙名敖木伦河，源出尾苏图山，东流，至西喇哈达图山东北，折入土默特右翼，又东南入边。西：和尔图河，源出陀苏图喀喇山，东流，会敖木伦河。森几河、赛因台河、石塔河、神水河、清水河皆从之。**喀喇沁中旗**在左、右翼二旗界内。札萨克驻珠布格朗图巴颜哈喇山。牧地跨老哈河源。东与北若西皆右翼，南左翼，东界博勒多克山，北界岳罗梁，西界霍尔果克。北极高四十一度三十分。京师偏东二度。其山：东曰博勒多克山。山南拉克笃尔山。

土默特部二旗，左翼附一旗：在喜峰口东北。古孤竹国。汉，辽西郡治柳城县地。燕，慕容皝建都，改龙城县。元魏为营州治。隋复置柳城县。唐为营州都督府治。辽置兴中府。元，大宁路兴中州。明以内附部长为三卫，自锦、义历广宁至辽河曰泰宁卫，后为蒙古土默特所据。**天聪二年**，台吉鄂木布、塔布囊善巴来降，后封善巴贝勒，主左翼，鄂木布贝子，主右翼，世袭。所部东界养息牧牧场，西界喀喇沁右翼，南界盛京边墙，北界喀尔喀左翼及敖汉。广四百六十里，袤三百一十里。贡道由喜峰口。乾隆中停贡。**土默特左翼**札萨克驻哈特哈山，左喜峰口东北八百二十里。西南距京师一千二百三十里。牧地当锡呼图库伦喇嘛游牧之南，养息牧牧场之西。东界岳洋河。南界什巴古图山。西界巴噶塔布桑。北界当道斯河。广一百六十里，袤一百三十里。北极高四十二度十分。京师偏东四度三十分。其山：南，达离山蒙名刻特俄尔多和硕。西，膜衣达摩山青金山蒙名博罗蒙魁。北，淘金图山、伊克尔齐山、巴汉翁山。北：库昆河，或作呼浑河，自喀尔喀上翼入，会乌河、苏台河、阿哈里河，入养息牧河。西北：殁羊河，蒙名衣马图河，源出弥勒山，西南流径青山，又南会马鞍河，入边，径义州东北乌涧河，会清河入大营河。**土默特右翼**札萨克驻巴颜和硕，亦名大华山，在喜峰口东北五百九十里。西南距京师一千里。牧地在九关台、新台边门外，跨鄂木伦河。东界讷呼逊山。南界魏平山。西界鄂朋图山。北界什喇陀罗海。广二百九十里，袤一百八十里。北极高四十一度四十分。京师偏东四度二十分。其山：东曰衣达摩山、五凤山、莲花山。东南，喀喇七灵图山。南，神应山蒙名苏巴尔噶图。西南，土禄克台山、卓常吉尔山。西，釜山蒙名喀喇拖、和多青山蒙名博罗和邵、凤凰山蒙名兆馨喀喇。西北，禄克喀喇山。北，回贺尔山。东北，赤山蒙名五克蓝。西：大凌河自喀喇沁左翼入，东流径古兴中城，南折东南流，纳柳河入边。土尔根河一自喀喇沁右翼东流入，一自奈曼南流入，均南流入大凌河。北：卓索河源出回贺尔山，老寨河、土河，柞河，东北杨河，皆南流入土尔根河。西：小凌河蒙名明安河，源出明安喀喇山，东北流，会木垒河、哈柳图河，入边，会乌馨河入海。**土默特左翼附旗**初，喀尔喀台吉巴勒布冰图，康熙元年，自杭爱山率属来归，诏附左翼札萨克达尔汉贝勒皂哩克图牧。四年，封多罗贝勒。牧地在锡呼图库伦喇嘛游牧之西。东界霍济勒河。南界库昆河。西界布图昆地。北界爱笃罕山。**以上统盟于卓索图**。盟地在土默特右翼境内。

　　敖汉都一旗：札萨克驻固班图勒噶山，在喜峰口东北六百里。西南距京师一千一十里。本古鲜卑地。隋契丹地。唐属营州都督府。辽、金为兴中府北境。元为辽王分地。明为喀尔喀所据，后分与其弟，号曰敖汉，役属于察哈尔。天聪元年，贝勒塞臣卓礼克图举部来降，后封郡王，世袭。**牧地跨老哈河。东界奈曼。南界土默特。西界喀喇沁。北界翁牛特。广一百六十里，袤二百八十里。北极高四十三度十五分。京师偏东四度**。贡道喜峰口。其山：东，哈达图拖罗海山。东南，白石山蒙名插汉齐老台、富泉山。南，二天山蒙名腾格里，大、小蟠羊山蒙名巴汉衣马图。西南，韦布尔汉山、库尔奇勒山。西，森几拖罗海山、枣山蒙名齐巴噶。西北，巴雅海山。北，宽山蒙名鄂达博罗、兆虎图插汉拖罗海山。东北，库尔奇勒峰、梨谷蒙名阿里马图。其水：北，老河蒙名老哈，自喀喇沁右翼入，东北流，径噶察喀喇山，又东入翁牛特。西南，落马河，蒙名百尔格，自喀喇沁右翼入，东北流，入老河。南，杜母达纳林河，源出天山，北流入七老台池。南，衣马图泉，下流入沙池。东北，昆都伦喀喇乌素泉，南流入老河。

奈曼部一旗：札萨克驻章武台，在喜峰口东北七百里。西南距京师一千一百十里。古鲜卑地。隋契丹地。唐属营州都督府。辽、金为兴中府北境。明为喀尔喀所据，分与亲弟，号曰奈曼。天聪元年，酋长衮楚克巴鲁图为察哈尔所侵，来降，后封郡王，世袭。牧地当潢河老哈河合流之南岸。东界科尔沁。南界土默特。西界敖汉。北界翁牛特。广九十五里，袤二百二十里。北极高四十三度十五分。京师偏东五度。贡道由喜峰口。其山：南曰马尼喀喇山、五凤山蒙名他奔拖罗海。西，呼原博塔苏尔海冈。东南，大黑山蒙名巴颜喀喇。东北，哈纳冈。北：潢河自敖汉入，合老哈河，东北流入喀尔喀左翼。南：图尔根河，亦名土河，源出塔本陀罗海山，南入土默特右翼。西：固尔班和尔图泉，东南流，会图尔根河。

巴林部二旗：在古北口东北七百二十里。南距京师九百六十里。辽上京临潢府。金大定后，并属北京路。元属全宁路，为鲁王分地。明初为全宁卫，后属乌梁海北境，后为顺义王谙达五子巴林台吉所据，役属于察哈尔。天命十一年，以巴林叛盟，征之，戮其贝勒。天聪二年，为察哈尔所破，贝勒塞特哩、台吉满朱习礼来归，改封塞特哩之子塞布腾郡王，主右翼，满朱习礼为贝子，主左翼，袭封。右翼、左翼同游牧地当潢河北岸。东界阿噜科尔沁。南界翁牛特左翼。西界克什克腾。北界乌珠穆沁。广二百五十里，袤二百三十三里。北极高四十三度三十六分。京师偏东二度十四分。贡道由独石口。其山：东，有鄂拜山、石鸡山蒙名伊韬图。南，巴尔达木哈喇山、勃突山蒙名巴尔当。辽五代祖勃突生于此，山因以名焉。西，碧柳图山、金清山。东南，特墨车户山。东北，僧机图。南：潢河自克什克腾入，东流，会黑河，入翁牛特左翼。黑河即古庆州黑水。东北：布雅鼐河源出僧机图山，东南流，会乌尔图绰农河，东入阿噜科尔沁，注于达布苏图池。有哈尔达苏台河，西自克什克腾来注之，东南流入潢河。巴林左翼札萨克驻阿察图陀罗。巴林右翼札萨克驻托铎山。

札鲁特部二旗：在喜峰口东北。汉，辽东郡北境。唐属营州都督府。辽上北京道地。金属北京路。元属上都路。明为蒙古札鲁特所据,后属喀尔喀。清初与札鲁特内齐汗结亲。后贝勒色本引兵助明,太祖击擒之,旋释归。天聪二年,色本等为察哈尔所侵,与内齐举部来降,封内齐贝勒,主左翼,色本贝勒,主右翼,世袭。左、右同游牧地,当哈古勒河、阿鲁昆都伦河之源。东界科尔沁。南界喀尔喀左翼。西界阿噜科尔沁。北界乌珠穆沁。广一百二十五里,袤四百六十里。北极高四十五度三十分。京师偏东三度。贡道由喜峰口。札鲁特左翼札萨克驻齐齐灵花陀罗海山北,在喜峰口东北一千一百里。西南距京师一千五百一十里。牧地当哈古勒河、阿鲁坤都伦河之源,达布苏鲁河于此流入于沙。其山:北曰野鹊山蒙名巴颜喀喇、巴噶查克朵尔山。东北,屈劣山蒙名布敦花拖罗海。西南,噶海冈、车尔百湖冈。西,独石冈。东南,贵勒苏台。其水:南,潢河自阿噜科尔沁入,径车尔百湖冈,东流入科尔沁,蒙名西拉木伦河,即辽河之西源也。北,沙河、阿禄昆都仑河,东流入科尔沁。额百里昆都仑河,源出悉思岭,东流,亦入科尔沁。札鲁特右翼札萨克驻图尔山南,在喜峰口东北一千二百里。西南距京师一千六百四十里。牧地同。其山:南曰嵬石山蒙名札拉克。西南,托几山。西,小白云山蒙名巴哈插汉拖罗海山。西北,色尔奔山、几禄克山、大青羊山蒙名伊克特黑。北,花山、蛇山、小青羊山蒙名巴汉特黑。其水:西北曰魁屯河,一名阴凉河,源出贺尔戈图五蓝山,东南流,合天河。北,阿里雅河源出大赤峰,西南流,经花山,入阿噜科尔沁。他鲁河源出大青羊山,南流,合阿里雅河。

　　翁牛特部二旗:在古北口东北。唐,饶乐都督府地。辽置饶州匡义军节度,属上京道。金北京路地。元为鲁王分地。明初以乌梁海置卫,为外藩,后自称翁牛特,本服属于阿噜科尔沁。天聪七年,济农索音贝勒东率所部来降,后封索音郡王,主右翼,东贝勒主左翼,并袭封所部。东界阿噜科尔沁。南界喀喇沁及敖汉。西界热河禁地。北界巴林及克什克腾。广三百里,袤一百六十里。北极高四十三度十分。京师偏东二度五十分。贡道由喜峰口。翁牛特左翼札萨克驻札喇峰西绰克温都尔,在古北口东北六百八十里。西南距京师九百二十里。牧地介潢河、老哈河之间。东界阿噜科尔沁。南界敖汉。西界克什克腾北界巴林。广三百里,袤九十里。北极高四十三度十分。京师偏东二度五十分。其山:东曰小华山蒙名巴哈哈尔占、大松山蒙名伊克纳喇苏台。南,兆呼图插汉拖罗海山。西,勃突山蒙名布墩、吐颏山蒙名巴尔哈岱。西北,古尔板土尔哈山。东南,阿尔齐土插汉冈。东北,兔麋山。其水:北曰潢河,自克什克腾入,东流径巴林,又东流入境,又东北流,老河自敖汉来会,径札鲁特南、喀尔喀北入科尔沁。**翁牛特右翼**札萨克驻哈齐特呼朗,在古北口外五百二十里。西南距京师七百六十里。牧地在热河围场东北老哈河南岸。东界敖汉。南界喀喇沁右翼。西界围场。北界克什克腾。广二百四十里,袤一百里。北极高四十三度十分。京师偏来二度五十分。其山:东曰乌兰布通山、夏屋山蒙名伊克布库图尔。东南,花和博图山、阿尔浑查克插汉拖罗海山、枣山蒙名齐巴哈。南,古尔板拖罗海山、遮盖山蒙名阿惠喀。西南,巴伦桑噶苏台山、大黑山、额类苏图山。西,徒古尔喀喇山、博多克图山。西北,巴颜布尔噶苏台山、黄山蒙名洪戈尔峨博。北,马鞍山蒙名西喇得伯僧、海他汉山。其水:南曰锡伯河,自喀喇沁北流入境,东北流,会獐河,入老河。獐河,蒙名西尔哈,亦自喀喇沁流入境,东北流,径巴颜喀喇山,东北会英金河,又东径五蓝峰,北入老河西北,乌拉岱河,源出杨木岭,南流经博多克图山,折东北流,会獐河。西,巴伦撒拉河源出葛尔齐老东北,东南流。径巴尔图山,折东北流,会乌拉岱河。西,车尔伯呼河,源出奴克都呼尔山,东南流,会獐河。英金河,源出馺蟆岭,东南流,亦会獐河,又东入老河。奴古台河、珠尔河、拜拉河,皆与英金河会。北,卓索河源出海他汉山,东流会獐河,入老河。

　　阿噜科尔沁部一旗:札萨克驻珲图尔山东托果木台,在古北口东北千一百里。西南距京师一千三百四十里。辽临潢府地。金大定府北境。元为辽王分地。明初于乌梁海地置卫为外藩,后自号阿噜科尔沁。天聪六年,部长达赖为察哈尔所侵,率其子穆章来降,后封穆章贝勒,世袭掌旗。牧地哈奇尔河、傲木伦河于此合流为达布苏图河。东界巴彦塔拉,南界翁牛特左翼什喇木兰。西界苏布山。北界乌兰岭。广三百三十里,袤四百二十里。北极高四十度三十分。京师偏东三度五十分。贡道由喜峰口。其山:东北曰浑图山。东,伊克陀惠山。东南,峨博图山。南,库格图山、连山蒙名贺尔博拖罗海。西北,枣山蒙名齐巴哈图。西南,巴汉阿拍札哈山、伊克阿拍札哈山。西,珍珠山蒙名苏布、乐游山蒙名得讷格尔。南:潢河蒙名西喇木伦河,自巴林入,径他木虎噶察冈,入札鲁特。西南:乌尔图绰农河,自巴林入,径刻勒峰,东南流,会哈喜尔河。又西北有和戈图绰农河,源出西喇温都尔山,南流,会乌尔图绰农河,入哈喜尔河。哈喜尔河源出萨碧尔汉山,南流,径库格图山,折而东流入札鲁特。东北:阿里雅河自札鲁特右翼入,西南流,会哈喜尔河。西北:枯尔图河,源出白石山,西流入巴林,会乌尔图绰农河。尹札汉河,北流入乌珠穆沁。

克什克腾部一旗:扎萨克驻吉拉巴斯峰,在古北口东北五百七十里。南距京师八百十里。辽上京道地。金属北京路。元属上都路及应昌路地。明为蒙古所据。天聪八年,灭察哈尔,克什克腾索诺木戴青来归,授掌旗一等台吉,世袭。牧地在围场北,当潢河之源。东界毕勒固图和岭。南界布图坤。西界克勒特格伊场。北界乌苏池。广三百三十四里,三百五十七里。北极高四十三度。京师偏东一度。贡道由独石口。其山:东曰蜘蛛山蒙名阿尔札高,淀山蒙名音纳哈喀喇。东南,宁楚浑杜尔宾山。西南,恩都尔花山。西,乌素图杜尔宾山、大黑山蒙名巴颜喀喇。西北,巴汉衣色里山、博尔多克山。北,黄山蒙名巴颜洪戈尔、木叶山蒙名几几恩都尔。东北,马尾山蒙名叟几。西:潢河,大辽水西一源也,蒙名西喇木伦,源出百尔赫贺尔洪,东北流,会诸水,径旗北,又东流入巴林。又东,径阿禄科尔沁南、翁牛特北,又东北流,会老河,径札鲁特南、喀尔喀北,折东南流,径科尔沁左翼,又南会大辽水,入边城,是为辽河。西萨里克河源出乌素图杜尔宾山,东北流,入潢河。西北,衣尔都黑河,源出乌素图杜尔宾山,西流,会伊黑库窝图河,东北流,入潢河。西北:格类河,源出兴安山,东南流,会穆各河,入潢河。东北:釜河蒙名陀惠,源出岳碧尔山,北流,入黑河。西南:高凉河,蒙名拜查,源出拜查泊,东北流,入潢河。东北:阿尔达图河,源出兴安山,西北流,入乌珠穆沁,北流,会葫芦谷尔河。西北:捕鱼儿海,蒙名达尔,公姑、野猪等四河流入其中,周数十里。

喀尔喀左翼部一旗:札萨克驻察罕和硕图,在喜峰口东北八百四十里。西南距京师一千二百五十里。古鲜卑地。唐属营州都督府。辽上京道南境。金属北京路。明为喀尔喀所据,后属于西路札萨克图汗。元太祖十六世孙格埒森札居杭爱山,始号喀尔喀,其孙巴延达喇为西路札萨克图汗之祖,即今外蒙古四部之一。清初酋长古木布伊尔登与札萨克图汗来降,后封贝勒,世袭,主左翼。牧地当养息牧河源。东界科尔沁。南界土默特左翼。西界奈曼。北界札鲁特。广一百二十五里,袤二百三十里。北极高四十三度四十二分。京师偏东五度二十七分。贡道由喜峰口。其山:东曰喀海拖罗海山。南,达禄拖罗海山、巴汉哈伯他海山。西南,五灰山蒙名乌尼苏台、大黑山蒙名巴颜喀喇、青山蒙名博罗惠博罗温都尔,与奈曼东南接界。东南,他木虎冈。北:潢河自翁牛特流入,又东流入科尔沁。西北:老河,蒙名老哈,自奈曼入,东北流,会潢河。东南:养息牧河源出旗南东北流,径喀海拖罗海山,又东南会库昆河,径养息牧牧厂,东流入彰武台边门,西至广宁,又东南流入辽河。南:库昆河,源出五灰山,东流入土默特。以上统盟于昭乌达。盟地在翁牛特左翼境内。

乌珠穆沁部二旗:在古北口东北。辽,上京道北境。金属北京路。元属上都路。明为蒙古所据,自号乌珠穆沁,察汗尔汗族也。林丹汗暴虐,贝勒多尔济偕塞楞往依喀尔喀。天聪八年来归,封多尔济亲王,主右翼,塞楞贝勒主左翼,并世袭其地。东界索伦。西界浩齐忒。南界巴林。北界瀚海。广三百六十里,袤四百二十五里。贡道由独石口。乌珠穆沁右翼哈萨克驻巴克苏尔哈台,在古北口东北九百二十三里。南距京师一千一百六十三里。牧地有音札哈河流入,于沙有胡芦古尔河,潴于阿达克诺尔。东界左翼。南界巴林。西界浩齐特左翼。北界车臣汗中右翼。广三百六十里,袤二百一十里。北极高四十四度四十五分。京师偏东一度十分。其山:东曰瑞鹿山蒙古名布虎图。西,大小黄鹰山、黑山蒙名喀喇图。西北:双山蒙名贺岳尔俄得、乌里雅苏台山。东北,赛音思都尔山。水则东南:贺尔洪河源出噶木尔站,西流入芦水。秃河一名葫芦古尔,源出克什克腾东北阿尔达图河,西北流入右翼,为葫芦古尔河,又北流入阿达可池。**乌珠穆沁左翼**札萨克驻鄂尔虎河之侧奎苏陀,在古北口东北一千一百六十里。南距京师一千四百里。牧地当索岳尔济山之西。有鄂尔虎河,绕其游牧,汇于和里图诺尔。东界霍尼雅尔哈赖图。南界库洌图,西界达赖苏比,北界额里引什里。广二百五十六里,袤二百一十五里。北极高四十六度二十分。京师偏东二度二十分。其山:东南曰哈尔站五兰峰。北,色尔蚌峰。水则东北:色野尔齐河,源出哈老图泊,西南入芦水。东南,音札哈河自阿噜科尔沁入,西北亦入芦水。

阿巴哈纳尔部二旗:在张家口东北。汉,上谷郡北境。晋属元魏。隋、唐为突厥地。辽为上京道西境。金为北京路西北境。元属上都路。明为蒙古所据,号所部曰阿巴哈纳尔,本役属于喀尔喀车臣汗。崇德间,台吉塞冷董夷思拉布来降,后封董夷思拉布贝子,主左翼,塞冷贝勒主右翼,并袭封所部。东界浩齐特。西界阿巴噶右翼。南界正蓝旗察哈尔。北界瀚海右翼。广百八十里,袤四百三十六里。贡道右翼由张家口,左翼由独石口。**阿巴哈纳尔右翼札萨克**驻永安山，在张家口东北六百四十里。东南距京师一千五十里。牧地有达里冈爱诺尔。东界希尔当山。南界博罗温都尔冈。西界哈喇堂。北界华陀罗海。广六十里，袤三百一十里。北极高四十三度三十分。京师偏东二十分。其山：南曰巴尔达木山。东，特尔墨山峰。北，哈纳峰、僧机图山。西，贺尔贺山。东南，大熊山蒙名巴赖都尔。东北，床山蒙名席勒。西北，双山蒙名和岳尔察罕陀罗海。其水：南曰韭河，蒙中郭和苏台，自正蓝旗察哈尔入，径博罗冈，西北入阿巴噶。南襄息鸡淀，蒙名哈雅。东，莘淀，蒙名呼鲁苏台布禄都。西南，襄勒泊。西北，衮布禄都泊。北，葛都尔库泉、和几葛尔泉。**阿巴哈纳尔左翼**札萨克驻乌尔呼拖罗海，在独石口东北五百八十里。东南距京师一千一百里。牧地同上。东与北皆界浩齐特。南界阿巴噶。西界右翼旗。广一百二十里，袤三百一十八里。北极高四十三度五十三分。京师偏东二十八分。其山：西曰色尔腾洪戈尔山，一名黄山。西北，布尔汉山、触宝山、覆舟山蒙名呼里翁戈春。其水：北有黑勒泊。西北，达蓝图里泉。

　　浩齐特部二旗：在独石口东北。辽，上京道西境。金属北京路。元属上都路。明为蒙古所据。察哈尔汗族也，林丹暴虐，其贝勒博罗特、台吉噶尔玛往依喀尔喀。**天聪八年来降，以博罗特主左翼，噶尔玛主右翼，并郡王，袭封。所部东北界乌珠穆沁。南界克什克腾，西界阿巴噶。广一百七十里，袤三百七十五里。**贡道由独石口。**浩齐特右翼**札萨克驻乌默塞里，在独石口东北六百九十里。东南距京师一千一百九十里。牧地当锡林河下游，北潴为达母鄂谟。东界布尔勒吉山。南界札哈苏台池。西界布尔色克陀罗海。北界哈鲁勒陀罗海。广七十五里，袤三百七十五里。北极高四十四度。京师偏东三分。其山，右翼主山：东南，古尔板贺老图山、古尔板俄得山。东，伊尔伯都山。南，布当图山。北，胡昌山蒙名阿都达伯拍。西北，达兰图山。水则东：白泺蒙名柴达木。东南：大鱼泺。南：松子泉蒙名和酋克。东北：察得尔泉。西北：昆都仑泉、布哈泉。**浩齐特左翼**札萨克驻特古力克呼图克湖钦，在独石口东北六百八十五里。东南距京师一千一百八十五里。牧地滨大小吉里河。东界额尔起纳克登。南界小吉里河源。北界奇塔特哈罩陀罗海。西界玛齐布勒克乌兰哈达。广九十五里，袤三百一十里。北极高四十四度五分。京师偏东四分。其山：东南曰萨尔巴山。西北，野狐山蒙名乌纳格忒。北，苏北峰。西北，五蓝峰。水则东南：天鹅泺、库鲁尔亚泉。北，冲戈尔泊。西南，阿禄布都里泊。西北，贺老图泉。

阿巴噶部二旗：在张家口东北。汉，上谷郡北境。晋属元魏。隋、唐为
突厥地。辽上京道西境。金属北京路。元属上都路。明为蒙古所据，号所部曰
阿巴勒。本役属于察哈尔。林丹汗暴虐，济农都思噶尔、贝勒多尔济往依喀尔
喀。**天聪九年来降，后以多尔济主左翼**，都思噶尔主右翼，并封郡王，世
袭。**所部东界阿霸哈纳尔，西界苏尼特。南界正蓝旗察哈尔。北界**
瀚海。广二百里，袤三百十里。右翼贡道由张家口。左翼贡道山独石口。
阿巴噶左翼札萨克驻巴颜额伦，在独石口东北五百五十里。南距京师一千
七十里。牧地环锡林河。东界巴尔启台之哈喇鄂博噶图。南界乌苏图土鲁格
池。西界什尔登山。北界哈布塔噶陀罗海。广一百二十里。袤一百八十里。北
极高四十三度五十分。其山：东南曰哈尔塔尔山、喀喇得伯僧山、邵龙山。西
南，武历山蒙名哲尔吉伦察里尔图山。南，哈斯胡雅斯坡。其水：东南，阴凉河，
蒙名魁屯源，出卓索图站，流入旗界。东南，鹤垒斗勒泊。北，金河泊。西南，西
喇布里都泊。**阿巴噶右翼札**萨克驻科布尔泉。在张家口东北五百九十里。南
距京师一千里。牧地有库尔察罕诺尔，为固尔班乌斯克河所潴。东界哈毕喇
噶。南界伊柯什噶。西界库库勒。北界华陀博。广八十里，袤三百一十里。北
极高四十三度三十分。京师偏西二十分。其山：东南曰色几库山。南，朱尔哈
台拖罗海山。西北，马尼图拖罗海山、白石山蒙名插汉、七老图。北，阿拍济哈
山、霸特山蒙名克色克拖罗海、羖羊山蒙名特克拖罗海。其水：东南，韭河，蒙
名郭和苏台，自阿巴哈尔入，径色几库山，西流入白海子。南，噶尔图泊。东南，
浑图泊。西南，呼尔泊，鸳鸯泺蒙名昂吉尔图。东，朱尔克额勒苏图泉。北，赤
泉。东北，哈珀右尔汉泉。

苏尼特部二旗：在张家口北。汉，上谷、代二郡北境。后汉，乌桓、鲜卑
地。隋、唐为突厥地。辽置抚州。金因之，属西京路。元为兴和路地。明为苏
尼特所据，察哈尔汗族也。**天聪九年，其济农、叟塞贝勒、滕吉思来朝，**
后封叟塞郡王，主右翼。滕吉思弟滕吉泰郡王，主左翼，袭封。**东界**
阿巴噶右翼，西界四子部落。南界察哈尔正蓝旗牧厂。北界瀚海。
广四百六里，袤五百八十里。贡道由张家口。**苏尼特右翼札**萨克驻萨敏
锡勒山，在张家口北五百五十里。东南距京师九百六十里。牧地在瀚海北。东
界额尔苏霍吉尔。南界乌科尔齐老。西界特莫格图。北界吉鲁格。广二百四
十六里，袤二百八十里。北极高四十三度二分。京师偏西二度一分。其山：南
曰布尔色克山、福山蒙名克什克和尔和山。西南，乌克尔朱尔克山、俄尔绰克

山。西,德林山。东北,巴轮明安波罗海山、鬼名山蒙名札喇。东南,努伦坡。其水:西南曰长水,蒙名乌尔图,源出和尔和山。东南,古水土盐泊。南,西喇布禄泊、滂江。电局在西苏尼特王府东北七十里。**苏尼特左翼**札萨克驻和林图察伯台冈,在张家口北五百七十里。东南距京师九百八十里。牧地当固尔班乌斯克河。东界库库勒山。南界察罕池。西界色柯尔山。北界阿尔噶里山。广一百六十里,袤三百里。北极高四十三度三分。京师偏东一度二分。其山:东南曰巴颜特克山,一名殺枷山。西北,喀尔池和邵山。北,博锥拖罗海山、拜音拖罗海山一名祥古拜里山。其水:东南曰努克黑托水,一名兔园水,自察哈尔正蓝旗入,径福山,北流入呼尔泊。西,克尔板马潭泊。东南,呼尔泊。西南,黑山泺。以上统盟于锡林郭勒。盟地在阿巴噶左翼、阿巴哈纳尔左翼两旗界内。

　　四子部落一旗:札萨克驻乌兰额尔济坡,在张家口西北五百五十里。东南距京师九百六十里。汉,雁门、定襄二郡北境。晋属元魏。唐为振武军地。辽为丰州地,属西京道。金属西京路。元属大同路。明为阿禄喀尔喀所据,分与四子,号四子部。天聪八年,贝勒鄂木布来朝,后叙功封郡王,袭封。牧地有锡喇察汉诺尔,锡喇木伦河潴之。东北界苏尼特。西界归化城土默特。南界镶红旗察哈尔。广二百三十五里,袤二百四十里。北极高四十二度四十一分。京师偏西四度二十二分。贡道由张家口。其山:东曰博济苏克山。东南,阴山。南,白尔白狼山一名新妇山、尔多斯山。西南,纳札海山、阿禄苏门峰。西北,独牛山蒙名乌克尔图禄。东北,阳山蒙名杜兰。西,富峪蒙名巴颜鄂坡。西北:黄水河,蒙名西喇木伦,自喀尔喀右翼入,东北流,出喀伦边。西:希巴尔台泉、雅孙哈柏齐尔泉。南:噶尔哈图泉。西南:德本得泉、青碱泉蒙名博罗虎济尔。西北:白石泉蒙名插汉齐老。

　　茂明安部一旗:札萨克驻彻特塞里,在张家口西北八百里。东南距京师二千二百四十里。汉,五原郡地。元魏,怀朔镇地。唐,振武军地。辽,东胜州地,属西京道。金因之。元属大同路。明初设卫戍守,蒙古据之,号曰茂明安。天聪八年,举部来降。康熙三年,授僧格掌旗一等台吉,袭封。牧地当爱布哈河源。东界喀尔喀。西界乌喇忒。南界归化城土默特。北界瀚海。广百里,袤一百九十里。北极高四十一度十五分。京师偏西六度九分。贡道由张家口。其山:东曰伊克哈达图山。东南,和岳尔白尔克山、插汉峨博山。西南,哈拉海图山、官山。西:殺羊山蒙名喀喇特克。西北,齐齐尔哈插汉七老山。东北,古尔板喀喇山、郭岳惠插汉七老山。南:昆都伦河，源出和岳尔白尔克山，西流，径官山，入乌喇忒。东北：布禄尔托海河，源出伊克哈达图山，北流，会爱毕哈河。河源出刻勒峰，东流，径古尔板喀喇山，入喀尔喀。南：拜星图泉，源出哈拉海图山，西南流，会昆都伦河。

乌喇特部三旗：三札萨克同驻哈达玛尔，在归化城西三百六十里。东南距京师一千五百二十里。汉，五原郡。元魏，怀朔镇。唐，中西受降城地。辽置云内州，属西京道。金因之。元为大同路。明为瓦喇所据。天聪七年，瓦喇台吉鄂板达尔汉来朝，率图巴额尔赫及塞泠伊尔登二旗归附。顺治五年，叙从征功，以图巴掌中旗，鄂木布子鄂班掌前旗，色楼子巴克巴海掌后旗，同封镇国公，授札萨克，世袭。前、中、后三旗同牧地，当河套北岸噶札尔山南。东界茂明安。南界鄂尔多斯左翼前旗。西界鄂尔多斯右翼后旗。北界喀尔喀右翼。广二百一十五里，袤三百里。北极高四十度五十二分。京师偏西六度三十分。贡道由杀虎口。其山：东曰昆都伦山一名居延山、狼山蒙名绰农拖罗海山。西，木纳山。北，河套山、雪山蒙名人苏台。东北，敖西喜山、白石山蒙名插汉七老图。西北，大青山蒙名漠喀喇、乌兰拜星山一名赤城山。西南，鲁勒山一名床山。东南，漠惠图坡。南：黄河自鄂尔多斯西北境入，东流旗南，又东折南入归化城土默特。西北：柳河，蒙名布尔哈图，源出阳山东平地，西南流，会敖泉入黄河。哈柳图河源出席勒山北，南流，河会席勒河，径马神河，又西南折入黄河。北：东哈柳图河，源出麦垛山，径西南，东德尔山西南、拜星图北，为席布河，又西南入宾河。乌尔图河，源出雪山，西南流入宾河。帷山河，源出帷山，西南会黑河。黑河，蒙名喀喇木伦，自茂明安所属地流入，西南流，径帷山入黄河。齐齐尔哈纳河，自茂明安入，西南流，径白石山，亦会黑河。苏尔哲河源出雪山，西流会舍忒河。舍忒河源出敖西喜山，西流径大青山入黄河。东：昆都伦河，东南五达河从之。

喀尔喀右翼部一旗：札萨克驻塔尔浑河，在张家口西北七十里。东南距京师一千一百三十里。汉，定襄、云中二郡北境。唐，振武军地。辽，丰州地，属西京道。金因之。元属大同路。明为喀尔喀所据，台吉本塔尔，喀尔喀土谢图汗亲属，世为台吉。顺治中，与土谢图汗有隙，来归，封亲王，主右翼。牧地在爱布哈塔尔浑河合流处。东界四子部落。东界茂明安。南界归化城。北界瀚海。广百二十里，袤一百三十里。北极高四十一度四十四分。京师偏西五度五十五分。贡道由张家口。其山：东曰拜音拖罗海山。西，神山。西南，哈达图山、羸岭蒙名毛德尔。北，白云山蒙名插汉和邵。东北,插汉峨博山、摩礼图峨博冈。东南,乌兰峨博山、翁公峨博冈。
西,西巴尔图峨博冈。东南:黄水河自归化城土默特入境,径翁公峨博冈,东北
流,入四子部落。西北:爱毕哈河自茂明安,径白云山、哈喇峨博冈间东流,出
哈伦边。以上统盟于乌兰察布。盟地在四子部落境内。归化城南百二十
里。有五蓝又拍山,即此。

　　鄂尔多斯旧六旗。又增设一旗。共七旗:在绥远西二百八十五里
河套内。东南距京师一千一百里。秦,新秦中。汉,朔方郡地。晋,前后赵、前
后秦、赫连夏夏地。元魏为夏州北境。隋于其地东置胜州、西置丰州,后改榆
林、五原二郡。唐置州,复改郡。五代、宋、金属西夏。元立西夏、中兴等路。后
唐,属东胜、云内二州,延安、宁夏等路。明初置东胜等州,立屯戍,耕牧其中。
嘉靖中,套西吉纳部落击破和实居此,是为鄂尔多斯。天聪九年,额林臣来
归,赐济农之号。顺治六年,封郡王等爵有差,七旗皆授札萨克,自
为一盟于伊克昭。东界归化城土默特。西界喀尔喀。南界陕西长
城。北界乌喇特。东、西、北三面距河,自山西偏头关至陕西宁夏街,
延长二千余里。贡道由杀虎口。乾隆地年裁。鄂尔多斯左翼中旗正中近
东。札萨克驻敖西喜峰,在札拉谷西一百六十里。本隋、唐胜州地。牧地有纳
玛带泊,喀锡拉河出旗界东北流潴焉。东至衮额尔吉庙,接左翼前旗,南至神
木县边城,西至察罕额尔吉,接右翼前旗,北至喀赖泉,接右翼后旗。广一百一
十五里,袤三百二十里。北极高三十九度三十分。京师偏西七度。其水:东曰
紫河,蒙名五蓝木伦,源出台石坡西平地,西南流,入陕西边境。东,衮额尔吉
河源出衮额尔吉坡平地,西南流,会哈楚尔河。哈楚尔河源出喀楚尔坡西平
地,西南流,会紫河,入神木,为屈野河。台曰巴彦布拉克。鄂尔多斯左翼前
旗套内东南。古榆树塞。札萨克驻札拉谷,在湖滩河朔西百四十五里。明榆
林左卫地。牧地当偏关西,左倚黄河。东界湖滩河朔。南界清水河。西界左翼
中旗。北界左翼后旗。广二百四十五里,袤二百一十里。北极高三十九度四十
分。京师偏西五度四十分。东南:和岳尔喀喇拖罗海山一名夹山、黑山蒙名喀
喇和邵。北:巴汉得石峰。西北:得石峰。东北:昆兑河,源出平地,东南流,入
黄河。东南:小昆兑河亦东南流入黄河。东:布林河,源出查木,塔尔奇河源
出嘎克插冒顿;哈岱河源出贺尔博金坡南平地,均东南流入黄河。芹河蒙名伊
克西喇尔几台,源出杜尔伯特拜坡东平地,南流入边城,为陕西府谷县清水
川。小芹河源出得勒苏台坡南平地,克丑河源出嘎克插冒顿东平地,南西河,

源出科尔口,俱东入芹河。西南:獐河,蒙名西尔哈,源出常乐堡,合葫芦海,南流入红石峡。**鄂尔多斯左翼后旗**套内东北。札萨克驻巴尔哈逊湖,在黄河帽带津西百四十里。隋、唐,胜州、榆林郡治。牧地当山西五原厅南、萨拉齐厅西。东界萨拉齐,南界左翼前旗,西界左翼中旗,北界乌拉特。广二百八十里,袤一百五十里。北极高四十度四十分。京师偏西八度。东南:退诺克拖罗海山,山西为拜图拖罗海山。南:伊克翁公冈、巴汉翁公冈。东南:插汉拖罗海冈。西北:车根木伦河源出撒尔奇喇地,东流入黄河。乌尔巴齐河,源出平地,黑河蒙名伊克土尔根,源出虎虎冒顿地;西:兔毛河蒙名陶赖昆兑,源出敖柴达木,柳河,蒙名布尔哈苏台,源出插汉拖罗海冈,喀赖河,源出朱尔汉虎都克,西都喇虎河,源出吴烈泉,东坎台河,源出布木巴泉,均北流入黄河。**鄂尔多斯右翼中旗**正西近南。札萨克驻锡拉布里多诺尔,在鄂尔吉虎泊西南二百六十里。汉朔方郡南境。牧地当宁夏东、北腾格里泊。东、北皆界右翼后旗,南界右翼前旗,西界赛音诺颜左翼后旗。广三百二十里,袤四百八十里。北极高三十九度四十分。京师偏西九度。南:苏海阿禄山、贺佟图山。西:色尔腾山。西北:黄草山蒙名库勒尔齐、鄂蓝喀喇陀罗海山、色尔蚌喀喇山。西南:库葛尔黑河,源出库葛尔黑泉,南流入边,又西折出边,入黄河。西北:伊克托苏河,源出布海札剌克地,西流会黄河。西:巴汉托苏河,源出巴惠泉,西北流,会依克托苏图河,入黄河。**鄂尔多斯右翼前旗**套内西南。札萨克驻巴哈诺尔,在敖西喜峰西九十里。隋、唐夏胜二州地。牧地当陕西怀远西北大盐泺。东界左翼中旗。南界怀远。西界右翼中旗。北界右翼后旗。广一百八十里,袤二百七十里。北极高三十八度二十分。京师偏西九度。其山:南曰恩多尔拜山、岩灵山一名锦屏山。东南,总材山蒙名磨多图。西南,巴音山。东南:上稍儿河源出鳏布里都,南流入边城。南:席伯尔河源出蟒喀图虎尔虎地,南流会西克丑河,入边城,为榆林之榆溪。阿尔塞河源出恩多尔拜山南平地,西南流,会麻伯尔河。西南:金河蒙名西喇乌素,源出磨虎喇虎地,南流,会哈柳图河,东南流,合细河、金河二水,入榆林,至波罗营,会西来之额图浑,为无定河。细河蒙名纳林河,源出托尔泉,南流,亦会哈柳图河。石窑川河蒙名额图浑,源出贺佟图山北平地,东南流,合数小水,入怀远边,为恍忽都河,又折而东北,至波罗营会海克图河,为无定河。东:戍默图插汉池,一名大盐泺。西南:乌楞池,一名红盐池。南:长盐池,蒙名达布苏图。**鄂尔多斯右翼后旗**套内西北。札萨克驻鄂尔吉虎诺尔河,在巴尔哈孙泊西一百七十里。隋、唐丰州九原郡治地。牧地当山西五原厅西,甘肃、宁夏东北。右倚黄河,东界左翼后旗。南界左翼中旗。西界右翼中旗。北界乌拉特。广一百八十里,袤一百六十里。北极高四十度四十分。京师偏西八度。西:马阴山蒙名阿克塔贺邵。东南:吴烈鄂博拖罗海冈。西南:达尔巴汉冈。西:赤沙河,蒙名乌蓝,源出赤沙泉,东北流,入锅底池。西南:黄水河,蒙名西喇木伦,源出马阴山北平地,东北流,入古尔板泊。锅底池周二十余里,产盐。兔河、赤沙河二水注其中,土名喀喇莽奈。**鄂尔多斯右翼前末旗** 顺治六年,授二等台吉。康熙十四年晋一等。乾隆元年,以族繁增旗一,授札萨克,世袭。掌右翼前末旗,附右翼前旗游牧。札萨克驻所,距绥远城七百二十里。内蒙古驿凡五道:曰喜峰口,古北口,独石口,张家口,杀虎口。自喜峰口至札赉特为一路,计千六百余里,设十六驿。自古北口至乌珠穆沁为一路,计九百余里,设九驿。自独石口至浩齐特为一路,计六百余里,设六驿。自张家口至四子部落为一路,计五百余里,设五驿。自杀虎口至乌喇特为一路,计九百余里,设九驿。自归化城至鄂尔罗斯,计八百余里,设八驿,仍为杀虎口一路。各驿站均设水泉佳胜处。以上自为一盟于伊克昭,与上五盟同列内札萨克。

清史稿卷七八
志第五三

地理二十五

外蒙古

　　外蒙古喀尔喀：古北狄地。唐，虞，山戎。夏，獯鬻。周，猃狁。秦汉曰匈奴。汉初，冒顿并有漠南，旋复北徙。后汉仍为北匈奴地。元魏曰蠕蠕，后入突厥。唐初入回纥。贞观四年来朝，以其地为瀚海、燕然、金微、幽陵、龟林、卢山六都督府，又置皋兰、高阙、鸡田、榆溪、鸡鹿、蹛林、寘颜等七州，皆隶燕然都护府。其后并有九姓诸部，尽得匈奴故地。五代至宋，回纥渐衰，与室韦姬厥律诸部散居其地，羁属于辽。金大安初，蒙古始盛。元太宗七年，建都和林，初立元昌路，后改转运和林使司，前后五朝都焉。世祖迁都大兴，于和林置都元帅府。大德十一年，立和林等处行中省，统和林总管府。皇庆元年，改和林路为和宁路。顺帝太子阿裕锡哩达赖汗依王保保于此，明兵破之，顺帝孙特古斯特穆尔汗遁于土喇河。七传至本雅失里，又为明所败。后诸部共立托克托布哈之子号小王子。又数传，徙幕东方，其留漠北部落曰喀尔喀。清崇德三年，遣使朝贡。康熙二十八年，厄鲁特噶尔丹兴兵攻破喀尔喀，七旗举族款塞内附，安置喀伦边内，噶尔丹遂并其地。三十五年，圣祖亲征，噶尔丹窜死，朔漠平。喀尔喀诸部复还旧牧，为部三：一曰土谢图汗，一曰车臣汗，一曰札萨克图汗。又善巴自为一部，曰赛音诺颜。共部四，为旗八十有六。东至黑龙江呼伦贝尔城，南至瀚海，西至阿尔台山，北至俄罗斯。广五千里，袤三千里。北极高四十二度至五十一度三十分。京师偏东三度至偏西二十六度。人约七十万口。

　　土谢图汗部：驻土拉河。直大同边外漠北。至京师二千八百余里。南界瀚海，西界翁金河，北界楚库河，东南界苏尼特、四子部落诸部，西北界唐努乌梁海。所部佐领积三十七旗，以分设赛音诺颜部，析二十一旗隶之，后增四旗，凡二十旗。乾隆四十六年，诏世袭。北极高四十五度三十三分。京师偏西十一度二十四分。土谢图汗本旗其汗为噶尔丹所破，来降。康熙三十年，许仍旧号世袭。佐领一。牧地在杭爱山东、喀里雅尔山南，跨鄂尔坤、喀鲁哈二河。西：杭爱山，在鄂尔坤河源之北，其山最高大，山脉自西北阿尔泰山来，东趋，逾鄂尔坤、土喇诸水，为大兴安、肯河诸山。又自山西库库岭北折，环绕色楞格河上流诸水发源之处。杭爱译言“橐驼”也，山形似之。当即古之燕然山。有鄂尔坤河，自附牧赛音诺颜之额鲁特旗界，东北经章鄂山东麓，又经西尔哈阿济尔罕山西麓，又东北出山，折而西北流，有济尔玛台河自南来会。喀鲁哈河源出翁金河北土剌、鄂尔坤二河间平地，西北流，转东北，入土喇河。鄂尔坤又东北经吉拉哈吉图布拉克地南，有西拉索博太河，北自布龙山南支阜，河三水南流来注之，又东北经喀里雅拉山西南麓，中有大洲。又北流，有伊奔河，自西北布龙山东南支阜，河三水来注之。又循山，会哈拉河、衣鲁河。又正北流，至布龙山东北支阜，入色楞河。右翼左旗土谢图汗之从子，康熙三十年授札萨克一等台吉。传乾隆二十一年，其孙累以功晋和硕亲王，世袭。佐领七有半。牧地跨色楞格河、土喇河之合流，南达什尔岭，北至罕台山。色楞格河自赛音诺颜部东北入，有厄赫河知西北大山东南流，合翁侍河诸水来会，水势始盛。稍东，有市呼图河自南合三水来注之。又东北，受北来一水。又东北，有一河自西南沙昆沙拉之北，东北流，合东南一水，北来注之。又东，受西南一小水，又东径布龙山北麓。山脉西南自巴颜济鲁克山、赛堪山绵亘而东北，为厄鲁墨得依山。又东为西拉克山、布昆沙拉山，又东北蜿蜒至两河合处，为色楞格、鄂尔坤界。色楞格河自山北麓，又东北，鄂尔坤河自南合土喇诸河，东北流来会。土喇河东南来，纳喀鲁哈河，东北折而北流，又合鄂尔坤河，当西十度北极出地四十九度处。东有布噶勒台河。中右旗土谢图汗裔，康熙二十五年授札萨克。三十年封多罗贝勒。雍正元年，晋其子郡王，世袭。佐领三。牧地当土喇河曲处，东北达什隆山。土喇河循都兰喀拉折而西，北流，曲曲四百余里，有喀鲁哈河自西南来会。左翼中旗土谢图汗裔，康熙三十年封多罗郡王，兼札萨克，世袭。佐领十四。牧地当阿尔泰军台所经。北纬四十四度二十分。西经七度五十分。东北有札尔噶山。**中旗**土谢图汗裔，康熙三十年封多罗郡王。乾隆二十二年，改为札萨克固山贝子，世袭。佐领四。牧地在肯特山西南；当土喇河源。西北：哈麻尔岭。西南：达什隆山。东北：肯特山，山高大，为漠北群山东至大海之祖山。西阜曰即龙岭，又西曰特勒尔济岭。凡诸岭以南水皆流入克鲁伦河，以北水皆流入敖嫩河。敖嫩河源在克鲁伦河源西北小肯特山；土人呼为阿即格肯特山，山南为喀尔喀地，山北为俄边。岭北麓水即楚库河源，北流入色楞格河者。岭南干山西南麓水，即土喇河源，西南流，折而西北，鄂尔坤河入色楞格河。此岭为漠北一大汾水岭也。自小肯特山东北行，为大兴安山，包络黑龙江诸水之北而东入海。一支折而南，分为二干：一东南，为大肯特山起顶，又东南必尔喀岭诸山，为北黑龙、南喀鲁伦诸水之界，绵亘千余里，至会合处；一西南为图拉源山，又南为噶拉泰岭，折而西南为兴安岭，为东克鲁伦、西土喇诸水，又西南而西北，至土喇会鄂尔坤河处。自此而西北，群山皆以阿尔泰山为祖。若论漠北大分水之处，一东至东海，一北至北海，则莫高肯特山矣。汉山，在兴安岭北、土喇河南岸，《元秘史》谓之"不儿罕山"。天山，在图拉河之西，约出长城三千里。山不甚高，藩名汉河岭。汉山之北为库伦，即苦另山，山甚峻。土喇河即图拉河，发源敖嫩河源之西南数十里许、特勒尔济岭之西，曰土喇色钦。色钦，蒙古语"河源"也。西南流，与北源喀拉图鲁河会。西南流，哈溪河自西北合东来喀拉鄂模水、西北来空乌鲁河，东南流来会，又南，噶尔泰河自东南大山西流来会，又西南，径启拉萨山西。又西南，阿拉克他河自北来注之。又西，特勒尔济河合东占河二水，东南流，会奎罗河。**左翼后旗**土谢图汗裔。康熙三十二年授札萨克一等台吉。乾隆十九年封辅国公，寻晋贝子、贝勒、郡王。五十七年降镇国公，世袭。佐领四。牧地当阿尔泰军台所经。翁金河至是潴于胡尔哈鄂伦诺尔。诺尔直汉南河套八百里许，旧作呼拉喀五郎鄂模，周二十余里。诺尔东北有哈喇哈达山、彻彻山、上凯山，皆沙海中孤屿也。翁金水，源西十三度三分，汉四十六度九分。诺尔西九度四分，极四十五度二分。自西北而东南，行大漠中，近千里也。**中右末旗**土谢图汉裔。康熙五十八年授札萨克一等台吉。乾隆二十四年封辅国公，世袭。佐领一。牧地跨土喇河。西北：达什隆山。土喇河自中旗汗山北麓，会色勒弼河，又西至色勒弼岭南，曲曲西南，至杜兰喀喇山之北，山南即大漠。西十度，极四十七度五分。南经宁夏九度，径套北阴山六度。河随山折，西北流入中右旗境，南岸即度兰支阜，绵亘北岸，即色勒弼岭支阜，又北行为查木勒山。**左翼左中末旗**土谢图汗裔。康熙五十年封札萨克辅国公,世袭。佐领一。牧地当喀鲁哈河源。喀鲁哈河流出平地,在翁金河之北二百里,鄂尔坤河北折之东四百里。西十二度,极四十六度七分。有二泉,西北流而合,又西北,有一水西南自科洛尔昆山东北流来会。山在额尔德尼昭之东南。又北流,径昆库勒山,西折东北,经科克内山西。又北流,折而东北,曲曲数百里,与土喇河会。水口东即查木勒山西麓也。水源流长七百余里。**右翼右旗**土谢图汗裔。康熙三十年授札萨克一等台吉。乾隆二十年封辅国公,世袭。佐领一。牧地东至锡伯格图,南至诺昆陀罗海,西至乌逊珠尔东山,北至齐克达噶图岭。**左翼前旗**土谢图汗裔。康熙三十年授札萨克一等台吉。乾隆三年封辅国公,世袭。佐领三。牧地跨喀鲁哈河。西北:乌噶勒木山。**右翼右末旗**土谢图汗裔。雍正九年以功授札萨克一等台吉。十年,封辅国公,世袭。佐领一。牧地当哈拉河源。东:恰克图山。南:乌里雅呼岭。北:诺不图布拉克山。东南:达喇勒济山。西南:哈玛尔岭。哈拉河源出土喇河北与汉山相对之色勒弼岭。北有那林河、布勒哈太二河,阿达海河、松纳拉河均来会。又北,通勒河。东北至阿即肯特山西麓,合三源,西南流,又折西北,有一河自东北合数水来注之。又西径陀罗什山北、哈达图尔山南,纳博罗河、查克都勒河,西北折,径都拉逊那拉酥查克丹地之东,大松林也。又北径喀里雅喇山东麓,又北入鄂尔坤河。源委六百余里。**中左旗**土谢图汗裔。初授一等台吉。乾隆三年,晋辅国公、贝子品级。二十三年授札萨克。后遂以功品级一等台,世袭。佐领一。牧地东至察奇尔哈喇,南至善达勒,西至阿尔噶棱,北至阿鲁哈朗。**左翼右末旗**土谢图汗裔。康熙三十六年授札萨克一等台吉,世袭。佐领五。牧地当阿尔泰军台之东。达库伦之驿干是分道。**左翼末旗**土谢图汗裔。康熙三十年授札萨克一等台吉,世袭,佐领一。牧地当阿尔泰军之东。**左翼中左旗**土谢图汗裔。雍正十年授札萨克一等台吉,世袭罔替。佐领一。牧地当阿尔泰军台之西。**中次旗**土谢图汗裔。康熙五十八年授札萨克一等台吉,世袭。佐领一。有牧地当左翼中旗之东。**右翼右末次旗**土谢图汗裔。康熙三十五年授札萨克一等台吉,世袭。佐领一。年半牧地跨鄂尔坤河、色楞格河。东:萨尔金河。西:塔里雅那台河。北:札勒图尔河。东北:桑喀勒图河。东南:札克图勒河。**右翼左后旗**土谢图汗裔。雍正八年授札萨克一等台吉,世袭。佐领一。牧地当土喇河、喀鲁哈河之合流。南:达什隆山。西:珠格楞岭。**中左翼末旗**土谢图汗裔。康熙三十三年授棱札布一等台吉,兼札萨克,世袭。佐领四。牧地当鄂尔坤河、色楞格河之合流。鄂尔坤河自东南向西流入色楞格河。色楞格河自西南来，环绕山北，东北流，过俄罗斯之楚库柏兴，又北流入柏梅儿湖。东：乌雅勒噶河。西：萨尔金河。北：察罕乌苏河。东北：博拉河。**右翼左末旗**土谢图汗裔。康熙三十年封札萨克辅国公，后降一等台吉兼札萨克，世袭。佐领一。牧地当哈拉河、伊逊河东南哈台山北二百里。有哈拉河南流，受南来撻河，折西北，径右翼右末旗东北。左得博罗河、查克杜儿河，又北注鄂尔坤河。土喇河北岸诸山，有色尔毕谷口三处，及松吉纳山岭三处，皆自各山发源，流入土喇、鄂尔坤。又东北，衣鲁河，自东南合三水来注之。又正北流至布龙山支阜，与色楞格河会。东北：敏吉河。西北：札克都勒河。**以上统盟于汗阿林。**满语"山"。右伦库南。

　　赛音诺颜部：直甘肃凉州边外西套之北。至京师三千余里。格坾森札之孙图蒙肯护持黄教，唐古特达赖喇嘛贤之，授赛音诺颜号。康熙中，其孙善巴来归，旋以善巴从弟策凌从征有功，始自为一部。乾隆中，以善巴曾孙诺尔布札布袭赛音诺颜号，世袭与三汗同。所部东界博罗布尔哈苏多欢，南界齐齐尔里克，西界库勒萨雅孛郭图额金岭，北界齐老图河。**辖旗二十二。北极高四十五度四十四分。京师偏西十二度五十分。赛音诺颜本旗**初，信顺额尔克岱青诺颜善巴率属来归。康熙三十五年封和硕亲王。乾隆三十一年，许仍其赛音诺颜旧号，世袭。佐领四。有半牧地当鄂尔坤河源。在北纬四十七度、西经十四度五十分处。西北：库尔布拉克灰图山。]鄂尔坤河出旗境，二水合东流，北纳一水，入土谢图汗部。西：塔楚河，源出都兰喀喇山东南大干南麓，二水南流而合，会东北来三水，折流径塔奇驿，西南至阿勒察图山。**中左末旗**善巴再从弟策凌。康熙六十年授札萨克。雍正元年封多罗郡王。九年晋和硕亲王，世袭。佐领四。牧地当塔米尔、哈绥、齐老图三河源。北：伊克沙巴尔山。东北：绰咙山。西北：鞲克岭。西南：;库克岭。塔米尔河亦曰他米勒，有南北两源。南源出杭爱山北麓，在鄂尔坤河之西者曰附索郭特河，西北流，合三涧而东北流，有西北来二水皆会，又东，北始曰塔米尔河，又北而会阿索郭特河，皆杭爱以北水也。又东北，会东南来一水，其东即苏巴勒干山。又东北受朝木多河、齐齐尔里克河，并会诸小水，东北与北源合。北源出枯库岭东麓，在杭爱山西北，有二涧，东北流而合，又东北合三涧水，并纳诸小水，始曰塔米尔河，北岸连山，即哈瑞河诸源也。又东流，受四水，潴为台鲁勒倭黑池，广数十里，中有一山。又东流，有察罕乌伦河，自西北来会，其南岸即布拉干北山也。又东北百数十里，而南源自西南来会，又东折北，会鄂尔坤河。此水两源，俱五百余里始合入鄂尔坤。自杭爱山以北、枯库岭以东，诸泉皆会焉。喀绥河亦曰哈瑞河，即古和林河，出杭爱西南干山，在齐老图源之南，流数百里，合北来伊逊都兰喀喇地山南二水，又东北，有一河合二水自南来会，始曰喀绥河。又东北，有朱萨兰河自西合二水东流来会，又东北，会瑚伊努河，入色楞格河。河源流都长九百里。齐老图河即石河，源出杭爱西界山下之额尔哲伊图察罕泊，泊周六十里，在鄂勒白稽山之南干大山下，西北经隔山之桑锦达赉泊。自泊东北流出，径乌尔图乌雅山麓，稍东，会西北来一水，又东，会西南来二水，始曰齐老图河。**右翼右后旗**赛音诺颜之裔。康熙三十年授札萨克镇国公。雍正二年封固山贝子。乾隆二十一年晋多罗贝勒。寻以功晋郡王，世袭。佐领二。牧地当拜塔里克河源。北：札克额沁山。拜塔里克旧作贝德勒克，源出枯库岭南麓，其北麓隔山即塔米尔河源也。三水南流，合而西南，有查克河自北山合五水南流三百余里来会，径库伦伯勒齐尔之地。又南有察罕帖睦尔河，东北自索阿都依岭合二水西南流来会。又南出两山间，西南流平地中百数十里，西弥河自南合一水北流来会，又西南潴为察罕泊。源流八百余里。**中右旗**亲王策凌次子。雍正十年封辅国公。乾隆二十年封多罗贝勒。二十一年，晋郡王，世袭。佐领一。牧地当推河源。北库克岭。推河亦曰颓河，旧作拖衣河，源出杭爱山尾南麓，西南流，会三小水，又西南，有乌可克河，西北自乌可克岭合三水东南流来会。岭在杭爱山西南，岭南水入推河，岭北水为塔米尔河南源。推河又南，有雅马图河，自东北合三水西流来会，即鄂图吉图都兰喀喇山西水也。又南受库塞楞图河。稍南有一水自东合二涧来会，又南径两山间，额勒屯图河自东合三水来会，皆都兰喀喇山西南麓水也。又南出山，曲曲流平地中百八十里，径博济和硕驿东，又南折西流，潴为鄂洛克泊，形东西长四十里。西十五度五分，极四十五度六分。源流五百余里。此水东三百里为塔楚河。**中前旗**赛音诺颜之裔。康熙三十年授札萨克镇国公。雍正元年晋固山贝子。乾隆二十年晋贝勒，世袭。佐领一。牧地跨济尔玛台河、鄂尔坤河、翁金河。济尔玛台河出右翼中右旗，东流径额鲁特旗，入土谢图汗部界。鄂尔坤河自与姑洛河会，东南流，两山间折而东北，入额鲁特旗境。北岸山即杭爱东南支阜，南岸即西自都兰喀喇绵亘而东之杭亦哈马勒山。隔山而南即翁金河也。翁金河出右翼左末旗，二水合东流，径右翼中左旗、中前旗，北合二水，亦入土谢图汗部界。**中左旗**赛音诺颜之裔。康熙二十五年授札萨克。三十年，封多罗郡王，后降贝勒世袭。佐领三。牧地有特尔克河、伊第尔河，合于齐老图河,为色楞格河。伊第尔旧作厄得勒,亦作依得尔。色楞格河南源有四,稍北者曰厄得勒河,源出喀尔喀西界鄂勒伯稽山,共合七水,行四百余里,而齐老图河合诸源水,自西南来会,又东北受南来一水,疑即特尔克河也。又东北,循山麓流百余里,而乌里雅苏台河自西南来会。又东北三十里,而阿济勒克河自南来会,始曰色楞格河。**中末旗**赛音诺颜之裔。康熙三十一年,授一等台吉,兼札萨克。雍正二年封辅国公。乾隆二年,晋镇国公,世袭,佐领一。牧地哈绥河至是合于色楞格河。**右翼中左旗**赛音诺颜之裔。康熙四十六年,授札萨克一等台吉,后晋辅国公,世袭。佐领四。牧地当翁金河源。南:阿哈尔山。翁金河亦作翁吉,又作瓮金,两源出鄂尔吉图都兰喀喇山东行太干山中。其西隔山即塔楚河源也。其北隔山即鄂尔坤河,东南流出平地合焉。又东南,会西南来一水,又东会北来一水,又东南,径杭亦哈马勒山前,受二水。又东南,曲曲流八百余里,于大漠潴为呼拉喀乌浪诺尔,周二十余里。**右翼末旗**赛音诺颜之裔。康熙三十年授札萨克一等台吉。雍正十年封辅国公,世袭。佐领二。牧地墨特河至是合于拜塔里克河。北:札木图岭。东北:库首库尔岭。墨特河疑即察罕帖睦尔河也,东北自索阿都依岭合二水西南流来会,南有绷察罕诺尔,广二十余里。其北三十里有济尔哈朗图池,广十里许。又东北有伊洛河,北自山麓克库池南流,径哈拉图科山西麓,又南数十里,涸。哈拉图科山南有鄂洛克池山,东百里即推河也。**右翼前旗**赛音诺颜之裔。康熙三十年授札萨克一等台吉。三十五年封辅国公,世袭。佐领一。牧地胡努伊河至是合于哈绥河。胡努伊旧作呼纳衣,又作库诺衣,源自西南山中,东北四百里,径赛坎山北麓,又东北入哈绥河。赛坎山甚高大,即巴颜济鲁克山之北行正干,又折而东北,为厄勒黑图诸山。**中后旗**赛音诺颜之裔。康熙五十一年授札萨克一等台吉。乾隆元年封辅国公,世袭。佐领一。牧地有布尔噶苏台河合于札布噶河。布尔噶苏台河出旗北马喇噶山,山脉自阿尔泰顶南行,分一干东行,为乌苏郭玛山。又东连峰相接,东南数百里,为伯勒奇那克科伊山。又东为昂奇山。又东北行为马喇噶山。此水源即马喇噶山东北将折东南之南麓也。出山南流,会东来二水、西北来一水。又南有乌海河,西北自昂奇山两源合东南流来会。又南与西喇河会。二源既合,西南流,径巴颜山北麓,曰札布噶河。又有乌里雅苏台河,出旗境,西流八百余里,纳苏布拉河来会。北有布音图河源。**左翼左旗**赛音诺颜之裔。乾隆三十一年封札萨克辅国公,世袭。佐领二。牧地当札布噶河源。札布噶旧作查巴哈,又作札布堪,源有二,最东者曰西喇河,出库伦伯勒齐尔西北大山,凡四水,南流并为二支,又西南百余里合焉。又西南受北来一水,又南受东来之西喇河,又西受北来一水。又西南,布尔噶苏台河自北来会,即西源也,出马喇噶山南麓,南流会二水,又南有乌海河,两源合东南流来会,又南流与西喇河会。二源既合,径巴颜山北麓,曰札布噶河。又南入札萨克图汗旗南界。**左翼中旗**赛音诺颜之裔。初授一等台吉。乾隆二十二年,晋贝子品级,授札萨克。后降袭公品级,世袭。佐领一。牧地跨哈绥河。**左翼右旗**赛音诺颜之裔。康熙三十年授札萨克一等台吉,世袭。佐领三。牧地在哈鲁特山。**左翼左末旗**赛音诺颜之裔。康熙三十五年授札萨克一等台吉,世袭。佐领一。牧地跨塔米尔河、胡努伊河。**右翼中末旗**赛音诺颜之裔。康熙五十一年授札萨克一等台吉,世袭。佐领一。牧地拜塔里克河东支至是滀于察罕诺尔,其西支在青素珠克图诺伯罕游牧诺尔,当西十度、北极出地四十五度七分,库伦伯勒齐尔地南界,形如瓜,周百里,东西长,诺尔东有呼里图克白尔池,广十余里。又东为西弥河源。又东为一小河,又东为绷察罕诺尔。**右翼左末旗**赛音诺颜之裔。康熙三十六年授札萨克一等台吉,世袭。佐领一。牧地跨翁金河。东有图鲁根山。**右末旗**赛音诺颜之裔。乾隆三年授一等台吉。四年授札萨克,世袭。佐领一。牧地当伊第尔河源。南:雪山。西北:索郭图岭。伊第尔河出鄂勒白稽山,即杭爱山顶之西南大干也。隔山西即饰桑锦达赉泊,西十六度九分,北极出地四十九度,两水自山麓东流而合,又东会七水,名伊第尔河。又东北会齐老图河,以入于色楞格河。**右翼中右旗**赛音诺颜之裔。康熙三十五年授札萨克一等台吉,世袭。佐领无。牧地当济尔玛台河源。济尔玛台旧作朱勒马台,亦作朱尔马台,源出额黑铁木儿山南麓,东南流,绕布库铁木儿山足三面,东北流,曲曲二百余里,滀为池,曰察罕鄂模,广数十里。又东北流,有布勒哈尔台河,南自达尔湖喀喇巴冷孙地之池水东北流来会。又东北入鄂尔坤河。**右翼后旗**赛音诺颜之裔。康熙三十一年,授一等台吉,兼札萨克,世袭。佐领一。牧地当哈绥河北岸、色楞格河南岸。**中后末旗**赛音诺颜之裔。康熙四十八年授札萨克一等台吉,世袭。佐领一。牧地跨齐老图河。**中右翼末旗**赛音诺颜之裔。康熙三十五年授札萨克一等台吉,世袭。佐领无。牧地当塔米尔河南岸。东北:乌尔图特莫尔河。

　　附额鲁特部本旗:准噶尔之裔。康熙三十六年来降。四十四年封札萨克辅国公。雍正元年晋固山贝子,世袭。佐领一。牧地跨济尔玛台河、鄂尔坤河。西:察汗山。东南:博勒克山。鄂尔坤河自中前旗境折而东北,径西尔哈阿济尔罕山西麓之额尔德尼昭,即大喇嘛寺也。河径其西及章鄂山之东麓。山亦高大,即杭爱之东支阜。唐时回鹘牙帐西之乌德鞬山也。又东北出山,折而西北流,三百余里,济尔玛台河自西南来会。**额鲁特前旗**噶尔丹同祖弟丹津之孙,号丹津阿喇布坦,康熙四十一年来降,封多罗郡王。四十二年授札萨克。乾隆十三年,降固山贝子,世袭。佐领一。牧地当塔米尔河北岸,隶赛音诺颜部。东南有温奎诺尔。**以上统盟于齐齐尔里克。**

喀尔喀东路车臣汗部:驻克鲁伦翁都尔多博,直古北口边外漠北。至京师三千五百里。格埒森札之孙谟罗贝玛号车臣汗。东界额尔德尼陀罗海,南界塔尔滚柴达木,西界察罕齐老图,北界温都尔罕。**辖旗二十三。北极高四十五度三十四分。亦师偏西五度三十四分。车臣汗本旗**故车臣汗阿喇布坦之子,康熙二十七年,率众十余万户来降,仍其故号。雍正六年,赐印文曰格根车臣汗,世袭。佐领二。牧地跨喀伦河。东:乌兰温都尔山。南:阿尔图山。西:塔奇勒噶图山。北:哈喇莽鼐山。东北:色勒格图山。东南:鄂尔楚克山。西南:库特肯额里雅山。喀鲁伦河自右翼中前旗境拖诺山南麓,稍折东北流数十里,又东北径克勒和硕山北麓,入左翼右旗境。**左翼中旗车臣汗**乌默客之叔,康熙二十八年授札萨克。三十年封多罗郡王。乾隆二十年晋和硕亲王,世袭。佐领二。牧地在科勒苏河之东,跨喀鲁伦河。东:卜固尼和硕山。西有特克玛尔图山。西北:图木斯泰山。科勒苏河出西南大山,两源,东北合二水,北入敕嫩河。东北:喀鲁伦河,入旗南界,有固尔班博尔龙山,三峰并峙,在南岸沙中,至库鲁诺尔南,入中左旗境。**中右旗车臣汗**乌默客之叔,康熙二十八年授札萨克。三十年封固山贝子。三十五年晋多罗郡王,世袭。佐领四。牧地喀尔喀河至是潴于贝尔诺尔。喀尔喀河在齐齐哈尔城西,源出摩克托里山,西北流,入于贝尔诺尔。又北流出,曰鄂尔顺河,入呼伦诺尔。贝尔诺尔旧作布伊尔湖,亦作布育里鄂模,元之捕鱼儿海子也。明蓝玉破脱古思帖木儿处。东北有沙喇勒济河。**右翼中旗车臣汗**乌默客之族叔,康熙二十八年授札萨克。三十年封多罗贝勒,世袭。佐领八。牧地在喀鲁伦河之南乌纯地。西:伊克噶札尔河齐图山。**中末旗车臣汗**乌默客之族,康熙三十年授札萨克固山贝子,世袭。佐领三。牧地在喀鲁伦河之南博罗布达。北有库特肯额里雅山。东有伊克阿尔图山。西北:额尔克纳克山。东南:鄂斯奇山。**中左旗车臣汗**乌默客之族。康熙二十八年授札萨克。三十年,封固山贝子,世袭。佐领二。有半牧地在喀鲁伦河之布色鄂埒客。东:和尔盖山。北:伯尔克山。**中后旗车**

臣汗乌默客之族。康熙二十八年，授札萨克。三十年，封固山贝子，后降辅国公，世袭。佐领一。有半牧地跨敖嫩河。南：色勒格图山。北：达喇特河。东北：莽阿秦河。敖嫩河自大肯特山麓会北来一水，又东有一河，西北合二水，东南流来会。稍东南，启查鲁河西南自大肯特山折向东南支阜，东北流来会，折东北流，又折东，巴拉喀河合二水自西南毕尔喀岭东北流来会。又东南流，呼玛拉堪河自南大山合两源北流来会。又东北流，有一河合两源西北自大兴安山东南流来会。大兴安山，土人曰阿母巴兴安，甚高大，自此绵亘而东，直抵黑龙江入海处。山之南为喀尔喀界，山之北为俄界。又南，北合科勒苏河。**左翼前旗车臣汗**乌默客之族，康熙二十八年授札萨克。三十年封镇国公，世袭。佐领一。有半牧地当索岳尔济山北，滨喀尔喀河。索岳尔济山延袤数百里，其西麓临大漠，东北与齐齐哈尔城相近。喀尔喀河有数源，最东者出阿鲁特拉奇岭西麓，有池广数十里，西南流，南源合三水来会。又西南流，有一河自北合三源来会。又西分为二支，一南流，有阿母巴哈尔浑河合三水自南来会。又西，合北支西流，伊兰塞罕河自北大山西南流来会。又一河自西北合三源南流注之。又西南，受哈尔浑河。又西，噶尔查布鲁克图河自东南合噶尔图思台及噶尔巴哈尼二河北流注之。又西会和尔和河，折西北，径喀勒河朔之北，其北岸有小山，受东北来之呼思太河，折而西流，曰喀尔喀河。西南流，分支渠，汇为贝尔诺尔。**右翼中右旗车臣汗**乌默客之族。康熙五十年授一等台吉。五十一年，授札萨克。雍正二年封辅国公，世袭。佐领一有半。牧地在达尔汉彻根。东：依札噶尔山。南：巴噶额里彦山。西：鄂罗克依山。西北：依尔盖山。**左翼后旗车臣汗**乌默客之族祖。康熙三十年授札萨克一等台吉，世袭。佐领二。有半牧地在察汉布尔噶苏台。东有鄂尔布勒山。西有布哈山。北：乌兰温都山。西南：布勒格图山。**左翼后末旗车臣汗**乌默客族。康熙五十年授札萨克一等台吉，世袭。佐领一。有半牧地在乌尔图。西：鄂尔布勒山。**右翼后旗**乌默客族，康熙三十年授札萨克一先等台吉，世袭。佐领三。牧地在巴颜济鲁克。西：阿克索那山。南：乌尼格特山。**中末右旗车臣汗**乌默客族。雍正十三年授一等台吉。乾隆十四年授札萨克，世袭。佐领一。牧地东至特克什乌苏，南至多木达哲尔克特山，西至鄂尔和山，北至库登图山。东北：托克台山。西北：阿尔图山。东南：布哈山。西南：乌斯奇山。**右翼中左旗车臣汗**乌默客族。康熙五十二年授札萨克一等台吉，世袭。佐领一。牧地在腾格里克。东南：库里彦山。北：僧库尔河。**右翼前旗车臣汗**乌默客族。康熙三十年授札萨克一等台吉,世袭。佐领一有半。牧地在喀喇莽鼐。西北:色布素勒山。东:萨喇克河。**右翼左旗车臣汗**乌默客之叔。康熙四十年授札萨克一等台吉,世袭。佐领半。牧地在额尔得墨。东:鄂博克图山。北:得勒山。西南:鄂尔楚克山。**中末次旗车臣汗**乌默客族。康熙三十四年授札萨克一等台吉,世袭。佐领一有半。牧地在白尔格库尔济图。东:哈尔噶朗图山。南:图木斯图山。西北:得勒山。**左翼右旗车臣汗**乌默客之叔。康熙四十年授札萨克一等台吉,世袭。佐领一。牧地跨喀鲁伦河。东:特格里木图山。西:哈噶勒噶山。北:玛勒胡尔山。东北:图木斯图山。西南:托克特依山。喀鲁伦河自喀勒和朔北麓,又东北会塔尔河,旧名他拉即儿即河,自毕尔喀岭西南麓,合二源东南流沙土中,隐见不常。又东北数十里,径厄窝得哈尔哈小山西北麓,即北岸厄莫勒山之西南麓也。折东流,至东南麓,两岸沙漠,又东北入左翼中旗境。**中右后旗车臣汗**乌默客族。康熙三十六年授札萨克一等台吉,世袭。佐领半。牧地在肯特山东,当喀鲁伦、敖嫩二河源。东:得勒格尔罕山。南:巴颜乌兰山。西北:罕台山。西:塔尼特河。东北:塔喇塔河。有喀鲁伦河,即胪朐河,《北史》之怯绿怜河也。源出肯特山东南支峰西北麓。两源西流而合,又西,有一河,东北亦自肯特山南麓西南来注之。又西南流,径肯特山顶之南,受北来衣鲁河。又西南,受西北即龙河。又西南,至布塞山。东南麓,受撒内河,东自毕尔喀岭西麓西流合东南一水来会。又东南,有一河,北自忒勒儿吉岭东南流来会。又西南,白勒肯河自上喇色钦东麓东南流来会。又西南,至噶拉太岭之东,循两山间,折而东南流,径巴颜乌兰山西麓,入右翼中前旗境。又东经车臣汗旗、左翼右旗、左翼中旗、中左旗、左翼左旗、中左前旗、中前旗境,凡二千数百里,东北入枯伦湖。敖嫩河乃黑龙江上源,亦名俄侬河,元之斡难河也,自肯特山西忒勒尔吉岭西北小肯特山东麓,折东南流,纳东北一水,经忒勒尔吉岭北麓,有一水自岭西北东流来会,亦敖嫩一源也,又东入中后旗境。**左翼左旗车臣汗**乌默客叔。康熙三十五年授一等台吉。四十年授札萨克,世袭罔替。佐领一有半。牧地跨喀鲁伦河。南:巴彦罕山。西:鄂喇霍图山。喀鲁伦河自库鲁鄂模南稍东,径西拉得克西博格山之阴,又东百里,中有沙洲曰术尔呼术,东北流,入旗境巴拉城南。隔河而南,有乾诸可客蒲山,绵亘东北百里许,即塔本陀罗海也。又东径杜勒鄂模南,入中左前旗境。**中左前旗车臣汗**乌默客裔。康熙三十六年,授贡楚克一等台吉兼札萨克,世袭。佐领一。牧地跨喀鲁伦河。喀鲁伦河自杜勒鄂模南入旗境。又东,河心有河洲,南岸为塔本陀罗海之北麓。

折东南流,又东入中前旗境。**中前旗车臣汗**乌默客裔。康熙二十八年授济农及札萨克。三十年封固山贝子。乾隆二十二年,降一等台吉兼札萨克,世袭。佐领五。牧地跨喀鲁伦河。东:札尔噶山。北:鄂克托木山。喀鲁伦河自塔本陀罗海北麓,折东南流,又东径南岸小山北麓,折东北至南岸大山东北麓,东南流,折向正北,又东北流,中有河洲,其东南岸外,则杜勒鄂模也。又东北,曲曲注阿勒坦厄莫尔山东北,潴为枯伦湖,在黑龙江齐齐哈尔城西千三百余里也。湖自西南而东北,长径二百余里,东西阔百余里,周可五六百里。枯伦今作呼尔,即古之具伦泊也。**右翼中前旗车臣汗**乌默客裔。初授二等台吉。乾隆十九年晋一等台吉。二十年,封辅国公兼札萨克,后降一等台吉,世袭。佐领一。牧地当喀鲁伦河曲处。东:库里叶山。北:巴颜乌兰山,绵亘东南二百里许。喀鲁伦河自噶拉太岭之东,西南至两山间,循山麓东南流,径巴颜乌兰山西麓,至南岸山尽处,稍折东流,有僧库尔河南流沙中来注之。喀鲁伦河又东南,自沙地经拖诺山南麓,入车臣汗旗境。以上统盟于巴尔和屯。即巴拉斯城。

喀尔喀西路札萨克图汗部:驻杭爱山阳,直甘肃、宁夏边外漠北。至京师四千余里。东界翁锦锡尔哈勒珠特,西界喀喇托乌苏额垿克诺尔,南界阿尔察喀喇托辉,北界特斯河,接唐努乌梁海。本元裔,号札萨克图汗。康熙二十七年,兵败,为噶尔丹所戕。其弟策旺札布率族来归,封和硕亲王,诏仍袭汗号。辖旗十九。北极高四十三度三十五分。京师偏西十九度九分。**札萨克图汗兼管右翼左旗**。策旺札布,以从征退缩削爵。雍正四年,诏其孙格垿克延丕勒袭汗号,兼郡王爵,领右翼左旗札萨克事,世袭。佐领三。牧地有博格尔诺尔,东南:布噶噶河,自赛音诺颜部左翼左旗界西南流,径巴颜山北麓尼鲁班禅喇嘛游牧,折西流,席喇乌苏河南自阿尔洪山水所汇之大泊来会。又西北流,乌里雅苏台河东来入之。博格尔诺尔,旧作白格尔察罕鄂模,在库克西勒克山之南、都尜岭之东。又有鲁泊。**中左翼左旗**札萨克图汗之族。康熙三十五年封多罗贝勒,兼札萨克。乾隆二十二年,以功晋郡王品级。四十六年,诏以贝勒世袭。佐领二。牧地当特斯河源。东:库兰河济尔噶山。北:伯尔克山。东北:巴彦集鲁克山。特斯河源出阿尔泰东北大干之唐努山西南麓,西南流山中,受南北来四水,又西南入乌梁海境。曲曲西潴为乌布萨泊。泊在阿尔泰顶之东南麓六十里。**左翼中旗**札萨克图汗之族。雍正五年授札萨克二等台吉。乾隆二十一年晋一等台吉。二十三年封辅国公,复晋镇国公,世袭。佐领一。**右翼后旗**札萨克图汗之族。康熙三十年授札萨克一等台吉,世袭。佐领一。与左翼中旗同游牧。牧地当札布噶河西岸。**左翼右旗**札萨克图汗之族。康熙二十九年授札萨克。三十年封多罗贝勒。雍正十二年降镇国公,世袭。佐领一。牧地在都尔根诺尔之南。诺尔在科布多城西、伊克阿拉克泊之西南,北与喀喇诺尔相联,形如葫芦,亦札布噶河之支流所汇也。**左翼前旗**札萨克图汗之族。康熙二十八年授札萨克。三十年授一等台吉。五十年封辅国公,世袭。佐领二。**左翼后末旗**札萨克图汗之族。雍正四年授扎萨克一等台吉,世袭。佐领一。与左翼前旗同游牧。牧地在奇勒稽思诺尔之东,一作柯尔奇思诺尔,在阿尔泰顶东南,去两旗札萨克驻处八百里。东南:札布噶河、空归河。西南:伊克河拉克池水所汇也,击百数十里,西南相联一泊曰爱拉克诺尔,南与喀喇诺尔相直。**右翼右末旗**札萨克图汗之族。雍正二年授札萨克一等台吉,世袭。佐领二。牧地当德勒格尔河西岸、桑锦达赉之东。德勒格尔河一作哈喇台尔河,源出唐努山南、锡巴里喀伦北,东北流,当阿哈里喀伦之北,有一小水西北来入之。折东南流,与德勒格尔河会。又东南流,托尔和里克河北自博尔图斯喀伦,两源并导,百里而合,又南,德勒格尔河自西来会。又南流,布克绥河自西北来会。又南入齐老图河。**中左翼右旗**札萨克图汗之族。初授二等台吉。乾隆二十一年封辅国公并札萨克,世袭。佐领一。牧地当桑锦达赉之南。桑锦达赉泊在旗境及中左翼左旗之间。西南有色楞格河。**右翼右旗**札萨克图汗之族。康熙二十八年授札萨克。三十年封固山贝子,后降辅国公,世袭。佐领一。牧地在乌喇特界内库垳谟多。**左翼后旗**札萨克图汗之族。康熙三十年授札萨克一等台吉。三十六年晋辅国公,世袭。佐领一。牧地在伊克敖拉里克察罕郭勒北乌兰泊。**中右翼末旗**札萨克图汗之族。康熙四十三年授一等台吉。五十三年授札萨克。雍正二年封辅国公,世袭。佐领一。牧地当济尔哈河,至是潴于察罕诺尔。所部察罕诺尔有二,一在左翼右旗之西,其南为齐齐克泊,接科布多界;一即此,济尔哈河所潴也。**右翼后末旗**札萨克图汗之族。康熙三十六年授札萨克一等台吉,世袭。佐领一。牧地在奇齐格讷洪果尔阿齐喇克。**中右翼左旗**札萨克图汗之族。乾隆二十年授札萨克一等台吉,世袭。佐领一。牧地在左翼左旗西南。**右翼前旗**札萨克图汗之族。康熙二十八年授札萨克。三十年授一等台吉,世袭。佐领一有半。牧地在阿尔察图、和岳尔敖拉、雅苏图、鄂和多尔、纳默格尔诸界。**左翼左旗**札萨克图汗之族。乾隆二十一年授札萨克一等台吉,世袭。佐领一。牧地在奇勒稽思诺尔、爱拉克诺尔之南,跨空归河。空归河又名空阴河,旧作空格依河,出昂奇山南麓,合三水,西南流,入札布噶河。**中右翼末次旗**罗卜藏台吉之孙。康熙四十八年授札萨克一等台吉,世袭。佐领一。牧地有特伯诺尔、委衮诺尔,两诺尔水皆发源乌里雅苏台军营城北大山,东北流,潴为两大泊,委衮在北,特伯在南,中隔一岭,南北相望,形拟蝌蚪也。**中左翼末旗**罗卜藏台吉之裔。雍正十二年授二等台吉,乾隆二十二年授一等台吉兼札萨克,世袭。佐领一。牧地当德勒格尔河东岸。**附辉特一旗**额鲁特部辉特族人罗卜藏,为噶尔丹所虐,来归。乾隆二十年授其孙一等台吉。三十年授札萨克,世袭。佐领一。牧地当济尔哈河东岸。济尔哈河自旗南界合三源东北流,至札萨克图汗部中右翼末旗界,潴为察罕诺尔。以上统盟于札克毕赖色钦毕都尔诺尔。

喀尔喀四部八十六旗,统称外札萨克。自雍正中用兵准噶尔,即于乌里雅苏台筑城驻兵,城以木为之,中实以土,高丈六尺,厚一丈,在乌里雅苏台河北岸。光绪七年,收还伊犁,改订条约,许俄人在乌里雅苏台通商,俟商务兴旺再设领事。**定边副将军治之**。总统四部兵,内蒙古各部兵统于各部札萨克。盖内札萨克多从龙功臣,而游牧之地悉附近盛京、直隶、山西、陕西一带,与外札萨克之后来归附远在漠北者有别。**兼理札萨克图汗、赛音诺颜两部事**。又设库伦办事大臣,库伦在土喇河上游西岸,人三万口,喇嘛教徒甚众。其胡土克图殿宇严庄,蒙民每夏从诸部来顶礼者,道路不绝。**理俄罗斯边事**。康熙六十年与俄立约,定为陆路通商埠。各遣官盐视。乾隆二年,并停京师贸易,统归恰克图办理,总其权于库伦大臣。互市处在恰克图南买卖城,有路南通库伦,北达上乌丁斯克,与新修铁路接。有俄国领事署,贸易茶最盛。**车臣汗、土谢图汗两部事亦归盐理**。

杜尔伯特部十六旗:至京师六千余里。元臣勃罕之裔,姓绰罗斯。六传至额森,即也先,生二子。长伯罗纳哈勒,为杜尔伯特部祖;次额斯墨特达尔诺颜,为准噶尔部祖。杜尔伯特本分牧额尔齐斯河。**乾隆十八年,为准噶尔所逼**,率族来归,编所部佐领左翼旗十一,特固斯库鲁克达赖汗旗、中旗、中左旗、中前旗、中后旗、中上旗、中下旗、中前左旗、中前右旗、中后左旗、中后右旗。**右翼旗三**,前旗、前右旗、中右旗。**附辉特旗二**。上下前旗俱在科布多河,下后旗俱在岛布萨泊南、杜东辉西。**授札萨克,世袭。设科布多参赞大臣以辖之**。同游牧科布多金山之东乌兰固本地。东至萨拉陀罗海、纳林苏穆河,南至哈喇诺尔、齐尔噶图山,西至索果克河,北至阿斯哈图河。北极高四十九度十分至二十分。京师偏西二十四度至二十七度二十分。科布多一作和卜多,其水源名索果克河,盖即索和克萨里也。东流,南合瑚尔噶泊、辉美泊、和通泊水,东北流,西合噶斯河,折而东南流,径辉特下前旗、杜尔伯特右翼旗,南合塔尔巴泊、托尔博泊水,北合乌里雅苏图河、根德克图泊、戴舒尔泊水,遂名科布多河。东南流,经科布多城西,布彦图河出阿尔泰乌梁海旗西北流来会。又东流入阿勒克泊。纳林苏穆河,发源特斯河南沙地,西南流,与古萨尔泊水会,西北入乌布萨泊。乌布萨泊在左翼旗北,西与北接唐努乌梁海界。喀喇奇拉河、古萨尔泊水,俱出左翼界,北流,萨克里哈拉河亦出左翼界,东流,俱潴于乌布萨泊。又东,特斯河、和赖河,东北特里河,北伊尔河、博尔河、札尔河、齐塔齐河,西有哈拉莽山水,俱流入乌布萨泊。南:哈喇泊水、札布噶河,自札萨克图汗部西北流,东纳空归河,又西北会奇勒稽思泊、爱拉克泊水,西流,南合都尔根泊、哈喇泊水,径明阿特旗,汇于阿拉克泊。

明阿特部一旗:系出于乌梁海。后为札萨克图汗部中左翼左旗之属。乾隆三十年,撤出设一旗,隶科布多大臣辖。牧地在科布多城西。东界起塔拉布拉克至齐尔噶图山、科布多河止,南界起齐尔噶图山至茂垓止,北界起茂垓至塔拉布拉克止,俱与杜尔伯特连界。北极高四十八度五十分。京师偏西二十六度二十分。

阿尔泰乌梁海七旗:东界起都噜淖尔至哈叨乌里雅苏台止,与额鲁特连界;南界起乌兰波木、乌龙古河至巴噶诺止,与塔尔巴哈台所属土尔扈特连界;西界起碑尔素托罗垓至巴尔哈斯淖尔止,与喀伦连界;北界起巴尔哈斯淖尔至哈窦里达巴止,与喀伦连界。曰左翼副都统旗、散秩大臣旗各一,总管旗二;右翼散秩大臣旗一,总管旗二。北极高四十九度二十分。京师偏西二十九度十分。哈屯河二源,东曰喀喇河,西曰噶老图河,俱出阿尔泰乌梁海旗北境阿尔泰山北麓,二源合为纳尔噶河,东北流,鄂依满河入之。又东北流,札尔满河入之,折东流,达尔钦图河自西南来汇。又东北流,始曰哈屯河,又东北流,径阿尔泰诺尔乌梁海旗,西纳乌赖河、僧玛尔达河,东纳喀达林河。又北流,会亨吉河,入唐努乌梁海界。阿尔泰河亦自科布多西北流来会,又西北入俄罗斯界。西南:华额尔齐斯河,源出阿尔泰山。

阿尔泰诺尔乌梁海部二旗:在索果克喀伦外。东界起哈勒巴哈雅山至布古素山、博罗布尔噶苏河止,南界起博罗布尔噶苏至托申图山、习伯图山、达尔钦图河止,西界起达尔钦图河至阿尔占山、巴勒塔尔罕山、呼巴图噜山止,北界起呼巴图噜山至阿尔泰诺尔、伯勒山、楚勒坤诺尔、哈勒巴哈雅山止。北极高五十三度。京师偏西二十五度四十分。旗东北有阿尔泰泊,绰尔齐河、沙尔河、巴什库斯河、阿斯巴图河,合北流潴焉。东纳格吉河,西纳巴哈齐里河、伊克齐里河、郭尔达尔河,北流为阿尔泰河,又西北入唐努乌梁海界会哈屯河。

博东齐旗、布图库旗:均杜尔伯特族。乾隆二十一年来归,编置佐领。同牧于呼伦贝尔。隶呼伦贝尔都统辖,黑龙江将军节制。

新土尔扈特部二旗:在科布多城西南。至京师七千余里。元为乃蛮国,太祖灭之。后为和林行省所属地。明属卫拉特。初,始祖翁罕裔舍棱为准噶尔台吉。七传至贝果鄂尔勒克。其长子卓立甘鄂尔勒克,即徙牧俄国一支之祖。数传至渥巴锡,来款,赐牧新疆,号旧土尔扈特。其次子卫衮察布察一支,依准噶尔,传至舍棱,为准噶尔台吉。大军征准噶尔,舍棱奔俄。乾隆三十六年来归,编佐领,设札萨克,赐牧,号新土尔扈特。二旗:曰新左旗,曰新右旗。自为一盟,曰青色特启勒图。隶科布多大臣兼辖。光绪三十二年,划隶阿尔泰办事大臣。牧地当金山南、乌隆古之东。东至奔巴图、扣楚克乌兰、布勒干和硕,南至胡图斯山、乌龙古河,西至清依勒河、昌罕阿瑞、那彦鄂博,北至绰和尔淖尔、那郭干诺尔之中山。北极高四十六度。京师偏西二十七度二十分。拜塔克,地以山名,其山至哈布塔克西、青吉斯河南岸。由拜塔克西南行,至奇台界,唐时以沙陀部为沙陀州,此其故壤也。乌隆古河二源,东曰布尔干河,西曰青吉斯河。布尔干河出新和硕特旗北,合喀喇图泊水,南流,经札哈沁旗东南流。青吉斯河出旗境北,合哈泊水,西南流,合哈弼察克河。又东南,与布尔干河合,为乌隆古河。折西流,径阿尔泰乌梁海旗,潴为赫萨尔巴什泊。

新和硕特部一旗:在布科多城南。至京师七千余里。和硕特台吉巴雅尔拉瑚之族蒙衮。乾隆三十七年来归,附新土尔扈特贝子旗。后为所虐,移牧杜尔伯特近处。嘉庆元年,给札萨克印,隶科布多大臣兼辖。光绪三十二年,划隶阿尔泰办事大臣。牧地当金山东南喀弼察克,西临青吉斯河。东至和托鄂博,西至扣楚克乌兰,北至奔巴图、哈弼察克河。北极高四十七度。京师偏西二十七度。哈弼察克一作哈布塔克,地以山名,在镇西府西北四百里。北六十里即布拉干郭勒河南山北之地,饶水草,宜畜牧。

札哈沁部一旗：初为准噶尔宰桑。乾隆十九年，大军获之。其随来之札哈沁，即令统辖。四十年设一旗。嘉庆五年，增设一旗。隶科布多大臣。牧地在科布多城南。东界起德杜库库图勒至巴尔噜巴克止，与喀尔喀连界；南界起昂吉尔图至哈布塔克山止，与巴尔库勒连界；西界起和托昂鄂博至布尔干河东岸止，与阿尔泰乌梁海连界；北界起惠图僧库尔至土古里克止，与喀尔喀屯田兵官厂连界；东北界由土古里克起至德杜库库图勒止，与喀尔喀连界。北极高四十六度五十分。京师偏西二十六度十分。

科布多额鲁特部一旗：木台吉达木拜属，有罪削爵，以其众属科布多大臣辖。东界起齐尔噶朗图至布古图和硕止，南界起布古图和硕至哈叨乌里雅苏台止，东南均与喀尔喀屯田兵连界，西界起哈叨乌里雅苏台至都噜诺尔止，北界起都噜诺尔至习集克图河止，西北均与阿尔泰乌梁海连界。北极高四十八度五十分。京师偏西二十七度三十分。以上并隶科布多大臣定边左副将军辖。

阿拉善额鲁特部一旗：在河套以西，袤延七百余里。至京师五千里。本汉北地郡西境，及武威、张掖二郡北境地。晋为前凉、后凉、北凉所有。唐属河西节度使。广德初，陷于西番。宋景德中，陷于西夏。元属甘肃行中书省。明末为额鲁特蒙古所据。元太祖弟哈布图哈萨尔之裔，世驻牧河西套。后为噶尔丹所灭，其酋逃窜近边。康熙二十五年，上书求给牧地，诏于宁夏、甘州边外画疆给之。东至宁夏府边外界；南至凉州、甘州二府边外界，西至古尔鼐接额济纳土尔扈特界，北逾戈壁接札萨克图汗部界。三十六年，编佐领，授札萨克，封多罗贝勒，驻定远城。雍正二年，晋郡王。乾隆三十年，晋和硕亲王，世袭。佐领八。牧地当贺兰山西、龙头山北。北极高三十八度至四十二度。京师偏西十度至十八度。城北有吉兰泰盐池，名曰"吉盐"，归阿拉善王管辖。自为部，不设盟。贺兰山在旗东，土人名阿拉善山。山有树木，青白如驳马，北人呼驳为"贺兰"。其山与河东望云山形势相接，逦迤向北，经灵武西北，径保静西，又北径怀远西，又北径定远，又东北抵河。抵河之处名乞伏山，在黄河西，从首至尾像月形，南北约长五百余里，边城之钜防也。山之东，山口自北而南曰宁靖、镇北，至独树，凡十九口。又南接边城曰青羊沟、乾沟，至小关儿，凡十九口。又南则石空寺堡及胜金关也。西山口自北而南曰归德、红儿，至黄峡，由十三口。又南，山势迤逦而西，其南曰山嘴口、金塔口、杏树口、赤木口，东接边城曰大佛寺口、三岔沟口。其西曰靖湖墩，至崇庆，凡六口，镇北口、宁安口、向阳墩口、杀虎墩口。龙首山一名龙头山，俗呼为甘峻山，在旗西南，与山丹接界，蒙名阿喇克鄂拉，绵亘广远，东大山之脉络也。距山丹城三里。山尽处为宁远堡。山南为内地，蒙古俱于山北游牧。旗南有松峡水，自古浪县北流，径县东，又东北至土门堡流出边。又东北至旗界，潴为泽。汉志："苍松县南山，松峡水所出，北至�次入海。"一统志："按陕音峡，松陕水即今古浪河，边外积水处总曰海。"有谷水，即三岔河，自凉州府城东，东北流，径镇番东北出边，土人呼为郭河，至旗界入白亭海子。《地形志》："武威郡襄城县有武始泽。"《水经注》："马城河又东北径武威县故城，东届此水流两分，一水北入休屠泽，一水又东流入潴野。"有水磨川，一名云川，自永昌城西，东北流，径新城堡北、水靡堡西，永昌城北、宁远堡西，北流出边。经旗界，潴为大泽，蒙古名沙喇鄂模。有休屠泽，即古潴野。《汉志》："武威县，休屠县在东北，古文以为潴野泽。"《水经注》："武威北有休屠泽，俗谓之西海，其东有潴野泽，俗谓之东海，通谓之都野。"有鱼海，即白亭海，一名小关端海子，五涧谷水流入此海。有沙喇鄂模，在休屠泽西。水磨川自宁远堡北出边，注入其中，方广三四十里。有昌宁湖，直永昌东北、宁远堡北四十里，东至镇番界，多水草杨木。明季青把都游牧于此。有长草湖，在宁罗山。北有伯颜湖，直平番东北边外。有双泉，直永昌西北，亦名双井。有马跑泉，直永昌北。有高泉、平泉、赤诺泉。有三井，直镇番西北，有乱井儿。有青盐池、鸳鸯白盐池、小白盐池，皆在镇番西北边外。有红盐池，在山丹城北，池产红盐，其根可作器。定远城北有盐池，所谓吉兰泰池也。

额济纳旧土尔扈特部一旗：在阿拉善旗之西，当甘肃甘州府及肃州边外。袤延八百里。至京师五千五百余里。本汉居延县地，张掖郡都尉治此。后汉安帝时，改置张掖居延属国，别领居延一城。献帝建安末，立为西海郡。魏、晋因之。永嘉以后，地属前凉、后凉、北凉、西凉，相继割据。元魏为凉州所辖地。隋、唐为甘州、肃州北境。大历中，陷于土蕃。宋景德中，地属西夏，曰威福军。元，亦集乃路，属甘肃行中书省。明，甘州、肃州二卫边外地。元臣翁罕裔。明季为准噶尔所逼，徙居俄境之额济拉河。额济拉即窝尔吉译音之变。土尔扈特居俄久，常遣使入贡。康熙四十二年，其汗阿玉奇之嫂携其子阿剌布珠尔入藏礼佛，准噶尔阻其归路，乃款塞乞内属，赐牧色尔腾。

旋定牧额济纳河。雍正七年，封多罗贝勒。乾隆十八年，授札萨克，世袭。佐领一。以来归在先，故亦称旧土尔扈特。不设盟长。牧地跨昆都伦河。东至古尔鼐，南至毛目县丞民地，西至大戈壁，北至阿济山。北极高四十一度。京师偏西十七度。旗境有扫林山。明冯胜拔肃州，进至雪林山亦集乃路，即经。别笃山今曰毕道山。明纪，洪武五年，副将军傅友德下额济纳路，次别笃山，即此。东：旗杆山。北：阿济山。自哈密北逾天山，至巴里坤池，又北渡大砂碛几三四百里，有阿吉山，亦曰阿济山。山脉自西北阿尔泰山南来，蜿蜒东趋，横带瀚海中，起伏不断，为喀尔喀西路之南境，其长殆三四千里。东南：合黎山，即禹贡弱水所经也。《水经》云，"合离山在酒泉会水县东北"，注以为即合黎山。史记正义，山在张掖县西北二百里。《行都司志》云在高台所北十里、镇夷所东北三十里，与黑山相接。黑山在镇夷所东北，屹立沙漠中，一名紫塞。其山口东南至肃州百四十里。东北有狼心山，在金塔寺堡北，南去镇夷所城五百里，为往来要路。又有孤仁山，在金塔寺堡东北三百五十里，凡往来哈密北山者，必聚于此。南有毛目城。额济纳河在西套额鲁特西界。又弱水源出山丹西南，自与张掖河合，其下通名为张掖河。又讨来河发源肃州西南番界中，有三派，最西曰讨来河，其西又有哈土巴尔呼河，北流百余里，与讨来河合，又东北百余里，南有巴哈、额济纳二河，合流而北，与讨来河会为一，又东北流入边，绕州南至州东北，合西来之水，又东北出边，过金塔寺，折北转东，与张掖河合，又北入居延海。昆都伦河自甘肃肃州北流，经旗境，分二道，汇为泽，俱曰居延海。旗东有泽曰大苦水，南直甘肃张掖县城外。大苦水之东有二泽，曰骟马湖，东南有泽曰沙枣湖，亦曰沙枣泉，在肃州东北金塔寺北，沙枣湖之东，直山丹县边外，有泽曰丰盈大泉。以上诸泽，皆潴于沙。又东有昌宁湖、鱼海、白海，其上源皆在甘州府、凉州府界。

　　南路旧土尔扈特部四旗：在喀喇沙尔城北，当天山之南，珠勒都斯。至京师八千六百余里。本古西戎地。汉及魏、晋为乌孙国地。北魏，高车国地。周，突厥地。隋，西突厥地。唐，鹰娑都督府地。宋属西州回鹘。明为回部所据。乾隆二十三年，回疆平，入版图。三十六年，元臣翁罕裔渥巴锡挈所部内附，遂以其地赐之，是为南路旧土尔扈特，与中路和硕特同游牧，编置佐领。设旗四：曰南路汗旗，曰中旗，曰右旗，曰左旗。授札萨克，世袭。隶伊犁将军辖。牧地有珠勒都斯河在，逾天山至博尔图岭，南至扣克纳克岭，西至天山，北至喀伦。北极高四十二度五十分。京师偏西三十度四十分。天山一名祁连,一名雪山,一名白山,又曰折罗漫山。自叶尔羌西南蜿蜒而来,曰葱岭,至辟勒玉山分脉。其东南一支,绕和阗而东行,其西北一支,绕英吉沙尔、喀什噶尔之西,又北行,达布鲁特境,东行绕乌什之北,又径阿克苏之北,又径库车、喀喇沙尔、吐鲁番之北,绵亘七八千里,而至哈密东北百余里,为北天山,又百余里截然而止,则在巴里坤之东,名盐池山,伏入地中矣。此山为南路回疆、西路伊犁之分界。山阳为自哈密至叶尔羌南路,山北则由巴里坤至伊犁北路也。盐池山之南,沙碛漫野,即希尔哈戈壁,所谓"千里瀚海"也。其山伏地千余里,至嘉峪关外沙州之东,突兀起顶,东行名祁连山,所谓南天山也。再东行至洞素达巴罕过脉,东北行至巴图尔达巴罕,北分一支,至八宝山,形如莲华,尊成岳体,乃西宁、凉州、甘州、肃州四郡之镇山也。又自镇素达巴罕东行,至野马川之东,景阳岭自南而北,东分一支结凉州诸山,西分一支与察罕鄂博过脉,西行至祁连达巴罕,过脉向北,分一支结甘州诸山。珠勒都斯山,在喀喇沙尔城北珠勒都斯之地,北连雪山,回环千余里,水草丰茂。博罗图岭亦名博罗图塔克,在辟展西南,当喀喇沙尔东北境,其山与阿勒癸山南北相接,形如锁钥,西通准部,南界回疆,天山南路一大关隘也。山多积雪,博罗图河发源北麓,入北谷口西行,通珠勒都斯,出西南谷口,西南行,即喀喇沙尔境。扣克纳克岭亦名库克纳克达巴,在爱呼木什岭西五十里,额什克巴什河发源南麓。山脉自天山正干之额什克巴什山分支,东行六十里至此。

中路和硕特部三旗:至京师八千六百余里。旧为四卫拉特之一。牧青海、伊犁诸境,后徙俄罗斯。乾隆三十六年,从土尔扈特汗渥巴锡来归,诏附南路土尔扈特部同游牧珠勒都斯,编置佐领。设旗三:曰中路中旗,曰中路右旗,曰中路左旗。授札萨克,世袭。归伊犁将军辖。牧地在南路旧土尔扈特部之西。东至乌沙克塔尔,南至开都河,西至小珠勒都斯,北至察汗通格山。北极高四十二度五十分。京师偏西三十一度十分。察汗通格山在乌沙克塔勒西,西南距喀喇沙尔城百九十五里,地有废城,城西有泉,委折而南,北乌沙克塔勒城东,分导灌田,自辟展西入纳林奇喇塔克、博罗图塔克谷口,循博罗图郭勒,逾塔什海,至其地,为喀喇沙尔东北境。开都河俗名通天河,源出大雪山,经喀喇沙尔西门外,水势甚宽。东南流,上源曰珠勒都斯河,出布古尔东北山,数水合西南流,西纳达赖克河,折东流,歧为二,复合,南北纳十余水,而东北纳玛尔什河,经库勒尔经,折东南流,注塔里木河。《一统志》载叶尔钦有塔里母河,下流与西北来之海多河合。海多河即开都河,塔里母河即塔里木河也。小珠勒都斯河出自阿尔泰阴克逊之北源处,极四十三度十分,西三十一度三十分,即和硕特牧地也。

　　北路旧土尔扈特部三旗:在塔尔巴哈台城东,当金山之西南霍博克萨里。至京师九千七百余里。本汉时匈奴西境、乌孙北境。北魏,蠕蠕地。后周时入于突厥。唐,西突厥地。明时为卫拉特地。旧为准噶乐台吉游牧处。乾隆二十年,准部平,入版图。三十六年,元臣翁罕裔衮札布来归,遂以其地赐之,是为北路旧土尔扈特部,编置佐领。设旗三:曰北路旗,曰右旗,曰左旗。授札萨克,世袭,隶塔尔巴哈台大臣辖,伊犁将军节制。牧地东至噶札尔巴什诺尔,西至察汉鄂博,南至戈壁,北至额尔齐斯河。北极高四十六度三十分。京师偏西二十九度十分。有萨里山,即赛儿山。东:噶札尔巴什诺尔,即赫萨尔巴什泊,在哈莽奈山北,凡金山东南乌龙古河、布尔干河、青吉斯河皆汇焉。广七十里,袤三十里,余波入于沙碛。泊以东即新土尔扈特牧地。北有额尔齐斯河,一源为华额尔齐斯河,一源为喀喇额尔齐斯河,均出阿尔泰山,二河合为额尔齐斯河。西北流,纳苏布图河,罕达海图河、奇喇河,与克木齐克河、固尔图河、博喇河、哈布河、喀喇哈布河、讷恰库河、塔尔巴哈台河。又西北,潴为察桑诺尔。俄侬河、果莫孙河汇其东南,纳林河、哈流图河汇其东北,阿布达尔摩多河汇其西。复从诺尔西北溢为额尔齐斯河,科尔沁河入之。又西北布昆河,又北乌柯尔乌苏,又东北流,纳林河、莫侬璘河、布克克图尔玛河皆入之。又东北流,经塔尔巴哈台北境、科布多西北境,入俄罗斯界。

　　东路旧土尔扈特部二旗:在库尔喀喇乌苏城西南,当天山之北,济尔噶朗。至京师九千五百余里。本汉时乌孙国地。北魏为蠕蠕地。后周时入于突厥。唐为西突厥地。后为嗢鹿州都督府地。明时为卫拉特地。旧为准噶尔各鄂拓克及各台吉游牧处。乾隆二十年,准部平,入版图。元臣翁罕裔纳札尔玛穆特来归,遂以其地赐之,是为东路土尔扈特部,编置佐领。设旗二:曰右旗,曰左旗。授札萨克,世袭。统隶伊犁将军节制。牧地跨济尔噶朗河。东至奎屯河,南至南山,西至库尔喀喇乌苏屯田,北至戈壁。北极高四十四度二十分。京师偏西三十一度二十分。济尔噶朗河三源,发库尔喀喇乌苏南山,名古尔班恰克图水。山中产金,置济

尔噶朗金厂。古尔班恰克图水北流,径土尔扈特喇嘛寺,又西北流,径布尔哈
齐军台西,为济噶朗河,又曰多木达喀喇乌苏,言于三喀喇乌苏居中也。布尔
哈齐庄南五里许,沙阜涌泉,势甚湍急,北径庄东为布尔哈齐水,西北流,入于
济尔噶朗河。济尔噶朗河又西北流,入库尔喀喇乌苏河。济尔噶朗厂西南有山
曰额不图岭,发泉,东北流,为额布图河,又曰固尔班喀喇乌苏,其水自东北折
而西北流,入库尔喀喇乌苏河,又西入喀喇塔拉额西柯诺尔。东:奎屯河,在库
尔喀喇乌苏城东南,源出额林哈毕尔噶山。山产金,置厂。奎屯河北流出山,疏
西流渠一,曰树窝子商户渠。又北流,径库尔喀喇乌苏城东。又北流,东西各引
渠一,东曰河沿子商户渠,西曰民户渠。户屯之北为兵屯河,径兵屯东,折而西
北流,径军台西,为库尔喀喇乌苏河。

西路旧土尔扈特部一旗:在伊犁城东,当天山之北,晶河东岸。至京
师一万余里。本汉时乌孙国地。北魏时为悦般国。寻为蠕蠕所并。后周时入
于突厥。唐初西突厥地,后为嗢鹿州都督府地。元,阿勒穆尔地。明时为卫拉
特地。旧为准噶尔各鄂拓克及各台吉游牧处。**乾隆二十年,准部平,入版
图。**元臣翁罕裔罗卜藏诺颜来归,遂以其地赐之,是为西路旧土尔
扈特部,编置佐领。设西路旗一,授札萨克,世袭。隶伊犁将军节制。
牧地东至精河屯田,南至哈什山阴,西至托霍木图台,北至喀喇塔
拉额西柯诺尔。北极高四十四度四十分。京师偏西三十二度五十
分。哈什山在庆绥城西南,山之阳即伊犁哈什河源所出,合十余水,西流来
会,曰伊犁河。有晶河,旧作精河,源出安阜城南山,其山即伊犁哈什河北岸山
阴也。山有峡口,曰登努勒台。《新唐书》地理志云,黑水守捉又七十里有东林
守捉,又七十里有西林守捉,又经黄草泊、大漠小碛,渡石漆河,逾车岭,至弓
月城。过思浑川、蛰失密城,渡伊丽河,盖即由登努勒台至伊犁矣。石漆河或晶
河之旧称,河三源并出,为古尔班晶河,准语晶,谓"蒸笼"也。河滨沙土,湿暖
如蒸,故名。西北流出山,经西路一旗土尔扈游牧一百科树之西,北距安阜
城九十里。又西北流。导西流渠一。又西北流,导东流渠一。又西北流,径晶
河旧城西。又北流,入喀喇塔拉额西柯诺尔。喀喇塔拉额西柯诺尔即盐海子
也,在精河城北。库匀喀喇乌苏河出库尔喀喇乌苏城南山中,三水合北流,径
城东及北,合南来一水;又西北,济尔噶朗河自其南注之。又西,敦穆达河亦自
其南注之,合流潴焉,曰盐海子。

唐努乌梁海部:本明时兀良哈部族。至京师八千余里。**清初来附,属**

乌里雅苏台定边副将军辖。共二十五佐领。二佐领在德勒格尔河东岸；二佐领在库苏古尔泊东北；四佐领当贝克穆河折西流处；四佐领当噶哈尔河源；三佐领当谟和尔阿拉河源；十佐领在西北，跨阿尔泰河、阿穆哈河。又附札萨克图汗部所属乌梁海五佐领，赛疸诺颜部所属乌梁海十三佐领，哲布尊丹巴呼图克图门徒所属乌梁海三佐领。东南至土谢图汗及赛音诺颜部、札萨克图汗部，西南至科而多，北至俄罗斯。北极高五十五度四十分。京师偏西二十四度二十分。南：唐努山，延亘千余里。又有穆逊山。西北：敖兰乌纳瑚山、鄂尔噶汉山，与唐努山相接。阿努河、察罕米哈河、阿穆哈河，皆出其北麓。北：塔尔噶克山，其南为额尔齐克山。有克穆河，即剑河，元史谦河，亦即此水。河出穆逊山西北之托罗斯岭南麓，曰华克穆河，南流，经哲布尊丹巴呼图克图门徒所属乌梁海三佐领之西。又南流，陶托泊水自东来汇。陶托泊水出穆逊山西麓，两源并发，合流曰乌鲁河，西流潴为陶托泊。和金哈河汇其北，有二水汇其南。复从泊西北流出，入于华克穆河。华克穆河折西流，径札萨克图汗部所属乌梁海一佐领之西北，又西流，布斯河出章哈山北麓自南来汇。又西，多集玛河自北来会。又西流，哈尔吉河自南来汇。又西流，有札噶泊，周数十里，当唐努山北，近吉里克卡伦隔山之乐，潴为泊。其水东北流，哈拉穆楞河自东南来汇。又东北流，南入于华克穆河。又折而北流，经札萨克图汉部所属乌当海一佐领境，纳东来一小水，又北流，会贝克穆河。自发源至此，一千一百余里。贝克穆河源出托罗斯岭南麓，在华克穆河源之西，水南流潴为伯鲁克泊。复南流，博尔鲁克河自南来汇。折西流，阿萨斯河亦出托罗斯岭，潴为图集泊，从泊流出，自北来会。又西流，库克穆河自南来汇。又西流，哈彦萨拉克穆出托罗斯岭西麓，潴为特尔克泊，复从泊中流出，与北来之伯集克穆合，入于贝克穆河。克穆齐克河出唐努山北麓，其南隔山即乌布萨泊也。克穆齐克河东北流，巴尔鲁克河自南合一水来汇。又东北，阿克河自西来汇。又东流，北纳一小水，南纳集尔噶瑚河。又东流，北纳一小水，南纳札达克河，东入大克穆河。大克穆河西流，谟什克河、巴拉克河皆自南来入之。又西流，乌兰乌苏河自北来入之。又西流，谟和尔阿拉河、额锡穆河、察汉河、拉尔河、特穆尔乌苏河、札库尔河合三水，皆来汇。图兰河出塔尔噶克山西南麓，南流，合鄂克河，入于大克穆河。察汉米哈河发源鄂尔噶汉山北麓，北流，径敖兰乌纳瑚山西，西北流入阿努河。阿穆哈河亦发源鄂尔噶汉山西北麓，北流，径乌梁海十佐领之东，折而东北流，入阿努河。特里泊出唐努山北麓，西北流，为泊，又西北流，入于华克穆河。额赫河即厄赫河，上源为库苏古尔泊，在唐努山乌梁海东南境。伊克杭哈河、纳林杭哈河、哈拉锡尔河、纳林和罗河，俱出穆逊山南麓，南流潴焉。复自泊东南流出，曰额赫河，南北合数水。库克陀罗盖河、达尔沁图河、鄂依拉噶河、阿勒浑博勒尔河俱出卡伦外，东南流来会。又东径札萨克图汉部、赛音诺颜部境，又东南入土谢图汉部界，北纳努拉河、布科倭河，东南会色楞格河。有德勒格尔河，出唐努山东南，东流逾卡伦，东南流，西纳伊克河、罗河、托尔和里克河，出德勒格尔河源东，皆东南流，入札萨克图汉部界。哈屯河自科布多北流入界。阿尔泰河亦自科布多西北流来会，又西北入俄界。苏特泊在鄂尔噶汉山南。以上隶伊犁将军节制。

清史稿卷七九
志第五四

地理二十六

青　海

　　青海《禹贡》西戎之域：袤延二千余里。至京师五千七十里。东及北界甘肃，西界西藏，南界四川。三代属西羌。汉为张掖、武威、金城、陇西四郡之西塞外、蜀郡之北徼外，属先零、烧当等诸羌地。王莽时，置西海郡。历后汉、魏、晋，皆诸羌所居。东晋后，又为吐谷浑所据。隋平吐谷浑，置西海、河源等郡。隋末，吐谷浑复据之。唐龙朔三年，吐蕃灭吐谷浑，尽有其地。宋亦为吐蕃地。元为贵德州及吐蕃朵思甘思等处，属吐番等处宣慰司。明为西番地。正德四年，始为蒙古部首所据。清初，有元太祖弟哈布图哈萨尔之裔，号顾实汗，自西北侵有其地，遣使通贡。自分部众为左右二翼。左境东自西宁边外栋科尔庙，西至嘉峪关边外洮赉河，南自西宁边外博罗充克克北岸，北至凉州边外西喇塔拉。右境东自栋科尔庙，西至噶斯池，南自松潘边外漳腊岭，北至博罗充克克河南岸。康熙三十七年，悉众内附。雍正元年，台吉札什巴图尔子罗卜藏丹津诱众犯边，大军讨平之，越岁而定。三年一贡，分三班，九年一周。置互市于西宁日月山。开拓新边，增设安西镇于布隆吉尔，辟地千余里。三年，编其部落为四，旗二十九，后又增置土司四十。设西宁办事大臣以统辖之。广千余里，袤千余里。面积二百四十万方里。人十五万口。北极高三十一度四十五分至三十八度三十分。京师偏西十四度三十分至十七度。东:阿木尼未伦山。东南:阿木尼塞尔秦山。西南:阿木尼那凌通布山。西北:阿木尼巴延尊崔山、阿木尼洞舒山;阿木尼天沁察罕山,其峰甚峻,无雪而白,故名;阿木尼兀善通布山。西:阿木尼巴尔布安山,其峰高险,色黑,故名。西北二百余里,有阿木尼厄枯山,东北近甘、凉二州之边,有阿木尼冈噶尔山,又名龙寿山。凉州边外有阿木尼巴延哈拉山,又名大荒山。又阿木尼扣肯古尔板山,在黄河东岸哈尔吉山东,山有二峰独高,积雪不消,其一为阿木尼麻禅母孙山,即大雪山也。番语称祖为"阿木尼"。西海十三山,番俗皆分祭之,而以大雪山为最。凡环绕青海之滨者,亦有十三山,土人皆名乌尔图,谓之"十三角"云。又南旷野中,有汉陀罗山、西索克图山、西南索克图山,地多瘴气。西南:乌克陀罗海山,高峰壁立。黄河西岸、青海西南,有固尔班伊玛图山,三山相接,皆名伊玛图绕浊罗池。有苏罗巴颜喀喇山,在伊玛图山东北,石崖色黑,多冷瘴,故名。南:黄河北岸有巴尔陀罗海冈。近青海南岸有巴汉哈图岭。巴汉哈图岭东,伊克哈图岭;其西南,察察岭。察察岭东,纳布楚尔岭。南少西,苏罗岭,即苏罗巴颜喀喇山之东支。黄河西岸、苏罗岭东,登诺尔台岭。拖孙池东南,戎伯呼图岭。有海努克岭。东北,布呼图岭。西,乌苏图搜吉岭。青海西南相近,殷德尔碧柳图岭。青海西南二百余里,好来始乌兰布拉克岭。西宁边外,纳拉萨拉岭。其西,齐布泰尔岭;相近有哈拉岭,即托拉喇山也。洮州卫边外,有达尔济岭,即礼岭也。洮河发源西倾山之脊,岭最高大,其上平坦,草木茂盛。东南有和尔河,源出纳拉萨拉岭,西北流,入青海。北少东,哈尔济河,源出青海北岸哈尔济山,东南流,入青海。北:伊克乌兰和硕河,源出巴颜山,南流,入青海。其西,巴汉乌兰和硕河,南流入青海。东南:巴颜池,周四十余里。西南:多罗池,周一百五十余里。洮脊河亦作滔来、陶赖、讨来,在肃州南,下流合张掖河,即古呼蚕水也。《汉书·地理志》禄福县,"呼蚕水出南羌中,东北至会水,入羌谷"。《寰宇记》:"呼蚕水一名潜水,俗谓之禄福河,西南自吐谷浑界流入。"《一统志》:"按今讨来河发源州西南五百余里番界中,有三派,最西曰讨来河,其西又有哈土巴尔呼河,北流,与讨来河合。又东北余里,南有巴哈、额济内二河,分流而合,又北与讨来河会为一,又东北流入边。绕州南,至州东北,合西来之水,又东北出边,过金塔寺,稍折而北,又转东,与张掖河合,又北入居延海。"布隆吉尔河,在今安西州北,即南籍端水也。《一统志》:"按舆图及新志,今有苏赖河,亦名布隆吉尔河,发源靖逆卫南山,曰昌马河。北流转而西,径柳沟卫北,会十道沟水为苏赖河。又西径安西卫北,又西径沙州卫西北,党河自南来注之。又西北流,潴为合拉池。其汉长七百余里。池方数十里，即古南籍端水也。今三卫屯田，俱藉此水灌溉。"塞尔腾海，在旧沙州卫西南，水出雪山之阴，西北流，潴为泽，为青海要道。西尔噶拉金河，即党河，在沙州卫西，古氐置水也。《汉书·地理志》龙勒县，"有氐置水，出南羌中，东流入泽，沃民田"。《一统志》："按舆图，今有党河在西，会南来一水，又折北流，绕沙州旧城之东、新城之西，入苏赖河，溉田甚广，当即古氐置水。"穆鲁乌苏，又作胡胡乌苏，在黄河西大雪山北，源出索诺木达什岭，北流四十余里，折东北，合南来之密喇河、北来之萨尔哈卜齐海、阿尔昂诸水，东流入黄河。噶斯池，在黄河上流鄂灵海东北、固尔班蒙滚陀海山东南。有三池：一名鄂博图噶斯池，周二十五里；一名多木达噶斯池，周十五里；一名察罕噶斯池，周十余里。俱在黄河鄂博池之东，番名固尔班噶斯池。

　　青海和硕特部二十一旗：元太祖弟哈布图哈萨尔七传至阿克萨噶勒泰，生子十二。长，阿鲁克特鲁尔，今内札萨克科尔沁、杜尔伯特、郭尔罗斯、札赉特、阿鲁科尔沁、四子部落、茂明安、乌喇特八部之祖也。次，乌鲁克特穆尔，十传至哈尼诺颜洪果尔，生六子。其第四子图鲁拜琥，号顾实汗，后裔繁衍。**游牧青海者十九旗。**又有游牧西套之阿拉善旗，游牧察哈尔之和硕特旗。顾实汗长兄哈纳克土谢图，其裔为青海和硕特部所属之西右翼中旗。顾实汗季弟色楼哈坦巴图尔，其裔为青海和硕特部所属之西右翼后旗。此二旗合顾实汗裔为二十一旗。顾实汗第三兄昆都伦乌巴什，其裔为游牧珠勒都斯之中路和硕特旗，游牧科布多之新和硕特旗。青海和硕特部在西宁边外。北极高三十四度三十三分。京师偏西十五度十四分。**西前旗**顾实汗之子。康熙四十二年封多罗郡王。雍正三年授札萨克，世袭。佐领八。牧地在布喀河南岸。东至乌图起尔河陀罗海，南至西拉库图尔、果库图尔，西至察罕乌苏呼鲁恭纳，北至布喀河滨纳令希楞。班禅商上堪布喇嘛牧场，在旗境额勒池水南。**前头旗**顾实汗之孙。康熙四十年封多罗贝勒。五十六年晋封郡王。雍正三年授札萨克，世袭。佐领十一。牧地南当黄河之曲，有哈柳图河入于黄河。东至拉希楞希拉得布沙，南至和托果尔希里克，西至巴尔鄂博巴颜乌拉，北至额尔德尼布乌鲁勒卜达巴。黄河重源，再显于巴颜喀喇山之东麓，二泉流数里，合而东南流，曰阿尔坦河。阿尔坦，蒙古言"金"也，水色微黄似之。东北流三百余里，至鄂屯塔拉，为古星宿海，元史所谓惇火腊儿也，直西宁边外西南一千一百余里。星宿海于群山环绕中，有地平旷，可三百里。有泉千百，随地涌出，大小错列，望若列星。阿尔坦河自西南来，皆汇入焉。东北流百余里，又东南注札凌海。海周三百余里，东西长，南北狭，河亘其中而流。番语谓白为"札"，长为"凌"，以其水色白也。又东南注鄂凌海。海在札凌东五十余里，周亦三百余里，形如匏瓜，西南广，东北狭。番语谓青为"鄂"，言水色青也，即《元史》所谓汇二巨泽，名阿刺腊儿者也。由海东北流出，折东南，南抵巴颜浑岭下，复正南流百五十里，水色始变绿而黄。又东南流，曲曲七百余里，绕大雪山南，古积石山也。番名阿木尼麻禅母逊阿林。阿木尼谓"祖"，麻禅谓"险恶"，母逊谓"冰"，犹言"大冰山"也。山自巴颜喀喇东来，当黄河北岸，绵亘三百余里，上有九峰，甚高，冬夏积雪。在西宁边外西南五百三十余里。《元史》谓之亦耳麻不莫剌。黄河依山南麓东流，折而东北，有三坤都伦河前后自东南来注之。三坤都伦者，一曰德特坤都伦，出赖楚山，西北流三百余里入黄河，即《元史》纳邻哈喇河，自白狗岭北流者。一曰都尔达都坤都伦，出纳克多木精山，西北流，屈曲三百数十里入黄河，当河流自南转东北处，即《元史》乞里马出河，自威茂州西北岷山之北北流者。一曰多拉坤都伦，源出冈觉山，西北流六百数十里入黄河，正当大河于乌兰莽鼐山麓折而西北流之处，即《元史》鹏梭山西北七百里，过札塞塔失地与河合者。黄河既纳此三水，势甚盛，至乌兰莽鼐山下，始折而西北流二百里，小哈柳图河自东北来入之。小哈柳图源出东北鲁察布拉山，二源，西南流百里合，又西入河，当游牧西、土尔扈特南、前旗东。**前左翼头旗**顾实汗之孙。康熙四十三年封多罗贝勒。雍正元年晋郡王。三年授札萨克，世袭。佐领九。牧地在大通河南岸。东至阿木达赖台，南至固尔班塔拉之北沙克图，西至齐擦擦呢布楚勒，北至巴颜布拉克。大通河源出青海西北阿木尼尼库山南诺尔，东南流，曰乌兰木伦河。又东，哈尔浑河自北来注之。又东北，曲曲流，南受一水，又东北，满楚喀河自西北来注之。东径甘州边外番大山，东南流八百里，北受小水六，南受小水五，至西大通堡南，又东南会湟水，又东南入黄河，即古浩亹水也。河北为西右翼前旗游牧地。**西后旗**顾实汗之裔。康熙五十五年封多罗贝勒。雍正三年，授札萨克，世袭。佐领九。牧地跨柴集河，其水北注盐池。东至锡喇盐海子、察罕托罗海，南至合约尔巴尔克，西至布隆吉尔河源，北至果图尔、希拉库图尔。盐池在青海西南，周百余里，产青盐。蒙古名达布逊绰尔。其水自锡喇库特尔山之莫和尔河，与布拉克地察罕乌苏河，西来汇为此池。又自池东南流出，会西来之巴尔虎河。又七十余里，柴集河自东南来入之，名曰盐河。复东南流，沦于即额池。凡青海、蒙古与西宁一郡军民，并各种番、回，食盐皆取给于此。北

右翼旗顾实汗之孙。康熙四十四年,封辅国公。雍正元年晋贝勒,后降固山贝子。三年,授札萨克,世袭。佐领六。牧地在青海北岸。东至沙拉哈吉尔,南至库库诺尔济津,西至吹吉乌立图阿拉尔,北至乌兰和硕。有伊克乌兰和硕、巴哈乌兰和硕二河,在旗境西,西北自库德里山南流百余里,入库库诺尔。**北左翼旗**顾实汗之孙。康熙四十四年封辅国公。雍正元年晋固山贝子。三年,授札萨克,世袭。佐领三。牧地在布隆吉尔河南岸。东至哈喇诺尔,南至科尔鲁克,西至窝果图尔,北至伊克柴达木。乌兰乌苏河出东南沙碛中,西北行五百余里,入达布逊诺尔。**南左翼后旗**顾实汗之裔。康熙五十年封辅国公。雍正三年授札萨克,世袭。佐领一。牧地在大通河南岸,青海正北。东至吉噶素台鄂兰布拉克,南至和洛海,西至布都克图乌兰和硕,北至青海。**北前旗**顾实汗之裔。康熙五十年封辅国公。雍正三年授札萨克,世袭。佐领二。牧地在青海西岸。东至科依特陀罗海,南至柴吉希巴立台,西至库吉,北至哈达图。**南右翼后旗**顾实汗之裔。康熙五十年封辅国公。雍正三年授札萨克,世袭。佐领四。牧地在青海东岸。东至贺尔,南至哈沙图,西至哈拉素布鲁汉,北至库库诺尔。坤都伦河自察罕鄂博图山两源合而南入西宁河。有世宗圣制碑在旗界。**西右翼中旗**顾实汗伯兄之裔。雍正三年,领公中札萨克,授一等台吉,世袭。佐领一。牧地跨柴达木河。东至诺木罕河,南至诺木罕木鲁,西至滔赉,北至希勒沿。舒哈河自旗西无名海子流出,西北入于沙。柴达木河出河源北托逊淖尔,西流至西拉珠尔格塔拉,阿拉克绰尔水东来入之,合而西北流,格德尔古河、乌兰乌苏河、布隆吉尔河俱自其东注之,又西入于沙。**西右翼前旗**顾实汗之裔。雍正三年授札萨克,一等台吉,世袭。佐领二。牧地在大通河北岸。东至察罕阿尔吉永安,南至约呼赉口,西至柴达木察罕巴彦托罗海,北至希立永安。**南右翼中旗**顾实汗之裔。康熙五十九年封辅国公。雍正三年授札萨克。乾隆四十年,降一等台吉,世袭。佐领五。牧地当鲁察布拉山之西。东至库克乌松,南至齐克特尼诺尔,西至僧克图木齐,北至库克乌松西山。鲁察布拉山,旧作罗插普拉,即《禹贡》之西倾山也,一名西疆山,亦名强台山,在洮州厅西南三百三十余里。《史记·夏本纪》"道九山",《索隐》"九山古分三条,马融以西倾为中条。郑康成分四列,汧为阴列,西倾次阴列"。《汉书·地理志》陇西郡临洮,"禹贡西倾山在县西"。《北史·吐谷浑传》:"阿豺升西疆山观洮江源。"《水经注》:"山东西洮水源。强台,西倾之异名也。"《括地志》:"西倾山今强台山,在洮州临潭县西南三百六十六里。"《元和志》:"强台山在临潭县西南三百里。"《一统志》："西倾山，番名罗插普喇山，近黄河自东折而西北之东岸，绵亘千余里。凡黄河以南诸山，无大于此者。洮河发源于此。"**南左翼中旗**顾实汗之裔。康熙五十年封转国公，晋贝子、贝勒，后降袭札萨克一等台吉，世袭。佐领四。牧地西滨黄河。有恰克图河，东南来流入之。东至巴克图尔根，南至阿尔坦果尔，西至伊克图尔根，北至巴哈图尔根。恰克图河在洮州厅西六百余里黄河东岸，源出伊克图尔根山，东北流，折而北，会巴哈图尔根山之水，折而西北，流百余里，有伊西克山之水，自东北来会，又西北入黄河。又有硕尔浑河，旧作硕尔郭尔，在恰克图河之北，源出古尔班图尔哈山，会三小水，西北流入黄河。**北左末旗**顾实汗之裔。雍正三年授札萨克一等台吉，世袭。佐领四。牧地东至柴吉齐沁，南至盐海，西至哈唐和硕，北至和特克。**北右末旗**顾实汗之裔。雍正三年授札萨克一等台吉，世袭。至盐四。佐领二。牧地东至柴吉齐沁，南至盐海，西至哈唐和硕，北至和特克。**北右末旗**顾实汗之裔。雍正三年授札萨克一等台吉，世袭。佐领二。牧地在布喀河源沙尔诺尔之西。东至色尔柯克达巴，南至察罕陀罗海，西至萨尔鲁克，北至库尔鲁克。布喀河在青海西，源出青海西北阿木尼厄枯山南，名喀喇锡纳河，南流与英额池水会。池周一百五十余里，其水东南流，会于喀喇锡纳河。复东南流，至天沁察罕峰北，与沙尔诺尔水会，即所称善池也。诺尔周六十余里，其水东流，至天沁察罕峰前，来之罗子河、西尔哈河。又东受北来之济拉玛尔台河，乃名布喀河。又东流注青海。其河受六大水，岸阔流深，夏月人不可渡。青海左右诸水，无有大于此者。**东上旗**顾实汗之孙。雍正三年授札萨克一等台吉，世袭。佐领一。牧地在青海东北岸。东至阿拉赖达巴木鲁，南至柴吉，西至青海，北至乌尔肯希巴立台。**南左翼次旗**顾实汗之裔。雍正三年授协理台吉。九年，晋札萨克一等台吉，与前左翼头旗共佐领九。牧地有盐池。东至沙拉图，南至海达克，西至努克孙山鄂昔齐，北至乌兰墨尔河。盐池在青海西击，周百余里，产青盐。柴集河自东南来注之。**南左翼末旗**顾实汗之裔。康熙三十六年封贝勒，后削爵。雍正三年授札萨克一等台吉，佐领二。牧地当博罗充克克河源。东至囊吉立图巴尔布哈，南至图禄根河，西至恰克图北山木鲁，北至恰克图河。博罗充克克河，旧作波洛冲克，即古湟水，一名洛都水者也。在西宁府西北边外，当青海之东，源出噶尔藏岭，元人所谓祁连山，《明志》之热水山也。有三泉，一曰伊克乌拉古儿台，一名土尔根乌拉古尔台，一名察哈乌拉古尔台，南流汇为一水，名博罗充克克河。其东有布虎图岭二泉，亦南来合，曰昆都伦河，东南流，与巴哈图河合流入博罗充克克河。又东南流,至栋科尔庙南,有土尔根察罕河,自西南来会,水势始盛。转东流,入西宁边镇海营,是为西宁河,即湟水也。又东流三百余里,南至庄浪卫降唐堡入大通河。《汉书·地理志》金城都。临羌,"西北至塞外,有西王母石室、仙海、盐池,北则湟水所出,东至允吾入河"。《水经注》:"湟水出塞外,东径西王母石室,东南流,径克戎城,故西零之地也。又东南,径卑禾羌海北,有盐池,世谓之青海。东流径湟中城北,故小月氏之地也。又东,右控四水,导源四溪,东北流注于湟。又东径赤城北而东入,径戎峡口,右合羌水,又东径临羌县故城北,又东,卢溪水注之。又东径临羌新县故城南,又东,右合溜溪、伏溪、伏溜、杜蠡、四川,左会临羌溪水。又东,龙驹川水注之。又东,长宁川水注之。又东,牛心川水注之。又西径平城北,又东径土楼南,右则五泉注之。又东,右合葱谷水,又东径亭北,东出漆峡,东流,右则漆谷常溪注之,左则甘夷川水入焉。又东,安夷川水注之。又东径安夷县故城。又东,左合宜春水,又东,勒且溪水注之。又东,左则承流谷水南入,右会达扶东、西二溪水,东流,期顿、鸡谷二水北流注之。又东,吐那孤、长门两川南流入之。又东径乐都城南,东流,又合来谷、乞斤二水,左会阳非、流溪、细谷三水,东径破羌县故城南,六谷水自南,破羌川自北,左右翼注之。又东径小晋兴城北,又东与阊门河合,即浩亹也。又东径允吾县北,为郑伯津,与洞水合。又东径允街县故城南,又东径枝阳县,逆水注之。"《后汉书》注:"湟水一名洛都水,西自吐谷浑界入,在今湟水县。"《元和志》:"湟水一名湟河,亦谓之洛都水,出青海东北乱山中,东南流,至兰州西南入黄河。"《唐书·吐蕃传》:"湟水至漒谷,抵龙泉,与黄河合。"《元史·河源附录》:"湟水源自都连山下,正东流一千余里,注浩亹河,与黄河合。"册说:"西川河源出西塞外海夷部落,东流,由石峡入境,至卫西北,受北川河,又东合南川河,而经城北,名西宁河。又至卫东北,受沙塘川水,又东南经碾白堡,名湟河。又东南接庄浪所界,合西大通河。又东合庄浪河,又东南至兰州西南入黄河。北川河,番名何尔坦河,源出西宁边外,北至尔坦山,南流,会二小水,入北川河。又南流,入西宁北川边内。又东南流,至西宁城南,入湟河。南川河番名西喇苦特河,源出西宁边外西南西喇苦特山,东北流,至西宁城西北,入湟河。又喀喇河在西宁边外西北湟河之东,源出察罕鄂波图岭,合二小水,东南流,入西宁边内,又流五十余里,入湟河。**南右翼末旗**顾实汗之裔。康熙三十六年封转国公,晋固山贝子。雍正元年削爵。三年,授札萨克一等台吉,世袭。佐领一。牧地在黄河北岸,有西尼诺尔。东至乌兰布拉克,南至黄河舒尔古勒渡口,西至西拉珠尔格西山木鲁,北至巴颜布拉克。锡尼诺尔在旗东界，其南岸与乌兰河北入黄河之处相直。黄河自此北折，东径贵德厅北，入西宁府界。**西右翼后旗**顾实汗之裔。雍正三年授札萨克一等台吉，世袭。佐领一。牧地跨柴达木河。东至希昔，南至诺们罕木鲁希，西至乌拉斯台，北至柴达木。**西左翼后旗**顾实汗弟之裔。雍正三年授札萨克一等台吉，世袭。佐领一。牧地跨柴达木河。东至巴彦陀罗海，南至桑陀罗海，西至乌尔图，北至玛尼图沙纳图。

　　青海绰罗斯部二旗：本准噶尔族。乾隆十九年，准噶尔平，其族遂微。附牧赛音诺颜部者曰额鲁特。附牧青海者曰绰罗斯。辖旗二：南右翼头旗，北中旗。北极高三十六度十八分。京师偏西十五度四十二分。**南右翼头旗**准噶尔族。康熙四十二年封我罗贝勒。雍正元年晋郡王。三年授札萨克。乾隆三十年降贝勒，世袭。佐领四。牧地当青海东南岸。东至博尔巴齐他尔、察罕鄂博、哈拉乌素，南至固尔班他拉贡诺尔，西至窝尔登诺尔、伊克察罕哈达，北至青海。察罕陀罗海，南有巴颜绰尔，东北有蒙古图布拉克，会东来二水，又东北有乌云布拉克。二水合流而西，会南来之巴颜淖尔水，为和尔必拉，北入青海。**北中旗**准噶尔族。康熙五十五年授公品级一等台吉兼札萨克。雍正三年晋转国公。乾隆十五年晋固山贝子，世袭。佐领二有半。牧地在青海西北岸。东至济尔玛尔台，南至布喀沿。西至西尔哈落萨。北至济尔玛尔台。西尔哈河西北出槐满阿林，东南流，又有罗色河，西北出库得里阿林，西南流来合，南入布喀河。又西北，济尔玛尔台河，屈曲南入布喀河，其南岸即和硕特北前旗也。

　　青海辉特部南一旗：姓伊克明安。有卓哩克图和硕齐者，其子号青诺颜，游牧青海。雍正元年来降。三年，授札萨克一等台吉。九年，晋转国公，世袭。佐领一。牧地当巴颜诺尔之南。东至巴颜诺尔东山木鲁，南至窝兰布拉克、僧里鄂博、哈立噶图，西至博尔楚尔、哈立噶图河，北至纳兰萨兰。北极高三十六度十八分。京师偏西十五度四十二分。巴彦诺尔在青海东南，周四十余里。水西北流出，屈曲三百数十里，入和尔必拉。

　　青海土尔扈特部四旗：元臣翁罕，数传至博第苏克，自称青海土尔扈特台吉。顺治八年始通贡。雍正三年，编辖旗四。北极高三十五度十五分。京师偏西十七度十五分。**南中旗**翁罕之裔。雍正三年授札萨克一等台吉,世袭。佐领四。牧地当登努尔特达巴罕之阳,东至果库图尔,南至果库图尔山木库尔,西至库克乌松,北至衮河尔台。**西旗**翁罕之裔。雍正三年授札萨克一等台吉,世袭。佐领四。牧地在阿屯齐老图,有阿勒淖尔泊。东至滚阿尔台,南至黄河,西至哈尔古尔希立,北至库克乌苏唐素楞。**南前旗**翁罕之裔。雍正元年授札萨克一等台吉,世袭。佐领一。牧地当大哈柳图河之南,小哈柳图河至北。东至古鲁半博尔齐沙拉图,南至黄河,西至宗科尔,北至恰克图。大哈柳图河,蒙古曰伊克哈柳图,在洮州厅西六百余里黄河北岸,源出纳莫哈山乌兰俄尔吉岭,当布库吉尔地。三源东流百余里,折而西南,合流,又西北流,入黄河。小哈柳图河,源出鲁察布拉山,二源西南流百里合,又西入河。当旗境东。察汉诺们罕喇嘛游牧在旗境东北。**南后旗**翁罕之裔。雍正三年授札萨克一等台吉,世袭。佐领三。牧地当硕罗巴颜哈拉山之阳,曰鄂博图。东至莫古立源,南至衮阿尔台,西至库克乌松木鲁,北至登纳吉尔尼。萨尔哈布齐海河,自南来屈曲而南,有哈尔浑舍里小河,阿尔坦河,自北来会,合而南入黄河。呼呼乌苏河,在阿尔坦河之西北,源出苏罗达巴罕,南入黄河。

　　青海喀尔喀部一旗:南右一旗。元太祖之裔。徙牧青海,隶和硕特族。雍正元年来归。编旗一。乾隆三年,授公中札萨克一等台吉。佐领一。牧地在青海南岸。东至察罕哈达,南至南山木鲁,西至乌兰布拉克,北至青海。北极高三十六度三十五分。京师偏西十六度三十二分。自东而西,有阿木尼塞尔沁阿林、伊克哈图达巴罕、巴哈哈图达巴罕、巴哈察罕哈达、伊克察罕哈达诸山。东有阿尔河。西,札哈苏太河。中,无名河六。俱北流入青海。达赖商土堪布喇嘛牧场在柴积河南。以上各部共二十九旗及察罕诺门为一盟,不设盟长,归西宁办事大臣统辖。

　　土司青海所属凡四十:玉树四司。一司、二司在木鲁乌苏河东。三司、四司在河西。阿拉克硕二司、白利、阿萨克、阿永,在河南。尼牙木错、固察、拉布,在河北。札武三司在河东。隆布、吹冷多尔多,在布垒、布楚两河间。上格尔吉在布楚河西。中格尔吉、下格尔吉、哈尔受、隆坝二司、隆东绰火尔、觉巴拉、苏尔莽、叶尔吉、列旺、安图、兴巴、拉尔吉,俱在河北。桑色尔、巴颜囊谦,在河南。洞巴在河西。苏鲁克在索克河南。称多在玛楚河西。蒙古尔津、永济普,在黄河西。二阿里克,在齐普河东。西北境有阿克达木山、巴萨通拉木山,皆长数百里。极西北二十里,有锡津乌蓝拖罗海山,托克托乃乌蓝木伦河出其西南。为勒科尔乌蓝达布逊山。喀齐乌蓝木伦河,东流八百余里,会乌苏河,以下通称木鲁乌苏河。有阿克达木河,出阿克达木山,屈曲流七八百里,北注之。折北流,会托克托乃乌蓝木伦河。又转东,受南来之布辉伯河。又东,受南来大水二,入玉树司界。折西南,有那木齐图乌兰木伦河,出瀚海地,东流千余里,折南注之。又南折东,径拉玛察喀山,北受齐齐尔纳河。又东南为布垒楚河,入四川雅州所属土司界,是为金沙江上源。阿克河出巴萨通拉木山,南流折东入喀喇乌苏河。河自前藏东流入境,行三百余里,折南流,有索克河出阿克达木山西,屈曲东流八百里而南注之,仍南入前藏界。布楚河上源曰格尔吉河,出上格尔司境,东南流,径各司南,至洞巴司西,折南入前藏界,是为澜沧江上源。玛楚河出固察司东,东南流,入雅州土司界,是为雅龙江上源。黄河发源巴颜喀喇山东麓,名阿尔坦河,东北流,汇为大泽,名鄂端诺尔,即星宿海也。又东贯查灵海,南入鄂灵海,会西来乌兰河,至永青普司东,又折东入额鲁特界。齐普河上源有二,曰图声图河,曰得尔多河,北流而合,环阿里克境,西北入黄河。**以上纳赋于西宁办事大臣。**

清史稿卷八〇
志第五五

地理二十七

西　藏

　　西藏：《禹贡》三危之地。在四川、云南徼外，至京师万有四千余里。周为西羌戎，汉为西羌。唐为吐蕃，其君长号赞普。至宋朝贡不绝。元宪宗始于河州置吐蕃宣慰司都元帅府，四川徼外置碉门、鱼通、黎雅、长河、西宁等处宣抚司。世祖时，复置乌斯藏，郡县其地。明为乌斯藏，赐封号，设指挥、宣慰等司，以示羁縻。宣德、成化间，又累加封号。其地有僧号达赖喇嘛，居拉萨之布达拉庙，号为前藏；有班禅喇嘛，居日喀则城之札什伦布庙，号为后藏。太宗崇德七年，有达赖喇嘛及班禅，重译来贡。未几，为蒙古顾实汗所据。四传至曾孙拉藏汗，而准噶尔并之。康熙五十九年，官兵西讨，歼伪藏王，以西藏地赐达赖喇嘛，使蒙古旧臣颇罗鼐等五人分守。乾隆四年，敕封颇罗鼐为郡王，领藏事。至其子袭封，以罪诛，遂除西藏王爵。所有转国公三，一等台吉一，噶布伦四，戴琫五，碟巴三，堪布一。设驻藏办事、帮办大臣，分驻前后藏以辖之。其俗称国曰图伯特，又曰唐古忒。近因藏民不遵光绪十六年与英所定条约，辱其边务大臣，致英兵入拉萨，要挟西藏立约十条，主权尽失。光绪三十一年，特派员至印度与英协商，其新改条约：一，西藏路矿电线，由中、英两国妥议办理，他国不得干预；二，西藏用人权，概归英员与驻藏大臣会议办理；三，西藏有乱，中政府须与英协商后派兵弹压;四,西藏增设商埠,由中、英两国会同办理;五,西藏土地,非得中、英两国承办,不得租借转卖。据条约观之,西藏盖为两属之国矣。

境内分四部:曰卫,曰康,曰藏,曰阿里。东界四川,东南界云南,西界西域回部大沙海,北界青海及回部。广六千余里,袤五千余里。北极高三十度三十五分,京师偏西二十四度十五分。

卫:一曰前藏,即古之危,亦称中藏,即乌斯藏也。乾隆十五年,设大臣镇守。其城曰布达拉城。有坐床,为达赖喇嘛所住,协理藏事。东界喀木,西界后藏,南界不丹,北界青海及新疆。辖城二十八。喇萨城即布达拉,在打箭炉西北三千四百八十里。札什城在喇萨东南七里。德庆城在喇萨东南三十八里。奈布东城在喇萨东南二百二十里。桑里城在喇萨东南二百五十一里。垂佳普郎城在喇萨东南二百六十里。野而古城在喇萨东南三百一十里。达克布城在喇萨东南三百三十七里。则库城在喇萨东南三百四十里。满撮纳城在喇萨东南四百四十里。拉巴随城在喇萨东南四百四十里。达喇马宗城在喇萨东南五百六十里。古鲁纳木吉牙城在喇萨东南六百二十里。硕噶城在喇萨东南六百四十里。朱木宗城在喇萨东南七百五十里。东顺城在喇萨东南七百七十里。则布拉刚城在喇萨东南八百七十里。纳城在喇萨东南九百六十里。吉尼城在喇萨东南九百八十里。日噶牛城在喇萨西南三十里。楚舒尔城在喇萨西南百十五里。日喀尔城在喇萨西南百二十里。公喀尔城在喇萨西南百四十里,为卫地最大之城。岳吉牙来杂城在喇萨西南三百三十里。多宗城在喇萨西南四百二十里。僧格宗城在喇萨东北百二十里。墨鲁恭噶城在喇萨东北百五十里。达多城在喇萨东北百七十里。设大汛为护防。藏地凡大汛四,一在前藏城。一在后藏。又台站二,自打箭炉至此有站五。鱼通即打箭炉、里塘、巴塘,均属四川有。前藏者二。曰察木多,曰拉里。城西南:巴则山。西:招拉笔洞山。又布达拉山,高百余丈。又西:东噶尔山,主约四百余丈,为西藏要隘。南:牛魔山,主二百余丈。东北:郎路山、萨木多岭。北:布克沙克河,源出噶尔占古察岭,南流,西合沙克河。又东南流,西受库兰河,北受布克河。又东南,入喀喇乌苏。雅鲁藏布江,即大金沙江,古之跋布川也。源出藏西界卓书特部西北达木楚克哈巴布山，三源，俱东北流而合，折东流，枯木冈前山水自西南来会。又东北，江加苏木拉河自西北沙苦牙拉麻拉山东南流来会。又东，阿拉楚河北自沙拉木冈前山水会而南流，又东稍北，拉乌克藏布必拉自东北桑里池西南流，合数水来会。又东南，郭永河自东南昂则岭东北流，合数水来会。又东，萨楚藏布河自东北合诸水来会。又东，瓮出河、式尔的河、满楚藏布河、萨克藏布河，合诸水来会。又东南，加木租池水北自章阿布林城合东一水南流来注之。又东南，受西南来一水，又正北流，折向西北，受西北隆左池水。又东北，莽噶拉河南自那拉古董察山来注之。又东北，钟里山水自东南来注之。又东北，经章拉则城北，又东北，鄂宜楚藏布河自西北札木楚克池合诸水东南流来注之。又北流，戎戌楚河、札克北朋楚河自北来注之。又东南，会萨普楚河。又东径普冬庙前，乌雨克河自拉公山来注之。又东过萨喇朱噶铁索桥，径林奔城北，龙前河自南合二水来注之。又东北，捏木河自西北来注之。折东南流，径拜的城北岸山北，受西北来一小水，东北过铁索桥，径楚舒尔城南，东南至日喀尔公喀尔城北，噶尔招木伦江自东北合诸水，西南流径卫地喇萨来会，疑即古吐蕃之藏河也。雅鲁藏布江既会噶尔招木伦江，东南流，至打格布衣那城北，共八百里。年褚河自北合诸水来会。又东经义母哈庙，北受东北萨母龙拉岭水，南流入罗喀布占国。穆楚河合秦楚河，南流入哲孟雄。滕格里池，在境西北，藏地日喀则城东北，隔山即潞江源之布喀诸池。其北隔山即大流沙也。池广六百余里，周一千余里，东西甚长，南北稍狭，蒙古呼天为"滕格里"，言水色同天青。其东有三水流入，皆名查哈苏太河。西有二水流入，北曰罗萨河，南曰打尔古藏布河，合西来数池水，东流入此池。次曰牙母鲁克于木卒池，中有三山，水成五色。曰马品木达赖池，郎噶池，即狼楚河也。次曰布喀池，潞江源也。东噶尔山上有关。

康：一曰喀木。要寨曰察木多。在前藏东千二百五十里，东界四川，南界珞瑜境及英属阿萨密，西界卫地，北界青海。喀木今曰昌都，亦称前藏，本属呼图克图。康熙五十八年始纳款。设台站，置粮员一。有土城。西南有罗隆宗、舒班多、达隆宗，西北有类伍齐等部落，其南有乍了。康熙五十八年招抚。又南有江卡，雍正元年招抚，设有官寨。东：达盖喇山、冲得喇山。南：安静大山，与川、滇分界。西：嘉松古木山。东南：夺布喇山、鼎各喇山。西南：鱼别喇山、里角大山，冬春积雪。又巴贡山、蒙堡山、擦瓦山、云山、雪山、白夺山、纳夺山、黄云山、隐山、喇贡山。东有列木

喇岭。罗隆宗东有得贡喇山,山势陡峻。西:得噶喇山。舒班多东有章喇山。西
南:吾抵喇山、巴喇山。西:朔马喇山,即赛瓦合山。达隆宗西有必达喇山,沙贡
喇山、鲁贡喇山,两山相连。类伍齐西南有瓦合大山,山大而峻,冬春积雪。又
有擦噶喇山、叶达喇山。察木多左有昂楮河,源出中坝,因通云南,亦名云河。
右有杂楮河,源出九茹,因通四川,亦名川河。二水合流,入云南。澜沧江二源,
一源发于坐里帀城西北格尔吉匝噶那山,名匝楚河,一源发于坐里匝城西北
巴喇克拉丹苏克山,名鄂穆楚河,俱东南流,至匝坐里冈城东北察木多庙前,
二水合流,名拉克楚河,南流至包敦入乍了。又南流至察瓦寺,甲仓河东北来
会。又东南,左受色尔恭河,折南流,至角占,受左贡河。又东南流,径茶利大雪
山入云南,始名澜沧江。潞江在澜沧西,发源于卫地之布喀大泽,渊澄黝黑,又
多伏流,蒙古呼黑为"喀喇",水为"乌斯",故名喀喇乌斯。径拉萨北,有池名布
喀,椭圆形,广六十里,袤一百五十里,从此池西北流出,入额尔吉根池,转东
北,入集达池,又折东南流,入喀喇池。三池俱纵广五六十里。中有三山,四池
环抱。复从喀喇池东南出,纳布伦河,又东受北来二小水,折南转东,至喀喇乌
斯,为西宁进藏大道,皮船为渡。转东北流,径蒙古三十九族地,至伊库山,沙
克河西北来会。又东北流,径苏图克土司,索克河自北来会。折南流,左右各受
一小水,转西南会卫楚河。折而东,受雄楚河。又东纳沙隆锡河,转东南流,类
乌齐河自北来会。又东南径必蚌山,至嘉玉桥,为滇、蜀入藏之大道。又东南
流,江阳为巴克硕游牧,江阳为波密野番。又东南流,径桑昂曲宗入江卡。江之
外为怒夷,故名怒江。又东南,入云南维四厅,折而南下,径云龙州西徼,右纳
狄江,入保山乃名潞江。南流径潞江安抚司。又南流少东,左纳沙河,转西南至
遮放土司,从此出滇境入缅甸。罗隆宗西有偶楮河,源出噶尔藏骨岔海子,海
合澜沧江南峡。隆喜楮河源出噶喇山,东流,合偶楮河。舒班多有纳硕布楚河,
源出中义沟,北流,径舒班多城,西合三溪,东北流,入喀喇乌斯。又柱吗郎错
河,源出噶喇山,胄楮河,源出吾抵山,均流归偶楮河。达隆宗北有撒楮河,源
出朔马喇山。东南:边楮河,流合胄楮河。有俄楮河,源出沙贡喇山,流合叶楮
河。类乌齐东北有扎楮河,即昂楮河下流。乍了有勒楮河,源出昂楮山。乐楮
河源出作喇山。又有甲仓河,源出官角,西南流,径草里工,又西南,至洛隆宗,
合洛楚河,又西南至乍了寺前,与猛楚河合。有色楮河,源出上纳,夺流入察木
多大河。

　　拉里:一名喇里。在前藏东五百九十里,察木多西六百六十里,
达隆宗西北。康熙五十五年,其地有黑喇嘛,附于准噶尔。寻讨平

之，以地属前藏。设台站，置粮员一。无城。西南有工布江达。江达称沃壤。亦平西藏时就抚。又其南有达克，东北有西藏大臣所属三十九土司。亦有入甘肃西宁界者，皆喀喇乌苏番众也。拉里有拉里大山，势如龙，上下险峻，四时积雪。西南有瓦子山，番人呼为卓拉大山，延亘数百里，多积雪。江达西有鹿马岭，高约四十里，为西藏要隘。拉里东有同妥楮河，源出鲁贡喇山，流合得楮河。有热水塘，四时常温，番人呼为擦楮卡。江达有冈布藏布河，自卫地东纳东北察拉岭水，又东南，有危楚河自东北来会。又东南，有牛楚河自西北来会。东流过打克拉崩桥，又东，受东北二水，又南，径的牙尔山西，入冈布部落。至撒皮唐地拉东喀水境内，有薄藏布河自东北来会，土人曰喀克布必拉。径噶克布衣书里东城西，又南，径塞母龙拉岭东，朵格拉冈里山西，出冈布境。径公拉冈里山西，又南入罗喀布占国，下流入雅鲁藏布江。匝楚藏布江，即年渚必拉江，源出沙河克冈拉山，即喀尔靼庙东南山也。有水东流，曰马木楚河，与南来巴拉岭之巴隆楚河会。又东北，与北来乌山之乌斯江会。又东，径鹿马岭，至顺达，有水曰佳襄河，发源过拉松多，东南流，径江达城东，折而南流，合东二小水来会。又东南曲曲流，至工布什噶城南，有水东北自巴麻穆池南流，合东一水来会。又折而西南，有西来齐布山之牛楚河，合而南流，至工泽布珠穆宗城东、底穆宗城西，又东南至泽布拉冈城东，合于雅鲁藏布江。又桑楚河，南流，有雅隆布河出舒班多南境来注之，是为薄藏布河，又南入罗喀布占国，注雅鲁藏布江。

　　藏：即后藏，一曰喀齐。在前藏西南五百余里地，曰札什伦布，即古之藏也。南界尼泊尔，东界卫地，西界阿里，北界新疆。乾隆十五年，设大臣镇守。其城曰札什伦布城，有坐床，为班禅额尔德尼所驻，协理藏事。有汛三：在本城一；外二，曰江考，曰定日。西境彭错岭。北境那木岭。北有雅鲁藏布江，出阿里西南界山，东流，有郭永河东北流注之。又受那乌克藏布萨布楚河、萨尔格河，又近城北会多克楚河，至城西会南来之当山河，又径布里克什山南，江至此已行二千五百余里，又东入前藏界。北有打尔古藏布河，流入前藏，潴为腾格里池，广六百余里。

　　江考：在札什伦布城南二百里。驻守备一。南有帕里边寨，东连布鲁克巴，西通哲孟雄，外接西洋部落噶里噶达。东有千坝，南有宗木小部落，西南有定结，北有拉考多，皆有官寨。东南：珠布拉大雪山。西南：喀木巴拉山及萨木岭，定结之西有朋出藏布河，源有三，一西出书尔木藏拉山，一东出西尔中马山，一东南出瓜查岭，合而东南流，受西一小水。又南曰朋必拉，又南，有一水南自绰尔猛通那罔里山来会，折东流，受南北水各一。又东南流，受西南涿失罔千山、阿巴拉山之水二，又东流，受南一水，又东北至罗西喀尔城南，有一河，即西北喀拉布山二水，合东南流，径城北。罗楚河自北纳三水，南流合焉。又东北，罗藏布河自西北来注之。又东绕罔龙前山之北，折南流，受西来之牛藏布河。又东南，受帕里藏布河。又西南，牛楚河西自年尔木城合数水来会。又东南流，出藏南境，过朱拉拉依部东，主厄特克图界，下流入雅鲁藏布江。汛西有年楚河，源有二，一出朱母拉母山东北，一出其东顺拉岭下。泉池十数，汇为一水，北流，会曰章鲁河，又东北，至娘娘庙东，有八水从东北喀鲁岭诸山，又南有札木长山、社山来，合而西南流来会。转西北流。过江则城，西又西北过白满城，西受四水来注。又北，始名年楚河。经日喀则城东南，过苏木佳石桥，长七十丈，有十九洞，为藏地桥梁之冠。又北流，入雅鲁藏布江。源长共八百余里。西有帕里藏布河，有一水西南流，汇为噶尔撮池，南流而西，又为查木撮池，又西南流，折向东南，合东北来一水，又西南，会西北来之噶拉岭水，又西径帕里城西，又西南受二水，土人名藏曲大河，西流入朋楚河。

定日：在札什伦布城西南七百余里。驻守备一。有汛。城三面距边，南有绒辖，西南有聂拉木，西有济咙，西北有宗喀。绒辖之东南有喀达，喀达之西南有阳布，俱接廓尔喀界。宗喀之南有布陵，南近廓尔喀，北接达克汗部落。其西北有萨喀，又西北极边有阿里。以上中地俱有营官。东：崇乌拉山、甲错山。西南：嘉沏大山。西：通拉山。喀达之西有霞乌拉山。宗喀之东有巩塘拉山。布陵境内有罔底斯山，在阿里之达克喇城东北，直陕西西宁府西南五千五百九十余里。其山高五百五十余丈，周一百四十余里，四面峰蛮陡绝，高出众山百余丈，积雪如悬崖，浩然洁白，顶上有泉，流注至山麓，即伏流地下。前后环绕诸山，皆巉岩峭峻，奇峰拱列。按其地势，出西南徼外，以渐而高，至此而极。山脉蜿蜒，分干向西北者，为僧格喀巴布、罔里木孙诸山，绕阿里而北，入西域之和阗南山及葱岭诸山。向东北者，为札布列斜而克、角乌尔克、年唐拉、萨木坦罔、匝诺莫浑乌巴什、巴颜哈喇诸山。环卫地，竟青海，连延而下，六千余里，至陕西西宁等处边界。向西南者，为罔郡克尼儿、萨木泰罔诸山，亘阿里之南，入厄诺特克国。向东南者，为达木楚克喀巴布罔、噶尔沙弥、弩金刚花诸山，历藏、卫达喀，至云南、四川之境。康熙五十六年,遣喇嘛楚凡沁藏布兰木占巴、理藩院主事胜住等,绘画西海、西藏舆图,测量地形,以此地为天下之脊,众山之脉,皆由此起云。《水经注》:"阿耨达山,西南有水名遥奴;山西南小东,有水名萨罕;小东,有水名恒伽。北三水同出一山,俱入恒水。"今阿里为藏中极西南地,近古天竺境。北山西出狼楚、拉楚、麻楚三大水皆西流,转东而南,合为冈噶江,入南海。疑此即阿耨达山也。又有打母朱喀巴珀山,山形似马。郎千喀巴珀山,山形似象。生格喀巴珀山,山形似狮。马珀家喀巴珀山,山形似孔雀。皆与冈底斯山相连。冈噶江即出郎千喀巴珀山北麓,泉出汇为池,西北流,合东北来一水,又西而东北,公生池水伏而复出,北来三水,西南流来会,为马品木达赖池。自西流出为郎噶池。受东北来一水,从西流出,折向西南,曰狼楚河,曲曲二百余里,有楚噶拉河自东北来注之。又西折北而东北,径古格札什鲁木布则城之西、则布龙城之东,折西北而西南流,径则布龙城西南,又折而西北流,拉楚河自西北来会。三水既会,始名曰冈噶江。又东南流,出阿里界,径马木巴柞木郎部落,至厄讷特克入南海。朋出藏布河在定日北,东南流,讷结楚河、隆岗河,入定结。有牛楚河,出喜拉冈参山,东南流,合东北冈布纥山水又东南,径济咙城南境,受北来查母朱山一水,始曰牛楚必拉。又东流,径年尔母城北境,折而东南,又转而东北流,会朋出藏布河。萨喀境内有盐池。阿里东北九百余里有达鲁克池,隆布河与纳鞠河皆入焉。

清史稿卷八一

志第五六

地理二十八

察哈尔

察哈尔八旗：东南距京师四百三十里。当直隶宣化、山西大同边外。明插汉，本元裔小王子后。嘉靖间，布希驻牧察哈尔之地，因以名部。天聪六年，征林丹汗，走死。其子孔果尔额哲来降，即其部编旗，驻义州。康熙十四年，其子布尔呢兄弟叛，讨诛之，迁部众驻牧宣化、大同边外。又以来降之喀尔喀、厄鲁特编为佐领隶焉。乾隆二十六年，设都统，驻张家口。其地东界克什克腾，西界归化城土默特，南界直隶独石、张家二口及山西大同、朔平，北界苏尼特及四子部落。袤延千里。北极高四十二度二十分。京师偏西十分。**镶黄旗察哈尔**驻苏明峰，在张家口北三百四十里。东南距京师七百五十里。明，万全右卫边外。汉，上谷郡。牧地当张家口之北。东界正白旗察哈尔，西界正黄旗察哈尔，南界镶黄旗牧厂，北界苏尼特右翼，广一百六十里，袤一百九十里。其山：东曰漠尔图山。南，哈石郎山。北，青羊山蒙名博罗虎插、红羊山蒙名乌兰虎插。东南，阿哈鲁虎山、骆驼山。西南，额类山。东北，白鹿山蒙名布虎图。西北，衣尔哈图山。东南：大红泉蒙名伊克乌兰。西南：滚布拉克泉。北：小红泉。**正黄旗察哈尔**驻木孙忒克山，在张家口西北厂百二十里。东南距京师七百六十里。汉，且如县地。牧地当张家口厅之西北，喀喇乌纳根山南。东界镶黄旗察哈尔，西界正红旗察哈尔，南界陆军部右翼牧厂，北界四子部东。广一百一十里，袤二百八十里。其山：东曰额尔吉纳克山。南乌尔虎拖罗海山。北，大鲜卑山蒙名伊克阿勒特、兴安山。西南，插汉和邵山。东北，榆树山蒙名乌里雅苏台。西：七金河，蒙名贺尔博金，源出贺尔博金山，南流入希尔池。东南：兆哈河，源出平地，南流，会乌尔古河。又南，蒙古几河自西来注之。又南，苏尔扎河自东北来注之。又南流，从大同天镇以边，径柴沟堡，西北入怀安，为东洋河。蒙古几河源出平地，东流会兆哈河，南入边城，弩里河南流从之。**镶红旗察哈尔**驻布林泉，在张家口西北四百二十里。东南距京师八百三十里。汉，雁门郡北境。牧地当山西陶林厅之东北代哈泊。东界正红旗察哈尔，西界镶蓝旗察哈尔，南界丰镇，北界四子部落。广五十里，袤二百里。其山南曰鸭儿山。北，阿尔达布色山。东南，格尔白山。西南，乌尔姑苏台山。北，漠惠图河，源出敖托海泉，西流入镶蓝旗察哈尔，会安达河。东南：莽喀图河，源出正红旗察哈尔，西北流，会阿拉齐河，入黛哈池，即奄遏下水海。**正红旗察哈尔**驻古尔板拖罗海山，在张家口西北三百七十里。东南距京师八百里。汉，雁门郡北境。牧地当山西陶林厅之东北、丰镇厅之北，奇尔泊。东界正黄旗察哈尔。西界镶红旗察哈尔。南界陆军部右翼牧厂。北界四子部落。广五百五里，袤二百八十里。其山：东曰阿拍挞兰台山。北：伊克和洛图山。东北，哈撒克图山。西北，插汉峰。南：昆都伦泉、葫芦苏台泉。北：诺尔孙泉，东南流入正黄旗察哈尔，为纳林河，又东南注希尔池。**镶白旗察哈尔**驻布雅阿海苏默，在独石口西北二百四十五里。东南距京师七百七十里。明，开平卫西北边。汉，上谷郡北境。牧地当独石口厅治西北。东及南界陆军部牧厂，西界正白旗察哈尔，北界正蓝旗察哈尔。广五十六里，袤一百九十七里。其山：南曰巴汉得儿山。西北，铁柱山蒙名阿尔坦噶达苏。其北，西尔哈池。西北：红盐池蒙名乌兰池、魁素池。**正白旗察哈尔**驻布尔噶台，在独石口西北二百九十里。东南距京师八百二十里。明，龙门卫边外。汉，上谷郡北境。牧地当独石口厅治之西北。东及北界镶白旗察哈尔，西及南界镶黄旗察哈尔。广七十八里，袤二百九十五里。其山：南曰清凉黑山蒙名魁屯喀喇。西，喀喇峨博图山，一名黑山。东南，伊克得儿山，一名大马麒山。西北：翁翁泊、黑水泺蒙名喀喇乌苏。**镶蓝旗察哈尔**驻阿巴汉喀喇山，在杀虎口东北九十里。东南距京师一千里。明，大同府西北边外。汉，雁门郡沃阳县地。牧地当山西宁远厅之北。东界镶红旗察哈尔，西界山西归化，南界山西大同，北界四子部落。广一百一十五里，袤一百六十里。其山：东曰克丑山。西，乌兰插伯山。东北，衣马图山。东南，朔隆峰。其水：南曰察哈音图河，源出阿尔站岭，西南流，会弩衡格尔、虎虎乌苏二河，入乌兰木伦河。东南，阿拉齐河,源出朔隆峰,东流至镶红旗察哈尔,纳巴尔哈孙河,入黛哈池。东北,朱喇马台河,源出席喇峰,西南流,会喀喇乌苏河、纳札海河,为土尔根河,即黑河之上源,黑河,源出海拉苏台城,与镶红旗察哈尔接界,西北流,有纳札海、米喇马台等河,皆自东北来,与黑水河会。又西流,受德布色黑河,折西南,合哲尔德河,始名伊克土尔根河,又西入归化。**正蓝旗察哈尔**驻札哈苏台泊,在独石口东北三百六十里。东南距京师八百九十里。明,开平卫北境。金,恒州地。牧地当直隶独石口厅治之北。东界克什克腾,西界镶白旗察哈尔,南界内务府正白旗羊群牧厂,北界阿巴噶左翼。广二百六十五里,袤九十五里。其水:东曰戈贺苏台河,源出额默黑特站西,北流,会察察尔台、戈贺苏台、奴黑特等河,入阿霸垓右翼。

清史稿卷八二
志第五七

礼一　<small>吉礼一</small>

坛壝之制
神位祭器祭品玉帛牲牢之数
祀期　斋戒　祝版　祭服　祭告
习仪　陪祀

　　自虞廷修五礼，兵休刑措。天秩虽简，鸿仪实容。沿及汉、唐，迄乎有明，救敝兴雅，咸依为的。煌煌乎，上下隆杀以节之，吉凶哀乐以文之，庄恭诚敬以赞之。纵其间淳浇世殊，要莫不弘亮天功，雕刻人理，随时以树之范。故群氓蒸蒸，必以得此而后足于凭依，洵品汇之玑衡也。酌之酌之，损之益之，修明而讲贯之，安见不可与三代同风！

　　世祖入关，顺命创制，规模闳远。顺治三年，诏礼臣参酌往制，勒成礼书，为民轨则。圣祖岁御经筵，纂成《日讲礼记解义》，敷陈虽出群工，阐绎悉遵圣训。高宗御定《三礼义疏》，网罗议礼家言，折衷至当，雅号钜制。若《皇朝三通》、《大清会典》，其经纬礼律，尤见本原。

　　至于专书之最著者：一曰《大清通礼》，乾隆中撰成，道光年增修；一曰《皇朝礼器图式》，曰祭器、曰仪器、曰冠服、曰乐器、曰卤簿、曰武备；一曰《满洲祭神祭天典礼》，其始关外启蕈，崇祭天神暨群祀祖祢，意示从俭。凡所纪录，悉用国语、国书。入关后，有举莫废。逮高宗时，依据清文，译成四卷。祭期、祭品、仪注、祝辞。与夫口耳相传，或小有异同者，并加厘订，此国俗特殊之祀典也。德宗季叶，设礼学馆，博选耆儒，将有所缀述。大例主用《通礼》，仿江永《礼书》例，增《曲礼》一目。又仿《宋太常因革礼》例，增《废礼》、《新礼》二目，附《后简》。未及编订，而政变作矣。

其祀典之可稽者，初循明旧，稍稍褒益之。堂子之祭，虽于古无征，然昭假天神，实近类祀。康熙间，以禁中祭上帝、大享殿合祀天地日月及群神、太庙阶下合祭五祀非古制，诏除之。又罢禘祭，专行祫祭。高宗修雩祀，废八蜡，建两郊坛宇，定坛庙祭器，举废一惟其宜。宣宗遗命罢郊配祔庙，文宗限以五祖三宗，虑至深远。穆宗登遐，礼臣援奉先殿增龛座例，主升祔。议者病简略，然亦迫于势之不容已耳。光绪间，依高宗《濮说辨》，称醇亲王为本生考，立庙别邸，祀以天子礼。恩义兼尽，度越唐、明远矣。

若夫郊庙大祀，无故不摄，诚敬仁孝，永垂家法，尤举世所推。今为考诸成宪，循五礼序，条附支引，凡因袭变创，所以因时而制宜者，愁胪其要于编。

五礼，一曰吉礼。凡国家诸祀，皆属于太常、光禄、鸿胪三寺，而综于礼部。惟堂子元日谒拜，立杆致祭，与内廷诸祀，并内务府司之。

清初定制，凡祭三等：圜丘、方泽、祈谷、太庙、社稷为大祀。天神、地祇、太岁、朝日、夕月、历代帝王、先师、先农为中祀。先医等庙，贤良、昭忠等祠为群祀。乾隆时，改常雩为大祀，先蚕为中祀。咸丰时，改关圣、文昌为中祀。光绪末，改先师孔子为大祀，殊典也。天子祭天地、宗庙、社稷。有故，遣官告祭。中祀，或亲祭、或遣官。群祀，则皆遣者。

大祀十有三：正月上辛祈谷，孟夏常雩，冬至圜丘，皆祭昊天上帝；夏至方泽祭皇地祇；四孟享太庙，岁暮祫祭；春、秋二仲，上戊，祭社稷；上丁祭先师。中祀十有二：春分朝日，秋分夕月，孟春、岁除前一日祭太岁、月将，春仲祭先农，季祭先蚕，春、秋仲月祭历代帝王、关圣、文昌。群祀五十有三：季夏祭火神，秋仲祭都城隍，季祭炮神。春冬仲月祭先医，春、秋仲月祭黑龙、白龙二潭暨各龙神，玉泉山、昆明湖河神庙、惠济祠，暨贤良、昭忠、双忠、奖忠、褒忠、显忠、表忠、旌勇、睿忠亲王、定南武壮王、二恪僖、弘毅文襄勤襄诸公等祠。其北极佑圣真君、东岳都城隍，万寿节祭之。亦有因时特举者，视学释奠先师，献功释奠太学，御经筵祇告传心殿。其岳、镇、海、渎，帝王陵庙，先师阙里，元圣周公庙，巡幸所莅，或亲祭，或否。遇大庆典，遣者致祭而已。各省所祀，如社稷，先农，风雷，境内山川，城隍，厉坛，帝王陵寝，先师，关帝，文昌，名宦、贤良等祠，名臣、忠节专祠，以及为民御灾捍患者，悉颁于有司，春秋岁荐。至亲王以下家庙，祭始封祖并高、曾、祖、祢五世。品官逮士庶人祭高、曾、祖祢四世。其余或因事，或从俗，第无悖于祀典，亦在所不禁。此其概也。

若夫坛壝神位，祭献品物，斋戒告虔，及一切度数节文，详其异同，识其颠末，无遗无复，庶览者可考而知已。

坛壝之制，天聪十年，度地盛京，建圜丘、方泽坛，祭告天地，改元崇德。天坛制圆，三九，上成九重，周一丈八尺；二成七重，周三丈六尺；三成五重，周五丈四尺：俱高三尺。垣周百十有三丈。地坛制方二成，上成方六丈高二尺下成方八丈高二尺四寸垣周百三十有三丈。制甚简也。世祖奠鼎燕京，建圜丘正阳门外南郊，方泽安定门外北郊，规制始拓。圜丘南向，三成，上成广五丈九尺，高九尺；二成广九丈，高八尺一寸；三成广十有二丈，高如二成。甃砖合一九七五阳数。陛四出，各九级。栏楯柱覆青琉璃。内甃圆，周九十七丈七尺五寸，高八尺一寸。四面门各三门，柱各二。燔柴炉、瘗坎各一。外壝方，周二百四丈八尺五寸，高九尺一寸。四门如内壝。北门后为皇穹宇，南向，制圆。八柱环转，重檐金顶。基周十三丈七寸，高九尺。陛三出，级十有四。左右庑各五楹，陛一出，七级。殿庑覆瓦俱青琉璃。围垣周五十六丈六尺八寸,高丈有八寸。南设三门。外门外北神库、神厨各五楹,南向,井亭一。其东为祭器、乐器、楼荐诸库。又东为井亭、宰牲亭。坛内垣北圆,余皆方。门四:东泰元,南昭亨,西广利,北成贞。成贞北为大享殿。坛圆,南向。内外柱各十有二,中龙井柱四。金顶,檐三重,覆青、黄、绿三色琉璃。基三成,南北陛三出,东西陛一出,上二成各九级,三成十级。东西庑二重,前各九楹,后各七楹。前为大享门,上覆绿琉璃,前后三出陛,各十有一级。东南燔柴炉、瘗坎,制如圜丘。内墙周百九十丈七尺二寸。门四,北门后为皇乾殿,南向,五覆青琉璃。陛五出,各九级。东砖门外长廊七十二,联檐通脊,北至神库、井亭。又东北宰牲亭,荐俎时避雨雪处也。墙外围垣东、西、北各有门,南接成贞。又西北曰斋宫,东向,正殿五楹,陛三出,中级十有三,左右各十五。左设斋戒铜人,右设时辰牌。后殿五楹,左右配殿各三楹。内宫墙方百三十三丈九尺四寸。中三,门左右各一。环以池,跨石梁三。东北钟楼一,外宫墙方百九十八丈二尺二寸,池梁如内制。广利门外西北为神乐观,东向。中凝禧殿,五楹。后显佑殿,七楹。西为牺牲所,南向,又西为钟楼,其大享殿围垣南接圜丘,东、西转北为圆形。内垣高一丈一尺,址厚九尺,顶厚七尺,周千二百八十六丈一尺五寸。外垣高一丈一尺五寸,址厚八尺,顶厚六尺,周千九百八十七丈五尺。西响门二,南北并列焉。乾隆八年,修斋宫,改神乐观为所。十二年,修内外垣,改筑圜丘,规制益拓。上成径九丈,二成十五丈,三成二十一丈,一九三五三七,皆天数也。通三成丈四十有五,符九五义。量度准古尺,当营造尺八寸一分,又与九九数合。坛面甃砖九重,上成中心圆面,外环九重,砖数一九累至九九。二三成以次递加。上成每面各十有八,二成各二十七,三成各四十五,并积九为数,四乘之,综三百有六十,以应周天之度。其高上成五尺七寸,二成五尺二寸,三成五尺。栏、柱、阶级并准今尺。古今尺度嬴缩稍差,用九则一。复改坛面为艾叶青石,皇穹宇台面墁青白石,大享殿外坛面墁金砖瓦。坛内殿宇门垣俱青琉璃。十六年,更名大享殿曰祈年。覆檐门庑坛内外墙垣并改青琉璃，距坛远者如故。寻增天坛外垣南门一，内垣钟鼓楼一，嗣是祭天坛自新南门入，祭祈年殿仍自北门入。二十年，改神乐所为署。五十年，重建祈谷坛配殿。光绪十五年，祈年殿灾，营度仍循往制云。

方泽北响，周四十九丈四尺四寸，深八尺六寸，宽六尺，祭日中贮水。二成，上成方六丈，二成方十丈六尺，合六八阴数。坛面甃黄琉璃，每成陛四出，俱八级。二成南列岳镇五陵山石座，镂山形；北列海渎石座，镂水形：俱东西向。内墙方二十七丈二尺，高六尺，厚二尺。正北门三，石柱六。东、西、南门各一，石柱二。北门外西北瘗坎一。外墙方四十二丈，高八尺，厚二尺四寸。门制视内墙。南门后皇祇室，五楹，北响。垣周四十四丈八尺，高一丈一尺。正门一，外墙西门外，神库，神厨，祭器、乐器诸库，井亭，宰牲亭在焉。西北曰斋宫，东向。正殿七楹，陛五出，中九级，左右俱七级；南北陛一出，各七级。左右配殿各七楹。宫墙周百有十丈二尺。门三，东向。东北钟楼一。坛内垣周五百四十九丈四尺，北、西门各三，东、南门各一。外垣周七百六十五丈。西向门三。雍正八年，重建斋宫，制如旧。乾隆十四年，以皇祇室用绿瓦乖黄中制，谕北郊坛砖墙瓦改用黄。明年，改筑方泽墁石，坛面制视圜丘。上成石循前用六六阴数，纵横各六，为三十六。其外四正四隅，均以八八积成，纵横各二十四。二成倍上成，八方八八之数，半径各八，为六八阴数，与地耦义符。寻建东、西、南墙门外南、北瘗坎各二。又天、地二坛，立陪祀官拜石如其等。

阙右社稷坛，制方，北向。二成，高四尺。上成方五丈，二成方五丈三尺。陛四出，各四级。上成土五色，随其方覆之。内墙方七十六丈四尺，高四尺，厚二尺，饰色如其方。门四，柱各二。墙西北瘗坎二。北拜殿，又北戟门，楹各五，陛三出。外列戟七十二，其西南神库、神厨在焉。坛垣周百五十三丈四尺，覆黄琉璃。北三门，东、西、南各一门。西门外宰牲亭一、井一。西南为奉祀署。坛东北正门一,左右门各一,俱东向,直阙右门,乘舆躬祭所出入也。东南为社稷街。乾隆二十一年,徙瘗坎坛外西北隅。旧制垣用五色土,至是改四色琉璃砖瓦。各省社稷坛高二尺一寸,方广二丈五尺,制杀京师十之五云。

朝日坛在朝阳门外东郊,夕月坛在阜成门外西郊,俱顺治八年建。制方,一成,陛四出。日坛各九级,方五丈,高五尺九寸。圆墙,周七十六太五尺,高八尺一寸,厚二尺三寸。坛垣前方后圆,周二百九十丈五尺。月坛各六级,方四丈,高四尺六寸。方墙,周九十四丈七尺,高八尺,厚二尺二寸。坛垣周二百三十五丈九尺五寸。两坛具服殿制同。燎炉,瘗坎,井亭,宰牲亭,神库,神厨,祭器,乐器诸库咸备。其牌坊曰礼神街。雍正初,更名日坛街曰景升,月坛街曰光恒。乾隆二十年,修建坛工,依天坛式。改内垣土墙甃以砖,其外垣增旧制三尺。光绪中,改日坛面红琉璃,月坛面白琉璃,并覆金砖。

天神、地祇、行农三坛制方,一成,陛皆四出,在正阳门外。先农坛位西南,周四丈七尺,高四尺五寸。东南为观耕台,耕耤时设之。前藉田,后具服殿。东北神仓,中廪制圆。前收谷亭,后祭器库。内垣南门外,神祇坛在焉。神坛位东,方五丈,高四尺五寸五分。北石龛四,镂云形,分祀云、雨、风、雷。祇坛位西,广十丈纵六丈,高四尺。南石龛五,镂山水形。分祀岳、镇、海、渎。二坛方墙,俱周二十四丈,高五尺五寸。正门分南、北,余如日、月坛。又内垣东门外北斋宫,五楹,后殿,配殿,茶、膳房具焉。乾隆时,更命斋宫曰庆成宫。坛外垣周千三百六十八丈。南、北门二,东向,南入先农坛,北入太岁殿。殿七楹,东、西庑各十有一。其前曰拜殿,燎炉一。

先蚕坛,乾隆九年,建西苑东北隅,制视先农。径四丈,高四尺,陛四出。殿三楹,西向。东采桑台,广三丈二尺,高四尺,陛三出。前为桑园台,中为具服殿、为茧馆,后为织室。有配殿,环以宫墙。墙东浴蚕河,跨桥二。桥东蚕署三,蚕室二十七,俱西向。外垣周百六十丈,各省先农坛高广视社稷,余如制。

　　神位、祭器、祭品、玉、帛,牲牢之数　　神位,圜丘第一成,正位昊天上帝,南向。配位八,首太祖迄宣宗,东西向。凡位皆施幄。第二成从位,东大明,次星辰。西夜明,次云、雨、风、雷。常雩如冬至、大祀、大雩,有从无配。祈谷位次视圜丘第一成,无幄。方泽第一成,正位皇地祇,北向,配列祖、列宗,东西向。第二成从位,东五岳,启运、隆业、永宁三山,次四海。西五镇,天柱、昌瑞二山,次四渎。因事祇告天地,不设配从位。顺治十七年,合祀大享殿,其正位左天帝,右地祇,南向。东太祖,西太宗,配之。从祀十二坛,大明位东,星辰、五岳、启运、四海、太岁、名山大川次之。夜明位西,云、雨、风、雷、五镇、天柱、隆业、四渎、帝王、天下神祇次之。社稷坛中植石主,别设神牌,正位。东大社,西大稷。北向。东配后土句龙氏,西后稷氏。无幄。坛下龛用木。日坛东大明,无幄。月坛正位夜明,配北斗二十八宿、周天星辰,共一幄。天神坛正中,左云师,次风伯,右雨师,次雷师,南向。地祇坛正中五岳,右五镇,次四海,左五陵,次四渎,北向。右旁京师山川,左旁天下山川。无幄。各省府、州、县神祇位次,正中云、雨、风、雷,左山川,右城隍。其郊坛神位,皇穹宇、皇乾殿、竿祇室奉之。神祇、社稷、日月神位,神库奉之,祭时并移坛所。太庙、奉先殿神牌置寝室龛位,祭时移前殿宝座。至傅心殿、历代帝王、先师各庙龛位,或分或合,无恒制。

　　祭器,圜丘正位,爵三,登一,簠、簋二,笾、豆十,筐、俎、尊各一,配从同。惟大明、夜明珪三十,夜明铏皆二,云、雨、风、雷视夜明。常雩如冬至、大祀、大雩,正、从位俱笾六,豆二,告祭正位同。方泽祈谷坛正、配位,暨方泽从位,并视圜丘。珪、铏视夜明。太庙时享,帝、后同案,俱爵三,簠、簋二,笾、豆十有二,登、铏、筐、俎各一。尊前后殿同。祫祭如时享,东庑每案爵三,簠、簋二,笾、豆十,铏、筐、俎各一,尊共八案,分二座,爵、铏倍之。西庑同,惟簠、簋一,笾、豆四。告祭,中、后殿俱笾六,豆二。社稷坛大社、大稷,俱玉爵一,陶爵二,登、筐、俎、尊各一,铏、簠、簋各二。配位同,惟爵皆用陶。祈告,笾六,豆二。直省祭社稷,爵六,一,笾、豆四、、簠、筐、俎、尊各一,如大社稷。日坛、月坛、先农、先蚕坛,俱爵三,三十,笾、豆十,铏、簠、簋各二,、筐、俎、尊各一。直省祭先农如祭社稷。天神坛四案,凡新祀爵共十二,各用笾六、豆二、尊一、筐一。地祇坛如之,惟案七共爵二十七耳。报祀神祇,每案与日坛同,惟无瓒。直省祭神祇,爵三,笾、豆四,铏、簠、簋各二,筐、俎、尊各一。时巡祭岳镇、海渎同。报祀增铏一,因事遣祭仍用二。余同。有司致祭无登、瓒。太岁殿准先农,报祀亦如之。祈祀,笾六、豆二,不羞俎。先师正位视圜丘,惟用铏二。四配视正位,惟用笾、豆八,无登。十二哲位,各爵三,铏一,簠、簋一,笾、豆四,筐、俎、尊共用二。两庑二位同案,位一爵,凡献爵六,共筐二,尊、俎俱各六,簠、簋各一,笾、豆各四。视学、释奠同。

乾隆三十三年,颁内府周鼎、尊、卣、罍、壶、簠、簋、瓠、爵各一,陈列大成殿,用备礼器。崇圣祠正位五案,案设爵三,笾、豆八,铏、簠、簋各二,筐、俎、尊各一。配位五案,设爵三,笾、豆四,铏、筐、簠、簋各一,共俎二,尊二。两庑三案,案各与配位同,惟共筐为二。

光绪三十二年,增先师正位笾、豆为十二,崇圣祠笾、豆为十,阙里、直省文庙暨崇圣祠祭器视太学。历代帝王正位十六案,案设爵三,登一,铏、簠、簋各二,笾、豆十,筐一,共俎七,尊七。两庑配位二十案,案设爵十二,铏二,笾、豆四,簠、簋、筐各一,共俎四,尊四。传心殿正位九案,案设爵,尊各三,铏、筐各一,笾、豆二,配位二案,案设爵三,笾、豆二,铏、筐、尊各一。关帝、文昌帝君俱爵三,笾、豆十,铏、簠、簋各二,登、筐、俎、尊各一,惟后殿笾、豆八。各省准京式。先医三皇位,位设爵三,笾、豆十,簠、簋、筐、俎、尊各一,两庑六案,案设簠、簋一,筐、尊各二,笾、豆四,共爵六。都城隍爵三,笾、豆十,铏、簠、簋各二,筐、俎、尊各一。火神、东岳庙,俱果盘五,筐、俎、尊各一。黑龙潭、玉泉山、昆明湖各龙神祠、惠济祠、河神庙俱三案,案设爵三,簠、簋二,笾、豆十,筐、俎、尊各一。

初沿明旧,坛庙祭品遵古制,惟器用瓷。雍正时,改范铜。乾隆十三年,诏祭品宜法古,命廷臣集议,始定制笾编竹,丝绢里,髹漆。

郊坛纯漆,太庙采画。其豆、登、簠、簋,郊坛用陶,太庙惟登用之,其他用木,髹漆,饰金玉。铏范铜饰金。尊则郊坛用陶。太庙春牺尊、夏象尊、秋著尊、冬壶尊、祫祭山尊,均范铜。祀天地爵用匏,太庙玉,两庑陶。社稷正位,玉一陶二。配位纯陶。又豆、登、簠、簋、铏、尊皆陶。日、月、先农、先蚕亦如之。帝王、先师、关帝、文昌及诸祠,则皆用铜。凡陶必辨色,圜丘、祈谷、常雩青、方泽、社稷、先农黄,日坛赤,月坛白。太庙陶登,黄质采饰,余俱白。盛帛用竹篚,髹色如其器。载牲用木俎,髹以丹漆。毛血盘用陶,色亦如其器。嘉庆十九年,定太庙簠、簋、豆与凡祭祀竹笾,三岁一修。光绪三十二年,先师爵改用玉。

祭品,凡笾、豆之实各十二,笾用形盐、薨鱼、枣、栗、榛、菱、芡、鹿脯、白饼、黑饼、糗饵、粉餈,豆用韭菹、醓醢、菁菹、鹿醢、芹菹、兔醢、笋菹、鱼醢、脾析、豚拍、酏食、糁食。用十者,笾减糗饵、粉餈,豆减酏食、糁食。用八者,笾减白、黑饼,豆减脾析、豚拍。用四者,笾止实形盐、枣、栗、鹿脯,豆止实菁菹、鹿醢、芹菹、兔醢。笾六者,用鹿脯、枣、榛、葡萄、桃仁、莲实。豆二者,止用鹿醢、兔醢。登一,太羹。铏二,和羹。簠二,稻、粱。簋二,黍、稷。

玉、帛、牲牢:玉六等,上帝苍璧,皇地祇黄琮,大社黄琮,大稷青珪,朝日赤璧,夕月白璧。旧制,社稷坛春秋常祀用玉,祷祀则否。乾隆三十四年,会天旱祷雨,谕曰:“玉以芘荫嘉谷,俾免水旱偏灾,特敕所司用玉将事。”自此为恒式。帛七等:曰郊祀制帛,南北郊用之。上帝青十二,地祇黄一。曰礼神制帛,社稷以下用之。社稷黑四,大明赤一,夜明白一,日月同。星辰斗宿白七,青、赤、黄、黑各一。天神、云、雨、风、雷,青、白、黄、黑各一,方泽从位,岳镇各五,五色。五陵山白五。四海随方为色。四渎黑四。地祇黄二,青、赤各三,黑七、白十二。先农、先蚕俱青一,先师正、配位,十二哲,两庑,崇圣祠正位,东、西庑,俱各一用白。帝王各位、关帝、文昌正位、后殿,太岁正位,北极佑圣真君、东岳都城隍亦如之。惟先医正位三,崇圣配位四,太岁两庑十二,火神赤一。曰告祀制币,祈报祭告用之。祈谷、雩祀、告祀圜丘俱青一，祭告方泽黄一。曰奉先制币，郊祀配位、太庙用之，圜丘、方泽配位各一，太庙帝后每位一。曰展亲制币，亲王配飨用之，太庙东庑位各一。曰报功制币，功臣配飨用之，太庙西庑位各一。三者俱白，昭忠等祠同，并织满汉文字。曰素帛，帝王庙两庑位各一，先医庙两庑共四，余祀亦尚素。牲牢四等：曰犊，曰特，曰太牢，曰少牢。色尚骍或黝。圜丘、方泽用犊，大明、夜明用特，天神、地祇、太岁、日、月、星辰、云、雨、风、雷、社稷、岳镇、海渎、太庙、先农、先蚕、先师、帝王、关帝、文昌用太牢。太庙西庑，文庙配哲、崇圣祠、帝王庙两庑，关帝、文昌后殿，用少牢。光绪三十二年，崇圣正位改太牢。直省神祇、社稷、先农、关帝、先医配位暨群祀用少牢。火神、东岳、先医正位，都城隍，皆太牢。太牢：羊一、牛一、豕一，少牢：羊、豕各一。

　　大祀入涤九旬，中祀六旬，群祀三旬。大祀天地，前期五日亲王视牲，二日礼部尚书省牲，一日子时宰牲。帝祭天坛，前二日酉时宰之，太庙、社稷、先师前三日，中祀前二日。礼部尚书率太常司省牲，前一日黎明宰牲。惟夕月届日黎明宰之。令甲，察院、礼部、太常、光禄官监宰，群祀止太常司行。乾隆十七年，定大祀、中祀用光禄卿监宰。初，郊坛大祀，帝前期宿斋宫，视坛位、笾豆、牲牢。乾隆七年，更定前一日帝诣圜丘视坛位，分献官诣神库视笾豆，神厨视牧牢。寻定视坛位日，亲诣皇穹宇、皇祇殿上香。故事，省视笾豆特牢，或临视，或否。三十五年，定遣官将事，自后以为常。

　　祀期　　郊庙祭祀，祭前二岁十月，钦天监豫卜吉期。前一岁正月，疏卜吉者及诸祀定有日者以闻。颁示中外。太常寺按祀期先期题请，实礼部主之。世祖缵业，诏祭祀各分等次，以时致祭。自是大祀、中祀、群祀先后规定祀期，著为例。嘉庆七年，复定大、中祀遇忌辰不改祀期。咸丰中，更定关帝、文昌春秋祀期不用忌辰。其祭祀时刻，顺治十三年，诏祭天、地五鼓出宫，社稷、太庙并黎明。康熙十二年，依太宗旧制，坛庙用黎明，夕月用酉时。嘉庆八年，谕祭礼行礼,当在寅卯间,合礼经质明将事古义。凡亲行大祀,所司定时刻,承祭官暨执事陪祭者祗候,率意迟早者,御史纠之。

　　斋戒　　顺治三年,定郊祀斋戒仪。八年,定大祀三日、中祀二日公廨置斋戒木牌。祀前十日,录斋戒人名册致太常,届日不谳刑岳,不宴会,不听乐,不宿内,不饮酒、茹荤,不问疾、吊丧,不祭神、扫墓。有疾与服勿与。大祀、中祀,太常司进斋戒牌、铜人置乾清门黄案。大祀前三日,帝致斋大内,颁誓戒。辞曰:"惟尔群臣,其蠲乃心、齐乃志,各扬其职。敢或不共,国有常刑。钦哉勿怠!"前祀一日,撤牌及铜人送斋宫,帝诣坛斋宿。十四年祀圜丘,致斋大内二日,坛内斋宫一日。陪祭官斋于公署,圜丘斋于坛。

　　雍正五年,遣御史等赴坛检视。九年,诏科道遇祀期斋戒。明年,仿明祀牌制斋牌,敕陪祭官悬佩,防亵慢。乾隆四年,礼臣奏,郊坛大祀,太常卿先期四日具斋戒期,进牌及铜人置乾清门二日、斋宫一日。太庙、社稷,置乾清门三日。中祀,前三日奏进,置乾清门二日。并祭日撤还。后飨先蚕,奏进亦如之。惟由内侍置交泰殿三日。

　　七年,定郊祀致斋,帝宿大内二日,坛内斋宫一日。王公居府第,余在公署,俱二日。赴坛外斋宿一日。若遣官代祭,王公不与。祭太庙、社稷,王公百官斋所如前仪,俱三日。祭日、月、帝王、先师、先农,王公斋二日,遣代则否。后飨先蚕,斋二日,公主、福晋、命妇陪祀者,前二日致斋。十二年,诏郊祀、祈谷、大雩,祭日宣誓戒,陪祀者集午门行礼,符古者百官受戒遗意。既有司具仪上,行之。寻罢。惟严敕大臣斋宿公所,领侍卫内大臣等斋宿紫禁城,违则治罪。

　　初,斋宫致斋鸣鼓角,十四年谕云:"斋者耳不听乐,孔子曰:'三日斋,一日用之,犹恐不敬,二日伐鼓何居?'言不敢散其志也。吹角鼓鼙,以壮军容,于义未协,不当用也。"遂寝。

　　十九年,敕群臣书制辞于版,前期三日,陈设公堂,俾有所警。

嘉庆十三年,谕戒斋戒执事暨查斋监礼者,循旧章,肃祀典。宣统初,监国摄政王代行,帝宫内致斋,停进斋戒牌及铜人。

祝版　　以木为之,圜丘、方泽方一尺五寸,径八寸四分,厚三分。祈谷坛方一尺一寸,径一尺,厚如之。太庙后殿方一尺二寸,径八寸四分,前殿方二尺,径一尺一寸,厚并同径。常雩,日、月坛,社稷坛与太庙后殿同。中祀、群祀方径各有差。天坛青纸青缘朱书,地坛黄纸黄缘墨书,月坛、太庙、社稷白纸黄缘墨书,日坛朱纸朱书,群祀白纸墨书不加缘。太常司令祝版官先期襆饰,祀前二日昧爽送内阁,授中书书祝辞,大学士书御名,余祀太常司自缮。

凡亲祭,先二日太常卿奏请,前一日阅祝版。圜丘、祈谷、常雩御太和殿,方泽、太庙、社稷御中和殿。祝案居正中少西,案设羊角镫二,视版日案左楹东置香亭,右楹西置奉版亭、奉玉帛香亭。届时太常卿诣乾清门启奏,帝出宫诣案前。阅毕,行一跪三拜礼。赞礼郎撤襆,寺卿韬版,导帝至香亭前,拜跪如初礼。司祝奉版荐黄亭送祭所,庋神库。大祀遣代,停止祝版具奏。中祀、群祀,寺官赴内阁径请送祭所,不具奏。其视玉、帛、香如阅祝版仪。

祭服　　圜丘、祈谷、雩祀,先一日,帝御斋宫,龙袍衮服。届期天青礼服。方泽礼服明黄色,余祀亦如之.惟朝日大红,夕月玉色。王公以下陪祀执事官咸朝服。嘉庆九年,定祀前阅祝版执事官服色制,南郊祈谷、常雩、岁暮祫祭、元旦、万寿、告祭太庙,蟒袍补褂,罢朝服。社稷、时享太庙,服补服。十一年,谕郊坛大祀若遇国忌,仍御礼服,礼成还宫更素服。十九年,谕郊祀遇国忌,前一日阅祝版,帝服龙袍龙褂,执事官蟒袍补服。大祀、中祀,帝龙褂,执事官补服。著为令。二十三年,定制大祀斋期遇国忌,悉改常服。中祀则限于承祭官及陪祀、执事官,余素服如故。二十五年,谕大祀亲祭或遣官致祭遇国忌,斋期一依向例,中祀亲祭同。其遣官致祭,与执事、陪祀官常服挂珠,否则仍素服。

祭告　　凡登极授受大典，上尊号、徽号，祔庙，郊祀，万寿节，皇太后万寿节，册立皇太子，先期遣官祇告天地、太庙、社稷。致祭岳镇、海渎、帝王陵寝、先师阙里、先师。改大祀亦如之。大婚册立皇后，祇告天地、太庙。尊封太妃、册封皇贵妃及贵妃，祇告太庙后殿奉先殿。追上尊谥庙号、葬陵，祇告天地、社稷、太庙后殿、奉先殿，并致祭陵寝、后土、陵山。亲征命将，祇告天地，太庙，社稷，太岁，火炮、道路诸神。凯旋奏功，祇告奉先殿，致祭陵寝，释奠先师，致祭岳镇、海渎、帝王陵庙、先师阙里。谒陵、巡狩，并祇告奉先殿，回銮亦如之。巡幸所莅，亲祭方岳。其所未莅者，命疆臣选员遍祭岳、镇、海、渎、所过名山大川。其祭文香帛，遣使自京赍送。帝王陵寝、圣贤忠烈暨名臣祠墓，凡在三十里内，遣官祭之。岁暮祫祭，功臣配飨，祇告太庙中殿、后殿。监国摄政，并遣官祭告太庙。耕藉田，祇告奉先殿。御经筵，祇告奉先殿、传心殿，修建郊坛、太庙、奉先殿，祇告天地、太庙、社稷。兴工、合龙，祭后土、司工诸神。迎吻，祭琉璃窑神暨各门神。岁旱祈雨，祇告天神、地祇、太岁。越七日，祭告社稷。三请不雨，始行大雩。凡告祀，不及配位从坛。至为元元祈福，则遣大臣分行祭告，颁册文香帛，给御盖一，龙纛御仗各二，盖犹乔岳翕河茂典云。

习仪　　凡大祀前四十日，中祀前三十日，每旬三、六、九日，太常卿帅读祝官、赞礼郎暨执事、乐舞集神乐署，习仪凝禧殿。故事，祭礼先期，太常寺演礼坛庙中。雍正九年谕曰："是虽义取娴熟，实乖洁齐严肃本旨也。"乃停前一日坛庙演礼。其前二日凝禧殿如故。飨太庙，以王公一人监视宗室、觉罗官。祀先师，祭酒、司业监视国子师生，同日习乐殿庭，令乐部典乐监视亦如之。谒陵寝，读祝官等亦遇三、六、九日习仪皇陵。又岁暮将祭享，选内大臣打《莽式》，例演习于礼曹。时议谓发扬蹈厉，为公庭万舞变态云。

陪祀 顺治时，诏陪祀官视加级四品以上。康熙二十五年，以喧语失仪，谕诫陪礼官毋慢易。寻议定论职不论级。郊坛陪祀，首公，讫阿达哈哈番，佐领。文官首尚书，讫员外郎，满科道，汉掌印给事中。武讫游击。祭太庙、社稷、日月、帝王庙，武至参领，文至郎中，余如前例。御史、礼曹并纠其失仪者。既以浙江提督陈世凯请，文庙春秋致祭，允武官二品以上陪祀。三十九年，申定陪祀不到者处分。乾隆初元，定陪祀抵候例，祭太庙，俟午门鸣鼓；祭社稷，俟午门鸣钟，祭各坛庙，俟斋宫钟动：依次入，鹄立，禁先登阶。并按官品制木牌，肃班序。七年，定郊庙、社稷赴坛陪祀制，遣官代行，王公内大臣等不陪祀，余如故。明年，定郊祭前一日申、酉时及祭日五鼓，礼部、察院官赴坛外受职名，余祀止当日收受。二十七年岁杪，谕通核陪祀逾三次不到者，分别议惩。咸丰十年，谕朝日陪祀无故不到或临时称疾，并处罚。光绪九年，申定祗候例，大祀夜分，中祀鸡初鸣，朝服莅祭所。

清史稿卷八三
志第五八

礼二　吉礼二

郊社仪制　　郊社配飨　　祈谷　　雩祀
天神　太岁朝日夕月　　社稷　　先农
先蚕　　地祇　岳镇海渎山川　　直省神祇

郊祀之制　　太祖御极，焚香告天，建元天命。天聪十年，设圜丘德盛门外，方泽内治门外，坛壝始备。会征服察哈尔，获元玉玺，躬亲告祭，遂祀天南郊。旧制，祭飨用生牢，颁百官胙肉。帝曰："以天胙而享于家，是亵也。"谕改神前分享用熟荐。寻征朝鲜，祭告天地，并祀北郊。世祖入关宅帝位，于是冬至祀圜丘，奉日、月、星辰、云、雨、风、雷配。夏至祀方泽，奉岳、镇、海、渎配。南北分飨。著为例。四年，定郊祀荐生牢如初，惟躬祀南郊进胙牛一。十四年，诏言："人君事天如父，岁止一郊，心有未尽。惟营殿禁中，岁时致祀，配以太祖、太宗，庶昭诚敬。"礼臣乃援唐天宝四时孟月择吉祭上帝故事，谓构上帝殿奉先殿东，元旦，万寿，三节，夏冬二至，亲诣致虔，仪物如郊祀。惟内祭初安神位时读祝辞，不用胙，不进酒，不燎牛。从之。至是始有禁中祀天礼。十七年，敕廷臣议合祭仪，奏言仿《明会典》，前期一日，祭告各坛庙，定从祀十二坛。是岁四月，禁中大飨殿遂合祀天、地、日、月暨诸神。圣祖嗣位，昭罢之。

康熙二年，定郊祀躬亲行礼，无故不摄。四十六年，科至大祀，会天寒，群臣以代请，勿许。四十八年，帝违和，始令李光地摄行郊坛大礼。越二年，祀圜丘如初。嗣是帝年逾六十，兼病足，复令大臣摄之。明年冬至，斋戒，犹力疾升坛省俎豆，量力拜跽，退处幄次，俟摄事者礼讫始还宫。臣工固请停躬诣，犹勿许。六十一年，祀南郊，始遣世宗恭代，距宾天止五日也。雍正八年冬至，遇圣祖忌日，礼臣援旧例请代，下大学士九卿议。奏言《周礼春官》称大祭祀王不亲则摄行。唐、宋制，大祀与国忌同日，乐备不作。议者谓飨神不可无乐，未若摄祀之当乎礼也，遣代便。可其奏。乾隆七年，定议《周礼》祀天用玉辂，唐、宋参用大辇，今亲祀南郊，前期诣斋宫，宜御玉辇。是日，帝乘礼舆，易銮辂，自降辇至礼成，如仪。十四年，展拓两郊坛宇，更新幄次。越四载蒇事，规制始大备。仁宗中叶，自制《南北郊说》，祀典如故。咸丰八年、九年，帝疾不能亲，犹宫内致斋，届日诣大高殿皇穹宇行礼。穆宗、德宗，冲龄践阼，皆遣代。定亲政日躬行。宣统缵绪，监国摄政王行之。

郊社之仪，天聪十年，礼部进仪注，迄顺治间，始定郊祀前期斋戒阅祝版玉帛香，省牲，祀日迟明，礼部太常官诣皇穹宇行礼。奉神牌置坛所，司祝奉祝版，帝出宫乘辇，陪祀王公集午门金水桥从行，余序立桥南迎送。驾至昭亨门降辇，前引大臣十人，次赞引官、对引官导入更衣幄次，更祭服出，讫盥，诣二成拜位前，分献官各就位，典仪赞“迎神燔柴”，司乐官赞“举迎神乐”，赞引奏“升坛”，帝升一成。上诣香案前，跪上炷香，又三上香，复位，行三跪九叩礼。典仪赞“奠玉帛”，司乐赞“举乐”，帝诣神位前，跪搢玉帛奠案，复位。典仪赞“进俎”，司乐赞“举乐”，诣神位前，跪受俎拱举，复位。典仪赞“行初献礼”，司乐赞“举初献乐”，乐作，舞干戚舞，帝诣神位前，跪奠爵，俯伏。读祝官捧祝跪读讫，行三叩礼。自上香至献爵，配位前仪同。复位，易文舞。亚献、终献舞羽籥，仪如初献，不用祝，分献官、陪祀官随行礼。三献毕，饮福受胙，帝升坛至饮福位，跪，奉爵官酌福酒，奉胙官奉胙，跪进，受爵、胙，三叩，兴，复位。率群臣行三跪九叩礼，撤馔送神，司乐、典仪赞讫，率群臣行礼如初。有司奉祝，次帛，次馔，次香，各诣燎所，唱"望燎"。帝诣望燎位，半燎，礼成，还大次，解严。太常官安设神牌，如请神仪。若遣代，则行礼三成阶下，升降自西阶，读祝跪二成阶下。罢饮福、受胙礼。送燎，退立西偏。余如制。雍正元年，令陪祀官先莅坛祗候。

方泽，前期但阅祝版。上香毕，奠玉帛，用瘗狸。余与郊天同。

南郊，诣坛斋宿，自顺治十一年著例，无常仪。乾隆七年定制，前一日，銮仪卫严驾陈午门外太和门阶下。巳刻，太常卿诣乾清门奏请诣斋宫，帝御礼舆出太和门，降舆乘辇，警跸鸣钟鼓，至昭亨门外降。寺卿导入门左，诣圜丘视坛位。分献官分诣神库、神厨视笾豆牲牢。帝出内外壝南左门，至神路西升辇，如斋宫。从祀官俟帝入，退归斋所。翼日届时，寺卿导入大次，更礼服出，复导驾诣坛行礼，毕，还宫。

三十五年，高宗六旬，命礼臣酌减升级次数及降辇步行远近。议言郊前一日乘步辇如斋宫，自此易礼舆，至神路西降，步诣皇穹宇上香，遣亲王视坛。祀日自斋宫至神路西阶下降辇步入，礼成，即于降辇处乘舆还宫。行礼时，初升至二成拜位，即升坛上香，复位迎神，升阶行奠玉帛礼，以次进俎，三献暨饮福、受胙，并于此行之。还拜位，谢福胙，送神，乃卒事。方泽亦如之。允行。犹虑子孙玩视大典，复于三十九年谕诫，年未六旬，毋减小节，著为令。次年，祀南郊，命诸皇子旁侍观礼。越四年，于是帝年七十矣，谕迎神献爵暨祖宗配位前上香悉如旧，其献帛爵诸礼，自本年南郊始，令诸皇子代陈。五十一年，帝以春秋高，步履或逊，敕坛上读祝拜位增设小幄次，然备而未用也。五十九年，祀方泽，配位前献帛爵，仍皇子代行。历仁宗朝，郊祀各仪节，悉遵高宗旧制云。

嘉庆十八年，林清变起，计日敉平，会长至祀圜丘，谕先一日赴坛不升辇，自宫至皇穹宇入斋宫，并御肩舆，用答嘉贶。宣统嗣位，监国摄行郊祀，祀日诣坛，不斋宿，百官不迎送。出入升降，仍由右门,在右阶行礼。拜位设第二成,视帝位少后。去黄幄,即于行礼处受胙,毕,进福酒、胙肉。余同亲祀仪。

郊祀配飨　　顺治五年冬至,祀圜丘,奉太祖配。十四年谕曰:"太祖肇兴帝业,文宗继述皇猷,功德并隆,咸宜崇祀。"以后大祀天地,益奉太宗配飨。于是上辛祈谷,上帝位东奉太祖神位,卜吉奉太宗位于其西。夏至配方泽如初礼。十七年,行大飨殿合祀礼,寻罢。康熙六年冬至,祀南郊,用礼臣言,奉世祖配飨上帝,越九日,配飨皇地祇,诣方泽行礼。九年,祈谷亦如之。雍正二年,奉圣祖配大飨殿,次太宗。十三年冬,高宗嗣服,谕言:"皇考世宗,德侔造化,宜祀郊坛。"命议礼以闻。议者谓宜乾隆二年冬至配圜丘,三年孟春上辛配大飨殿,夏至配方泽。帝意以为祔庙后配飨,去夏至近、冬至远。先配方泽,前后已歧。若俟南郊,时日又旷。考之旧典,世祖、太宗配飨天地,莫不先圜丘后方泽,时或翼日、或旬日,礼仪粲然。稽之经传,成周郊祀后稷以配天,宗祀文王于明堂,即《月令》所谓"季秋,大飨帝"也。《召诰》"三月丁巳用牲于郊"。释者谓非常祀而祭天,以告即位也。宋皇佑三年,以大庆殿为明堂,合祭天地,三圣并侑,古者因事而郊,不必定在二至。因谕来年世宗配天大礼,准此行事。逾岁,遂诹吉夏至前奉世宗配圜丘。余如议。

先是部臣进升配仪,未议及祇见上帝。帝曰:"皇考祔庙,先见祖宗,然后升座,今行配飨,先见上帝,于义始允。"已,所司具仪上。于是祀南郊奉世宗神位祇见上帝,夏至祀方泽,祇见皇地祇,位并次世祖。嗣是升配皆先祇见,以为常。嘉庆四年,奉高宗配飨,道光元年,奉仁宗配飨,并如仪。

三十年,帝弗豫,遗命罢郊配,略谓:"禘郊祖宗,伊古所重,我朝首太祖讫仁宗。厚泽深仁,允宜配飨郊坛,礼隆报本。若世世率行无已,益滋后人疵议,此不能不示限制也。"文宗践阼,遂敕王大臣集议,礼亲王全龄等佥云:"大行皇帝功德懿烁,郊配断不可易,请仍遵成宪。"礼部侍郎曾国藩疏言:"郊配之罢,不敢从者二,不敢违者三。大行皇帝仁爱之德，同符大造，粒我烝民，后稷所以配天也。御宇卅载，无一日暇逸，无斯须不敬，纯亦不已，文王所以配上帝也。具合撰之实，辞升配之文，臣心何能自安？不敢从者一。大行皇帝德盛化神，即无例可援，犹应奏请，矧有成宪，曷敢稍逾！传曰：'君行意，臣行制。'在上自怀谦德，为下宜守成规。不敢从者二。坛壝规模，尺寸有定，一砖一石，皆按九五阳数，不能增改。壝内止容豆笾，壝外几无余地。大行皇帝虑亿万年后，或议广坛壝，或议狭壝制，故定为限制，以身作则。严谕集议，尚未裁决遵行，则后人孰肯冒大不韪？将来必至修改基址，轻变旧章。不敢违者一。唐垂拱间，郊祀奉高祖、太宗、高宗并配，开元十一年，从张说议，而罢太宗、高宗。宋景祐间，郊祀奉艺祖、太宗、真宗并配，嘉七年，从杨畋议，而罢太宗、真宗。我朝顺治间，大飨殿合祀，后亦罢其礼。大行皇帝虑亿万年后，或援唐、宋旧例，妄行罢祀，因谕以非天子不议礼，增配尚所不许，罢祀何自而兴？不敢违者二。我朝孝治天下，遗命尤重，圣祖不敢违孝庄文皇后遗命，未敢竟安地宫。仁宗不敢违高宗遗命，故虽丰功伟烈，庙号未获祖称。此而可违，家法何在！且反覆申明，处己卑屈，处祖崇高，大孝大让，亘古盛德。不敢违者三。默计皇上仁孝深心，不升配歉在阙礼，遽升配歉在违命，且多将来之虑。他日郊祀时，上顾遗训，下顾万世，或悚然而难安，礼臣益无所辞咎。"帝颇韪其言。已复博咨廷议，手降敕谕，谓："周人郊祀后稷，唐、宋及明，或三祖并侑，或数帝分配。我朝历圣相承，靡不奉配。第配位递增，坛制有定。皇考德泽，列祖同符，应如所请。俟祔礼成，仍奉升配，并体遗训，昭示限制。自后郊祀配位，定为三祖五宗，永为恒式。"于是咸丰二年夏大祀圜丘、方泽，三年春上辛祈谷，并奉宣宗配，位次高宗。

　　十一年，帝崩，穆宗以郊配大典，遗命定三祖五宗，圣心不自安。乃集群臣议，并奉两宫皇太后稽众询谋，礼亲王世铎等先后疏言："礼贵制宜，孝当承志，两朝遗训，宜谨遵循。"帝勉从之。遂停文宗郊配。同治建元，云南学政张锡嵘援《孝经》明堂严父配天义，谓宜以季秋祀上帝大飨殿,奉显皇帝配。世铎等益以《钦定孝经衍义》释之,谓迭飨并侑,非礼所宜。议遂寝。

祈谷　顺治间,定岁正月上辛祭上帝大飨殿,为民祈谷。帝亲诣行礼,与冬至同。惟不设从坛,不燔柴。十七年,诏飨帝大典,不宜有异,自后祈谷、燔柴以为常,并改大飨殿合祀上帝百神在圜丘举行。康熙二十九年,圣祖亲制祝文。四十八年,帝疾,不能亲,遣官代。会江、浙、鲁、豫水旱洊臻,仍自制祝文祈之。故事,上辛在正月五日前,改用次辛。雍正八年,上辛为正月二日,部臣因元旦宴,请展十日,不许。先期斋戒如故。十三年正月十日上辛,未立春,帝曰:"此非乘阳义也。"命礼臣集议。奏言:"《礼月令》,立春日,天子迎春东郊,乃祈谷上帝。此礼本在立春后,请循例用次辛,或立春后上辛。"从之。乾隆十六年,和亲王等以大飨为季秋报祀,义殊祈谷,请更锡名。群臣亦言非明堂本制,袭称大飨,名实未协。得旨,改曰"祈年"。

凡祈谷,驾如南郊,至西天门内神路西降辇,入祈年左门,诣皇乾宫上香。礼成,诣祈年坛视位,毕,仍出左门升辇至斋宫。三十七年,更定前一日辇入西天门,自斋宫东乘礼舆,讫西砖城左门止。步诣皇乾殿上香,毕,还斋宫,亲王视坛位。祀日出斋宫,乘辇,至甬道正中,易礼舆,至神路西降。自砖城步就幄次,入左门,礼同圜丘。四十七年正月四日上辛,礼臣先期请改次辛便,帝曰:"上辛在正月三日前,为须隔年斋戒也;在四日前,为因圣母祝厘也。兹非昔比,奚改为? 其仍用上辛,著为例。"又谕:"孟春祈谷,所以迓阳气,兆农祥。考诸经传,是立春后上辛,非元旦后上辛也。惟在月初,旧腊,即当斋戒。然太庙祫祭,大礼攸关,宫中拜神,国俗所在。若以斋期行此,似非专一致敬之道。"因下廷臣议。寻奏:"上辛以立春后所得为准,与其用十二月上辛,不如用正月上辛,以重岁首。如值三日前,则改次辛。或四日前,则应一日斋戒,是日未入斋宫,宫殿拜祭,各不相妨。毋庸改期。"允行。咸丰四年,祈谷,帝患宿疾,敕礼臣酌损仪文。侍郎宋晋请仍旧贯遣代行。帝曰："是非轻改旧章也，应天以实不以文，此意宜共喻之。"

雩祀　　关外未尝行。顺治十四年夏旱，世祖始祷雨圜丘，前期斋三日，冠服浅色，禁屠宰，罢刑名。届期，帝素服步入坛，不除道，不陈卤簿，坛上设酒果、香镫、祝帛暨熟牛脯醢，祭时不奏乐，不设配位，不奠玉，不饮福、受胙。余如冬至祀仪。其方泽、社稷、神祇诸坛，则遣官莅祭。既得雨，越三日，遣官报祀。定躬祷郊坛仪自此始。越三年又旱，卜吉致斋，步至南郊，躬亲告祭。于时天无片云，顷之乃大雨。报祀如初。康熙九年夏旱，诏百官修省，礼部祈雨。明年，帝亲祷。自后躬祀以为常。二十六年，亲制祝文祈告，雨立降。又尝设坛宫禁，跽祷三昼夜，日惟淡食，越四日，步祷天坛，雨骤澍，步还宫，衣履沾湿。

乾隆七年，御史徐以升奏言："《春秋傅》：'龙见而雩，为百谷祈膏雨也。'《祭法》：'雩宗，祭水旱也。'《礼月令》：'雩，帝用盛乐，命百县雩礼，礼百辟卿士有益于民者，以祈谷实，是为常雩。'《周礼》：'稻人，旱暵共雩敛。'《春秋》书雩二十有一，有一月再雩者，旱甚也。是又因旱而雩。考雩义为吁嗟求雨，其制，为坛南郊旁，故鲁南门为雩门，西汉始废，旱辄祷郊庙。晋永和立坛南郊，梁武帝始徙东，改燔燎从坎瘗。唐太宗复旧制。宋时孟夏雩祀上帝。明建坛泰元门东，制一成，旱则祷。我朝雩祭无坛，典制似阙，应度地建立，以符古义。"下礼臣议。议言："孟夏龙见，择日行常雩，祀圜丘，奉列祖配。四从坛，皆如礼。孟夏后旱，则仿唐制，祭神祇、社稷、宗庙。七日一祈，不足，仍分祷。旱甚，大雩。令甲，祈雨必望祭四海，至是罢之。又笔大雩，用舞童十六人，衣玄衣，分八列，执羽翳，三献，乐止，乃按舞。歌御制《云汉诗》八章，毕，望燎。余同常雩。至久雨祈晴，宜仿《春秋传》鼓用牲，《通考》崇祭制，伐鼓祀少牢。祭国门，雨不止，则伐鼓用牲于社。罢分祷，停僧道官建坛讽经。其直省州、县旧置藉田坛祀，仍依雍正四年例。孟夏行常雩，患旱，先祭境内山川，次社稷。患霶潦祈晴，如京师式。"十七年，增祈雨报祭乐章。

二十四年，常雩不雨，帝步祷社稷坛，仍用玉。六月大雩，亲制祝文，定仪节。前一日，帝常服视祝版，诣坛斋宿，去卤簿，停乐。出宫用骑，扈贺大臣常服导从。至南郊，步入坛，视位上香。祀日，帝雨冠素服步祷，从臣亦如之。不燔柴，不晋俎，不饮福、受胙。三献毕，舞童舞羽、歌诗，退，皆如仪。帝率群臣三拜，撤馔，望燎。礼成，还宫。

三十七年，帝以年老，命酌损仪节视圜丘。

嘉庆十八年，以钦天监雩祀择日，频年恒在立夏节，殊乖古义，敕立夏后数日諏吉行。著为例。

道光十二年六月大雩，亲制祝文，省躬思过。是夕雨。报谢如常仪。御史陈焯请再申虔祷。帝曰："祭法有祈有报。以报为祈，非礼也。其勿逾旧制。"

天神　　顺治初，定云、雨、风、雷。既配飨圜丘，并建天神坛位先农坛南，专祀之。雍正六年，谕建风神庙。礼臣言："《周礼》槱燎祀飌师，郑康成注风师为箕星，即《虞书》六宗之一。马端临谓，周制立春丑日，祭风师国城东北，盖东北箕星之次，丑亦应箕位。汉刘歆等议立风伯庙于东郊。东汉县邑，常以丙戌日祀之戌地。唐制就箕星位为坛，宋仍之。今卜地景山东，适当箕位，建庙为宜。岁以立春后丑日祭。"允行。规制仿时应宫，锡号"应时显佑"，庙曰宣仁。前殿祀风伯，后殿祀八风神。明年，复以云师、雷师尚阙专祀，谕言："《虞书》六宗，汉儒释为乾坤六子，震雷、巽风，并列禋祀。《易》言雷动风散，功实相等。记曰：'天降时雨，山川出云。'《周礼》以云物辨年岁，是云与雷皆运行造化者也。并官建庙奉祀。"于是下所司议，寻奏："唐天宝五载，增祀雷师，位雨师次，岁以立夏后申日致祭，宋、元因之。明《集礼》，次风师以云师，郡、县建雷雨、风云二坛，秋分后三日合祭。今拟西方建雷师庙，祭以立夏后申日。东方建云师庙，祭以秋分后三日。"从之。乃锡号云师曰"顺时普应"，庙曰凝和；

雷师曰"资生发育",庙曰昭显;并以时应宫龙神为雨师,合祀之。

嘉庆二年旱,祷雨既应,仁宗莅坛报祀,入坛中门降舆,至壝南门外,毕入,升坛。以次诣云、雨、风、雷神位上香,二跪六拜。初献即奠爵、帛,读祝,不晋俎,不饮福胙。余如故。

太岁殿位先农坛东北,正殿祀太岁,两庑祀十二月将。顺治初,遣官祭太岁,定孟春为迎,岁暮为祖。岁正月,书神牌曰"某干支太岁神",如其年建。岁除祭毕,合祀版燎之。凡祭,乐六奏,承祭官立中阶下,分献官立甬道左右,行三跪九拜礼。初献即奠帛,读祝,锡福胙,用乐舞生承事,时犹无上香仪也。

乾隆十六年,礼臣言同属天神,不宜有异,自是二祭及分献皆上香。太岁、月将神牌,旧储农坛神库,至是亦以殿庑具备,移奉正屋。临祭,龛前安神座。毕,复龛。旧制,祭太岁遣太常卿行礼,两庑用厅员分献。二十年,改遣亲王、郡王承祭。次年,定太常卿为分献官。

雍、乾以来,凡祈祷,天神、太岁暨地祇三坛并举,遣官将事,陪祀者咸与焉。前期邸斋一日,承祭官拜位。天神坛在南阶下,太岁与常祀同,俱三跪九拜。天神用燎,太岁两庑不分献,不饮福、受胙。

朝日、夕月,初以大明、夜明从祀圜丘,罢春秋分祀。顺治八年,建朝日坛东郊,夕月坛西郊。

朝日用春分日卯刻,值甲、丙、戊、庚、壬年,帝亲祭,余遣官。乐六奏,舞《八佾》。凡亲祭,入自坛北门,至甬道更衣大次,盥毕,升西阶就位,行三跪九拜礼。奠献遗有司行。遣代则行礼阶下,惟读祝时跽坛上。初日坛用露祭。雍正四年,始援社稷例,立龛坛下芘风雨。乾隆十一年,具服殿成,罢更衣大次。是岁春分翼日日食,高宗莅祭,不乘辇,不奏乐,不陈卤簿。三十九年躬祭,入棂星左门,如崔次行礼,以年高酌减礼文,非恒式也。

夕月用秋分日酉刻,奉星辰配,凡丑、辰、未、戌年,帝亲祭,余遣官。乐六奏,仪视日坛稍杀,亲临较少。升坛行礼,二跪六拜,初献奠玉帛,读祝,余如朝日仪。遣官则拜坛下。乾隆三年戊午,例遣官,帝因初举祀典,仍亲祭如礼。五十五年,酌损节文,如日坛例。嘉庆五年庚申,效高宗故事,仍亲祭,不遣官。十九年,定亲祭仪,祀配位用亲王、郡王上香。二十三年,世宗忌日值月坛斋期,谕陪祀执事官改常服,余如故。

社稷之祀　自京师以至直省府、州、县皆有之,其在京师者,建坛端门右。世祖宅帝位,祭告如仪。定制,岁春秋、仲上上戊日,祭大社、大稷,奉后土句龙氏、后稷氏配。祭日,帝视牲,坛上敷五色土,各如其方。乐七奏,舞《八佾》。帝出阙右门降辇,道北门出入,祭时出拜殿,至壝北门外就位,自北阶升坛上香,诣正位奠献。有司分祭配位。升北阶,降西阶,不晋俎,三跪九拜。余仪如北郊旧例。

祭日逢国忌,不改期,易素服。康熙三年,遇太宗忌日,始改中戊。

雍正二年,平青海,告祭行献俘礼。自是平定藩部,献俘以为常。

乾隆十七年,改送燎为望瘗。明年,增望瘗乐章。

三十七年,以年老更仪节。幄次先设拜殿,帝御辇至坛外门,易礼舆,入右门,至拜殿东阶下,乃降。升阶行礼,礼成,升舆如初。故事,祭日遇风雨,拜位香案徙殿中,神位祭品露设如故。帝曰:"社稷之制,不立栋宇,以承天阳。今神牌藏神库,是在栋宇内也。移奉殿中,复何嫌忌?"四十一年,定祭日遇风雨,神牌安奉殿内,祭器、乐移设拜殿,猝遇则用木龛覆神牌,其拜殿别设香案。嘉庆五年,仁宗诣坛祈雨,视春秋致祭仪,惟祭品用脯醢、果实、不饮福。前三日及祭日,王、公、百官皆斋戒,禁屠宰,不理刑名。余悉台故。并谕亲诣祈祷、报祀均步行,以隆典礼。

其在府、州、县者,顺治元年建,岁祭亦用上戊,府称府社、府稷,州、县则云某州、县社、稷。

世宗缵业,制定祭品,羊一,豕一,帛一,笾、豆四,铏、簠、簋各二,有司斋二日,届期朝服祭于坛。乾隆八年,始颁祝文,各直省定例，为民祈报，会城布政使主之，督若抚陪祀。道官驻地，府、州、县主之，道陪祀。十六年，以尊卑未协，诏互易之。督、抚、道官或出巡，仍令布政使暨府、州、县官摄祭。武官自将军以下，皆陪祀。社、稷以次诸祭。悉准此行。

先农　　　天聪九年，禁滥役妨农。崇德元年，禁屯积米谷，令及时耕种，重农贵粟自此始。顺治十一年，定岁仲春亥日行耕藉礼。先期，户、礼二部尚书偕顺天府尹进耒耜暨穜稑种。届期，帝亲飨祭献如朝日仪。毕，诣耕藉所，南向立。从藉者就位。户部尚书执耒耜，府尹执鞭，北面跪以进。帝秉耒三推，府丞奉青箱，户部侍郎播种，耆老随覆。毕，尚书受耒耜，府尹受鞭。帝御观耕台，南向坐，王以下序立。三王五推，九卿九推，府尹官属执青箱播种，耆老随覆。毕，帝如斋宫。府尹官属、众耆老行礼。农夫三十人执农器随行。礼毕，从府、县官出至耕藉所，帝赐王公坐，俟农夫终亩，鸿胪卿奏礼成，百官行庆贺礼。赐王公耆老宴，赏农夫布各一匹，作乐还宫。其秋，年谷登，所司上闻，择日贮神仓，备供粢盛。寻定先农岁祭遣府尹行，大兴、宛平县官陪祀。

康熙时，圣祖尝临丰泽园劝相。雍正二年，祭先农，行耕藉。三推毕，加一推。颁新制《三十六禾词》。赏农夫布各四匹，罢筵宴。颁赐各省嘉禾图。

乾隆三年，帝初行耕藉礼，先期六日，幸丰泽园演耕，届日飨先农，行四推。二十三年谕曰：“吉亥藉亩，所重劭农。黛藉青箱，畲铺笠，咸寓知民疾苦至意。吾民雨犁日耘，被裯维艰，炎溼遄避。设棚悬彩，义无所取。且片时所用，费中人数十户产也，其除之。”三十七年，群臣虑帝春秋高，吁罢亲耕，不许。命仍依古制三推。嘉庆以降，仍加一推如初。

直省祭先农，清初未举行。雍正二年，藉田产嘉禾，一茎三四穗。越二年，乃至九穗。谕言：“国以民为本，民以食为天。礼，天子藉千亩，诸侯百亩。是耕藉可通臣下，守土者允宜遵行。俾知稼穑艰难,察地力肥硗,量天时晴雨。养民务本,道实由之。"于是定议:顺天府尹,直省督抚及所属府、州、县、卫,各立农坛藉田。自五年始,岁仲春亥日,率属祭先农行九推。十月朔,颁《时宪书》,豫定次年耕藉吉期,下所司循用。祭品礼数,如社稷仪。

先蚕　　清初未列祀典。康熙时,立蚕舍丰泽园,始兴蚕绩。雍正十三年,河东总督王士俊疏请祀先蚕,略言:"《周礼》郑注上引房星,以马神为蚕神。蚕、马同出天驷,然天驷可云马祖,实非蚕神。《淮南子》引《蚕经》,皇帝元妃西陵氏始蚕,其制衣裳自此始。汉祀菀窳妇人、寓氏公主,事本无稽。先蚕之名,《礼经》不载。隋始有坛,建宫北三里,高四尺。《唐会要》,遣有司飨先蚕如先农。宋景德三年,命官摄祀。有明厘正祀典,百神各依本号,如农始炎帝,止称先农神,则蚕始黄帝,亦宜止称先蚕神。按周制,蚕于北郊。今京师建坛,亦北郊为宜。"部议然之。侍郎图理琛奏立先蚕祠安定门外,岁季春吉巳,遣太常卿祀以少牢。未及行。

乾隆七年,始敕议亲蚕典礼,议者以郊外道远,且水源不通,无浴蚕所。考唐、宋时后妃亲蚕,多在宫苑中,明亦改建西苑。高宗鉴往制,允其议。命所司相度,遂建坛苑东北隅。三面树桑柘。坛东为观桑台,前桑园,后亲蚕门。其内亲蚕殿,后浴蚕池,池北为后殿。宫左为蚕妇浴蚕河。南北木桥二,南桥东即先蚕神殿也。左曰蚕署,北桥东曰蚕所,皆符古制云。

是岁定皇后飨先蚕礼,立蚕室,豫奉先蚕西陵氏神位。届日辰初刻,后礼服乘凤辇出宫,至内墙左门降,入具服殿,妃、嫔从。盥讫,升中阶,就南阶上拜位,六肃,三跪,三拜。谢福胙礼三减一。不读祝。爵三献。凡拜跪,妃、嫔坛下皆行礼。余如飨先农仪。礼成还宫。越日,行躬桑礼。先是筑台桑田北,置蚕母二人,蚕妇二十七人,蚕宫令、丞各一人承其事。后散斋一日,从采桑妃、嫔以下毕斋。是日昧爽,从桑侍班公主等祗候南门内。巳初刻,后出宫,妃、嫔从,诣西苑,入具服殿。传赞分引妃、嫔、公主等就采桑位,典仪奏请后行礼。出诣桑畦北正中，相仪二人，跽进筐、钩，后右持钩，左提筐，东行畦外。内监扬彩旗，鸣金鼓，歌采桑辞，后东西三采毕，歌止。相仪跽受筐、钩。后御观桑台，以次妃、嫔、公主等五采，命妇九采。讫。蚕母北面跪，典仪举筐受之，祗受退。切之，授蚕妇，洒于箔。后御茧馆，传赞引妃、嫔等行礼讫。还宫。蚕事毕，蚕母、蚕妇择茧贮筐以献。卜吉行治茧礼，后复诣坛临织室，缫三盆，手遂布于蚕妇以终事。寻侍郎三德疏言：“亲蚕典礼，为旷世巨仪，请将坛址宫殿规制，兴工告成日期，宣付史馆。”诏从之。九年三月，始亲蚕如仪。

寻定后不亲莅，遣妃代行。行礼阶下，升降自东阶。不饮福、受胙，不陪祀。十四年，礼部请遣妃代祀。时皇贵妃未正位中宫，帝谕曰：“妃所代，代后也。位未正，何代为？”因命内府大臣行礼。洎皇后册立，始亲飨。嗣后或躬亲，或官摄，或妃代，并取旨行。

其行省所祭，惟乾隆五十九年，定浙江轩辕黄帝庙蚕神暨杭、嘉、湖属蚕神祠，岁祭列入祀典，祭器视先农。

地祇　　顺治初，定岳、镇、海、渎既配飨方泽，复建地祇坛，位天坛西，兼祀天下名山、大川。三年，定北镇、北海合遣一人，东岳、东镇、东海一人，西岳、西镇、江渎一人，中岳、淮渎、济渎一人，北岳、中镇、西海、河渎一人，南镇、南海一人，南岳专遣一人，将行，先遣官致斋一日，二跪六拜，行三献礼。

八年，封兴京永陵山曰启运，东京陵山曰积庆，福陵山曰天柱，昭陵山曰隆业，并列祀地坛。十六年，徙东京陵祔兴京，罢积庆山祀。明年，用礼臣言，改祀北岳于浑源。康熙二年，赐号凤台山曰昌瑞，并祀之。六年，遣祭如初制。惟南镇、南海各分遣一人。十六年，诏封长白山神秩祀如五岳。自是岁时望祭无阙。

二十四年，东巡祀泰岳，祝版不书御名。先一日致斋。太常赍祝版、香、帛、爵，有司备祭品牲荐。届日衣龙衮，出行宫。乐备不作。至庙内降舆。入中门，俟幄次，出幄毕，诣殿中拜位，二跪六拜。奠、献如常仪。不饮福、受胙。明年，复改祀北岳、混同江。逾二年，始望祭。

三十五年正月，为元元祈福，始遣大臣分行祭告，凡岳五：曰东岳泰山、南岳衡山、中岳嵩山、西岳华山，北岳恒山。镇五：曰东镇沂山、南镇会稽山、中镇霍山、西镇吴山、北镇医巫闾山。海四：曰东海、南海、西海、北海。渎四：曰江渎、淮渎、济渎、河渎。又兀喇长白山。翁河乔岳自此始。明年，朔漠平，遣祭岳、镇、海、渎如故。雍正二年，赐号江渎曰涵和，河渎曰润毓，淮渎曰通佑，济渎曰永惠。并赐东海为显仁，南为昭明，西为正恒，北为崇礼。乾隆二年，封泰宁山曰永宁，附祀地坛如故事。

越十年，以来岁奉太后秋岱宗，敕群臣议礼。奏言："古者因名山以升中，有燔柴礼。圣祖因仪文度数，书缺有闲，议封禅者多不经。定以祀五岳礼致祭，允宜遵行。"明年莅泰安，前一日，诣岳庙三上香，一跪三拜。翼日祭，如圣祖祀岳仪。又明年，巡省中州，祀中岳，如初。十六年，巡江、浙，遣祭江、淮、河神。自是南巡凡六，皆躬祭。十九年，巡吉林，望祭北镇，长白山亦如之。

二十六年，用礼臣议，改岳、镇、海、渎遗官六人，长白山、北海、北镇一人，西岳、西镇、江渎一人，东岳、东镇、东海、南镇一人，中南二岳、济淮二渎一人，北岳、中镇、西海、河渎一人，南海一人。当是时，海神庙飨，所在多有，惟北海尚阙。四十三年，始建山海关北海神庙。凡祈祷地坛行礼，位北阶下，三跪九拜，用瘗。光绪初元，加太白山神曰保民，医巫闾山神曰灵应。二十七年，两宫幸西安，遣官祭所过山川，并告祭华、嵩二岳，如礼。

其他山川之祀，自圣祖北征朔漠，驻跸噶尔图，命大学士祭山川，出卡伦，命官祭域外山川。自是浙江、大沽、大通海神皆建庙修祀。雍正间，建湘江神、武昌江神庙，并赐号广西海阳山神曰安流襄绩。高宗缵业，定星宿海、西域山川、伊犁阿布拉山诸神祀。又以松花江导源长白，依望祭北海制行。大军西征，祭阿勒台、珠尔库、博克达、阿拉克四山。复赐太白山、洞庭山、库伦汗山、金山诸神号。川、陕平，建终南山神庙。木兰秋狝，议定兴安大岭山祀典，常祭用少牢,告祭太牢,岁仲春望祭行礼,如祀五镇仪。帛、尊、羊、豕各一,簠、簋各二,爵三,笾、豆各十。秋狝,王大臣致祭,登一,铏二,余同春祭。别建庙以祀,锡号协义昭灵。又封江西庐岳神曰溥福广济。自仁宗迄德宗,封江南、湖北、山东、台湾、安东、江神、汉神、海神,黄陂木兰山、西藏瓦合山、四川峨眉山神,皆以时肇封或崇祀。综稽一代祀典,河神别见《河渠篇》,其余名山大川锡号尚多,不悉举云。

　　直省神祇　　顺治初,令各府、州、县建坛,岁春秋仲月,有司致祭。雍正三年,定制,有司斋二日,朝服莅事,仪视社稷坛。乾隆八年,颁各省祀神祇祝文。二十二年,定各府、州、县祭境内山川,以春秋仲月戊日。其风、雷诸神,特锡封庙号以祀。自世宗至德宗末,代有增锡。凡列祀典者,有司随时致虔,用羊一、猪一、果五盘、帛一、尊一、爵三,读祝叩拜如故事。

清史稿卷八四
志第五九

礼三 <small>吉礼三</small>

**历代帝王陵庙　　传心殿　　先师孔子
元圣周公　　关圣帝君　　文昌帝君
祭纛祀炮　　京师群祀** <small>五祀八蜡附</small>
直省祭厉

　　历代帝王庙　　顺治初,建都城西阜成门内,南向,正中景德崇圣殿,九楹,东西二庑各七楹,燎一炉一。后为祭器库,前景德门。门外神库、神厨、宰牲亭、井亭、钟楼、斋所咸备。初,明祀历代帝王,元世祖入庙,辽、金诸帝不与焉。至是用礼臣言,以辽、金分统宋时天下,其太祖应庙祀。元启疆宇,功始太祖,礼合追崇。从祀诸臣,若辽耶律赫噜,金尼玛哈、斡里雅布,元穆呼哩、巴延,明徐达、刘基并入之。

　　届日,大臣一人祭正殿,殿祀伏义,神农,黄帝,少昊,颛顼,帝喾,唐尧,虞舜,夏禹,商汤,周武王,汉高祖、光武,唐太守,宋、辽、金太祖、世宗,元太祖、世祖,明太祖,凡廿一帝,祀以太牢。分献官四人祭两庑,庑祀风后、力牧、皋陶、夔、龙、伯益、伯夷、伊尹、傅说、周公旦、召公奭、太公望、召虎、方叔、张良、萧何、曹参、陈平、周勃、邓禹、冯异、诸葛亮、房玄龄、杜如晦、李靖、郭子仪、李晟、张巡、许远、耶律赫鲁、曹彬、潘美、张浚、韩世忠、岳飞、尼玛哈、斡里雅布、穆呼哩、巴延、徐达、刘基，凡功臣四十一，祀以少牢。

十四年，圣祖躬祭，届时致斋毕，翼日昧爽，驾出西华门，至庙降，入幄次盥讫，入直殿就位上香。三皇位前，二跪六拜，奠帛、爵，读祝，俱初献时行。凡三献，分献官祀两庑如仪。遣官则衣朝服。王、公承祭，入景德左门，升左阶，位阶上，余入右门，位阶下，俱三跪九拜，不饮酒、受胙，不陪祀。

十七年，礼臣议言庙祀帝王，止及开创，应增守成令辟，并罢宋臣潘美、张浚祀，从之。于是增祀商中宗、高宗，周成王、康王，汉文帝，宋仁宗，明孝宗。而辽、金、元太祖皆罢祀。圣祖嗣服，以开创功复之。

六十一年，谕："帝王崇祀，代止一二君，或庙飨其臣子而不及其君父，是偏也。凡为天下主，除亡国暨无道被弑，悉当庙祀。有明国事，坏自万历、泰昌、天启三朝，神宗、光宗、熹宗不应崇祀，咎不在愍帝也。"于是廷臣议正殿增祀夏启、仲康、少康、杼、槐、芒、泄、不降、扃、廑、孔甲、皋、发，商太甲、沃丁、太庚、小甲、雍己、太戊、仲丁、外壬、河亶甲、祖乙、祖辛、沃甲、祖丁、南庚、阳甲、盘庚、小辛、小乙、祖庚、祖甲、廪辛、庚丁、太丁、帝乙，周成王、康王、昭王、穆王、共王、懿王、孝王、夷王、宣王、平王、桓王、庄王、僖王、惠王、襄王、顷王、匡王、定王、简王、灵王、景王、悼王、敬王、元王、贞定王、考王、威烈王、安王、烈王、显王、慎靓王，汉惠帝、文帝、景帝、武帝、昭帝、宣帝、元帝、成帝、哀帝、明帝、章帝、和帝、殇帝、安帝、顺帝、冲帝、桓帝、灵帝、昭烈帝，唐高祖、高宗、睿宗、元宗、肃宗、代宗、德宗、顺宗、穆宗、文宗、武宗、宣宗、懿宗、僖宗、辽太宗、景宗、圣宗、兴宗、道宗，宋太宗、真宗、仁宗、英宗、神宗、哲宗、高宗、孝宗、光宗、宁宗、理宗、度宗、端宗，金太宗、章宗、宣宗，元太祖、定宗、宪宗、成宗、武宗、仁宗、泰定帝、文宗、宁宗，明成祖、仁宗、宣宗、英宗、景帝、宪宗、孝宗、武宗、世宗、穆宗、愍帝，凡百四十三位。其从祀功臣，增黄帝臣仓颉，商仲虺，周毕公高、吕侯、仲山甫、尹吉甫、汉刘章、魏相、丙吉、耿弇、马援、赵云，唐狄仁杰、宋璟、姚崇、李泌、陆贽、裴度，宋吕蒙正、李沆、寇准、王曾、范仲淹、富弼、韩琦、文彦博、司马光、李纲、赵鼎、文天祥，金呼噜，元博果密、托克托，明常遇春、李文忠、杨士奇、杨荣、于谦、刘大夏，凡四十人。是岁，世宗御极，依议行，增置神主，为文镶之石。

乾隆元年，谥明建文帝曰恭闵惠皇帝，庙祀之，位次太祖。复定帝王庙鹿脯、鹿醢，增鹿一，两庑易醯醢，增豕一。十四年，以唐、虞五臣唯契未祀，乃建殿成汤庙后，有司致飨，如孔庙崇圣祠制。初，帝王庙正殿用青绿琉璃瓦，至十八年重修，改覆黄瓦。

四十九年，谕廷臣："曩时皇祖敕议增祀，圣训至公，而陈议者未能曲体，乃列辽、金二朝，而遗东西晋、元魏、前后五代。谓南北朝偏安，则辽、金亦未奄有中夏。即两晋诸代，因篡而斥，不知三国正统，本在昭烈。至司马氏以还，南朝神器数易，宋武帝手移晋祚，篡夺无所逃罪，其他祖宗得国不正，子孙但能守成，即为中主。且蜀汉至初唐不乏贤君，安可阙略！洎朱温以下，或起寇窃，或为叛臣，五十余年，国统不绝如线。周世宗藉余业，斥疆宇，卓然可称，而斥摈弗列，此数百年间，祀典阙如，又岂千秋公论？他若元魏雄据河北，太武、道武，胥勤治理，并宜表章。昔杨维桢著《正统辨》，谓正统在宋不在辽、金、元，其说甚当。今《通礼》祀辽、金，黜两晋诸代，使后世疑本朝区南北，非礼意也。明神、二宗，法纪坠失，愍帝嗣统，事无可为，虽国覆身殉，未可以荒淫例。皇祖撤神、熹，祀愍帝，具见大公。乃议者因复推祀桓、灵，亦思汉之所由亡乎？其再详议。"寻议增祀两晋、元魏、前后五代各帝王，并以唐宪宗平乱，金哀宗殉国，亦宜列祀。允行。

同治四年，以散宜生配飨，位次毕公高。高允配飨，位次赵云。

陵寝之祭，太宗征明，至燕京，即遣贝勒阿巴泰等赴金太祖、世宗陵致祭。顺治建元，礼葬明崇祯帝、后，复诏明十二陵絜禋祀，禁樵牧，给地亩，置司香官及陵户。岁时祭品，户部设之。明年，定春、秋仲日致祭，遣官行。六年，定明陵仍设太监，并置房山、金陵陵户。

八年,定帝王陵寝祀典,淮宁伏羲,滑县颛顼、帝喾,内黄商中
宗,西华商高宗,孟津汉光武,郑周世宗,巩宋太祖、太宗、真宗、仁
宗,赵城女娲,荣河商汤,曲阜少昊,东午唐尧,中都轩辕,咸阳周
文、武、成、康,泾阳汉高祖、唐宣宗,咸宁汉文帝,长安宣帝,富平后
魏孝文帝,三原唐高祖,醴泉太宗,蒲城宪宗,鄌神农,宁远虞舜,会
稽夏禹,江宁明太祖,广宁辽太祖,房山金太祖、世宗,宛平元太祖、
世祖,昌平明宣宗、孝宗、世宗,各就地飨殿行之,或因陵寝筑坛,惟
元陵望祭。十六年,幸畿辅,亲酹崇祯帝陵,谥曰庄烈愍皇帝。

凡巡幸所莅,皆祭陵、庙,有大庆典,祭告亦如之。康熙二十年,
滇乱平,遣官致祭,颁册文、香、帛,给黄伞一,御仗、龙纛各二,凡成
武功,皆祭如典。二十三年,南巡,道江宁,诣明太祖陵,拜奠。谕有
司巡察,守陵人防护。越五年,巡会稽,祭禹陵,祝文书御名,行三跪
九拜礼。跸江宁,祭明太祖陵,如祀禹仪。凡时巡祭帝王陵寝,仪同
祭庙,率二跪六拜,兹盖殊典云。三十八年,复南巡,见明太祖陵圮
剥,诏依周封杞、宋例,授明裔一官,俾世守弗替。四十二年,西巡,
遣祭女娲氏陵,幸陕,遣祭所经诸陵,惟祀周文、武祝文书御名,尊
圣也。

六十一年,遣谕,言:"明太祖起,布衣,统方夏,驾轶汉、唐、宋
诸君。末叶灾荒,臣工内讧,寇盗外起,以致社稷颠覆。考其嗣主,
未有荒坠显迹,盖亦历数使然。且其制度规模,我朝多所依据。允
宜甄访支派,量授爵秩,俾奉春秋飨祀。"世宗缵绪,遂授朱之琏一
等侯世袭,往江宁、昌平致祭,自是岁举以为常。

帝尧陵响有二:一在平阳,一在濮州。濮州东南谷林,古雷泽
也。乾隆元年,修葺厘正,定谷林为旧址,平阳时奠如故。并修神农、
虞舜陵庙,置陵户典守。十一年,以陕西古建都地,帝王陵墓多,命
疆吏考其不载《会典》者,所在令有司防护。十三年,车驾幸曲阜,奠
少昊陵,嗣是东巡皆躬祭。十六年,选妣氏子姓一人,授世袭八品
官,奉祀禹陵。赵城女娲陵,庙中故有塑像,帝斥其黩慢,撤之,改立
神位,禁私祷。

十八年,谒泰陵,礼毕,诣房山祭金太祖陵,赉其裔完颜氏官爵、币帛。

二十六年,定帝王陵寝与岳镇海渎、先师阙里皆遣官行。四十一年,礼臣言:"尧陵见正史者,两汉《地理志》云:'济阴郡成阳有尧冢灵台。'《刘向传》称'葬济阴'。晋《地理志》:'成阳舜所渔,尧冢在西。'《宋史礼志》:'在濮州雷泽东谷林山。'《吕氏春秋》、《帝王世纪》、《水经注》所引《述征记》、《括地志》、《太平寰宇记》、《路史》、《集古录》诸说,皆与正史符。后汉元和以来,祀典并于其地行。明洪武虽改祀东平,而隶鲁境则一。乾隆初,定谷林为尧陵,稽古正讹,万世可守。嗣后祭告,率由旧章。其平阳一陵,有司祀之,如东平例。"

已,大理寺卿尹嘉铨请罢明宣宗、世宗二陵祭告,廷议以为:"宣宗有善政,不应以一二事生訾议,唯世宗戮忠亲佞,实与史合,应停飨祀。"从之。

是年,南巡至江宁,祭明祖陵,礼臣具仪上,三奠酒,每奠一拜。帝命用祀少昊陵例,二跪六拜,不必奠酒,著为令。

五十年,幸汤山,道昌平,亲酹明成祖陵,缮葺之,仍建定陵飨殿,并复世宗祀事。

嘉庆元年,罢遣官,敕各省副都统、总兵官举行。九年,谒东陵,道盘山,阅明陵。故事,往长陵奠辍,遣王大臣致奠余陵。是日仁宗躬诣,三奠毕,乃三拜。

望祭元太祖、世祖陵,飨在德胜门外,位畅春园、圆明园南,帝以为乖制。命嗣后行庆典,改祀清河以北、昌平以南择地行礼。

道光十六年,定明陵春秋致祭,由袭侯往行,余以其族官品峻者摄之,或遣散秩大臣,为永制。

光绪七年,谕禁开垦明陵旁近地亩。

传心殿　顺治十四年,沿明制举经筵,祭先师孔子弘德殿。康熙十年续举,遣官告祭。二十四年,规建传心殿,位文华殿东。正中祀皇师伏羲、神农、轩辕,帝师尧、舜,王师禹、汤、文、武,南向。东周公,西孔子。祭器视帝王庙。岁御经筵,前期遣大学士祗告。祭传心殿自此始。

明年,帝将御经筵,诏言:"先圣、先师,传道垂统,炳若日星。朕远承心学,效法不已,渐近自然。施之政教,庶不与圣贤相悖,其躬诣行礼。"祀日具香烛,铏一,笾、豆各二,奠帛、爵,读祝,以祭。帝御衮服,行二跪六拜礼。太子春秋会讲,亦先祭告焉。月朔望遣太常卿供酒果上香。雍正四年,定本日行祗告礼,自是以为常。

乾隆六年,亲祭传心殿,六十年归政,再行之。历仁宗、宣宗、文宗并亲诣祗告,后不复行。经筵仪制,别详《嘉礼》。

至圣先师孔子崇德元年,建庙盛京,遣大学士范文程致祭。奉颜子、曾子、子思、孟子配。定春秋二仲上丁行释奠礼。世祖定中原,以京师国子监为大学,立文庙。制方,南向。西持敬门,西向。前大成门,内列戟二十四,石鼓十,东西舍各十一楹,北向。大成殿七楹,陛三出,两庑各十九楹,东西列舍如门内,南向。启圣祠正殿五楹,两庑各三楹,燎炉、瘗坎、神库、神厨、宰牲亭、井亭皆如制。

顺治二年,定称大成至圣文宣先师孔子,春秋上丁,遣大学士一人行祭,翰林官二人分献,祭酒祭启圣祠,以先贤、先儒配飨从祀。有故,改用次丁或下丁。月朔,祭酒释菜,设酒、芹、枣、栗。先师四配三献,十哲两庑,监丞等分献。望日,司业上香。

正中祀先师孔子,南向。四配:复圣颜子,宗圣曾子,述圣子思子,亚圣孟子。十哲:闵子损、冉子雍、端木子赐、仲子由、卜子商、冉子耕、宰子予、冉子求、言子偃、颛孙子师,俱东西向。西庑从祀:先贤澹台灭明、宓不齐、原宪、公冶长、南宫适、公析哀、商瞿、高柴、漆雕开、樊须、司马耕、商泽、有若、梁鳣、巫马施、冉孺、颜辛、伯虔、曹恤、冉季、公孙龙、漆雕徒文、秦商、漆雕哆、颜高、公西赤、壤驷赤、任不齐、石作蜀、公良孺、公夏首、公肩定、后处、鄡单、奚容蒧、罕父黑、颜祖、荣旗、句井疆、左人郢、秦祖、郑国、县成、原亢、公祖句兹、廉洁、燕伋、叔仲会、乐欬、公西舆如、狄黑、邦巽、孔忠、陈亢、公西、琴张、颜之仆、步叔乘、施之常、秦非、申枨、颜哙、左丘明、周敦颐、张载、程颢、程颐、邵雍、朱熹,凡六十九人;先儒公羊高、谷梁赤、伏胜、孔安国、毛苌、后苍、高堂生、董仲舒、王通、杜子春、韩愈、司马光、欧阳修、胡安国、杨时、吕祖谦、罗从彦、蔡沈、李侗、陆九渊、张栻、许衡、真德秀、王守仁、陈献章、薛宣、胡居仁,凡二十八人。

启圣祠,启圣公位正中,南向。配位:先贤颜无繇、曾点、孔鲤、孟孙氏,东西向。两庑从祀:先儒周辅成、程珦、蔡元定、朱松。

九年,世祖视学,释奠行师,王、公、百官,斋戒陪祀。前期,衍圣公率孔、颜、曾、孟、仲五氏世袭五经博士,孔氏族五人,颜、曾、孟、仲族各二人,赴都。暨五氏子孙居京秩者咸与祭。是岁授孔氏南宗博士一人,奉西安祀。

十四年,给事中张文光言:"追王固诬圣,而'大成文宣'四字,亦不足以尽圣,宜改题'至圣先师'。"从之。康熙六年,颁太学《中和韶乐》。二十二年,御书"万世师表"额悬大成殿,并颁直省学官。二十六年,御制《孔子赞序》、颜曾思孟四赞镵之石。揭其文颁直省。

五十一年,以朱子昌明圣学,升跻十哲,位次卜子。寻命宋儒范仲淹从祀。

雍正元年,诏追封孔子五代王爵,于是锡木金父公曰肇圣,祈父公曰裕圣,防叔公曰诒圣,伯夏公曰昌圣,叔梁公曰启圣,更启圣祠曰崇圣。肇圣位中,裕圣左,诒圣右,昌圣次左,启圣次右,俱南向。配飨从祀如故。

二年,视学释奠,世宗以飨庙庙庭诸贤,有先罢宜复,或旧阙宜增,与夙应袝祀崇圣祠者,命廷臣考议。议上,帝曰:"戴圣、何休非纯儒,郑众、卢植、服虔、范宁守一家言,视郑康成淳质深通者有间,其他诸儒是否允协,应再确议。"复议上。于是复祀者六人:曰林放、蘧瑗、秦冉、颜何、郑康成、范宁。增祀者二十人:曰孔子弟子县亶、牧皮,孟子弟子乐正子、公都子、万章、公孙丑,汉诸葛亮,宋尹焞、魏了翁、黄干、陈淳、何基、王柏、赵复,元金履祥、许谦、陈澔,明罗钦顺、蔡清,国朝陆陇其。入崇圣祠者一人,宋横渠张子迪。

寻命避先师讳,加"邑"为"邱",地名读如期音,惟"圜丘"字不改。

四年八月仲丁,世宗亲诣释奠。初,春秋二祀无亲祭制,至是始定。牺牲、笾豆视丁祭,行礼二跪六拜,奠帛献爵,改立为跪,仍读祝,不饮福、受胙。尚书分献四配,侍郎分献十一哲两庑。明年,定八月二十七日先师诞辰,官民军士,致斋一日,以为常。又明年,御书"生民未有"额,颁悬如故事。十一年,定亲祭仪,香案前三上香。

乾隆二年,谕易大成殿及门黄瓦,崇圣祠绿瓦。复元儒吴澄祀。三年,升有子若为十二哲,位次卜子商。移朱子次颛孙子师。

是岁上丁,帝亲视学释奠,严驾出,至庙门外降舆。入中门,俟大次,出盥讫,入大成中门,升阶,三上香,行二跪六拜礼。有司以次奠献。正殿,升东、西阶,入左、右门,诣四配、十二哲位前,两庑分献官分献官分诣先贤、先儒位前,上香奠献毕,帝三拜,亚献、终献如初。释奠三献始此。其祭崇圣祠,拜位在阶下,承祭官升东阶,入左门,诣肇圣王位前上香毕,分献官升东、西阶,入左、右门,分诣配位及两庑从位前上香,三跪九拜。奠帛、读祝,初献时行。凡三献,礼毕。自是为恒式。

十八年,改正太学丁祭牲品,依阙里例用少牢十二哲东西各一案,两庑各三案。崇圣祠四配,两庑东西各一案,十二哲位各一帛,东西共二筐。其分献,正殿东西,翰林官各奠三爵;西庑国子监四人,共奠三爵,十二哲两庑奉爵用肄业诸生。定两庑位序,按史传年代先后之。

三十三年,葺文庙成,增大门"先师庙"额,正殿及门曰"大成",帝亲书榜,制碑记。选内府奠彝中十器,凡牺尊、雷文壶、子爵、子爵、内言卣、康侯爵、鼎盟篹、雷纹觚、召仲篹、素洗、牺首罍各一,颁之成均。

五十年,新建辟雍成,亲临讲学,释奠如故。嘉庆中,两举临雍仪。

道光二年诏刘宗周，三年汤斌，五年黄道周，六年陆贽、吕坤，八年孙奇逢，从祀先儒。八年，湖北学政王赠芳请祀陈良，帝以言行无可考，寝其议。未几，御史牛鉴以李容请，部议谓然，帝斥之。十六年，诏祀孔子不得与佛、老同庙。是后复以宋臣文天祥、宋儒谢良佐侑飨云。咸丰初，增先贤公明仪，宋臣李纲、韩琦侑飨。

三年二月上丁，行释菜礼，越六日，临雍讲学，自圣贤后裔，以至太学诸生，圜桥而听者云集。

七年，增圣兄孟皮从祀崇圣祠，先贤公孙侨从祀圣庙，宋臣陆秀夫、明儒曹端并入之。

十年，用礼臣言，从祀盛典，以阐圣学、传道统为断。余各视其所行，分入忠义、名宦、乡贤。至名臣硕辅，已配飨帝王庙者，毋再滋议。同治二年，御史刘毓楠以祔祀新章过严，如宋儒黄震辈均不得预，恐酿人心风俗之忧，帝责其迂谬。

是岁鲁人毛亨，明吕柟、方孝孺并侑飨。于是更订增祀位次，各按时代为序。乃定公羊高、伏胜、毛亨、孔安国、后苍、郑康成、范宁、陆贽、范仲淹、欧阳修、司马光、谢良佐、罗从彦、李纲、张栻、陆九渊、陈淳、真德秀、何基、文天祥、赵复、金履祥、陈澔、方孝孺、薛瑄、胡居仁、罗钦顺、吕柟、刘宗周、孙奇逢、陆陇其列东庑，谷梁赤、高堂生、董仲舒、毛苌、杜子春、诸葛亮、王通、韩愈、胡瑗、韩琦、杨时、尹焞、胡安国、李侗、吕祖谦、黄干、蔡沈、魏了翁、王柏、陆秀夫、许衡、吴澄、许谦、曹端、陈献章、蔡清、王守仁、吕坤、黄道周、汤斌列西庑，并绘图颁各省。七年，以宋臣袁燮、先儒张履祥从祀。光绪初元，增入先儒陆世仪。自是汉儒许慎、河间献王刘德，先儒张伯行，宋儒辅广、游酢、吕大临并祀焉。

二十年仲秋上丁，亲诣释奠，仍用饮福、受胙仪。

三十二年冬十二月，升为大祀。先师祀典，自明成化、弘治间，已定八佾，十二笾、豆。嘉靖九年，用张璁议，始厘为中祀。康熙时，祭酒王世祯尝请酌采成、弘制，议久未行。至是命礼臣具仪上，奏言："孔子德参两大，道冠百王。自汉至明，典多缺略。我圣祖释奠阙里，三跪九拜，曲柄黄盖，留供庙廷。世宗临雍，止称诣学。案前上香、奠帛、献爵，跪而不立。黄瓦饰庙，五代封王。圣诞致斋，圣讳敬避。高宗释奠，均法圣祖，躬行三献，垂为常仪。崇德报功，远轶前代。已隐寓升大祀至意。世宗谕言：'尧舜禹汤文武之道，赖孔子以不坠。《鲁论》一书，尤切日用，能使万世伦纪明，名分辨，人心正，风俗端，此所以为生民未有也。'圣训煌煌，后先一揆。近虽学派纷歧，而显示钦崇，自足收经正民兴巨效。"疏上，于是文庙改覆黄瓦，乐用《八佾》，增《武舞》，释奠躬诣，有事遣亲王代，分献四配用大学士，十二哲两庑用尚书。祀日入大成左门，升阶入殿左门，行三跪九拜礼。上香，奠帛、爵俱跪。三献俱亲行。出亦如之。遣人则四配用尚书，余用侍郎，出入自右门，不饮福、受胙。崇圣祠本改亲王承祭，若代释奠，则以大学士为之。分献配位用侍郎，西庑用内阁学士。余如故。三十四年，定文庙九楹三阶五陛制。

御史赵启霖请以王夫之、黄宗羲、顾炎武从祀。下部议。先是署礼部侍郎郭嵩焘、湖北学政孔祥霖请夫之从祀，江西学政陈宝琛请宗羲、炎武从祀，并被驳。至是部议谓："三人生当明季，毅然以穷经为天下倡，德性问学，尊道并行，第夫之《黄书》、《原极》诸篇，托旨《春秋》；宗羲《明夷待访录》、《原君》、《原臣》诸篇，取义《孟子》，似近偏激。惟炎武醇乎其醇，应允炎武从祀，夫之、宗羲候裁定。"帝命并祀之。

阙里文庙，有事祭告，具前《祭告篇》。春、秋致祭同太学。康熙中，圣祖东巡亲祭，礼部具仪。驻跸次日，帝服龙衮，行在仪仗具陈，行礼二跪六拜，配位、十哲、两庑、启圣祠，皆遣官分献。扈从诸臣，文官知府、武官副将以上，衍圣公暨各氏子孙在职者，咸陪祀。圣心犹未安，命更议。寻定迎神、送神俱三跪九拜，惟乐章与国学小异，可令太常司乐及乐舞生先往疑习。帝亲制祝文。祀日诣庙，至奎文阁前降辇，如斋所小憩，自大次出，入大成门，登殿释奠毕，御诗礼堂讲书。礼成，周视庙庭车服、礼器。更常服，驾如孔林，跪奠酒，三爵，三拜，赐衍圣公以下银币有差。留曲柄黄盖陈庙庭。扩孔林地亩,蠲其税。建庙碑,御书文镌石。又建子思子庙,仿颜、曾、孟三庙制。

三十二年,修文庙成,皇子往祭,行礼杏坛。雍正二年,曲阜庙灾,遣官诣阙里祭慰,敕大臣重建,并令阙里司乐遣人赴太常习乐舞,冠服悉准太学式为之。八年,庙成,黄瓦画栋,悉仿宫殿制。凡、登、籩、簠、铏、笾、豆、尊、爵,颁自上方。勒碑如故事。特诏皇五子往祭。

乾隆八年,定阙里圣庙乐章。二十三年,东巡亲祭如往制。遣大臣祭颜、曾、思、孟专庙。勒御制《四贤赞》于石。其盛京学宫所需乐器,乾隆中始敕府尹遵《皇朝礼器图》造作,镈钟、特磬,制出内廷,特颁太学暨各省学宫,并令府丞选佾生精音律者送太常习舞。厥后以热河为时巡所,黉序肇兴,定大成殿龛案如太学式,祭器、乐器亦如之。

至各省府、州、县释奠,以所在印官承祭,礼如太学,顺治初行之。雍正五年,定制各省督、抚、学政上丁率属致祭。学政莅试时,先至文庙行礼,府、州、县官率属于治所文庙行。乾隆六年,敕直省学宫设先贤、先儒神位。同治初,颁从祀先儒位次图。光绪末,升大祀,各省文庙规制、礼器、乐舞暨崇圣祠祭品,并视太学,礼节悉从旧。

元圣周公　　　顺治十七年,给事中黏本盛奏请文庙后别立传圣祠。下部议,礼臣言:“祭祀周公,向在太学。至唐显庆间,以公制礼作乐,功侔帝王,就飨儒宫,欲尊反贬。始定配飨帝王庙,既不与孔子并祭太学,乃反立传圣祠于其后,殊失尊崇本意也。”事遂寝。康熙二十三年,圣祖祀阙里,诏言:“周公古大圣人,制礼作乐,垂法万世,庙在曲阜,应行致祭。”乃遣亲王及礼部尚书往焉。亲制祝文。祭礼,三献。祭品:羊一、豕一、果五盘、尊一、爵三,敕有司治办。明年,授东野氏一人博士,奉祀祠庙。二十六年,御书《周公庙碑文》,依文庙式,勒之贞珉。乾隆十二年,东巡,增登一,铏二,籩、簠各二,笾、豆各八，遣亲王一人行礼。其祀配飨鲁公，遣礼部尚书行。明年，幸曲阜，亲诣上香，一跪三拜。自是东巡亲诣以为常。四十三年，依孔氏南宗例，置当阳博士，奉祀陵墓。

关圣帝君　　清初都盛京，建庙地载门外，赐额"义高千古"。世祖入关，复建庙地安门外，岁以五月十三日致祭。顺治九年，敕封忠义神武关圣大帝。雍正三年，追封三代公爵，曾祖曰光昭，祖曰裕昌，父曰成忠，供后殿。增春、秋二祭。洛阳、解州后裔并授五经博士，世袭承祀。寻定春、秋祀仪，前殿大臣承祭，后殿以太常长官。届日质明，大臣朝服入庙左门，升阶就拜位，上香，行三跪九拜礼。三献，不饮福、受胙。祭后殿二跪六拜。十一年，增当阳博士一人奉冢祀。

乾隆三十三年，以壮缪原谥，未孚定论，更命神勇，加号灵佑。殿及大门，易绿瓦为黄。四十一年，诏言："关帝力扶炎汉，志节懔然，陈寿撰《志》，多存私见。正史存谥，犹寓讥评，曷由传信？今方录《四库书》，改曰忠义。武英殿可刊此旨传末，用彰大公。"嘉庆十八年，以林清扰禁城，灵显翊卫，命皇子报祀如仪，加封仁勇。道光中，加威显。咸丰二年，加护国。明年，加保民。于是跻列中祀，行礼三跪九叩，乐六奏，舞《八佾》，如帝王庙仪。五月告祭，承祭官前一日斋，不作乐，不撤馔，供鹿、兔、果、酒。旋追封三代王爵，祭品视崇圣祠。加精诚绥靖封号，御书"万世人极"额，摹勒颁行。同治九年，加号翊赞。光绪五年，加号宣德。

直省关帝庙亦一岁三祭，用太牢。先期承祭官致斋，不理刑名，前殿印官，后殿丞、史，陈设礼仪，略如京师。

文昌帝君　　明成化间，因元祠重建。在京师地安门外，久圮，嘉庆五年，潼江寇平，初寇窥梓潼，望见祠山旗帜，却退。至是御书"化成耆定"额，用彰异绩。发中帑重新祠宇，明年夏告成，仁宗躬谒九拜，诏称："帝君主持文运，崇圣辟邪，海内尊奉，与关圣同，允宜列入祀典。"于是大学士朱珪撰碑记,略言:"文昌星载《天官书》,所谓"斗魁六星,载匡曰文昌宫"是也。《尚书》'禋六宗',孔疏引郑玄云:'皆天神,司中、司命、文昌第五、第四星也。'《周礼·大宗伯》:'以槱燎祀司中、司命。'郑《注》谓文昌星。然则文昌之祀,始有虞,著《周礼》,汉、晋且配郊祀。《元命苞》云:'上将建威武,次将正左右,贵相理文绪,司禄赏功进士。'是爵禄、科举职司久矣。又言帝君周初为张仲,孝友显化,隋、唐为王通,征李商隐《张亚子庙诗》,读孙樵《祭梓潼神君文》、《化书》:唐开元命为左丞,《通考》:僖宗封为济顺王,宋真宗改号英显,哲宗加封辅元开化文昌司禄帝君,元加号宏仁,盖可考见云。"礼官遂定议。

岁春祭以二月初三诞日,秋祭,仲秋诹吉将事,遣大臣往。前殿供正神,后殿则祀其先世,祀典如关帝。咸丰六年,跻中祀,礼臣请崇殿阶,拓规制,遣王承祭,后殿以太常长官亲诣,二跪六拜,乐六奏,文舞《八佾》,允行。直省文昌庙有司以时飨祀,无祠庙者,设位公所祭之。毕,撤位随祝帛送燎。

旗纛之祭　天命十年,定沈阳,还军扈浑河,刲牛祭纛。天聪元年征朝鲜,明年凯旋,并立纛拜天。自是出征班师祭纛以为常,时旗纛庙附祀关帝庙也。世祖入关后,始行望祭。

凡亲征诹吉启行,先于堂子内门外建御营黄龙大纛,按翼分设八旗大纛、火器营大纛各八,列其后,并北向。帝御戎服佩刀,出宫乘骑,入堂子街门降。圜殿礼毕,出内门致礼神,率从征将士三跪九拜,不赞。礼成乐作,銮驾启行,领侍卫内大臣、司纛侍卫率亲军举纛从。

凯旋致祭,届日陈法驾卤簿,自郊外五里讫堂子门外。驾至郊,降舆拜纛如仪。命将出师亦如之。圣祖征噶尔丹凯旋,翼日为坛安定门外,致祭随营旗纛,用太牢,始遣大臣行礼。雍正初,定三年一祭。

凡旗纛皆庋内府,祭则设之。各省祭旗纛,则遣武官戎服行礼焉。

炮位之祭，天聪五年，造红衣炮，镌曰天佑助威将军，遂携以毁于子章台，克大凌河，行军携红衣炮始此。

厥后敕汉军赍炮进关。世祖奠鼎燕京，定制以岁季秋朔，陈炮位芦沟桥沙锅村，席地为坛，西向，以八旗汉军都统将事。分旗翼列，用果品、少牢。届时先镶黄旗炮位，都统御补服，上香，三跪九拜，三献，读祝。余七炮位亦如之。副都统以次陪祀。圣祖凯旋，设坛德胜门外，祭品如祭纛。世宗亦定三年一祭。

乾隆十四年，满洲火器营始祭八旗子母炮神，总统承祭，如汉军祀炮仪。其后定满洲祀炮依汉军例，季秋赴芦沟桥演炮，即以其日祭焉。三十年，祀炮始用祝版，并专设祭器。

群祀　　先医，初沿明旧，致祭太医院景惠殿，岁仲春上甲，遣官行礼。祀三皇，中伏羲，左神农，右黄帝。四配：句芒、风后、祝融、力牧。东庑僦贷季、歧伯、伯高、少师、雷公、伊尹、淳于意、华陀、皇甫谧、巢元方、韦慈藏、钱乙、刘完素、李果十四人，西则鬼臾区、俞跗、少俞、桐君、马师皇、扁鹊、张机、王叔和、葛洪、孙思邈、王冰、朱肱、张元素、朱彦修十四人。礼部尚书承祭，两庑分献，以太医院官。礼用三跪九拜。三献。雍正中，命太医院官咸致斋陪祀。

都城隍庙有二，旧沈阳城隍庙，自元讫明，祀典勿替。清初建都后，升为都城隍庙，有司以时致祭。其在燕京者，建庙宣武门内。顺治八年仲秋，遣太常卿致祭，岁以为常。用太牢，礼献如祀先医。万寿节遣祭，加果品。雍正中，改遣大臣，嗣复命亲王行礼。禁城城隍庙建城西北隅。皇城城隍庙建西安门内，曰永佑宫，万寿节或季秋，遣内府大臣承祭，用少牢。

北极佑圣真君庙，建地安门外日中坊桥东，曰灵明显佑宫。顺治中，定制万寿节遣官祭，后改遣大臣。设果盘五、饼饵盘十五、茶珑三、行礼三跪九拜。

火神庙，建日中坊桥西。康熙初，定岁六月二十三日遣太常卿

祭,后改遣大臣。用少牢。雍正中,改太牢。帛初用白,乾隆中改用
赤。余如祀北极仪。

东岳庙,在朝阳门外,岁祭以万寿节。

龙神之祭,黑龙潭庙建西北金山巅,圣祖、世宗亲制碑记。乾隆
五年,锡号"昭灵沛泽"。玉泉山庙,九年锡号"惠济慈佑"。昆明湖
祠,旧曰广润灵雨祠,锡号"安佑普济",嘉庆中,加"沛泽广生"。京
畿旱,帝亲祷黑龙潭庙。乾隆四十六年,锡号"昭灵广济"。嘉庆间,
始列祀典,遣散秩大臣往祭惠济祠。河神庙建绮春园内,祀天后、龙
神、河神,并春、秋致祭,遣圆明园大臣将事。仪品俱视都城隍庙。

其祀之无定时、定所,及有司以时专祭者,后土司工之神,顺治
初制,凡大兴作,因其方筑左右坛,建彩棚,遣官往祭,用少牢饼果。
若大工迎吻,祭琉璃窑神暨各门神,如祭司工礼。咸丰间,锡号圆明
园春雨轩司工神曰昭休敷禧真君,土母曰夫人。命内府大臣春、秋
奉祀。司机神,顺治季年设织造局,始行祭告,礼部长官主之。司仓
神,通州三仓,旧惟西仓有祠。京内七仓,惟右翼兴平仓有祠,雍正
间重葺。繇是左翼置庙海运仓。京外五仓,置庙储济仓,并立神位。
仓场侍郎承祭,用少牢、果品,仓监督陪祀,二跪六拜。诸祭将事以
黎明,与祭者咸朝服,此其大凡也。至特旨建祠京师者,具见后简。

若夫直省御灾捍患有功德于民者,则锡封号,建专祠,所在有
司秩祀如典。

世祖朝,宿迁祀河神宋谢绪。

圣祖朝,成都祀诸葛亮;福建暨各省祀天后宋林氏女。

世宗朝,各省祀猛将军元刘承忠。先是直隶总督李维钧奏:"蝗
灾,土人祷猛将军庙,患辄除。"于是下各省立庙祀。已,两江总督查
弼纳亦言:"猛将军庙祀所在无蝗害,无庙处皆为灾。"被诃责。诏
言:"水旱蝗灾,疆吏当修省,勿专事祈祷。"钱塘祀伍员,封英卫公;
临安祀钱镠,封诚应王;萧山祀宋张夏,封静安公;绍兴祀明知府汤
绍忠,封宁江伯,后司事莫龙附焉;汶上祀明尚书宋礼,封宁漕公,
老人白英封永济神附焉;灌县祀秦蜀守李冰,封敷泽兴济通裕王,

子二郎，为承绩广惠英显王；德清祀元戴继元，封保济显佑侯；徐闻祀故水师副将江启龙，封英佑骁骑将军，后附祀张瑜，锡号"襄靖普佑"；江南山阳祀唐许远，封威灵显佑王；浮梁祀张巡，锡号"显佑安澜"。

高宗朝，陈留祀河神守才，后建庙江南，曰灵佑观；清河祀明张襄，封彰灵卫漕将军；广西祀蜀将武当，封显佑英济广福王；滨河各县祀故河督朱之赐，封助顺永宁侯。

仁宗朝，追封天后父积庆公，母曰夫人；永绥镇箪祀宋杨灏，封宣威助顺靖远侯；芜湖祀蜀汉孙夫人；曹县祀张桓侯飞、赵将军云；江南山阳祀湖神谭氏，封昭灵显佑水府都君；南昌祀旌阳令许逊，封灵感普济神；直省祀纯阳演正警化孚佑帝君唐吕岩；仁和祀孚顺侯宋蒋崇仁、弟孚惠侯崇义、孚佑侯崇信；会稽祀汉曹娥，封福应夫人；慈溪祀天井潭神宋刘扬祖，义乌祀明漕运总管陈道兴；都昌左蠡镇祀元将军长兴；湖州、苏州祀太湖神明王天英；高邮祀露筋祠神；淮扬运河厅祀康泽灵应侯宋耿裕德；汉城祀窦孝妇；钱塘祀金华将军五代曹杲。

宣宗朝，翁源祀元詹姓三神，并封侯。建德祀故知府王光鼎；浙江新城祀宣灵王周雄；黔阳祀殉难知县周文煜；鄞县祀滨江灵庙神宋晁说之，封孚惠侯；白鹤山庙神唐任侗；茅山庙神张仁皓；长沙祀元李育万，封广济李真人；莆田祀宋长乐钱氏室女；萧山祀江塘神元杨伯远妻王氏；又祀唐董戈管、张实、张耀、张圣，宋卢万，故知县贾国桢、姚文熊；浙江祀太湖神晋张贲；邹溪庙神宋裴肃；仁和祀宋施全兴福庙神；奉化祀元马称德为进林庙神；滕县祀明冯克利为三界庙神；慈溪汉张竟暨子齐芳；杭州祀灵感广大观音大士，加封慈济；郫县祀古蜀王杜宇，开明；绵州祀汉蒋琬；新宁祀宋陈仲真；钦州祀故副将景懋；永定河、张秋镇并祀九龙陈将军；福建归化祀福顺夫人莘氏。

文宗朝，临清、东昌、河南正阳关并祀金龙四大王，靖远、镇远、绥远三侯，俱晋王爵；永城祀观音大士、孚佑帝君；潮阳及江南高堰

祀显佑安南神;潮阳祀威显灵佑王;广东祀明石康令罗神;长沙祀
晋陶淡暨侄烜,并号陶真人;桂平祀孚应惠济王宋甘佃;连江祀崇
福昭惠慈济夫人唐陈昌女,孚济将军黄助暨弟昭远将军;会稽祀回
响庙神汉陈德道;杭州、嘉兴、汤阴、武昌并祀宋岳飞;三水祀玄坛
正一真神;灵山祀明朱将军统鉴;潮州祀安济王汉王伉;奉化祀汉
陈鸿,归善祀明王守仁、后唐何泽、元谭道;歙县祀唐汪华,陈程灵
洗暨子文季;严州祀孚惠王唐邵仁祥;镇洋祀元忠正王李禄、宋忠
惠侯杨滋;寿宁祀懿政天仙马氏女;全州祀无量寿佛唐周全真,威
信侯柴崇趫;攸县祀唐杉仙真人陈皎;淳安祀吴山阴侯贺齐;宜章
祀唐武陵侯黄师浩;四会祀宋阮大师子郁、梁化师慈能;南雄祀圣
化夫人练氏;淮安祀周王子晋,封普惠祖师。

　　穆宗朝,加金龙四大王封号至四十字,庙祀封丘、临清、张秋
镇、六塘河,封故河督栗毓美诚孚栗大王,附祀郓城神庙;广东祀大
鉴禅师卢惠能,灵通侍者陈道明;宝山祀故知县胡仁济;广州祀唐
陈四公、五公,广丰祀明太保胡德济;浏阳祀宋指挥温康孟;襄垣祀
昭泽王唐焦姓神;山阴祀元杨兴嗣;福建永安祀唐田王李肃;广东
祀石龙太夫人冯洗氏;锡号"慈佑夫人";上饶祀鹰武将军唐李德
胜;善化祀朗公普济真君唐邱姓神,明李真人润济;罗定祀殉难州
同金芳,封护国神;贵州祀唐南霁云;会昌祀晋赖公神;新会祀宋戴
存仁;上虞祀显应侯宋陈贤,封护国潮神;张秋镇祀明杨四将军,故
河督黎世序,封孚惠河神;长沙祀周真人福寿,瞿真人餐岑;温州祀
唐杨精义;阳曲祀晋大夫窦准;盂县祀晋赵武;上虞祀唐桑宪保,封
桑王神;滨河祀故祥河同知王仁福,封将军;南安祀宋广泽尊王郭
忠;栖霞祀元邱真人处机;麻城祀五脑山土主神张瑞;高要祀太保
神宋卢僧;邵阳祀唐郑洞天;黔阳祀唐孝子刘三将军;江都祀汉杜
女仙暨康女仙紫霞;平江祀唐杨孝仙耀庭。

　　德宗朝,瓯宁祀三圣夫人;福建祀白玉蟾真人葛长庚;增城祀
宾公佛;上杭祀黄仙师、幸仙师;介休祀空王古佛田志超;双流祀僧
大朗;广德祀汉张渤;项城祀傅宗龙;宁武祀明周遇吉;封丘祀汉百

里嵩;长乐祀唐郭子仪;长沙祀雷万春;文城祀晋大夫狐突;潞城祀唐李靖;临海祀唐林洪;云阳祀张飞;广西祀汉马援,明王守仁。

光绪二十七年,两宫西狩,回銮,御舟济河,波涛不惊,特加大王、将军诸封号。凡予祀皆有封号,不悉纪,纪其著者。或前朝已封,今复加号,或当代始封,后屡加号,则悉略之。定例,封号至四十字不复加,间有之,非常制,止金龙四大王四十字外加号锡祜,天后加至六十字,复锡以嘉佑云。

五祀,初循旧制,每岁暮合祭太庙西庑下。顺治八年定制,岁孟春宫门外祭司户神,孟夏大庖前祭司灶神,季夏太和殿阶祭中溜神,孟秋午门西祭司门神,孟冬大庖井前祭司井神,中溜门、午门二祀,太常寺掌之,户、灶、井三祀,内务府掌之,于是始分祭,旋复故。逮圣祖厘礼典,再罢之,并停专祀。惟十二月二十三日,宫中祀灶以为常。

八蜡之祭,清初关外举行,庙建南门内,春、秋设坛望祭。世祖入关,犹踵行之。乾隆十年,诏罢蜡祭。时廷臣犹力请行古蜡祭,高宗谕曰:"大蜡之礼,昉自伊耆,三代因之,古制复远,传注参错。八蜡配以昆虫,后儒谓害稼不当祭。《月令》:'祈年于天宗。'蜡祭也。注云'日、月、星、辰',则所主又非八神。至谓合聚万物而索飨之,神多位益难定。蜡与腊冠服各殊,或谓腊即蜡,或谓蜡而后腊。自汉腊而不蜡,魏、晋以降,废置无恒。或溺五行家言,甚至天帝、人帝及龙、麟、朱鸟,为座百九十二,议者谓失礼。苏轼曰:'迎猫则为猫尸,迎虎则为虎尸,近俳优所为。'是其迹久类于戏也,是以元、明废止不行。竞蜡祭诸神,如先啬、司啬、日、月、星、辰、山、林、川、泽,祀之各坛庙,民间报赛,亦借蜡祭联欢井间。但各随其风尚,初不责以仪文,其悉罢之。"自是无复蜡祭矣。

祭厉　　明制,自京师讫郡、县,皆祭厉坛。清初建都盛京,厉坛建地载门外。自世祖入关后,京师祭厉无闻焉。唯直省城隍合祀神祇坛,月朔、望有司诣庙上香,二跪六拜,旸雨愆期则祷。复以城隍主厉坛祀。

顺治初，直省府、州、县设坛城北郊，岁以清明日、七月十五日、十月朔日，用羊三、豕三、米饭三石、香烛、酒醴、楮帛祭本境无祀鬼神。府曰郡厉，县曰邑厉。先期备祭物，有司诣城隍庙以祭厉告。届日设燎炉坛南，奉城隍神位安坛正中。诣神位前跪，三上香，行礼用三拜。送燎，奠三爵，退，神位复初。

清史稿卷八五

志第六〇

礼四 吉礼四

堂子祭天　坤宁宫祀神　令节设供　求福祀神　奉先殿　寿皇殿　安佑宫 绥成殿附　满洲跳神仪

堂子祭天　　清初起自辽沈,有设杆祭天礼。又于静室总祀社稷诸神祇,名曰堂子。建筑城东内治门外,即古明堂会祀群神之义。世祖既定鼎燕京,沿国俗,度地长安左门外,仍建堂子。正中为飨殿,五楹,南向,汇祀群神,上覆黄琉璃。前为拜天圜殿,北向。中设神杆石座,稍后,两翼分设各六行,行各六重,皇子列第一重,次亲王、郡王、贝勒、贝子、公,各按行序,均北向。东南为上神殿,三楹,南向。祭礼不一,而以元旦拜天、出征凯旋为重,皆帝所躬祭。其余月祭、杆祭、浴佛祭、马祭,则率遣所司。崇德建元,定制,岁元旦,帝率亲王、藩王迄副都统行礼。寻限贝勒止,已复限郡王止,并遣护卫往挂纸帛。

凡亲祭,前期十二月二十六日,内府官赴坤宁宫请朝祭、夕祭神位,安奉神舆,内监舁行。前引御仗八、镫四,司俎官六人,掌仪司一人,侍卫十人,导至飨殿供奉。朝夕献香如仪。故事,神位所悬纸帛,月终积贮盛以囊,除夕送堂子,与净纸、神杆等同焚。时内府大臣率长史、护卫挂新纸帛各二十有七。昧爽,帝乘舆出宫,陪祀王公等随行。至堂子内门降,入中门,诣圜殿就拜位,南向,率群臣行三跪九叩礼。毕,回銮。翼日,奉神位还宫。康熙十一年,诏元旦拜堂子礼宜明备,用鸣赞官。明年,罢汉官与祭。二十九年,谕令皇子随行礼,内府大臣圜殿进楮帛毕,次进皇太子楮帛。

月祭,岁正月初旬诹吉,余月朔日。司俎二人,就杉柱上挂纸帛数等。元旦,案陈时食盘一、醴酒琖一。司香上香,内监执三弦、琵琶,坐甬道西,守堂子人持拍板坐其东。司祝进跪,司香授琖,司祝受之,献酒。奏神弦,鸣拍板,拊掌应节。凡六献,皆赞歌"鄂啰罗",守堂子人亦歌。献毕,一叩,兴,合掌致敬。弦、板止,司祝执神刀进,奏弦、拍板如初。司祝一叩,兴,司俎赞歌"鄂啰罗",众和歌。司祝举神刀诵神歌曰:"上天之子,纽欢台吉,武笃本贝子,某年生小子,某年生小子,今敬祝者,丰于首而仔于肩,卫于后而护于前。畀以嘉祥兮,齿其儿而发其黄兮,偕老而成双兮,年其增而岁其长兮,根其固而神其康兮。神兮贶我,神兮佑我,永我年而寿我兮。"凡三祷,如前仪,诵赞者九。司祝跪,一叩,兴,诵赞三。弦、板止,复跪,一叩,兴,合掌退。

立杆大祭,岁春、秋二季月朔,或二、四、八、十月上旬诹吉行,杆木以松,长三丈,围径五寸。先一月,所司往延庆州属采斲,树梢留枝叶九层,架为杆,赍至堂子。前期一日,树之石座。崇德初,定亲王、郡王、贝勒祭三杆,贝子、镇国、辅国公二,镇国、辅国将军一。月朔大内致祭,初二日后依次祭,凡祭三杆者,定期内祭其一,过旬祭其二。祀日有数家同者,仍按位为等差,违例多祭与争先越祭并处罚。后改定大内至入八分公俱祭一杆,将军不祭。

届日,司香豫悬神幔,炕上置漆案,陈碟三。前置枬案,黄磁碗二。圜殿置二枬案,高者陈碗炉,卑者陈碗,前设彩毡。司俎二人赴坤宁宫请佛亭及菩萨、关帝像,舁至堂子。安佛亭于座,像悬幔以三绳,系两殿神杆间。悬黄幡,挂纸帛,圜殿挂帛亦如之。飨殿北炕案上陈打糕、搓条饽饽盘九,酒枬三,圜殿高案则盘三枬一。每献,司祝挹碗酒注琖，两殿祭献歌祷如前仪。祝辞曰："上天之子，佛及菩萨，大君先师、三军之帅、关圣帝君，某年生小子，某年生小子，今敬祝者，贯九以盈，具八以呈，九期届满，立杆礼行。爰系索绳，爰备粢盛，以祭于神灵。"余辞同月祭。卒事，司香卷幔、撤像奉入宫。

若帝亲祭，殿内敷彩席，覆红毡，甬道布棕荐。届时乘舆出宫，满大臣随扈至堂子街，王公跽俟，兴，从之。帝降舆入中门，诣飨殿前东向坐，司祝献酒，举神刀，祷祝，奏弦、拍板，拊掌，歌"鄂啰罗"。帝入，一跪三叩。圜殿同。毕，升座，赐王公等炕前坐。尚膳正、司俎官进胙糕，尚茶正献福酒，帝受胙，分赐各王公。礼成，还宫。遇坛、庙斋期或清明节，再涓吉以祀。

月朔祀东南隅尚锡神亭，即堂子上神殿也。神曰田苗，神案上盘一、琖一，分陈时食醴酒，司香上香，司俎挂净纸杉柱上，诸王护卫依次挂之。内管领一人入，除冠服，解带，跪叩，祝辞曰："上天之子，尚锡之神，月已更矣，建始维新，某年生小子，敬备粢盛兮，洁楮并陈。惠我某年生小子，贶以嘉祥兮，畀以康宁。"毕，退。或谓祀明副总兵邓子龙也，以与太祖有旧谊，故附祀之。

四月八日佛诞，祭祀前期，飨殿悬神幔，选觉罗妻正、副赞祀二人为司祝。祭日，不祈报，不宰牲，不理刑名。届时赴坤宁宫请佛亭及菩萨、关圣像，司俎内监置椴叶饽饽、酿酒、红蜜于盒以从，至则陈香镫，献糕酒，取红蜜暨诸王供蜜各少许，注黄磁浴池。司祝请佛，浴毕，以新棉承座，还奉佛亭，陈椴叶饽饽九盘，酒琖、香碟各三，并诸王所供饽饽、酒。圜殿亦如之。司香上香，司祝献酒九巡，余略如月祭、杆祭。崇德元年，定八旗王、贝勒各一人，依次供献。厥后唯亲王、郡王行之。

马祭，岁春、秋季月，为所乘马祀圜殿。正日，司俎挂纸帛如常数，陈打糕一盘、醴酒一，缚马鬃、尾绿绸二十对。司香上香，牧长牵十马，色皆白，立甬道下。司祝六献酒，奏乐如仪。所祷之神同月祭，唯祝辞则易为所乘马。"敬祝者，抚脊以起兮，引鬣以兴兮，嘶风以奋兮，嘘雾以行兮，食草以壮兮，啮艾以腾兮。沟穴其弗逾兮，盗贼其无扰兮。神其贶我，神其佑我。"祷讫，取绅条就香炉薰祷，司俎以授牧长，系之马尾。是日，马神室并奉朝祭、夕祭神位，遣内府大臣行礼。朝祭豫悬幔，舁供佛小亭奉炕上，案陈香、酒、食品。司俎进二豕，熟而荐之。司香上香，举珑授司祝，司祝进跪三献，歌奏如前。讫，授珑司香，一叩，兴，合掌致敬。复跪，祝，一叩，兴。取缚马鬃、尾红绅条七十对，就香碟薰祷，授司俎官，转授上驷院侍卫，分给各厂、院。卿、侍卫、厩长入，随食肉。

其夕祭仪略如朝祭，候肉熟分陈案上，进跪叩祝同。司祝坐杌置夕祭定处，设小案、小腰铃，别置神铃。案东展背镫布幕，振铃杆，摇腰铃，诵神歌，前后所祷所祝之神详下。

背镫祭，其祷辞同朝祭，祈请者四，祷后跪祝辞、供肉祝辞亦如之。毕，取缚马鬃、尾青绅条三十对，仍就香碟薰祷授如初。翼日，为牧群滋息，复行朝、夕祭如初礼。唯祝辞易"今为牧群繁息"六字，"沟穴"二句易为"如萌芽之发育兮，如根本之滋荣兮"，余辞并同。又司香取缚马鬃、尾绅条二百八十对，皆青色。崇德初制，为马群致祭，唯亲王至辅国公得行。乾隆三十六年，定春、秋骟马致祭，萨满叩头。萨满者，赞祀也。讫，取所送青色十马系绿绅条如数。又定朝祭御马拴红绅条，大凌河骒马拴青绅条，为恒制。

凡出师凯旋，皆有事堂子。崇德元年，太宗征明及朝鲜，明年班师，并告祭。世祖定中原，建堂子。嗣是圣祖平吴三桂、察哈尔，迄历朝靖乱，皆以礼祗告。

凡亲征告祭命下，涓吉，届期兵部建大纛，具《祀纛篇》。帝御戎服，出宫乘骑，前后翊卫，午门鸣钟鼓，法驾卤簿为导，《铙歌大乐》，备而不作。至玉河桥，军士鸣角螺，帝入堂子街门降骑，角螺止。入中门，诣圜殿就拜位，南向立，率群臣行三跪九叩礼。角螺齐鸣。出内门，致礼纛神。礼成，乐作，车驾启行。凯旋日，率大将军及从征将士诣堂子告成。若命重臣经略军务以讨不庭，礼亦如之。

乾隆十四年，诏言："堂子致祭，所祭即天神也。列祖御宇，稽古郊禋，燔柴巨典，举必以时。堂子则旧俗相承，凡遇大事，及春、秋季月上旬，必祭天祈报，岁首尤先展礼。定鼎以来，恪遵旧制。考经训祭天，有郊、有类，有祈谷、祈年，礼本不一。兵戎国之大事，命将先礼堂子，正类祭遗意，礼虪即袥也。或在行营别有征讨，不及祭告堂子，则行望祭，其诚敬如此。夫出师告遣，凯旋即当告至。乃天地、宗社皆已祝册致虔，且受成太学，而堂子则弗及，礼官疏略，如神贶何？其详议以闻。"寻奏凯旋、告祭之礼。报可。

　　坤宁宫祀神　　昉自盛京。既建堂子祀天，复设神位清宁宫正寝。世祖定燕京，率循旧制，定坤宁宫祀神礼。宫广九楹，东暖阁悬高宗御制铭，略言："首在盛京，清宁正寝，建极熙鸿，贞符义审。思媚嗣徽，松茂竹苞，神罔时恫，执豕酌匏。"其眷眷祀神如此。

　　宫西供朝祭神位，北夕祭神位，廷树杆以祀天。朝祭神为佛、为关圣，夕祭神为穆哩罕诸神，祝辞所称纳丹岱珲为七星之祀，喀屯诺延为蒙古神，并以先世有功而祀者。余如年锡、安春阿雅喇诸号，"纳尔珲、安哲、鄂啰罗"诸字，虽训义未详，而流传有自。

　　综其所祀，曰元旦行礼，曰日祭，曰月祭及翼日祭，曰报祭，曰大祭，曰背镫祭及翼日祭，曰四季献神。其仪节大率类堂子。兹略举其小异者。

　　元旦子刻，司香上香，帝、后行礼。日祭，顺治初，定大内日祭，朝以丑、寅，夕以未、申。

　　朝祭，司香豫悬黄幔，奉菩萨、关帝像，东向。左、右炕上置低桌二，陈炉、珓各三，时果九，糕十。炕前置献案，黄磁碗二，虚其一，以一实酒。案下列樽酒，前设采毡。昧爽，司俎等进二豕，司香献香，执弦板内监暨司俎官帅属进，奏神弦，拍板，拊掌应节。司祝跪六献，酒灌虚碗中，一叩，兴，合掌致敬。余如堂子朝祭仪。司祝复跪，一叩，兴。又诵赞三，弦板止，侍侧。帝亲诣，入门，立神位前。司祝先跪，帝跪。司祝致辞，帝行礼，兴，司祝叩，兴，合掌致敬。后随行礼。将事者俱退，留司俎、司祝、司香妇人侍行礼。时帝南后北，帝不与祭。事祝叩兴后，撤珓，奉神像纳黄筒，位西楹大亭中。

徙幔稍南，安关帝像正中，执弦板者进，跪坐，司香敛毡三折之，奏弦折板如初。司祝踞毡上，致辞，献香酒，司祝酌酒，执豕耳灌之，一叩，弦板止。司祝举豕于俎、复奏、拍，灌如初，一叩，兴，退。司俎如法刲牲，熟而荐之。司香献香，司俎进跪，凡三献，俱奏弦、拍板、拊掌。毕，撤馔，列胙长案上，或帝率后受胙，或率王、公等食肉，否则大臣侍卫进食之。

夕祭，司香豫悬青幔，西树杆，悬大小神铃七。幔内奉穆哩罕神、画像神、蒙古神，南向。前低桌二，陈炉、琖各五。别悬菩萨像西楹大亨，铺油纸，设案如朝祭。既上香，司祝系裙、束腰铃、击手鼓，坐机上诵神歌祈请曰："自天而降，阿珲年锡之神，与日分精，年锡之神，年锡唯灵。安春阿雅喇、穆哩穆哩哈、纳丹岱珲、纳尔珲轩初、恩都哩僧固、拜满章京、纳丹威瑚哩、恩都蒙鄂乐、喀屯诺延，某年生小子，今为所乘马敬祝者"云云。辞同马祭，击鼓拍板和之。初祷曰纳丹岱珲、纳尔珲轩初，二祷曰恩都哩僧固，三祷曰拜满章京、纳丹威瑚哩、恩都蒙鄂乐、喀屯诺延，三祷并为马祝云云。皆击鼓为节，内监亦击拍板以和，止，退，释手鼓腰铃，司香设采毡，帝亲行礼如朝祭仪。后随行，则帝东后西。刲牲、荐俎暨叩跪、致辞如初。毕。遇斋期、国忌，不宰牲。并十二月二十六日请神送堂子后，宫内均停祭。

乾隆十二年，制定坤宁宫祭神背镫供献，其仪，夕祭荐肉后，司香敛毡，展青绸幕，掩镫火，众出阓户，留司祝及执板鼓内监侍。司祝坐机上振杆铃，初响神铃致祈请，辞曰："哲，伊埒呼；哲，纳尔珲。掩户牖以迓神兮，纳尔珲。息甑灶以迓神兮，纳尔珲。来将迎兮，侑坐以俟，纳尔珲。秘以俟兮，几筵具陈，纳尔珲。纳丹岱珲蔼然降兮，纳尔珲。卓尔欢钟依惠然临兮，纳尔珲。感于神灵兮来格，荟于神铃响兮来歆，纳尔珲。"二次摇神铃致祷，辞曰："纳丹岱珲、纳尔珲轩初、卓尔欢钟依、珠噜珠克特亨，某年生小子，今为所乘马祝者"云云。余辞同马祭。三次响腰铃致祈请，辞曰："哲，伊埒呼，哲，古伊双宽。列几筵以敬迓，古伊双宽。洁粢盛兮以恭延，古伊双宽。来将迎兮尽敬，古伊磔宽。秘以俟兮申虔，古伊双宽。乘羽葆兮陟于位，古伊双宽。应铃响兮降于坛，古伊双宽。"四次摇腰铃，复致祷，辞曰："吁者唯神，迓者斐孙，牺牲既陈，奔走臣邻。仍为所乘马敬祝者"云云。每次并击鼓拍板以和。毕，启扉明镫，司俎撤俎，司香卷幔，奉神像纳朱匮。

月祭略同日祭，唯食品因月而殊，灌豕耳以酒不以水。如为皇子祭祀，则司祝祷祝，皇子叩拜。

翼日祭天，安佛、菩萨像西楹大亭，神杆东北置案一，西向。奉杆倚柱座前，杆首向东仰。案陈银盘三，一实米居中。西北置幔架，覆红罽。东北置牲案。昧爽，司俎进一豕。司香设采毡阈内，帝行礼，向神杆南面跪。司俎进，举盘中米洒之。祝祷毕，兴。不亲祭，则司祝奉御衣叩拜。后随行，帝居中，后傍西。刲牲熟荐，陈颈、胆左右银盘，缕肉为脀，列碗二，佐以箸；炊秫为饭，列碗二，佐以匙；相间以献。帝复行礼，洒米如初。礼成，司俎奉颈骨杆端，胆、脀及米置杆碗，杆遂立。以所献肉饭进，帝后受胙，退。如为皇子祭天，则皇子叩拜。不亲祭，则司祝奉皇子衣服叩拜。

报祭，岁春、秋二季，立杆大祭。前期四旬，酿酒西炕上，祭前一日漉之。司香染布为神冠，制楮帛。

大祭日，司俎妇人打糕作穆丹条子，余如前仪。其翼日祭天，与月祭翼日同。

四孟月大祭，亦曰四季献神，悬朝祭，夕祭神幔，并同日祭仪。涓吉，具马二，牛一，金、银锭各二，蟒缎、龙缎、片金倭缎、闪缎、各色缎十，毛青布十，置案。掌仪官等前引，内府大臣、上驷院卿同行。自乾清右门舁入，迳交泰殿，至坤宁宫门外。陈马于西，列牛于东。司俎等奉金银缎布入，司香陈案上，奉朝祭神位前，加金银基上。司祝跪致辞，一叩，兴。复举案夕祭神位前，如上仪。帝亲祭，礼同月朔。陈献毕，司香举金银缎布贮案下，侍卫等牵牛马出。越三日，宫殿监诸神位前，以金银缎布及牛马授会计司发售，计直购豕以祭。

故事,帝猎南苑或他所,射得狍、鹿,如尾蹄腑脏无伤者,虽小创必整洁之,备供献,伤多体缺者舍之。至四时进献,按时以奉,春雏鸡二,夏子鹅一,秋鱼一,冬雉二,选肥且泽者以将诚焉。

令节设供　　万寿节、元旦节,宫殿监率各首领设供案天香亭内,北向。奉安神牌、香烛、镫炉、斗香、拜褥各具,陈祭品七十有五。届时帝拈香行礼,毕,送燎还宫。

冬至、夏至或未亲行郊礼,则设供宫中。宫殿监设供案,冬至北向,夏至南向。奉安神牌、祭品同,拈香送燎亦如之。

立春、立夏、立秋、立冬设案如前仪。春东向,夏南向,秋西向,冬北向。陈祭品三十有六,羊、豕各一,仪如初。

仲春朔祭日,仲秋望祭月,七月七夕祭牛、女,陈祭品四十有九。帝行礼毕,宫殿监奏请皇后、皇贵妃、贵妃、妃、嫔行礼,毕,帝送燎还宫。

求福祀神　　所称佛立佛多鄂谟锡玛玛者,知为保婴而祀也,亦名换索。其仪,诹吉有期,豫酿醴酒。前期数日,选无事故满洲九家,攒取棉线绸片,捻线索二纽,小方戒绸三。先一日,司俎官偕奉宸苑官赴西苑斫取柳条全株,高九尺,围径三寸。届期赴坤宁宫廊下,树柳枝于石,悬净纸、戒绸。幔悬神像。炕上设低案一,陈香碟、醴酒各三,豆糕、煤糕、打糕各九。西炕设求福高案,陈鲤鱼、稗米饭、水端子各二,醴酒、豆糕等皆九数。稍北植神箭,悬线索其上,用三色绸片夹系之,令穿出户,系之柳枝。司香展采毡,帝、后亲诣行礼,如朝祭仪。

内监司俎官率属进,奏神弦,鸣拍板,司祝执神刀进,诵神歌祷辞曰:"聚九家之彩线,树柳枝以牵绳。举扬神箭,以祈福佑,以致敬诚。某年生小子,绥以多福,承之于首,介以繁祉,服之于膺。千祥荟集,九叙阜盈。亦既孔皆,福禄来成。神兮贶我,神兮佑我。丰于首而仔于肩,卫于后而护于前。畀以嘉祥兮,偕老而成双兮。富厚而成双兮，富厚而丰穰兮。如叶之茂兮，如木之荣兮。食则体腴兮，饮则滋营兮。甘旨其献兮，朱颜其鲜兮。岁其增而根其固兮，年其永而寿其延兮。"如是者三，众歌"鄂啰罗"和之。

　　祷毕，司香举线索、神箭授司祝，司香舁高案出户外，列柳枝前。司祝左执神刀，右执神箭，立案前。帝立正中，后立槛内东次。皆跪，司祝对柳枝举扬神箭，以练麻拭其枝。初次诵祷毕，举箭奉练麻进，帝三埒而怀之，歌如前。帝、后一叩，兴，柳枝上洒以酒，夹以糕，司祝扬箭歌祷如式。凡三。帝诣神位前跪，司祝以箭上线索二分奉帝、后，致辞，叩，兴，合掌致敬。帝、后同一叩，兴。司祝进神胙，帝、后受之，还宫。祀肉与糕不出门，则分给诸人，令户内尽食之。

　　其夕祭求福，帝、后行礼如夕祭仪。柳枝所系线索贮于囊，悬西壁上。其枝司俎官赍送堂子。至除夕与神杆纸帛爇化之。

　　奉先殿　　顺治十三年，诏建景运门东北，前后各九楹，如太庙寝制。中为堂，左神库，右神厨。明年殿成，世祖躬妥神位，读祝大飨。定制，元旦、冬至、岁除、万寿、册封、月朔、望，奉神位前殿，帝亲行礼，供献如太庙大飨仪。唯立春、上元、四月八日、端阳、重阳皆寻常节，国忌、清明、霜降、十月朔属哀慕期，亲祭，不赞礼、作乐。七夕如常供。四月八日、七月望日陈素果。月荐新，帝亲献。

　　凡常例供献，后殿行之。飨太庙毕，行躬告礼，上香烛。又定日供汤、饭、果、肉各五盘。元旦、万寿，请太庙后殿四祖、四后神位至奉先殿，与列圣、列后合飨。其后罢奉请，就太庙后殿祀之。是岁冬，御经筵，上亲祭焉。

　　十七年，以并夹室乖制，谕令夹室行廊外中通为敞殿九楹，乃改建如旨。

　　明年，圣祖嗣服，用礼臣言，依明洪武三年例，朝夕焚香，朔、望瞻拜，时节献新，生、忌致祭，具常馔，行家人礼。其冬世祖升，奉神位至前殿行大飨。礼成，还奉后殿神龛。厥后祔飨仿此。康熙十三年，罢日供食，早、晚香烛。十五年，罢册封大飨，遣官祗告后殿。凡上徽号、册立、御经筵、耕藉、谒陵、巡狩、回銮亦如之。雍正十三年，准太庙时飨例，增上香仪。

乾隆二年修殿，徙神位暂安太庙。其秋会值太祖、太宗忌辰，帝拟亲飨，群臣言故事无素服入庙，乃止。道光元年，增修后殿龛座。中室列龛三，奉太祖、太宗、世祖。左一室龛二，奉圣祖、高宗。右一室龛二，奉世宗、仁宗。昭、穆仍旧制。余四室分列八龛焉。

凡亲飨，先三日致斋。行一日，掌仪司进祝版，割牲瘗毛血，洁治祭品。届日昧爽，内监启寝室神龛，执事官各事咸备。内府官省盉毕，分诣寝室前，跪上香，三叩，兴。奉列圣、列后神位以次行。皇后飨，同至前殿，安于座位，南向，后西向。诣各香案前跪，三叩，兴。届时帝衮服出宫，至诚肃门降舆，入左门，盥讫，就拜位，北面立，迓神，奏《贻平章》。导诣太祖香案前，跪上炷香一，瓣香三。旋位，行三跪九叩礼。导诣皇后香案前，立上香，旋位。行初献礼，奏《敉平章》，舞干戚，有司揭尊羃，勺挹实爵，司帛、司爵以次至各案前。献讫，司祝诣祝案前跪，三叩，兴。跪案左，奉祝版。帝跪，司祝读祝，兴，安于筐，叩如初。帝三叩，兴。行亚献礼，奏《敷平章》，舞《羽籥》，献爵，仪如初。行终献礼，奏《绍平章》，余并同初献。撤馔，奏《光平章》。毕，请神还寝室，三叩，退。赞"举还宫乐"，奏《乂平章》，帝复行三跪九叩。司祝、司帛以次送燎所，帝转立东旁。礼成，仍出左门。余如来仪。

或遣皇子代祭，前诸仪同。殿门外正中设拜位，入左门，至西阶下盥手，升阶诣拜位行礼。祝、帛送燎，避立西旁，仍自西阶退。

其月朔荐新，正月鲤鱼、青韭、鸭卵，二月莴苣、菠菜、小葱、芹菜、鳜鱼，三月王瓜、蒌蒿、芸苔、茼蒿、萝，四月樱桃、茄子、雏鸡，五月桃、杏、李、桑葚、蕨香、瓜子、鹅，六月杜梨、西瓜、葡萄、苹果，七月梨、莲子、菱、藕、榛仁、野鸡，八月山药、栗实、野鸭，九月柿、雁，十月松仁、软枣、蘑菇、木耳，十一月银鱼、鹿肉，十二月蓼芽、绿豆芽、兔、蟫蝗鱼。其豌豆、大麦、文官果诸鲜品，或廷旨特荐者，随时内监献之。顺治十四年，定月荐鲜献粢盛牲品。康熙十三年，定荐新日，掌仪司诣后殿行礼。献帛爵用侍卫。

　　寿皇殿　　旧制三室，在景山东北。太祖、太宗、世祖及列后圣容，向奉体仁阁。雍正元年，命御史莽鹄立绘圣祖御容，供奉寿皇殿中殿遇圣诞、忌辰、元旦、令节，率皇子、近支王公展谒奠献。凡奉安山陵、升祔太庙礼成，皆亲诣致祭。盖月必瞻礼，或至三诣焉。

　　乾隆元年，奉世宗圣容东一室，嗣后列朝圣容，依次奉东西室，为恒例。三年，定谒陵、省方启跸、回銮均诣寿皇殿行礼。寻定万寿节行礼如诸令节仪。十三年，徙建景山正中，如安佑宫制。大殿九室，左右殿各三楹，东西配殿各五楹，其冬成。高宗亲制碑记，其颂曰："唯尧巍巍，唯舜重华，祖考则之。不竞不絿，仁渐义摩，祖考式之。弘仁皇仁，明宪帝宪，小子职之。是继是绳，曰明曰旦，小子忽之。天游云殂，春露秋霜，予心恻恻。考奉祖御，于是寿皇，予仍即之。制广而正，爰经爰营，工勿亟之。陟降依凭，居歆攸室，羹墙得之。佑我后嗣，绵禩于万，匪万亿之。观德于兹，无然畔援，承钦识之。"

　　十五年，谕："前代安奉神御，率在寺中，别殿净宇，本无定所。敬念列祖创垂，显承斯在。永怀先泽，瞻仰长新。式衷庙祐之仪，斯协家庭之制。应迎列祖、列后圣容奉寿皇殿，岁朝合请悬供，肃将裸献。"于是奉圣祖、世宗御容，并自体仁阁迎太祖、太宗、世祖御容，乃除夕敬悬，供鲜果、肉酱。元旦大飨，献磁器笾豆供品，并上香行礼。初二日如除夕供。礼毕尊藏。

　　又元旦帝有事堂子、奉先殿，讫，诣寿皇殿行礼。除夕、初二日，命皇子番行。上元节供饼饵，秋季展圣容，宫殿监敬谨将事。是岁绘列朝圣容成，亲诣奉安，行大飨。嘉庆四年，诏寿皇殿供奉神御，始自圣祖，凡遇忌辰、诞辰，皆应躬亲展敬，示子孙遵行，安佑宫亦如之。

　　安佑宫　　在圆明园西北隅，建工始乾隆五年，迄八年蒇事。

大殿九室,朱扉黄甍,如寝庙制。中龛悬圣祖御容,左世宗,右高宗。龛前陈彝器、书册、佩用服物,合设《中和韶乐》一列。帝临御园中,遇列圣诞辰,忌辰,令节,朔、望,并拈香行礼。谒陵、省方启銮、回跸,皆躬诣祇告焉。高宗亲制碑记,略言:“朔酌望献,西汉原庙遗制。宋时神御殿亦本斯义,盖奉安列朝御容所也。上元结镫楼,寒食设秋千,视汉已备。而崇建遍郡国,奉祀在禅院,识者讥之。我皇祖圣祖,恩泽旁覃,僻邑穷谷,饮其德而不知,子孙臣庶,躬被教育者,宜其讴歌慨慕而未有已也。是以皇考世宗谨就寿皇殿奉安御容,朔望瞻礼,而于皇祖所幸畅春园,亦陈荐如仪。有汉、宋备物备礼之诚,无宋代祀繁致亵之弊。予小子心懔绍庭,念兹圆明园为我皇考囿沼地,筑室九楹,敬奉皇祖其中,奉皇考配东一室。所谓礼缘义起,有其举之,莫敢废也。”

　　永佑寺在热河避署山庄万树园旁,乾隆十六年建。有楼五楹,奉圣祖、世宗、高宗御容,云山胜地楼奉仁宗御容,陈设一如安佑宫。车驾莅至辄悬奉,回跸后庋藏。丹墀列高宗御制碑文,略言:“创立精蓝,爰名永佑。固不特钟鱼梵呗,足令三十六景借证声闻;而皇祖圣日所照,千秋万岁后,子孙臣庶,莫不永如在之思。是即释迦之耆阇崛山,金刚法座,天龙拥护;而所以绳武宁亲,祝厘养志,亦于是托焉云尔。”仁宗御制《永佑寺瞻礼敬纪》,亦颇惓惓祖若父焉。

　　道光时,移供圣御继德堂,更题曰绥成殿。中室圣祖,左世宗,右高宗,左次室仁宗,以后列朝御容,仍依次悬左右室云。

　　满洲俗尚跳神,其仪,内室供神牌,或用木龛,室正中、西北龛各一。凡室南向北向,以西方为上;东向西向,以南方为上:颇与《礼经》合。南龛下悬帘幕,黄云缎为之。北龛上置机,机下陈香盘三,木为之。春、秋择日致祭,谓为跳神。前一月,造酒神房。前三日,朝暮献牲各二,名曰乌云,即引祀也。前一日,神前供打糕各九盘,以为散献。大祀日,五鼓献糕,主人吉服向西跪,设神幄向东,中设如来、观音神位。女巫舞刀祝曰:“敬献糕饵,以祈康年。”主人跪击神版,诸护卫亦击,并弹弦、筝、月琴和之,其声鸣鸣然。巫歌毕,主人一叩,兴。司香妇请神出。户牖西设龛,南向奉之。司俎者呼“进牲”,牲入,主人跪,家人皆跪。巫者前致辞,以酒灌牲耳,牲耳耦,司俎高声曰:“神已领牲。”主人叩谢。庖人刲牲,熟而荐之。主人再拜谒,巫致辞。主人叩毕,巫以系马吉帛进,祝如仪。主人跪领帛,以授司牧,一叩,兴。乃集宗人食胙肉,令毋出户庭。

其夕供七仙女、长白山神、远祖、始祖,位西南向。以神幓蔽窗牖,舞刀进牲致祝如朝仪。唯伐铜鼓作渊渊声,主家亦击手鼓、架鼓,以铜鼓声为应。诵益急,跳益甚。礼成,众受福。次早设位庭院前,位北响,主人吉服如仪。用男巫致辞毕,洒以米,趋退。主人叩拜。牲肉皆刲为菹醢,和稻米以进。名曰祭天还愿。

又明日,神位前祈福,供饼饵,缀五色缕。祝辞毕,以缕系主人胸,谓之受福。三日祭乃毕。

长白满洲旧族近兴京城者,祀典礼仪皆同。唯舒穆禄氏供昊天上帝、如来、菩萨诸像,又供貂神其侧。纳兰氏则供羊、鸡、鱼、鸭诸品,巫者身系铜铃跳舞,以铃坠为宜男兆。蒙古跳神用羊、酒,辉和跳神以一人介胄持弓矢坐墙堵,盖先世有劫祀者,故豫使人防之,因沿为制。跳神之举,清初盛行,其诵祝辞者曰萨吗,迄嘉庆时,罕用萨吗跳神者,然其祭固未尝废也。

清史稿卷八六

志第六一

礼五　吉礼五

宗庙之制　时飨　祫祭　加上谥号
东西庑配飨　醇贤亲王庙　谒陵

　　宗庙之制　　清初尊祀列祖神御，崇德建元，立太庙盛京抚近门东。前殿五室，奉太祖武皇帝、孝慈武皇后。后殿三室，奉始祖泽王、高祖庆王、曾祖昌王、祖福王，考、妣俱南向。并设床榻、衾枕、桦榍、帷幔，如生事仪。太宗受尊号，躬率群臣祭告，其太牢、少牢色尚黑。复嗣考祭仪，定祭品，牛一，羊一，豕一，簠、簋各二，笾、豆各十有二，炉一，镫二，各帛一，罍、铏、尊各一，玉爵三，金匕一，金箸二。帛共篚，牲共俎。尊实酒，疏布幂勺具。阶前设乐部，分左、右悬。祀日陈法驾卤簿。

　　世祖定燕京，建太庙端门左，南向。朱门丹壁，上覆黄琉璃，卫以崇垣，周二百九十丈。凡殿三，前殿十一楹，阶三成，陛皆五出。一成四级，二成五级，三成中十一，左、右各九。中奉太祖、太后神龛。中殿九楹，同堂异室，奉列圣、列后神龛。后界朱垣，中三门，左、右各一。为后殿，亦九楹，奉祧庙神龛，俱南向。前殿两庑各十五楹，东诸王配飨，西功臣配飨。东庑前、西庑南燎炉各一。中后殿两庑庋祭器。东庑南燎炉一。戟门五，中三门内外列戟百二十，左、右门各三。其外石梁五。桥北井亭三，南神库、神厨。西南奉祀署，东南宰牲亭。其盛京太庙尊为四祖庙云。

顺治四年,定盛京守庙首领马法秩视沙喇哈番,余马法视护军校。

五年冬,追尊泽王为肇祖,庆王为兴祖,昌王为景祖,福王为显祖,与四后并奉后殿,致祭如时飨仪。

八年,孝端文皇后祔庙,奉神主祇见太祖、太后暨太宗,代行三跪九拜礼,位次太宗,复一跪三拜。毕,遂行大飨。祀后殿则遣官。凡升祔,先一日遣告,至日祇见、奉安、大飨,著为例。十八年,世祖祔庙,位次太祖西旁,东向。康熙九年,孝康章皇后祔庙,位次世祖。二十七年,孝庄文皇后祔庙,届期世祖及章后神主避立于旁,始行祇见礼,位次文后。凡祔庙主,以卑避尊,后放此。五十七年,孝惠章皇后升祔,议者以孝康祔庙久,欲位其次。大学士王掞议曰:"陛下圣孝格天,曩时太皇太后祔庙,不以跻孝端上,今肯以孝康跻孝惠上乎?"议者不从,帝果以为非是,令改正焉。

雍正元年,礼臣言:"古帝王升祔太庙,必以皇后配飨。周祀閟宫,汉于别寝,唐、宋有坤仪、奉慈殿以展孝思。自是配庙者,皇后字上一字与庙谥同,祀别庙者,但有谥无庙号。其配位或一帝一后,或一帝二后。宋太宗、徽宗则四后先后升祔,礼制不同。本朝太祖三后,唯孝慈祔庙称高后,太宗二后,孝端、孝庄并称文后,世祖三后,孝惠、孝康并称章后,孝献但祀孝陵飨殿,定制然也。今圣祖祔庙,仁孝作配,允宜同飨。第庙谥曰仁,与尊谥复,改题孝诚,与孝恭体备母仪,并宜同祔。其孝昭、孝懿,应集廷臣详议。"寻议定:"夏、商逮六朝,皆一帝一后,唐睿宗二后,宋太祖三后,太宗四后。祔庙之制,朱子诸儒咸无异说。谨按前典,孝昭、孝懿应与孝诚、孝恭并称仁皇后,同祔太庙。"从之。

案仪,一元后,一继立,一本生,并列如序。首孝诚,次孝昭,次孝懿,次孝恭。于此奉帝、后神主,以次安东旁,西向,位次太宗。

乾隆二年,世宗暨孝敬后祔庙,位西旁,东向,居世祖次。四十二年,孝圣后升祔,次孝敬。

明年,高宗诣盛京,徙建四祖庙大清门东,南北袤十一丈一尺五寸,东西广十丈三尺五寸。正殿五楹,东、西配庑各三楹。正门三,东、西门各一。敕大臣监视落成。

嘉庆四年,高宗暨孝贤、孝仪二后祔庙,位东旁,西向,次圣祖。道光元年,仁宗暨孝淑后祔庙,位西序,东向,次世宗。

三十年,宣宗遗谕及祔庙事,略谓:"《礼经》天子七庙,《周礼小宗伯》辨庙祧昭穆,汉七庙六室,唐九代十一室,宋九世十二室,议礼纷纷,不一而足。我朝首太祖讫仁宗,巍然七室,不参酌今古,必至贻笑后嗣。朕薄德承基,何敢上拟祖考,祔庙断不可行。其奉先殿、寿皇殿、安佑宫为古原庙,制可仍旧。"乃下廷臣议,于是礼亲王全龄等主遵成宪。侍郎曾国藩亦言:"万难遵从。古者祧庙,为七庙亲尽言,有亲尽不祧者,则必世德作求,不在七庙数。若殷三宗,周文、武是也。大行皇帝于皇上为祢庙,非七庙亲尽比,而功德弥纶,又当与列祖、列宗同为百世不祧之室。且诸侯大夫尚有庙祭,况尊如天子,敢废祔典?"帝俞其请。诏曰:"天子七庙,特礼之常制,非合不祧之室言也。皇考祔庙称宗,于制为允。"遂于咸丰二年,奉宣宗暨孝穆、孝慎、孝全三后祔庙,位东序,西向,次高宗。明年,奉孝和睿皇后升祔,次孝淑。

文宗少时为康慈太后抚育,十一年帝崩,穆宗体大行遗志,上尊谥曰孝静。同治建元,祔庙次孝全。四年,文宗暨孝德后祔庙,位西序,东向,次仁宗。于时太庙中殿,九楹咸序。

洎穆宗崩御,而祔次尚虚。光绪三年,惇亲王奕誴等躬往相度,集议所宜。侍讲张佩纶请仿殷、周制,立太宗世室,百世不祧。展后殿旁垣左右各建世室。侍郎袁保恒谓周制世室在太祖庙旁,居昭穆上,后世同堂异室,以近祖为尊。请以中殿太祖左右为世室九楹,东西各展两楹,别建昭穆六代亲庙。太祖居中,两旁各六楹,为左右世室。太祖至穆宗同为百世不祧,不必俟亲尽递升。其左右隙地,更建两庙,各三楹,为三昭三穆,循次继入,藉省迁移。鸿胪寺卿徐树铭言:"古者庙前寝后,庙以祭飨,今前殿是;寝以藏衣冠,今中殿、后殿是。兹所当议者,藏衣冠寝殿耳。应就中殿左建寝殿,祭飨仍在前殿。列祖、列宗,百世不祧,若建世室后殿旁,反嫌居太祖上。唯增寝室,则昭穆序矣。”其他条议,大率主世室者多。有谓后殿宜增殿宇,移四祖神主其中。改为世室,移太宗居中一室。穆宗祔庙,奉安中殿西第四室者,通政使锡珍说也。有谓中殿两旁建世室,东二西一,中奉太祖主,七庙东一庙奉太宗,二庙奉圣祖;西一庙奉世祖。前殿两旁建六亲庙,世宗以下奉之,斯昭穆不紊。少詹事文治说也。有谓中殿两旁建昭穆二世室,但建方殿,纵横各五楹,移太宗居昭世室,世祖居穆世室,皆北面中一楹。圣祖居昭世室,东面第一楹。中殿仍奉太祖。昭穆各四楹,列圣神位依序上移。穆宗升祔,居昭第三楹。司业宝廷说也。已,阁议以纷更庙制,未可从。

礼亲王世铎等谓:“与其附会古典,不如恪守成规。太庙中殿九楹,中楹仍旧,东西各四楹,请如道光初故事,增修改饰。东次楹又次楹为昭位,太宗暨二后、圣祖暨四后、高宗暨二后、宣宗暨四后神主序焉。西次楹又次楹为穆位,世祖暨二后、世宗暨二后、仁宗暨二后、文宗、孝德后神主序焉。将来穆宗、孝哲后升祔,位居宣宗次。”议上,醇亲王奕𫍽韪之,奏言:“寓尊崇于变通,较诸说为当。第庙楹有限,国统无穷,增修尚非至计。祧庙为历朝经制,无可避忌。请敕自今以往,毋援百世不祧之文,当循亲尽则祧之礼,庶巨典与天地常存。”于时徐树铭力主宣宗遗谕,以汉、唐增室为非,今用奉先殿增龛成案,亿万年后,势难再加。宜遵祖训,豫定昭穆。内阁学士钟佩贤亦以为言,鸿胪寺少卿文硕且请建穆宗寝庙,而文治、宝廷尤力争并龛简陋,非永制。两宫太后不获已,再下王大臣议,兼询直隶总督李鸿章。鸿章言:“《周官》,匠人营国,世室、明堂,皆止五世。郑注,五室并在一堂。据此,则朱子所图世室、亲庙以次而南,未尽合制。至建寝殿、增方殿,古制所无,礼亲王等所言,未为无见。我朝庙制,祖宗神灵,协会一室,一旦迁改,神明奚安?太庙重垣,庭墀殿陛,各有恒式。准古酌今,改庙非便。因时立制,自以援奉先殿增龛例为宜。议者或嫌简略,考古礼祔庙迭迁,亦止改涂易檐,并不大更旧庙。今之龛座，犹晋、宋时坎室，晋华垣建议庙堂以容主为限，无拘常数。王导、温峤往复商榷，始增坎室。宋增八室，蔡襄为图。今之增龛，何以异是？"又谓："奉先殿即古原庙，与太庙殊。然雍正时奏定奉先殿神牌与太庙颧若画一。成宪可循，不得谓增龛之制独不可仿行太庙也。至祧迁虽常典，而藏主之室，礼无明文。郑康成言周祧主藏于太庙及文武世室，是已祧之主与不迁之祖同处一庙，故庙亦名祧。晋藏西储夹室，当时疑其非礼，后世缘为故事。儒家谓古祧夹室，殆为臆辞。庙既与古不同，祧亦未容轻议。唯醇亲王所陈，为能导皇上以大让，酌庙制以从宜。"自此议遂定。

五年，穆宗暨孝哲后祔庙，位东序，西向，次宣宗。七年，孝贞后升祔，次孝德。宣统元年，孝钦后升祔，次孝贞。是岁考议德宗祔庙事，礼臣言："兄弟同昭穆，但主穆位空一室。"其余议礼诸臣，重宗统者，以为异昭穆不便，重皇统者，复以为同昭穆不合。而大学士张之洞独主："古有祧迁之礼，恻兄弟昭穆宜同。今无祧迁之礼，则兄弟昭穆可异。"议乃定。其秋，诏曰："我朝庙制，前殿自太祖以下七世皆南向，宣宗以下三世分东西向，与古所谓穆北向、昭南向不同。穆、德二庙，同为百世不祧，宜守朱子之说，以昭穆分左右，不以昭穆为尊卑。礼缘义起，毋因经说异同，过事拘执。德宗祔庙，中殿奉西又次楹又五室穆位，前殿位次西旁文示坐西向东穆位。体先朝兼祧之旨，慰列圣在天之灵，垂为定制。奉先殿位序亦如之。"

时飨　　太宗建国初，遇清明、除夕，躬谒太祖陵，即时飨所由始。崇德元年，建太庙成，凡四孟时飨，每月荐乃新，圣诞、忌辰、清明、中元、岁暮俱致祭。五月献樱桃，命荐太庙。凡新进果谷，皆先荐乃进御，著为令。顺治元年，定时飨制，孟春择上旬日，三孟用朔日，乐章六奏。二年，命祭太庙如奉先殿仪，读祝、致祭。遣官祭福陵、昭陵、四祖庙，止上香烛、供酒果，不读祝。七月朔，秋祭太庙、四祖庙，中元祭陵，并用牛、羊。寻定四祖庙祭例视京师，牲用生。又飨太庙用熟牛，罢晋胙。八年，定亲飨制，饮福、受胙如圜丘。奏乐备文、武《佾舞》。康熙十二年,从礼臣言,祭太庙,质明将事。二十四年春,亲祫毕,谕曰:"往见赞礼郎宣祝,至朕名,声不扬。《礼》称父前子名,子孙通名祖父,岂可慢易?嗣后垂为戒。"

雍正十一年,世宗以庙祫无上香,奠帛、爵无跪献,命大学士礼臣议增。寻议言:"大祀莫重郊坛,孝享莫大配天。宗庙典礼,宜视社稷。祭社稷日,皇帝亲诣上香,太庙自宜一例。至帛、爵俱不亲献,皇帝立拜位前,所以亚郊坛也。仍旧仪便。"报可。

又定太庙神牌如奉先殿制,供奉居中。请牌用太常官,献帛、爵用侍卫,寻改用宗室官。

高宗嗣位,定三年持服内,祫庙御礼服作乐如故,唯斋戒用素服,冠缀缨。乾隆二年,用礼臣言,祝版书列圣尊谥。香帛送燎时行中路,帝转立东旁,俟奉祝帛官出,复位,如祀郊坛式。寻定每日上香,守庙官行礼。朔望用太常官。嗣改宗室王公番行。十二年,谕太庙献帛、爵用宗室官,俾习礼仪、熔气质。敕宗人府王公监视,后复定后殿献帛、爵用觉罗官。

向例,祫庙,帝乘舆出宫,至太和门外改乘辇。入街门,至神路右,步入南门,诣戟门幄次。入升东阶,进前殿门,就拜位。礼成,出如初。凡入门皆左。三十七年,帝年渐高,略减仪节。入庙时,改自阙左门辇入西北门,至庙北门外,舆入。至戟门外东阶下,步入门,升阶进殿。行礼毕,出亦如之。

嘉庆四年,定时祫前殿座次。太祖、太宗、世祖皇考、妣皆南向,圣祖皇考、妣东位西向,世宗皇考、妣西位东向,高宗皇考、妣东次西向。以后帝、后位次仿此。八年孟春时祫,礼臣卜吉初六日,仁宗以前三日致斋。会逢高宗忌辰,服色未协,命改初八日。嗣是春祫皆择正月初八、九、十等日行之。

道光四年,谕庙祫谢福胙如祀社稷仪,王公百官随行三跪九拜礼。穆宗、德宗初立,时祫、袷祭遣亲王代,逮亲政始躬莅。宣统朝摄政王摄行。

　　祫祭　　历代禘、祫分祭，礼说缤缤，罔衷古训。清制有祫无禘袷。除夕飨庙，实始太宗，世祖本之，著为祭典。顺治十六年，左副都御史袁懋功请举祫祭，以彰孝治。乃定岁除前一日大祫，移后殿、中殿神主奉前殿。四祖、太祖南向，太宗东位西向。先一日遣官告后殿、中殿，致斋视牲。届日世祖亲诣，礼如时飨，自是岁以为常。寻定祫祭乐舞陈殿外。

　　康熙时，御史李时谦请行禘祭。礼臣张玉书上言：“考礼制言禘不一，有谓虞、夏禘黄帝，殷、周禘喾，皆配祭圜丘者；有谓祖所自出为感生帝，而祭之南郊者；有谓圜丘、方泽、宗庙为三禘者，先儒皆辩其非。而宗庙之禘，说尤不一。或谓禘止及毁庙，或谓《长发诗》为殷禘，《雍诗》为周禘，而亲庙、毁庙兼祭者。唯唐赵匡、陆淳以为禘异于祫，不兼群庙。王者立始祖庙，推祖所自出之帝，以始祖配之，故名禘。至三年一祫，五年一禘，说始汉儒，后人宗之。汉、唐、宋禘礼，并未考始祖所自出，止五岁中合群庙之祖，行祫禘于宗庙而已。大抵夏、商以前有禘祭，而厥制莫详。汉、唐以后有禘名，而与祫无别，周以后稷为始祖，以帝喾为所自出，而太庙中无喾位，故祫祭不及。至禘祭乃设喾位，以稷配焉。行于后代，不能尽合。故宋神宗罢禘礼。明洪武初或请举行，众议不果。嘉靖中，立虚位，祀皇初祖帝，以太祖配，事涉不经，礼亦旋罢。国家初定鼎，追上四祖尊称，立庙崇祀，自肇祖始。太祖功德隆盛，当为万世庙祖，而推所自出，则缔造大业，肇祖最著。今太庙祭礼，四孟分祭前、后殿，以各伸其尊。岁暮祫飨前殿，以同将其敬。一岁屡申祼献，仁孝诚敬，已无不极。五年一禘，可不必行。”遂寝其议。

　　乾隆三十七年大祫，帝亲诣肇祖位前上香，余遣皇子亲王分诣，复位行礼如常仪。诣庙节文减之如时飨。六十年将届归政，九庙俱亲上香。嘉庆四年，定岁暮祫祭，前殿座位视时飨。咸丰八年，文宗疾甫平，亲王代行祫祭，然先祭时犹亲诣拜跪焉。其因时祫祭者，古礼天子三年丧毕，合先祖神飨之，谓之吉祭。雍正二年，吏部尚书朱轼言：“皇上至仁大孝，丧三年如一日，今服制竟，请祫祭太庙,即吉释哀。"制可。明年二月,帝诣庙行祫祭,如岁暮大祫仪。自后服竟行祫祭仿此。

加上谥号　　崇德元年,太宗受尊号,追封始祖为泽王、高祖庆王、曾祖昌王、祖福王、上太祖武皇帝、孝慈皇后尊谥。即日躬祀太庙。翼日,百官表贺。顺治元年,进太祖、孝慈后、太宗玉册、玉宝,奉安太庙。册长八寸八分,广三寸九分,厚四分。册数十,面底二页镌升降龙。宝方四寸二分,厚一寸五分,纽高二寸七分,长四寸二分,广三寸五分,宝盝金质。凡太庙册、宝皆用骊玉,色青白,册文用体,宝文如谥号,曰"某祖某宗某皇帝之宝",后曰"某皇后之宝"。

五年,追尊泽王肇祖原皇帝,妣原皇后;庆王兴祖直皇帝,妣直皇后;昌王景祖翼皇帝,妣翼皇后;福王显祖宣皇帝,妣宣皇后。奉安讫,致礼如时飨。越三日,庆贺如仪。七年,上孝端文皇后尊谥。九年,进四祖帝后册宝。十八年,上世祖尊谥,前期斋戒,遣官祭告天地、宗庙、社稷。

届日,帝素服御太和门,阅册、宝讫,大学士奉安彩亭,校尉舁行,导以御杖,驾从之。王公百官各于所立位跪俟,随行。至寿皇殿大门外降辇,入左门,彩亭入右门。大学士二人跪奉册宝陈案上,帝就位,率群臣行三跪九叩礼。赞引奏"跪",奏"进册",奉册大学士跪左,进帝跪献。毕,授右跪大学士陈中案。奏"进宝",如初。奏"宣册",宣册官跪宣:"上尊谥曰体天隆运英睿钦文大德弘功至仁纯孝章皇帝,庙号世祖。"宣册讫,奏"宣宝",仪亦如之。行礼三跪九叩,致祭同时飨。毕,奉绢册、宝、祝帛如燎所焚之。大学士二人,奉香册、宝导梓宫奉安,一跪三叩,翼日颁诏天下。凡上大行帝后尊谥,香册、香宝献几筵后,奉安山陵,绢、宝送燎,玉册、玉宝卜吉藏之太庙,后仿此。

初太祖尊谥曰承天广运圣德神功肇纪立极仁孝武皇帝,太宗曰应天兴国弘德彰武宽温仁圣睿孝文皇帝。圣祖缵业,加太祖"睿武弘文定业"六字,更庙号高皇帝;太宗"隆道显功"四字,庙号如故。用礼臣言,俟世祖祔飨后行礼。明年,上慈和皇太后尊谥。二十七年,上孝庄太皇太后尊谥。五十七年,上孝惠皇太后尊谥,后,圣祖嫡母也。祔庙日,命安神位慈和上。

六十一年冬,谕廷臣:"皇考继统,本应称宗,但经云:祖有功,宗有德。皇考手定太平,论继统为守成,论勋业为开创,宜崇祖号,以副丰功。其确议之。"议言:"按《礼经》,有虞氏禘黄帝而郊喾,祖颛顼而宗尧。而《舜典》云:舜格文祖。注曰尧庙。归格艺祖,复释为尧之祖。合之祖颛顼,则有三祖矣。宋陈祥道云:凡配天者皆得称祖。《国语》展禽谓有虞氏祖高阳而郊尧,尧所以称文祖也。颛顼至尧,并黄帝子孙,故皆称祖。又《周礼·大宗伯》:祫、禘、追享、朝享。解云:古者朝庙合群祖而祭焉,故祫曰朝飨,以合群祖为不足,复可其所自出,故禘曰追飨。夫祖所自出,始祖也,其下曰群祖,则自始祖以下皆可称祖矣。"又谥议:"帝王功业隆盛,得援祖有功古义称为祖。窃谓唯圣可扬峻德,唯祖可显隆功。"议上,称旨。雍正初元,遂上尊谥,庙号圣祖。复谕:"太祖、太宗、世祖三圣相承,功高德盛;孝庄、孝康、孝惠翼运启期,懿徽流庆;宜并加谥,俾展孝思。"于是加谥太祖曰端毅,太宗曰敬敏,世祖曰定统建极,而孝慈、孝端及三后并尊谥焉。

于时工部奉神主庙室,髹漆饰金,中书、翰林官各一人书新谥。奏遣大学士二人行填青礼,先期祇告天地、社稷。至日,世宗礼服诣太庙行上尊谥礼。毕,还宫,易衮服,诣奉先殿致祭,后仿此。六年,镌造列圣、列后玉宝、玉册暨圣祖皇考、妣册、宝成,奉之太庙。其仪,太庙洁室设黄案,张彩幔两旁,中陈册、宝,王大臣朝服将事,帝御礼服恭阅,一跪三拜,安奉彩亭,舆导如前仪。供案讫,帝入行礼如初。册、宝集中殿,分藏金匮。帝以次上香,一跪三拜,礼成。

高宗践阼,加列圣、列后尊谥,谕言:"宗庙徽称有制,报本忱惘靡穷。藉抒至情,不为恒式。"

乾隆四十五年,以列朝册、宝玉色参差,命选工琢和阗精璆。越二年工竣,祇阅讫,奉太庙如礼。其旧藏十六分,命赍送盛京太庙,尊藏玉检金绳。自是帝、后祔庙，皆别备册、宝送盛京，永为制。

嘉庆四年，仁宗守遗训，著制，凡列圣尊谥已加至二十四字、列后尊谥已加至十六字不复议加。

功臣配飨，所以显功，宗亲郡王配东庑，文武大臣配西庑。崇德元年，追封皇伯祖礼敦巴图鲁为武功郡王，巴图鲁其名也，配东庑，福晋与焉。并以直义公费英东、弘毅公额亦都配西庑。顺治元年，西庑增祔武勋王扬古利，位直义上。九年，复增祔忠义公图尔格、昭勋公图赖，昭勋为直义子，忠义为弘毅子，父子配侑，世尤荣之。十一年，东庑增祔通达郡王雅尔噶齐、慧哲郡王额尔衮、宣献郡王界堪，通达位武功上，而慧哲、宣献两福晋亦并侑云。

康熙九年，定祀东庑用太牢，岁以为常。

雍正二年，西庑增祔文襄公图海。定功臣配飨仪，前期告太庙。届日陈彩亭，列引仗，奉主至庙西阶。拜位在阶下，三跪九拜。奉主大臣摄行，还纳龛位，一跪三拜。

八年，怡亲王允祥配东庑。定王配飨仪，奉主以郡王，迎主用彩亭吾仗，至庙东阶，拜位在阶上。代行礼毕，降自东阶，余如西庑。

九年，进加费英东信勇公，图尔格果毅公，图赖雄勇公，图海忠达公。乾隆中，西庑增祔襄勤伯鄂尔泰，超勇亲王策凌，大学士张廷玉，蒙古王、汉大臣侑食自此始。

四十三年，诏：“祖宗创业艰难，懿亲荩臣，佐命殊功，从古未有。当时崇封锡爵，酬答从优。以后有及身缘事降削者，有子孙承袭易封者，不为追复旧恩，心实未慊。”于是睿亲王多尔衮以元勋懿戚，横被流言，特旨昭雪。礼烈亲王代善，后人改封为巽，已复改为康，郑献亲王济尔哈朗改为简，豫通亲王多铎改为信，肃裕亲王豪格改为显，克勤郡王岳托改为衍禧，又改为平，均非初号。悉命复旧，并配祀东庑。礼王位宣献下，睿王等以次列序，位怡王上，而徙策凌列怡王次。

嘉庆元年，西庑增大学士傅恒、福康安、协办大学士兆惠。福康安即傅恒子,并封郡王,异姓世臣,被恩最渥。

道光三年,复增大学士阿桂,功臣凡十有二人。

同治四年,东庑增科尔沁亲王僧格林沁,功王凡十有三人。

凡时飨,帝上香时,分献官上香配位前,各分献不拜。三献毕,退。祫祭同。

醇贤亲王庙光绪十六年,醇贤亲王奕𫍯薨,中旨引高宗《濮议辨》,应称所生曰"本生父",没称"本生考",立庙不祧,祀以天子之礼,合乎"父为士,子为大夫,葬以士,祭以大夫"古义,斯尊亲两全矣。乃定称号曰"皇帝本生考"。复定庙祀典,建庙新赐邸第,额曰醇贤亲王庙。正殿七楹,东、西庑殿,后寝室,各五楹。中门三。门内焚帛亭、祭器亭,其外宰牲亭、神库、神厨。大门三。殿宇正门中覆黄琉璃,殿脊及门四周上覆绿琉璃。其祀仪、乐舞、祭品、祭器视天子礼。凡时飨以四仲月朔,袭王承祭。帝亲行,则袭王陪祀。诞辰、忌日,帝亲诣行礼。

谒陵　　有清肇迹兴京,四祖陵并在京西北,称兴京陵。太祖定辽阳,景祖、显祖二陵徙盛京东南,称东京陵。嗣是太祖陵当盛京东北,称福陵;太宗陵当盛京西北,称昭陵。崇德间,定岁暮、清明祭兴京陵,用牛一,遣守陵官行礼。东京陵用牛二,遣宗室、觉罗大臣行礼。福陵用牛一、羊二,遣大臣行礼。国忌、诞辰、孟秋望日,燃香烛,献酒果,奠帛、读祝、行礼。朔、望用牛一,具香烛、酒果,遣守陵官致祭,不读祝、奠帛。

顺治八年,封兴京陵山曰启运,东京陵山曰积庆,福陵山曰天柱,昭陵山曰隆业,并从祀方泽,置陵官、陵户。定祀仪,冬至用牛一、羊一、豕一,余同前。清明、岁暮、孟秋望日亦如之。十三年,诏立界碑,禁樵采。十五年,移东京陵改祔兴京,罢积庆山祀。明年,尊称为永陵,飨殿、暖阁如制。

康熙二年,相度遵化凤台山建世祖陵,曰孝陵。先是世祖校猎于此,停辔四顾曰:"此山王气葱郁,可为朕寿宫。"因自取佩鞲掷之,谕侍臣曰:"鞲落处定为穴。"至是陵成,皆惊为吉壤。岁以清明、中元、冬至、岁暮为四大祭。并改建福陵、昭陵地宫。工竣,以奉安祇告,致祭如大飨。安神位隆恩殿,制龛座、宝床、帷幔、衮褥、桦橛如太庙式。

凡因公谒陵,三品以上官罗城门外行礼。遇祭日,二品以上许入城随守陵官陪祭。归,谒辞。

凡谒陵,东迳石门,王、贝勒在隆恩门外三跪九拜,当直官启门,贝子以下、三品官以上则否,皆奉祀官为导,遇祭日免。是时三陵建功德碑,嗣凡起陵,皆立碑,如故事。

八年,定四时大祭,遣多罗贝勒以下,奉国将军、觉罗男以上行礼。

明年秋,奉太皇太后、皇太后率皇后谒孝陵。前一日,躬告太庙,越日启銮。陈卤簿,不作乐。既达陵所,太皇太后坐方城东旁,奠酒举哀。皇太后率皇后等诣明楼前中立,六肃、三跪、三拜,随举哀、奠酒,复三拜。还行宫。凡皇太后谒陵仿此。次日,帝复谒隆恩殿,行大飨礼。又次日,殿前设黄幄,焚楮帛,读文致祭,礼成。还京,仍告太庙。越二日,御太和殿,百官表贺。

明年秋,车驾至盛京,谒福陵、昭陵毕,召将军等赐以酒,并谕守陵总管、副总管曰:"尔等职司典祀,凡祭品必亲虔视,务尽诚敬,副朕孝思。"还御大清门受贺,燕赉群臣,颁守陵官军。其永陵遣王大臣致祭,复遣官分诣颖亲王、克勤郡王、直义公费英东诸勋贵墓酹酒。还京日,仍告庙如仪。

二十一年,滇平,诣两京谒陵,如初礼。还京,祇告奉先殿。自是靖寇难,谒陵告祭以为常。

六十年,御极周甲,命世宗率皇子、皇孙诣盛京,皇子祭昭陵,皇孙祭永陵,帝亲往福陵大祭。

雍正元年,定圣祖陵曰景陵。其明年,清明谒祭如典。八年冬至,会圣祖忌辰,礼臣言准陵寝大祭,用太牢,献帛、爵,读祝文。遣官承祭具朝服。十三年清明、冬至大飨，改遣公爵番行。七月望日，将军、侍郎等承祭，其朔、望、忌辰，则定总管掌关防承祭，行三跪九叩礼。

乾隆元年，命宗室辅国将军等六人徙驻沈阳，给田庐，岁时致祀。二年，谕改朔、望承祭贝勒、公、大臣番行。复虑仪节不齐，增赞礼郎二人导引退，仍不赞。三年清明，谒世宗泰陵。

六年，定三陵四时大飨。忌辰祭飨，题派移驻将军二人行礼。七年，增置三陵爵垫，备礼仪。

八年，定谒陵如太庙亲祀仪，载入仪注。已，奉皇太后谒祖陵，礼节准康熙时例。自后三谒皆如之。

四十三年秋，先后谒永陵、福陵，因谕："眷怀辽沈旧疆，再三周历，心仪旧绪，蕲永勿谖。夫奕禩升平景运，皆昔日艰难开创所贻。后世子孙，当览原巘而兴思，拜松楸而感悟。默天眷何以久膺，先泽何以善继。知守成之难，竞业无坠。庶熙洽之盛，亿万斯年。不然，轻故都，惮远涉。或偶诣祖陵，漠不动心，视同览古，是忘本也。盛京根本重地，发祥所自，后世不可不躬亲阅历，其毋负朕言！"

嘉庆五年清明，诣昌瑞山谒高宗裕陵，先敷土，次大飨。陵寝官豫取洁土储筐，俟帝如更衣次易缟素，执事从官素服，冠去缨，随至方城。有司进黄布护履，帝纳履，从臣亦如之，自东磴道升至宝城石栏东，陵寝大臣合土以筐，随驾至敷土处跪进。帝拱举，敷毕，授筐，降，脱履。于是更袍服，冠缀缨，执事官俱易。礼臣请行大飨，帝诣隆恩殿行礼。读祝，三献。

凡清明日谒陵敷土，在丧服期，帝亲行。十年，帝初谒永陵，御素服，诣启运殿后阶，三跪九拜，有司进奠几，三拜三奠爵。讫，举哀。翼日朝服行大飨。谒福陵、昭陵亦如之。后复以祭器乖误，革盛京礼部侍郎世臣职。因谕"丰沛旧都，大臣不应忘却"。下其谕各公署，其重祀如此。

道光八年，谒裕陵、昌陵，军机大臣随入门，命著为例。九上，奉皇太后诣盛京谒三陵，如仪。

　　咸丰元年谒东陵,五年谒西陵,孝贞皇后谒泰陵,陵寝女官为导,入门皆由左,至明楼前行礼,六肃三跪三拜。女官进奠几,后三拜三奠爵,西飨举哀。次谒昌陵、慕陵如初礼。同、光间悉依此行。

　　凡孝陵、景陵以下,世宗曰泰陵,高宗裕陵,仁宗昌陵,宣宗慕陵,文宗定陵,穆宗惠陵,并在直隶易、遵化二州,称东西陵,东陵凤台山,封昌山,西陵太平峪,封永宁山;并祀方泽。设奉祀官,置庄园。

　　隆恩殿大飨用祝币,其日然明镫,用牛一、羊二、尊四,帝、后同案位,设奉先制币一,羹饭脯醢器十八,饼果器六十五。牲实俎,帛实筐。酒实尊,承以舟。疏布幂勺具。皇贵妃祔祀,则西旁东向,素帛一,减饼果十一器。

　　凡冬至暨庆典不举哀。遣官祭飨用朝服。升降自西阶,出入皆门右。皇子谒陵,至下马碑降骑,至隆恩门外升左阶。三跪九拜,不赞,不奠酒。

　　妃园寝设官如制,建飨殿,设神位。四时遣官奠酒,二跪六拜,不赞。出入殿左门。朔、望则奉祀官行礼。光绪间,帝谒西陵,诣庄顺皇贵妃寝园,一跪三拜三奠酒。并谕礼臣,祭品仪节从优。是后清明、中元、冬至、忌辰遣王公致祭,饼果增至六十五器。

　　宣统初,德宗葬兴隆峪,号崇陵。

　　皇太子园寝与妃园寝同。嘉庆间,帝亲临端慧皇太子园寝,五奠三爵,从臣随行礼,每奠一拜。载其仪入《会典》云。

清史稿卷八七

志第六二

礼六 吉礼六

昭忠祠　贤良祠　功臣专祠
宗室家庙　品官士庶家祭

　　昭忠祠　雍正二年谕曰："《周礼》有司勋之官，凡有功者，书名
太常，祭于大蒸。《祭法》，'以死勤事则祀之。'于以崇德报功，风厉
忠节。自太祖创业后，将帅之臣，守土之官，没身捍国，良可嘉悯。允
宜立祠京邑，世世血食。其偏裨士卒殉难者，亦附祀左右。褒崇表
阐，俾远近观听，勃然可生忠义之心，并为立传垂永久。"于是建祠
崇文门内，岁春、秋仲月，诹吉，遣官致祭。王公大臣位正殿，陈案
七，羊一、豕一。左三案，共羊豕各一。右如之。每案素帛一、爵三、
果盘五。诸臣位两配楼暨后正室，各设案五，两庑各设案三，皆羊豕
各一，为通数。兵士附祀，案三十有六，案设豕肉一盘、爵三、果品
二。太常卿承祭，配楼后室司官分献。六年，祠成，命曰"昭忠"，颁
御书额，曰"表奖忠勋"。

　　明年，循序定位，前殿正中祀敬谨庄亲王尼堪，英诚武勋王扬
古利，定南武壮王孔有德，赠忠勇王黄芳度，武襄公巴尔堪，凡五
人。东次龛祀安北将军佟国纲，一等公佟养正、达福、西哈，一等侯
马得功，一等伯巴什太，都统宜理布、巴都里，议政大臣程尼、穆和
琳，大学士张泰，议政大臣罗沙，三等伯王之鼎，总督范承谟，额驸

托柏，大学士龙西、色思泰，总督额伦特，尚书查弼纳、图扪，太子太保佟济，仓场侍郎王秉仁，巡抚傅弘烈，都统博波图，议政大臣雅赉、道禅、名盖，参赞内大臣马尔萨，凡二十八人。西次龛祀续顺公沈瑞，辅国公巴赛，大学士莫洛，尚书布颜岱，"十六大臣"绰和诺，巡抚柯永升，都统沙里布，巡抚马雄镇，总督甘文焜、佟养甲，侍郎朝哈尔，盐运使高天爵，参领费扬古，统领图鲁锡、喀尔他拉、喀尔护吉，副都统海兰、苏图，统领胡里布、哈克三，佐领叶喜，侍郎永国，统领阿尔岱，提督孙定辽，凡二十有四人。东又次龛统领刘哈，副都统卢锡、科布苏、阿喀倪、纳尔特、锡密赉、科尔坤、多颇洛、载豪、浑锦、魏正、罗济、阿什图、觉罗阿克善、常禄、阿尔护、吉三、巴雅思虎朗，凡十有八人。西又次龛提督段应举，副都统穆舒、孟魁、白，原任巡抚贾维钥，副都统迈图，参领葛思特，巡抚朱国治、张文衡，侍郎马如璧，粮道叶映榴，巡道陈启泰，通政使莫洛浑，一等子穆克覃阿、纳达、代音布，巡道陈丹赤，一等子觉罗莫洛浑，数亦如之。东末龛总兵吴万福、徐勇、费雅达、朱天贵、张存福，都督金事洪征，总兵阿尔泰、欧阳凯，兵备道李懋祖，总兵杨佐，统领张廷辅，游击杨光祖，统领定寿，总兵王承业，侍卫锡喇巴，布政使迟变龙，凡十有六人。西末龛参领郭色，统领新泰，提督康泰，二等子觉罗顾纳岱，总兵司九经，二等子拜兰，总兵郝效忠、刘良臣，三等子巴郎、都尔莽萧，副将杨虎，参将赵登举，守备纪法，参将甘应龙，副将蔡隆，二等子拜三，一等男路什，总兵康海，凡十有七人。后室、配楼、左右次龛、又次龛、两庑暨各次龛，祀官千五百余人。东西房附祀兵士万三百有奇。

　　八年，定制以满尚书、都统一人承祭，后室、两庑，太常官分献。十一年，令子孙居京秩者随祭。乾隆十三年，谕祀阵亡总兵任举、侍卫丹泰，旋令征金川阵没将士并入之。十五年，祀都统傅清、左都御史拉布敦。十八年，追封巴尔堪、巴赛并为简亲王。移巴尔堪位扬古利上，巴赛位孔有德上。初，前室左右各三龛，止序爵秩，不系时代。至是定议，自天命以来，按代序官，同代同官序年月，依贤良祠例,按时班爵为序。其兵士设位,分前、后庑,以横板隔别之。

中叶以后入祀者,将军班第、明瑞、温福,都统满福、扎拉丰阿,参赞大臣鄂容安,统领观音保、乌三太、台斐音阿,提督许世亨,副都统呼尔起阿、第木保、觉罗明善,总兵王玉廷、李全、德福、贵林、张朝龙,而海兰察以病没,端济布以伤,亦并入之。至典史温模死守通渭,从容就义,特予入祠。且有取义舍生,赏延于世,褒谕流外微官,获邀恤荫,茂典也。

嘉庆朝,祀大学士福康安、将军德楞泰、提督花连布、总兵多尔济札普、知县强克捷。先是,康熙间,巡抚曹申吉已入祠,至是以阿附吴三桂按实,夺之。时各省言没王事者,奏报猥杂,龛位不给,于是诏建各省昭忠祠。其京祠定文三品、武二品以上,及八旗官弁为限,已祀者如故。嗣是卑官预祀,视特旨行。故事,承祭官循例朝服,今改蟒袍补服,示别坛庙也。

道光初元,以国初殉难副将杨祖光等入祀,厥后赓入者,都统巴彦巴图、乌凌阿、印登额,参赞大臣庆详,总督裕谦,提督海凌阿、关天培、陈化成,副都统海龄、长喜,总兵万建功、祥福、葛云飞、郑国鸿、王锡朋、射朝恩、江继芸、庆和、吴喜,副将乌大魁、马韬、周承恩、刘大忠、陈连升、朱贵、玛隆阿、伊克坦布等。其卑秩中,如知县杨延亮、县丞方振声、守备马步衢、把总陈玉威,亦足多者。

咸丰三年,更定恤典,文四品、武三品官得再入京祠,并获祀阵亡所在地。其文五品、武四品以下,凡赠职衔及当例恤者,并祀之。是时军兴,死事扬烈者踵起,略举其所入者。都统乌兰泰、霍隆武,将军佟鉴、祥厚、苏布通阿、扎拉芬、和春,总督吴文熔、陆建瀛,提督长瑞、长寿、董光甲、邵鹤龄、恩长、福珠洪阿、陈胜元、双福、王锦绣、常禄、双来、瞿腾龙、佟攀梅、邓绍良、德安、周天培、史荣椿、张国梁、周天受、王浚、乐善、褚克昌,一等男阿尔精阿,一等子左炘,侍郎吕贤基、戴熙,巡抚常大淳、江忠源、陶恩培、邹鸣鹤、吉尔杭阿、徐有壬,学政孙铭恩、张锡庚,副都统伊勒东阿、哲克东阿、达洪阿、贵升、绷阔、博奇、常寿、西林布、多隆武、托克通阿、格绷额、伊兴额、舒明安，头等侍卫达崇阿，布政使岳兴阿、刘裕钤、涂文钧、李续宾、李孟群、王友端，按察使李卿谷、周玉衡，赞善赵振祚，郎中宋蔚谦，总兵博春、福诚、马济美、玉山、程三光、刘开泰、桂林、王国才、蒋福长、虎坤元、罗玉斌、邱联恩、田兴奇、承惠、陈大富、滕家胜、郭启元、王之敬，道员罗泽南、朱镇、金光箸、帅远燡、温绍原、何桂珍、王训、赵印川、郭沛霖、黄淳熙、缪梓，知府谢子澄、刘腾鹤、江炳琳，副将谢升恩、膺保、李成虎、彭三元、周云耀、龙汝元。同治朝，则亲王僧格林沁，大学士曾国藩，都统海全、舒通额，将军多隆阿，统领舒保，参赞大臣锡霖、武隆额，领队大臣色普诗、惠庆、达春泰、穆克登额，办事大臣扎克当阿，头等侍卫隆春、奇克塔善，内阁学士金顺，提督占泰、李臣典、向荣、塔齐布、林文察、萧河清、周显承、罗朝云、萧德扬、杨得胜、曹仁美、毛福益、张仁泗、刘松山、谭玉龙、罗雨春、张绍武、胡良作、姚连升、饶得胜、刘长槐、荣维善、杨春祥、张万美、鲁光明、阎定邦、刘祥发、曹德喜，巡抚王有龄、罗遵殿、邓尔恒，副都统锡龄阿、苏伦保、恒龄，按察使黄运昌，总兵郝上庠、雷升、熊建益、林向荣、余际昌、郎桂芳、江福山、何建鳌、罗应贵、毛芳恒、张树珊、唐殿魁、周兆麒、李大榯、陈清彦、邓鸿超、江登云、傅先宗，道员福咸、俞焜、赵景贤、张同登、赵国澍、瑞春、周缙、秦聚奎、彭毓橘、葛承霖、邓子垣，知府朱钧、姜锡恩、窦天灏、于醇儒，副将刘神山、黄金友、周学贵、罗春鹏、王梦龄、张起凤、刘胜龙。光绪间，则大学士左宗棠，总督恒春、曾国荃，将军明绪，领队大臣崇熙、乌勒德春、托克托布、博勒果素、托春托奈、喀尔莽阿，参赞大臣额腾额、觉罗奎栋，办事大臣奎英、萨凌阿，提督朱南英、李秀山、湛其英、杨世俊、王子龙、文德盛、陈忠德、滕学义、何明海、魏金阙、文德昌、李登第、王庆福、杨万义、杨必耀、李大洪、钟兴发、张宗久、杨玉科、刘思河、李其森、梁善明，监运使陶士霖，总兵石绍文、陈登云、邓仁和、黄应斗、周友山、朱希广、王茂连、王春和、谭声俊、达年，刚安泰、向集梧、邓承恩、韦和礼、刘节高、陈嘉、左宝贵、周康禄、黄鼎、叶维藩、侯云登，户部主事玉润，知府龚秉琳、侯学云、马椿龄、张瀚中，副将王世晋、李天和、章茂、张定邦、尤正廷、杨隆辉、张玉秋、王碧庭、徐安邦、李启荣、裕廉、王宗高。二十六年，尚书崇绮，将军延茂，总督李秉衡，并入祀。寻罢秉衡。凡祠祭诸臣，大都效命戎行，守陴徇义，或积劳没身。褒忠节，劝来者，《会典》綦详。兹录什一，以见例焉。

雍正初，各省立忠义祠，凡已旌表者，设位祠中，春、秋展祀。乾隆四十一年，定明代殉国诸臣，既邀谥典，并许入祠。又诸生、韦布、山樵、市隐者流，遂志成仁，亦如前例。嘉庆七年，始令各省府城建昭忠祠，或附祀关帝及城隍庙，凡阵亡文武官暨兵士、乡勇，按籍入祀。八旗二品以上官已祀京祠者，仍许阵亡所在地祠祀，合五十人一龛，位祀正中，兵勇则百人或数十人一位，分列两旁，驻防位绿营上。春、秋二奠，有司亲莅，用少牢，果品、上香、荐帛、三献如仪。同治二年，允曾国藩请，江宁建昭忠祠，祀湖南水陆师阵亡员弁。已复抗节官绅亦许崇祀，并建专祠。妇女殉难者，亦别立贞烈祠云。

贤良祠　雍正八年诏曰："古者大蒸之祭，凡法施于民，以劳定国者，皆列祀典，受明禋。我朝开国以后，名臣硕辅，先后相望。或勋垂节钺，或节厉冰霜，既树羽仪，宜隆俎豆。俾世世为臣者，观感奋发，知所慕效。庶明良喜起，副予厚期。京师宜择地建祠，命曰'贤良'，春、秋展祀，永光盛典。"乃营庙宇在地安门外西偏，正殿、后室各五楹，东、西庑，岁春、秋仲月，诹吉，遣官致祭。前殿案各素帛一、羊一、豕一、果五盘。后室果品同，唯牲、帛共案而具一。承祭官蟒服，二跪六叩三献。余如常仪。

于是金议怡贤亲王允祥，宗功元祀，宜居首。大学士、公图海，公赖塔，大学士张英，尚书顾八代、马尔汉、赵申乔，河道总督靳辅、齐苏勒，总督杨宗仁，巡抚陈瑸，咸列其选。自是先后赓续入祠者，大学士范文程、巴克什达海、阿兰泰、李之芳、吴琠、张玉书、李光地、富宁安、张鹏翮、宁完我、魏裔介、额色黑、王熙，领侍卫内大臣福善、费扬古、尹德，尚书励杜讷、徐潮、姚文然、魏象枢、汤斌，提督张勇、王进宝、孙思克、施琅，总督赵良栋、于成龙、傅腊塔、孟乔芳、李国英，都统冯国相、李国翰、根特，统领莽依图，将军阿尔纳、爱星阿、佛尼埒，副都统褚库巴图鲁。明年祠成，颁御书额曰"崇忠念旧"，设位为祭。前殿内大臣或散秩大臣、尚书、都统主之。后殿用太常寺长官。入祠日，子孙咸与行礼，春、秋遣官陪祀同。

十二年，祀大学士田从典、高其位。乾隆元年，命入祀诸臣未予谥者悉追予。是岁祀尚书衔兼祭酒杨名时，大学士朱轼，内大臣哈世屯，尚书米思翰。五年，祀总督李卫。明年，祀尚书徐元梦，巡抚徐士林。十年，厘定祠位，前殿正中祀怡贤亲王，后室诸臣合一龛。首世次最先者，余分左右行，按世序爵，大学士居前，次领侍卫内大臣、尚书、都统、将军、总督、前锋护军统领、提督、侍郎、巡抚、副都统，以次分列。至世爵有子、男授尚书、都统者，有侯、伯为侍郎、副都统者，仍视官秩为差。

嗣是入祀，则超勇亲王策凌，列怡贤亲王左次龛。名臣则大学士马齐、伊桑阿、福敏、黄廷桂、蒋溥、史贻直、梁诗正、来保、傅恒、尹继善、陈宏谋、刘纶、刘统勋、舒赫德、高晋、英廉、徐本、高斌、协办大学士兆惠，左都御史拉布敦，尚书汪由敦、李元亮、阿里衮，尚书衔钱陈群，都统傅清，将军和起、伊勒图、奎林，总督那苏图、陈大受、喀尔吉善、鹤年、吴达善、何焴、袁守侗、方观承、萨载、提督许世亨，巡抚潘思榘、鄂弼、李湖、傅弘烈。弘烈自雍正时，拉布敦、傅清自乾隆时，并入昭忠祠，今再祀贤良者也。

嘉庆朝，则祀大学士福康安、阿桂、刘墉、王杰、朱圭、戴衢亨、董诰，尚书董邦达、彭元瑞、奉宽，总督鄂辉。道光朝，则祀大学士富俊、曹振镛、托津、长龄、卢荫溥、文孚、王鼎，协办大学士汪廷珍、陈官俊，尚书黄钺、隆文，将军玉麟，总督杨遇春、陶澍，河道总督黎世序。咸丰朝，则祀大学士潘世恩、文庆、裕诚，协办大学士杜受田，侍郎杜堮，巡抚胡林翼。同治朝，则祀大学士桂良、祁寯藻、官文、倭仁、曾国藩、瑞常、贾桢，大学士衔翁心存，协办大学士骆秉章，总督沈兆霖、马新贻。其光绪朝入祀者，恭忠亲王奕䜣。名臣大学士文祥、英桂、全庆、载龄、左宗棠、灵桂、宝鋆、恩承、福锟、张之万、麟书、额勒和布、李鸿章、荣禄、裕德、昆冈、崇礼、敬信，协办大学士沈桂芬、李鸿藻，将军长顺，总督沈葆桢、丁宝桢、岑毓英、曾国荃、刘坤一，提督宋庆，巡抚张曜也。宣统初入祀者，止大学士王文韶、张之洞、孙家鼐、鹿传霖，协办大学士戴鸿慈五人而已。

各省贤良祠，雍正十年，诏：“各省会地建祠宇，凡外任文武大臣，忠勇威爱，公论允翕者，俾膺祀典，用劝在官。如将军蔡良，提督张起云，总兵苏大有、魏翥国，足称斯选。”定制，春、秋祭日视京师，以知府承祭，品物仪节亦如之。

功臣专祠　顺治十一年，诏为孔有德建祠，度地彰义门外三里，曰定南武壮王祠，二妃祔焉。康熙三年，定春、秋展祀，其后建恪僖公祠安定门外，祀一等公遏必隆并县主舒舒觉罗氏。嗣领侍卫内大臣尹德，尚书阿里衮暨其夫人，乾隆时并祔祀云。

其建自雍正朝者，朝阳门外勤襄公祠，祀定南将军佟国赖及其夫人，长子忠勇国纲、次子端纯国维，皆以军功祔祀。德胜门外文襄公祠，祀大学士图海。安定门外与恪僖祠并峙者，为弘毅公祠，祀光禄大夫额亦都，并以夫人配。

建自乾隆朝者，东安门外恪僖公祠，祀内大臣哈世屯及其夫人，子承恩公米思翰、孙李荣保，其后曾孙大学士傅恒祔祀焉。崇文门内双忠祠，祀左都御史拉布敦、都统傅清。合昭忠、贤良而复建专祠者，他无与比也。地安门外旌勇祠，祀将军明瑞，而都统扎拉丰阿，统领观音保，总兵李全、王玉廷、德福亦先后入祔。睿忠亲王祠在朝阳门外，祀多尔衮并福晋六人。嘉庆时，建大学士福康安祠曰“奖忠”，在东安门外，都统额勒登保祠曰“褒忠”，在地安门外。光绪时，建科尔沁亲王僧格林沁祠曰“显忠”，在安定门内。大学士、伯李鸿章祠曰“表忠”，在崇文门内。宣统时，合祀立山、联元祠在宣武门外。

凡京师专祠，岁春、秋仲月吉日，遣太常卿分往致祭。用少牢

一、果品五。唯佟国赖、哈世屯两祠，则少牢三，果品十有五。旌勇祠少牢如通常，果品亦十五云。位各用帛一、爵三，诸祠并同。嘉庆七年，始定承祭官行礼用蟒袍补服。

其在各省者，岁春、秋守土官致祭。兹纪其勋劳最著者。自湖广建忠节祠以祀左都督徐勇，各省建专祠始此。康熙间，广西建双忠祠，祀马雄镇、傅弘烈，于是福建祀范承谟、陈启泰、吴万福、高天爵，云南祀甘文焜。

雍正间，清河祀靳辅、齐苏勒，开封祀田文镜。盛京祀怡贤亲王。乾隆中，诏通达、武功、慧哲、宣献四郡王，礼烈、饶余、郑献、颖毅四亲王并入之，改名贤王祠。已，睿忠、豫宣二亲王，克勤郡王，亦均同祀。稽曾筠、高斌，合祀清河靳辅等祠。伊犁祀班第、鄂容安，而拉布敦、傅清且建祠及西藏矣。

嘉庆时，武威建双烈祠，祀韩自昌、韩加业，同安祀李长庚，成都祀德楞泰，韩城、滑县祀强克捷。

道光间，江南祀黎世序，台湾祀方振声、马步衢、陈玉威，赵城祀杨延亮，虎门祀关天培暨陈连升父子，镇海祀裕谦，定海祀葛云飞、郑国鸿、王锡朋，京口祀海龄，宝山祀陈化成。

咸丰间，广西祀长瑞、长寿暨阿尔精阿，西安、苏州祀林则徐，安庆祀蒋文庆，庐州祀江忠源，瑞州祀刘腾鸿，江宁、苏州祀向荣、张国梁，京口祀吉尔杭阿，附祀绷阔、刘存厚，扬州祀双来、瞿腾龙，溧水、浒墅祀李坤元，天津祀佟鉴、谢子澄，长沙、九江祀塔齐布，湖广、江西、安徽祀李续宾，江西、湖广祀罗泽南，又与饶廷选合祀广信，湘乡复分祀泽南、王鑫、刘腾鸿。湖南、江西祀萧启江，湖广祀胡林翼，后安庆亦祀之。遵义祀罗绕典。

同治间，湖北合祀官文、胡林翼，庐州祀李孟群，浙江祀瑞昌、王有龄、张玉良等，杭州祀罗遵殿，富阳祀熊建益，湖州祀赵景贤，陈州、安庆、临淮、淮安祀袁甲三，南昌、青阳祀江忠义，安徽、湖广祀李续宜，后复与多隆阿合祀潜山。安庆、苏州、嘉兴祀程学启，河南、安徽、陕西、吉林祀多隆阿，后与林翼合祀安庆。江宁、安庆、吉安祀李臣典，湖南、福建、广东祀张运兰，曹州、天津、蒙城祀僧格林沁，后复祀奉天。湖南、江苏、安徽祀彭毓橘，湖广祀曹仁美等，四川、湖南祀骆秉章，陕、甘祀刘松山，江宁、安庆祀马新贻，江宁、湖南、湖北、安徽、直隶祀曾国藩，后复与国荃合祀开封。长沙合祀张亮基、潘铎，巴燕岱祀穆克登额，哈密祀扎萨克亲王锡伯尔，南丰祀吴嘉宾，贵州祀蒋霨远、黄润昌等。于是礼部言："各省专祠宜择隙区旷土，毋侵民居，并禁改毁志乘名迹、圣贤祠墓。"报可。

光绪间，扬州、黄州祀吴文熔，安徽、江西、闽、浙、甘肃祀刘典，江南、江西、福建、台湾祀沈葆桢，江苏、福建、山东、湖南祀郭松林，江、浙、直隶、山东、河南祀吴长庆，后复祀朝鲜。闽、浙、陕、甘、新疆、江宁祀左宗棠，四川、湖南、江西、安徽、江苏祀鲍超，陕、甘、吉林祀金顺，大理、镇南祀杨玉科，江西、广西、云南、新宁祀刘长佑，云、贵、广西祀岑毓英，安徽、山东祀周盛波，后复与盛传、戴宗骞合祀济南。湖广、江西、江南、浙江西湖祀彭玉麟，福建、安徽、吉林祀穆图，江苏、陕、甘祀杨岳斌，南昌、贵阳祀席宝田，湖南、江西、江南祀曾国荃，河南、安徽、湖北、直隶、甘、新祀张曜，安庆、江宁、青县祀周盛传，山东、江苏祀陈国瑞，山东、陕西祀阎敬铭，湖南、甘、新祀刘锦棠，安徽、福建祀刘铭传，山东、四川祀丁宝桢，杭州、长沙、兰州祀杨昌浚，江、浙、河南、直隶、山东祀李鸿章，直隶、奉天、河南、安徽祀宋庆，安徽及芦台祀聂士成，湖南、江西、安徽、江宁祀刘坤一，广西、云、贵祀冯子材，安徽、湖南祀曾国华，甘、新祀陶模，直隶、安徽祀马玉崑，安徽祀英翰，湖南、宣城祀邓绍良，江南祀萧孚泗，江宁祀陶澍、林则徐、邹鸣鹤、福珠洪阿，清、淮、徐州祀吴棠，姚广武等附之。徐州祀滕学义、唐定奎，淮安祀张之万，杭州祀阮元、蒋益沣，淮、扬祀章合才，南昌祀吴坤修，东乡祀罗思举，河南祀倭仁，温县祀李棠阶，西安祀刘蓉、曾望颜，天津祀怡贤亲王、文谦、丁寿昌、灵寿、保定祀成肇麟，顺天蓟州祀吴可读，宝坻祀潘祖荫，新疆祀金运昌，奉天建三贤祠，祀文祥、崇实、都兴阿，又祀左宝贵、依克唐阿、长顺。吉林祀金福、延茂、富俊、希元，福建台湾祀王凯泰，四川西充祀武肃亲王豪格,临桂祀陈宏谋,贵阳祀曾璧光、韩起、黎培敬。于时各省纷请立专祠,谕毋滥。

宣统享国未久,而湖北、安徽、陕、甘、奉天祀雷正绾,直隶、山东、河南、安徽祀程文炳,安徽及蒙古旗祀潘万才,合肥祀董履高,涡阳祀牛师韩,杭州西湖祀徐用仪、许景澄、袁昶,号为“三忠”云。昶又祀芜湖。自是联元祀宝坻,张之洞祀武昌,王文韶祀长沙,马维麒祀成都,丁体昌祀秦州,夏毓秀祀昆明,此皆举其大者。其余疆吏题请,礼臣议覆,事载实录,年月可稽者,尚不一而足也。

有清一代,从龙诸佐,蔚起关外。平三藩,汉将西北为多。靖三省教匪,蜀将竟兴。东南海寇横,闽帅踵起。湘楚武臣,戡平粤乱。剿捻一役,参以皖将。其间完节死绥,祠祀尤夥。其功臣总祠,世宗朝,建忠勇祠兰州。仁宗朝,建彰忠祠喀什噶尔。同治中兴,湖南有表忠祠,湘乡、平江有忠义祠,洞庭君山、湘乡、桂阳有昭忠祠。他如湖口石钟山水师,金陵湘军陆师,楚军水师,吴淞外海水师,台湾淮楚军,苏州、武昌、保定、庐州、巢湖、济南、无锡各地淮军,使凡转战糜躯者,莫不馨香血食,其为昭忠一也。此外江宁、京口旗营,金陵军营官绅,武昌武毅军,成都嵩武军,锦州毅军,各昭忠祠,与各州县忠义、昭忠、慰忠、忠烈等祠,所以恤死酬勋,不可胜纪。祭礼、祭品如前仪。

宗室家庙　崇德元年,定宗室封王者立家庙。顺治五年,诏王无嗣,祔飨太庙后殿西庑。有子孙者,立庙别祭。四孟月、岁暮陪祭太庙,毕,归府第行之。凡荐新,未献太庙者,不得私献家庙。于时庄亲王立一庙,礼、巽、谦三亲王合一庙,饶余郡王、端重亲王合一庙,颖亲王、顺承郡王合一庙,豫郡王一庙,克勤、衍禧二郡王合一庙。雍正九年,怡贤亲王立一庙。

凡亲王世子、郡王家祭,建庙七楹,中五为堂,左右墙隔之为夹室。堂后楣北五室,中奉始封王,世世不祧。高、曾、祖、祢依序为二昭二穆,昭东穆西,亲尽则祧。由昭祧者,藏主东夹室,升二昭位于一室，以二室奉升祔主。由穆祧者，藏西夹室，升祔亦如之。南为中门，又南庙门，左右侧门，庭分东、西庑，东藏衣冠，西则祭器、乐器。庙重檐，丹楹，采桷，绿瓦，红垩壁。门内焚帛炉。外卦牲房，西向。岁以四时仲月诹吉，仲春出祧主合食。

其礼，堂中始封祖专案，正位，南向。左东夹祧主共案，次二昭共案，东向。右西夹室祧主共案，次二穆共案，西向。少西设香帛案一，尊案一，每案羊、豕各一，铏、簠、簋各二，笾、豆各八。位各帛一、爵三、乐器六。同祖所出子孙，成人以上，届期会祭，府僚与陪，执事通赞、属官为之。奉香、帛、爵则用子孙。先三日，主人斋外寝，众咸斋。祀日昧爽，主人朝服入，位堂檐内正中，与祭伯叔辈位东阶上，兄弟子孙位东阶下，位以世差，世以齿序。官属位西阶下，序以爵。俱北面。质明，子弟长者二人诣世祖室，四人分诣东西夹室，昭、穆室，各奉主安几。昭，考右妣左，穆，考左妣右。跪，一叩，兴。主人盥，就位，迎神乐作。诣始祖位前三上香。以次诣各祧位前上香，率族属行二跪六拜礼。奉帛、爵奠、献、读祝如仪。三献讫，诣始祖位前跪受爵、受胙，三拜，撤馔，送神，二跪六拜。诣燎位视燎。礼成，奉主还室，退。分胙颁族属。

其时祭之礼，堂中设案五，始祖考、妣正位南向，高、曾、祖、祢，依昭穆为左右。案各羊一、豕一，余如合食制。其时节荐新，届日主人夙兴，率子弟盛服入庙，洁堂宇，设案，陈果羞盘各六，每位箸二，琖三。启室，以次诣各案前跪上香，三拜，子弟遍献酒，主人二跪六拜，子弟随行礼。毕，阖室，退。因事致告，荐果羞各四，礼同荐新。月朔望谒庙亦如之。

贝勒、贝子、宗室公家祭庙五楹，三为堂。后楣北分室五，奉始封祖暨四代。两旁夹室奉亲尽祧主。庙不重檐，门不备采，余如亲王。合食，始祖专案，羊一、豕一，东夹室祧主暨二昭专案，羊豕各一。西夹室祧主暨二穆亦如之。时祭俱专案，昭穆各同牲，笾、豆视亲王各减二，不用乐，一跪三拜。时节荐果盘各四，有事则告，朔望则谒。余如亲王仪。

品官士庶家祭 凡品官家祭庙立居室东,一至三品庙五楹,三为堂,左右各一墙限之。北为夹室,南为房。庭两庑,东藏衣物,西藏祭器。庭缭以垣。四至七品庙三楹,中为堂,左右夹室及房,有庑。八、九品庙三楹,中广,左右狭,庭无庑。箧藏衣物、祭器,陈东西序。堂后四室,奉高、曾、祖、祢,左昭、右穆。妣以嫡配,南向。高祖以上,亲尽则祧。由昭祧者,藏主东夹室;由穆祧者,藏主西夹室。迁室、祔庙,并依昭穆世次,东西序为祔位,伯叔祖父兄弟子姓成人无后者,殇者,以版按行辈墨书,男东女西,东西向。定牲器之数,一至三品,羊一、豕一,每案俎二,铏、登各二,笾、豆各六。四至七品,特豕,案一俎,笾、豆各四。八品以下,豚肩不特杀,案一俎,笾、豆各二。

岁祭以四时仲月诹吉,读祝、赞礼、执爵皆子弟为之。子孙年及冠,皆会祭。前三日,主人暨在事者斋。祀日五鼓,主人朝服,众盛服,入庙。主人俟东阶下,族姓俟庭东西,顺昭穆世次。主妇率诸妇盛服入,诣爨所视烹饪。羹定,入东房治笾、豆,陈铏、登、匕、箸、醢、酱以俟。质明,子弟长者启室,奉主陈之几,昭位考右妣左,分荐者设东西祔位。主人升自东阶,盥讫,诣中檐拜位立。族姓行尊者立两阶上,卑者立阶下。咸北面。主人诣香案前跪,三上香,进奠爵,兴,复位,率族姓一跪三拜。主人诣高祖案前献爵,曾、祖、祢案前毕献如仪,分荐者遍献祔位酒,读祝。每献,主妇率诸妇致荐,一叩兴。初献匕箸醢酱,亚献羹饭肉胾,三献饼饵果蔬。卒献,主人跪香案前,祝代祖考致嘏于主人,主人啐酒尝食,反器于祝,一叩兴,复位,送神,一跪三拜。视燎毕,与祭者出,主人率子弟纳神主,上香行礼。撤祭器,阖门,退。日中馂。

三品以上,时祭遍举,四至七品,春、秋二举。八九品春一举。与祭者,尊卑咸在。主人肃入席,酌尊者酒,子弟年长者离席酌主人,长幼献酬交错。已事,咸出。撤席,庖人、仆人必尽之。

令节荐新,一至三品,每案果、羞各四,四至七品,减果二,八、九品并减羞二,具羹饭则同。月朔望供茶,食案二器,仪同时荐。庶士家祭,设龛寝堂北,以版隔为四室,奉高、曾、祖、祢,妣配之,位如品官仪,南向。服亲成人无后者,顺行辈书纸为祔位,已事,焚之,不立版。每四时节日,出主以荐,粢盛二盘,肉食果蔬四器,羹二,饭二。先期致斋。荐之前夕,主妇在房治馔,逮明,主人吉服,率子弟奉主陈香案,昭东穆西,设祔位西序案,主人立东阶下,众按行东西立。主人上香毕,一跪三拜,兴。主妇率诸妇出房荐匕箸醢酱,跪,叩,退。主人至案前,以次酌酒、荐熟,跪,叩,兴。子弟荐祔位,毕,读祭文。再献,主妇荐饭羹,三献荐饼饵时蔬。主人率族姓行礼讫,焚祭文及祭位,纳主,撤退,日中而馂。春一举,月朔望献茶,有事则告,俱一跪三拜。

　　庶人家祭,设龛正寝北,奉高、曾、祖、祢位,逢节荐新,案不逾四器,羹饭具。其日夙兴,主妇治馔,主人率子弟安主献祭,一切礼如庶士而稍约。月朔望供茶,燃香、镫行礼。告事亦如之。

清史稿卷八八
志第六三

礼七　嘉礼一

**登极仪　授受仪　太后垂帘仪
亲政仪　大朝仪　常朝仪
御门听政附　太上皇帝三大节朝贺仪
太皇太后皇太后皇后三大节朝贺仪
大宴仪　上尊号徽号仪
尊封太妃太嫔仪附　册立中宫仪
册妃嫔仪附　册皇太子仪　太子千秋节附
册诸王仪　册公主附**

二曰嘉礼。属于天子者，曰朝会、燕飨、册命、经筵诸典。行于庶人者，曰乡饮酒礼。而婚嫁之礼，则上与下同也。《周官》"以嘉礼亲万民"，体国经野，罔不繇此。兹举其大者，附以仪之同者，著于篇。

登极仪　清初太祖创业，建元天命，正月朔即位，贝勒、群臣集殿前，按翼序立。皇帝御殿，皆跪。八大臣出班，跪进上尊号表，侍臣受，跪御前宣读。帝降座，焚香告天，率贝勒、群臣行礼，三跪九叩，毕，复座，贝勒等各率旗属庆贺。太宗践阼亦如之。

天聪十年，改元崇德，建国号曰大清。前期誓戒三日，筑坛，备卤簿。届日，帝率群臣诣天坛祗告。礼成，奉御宝官先行，帝自中阶登坛升座，贝勒等三跪九叩。毕，众跪，贝勒分左右列。奉宝官跪献，帝受宝，转授内院官，群臣行礼如初。毕，皆跪，宣读官奉满、蒙、汉三体表文立坛东，以次毕读，群臣行礼讫，复位，奏乐，驾还宫。翼日帝御殿，群臣表贺，三跪九叩，次执事官行礼如前仪。于是赐宴，颁赦诏。八年，世祖嗣服，遣官告坛、庙如初礼，唯不设卤簿，不作乐，不赐宴。

顺治元年十月朔，定鼎燕京，先期太常官除坛壝，司设监设座案。届日，遣官告庙、社，备大驾卤簿，帝御祭服，出大清门，诣南郊，告天地。礼成，导入天坛东幄次易礼服。御座，群臣跪，礼部尚书引大学士一人升自东阶，正中北面跪，学士一人自案上奉宝授大学士，祗受，致辞云：“皇帝君临万国，诸王文武群臣不胜欢忭。”讫，转授学士，学士跪受，陈于案，复位。群臣礼毕，驾还宫。鸿胪寺官设御案皇极门中，檐东设表案，王、贝勒等序立内金水桥北，文武官序立桥南，俱东西向。乐作，帝御座则止。鸣鞭。执事官阶上行礼毕，就位。王率群臣进表，行礼毕，鸣鞭，驾还宫。越九日甲子，颁诏如制。

圣祖缵业，分遣官祭告天地、宗社，帝衰服诣几筵行三跪九叩礼，祗告受命。御侧殿易礼服，诣太皇太后、皇太后两宫，各行三跪九叩礼。遂乘舆出乾清门，御中和殿，内大臣等执事官行礼。复御太和殿，王公百官上表行礼如仪。不宣读，不作乐，不设宴。王公入，赐茶毕，还宫。反丧服，就苫次，颁诏。世宗承大统，一如前仪，惟罢赐茶。高宗以后，储宫嗣立者并同。

授受仪　古内禅仪。初高宗享国日久，尝谕年至八十六岁即归政。逮乾隆六十年，诏曰：“自古帝王内禅，非其时息荒，即其时多故，仓猝授受，礼无可采。今国家全盛，其详议典礼以闻。”于是诹吉定储位，以明年为嗣皇帝元年。礼臣上仪注。先期遣官祭告庙、社，届日所司设御座太和殿。左右几二，正中宝案，稍南东西肆；东楹诏案，西楹表案，南北肆；黄案居丹陛中。楹内敷嗣皇帝拜褥。殿前陈卤簿，门外步辇。午门外五辂、驯象、仗马、黄盖、云盘，檐下设《中和韶乐》，门外《丹陛大乐》。内阁学士奉传位诏陈东案，礼部官陈贺表西案，大学士等诣乾清门请宝陈左几，大学士二人分立两檐下，王公百官序立。朝鲜、安南、暹罗、廓尔喀使臣列班末。钦天监官诣乾清门报时，嗣皇帝朝服出毓庆宫，时后扈内大臣二人率侍卫二十人集乾清门外，导引礼部长官二人立门阶下，前引大臣十人立殿后阶下。太上皇帝礼服乘舆出，嗣皇帝从诸臣前引后扈。午门鸣钟鼓，至殿后降舆。太上皇帝御中和殿升座，嗣皇帝殿内西向立，鸿胪寺官引执事大臣按班，不赞，行九叩礼。侍班者趋出，就外朝位，《中和韶乐》作，奏《元平章》。太上皇帝御太和殿，嗣皇帝侍立如初。乐止，阶下鸣鞭三，《丹陛大乐》作，奏《庆平章》。嗣皇帝诣拜位立，王公立丹陛上，百官及陪臣立丹墀下，鸣赞官赞"跪！"嗣皇帝率群臣跪。赞"宣表"，宣表官入，奉表至檐下正中跪，大学士二人左右跪，展表，乐止。宣讫，还奉原案，退。赞"兴"，嗣皇帝退立左旁，西向，大学士二人导近御前跪。左大学士请宝，跪奉太上皇帝，太上皇帝亲授嗣皇帝，嗣皇帝跪受，右大学士跪接，陈右几。嗣皇帝诣拜位，乐作，赞"跪，叩，兴"，率群臣行九叩礼。赞"退"，乐止，礼成。鸣鞭如初。《中和韶乐》作，奏《和平章》。太上皇帝还宫。内监豫设乐悬，太上皇帝御内殿，公主、福晋，暨皇孙、皇曾元孙未锡爵者，行礼庆贺。

　　嗣皇帝易礼服，祗竢保和殿暖阁，内阁学士豫奉传位诏及御宝陈太和殿中案，礼部官奉登极贺表陈东案，扈引者集保和殿外。钦天监报时，嗣皇帝御中和殿，执事者按班行礼，不赞。礼毕，嗣皇帝御太和殿登极。作乐，止乐，宣表，行礼，悉准前式。礼毕，退，复位。大学士进，奉诏，出中门，授礼部尚书。尚书跪受，兴，奉置黄案，行三叩礼。复奉诏陈云盘，仪制司一人跪受，兴，自中道出。礼成，俱退，嗣皇帝还宫。大学士等诣乾清门送宝，礼部恭镌诏书颁行。

垂帘仪　咸丰十一年,文宗崩,穆宗幼冲嗣位。御史董元醇奏请皇太后暂权朝政,称旨,命王大臣等议垂帘仪制。议上,懿旨犹谓"垂帘非所乐为,唯以时事多艰,王大臣等不能无所禀承,姑允所请"云。于是仲冬月朔,帝奉两宫皇太后御养心殿听政,王公大臣集殿门外,行礼如仪。凡召见内外臣工,两宫皇太后、皇帝同御养心殿,太后前垂帘。或召某臣进见,议政王、御前大臣番领之。引见外官,则御养心殿明殿,议政王、御前大臣率侍卫等按班分立,太后前垂帘设案,进各员衔名,豫拟谕旨,分别录注。皇帝前设案,各长官依例进绿头签,议政王等奉陈案上,引见如常仪。皇太后简单内某名钤印,已,授王大臣传旨。其臣工请安摺,并具三分以进。各省、各路军事摺报,凡应降谕旨者,议政王等请旨缮拟后,次日呈阅颁行。唯撰拟文句,仍本帝意,宣示臣工,宜书曰"朕"。

同治十三年,德宗入继文宗,王公大臣复请两宫皇太后垂帘,悉准同治初成式。光绪六年,慈安皇太后薨,慈禧皇太后始专垂帘,制十三年归政,德宗以时艰尚棘,凡召见、引见,仍升座训政,设纱屏以障焉。

亲政仪　同治十二年正月,两宫皇太后归政,穆宗行亲政典礼,先期遣告天、地、庙、社,届日陈皇太后仪驾、皇帝法驾卤簿,设表案慈宁宫门,槛内敷皇帝拜褥,太和殿内东旁设诏案,东次表案,丹陛中案各一。午门外设龙亭、香亭,内阁学士奉皇帝庆贺表文纳诸椟,捧出。大学士从至永康左门外,大学士接椟,至慈宁门,升东阶,陈案上,退。内侍举案入,庋慈宁宫宝座东,内阁学士奉诏陈殿中黄案,礼部官奉王公百官贺表陈东次黄案。凡将军、提、镇贺表置龙亭内。鸿胪寺官引和硕亲王以下,入八分公以上暨蒙古王公等集隆宗门外,不入八分公以下二品大臣以上集长信门外,三品以下集午门外。钦天监报时,帝御礼服乘舆出隆宗门,至永康左门外降,王以下随行,至慈宁门,帝升东阶,及门左,西向立。日讲官四人在西阶,东向立。前引大臣率侍卫在仪驾末,分左右立。皇太后出御慈

宁宫,《中和乐》作,奏《豫平章》,升座,乐止。帝就拜位,《丹陛乐》
作,奏《益平章》。王公大臣侍卫等循次向上立,赞"拜跪",帝率群臣
三跪九拜。时西楹下置御史二,鸣赞官二。仪驾末及午门外御史、
礼部官、鸣赞官各二,藉以侍仪。永康左门及诸门内外并置鸣赞官,
接续外传。午门外各官随同行礼,鸣赞官赞"礼成",帝复位。王大
臣各复位立,皇太后还宫,礼部尚书奏"礼成",然后帝还宫。俄复出
御中和殿,执事官行礼毕,趋出就外朝立,帝御太和殿,乐作,升座,
乐止,鸣鞭三,王公百官行礼。其宣表、颁诏并如前制。光绪十三年
德宗亲政仿此。

　　大朝仪　天命元年,始行元旦庆贺,制朝仪。天聪六年,行新定
朝仪,此班朝所缘始,崇德改元,定元旦进表笺及圣节庆贺仪。顺治
八年,定元旦、冬至、万寿圣节为三大节。康熙八年,定正朝会乐章,
三大节并设。大朝行礼致庆,王以下各官、外藩王子、使臣咸列班
次,所司陈卤簿、乐悬如制。太和殿东具黄案。质明,王、贝子贝勒
集太和门,不入八分公以下官集午门外。礼部奉表置亭内,校尉昇
行至午门外陈两旁,奉表入太和殿列案上。鸿胪卿引王、贝勒等立
丹陛。鸣赞官引群臣暨进表官入两掖门,序立丹墀。朝鲜、蒙古诸
臣自西掖门入,立西班末。纠仪御史立西檐下东向者二人,丹陛、丹
墀东西相向者各四人,东西班末八人,鸣赞官立殿檐者四人,陛、墀
皆如之。丹陛南阶三级,銮仪卫官六人司鸣鞭。钦天监报时,皇帝
出御中和殿,执事官行礼毕,趋外朝视事。驾出,前导、后扈如仪。午
门鸣钟鼓,《中和乐》作,御太和殿,乐止。内大臣分立前后,侍卫又
次其后护守之。起居注官四人立西旁金柱后,大学士,学士,讲、读
学士,正、少詹事立东檐下。御史、副金都御史立西檐下,銮仪卫官
赞"鸣鞭",鸣赞官赞"排班",王公百官就拜位立跪。宣表官奉表出,
至殿下正中北向跪,大学士二人展表,宣表官宣讫,置原案,《丹陛
乐》作,群臣皆三跪九叩。退,就立原次。鸿胪寺官引朝鲜等使臣,
理藩院官引蒙古使臣就拜次,三跪九叩,《丹陛乐》作,礼毕,乐止,

退立如初。赐坐,群臣暨外臣皆就立处一跪三叩,序坐。赐茶毕,复鸣鞭三,《中和乐》作,驾还宫。乐止,群臣退。

初制,外官元日朝觐,集保和殿前行礼,康熙二十六年后罢。乾隆六年,定行在圣节朝贺行礼。二十四年,定大朝百官班次,设立红漆木牌。五十四年,增置都察院长官二人,科、道三十六人,分立品级山旁整朝序。又高宗初年,文三品、武二品以上赐茶,余惟记注官、外国使臣与焉。嘉庆二年罢赐茶。令甲,元旦、万寿节午时设宴,冬至节次日受贺。万寿节先谒太庙,次诣皇太后宫行礼,毕,受贺。直省文武官值三大节,俱设香案,朝服望阙行礼,满、蒙、汉军分两翼,汉官分文东武西。

常朝仪　太祖丙辰建元后,益勤国政,五日一视朝,焚香告天,宣读古来嘉言懿行及成败兴废所由,训诫臣民,然未垂为定制也。崇德初,始定仪注,设大驾卤簿,王以下各官朝服,俟帝出宫,乐作。御殿,升座,乐止。赐坐,诸臣各依班次,一叩就座。部、院官出班奏事毕,驾还宫。顺治九年,给事中魏象枢言:"故事有朔、望朝,有早朝、晚朝、内朝、外朝,今纵不能如往制,请一月三朝,以副励精图治至意。"杨簬亦言:"旧例百官每月十一朝,似太繁数,今每日入朝奏事,较十一朝不为少,应定每月初五、十五、二十五日行朝参礼。"自是遂定逢五视朝制。寻定见朝、辞朝、谢恩各官,俱常朝日行礼。帝御太和殿,引见毕,赐坐赐茶,悉准常仪。如是日不御殿,各官行礼午门外。外藩来朝暨贡使,亦常朝日行礼,如速返,则不拘朝期,即赴午门行礼,外官应速赴任者亦然。

又定常朝御殿,王公入殿中旁坐如次。康熙八年,定公、侯、伯以下各官为六班,按次列坐,后复改为九班。九年,谕都察院纠察王大臣失仪。二十年,置常朝纠仪御史及司员。雍正二年,遣侍卫四人监察朝班,定视朝日天未明,鸿胪寺官二人引左右翼官入西掖门依班坐。鼓严,起立听赞,自仗南引进,整齐班列,行礼如仪。乾隆初,敕大小各官依内廷官例,黎明坐班。十六年,谕部院大臣董率庶僚,常朝按期赴班,毋旷阙。

光绪九年,更定朝制,凡新除授各官,鸿胪寺列衔名交内阁,届日礼部尚书、鸿胪卿请驾御殿,导各官谢恩行礼,王公百官侍卤簿后。不御殿,文武官则坐班午门外。其时刻,春冬以辰正,夏秋以卯正,遇雨雪及国忌则免。坐班日,鸿胪寺官按翼定位,王公集太和门外,东西各二班,百官集午门外,东西各九班,纠仪御史吏、礼司员各四人,分列班首末,并西面北上。届时吏、礼司员受职名,纠仪官环班稽察,复位坐。有间,以次出。

御门听政仪 清初定制,每日听政,必御正门,九卿科道齐集启奏,率以为常。雍正初,始定御门典礼,凡部院所进本有未经奉旨者,折本下内阁,积若干,传旨某日御门办事。是日,乾清门正中设御榻、黼扆、本案一。黎明,部院奏事大臣暨陪奏官属毕集庭内。帝升座,侍卫左右立,记注官升西阶,部院官升东阶,各就列跪,尚书前,侍郎后,陪奏官又后。尚书一人奉本匣折旋而进,诣本案前,跪陈于案,兴,少退,趋东楹,转入班首。跪,口奏某事,毕,兴,少退,率属循阶左降。其奏事次序,户、礼、兵、工四部轮班首上,三法司直第三班,吏部直第六班,宗人府则列部院前,翰詹科道及九卿会奏则居部院后,各依班进奏如初。至吏部奏事,兼带领各部番直司员八人,引见毕,始退。内阁侍读学士二人升东阶,诣案前跪,举本匣,兴,退。翰詹科道暨侍卫俱退。时钦派读本满学士一人,奉摺本匣升东阶,折旋而退,大学士从,依班次跪。记注官少进东向立,奉匣学士诣案前跪启匣,取摺本依次启奏,帝降旨宣答。大学士等承旨讫,兴,自东阶降,记注官自西阶降。驾还宫。奏事时,令翰林官记注,自顺治二年始。

先是奏事春夏以卯正,秋冬以辰初。康熙二十一年,命展御门晷刻,春夏改辰初,秋冬辰正。越二年,御史卫执蒲请以五日或二三日为期,圣祖谕:"政治务在精勤,始终不宜有间。"二十五年,置科道各二人侍班,列起居注官上。二十七年,省起居注官,其侍班翰林,令启奏摺本时即退。雍正初,复设起居注官,增二人。又令编检四人侍班，列科道上。乾隆二年，命修、撰、编、检依科道例，悬数珠，肃朝仪。嘉庆十八年，谕宣本承旨时，御前大臣及侍卫毋退，著为令。

太上皇帝三大节朝贺仪　嘉庆元年，高宗传位仁宗，尊为太上皇帝，定朝贺仪。届日陈法驾、卤簿、乐悬如授受仪，太和殿设三案，表亭舁至午门，庆贺表文陈东案，笔砚陈西案。质明，王公百官朝服，外国使臣服本国服，集阙下。皇帝礼服，俟保和殿暖阁。太上皇帝乘舆出，至太和殿北阶降，《中和韶乐》作，奏《元平章》，御殿升座，乐止。帝殿内西向立，鸣鞭三，赞"排班"，《丹陛大乐》作，奏《庆平章》。帝就拜位，北向，时鸿胪官分引群臣暨外使肃班立，赞"进"，赞"跪，叩，兴"。帝率群臣行三跪九叩礼。毕，帝旋位立，众退，复班次，乐止。鸣鞭，《中和韶乐》作，奏《和平章》。太上皇帝还宫，乐止。帝御殿，群臣进表行礼如仪。

太皇太后、皇太后、皇后三大节朝贺仪　顺治八年，定元旦慈宁宫阶下设皇太后仪仗、乐器，皇太后御宫，乐作。升座，乐止。帝率内大臣、侍卫诣宫行三跪九叩礼。毕，公主、福晋以下，都统、子、尚书命妇以上，行六肃三跪三叩礼。作乐如初，大设筵宴。冬至、圣寿节同，唯冬至罢宴。康熙八年，定元日太皇太后、皇太后仪驾、《中和韶乐》、《丹陛大乐》全设。帝率王公大臣、侍卫暨都统、子、尚书以上官，先朝太皇太后宫，次诣皇太后宫，行礼如仪。毕，皇后率公主、福晋、命妇行礼亦如之。二十一年，谕京、外进表官集午门外行礼。寻置纠仪御史，分列宫门外、午门外仪驾末，严监视。

乾隆十二年，定庆贺皇太后许二品命妇入班，寻谕世爵朝贺增入男爵。嘉庆二十五年，谕值皇太后三大节，将军、督、抚、提、镇具表庆贺，罢递黄摺祝文。道光元年元旦，大学士先进皇帝庆贺表文，帝始率群臣诣宫行礼。同治元年，皇太后、皇帝同御慈宁宫受贺，明年，改御养心殿。王、公、二品以上官，集慈宁门外，三品以下集午门

外,朝鲜使臣列西班末,按班行礼,不赞。冬至、圣寿节同。唯遇大
庆年,俟皇太后升殿后,增用宣表例。光绪二年,皇太后圣寿,皇帝
亲进表文,余仪同。

皇后向无受群臣贺仪,顺治间,定元旦庆贺,仪仗全设。皇后诣
皇太后宫行礼毕,还宫,自公主及命妇俱诣皇后宫朝贺。冬至、千秋
节同。康熙时,定皇后先诣太皇太后宫,次皇太后宫行礼,还宫升
座,自公主迄镇国将军夫人,公、侯迄尚书命妇,咸朝服行礼。雍正
六年,始令皇后千秋节王公百官咸蟒袍补服,后准此行。摄六宫事
皇贵妃千秋节,仪同皇后。

大宴仪　凡国家例宴,礼部主办,光禄寺供置,精膳司部署之。
建元定鼎宴,崇德初,太宗改元建号,设宴笃恭殿。顺治元年,定鼎
燕京,设筵宴、设宝座皇极门正中,帝升座,赐百官坐,赐茶、进酒,
俱一跪一叩。宴毕谢恩如初礼。是日赐宴,有内监数辈先行拜舞,
谕:“朝贺大典,内监不得沿明制入班行礼。”裁抑宦官自此举始。

元日宴　崇德初,定制,设宴崇政殿,王、贝勒、贝子、公等各进
筵食牲酒,外藩王、贝勒亦如之。顺治十年,令亲王、世子、郡王暨外
藩王、贝勒各进牲酒,不足,光禄寺益之,御筵则尚膳监供备。康熙
十三年罢,越数岁复故。二十三年,改燔炙为肴羹,去银器,王以下
进肴羹筵席有差。

雍正四年,定元旦宴仪,是日巳刻,内外王、公、台吉等朝服集
太和门,文武各官集午门。设御筵宝座前,内大臣、内务府大臣、礼
部、理藩院长官视设席。丹陛上张黄幔,陈金器其下,卤簿后张青
幔,设诸席。鸿胪寺官引百官入,理藩院官引外藩王公入。帝御太
和殿,升座,《中和韶乐》作,王大臣就殿内,文三品、武二品以上官
就丹陛上,余就青幔下,俱一叩,坐。赐茶,《丹陛大乐》作,王以下就
坐次跪,复一叩。帝饮茶毕,侍卫授王大臣茶,光禄官授群臣茶,复
就坐次一叩。饮毕,又一叩,乐止。展席幕,掌仪司官分执壶、爵、金
卮,大乐作,群臣起。掌仪司官举壶实酒于爵,进爵大臣趋跪,则皆

跪。掌仪司官授大臣爵,大臣升自中陛,至御前跪进酒。兴,自右陛
降,复位,一叩,群臣皆叩。大臣兴,复自右陛升,跪受爵,复位,跪。
掌仪司官受虚爵退,举卮实酒,承旨赐进爵大臣酒。王以下起立,常
仪司官立授卮,大臣跪受爵,一叩,饮毕,俟受爵者退,复一叩,兴,
就坐位,群臣皆坐。乐止,帝进馔。《中和清乐》作,分给各筵食品,
酒各一卮,如授茶仪。乐止,蒙古乐歌进。毕,满舞大臣进,满舞上
寿。对舞更进,乐歌和之。瓦尔喀氏舞起,蒙古乐歌和之,队舞更进。
每退俱一叩。杂戏毕陈。讫,群臣三叩。《大乐》作,鸣鞭,《韶乐》作,
驾还宫。

冬至宴 顺治间制定如元旦仪,后往往停罢。元会宴。凡元正
朝会,岁有常经,遇万寿正庆,或十年国庆,特行宴礼。乾隆三十五
年、五十五年,圣制《元会作歌》,宴仪如前。惟行酒后,《庆隆舞》进,
司章歌作,司舞饰面具,乘禺马,进《扬烈舞》。司弦筝阮节抃者,以
次奏技。《喜起舞》,大臣入,行三叩礼,循歌声按队起舞,歌阕,箫吹
进,番部合奏进,内府官引朝鲜俳,回部、金川番童陈百戏,为稍异
耳。

千秋宴 为康熙五十二年创典,设畅春园。凡直省现官、致仕
汉员暨士庶等,年六十五以上至九十者咸与。遣子孙、宗室执爵授
饮,分给食品,谕毋起立,以示优崇。乾隆五十年,设宴乾清宫,自
王、公讫内、外文、武大臣暨致仕大臣、官员、绅士、兵卒、耆农、工商
与夫外藩王、公、台吉,回部、番部土官、土舍,朝鲜陪臣,齿逾六十
者,凡三千余人。其大臣七十以上,余九十以上者,子孙得扶掖入
宴。年最高者,如百五岁司业衔郭钟岳等,得随一品大臣同趋醴座,
亲与赐觞。宴罢,颁赏珍物有差。嘉庆初元再举,设宴皇极殿,与宴
者三千五十六人,邀赏者五千人。上自搢绅,下逮袨被,以至蒙、回、
番部、朝鲜、安南、暹罗、廓尔喀陪价,略其年甲,咸集丹墀,诚盛典
也。

大婚宴 顺治八年,大婚礼成,设宴如元旦仪。并进皇太后筵
席牲酒,嗣后仿此。

耕藉宴　顺治十一年举行，命曰"劳酒"。

凯旋宴　自崇德七年始。顺治十三年定制，凡凯旋陛见获赐宴。乾隆中，定金川，宴瀛台；定回部，宴丰泽园；及平两金川，锡宴紫光阁。其时所俘番童有习锅庄及甲斯鲁者，番神傩戏，亦命陈宴次，后以为常。道光八年，回疆奠定，锡宴正大光明殿，是日大将奉觞上寿，帝亲赐酒，命侍卫颁从征大臣酒，余如常仪。

宗室宴　乾隆十一年，设宴瀛台，赐宗室王公，遵旨长幼列坐，行家人礼，并引至淑清院流杯亭游览，赐酒果。四十八年，设宴乾清宫，命皇子、王、公等暨三、四品顶戴宗室千三百有八人入宴。其因事未与宴者咸与赏，都凡二千人。嘉庆九年，设筵惇叙殿，略同瀛台宴。

外藩宴　岁除日设保和殿，赐蒙古王、公等，凡就位、进茶、馔爵、行酒、乐舞、谢恩，并如元会仪。其来朝进贡，送亲入觐，或御赐恩宴，或宴礼部，取旨供备。至诸国朝贡，如朝鲜、安南、琉球、荷兰遣使来京，亦有例宴。乾隆间，缅甸使臣陪宴万树园，以其国乐器五种合奏。厥后凡遇筵宴，备陈准部、回部、安南、缅甸、廓尔喀乐。

又顺治中，定制乡试宴顺天府，会试及进士传胪宴礼部。余如临雍、经筵、修书、初举日讲、临幸翰林院、缮写神牌，亦赐宴如例。衍圣公、正一真人来朝，纂实录、会典皆于礼部设宴云。

上尊号徽号仪　清初太祖、太宗建元，群臣皆上尊号，其礼即登极仪也。康熙中，臣民合辞拟上尊号。至六旬圣寿，复吁请。圣祖谕言无裨治道，皆不允行。迄高宗敉定边陲，王大臣犹以上尊号请，亦未俞纳。惟新君践阼，奉母后为皇太后、皇太后为太皇太后，则上尊号。国家行大庆，则上徽号，或二字、或四字，递进以致推崇。

顺治八年，上孝庄皇后尊号，其徽号曰"昭圣慈寿"。先期祭告，帝躬上奏书。届期太和殿陈皇帝法驾，慈宁宫陈皇太后仪驾，供设咸备。王公集太和门，大臣集右翼门，各官集午门，分翼立。帝升殿，《中和韶乐》作，奏《海上蟠桃章》，帝阅册、宝毕，执事官分置亭内，銮仪校舁行,前册亭,后宝亭。帝率群臣从驾至慈宁门,入宫立陛东,礼部侍郎、内阁学士奉册、宝入,大学士奉宣读册、宝文入,侍立左旁,帝就拜位,王公百官依班位序立。皇太后御宫,《中和韶乐》作,奏《豫平章》,升座,乐止。赞"跪",帝率群臣跪。奏"进册",大学士右旁跪进,兴,退,帝受册,恭献,大学士左旁跪接,兴,陈中案。奏"进宝",如前仪。赞"宣册",宣册官至案前北面跪,启函宣读讫,仍纳之,兴,退。赞"宣宝"同,仍置原案。女官四人举案陈宫阶上。《丹陛大乐》作,奏《益平章》,帝率群臣三跪九叩。午门外各官承传随班行礼。礼成,皇太后起座,《中和韶乐》作,奏《履平章》,还宫。皇后率六宫、公主以下诣宫庆贺。翼日,帝御太和殿,王公百官上表庆贺,颁诏如制。是岁大婚礼成,加上徽号礼亦如之。

　　康熙初元,加上徽号,时以谅阴,不奏书,不行礼,不朝贺。凡大婚、亲政、册立皇后、武功告成、皇太后大庆、上徽号并如常仪。

　　乾隆四十一年,金川平,上徽号,皇太后谕帝春秋高,不宜过劳,令豫陈册宝,至时行礼,罢宣读表文,后仿此。

　　道光九年,平回疆,上皇太后徽号,缅甸国王遣使进金叶贺表,缅王进表自此始。

　　尊封太妃进册宝如前仪,唯内监举案陈太妃座前,帝行礼,太妃起避立座旁。次日御殿受贺同。若遣官将事,礼部尚书朝服诣内阁,册宝舁出,偕大学士送之,至宫门外,内监入献太妃、太嫔,受讫,礼成。册宝初制用金,康、乾时兼用嘉玉,道光后专以玉为之。凡尊封皇贵妃、贵太嫔,并用册宝,太妃用册印,太嫔用册。

　　册立中宫仪　崇德初元,孝端文皇后以嫡妃正位中宫,始行册立礼。是日设黄幄清宁宫前,幄内陈黄案,其东册宝案。王公百官集崇政殿,皇帝御殿阅册宝。正、副使二人持节,执事官举册宝至黄幄前,皇后出迎。使者奉册宝陈案上,西向立,宣读册文,具满、蒙、汉三体,以次授右女官,女官跪接献皇后,后以次跪受,转授左女官,亦跪接,陈黄案。次宣宝、受宝亦如之。使者出,复命,皇后率公主、福晋、命妇至崇政殿御前六肃三跪三叩。毕,还宫升座,妃率公主等行礼,王公百官上表庆贺,赐宴如常仪。

康熙十六年,册立孝昭仁皇后,前期补行纳采、大征如大婚礼。亲诣奉先殿告祭,天地、太庙后殿则遣官祭告。至日设节案太和殿中,东西肆;左右各设案一,南北肆。帝御殿阅册宝,王公百官序立,正、副使立丹陛上,北向,宣制官立殿中门左。宣制曰:"某年月日,册立妃某氏为皇后,命卿等持节行礼。"于是正、副使持节前行,校尉舁册宝亭出协和门,至景运门,以册宝节授内监,奉至宫门,皇后迎受。行礼毕,内监出,还节使者,使者复命,帝率群臣诣太皇太后、皇太后宫行礼。翼日,皇后礼服诣两宫及帝座前行礼。

乾隆二年,册立孝贤纯皇后,如常仪。命颁诏,著为家法。

嘉庆元年,立孝淑睿皇后,册命日,会太上皇帝千秋宴讫还宫,帝、后诣前行礼。帝御殿,正、副使持节,礼成,先诣太上皇宫门前复命,余如常仪。

册封妃、嫔,亦自崇德初元始,四妃同日受封,届时命使持节册封如礼。妃等率公主、福晋、命妇诣帝前六肃三跪三叩,后前亦如之,妃前则行四肃二跪二叩,妃等相对各二肃一跪一叩。康熙时,贵妃、七嫔与中宫同日封,诸嫔有册无宝。乾隆十三年,定皇贵妃摄六宫事,体制宜崇,祭告如册中宫仪。次日朝皇太后,拜跪甬路左旁。道光三年,谕嗣后封嫔罢祭告,即与妃同日受封亦然,著为令。

册立皇太子仪 康熙十四年,立嫡子允礽为皇太子,先期祭告,玉帛香版,皆皇帝躬视。届日御殿传制,与册立中宫同。正使授册,副使授宝。行礼毕,正、副使复命。帝率皇太子祭告奉先殿,皇太子拜褥敷槛外,并诣帝、后宫行礼。翼日,帝御殿受贺、颁诏如常仪。王公进笺皇太子前致庆,皇太子诣武英殿与亲、郡王等行礼。外省文武官并笺贺如仪。

遇太子千秋节,太子先诣奉先殿致祭,随诣皇帝前行礼,还毓庆宫,旋御惇本殿受贺。王公百官二跪六叩,毕,还宫,群臣退。

厥后允礽废立,迄晚年储位未定。五十年后,大学士王掞七上密疏,请建国本,六十年,复申前请,触圣怒。至乾、嘉后,始明宣不立储贰谕旨,开国固未尝有也。

册封诸王仪　崇德元年,定册封日,王、贝勒序立崇政殿前,内院官奉制册、印陈于案,俟旨授封。诸王等皆跪,宣册官、奉册官并立案东,次第宣毕,奉册、印授诸王等。王等祗受,转授从官,复位。礼毕,随奉册官赴清宁宫,诣帝、后前行礼,三跪九叩。遂出大清门,诸王等互贺,俱二跪六叩。还邸,福晋、夫人各行庆贺。府僚致贺诸王,二跪六叩,贝勒僚属一跪三叩。

康熙十二年定制,凡册封,简正、副使二人,前一日,殿堂上设节案,香案,册宝案,堂前仪卫、乐悬备陈。届期,正、副使诣太和殿奉节出,校尉舁册宝亭赴王府,王率府僚跪迎门外。正、副使奉册宝节分陈各案,立节案东,王立案西。行礼毕,王诣香案前跪,听宣制册,使者授册宝,王祗受,复位,行礼如初。使者奉节复命,王率府僚跪送,迎送俱用乐。封亲王曰宝,郡王曰印,贝勒有制册无印。行礼谢恩并同。初制,封亲王世子用金册,郡王镀金银册,贝勒授诰命,旋改用纸制册。咸丰十年,谕册封亲王用银质镀金,以恭亲王奕䜣王爵世袭,仍制金册。

册封公主,封使至,公主率侍女迎仪门右,使者奉制册入,陈门前黄案上,移置堂前幄内。公主升西阶,六肃三跪三叩,宣讫,授侍女,公主跪受,行礼如初。使者复命,仍送仪门外。是日帝升殿,公主至御前,次入后宫,并六肃三跪三叩。又次诣诸妃前,各四肃二跪二叩,还府,府属庆贺,余如封亲王仪。凡固伦公主、和硕公主,同辈者封长公主,长者封大长公主,并给金册云。

清史稿卷八九
志第六四

礼八 _{嘉礼二}

大婚仪　皇子婚仪 _{王公婚礼附}
公主下嫁仪 _{郡主以下于归礼附}
品官士庶婚礼　视学仪 _{临雍附}
经筵仪 _{日讲附}　策士仪　颁诏仪
_{迎接诏书附} 进书仪　进表笺仪
巡狩仪　乡饮酒礼

　　大婚仪　清初太祖戊子年,叶赫国贝勒纳林布禄送妹来归,帝率贝勒等迎之,大宴,礼成,时犹未定仪注也。太宗即位后,行册立礼。至顺治八年,世祖大婚,始定纳后仪。先期诹吉行纳采礼,前一日,遣官祭告郊、社、太庙。届日质明,设节案太和殿,礼物具丹陛上,陈文马其下。正、正副使俟丹墀东。鸣赞官口赞,使臣三跪九拜讫,升东阶,立陛上。宣制官传制,使臣跪。制曰:"兹纳某氏某女为后,命卿等持节行纳采礼。"大学士入,奉节出,授正使,正使受,偕副使兴,前行降中阶左。执事官纳仪物彩亭中。仪仗前导,卫士牵马从,出太和中门,诣后邸。后父朝服跪迎门外道右。既入,使臣陈节中案,执事陈仪物左右案,陈马于庭。使臣传制纳采,以次奉仪物

授后父，后父跪受，兴，率子弟望阙行礼。使臣出，跪送如初。前期
一日，行纳征礼。所司具大征仪物，遣使传制，如纳采仪。大婚前一
日，复遣官祭告，届期卤簿、乐悬具。帝御太和殿阅册、宝，制辞曰：
"皇帝钦奉皇太后懿旨，纳某氏为皇后。兹当吉月令辰，备物典册，
命卿等以礼奉迎。"遣使如册后仪。使臣随册、宝亭出自协和门，驾
还宫。

时皇后仪仗陈邸第，封使至，后父率亲属朝服迎门外，后礼服
迎庭中，后母率诸妇咸朝服跪。使臣奉册、宝入陈案上，后就案南北
面跪，内院官西向立，读册、宝文，次第授左女官，女官跪接献皇后，
后祗受，转授右女官，亦跪接，陈案上盝内。后兴，六肃三跪三叩，礼
毕，升辇。女官奉盝置彩亭，鼓乐导前，次仪仗，次凤辇。后父母跪
送如跪迎仪。辇至协和门，仪驾止。女官奉盝前行置中宫，辇入自
中门，至太和殿阶下降辇入宫。

帝御中和殿，率诸王诣皇太后前行礼。毕，诸王退。帝御太和
殿，赐后父及亲属宴，王公百官咸与。皇太后御位育宫，即保和殿，
赐后母及亲属宴，公主、福晋、命妇咸与。越三日，帝复御太和殿，王
公百官上表庆贺，颁诏如制。赐后父母兄弟服物有差。十一年大婚，
越三日，后谒皇太后礼毕，始宴。康熙四年大婚，就后邸设纳采宴，
公主、辅臣命妇各三人，内大臣、侍卫及公以下、群臣二品以上咸
与。

大征亦如之。赐后祖父母、父母衣服，谢恩如仪。至日，使臣奉
册、宝至，后祗受毕，钦天监报时，后升辇。命妇四人导前，七人随
后，皆骑。内大臣、侍卫从，至太和殿阶下退。后降辇，内监奉册、宝
导至中和殿，命妇退。执事命妇迎侍入宫，奉册、宝内监授守宝内
监，退。帝诣太皇太后、皇太后前行礼，御殿、赐宴如初。皇太后率
辅臣命妇入宫，赐后母及亲属宴，公主、福晋不与。时加酉，宫中设
宴，行合卺礼。翼日，后诣两宫朝见，三日受贺，颁诏如常仪。

同治十一年，纳采、大征、发册、奉迎，悉准成式。惟届时后升
辇，使臣乘马先，内监扶，左右内大臣等骑从。至午门外，九凤曲盖

前导，行及乾清门，龙亭止，使臣等退，礼部官奉册、宝陈交泰殿左右案，退。辇入乾清宫，执事者俱退，侍卫合隔扇。福晋、命妇侍辇入宫，宫中开合卺宴，礼成。光绪十五年大婚，越六日，后始朝见皇太后，又越二日，帝受贺，余仪同。

皇子婚仪　先指婚，简大臣命妇偕老者襄事。福晋父蟒服诣乾清门，北面跪，大臣西面传旨："今以某氏女作配皇子某为福晋。"福晋父三跪九拜，退。择吉，简内大臣、侍卫随皇子诣福晋家行文定礼。福晋父彩服迎门外，皇子升常拜，福晋父答拜，三拜，兴。见福晋母亦如之。辞出，福晋父送大门外。行纳采礼，所司具仪币，并备赐福晋父母服饰、鞍马。以内府大臣、宫殿监督领侍充使。及门，福晋父迎入中堂，谢恩毕，与宴，大臣陪福晋父宴中堂，命妇、女官陪女眷宴内室，毕，使者还朝复命。婚前一日，福晋家赍妆具陈皇子宫，至日，皇子诣帝后前行礼，若为妃嫔出，则并诣焉。

吉时届，銮仪卫备彩舆，内府大臣率属二十、护军四十诣福晋第奉迎。彩舆陈堂中，女官告"升舆"，福晋升，父母家人咸送。内校舁行。女官从，出大门乘马。至禁城门外，众步行随舆入，至皇子宫门降，女官导入宫。届合卺时，皇子西向，福晋东向，行两拜礼。各就坐，女官酌酒合和以进，皆饮，酒馔三行，起，仍行两拜礼。于时宫所张幕、结彩，设宴，福晋父母、亲族暨大臣、命妇咸与，礼成。翌日皇子、福晋夙兴，朝见帝、后，女官引皇子居左稍前，三跪九拜，福晋居右稍后，六肃三跪三拜。见所出妃嫔，皇子二跪六拜，福晋四肃二跪二拜。越九日，归宁。已宴，偕还，不逾午。

王公婚礼　崇德间定制，凡亲王聘朝臣女为婚，纳采日，府属官充使，是日设宴，牲酒盛陈。婚日宴亦如之。给女父母服物鞍马符例。若外藩亲、郡王，贝勒，台吉女，仪物视爵次为差。婚日宴，牲多少异宜。世子，郡王，贝勒，贝子，镇、辅国公聘婺，仪物暨宴日牲酒，其数递降，皆有差等。顺治间，更婚制，限贝勒以下罢用珠缎。赐婚，王公诣中和殿或位育宫谢恩，其子未受封者，婚礼视其父，已受封则从其爵。康熙初,始令王公纳采易布为缎,余如故。

公主下嫁仪　指婚日,额驸蟒服诣乾清门东阶下,北面跪,襄事大臣西面立。定制:"以某公主择配某额驸。"祗受命,谢恩退。初定,诹日诣午门,进一九礼,即纳采也。驼马、筵席、羊酒如数。得旨分纳所司。次日燕飨,额驸率族中人朝服谒皇太后宫,礼讫,集保和殿。帝升座,额驸等三跪九拜。御筵既陈,进爵大臣跪进酒,帝受饮,还赐大臣酒,跪饮之。时额驸等行礼惟一拜。撤宴谢恩,一跪三拜。出至内右门外,三跪九拜,退。凡帝前谢恩皆赞,后宫前不赞。是日额驸眷属诣皇太后、皇后宫筵宴如仪。厘降前一日,额驸诣宫门谢恩,内府官率銮仪校送妆奁诣额驸第,内管领命妇偕女侍铺陈。

至日,额驸家备九九礼物,如鞍马、甲胄,诣午门恭纳,燕飨如初定礼。吉时届,公主吉服诣皇太后、帝、后暨所生妃、嫔前行礼。命妇翊升舆,下帘,内校舁出宫,仪仗具列,灯炬前引。福晋、夫人、命妇乘舆陪从,诣额驸第行合卺礼。其日设宴九十席,如下嫁外藩,但用牲酒。成婚后九日,归宫谢恩。公主入宫行礼,额驸诣慈宁门外、乾清门外、内右门外行礼。

天命八年,太祖御八角殿,训公主以妇道,毋陵侮其夫,恣意骄纵,违者罪之。时议谓王化所由始。厥后定制,额驸及其父母见公主俱屈膝叩安,有赍赐必叩首,寻远古辙已。逮道光二十一年,仁宗以为非礼所宜,稍更仪注,额驸见公主植立申敬,公主立答之,舅、姑见公主正立致敬,公主亦如之。如馈物,俱植立,免屈膝,以重伦纪,著为令。

又定下嫁时停进九九礼,并罢筵宴,自后罢宴以为常。明年,改初定进羊九,继此踵行。同治时,定公主归宁,免额驸内右门行礼,余如前仪。

郡主于归礼,崇德间,定亲王嫁女聘仪,鞍马、甲胄十有五。如嫁外藩,亲王以下纳采用驼、马、羊,准七九数。媵婢八,男、妇五户。

顺治时,朝臣聘仪,鞍马、甲胄各七。乾隆时,定郡王媵婢六,男、妇四户。嫁朝臣聘用鞍马七,外藩纳采视崇德时为减。郡主以下,县主、郡君、县君、乡君于归礼,以次递杀。康熙八年,定郡主、县主归宁,禁母家给满洲人口,限用蒙、汉人八名,郡君至乡君,蒙、汉人六名,将军至宗室女,四名。

乾隆三十五年,罢朝臣进纳采礼,外藩如故。不设宴。

品官士庶婚礼　　凡品官论婚,先使媒妁通书。乃诹吉纳采。自公、侯、伯讫九品官,仪物以官品为降杀。主婚者吉服,命子弟为使,从者赍仪物至女氏第,主婚者吉服迎。从者陈仪物于庭,奉书致命,主婚者受书,告庙醴宾,宾退,送之门,使者还复命。是日设宴具牲酒,公、侯以下,数各有差。婚前一日,女氏使人奉箕帚往婿家,陈衾帷、茵褥、器用具。

届日,婿家豫设合卺宴。婿吉服俟,备仪从。婿承父命亲迎,以彩舆如女氏第。女氏主婚者告庙,辞曰:“某第几女某,将以今日归某氏。”乃笄而命之。还醮女内室,父东母西。女盛服出,北面再拜,侍者斟酒醴女,父训以宜家之道,母施衿结帨,申父命,女识之不唯。婿既至,入门再拜。奠雁,出。姆为女加景盖首,出,婿揖降。女从姆导升舆,仪卫前导,送者随舆后。婿先还。舆至门,婿导升西阶,入室逾阈,媵布婿席东旁,御布妇席西旁,父拜讫,对筵坐。馔入,卒食,媵御取瑳实酒,分酳婿、妇,三酳用卺,卒酳,婿出。媵御施衾枕,婿入,烛出。是日具宴与纳采同。

品官子未任职,礼视其父,受职者各从其品。士婚礼视九品官。庶民纳采,首饰数以四为限,舆不饰彩,余与士同。婚三日,主人、主妇率新妇庙见,无庙,见祖、祢于寝,如常告仪。

雍正初,定制,汉人纳采成婚,四品以上,绸缎、首饰限八数,食物限十品。五品以下减二,八品以下又减二,军、民绅绢、果盒亦以四为限。品官婚嫁日,用本官执事,灯六、鼓乐十二人,不及品者,灯四、鼓乐八人。禁糜费,凡官民皆不得用财礼云。

视学仪　顺治建元,帝幸太学释奠。先期衍圣公、《五经》博士至,圣裔五人,元圣及配、哲诸裔各二人,乘传赴京。各氏子孙见列朝官者,各官学师生暨进士、举、贡,咸与观礼。内阁拟《经》、《书》,祭酒、司业撰讲章进御。届日,大成门东张大次,彝伦堂设黄幄御座,幄前置御案,左右讲案二,祭酒等奉讲章及进副本,《书》左《经》右,陈于案。帝礼服乘舆诣学,祭酒、司业率官属诸生跪迎成贤街右。驾入幄,诣大成殿释奠。礼毕,出易衮服,幸彝伦堂,御讲幄。升座,王公立阶上,百官立阶下,衍圣公率博士、各氏裔,祭酒等率官生就拜位,行三跪九叩礼。毕,自王公讫九卿以次赐坐,寻诣堂内跪,一叩。鸿胪官赞“进讲”,祭酒、司业入,北向立,所司举经案进御前。赐讲官座,祭酒等一叩,坐。依次宣讲。翰詹四品以下官,监官、师儒、博士、圣贤后裔、肄业诸生圜听。讲毕,退,听讲者咸退。复位序立,跪聆传制。辞曰:“圣人之道,如日中天,讲贯服膺,用资治理,尔师生勉之。”祭酒等三跪九叩,退。赐茶,群臣受饮。一叩,礼成。驾出,咸跪送。翼日,监官、博士暨诸生表谢,帝御太和殿,礼赐如常仪,并赐衍圣公、各官宴礼部。越三日,颁敕太学,诏诸生策励,赉衍圣公冠服,监官、博士等衣一袭,助教、诸生白金有差。

康熙八年,圣祖释奠太学,讲经,悉准成式。

雍正二年,谕:“视学大典,称幸非宜,嗣后更‘幸’为‘诣’。”

乾隆二年,命闵、冉、言、卜、颛孙、端木六氏博士陪祀观礼,准五氏例行。明年,帝亲视学,圣、贤各裔暨东野氏来观礼者三十二人,送监求学,即召衍圣公等面谕之。谓:“既为圣贤后,当心圣贤心,非徒读其书而已。必躬行实践,事求无愧,方为不负所学。其务勤思勉励,克绍心传。”

咸丰三年三月上丁,帝亲诣太学行释菜礼。越六日,临雍讲学,王公大臣,圣贤后裔,以至太学诸生,环集桥门璧水间者以万数。临雍命下,既诹吉,所司设御幄大成门外,其辟雍殿阶陈《中和韶乐》,太学门内陈《丹陛大乐》、清乐。殿内经书案、讲案备具如前。帝释奠毕，御彝伦堂，易衮服，临辟雍。太学鸣钟鼓，升座，乐奏，止有节。赞"齐班"，讲官、侍班、纠仪各官就拜位，赞"跪，叩，兴"，行二跪六叩礼，兴。若衍圣公入觐，先进讲，大学士以至诸生分班立，行礼讫，满、汉讲官入，一叩，就坐，讲四书，帝阐发书义，宣示臣工，圜桥各官生跪聆毕，兴。祭酒讲经，帝阐经义如初礼。余同视学仪。

先是御史曹学闵上言："宜考古制，建辟雍于国子监。"格部议。至四十九年，新建国学成，明年将临雍，命大臣规浚圜水，礼乐备举。特旨奖学闵，并令朝鲜使臣随班观礼。礼成，赏赍有差。翼日加赍圣、贤各氏裔及诸生绸帛。

道光三年临雍，命荫生豫听宣讲，谕监官曰："化民成俗，基于学校，兴贤育德，责在师儒。士先器识，渐摩濡染，厥有由来。尔监臣式兹多士，尚其端教术，正典型，毋即于华，毋邻于固。入孝出弟，择友亲师。庶几成风，绍休圣绪。"

令甲，车驾幸鲁，展礼先师，讲学阙里，豫选圣、贤裔二人直讲，翰林官撰讲章。前一日，张大次奎文阁，设御座诗礼堂。前置案，讲案列西檐下。届日，陈讲章及副本于案，帝出行宫，衍圣公彩服率《五经》博士暨各氏跪迎庙门右。帝入，诣大成殿祭孔子，如上丁仪。驾出，御诗礼堂，升座。衍圣公以下官随至，序立庭中，行三跪九叩礼。讫，进讲，直讲者一跪三叩，兴。讲经书讫，俱退。驾谒孔林。翼日，赐衍圣公等帛、金、书籍有差。简各氏弟子有文行者贡太学，凡登仕版，并进一阶。

经筵仪　初沿明制，阁臣例不兼经筵。顺治九年，春、秋仲月一举，始令大学士知经筵事。尚书、左都御史、通政使、大理卿、学士侍班，翰林二人进讲。豫设御案、讲官案，列讲章及进讲副本，左《书》右《经》，届时，帝常服御文华殿，记注官立柱西，东面。讲官等二跪六叩，兴，序立左右，侍班官分立其后。纠仪官立东西隅。鸣赞官赞"进讲"，直讲官诣案前跪，三叩，兴，分就左右案。先后讲《四书》与《经》，复位。帝宣示清、汉文御论，各官跪聆毕，大学士奏辞感悦。

兴,降阶行二跪六叩礼。毕,帝临文渊阁,赐坐、赐茶。礼成,还宫。赐宴本仁殿。宴毕,谢恩。

康熙十年举经筵,命大学士熊赐履为讲官,知经筵事。顷之,圣祖以春、秋两讲为期阔疏,遂谕日进讲弘德殿。二十四年,定制,以大学士、左都御史、侍郎、詹事充经筵讲官。二月,文华殿成,举行典礼。世宗践阼,居亮阴,未举。

雍正三年八月吉日,诏言:"帝王御宇,咸资典学。朕承庭训,时习简编。味道研经,实敷政宁人之本。兹当释服,亟宜举行。"于是进讲如仪。

乾隆五年,谕曰:"经筵之设,藉献箴规。近进讲章,辞多颂美,殊失咨儆古意。人君敷政,正赖以古证今,献可替否。其务剀切敷陈,期裨政学,庶有当稽古典学实义。"

七年,经筵日雨,礼臣依例请改期。谕曰:"魏文侯出猎遇雨,尚不失信虞人。矧兹大典,复经祭告,讵宜改期?执事诸臣,可衣雨服列班,暂罢阶下行礼、殿内赐茶诸仪。嗣后遇雨仿此。"

翰林院专司日讲,冬、夏至前一日乃辍。十四年,以进呈经史,渐等具文,谕令停止。

五十一年,御经筵,赐宴礼臣随侍者,分东西班,特命歌《抑戒诗》。

嘉庆中,张鹏展疏请翰林科道日进经义、奏议。诏责其迂。

文宗登极,曾国藩请复日讲旧典,格部议。次年咸丰纪元,正月,遂奉特旨令翰詹诸臣番直,并躬制题目,俾撰讲义,分日呈览。迄光、宣之际,犹依此例云。

策士仪　天聪间,始开科取士。顺治初,会试中式举人集天安门考试。十五年,改试太和殿丹墀,定临轩策士制。先期一日,丹陛上正中,太和殿内东偏,分设黄案,东西阁檐下备试桌。届日质明,内阁官朝服捧策题置殿内案上,帝御太和殿,王公百官侍立,鸿胪寺官引贡士诣丹陛下立。大学士取题授礼部官,跪受,置丹陛案上,三叩。举案降左阶，陈御道正中。读卷官执事官各三跪九叩，诸贡士亦如之。毕，驾还宫。徙试桌丹墀左右，北向。礼部官散题，贡士跪受，三叩，就桌。对策讫，受卷、弥封诸官俟左庑檐下，收封盛入卷箱，收掌官送读卷官校阅，不御殿，王以下官不会集，不陈卤簿。阅卷三日毕，翼辰，前列十卷签拟名次，缄封呈御览。帝御养心殿西暖阁，阅毕，召读卷官入，亲定甲乙授之。出拆弥封，依次缮写绿头签，引十人进乾清门，祗俟西阶下。帝御宫，读卷官捧签入，跪呈。引班官引十人跪丹陛中，依次奏名籍，兴，退。帝亲定一甲三人，二甲七人，授读卷官，跪受，兴，退，率十人侍立西阶下。驾还便殿。十人先出。读卷官捧卷诣红本房，填写名次毕，交内阁题金榜。

传胪日，设卤簿，陈乐悬，王公百官列侍。贡士皆公服，冠三枝九叶顶冠，立班末。帝御太和殿，读卷等官行礼如初，奉榜授受如奉策题仪。鸿胪寺官引贡士就位，跪听传。制曰："某年月日，策试天下贡士，第一甲赐进士及第，第二甲赐进士出身，第三甲赐同进士出身。"赞"一甲一名某"，令出班前跪。赞二三名亦然。赞"二甲一名某等若干名，三甲某等若干名"，不出班，同行三跪九叩礼。退立。礼部官举榜出中路，一甲进士从，诸进士出左右掖门，置榜龙亭，复行三叩礼。校尉异亭，鼓乐前导，至东长安门外张之，三日后缴内阁。于是顺天府备伞盖、仪从送状元归第。越五日，状元偕诸进士上表谢恩如常仪。

乾隆五十四年，殿试改保和殿举行。自后为恒例。

颁诏仪　清初诏书用满、蒙、汉三体文。顺治间，定制用满、汉二体。颁诏日，太和殿前具卤簿，丹墀内植黄盖、云盘，殿东设诏案，丹陛中设黄案。午门外备龙亭、香亭。天安门楼雉口中豫置朵云金凤，其东筑宣诏台。王公百官朝服集午门，内阁学士奉诏书至乾清门用宝讫，铺黄案。帝御殿，王公以下行礼毕，大学士奉诏书诣殿檐下授礼部尚书，尚书跪受讫，陈丹陛案上。行礼毕，置诏书云盘内。覆黄盖。礼部官奉盘自中路出太和门，百官从至午门外，置龙亭。至天安门外桥南,奉诏书置高台黄案上。各官按序北向立,宣读官台上西向立,众跪听宣。先宣满文,次汉文,众行三跪九叩礼。奉诏官取朵云承诏书,系以彩绳,自金凤口中衔下。礼部官接受,仍置龙亭。出大清门,赴礼部,望阙列香案,尚书率属行礼。诏书誊黄,刊颁各省。驾不御殿,百官祗俟天安门外桥南,余仪同。

乾隆间,定制,凡诏书到日,有司备龙亭、旗仗郊迎。朝使降骑,奉诏书置龙亭,南向,守土官北向行礼。鼓乐前导,朝使骑以从。及公廨,众官先入序立,龙亭至庭中,朝使东立。俟行礼讫,奉诏书授展读官。跪受,众官皆跪。宣读毕,授诏朝使,复置龙亭,跪叩如初礼。退。长吏誊黄,分颁各属。诏书所过,凡属五里内府、州、县、卫各官,咸出郭门迎送。

进书仪　定制,纂修实录、圣训,择吉进呈。帝御殿受书,王公百官表贺。玉牒、本纪次之。康熙十一年,《世祖实录》成,前期一日,太和殿陛东设表案,阶下列实录案。至日具卤簿,陈乐悬,监修官奉表陈表亭,纂修官奉实录陈彩亭,王公百官齐集行礼如仪。校尉分舁香亭、彩亭出中道,表亭由左,监修各官从至太和殿丹墀,监修等奉实录与表分陈案上。帝御殿,鸿胪官奏进实录,乐作。礼部官举实录案自中道升,至殿门外,帝兴座,乐止。举案入,乃坐。设案保和殿正中,监修等立阶下齐班,赞“跪”,则皆跪。赞“进表”,宣表官跪宣。毕,乐作,众官三跪九叩,退立,乐止。众复跪,宣表官代奏致词云:“某亲王臣某等暨文武群臣奏言,惟世祖皇帝神功圣德,纂述成书,光华万世,群臣欢忭,礼当庆贺。”鸿胪卿宣制答云:“世祖皇帝功德配天,实录纂成,朕心欢庆,与卿等同之。”宣讫,行礼如初。赐茶,俱一叩。驾还。监修等奉实录至乾清门,交送大内,退。

雍正中,《圣祖实录》与《圣训》同进,后以为常。乾隆间,定实录、圣训归皇史宬,遣监修等奉藏金匮,副本存内阁。嘉庆十二年,更定举案、奉书,选贝子以下宗室官将事。自仁宗以来,帝仍诣皇史宬拈香,如往制。进玉牒,不上表,不传制。监修等随彩亭入中和殿,置案上，展正中四篋。帝立阅，俟进全书览毕，送皇史宬。十年一纂，或不御殿，则于宫中览之。凡实录、圣训、玉牒，并送盛京尊藏。自乾隆年始进本纪，第诹吉藏皇史宬，方略则进二部，一藏史宬，一交礼部刊发。时宪书成，钦天监官岁以十月朔日进，并颁赐王公百官。午门行颁朔礼，颁到直省、督、抚受朔如常仪。

进表笺仪　凡万寿节及元日、长至，在京王公百官各进表文，在外将军、都统、副都统、督、抚、提、镇各进贺表、笺，汇齐驿递送部。届日设表案太和殿左楹。表文列彩亭，舁至午门外，奉陈于案。帝御殿，宣表行礼讫，并表、笺送内阁收储。皇太后圣寿、皇后千秋，王公暨内外文武表、笺，俱陈午门外。礼讫，亦送内阁。表文初用三体字式，后专用汉文，惟满洲驻防用清文。先期内阁撰拟定式颁发，临期恭进。庆贺三大节表式，在京称“某亲王臣某等”，“诸王贝勒文武官等”；在外称“某官臣某等，诚欢诚忭，稽首顿首上言”，末云：“臣等无任瞻天仰圣，欢忭之至，谨奉表称贺以闻。”进太皇太后、皇太后同。皇太子笺式，首具官同，末云：“臣等无任欢忭踊跃之至，谨奉笺称贺以闻。”

初，元旦、冬至，直省文武五品以上各进贺表、笺，万寿节祗进皇帝表文，并由长官汇进。督、抚不进表、笺，凡遇大典，具本庆贺。寻令各省表、笺通省用总火牌一，专遣赍奉。乾隆时，以布政使、副将不能专达章疏，停附进表、笺例。又定皇后千秋节暨元旦、冬至，永停笺贺。皇太子庆典，京朝官集贺，不具笺，外吏亦免笺贺。

六十年，高宗内禅，称太上皇帝，具贺表式云：“子臣某率王公大臣等谨奏，某岁元旦，太上皇帝亲授大宝，子臣敬承慈命，谨率同王公文武大臣等奉表贺者。”末云：“子臣及诸臣等曷胜钦悦庆忭之至，谨奉表称贺以闻。”贺皇帝登极表式，惟“顿首”下云：“恭逢皇上受宝礼成，登极纪元，谨奉表庆贺者。”余如前式。

巡狩仪　皇帝省方观民，特举时巡盛典。暨诹吉，帝御征衣，乘舆出宫,领侍卫大臣等率禁旅翊卫扈跸,诸臣征衣乘骑以次发。銮辂所经,禁随驾官弁扰吏民、践禾稼。办治粮刍,悉用公帑。将入境,督、抚、提、镇率属迎道右,绅耆量远近跽迎。已驻跸,疆吏等朝行营门外。翼日,望秩方岳,祭昔帝王、先师,咸亲诣。至名贤祠墓则遣官。官吏入觐,询风土人情。临视河防,指授方略。召试献词赋者,拔尤授官。阅方镇兵,藉辨材武。经过州县,赐复蠲租,存问高年,差给恩赉。

顺治八年,定制,驾出巡幸,别造香宝携行,并铸扈从各印,加"行在"字。部院章奏,内阁汇齐,三日一送行在。所过禁献方物。又定乘舆所经,百里内守土官道右迎送。

康熙二十三年,圣祖南巡,定扈从王公大臣及部院员限驾发按次随行。厥后南巡江浙者五,至泰安躬礼岱岳,渡河祠河神,诣江宁谒明太祖陵,四幸五台,一幸西安,大率禁奢尚实,亟勤民事。乾隆间,数奉太后南巡,若河南,若五台,若山东、天津,翠华所莅,百姓蒙庥。六巡江浙,揆示工要,大建堤堰,虽縻巨万帑金不恤也。嘉庆时,幸五台清凉山,行庆施泽,如康熙故事。

乡饮酒礼　顺治初元,沿明旧制,令京府暨直省府、州、县,岁以孟春望日、孟冬朔日,举行学宫。前一日,执事敷坐讲堂习礼,以致仕官为大宾,位西北;齿德兼优为僎宾,位东北;次为介,位西南;宾之次为三宾;位宾、主、介、僎后;府、州、县官为主人,位东南。若顺天府则府尹为主人,司正一人主扬觯,教官任之。赞引、读律各二人,生员任之。届日执事牵牲具馔,主人率属诣学,乃速宾。宾至,迓门外,主东宾西,三揖让乃升,相向再拜。宾即席,延僎、介入,如宾礼。就位,赞"扬觯"!司正升自西阶,北向立,宾主皆起立。赞"揖",司正揖,宾、介以下答揖。执事举幂酌酒于觯授司正,司正扬觯而语曰:"恭惟朝廷,率由旧章,敦崇礼教,举行乡饮。非为饮食,凡我长幼,各相劝勉。为臣尽忠,为子尽孝,长幼有序,兄友弟恭,内睦宗族,外和乡党。毋或废坠,以忝所生。"读毕,赞"饮酒",司正立

饮。赞"揖"，则皆揖。司正复位，宾、介皆坐。赞"读律令"，生员就
案北面立，咸起立旗揖。读曰："律令，凡乡饮酒，序长幼，论贤良，别
奸顽。年高德劭者上列，纯谨者肩随。差以齿，悖法個规者毋俾参
席，否以违制论。敢有哗噪失仪，扬觯者纠之。"读毕复位。赞"供
馔"，有司设馔。赞"献宾"，则授主以爵，主受之，置宾席。少退，再
拜，宾答拜。于僎亦如之。皆坐，有司遍酹，赞"饮酒"，酒三五行，汤
三品，毕，撤馔。主、僚属居东，宾、介居西，皆再拜。赞"送宾"，各三
揖，出，退。

　　雍正初元，谕"乡饮酒礼所以敬老尊贤，厥制甚古，顺天府行礼
日，礼部长官监视以为常。"乾隆八年，以各省乡饮制不画一，或频
年阙略不行。旧仪载图有大宾、介宾、一宾、二宾、三宾，与一僎、二
僎、三僎，名号纷歧。按古《仪礼》："宾若有遵者，诸公大夫。"注云：
"今文读为僎，此乡之人仕至大夫，来助主人乐宾，主人所荣而遵法
者。"《戴记》："坐于西北，以辅主人。"其言主人亲速宾及介，拜至献
酬辞让之节甚繁，无一言及僎，所谓"不干主人正礼"者也。嗣后乡
饮宾、介，有司当料简耆绅硕德者任之，或乡居显宦有来观礼者，依
古礼坐东北，无则宁阙，而不立僎名。五十年，命岁时举乡饮毋旷。
每行礼，奏御制《补笙诗》六章。其制，献宾，宾酢主人后，酒数行。工
升，鼓瑟，歌《鹿鸣》。宾主以下酒三行，司僎供羹，笙磬作，奏《南
陔》，闲歌《鱼丽》，笙《由庚》。司爵以次酹酒。司僎供羹者三，乃合
乐，歌《关雎》。工告"乐备"，撤馔。宾主咸起立再拜。宾、介出，主
人送门外，如初迓仪。初，乡饮诸费取给公家，自道光末叶，移充军
饷，始改归地方指办。余准故事行。然行之亦仅矣。

清史稿卷九〇
志第六五

礼九 军礼

亲征　凯旋　命将出征　奏凯
受降　献俘受俘　大阅
会阅暨京师训练附　秋狝　日食救护

三曰军礼。国之大事,在祀与戎。《周官》制六官,司九伐,权属
司马。而大军旅、大田役,其礼则宗伯掌之。是因治兵、振旅、茇舍、
大阅之教,而寓蒐、苗、狝、狩之仪,以为社、礿、祊、烝之祭。如是,则
讲武为有名,而杀兽为有礼。有清武功燀赫,凡师征、受成、讲肄、行
围诸礼节,厥制綦备。爰溯古谊,分录事要,著之于篇。古者日食救
护,太仆赞鼓,亦属夏官,今亦类附云。

亲征　天命三年,太祖颁训练兵法书,躬统步骑征明,谒堂子,
书七恨告天,是亲征所由始。

崇德初元,太宗伐朝鲜,前期誓天、告庙,颁行军律令,分兵为
左右翼。至日,驾出抚近门,陈卤簿,吹螺奏乐。祗谒堂子,三跪九
拜。外建八纛,致祭如初。礼毕启行。

康熙三十五年,讨噶尔丹,躬率六师出中道。前三日,祭告郊、
庙、太岁,届期遣祭道路、炮、火诸神。帝御征衣佩刀,乘骑出宫,内

大臣等翊卫。午门鸣钟鼓,军士鸣角螺,祭堂子、纛神如仪。《导迎乐》作,奏《佑平章》。驾出都门,诣陈兵所,声炮二。旗军继发,王公百官跽送。军士整伍,以次扈跸。每舍周视地势,御营建正中,各营环向,缭以幔城,南设旌门。远斥堠,严刁斗。置巡警二十一所,内大臣等率亲军宿卫。外设网城,东、西、南三门。巡警八所,护军统领率羽林军徼循。禁语哗,稽出入。又外布幕为重营,设四门,重各置十人严守。其从征各官,列幕重营外。大军分翼牧马,禁越次。驾驻行营,诸军皆止。从官奏事如常。夜漏初下,严更鼓,断行人,内外禁旅番巡。五漏交,御营鸣钟,前营角声起。初严,外营蓐食治装;再严,前军拔营;三严,左右军、后军发辎重,从征官俟旌门外。辨色,举炮警跸。六师所过,守土官迎本境,大吏则出境以迎,外藩王公暨所部绅耆跪接,悉同时巡仪。军行,随时遣祭风、雨、山、川诸神,军中堠望。圣祖躬巡,整军伍,御旌门,简阅将士,至西巴台,使者奉敕谕噶尔丹。敌望见大军,弃甲走,帝率前军长驱拖诺,分遣将军进蹑,乃还。

噶尔丹未悛,是岁秋,驾巡北边,声出塞试鹰,减从。十月,抵白塔,驻南关,蒙古王以下贡献骆驿。帝赐战胜兵士食,引近御坐遍赉之。次日,益撤御膳犒军。逾月,至呼坦和硕,渡河,降者踵至。噶尔丹就抚,班师。明年,帝三驾北征,启行如初礼,至横城止。令守土大臣临河迎跸。时哈密俘噶尔丹子送军所,额鲁特部多纳款者,噶尔丹仰药死,驾自黄河泛舟还。

凯旋　崇德二年,太宗征服朝鲜。班师日,其君臣出城十里外送驾,三跪九拜如礼。归则遣大臣二人送之。启跸,即军前祭纛。守土官道迎,俟驾过,随军次承命,遥坐赐酒。将至盛京二十里,会郑亲王等赍奉驾表,遂先除道,张黄幄,俟驾至,伏迎道左。帝入幄坐,王等跪进表,大学士受之。宣读毕,王等三跪九拜,乃大宴,宴罢启行。至盛京,礼谒堂子,还宫。

康熙三十五年,圣祖征噶尔丹,破之,还跸拖诺,捷入,焚香谢天。入行营，大学士等进贺表，王公百官毕贺。留牧蒙古王等迎驾行礼，喀尔喀札萨克等集营东门请瞻觐，皆稽首呼万岁。赐茶及宴，赉银物有差。沿途迎献罗拜者，绳至辐凑。至清河，皇子、王公暨群臣跪迎郊外五里，八旗军校、近畿士民亦焚香悬彩，扶携俯伏。命前驱毋警跸，环集至数百万人，欢声雷动。帝谒堂子如仪。

明年，朔漠平，班师亦如之。还宫后，遣祭郊、社、宗庙，遍群神，谒陵寝，御殿受贺。直省官咸进表文，颁诏如制。帝自勒铭镌石，并建碑太学云。

命将出征　崇德初元，太宗命睿王多尔衮等出师征明，躬自临送，祭堂子、纛神，如亲征仪。遂至演武场，谕诫将士。顺治元年，命英王阿济格为靖远大将军，征流寇，赐敕印。其仪，午门外具卤簿，陛上张黄幄，设御座。陈敕印檐东案，王公百官会集。帝升座，大将军率出征官诣拜位跪，内院大臣奉宣满、蒙、汉三体敕书，授大将军敕印，毕，启行。

十三年，定出师前一日，午门前例颁衣马弓刀，并传集出征各官，面授方略。赐筵宴。行日，咸戎服俟午门外，颁敕印如初礼。

康熙十三年，命将分出湖广、四川。礼毕，驾出长安右门送行。出征王率各官行至陈兵所，礼部设祖帐，光禄寺备茶酒，内大臣等奉引谢恩。首途，如故。或帝不亲送，则令亲王、内大臣往。噶尔丹之役，先自归化驿召费扬古为抚远大将军，至日赏宴，圣祖御太和门，大臣隅坐，其出征运粮大臣分坐金水桥北左右。作乐陈百戏，命大将军进御前，亲赐卮酒。跪受叩饮讫，都统、副都统继进，则令侍卫授酒。参领以下十人一列，跪饮阶上而已。复命大臣等遍视众军饮毕，赐与宴者御用蟒币，余赐币，兵赐布。同谢恩出，大学士始以敕印授大将军。

雍正七年，定命将前一日告庙。行日告奉先殿，并遣官。若先出师疆场，即军前命为大将军者，则命正、副使赍敕印往。大将军率属俟教场，厅事设黄案，陈敕印。大将军跪，宣敕文正使授敕，宣印文副使授印,大将军以次衹受,转授左右从官,行三跪九叩礼。礼成,奉入大营。

乾隆十四年,定命将仪三:一曰授敕印,经略大将军出师,皇帝临轩颁给。二曰祓社,凡出师前期,告奉先殿,礼堂子,祭纛。三曰祖道,经略启行,皇帝亲饯赐酒,命大臣送郊外,具祖帐暨宴,仪并详前。祖征仪二:一曰整旅,经略前队列御赐军械,次令箭,次敕印,次标旗,大队军旅殿。令箭、标旗数皆十二。二曰守土官相见,经略过境,将军、督、抚蟒服出郭迎候,文自司道、武自总兵以下,跽道右及厅事。经略正坐,将军、督、抚侧坐,文司道、武提督以下,行庭参礼。启行候送如前仪。若颁敕印不御殿,即除卤簿、乐悬,百官无职事者不会集。

三十四年,命大学士傅恒经略云南军务,高宗不升殿,不礼堂子,不祭纛,不亲送。内阁学士奉敕印至太和殿,经略等先俟陛阶,大学士二人立殿外。届时经略升陛,印官从大学士入奉敕印出,经略跪受。礼毕,奉敕印官前,经略后,及阶下,置敕印彩亭内,前张黄盖,列御仗,从征侍卫前引,余俱后随,至经略第止。敕印陈厅案上。届日肃队行。

奏凯　天聪初元,朝鲜奏捷,班师。车驾出城,顿武靖营野次。设行幄御营一里外,率诸贝勒逾行幄数武,立马以待凯旋。既至,遂依次排列,立纛、拜天,入觐,帝出位迎之。诸贝勒行跪拜礼,赐筵宴。崇德元年,征明凯旋,太宗率群臣出城十里迎劳,王、贝勒等依次成列,建纛鸣螺,帝率同拜天,三跪九叩。毕,升座。王、贝勒进献捷表,大学士接受,奉御前读讫,跪叩如仪。颁旨行抱见礼。于是王、贝勒进御前一跪三叩,赐坐、设宴同。

顺治二年,南京平,豫王班师还。世祖赴南苑迎劳,树十余大纛,如初礼。十三年,定制出征王大臣凯旋,遣王公一人偕大臣郊劳。

康熙元年,定凯旋次日,帝御殿。礼成,免将军等行礼,筵宴免桌席，止宰牲。

二十一年，大将军贝子章泰等自云南奏凯，驾至卢沟桥迎劳驻跸，有司治具，翼日驾莅至，齐众拜天，以为故事。乾隆十四年，定奏凯功成，祭告天地、庙社、陵、寝，释奠先师，勒碑太学，命儒臣辑平定方略垂奕禩。经略大将军师旋，将入城，遣廷臣郊劳，帝临轩，经略率有功诸臣谢恩，缴印敕，仪同受敕。宴礼既毕，兵部核叙勋绩，颁爵赏有差。

厥后定边将军兆惠等、定西将军阿桂等奏凯，高宗均驻跸黄新庄行宫，筑台郊劳，百官咸会。设黄幄正中，南向，两翼青幕各八，东西向。台在幄南，其上建左右纛，中设帝拜褥。东西下马红柱各一。帝御龙衮诣台，鸣螺，奏《铙歌乐》。将军暨从征大臣、将士皆擐甲胄，跪红柱外俟驾。帝就拜位立，将军暨群臣班分东西，鸿胪官赞"跪"，则皆跪。赞"叩，兴"。帝拜天，三跪九叩，将军等如之。毕，帝御幄升座，王公百官立东班幕下。礼成，帝出幄乘骑，《凯歌》作，奏《豳皇威章》，驾还行宫。余依康熙间故事。

咸丰五年，科尔沁亲王僧格林沁平高唐乱。还朝日，文宗御养心殿，行抱见礼，慰劳备至。先是出师颁参赞大臣关防，赐讷库尼素光刀，至是同时献纳。

受降　崇德二年春，朝鲜王服罪请降。乃筑坛汉江东岸，设黄幄，驾出营，乐作。济江登坛，卤簿具。朝鲜王率陪臣步行来朝，遣官出迎一里外。引入，帝率同拜天，升座。国王等伏地请罪，赞"行三跪九拜礼"。赐坐，位列亲王上，诸子列贝勒下。锡筵宴，还其俘，并赐王以下貂服。

六年，蒙古贝勒等投诚，朝见已，命较射，选力士角抵，赐宴俾尽欢，殊典也。所贡方物悉却之。

乾隆十四年，议制凡军前受降，飞章入告。报可。乃大书露布示中外，筑坛大营左，南向。坛南百步外树表，建大旗，书"奉诏纳降"字。降者立其下，经略大将军戎服出，鼓吹声炮，参赞大臣等骑从。将至坛，降者北面匍伏，经略登坛正坐。参赞金坐，诸将旁立，余皆肃班行。降者膝行诣坛下，俯首乞命，经略宣上德意，量加赏赉。营门鼓吹殷然，降者泥首谢，兴，退。

献俘受俘　　清初太祖、太宗以武功征服边陲，俘虏甚众，其时献受犹无定制也。雍正二年，讨平青海，俘至京，始定诹吉先献庙、社。俘白组系颈，行及太庙街门外北向立，承祭官朝服至，俘伏，仪同时飨。至社稷街亦如之。承祭官入坛致祭，仪同春、秋祈报。监俘者以俘出。翼日，帝御午门楼受俘，正中设御座，檐下张黄盖，卤簿陈阙门南北，仗马次之。辇辂陈金水桥南，驯象次之。王公百官咸集，解俘将校立金鼓外，俘后随。班位既序，帝御龙衮，乘舆出宫，至太和门，大乐铙吹，金鼓振作，登楼升座，赞进俘，《丹陛大乐》作，奏《庆平章》。鸿胪寺官引将校入，北面立，赞"行礼"，俘入匍伏。兵部官跪奏，平定某地所获俘囚，谨献阙下，请旨。制曰："所献俘交刑部。"刑部长官跪领旨讫，械系出。《丹陛大乐》作，王公百官行礼如常仪。若恩赦不诛，则宣旨释缚，俘叩首，将校引出。是日赐将校宴兵部，次日赐冠履银币有差。凡平定疆宇，受俘仪并同。

乾隆时，版图日廓。二十年，剿平准噶尔，获达瓦齐暨青海罗卜藏丹津，先后槛入。一岁中两行斯典。越五年，底定回疆，讨平攒拉促浸，皆递举盛仪。先后六岁，凯歌四奏，时论称极盛云。

大阅　　天聪七年，太宗率贝勒等督厉众军，练习行阵，是为大阅之始。

顺治十三年，定三岁一举，著为令。寻幸南苑，命内大臣等擐甲胄，阅骑射，并演围猎示群臣。

康熙十二年，阅兵南苑，圣祖擐甲，登晾鹰台，御黄幄，内大臣、都统等各束部曲，王、贝勒等各率旗属，并自西而东。暨成列，枪鸣号发，自东结阵驰以西，按翼分植。阅毕，命树侯台上，亲发五矢，皆中的，复骑而射，一发即中。释甲赐宴，乃还。厥后行阅，或卢沟桥，或玉泉山，或多伦诺尔，地无一定，时亦不以三年限也。

三十四年，复幸南苑行阅，分八旗为三队，帝率皇子擐甲，内大臣等扈从，后建龙纛三，上三旗侍卫随行。编阅骁骑、护军、前锋、火器诸营。立马军前，角螺鸣，伐鼓，行阵舁鹿角进。甲士麾红旗，枪炮齐发。鸣金止，再伐鼓，发枪炮如初。如是者九。初进率五丈，再进亦如之。至十进枪炮环发无间。开鹿角成八门，首队出，二队、三队从。既成列，门阃角鸣，呼噪进。两翼队皆雁缀进，鸣金收军。立本阵，结队徐旋，首队殿。罢阅，还行宫，申敕明赏罚。未阅前，赐军士食，既阅，赐酒。

雍正七年，世宗幸南苑，阅车骑营兵，谕曰："此第训练一端耳，遇敌决胜，在相机度势，神而明之，存乎其人，岂区区阵伍间遂足以制敌耶？"是日操演，各依方位、旗色为阵式。后北征，屡以车战胜。

乾隆二年，大阅，幸南苑，御帐殿。军队既齐，步军整列进。以十丈为率，余仪同。令甲，大阅日，行宫外陈卤簿，驾出，作《铙歌大乐》，奏《壮军容章》。及还，作《清乐》，奏《邕皇威章》。凡操时鸣炮三，驾出及还同。即日赐各旗馔筵、羊豕、薪炭。迄嘉庆间，皆如故事行。

会阅为康熙三十年创典，时喀尔喀新附，圣祖思训以法度，特命会阅上都七溪，乃集其部众，并四十九旗藩王、台吉，豫屯百里外。驾出都，上三旗兵从，下五旗兵自独石来会。布营设哨，三旗护军为一营，居中。八旗前锋为二营，五旗护军为十营，火器营兵为四营，环御营而屯。前锋为四哨，护军为二十四哨，各设庐帐，绕营而居。蒙古、喀尔喀诸屯徙近五十里，禁入哨。厘赏九等，序坐七列。网城设宸幄，正中御床，左右行帐各二，仪仗、乐悬具。依次置宴。蒙古王等居左。喀尔喀居右，顺序习舞，众技毕陈。乃命喀尔喀汗、济农、诺颜等进御前，赐卮酒，余令侍卫分送。礼成。翼日各营就列，陈巨炮，帝擐甲，阅毕宣敕，去其汗号，以王、贝勒、贝子、公名爵分锡之。台吉分四等，比四十九旗，依等赐赉，恩礼有加，余如仪。

京营训练，岁以春、秋季月合操四次，春贯甲，秋常服，营阵规制如大阅。仲春、孟秋则按旗登城习鸣螺。兵部遣官稽阅,岁为常制。护军骁骑营一岁三校骑射,前锋护军营三岁一较骑射,内大臣、本旗都统等临视之。至直省讲武,则以督、抚、提、镇为阃帅,岁季秋霜降日,校阅演武场,先期立军幕,届日黎明,将士擐甲列阵,中建大纛,阃帅率将士行礼,军门鼓吹,节铖前导,遍阅行阵,还登将台,升帐,中军上行阵图式,请令合操。遂麾旗,声炮三、鸣角、击鼓。军中闻鼓声前进,鸣金则止。行阵发枪如京营制。阅毕,试材官将士骑射,申明赏罚,犒劳军士。

漕河训练同八旗。水师操防,出洋信候,各省不同。岁春、秋季月或夏季,遇潮平风正,则乘战舰列阵,张帆驭风,鸣角声炮,具如军律。绿营水师同。

秋狝　清自太祖奋迹东陲,率臣下讲武校猎习兵,太宗踵行之。世祖统一区夏,数幸南苑,令禁旅行围,始立大狩扈从例。

康熙初元,定车驾行围驻所置护军统领、营总各一人,率将校先往度地势,武备院设行营,建帐殿。缭以黄绦木城,立旌门,覆以黄幕。其外为网城,宿卫屯置,不越其所。十年,罢木城,改黄幔。康熙二十年,幸塞外,猎南山。寻出山海关,次乌拉,皆御弓矢校猎。越二年六月,幸古北口外行围,木兰搜猎始此。

木兰在承德府北四百里,属翁牛特。先是藩王进献为搜猎所,周千三百余里,林木葱郁,水草茂茂,群兽聚以孳畜焉。至是举行秋狝典,间有冬令再出者。三十三年,设虎枪营,分隶上三旗,置总统、总领。大狩行田,遇有猛兽,列枪以从。并命各省驻防兵岁番猎以为常。六十一年,复幸塞外行围,赏蒙古王公等衣物,定为恒制。

雍正八年,令八旗人习步围,旗各行围二三次。

乾隆初元,置综理行营王公大臣一人,凡启行、校猎、驻跸、守卫诸事皆属之。六年,御史丛洞奏请暂停行围。谕曰:“古者搜苗狝狩,因田猎讲武事。皇祖行围,既禅戎伍,复举政纲。至按历蒙藩,曲加恩意,尤为怀远宏略。且时方用兵,数有征发,行围偶辍,旋即兴举。况今承平日久，人习宴安，弓马渐不如旧，岂可不加振厉？是秋木兰行围，所过州县，宽免额赋十之三，永为例。"围场凡六十余所，每岁大狝，或十八九围，或二十围，逾年一易。设围所在，必豫戒期，首某所，迄某所，讫某所收围，并编定其处。届日官兵赴场布列，祗俟御跸临围。自放围处作重围，令虎枪营士卒及诸部射生手专射自围内逸出诸兽。

高宗每行猎，自旧藩四十九旗暨喀尔喀、青海诸部分班从围，绥辑备至。洎平西域，远藩如左右哈萨克，东西布鲁特，安集延，布哈尔，朝谒踵集，唯恐后时。土尔扈特亦皆挈部众越数万里来庭。帝尝御布固图昌阿抚慰之，旋赐名曰"伊绵"，国语会极归极也。

二十年，更定网城植连帐百七十五，设旌门三，分树军纛曰金龙。去网城连帐外十许丈为外城，植连帐二百五十四，设旌门四，分树军纛曰飞虎。去外连帐六十丈，周围警跸，立帐房四十，各建旗帜，八旗护军专司之。其规制详密如此。

凡秋狝，先期各驻防长官选材官赴京肄习。年例，蒙藩选千二百五十人为虞卒，谓之"围墙"，以供合围役。

届期，帝戎服乘骑出宫，扈引如巡幸仪。既驻行营，禁兵士践禾稼、扰吏民，诃止夜行，违者论如律。统围大臣莅场所，按旗整队，中建黄纛为中军，两翼斜行建红、白二纛为表，两翼末国语曰乌图哩，各建蓝纛为表，皆受中军节度。管围大臣以王公大臣领之，蒙古王、公、台吉为副。两乌图哩则各以巴图鲁侍卫三人率领驰行，蝉联环匝，自远而近。盖围制有二，驰入山林，围而不合曰行围，国语曰阿达密。合围者，则于五鼓前，管围大臣率从猎各士旅往视山川大小远近，纡道出场外，或三五十里，或七八十里，齐至看城，是为合围，国语曰乌图哩阿察密。看城者，即黄幔城也。围既合，乌图哩处虞卒脱帽以鞭擎之，高声传呼"玛尔噶"，蒙语谓帽也。声传递至中军，凡三次，中军知围合，乃拥纛徐行。

日出前，帝自行营乘骑先至看城少憩，俟蓝纛至，驾出，御囊鞬，入中军周览围内形势。凡疾徐进止，口敕指麾。兽突围，发矢殪之。御前大臣、侍卫皆射其逸围外者，从官追射。或遇猛兽，虎枪官兵从之。或值场内兽过多，则开一面使逸，仍禁围外诸人逐射。获兽已，比其类以献。驾还行宫，谓之散围。颁所获于扈从者，大狝礼成，宴赉有差。

哨鹿者，凡鹿始鸣，恒在白露后，效其声呼之，可引至。厥制与常日不同。侍卫等分队为三，约出营十余里，俟旨停第三队。又四五里，停第二队。又二三里，将至哨鹿所，则停第一队。时扈从诸臣止十余骑而已。帝命枪获鹿，群引领俟旨，而三队以次至御前。高宗搜猎木兰时，亲御名骏，命侍卫等导入深山中。望见鹿群，命一侍卫举假鹿头作呦呦声，引牝鹿至，亟发矢殪之，取其血以饮。不唯益壮，亦以习劳也。嘉庆时秋狝仿此。

日食救护　顺治元年，定制，遇日食，京朝文武百官俱赴礼部救护。康熙十四年，改由钦天监推算时刻分秒，礼部会同验准，行知各省官司。

其仪，凡遇日食，八旗满、蒙、汉军都统、副都统率属在所部警备，行救护礼。顺天府则饬役赴部洁净堂署，内外设香案，露台上炉爇具，后布百官拜席。銮仪卫官陈金鼓仪门两旁，乐部署史奉鼓俟台下，具向日。钦天监官报日初亏，鸣赞赞"齐班"。百官素服，分五列，每班以礼部长官一人领之。赞"进"，赞"跪，叩，兴"。乐作，俱三跪九叩，兴。班首诣案前三上香，复位。赞"跪"，则皆跪。赞"伐鼓"，署史奉鼓进，跪左旁，班首击鼓三声，金鼓齐鸣，更番上香，祗跪候复圆。鼓止，百官易吉服，行礼如初。毕，俱退。是日礼部祠祭司官、钦天监博士各二人，赴观象台测验。向日设香案，初亏复圆，行礼如仪。

若月食，则在中军都督府救护，寻改太常寺，如救日仪。直省遇日、月食，各按钦天监推定时刻分秒，随地救护。省会行之督、抚署，府、厅、州、县行之各公署，并以教职纠仪，学弟子员赞引，阴阳官报时。至领班行礼，则以督抚及正官一人主之。上香、伐鼓、祗跪，与京师救护同。

清史稿卷九一
志第六六

礼十 宾礼

藩国通礼　山海诸国朝贡礼
敕封藩服礼　外国公使觐见礼
内外王公相见礼　京官相见礼
直省官相见礼　士庶相见礼

　　四曰宾礼。清初藩服有二类，分隶理藩院、主客司。隶院者，蒙古喀尔喀，西藏、青海、廓尔喀是也；隶司者，曰朝鲜，曰越南，曰南掌，曰缅甸，曰苏禄，曰荷兰，曰暹罗，曰琉球。亲疏略判，于礼同为属也。西洋诸国，始亦属于藩部，逮咸、同以降，欧风亚雨，咄咄逼人，觐聘往来，缔结齐等，而于礼则又为敌。夫《诗》歌"有客"，《传》载"交邻"，无论属国、与国，要之，来者皆宾礼。我为主人，凡所以将事，皆宾礼也。兹编分著其仪节，而王公百官相见礼与士庶相见礼，亦附识焉。

　　藩国通礼　清初，蒙古北部喀尔喀三汗同时纳贡。朔漠荡平，怀柔渐远。北逾瀚海，西绝羌荒。青海厄鲁特，西藏准噶尔，悉隶版图。荷兰亦受朝敕称王，名列藩服。厥后至者弥众，令各守疆圉、修职贡，设理藩院统之。

崇德间,定制,外藩诸部贝勒等有大勋绩,封和硕亲王,或多罗郡王,次多罗贝勒,遣使持信约往封。暨入境,贝勒出迎五里外,跽俟制册过,骑以从。抵府,设香案正中,使臣奉册其上,退立左旁,贝勒一叩三跪。毕,兴,复跪,使臣授册。宣读官宣毕,置原案,三叩,兴。受册如初礼。贝勒与使臣对行六叩礼。使臣坐左,贝勒坐右。事讫,躬送如前。凡有诏敕、赏赉至亦如之。

内外札萨克会盟,三年一举。使臣赍制往,迎送礼同。自王以降,岁时朝贡者,分年番代,列班末行礼。坐次视内亲王、贝勒、贝子、公降一等,宴赉有差。

康熙五十九年,定朝觐年例。蒙古二十四部为两班,喀尔喀札萨克等为四班。雍正四年,帝念四十九旗王公台吉远至勤劳,诏改三班,二岁一朝。咸丰八年,以蒙古汗王等远道输将,谕令停止年班。御前行走者,番上如故。

其贡献仪文,按季各旗遣一人来将事,年时贡马匹羊酒,交理藩院转纳礼部。朝贡赏赉诸典,柔远清吏司掌之。

山海诸国朝贡礼　凡诸国以时修贡,遣陪臣来朝,延纳燕赐,典之礼部。将入境,所在长吏给邮符,遴文武官数人伴送。有司供馆饩,遣兵护之。按途更代,以达京畿。既至,延入宾馆,以时稽其人众,均其饮食。翼日,具表文、方物,暨从官各服其服,诣部俟阶下。仪制司官设表案堂中,质明,会同四译馆卿率贡使至礼部,侍郎一人出立案左,仪制司官二人分立左右楹。馆卿先升,立左楹西。通事、序班各二人,引贡使等升阶跪。正使举表,馆卿祗受,以授侍郎,陈案上,复位。使臣等行三跪九叩礼,兴。退,馆卿率之出。礼部官送表内阁俟命,贡物纳所司。

如值大朝常朝,序班引贡使等列西班末,听赞行礼如仪。非朝期则礼部先奏,若召见,馆卿豫戒习仪。届日帝御殿,礼部尚书引贡使入,通事随行,至丹墀西行礼毕,升自西阶,通事复从之。及殿门外跪,帝慰问,尚书承传,通事转谕,贡使对辞,通事译言,尚书代奏。毕,退。如示优异,则丹墀行礼毕,即引入殿右门,立右翼大臣末,通事立少后。赐坐、赐茶,均随大臣跪叩,饮毕,慰问传答如初。出朝所,赐尚方饮食,退。翼日赴午门外谢恩。

礼部疏请颁赐国王并燕赍贡使,既得旨,所司陈赐物午门道左,馆卿率贡使等东面立,侍郎西面立,有司咸序。贡使诣西墀三跪九叩,主客司官颁赐物授贡使,贡使跪受。以次颁赐贡使暨从官从人,咸跪受。赞"兴,叩"如仪。退,赐宴礼部。

贡使将归国,光禄寺备牲酒果蔬,侍郎就宾馆筵燕,伴送供侍如前。所经省会皆飨之,司道一人主其事,馆饩日给,概从周渥焉。

顺治初,定制,诸国朝贡,赍表及方物,限船三艘,艘百人,贡役二十人。十三年,俄国察罕汗遣使入贡,以不谙朝仪,却其贡,遣之归。明年复表贡,途经三载,表文仍不合体制。世祖以外邦从化,宜予涵容,量加恩赏,谕令毋入觐。

康熙三十二年,俄复遣使义兹柏阿朗迭义迭来朝,帝始召见,赐坐赐食。五十九年,葡萄牙使臣斐拉理入觐,帝御九经三事殿。使者入殿左门,升左陛,进表御座则膝行。帝受表,使者兴,出,凡出入皆三跪九叩。赐坐赐茶,谢恩如仪。

初,琉球、安南、暹罗诸使来,议政大臣咸会集,赐坐及茶。乾隆初元,谕停止。时属国陪臣增扩,敕所司给《皇清职贡图》,以诏方来。四十七年正月,紫光阁锡燕,朝鲜、琉球、南掌陪臣与焉。燕罢,赐珍物。五十年,举千叟宴,特命朝鲜贺正陪臣齿逾六十者充正、副使,预宴赋诗。越五年,安南国王阮光平来京祝寿,定行礼班序,列亲王、郡王间,其陪臣仍附班末。五十八年,英吉利入贡,使臣玛戛尔等觐见,自陈不习拜跪,及至御前,而跼伏自若。

嘉庆初元,再举千叟宴,朝鲜、安南、暹罗、廓尔喀额尔德尼王吉尔巴纳足塔毕噶尔玛萨九叩,"跪奉大皇帝前:窃小臣闻湖南教匪滋事,致天威震怒,遣兵剿除。今已平定,闻之忻慰。小臣受恩深重,虔修土产微物,表文,叩贺天喜。小臣属蒙天恩,视如子民,唯有一心归顺,和睦邻封。小臣阳布离京远,年尚幼,伏恳当作奴辈,曲施教导,沾恩不浅"云云。其贡物计十二事,语质意恭如此。

二十一年,英复遣使来贡,执事者告以须行拜跪礼,司当冬等遂称疾不入觐,帝怒,谕遣归国,罢筵宴赐物。嗣是英使不复来庭。

道光九年,回疆敉定,上太后徽号,缅甸国王遣使进金叶表,创举也。

故事,琉球间岁一贡,至十九年,诏改四年为期。时国王尚育咨达闽抚吴文熔,谓琉球濒海,地患多风,朝贡以时,风雨和顺,岁则大熟。贡舶出入闽疆,岁颁时宪书,获以因时趋事。地不产药,赖舶载回应用。至航海针法,非随时练习不为功。若改四年,则恐丰歉不齐,人时莫授,药品既缺,针盘益疏,请复旧制便。报可。并令陪臣子弟得随贡使入监读书。

光绪三十四年,廓尔喀入贡,赏正使噶箕二品服,副使四品服,其将事时,服色即各从其品,亦前此所未有者。

凡贡期,朝鲜岁至,琉球间岁一至,安南六岁再至,暹罗三岁,荷兰、苏禄五岁,南掌十岁,均各一至,余道远贡无常期。凡贡物,各将其土实,非土产者勿进。朝鲜、安南、琉球、缅甸、苏禄、南掌皆有常物,余唯其所献。

敕封藩服礼　清自太宗征服朝鲜,镵石三田渡。厥后安南、琉球诸国,先后请封,皆遣使往。其他回首内向者,航海匪复,梯山忘阻,则玺书褒奖,授来使赍还而已。

崇德间,定制,凡外邦顺,俱颁册锡爵。进奏书牍,署大清纪年。若朝贡诸国无子嗣位,则遣陪臣请朝命,礼部奏遣正、副使各一人持节往封,特赐一品麒麟服以重其行。行日,工部给旗仗,兵部给乘传。封使诣礼部,仪制司官一人奉节,一人奉诏敕,授本部长官,以授正、副使,跪受。兴,出易征衣乘传往。将入境,其国边吏备馆传夫马。缘途所经,有司跪接。

及国,嗣封王遣陪臣郊迎,三跪九叩,劳使者一跪三叩。延入馆,陈诏节龙亭内,行礼如仪。谒使者三叩,不答。诹日,王率陪臣

诣馆,礼毕,王先归。龙亭昇行,仗乐前导,封使后随。入门陈正中,
使者及阶下马,正使奉节,副使奉诏敕,入殿陈案上,退立东旁。王
率众官北面立,三跪九叩,兴,诣封位前跪。副使奉诏书付宣读官,
宣讫,王行礼如初,出俟门外。使者出,跪送。有间,适馆劳之。使
者还朝,乃修表文,具方物,遣陪臣诣阙谢恩。

如谕祭兼册封,先于其祖庙将事,谕祭文陈案上,使者左右立。
世子跪叩如前,退立神位左,宣读,众俯伏。宣毕,兴。送燎行礼,使
者退。次行册封礼,仪与前同。

至以诏敕授使赍还,则礼部设案午门,位正中,尚书立案左。仪
制司官从馆卿率来使入,授诏敕,序班引诣案前跪,授受如制。退诣
丹墀西,三跪九叩,礼成,归授国王。谢恩同。

外国公使觐见礼 康熙初,外洋始入贡,中朝款接,稍异藩服。
南怀仁官钦天监,赠工部侍郎,凡内廷召见,并许侍立,不行拜跪
礼。雍正间,罗马教皇遣使来京,世宗许行西礼,且与握手。乾隆季
叶,英使马格里入觐,礼臣与议仪式,彼以觐见英王为言,特旨允用
西礼。筵宴日,且亲赐卮酒。商约既缔,将命频繁。咸、同间,外国
使臣尝求入觐,时以礼制乖异,力拒之。同治时,英、法使臣固请再
四,我犹绳以华制,莫之应。彼且曰,宜亟修好,阻其入觐,是靳以客
礼也。

十二年,穆宗亲政,泰西使臣环请瞻觐,呈国书,先自言用西
礼,折腰者三,廷臣力言其不便。直隶总督李鸿章建议,略言:"先朝
召见西使时,各国未立和约,各使未驻京师,国势虽强,不逮今日,
犹得律以升殿受表常仪。然嘉庆中,英使来朝,已不行三跪九叩礼。
厥后成约,俨然均敌,未便以属礼相绳。拒而不见,似于情未洽。纠
以跪拜,又似所见不广。第取其敬有余,当恕其礼不足。惟宜议立
规条,俾相遵守。各使之来,许一见,毋再见,许一时同见,毋单班求
见,当可杜其觊觎。且礼与时变通,我朝待属国有定制,待与国无定
礼。近今商约,实数千年变局,国家无此礼例,往圣亦未豫定礼经,

是在酌时势权宜以树之准。"时总理各国事务恭亲王以拜跪仪节往复申辨,而各使坚执如初。势难终拂其意,乃为奏请,明谕允行。

其年夏,日本使臣副岛种臣、俄使臣倭良嘎哩、美使臣镂斐迪、英使臣威妥玛、法使臣热福理、和兰使臣费果荪瞻觐紫光阁,呈国书,依商订例行事。接见时,帝坐立唯意,赐茗酒,恩自上出。使臣讯安否,谨致贺辞。未垂问,毋先言事。西例臣见君鞠躬三,今改五鞠躬。使臣初至始觐见,余则否。嗣后亲奉国书者仿此。其礼式先期绘图试习,觐见某处所,某月日时,并候旨行。其大略也。

光绪十六年,驻英使臣薛福成奏陈:"各使觐见,须定明例。凡使臣初至一国,其君莫不延见慰劳,使臣谒毕,鞠躬退,语不及公。此通例也。顷闻驻京公使,以未蒙昼接,不无私议。昔年英使威妥玛藉词不令入觐,致烟台条款多要挟,靳虚文而受实损,非计之得。今宜循同治十二年成案,援据以行。若论礼节,可于召见先敕下所司,中礼西礼,假以便宜。如是,彼虽行西礼,仍于体制无损。"云云。自是遂为定例。

二十七年,联军平拳匪,各国挟求更改礼节。谓各使臣会同觐见,必在太和殿。一国使臣单行觐见者,必在乾清宫。呈递国书,必遣乘舆往迓,至宫殿前降舆,礼成送归。赍奏国书,必自中门入,帝必躬亲接受。设宴乾清宫,帝必躬亲入座。嗣复允会同觐改在乾清宫,而轿用黄色。于是庆亲王奕劻等以天泽堂廉之辨,不能每事曲从。遂与各使磋商,历时数月,始将乘坐黄轿、太和殿觐见暨宫殿阶前降舆三事酌议改易,而争议始息。

各国亲王觐见仪 始光绪二十四年。德国亲王亨利入觐,帝幸颐和园,御仁寿殿,亨利公服入,递国书,帝慰劳之。既,亨利欲观皇太后,帝奉懿旨代见。是日巳刻,御玉澜堂,亨利偕德使海靖等入,外部司官引殿东便门外入布幄少憩。驾至,扈从如仪,鸣鞭三,升座。庆亲王等侍左右,外部长官率亨利等自中门入,北向一鞠躬,行数武又一鞠躬,至龙柱前又一鞠躬。然后奉国书进,庆亲王降左阶接受,陈玉案,亨利等又一鞠躬,帝颔首答之,操国语慰劳。庆亲王跪案左聆玉音，降阶，操汉语传宣。德翻译官译毕，亨利等又一鞠躬，帝仍颔首答之。亨利等退数武又一鞠躬，退至堂左，又一鞠躬。礼成。

内外王公相见礼　崇德初元，定宗室外藩亲王、郡王、贝勒、贝子相见仪。宾及门，王府属官入告，主人降阶迎，宾辞，主人升。宾从自中门入，宾趋左，主人趋右。行相见礼，二跪六叩，即席序立。从官升东阶，行礼亦如之。兴，入右门，坐宾后。执事献茶，宾受茶，叩，主人答叩。饮茶叙语毕，从官趋前楹，跪，叩，兴，趋出。宾离席跪叩，主人答叩，并兴。宾出，主人降阶送，属官送门外。

若外藩郡王见，则主人迎送殿外，不降阶。相见，宾二跪六叩，主人答半。宾辞退，跪叩，主人答跪不叩。余如亲王仪。

外藩贝勒见，主人离坐迎，不出殿，宾北面跪叩如初，主人立受。即席正坐，宾侍坐。辞退跪叩，主人立受不送。余如郡王仪。

外藩贝子、公见，府属官引宾入殿，跪叩同。辞退仍跪叩，主人皆坐受。余如贝勒仪。

外藩亲王见郡王，主人迎送大门内，余与亲王相见同。郡王见郡王亦如之。

其外藩贝勒见郡王，如郡王见亲王礼。以下宾主相见，降杀递差。

外藩亲王见贝勒，主人迎送门外。宾入，主人从，相见各一跪三叩。外藩郡王暨贝勒见贝勒同。

外藩贝子、公见贝勒，宾一跪三叩，主人跪拱手受。

外藩王、贝勒见贝子，宾主一跪一叩坐，此其异者也。

京官相见礼　顺治元年，定制，京朝官敌体相见，宾及门，主人迎大门内，揖宾入，及阶，让升，宾西主东。及厅事，让入，皆北面再拜。兴，主人为宾正坐西面，宾辞，主人固请，卒正坐。宾还正主人坐东面亦如之。宾就坐，受茶、揖，主人答揖。饮茶叙语毕，告辞相揖。宾降阶,主人送及门,复相揖。宾辞,主人固请,送宾大门外,视宾升舆马,退。

尚书、左都御史见大学士同。宾降一品者,主人趋正宾坐,辞亦如之。余仪同。

二品以下京堂官翰詹科道见大学士,主人迎仪门内,送大门外,不视升舆马。

科道见左都御史、副都御史、尚书仪同。

五品至八品官见大学士,主人迎堂阶下,宾就东阶,主人导入。宾北面拜,辞,乃三揖,主人东面答揖。宾趋正主人坐,辞,固请,卒正坐相揖。宾西面,主人东北面坐。宾启事毕,辞退,三揖如初。主人送二门外。

翰詹科道见二三品官,如宾降一等礼。见四五品官,如同官礼。

阁部寺监属官见其长官,初见,公服诣署,升自东阶,具履行陈坐案,依次向坐三揖,长官避席答揖。退。若燕见,如五品官见大学士仪。

国学生见国子师仪,初见,具名柬,公服诣学,自东阶升堂,北面三揖,师立受。侍立左旁,西面受教,毕,三揖退。若燕见,通名,俟召入。师迎阶上,弟子升,揖。师入门,从之,北面再拜,师西面答揖。趋正师坐,师命坐,北面揖。师位东北面,弟子西面。茶至,揖,请问,揖。辞退,北面三揖,师皆答。出送,师前行,弟子后随,及二门外,弟子三揖,俟师入始退。

翰林院庶吉士见大学士,与见教习庶吉士同。

凡京朝官途遇回避,爵秩均等,分道行,次让道行,次勒马俟其过,又次下马,唯钦使即遇应回避者,分道行可也。又武职民公、侯、伯以下,男以上,文职大学士以下,九卿以上,得用引马一骑,途遇并下马回避云。

直省官相见礼　顺治间,定督、抚、学政、河漕总督,盐政,巡视御史相见,坐次平行,余各按品秩行礼。

雍正八年，定直省官相见，位均等者，宾至署，吏入白，启门，自中门入，至外堂檐下降舆马。主人迎檐前，揖宾入。及厅事，各再拜。其正坐、就位、进茶、辞退，如京朝官仪。

属官见长官，辕门外降舆马，自左门入。初见具名柬，呈履行，文官司道见督抚，迎堂后屏内。及厅事，庭参则扶免，三揖，皆答揖。督抚正坐，司道旁坐。命坐，揖。茶至，揖。均答如仪。辞出，三揖如初。送至屏门外，司道三揖。俟督抚入，复三揖，趋出。督抚次日用名柬答拜。若公事谒见，常服通衔名，三揖就坐。余同前。

府、厅、州、县见，庭参拜则免，府、厅揖，答揖。州、县揖，立受。俱不送，不答拜。

佐贰等官见，一跪三叩，不揖、不坐。府、厅、州、县见司道，与司道见督抚同。佐贰等官见司道，与见督抚同。

同知、通判见知府，柬题晚生，入自中门，用宾主礼。

州、县教职见督抚，仪如佐贰见司道，不迎送。见知府，迎送屏门外。见府，迎送堂檐下。余同。见州、县，如同、通见知府仪。

司、道、府、厅见学政，入中门，礼如宾主，迎送并出堂檐。学政品秩崇者，如见督抚仪。州、县见，庭参旁坐，主人答揖不答拜。

运使见督抚、盐院，与司道同。运、判以次递降。

武官副将以下见提督，初见具衔名、履行，披执则传免，易公服佩刀。都司、守备不免，跪宣名，席地坐，不进茶。余仪按品递降，与文职同。

顺治十三年，定直省文武官相见礼，提督见总督，入中门，至仪门下马，升堂三揖。总督正坐，提督金坐，迎送不出堂檐。若提督兼世职者，总督西面，提督东面。辞出，送至堂檐下，视乘马。

总兵见，仪门外下马，坐则侍坐，迎、送止阶上。与巡抚见，视宾主礼唯均，以下按品差降。

至满、汉官相见，将军、副都统与督、抚、提、镇以敌体见。司道以下见将军如总督，见副都统如总兵，协领、参领见督抚同司道，佐领、防御同知府，骁骑校同州、县。不相统属者，一以宾主礼行之。

其儒学弟子员见学师,与国子生见国学师同。

士庶相见礼　宾及门,从者通名,主人出迎大门外,揖入。及门、及阶揖如初。登堂,各北面再拜。兴,主宾互正坐。即席,宾东主西。饮茶,语毕,宾退,揖。及阶、及门,揖,辞,主人皆答揖。送在门外,揖如初。卑幼见尊长礼,及门通名,俟外次,尊长召入见,升阶,北面再拜,尊长西面答揖。命坐,视尊长坐次侍坐。茶至,揖,语毕,禀辞,三揖。凡揖皆答,出不送。若尊长来见,卑幼迎送大门外。余如前仪。见父执友,与见尊长仪同。

受业弟子见师长礼　初见,师未出,先入,设席正位,俟堂下。师出召见,乃奉贽入,奠贽于席,北面再拜,师立答揖。兴,谨问起居。命坐乃侍坐。有问,起而对。辞出,三揖,不送。常见侍坐,请业则起,请益则起。师有教,立听。命坐乃坐。师问更对,仍起而对。朝入暮出均一揖。与同学弟子,以齿序之。

清史稿卷九二
志第六七

礼十一　凶礼一

皇帝丧仪　皇后丧仪　贵妃等丧仪

五曰凶礼。三年之丧，自天子以至于庶人，无贵贱一也。有清孝治光昭，上自帝后丧仪，下逮士庶丧制，称情立文，详载《会典》与《通礼》。兹依次类编，累朝损益，皎然若鉴焉。

皇帝丧仪　天命十年，太祖崩。远近臣民，号恸如丧考妣。越五日，奉龙舆出宫，安梓宫沈阳城中西北隅。国制，除夕、元旦备陈乐舞，至是悉罢。时东邦甫建，制阙未详。

崇德八年，太宗崩。男自亲王讫牛录章京、朝鲜世子，女自公主讫奉国将军妻，集清宁宫前，诣几筵焚香，跪奠酒三，起立，举哀。固山额真、昂邦章京、承政以下官及命妇集大清门外，序立举哀。次日，奉梓宫崇政殿，王公百官朝夕哭临三日。其斋所，王、贝勒、贝子、公归第，部、院官宿署，闲散诸臣赴笃恭殿，固山额真等官及命妇，翌日暮还家。

世祖登极，年甫六龄，会天大寒，侍臣进貂裘，却弗御。帝曰："若黄裹，朕自衣之。唯红，故不服耳。"是日不设卤簿，不作乐。王大臣等谓已即位，冠宜缀缨，于是军民皆缀缨。服官者暂停婚嫁宴会，民间不禁。乃颁哀诏朝鲜、蒙古，制曰："我皇考盛德弘业，侯服爱戴。本年某月日，龙驭上宾，中外臣民，罔弗哀悼。属在藩服，咸使闻知。祭葬礼仪，悉从俭朴。仍遵古制，以日易月，二十七日释服。"诏到，国王以下举行丧礼如故，时犹在关外也。

顺治十八年，世祖崩，圣祖截发辫成服，王、公、百官、公主、福晋以下，宗女、佐领、三等侍卫、命妇以上，男摘冠缨截发，女去妆饰翦发。既大敛，奉梓宫乾清宫，设几筵，朝、晡、日中三设奠，帝亲诣尚食祭酒，三拜，立，举哀。王、公、大臣、公主、福晋、县君、宗室公夫人诣几筵前，副都统以上序立乾清门外，汉文官赴景运门外，武职赴隆宗门外，咸缟素，朝夕哭临，凡三日。外藩陪臣给白布制服。至四日，王公百官斋宿凡二十七日。过此则日哭临一次，军民服除。音乐、嫁娶，官停百日，军民一月。百日内票本用蓝笔，文移蓝印。禁屠宰四十九日。京城自大丧日始，寺、观各声钟三万杵。越日颁遗诏天安门，群臣素服，三跪九拜。宣毕，举哀。礼部誊黄，颁行各省。听选官、监生、吏典、僧道，咸素服赴顺天府署，朝夕哭临三日。诏至各省，长官帅属素服出郊跪迎，入公廨行礼，听宣举哀，同服二十七日除，命妇亦如之。军民男女十三日除。余俱如京师。

殷奠，列馔筵二十一，酒尊十一，羊九，楮币九万。读文。帝诣几筵哭，内外传哭，奠酒，率众三拜，举哀，焚燎。设启奠如启奠仪。届日奉梓宫登大升舆，三祭酒，并祭所过门、桥。帝号泣从，群臣依次随行。将至景山，内外集序，俟灵驾至，跪举哀。奉安寿皇殿讫，设几筵，帝三祭酒，每祭一拜，哀恸无已。皇太后再三抚慰，始还宫。明日行初祭，帝释服。又明日行绎祭，周月行月奠，自是百日内月奠，期年内月奠，仪并视殷奠，唯所陈品币有差。期年满月致祭，不读文。

上尊谥庙号，祗告郊庙社稷。届日殡宫外陈卤簿，作乐，大学士奉册宝陈案上，三叩，退。帝素服御太和门阅讫，一跪三拜，退立东旁。大学士诣案前，复三叩，奉册、宝列彩亭内，如初礼。校尉舁行，御仗前导，车驾从。王公百官先集协和门外，跪迎，随行寿皇殿大门外。册宝亭入，至檐前，帝入自左门，礼部长官先奉绢册宝陈中案，退。大学士诣亭前三叩,奉香册宝陈左案。帝就位,率众三跪九拜,大学士从左案奉册跪进,帝献册,授右旁大学士,跪受,陈中案上。进宝亦如之。乃宣册,宣册官奉绢册宣讫,三叩,退。宣宝仪同。帝率众行礼如初。复诣几筵前致祭,奠帛,读文,三献爵,如仪。焚绢册宝,礼成。翌日颁诏如制。百日内外集序,读文、器奠如初祭。

是日题神主,大学士一人进观德殿,诣祔庙神主前上香,奉主至寿皇殿外陈案上,并三叩。满、汉大学士各一人,诣香案前复三叩。填青讫,行礼如初。奉主登黄舆,至观德殿前止。大学士进殿,诣祔奉先殿神主前三叩,奉主登安舆,随黄舆后,出景山东门,入东华门,帝素服跪迎景运门内,从至乾清门,舆止。帝诣两神主前各三叩,先后陈案上,三献,九拜,礼成。诹吉升祔,详《吉礼》。

大祭如初祭仪。毕,帝升殿,延见群臣。清明、中元、冬至、岁除,并以时致奠。

既卜葬吉,将奉移山陵,前三日,遣告天地、宗社。前一日,设祖奠,仪如启奠。先是王大臣援引古礼,止驾远送,不许。至是奉太后懿旨,不获已,勉遵慈命。届日内外齐集,帝诣梓宫奠酒,尽礼尽哀。辅臣率执事官奉梓宫登舆启行,卤簿前导,册宝后随,帝攀号。俟过,步至东安门外泣奠,群臣从之。所过门、桥皆致祭。途中宿次,朝夕奠献,亲王行礼,群臣举哀。百里内守土官素服跪迎道右。至陵,奠献如在途。

大葬前期,遣辅臣及三品以上官诣陵陈祭。先三日,祗告如常告仪。届日辅臣诣梓宫告迁,三奠酒,奉梓宫登舆,群臣序立,跪举哀。俟舆过,哭从。至地宫,王大臣奉梓宫入,册宝陈左右,掩石门。辅臣率众三奠酒,举哀,卤簿仪仗焚。飨殿成,奉安世祖神位,致祭如时飨。届二十七月,诣太庙祫祭,如岁暮祫祭礼。

康熙六十一年,圣祖崩,大敛,命王公大臣入乾清门瞻仰梓宫,并命皇子、皇孙行礼丹墀上,公主、福晋等咸集几筵殿前,帝及诸皇子成服。以东庑为倚庐,颁遗诏,谕礼臣增订仪节。届时帝立乾清宫外,西向,大学士奉遗诏自中道出,帝跪,俟过,还苦次。大学士出乾清门，礼部尚书三拜跪受，余如故时遗诏。

二十七日释服，帝曰："持服乃人子之道，二十七日服制，断难遵从。"群臣以万几至重，请遵遗诏除服。不允。复疏云："从来天子之孝，与士庶不同。《孝经》曰，天子以德教加于百姓、施于四海为孝。《书》称高宗谅阴，晋杜预谓释服后心丧之文。盖人君主宗庙社稷，祭为吉礼，必除服后举行。若二十七日不除，祀典未免有阙。"复叩首固请，始俞允。既释服，仍移御养心殿，斋居素服三年。灵驾奉安寿皇殿，日三尚食。退观德殿席地坐，有事此进奏。晡奠毕，始还倚庐。

群臣议进尊谥，帝亲刺指血圈用"圣祖"字。礼臣进仪注未惬意，更定。前期并祗告奉先殿，至日阅册、宝讫，帝行一跪三拜礼，东次西向立，俟册宝亭行始还宫，豫至殡殿倚庐恭俟。会朝鲜贡祭品，设几筵前。群臣咸集，鸿胪寺官引来使入，立仪仗南，北向，三跪九拜。遣官读文，三祭酒，每祭一拜，众及来使咸举哀行礼。来使复行二跪六拜礼，焚燎，退。外藩敖汉王请谒梓宫，报可。自是蒙藩使者皆得入谒以为常。

雍正初元，将奉移景陵飨殿，廷臣援宋、明二代礼，谓嗣皇帝不亲送梓宫，帝不允。礼臣议奉安地宫后，题太庙神主，令亲王敬奉还京。帝曰："明季帝王不亲送梓宫，故令王大臣代行。朕既亲往，自宜亲奉以还焉。"先奉移二日，并遣告后土、昌瑞山神。

届日，帝诣梓宫祭酒，率众三拜，举哀毕，趋立大门东旁。梓宫出，跪，举哀。登大升舆，帝跪左。礼臣祭舆，三叩。灵驾发，帝步随。至景山东门，俟宿次。至景陵，帝跪迎红门外，举哀。徒步从，抵三洞桥，跪俟。降大升舆登小舆，安奉飨殿，设几筵，列册、宝。三祭酒，三拜，礼成。帝不忍别，群臣以皇太后为言。无已，翌日还跸。王大臣请御门听政，帝以梓宫未永安，命暂缓。固请之。始行。

既卜葬，届日晨帝诣景陵奠献，辟踊哀恸，祭酒三拜，趋陵寝门外跪哭以俟。龙輴入地宫，复祭酒三拜，出俟幄次。题主、虞祭如常仪，归奉主升祔太庙。二十七月将届满，允吏部尚书朱轼请，祫祭太庙,颁示臣民。

世宗崩,丧礼悉依景陵故事。越日朝奠,特简王、贝子、公数人入内瞻仰,余集乾清宫廊下行礼。嗣后王公大臣、额驸暨台吉初至者,均得请旨瞻仰。又命宗室三十人,觉罗二十人番上奠献申哀慕。

颁遗诏,大学士奉至乾清宫檐下,帝亲受之,陈案上,三拜。大学士诣黄案前亦三拜。诏出中门,帝跪迎,俟过,始还苫次。诏至直省,军民男女改素服二十七日。梓宫奉移雍和宫,帝徒步随行,群臣谏阻不获,遂留居是宫。至二十七日后始还。月内日叩谒,月外间日一次,二月外三日一次。

时帝欲行三年之丧,廷臣请以日易月,不许。命详稽典礼。寻议上:"一,祭祀,按《礼记王制》'丧三年不祭,唯祭天地社稷,越绋行事'。注谓'不敢以卑废尊'。是知三年内本应亲行。明吕坤谓祖宗不轻于父母,奉祭不缓于居丧,何可久废?诚以天亲一理,宗庙之祭,亦当并举。谨议:凡遇郊庙、社稷、奉先殿大祀,皇帝躬诣行礼,或遣官恭代,皆作乐。先期斋戒,素服,冠缀缨纬,视祝版,御礼服。朝日,夕月,飨帝王、先师、先农,遣官行礼,咸礼服作乐。届日冠服如斋期。宫内祭神,百日后举行。经筵、耕耤、释服后举行。一,朝会,典礼攸关,元旦朝正,万国瞻仰,朝仪最重。谨议:二十七月内,遇元旦朝贺,吉服升太和殿,不宣表,不作乐,常朝亦然。一,御门听政,典制至巨。昔宋仁宗行三年丧,临朝改服。孝宗时,二十七日后,百官请听政,援《书》被冕服出应门语固请,乃许。稽之史册,自古为然。谨议:常事及引见俱在便殿,百日后乃御门。一,冠服,按谅阴之制,先儒谓古无可考。史载魏孝文帝、唐德宗释服后仍素服练巾听政,宋仁宗虽用以日易月制,改服临朝,宫中实行三年之丧。盖缟素不可以临朝。前代行三年丧者,亦唯宫中素服而已。谨议:百日内缟素,百日外易素服,诣几筵仍服缟素,御门莅官听政或诣皇太后宫俱素服,冠缀缨纬。升殿受朝则易吉。祭祀及一切典礼俱礼服。二十七月服满,如百日礼,致祭释服。一,宫中服制,帝后齐体,服制不容有异。二十七日后后素服,遇典礼易礼服,诣几筵仍缟素。妃嫔亦如之。皇子与诸王同。一,在京王公百官,二十七日除服。遇典礼及朝会、坐班吉服,在署治事、入朝奏事俱素服,冠缀缨纬。诣几筵去冠缨。各署进本章用印。"制可。

乾隆元年正旦,以御极初元,御太和殿常朝,次年仍罢,著为例。将移泰陵,帝诣梓宫行礼毕,皇太后亦三祭酒,余如故。向例清明、中元、岁暮、国忌皆朝服行礼毕,素服举哀,唯冬至不更素服。帝以梓宫未葬,且在服内,允礼臣请。承祭执事各官不缀冠缨,仍用素服。

嘉庆四年,居高宗丧,如泰陵故事,唯遗诏到直省,文武官率绅耆摘缨素服出郊跪迎,入公署行礼。听宣毕,举哀,始成服,哭临三日。官吏军民自大事日是始,百日不剃发。大葬,帝躬引梓宫御龙辀入地宫。复以朝正大礼元年已行,二十七月内不再举。

仁宗崩热河,越六日,梓宫至京,始大敛,奉安淡泊敬诚殿。又四日,颁遗诏,礼官奉安龙亭,驿送入都。旧制,自太后以下二十七日后俱素服,孝和睿皇后改服缟素,百日后始易。丧将至,群臣出郊器迎,帝先返,至安定门、东华门,并祇俟哭迎。步随入大内,奉安乾清宫。允礼臣议,丧服已届二十七日,改大祭后除服。又几筵前奠献,陈法驾卤簿,百官会集暨各署用蓝印,俱大祭后停罢。

宣宗崩,梓宫奉移圆明园,安正大光明殿。会衍圣公至京,遇二周月致祭,命赴园随行礼。

文宗崩热河,依宣宗故事,梓宫移东陵。穆宗年尚幼,群臣援康熙二年例,止帝远送。同治二年释服,奉两宫皇太后懿旨,诸庆典及筵宴,俟山陵事毕再行。穆宗、德宗崩,并循斯例。

自世宗亲营泰陵吉壤,工需动用内帑,并谕毋建石像,惜人力。宣宗葬慕陵,规制简约。至同治时,侍郎宋晋言定陵工程宜法慕陵,虽廷臣囿于成宪,而制度毋稍逾侈,时称其俭。宣统初,为德宗营崇陵,颁帑数百万,亲贵主其事,移以营私第,致逾三年未成。逊国后,当道拨款营治,及葬,工甫半,故较旧制为略云。

　　皇后丧仪　太祖癸卯年九月,皇后叶赫纳喇氏崩。越三载,葬尼雅满山。天聪三年,与太祖合葬福陵,制甚简也。入关后,凡遇列后大事,特简大臣典丧仪,会礼臣详议。

　　顺治六年四月,太宗皇后博尔济吉特氏崩,梓宫奉安宫中,正殿设几筵,建丹旐门外右旁。首亲王讫骑都尉,公主、福晋、命妇咸集。世祖率众成服,初祭、大祭、绎祭、月祭、百日等祭,与大丧礼同。七年,上尊谥曰孝端文皇后,葬昭陵。

　　圣祖母慈和皇太后佟佳氏,康熙二年二月崩。初违豫,帝时年十一,朝夕侍。及大渐,废餐辍寐。至是截发成服,辟踊哀号,水浆不入,近侍感泣。日尚三食,王公大臣二次番哭。停嫁娶,辍音乐,军民摘冠缨,命妇去装饰,二十七日。余凡七日。四日后,入直官摘冠缨,服缟素。五日颁诏,文武官素服泣迎,入公署三跪九拜,听宣举哀,行礼如初。朝夕哭临三日,服白布,军民男女素服如京师。上尊谥曰孝康章皇后。梓宫移坝上,帝祭酒行礼攀号,太皇太后、皇太后念帝冲龄,止亲送。与世祖合葬孝陵,升祔太庙。

　　十二年五月,皇后赫舍里氏崩,辍朝五日,服缟素,日三奠,内外会集服布素,朝夕哭临三日。移北沙河巩奉城殡宫,帝亲送。自初丧至百日,亦躬亲致祭。时用兵三藩,虑直省举哀制服易惑观听,免治丧,余如故。册谥仁孝。三周后,致祭如陵寝。后葬昌瑞山。世宗登极,谥曰孝诚仁皇后。

　　十七年二月,皇后钮祜禄氏崩,丧葬视仁孝后,册谥孝昭。世宗加谥曰仁。

　　二十六年,世祖母博尔济吉特氏崩。先是太皇太后违豫,帝躬侍,步祷南郊,愿减算益慈寿。亲制祝文,祠义恳笃。太常宣读,涕泗交颐。既遭大丧,悲号无间。居庐席地,毁瘠过甚,至昏晕呕血。自是日始,内外咸集,日三哭临,四日后日二哭临。官民斋宿凡二十七日。寺、观各声钟三万杵。文移蓝印,题本朱印,诏旨蓝批答。值除夕、元旦,群臣请帝暂还宫,不许。唯令元旦辍哭一日。礼臣议上尊谥曰孝庄文皇后。帝以升遐未久,遽易徽号为尊谥,心实不忍。谕俟奉安寝园,称谥以祭。及梓宫启攒夕,攀慕不胜,左右固请升辇,坚不就驾,断去车靷,恸哭步送。遇昇校番上,辄长跽伏泣,直至殡宫,颜悴足疲,凄感衢陌。又传旨还宫日仍居乾清门外幕次。并定志服三年丧,不忍以日易月。群臣交章数请除服,国子生五百余人咸以节哀顺礼为请,帝骨立长号,勉释衰绖,而有触辄痛,阅三年不改。

初太皇太后病笃时,谕帝曰:"太宗梓宫奉安已久,卑不动尊,未便合葬。若别营茔域,不免劳费。我心恋汝父子,不忍远去,必安厝遵化为宜。"帝遂相孝陵南建缯殿,奉安梓宫,称暂安奉殿,设官奉祀如孝陵制。至世宗改建地宫,号昭西陵,始大葬。

圣祖仁皇后佟佳氏,二十八年七月崩,时由妃立后第二日也。帝辍朝亲临,制四诗悼之,谥曰孝懿,丧仪如孝昭。

世祖皇后博尔济吉特氏,五十六年二十月崩。先是疾大渐,礼臣请如孝康后丧礼。帝言:"孝康升遐,朕甫十岁,辅臣治丧,礼恐未备。后见仁孝后丧仪,条理颇晰,如遇大事,其悉议以行。"及崩,会帝病足,昇近几筵。就榻成服。哭而晕,有间苏。群臣环跽叩劝,乃勉昇侧殿。将移殡宫,设启奠,礼臣请遣皇子代。帝曰:"此初祭,朕必亲奠,宁寿宫中岂能复行此礼耶?"至日遣代奠爵,仍昇几筵旁榻上行礼。梓宫启行,昇榻哭送,出宁寿宫西门,仰望不见灵驾,止哀,还苫次。大祭,足疾少愈,即亲诣殡宫行礼。谥曰孝惠章皇后,葬孝东陵。

雍正元年,世祖母仁寿皇太后乌雅氏崩,丧礼如孝惠,谥曰孝恭仁皇后,与圣祖合葬景陵。时帝遭圣祖丧,斋居养心殿。服竟,仍终太后丧。辅臣援圣祖丧礼请服阕行祫祭,帝曰:"父母之丧,人子之心则一,帝后之礼,国家之制迥殊。今届皇妣释服期,诹日祭告奉先殿,无颁谕中外为也。"

九年九月,世宗皇后那拉氏崩,帝服缟素十三日除,奉移田村,三周年后,殡宫时奠与沙河殡宫礼同,唯承祭各官改补服。高宗立,上尊谥曰孝敬宪皇后。乾隆二年,与世宗合葬泰陵。

十三年三月，帝奉皇太后东巡，皇后富察氏从，还至德州崩，亲制《悼亡篇》。丧将至，王公大臣诣通州芦殿会集，皇子祭酒，举哀行礼。既至，群臣素服跪迎朝阳门，公主近支王福晋集储秀宫，诸王福晋及命妇集东华门外，咸丧服跪迎梓宫，奉安长寿宫。帝亲临成服，辍朝六日。

中宫之丧，自孝诚仁皇后后，直省治丧仪制久未举行。至是王大臣言："《周礼》为王后服衰，注谓诸臣皆斋衰，是内外臣工无异也。《明会典》载后丧仪，十三布政使司暨直隶、礼部请敕差官讣告。外省官吏军民，服制与京师同。今大行皇后崩逝，正四海同哀之日，应令外省文武官持服如制。"从之。册谥孝贤。

五月，廷臣奏言："后虽俪体，礼统所尊，升殿视朝，事关典制。孝贤皇后丧仪，应遵祖制，百日后皇帝升殿，文武百官及外藩使臣朝服行礼如常仪。帝两月除沐礼，御门听政，群臣朝服不挂珠，礼毕仍素服。百日后如御门，群臣常服挂珠，庶协礼制分义。"帝曰："孝贤皇后丧仪，朕皆斟酌古今，不参私意。考明嘉靖七年孝洁陈皇后之丧，张璁援引古礼，谓'丧服自期以下诸侯绝，特为旁期言。若妻丧本三年报服，杀为期年，固未尝绝。上宜为后服期丧'云云。今据议奏，如升殿作乐，凡大朝祀典，自当如例。唯常日视朝，但鸣钟鼓，乐悬而不作。至明年正月，将届期年，一切典礼如常仪。"

时沂州营都司姜兴汉、锦州知府金文醇国恤期内剃发，所司以闻，下部逮治。并申明祖制，禁百日内剃发，违者处斩。谕载入《会典》。

三十一年，皇后那拉氏薨，时帝幸热河，留京王大臣以闻。诏言："后自册立以来，尚无失德。去年侍太后南巡，性忽改常，未尽孝道，理应废黜。今仍存其名号，丧仪依贵妃例，内务府大臣承办。"

仁宗母魏佳氏，四十年正月在贵妃位崩，诏称令懿皇贵妃，命皇八子、十二子、十五子、皇孙绵德等穿孝，葬胜水峪。嗣立仁宗为皇太子，遂赠谥孝仪皇后，升祔奉先殿，后复上庙谥为纯皇后，乃升祔太庙。

　　高宗母崇庆皇太后钮祜禄氏，四十二年正月崩，帝衰服百日，如世宗丧，余仍素服。亲拟尊谥曰孝圣宪皇后。礼臣上丧仪，援雍正九年例，二十七日内遇郊庙大事，素服致祭，乐设不作。帝曰："郊庙典重，不应因大丧而稍略。"复下军机大臣议。旋议上："遇郊庙大祀，遣官致祭，仍作乐，朝服行礼，常祀素服致祭，乐设不作。"制可。颁遗诏，自到省会日始，停嫁娶，王公百官百日，军民一月。辍音乐，王公百官一年，军民百日。余如故。

　　先是历代丧礼，百日后服色礼制，未载《会典》，至是命军机大臣会典丧仪王大臣详议。议上御殿视朝仪注。得旨："元正朝会，二十七月内不必举行。其常日视朝，百日后行之。"

　　又议定御用服色："一，百日内缟素。百日释服后，二十七月内素服。诣几筵，冠摘缨。一，百日内遇祭郊、社、日坛，遣官将事。斋戒日，素服冠缀缨。百日外，亲诣行礼。又斋期，常服不挂珠。阅祝版，先期宿坛，常服挂珠。祭日朝服作乐，还宫乐设不作。一，百日外祭事御龙袍褂。百日内祭奉先殿冠缀缨、青袍褂，百日外珠顶冠、蓝袍、金龙褂。一，二十七月内祭月坛、帝王、先师、先农，俱遣官行礼。一，宫中祀大神，百日后亲诣行礼，龙袍、蓝褂、挂珠。一，二十七日外，遇元旦，前后七日貂褂挂珠，百日外，御门听政，常服不挂珠。一，二十七日外百日内，召见及引见俱在便殿，服缟素。遇万寿节，七日常服。一，阅视大行皇太后册、宝，素服冠缀缨，先期斋戒带牌。一，阅视玉牒，朝服。一，十二月封宝，正月开宝，御龙褂。一，文武传胪不升殿。一，经筵、耕耤，二十七月后举行。一，山陵礼制，二十七月内谒陵，青袍褂，冠摘缨，其往返在途，冠并缀缨。一，内廷主位，二十七日释缟素后，二十七月内常服。遇元旦万寿，俱七日吉服。百日内遇亲蚕，遣王福晋恭代。朝服，百日外二十七月内，依旧行礼，吉服。其文武百官，二十七日缟素，百日内素服，冠缀缨，夏用雨缨冠，诣几筵仍摘缨。一，百日内祭郊庙、社稷、日坛，遣官恭代。先期省牲、视牲咸素服。祭日，承祭、执事各官咸朝服。作乐。百日外二十七月内，亲诣行礼。斋戒日常服挂珠，阅祝版、省视牲、宿坛并补褂。冬貂褂挂珠。祭日,朝服作乐。一,百日外祭堂子,俱蟒袍、补褂、挂珠。百日内祭奉先殿,青袍褂,冠缀缨。百日外补褂、挂珠。一,百日外祭月坛、帝王、先师、先农,遣官行礼,皆素服斋戒。祭日,朝服,作乐。百日内素服行礼,乐设不作。一,二十七月内遇元旦谒堂子,百官皆蟒袍、补褂、挂珠。其前后三日及万寿前后七日皆常服挂珠。一,二十七日外百日内引见官,青袍褂。百日外青褂。一,百日外二十七月内,遇升殿、常朝、坐班俱朝服。遇朔、望常服挂珠。一,奉移山陵,随从官在途青袍褂、冠摘缨。礼成后,神主还京,并百日后随从谒陵,在途俱青袍褂,冠缀缨。谒陵日如之。还京时,仍短襟袍、马褂。一,百日内雨衣、雨冠均青色。百日外雨冠按品级,雨衣仍青色。皇子以下同。"制可。

四月,葬泰东陵,梓宫迄泰陵,命暂停道旁,帝代向陵寝行礼,著为令。

至陵翼日行飨奠礼。初,帝以《会典》旧称"遣奠",称名未当,命儒臣稽所自昉。大学士言:"遣奠之称,礼经并无明文,唯见诸孔颖达《士丧礼疏》,唐以后相沿用之。盖颖达第用《仪礼》葬日将行苞牲体之车名为遣车,遂取遣字为奠名,牵合无当。复考《仪礼》,将行之祭,'撤巾苞牲。'郑康成注:'象既飨而归宾俎也。'又《礼记杂记》:'大飨既飨,卷三牲之俎归于宾馆,所以为哀也。'郑注:'既乡归宾俎,言孝子哀亲之去也。'是将行之祭,本用飨礼,旧称遣奠,似不若作飨奠为长。"敕下部更正从之。

四十四年四月,帝诣陵释服。谕曰:"朕昔遭皇考大故,思持服三年,因遵圣母慈谕,断以百日。然缟素虽释,其服仍存。嗣值圣母大丧,百日后即不存,非厚前薄后也。盖彼时年力正壮,可终三年丧制。今春秋望七,设存之而弗克尽礼,于心转不安也。"

仁宗皇后喜塔腊氏,嘉庆二年二月崩,奉太上皇敕旨,丧仪如皇后。改为辍朝五日,素服七日。奠辍时,皇子等成服如制。官民俱素服七日,不摘缨,不蓄发。寻谕辍朝期内,仍进章疏,毋废引见诸事。其奏事官暨引见官,俱常服不挂珠。凡停嫁娶、辍音乐,官二十七日，军民七日，余如仪。册谥孝淑，嗣葬太平峪。

十三年正月，仁宗皇后钮祜禄氏崩，时在福晋位，暂安王佐村园寝，二十五年帝即位，追封孝穆皇后。拟改园寝为陵寝，礼部言："园寝规制未备，忌辰大祭，朔、望小祭，请如孝淑后殡宫例举行。"制可。遂命大学士戴均元等勘定宝华峪，嗣以地宫渗水，道光十一年，改葬龙泉峪。

越二年，宣宗皇后佟佳氏崩，帝辍朝九日，素服十三日，册谥孝慎。又越二年，卜葬，与孝穆后同吉壤。

二十年正月，皇后钮祜禄氏崩，帝服青袍褂十三日除，临奠仍素服。谥孝全。亦葬龙泉峪。

二十九年十二月，仁宗皇后钮祜禄氏崩，谥曰孝和睿皇后。时帝年七十，二十七日释缟素，数日而崩。咸丰三年，葬昌西陵。

方孝和后崩次日，文宗后萨克达氏崩福晋位，内府治丧，殡田村。次年正月帝即位，追封孝德皇后，其丧仪先期豫改，如大丧礼。同治四年，与文宗合葬定陵。

康慈皇贵太妃，宣宗皇贵妃也。咸丰五年七月，尊为皇太后。俄崩，帝持服百日如制。加谥孝静，升祔奉先殿，改慕陵妃园为慕东陵。同治初元，加庙谥曰成，升祔太庙。

光绪元年二月，嘉顺皇后蒙古阿鲁特氏崩，去穆宗丧未百日，帝释缟素后，率群臣服丧二十七日，仪如故事。谥曰孝哲毅皇后。五年，与穆宗合葬惠陵。

慈安皇太后，钮祜禄氏，文宗后也。七年二月崩，谥曰孝贞显皇后，葬定东陵。

三十四年十月，慈禧太皇太后后德宗一日崩，诏礼部从优具议。寻议百日内上谕用蓝笔，章疏十五日后具奏。王、公、百官、公主、福晋、命妇二十七日内日三哭临。官停嫁娶期年，辍音乐二十七月，京师军民二十七日罢祭祀，余如大丧礼。谥曰孝钦显皇后，葬定东陵。

皇妃等丧仪 顺治初,定制,妃、嫔之丧,内务府掌行,临时请旨。

康熙四年,寿康太妃博尔济吉特氏薨,帝辍朝三日,大内及宗室咸素服。王、公、大臣、公主、福晋、命妇毕集。初祭,陈楮币十四万,画缎万,馔筵三十有一,牛一,羊十八,酒九尊,读文致祭。次日绎,陈楮币万,馔筵五,羊三,酒三尊。大祭同初祭。奉移豫祭,陈楮币二万,馔筵十三,羊五,酒五尊。岁时致祭如例。

九年,慧妃博尔济吉特氏薨,辍朝三日,大内、宗室咸素服。三日不祀神。妃宫中女子薙发,内监截发辫,成服,二十七日除。又定金棺至殡宫,初祭陈楮币十四万,画缎千,帛九千,馔筵二十一,羊十九,酒十九尊,设彩仗行礼。奉移则陈楮币三万,馔筵十三,羊、酒各五。不直班官员跪迎十里外,俟过随行。次日行奉安礼,如奉移仪。

十三年,太宗懿静太贵妃博尔济吉特氏薨,帝摘冠缨,躬诣致祭,余同太妃仪。

三十五年,温僖贵妃钮祜禄氏薨,辍朝五日。命所生皇子成服,大祭日除,百日剃发,余如制。

雍正三年,敦肃皇妃年氏薨,辍朝五日。特简王公大臣典丧仪,遣近支王公七,内务府总管一,散秩大臣二,侍卫九十,内府三旗佐领,官民男女咸成服。大祭日除,剃发。日三设奠,内外齐集,百日后至未葬前,日中一设奠,朔望仍三奠,命内管领妻祭酒三爵。奉移日,礼部长官祭舆。金棺启行,王公百官从。礼部长官祭所过门、桥。初祭陈楮币十八万,帛九千,画缎千,馔筵三十五,羊、酒各二十一。大祭同。

又定贵妃晋封皇贵妃,未受册封前薨,罢制金册宝,以绢册宝书谥号。遣正、副使读文致祭,先期遣告太庙后殿、奉先殿。届日内外会集,正、副使赴内阁诣册宝案前一跪三叩,奉册宝出,至午门外陈彩舆内,复三叩。校尉舁至殡宫大门外,正、副使行礼如初。奉册宝入中门,陈案上。正使诣香案前三上香,宣讫,读文致祭如仪。乾隆二年,奉移金棺从孝敬后葬泰陵。

八年,寿祺皇贵太妃佟佳氏薨,礼部以辍朝五日请,诏改十日。摘冠缨,亲诣行礼,谥愨惠,余同贵妃仪。

二十九年,忻妃戴佳氏薨,诏加恩如贵妃例治丧。先是,晋封时金册宝已镌字,未授受,至是陈设金棺前,其绢册宝增书贵妃字焚之。又谕:"嗣后贵妃以上薨逝,王公大臣俱步送暂安处,妃、嫔豫往,满大臣年老艰步履者如之。"故事,皇贵妃金棺至园寝,始制神牌,甚稽时日,三十三年谕:"嗣后遇大祭,即往园寝制造,俟金棺至,刻字填青,大学士等监视。奉安后,陵寝官朝服行礼,奉设飨殿。著为令。"

四十年,奏定皇贵妃以下五等丧。凡请辍朝、素服日期,传行内外齐集,请遣承祭大臣,奉安地宫前期祭告陵寝及金棺前,并所过门、桥奠酒诸事,均礼部掌行。其追封赠谥制牌,会同二部奏办,余归内府掌仪司牒礼、工二部襄治之。

四十九年,裕皇贵太妃耿氏薨,诏罢朝,仍亲诣奠酒行礼,谥纯懿,余如故。

嘉庆四年,庆贵妃陆氏薨,帝念其抚育如生母,特追封庆恭皇贵妃,下所司议赠谥典礼。寻议上,豫期工部制绢册宝,寝陵官制神牌,遣告太庙、奉先殿暨高宗几筵,俟高宗梓宫移山陵次日,遣正、副使诣园寝配殿致祭。九年,议定皇贵妃丧,罢坤宁宫致祭酌减为五日,贵妃二日,妃、嫔不停止。

道光十三年,仁宗诚僖皇贵妃刘氏薨,不辍朝,不素服;命僧格林沁穿孝,谥和裕。

同治五年十一月初七日,琳皇贵太妃乌雅氏薨,会初十日慈禧太后万寿,命大内、宗室王公百官展期十二日素服一日。

清史稿卷九三
志第六八

礼十二　凶礼二

皇太子皇子等丧仪
亲王以下及公主以下丧仪
醇贤亲王及福晋丧仪　忌辰
赐祭葬　赐谥　外藩赐恤
品官丧礼　士庶人丧礼　服制

及皇子福晋皇太子皇子等丧仪　皇太子丧仪,有清家法,不立储贰。至乾隆三年,皇次子永琏薨。高宗谕曰:"永琏为朕嫡子,虽未册立,已定建储大计,其典礼应视皇太子行。"礼臣奏言:"皇太子丧礼,《会典》未载。旧制,冲龄,不成服。今议,皇帝素服,辍朝七日。若亲临奠,冠摘缨。典丧大臣、奏遣之王公暨皇太子侍从官咸成服,内务府佐领、内管领下护军、骁骑校等成服,以六百人为率,并初祭日除。直省官奉文日,咸摘冠缨素服三日,停嫁娶、辍音乐,京师四十日,外省半之。幼殇例无引幡,今请依雍正时怀亲王丧仪,引幡仍用。外藩额驸、王、公、台吉、公主、福晋、郡主服内来京,男摘冠缨,女去首饰。朝鲜使臣素服七日。金棺用桐木。"启奠帝亲祭酒,奉移亲视送。礼部长官祭舆。初祭内外会集,帝至殡殿奠酒三爵,每奠众一拜,是日除服剃发。将册谥,先期遣告太庙后殿、奉先殿,谥曰端慧。礼成。礼部颁行各省,并牒朝鲜国王,文到率百官素服,军民罢嫁娶、音乐各三日。八年,葬朱华山园寝。

皇子丧仪 顺治十五年,荣亲王薨,治丧视亲王加厚,葬黄花山园寝。

康熙中,定制,凡皇子殇,备小式朱棺,祔葬黄花山,唯开墓穴平葬,不封不树。

雍正六年,皇八子福惠卒,帝辍朝,大内素服各三日,不祭神,诏用亲王礼葬。十三年,追封亲王,谥曰怀。

乾隆十三年,皇子永琮甫二周薨,帝言:"建储之意,朕虽默定,然未若端慧太子旨已封贮,丧仪应亲皇子为优。"大祭视临奠酹,谥悼敏,后追封哲亲王。

越二年,皇长子永璜薨,金棺用杉木,其福晋及皇孙绵德等翦发去首饰,成服百日而除,素服二十七月。成服王公大祭日除。礼部以第三日移殡,请辍朝三日,诏改五日,追封定亲王,谥曰安。初祭、大祭并亲临奠。

二十五年,皇三子永璋薨,诏用郡王例治丧,辍朝二日。大内、宗室素服咸五日,不祭神。追封循郡王。

四十一年,皇十二子永璂薨,诏宗室公例治丧。嘉庆四年,追封贝勒。

道光十一年,皇长子奕纬,命依皇子例治丧。罢公主、福晋、命妇会集,园寝不建碑,追封贝勒,谥曰隐志。三十年,晋封郡王。

皇子福晋丧,定制,亲王世子、多罗郡王下及奉恩将军、固伦公主、和硕福晋下及固山格格、奉恩将军妻咸会集。朝供馔筵,午果筵。初祭引幡一,楮币十二万,馔筵二十五,羊十五,酒七尊,读文致祭。绎则陈楮币三千,馔筵十二,羊、酒各七。百日、周年、四时致奠礼同。

嘉庆十三年,宣宗时为皇次子,其福晋钮祜禄氏薨,帝命即日成服,初祭后除。未分府皇子福晋依亲王福晋例,金棺、座罩皆红色,以无仪仗,特赏金黄色座罩,仪仗仍视亲王福晋例用,旗色用镶白，著为令。

道光七年，皇长子奕纬福晋瓜尔佳氏薨，罢内外齐集及豫往暂安处接迎。十一年，追封贝勒夫人，诹吉遣官奉纸册往殡所，读文致祭。

暨福晋等亲王以下及公主以下丧仪　顺治九年，定亲王丧闻，辍朝三日。世子、郡王二日。后改贝勒以下罢辍朝。敛具，亲王至贝勒采棺，藉五层。贝子至辅国公棺同，藉三层。镇国将军以下朱棺，藉一层。初薨陈仪卫，鞍马、散马亲王十五，世子、郡王各十四，贝勒各十三，贝子各十二，镇国公各十，辅国公各八；镇国将军鞭马七，辅国将军五，奉国将军四，奉恩将军三。府属内外咸成服，大祭日除。内外去冠饰、素服会集，各如其例。镇国将军以下不会丧。公主、福晋、命妇会丧，临时请旨行。凡亲王至辅国公，御祭二，遣官至坟读文致祭。宗人府请赐谥，撰给碑文。工部树碑建亭，贝勒以下碑自建，给葬费有差。镇国将军至奉国将军赐祭二，文一。立碑、予谥，临时请旨。奉恩将军赐祭无文，不立碑，不予谥。

王至公婚娶之子卒，许陈鞍马，祭品各如其父母例，唯不遣官致祭。未婚娶幼子不造坟。

凡葬期，亲王期年，郡王七月，贝子以下五月。

又定亲王福晋以下丧，内外会集如制，陈仪卫从其封爵，亲王福晋、侧福晋、世子福晋御祭一。

十二年，定下嫁外藩公主丧，御祭一，遣官至茔所读文致祭。

康熙四年，定贝勒至入八分公予谥请旨行。

九年，定亲王至辅国公丧，本府官属具丧服，其礼亲王、肃亲王、承泽亲王、敬谨亲王、饶余亲王、郑亲王、克勤郡王、恪僖贝勒、靖宁贝勒、顾尔马洪贝子、福勒黑公十二支，凡为本支所分者，本身暨府属官、命妇咸具丧服，非本支会丧者摘冠缨，从官如其主，尊属无服。

五十二年，定贝勒生母薨，治丧如嫡夫人，遣官读文致祭。五十四年，定固伦公主有子孙者，获请建碑予谥。

雍正四年，遵旨议定嗣后皇帝子孙依五等服制，遇期服伯叔兄弟丧，依例具奏临丧。其诸王以下，不论爵次，遇小功以上丧，会丧成服，期六十日、大功一月、小功七日除。乾隆三年，更定期服大祭日、大功初祭日、小功送殡日除。

二十一年，谕诸王侧福晋予谥请旨行，予祭不逾一次，罢给祭文。三十六年，定贝勒、贝子、公兼一品职获请予谥，镇国暨辅国将军兼一品职获请赐恤。四十年，定凡侧福晋为王等生母，获请赐祭，降嫡福晋一等。五十六年，镇国公晋昌夫人卒，诏罢赐祭，后仿此。

嘉庆十七年，贝勒绵懃子奕绶卒，命封为未入八分辅国公，嗣后宗室如追封公，俱作为未入八分，著为令。

公主以下丧仪　顺治九年，定固伦公主丧视亲王福晋，和硕公主视世子福晋，郡主视郡王福晋，县主视贝勒夫人，郡君视贝子夫人，县君视镇国公夫人。十二年，定下嫁外藩公主至县主并给谕祭文，遣官赴坟读奠。郡君以下，致祭无文。道光二十四年，定公主薨，内务府请旨，如命官为治丧，一切典礼。即会礼部具奏。得旨，再牒各署治办，额驸自行治丧，礼部应将会集处奏闻。公主以下丧，会集临时请旨，如获请，牒宗人府、五旗传行。未厘降受封者，内务府治丧，不会集。

醇贤亲王及福晋丧仪　光绪十六年，醇亲王奕𫍙薨，定称号曰"皇帝本生考"，帝持服期年，缟素十有一日，辍朝如之。期年内御便殿仍素服。元旦谒堂子，诣慈宁宫，太和殿受朝，并礼服。唯升殿不宣表，乐设不作，罢宗亲、廷臣筵宴。祭文、碑文书皇帝名。初祭、大祭暨奉移园寝并御青袍褂，冠摘缨，亲诣行礼。又定庙制及祭葬，庙中殿宇及正门瓦色，中用黄琉璃，殿脊及正门四围用绿琉璃。祀以天子礼。岁时飨，四仲月朔举行，忌辰躬亲致祭。葬以亲王礼，帝亲制碑文，谥曰贤。三十二年，其福晋叶赫那拉氏薨，称"皇帝本生妣"，丧仪如醇贤亲王例。

忌辰　顺治十年,定盛京、兴京三陵忌辰,遣守陵官行礼,献酒果,不读祝,不奠帛。十二年,改定忌辰遣官,礼部具题请旨。康熙三年,复定三陵忌辰在隆恩殿神牌前揭幔致祭。雍正四年,帝以圣祖丧满,哀慕无穷,思依三年内祭礼举行,下礼臣议。寻议上,依周年祭祀例,遣在京或陵寝王公大臣一人承祭,在京王公百官遣三之一陪祭。著为令。十三年,高宗嗣服,议定圣祖忌辰,依陵寝四时大祭,用太牢,献帛爵,读祝文,遣官承祭,陵寝官悉陪祀,罢遣京官往。嗣后列圣、列后忌辰,永如例行。

定制,帝、后忌辰,内外俱素服,停宴会,辍音乐,不理刑名,帝诣奉先殿后殿上香行礼。如祀南郊,帝阅祝版,遇忌辰,御龙袍、龙褂、挂数珠,执事官蟒服、补褂、挂数珠。阅北郊、庙社暨各中祀祝版,则俱御龙褂、挂数珠,执事官咸补服、挂数珠。大祀斋期内,御常服、挂数珠,陪祀执事官亦如之。凡祭日遇忌辰,行礼时祭服作乐,礼毕仍素服。

赐祭葬　世祖初入关,沿崇德间例,超品公,一、二、三等公卒,遣官祭三次;子、副都统二次;参领、佐领一次。阵亡与有勋劳者,遣官治丧,出自上裁。

顺治三年,定制民公、侯、伯、子兼任内大臣、都统、大学士、尚书、镇守将军卒,候旨立碑,致祭一次。袭公、侯、伯、子在任不逾三年,止给祭品,无祭文,不立碑。二、三品官卒,给祭品。满任三年给祭文。有战功者,获请立碑。

十三年,定佐领、员外郎、主事任满三年,给祭品、祭文,未满者无祭文。致仕同。

十五年,定部、院长官加秩至一、二品,致祭、立碑。三品满三年者如之。未满,但致祭而已。护军统领、副都统、前锋统领、步军总尉考满视三品,如为男爵,得致祭,立碑,参领、前锋参领满三年,致祭,不立碑。四品卿、少卿考满者同,否则不给祭文。阵亡不论品级,获请恩恤。内大臣、都统、大学士、尚书、护军统领、副都统、前锋统领、侍郎、学士、步军总尉原品休致者,致祭、立碑同。现任轻车都尉、佐领、骑都尉、郎中、员外郎、主事,致祭、无碑文。承袭公、侯、伯有职任者,依职任予恤,否则止给祭品。

十七年,定本身所得民公、侯、伯、子及都统有职任内大臣、镇守将军给全葬。大学士,尚书,左、右都御史加级及宫保者,视一品给全葬,无加衔、加级视二品给全葬。侍郎无兼衔、加级而考满者,视三品给全葬,未满者半之。四品卿、少卿或兼少卿衔,视四品,止给祭品。护军统领、前锋统领、副都统、步军总尉任满给全葬,未满者半之,并致祭一次。武职自参领、文职自郎中以下,俱不给祭品。阵亡者如故。

十八年,定本身所得民公、侯、伯造葬,致祭一次,加祭出特恩。都统、内大臣、大学士、尚书、右都御史、子、镇守将军及加衔、加级至一二品官,俱依品级造葬,致祭一次。三品侍郎、学士、通政使、大理寺卿考满者给全葬,未满者半之,俱致祭一次。参领、协领、郎中、佐领及三等侍卫、护卫官阵亡者,致祭一次。汉文职一、二品或三品考满,俱致祭、造葬,未满者半之,致祭一次。在外布、按以上,依京秩例行。武职加衔副将以上,造葬,致祭一次,无兼衔而考满者同,未满者半之,致祭一次。知县、守备以上阵亡者,各依加赠品级造葬,致祭一次。凡满、汉文武原官致仕者,恤典同现任。

康熙九年,定本身所得及承袭公、侯、伯给全葬,遣官读文,致祭一次。内大臣、都统、子品级散秩大臣、大学士、尚书、左都御史、子、世袭子、镇守将军、提督,各依品级给全葬,遣官读文,致祭一次。男品级散秩大臣、护军统领、前锋统领、副都统、侍郎、本身所得男、学士、副都御史、总督、总兵官、加级至二品巡抚,各依所加品级给全葬,遣官读文,致祭一次。三品侍郎、学士、副都御史、巡抚、通政使、大理寺卿,任满给全葬,未满者半之,俱遣官读文,致祭一次。布政使给全葬,致祭一次。云骑尉、三等侍卫以上,文职知县、武职守备以上阵亡者,各依加赠品级给全葬,致祭一次。

道光二十四年，定赐祭王、公以下仪　祭日，堂中陈仪卫，灵座前置供案，陈赐祭物品，左右分陈自备祭品。案前设遣官奠位，东设祝案，北向，南设燎位，具楮帛。遣官至，丧主率宗亲及属官跪迎大门外，礼部官奉祭文入自中门，陈东案，遣官随入，就位立，丧主以下皆就位跪。读祝官读文讫，遣官跪奠三爵，每奠一叩。镇国将军以下立奠，丧主率众随行礼。毕，兴，举哀，燎祭文。丧主率众望阙谢恩，三跪九叩。遣官出，跪送大门外。

赐谥　亲王例用一字，贝勒以下及文武大臣二字。郡王谥号，尚沿明制用二字，间有用一字者。圣祖时，追谥郡王，满、汉文俱用一字，遂为定制。

顺治九年，定亲王以下丧闻，宗人府请谥，内院撰拟碑文。康熙四年，定诸王赐谥，封号上加一字，贝勒以下、入八分公以上，予否请旨行。乾隆三十六年，遵旨议定贝勒至辅国公兼一品职者予谥，仍请旨。其兼二品以下职暨不兼职者罢予谥。

定制，一品官以上予否请上裁，二品官以下不获请。其得谥者，率出自特旨，或以勤劳，或以节义，或以文学，或以武功。破格崇褒，用示激劝。嘉、道以前，谥典从严，往往有阶至一品例可得而未得者。世宗朝，一等公福善，大学士魏裔介，将军佛尼勒、莽依图，都统冯国相，尚书汤斌、徐潮、玛尔罕辈，望实素高，入祀贤良。逮至高宗初元，始获追谥。易名盛典，殊不易得。

令甲，得谥者礼部取旨，行知内阁典籍撰拟。至穆宗朝，大学士卓秉恬改归汉票签，唯侍读司之。大学士圾翰林授职者，始得谥"文"，亦有出自特恩而获谥文者，侍读拟八字，大学士选四字，余则拟十六字，大学士选八字，并请上裁定。武臣有谥文者，如领侍卫内大臣索尼获谥文忠，异数也。唯"文正"则不敢拟，出自特恩。文职内自三品卿、外自布政使以下，例不予谥。唯御史陆陇其谥清献，侍讲学士秦承业谥文慤，太常卿唐鉴谥恪慎，则以崇尚儒臣，笃念师傅，不为恒式。

咸丰三年，礼臣奏定文职二品官殉难，视一品予谥。如按察使优恤，礼部亦得援例以请。军兴而后，道、府、州、县等官死绥不少，疆臣疏请，不拘常格矣。其武职死事，参将以下，视副将议恤；协领以下，视副都统议恤；皆得援新章奏请。唯武功未成者，不得拟用"襄"字。至十二年，谕："嗣后文武各官，其官阶例不予谥者，不得率行奏请。"至是限制稍严。

光绪四年，贵州巡抚黎培敬为已革总督贺长龄请谥。诏以易名之典，不容冒滥，严切申儆，且下培敬吏议。亦有得谥而被夺者，若沈德潜、卞三元，或追论其生平，或败露于身后，削秩仆碑，以示诫也。

至朝鲜国王谥号，亦内阁撰拟，嗣以所拟之字有触其国王先代名讳，则改由其国自拟八字以进，请帝裁定云。

　　外藩赐恤　顺治十三年，定蒙藩亲王等丧，遣官赍祭文至茔所宣读致祭，丧主率属跪迎。礼毕，望阙谢恩，行三跪九拜礼。自王以下，致祭如前仪，唯牲醴物品，则依其爵为隆杀。著有勋劳者，建碑优恤，特遣大臣、侍卫，出自恩旨。亲王、郡王福晋丧，遣祭如仪。贝勒至公夫人，并遣祭，无祭文。

其朝鲜国王母妃、王妃、世子丧讣至，礼臣请赐恤，遣正、副使赍祭品、香钞谕祭。乾隆五十一年，国王世子李晬丧，礼部奏闻。诏以朝鲜世守藩封，最称恭顺，命倍给祭品，赤优恤。嘉庆十年，国王李玜曾祖母庄顺王妃讣至，赐祭一次。

琉球、越南国王卒，告哀，遣使谕祭，并给银绢。母、妃、世子丧，俱不告哀，不赐恤。使臣来京病殁，则题请恤典，赐棺及祭，归葬者听。

　　品官丧礼　定制，有疾迁正寝，疾革书遗言，三品以上官具遗疏，既终乃哭。立丧主、主妇。护丧诸执事人治棺，民公采板，侯、伯、一品官以下朱棺。讣告。设尸床、帷堂，陈沐具。乃含。三品以上用小珠玉,七品以上用金木屑五。袭衣,常服一称,朝衣冠带各以其等。明日小敛,陈敛床堂东,加敛衣,三品以上五称,复三、禅二;五品以上三称,复二、禅一;六品以下二称,复、禅各一;皆以缯。复衾一。又明日大敛盖棺,设灵床枢东,枢前设灵座,陈奠几,丧主及诸子居苫次,族人各服其服。

朝夕奠肴馔,午饼饵。遇朔望,则朝奠具殷奠,肴核加盛。初祭,陈馔筵羊酒,具楮币。公筵十五席,羊七,楮四万;侯筵十二,楮三万六千;伯筵十二,楮三万二千;羊俱六。一品官筵十,羊五,楮二万八千;二品筵八,羊四,楮二万四千;三品筵六。楮二万;四品筵五,楮万六千;羊俱三。五品筵四,楮万二千;六、七品筵三,楮万;羊俱二。

族人齐集,丧主以下再拜,哭奠如礼。卒奠,大功者易素服,大祭同。初祭,期服者易素服,百日致奠剃发,三月而葬。

一品茔地九十步,封丈有六尺,递杀至二十步封二尺止。缭以垣。公、侯、伯周四十丈,守茔四户;二品以上周三十五丈,二户;五品以上周三十丈,一户;六品以下周十二丈,止二人守之。公至二品,用石人、望柱暨虎、羊、马各二,三品无石人,四品无石羊,五品无石虎。其墓门勒碑,公、侯、伯螭首高三尺二寸,碑身高九尺,广三尺六寸,龟趺高三尺八寸。一品螭首,二品麒麟首,三品天禄辟邪首。四至七品员首方趺,首视公、侯、伯递杀二尺至尺八寸止。碑身递杀五寸至五尺五寸止,广递杀二寸至二尺二寸止,趺递杀二寸至二尺四寸止。刻圹志用石二片,一为盖,书某官之墓,一为底,书姓名、乡里,三代、生年、卒葬月日及子孙葬地。妇人则随夫与子孙封赠。二石相向,铁束,埋墓中。

制枢辇,上用竹格,结以彩,旁施帷幔,四角垂流苏,缯荒、缯帏并青蓝色。公、侯、伯织五采,一、二品用销金,五品以上画云气,六、七品素缯无饰。承以杠,五品以上髹朱,六、七品饰红垩,障枢画翣,五品以上四、六、七品二。引布二,功布一,灵车一,明器则从俗。

诹日发引,前夕祖奠,翌日遣奠,会葬者毕集。公鞍马八,递杀至二数。仪从前导,引以丹旐、铭旌,满用丹旐,汉用铭旌。至墓所,乃窆。祀后土，题主，奉安，升车，反哭，乃虞。羊、酒、楮帛各视其等。祭毕，柔日再虞，刚日三虞。百日卒哭，次日祔家庙。期年小祥，再期大祥，迁主入庙。祝读告辞，主人俯伏五拜。讫，改题神主，诣庙设东室，奉祧主藏夹室。乃撤灵座。后一月禫。丧至此计二十有七月。丧主诣庙祇荐禫事。

其在外闻丧者，讣至，易服，哭，奔丧。至家凭殡哭，翌日成服。丧期自闻讣日始。余同。期以下闻丧，易服为位而哭，奔丧，则至家成服。官在职，非本生父母丧，虽期，犹从政，不奔丧。闻讣，易服为位而哭，私居持服，入公门治事仍常服。期丧者，期年不与朝、祭。服满，则于私居为位哭，除之。

顺治九年，定百官亲丧祭礼以其子品级，子视父母，命妇视夫同。

康熙二十六年，禁居丧演戏饮博。凡官卒任所，或父母与妻丧，许入城治事。

乾隆间，谕京旗文武官遇亲丧，百日后即入署治事，持服如故。罢与祭祀、朝会。

道光二十四年，定民公以下、军民以上居丧二十七月，不宴会、作乐，不娶妻、纳妾，门户不换旧符。

宣统元年，礼部议画一满、汉丧制，自是满官亲丧去职，与汉官一例矣。

士庶人丧礼　顺治初年，定制，士、庶卒，用朱棺，椁一层，鞍马一。初祭用引幡，金银楮币各一千，祭筵三，羊一。大祭同。百日、期年祭，视初祭半之。一月殡，三月葬。墓祭纸币、酒肴有定数。《通礼》，士敛衣复裸各一，复衾一，袭常服一称，含用金银屑三，用铭旌。庶人复裸一，含银屑三，立魂帛。士茔地围二十步，封高六尺。墓门石碣，圆首方趺。圹志二，如官仪。柩舆上竹格垂流苏，杠饰红垩，无翣。引布二，功布一。灵车一。明器从俗。庶人茔地九步，封四尺。有志无碣。舆以布衾覆棺，不施帱盖。杠两端饰黑，中饰红垩。余略仿品官,制从杀。

雍正初元,定军、民故者,前后敛衣五袭,鞍马一。初祭,祭筵二,羊一,大祭同,常祭减半。棺罩生、监用青绢,军、民春布。

十三年,诏曰:"朕闻外省百姓丧葬侈靡,甚至招集亲邻,开筵剧饮,名曰闹丧,且于丧所殡时杂陈百戏。匪唯背理,抑亦忍情。"敕督抚严禁陋习,违者治罪。又谕:"吉凶异道,不得相干。故娶在三年外而聘在三年内者,《春秋》犹以为非。三年之丧,创深痛巨。乃愚民不知礼教,虑服丧后不获嫁娶,遂乘父母疾笃或殡敛未终而贸然为之者,朕甚悯焉。自今伊始,齿朝之士,下逮生监,毋违此制。其皂隶编氓,穷而无告,父母卧疾,赖子妇治饔飧者,任其迎娶盥馈,俟疾瘳或服竟再成婚礼。"古者礼不下庶人,其斯之谓与?《曾子问》:"亲迎在途而婿之父母死,女改服布深衣、缟总以趋丧。"亦此义也。

服制　顺治三年,定丧服制,列图于律,颁行中外。道光四年,增辑《大清通礼》,所载冠、服、绖、履,多沿前代旧制。制服五:曰斩衰服,生麻布,旁及下际不缉。麻冠、绖,菅履,竹杖。妇人麻履,不杖。曰齐衰服,熟麻布,旁取下际缉,麻冠、绖、草履,桐杖。妇人仍麻履。曰大功服,粗白布,冠、绖如之,茧布缘履。曰小功服,稍细白布,冠、履如前。曰缌麻服,细白布,绖带同,素履无饰。

叙服八:曰斩衰三年,子为父、母;为继母、慈母、养母、嫡母、生母;为人后者为所后父、母;子之妻同。女在室为父、母及已嫁被出而反者同;嫡孙为祖父、母或高、曾祖父、母承重,妻为夫,妾为家长同。

曰齐衰杖期,嫡子、众子为庶母;子之妻同;子为嫁母、出母;夫为妻;嫡孙祖在为祖母承重。

曰齐衰不杖期,为伯、叔父、母;为亲兄、弟;为亲兄、弟之子及女在室者;为同居继父两无大功以上亲者;祖为嫡孙;父、母为嫡长子及众子;为嫡长子妻;为女在室者;为子为人后者;继母为长子、众子；孙为祖父、母；孙女在室、出嫁同；女出嫁为父、母；为人后者为其本生父、母；女在室或出嫁而无夫与子者为其兄、弟、姊、妹及侄与侄女在室者；女适人为兄、弟之为父后者；妇为夫兄、弟之子及女在室者；妾为家长之父、母与妻及长子、众子与其所生子。为同居继父两无大功以上亲者。

曰齐衰五月，为曾祖父、母，女虽适人不降。

曰齐衰三月，为高祖父、母，女虽适人不降，为继父昔同居者；为同居继父两有大功以上亲者。

曰大功九月，祖为孙及孙女在室者，祖母为诸孙，父母为诸子妇及女已嫁者；伯、叔父、母为侄妇及女已嫁者；为人后者为其兄、弟及姑、姊、妹在室者；既为人后，于本生亲属皆降一等；为人后者之妻为夫本生父、母；为己之同堂兄、弟及同堂姊、妹在室者；为姑、姊、妹已嫁者；为兄、弟之子为人后者；女出嫁为本宗伯、叔父、母；为本宗兄、弟及其子；为本宗姑、姊、妹及兄、弟之女在室者；妻为夫之祖父、母及伯、叔父、母。

曰小功五月，为伯、叔祖父、母；为同堂伯、叔父、母及同堂姊、妹已嫁者；为再从兄、弟及再从姊、妹在室者；为同堂兄、弟之子及女在室者；为从祖姑及堂姑在室者；祖为嫡孙妇；为兄、弟之孙及女在室者，为外祖父、母；为母之兄弟、姊、妹；及姊、妹之子；为人后者为其姑、姊、妹已嫁者；妇为夫兄、弟之孙及孙女在室者；为夫之姑、姊、妹、兄、弟及夫兄、弟之妻；为夫同堂兄、弟之子及女在室者，女出嫁为本宗堂兄、弟及姊、妹在室者。

曰缌麻三月，祖为众孙妇；祖母为嫡孙、众孙妇；高、曾祖父、母为曾、玄孙，为乳母；为族曾祖父、母，族伯、叔父、母；为族兄、弟及族姊、妹在室者；为族曾祖姑及族祖姑、族姑在室者；为兄、弟之曾孙及曾孙女在室者；为再从兄、弟之子及女在室者；为从祖姑、堂姑及再从姊、妹出嫁者；为姑之子、舅之子；为两姨兄、弟妻之父、母；为婿；为外孙及外孙女；为兄、弟孙之妻；为同堂兄、弟之妻；为同堂兄、弟子之妻；妇为夫高、曾祖父、母；为夫伯、叔祖父、母及夫从祖姑在室者；为夫伯、叔父、母及堂姑在室者；为夫同堂兄、弟及同堂兄、弟之妻；为夫同堂姊、妹；为夫再从兄、弟之子及女在室者，为夫同堂兄、弟之女已嫁者；为夫同堂兄、弟之妻与孙及孙女在室者，为夫同堂兄、弟孙之妻及孙女已嫁者；为夫兄、弟之曾孙及曾孙女在室者，女已嫁为本宗伯、叔祖父、母及从祖姑在室者；为本宗从伯、叔父、母及堂姑在室者，为本宗堂兄、弟之子及女在室者。

乾隆四十年，高宗特旨允以独子兼祧，于是始定兼祧例。兼祧者从权以济经，足补古礼之阙。《会典》服制别大宗、小宗，以大宗为重。大宗依服制本条持服，兼祧依降服持服。

道光九年，礼臣增议两祧服制，以独子之子分承两房宗祧者，各为父、母服斩衰三年，为祖父、母服齐衰不杖期。父故，嫡孙承重，俱服斩衰三年。其本身为本生亲属俱从正服降一等，子孙为本生亲属祗论所后宗支亲属服制。

同治十年，允礼臣请，兼祧庶母服制，依定制为兼祧父、母服期，为兼祧庶母服小功。其以大宗子兼祧小宗与以小宗兼祧大宗者，以大宗为重。为大宗庶母服期年，小宗庶母服小功。其以小宗兼祧小宗者，以所生为重，为本生庶母服期年，为兼祧庶母服小功。至出嗣而非兼祧者，以所后为重，为所后庶母服期年，为本生庶母服小功。既降期而服小功，其兼祧庶母为兼祧子持服亦如之。

清史稿卷九四
志第六九

乐　一

　　记曰："安上治民，莫善于礼。""移风易俗，莫善于乐。"乐也者，考神纳宾，类物表庸，以其德馨殷荐上帝者也。圣道四达，声与政通，于是有缀兆之容，箫篃之音，被服其光辉，膏润其猷烈，以与民康之，民无憔瘁揫伤之嗟，放僻嫚荡之志，夫然后《雅》《颂》作焉。盖三苗格而《韶》舞，十一税而《颂》讴，《玄鸟》歌而商祚兴，《灵台》奏而周道昌。王官失守，神不降祉。移及春秋，脊脊大乱。仲尼序《诗》，列《黍离》于《国风》，齐王德于邦君，明其不能复《雅》。中更暴秦，《乐经》埃灭，音之郑卫，自此而阶，郊庙登歌，声不逮下。抚民齐教，无闻焉尔。然而历代创兴，莫不铺陈《南》《雅》，自制郊辞，绳祖业之维艰，颂帝功之有赫，考较钟悬，裁定繇典。虽浑灏三五，炳焉同风，而寤想闻《韶》，跂之弥邵。是则前诰所讥，邻于夜诵者也。

　　清起僻远，迎神祭天，初沿边俗。及太祖受命，始习华风。天命、崇德中，征瓦尔喀，臣朝鲜，平定察哈尔，得其宫悬，以备四裔燕乐。世祖入关，修明之旧，有《中和韶乐》，郊庙朝会用之。有《丹陛大乐》，王公百僚庆贺用之。有《中和清乐》、《丹陛清乐》，宫中筵宴用之。有《卤簿导迎乐》，巡跸用之。又制《铙歌法曲》，奋武敌忾，宣豳八风，以俪汉世短箫。而满洲旧舞，是曰《莽式》，率以兰锜世裔充选，所陈皆辽沈故事，作麾旇骇矢跃马苍阵之容，屈伸进反轻跷俯仰之节，歌辞异汉，不颁太常，所谓缵业垂统，前王不忘者欤？

圣祖、高宗,制作自任,臣匪师旷之聪,君逾姬旦之美。考音谐金石,昭德摛天汉,帝秩皇造,于斯为盛。但观其命伶伦使协律,召咸黑以赓歌,非不陶英铸茎,四隅率同,而继体再传,颂声浸废。魏文听之而思卧,季札观之而无讥,是知乐之为懿,觇国隆污,讴歌在民,匪所自致,而三古承流,曾靡先觉,可为惋欷者也。

稽清之乐,式遵明故,六间七始,实绍古亡,布思蓟禾,谂气灰琯。斯乃神瞽以之塞垄,隶首由其踸步。将欲起元音之废,复淳朴之真,弘我夏声,秅粃西奏。澹欲缮性,一线庶几,有庇经诂,其或在此。必监前宪,我则优矣。国戚所书,声容器数之次第,管律弦度之讨论,焕乎秩秩,可谓有文。今掇其要,以备简籍。

太祖肇启东陲,戡乱用武,声物弇朴,率缘辽旧。天命元年,即尊位沈阳,诸贝勒群臣廷贺上寿,始制卤簿用乐。八年,定凯旋拜天行礼筵宴乐制。太宗天聪八年,又定出师谒堂子拜天行礼乐制、元旦朝贺乐制。九年,停止元旦杂剧。先是梅勒章京张存仁上言:“元旦朝贺,大体所关,杂剧戏谑,不宜陈殿陛。故事,八旗设宴,惟用雅乐。”从之。

十年,建国号曰清,改元崇德。其明年,遂有事太庙,追尊列祖,四孟时享、岁暮祫祭并奏乐。皇帝冬至、万寿二节与元旦同。御前仪仗乐器,锣二,鼓二,画角四,箫二,笙二,架鼓四,横笛二,龙头横笛二,檀板二,大鼓二,小铜钹四,小铜锣二,大铜锣四,云锣二,唢呐四。乐人绿衣黄褂红带,六瓣红绒帽,铜顶上缀黄翎,从内院官奏请也。又诏公主册、封诸王家祭、受降献馘皆用乐。

世祖顺治元年,摄政睿亲王多尔衮既定燕都,将于十月告祭天地宗庙社稷,大学士冯铨、洪承畴等言:“郊庙及社稷乐章,前代各取嘉名,以昭一代之制,梁用‘雅’,北齐及隋用‘夏’,唐用‘和’,宋用‘安’,金用‘宁’,元宗庙用‘宁’、郊社用‘咸’,前明用‘和’,我朝削平寇乱,以有天下,宜改用‘平’,郊社九奏,宗庙六奏,社稷七奏。”从之。于是定圜丘大祀,皇帝出宫,午门声钟,不作乐。致祭燔柴迎神奏《始平》，奠玉帛奏《景平》，进俎奏《咸平》，初献奏《寿平》，亚献奏《嘉平》，终献奏《雍平》，撤馔奏《熙平》，送神奏《太平》，望燎奏《安平》。礼成，教坊司导迎，乐奏《祐平》。午门钟作，还宫。方泽大祀，皇帝出宫，午门声钟，不作乐。致祭瘗毛血迎神奏《中平》，奠玉帛奏《广平》，进俎奏《咸平》，初献奏《寿平》，亚献奏《安平》，终献奏《时平》，撤馔奏《贞平》，送神望瘗奏《宁平》。礼成，教坊司导迎，乐奏《祐平》。午门钟作，还宫。祈谷，皇帝出宫，午门声钟，不作乐。燔柴迎神奏《中平》，奠玉帛奏《肃平》，进俎奏《咸平》，初献奏《寿平》，亚献奏《景平》，终献奏《永平》，撤馔奏《凝平》，送神奏《清平》，望燎奏《太平》。余与圜丘、方泽同太庙时享，皇帝出宫，钟止，不作乐。致祭迎神奏《开平》，尊帛初献奏《寿平》，亚献奏《嘉平》，终献奏《雍平》，撤馔奏《熙平》，送神望燎奏《成平》。礼成，教坊司导迎奏《禧平》，声钟还宫。社稷坛，皇帝出宫，声钟，不作乐。致祭瘗毛血迎神奏《广平》，奠玉帛初献奏《寿平》，亚献奏《嘉平》，终献奏《雍平》，撤馔奏《熙平》，送神望瘗奏《成平》。礼成，教坊司导迎奏《祐平》，声钟还宫。

舞皆八佾，初献武舞，亚献、终献文舞，文武舞生各六十四人，执干戚羽籥于乐悬之次，引舞旌节四，舞生四人司之。祭之日，初献乐作，司乐执旌节，引武舞生执干戚进，奏武功之舞。亚献、终献乐作，司乐执旌节，引文舞生执羽籥进，奏文德之舞。惟先师庙祗文舞六佾。

其三大节、常朝及皇帝升殿、还宫，俱奏《中和韶乐》，群臣行礼，奏《丹陛大乐》。亲祭坛庙。乘舆出入，用《导迎乐》，章均用"平"字。《宴享清乐》，则以乐词之首为章名。

是年世祖至京行受宝礼，先朝锦衣卫设卤薄仪仗，旗手卫设金鼓旗帜，教坊司设大乐于行殿西前导。时龟鼎初奠，官悬备物，未遑润色，沿明旧制杂用之。教坊司置奉銮一人，左右韶舞各一人，协同官十有五人，俳长二十人，色长十七人，歌工九十八人。宫内宴礼。领乐官妻四人，领教妨女乐二十四人。祠祭诸乐，则太常寺神乐观司之。以协律郎教习乐生,月三、六、九日演于凝禧殿。

二年,从有司言,春秋上丁释奠先师,乐六奏,迎神奏《咸平》,奠帛初献奏《宁平》,亚献奏《安平》,终献奏《景平》,撤馔送神奏《咸平》。

祭历代帝王乐六奏,迎神奏《雍平》,奠帛初献奏《安平》,亚献奏《中平》,终献奏《肃平》,撤馔奏《凝平》,送神望燎奏《寿平》。

八年,制:朝日七奏,乐章用"曦",迎神奏《寅曦》,奠玉帛奏《朝曦》,初献奏《清曦》,亚献奏《咸曦》,终献奏《纯曦》,撤馔奏《延曦》,送神奏《归曦》。

夕月六奏,乐章用"光",迎神奏《迎光》,奠玉帛初献奏《升光》,亚献奏《瑶光》,终献奏《瑞光》,撤馔奏《涵光》,送神奏《保光》,皆《中和韶乐》。

皇太后、皇后三大节庆贺,皇帝大婚行礼,皆丹陛大乐。

祭真武、东岳、城隍,庙教坊司作乐如群祀。

是年又允礼部请,更定乐舞、乐章、乐器之数,享庙大乐于殿内奏之,文武佾舞备列乐章卒歌乐器俱设,补舞生旧额五百七十人。

其后又定常朝升殿《中和韶乐》奏《隆平》,王公百官行礼《丹陛大乐》奏《庆平》,外藩行礼《丹陛大乐》奏《治平》,还宫《中和韶乐》奏《显平》。耕田飨先农,乐章七奏,用"丰",迎神奏《永丰》,奠帛初献奏《时丰》,亚献奏《咸丰》,终献奏《大丰》,撤馔奏《屡丰》,送神《报丰》,望瘗奏《庆丰》。

礼成,御齐宫,《导迎大乐》,奏《天下乐》,升座奏《万岁乐》,群臣行礼《丹陛大乐》奏《朝天子》,筵宴上寿奏《三月韶光》,进馔《清乐》奏《太清歌》。

太庙祫祭迎神奏《贞平》,奠帛初献奏《寿平》,亚献奏《嘉平》,终献奏《雍平》,撤馔奏《熙平》,送神奏《清平》。

大享殿合祀天地百神,乐章九奏,用"和"迎,神奏元和,奠玉帛奏《景和》,进俎奏《肃和》,初献奏《寿和》,亚献奏《安和》,终献奏《永和》,撤馔奏《协和》,送神奏《泰和》,望燎瘗奏《清和》。

　　其上皇太后徽号册宝、尊封太妃、册立中宫、太和殿策士诸庆典，皆特诏用乐。自后幸盛京、谒陵、进实录、玉牒亦如之。

　　康熙初，圣祖践阼幼冲，率承旧宪，无所改作。八年，惟诏定皇帝、太皇太后、皇太后、皇后三大节朝贺乐，皇帝元旦升座《中和韶乐》奏《元平》，还宫奏《和平》，冬至升座奏《遂平》，还宫奏《允平》，万寿节升座奏《乾平》，还宫奏《太平》，群臣行礼《丹陛大乐》奏《庆平》，外藩奏《治平》，太皇太后升座奏《升平》，还宫奏《恒平》，行礼奏《晋平》，皇太后升座奏《豫平》，还宫奏《履平》，行礼奏《益平》，皇后升座奏《淑平》，还宫奏《顺平》，行礼奏《正平》。而有司肄习日久，乐句律度，凌厉失所，伶伦应官，比于制氏，但纪铿锵鼓舞而已。

　　自世祖时，已屡饬典乐官演习乐舞声容仪节，尝谕大学士等曰："各处祭祀，太常寺所奏乐俱未和谐。乐乃祭祀之大典，必声容仪节尽合歌章，始臻美善。其召太常寺官严饬之。"至十一年，圣祖亦谕礼臣："慎重禋祀，勤加习练，勿仍前愆，亵越明典。"

　　二十一年，三藩削平，天下无事，左副都御史余国柱首请厘正郊庙、朝贺、宴享乐章，上曰："享祀乐章，一代制作所系，礼部、翰林院其集议以闻。"寻奏："自古庙乐，原以颂述祖宗功德，本朝郊坛庙祀乐章，曲名曰"平"，遵奉已久。太祖、太宗、世祖同于太庙致祭，宜如旧。惟朝会、宴享等乐曲调，风雅未备，宜敕所司酌古准今，求声律之原，定雅奏之节。"从之。因命大学士陈廷敬重撰燕乐诸章，然犹袭明故，虽务典蔚，有似徒歌，五声二变，踵讹夺伦，黄钟为万事根本，臣工无能言之者。帝方谦让。亦未暇革也。

　　二十三年，东巡谒阙里，躬祭孔林，陈卤簿，奏《导迎大乐》乐章、乐舞，先期命太常寺遣司乐官前往肄习，与太学先师庙同。二十九年，以喀尔喀新附，特行会阅礼，陈卤簿，奏《铙歌大乐》，于是帝感礼乐崩隤，始有志制作之事。

　　三十一年，御乾清宫，召大学士九卿前，指五声八风图示之曰："古人谓十二律定，而后被之八音，则八音和，奏之天地，则八风和，诸福之物，可致之祥，无不毕至，言乐律所关者大也。而十二律之所从出，其义不可知。《律吕新书》所言算数，专用径一围三之法，此法若合，则所算皆合；若舛，则无所不舛矣。朕观径一围三之法，必不能合，盖径一尺，则围当三尺一寸四分一厘有奇，若积累至于百丈，所差当十四丈有奇，等而上之，舛错可胜言耶？"因取方圆诸图谓群臣曰："所言径一围三，但可算六角之数，若围圆必有奇零。朕观《八线表》中半径句股之法极精微，凡圆者可以方算，开方之术，即从此出。若黄钟之管九寸，空围九分，积八百一十分，是为律本，此旧说也。其分寸若以尺言，则古今尺制不同，当以天地之度数为准。惟隔八相生之说，声音高下，循环相生，复还本音，必须隔八，乃一定之理也。随命乐人取笛和瑟次第审音，至第八声，仍还本音。上曰："此非隔八相生之义耶？"群臣皆曰："诚如圣训，非臣等闻见所及。"

三十四年，定大阅鸣角击鼓声金之制。

四十九年正月，孝惠章皇后七十万寿，又谕礼部曰："《玛克式舞》，乃满洲筵宴大礼，典至隆重，故事皆王大臣行之。今岁皇太后七旬大庆，朕亦五十有七，欲亲舞称觞。"是日皇太皇宫进宴奏乐，上前舞蹈奉爵，极欢乃罢。

帝既妙研钟律，时李光地为文渊阁大学士，以耆硕被顾问，会进所纂大司乐释义及乐律论辨，因上言曰："礼乐不可斯臾去身，亦不可以一日不行于天下。自汉以来，礼乐崩坏，不合于三代之意者二千余年，而乐尤甚。盖自诸经所载节奏、篇章、器数、律吕之昭然者，而纷纷之说，终不能以相一，又况乎精微之旨，与天地同其和者哉！今四海靡靡，风声颓敝，等威无辨，而奢僭不可止；联属无法，而斗争不可禁。记曰：'无本不立，无文不行'。神而明之者，本也，举而措之者，文也。谓宜搜召名儒，以至淹洽古今之士，上监于夏、商，近稽自汉、唐以降，考定斟酌，成一代大典，以淑天下而范万。"世大学士张玉书亦言："乐律算数之学，失传已久，承讹袭舛，莫摘其非，奥义微机，莫探其蕴。臣等躬聆训海，犹且一时省悟，而覆算迷蒙；中外臣民，何由共喻？宜特赐裁定，编次成书，颁示四方，共相传习。正历来积算之差讹，垂万世和声之善法，学术政事，均有裨益。"

　　帝重违臣下请，五十二年，遂诏修律吕诸书，于蒙养齐立馆，求海内畅晓乐律者，光地荐景州魏廷珍、宁国梅毂成、交河王兰生任编纂。兰生故光地所拔士，乐律有神契，朱子《琴律图说》，字多讹谬，兰生以意是正，了然可晓。及被诏入直，所与编校者皆淹雅士，而兰生学独深，亦时时折中于帝，遇有疑义，亲临决焉。

　　其法首明黄钟为十二律吕根源，以纵黍横黍定古今尺度，今尺八寸一分，当古尺十寸，横黍百粒，当纵黍八十一粒。汉志："黄钟之长，以子谷秬黍中者，一黍之广度之，九十分黄钟之长，一为一分。"广者横也，九十分为黄钟之长，则黄钟为九十横黍所累明矣。即以横黍之度比纵黍，为古尺之比今尺，以古尺为一率，今尺为二率，黄钟古尺九寸为三率，推得四率七寸二分九厘，即黄钟今尺之度。《律吕新书》：黄钟九寸，空围九分，积八百一十分，再置古尺，积八百一十分，以九十分归之，得面幂九方分，用比例相求，面线相等，面积不同。定数圆面积一十万为一率，方面积一十二万七千三百二十四为二率，今面幂九方分为三率，推得四率一十一分四十五厘九十毫，开平方得三分三厘八毫五丝一忽，为黄钟古尺径数。求周，得十分六厘三毫四丝六忽。即以古尺之积比今尺之积，古尺一百分，自乘再乘得一百万分为一率，今尺八十一分，自乘再乘得五十三万一千四十一分为二率，黄钟积八百一十分为三率，推得四率四百三十分四百六十七厘二百十一毫，即黄钟今尺之积。以今尺长七寸二分九厘归之，得面幂五分九十厘四十九毫，求径得二分七厘四毫一丝九忽，而黄钟管之纵长体积面径定矣。

　　黄钟既定，于是制律吕同径之法，以积实容黍为数，三分损益以核之，黄钟三分损一，下生林钟，林钟三分益一，上生太簇，太簇三分损一，下生南吕，南吕三分益一，上生姑洗，姑洗三分损一，下应钟，应钟三分益一，上生蕤宾，蕤宾三分益一，上生大吕，大吕三分损一，下生夷则，夷则三分益一，上生夹钟，夹钟三分损一，下生无射，无射三分益一，上生仲吕。又倍之，自蕤宾以下至应钟，半之，自黄钟以下至仲吕，皆六。不用京房变律之说，定宫声在黄钟、大吕之间。

黄钟为宫，次太簇以商应，次姑洗以角应，次蕤宾以变徵应，次夷则以徵应，次无射以羽应，次半黄钟以变宫应，所谓阳律五声二变也。至半太簇为清宫，仍应黄钟焉。大吕为宫，次夹钟以商应，次仲吕以角应，次林钟以变徵应，次南吕以徵应，次应钟以羽应，次半大吕以变宫应，所谓阴吕五声二变也。至半夹钟为清宫，仍应大吕焉。旋相为宫，折中取声，类而不杂。验之箫笛，工为宫，则凡应商，六应角，五应变徵，乙应徵，上应羽，尺应变宫。

黄钟为低工，大吕为高工，而分清浊。太簇为低凡，夹钟为高凡，而分清浊。姑洗为低六，仲吕为高六，而分清浊。蕤宾为低五，林钟为高五，而分清浊。夷则为低乙，南吕为高乙，而分清浊。无射为低上，应钟为高上，而分清浊。倍之，则倍无射、倍应钟为宫声之右变宫尺字，而分清浊。倍夷则、倍南吕为变宫之右下羽上字，而分清浊。倍蕤宾、倍林钟为下羽之右下徵乙字，而分清浊。半之，则半黄钟、半大吕为羽声之左变宫尺字，而分清浊。半太簇、半夹钟为变宫之左少宫工字，而分清浊。半姑洗、半仲吕为少宫之左少商凡字，而分清浊。古乐所以起下徵而终清商也。

黄钟一径，别其长短，为十二律吕，复助以倍半，而得五声二变之全，由是制以乐器，以黄钟之积为本，加分减分，皆用黄钟之长与径相比，大加至八倍，则长与径亦加一倍，小减至八分之一，则长与径亦减其半。正律吕管十二，倍管六，半管六。黄钟同形管五十六，亦倍管六，半管六。同形管又生同径管十一，凡一千三百六十八管。依数立制，以考其度，以审其音。八倍黄钟之管，声应正黄钟之律浊宫低工。七倍黄钟之管，应大吕之吕清宫高工。六倍黄钟之管，应太簇之律浊商低凡。五倍黄钟之管，应夹钟之吕清商高凡。四倍黄钟之管，应姑洗之律浊角低六。三倍半黄钟之管，应仲吕之吕清角高六。三倍黄钟之管，应蕤宾之律浊变徵低五。三倍宜应仲吕，今高半音而应蕤宾，盖管体渐小，声音易别。必于三倍之积，复加正黄钟之半积，始应仲吕之吕清角高六。半积之理，由此生也。二倍半黄钟之管，应林钟之吕清变徵高五。二倍加四分之一黄钟之管，应夷则之律浊徵低乙。二倍黄钟之管，不应夷则而，二倍半二倍之间始应之。必以半积复半之，为四分之一，加于二倍之内，其分乃合。四分之一之理，由此生焉。二倍黄钟之管，应南吕之吕清徵高乙。正加四分之三黄钟之管，应无射之律浊羽低上。正加四分之二黄钟之管，应应钟之吕清羽高上。正加四分之一黄钟之管，应半黄钟之律浊变宫低尺。正加八分之一黄钟之管，应半大吕之吕清变宫高尺。此管与正黄钟最近，欲取合清宫之分，则以四分之一复半之，为八分之一，加于正黄钟之分，其声始应。八分之一之理，由此生焉。

继此则正黄钟管声应半太簇之律，浊宫低工乃与八倍黄钟之管相和同声矣。递减之，黄钟正积八分之七之管，应大吕之吕。八分之六之管，应太簇之律。八分之五之管，应夹钟之吕。八分之四之管，应姑洗之律。八分之三分有半之管，应仲吕之吕。八分之三之管，应蕤宾之律。八分之二分有半之管，应林钟之吕。八分之二又加一分之四分之一之管，应夷则之律。此一分之四分之一，乃正黄钟三十二分之一，至此三十二分之理生焉。八分之二之管，应南吕之吕。八分之一又加一分之四分之三之管，应无射之律。八分之一又加一分之四分之二之管，应应钟之吕。八分之一又加一分之四分之一之管，应半黄钟之律。八分之一又加一分之八分之一之管，应半大吕之吕。此一分之八分之一，乃正黄钟六十四分之一，至此六十四分之理生焉。而八分之一之管，又应正黄钟，而为正黄钟长与径之半。

自八倍黄钟至黄钟八分之一，皆具同径之十二律吕，皆成一调之五声二变。推而演之，加黄钟之积至六十四倍，则同形管长径皆四倍于正黄钟，减黄钟之积至六十四分之一，则同形管长径皆得正黄钟四分之一。六十四倍积同形管应正黄钟，五十六倍积同形管与六十四分之七同形管应大吕，四十八倍积同形管与六十四分之六同形管应太簇，四十倍积同形管与六十四分之五同形管应夹钟，三十二倍积同形管与六十四分之四同形管应姑洗，二十八倍积同形管与六十四分之三加半同形管应仲吕，二十四倍积同形管与六十四分之三同形管应蕤宾，二十倍积同形管与六十四分之二加半同形管应林钟，十八倍积同形管与六十四分之二加一分四之一同形管应夷则，十六倍积同形管与六十四分之二同形管应南吕，十四倍积同形管与六十四分之一加一分四之三同形管应无射，十二倍积同形管与六十四分之一加一分四之二同形管应应钟，十倍积同形管与六十四分之一加一分四之一同形管应半黄钟，九倍积同形管与六十四分之一加一分八之一同形管应半大吕，六十四分之一同形管仍应正黄钟，于是十二律吕之同径异形者，合长短倍半以成旋宫之用。而黄钟之同形异径者，因加减实积，亦成旋宫之用。制器求声，齐于此矣。

虽然，五声二变管律与弦度又各不同，汉、唐以后，皆宗司马、《淮南》之说，以三分损益之术，误为管音五声二变之次，复执《管子》弦音五声度，分而牵合于十二律吕之中。试截竹为管吹之，黄钟半律，不与黄钟合，而合黄钟者为太簇之半律，则倍半相应之说，在弦音而非管音也。又黄钟为宫，其徵声不应于林钟而应于夷则，则三分损益宫下生徵之说，在弦度而非管律也。以弦度取声，全弦与半弦之音相应，而半律较全律则下一音。盖弦之体，实藉人力鼓动而生声，全弦长，故得音缓，半弦短，故得音急，长短缓急之间，全半相应之理寓焉。管之体虚，假人气入之以生声，故管之径同者，其全半不相应，求其相应，必径减半始得，所以正黄钟与黄钟八分之一之管相应同声也。

因全半之不同，于是管律弦度首音至八音，其间所生五声二变之度分亦异。管律黄钟之全为宫声首音，则太簇之半为少宫八音，其间太簇之全为商声二音，姑洗为角声三音，蕤宾为变徵四音，夷则为徵声五音，无射为羽声六音，黄钟之半为变宫七音。自首音至第八音，复七全分。若弦度假借黄钟全分为宫声首音，则黄钟之半为少宫八音，其间太簇之分为商声二音，姑洗之分为角声三音，蕤宾之分为变徵四音，而林钟之分乃为徵声五音，南吕之分为羽声六音，应钟之分为变宫七音。各弦之分，宫至商，商至角，角至变徵，徵至羽，羽至变宫，皆得全分，而变徵至徵，变宫至少宫，只得半分。自首音至八音，合为六全分，故弦音不可以十二律吕之度取分。如以倍无射变宫尺字定弦，则得下徵之分。倍无射变宫尺字，即今笛与头管之合字也。凡品乐居首一弦，必得下生徵之分而五音之位始正。故世以头管合字定琴之一弦为黄钟之宫者，盖一弦不得不定以合字，正为取下徵之分也。

　　黄钟宫声工字定弦，得下羽之分；太簇商声凡字定弦，得变宫之分；姑洗角声六字定弦，得宫弦之分；蕤宾变徵五字定弦；得商弦之分；夷则徵声乙字定弦，得角弦之分；无射羽声上字定弦，得变徵之分；而半黄钟变宫尺字定弦，仍得徵弦之分焉。今借黄钟之分为宫弦全分，其首音仍定以黄钟之律，则二音限于太簇之分，而声亦应太簇之律，三音则变为夹钟之分，而声始应姑洗之律。如仍取姑洗之分，则声必变而应于仲吕之吕。四音复变为仲吕之分，而声应蕤宾之律。如仍取蕤宾之分，则声必变而应于林钟之吕。五音则为林钟之分而应夷则之律，六音则为南吕之分而应无射之律，七音又变为无射之分而声始应半黄钟之律。如仍取应钟之分，则声必变而应于半大吕之吕。此宫弦之分因全弦首音定黄钟之律，而变为羽弦之分者也。或以黄钟之分为宫弦全分，而本弦七音欲各限以宫弦内七音之分，则首音必定以姑洗之律。以次分之，此宫弦之分因全弦首音定姑洗之律，而得宫弦之分者也。又或以笛与头管合字为今所定倍无射之律为宫弦全分，首音依次分之，得下徵弦之分，此宫弦之分因全弦首音定以笛之合字而变为徵弦之分者也。依律吕而定弦音，则弦度之分随之潜移，依弦度之分命为七音之次，则声音宫调不与律吕相协。此由管律、弦度全、半生声取分之不同，于是丝乐弦音之旋宫转调，与竹乐管音亦异。

　　清浊二均各七调，中与管乐有同者，有可同者，有不可同者。同者惟宫调一调，五声二变皆正应。可同者，商调、徵调五声正、应二变借用；不可同者，角调、变徵调、羽调、变宫调五声之内清浊相淆。如但以弦音奏之，而不和以管音，只有四调，余三调皆转入弦音宫调。故周礼大司乐三宫，汉志三统，皆以三调为准。所谓三统，其一天统，黄钟为宫，乃黄钟宫声位羽起调姑洗角声立宫，主调是为宫调也。其一人统，太簇为宫，乃太簇商声位羽起调，蕤宾变徵立宫，主调是为商调也。其一地统，林钟为宫，乃弦音徵分位羽，实管音夷则徵声位羽起调，半黄钟变宫立宫，主调是为徵调也。《隋志》郑译云：考寻律吕，七声之内，三声乖应。当时考较声律，或以管音考核弦音，或以弦音考核管音，故得四调相和，三调乖应，即二变调与角调也。变徵调与羽调五正声内只一声乖应，然羽调犹能自立一调，变徵调则转入宫调声字。至角调宫调，五声之内二三声乖应，与宫调声字雷同，皆不能成一调也。《唐志》载四宫二十八调，率以弦音之分定为十二律吕之度，故有正宫大食、高大食之名。今即弦音、管音之和不和，以辨阳律、阴吕之分用、合用，乃知《唐书》之二十八调独取弦音，不在管律。而古人所用三统，实取管音、弦音之相和者用之也。

是以弦音诸乐，其要有四：一，定弦音应某律吕之声字，即得某弦之度分。一，弦音转调不能依次递迁，故以宫调为准，有几弦不移，而他弦或紧一音，或慢半音，遂成一调，而各弦七声之分因之而变。一，弦音诸调虽无二变，而定弦取音，必审二变之声，必计二变之分，始能得其条贯，不然，宫调无所取准。一，弦音宫调，惟宫与商徵得与律吕相和为用，余四调阴阳乖应，或淆入宫调声字，不得自成一调。即此四者，条分缕析，则弦音旋宫转调之法备矣。

乐之学既微，自古言者又歧说繁滋，莫衷一是。子长、孟坚时已异同，隋、唐登歌，杂苏祗婆《龟兹乐》，以律吕文之。神瞽弗世，等于《诗》亡。宋人李照、和岘、范镇、蔡元定之徒，稍有志于复古，然但资臆验，或且饰以阴阳郛廓之说，明郑世子载堉始以勾股谭律度。

帝本长畴人术，加之以密率，基之以实测，管音弦分千载之袭缪，至是乃定。明年书成，分三编：曰《正律审音》，发明黄钟起数，及纵长、体积、面幂、周径律吕损益之理，管弦律度旋宫之法，曰《和声定乐》，明八音制器之要，详考古今之同异；曰《协均度曲》，取波尔都哈儿国人徐日升及意大里亚国人德里格所讲声律节度，证以经史所载律吕宫调诸法，分配阴阳二均字谱，赐名曰《律吕正义》。兰、生廷珍等皆赐及第,进官有差。

既又谕改订《中和乐章》声调,曰:"殿陛所奏《中和乐章》,皆沿明代,句有长短,体制类词,曾因不雅,命大学士陈廷敬等改撰,章法皆以四字为,句而乐人未娴声调,仍以长短句凑拍歌之。今考旧调已得,宫商节奏甚为和平,必使歌章字句亦随韵逗,则章明而宫声谐,其著南书房翰林同大学士详定以闻。"是年十一月冬至,躬祀圜丘,遂用新定乐律。

五十四年,改造圜丘坛,金钟玉磬,各十有六。五十五年,颁《中和韶乐》于直省文庙。初,乐章既改用"平",而直省仍沿用"和",至是从礼部请,始颁行焉。

世宗雍正二年,定耕耤《三十六禾词》,耕耤筵宴乐制,进筵,《丹陛乐》奏《雨旸时若之章》,进酒,管弦乐奏《五谷丰登之章》,进馔,《清乐》奏《家给人足之章》,其辞皆大学士蒋廷锡撰。后又定祭时应宫、祭风伯庙、教坊司作乐,祭雷师、云师庙,和声署作乐,官民婚嫁,品官鼓乐人不得过十二,生、监、军民不得过八人,著为令。

高宗即位,锐意制作,庄亲王允禄自圣祖时监修律算三书,至是仍典乐事。乾隆六年,殿陛奏《中和韶乐》,帝觉音律节奏与乐章不协,因命和亲王弘昼同允禄奏试,允禄因言:"明代旧制,乐章以五、六、七字为句,而音律之,节奏随之乐章音律俱八句,故长短相协。今殿陛乐若定以四字为句,则与坛庙无殊,惟乐章更定,大典攸关,谓宜会同大学士、礼部将乐章十二成详议,令翰林改拟进览。"寻大学士鄂尔泰等议:"乐章十二成内,惟《淑平》、《顺平》二成每章八句,其十成乐章每章各十句,句四字,而按之音律,则每章八句,每句六、七、八字,以十句四字乐章,和以八句六、七、八字之音律,长短抑扬,宜不尽协。应将乐章字句,按音律之节奏以调和之,音酌从八句,句无拘四言。"奏可。

旧《中和乐》编钟内倍夷则四钟在黄钟正律之前,帝疑其舛,兼询编钟倍律及设而不作之故于臣工,时张照以刑部侍郎副允禄管部,名知乐,奏言:"编钟之制,以十六钟为一架,阳律八为一悬,在上；阴律八为一悬，在下。阳自阳、阴自阴。律吕之法，必有倍、半，然后高低清浊具备，以成旋宫之用。故阳律有倍蕤宾、倍夷则、倍无射在黄钟之前，有半黄钟、半太簇、半姑洗在无射之后。阴律则有倍林钟、倍南吕、倍应钟在大吕之前，有半大吕、半夹钟、半仲吕在应钟之后。倍蕤宾以还，则声过低而哑，半仲吕以还，则声过高而促，故不用。编钟无倍蕤宾、倍林钟，亦无六半律，以编钟具八，其音中和，已足于用。低不至倍蕤宾、倍林钟，高不至六半律，其序以从低至高，浊至清，排列为次。倍夷则、倍无射当在黄钟之前，倍南吕、倍应钟当在大吕之前，与箫管之长短，琴弦之巨细为一例。排箫倍夷则、倍无射二管在黄钟之前，倍南吕、倍应钟二管在大吕之前。琴之倍徵、倍羽二弦在宫弦之前，若琴弦箫管易位，则音不可谐，是以编钟之次第同于弦管。"又奏："编钟一架，上八下八，上阳律，下阴吕。考击之节，南郊、庙祀及临朝大典，皆用黄钟为宫，北郊、月坛，则用大吕为宫。用黄钟为宫，则击上钟，用大吕为宫，则击下钟。临朝以下钟易置于上而击之，非下八钟不击也。又八钟原只七音，姑洗为宫，黄钟起调为工字，倍夷则、无射为变徵，太簇为变，宫三钟不入调，是以不击。工字调外，则惟二钟不击。如以太簇为宫，倍无射起调为尺字，则倍夷则、无射、太簇三钟皆击，而黄钟为变宫，夷则为变徵，二钟又当不击矣。因相沿俱以黄钟调为黄钟宫，儒生不知音律，谓黄钟为声气之元，万物之母，郊庙、朝廷用之吉，否则凶。不知黄钟为宫，其第一声便是下羽，除变宫、变徵不入调，商、角、徵、羽必须迭用。若声声皆是黄钟，晏子所谓琴瑟专一，谁能听之。况《大武》之乐，即是无射为宫，载之《国语》。无射乃阳律之穷，而武王用之，则十二月各以其律为宫，无所不可，亦明矣。"上是之，命如故。

当是时，清兴百余年矣，古学萌芽，儒者毛奇龄、李塨、胡彦昇、江永辈多著书言乐事，考证益邃密。帝亦慕箫韶九成之盛，鄘诗缉颂，勇于改为，欲以文致太平。圣祖时虽编定乐书，大抵稽于音律，而乐章句逗无谱，不与音相应。有协律高万霖者，耆年审音，改定宫谱，然只坛庙之乐。朝会清歌，仍踵前缪。照遂请续纂律吕书，谓

"前代坠典,宜见刊正",许之。开馆纂修,仍命允禄监其事。未几,馆臣上议:"坛庙乐章字谱,天坛、太庙、朝日坛俱黄钟为宫,地坛、夕月坛大吕为宫,近于南齐只用黄钟之说,而兼清浊二均。及于大吕,虽义有可取,但编钟器内必有设而不作者,同于隋以前哑钟之诮。我皇上制作定世,继述休明,允宜博考详稽,以襄盛典。夫言礼乐必宗成周,顾周代遥邈,文不足征,所可考者。莫如《周礼》。而《周礼》所载圜钟为宫祭天、函钟为宫祭地、黄钟为宫祭宗庙之说,圜钟、函钟不知何律。郑康成以圜钟为夹钟,函钟为林钟,祭地用林钟,义则善矣。然林钟何以又称函钟,则亦无所据也。惟准六乐次第论之,有函钟而无林钟,则知函钟即林钟,然六乐又有夹钟无圜钟,其以圜钟为夹钟,谓夹钟生于房、心之间,房、心大辰,天帝之明堂,则用甘公、石申战代星家之言,以解七百年前周公之制度,诚非笃诂。李光地谓祭天以黄钟为宫,祭宗庙以圜钟为宫,圜黄互错,诸儒相承而不知改。揆以春禘之文,则夹钟之月也,虽若近理,然亦出于臆见。《周礼》本言祭天以圜钟为宫,其下即云黄钟为角,一章之乐,断无黄钟既为宫,而又为角之理。六乐次第,清浊各一均,黄钟与大吕配祀天神,太簇与应钟配祭地祇,姑洗与南吕配祀四望,蕤宾与函钟配祭山川,夷则与仲吕配享姜嫄,无射与夹钟配享先祖,以律之次第分神之尊卑。顾律吕同用,而清浊之间,有同均者,有不同均者,见诸实用,难于施行。是以历代皆欲仰法周制,而苦无所恁。惟唐贞观时祖孝孙定为祭圜丘以黄钟为宫,方泽以林钟为宫,宗庙以太簇为宫,朝贺宴飨则随月用吕为宫,最为通论。盖黄钟子位,天之统也。乾位在亥,亥前为子,十二辰之始。黄钟下生林钟,林钟未位,地之统也。坤位在申,阳顺阴逆,申前为未。自子至午七律,而天之道备,自未至丑七律,而地之道备。故黄钟属天,林钟属地,林钟上生太簇,寅位,人之统也。故以祀宗庙,先儒所谓万物本乎天,人本乎祖之义也。光地亦称祖孝孙特有远识,而历代用乐,此最近古。臣等愚见,谓宜遵圣祖《律吕正义》所定旋宫转调之法,将地坛乐章改林钟为宫,太庙乐章改太簇为宫,社稷坛亦地也,亦宜

改用林钟为宫。月生于西,酉,西方正位也。又秋分夕月,建酉之月
也。夕月坛宜改用南吕为宫,朝日坛若以日东月西、日卯月酉论,应
用夹钟为宫,但夹钟阴而日阳,衷以人心属日之义,宜改用太簇为
宫。其朝会宴享,并应依唐祖孝孙之说,各以其月之律为宫。先农
坛,农事也,宜以姑洗为宫。历代帝王庙、孔子庙祭以春秋,春夹钟、
秋南吕为宫,太岁坛宜以岁始之律太簇为宫。"奏上,而皇太后、皇
后升座、还宫乐章律吕未定,因命礼臣集议。允禄议曰:"皇太后、皇
后乐章应用律吕,博考前典,并无明文。惟十二律吕皆生于黄钟,故
黄钟为声气之元,但既专用于南郊以尊上帝,自不便拟用。且律协
于乾,吕协于坤,坤元允宜用吕。大吕为黄钟之吕,拟皇太后乐以大
吕为宫。《礼记》:天子日也,日月东西相从而不已,天道也。酉为月
之正位,援后月之义,拟皇后乐以南吕为宫。"履亲王允祹议曰:"馆
臣拟皇太后乐以大吕为宫,皇后乐以南吕为宫,臣愚以为大吕、南
吕并是阴吕,皇上曾有'凡庆贺大典,皇太后宫应用阳律'之旨,旧
制一切大典,俱以黄钟为宫,请仍循旧制。皇上冬至、元旦、万寿三
大节,皇太后、皇后三大节,并以黄钟为宫。"帝以"大吕者,黄钟之
吕也。既用黄钟尊上帝,林钟尊后土,太簇尊宗庙,而议皇太后乐用
大吕,大吕之序,乃在南吕后,皇后乐已用南吕,是先于皇太后也。
又方泽坛用蕤宾之吕,林钟为宫,而社稷、亦宜有别。"因命重议。于
是馆臣请定皇太后乐用南吕为宫,社稷坛祭以春秋二仲月上戊,宜
以夹钟南吕为宫。从之。七年,允禄等又奏:"太皇太后升座、还宫
用《中和韶乐》,行礼用《丹陛乐》,与皇帝同,而皇太后、皇后俱用
《丹陛乐》。考诸掌仪司,自来升座、还宫并用《中和韶乐》,缘陈廷敬
撰拟乐章之时,以皇太后、皇后不敢同于太皇太后,便以《丹陛》名
之。请仍复旧,各为乐章。"寻定皇太后御慈宁宫升座《中和韶乐》奏
豫平;皇帝率诸王群臣行礼《丹陛大乐》奏《益平》,还宫《中和韶乐》
奏《履平》,皇后率皇贵妃、贵妃、妃、嫔及公主、福晋、命妇至宫行礼
并同。皇帝三大节临轩、还宫、御内殿升座《中和韶乐》奏《元平》,皇
后率皇贵妃、贵妃、妃、嫔行礼《丹陛大乐》奏《雍平》,降座《中和韶

乐》奏《和平》,皇后三大节升座《中和韶乐》奏《淑平》,行礼《丹陛大乐》奏《正平》,降座《中和韶乐》奏《顺平》。皇帝筵宴、进茶、赐茶《丹陛清乐》奏《海宇升平日》,进酒、赐酒奏《玉殿云开》,进馔、赐食《中和清乐》奏《万象清宁》。皇太后三大节升座、还宫行礼与庆贺同,筵宴进茶、进酒、进馔所奏歌词与皇帝同。

　　时山东道监察御史徐以升奏言:"古有雩祭之典,所以为百谷祈膏雨也。其制,则为坛于南郊之旁。我朝礼制具备,惟雩祭未有坛埒,乞敕下礼臣博求典故,详考制度,仿古龙见而雩之礼,择地立坛。"帝下其章,大学士鄂尔泰等议曰:"孟夏之月,苍龙宿见东方,为百谷祈膏雨,故龙见而雩。晋永和中,依郊坛,制为雩坛祈上帝百辟,旱则祈雨。唐时雩祀于南郊,后行雩礼于圜丘。历代京师孟夏后旱雩之礼,皆七日一祈,唐制斟酌最善,臣等酌议宜仿其制。古大雩用舞童二佾,衣玄衣,各执羽翳,歌《云汉》之诗。今皇上仿《云汉》体御制诗歌八章,圣念恳诚,宸章剀切,应用舞童十六人,玄衣,八列,执羽翳,终献乐止,赞者赞:'舞童歌诗'。歌毕,乃望燎。令掌仪司选声音清亮者充之,羽翳依《周礼》《皇舞》之式,礼仪与孟夏常雩同。上帝、社稷宗庙、太岁坛俱旧有乐章,惟神祇坛阙,应敕律吕馆撰进。"乃定雩祀天神从圜丘,以黄钟为宫,地祇从方泽,以林钟为宫。乐用七成,迎神奏《祈丰》,奠帛奏《毕丰》,初献奏《安丰》,亚献奏《兴丰》,终献奏《仪丰》,撤馔奏《和丰》,送神奏《锡丰》。是年始专设乐部,凡太常寺、神乐观所司祭祀之乐,和声署、掌仪司所司朝会宴飨之乐,銮仪卫所司卤簿诸乐,均隶焉。以礼部内务府大臣及各部院大臣谙晓音律者总理之,设署正、署丞、侍从、待诏、供奉、供用官、鼓手、乐工,总曰署史,而以所司乐器别其目。钟曰司钟,磬曰司磬,琴、瑟、笙、箫亦如之。又禁道士充太常寺乐员。初,明乐舞生多选道童,世祖定都,沿而用之,羽流慢亵,识者慨焉,至是其弊始革。

　　既又从馆臣言,定耕耤之乐。耕耤前期进种,《导迎乐》前导,至日,和声署率属鹄立采棚南,采棚之制,后二十三年裁。歌《禾辞》者十四人，司锣、司鼓、司版、司笛、笙、箫者各六人，挈采旗者五十人。祭毕，行耕耤礼。礼成，《导迎乐》作，驾莅齐宫内门，乐止，《中和韶乐》作。皇帝御后殿，乐止，报终亩，《中和韶乐》作。皇帝御齐宫，升座，乐止，群臣庆贺行礼，《丹陛大乐》作。进茶、赐茶《中和韶乐》作。皇帝乘辇出宫，和声署《卤簿大乐》并作。筵宴、进茶、赐茶改《雨旸时若》为《喜春光》。进酒、赐酒改《五谷丰登》为《云和迭奏》。进馔、赐馔改《家给人足》为《风和日丽》，升座、还宫乐章与三月常朝同。群臣行礼《丹陛乐章》与元旦同。又定祀先蚕乐章器用方响十有六，云锣、瑟、杖鼓、拍版各二，琴四，箫、笛、笙各六，建鼓一。皇后采桑歌器用金鼓、拍版二，箫、笛、笙六。遣官致祭乐章与群祀同。

又定赐衍圣公宴乐章奏《洙泗发源长》。正一真人宴奏《上清碧落》。文进士宴奏《启天门》。武进士奏《和气洽》。乡饮酒礼歌《鹿鸣》、《四牡》、《皇皇者华》三章，笙御制补《南陔》、《白华》、《华黍》三章，闲歌《鱼丽》、《南有嘉鱼》、《南山有台》三章，笙御制补《由庚》、《崇丘》、《由仪》三章，合乐《周南关雎》、《葛覃》、《卷耳》三章，《召南鹊巢》、《采蘩》、《采苹》三章。

八年九月，高宗东巡狩至盛京，仪仗具，马上鼓吹导引，翼日设《丹陛大乐》于两乐亭，礼部设龙亭，置庆贺表，用《导迎乐》。上御崇政殿，升座《中和韶乐》奏《元平》，诸王大臣行礼、宣表《丹陛大乐》奏《庆平》，朝鲜陪臣朝贺《丹陛大乐》奏《治平》，颁诏、赐茶《中和韶乐》奏《和平》。是日崇政殿筵宴所奏《中和丹陛清乐》与太和殿筵宴同。改《玛克式舞》为《庆隆之舞》，又增《世德之舞》。旋定乐舞内《大小马护》为《扬烈舞》，舞人所骑竹马为禺马，马护为面具。大臣起舞上寿为喜起舞。歌章者曰司章，骑竹马曰司舞，挡琵琶曰司琵琶，弹弦子曰司三弦，弹筝曰司筝，划节曰司节，拍版曰司拍，拍掌曰司抃。

九年，亲幸翰林院，诏乐部设乐，升座奏隆平，掌院大学士率百官行礼奏庆平，进茶、赐茶奏《文物京华盛》，进御筵宴奏《玉署延英》，进酒、赐酒奏《延阁云浓》，百官谢恩奏《庆平》，还宫奏《显平》。

是年裁太常寺司乐人六,增设天神地祇坛乐器,谕礼臣,除夕保和殿筵宴蒙古王等,先进蒙古乐曲,次《庆隆舞》,元旦太和殿筵宴王大臣,互易用之,著为令。

帝自御宇,乐制屡易,因革损益,悉出睿裁,群臣希旨,务为补苴,非有张乾龟、万宝常之识也。帝思隆巍焕,遂特诏厘定朝会宴飨诸乐章,自七年定郊庙祭祀诸乐章,至十一年始成。朝会,皇帝元旦《中和乐》,升座《元平》,还宫《和平》。冬至《中和乐》,升座《遂平》,还宫《允平》。万寿《中和乐》,升座《乾平》,还宫《泰平》。上元《中和乐》,升座《怡平》,还宫《升平》,常朝《中和乐》,升座《隆平》,还宫《显平》。内廷行礼《丹陛乐雍平》,诸王百官行礼《丹陛乐庆平》,外藩《丹陛乐治平》。皇太后三大节《中和乐》,升座《豫平》,还宫《履平》,《丹陛乐益平》。皇后三大节《中和乐》,升座《淑平》,还宫《顺平》,《丹陛乐正平》。郊庙圜丘迎神《始平》,奠玉帛《景平》,进俎《咸平》,初献《寿平》,亚献《嘉平》,终献《永平》,撤馔《熙平》,送神《清平》,望燎《太平》。方泽迎神《中平》,奠玉帛《广平》,进俎《含平》,初献《大平》,亚献《安平》,终献《时平》,撤馔《贞平》,送神、望瘗《宁平》。祈谷迎神《祈平》,奠玉帛《绥平》,进俎《万平》,初献《宝平》,亚献《穰平》,终献《瑞平》,撤馔《渥平》,送神《滋平》,望燎《谷平》。雩祭迎神《霭平》,奠玉帛《云平》,进俎《需平》,初献《霖平》,亚献《露平》,终献《霈平》,撤馔《灵平》,送神《霈平》,望燎《霪平》。太庙时飨,迎神《贻平》,奠帛、初献《秋平》,亚献《敷平》,终献《绍平》,撤馔《光平》,送神、还宫、望燎《乂平》。祫祭迎神《开平》,奠帛、初献《肃平》,亚献《协平》,终献《裕平》,撤馔《诫平》,送神、还宫、望燎《成平》。社稷迎神《登平》,奠帛、初献《茂平》,亚献《育平》,终献《敦平》,撤馔《博平》,送神《乐平》,望瘗《征平》。社稷坛祈雨报祀迎神《延丰》,奠帛、初献《介丰》,亚献《滋丰》,终献《霈丰》,撤馔《绥丰》,送神《贻丰》,望瘗《博丰》。朝日迎神《寅曦》,奠玉帛《朝曦》,初献《清曦》,亚献《咸曦》,终献《纯曦》,撤馔《延曦》,送神《归曦》。夕月迎神《迎光》,奠帛、初献《升光》,亚献《瑶光》,终献《瑞光》,撤馔《涵光》，送神《保光》。历代帝王迎神《肇平》，奠帛、初献《兴平》，亚献《崇平》，终献《恬平》，撤馔《淳平》，送神望燎《匡平》。先师迎神《昭平》，奠帛、初献《宣平》，亚献《秩平》，终献《叙平》，撤馔《懿平》，送神《德平》。先农迎神《永丰》，奠帛、初献《时丰》，亚献《咸丰》，终献《大丰》，撤馔《屡丰》，送神《报丰》，望瘞《庆丰》。先蚕迎神《休平》，奠帛、初献《承平》，亚献《均平》，终献《齐平》，撤馔《柔平》，送神《洽平》。天神地祇迎神《祈丰》，奠帛、初献《华丰》，亚献《兴丰》，终献《仪丰》，撤馔《和丰》，送神《锡丰》。太岁迎神《保平》，奠帛、初献《定平》，亚献《昄平》，终献《富平》，撤馔《盈平》，送神《丰平》。太岁坛祈雨、报祀迎神《需丰》，奠帛、初献《宜丰》。亚献《晋丰》，终献《协丰》，撤馔《应丰》，送神《洽丰》。皇帝祭坛庙还宫《导迎乐祐平》，庆典《导迎乐》《禧平》。其词皆命儒臣重撰，天子亲裁之，分刌而节比，合则仍其故，不合则易其辞、更其调，视旧章增损有加，而《律吕正义后编》亦于是年书成。曰《祭祀乐》，曰《朝会乐》，曰《宴飨乐》，曰《导迎乐》，曰《行幸乐》。更参稽前代因革损益之异，为《乐器考》、《乐制考》、《乐章考》、《度量权衡考》。复推阐圣祖所以审音定乐制器协均者，为乐问三十五篇。大氐详于宫谱，而于律吕之原，管音弦度之分合，一遵圣祖，无所创也。帝自制序以冠之。

　　十三年二月，东巡山左，祭岱岳，大学士等上言：“泰山向不用乐，考周礼大司乐‘奏蕤宾、歌函钟、舞大夏以祭山川’。今特举盛典，秩于岱宗，请遵古用乐，乐章饬部撰拟。”于是诏乐章六奏，用“丰”。十月，张广泗、讷亲讨金川久无功，上特命大学士傅恒为经略，出师，行授钺礼。是日御太和殿，陈法驾卤簿乐器如常仪。升座，《中和韶乐》奏《隆平》，经略跪受敕印行礼，《丹陛大乐》奏《庆平》，经略随奉敕印大臣由东阶下，乐止，上还宫《中和韶乐》奏《显平》。勅日建八旗大纛于堂子内门外之南，军士执螺角列竣，上舆出宫，乐陈而不作。至红桩，声螺角，上入自街门降舆，螺止。行礼，复声螺。纛前行礼毕，出至红桩，螺止，《导迎乐》作。驾至东长安门外，御武帐，升座，赐经略酒，从征官皆槖鞬，辞，启行。还宫，《导迎乐》

作。明年凯旋，赐宴丰泽园，驾御帐殿，进茶、赐茶奏《景运乾坤泰》，掌仪捧台盏卮壶奏《圣德诞敷》，进馔奏《日耀中天》。其后兆惠平定西域，阿桂再克金川，凯旋皆用此礼，改《景运乾坤泰》为《圣武光昭世》，《圣德诞敷》为禹甸逎通，《日耀中天》为《圣治逎昌》。改《德隆舞》为《德胜之舞》。《中和乐章》皆增武成庆语以夸肤绩。上又自作《凯歌》三十章，增《铙歌》十六章郊劳时奏之。声容裔庬，迈隆古矣。

二十六年，江西抚臣奏得古钟十一，图以进，上示廷臣，定为镈钟，命依钟律尺度，铸造十二律镈钟，备中和特悬。既成，帝自制铭，允禄等又请造特磬十二虡，与镈钟配，凿和阗玉为之。三十三年，定关帝庙乐章，迎神、送神三献章各一。四十五年八月，高宗七旬万寿，增喜起舞乐九章。自是凡有大庆典，则增制乐章以为常。

五十二年，命皇子永瑢与邹奕孝、壮存与重定诗经乐谱，纠郑世子载堉之谬。五十八年，又命乐部肄演安南、廓尔喀、粗缅甸、细缅甸诸乐，故清之乐，终帝之世凡数变。

仁宗嘉庆元年，增制太上皇帝三大节御殿《中和韶乐》二章，《丹陛大乐》一章，宫中行礼《丹陛大乐》一章，筵宴《中和清乐》一章、《丹陛清乐》二章、庆隆舞乐九章，又增皇极殿千叟宴太上皇帝御殿《中和韶乐》二章。自后临雍，幸翰林院、文昌庙祀，社稷坛祈晴及万寿节，皆增制乐章。八年，命筵宴停止安南乐。十四年元旦，太和殿筵宴，命演朝鲜、回部、金川、缅甸乐舞等项，遇《庆隆舞》、《喜起舞》，即以承应。又增队舞大臣四人，岁如故事。

宣、文之世，垂衣而治，宫悬徒为具文，虽有增创，无关宏典。德宗光绪末年，仿欧罗巴，美利坚诸邦制军乐，又升先师大祀，增佾舞之数，及更定国歌，制作屡载不定，以讫于逊国，多未施行。

清史稿卷九五
志第七〇

乐　二

十二律吕尺度　七音清浊
黄钟同表管声　管音　弦音
弦音旋宫转调

黄钟古尺径三分三里八毫五丝一忽，长九寸，积八百一十分。今尺径二分七厘四毫一丝九忽，长七寸二分九厘，积四百三十分四百六十七厘二百一十毫。容黍一千二百粒。

大吕古尺径三分三厘八毫五丝一忽，长八寸四分二厘七毫二百四十三分毫之二百三十九，积七百五十八分五百一十八厘五百一十八毫奇。今尺径二分七厘四毫一丝九忽，长六寸八分二厘六毫三分毫之二，积四百零三分一百零七厘八百四十毫。容黍一千二十四粒。

太簇古尺径三分三厘八毫五丝一忽，长八寸积七百二十分。今尺径二分七厘四毫一丝九忽，长六寸四分八厘，积三百八十二分六百三十七厘五百二十毫。容黍一千零六十七粒。

夹钟古尺径三分三厘八毫五丝一忽，长七寸四分九厘一毫二千一百八十七分毫之一千一百八十三，积六百七十四分二百三十八厘六百八十三毫奇。今尺径二分七厘四毫一丝九忽，长六寸〇分六厘八毫二十七分毫之四，积三百五十八分三百一十八厘零八十毫。容黍九百九十九粒。

姑洗古尺径三分三厘八毫五丝一忽，长七寸一分一厘一毫九分毫之一,积六百四十分。今尺径二分七厘四毫一丝九忽,长五寸七分六厘积三百四十分一百二十二厘二百四十毫。容黍九百四十八粒。

仲吕古尺径三分三厘八毫五丝一忽,长六寸六分五厘九毫一万九千六百八十三分毫之二千九百零三,积五百九十九分三百二十三厘二百七十三毫奇。今尺径二分七厘四毫一丝九忽,长五寸三分九厘三毫二百四十三分毫之二百二十一,积三百一十八分五百零四厘九百六十毫。容黍八百八十八粒。

蕤宾古尺径三分三厘八毫五丝一忽,长六寸三分二厘〇毫八十一分毫之八十,积五百六十八分八百八十八厘八百八十八毫奇。今尺径二分七厘四毫一丝九忽,长五寸一分二厘,积三百零二分三百三十厘八百八十毫。容黍八百四十三粒。

林钟古尺径三分三厘八毫五丝一忽,长六寸积五百四十分。今尺径二分七厘四毫一丝九忽,长四寸八分六厘,积二百八十六分九百七十八厘一百四十毫。容黍八百粒。

夷则古尺径三分三厘八毫五丝一忽,长五寸六分一厘八毫七百二十九分毫之四百七十八,积五百零五分六百七十九厘零一十二毫奇。今尺径二分七厘四毫一丝九忽,长四寸五分五厘一毫九分毫之一,积二百六十八分七百三十八厘五百六十毫。容黍七百四十九粒。

南吕古尺径三分三厘八毫五丝一忽,长五寸三分三厘三毫三分毫之一,积四百八十分。今尺径二分七厘四毫一丝九忽,长四寸三分二厘,积二百五十五分零九十一厘六百八十毫。容黍七百一十一粒。

无射古尺径三分三厘八毫五丝一忽,长四寸九分九厘四毫六千五百六十一分毫之二千二百六十六,积四百四十九分四百九十二厘四百五十五毫奇。今尺径二分七厘四毫一丝九忽,长四寸〇分四厘五毫八十一分毫之三十五,积二百三十八分八百七十八厘七百二十毫。容黍六百六十六粒。

应钟古尺径三分三厘八毫五丝一忽,长四寸七分四厘〇毫二十七分毫之二十,积四百二十六分六百六十六厘六百六十六毫奇。今尺径二分七厘四毫一丝九忽,长三寸八分四厘,积二百二十六分七百四十八厘一百六十毫。容黍六百三十二粒。

倍蕤宾　下徵乙字　　倍林钟　清下徵高乙字
倍夷则　下羽上字　　倍南吕　清下羽高上字

倍无射	变宫尺字	倍应钟	清变宫高尺字
黄　钟	宫声工字	大　吕	清宫高工字
太　族	商声凡字	夹　钟	清商高凡字
姑　洗	角声六字	仲　吕	清角高六字
蕤　宾	变徵五字	林　钟	清变徵高五字
夷　则	徵声乙字	南　吕	清徵高乙字
无　射	羽声上字	应　钟	清羽高上字
半黄钟	变官尺字	半大吕	清变宫高尺字
半太簇	少宫工字	半夹钟	清少宫高工字
半姑洗	少商凡字	半仲吕	清少商高凡字

　　黄钟同形管声同形管周径积分表繁，详《正义》，不列。

八倍黄钟之管	黄　钟宫声工字	正黄钟之管
七倍黄钟之管	大　吕清宫高工	黄钟八分之七之管
六倍黄钟之管	太　簇商声凡字	黄钟八分之六之管
五倍黄钟之管	夹　钟清商高凡	黄钟八分之五之管
四倍黄钟之管	姑　洗角声六字	黄钟八分之四即二分之一之管
三倍半黄钟之管	仲　吕清角高六	黄钟八分之三分半之管
三倍黄钟之管	蕤　宾变徵五字	黄钟八分之三之管
二倍半黄钟之管	林　钟清变徵高五	黄钟八分之二分半之管
二倍加四分之一黄钟之管	夷　则徵声乙字	黄钟八分之二又加此一分之四分之一之管
二倍黄钟之管	南　吕清徵高乙	黄钟八分之二即四分之一之管
正加四分之三黄钟之管	无　射羽声上字	黄钟八分之一又加此一分之四分之三之管
正加半黄钟之管	应钟清羽高上	黄钟八分之一又加此一

		分之四分之二之管
正加四分之一黄钟之管	半黄钟变功大字	黄钟八分之一又加此一分之四分之一之管
正加八分之黄钟之管	半大吕清变宫高尺	黄钟八分之一又加此一分之八分之一之管
正黄钟之管	半太簇宫声工字	黄钟八分之一之管

　　乐之节奏，成于声调，声也者，五声二变之七音；调也者，所以调七音而互相为用者也。声调之原，本自旋宫，因管律弦度七音取分之不同而旋宫异。古旋宫之法，合竹与丝并著之。自隋以来，独以弦音发明五声之分，律吕旋宫，遂失其传，夫旋宫者，十二律吕皆可为宫，立一均之主，各统七声，而十二律吕皆可为五声二变也。声调者，声自为声，调自为调，而调又有主调、起调、转调之异，故以转调合旋宫言之，名为宫调。五声二变旋于清浊二均之一十四声，则成九十八声，此全音也。然调虽以宫为主，而宫又自为宫，调又自为调。如宫立一均之主，而下羽之声，又大于宫，故为调之首，古所谓宫逐羽音是也。羽主调，宫立宫，一均七声之位定，则当二变者不起调，而与调首音不合者亦不起调。盖以羽起调，徵在其前，变宫居其后。二音与羽相近，得声涽杂，而变徵为第六音，亦与羽首音不合。此所以当二变之位者，与五正声当徵位者，俱不得起调也。至于止调，亦取本调相合，可以起调之声终之。当二变与徵位者，亦不用焉。其立羽位调首之音，自本声起者，即为本调。首音与五音为羽，与角次相合。首音与三音为羽，与宫又次相合，且均调相应。首音与四音为羽，与商转相合可出入。故本调为一调，自宫位起者为一调，自角位起者为一调，自商位起者复为一调。自羽位、宫位、角位起者为正，自商位起者为假借，故曰可出入，如曲中所谓与某管某调相出入者是也。转相合者，下羽之调首至角为第五位，商之第三音至正羽第八音亦五位也。一均四调，七均二十八调，合清浊之一十四均，则为五十六调。乐工度曲，七调相转之法，四字起四为正调，乐工转调，皆用四字调为

准,以四乙上尺工凡六七列位,视某字当四字位者,名为某调。一如五声二变递转旋宫之法,以四字当羽位为起调处也。乙字起四为乙字调,上字起四为上字调,尺字起四为尺字调,工字起四为工字调,凡字起四为凡字调,合字起四为合字高调。此指笛孔言。四字调乙、凡不用,乙字调上、六不用,上字调尺、五不用,尺字调工、乙不用,工字调凡、上不用,凡字调合、尺不用,合字调五、工不用,即如羽声主调,当变宫、变徵声者不用也。又四字调乙、凡不得起调,而六字亦不得起调,即如羽声当羽位主调,二变不得起调,而徵声亦不得起调也。此七调之七字相转,即五声二变之旋相为宫,宫调声字,实为一体。析而言之,则有四科:一曰七声定位,以五声二变立一定之位,自下羽至正羽,共列为八,显明隔八相生之理,视下羽位声字律吕,知其为某宫之某调,视宫位声字律吕,知其为某调之某宫,视二变位,知某声字、某律吕之当避。二曰旋宫主调,以五声二变旋于七声定位之下,亦分八位,如羽声立下羽之下,宫声立宫位之下,则为宫声立宫而羽声主调。又如商声立下羽之下,变徵立宫位之下,则为变徵立宫而商声主调。三曰和声起调,以十二律吕兼倍半以备用,按所生之音,各随其均序于旋宫之下,仍以调主相和之声所起各调注本律、本吕之下,以正各调之名。如黄钟立宫,则夷则立下羽之位以主调,倍无射、正蕤宾当二变不起调,正夷则立徵位亦不起调,故用倍夷则起调者为正羽调,起黄钟宫声为正宫,起太簇商声为正商,起姑洗角声为正角,此正宫之四调也。大吕立宫,则倍南吕立下羽之位主调,用以起调者为清羽调,起大品宫声为清宫,起夹钟商声为清商,起仲吕角声为清角,此清宫之四调也。其余立宫主调,皆依此例。四曰乐音字色,以律吕箫笛所命字色,随声调而序其次,列于律吕之下。如黄钟为工字,而箫应黄钟者为工字,笛应黄钟者为五字,皆注于黄钟本律之下,大吕为高工字,而箫之高工、笛之高五亦皆注于大吕本律之下。其立羽位之字,即为主调,其立宫位之字,即为立宫,其当二变之位,则不用当徵位者亦不以起调。以此四科列为表,旋宫、转声、主调、起调之理犁然矣。

黄钟宫声立宫,倍夷则下羽主调为上字调。

七声定位	旋宫主调	律管	箫	笛	起调
下羽	下羽	倍夷则	上	凡	正羽调
变宫	变宫	倍无射	尺	合	不起调
宫	宫	黄钟	工	四	正宫
商	商	太簇	凡	乙	正商
角	角	姑洗	合	上	正角
变徵	变徵	蕤宾	四	尺	不起调
徵	徵	夷则	乙	工	不起调
羽	羽	无射	上	凡	同调首

大品清宫,倍南吕清下羽主调,为高上调。

七声定位	旋宫主调	吕管	箫	笛	起调
下羽	清下羽	倍南吕	上	凡	清羽调
变宫	清变宫	倍应钟	尺	六	不起调
宫	清宫	大吕	工	五	清宫
商	清商	夹钟	凡	乙	清商
角	清角	仲吕	六	上	清商
变徵	清变徵	林钟	五	尺	不起调
徵	清徵	南吕	乙	工	不起调
羽	清羽	应钟	上	凡	同调首

太簇商声立宫,倍无射变宫主调,为尺字调。

七声定位	旋宫主调	律管	箫	笛	起调
下羽	变宫	倍无射	尺	合	变宫调
变宫	宫	黄钟	工	四	不起调
宫	商	太簇			
商	角	姑洗	合	上	姑洗商

角	变徵	蕤宾	四	尺	商角
变徵	徵	夷则	乙	工	不起调
徵	羽	无射	上	凡	不起调
羽	变宫	倍无射半黄钟	尺	六	同调首

夹钟清商立宫,倍应钟清变宫主调,为高尺调。

七声定位	旋宫主调	吕管	箫	笛	起调
下羽	清变宫	倍应钟	尺	六	清变宫调
变宫	清宫	大吕	工	五	不起调
宫	清商	夹钟	凡	乙	清商宫
商	清角	仲吕	六	上	仲吕商
角	清变徵	林钟	五	尺	清商角
变徵	清徵	南吕	乙	工	不起调
徵	清羽	应钟	上	凡	不起调
羽	清变宫	倍应钟半大吕	尺	六	同调首

姑洗角声立宫,黄钟宫声主调,为工字调。

七声定位	旋宫主调	律管	箫	笛	起调
下羽	宫	黄钟	工	四	宫调
变宫	商	太簇	凡	乙	不起调
宫	角	姑洗	合	上	角宫
商	变徵	蕤宾	四	尺	角商
角	徵	夷则	乙	工	夷则角
变徵	羽	无射	上	凡	不起调
徵	变宫	倍无射半黄钟	尺	六	不起调
羽	宫	黄钟	工	五	同调首

仲吕清角立宫,大吕清宫主调,为高工调。

七声定位	旋宫主调	吕管	箫	笛	起调

下羽	清宫	大吕	工	五	清宫调
变宫	清商	夹钟	凡	乙	不起调
宫	清角	仲吕	六	上	清角宫
商	清变徵	林钟	五	尺	清角商
角	清徵	南吕	乙	工	南吕角
变徵	清羽	应钟	上	凡	不起调
徵	清变宫	倍应钟 半大吕	尺	六	不起调
羽	清宫	大吕	工	五	同调首

蕤宾变徵立宫，太簇商声主调，为凡字调。

七声定位	旋宫主调	律管	箫	笛	起调
下羽	商	太簇	凡	乙	商调
变宫	角	姑洗	合	上	不起调
宫	变徵	蕤宾	四	尺	变徵宫
商	徵	夷则	乙	工	变徵商
角	羽	无射	上	凡	变徵角
变徵	变宫	倍无射 半黄钟	尺	六	不起调
徵	宫	黄钟	工	五	不起调
羽	商	太簇	凡	乙	同调首

林钟清变徵立宫，夹钟清商主调，为高凡调。

七声定位	旋宫主调	吕管	箫	笛	起调
下羽	清商	夹钟	凡	乙	清商调
变宫	清角	仲吕	六	上	不起调
宫	清变徵	林钟	五	尺	清变徵宫
商	清徵	南吕	乙	工	清变徵商
角	清羽	应钟	上	凡	清变徵角
变徵	清变宫	倍应钟 半大吕	尺	六	不起调
徵	清宫	大吕	工	五	不起调

| 羽 | 清商 | 夹钟 | 凡 | 乙 | 同调首 |

夷则徵声立宫,姑洗角声主调,为合字调。

七声定位	旋宫主调	律管	箫	笛	起调
下羽	角	姑洗	合	上	角调
变宫	变徵	蕤宾	四	尺	不起调
宫	徵	夷则	乙	工	徵宫
商	羽	无射	上	凡	徵商
角	变宫	倍无射半黄钟	尺	六	徵角
变徵	宫	黄钟	工	五	不起调
徵	商	太簇	凡	乙	不起调
羽	角	姑洗	六	上	同调首

南吕清徵立宫,仲吕清角主调,为高六调。

七声定位	旋宫主调	吕管	箫	笛	起调
下羽	清角	仲吕	六	上	清角调
变宫	清变徵	林钟	五	尺	不起调
宫	清徵	南吕	乙	工	清徵宫
商	清羽	应钟	上	凡	清徵商
角	清变宫	倍应钟半大吕	尺	六	清徵角
变徵	清宫	大吕	工	五	不起调
徵	清商	夹钟	凡	乙	不起调
羽	清角	仲吕	六	上	同调首

无射羽声立宫,蕤宾变徵主调,为四字调。

七声定位	旋宫主调	律管	箫	笛	起调
下羽	变徵	蕤宾	四	尺	变徵调
变宫	徵	夷则	乙	工	不起调
宫	羽	无射	上	凡	羽宫

商	变宫	倍无射半黄钟	尺	六	羽商
角	宫	黄钟	工	五	羽角
变徵	商	太簇	凡	乙	不起调
徵	角	姑洗	六	上	不起调
羽	变徵	蕤宾	五	尺	同调首

应钟清羽立宫,林钟清变徵主调,为高五调。

七声定位	旋宫主调	吕管	箫	笛	起调
下羽	清变徵	林钟	五	尺	清变徵调
变宫	清徵	南吕	乙	工	不起调
宫	清羽	应钟	上	凡	清羽宫
商	清变宫	倍应钟半大吕	尺	六	清羽商
角	清宫	大吕	工	五	清羽角
变徵	清商	夹钟	凡	乙	不起调
徵	清角	仲吕	六	上	不起调
羽	清变徵	林钟	五	尺	同调首

倍无射变宫立宫,夷则徵声主调,为乙字调。

七声定位	旋宫主调	律管	箫	笛	起调
下羽	徵	夷则	乙	工	徵调
变宫	羽	无射	上	凡	不起调
宫	变宫	倍无射半黄钟	尺	六	变宫宫
商	宫	黄钟	工	五	变宫商
角	商	太簇	凡	乙	变宫角
变徵	角	姑洗	六	上	不起调
徵	变徵	蕤宾	五	尺	不起调
羽	徵	夷则	乙	工	同调首

倍应钟清变宫立宫,南吕清徵主调,为高乙调。

七声定位	旋宫主调	吕管	箫	笛	起调
下羽	清徵	南吕	乙	工	清徵调
变宫	清羽	应钟	上	凡	不起调
宫	清变宫	倍应钟半大吕	尺	六	清变宫宫
商	清宫	大吕	工	五	清变宫商
角	清商	夹钟	凡	乙	清变宫角
变徵	清角	仲吕	六	上	不起调
徵	清变徵	林钟	五	尺	不起调
羽	清徵	南吕	乙	工	同调首

弦音合律吕立论者,始自《淮南子》,《淮南》本之《管子》,《管子》曰:"凡将起五音凡首,先主一而三之,四开以合九九,以是生黄钟小素之首以成宫。三分而益之以一,为百有八为徵,不无有三分而去其乘适足,以是生商;有三分而复于其所,以是成羽;有三分去其乘适足,以是成角。"夫审弦音,无论某弦之全分,定为首音,因而半之,平分为二。其声既与首音相合而为第八音矣,次以首音之全分,定为首音,因而半之,平分为二。其声既与首音相合而为第八音矣,次以首音之全分,因而四之,去其一分而用其三分,其声应于全分首音之第四音。此度乃全分首音与半分八音之间,又平分为二分之度。是即《管子》所谓"凡将起五音凡首,先主一而三之,四开以合九九"者也。先主一而三之者,以全分首音一分度为主,而以三因之,其数大于全分为三倍也。四开以合九九者,以三倍全分之数,四分而取其一,以全九九八十一之度,为宫声之分也。小素云者,素,白练,乃熟丝,即小弦之谓,言此度之声立为宫位,其小于此弦之他弦,皆以是为主,故曰以是生黄钟小素之首以成宫也。以八十一三分益一为百有八为徵,乃此弦首音全分之度,此宫弦上生下徵之数。于是以百有八,三分去一,为七十二是为商。商七十二,三分益一,为九十六,是为羽。羽九十六,三分去一,为六十四,是为角。司马氏《律书》:徵羽之数小于宫,而《管子》徵羽之数大于宫者,用徵羽

之倍数,所谓下徵、下羽也。首弦起于下徵,即《白虎通》弦音尚徵之义。今由三分损益之法详推其数,黄钟正徵上生皆得七十二,为正商;正商上生得九十六,为下羽;下生得四十八,为正羽;下羽、正羽皆得六十四,为正角;正角上生得八十五,小余三三。为下于宫音之变宫;下生得四十二,小余六六。为高于羽音之变宫;下于宫音之变宫,高于羽音之变宫,皆得五十六,小余八八。为变徵;是为浊均。变徵上生得七十五,小余八五。为清宫;清宫上生得一百有一,小余一三。为清下徵;下生得五十,小余五六。为清徵;清下徵清徵皆得六十七,小余四二。为清商,清商上生得八十九,小余八九。为清下羽;下生得四十四,小余九四。为清羽;清下羽、清羽皆得五十九,小余九三。为清角;清角上生得七十九,小余九一。为下于清宫之清变宫;下生得三十九,小余三三。为高于清羽之清变宫;下于清宫之清变宫、高于清羽之清变宫皆得五十三,小余二七。为清变徵;是为清均。凡宫至商,商至角,角至变徵,徵至羽,羽至变宫,皆得全分,而变徵至徵,变宫至宫,则只半分。《管子》起音篇,司马氏《律书》皆五声之正,《淮南子》始载二变之数,但不当以十二律吕名之。犹足取者,则二变之度分,与二变之比于正音,一为和、一为谬之说也。所谓应钟,即弦音之变宫度也,所谓蕤宾,即弦音之变徵度也。弦音变宫之在下徵第一弦为第三音,居第三位,即如宫弦之角声第三位,音虽不同,而分则恰值正声之度,故曰姑洗生应钟,比于正音为和也。变徵之在下徵第一弦为第七音,居第七位,即如宫弦之变宫第七位,音亦不同,而分则皆为变声之度,故曰应钟生蕤宾,不比正音为缪也。五声二变之清浊,定弦音各分之等差,今列于表:

　　首弦首音起于下徵,全度一百八分。二音下羽,得全度一百八分之九十六。三音变宫,得全度一百八分之八十五。小余三三。四音正宫,得全度一百八分之八十一。五音正商,得全度一百八分之七十二。六音正角,得全度一百八分之六十四。七音变徵,得全度一百八分之五十六。小余八八。八音正徵,得全度一百八分之半。为五十四。

首弦首音起清下徵，全度一百一分。小余一三。二音清下羽，得全度一百一分之八十九。小余八九。三音清变宫，得全度一百一分之七十九。小余九一。四音清宫，得全度一百一分之七十五。小余八五。五音清商，得全度一百一分之六十七。小余四二。六音清角，得全度一百一分之五十九。小余九三。七音清变徵，得全度一百一分之五十三。小余二七。八音清徵，得全度一百一分之半。为五十小余五六。

二弦首音起于下羽，全度九十六分。二音变宫，得全度九十六分之八十五。小余三三。三音正宫，得全度九十六分之八十一。四音正商，得全度斜十六分之七十二。五音正角，得全度九十六分之六十四。六音变徵，得全度九十六分之五十六。小余八八。七音正徵，得全度九十六分之五十四。八音正羽，得全度九十六分之半。为四十八。

二弦首音起清下羽，全度八十九分。小余八九。二音清变宫，得全度八十九分之七十九。小余九一。三音清宫，得全度八十九分之七十五。小余八五。四音清商，得全度八十九分之六十七。小余四二。五音清角，得全度八十九分之五十九。小余九三。六音清变徵，得全度八十九分之五十三。小余二七。七音清徵，得全度八十九分之五十。小余五六。八音清羽，得全度八十九分之半。为四十四，小余九四。

三弦首音起于变宫，全度八十五分。小余三三。二音正宫，得全度八十五分之八十一。二音正商，得全度八十五分之七十二。四音正角，得全度八十五分之六十四。五音变徵，得全度八十五分之五十六。小余八八。六音正徵，得全度八十五分之五十四。七音正羽，得全度八十五分之四十八。八音少变宫，得全度八十五分之半。为四十二，小余六六。

三弦首音起清变宫，全度七十九分。小余九一。二音清宫，得全度七十九分之七十五。小余八五。三音清商，得全度七十九分之六十七。小余四二。四音清角，得全度七十九分之五十九。小余九三。五音清变徵，得全度七十九分之五十三。小余二七。六音清徵，得全度七十九分之五十。小余五六。七音清羽，得全度七十九分之四十四。

小余九四。八音清少变宫,得全度七十九分之半。为三十九,小余九五。

四弦首音起于正宫,全度八十一分。二音正商,得全度八十一分之七十二。三音正角,得全度八十一分之六十四。四音变徵,得全度八十一分之五十六。小余八八。五音正徵,得全度八十一分之五十四。六音正羽,得全度八十一分之四十八。七音少变宫,得全度八十一分之四十二。小余六六。八音少宫,得全度八十一分之半。为四十,小余五。

四弦首音起于清宫,全度七十五分。小余八五。二音清商,得全度七十五分之六十七。小余四二。三音清角,得全度七十五分之五十九。小余九三。四音清变徵,得全度七十五分之五十三。小余二七。五音清徵,得全度七十五分之五十。小余五六。六音清羽,得全度七十五分之四十四,小余九四。七音清少变宫,得全度七十五分之三十九。小余九五。八音清少宫,得全度七十五分之半。为三十七,小余九二。

五弦首音起于正商,全度七十二分。二音正角,得全度七十二分之六十四。三音变徵,得全度七十二分之五十六。小余八八。四音正徵,得全度七十二分之五十四。五音正羽,得全度七十二分之四十八。六音少变宫,得全度七十二分之四十二。小余六六。七音少宫,得全度七十二分之四十。小余五。八音少商,得全度七十二分之半。为三十六。

五弦首音起清商,全度六十七分。小余四二。二音清角,得全度六十七分之五十九。小余九三。三音清变徵,得全度六十七分之五十三。小余二七。四音清徵,得全度六十七分之五十。小余五六。五音清羽,得全度六十七分之四十四。小余九四。六音清少变宫,得全度六十七分之三十九。小余九五。七音清少宫,得全度六十七分之三十七。小余九二。八音清少商,得全度六十七分之半。为三十三,小余七一。

六弦首音起于正角,全度六十四分。二音变徵,得全度六十四分之五十六。小余八八。三音正徵,得全度六十四分之五十四。四音正羽,得全度六十四分之四十八。五音少变宫,得全度六十四分之四十二。小余六六。六音少宫,得全度六十四分之四十。小余五。七音少商,得全度六十四分之三十六。八音少角,得全度六十四分之半。为三十二。

六弦首音起于清角,全度五十九分。小余九三。二音清变徵,得全度五十九分之五十三。小余二七。三音清徵,得全度五十九分之五十。小余五六。四音清羽,得全度五十九分之四十四。小余九四。五音清少变宫,得全度五十九分之三十九。小余九五。六音清少宫,得全度五十九分之三十七。小余九二。七音清少商,得全度五十九分之三十三。小余七一。八音清少角,得全度五十九分之半。为二十九,小余九六。

七弦首音起于变徵,全度五十六分。小余八八。二音正徵,得全度五十六分之五十四。三音正羽,得全度五十六分之四十八。四音少变宫,得全度五十六分之四十二。小余六六。五音少宫,得全度五十六分之四十。小余五。六音少商,得全度五十六分之三十六。七音少角,得全度五十六分之三十二。八音少变徵,得全度五十六分之半。为二十八,小余四四。

七弦首音起于清变徵,全度五十三分。小余二七。二音清徵,得全度五十三分之五十。小余五六。三音清羽,得全度五十三分之四十四。小余九四。四音清少变宫,得全度五十三分之三十七。小余九五。五音清少宫,得全度五十三分之三十七。小余九二。六音清少商,得全度五十三分之三十三。小余七一。七音清少角,得全度五十三分之二十九。小余九六。八音清少变徵,得全度五十三分之半。为二十六,小余六三。

弦音旋宫转调,其要有四:一,定弦音应某律吕声字,即得某弦度分。如倍无射之律变宫合字定弦,则得徵弦之分;黄钟之律宫声四字定弦,则得羽弦之分;太簇之律商声乙字定弦,则得变宫弦之分;姑洗之律角声上字定弦,则得宫弦之分;蕤宾之律变徵尺字定

弦,则得商弦之分;夷则之律徵声宫字定弦,则得羽弦之分;无射之
律羽声凡字定弦,则得变徵弦之分。此阳律一均七声定弦之正分
也。阴吕定弦七声之分亦如之。

　　一,弦音转调不能依次递迁,必以宫调为准故七声因之而变。
如琴之正调为宫调,其商调以七弦递高一音,但六弦、七弦太急易,
或变宫调以七弦递下一音,则一弦、二弦又慢不成声,故宫调七弦
立准,转调则七弦内有更者,有不更者,有宜紧者,有宜慢者,弦之
转移间,宫调旋焉。如一弦、三弦、六弦俱慢下管律一音,在弦度为
半分,而余弦不移,即转为商调。盖正宫调一弦、六弦定倍无射之
律;变宫合字得徵弦分者,下为倍夷则之律;羽声凡字转角弦之分,
三弦定姑洗之律;角声上字得宫弦分者,下为太簇之律,商声乙字
转羽弦之分,其二弦、四弦、五弦、七弦不移者,仍应本律。但二弦、
七弦原得羽弦分者,转为徵弦之分;四弦原得商弦分者,转为宫弦
之分;五弦原得角弦分者,转为商弦之分。其倍无射之律,变宫合字
为徵弦分者,转变徵应于倍应钟之吕,清变宫高六,应姑洗之律;角
声上字为宫弦分者,转变宫应于仲吕之吕,清角高上,此二分当二
变不用。因三弦定太簇之律,商声乙字得羽弦之分以起调,四弦原
得商弦之分者,转为宫弦之分以立宫,故曰商调。如二弦、四弦、五
弦、七弦俱紧上管律半音,在弦度亦为半分,而余弦不移,即转为角
调。盖正宫调二弦、七弦定黄钟之律,宫声四字得羽弦分者,上为大
吕之吕,清宫高五转徵弦之分。四弦定蕤宾之律,变徵尺字得商弦
分者,上为林钟之吕,清变徵高尺转宫弦之分。五弦定夷则之律,徵
声工字得角弦分者,上为南吕之吕,清徵高工转商弦之分。其一弦、
三弦、六弦不移,仍应本律,但一弦、六弦转为角分,三弦转为羽分,
而转变徵、变宫者不用。因三弦应姑洗之律,角声上字得羽弦之分
以起调,四弦原得商弦之分者,上为角弦之分,转宫弦之分以立宫,
故曰角调。如独紧五弦管律半音,在弦度亦为半分,即转为变徵调。
四弦应蕤宾之律,变徵尺字得羽弦之分以起调。五弦原得角弦之分
者,上为变徵之分转为宫弦之分以立宫,故曰变徵调。如独慢三弦

管律一音,在弦度为半分,即转为徵调。因五弦应夷则之律,徵声工字得羽弦之分以起调,一弦、六弦原得徵弦之分者,转为宫弦之分以立宫,故曰徵调。如以一弦、三弦、六弦慢下管律一音,四弦慢下管律半音,在弦度俱为半分,即转为羽调,因一弦、六弦应倍夷则之律,羽声凡字得羽弦之分以起调,二弦、七弦原得羽弦分者,上为变宫之弦,转宫弦之分以立宫,故曰变宫调也。

一,弦音诸调虽无二变,而定弦取音,必审二变之声,必计二变之分。如阳律一均,即徵弦七声之分言之,散声为全分首音,其二音与羽弦应者为羽分,三音与变宫弦应者为变宫分,至七音与变徵弦应者为变徵分,八音仍与全弦应,故为旋于首音。其各分与各弦相应者,亦自与各律相应。计其分,则首音徵至二音羽,三音羽至三音变宫,皆得全分。三音变宫至四音宫,只得半分。四音宫至五音商,五音商至六音角,六音角至七音变徵,皆得全分。七音变徵至八音徵,亦得半分。以宫弦七声之分言之,散声为全半首音,其二音与商弦应者为商分,与角弦应者为角分,三至七音与变宫弦应者为变宫分,八音仍与全弦应。而四音变徵至五音徵,七音变宫至八音宫,皆只半分。盖太簇商声乙字所应之弦分至姑洗角声上字所声之弦分,与无射羽声凡字所应之弦分至半黄钟变宫合字所应之弦分,其间必为半分,故各弦七声之分不移,而所应声律有间杂之别。各分全半之间,宫调旋焉。以宫调七弦为准,据每调徵弦七声言之,商调之徵,乃宫调之羽转而为徵分者也。宫弦之羽,全弦首音为羽,其变宫变徵在二音、六音,是二音至三音,六音至七音,为半分也。今全弦转为徵,则变宫、变徵在三音、七音,是三音至四音,七音至八音,为半分矣。故全弦定黄钟之律宫声四字者不移,二音即应太簇之律商声乙字,其间得全分三音。若取姑洗之律角声上字,则二音至三音为半分,仍与宫调之羽同。是以必取仲吕之吕清角高上,其间弦度始得全分,其四音仍应蕤宾之律变徵尺字。盖太簇乙字至姑洗上字为半分,加仲吕高上之半分,得一全分,而仲吕高上至蕤宾尺字为半分,此所以二音至三音得全分,为羽至变宫,而三音至四音为半分,乃变宫至宫分也。五音仍应夷则之律徵声工字,六音仍应无射之律羽声凡字,此四音至五音,五音至六音,亦得全分。至七音若取半黄钟之律变宫合字,则六音至七音为半分,亦与宫调之羽同,必取半大吕之吕清变宫高六,其间弦度始得全分,其八音仍与首音同应黄钟之律宫声四字,盖无射凡字至半黄钟合字为半分,加半大吕高六之半分得一全分,而半大吕高六至黄钟四字为半分,此所以六音至七音得全分,为角至变徵,而七音至八音为半分,乃变徵至徵分也。角调之徵,乃宫调之变宫与清宫调之羽相杂而为徵分者也。宫调之变宫全弦首音即变宫,而变徵在五音,是首音至二音,五音至六音,为半分也。清商调之羽全弦首音为清羽,其清变宫、清变徵在二音、五音,是又二音至三音,六音至七音,为半分也。今全弦转为徵,则三音至四音,七音至八音,为半分矣。首音若仍定太簇之律商声乙字,则首音徵至二音羽所得全分,必当取于仲吕之吕清角高上,其本调羽弦,则亦应仲吕之吕清角高上,是清角调非正角调矣。因取姑洗之律角声上字为正角调,故起调于羽弦音,必取姑洗正角声,而徵弦羽分亦当应姑洗之律。是以角调徵弦散声首音,反比正宫调变宫弦之散声首音下牛音,取清宫调之羽弦散声,大吕之吕清宫高五,其分始合,盖因本调羽弦得正角之律故也。二音应姑洗之律角声上字为羽分,三音应蕤宾之律变徵尺字为变宫分,四音应林钟之吕清变徵高尺为宫分,五音应南吕之吕清徵高工为商分,六音应半黄钟之律正变宫六字为角分,七音应黄钟之律正宫四字为变徵分,八音仍应大吕之吕清宫高五,是则三音蕤宾至四音林钟为半分,七音黄钟至八音大吕为半分,正为本调徵弦之变宫至宫,变徵至徵之二半分也。变徵调之徵,乃宫调之宫转而为徵分者也。宫调之宫,变徵、变宫在四音、七音,是四音至五音,七音至八音,为半分也。今全弦转为徵,则三音至四音,七音至八音,为半分,移宫调之宫四音至五音半分,为三音至四音半分,则四音取南吕之吕清徵高工,三音夷则至四音南吕为半分,七音太簇至八音姑洗为半分,徵调之徵,乃宫调之商转而为徵者也。宫调之商,变徵、变宫在三音、六音,是三音至四音,六音至七音,为半分也。今全弦转为徵,则三音至四音,七音至八音,为半分,移宫调之商六音至七音半分,为七音至八音半分,则七音取仲吕之吕清角高上,三音无射至四音半黄钟为半分,七音仲吕至八音蕤宾为半分。羽调之徵,乃宫调之角转而为徵分者也。宫调之角,变徵、变宫在六音、五音,是二音至三音,五音至六音,为半分也。今全弦转为徵,则三音至四音,七音至八音,为半分也。宫调之商二音至三音半分、五音至六音半分,为三音至四音半分、七音至八音半分,则三音取半大吕之吕清变宫高五,六音取仲吕之吕清角高上,七音取林钟之吕清变徵高尺,三音半大吕至四音黄钟为半分,七音林钟至八音夷则为半分。变宫调之徵,乃宫调之变徵与清宫调之角相杂而为徵分者也。宫调之变徵、变宫在首音四音,是首音至二音,四音至五音,为半分。清宫调之角,变徵变宫在二音、五音,是又二音至三音,五音至六音,为半分也。今金弦转为徵,则三音至四音,七音至八音,为半分。爰定南吕之吕清徵高工为散声首音,三音黄钟至四音大吕为半分,七音夷则至八音南吕为半分,此弦音定阳律七调旋相为用之法也。定阴吕七调立调之羽分,亦必以阴吕为主,其各弦各分阴阳间用亦如之。

　　一,弦音诸调惟宫与商徵得与律品相和为用,宫调各弦之七声,皆应阳律一均。二变七声之分亦然。清宫调,各弦七声及二变七声之分,皆应阴吕一均,此弦音宫调所以得与律吕相和。商调各弦之五正声,皆应阳律,惟二变声转阴吕,清商调亦惟二变杂入阳律,此商调五正声所以得与律吕相和。徵调各弦之五正声变宫声皆应阳律,惟变徵一声取阴吕,清徵调亦惟变徵一声杂入阳律,此又徵调五正声变宫声得与律吕相和也。至角调五正声内,徵弦、宫弦、商弦皆应阴吕,而二变反得阳律。且商声乙字、羽声凡字,各弦各分皆不得用,遗此二声字与宫调同,清角声五声二变阴阳相杂亦然。是角调不可与律吕相和,变徵调五正声内宫弦应阴吕,二变亦得阳律,羽声凡字各弦各分皆不得用,清变徵调亦宫弦杂入阳律,是变徵调不可与律吕相和,然只借一音,即与宫调声字为同,较角调则为正也,羽调五正声内角弦应阴吕,二变应阴吕,清羽调角弦二变应阳律,是虽不可与律吕相和,然据弦音犹为七声俱备之一调。变宫调五正声内徵弦宫弦皆应阴吕,而二变反得阳律。且商声乙字、羽声凡字,各弦各分皆不得用,遗此二声字与角调同,清变宫五声二变阴阳相杂亦然,是亦不可与律吕相和也。

宫调

徵	一弦,	定倍无射之律,	变宫合字,	得下徵之分。
羽	二弦,	定黄钟之律,	宫声四字,	得下羽之分。
		应太簇之律,	商声乙字,	为变宫之分。
宫	三弦,	定姑洗之律,	角声上字,	得宫弦之分。
商	四弦,	定蕤宾之律,	变徵尺字,	得商弦之分。
角	五弦,	定夷则之律,	徵声工字,	得角弦之分。
		应无射之律,	羽声凡字,	为变徵之分。
徵	六弦,	定半黄钟之律,	变宫六字,	得徵弦之分。
羽	七弦,	定半太簇之律,	宫声五字,	得羽弦之分。

清宫调

徵	一弦,	定倍应钟之吕,	清变宫高六,	得下徵之分。
羽	二弦,	定大吕之吕,	清宫高五,	得下羽之分。
		应夹钟之吕,	清商高乙,	为变宫之分。
宫	三弦,	定仲吕之吕,	清角高上,	得宫弦之分。
商	四弦,	定林钟之吕,	清变徵高尺,	得商弦之分。
角	五弦,	定南吕之吕,	清徵高工,	得角弦之分。
		应应钟之吕,	清羽高凡,	为变徵之分。
徵	六弦,	定半大吕之吕,	清变宫高六,	得徵弦之分。
羽	七弦,	定半夹钟之吕,	清宫高五,	得羽弦之分。

商调

角慢	一弦,	定倍夷则之律,	下羽凡字,	得变徵之分,转角弦之分。

		应倍无射之律，得倍应钟之吕，	变宫合字，清变宫高六，	为下徵之分，转变徵之分。
徵	二弦，	定黄钟之律，	宫声四字，	得下羽之分，转徵弦之分。
羽慢	三弦，	定太簇之律，	商声乙字，	得变宫之分，转羽弦之分。
		应姑洗之律，得仲吕之吕，	角声上字，清角高上，	为宫弦之分，转变宫之分。
宫	四弦，	定蕤宾之律，	变徵尺字，	得商弦之分，转宫弦之分。
商	五弦，	定夷则之律，	徵声工字，	得角弦之分，转商弦之分。
角慢	六弦，	定无射之律，	羽声凡字，	得变徵之分，转角弦之分。
		应半黄钟之律，得半大吕之吕，	变宫六字，清变宫高六，	为徵弦之分，转变宫之分。
徵	七弦，	定半太簇之律，	宫声五字，	得羽弦之分，转徵弦之分。

清商调

角慢	一弦，	定倍南吕之吕，	清下羽高凡，	得变徵之分，转角弦之分。
		应倍应钟之吕，得黄钟之律，	清变宫高六，宫声四字，	为下徵之分。转变徵之分。
徵	二弦，	定大吕之吕，	清宫高五，	得下羽之分，转徵弦之分。
羽慢	三弦，	定夹钟之吕，	清商高乙，	得变宫之分，转羽弦之分。
		应仲吕之吕，得蕤宾之律，	清角高上，变徵尺字，	为宫弦之分，转变宫之分。
宫	四弦，	定林钟之吕，	清变徵高尺，	得商弦之分，转宫弦之分。

商	五弦，	定南吕之吕，	清徵高工，	得角弦之分，转商弦之分。
角慢	六弦，	定应钟之吕，	清羽高凡，	得变徵之分，转角弦之分。
		应半大吕之吕，得半太簇之律，	清变宫高六，宫声五字，	为下徵之分，转变徵之分。
徵	七弦，	定半夹钟之吕，	清宫高五，	得羽弦之分，转徵弦之分。

角调

角	一弦，	定倍无射之律，	变宫合字，	得下徵之分，转角弦之分。
		应黄钟之律，	宫声四字，	为下羽之分，转变徵之分。
徵紧	二弦，	应太簇之律，得大吕之吕，	商声乙字，清宫高五，	得变宫之分，转徵弦之分。
羽	三弦，	定姑洗之律，	角声上字，	得宫弦之分，转羽弦之分。
		应蕤宾之律，	变徵尺字，	为商弦之分，转变宫之分。
宫紧	四弦，	应夷则之律，得林钟之吕，	徵声工字，清变徵高尺，	得角弦之分，转宫弦之分。
商紧	五弦，	应无射之律，得南吕之吕，	羽声凡字，清徵高工，	得变徵之分，转商弦之分。
角	六弦，	定半黄钟之律，	变宫六字，	得徵弦之分，转角弦之分。
		应半太簇之律，	宫声五字，	为羽弦之分，转变徵之分。
徵紧	七弦，	应半姑洗之律，得半夹钟之吕，	商声乙字，清宫高五，	得变宫之分，转徵弦之分。

清角调

角　一弦，　定倍应钟之吕，　清变宫高六，　得下徵之分，
　　　　　　　　　　　　　　　　　　　　　转角弦之分。

　　　　　　　应大吕之吕，　　清宫高五，　　为下羽之分，
　　　　　　　　　　　　　　　　　　　　　　转变徵之分。

徵紧二弦，　应夹钟之吕，　清商高乙，　得变宫之分，
　　　　　　得太簇之律，　商声乙字，　转徵弦之分。

羽　三弦，　定仲吕之吕，　清角高上，　得宫弦之分，
　　　　　　　　　　　　　　　　　　　　转羽弦之分。

　　　　　　　应林钟之吕，　清变徵高尺，　为商弦之分，
　　　　　　　　　　　　　　　　　　　　　转变宫之分。

宫紧四弦，　应南吕之吕，　清徵高工，　得角弦之分，
　　　　　　得夷则之律，　徵声工字，　转宫弦之分。

商紧五弦，　应应钟之吕，　清羽高凡，　得变徵之分，
　　　　　　得应射之律，　羽声凡字，　转商弦之分。

角　六弦，　定半大吕之吕，　清变宫高六，　得徵弦之分，
　　　　　　　　　　　　　　　　　　　　　转角弦之分。

　　　　　　　应半夹钟之吕，　清宫高五，　为羽弦之分，
　　　　　　　　　　　　　　　　　　　　　转变徵之分。

徵紧七弦，　应半仲吕之吕，　清商高乙，　得变宫之分，
　　　　　　得半姑洗之律，　商声乙字，　转徵弦之分。

变徵调

商　一弦，　定倍无射之律，　变宫合字，　得下徵之分，
　　　　　　　　　　　　　　　　　　　　转商弦之分。

角　二弦，　定黄钟之律，　宫声四字，　得下羽之分，
　　　　　　　　　　　　　　　　　　　转角弦之分。

　　　　　　　应太簇之律，　商声乙字，　为变宫之分，
　　　　　　　　　　　　　　　　　　　转变徵之分。

徵　三弦，　定姑洗之律，　角声上字，　得宫弦之分，
　　　　　　　　　　　　　　　　　　　转徵弦之分。

羽　四弦，　定蕤宾之律，　变徵尺字，　得商弦之分，

				转羽弦之分。
		应夷则之律，	徵声工字，	为角弦之分，转变宫之分。
宫紧	五弦，	应无射之律，得南吕之吕，	羽声凡字，清徵高工，	得变徵之分，转宫弦之分。
商	六弦，	定半黄钟之律，	变宫六字，	得徵弦之分，转商弦之分。
角	七弦，	定半太簇之律，	宫声五字，	得羽弦之分，转角弦之分。

清变徵调

商	一弦，	定倍应钟之吕，	清变宫高六，	得下徵之分，转商弦之分。
角	二弦，	定大吕之吕，	清宫高五，	得下羽之分，转角弦之分。
		应夹钟之吕，	清商高乙，	为变宫之分，转变徵之分，
徵	三弦，	定仲吕之吕，	清角高上，	得宫弦之分，转徵弦之分。
羽	四弦，	定林钟之吕，	清变徵高尺，	得商弦之分，转羽弦之分。
		应南吕之吕，	清徵高工，	为角弦之分，转变宫之分。
宫紧	五弦，	应应钟之吕，得无射之律，	清羽高凡，羽声凡字，	得变徵之分，转宫弦之分。
商	六弦，	定半大吕之品，	清变宫高六，	得徵弦之分，转商弦之分。
角	七弦，	定半夹钟之吕，	清宫高五，	得羽弦之分，转角弦之分。

徵调

宫	一弦，	定倍无射之律，	变宫合字，	得下徵之分，

商　二弦，　定黄钟之律，　宫声四字，　转宫弦之分。
得下羽之分，
转商弦之分。

角慢 三弦，　定太簇之律，　商声乙字，　得变宫之分，
转角弦之分。

应姑洗之律，　角声上字，　为宫弦之分，
得仲吕之吕，　清角高上，　转变徵之分。

徵　四弦，　定蕤宾之律，　变徵尺字，　得商弦之分，
转徵弦之分。

羽　五弦，　定夷则之律，　徵声工字，　得角弦之分，
转羽弦之分。

应无射之律，　羽声凡字，　为变徵之分，
转变宫之分。

宫　六弦，　定半黄钟之律，　变宫六字，　得徵弦之分，
转宫弦之分。

商　七弦，　定半太簇之律，　宫声五字，　得下羽之分，
转商弦之分。

清徵调

宫　一弦，　定倍应钟之吕，　清变宫高六，　得下徵之分，
转宫弦之分。

商　二弦，　定大吕之吕，　清宫高五，　得下羽之分，
转商弦之分。

角慢 三弦，　定夹钟之吕，　清商高乙，　得变宫之分，
转角弦之分。

应仲吕之吕，　清角高上，　为宫弦之分，
得蕤宾之律，　变徵尺字，　转变徵之分。

徵　四弦，　定林钟之吕，　清变徵高尺，　得商弦之分，
转徵弦之分。

羽　五弦，　定南吕之吕，　清徵高工，　得角弦之分，
转羽弦之分。

		应应钟之吕，	清羽高凡，	为变徵之分， 转变宫之分。
宫	六弦，	定半大吕之吕，	清宫高六，	得徵弦之分， 转宫弦之分。
商	七弦，	定半夹钟之吕，	清宫高六，	得下羽之分， 转商弦之分。

羽调

羽慢	一弦，	定倍夷则之律，	下羽凡字，	得变徵之分， 转下羽之分。
		应倍无射之律，	变宫合字，	为下徵之分，
		得倍应钟之吕，	清变宫高六，	转变宫之分。
宫	二弦，	定黄钟之律，	宫声四字，	得下羽之分， 转宫弦之分。
商慢	三弦，	定太簇之律，	商声乙字，	得变宫之分， 转商弦之分。
角慢	四弦，	应姑洗之罪，	角声上字，	得宫弦之分，
		得仲吕之吕，	清角高上，	转角弦之分。
		应蕤宾之律，	变徵尺字，	为商弦之分，
		得林钟之吕，	清变徵高尺，	转变徵之分。
徵	五弦，	定夷则之吕，	徵声工字，	得角弦之分， 转徵弦之分。
羽慢	六弦，	定无射之律，	羽声凡字，	得变徵之分， 转羽弦之分。
		应半黄钟之律，	变宫六字，	为徵弦之分，
		得半大吕之吕，	清变宫高六，	转变宫之分。
宫	七弦，	定半太簇之律，	宫声五字，	得下羽之分， 转宫弦之分。

清羽调

羽慢	一弦，	定倍南吕之吕，	清下羽高凡，	得变徵之分， 转下羽之分。

		应倍应钟之吕，得黄钟之律，	清变宫高六，宫声四字，	为下徵之分，转变宫之分。
宫	二弦，	定大吕之吕，	清宫高五，	得下羽之分转宫弦之分。
商慢	三弦，	定夹钟之口，	清商高乙，	得下羽之分转商弦之分。
角慢	四弦，	应仲吕之吕，得蕤宾之律，应林钟之吕，得夷则之律，	清角高上，变徵尺字，清变徵高尺，徵声工字，	得宫弦之分转角弦之分。为商弦之分转变徵之分。
徵	五弦，	定南吕之吕，	清徵高工，	得角弦之分，转徵弦之分。
羽慢	六弦，	定应钟之吕，	清羽高凡，	得变徵之分，转羽弦之分。
		应半大吕之吕，得半太簇之律，应夹钟之吕，	清变宫高六，宫声四字，清商高乙，	为下徵之分，转变宫之分。为变宫之分，转变徵之分。
徵	三弦，	定仲吕之吕，	清角高上，	得宫弦之分，转徵弦之分。
羽	四弦，	定林钟之吕，应南吕之吕，	清变徵高尺，清徵高工，	得商弦之分，转羽弦之分。为角弦之分，转变宫之分。
宫紧	五弦，	应应钟之吕，得应射之律，	清羽高凡，羽声凡字，	得变徵之分，得宫弦之分。
商	六弦，	定半大吕之吕，	清变宫高六，	得徵弦之分，转商弦之分。
角	七弦，	定半夹钟之吕，	清宫高五，	得羽弦之分，转角弦之分。

徵调

宫	一弦，	定倍无射之律，	变宫合字，	得下徵之分，转宫弦之分。
商	二弦，	定黄钟之律，	宫声四字，	得下羽之分，转商弦之分。
角慢	三弦，	定太簇之律，	商声乙字，	得变宫之分，转角弦之分。
		应姑洗之律，得仲吕之吕，	角声上字，清角高上，	为宫弦之分，转变徵之分。
徵	四弦，	定蕤宾之律，	变徵尺字，	得商弦之分，转徵弦之分。
羽	五弦，	定夷则之律，	徵声工字，	得角弦之分，转羽弦之分。
		应无射之律，	羽声凡字，	为变徵之分，转变宫之分。
宫	六弦，	定半黄钟之律，	变宫六字，	得徵弦之分，转宫弦之分。
商	七弦，	定半太簇之律，	宫声五字，	得下羽之分，转商弦之分。

清徵调

宫	一弦，	定倍应钟之吕，	清变宫高六，	得下徵之分，转宫弦之分。
商	二弦，	定大吕之吕，	清徵高五，	得下羽之分，转商弦之分。
角慢	三弦，	定夹钟之吕，	清商高乙，	得变宫之分，转角弦之分。
		应仲吕之吕，得蕤宾之律，	清角高上，变徵尺字，	为宫弦之分，转变徵之分。
徵	四弦，	定林钟之吕，	清变徵高尺，	得商弦之分，转徵弦之分。
羽	五弦，	定南吕之吕，	清徵高工，	得角弦之分，

宫　七弦，　定半夹钟之吕，　清宫高五，　　　　转羽弦之分。
得下羽之分，
转宫弦之分。

变宫调

羽　一弦，　定倍无射之律，　变宫合字，　　　　得下徵之分，
转下羽之分。

应黄钟之律，　宫声四字，　　　　为下羽之分
转变宫之分。

宫紧二弦，　应太簇之律，　商声乙字，　　　得变宫之分，
得大吕之吕，　清宫高五，　　　转宫弦之分。

商　三弦，　定姑洗之律，　角声上字，　　得宫弦之分，
转商弦之分。

角　四弦，　定蕤宾之律，　变徵尺字，　　得商弦之分，
转角弦之分。

应夷则之律，　徵声工字，　　　为角弦之分，
转变徵之分。

徵紧五弦，　应无射之律，　羽声凡字，　　得变徵之分，
得南吕之吕，　清徵高工，　　转徵弦之分。

羽　六弦，　定半黄钟之律，　变宫六字，　　得徵弦之分，
转羽弦之分。

应半太簇之律，　宫声五字，　　为羽弦之分，
转变宫之分。

宫紧七弦，　应半姑洗之律，　商声乙字，　　得变宫之分，
得半夹钟之吕，　清宫高五，　　转宫弦之分。

清变宫调

羽　一弦，　定倍应钟之吕，　清变宫高六，　得下徵之分，
转下羽之分。

应大吕之吕，　清宫高五，　　　为下羽之分，
转变宫之分。

宫紧二弦，　应夹钟之吕，　清商高乙，　　得变宫之分，

		得太簇之律，	商声乙字，	转宫弦之分。
商	三弦，	定仲吕之吕，	清商高上，	得宫弦之分，转商弦之分。
角	四弦，	定林钟之吕，	清变徵高尺，	得商弦之分，转角弦之分。
		应南吕之吕，	清徵高工，	为角弦之分，转变徵之分。
徵 紧	五弦，	应应钟之吕，得无射之律，	清羽高凡，羽声凡字，	得变徵之分，转徵弦之分。
羽	六弦，	定半大吕之吕，	清变宫高六，	得徵弦之分，转羽弦之分。
		应半夹钟之吕，	清宫高五，	为羽弦之分，转变宫之分。
宫 紧	七弦，	应半仲吕之吕，得半姑洗之律，	清商高乙，商声乙字，	得变宫之分，转宫弦之分。

　　右弦音旋宫转调，就琴弦立论，以羽弦起调为主，故旋宫首徵黄钟定二弦羽位为宫调。《律吕后编》以七音立论，立宫为主，黄钟为宫，则弦之宫分声应黄钟，商分应太簇，角分应姑洗，变徵分应蕤宾，徵分应夷则，羽分应无射，变宫分应半黄钟。即倍无射。大吕为宫，七音之分应阴吕亦然。以分言，则宫分应黄钟者即黄钟之分，商分即太簇之分，角分即姑洗之分，变徵分即蕤宾之分。至徵分应夷则者，则非夷则之分，而为林钟之分。羽分应无射者，亦非无射之分，而为南吕之分。变宫分应半黄钟者，非半黄钟之分，而为应钟之分，大吕为宫，变徵分则为变林钟之分，徵分则为夷则之分，羽分则为无射之分，变宫分则为变黄钟之分。其阴阳各七均，均各七弦，有表详乐问，不备载。

清史稿卷九六
志第七一

乐三 乐章一

郊庙 群祀

圜邱九章郊庙乐，顺治元年定，乾隆十一年用旧辞重改。今以顺治所制分载句中。《中和韶乐》，黄钟宫立宫，倍夷则下羽主调。

迎神《始平》 钦原敬。承纯祜原祐。兮，于昭有融。时维永清兮，四海攸同。输忱元祀兮，从律调风。穆将景福兮，乃眷微躬。渊思高厚兮，期亮天工。原恐负鸿则。聿章彝序兮，夙夜宣通。云軿延伫，原鸾辂。兮，鸾辂空濛。原忽降中坛。翠旗纷袅兮，列缺丰隆。肃始和畅兮，恭仰苍穹。原庆洽陶匏。百灵只卫兮，齐明辟公。神来燕嬉兮，惟帝时聪。原恭仰颢穹兮，神来燕喜。协昭慈惠兮，逖鉴臣，原予。衷。

奠玉帛《景平》 灵旗爰止兮，乐在悬。原奉玉筵。执事有恪兮，奉玉筵。原骏奔前。聿昭诚敬兮，骏奔前。原有美圭璧兮，荐缟纤。嘉玉量币兮，相后先。原经纬获理兮，耀瑚琏。来格洋洋兮，思俨然。臣，原孔。忱翼翼兮，告中虔。

进俎《咸平》 吉蠲为饎兮，肃豆笾。原升肴珍错兮，列豆笾。升肴列俎兮，敢弗虔。原吉蠲为饎兮，格乾圜。毛炰茧栗原九州美味。兮，荐膏鲜。致洁陶兮，香水泉。原特牲洁敬兮，苾芳筵。愿随原垂降鉴兮，驻云軿。锡嘉福兮，亿万斯年。

初献《寿平》 玉斝肃陈兮，明光桂浆初醖兮，信芳。臣心迪惠

兮,捧觞。醴齐载德兮,馨香。灵慈徽眷兮,乔皇。勤仰止兮,斯徜
祥。

亚献《嘉平》 考钟拂舞兮,再进瑶觞。翼翼昭事兮,次第肃将。
睟颜容与兮,苍几辉煌。穆穆居歆兮,和气洋洋。生民望泽兮,仰睨
玉房。荣泉瑞露兮,庆无疆。

终献《水平》原《雍平》。 终献兮,玉斝清。肃矩矩兮,荐和羹。原
微诚。磬管锵锵兮,祀孔明。原协气升。旨酒盈盈原盈盈旨酒。兮,勿
替思成。明命顾谉原尚其醉止。兮,群福生。原怀嘉生。八龙蜿蜒兮,
苍羽和鸣。

彻馔《熙平》 一阳复兮,协气升。原盥荐毕兮,精白申。盥荐毕
兮,精白陈。原虞燕嬉分,劳帝神。旋废彻兮,敢逡巡。原百辟肃雍兮,倾
罍尊。礼将成兮,乐欣欣。瞻九闿兮,转洪钧。原无二句。福施下逮兮,
佑此原宜佑人民

送神《清平》原太平。 升中告成原嘉德凤成。兮,晻霭坛场。穆
思回盼兮,灵驾洋洋。原有中河日月兮,朗耀崇深。青龙按节兮,白虎低昂。
洪钧涤荡兮,妖孽潜消。三句。臣原我。求时惠兮,感思馨香。原有鸣玉
锵金兮,肃若有望。紫坛截嶪兮,赫赫皇皇。臣乘宝历兮,载须我辅。三句。愿
蒙博产兮,多士思皇。原作山岳钟良。天施地育兮,百谷蕃昌。原不可
殚死。殖我嘉师兮,正直平康。原沐浴休光。

望燎《太平》原《安平》。 隆仪告备兮,诚既将。原雷车电迈兮,飞
远扬。有虔秉火兮,蒸越芳。雷车电迈兮,九龙骧。原繁会贲镛兮,奋
龙旂。紫氛四塞兮,云旗扬。原俾尔昌兮,降萧光。蒸民蒙福兮,顺五常。
原富寿康。惟予小子兮,敬戒永臧。原予获畴祉兮,万亿斯皇。

方泽八章 《中和韶乐》,林钟清变徵立宫,夹钟清商主调。

迎神《中平》 吉蠲兮,玉宇开。薰风兮,自南来。凤驭纷兮,后
先;岳渎蔼兮,徘徊。肃展礼兮,报功;沛灵泽兮,九垓。

奠玉帛《广平》 式时原神州。吉土兮,中坛。愗我郊兆原畤。兮,
孔安。原严。辟公趋跄兮,就列;原吉蠲。考钟伐鼓兮,舞般。原肆筵。

黄琮纤缟兮,既奠;原陈列。灵光下烛兮,诚丹。原诚恫宣。

进俎《含平》原《咸平》。礼行乐奏原玉俎金奏。兮,未央。嘉肴有践兮,大房。牲牷告歆兮,惟恪民力普存兮,肃将。厚载资生兮,无外;几筵来格原俯鉴。兮,洋洋。

初献《太平》原《寿平》。醴齐融冶兮,信芳。原匏尊泛齐兮,朝践扬。博硕升庖兮,鼎方。清风穆穆兮,休气翔。原灵旗张。神明和乐兮,举初觞。洽百礼兮,禋祀;馨九土兮,丰穰。

亚献《安平》 一矛三脊兮,缩浆。原江茅兮,缩浆。山罍云幂兮,馨香。介黍稷兮,芳旨;再涤牺尊兮,敬将。原再展微诚兮,趋跄。乐成八变兮,缀兆。原乐只。俨皇只兮,悦康。

终献《时平》 紫坛兮,嘉气盈。原方坛兮,丰荐盈。旨酒思柔兮,和且平。原中和平。懔兹陟降兮,心屏营。原陟从容兮驻云轶。礼成三献兮,荐玉觫。含宏光大兮,德厚;灵佑不基兮,永清。

彻馔《贞平》 玉俎列兮,庶品该。原尊俎毕兮,诚未亏。黄琮告彻兮,云翔徊。原仪景晖。晏阴定兮,曦景回。原邀灵锡。南讹秩兮,日恢台。原奏薰时。肃惟昭明兮,孔迩;覃博厚奠兮,九垓。原载群黎。

送神望瘗《宁平》 灵旗兮,云路遵。原云际屯。飞龙蜿兮,高旻。原飞龙兮,逝骎骎。阴仪粹兮,德纯。眷四海兮,无尘。配皇穹兮,两大;原化宣。绥下土,原绥百禄。兮蒸民。

祈谷九章 《中和韶乐》,黄钟宫立宫,倍夷则下羽主调。

迎神《祈平》原《中平》。 帝笃祜民原惟帝勤民。兮,求莫匪舒。小民何依兮,饮食惟需。原黍稷与与。莫嘉于谷兮,万事权舆。原元日有事兮,百辟趋。为民请命,岂非在予。原食咸需。日用辛兮,百辟趋。原遥瞻龙驾兮,历紫虚。暾将出兮,东风徐。原日临黄道东风徐。惟予小子兮,敬盟陈孚。原臣深事兮,遑昭宁居。皇皇龙驾兮,穆将愉。原愿垂嘉惠兮,大有书。

奠玉帛《绥平》原《肃平》。 念兹稼穑兮,惟民天。原民天惟食兮,农事先。农用八政兮,食为先。原粒我烝民兮,有大田。雨旸时若兮,玉烛全。原风霆流形兮，雨泽沾。粒我烝民兮，迄用康年。原实颖实栗兮，气化全。仰三无私兮，昭事虔。原玉帛只奉兮，禋祀虔。奉璋承帛兮，栗若临渊。原仰祈寰宇兮，享丰年。

进俎《万平》原《咸平》。鼎烹兮，苾芬。嘉荐兮，无文。升茧栗兮，惟犉。原奉雕俎兮，大武。膻芗达兮，干云。原气干云。昭民力兮，普存。原昭普存兮，民力。惟明德兮，馨闻。

初献《宝平》原《寿平》。初献兮，元原旨。酒盈。致纯洁兮，储精诚。原著诚致洁兮，牺尊盛。瑟黄流兮，罍承。原俨对越兮，在上。酌其中兮，外清明。原惟昭明兮，有融。俨对越兮，维清。原瑟黄流兮，玉瓒。帝心歆假兮，绥我思成。原赉嘉祯。

亚献《穰平》原《景平》。牺原著。尊启兮，告虔。清酤既馨原次第。兮，陈原举。前，礼再献兮，祠筵。原肃拜。光煜爚兮，非烟。原列瑶觞兮，秩斯筵。神悦怿兮，僾然。原如在。惠我嘉生兮，大有年。原福便便。

终献《瑞平》原《永平》。 终献兮，奉明粢。原泰尊移。苾芬嘉旨兮，清醴既酾。原圭瓒交驰。神其衎原神其醉止。兮，锡祉；礼成于三兮，陈词。愿洒余沥兮，沐群黎。臣拜手兮，青墀。原望云霓。

彻馔《渥平》原《凝平》。 俎豆具陈兮，庶品宜。原齐。肸蚃昭鉴兮，荷帝慈。原举荷昭鉴兮，靡或遗。馔告备原彻。兮，玉几；登歌洋溢兮，废彻不迟。原式礼无违。肃微忱兮，告终事；上帝居歆兮，锡纯禧。

送神《滋平》原《清平》。 只奉天威兮，弗敢康。小心翼翼兮，昭穹苍云垂九天兮，露瀼瀼。翠旗羽节兮，上翱翔。原归何乡。臣拜下几兮，肃原意。徬徨。愿沛汪泽兮，民多盖藏。原时其雨旸。

望燎《谷平》原《太平》。昂原翘。首兮，天阊。混茫一气兮，浩无方。原遁彼云海兮，何苍茫。焫萧束帛兮，荐馨香。精诚感格兮，降福穰穰。四时顺序兮，百谷以昌。臣同兆姓兮，咸荷恩光。

社稷坛七章 《中和韶乐》，春夹钟清商立宫，倍应钟清变宫主调；秋南吕清徵立宫，仲吕清角主调。

迎神《登平》原《广平》。 媪神蕃厘兮，厚德隆。原猗欤土谷兮，功化隆。嘉生繁祉兮，功化同。原蒸民立命兮，域同。坛壝俨肃兮，风露融。原通。我稷翼翼兮，黍芃芃。原俎豆丰。望云驾兮，骖鸾龙。植璧秉圭兮，冀感通。原秉圭植璧兮予亲躬。

　　奠玉帛初献《茂平》原《寿平》。　格恭禋祀兮，肃且雍。原禋祀黝牲兮，北郊同。清醑原酤。既载兮，临斋宫。朝践初举兮，玉帛共。原鉴予衷。洋洋在上兮，鉴予衷。原锡福洪。

　　亚献《育平》原《嘉平》。　乐具入奏兮，声喤喤，郁鬯再升兮，宾八郎。原兕觥其觩兮，恭再扬。厚德配地兮，佑家邦。绥我丰年原屡丰年。兮，兆庶康。

　　终献《敦平》原《雍平》。　方坛北宇兮，神中央。盈庭万原帗。舞兮，帗原时。仰昂。酌酒原醑。三爵兮，桂原绿。醑香。清虽旧邦原新旧邦。兮，命溥将。

　　彻馔《博平》原《熙平》。　大房笾豆原笾大房。兮，俨成行。歆此吉蠲兮，神迪尝。原犹回期。废彻不迟原椒浆瑶席。兮，余芬芳。桐生茂豫兮，百谷昌。原黍稷非馨兮，悦且康。

　　送神《乐平》原《成平》。　孔盖翠旌兮，随风飚。龙辀容与兮，指天阊。咫尺神灵兮，隔穹苍。愿流景祚兮，觊皇章。原流景祚兮，卜世昌。

　　望瘗《征平》原《成平》。　玉既陈原性玉陈。兮，延景光。礼既治原百礼既治。兮，终瘗藏。愿神听兮，时予匡。垂神佑兮，永无疆。原四海攸同兮，惠无疆。

　　社稷坛祈雨、报祀七章乾隆十八年定。《中和韶乐》，仲吕清角立宫，大吕清宫主调。初祈用夹钟清商立宫，报南吕清徵立宫，旋改随月用律宫谱，举四月为例。祈晴、报祀同。

　　迎神《延丰》　九土博厚兮，阜嘉生。方坛五色兮，祀孔明。耾力稼兮，服耕。仰甘膏兮，百谷用成。熙云露兮，瞻翠旌。殷阖泽兮，展精诚。

　　奠玉帛、初献《介丰》　神来格兮，宜我黍稷。两主有邸兮，馨明德。罍尊湛湛兮,干羽饬。油云澍雨兮,溥下国。

亚献《滋丰》　奏盬明兮,申载觞。龙出泉兮,灵安翔。周寰宇兮,滂洋。载神庥兮,悦康。

终献《霈丰》　峨容与兮,奋皇舞。声远姚兮,震灵鼓。爵三奏兮,缩桂醑。号屏来御兮,德施普。

彻馔《绥丰》　协笙磬兮,告吉蠲。神迪尝兮,礼莫愆。心斋肃兮,增惕乾。咨田畯兮,其乐有年。

送神《贻丰》　抚怀心兮,神聿归。盖郅偈兮,骖虬骓。洪厘渥兮,雨祁祁。公私沾足兮,孰知所为。

望瘗《溥丰》　宣祝嘏兮,列瘗缯。觊允答兮,时钦承。高原下隰兮,以莫不兴。歌率育兮,庆三登。

社稷坛祈晴、报祀七章 <small>嘉庆十一年重定。</small>　《中和韶乐》,仲吕清角立宫,大吕清宫主调。

迎神《延和》　庶汇涵育兮,阳德亨。句萌苗达兮,物向荣。方坛洁兮,展诚。迓休和兮,寰宇镜清。祈昭格兮,瞻翠旌。沐日月兮,百宝生。

奠玉帛、初献《兆和》　瑟圭瓒兮,通微合漠。神歆明德兮,鉴诚恪。昭回云汉兮,嘘橐籥。曜灵司晷兮,时旸若。

亚献《布和》　申献侑兮,奉明�。荐馨香兮,和气随。神介福兮,孔绥。耀光明兮,九逵。

终献《协和》　峨羽舞兮,一风敞。爵三奏兮,告成亨。顺年祝兮,泰阶朗。元冥收阴兮,日掌赏。

彻馔《雍和》　笾俎彻兮,受福多。笙磬同兮,六律和。庶微协兮,时无颇。熙乐利兮,东作南讹。

送神《丰和》　神聿归兮,华盖扬。熙和整驭兮,虬螭翔。遍临照兮,协农祥。天清地宁兮,黍稷丰穰。

常雩九章 <small>乾隆七年定。</small>　《中和韶乐》,黄钟宫立宫,倍夷则下羽主调。

迎神《霭平》　粒我蒸民兮，神降嘉生。雨旸时若兮，百谷用成。龙见而雩兮，先民有程。臣膺天祚兮，敢不承。念我农兮，心靡宁。肃明禋兮，殚精诚。灵皇皇兮，穆以清。金支五色兮，罦霭蜿旌。

奠玉帛《云平》　玉帛载陈兮，磬管锵锵。为民请命兮，惕弗敢康。令清和兮，遂百昌。麦秀歧兮，禾莳稂。日照九兮，时雨滂。俾万宝兮，千斯仓。

进俎《需平》　越十雨兮，越五风。三光昭明兮，嘉气蒙。天所与兮，眇躬。予小子兮，懔降丰。纷总总兮，赖皇穹。惇牲醐亭兮，达臣衷。

初献《霖平》　酌彼兮，罍洗；馝芬兮，椒香。愧明德兮，维馨。假黍稷兮，诚将。愿大父兮，念兹众子；穆将愉兮，绥以丰穰。

亚献《露平》　再酌兮，醑清。仰在上兮，明明。庶来格兮，鉴诚。曷敢必兮，屏营。合万国兮，形神精。承神至尊兮，思成。

终献《沾平》　三酌兮，成纯。备物致志兮，敬陈。多士兮，骏奔。灵承无斁兮，明禋。维蕃厘兮，媪神。雨留甘兮，良苗怀新。

彻馔《灵平》　礼将成兮，舞已终。彻弗迟兮，畏神恫。愿留福兮，惠吾农。神之睨兮，协气融。遂及私兮，越我公。五者来备兮，锡用丰。

送神《霈平》　祥风瑞霭兮，弥灵坛。上帝居歆兮，风肃然。左苍龙兮，右白虎；般裔裔兮，纠缦缦。仰九阍兮，返御；介祉厘兮，康年。

望燎《需平》　碧寥寥兮，不可度思。九奏终兮，燎火晰而。神光四烛兮，休气翏顺。安匪舒兮，抑抑威仪。帝求民莫兮，日鉴在兹。锡福繁祉兮，庶征曰时。

大雩《云汉》诗八章 高宗御制 《中和韶乐》，黄钟宫立宫，倍夷则下羽主调。瞻彼朱鸟，爰居实沈。协纪辨律，羽虫微音。万物芸生，有壬有林。有事南郊，陟降维钦。瞻仰昊天，生物为心。一章 维国有本，匪民伊何，维民有天，匪食则那。蝼蝈鸣矣，平秩南讹。我祀敢后，我乐维和。鼍鼓渊渊，童舞娑娑。二章自古在昔，春郊夏雩。日维龙见，田烛朝趋。盛礼既陈，神留以愉。雷师阗阗，飞廉衙衙。曰时雨旸，利我新畲。三章于穆穹宇，在郊之南。对越严恭，上帝是临。茧栗量币，用将惘忱。惴惴我躬，肃肃我心。六事自责，仰彼桑林。四章权舆粒食，实维后稷。百王承之，永奠邦极。惟予小子，临民无德。敢解祈年，洁衷翼翼。命彼秩宗，古礼是式。五章古礼是式，值兹吉辰。玉磬金钟，太羹维醇。元衣八列，舞羽缤纷。既侑上帝，亦右从神。尚鉴我衷，锡我康年。六章惟天可感，曰维诚恪。惟农可稔，曰维力作。恃天慢人，弗刈弗获。尚勤农哉，服田孔乐。咨尔保介，庤乃钱镈。七章我礼既毕，我诚已将。风马电车，旋驾九阊。山川出云，为霖泽滂。雨公及私，兴锄利畞。亿万斯年，农夫之庆。八章。

朝日七章顺治八年定，乾隆七年重改。初制分载句中。夕月同。《中和韶乐》，太簇商立宫，倍无射变宫主调。

迎神《寅曦》羲驭兮，寅宾。原于昭兮，旭轮。光煜爛兮，红轮。原浴虞渊兮，初升。春已融兮，交泰；循典礼兮，明禋。原惟馨。严大采兮，只肃。原爇萧兮，只肃。神之来兮，如云。原神其听兮，和平。

奠玉帛《朝曦》杲黄道兮，暾出；原神来格兮，太乙东。肃将享原统万国。兮，玉帛同。美齐翼兮，王君公。原肃将享兮，承筐筐。盥以荐兮，昭格通。原盥以荐兮，孚有容。

初献《清曦》御景风兮，下帝局。原御景风兮，神式临。酌黄目原酌清酤。兮，椒其馨，爵方举兮，歌且舞；漾和盎兮，龙旗青。原凭龙酌兮，吹凤笙。

亚献《咸曦》再举勺原奠。兮，郁金香。嘉乐和兮，舞洋洋。德恢大兮，神哉沛；原神饮食兮，意徜徉。澹容与兮，进霞觞。原容貌舒兮，和以康。

终献《纯曦》式礼莫愆兮，昭清。原式礼未竭兮，还升。终以告虔兮，休成。原醳醽。愿神且留兮，鉴茹；以妥以侑兮，忱诚。原以侑以劝兮，至诚。

御馔《延曦》 物之备兮，希德馨。原仪既成兮，物已飨。神欲起兮，景杳冥。原神欲起兮，运灵爽。彻不迟兮，咸肃穆。原彻不敢迟兮，慎趋跄。照临下土兮，瞻曜灵。原照下土兮，常朗朗。

送神《归曦》 云车征兮，风马翔。猋万里兮，临万方。原驰驱千仞兮，临万方。报神功兮，以时享。祈神祐兮，永无疆。原再手兮，称送；神振辔兮，当阳。中天丽兮，彻隐；普天戴兮，恩光。敷和煦兮，成物；锡万宝兮，永康。报神功兮，时飨；祈神祐兮，悠久无疆。

夕月七章 《中和韶乐》，南宫清徵立宫，仲吕清角主调。

迎神迎光 继日代明兮，象丽天。原猗欤太阴兮，御望舒。式遵九道兮，临八埏。原式遵九道兮，游清虚。玉律分秋兮，西颢躔。原驾冰轮兮，行西陆。聿修祡祀兮，乐在悬。原今之夕兮，来飨予。

奠玉帛、初献《升光》 少采兮，将事；玉帛兮，载陈。原有来雍雍，币帛在陈。琮璜以嘉，明德维馨。式举黄流兮，挹牺尊。笾豆静嘉兮，肴核芬。

亚献《瑶光》 齐醍兮，载献；神之来兮，肃然。原二齐载升，维以告虔。歌管锽锽，奉神之欢。仰肸蚃兮，鉴顾；原荷亘古兮，丽天。挹清光兮，几筵。

终献《瑞光》 戛瑟鸣琴兮，锠玉锵。神嘉虞兮，申三觞。金波穆穆兮，珠烦黄。休嘉砰隐兮，溢四方。原一敬毕申，三举愿酹。诚信洁齐，天下有道。鼓钟筒兮，声容并茂。象大德兮，厥光皓皓。

彻馔《涵光》 对越在天兮，礼成。彻登豆兮，湛露零。神悦怿兮，德馨。世曼寿兮，安以宁。原其香既歆。对越告成。彻尔登豆，敬用骏奔。神悦怿兮，意欣欣，予翼慎兮，安以宁。

送神《保光》 驾卿云兮，景星云兮，景星。御风和兮，霞軿。神留俞兮，坛宇。福率土之，黄丁。原彩驾霞兮，骖景星。御和风兮，蹑庆云。神欲起兮，不再停。瞻天衢兮，拜云程。影蹁跹兮，光澄清。飨予诚兮，意殷勤。予所祝兮，世太平。偃武修文兮，万世长春。

大享殿合祀天地百神九章顺治十七年定，后未施行，故宫谱失载。乾隆十六年，改大享殿为祈年殿，于此行祈谷之礼焉，祈谷乐章见前。

迎神《元和》 乾元资始兮，仰载元功。坤厚载物兮，率履攸同。亭毒万汇兮，昭明有融。阴肃阳舒兮，协气流通。昼夜递禅兮，二曜在中。群灵毕萃兮，陟降景从。大德普存兮，化著清宁。臣思报本兮，蠲洁粢盛。延伫云驾兮，屏息臣躬。馨香只荐兮，爰殚微诚。瞻望歆格兮，瑞色瞳昽。至止坛壝兮，式慰钦崇。

奠玉帛《景和》 俯仰覆载兮，殿万邦。殿仪备物兮，举旧章。良璧在陈兮，介豆觞。束帛戋戋兮，忱可将。对越冥漠兮，念徬徨。臣虔齐明兮，效趋跄。降鉴无方兮，悦而康。愿锡嘉祉兮，庆未央。

进俎《肃和》 和风畅兮，神格思。洽百灵兮，诚无移。洁豆登兮，答洪慈。馨芬达兮，杂菹施。臣仰祈兮，福履绥。房产芝兮，鬲云垂。祝史列兮，敬陈词。形声穆兮，鉴在慈。

初献《寿和》 威光毕煜，肃肃灵旗。壶觞肇启，用介神禧。普洽和乐，馨无不宜。铿锽迭奏，克叶骏奔。骏奔翼翼，进反有仪。臣荐清酤，眷佑弗违。

亚献《安和》 斋心夙夜，祈答碧虚。洋洋在上，载酒清醑。苾芬式享，秩秩于于。干戚在舞，张弛靡逾。弥歆元旨，臣悉方舒。永言迓惠，戬谷锡余。

终献《永和》 肴核既旅，八音克谐。樽罍未馨，慈惠靡涯。肃将三祝，黄流在台。菁茅既洁，祼献徘徊。愿言醉止，庶展臣怀。于皇锡祉，景福方来。

彻馔《协和》 百福既洽兮，羞明神。蘋藻可将兮，臣悃申。云辂欲驾兮，弥逡巡。几筵敬彻兮，不敢陈。

送神《泰和》 敬酬高厚兮，肃秩灵坛。居歆幸孚兮，进止克娴。群神偕从兮，驭鹤骖鸾。清风穆穆兮，旌旗生寒。遥开阊阖兮，云路漫漫。六龙前驾兮，剑佩珊珊。百辟相事兮，卿士戒班。臣心益虔兮，伫立盘桓。式礼莫愆兮，余忱未殚。惠及黎庶兮，四宇腾欢。万物咸若兮，退迓义安。绵绵衍庆兮，永奠如磐。

望燎、望瘞《清和》　祥光杳霭兮，满云端。霓旌扬兮，言还。虔萧蔫兮，祈上达；百执旅进兮，环列紫垣。臣仰止兮，弥切；束躬翘首兮，望元关。天休滋至兮，钦承闿敫；知神永覆兮，涊泽宽。

太庙时飨六章顺治元年定，乾隆七年以旧词重改。初制载句中。奉先殿同。　《中和韶乐》，太簇商立宫，倍无射变宫主调。

迎神《贻平》原《开平》　肇兹区夏，世德钦崇。九州维宅，王业自东。戎甲十三，奋起飞龙。维神格思，皇灵显庸。原皇舆启图，世德钦崇。粤庇眇躬，率土攸同。九州维宅，爰止自东，太室既尊，万国朝宗。翼翼孝孙，对越肃雍维，神格思，皇灵显庸。

奠帛初献《牧平》原《寿平》。　于皇祖考，克配上天。越文武功，万邦原四方。是宣。孝孙受命，不忘不愆。原达志承前。羹墙永慕，时荐斯虔只。原永锡纯瑕，亿万斯年。

亚献《敷平》原《嘉平》。　毖祀精忱，原神。洋洋如生。尊罍再举，于赫昭明。原有融昭明，陟降于庭。　然有容。怳然有声。我怀靡及，原孝孙虔只。惕原容。若中情。

终献《绍平》原《雍平》。粤若祖德，诞受方国。肆予小子，大猷是式。原越祖宗之德，肇兹大历。敢曰予小子，享有成绩。欲报之德，昊天闿极。殷勤三献，中心翼翼。原我心悦怿。

彻馔《光平》原《熙平》。　庶物既陈，九奏具举。原仪肃乐成，神燕以嬉。告成于祖，亦右皇妣。敬彻不迟，用终殷祀。原用终祀礼。式礼如兹，皇其燕喜。原介福绥禄，永锡祚祉。

还宫《乂平》原《成平》　对越无方，陟降无迹。原盈溢肃雍，神运无迹。寝祐静渊，孔安且吉。原恍兮安适。惟灵在天，惟主在室。于万斯年，孝思无致。

太庙大祫六章顺治十六年定，乾隆七年以旧辞重改。初制载句中。《中和韶乐》，太簇商立宫，倍无射变宫主调。

迎神《开平》原《贞平》。承眷命兮，抚万邦。嗣丕基兮，祖德昌。溯谟烈兮,唐哉皇。原弗敢忘。虞岁祀兮,式原举。旧章。肃对越兮,诚悃将。原沥悃诚兮,迓休光。尚来格兮,仰休光。原祈来格兮,意徬徨。

奠帛、初献《肃平》原《寿平》。粤我先兮,肇俄朵。长白山兮,鹊衔果。绵瓜瓞兮,天所佐。明之侵兮,歼其左,混中外兮,逮乎我。奉太室兮,安以妥。原纷威蕤兮,神毕临。俨对越兮,抒素忱。陈纤缟兮,有壬林。酌醇酤兮,荐德馨。恪溥将兮,俶来歆。锡嘉祉兮,祐斯民。

亚献《协平》原《嘉平》。 纷葳蕤兮,列圣临,俨对越兮,心钦钦。陈纤缟兮,有壬林。击浮磬兮,弹朱琴。恪溥将兮,肃来歆。锡嘉祉兮,天地心。原维肇祥兮,德配天。垂燕翼兮,祚百年。洁豆笾兮,秩斯筵。载陈醴兮,介牲牷。协笙镛兮,绕云轓。肃骏奔兮,中弥虔。

终献《裕平》原《雍平》。 椒馣芬兮,神留俞。爵三献兮,旨清�。万羽千兮,乐孔都。礼明备兮,罔敢渝。神原既。醉止兮,咸乐胥。永启佑兮,披皇图。

彻馔《诚平》原《熙平》。 祝币陈兮,神燕嬉。原典仪叙兮,神格思。尊俎将兮,反威仪。原享靡遗,悦且康兮,彻弗迟。不可度兮,矧射思。礼有成兮,厘百宜。原无此二句。鉴精诚原禋。兮,弗禄绥。

还宫《成平》原《清平》。 龙之驭兮,旋穆清。原孝思展兮,礼告成。神言归兮,陟在庭。萃龙驭兮,返穆清。三句。神之御兮,式丹楹。原主肃将兮,式丹楹。瞻列圣兮,偎容声。回灵昢兮,佑丕承。维神听兮,和且平。继序皇兮,宣休征。

祭先农七章顺治十一年定,乾隆七年以旧词重改。初制载句中。《中和韶乐》,姑洗角立宫,黄钟宫主调。

迎神《永丰》 先农播谷,克配彼天。粒我蒸民,于万斯年。农祥晨正,协风满旗。曰予小子,宜稼于田。原句芒秉令,土牛是驱。天下一人,苍龙驾车。念彼田畴,民命所需生成有德,尚式临诸。

奠帛、初献《时丰》 厥初生民,万汇莫辨。神锡之麻,嘉种乃诞。斯德曷酬,何名可赞。我酒惟旨,是用初献。原先农神哉,未耜教民。田祖灵哉,稼穑是亲。功德深厚,天地同仁。肃将币帛,肇举明禋。厥初生民，万汇莫辨。神锡之庥。嘉种乃诞。执兹醴齐，农功益见。玉瓒椒醑，肃雍举莫。

亚献《成丰》　无物称德，惟诚有孚。载升玉瓒，神肯留虞。惟兹兆庶，岂异古初。神曾子之，今其食诸。原上原下黯，百谷盈止。粒我蒸民，秀良兴起。乐舞具备，吹齘称兕，再跻以献，肴馨酒旨。

终献《大丰》　秬秠穈芑，皆神所贻，以之飨神，式食庶几。神其丕佑，佑我黔黎。万方大有，肇此三推。原穈芑秬秠，维神所贻。以神飨神，曰予将之。秉耒三推，东作允宜。五风十雨，率土何私。

彻馔《屡丰》　青只司职，土膏脉起。日涓吉亥，举耕耤礼。神安留俞，不我遐弃。执事告彻。予将举趾。原于皇农事，自古为烈。莫敢不承，今兹忻悦。笾豆既丰，簠簋云洁。神视井疆，执事告彻。

送神《报丰》　匪且有且，匪今斯今。灵雨崇朝，田家万金。考钟伐鼓，戞瑟鸣琴。神归何所，大地秧针。原麻麦芃芃，秔稻连阡。纵横万里，皆神所瞻。人歌鼓腹，史载有年。岁有常典，莆禄绵延。

望瘗《庆丰》　肃肃灵坛，昭昭上天。神下神归，其风肃然。玉版苍币。瘗埋告虔。神之听之，锡大有年。原玉版苍币，来鉴来歆。敬之重之，岁于厚深。典礼由古，予今今今。乐乐利利，国以永宁。

祭先蚕六章乾隆七年定。　仲吕清角立宫，大吕清宫主调。先蚕坛乐，以云锣代钟，方响，代磬与《中和韶乐》微异。《乐章正义后编》列入先农坛之次，从之。

迎神《庥平》　轩辕御篆时，西陵位正妃。柔桑沃，载阳迟。黼黻元黄供祀事，称茧更缫丝。龙精报贶，椒屋宗师。

初献《承平》　春堤柳绽金，仓庚有好音。衣祎翟，致精忱。后月躬应教织纴。柘馆式斋心。黄流初荐，肸蚃如临。

亚献《均平》　清和日正长，灵坛水一方。纡香陌，执篷筐。桑叶阴浓风潒荡，八育普嘉祥。玉卣再陈，降福穰穰。

终献《齐平》　神皋接上园，葭芦翠浪翻。莺声滑，藕花繁。天棘丝丝初引蔓，三荐洁频蘩。云依宝鼎，露挹旌旟。

彻馔《柔平》　公宫吉礼成，有斋奉豆登。僮僮被，肃肃升。废彻毋迟咸只敬,法坎不常盈。万方衣被,百福其朋。

送神《洽平》　神风拂广筵,灵香下肃然。仪不忒,礼无愆,禺马流星相蒸绚,玉蛛亘平川。彤管司职,瑞茧登编。

祭历代帝王庙六章顺治二年定,乾隆七年以旧词重改。初制载句中。《中和韶乐》,春夹钟清商立宫,倍应钟清变徵主调。秋南吕清徵立宫,仲吕清角主调。

迎神《肇平》原《雍平》。　抚原乘。时兮,极隆。造经纶兮,显庸。总古今兮,一揆;贻大宝兮,微躬。爷徽猷兮,有严闷宫。原有仪群帝兮,后先。一句。予稽首兮,下风。

奠帛初献《兴平》原《安平》。莽若云兮,神之行。原灵之来兮,俨若盈。予仰止兮,在廷。承筐筐兮,既登。偓灵盖兮,翠旌。原结翠旌。鉴予情兮,歆享。荐芒馨兮,肃成。原有景行兮,六龙。嘉气兮,瞳昽。莫牺尊兮,以笙以镛。群工肃兮,屏营。惠我懿则兮,允中。五句。

亚献《崇平》原《中平》。贰觞兮,酒行。原有诸帝熙和兮,悦成。一句。念昔致治兮,永清。瞻龙衮兮,若英。原自天。愿绍锡兮,嘉平。

终献《恬平》原《肃平》。　郁邑原瑶爵。兮,献终。万舞洋洋兮,沐清风。龙鸾徐整兮,企予。原有嗣徽音兮,何从。盼云车兮,缓移。二句。示周行兮,迪予衷。

彻馔《淳平》原《凝平》。　盍肴蒸兮,毕升。五音会兮,满盈。礼将彻兮,虔告。鉴孔忱兮,载翼载登。

送神《匡平》原《寿平》。　羽原旛。幢缭绕兮,动回风。和鸾并驭兮,归天宫。五云拥兮,高驰翔。愿回灵昒兮,锡年丰。

望燎同　驾群龙原群龙骖驾。兮,一气中。熏蒿芬烈兮,实冥通。望神光兮,遥烛;惟终古兮,是崇。

先师庙六章顺治元年定,乾隆七年以旧词重改。初制载句中。《中和韶乐》,春夹钟清商立宫,倍应钟清变宫主调。

迎神《昭平》原《咸平》　大哉至圣,德盛道隆。原峻德宏功。生民未有，原敷文衍化。百王是崇。典则昭垂，原典则有常。式原昭。兹辟雍。载原有。虡簴簴，载原有。严鼓钟。

奠帛初献《宣平》原《宁平》。　觉我生民，陶铸贤原前。圣巍巍泰山，实予景行。礼备乐和，豆笾嘉原惟。静，既述六经，爰斟三正。

亚献《秩平》原《安平》。　至哉圣师，克明明德。原天授明德。木铎万年，原世。维民之则。原式是群辟。清酒既原维。醑，言观秉翟。太和常流，英材斯植。

终献《叙平》原《景平》。　猗欤素王，示予物轨。瞻之在前，师表万祀。原神其宁止。酌彼金罍。我酒惟旨。原惟清且旨。登献虽原既。终，弗遐有喜。

彻馔《懿平》原《成平》。　璧水渊渊，芹芳藻洁。原崇牙岌业。既歆宣圣，亦仪十哲。声金振玉，告兹将彻。骸假有成，日月昭揭。原羹墙靡愒。

送神《德平》原《咸平》。　煌煌辟雍，原学宫。四方来宗。甄陶乐育，原胄子。多士景从。原暨予微躬。如土斯埴，原思皇多士。如金在镕。原肤奏厥功。佐予敷治，俗美时雍。原佐予永清，三王是隆。

直省先师庙六章乾隆七年重定。　《中和韶乐》，宫调同。

迎神《昭平》　大哉孔子，先觉先知。与天地参，万世之师。祥徵麟绂，韵答金丝。日月既揭，乾坤清夷。

奠帛、初献《宣平》　予怀明德，玉振金声。生民未有，展也大成。俎豆千古，春秋上丁。清酒既载，其香始升。

亚献《秩平》　式礼莫愆，升堂再献。响协蕢镛，诚孚罍甗。肃肃雍雍，誉髦斯彦。礼陶乐淑，相观而善。

终献《叙平》　自古在昔，先民有作。皮弁祭菜，于论思乐。惟天牖民，惟圣时若。彝伦攸叙，至今木铎。

彻馔《懿平》　先师有言，祭则受福。四海黉宫，畴敢不肃。礼成告彻，毋疏毋渎。乐所自生，中原有菽。

送神《德平》　凫绎峨峨，洙泗洋洋。景行行止，流泽无疆。聿昭祀事,祀事孔明。化我蒸民,育我胶庠。

太岁坛六章顺治元年定,乾隆七年以旧词重改。初制载句中。　《中和韶乐》,太簇商立宫,倍无射变宫主调。

迎神《保平》　协兹五纪,岁日月辰。天维显思,神职攸分。于赫太岁,统驭百神。承天之德,阴下民。原吉日良辰,祀典孔殷。于维太岁,月将百神。乘时秉德,辅国祐民。遥遥龙驭,顿辔九阊。坛壝蠲洁,延伫来临。

奠帛、初献《定平》原《安平》。　礼崇明祀,涓选休成。洁斋涤志,量币告成。祈福维何,福我苍生。陈馈捧酎,瞻仰云旌。原维神至止,螭驾云旗。洋洋在上,淑景延禧。束帛承筐,展我诚斯。神示昭鉴,尚其无遗。神兮弭节,荐馨敢后。祀事方初,陈馈捧酎。神光熹微,嘉祥承候。百礼不愆,乐具入奏。

亚献《豭平》原《中平》。　百末兰生,有馝其香。升歌清越,馨管锵锵。牲牷肥腯,嘉荐令芳。神其歆止,在上洋洋。原以我齐明,率礼攸行。再拜稽首,旨酒斯盈。牲牷肥腯,交彼神明。尊罍上下,骏假思成。

终献《富平》原《肃平》。　执事有严,再拜稽首。三爵既升,以妥以侑。盥荐有孚,肃兹笾豆,神其歆止,人民曼寿。原执事且严,品物斯备。非馨黍稷,用宣诚意。朱弦登歌,丝衣扬鲜。于胥乐兮,神锡尔类。

彻馔《盈平》原《雍平》。　王省维岁,有报有祈。六气无易,平衡正玑。嘉生蕃祉,泽及蜎飞。百礼以洽,承神吉辉。原春祈秋报,岁省惟勤。含醇饮德,莫匪明神。惟神临御,肸蚃逡巡。献酬云毕,诚敬斯伸。

送神《丰平》原《宁平》。　神兮旋驭,肃瞻景光。灵飚上下,无体无方。嘉承惠和,亿兆溥将。岁岁大有,神其迪尝。原出令明堂,神爽卒度。报功迎气,崇祀斯作。神人以和,既康且乐。瞻望景光,邈彼寥廓。

太岁坛祈雨、报祀六章乾隆十八年定。　《中和韶乐》,太簇商立宫,倍无射变宫主调。

迎神《需丰》　持元化兮,富媪神。秉岁籥兮,六气均。驰云车兮,风旗;殷阗阗兮,天门。情徜徉兮,孔殷。神之来兮,康我民。

奠帛、献初《宜丰》　荐嘉币兮，芳醴清。练予素兮，升馤馨。纷肸蠁兮，格歆。甘膏沃兮，神所令。

亚献《晋丰》　启山矗兮，摄椒浆。侑神宫兮，灵洋洋。族云兴兮，使我心若；惠嘉生兮，降康。

终献《协丰》　清睾兮，三酨；扬翟籥兮，载愉。灵回翔兮，六幕；泽滂沛兮，遍八区。

彻馔《应丰》　礼仪备兮，孔时。音繁会兮，彻不迟。昭灵贶兮，迓蕃祉；田多稼兮，氾�之。

送神《洽丰》　顾亿兆兮，诚求。渥甘澍兮，神之休。庆时若兮，百昌遂。惠我无疆兮，岁有秋。

天神、地只坛祈雨、报祀六章乾隆七年定。　《中和韶乐》，天神黄钟宫立宫，倍夷则下羽主调。地只林钟清变徵立宫，夹钟清商主调。

迎神《祈丰》　云车驰兮，风旆征。雷闐闐兮，雨冥冥。表六合兮，穿青。横大川兮，扬灵。纷总总兮，来会；穆予心兮，齐明。

奠帛、初献《华丰》　束帛戋戋兮，筐篚将。昭诚素兮，邕馨香。瘝此下民兮，候有望。神垂鸿祜兮，未渠央。

亚南《兴丰》　疏罤兮，再启；芳齐兮，载陈。惠邀兮，神贶；福我兮，人民。

终献《仪丰》　牺尊兮，三涤；旨酒兮，思柔。诚无歝兮，嘉荐；神燕嬉兮，降休。

彻馔《和丰》　礼既成兮，孔殷。洁明粢兮，苾芬。废彻兮，不迟；至敬兮，无文。

送神《锡丰》　流形兮，露生。苞符兮，孕灵。介我稷黍兮，曰雨曰雨；神之格思兮，祀事孔明。

巡祭泰山岱庙六章乾隆十三年定。　《中和韶乐》，林钟清变徵立宫，夹钟清商主调。

迎神《祈丰》　资元气兮,镇青阳。鼓橐籥兮,孕灵祥。行时令兮,东巡;式展礼兮,诚将。

奠帛、初献《华丰》　金坛肃穆兮,黼帷张。瑟黄流兮,茅缩浆。昭诚素兮,举初觞。神思陟降兮,格馨香。

亚献《兴丰》　日观兮,鸡鸣。天门兮,凤翔。牺尊兮,再献;维神兮,降康。

终献《仪丰》　醴齐兮,三荐;金牒兮,辉煌。申至敬兮,无斁;鉴予诚兮,斋庄。

彻馔《和丰》　瞻石闾兮,在望。实笾豆兮,大房。黍稷兮,非馨;明德兮,是将。

送神《锡丰》　礼成兮,孔臧。神驾兮,龙骧。肤寸而合兮,触石而起;弥于六合兮,降福穰穰。

巡祭嵩山中岳庙六章乾隆十五年定。　《中和韶乐》,林钟清变徵立宫,夹钟清商主调。

迎神《祈丰》　维灵岳兮,镇中央。展时巡兮,洛之阳。虔望秩兮,怀柔;俨对越兮,神光。

奠帛、初献《华丰》石阙岌嶤兮,鸣凤翔。奏瑶笙兮,肃祼将。初奉罍兮,陈筐筥。至诚昭格兮,福无疆。

亚献《兴丰》　颍水兮,安恬;缑岭兮,青苍。黄琮兮,告荐,椒醑兮,芬芳。

终献《仪丰》　香升兮,华黍;三涤兮,嘉觞。答灵响兮,嵩门;登万宝兮,咸昌。

彻馔《和丰》　三台蔚兮,峻极;二室郁兮,相望。告彻兮,维时;怀备兮,靡忘。

送神《锡丰》　云车兮,龙骧。仰止兮,高闿。玉浆含滋兮,金璧呈瑞;配天作镇兮,长发其祥。

望祀长白山六章乾隆十九年定。　《中和韶乐》,林钟清变征立宫,夹钟清商主调。

迎神《祈丰》　天作高山兮,作而康。钟王气兮,应期昌。巡丰沛兮,来望。躬禋祀兮,虔将。

奠帛、初献《华丰》　柲黄流兮,进初觞。缅仙源兮,心邈庄。霭佳气兮,郁苍苍。欣来格兮,惠无疆。

亚献《与丰》　朱果兮,实蕃;灵渊兮,泽滂。清尊兮,再献;绵祚兮,纯常。

终献《仪丰》　具荐兮,玉馔;三酌兮,琼浆。思王迹兮,弥钦;清缉熙兮,敢忘。

彻馔《和丰》　松花水兮,汤汤。鸭绿波兮,泱泱。神饫兮,锡厘;发川至兮,莫量。

送神《锡丰》　祀事兮,孔臧。昭假兮,永明。迈周岐,越殷土;万有千岁兮,长发其祥。

群祀庆神欢乐乾隆七年定,每岁祭先医于景惠殿,火神庙、显佑宫、关帝庙、都城隍庙、东岳庙、黑龙潭龙神祠、玉泉龙神祠、兴工祭后土、司工之神、迎吻祭窑神、门神皆用之。三献三奏。乾隆三十三年又重定关帝庙迎神、三献、送神各一章。咸丰三年升入中祀,特制乐章,列后。

先医　精气缘乎理,调剂观所颐。曰惟古圣,尝草定医,似铁随磁。沴除吉至,化工出自于指,万姓永荷恩施。

显佑宫　居所躔星轸,象纬环拱辰。贞元运转,藏用显仁。宥密基命,毓和葆顺。洁粢醴,以昭信。日襄哉,赞大钧。

东岳庙　维岳崧高五,泰岱常祀殊。累朝玉检,柴望始虞。木德条风,吹万毕煦,宅东隅以生物。仰天齐,鉴有孚。

都城隍庙　佳丽皇都胜,保障神力宏。万方辐辏,尨夜不惊。正直聪明,瘅彰如影,荷灵贶,笃其庆。固金瓯,护玉京。

火神庙　离正南方位,烛照光九围。粒民火食,功用不违。璠珲明粲,我民祈慰,覆祥霭,戢鹑尾。息融风,降福禧。

龙神祠　兴雨祁祁应,历岁恩屡覃。湫幽神御,农扈具瞻。寸合崇朝,十千有渰。黍膏溥,牟麦湛。赛神庥,以作甘。

门神　和气嘉祥应,圣日华耀。明仰方泰紫,俯奠泰宁。辽廓纮瀛,此惟表正。食神德,蒙神庆。享明禋,亿万龄。

司工之神　仰眺银河上,阁道如驾梁。俨神宅只,愉矣穆将。揆日鸣橐,翳神斯掌。奠椒酒,以禋享。荷神庥,泽未央。

关帝庙　扶植纲常正,浩气昭日星。绝伦独立,英爽若生。俎豆常馨,夏彝胥敬;仰神德莫畴,并助邦家永太平。

乾隆三十三年,重定关帝庙乐五章。

迎神　青湛湛,玉霄门。神来下,彩旄纷。宫墙轮奂,笾豆芳芬。光景动人民。丹心照日,浩气扶轮。

奠帛初献　调兰醑,酌桂尊。神来飨,房俎陈。忠贯金石,义炳乾坤。纯臣戴一君。力扶王室,不愿三分。

亚献　泛盎齐,觞再进。箫鼓谐,声歌韵。武节绝伦,不辞利钝。神勇天威震。方知旧史,未符公论。

终献　礼秩秩,乐欣欣。俨威灵,至今存。惟灵惟佑,佑国佑民。典礼极隆文。式扬显号,时荐明禋。

彻馔、送神　司仪告彻,灵风来泊。神聿归,嘉征萃。大济群生,善良胥得意。邪慝无伸喙,皇化所及。咸尊庙食,东西朔南靡弗暨。

咸丰三年,关帝庙乐七章　《中和韶乐》

迎神《格平》　懿铄兮,焜煌。神威灵兮,赫八方。伟烈昭兮,累祀;祀事明兮,永光。达精诚兮,黍稷馨香。俨如在兮,洋洋。

奠帛、初献《翊平》　英风飒兮,神格思。纷绮盖兮,龙旗。斟桂醑兮,盈卮。香始升兮,明粢。惟降鉴兮,在兹。流景祚,翊昌时。

亚献《恢平》　觞再酌兮,告虔。舞干戚兮,合宫悬。歆苾芬兮,洁蠲。扇巍显翼兮,神功宣。

终献《靖平》　郁邑兮,三申。罗笾簋兮,毕陈。仪卒度兮,肃明禋。神降福兮,宜民宜人。

彻馔《彝平》 物惟备兮，咸有。明德惟馨兮，神其受。告彻兮，礼终阒旮。佑我家邦兮，孔厚。

送神《康平》 幢葆葳蕤兮，神聿归。驭凤轸兮，骖虬骓。降烟煜兮，余芬菲。愿回灵盼兮，德洽明威。

望燎同 熏蒿烈兮，燎有辉。神光遥瞩兮，祥云霏。祭受福兮，茂典无违。庶扬骏烈兮，永奠疆畿。

文昌帝君庙七章咸丰六年升入中祀，重定乐章。 《中和韶乐》

迎神《丕平》 秉气，灵躔。文运兮，赫中天。蜿胙兮，庋止。雕俎兮。告虔。逴神麻兮。于万斯年。

奠帛、初献《俶平》 神之来兮，笾簋式陈。神之格兮，几筵式亲。极昭彰兮，灵贶；致蠲洁兮，明禋。升香兮，伊始；居歆兮，佑我人民。

亚献《焕平》 再酌兮，瑶觞。灿烂兮，庭燎之光。申虔祷兮，神座；俨陟降兮，帝旁。粢醴洁兮，齐速将。绥景运兮，灵长。

终献《煜平》 礼成三献兮，乐奏三终。覃敷元化兮，医神功。馨香达兮，肸蚃通。歆明德兮，昭察寅衷。

彻馔《懿平》 备物兮，惟时。告彻兮，终礼仪。神悦怿兮，监在兹。垂鸿佑兮，累洽重熙。

送神《蔚平》 云轺驾兮，风旗招。神之归兮，天路遥。瞻翠葆兮，企丹霄。愿回灵眷兮，福我朝。

望燎同 烟煜降兮，元气和。神光烛兮，梓潼之阿。化成耆定兮，橐弓戢戈。文治光兮，受福则那。

顺治元年皇帝祭祀回銮二章 《导迎乐》

天地群祀《祜平》 皇天有命，列圣承之。我后配德，文匡武绥。海隅宁谧，神灵燕嬉。于万斯年，流庆降厘。

太庙《禧平》 于皇绍烈，累熙重光。销铄群慝，我武奋扬。肃肃清庙，峨峨奉璋。奠鬯斯馨，祚命无疆。

乾隆十七年，重定祭祀回銮祐平十三章乐章乾隆七年制，十七年始定凡祭祀回銮乐皆曰佑平，而以庆典所奏者为《禧平》。《导迎乐》。

圜邱　崇德殷荐，升燎告虔。惟圣能飨，至诚天眷。驾六龙，临紫烟。佑命申，图箓绵。

方泽　赜尔而静，持载广生。长至修祀，聿来光景。富媪愉，元德升。岳渎安，民物亨。

祈谷　民者邦本，民食乃天。爰卜辛日，大君殷荐，龙角明，祈有年，耒耜亲，天下先。

雩祭　炎夏初届，悯我稼夫。为民请命，法驾载涂。明德馨，诚意孚，禾稼登，斯乐胥。

太庙　仪若先典，追孝在天。鸿庆遐邲，烈光丕显。祝事明，神贶宣。福庶民，千万年。

社稷坛　分职三大，康乂国家。平土蕃谷，降休中夏。荐告蠲，神不遐。遍九垓，羍祉嘉。

堂子　禋祀隆永，维统百灵。延福储祉，奠安神鼎。修祀祠，通紫庭。降福祥，昭德馨。

出师、凯旋告祭堂子　维文武略，勋业攸崇。钦承睿算，往征不恭。扇仁风，在师中。月三捷，奏肤功。

日坛　雍肃音送，暾出自东。兼烛垂曜，与天同。用秩典修，皇敬通。表瑞辉，扬至公。

月坛　殷仲尝酎，华秾若油。兴谷繁祉，受符天后。涌桂华，凝彩旒。玉烛调，千万秋。

历代帝王庙　时序群品，端在一钦。衣德凝命，荷天之任。景轨仪，诚既歆。肃骏奔，容若临。

先师庙　先圣垂轨，千载是祇。虔奉师表，景行行止。奠两楹，神降之。启后人，文在兹。

先农坛　翩彼桑扈，仁气布和。千亩亲御，百祥膺荷。保介歆，种稑多。帝手推，民乐歌。

清史稿卷九七
志第七二

乐四 乐章二

御殿庆贺　禾辞　桑歌

皇帝元旦御殿二章康熙八年定，乾隆七年重撰乐章。初制附载。《中和韶乐》，黄钟宫立宫，倍夷则下羽主调。

升座《元平》　维天皇眷我皇，四海升平泰运昌。岁首肇三阳，万国朝正拜帝阊。云物奏嘉祥，乘鸾辂，建太常。时和化日长，重九译，尽梯航。原于穆元后敬授人时。四始和令，三阳肇基。鸾路苍龙，载青其旗。迎气布德，百工允厘。行庆施惠，及我烝黎。

还宫《和平》　圣人延后俊英，钧天乐奏绕彤廷。华夷一统宁，士庶欢忻乐太平。宝鼎御香盈，祥烟袅，瑞霭生。箫韶喜九成，齐庆祝，万千龄。原有奕元会，天子穆穆。锵锵群公，至自九服。正朔所加，海外臣仆。率土怀惠，万民子育。千龄亿祀，永绥茀禄。

皇帝长至御殿二章康熙八年定，乾隆七年重撰乐章。初制附载。《中和韶乐》，黄钟宫立宫，倍夷则下羽主调。

升座《遂平》阳回黍谷春，万国衣冠拜紫宸。旭日耀龙鳞，云物呈祥福禄臻。尧阶蓂荚新，熙庶绩，抚五辰。九服共来宾，调元化，转鸿钧。原乾符在握，道转鸿钧。天心见复，物始资元。景长舜日，纪协尧春。玉琯应瑞，宝历肇新。众正在位，辅翼一人。

　　还宫《允平》　皇心克配天，玉瑄蕡灰得气先。肜廷胪唱宣，四海共球奏御筵。珠斗应玑璇，金镜朗，麟凤骞。人间景福全，咨屡省，懋乾乾。原万国在宥，一阳斯溥。渊默临朝，天职修举。君子道长，骈圭联组。瞻日书云，产祥降嘏。宜旸而旸，宜雨而雨。

　　乾隆二十四年，平定回部，长至御殿，增撰《武成》庆语二章　《中和韶乐》，黄钟宫立宫，倍夷则下羽主调。

　　升座《遂平》　阳回玉瑄春，华阙晴晖映紫宸。声教讫无垠，烽燧长清玉塞尘。绝域尽王臣，安作息，荷陶甄。奉赟献灵珍。超三古，懋经纶。

　　还宫《允平》　淑气转瑶闿，缇幕葭飞启百昌。恩威亘八荒，雪岭天山道里长。纳款向明堂，三足鸟，暨凤凰。乾珍普降祥，弥顾禔，敉几康。

　　乾隆二十四年，平定回部御殿，群臣庆贺一章　《丹陛大乐》

　　《庆平》　紫雾氤氲浮彩仗，丹阶虎队鹓行。敷文德，虞徽接响。靖边徼，来享来王。

　　皇帝万寿节御殿二章康熙八年定，乾隆七年重撰乐章。初制附载。《中和韶乐》，黄钟宫立宫，倍夷则下羽主调。

　　升座《乾平》　祥云扈紫冥，四海臣民祝圣龄。淑气转阶蓂，尧箓羲图灿御屏。嵩呼遍在廷，天呈瑞，地效灵。南极拱台星，亿万载，颂康宁。原二仪清宁，三辰顺则，维帝凝命，函冒区域。仁恩庆覃，至于动植。久道化成，隆功骏德。圣人多寿，年世万亿。

　　还宫《泰平》　皇躬福禄宜，永绍鸿图丕丕基。肜陛长仙芝，乐奏《箫韶》丹凤仪。南山献寿卮，人心悦，天意随。为德遍群黎，歌乐恺，万年斯。原鉴观惟德，丕命惟皇。肇兹寿域，薄海要荒，物性茂育，民俗乐康。冠带之国，望斗辨方。曰惟万年，同于昊苍。

　　万寿、元旦、长至三大节朝贺三章常朝同。顺治九年定，康熙年制乐章,乾隆七年重撰。又增宫中行礼《雍平》一章。初制附载。
《丹陛大乐》

群臣行礼《庆平》　凤凰在薮,麒麟在郊坰。不如国士充陛廷,
野无遗贤宗有英。夙夜在公,在公明明。原皇覆万宇,品物咸亨。九
宾在列,百译输诚。济济卿士,式造在廷。帝仁如天,帝明如日。亲
贤任能,爱民育物。礼备乐成,声教四讫。

外藩行礼《治平》　我清世德,作求若天行。天尽所覆畀我清,
万方悦喜来享庭。曰予一人,业业兢兢。原天尽所覆,以畀我清。我
德配命,涵濡群生。万国蹈舞,来享来庭。俣俣蹲蹲,视彼干戚。天
威式临,其仪不忒。

宫中行礼《雍平》　《关雎》四教,家邦作孚先。黄裳元吉地承
天,六宫仁顺化穆宣。麟之趾兮,万福之原。

皇帝上元御殿二章乾隆七年定。《中和韶乐》,太簇商立宫,倍
无射变宫主调。

升座《怡平》　皇心保泰和,海寓升平乐事多。琼树长新柯,冰
泮春风涨玉河。晴云展细罗,擎尧酒,泛天波。花舞鸟能歌,齐拜手,
赋《卷阿》。

还宫《升平》　时雍颂帝尧,玉佩铿锵庆早朝。紫禁瑞烟飘,春
意凌寒上柳条。和风禁苑饶,陈仙乐,奏《箫韶》。三五正良宵,宫漏
永,月轮高。

皇帝常朝二章康熙年定。　《中和韶乐》

升座《隆平》赫矣天鉴眷求惟圣。保佑我清,既集有命。假乐大
君,天位以正。苾下有容,监于万方。念兹崇功,骏命孔常。

还宫《显平》　于昭四后,诞降世德。亹亹我皇,克艰衮职。治
定功成,中和建极。龙飞在天,凤仪于廷。式奏《王夏》,垂亿万龄。

乾隆七年,重定皇帝常朝正月二章　《中和韶乐》,太簇商立

宫,倍无射变宫主调。

升座《隆平》 敷天协气鲜新,又苍龙正晨。万国欢心仰紫宸,皇天锡嘏懿纯。陈充庭,华瑶金根。扇春风,风兆人,泽如春。睿周万品,化洽无垠。

还宫《显平》 渊然至道游神,协天行地文。照寓腾华若早轮,清明广大和闿。恩滂洋,葭苇沾仁。念民生,生此辰,酌于民。瑞惟大有,宝则贤臣。

二月二章 《中和韶乐》,夹钟清商立宫,倍应钟变宫二调。

升座《隆平》 所无逸,恭己岩廊,万寓协嘉祥。吹律圜钟谐舜琯,负扆当阳。柳风初转芽黄,翠甸轻雷苏百昌。发生心,皇奉若;宽大诏,播天常。

还宫《显平》 肃群后,鸣佩锵锵,拜手仰龙光。初日曈昽奎壁丽,明庶风翔。普天和气休穰,浃化鹰成鸠眼良。躬清明,基宥密;恩溥洽,达要荒。

三月二章 《中和韶乐》,姑洗角立宫,黄钟宫主调。

升座《隆平》 日丽风和篇寰区,新榆改火。龙旗荏苒晃鸢坡,赫如曦,皇升座。群辟奏瑶珂,拂花茵,垂佩多。天门荡荡无偏颇,纯嘏永《卷阿》。

还宫《显平》 瑞霭祥飙映彤墀,红云缭绕。一人渊默德光昭,百花中,千门晓。铜鹤篆烟飘,奏仙音,驾退朝。促耕布谷飞灵沼,盈耳说农劳。

四月二章 《中和韶乐》,仲吕清角立宫,大吕清宫主调。

升座《隆平》 玉宸且娑中,天王御法宫。乘朱路,曳长虹。六六泠箫谐女风,万物被薰风。阜财解愠,福禄来同。

还宫《显平》 麦秋满野登,桑秾茧已成。玉衡正,泰阶平。上下交服寰海靖,妇子乐盈宁。馨天亘地,茂豫桐生。

乾隆四十一年,平定两金川,四月御殿二章 《中和韶乐》,中吕清角立宫,大吕清宫主调。

升座《隆平》　玉衡纪正阳,升平景运昌。丰功著,威棱扬。险辟蚕丛归指掌,决胜庙谟长。凯声竞奏,喜起赓扬。

还宫《显平》　功成恺泽滂,兵消喜气扬。櫜弓矢,埽伨枪。紫阁酬庸应懋赏,虎拜沐恩光。万年受祜,庆衍无疆。

乾隆四十一年,平定两金川,御殿群臣庆贺一章　《丹陛大乐》
《庆平》　远播皇威鲸鲵扫,瘴雨蛮烟尽消。看振旅,欢声载道。瞻天处,乐奏箫韶。

五月二章　《中和韶乐》,蕤宾变徵立宫,太簇商主调。

升座《隆平》　禁林清,反舌无声。登进中良佞不行,《南风》假大而宣平。坐明堂,赏五德,法乘离以持衡。

还宫《显平》　权初荣,曼与朱明。天稷星边汉影萌,红轮照九神嘉生。念农芸,夏暑雨,穆皇心以靡宁。

乾隆四十一年,平定两金川,五月御殿二章　《中和韶乐》,蕤宾变徵立宫,太簇商主调。

升座《隆平》　扇薰风,六幕祥融。共解征衣拜舞同,云开玉垒昭肤功。颂声灵,赫以濯,喜韬戈,缋铭钟。

还宫《显平》　庆天中,凯奏勋隆。笮徼烟消化雨浓,磨崖纪勒铭重重。壮皇猷,沛帝泽,听欢声,遍尧封。

六月二章　《中和韶乐》,林钟清变徵立宫,夹钟清商主调。

升座《隆平》　鼓含少,黄宫谐凤,伏庚光,赤帝骑龙。睟彼三星正昏中,茂对乘时穆圣衷。陈金奏,宣景风,明光觐辟公。

还宫《显平》　弥六合,黎元祝颂,奉三无,帝念渊冲。蓊郁元云潒宸枫,大雨时行黍稷芃。虞琴奏,皇在宫,勤思剧月农。

七月二章　《中和韶乐》,夷则徵立宫,姑洗角主调。

升座《隆平》　金井桐飘大火流,夷则声清律应秋。天行转蓐收,黄茂满田畴。晓光阊阖浮,搏拊戞鸣球。玉殿千官咸拜手,仰宸。

还宫《显平》　鹰祭蝉鸣届白藏，御廪初登谷始尝。秋回禁陛凉，皇居奠总章。恩膏正溥将，零露泡瀼瀼。六合熙熙齐所昂，洁珠囊。

八月二章　《中和韶乐》，南昌清徵立宫，仲吕清角主调。

升座《隆平》　乾坤爽气澄序，宫殿清光静安。设九宾而法见，叶九和于天端。晻霭扬云罕，玲珑动玉銮。烈徽猷兮万世，肃缨冕兮千官。

还宫《显平》云高汉迥参见，露白飙清冽寒。汔告成夫万宝，祗祝厘于三坛。瑞谷歧而秀，玉粢好且完。喜盈宁兮百室，国安泰兮民欢。

九月二章　《中和韶乐》，无射羽立宫，蕤宾变徵主调。

升座《隆平》　鸿依银渚，菊有黄华。陇云飞，木叶下，百谷登场罢。芳辰逢令嘉，黄麾列正衙。豹竿移，龙鳞射，日上朱霞，天锡吾皇多稼。

还宫《显平》　鞭鸣钟动，帘卷烟斜。漾金风，香衣驾，天颙言还暇。黄云香满车，村村昼响枷。处深宫，心区夏，重恤民家，黼扆《豳风》图画。

十月二章　《中和韶乐》，应锺清羽立宫，林钟清变徵主调。

升座《隆平》　时合黄纯，熙修司职，颛皇执坎持权。听彤廷佩响，玉瑄风宣。怀黄绾白趋丹陛，皇仪展，于穆同天。光华圣日，罘罳焕彩，暄到齐编。

还宫《显平》　寰海丰穰，农夫之庆，深宫理化挥弦。念艰难稼穑，不敢游敚。琳琅万卷环天禄，三余爱，清晏探研。时几敕命，明良喜起，所宝惟贤。

十一月二章　《中和韶乐》，黄锺宫立宫，倍夷则下羽主调。

升座《隆平》　七日阳来天地仁，万象一中分。人从心上起经纶，纲纪三才属大君。答阳临玉宸，无私学化钧，包元履德日劳勤。品类盛，荷陶甄。

还宫《显平》　顺元祥风翱九垠，太史正书云。沈几先物福生人，渊默雷声秉道真。八风依序均，天根月窟循，照乎若日正三辰。不远复，以修身。

十二月二章 《中和韶乐》，大吕清宫立宫，倍南吕清下羽主调。

升座《隆平》 斗柄将东四序周，佳气满皇州。嘉平吉日诹，翠辂充廷立九旒。吾皇御大裘，法座侍王侯。服旧德，布新猷，穆若天仪福禄遒。

还宫《显平》 太室黄云紫气蒙，时雪报年丰。天关橐籥充，腊鼓催春天地通。皇家宝绪隆，契合动昭融。月西，日生东，万载回环不息同。

闰月节前用上月宫调，节后用下月宫调，词同前。除夕升座还宫，与十二月常朝同。耕藉礼成，庆成宫宴，与三月同。

文进士传胪御殿二章乾隆七年定。《中和韶乐》，蕤宾变徵立宫，太簇商主调。

升座《隆平》 启文明，五色云呈，珊网宏开罗俊英，梧冈彩凤雍阶鸣。气如珠，河似镜，集贤才于蓬瀛。

还宫《显平》 海榴舒，木槿初荣，宣赐宫衣最有名，薰来殿角微凉生。凤栖梧，麟在囿，致皇风于升平。

文进士传胪群臣庆贺一章 《丹陛大乐》

《庆平》 贤关大启，五纬丽霄光。九苞彩凤鸣高冈，日华五色舜衣裳。济济跄跄，多士思皇。

武进士传胪御殿二章乾隆七年定。《中和韶乐》，应锺清羽立宫，林锺清变徵主调。

升座《隆平》 宝殿云开，朱檐日近，甲袍金琐玲珑。看敦诗说礼，国士之风。王朝植桢干资英俊，参帷幄，克诘兵戎。云台绘画，勋名伟绩，媲美前踪。

还宫《显平》　玉烛光调，金瓯绥靖，两阶干羽雍容。念求贤渭水，兆协非熊。中林置兔多贤士，资心腹，云起风从。龙韬豹略，后先疏附，鹏翼搏风。

武进士传胪群臣庆贺一章　《丹陛大乐》。

《庆平》　鹰扬鹗荐，历翮九霄清。兔置在野维干城，龙韬豹略蜚英声。肃肃赳赳，王国克生。

乾隆四十八年，乾清宫普宴宗亲，御殿二章　《中和韶乐》，太簇商立宫，倍无射变宫主调。

升座《隆平》　中天凤纪开，新列尧阶绣茵。圣德重华九族亲，垂光惇家人。敷仙黉，十叶宜春。扇雍和，和气闿，郁祥芬。琼蕤奉日，宝鄂承云。

还宫《庆平》　璇霄气应《韶钧》，仰重熙令辰。行苇恩华衍燕申，欢承麟趾振振。沾椒觞，芳酎会醇。荷龙光，光被均，瑞璘彬。万年圣寿，一本天伦。

乾隆五十年，乾清宫千叟宴，御殿二章　《中和韶乐》，太簇商立宫，倍无射变宫主调。

升座《隆平》　乾隆五十年春，月王正日辰。帝世重熙盛典陈，高年高会枫宸。有盈廷鹤发臣民，望炉香，开扇轮。共尊亲，年逾书亥，福迓重申。

还宫《庆平》　云开黼座氤氲，望天回紫宸。九拜龙光舞蹈申，仙《韶》声远偏闻。退朝班仙仗缤纷，到蓬莱，携紫云。散仙群，九重曼寿，千叟长春。

乾隆十三年，大学士忠勇公傅恒征金川授敕，御殿二章　《中和韶乐》，黄钟宫立宫，倍夷则下羽主调。

升座《隆平》　临轩策将圣武恢，仙仗挟风雷。龙骧虎贲群英来,专阃正藉勒铭才。神机翊上台,恩隆毂是推。扬威边徼图云台,承庙略,往钦哉。

还宫《显平》　绛霄瑞霭六龙回,寰宇靖氛埃。天戈遥指阊阖开,敦忠秉信阃外裁。风云列阵该,崇墉计日摧。锋车电掣天马徕,军声欢,腾九垓。

乾隆十三年征金川,群臣庆贺一章《丹陛大乐》。

《庆平》　金殿晨开铜龙启,推毂恩隆典仪。九重上,争歌《喜起》;敷声教,尽仰天威。

乾隆十四年,金川凯旋庆贺,御殿二章《中和韶乐》,姑洗角立宫,黄锺宫主调。

升座《隆平》　庆溢朝端,霭祥云,河山清晏,铃旗迢递送归鞍。赫元戎,医良翰,靖献寸诚丹。载干戈,和佩鸾。功成万里勒铭还,遐迩共腾欢。

还宫《显平》　雉扇徐回,遍尧封,齐销烽燧,依依杨柳六师归。逮春耕,修农末,论赏策勋随。九重深,五弦挥。敷天率土衷时对,日月耀明威。

乾隆十四年,金川凯旋,群臣庆贺一章　《丹陛大乐》

《庆平》　决胜从容筹上将,师行肆靖遐方。宣武略,更敷文德;垂衣治,端拱明堂。

乾隆八年,盛京谒陵礼成,御殿二章　《中和韶乐》,黄锺宫立宫,倍夷则下羽主调。

升座《元平》　维天眷我清,一统车书四海宁。法驾莅陪京,祠谒珠丘展孝诚。陟降旧宫庭,思祖德,答天明。佳气绕龙旍,暾圣日,海东升。

还宫《和平》　文思洽九瀛,神孙继治荐升平。皇初七德成,缔造艰难景命膺。抚序惕中情,凝旒伫,若奉盈。昭兹万亿龄,列祖武,敬其绳。

盛京御殿庆贺二章　《丹陛大乐》

群臣《庆平》　重熙累洽,纮瀛被仁风。穆如神孙临镐丰,桥山礼成御故宫。零露瀼瀼,有来雍雍。

外藩《治平》　万方合敬,同爱所亲尊.思木有本水有源,东西朔南咸骏奔。纯固恪恭,日子云孙。

乾隆五十年临雍二章　《中和韶乐》,夹锺清商立宫,倍应锺清变宫主调。

升座《盛平》　辟雍建,规矩圆方,复古自吾皇。先圣宫墙千仞近,讲学升堂。于论钟鼓铿锵,春水圆桥流浩荡。作君师,时万亿;隆礼乐,焕文章。

还宫《道平》　圣人出,天下文明,玉振叶金声。日月江河照法象,自古经行。讲筵雍肃和平,熙事纯常茂典成。觉群黎,敷五教;彝伦叙,万邦宁。

乾隆五十年临雍,群臣庆贺一章　《丹陛大乐》

《庆平》　礼成典学,璧水监姬章。中天日月瞻容光,宸仪有肃拜舞行。寿考延昌,圣化滂洋。

嘉庆三年临雍二章　《中和韶乐》,夹锺清商立宫,倍应锺清变宫主调。

升座《盛平》　建皇极,端拱垂裳,仰止重宫墙。鸾辂苍龙亲视学,鼓箧升堂,昭回云汉为章。璧水和风交澹荡,播金丝,传孔训,盛羽篇,迈周庠。

还宫《道平》　睿图洽,文教昌明,至德播胶黉。俎豆衣冠多蔼吉,讲艺横经。圣人玉振金声,明德新民万世程。首修齐,崇格致,基诚正，奏治平。

嘉庆三年临雍，群臣庆贺一章　《丹陛大乐》

《庆平》　一人首出，作睹仰当阳。重华协帝焕文章，崇儒右学圣治光。钟鼓锵洋，拜舞轩骜。

乾隆九年幸翰林院二章嘉庆九年幸翰林院同。《中和韶乐》，黄钟宫立宫，倍夷则下羽主调。

升座《隆平》　龙文五色皆，羽葆亭童法驾来。秘阁列清才，就日瞻云瀛文隈。象纬正三台，纠缦缦，卿云回。元首实康哉，舟用楫，鼎需梅。

还宫《显平》　恩光浃面槐，瀛洲十八并追陪。南山颂有台，酒醴笙簧霖雨谐。帝屐下蓬莱，金枝霭秀，华堆。文光耀九垓，求千里，始于隗。

太上皇帝元旦御殿二章嘉庆元年定。《中和韶乐》，黄钟宫立宫，倍夷则下羽主调。

升座《元平》　寿宇金瓯，绳武乘乾甲子周。燕翼笃诒谋，子帝钦承德泽流．岁首建华旒，蓍衍荚，海添筹。五福萃箕畴。胪实政，训鸿猷。

还宫《和平》　天下养尊崇，万祀颐和郅治隆。泰运懋延洪，嘉会朝正万国同。康强仰圣躬，八徵念，十全功。励治尚初衷，膺笃祜，兢呼嵩。

太上皇长至御殿二章嘉庆元年定。《中和韶乐》，黄钟宫立宫，倍夷则下羽主调。

升座《遂平》　阳回玉琯新，祗承怵蹈率臣民。行健政躬亲，问安视膳秉鸿钧。帝范示遵循，共球集，《韶》《濩》陈。皇祺莆禄臻，纪馨烈，颂恒春。

　　还宫《允平》　懿铄缵羲图，雨旸时若泰阶符。逢年渥泽敷，三除玉粒五蠲租。元吉惠心乎，恩市寓，德覃区。寅承保圣谟，履端庆，舞康衢。

　　太上皇帝万万寿节御殿二章嘉庆元年定。《中和韶乐》，黄钟宫立宫，倍夷则下羽主调。

　　升座《乾平》　寿禄位名全，日孜孜宝篆镌。保佑命膺天，继序重光福祚延。乾符久仔肩，文巍焕，武昭宣。瑞应角亢躔，庞禩衍，万斯年。

　　还宫《泰平》　曼寿献瑶樽，万方玉食至尊尊。舞彩上仪敦，尧辰舜丙合乾坤。诀荡启天门。帝奉帝，孙有孙，祥雯灿紫阍。歌景福，饫洪恩。

　　太上皇帝三大节庆贺二章嘉庆元年定。　《丹陛大乐》

　　皇帝率王公百官行礼《庆平》　御宇六旬，九有浃深仁。勋华一家褆福臻，岁万又万颂大椿。文武圣神，帝夏皇春。

　　宫中行礼《雍平》　雍雍在宫，天符人瑞同。太上立德更立功，京垓亿兆运庞鸿。云礽衍庆，万福来崇。

　　嘉庆元年千叟宴，太上皇帝御殿二章　《中和韶乐》，太簇商立宫，倍无射变宫主调。

　　升座《降平》　乾隆六十一年，授嘉庆始元，叟宴三开钜典传。天家尊养弥虔，建惟皇锡极无偏。率臣邻，逮户编，暨垓埏。轩宫初御，春殿长筵。

　　还宫《庆平》　仪鸾扇合炉烟，听仙韶绎然。盛礼观成九拜虔，翘瞻斗运辰躔。退朝班，皇极门前。颂尧仁，赞启贤，合羲年。圣能昌后，天不违先。

　　太皇太后三大节御宫二章康熙二十二年定。　《中和韶乐》

　　升座《升平》　嘉乐圣母，慈徽穆穆。协德坤元，以涵以育。以天下养，永绥天禄。皇情展庆，礼明乐淑。忆万斯年，受兹介福。

还宫《恒平》　天祐皇家，景命荐申。宫帏重庆，繁祉川臻。如南山寿，集嘏斯纯。我皇乐只，燕及臣民。薄海内餐，罔不尊亲。

太皇太后三大节宫中庆贺一章康熙二十二年定。　《丹陛大乐》

《晋平》　彤庭景丽，旭日祥风。缤纷彩仗，奕奕璇宫。鸿慈燕喜，欢洽圣衷。万方一轨，来贺来同。千官拜舞，乐胥有融。维寿维祺，天地并隆。

皇太后三大节御宫二章康熙二十二年定，乾隆七年重撰乐章。初制附载。　《中和韶乐》，南吕清徵立宫，仲吕清角主调。

升座《豫平》　慈帏福履昌，瑞云承辇献嘉祥。徽流宝册光，玉食欢心萃万方。旭日正当阳，绥眉寿，乐且康。瑶池蒉叶芳，如山阜，永无疆。原有懿慈帏，惟天下母。厚德之符，含宏九有。式嗣徽音，以昌厥后。宠绥受之，遐不单厚。福禄来求，如山如阜。

还宫《履平》　璇宫瑞霭霏，翚翟山河上衮衣。宝篆庆璇帏，万国欢愉颂德徽。长日丽晴晖，青鸾舞，凤在墀。康强福禄宜，亿万载，祝期颐。原百礼既洽，灿然共章。瑞云承辇，丽日舒长。万方玉食，愉怿未央。言旋彤幄，凝祉储祥。一人有庆，万寿无疆。

皇太后三大节庆贺二章康熙二十二年定，乾隆七年重撰乐章。初制附载。　《丹陛大乐》

皇帝率王公百官行礼《益平》　皇家燕喜，福寿协慈帏。千官拜舞，万国瞻依。霭璇宫，圣日辉。原品物咸亨，景光清泰。展礼孔皆，式瞻嘉会。金石相宣，贯珠编贝。思媚思齐，德音四沛。以介繁禧，万年保艾。日寿而臧，日昌而大。

宫中行礼《雍平》　词与皇帝三大节同。

乾隆二十四年，平定回部，长至皇太后御宫一章《中和韶乐》，南吕清徵立宫,仲吕清角主调。

升座《豫平》,慈宁集庆长,坤元叶德焕嘉祥。晴晖转一阳,玉食承欢福履昌。西极尽来王,同稽首,颂寿康。尧阶夔叶芳,受兹福,永无疆。

还宫《履平》 瑶宫霭紫烟,日丽彤墀百福全。德范播尧天,文筥珠玑晋九边。惟翠翟耀筵。添宫线,玉尸前。绥和兆万年,永乐恺,协玑璇。

皇后三大节御宫二章康熙二十二年定,乾隆七年重撰乐章。初制附载。 《中和韶乐》,南吕清徵立宫,仲吕清角主调。

升座《淑平》 承天地道光,嗣徽音兮俪我皇。椒宫壸教彰,万国为仪燕翼昌。彤管纪芬芳,春云渥,环佩锵,安贞德有常,敷内政,应无疆。原乾资于坤,俪尊宸极。皇化攸宜,母仪万国。履顺含章,茂明内德。福履永绥,乃燕乃翼。

还宫《顺平》 瑶枢焕上台,椒殿风和丽景开。晴旭上蓬莱,佳气氤氲遍九垓。祥云护燕禖,培麟趾,毓兰荄。雉扇影徘徊,看瑞霭,集宫槐。原椒宫奕奕,阴教修明。袆衣有耀,环佩和鸣。礼容孔恪,万国来成。关雎之德,流美风声。

皇后三大节宫中庆贺章康熙二十二年定,乾隆七年重撰乐章。初制附载。 《丹陛大乐》

《正平》 正坤维兮俪皇极,母仪昭万国。福履永绥,将六宫,承法则。原采章有蔚,礼备乐宣。令仪令德,率履无愆。型家而国,实惟承乾。既淑且和,景福绵绵。

同治十一年,皇帝大婚,行册立礼,御殿二章 《中和韶乐》

升座《宜平》 作合庆从天,高悬日月照垓埏。交泰叶坤乾,鸾锵凤哕乐蹁跹。星彩丽弧躔,双璧合,五珠联。瓜瓞喜绵绵,绥福履,万斯年。

正使受节《愉平》 祥晖耀九闿,凤节霓旌命肃将。雅调奏铿锵。玉管琼璈广乐张。赓诗媲洽阳,铺鸿藻,焕龙章。福禄奉霞觞,富且寿,炽而昌。

大婚前一日阅册宝,庆贺三章 《丹陛大乐》

皇帝升座《澄平》 玉检金泥宝气腾,日月颂升恒。云霞仰蔚蒸,椒壁萝图瑞彩凝。河洲德化兴,海宇庆波澄。光复旦福云初,谟烈昭垂亿载承。

皇太后升座《仪平》 万国共球奉寿卮,端冕肃隆仪。辉煌凤诏披,玉册金符福禄宜。天容静有思,睟穆拜瑶墀。缵前绪,答恩慈,嘉礼宏前百世基。

群臣行礼《普平》 黼黻昭文仰大观,高奉五云端。嵩呼万岁欢,鹓鹭成行拥百官。维皇宥密单,缔造念艰难。膺宝箓,御金銮,亿载丕基巩石磐。

大婚前一日阅册毕,皇帝诣慈宁宫行礼,皇太后御宫二章 《中和韶乐》

升座《邕平》 祥云五色飞,旭日曈昽映紫微。曙景丽旌旗,仙仗分行宝篆霏。承欢舞彩衣,歌寿恺,切瞻依。展礼报春晖,隆孝养,慰慈帏。

还宫《怿平》 仙璈响禁城,箫管均调雅颂声。旭日凤凰鸣,瑞霭缤纷贺礼成。慈颜喜气迎,拥豹尾,导霓旌。云奉翠华明,驭大丙,畅由庚。

大婚宣制,皇帝御殿二章 《中和韶乐》

升座《叶平》 翠琯银簧下紫霄,仙乐奏《咸》《韶》。趋班肃百僚,伞盖鸣鞭侍早朝。惟皇日月昭,玉烛庆时调。文传武,舜绍尧,一德心源切旰宵。

正使受节《舒平》 云蒸御案香,龙节高擎斋采彰。嘉礼敬延康,继继绳绳百代昌。睢麟为世祥,歌渭涘,庆洽阳。嘉气溢天闿,祝圣寿,寿无疆。

大婚朝明见皇太后御宫二章　《中和韶乐》

升座《豂平》　祥晖丽紫宸,天地同和万国春。协气转鸿钧,燕翼诒谋百福臻。星云烂漫新,嘉礼备,雅乐陈。至德颂慈仁,洪宝录,衍畴伦。

还宫《忻平》　吉日承欢厚德酬,待燕礼虔修。芬芳洁膳羞,玉食琼浆旨且柔。笙簧雅韵流,仪卫转华旍。调玉烛,巩金瓯,穆穆隆仪福禄遒。

在婚朝见次日,皇帝诣慈宁宫行庆贺礼,皇太后御宫二章《中和韶乐》

升座《轩平》　蓬莱旭日红,凤阁龙楼瑞霭中。仪卫拱璇宫,肃肃旌旍拂晓风。维皇茂矩崇,礼既洽,乐交融。孝养万方隆,瞻景福,共呼嵩。

还宫《颐平》　阁道回环辇路花,宫殿灿云霞。蓬壶岁月赊,六合光明万福嘉。鸣銮返翠华,喜气正无涯。德自大,颂非夸,华祝衢歌遍迩遐。

大婚朝见次日,皇后诣慈宁宫行庆贺礼,皇太后御宫二章《中和韶乐》

升座《翕平》懿范雍和内治襄,丽日月同光。承在地有常,嘉洽璇帏庆未央。虔恭淑德彰,祎鞠颂仪详。兰驭肃,翠旍扬,绍继徽音式万方。

还宫《孚平》　茂典迈嫔京,妊姒相承世德宏。内治禀仪型,睟穆慈颜福履盈。垓埏乐永清,陈葆偾,簇霓旍。璆佩节和声,云辂举,日华明。

大婚朝见次日,皇帝御内殿二章　《中和韶乐》

升座《蕃平》　二曜光昭萃茂厘,乾篆应昌期。中宫肃盛仪,肇正人伦万化基。鸳梁福禄宜,麟趾叶风诗。炳帝极,衍宗支,万叶千春海寓熙。

起座《理平》　虔修肃拜仪,纳福跻仁百禄宜。协气迓蕃厘,辇路尘清六驭驰。祥云护瑞曦,回玉辂,绕彤墀。湛泽九天滋,宣嘉颂,庆昌期。

大婚朝见次日,皇后御内殿二章　《中和韶乐》

升座《惠平》　兰殿椒闱迓帝麻,懿德轶河洲。良辰协吉诹,位正坤维内治修。嘉祥百禄遒,黼黻焕新猷。辉翟彩,导鸾旒,逦迤祥云辇路周。

还宫《祥平》　中禁宏开霭吉祥,律度协珩璜。赓歌荷禄康,彩焕星轩法服彰。丰祺衍炽昌,福履庆齐长。遵玉几,晋椒房,坤顺承天德有常。

大婚朝见次日庆贺五章　《丹陛大乐》

皇太后升座,皇帝行礼《康平》　云书烂缦祥,舞彩宫中爱日长。雅乐叶笙簧,一曲南陔奏未央。金炉袅篆香,看凤翥,喜鸾翔。圣寿祝无疆,酣泽被,惠风扬。

皇太后升座,皇后行礼《巽平》　宫扇彩云移,遥瞻凤辇驻彤墀。文裀锦绣,太祝初宣展拜仪。肃穆答鸿慈,徽音嗣,福履彩。祥开百世基,绵泰祉,正坤维。

皇帝升座,皇后行礼《谐平》　雉尾云开喜气生,嘉礼庆初成。关雎句载赓,一片承平雅颂声。鸳鸯福禄盈,鸾凤叶和鸣。光四表,畅八纮,风始周南雅化行。

群臣行礼《燮平》　丹凤衔书降九天,香袅鹊炉烟。欢声动八埏,成盖青云朵殿前。光华亿万年,鸳鹭班联。辉宝鼎,邃宫悬,雨露无私圣泽宣。

宫中行礼《晏平》　坤仪令德崇,六服光辉典礼隆。瑞霭满中宫,彩仗云旒丽景融。炉烟接陛枫,容肃穆,福庞洪。理内颂成功,宣阖政,赞皇风。

大婚行礼次日筵宴,皇帝御殿二章　《中和韶乐》

升座《会平》　天心眷至人,璧合珠联濯紫宸。雅化洽睢麟,祥霭彤廷百福臻。钟鼓韵清新,调律吕,奏韶钧。寰海共尊亲,昌圣绪,叙彝伦。

还宫《忭平》　煦日祥光焕翠旒,冠佩集螭头。宫中拜赐优,欢洽皇心百禄道。香烟仗外浮,班散玉阶俦。敷骏惠,式讴猷,庆典覃禧九服周。

皇太后赐后母宴,御宫二章　《中和韶乐》

升座《序平》　宝扇云移法驾临,万国盛仪钦。仙《韶》协舜琴,晓旭凝浑耀。慈颜悦豫深,锡福遍壬林。延景祚,颂徽音。媲周家,仰太任。

还宫《恺平》　乐奏钧天吉礼成,燕衎洽群情。璇帏喜气迎,欢承寿母共称觥。金萱万岁荣,阃泽普埏纮。回龙驭,拥霓旌,尧趋舜步协安行。

大婚赐承恩公亲属宴四章　《丹陛大乐》

皇帝升座《调平》　瑞霭袅炉香,丹陛班分鹓鹭行。懿戚喜称觞,衣冠跄济观龙光。壶中日正长,陈酒醴,肆笙簧。虞陛效赓扬,和以乐,寿而昌。

后父率亲属谢恩,群臣行礼《介平》　祥光丽几筵,凤管鸾笙奏九天。雨露拜恩先,圭爵钦承宠诏宣。嵩呼玉陛前,扬抃舞,肃班联。笃庆祝尧年,歌椒衍,卜瓜绵。

后母率亲属行礼,入座《衍平》　瞳昽晓日明,五色祥云霭禁城。瑞应泰阶平,冠裳济济拜丹楹。璇宫喜气盈,陈酒醴,奏《韶》《頀》。燕衎荷恩荣,膏泽渥,颂同声。

后母率亲属谢恩《阜平》　尧厨荐献祥,六膳和调出上方。珍味列芬芳,春满宫壶雨露香。衢尊酌醴浆,酞化洽,荐禄康。肃拜效赓扬,介景福,炽而昌。

大婚颂诏,皇帝御殿二章　《中和韶乐》

升座《端平》　尧天景运长,民物咸熙庶事康。离照炳当阳,万里山河日月光。升平宝祚昌,福无量,寿无疆。四表焕文章,歌喜起,颂明良。

还宫《融平》　嘉祥帝眷孚,乾始坤元合圣谟。蕃祉炳皇图,藻景昭陈协气敷。宣纶懔步趋,编璧叶,琭金符。乔采焕云衢,六礼备,众情愉。

光绪十五年大婚,阅册毕,皇帝诣慈宁宫行礼,皇太后御宫二章　《中和韶乐》

升座《邕平》　祥晖霭紫宸,瑞满乾坤淑气新。寰海庆同春,作合从天万福臻。瑶阶雅乐陈,和鸾凤,永睢麟。垂裕荷慈仁,崇典礼,叙彝伦。

还宫《怿平》　彩仗万花迎,雅雅鱼鱼庆礼成。琴瑟听和鸣,凤翥鸾翔引韵清。璇闱喜起赓,开帝运,惬皇情。寰宇际升平,徵瑞应,动欢声。

大婚宣制,皇帝御殿二章　《中和韶乐》

升座《叶平》　乐谱箫韶奏九成,仪凤叶和声。炉香篆袅清,万国共球集帝京。宸修德克明,景运启元亨。悬金镜,察玉衡,南面垂裳御八纮。

正使受节《舒平》　丝纶锡自天,龙节庄持映日鲜。璧合并珠联,玉检金泥紫诰宣。钦哉命敬传,椒蕃衍,瓜瓞绵。歌声遍垓埏,祝圣寿,亿万年。

大婚前一日阅册宝庆贺二章　《丹陛大乐》

皇太后升座《仪平》　诗咏周南肇始基,圣配正坤维。惟皇肃上仪,展拜雍容侍玉墀。贻谋赖圣慈,献寿晋瑶卮。延景祚,庆昌期,瓜瓞绵绵福履绥。

群臣行礼《普平》　冠佩趋跄仰九重,寮采乐登庸。三多祝华封,夔拜皋扬效靖恭。雄皇驾六龙,作睹笾云从。占嘉会,庆躬逢,四海欣站帝泽酲。

大婚朝见皇太后御宫二章　《中和韶乐》
升座《裔平》　春光满禁闱,和煦风柔拂翟帏,虔拜仰恩晖。宵旰勤劬综万几,显翼翼,扇巍巍。齐政察璇玑,钦德至,嗣音徽。
还宫《忻平》　宴罢欣逢大礼成,凤辇映花明,鸾旗指柳轻。五色云霞彩仗迎,蔼闱喜气盈,椒殿晓风清。调玉琯,奏瑶笙,一片承平雅颂声。

大婚朝见次日,皇帝诣慈宁宫行庆贺礼,皇太后御宫二章
《中和韶乐》
升座《轩平》　曙景绚蓬瀛,阊阖天开瑞霭生。紫幰彩霞明,舞蹈欢呼彻凤城。慈闱喜气盈,仪具兴,礼初成。孝养竭精诚,调管籥,奏《韶》《頀》。
还宫《顺平》　巍焕龙楼矗绛霄,日彩丽金貂。猊炉篆馥飘,辇路花深漏响遥。云辂乐御调,法曲和笙箫。隆礼备,德音昭,万福来同际圣朝。

大婚朝见次日,皇后诣慈宁宫行庆贺礼,皇太后御宫二章
《中和韶乐》
升座《翕平》　风始宏开万福基,厚德正坤维。思齐启嗣徽,修栗雍宫赞赞时。祥晖驻玉墀,銮辂展文螭。循茂典,答皇慈,日月承天曜二仪。
还宫《孚平》　天地二仪平,茞荇求贤内治成。懿德缵维行,瓜瓞绵延慰圣情。彤墀福喜盈,扬翠蕤,擢朱英。旋辂节《韶》《頀》,云

雉转,玉鸾鸣。

大婚朝见次日,皇帝御内殿二章 《中和韶乐》。

升座《蕃平》 元气昭融运二仪,风始德宣诗。春初瑞应时,万化渊源万福基。轩裳肃茂规,姒幄驻祥曦。调玉琯,衍金支,锺祉延厘颂圣慈。

起座《理平》 虞作礼初成,壶范柔雍翊圣清。宝辂嘎鸾鸣,金彤墀嘉气盈。云移雉扇明,回地纽,转天纮。雅乐谱《韶》《頀》,珠露湛,玉芝荣。

大婚朝见次日,皇后御内殿二章 《中和韶乐》

升座《惠平》 正始风开万福原,玉辂庆临轩。含章赞至尊,乾曜坤仪应德元。风生九陛温,旭映六宫暄。迎波气,沐仁恩,卿裔葳蕤受祉繁。

还宫《祥平》 绕毂花迎上苑春,辇路净无尘。宫莺啭语新,内治修明乐最真。清芬挹藻苹,雅化溯睢麟。歌采采,咏振振,茂祉繁厘庆翕臻。

大婚朝见次日庆贺五章 《丹陛大乐》

皇太后升座,皇帝行礼《康平》祥云丽九天,丹陛欢承圣母前。寿恺祝洪延,垂裕绵长纪万千。宝鼎袅香烟,双璧合,五珠联。雅乐叶宫悬,因泽普,福畴全。

皇太后升座,皇后行礼《巽平》 彩仗导丹轩,《韶》《咸》乐奏八风宣。宫花绕御筵,镂槛文墀展细斿。璆佩拜仪虔,慈颜煦,曼福骈。山呼遍九埏,元正月,万斯年。

皇帝升座,皇后行礼《谐平》 褕服葳蕤茂典祥,向日月辉光。承天地久长,容蹈凝华德象彰。和鸣协凤凰,景福集鸳鸯。瞻衮冕,节琚璜,庆洽宫闱万叶昌。

群臣行礼《燮平》 纠缦星云焕紫宸,苞凤采璘彬。萝图万福

臻,宝瑟瑶琴雅韵新。恩周雨露匀,薄海庆同春。凝鼎命,阐刊珍,
鹣鲽偕登道路遵。

　　宫中行礼《晏平》　彤庭瑞霭紫,象服增华焕采明。正位翊升
平,德协刊贞品物亨。来绥福履成,辉黼黻,式璜珩。芬蕙引风清,
调凤瑟,叶鸾笙。

　　大婚行礼次日筵宴,皇帝御殿二章　《中和韶乐》
　　升座《会平》　祥光曜紫宸,泰宇宏开九陛春。雅化肇《睢》
《麟》,《采芹》歌兼永《采蘋》。薄海识尊亲,仰皇极,颂皇仁。仙乐奏
咸钧,逢嘉会,宴嘉宾。
　　还宫《忭平》　庆典欣成日正中,颂祷效呼嵩。新承帝着隆,欢
洽皇心嘉气融。祥烟霭九重,彩仗拥花红。占人寿,卜年丰,圣泽覃
敷六合同。

　　大婚赐承恩公亲属宴二章　《丹陛大乐》
　　皇帝升座《调平》　左右肃班联,鹓鹭分行别后先。戚畹萃亲
贤,夔虎鸣銮应管弦。铿锵禁漏传,瞻舜日,觐尧天。拜舞锦袍鲜,
列玉砌,侍环筵。
　　后父率亲属谢恩,君臣行礼《介平》　炉烟篆袅香,朵殿春和旭
日长。夔虎效赓扬,搢笏垂绅玉佩锵。隆仪九拜飏,饫酒醴,叶笙簧。
宝篆衍休祥,绥福禄,颂鸳鸯。

　　大婚颁诏,皇帝御殿二章　《中和韶乐》
　　升座《端平》　皇图圣德宣,金镜调元喜共延。紫极丽中天,华
祝嵩呼亿万年。欢扬动八埏,阶启泰,位乘乾。瑞霭玉炉烟,浑玉庀,
炳珠躔。
　　还宫《融平》　丝纶被万方,丹凤书衔日月光。天语懔煌煌,庆
典欣成锡祚长。休征应雨旸,颜有喜,颂无疆。盛治赞垂裳,夔虎拜,
凤鸾锵。

乾隆十七年，重定庆典所奏禧平十五章　《导迎乐》

临雍　崇圣尊道，乾德下交。思乐多士，化流芹藻。鼓箧徵，经术昭。听讲环，宏育陶。

巡狩方岳　棼丽六飞，入跸出警。省方观民，施惠行庆。一人行，万人幸。载道欢，瞻天圣。

元日进表　元正亨，朝临御万方。闾阖通启，太平呈象。旅贡陈，轩乐张。遍海隅，瞻帝光。

长至进表　黄钟应律，玉琯回阳。书云荐瑞，迎日履长。共球集，《韶》《濩》张。奉金函，来万方。

万寿节进表　神圣文武，提挈六符。绥以眉寿，罄宜多祜。迈斗维，呈瑞图。万岁声，山应呼。

皇太后万寿节进表　昭受天贶，钟庆发祥。文母禔祉，福隆尊养。锡类蕃，慈训辗。亿万年，临寿康。

皇后千秋节进表　坤德柔静，阴教顺承。螽斯麟角，允维嘉应。宝册镂，天庆膺。求嗣徽，如月恒。

进实录　昭示无块，谟烈聿皇。垂布方策，日星辉朗。配典坟，扬耿光。永绎思，绥万邦。

进玉牒　瓜瓞滋长，椒实衍昌。公姓千亿，福畴维向。定角仁，朱芾皇。锡类洪，咸乐康。

颁时宪　钦若诚亶，皇正朔颁。分秒无忒，玉衡齐贯。敬授时，宜暑寒。稼事明，民庶欢。

颁诏　申命重巽，纶下九阍。句出萌达，百昌咸振。象魏悬，鞀铎巡。德意宣，天地春。

殿试送榜　贤网宽整，才俊毕登。疏附先后，一人维圣。教泽长，多士盈。景运开，龙虎蒸。

迎吻　皇作宫殿，因地顺天。如竹苞矣，美哉轮奂。鸟翼飞，松桷梴。芋且宁，居万年。

皇帝亲耕进种穑　晨作农正，鸾辂劝耕。种穑嘉种，降康延庆。

帝耤开,逐政行。我稼同,明赐成。

皇后亲蚕进钩　戴胜告时,西陵肇典。爰举懿筐,爰临柘馆。御鞠衣,登瑞茧。金钩陈,嘉义展。

皇帝耕耤三十六禾词一章雍正二年定。

光华日月开青阳,房星晨正呈农祥。帝念民依重耕桑,肇新千耤考典章。告蠲元辰进日良,苍龙鸾辂临天闻。青坛峙立西南方,牺牲簠簋升芬芳。皇心祗敬天容庄,黄幕致礼虔诚将。礼成移趾天田旁,土膏沃洽春洋洋。黛犁行地牛服缰,司农种稑盛青箱。洪縻在手丝鞭扬,率先稼穑为民倡。三推一拨制有常,五推九推数递详。王公卿尹咸赞襄,甸人千耦列雁行。耰锄既毕恩泽滂,自天集福多丰穰。来牟荞藨森紫芒,华芽赤甲秕秆秒。秬禾秠三种黎白黄,稷粟坚好硕且香。千大穗盈尺长,五稯五豆充垅场。穄粱糜穄九色粮,蜀秫玉黍兼东墙。乌未同收除音粱,双歧合颖沃理疆。千箱怪斛收神仓,四时顺序百谷昌。八区九有富盖藏,欢腾亿兆感圣皇。

皇后采桑歌一章乾隆七年定。

躬耕礼成诏井桑,蚕月吉巳迎辰祥。金华紫鬎五翟光,瑞云彩映椒涂黄。坛南宿戒惟宫张,西陵展事摇珩璜。斋肃恭敬柔雍彰,金钩绿篏懿筥筐。尚功尚制奉以将,柔条在东涵露香。鞠衣三摘鸣鸠翔,月灵临贲龙精昌。黼黻五色质且良,昭事上帝祠蒸尝。仪型宇宙帅妃嫱,衣食滋殖被万方。

清史稿卷九八
志第七三

乐五　乐章三

筵宴　乡饮酒

太和殿阅皇太后徽号册宝,《海上蟠桃》一章乾隆七年定。
《中和清乐》。

海上蟠桃乍熟,日边红杏初芳,慈帏履庆承天贶,景福正绵长。
一解启蓬莱,排仙仗,露泞泞,凝仙掌,袆衣翟服烂明珰,耀金铺,日
拥扶桑。喜风和骀荡,炉熏百和香,太平有象,孝德光昌。二解殿当
中,云光漾,驾临轩,金闺敞,孝思不匮重天常。展瑶函,宝册辉煌。
喜风和骀荡,炉熏百和香。太平有象,孝德光昌。三解紫霞杯,葡萄
酿,九华灯,芙蓉桁,流霞绀雪酌天浆。颂期颐,地久天长。喜风和
骀荡,炉熏百和香。太平有象,孝德光昌。四解玉衡平,金波朗,湛露
融,阶蓂长,云璈法曲奏清商。奉慈徽,长信传芳。喜风和骀荡,炉
熏百和香。太平有象,孝德光昌。五解万方玉食尊亲养,孝治烝烝天
下仰,敬歌万寿元疆。趋辞

嘉庆元年,太上皇帝三大节筵宴三章　进馔,中和清乐;进茶、
进酒,《丹陛清乐》

进馔《莱衍箕畴之章》　莱衍箕畴,春满瀛洲,六甲庆重周。功
德谁俦! 位禄兼名寿,并包帝道王猷。十全建极八微念,五福居辰

百禄道。驾苍周,轶赤刘,共胪万万添筹。一解敬维作所酬高厚,圜坛冬至斋宫就。方坛夏至明禋奏,祈年雩祭均循候。加玉表精忱,缩邑通声臭,珠囊气协神祇佑。二解遵守宝箓,朝朝育大猷,万乘谒珠丘,冠服贻谋,弓矢贻谋。盛京赋,赋鸿麻,霞绷然处明如昼。纪恩堂,堂构绸缪。习骑射,御骅骝,岁岁木兰搜狩。三解宵衣问夜传清漏,瑶殿上,勤政名留。不待鸡人报晓筹,燃绛蜡,答词头。四解睿虑充周,后乐先忧,茅檐蒜屋盖藏谋。不惜金镠,蠲租赐复登仁寿,茨梁在野罗浆酒。吉亥亲耕勤早耰,雨旸驿递驰封奏,沃壤年年报有秋。五解包罗星宿,御丹毫,文成万首。味腴餐秀,有数万余篇擒锦绣,丹黄《四库》皆经奏。更临雍宣讲,璧水环桥欣靓。礼成释菜,又看典茂鸿都,《石经》镌就。六解二十矢,天弧彀,广运南朔东西,威棱处处周。拓疆二万,亥步全收。遐陬襁负投,归降归顺,更兼廓喀鲲番一候。七解仁寿贞符同辐辏。十一世,金枝秀。联珠合璧,月将日就。二千里黄河清澈,仙蝶呈祥晴雪后。庆昌期,中天候,重逢重遭。八解玉烛金瓯,天行一日一周。孜孜惟日耄期犹,自强不息符乾九。应笃祜,璇荚珠筹,子帝承欢千万寿。趋辞

　　进茶《玉烛调元之章》　玉烛调元,日彩旭曈昽,正联珠合璧庆重逢。星辉云灿蔼和风,角亢吐耀辰居拱。春意盎,瑞光融,乍万年枝更动,万年簴奉,添筹积算乾纲总,一家尧舜贞符共。线陞云涧拥,寿介衢尊,恩流宝瓮。一解主敬宸衷,后天而奉,纪元周甲萝图巩。隆授受,养尊崇,积京垓,臣民颂,万禩庆延洪。如日方中,丽桐轩,辉松栋。二解瓜瓞绵绵,椒衍金枝重,五福名堂万福同。瑶牒书石众瑞徵,麟趾庆恒锺,绳绳继继,叠见祥云拥。祝来晜,奕禩荷苍穹。三解武于铄,十全同颂,文丕焕,四德俱隆,箕畴锡福福来崇。皇极庆,道泰时雍。四解恩榜制科,先中庆遭逢,杏花春雨桂秋风。泽庞洪,年逾耆耋观光踊,远超五老首曹松。首曹松,七旬以外成均贡。五解会耆英,三千众,奏钧天广乐同云梦。甘膏渥,湛露浓,十年方举燕方瞳,鸠饰许携筇。六解藏富三农,八蠲常贡,偏隅薄歉停输

供。问旸雨，罢租庸，乐京坻，勤耕种，鼓腹共融融。寰宇绥丰，舞康衢，赓幽颂。七解 就日瞻云九宇同，占风协律集球共，岳修川效朝正众。拓舆图，河玉山葱，里逾二万人尧封。奉车书，玉帛重重。八解 昌辰嘉会隆仪重，听雅乐九成鸣凤。八极尽承风，九瀛齐献颂。趋辞

进酒《日丽琼霄之章》　日丽琼霄，春风先盍蓬莱岛。乐奏箫韶，天赐微难老。一解 祗承皇道，欢心万国会三朝。正筹添玉荚，更斗转珠杓。纠缦缦，衮衣依黼座；烂辉辉，瑶斝奉琼膏。庆昌辰，重光重润；仰景运，稽舜稽尧。养隆山海，美轶祁姚。二解 奕叶胪欢衍庆饶，咏振振，瑞牒标。瑶林琪树万寻高。兰芽馥郁彤墀绕，幔亭仙乐元音妙。祥光绚凤条，祥飙暖凤巢，集云初献寿和风劭。欣舞彩，灿螭坳。三解 列清班，鹓鸾翙高。盐梅一气调，看肃肃衣冠拜绛旓。北阙开，催晓箭，西山爽，静鸣梢。斟沆瀣，酌葡萄。四解 欣迓英，日转槐龙清影摇。更集贤，风缓梅花杂絮飘。喜华缨共影，炉烟暖未消。凤池头，仙翰染；鸾掖外，佩声敲。齐祝颂，圣寿天高。五解 更旛旛黄发飘，玉杖初扶，来听云璈。祝万八昌期镐燕，列三千吉语衢谣。六解 皇州暖，淑气调，千门万户欢声早。九衢初旭和光绕，东华红软云烟袅。《黄图》紫陌总胪欢，万年枝上鸣春鸟。七解 联三殿，达四郊。绵区匝宇茅檐表，绮塍绣挂农功早，提壶布谷春声好。兕觥共愿献公堂，衢尊衢室歌鸿造。八解 威棱震，德化遥。王会冠裳，海角山椒，长股僬侥。瑶阶上，干羽功昭。趋阊阖，拜舞兼欢蹈。匝垓间，赤帝飘飖。纨牛露犬输奇宝，兜离僸昧，尽入《咸韶》。九解 玉河缥纱，星海迢遥。占城驯扰，掸国招邀，南掌山高，荷兰帆飘，却值元正齐到。庆中天，仰碧霄，路绕铜标，韵叶鸾镳。占青云，叠来重译；趋黄道，共上轻轺。会嘉庆，舞云翘，南谐北燮祥辉耀。凫趋鱼藻，式燕翔翱。十解 轶黄农，超羲昊，进长生，水玉膏，金鉴常悬帝范高。群钦帝德尧尧，焕珠弧，上瑞先昭。泰策乾符，上下交颂，兼容并包。策京垓亿兆，霞觞重酌种蟠桃。趋辞

　　皇帝三大节、上元、除夕筵宴三章　进茶、进酒《丹陛清乐》，进

撰《中和清乐》

进茶《海宇升平日之章》　海宇升平日，景物雍熙，遍乾坤，草木乐清时。河清海晏麦双歧，麟游凤集枝连理。风澹澹，日依依。正蓬壶乍启，天颜有喜。金门嶰竹传仙吹，金猊篆袅香烟细，合殿欢声殷地。一统山河，万年天子。一解佳气佳瑞满皇畿，天门诀荡御筵披，千峰叠嶂排晴翠。动龙蛇，日暖旌旗，青葱玉树万年枝。燕温温，玉几金墀。二解天工四序平分岁，皇心惟念小民依。一自农功始、祁寒暑雨遍畴咨。崇墉栉比，丰乐成民瑞；真民瑞，茅檐外，箫鼓乐幽诗。三解溯当年，深仁厚泽；到于今，累洽重熙。皇心继述踵前徽，勤宵旰，敕惟时惟几。四解孝飨吉蠲，修祀事，奉明粢。于豆于登祝繁禧，为民祈圣心无逸。天麻至，天心锡福圣无为。圣元为，太平恭已垂裳治。五解得贤臣，襄上理，贲干旌，连茹汇征至。蝉有绥，鹭在墀。九苞飏彩映朝曦，来集上林枝。六解民俗恬熙，盈宁妇子，康衢黄发偕儿齿。食旧德，服新畬。想中天，尧舜世，鼓腹共游嬉，亦越于兹。戴尧天，尊舜轨。七解重译来时，梯航万里，冠裳玉帛图《王会》。于万载，太平基。想中天，尧舜世，鼓腹共游嬉，亦越于兹。戴尧天，遵舜轨。八解皇心和豫阳春似，自万类，光辉盛美。四海共倾葵，五云齐献瑞。趋辞

除夕、上元、上灯《火树星桥》一章乾隆七年定。《中和清乐》

火树星桥，烂煌煌，镫月连宵夜如昼。春风料峭，钧天奏彻《箾韶》。烟云中，瑞霭交，笼著鲛绡。锦绣业，万花缭绕。鱼龙夭矫，嵩祝声高。一解分明是洞天，是绛霄。分明是灵台灵囿灵沼。更春光乍到，景物暄妍雨露饶。又黄上柳条，漏泄春阳在野桥。二解贺圣朝，世德遥。鬱瞳眬，日丽霄。圣嗣圣，重明继照。万民欢乐，万方熙皞。昇平节，瑞应昭，琼蕊飘萧。宝殿开，法曲云璈。鱼龙夭矫，嵩祝声高。三解金枝麝气飘，西吪琉璃四照。影娥池，凤烛烧，百子池，涎爇龙膏。九华镫，篆烟消。寒星纍纍缀银霄，蚁穿九曲珠光耀。好良宵，是皇家，景福滔滔。四解满山椒花簇，百枝娇，月轮正高。镫和月，一片冰霄，是皇家，景福滔滔。五解殿当中，黼座高，春悄铜壶

漫歗。笙歌千万里而遥,是皇家,景福滔滔。六解良宵正好,正好良宵。看皇都,万井多娱乐。良宵正好,正好良宵,蓬壶清窈,银海光摇。百和香,霏瑶岛;紫罗囊,绣绥飘。花匼币,东风吹饱,同庆清朝。七解小梅梢,暗香浮动,淡烟笼罩。月上柔枝,露滴轻苞。今宵里,巷舞衢歌,篇寰瀛,同庆清朝。八解愿春光,年年好,三五迢迢。不夜城,灯月交,奉宸欢,暮暮朝朝。成褏成卿,万朵祥云护帝霄。趋辞

雍正二年,耕藉礼成,筵宴三章

进《茶雨旸时若之章》　祥开黼座兮,布琼筵。笙歌迭奏兮,天乐宣。三推既举兮,赐丰年。五风十雨兮,时不愆。万滭泪足兮,溉大田。皇心悦豫兮,福禄绵。

进酒《五谷丰登之章》　龙犁转兮,春风生。帝勤稼穑兮,供粢盛。戒农用兮,劝服耕。富教化行兮,百谷成。禾九穗兮,麦两茎。黍稷重穋兮,充栋楹。岁登大有兮,怡圣情。尧樽特进兮,玉醴盈。劳酒礼饮兮,迈镐京。

进馔《家给人足之章》　嘉禾炊馔兮,云子芳。仙厨琼粒兮,已箸香。吾皇重农兮,礼肃将。明昭感格兮,锡嘉祥。千仓万箱兮,百谷穰。崇墉比栉兮,遥相望。丰亨乐利兮,遍八方。家多充积兮,野余粮。含哺鼓腹兮,化日长。朝饔夕飧兮,寿而康。万邦同庆兮,璇图昌。

乾隆七年,重定耕藉筵宴三章　　进茶、进酒《丹陛清乐》,进馔《中和清乐》

进茶《喜春光之章》　喜春光,将瑞霭集,斗杓运,农祥正,土脉融。平野水泉滋,景风至,农夫涂胫。长堤柳,茧馆条桑映。蓑共笠,村讴相永。颂元后,眉寿万年;育我民,四方欢庆。一解看风乌翔玉树外,帝座临瑞阶影。百辟趋,搢笏共朝天,抠衣拜,田夫瞻望,《箫韶》奏,磬管声依永。寝园内,朱樱初进。玉井藕,十丈移根,安期枣,似瓜晶莹。二解是瑶池来,阆苑荐,世间物,如何并。嵰雪甜,王母远相将,笑留核,冰桃还胜。吾皇念,菽粟真民命,异物捐,芳甘俱屏。

富方谷，在岁有秋，劳则思，若时恒性。三解辨土宜，颂月令。遍紫陌，野人望杏。玉盘待赐，红垂上苑樱。趋辞

进酒《云和迭奏之章》　云和迭奏，听仓庚载鸣，玉壶清漏。万井欢娱，桑柘阴浓绿树稠。红墙外，柳丝微觯鸦黄瘦，更桃李暄妍晴昼。圣天了劳民劝相，今日青辕黛耜，芳塍如绣。一解霞觞献寿，愿吾皇万年，与天齐耇。玉斝金罍，柏荚芳馨绿蚁浮。彤墀下，绯衣玉带兼青绶，更父老抠趋在后。共庆祝皇图巩固，从此五风十雨，年年大有。二解皇心在宥，念春风始和，不忘耕耨。妇子盈宁，宵旰仍怀饥溺忧。深宫内，心斋常屏瑶池酒，喜天藉既栽黄茂。坐广厦，与民同乐，但见遐阡迩陌，黄童白叟。三解芳旨陈，金石奏。进九酝，在廷拜手。万年永锡，称觥乐有秋。趋辞

进馔《风和日丽之章》　风和日丽，时鸟初唤，春晴卓午。清甽外，一犁春雨。玉砌旁，万年芳树。共庆天田成礼后，圣主一游一豫。看零雨桑田，疏疏秧马，闉阓村鼓。一解云开宝殿，玉案初进，金盘齐举。兰英末，盈盈翠醑。蓬池胦，纷纷细缕。玉粒长腰云子饭，来自神仓天庾。正乐奏《咸英》，春旗簇仗，涂歌巷舞。二解吾皇廑念，四海黔首，吾胞吾与。所无逸，九功六府。绘《豳风》，筑场治圃。一粟一丝民力在，信是农家辛苦。更问夜求衣，亮功熙绩，治登三五。三解劝九歌，修六府。饬太史，顺时觐土。礼成乐备，尧厨扇葏莆。趋辞

乾隆四十八年，乾清宫普宴宗亲三章　进茶、进酒《丹陛清乐》，进馔《中和清乐》

进茶《瑞旭中天丽之章》　瑞旭中天丽，庆溢昌期。敞金门，嘉叙宗支。丛云五色荫仙芝，华林万树连瑶户。光煜爝，景逶迤，正韶风乍吹。奉乾清燕喜，奉乾清燕喜，天家庆笃重光瑞，五云深处龙楼侍。宝胄衍，振振公子。九族天亲，九重乐事，一解蕃祉嘉燕播仁慈，播仁慈，因绿时节匪迟迟。银潢一派瞻天咫，瞻天咫，并家人礼拜丹墀。并家人礼拜丹墀，寅秩惇叙典行时，更鸿仪同瞻光被。二解椒繁

敒衍琼华纪，都从若木秀新枝。袭庆从今始，特恩四品列华资。雁行接次，彩服纡金紫。尊其位，富贵以亲之。三解《棣华》篇，轩宫展爱，梓材书，疆甽敷畲。宸躬教养本无私，申天显，庸庸祇祇。四解合族敦宗传古礼，肆筵几，行苇方苞叶歌诗。太平时，同荣壹体华连理，同蒉异亩穗双歧。穗双歧，周家仁政亲亲始。五解况皇朝，洪锡类，贲天麻，光赞放勋治。恩载推，礼则宜。凤麟左右并来仪，黄幕受洪厘。六解影飐苍旗，声腾仙吹，言情俯讲家人礼。仙掌露，似珠霏，仙掌露，似珠霏。帕传柑，盘撒荔，满袖共香携。宠沐无涯，拜恩华，玉案底。拜恩华，玉案底。七解宝序相辉，温颜有喜，簏筐昭贶便蕃意，陈玉帛以将之。灿精镠，列锦绮，御墨与封题。宠沐无涯，拜恩华，玉案底。拜恩华，玉案底。八解曦轮垂照光辉美，亿万载，花跗韡韡。礼乐茂前徽，史书钦圣瑞。趋辞

　　进酒《珠斗杓回之章》　珠斗杓回，铜龙春霭祥云绘。寿寓熙台，庆衍灵长派。一解天潢喜会，九华敷影扇菱开。看天榆银映，更日杏红栽。辉烂烂，彩屏翔玉胜，馥霏霏，仙木间宫梅。接花茵，宗英师济。仰紫座，文治昭回。瑞绵姬箓，气盖尧阶。二解化日舒迟景荡骀，联尊跗，乐耆鲐，瓜绵百世溯幽邰。云礽万叶猗兰茝，蟠根仙李噀唐代。承华懋哉，玉牒镂琼瑰。导璇源，鸭绿三江大。球琳品，桢干材，球琳品，桢干材。三解跄济济，宝胄肩排，天家一气培。展懿亲，仁恩敷睿怀。肃肃兮，圭瓒酬，雍雍也，金石谐，接武上天街。四解喜酬庸五等，一番爵赏开。庆惇宗九族，一般衮绣裁。总擢秀三台，一时蕃翰才。荷龙章，宠载颂，承风绎，衔新拜。列坐处，紫绶青纲。五解望南山，献颂来。辛韭登盘，刚卯镌牌。光艳艳，麟衫鹤彩，羽翮翮，花翎黄带。六解晴雪影，映松钗。炉烟金穗飘芳霭。粉楣笺帖垂银薤，唐花绣缬珠千琲。觚棱鸡鹊旭初升，宫壶仙漏春如海。七解祥麟趾，威凤嘴，金华蕝瑶承芝盖。苍龙孑霓飐青旆，昭华瑞瑄三阳泰。周家宗室是城垣，高阳才子多元凯。八解椒花醴，柏叶醅，露湛尊罍，霞映罘罳，风扇金阶。黄幄上，曦御徘徊。泛瑶觞，玉是和阗采。泛瑶觞，玉是和阗采。二千人歌咢綮怀，天颜笑语春生霭。东

西序列，昭穆班排。九解金枝玉蕾，蕙蕊兰荄。棣华孔怀，蓼蓼乐恺。不立监催，不藉卿陪，不用纠仪史在。化雍和时丽，佳芽逗宫槐。颂进台莱，斟和气，酎象清淮。声听和声，东奋春雷，声和声，乐奋春雷，愿年年北斗樽回，东厢寿酒赓歌拜。旅酬礼洽，听庆图开。十解受洪禧，千万载，降福穰穰孔皆。六幕和风扇九垓，融融佳气蓬莱。仰尧文荡荡巍巍，亲睦平章淳化推。更行苇篇裁，协箫韶天籁，五云长奉紫霞杯。趋辞

进馔《景丽仙瀛之章》　景丽仙瀛，云霭彤庭，煜煜灿芝英。春风送晴，春露含清，宝炉香篆徐荣。羽仪幸接青霄路，绅佩欣联紫闼情。鹭鹭鸣，蓬莆生，万年珠树同庆。一解金支派衍云初盛，一规仁寿悬高镜。卿云色响琼枝映，工歌先唱麟之定。阿阁动和风，步履三霄听，趋陪邀得天家幸。二解堪庆。四海熙和际治平。丹陛彩霞明，枝耀华苹，叶茂祥萱。《宣韶》濩，奏《咸英》，中天华日瞳昽正。泻金珠，满溢金茎。延皇属，论宗盟，亘古于斯为盛。三解看楼角，初阳遍映，听枝上，宫莺早鸣。天厨特敕赐芳馨，春有脚，似恩荣。四解金盘自明，玉碗自莹，山腴水羹未须称。兰炁蕙炁，由来禁脔夸珍盛。淳熬将出龙头鼎，多是盐梅滋味成。不须更啖如瓜枣，但饱天恩总益龄。五解龙墀位定，庆振振，宝牒分荣。祥锺鹊果迋多福，自天申景命。今朝公姓骈蕃会，念灵根式固，日干光华交映。洪厘懋锡，好占五色云边，宗人星炳。六解昼漏永，瑶阶静，遥见雉尾双开，天颜喜气凝。展亲谊笃，温纶款被，广殿乐盈盈。气求声应，颂茂绪彪鸿，一人有庆。七解深幸镐京诗，同拜命，棣萼会，安能并。分餐玉食，凤髓麟羹。更飘来仙音一片，暖律新调笙吹应。饫春膏，恰今番人胜花胜。八解恺乐歌成，咸邀四吕殊荣。俊髦耆年总玉潢，赍予归来黄帕擎。庆仙源，景福凝，承彩云，长护蓬莱顶。趋辞

乾隆五十年，知叟宴三章　进茶、进酒《丹陛清乐》，进馔《中和清乐》

进茶《寿恺升平瑞之章》　寿恺升平瑞，庆叶重熙。仰宸躬，行

健天仪。乾符象显泰阶期,久于其道唐虞际。超项倍,轶《循蜚》,正宵衣旰食。德之纯不已,德之纯不已。与图二万鸿勋启,全书三万奎文丽。允文武,古稀天子。四海羲图,万年轩纪。一解燕启拜舞首宗支,首宗支,公卿牧伯共追随。归田人许扶鸠至,扶鸠至,更陪臣海外高丽。更陪臣海外高丽,封翁寿爵上丹墀,并皤皤,皓首庞眉。二解黄鹂练雀群僚底,兜鍪队帅旅熊罴,济济章缝士。宸躬抚锡遍群黎,老农匠艺,鼓舞轩辕喜。轩辕喜,春筵上,万万萃期颐。三解溯当年,龙光喜起,到于今,燕翼谋贻。五皇继述茂前徽,重开燕,重光莫丽。四解尚爵朝廷先尚齿,觥称儿,千复千人介维祺。乐清时,东胶养老三王治,南山献颂九如诗。九如诗,引年今日多加礼。五解况天家,诸福备,庆曾元五代同堂喜。桐有蕤,兰载猗。春风花发万年枝,瓜瓞衍洪褆。六解福有由基,人惟德致,君王有道嘉祥备。风皡皡,景熙熙,风,景熙熙。合诸天,环大地,都是吉云垂。日月无私,普人间,添甲子,普人间,添甲子。七解宝翰天题,元音虞陛,人分一首赓飏义。联百韵,《柏梁诗》。联百韵,《柏梁诗》。帝庸歌,人七字金石播英词。日月无私,普人间,添甲子。普人间,添甲子。八解天人嘉应重华世,问史策,谁能媲美!珥笔庆昌期,称觞千万岁。趋辞

　　进酒《紫禁春开之章》　紫禁春开,壶天云霭群仙会。愿祝台莱,春满三千界。一解春风寰海,紫霞同上万年杯。仰乾清辰共,正泰运天开。红瑟瑟,初阳升若木;白辉辉,晴雪在宫槐。换桃符,千门悬彩。喧爆竹,万户轰雷。南弧献瑞,北斗斟醅。二解大禹崇情恶旨怀,但寻常却酒杯。兽樽庭下醴成醅,衢樽陌上春浓海。瓦樽田畔盘堆菜,同浮玉罍。不是等闲排,是《豳风》春酒公堂介。称觥众,遍九垓,称觥众,遍九垓。三解云缦缦,厄琼瑰,皑皑映玉阶。光潋潋,私圜白玉材。碧潆浆,芳满壶,黄封醖,甘满罍,德产自西来。四解有年华九十,几人寿耇鲐。更头衔一品,几人廊庙材,总优老恩推。几人手赐杯,照天光,席近前,斟天酒,春生霭。三爵也,酡貌春回。五解更芳筵,布两阶。薤菹尧厨,桃实瑶台。但到处,饱餐沉湎。问何人,会闻天籁。六解三百岁,合三槐,纶扉阿伍兼嵇蔡。朝天兔

使晨星戴，寒风免使朝珂待。天恩颐养享康宁，传来感激群寮寀。七解瞻云日，阅峤来，春巡六度江干届。春纶两度殊恩沛。新衔司业诸生拜。持将百五岁春秋，酬恩万倍筹添海。八解尧尊沛，周赍排。如意瓌材，绣缎云裁。鸠杖天街，三十两，人带银牌。万民衣，字写皇恩大。万民衣，字写皇恩大。带炉烟，捧出瑶阶。儿孙巷陌传佳话，人间谁到，天上初回。九解山龙绣彩，金石雍谐。德贯三才，堂颜五代。胜上春台，胜拜尧阶，胜祝华封人在。帝挥弦，民阜财。寿世羲娲，大有埏垓。问来朝菜甲挑才，乐春盘，有酒如淮。乐春盘，有酒如淮。愿年年，天上春来，香山洛社人千倍。燕毛礼洽，燕喜图开。十解愿从今，喜会再，寿宿长明上台，千叟恩荣燕屡开。重将十体诗排，积篇章，无量京垓。敷锡宜民福孔皆，感雨露，恩栽寿佛醍醐海，五云长是绕蓬莱。趋辞

　　进馔《寿宇同登之章》　寿宇同登，万国咸宁，协气遍寰瀛。三宵露盈，三殿春生，一人端拱乾清。鹊炉鸾扇祥烟袅，珠树银幡绣影荣。鹭序横，虎拜成，布筵设席同庆。一解先春瑞雪农祥正，上辛一日丰年定。鸡竿诏下新韶令，阶蓂六叶良辰庆。迎气浃旬旗，剪彩来朝胜，骈蕃瑞叶筵前应。二解昭敬，白发苍颜气屏营，黄帕正高擎。瑶槛趋迎，琼陛阶升。移雕案，近金茎，柘黄伞直龙衔柄。望红云，低傍前楹。调宝鼎，晋仙羹，捧向御筵端正。三解何须侈，麟脾凤脡，何须诩，驼峰豹羹。君王旰食为民情，菲饮食，禹功成。四解绥桃露零，碧藕风清，摘梨大谷瑞烟凝。金盘几层，安期巨枣如瓜赠。铼馈粔籹高头饤，不是寻常燕席横。回城三果徕包贡，帝藉天禾种得成。五解龙墀排定，启黄封，四豆甘凝，天厨味永。看八百琼筵班列整。群臣长饱天家禄，有田间瓦甒鼓腹，儿孙偕庆。今朝筵上，又来饱德尧厨，含滋周鼎。六解执酱爵，祝噎哽，更有春仲罗鸠，君亲祖割牲。古儒傅会，诸儒掇拾，何如此日诚。一堂和乐，仰君酢臣酬，情亲礼敬。七解欢庆，玉筵颂，天语命。克食赐，传餐盛。鼎珍禁脔，共得斟羹。更招来孙曾扶掖，六膳携归仙味琼。饫尧厨，荷分惠，衢樽非幸。八解授几仪成，三千黄发盈庭，今古何人见此会，亿兆京垓

燕屡行。愿长此万寿称觥，照世杯明仁寿镜。趋辞

乾隆九年，幸翰林院筵宴三章　进茶、进酒《丹陛清乐》，进馔《中和清乐》

进茶《文物京华盛之章》　文物京华盛，论道崇儒。萃衣冠，礼乐在鸿都。木天藻饰旧规模，翠飞鸟革何轩翥。麟在囿，凤栖梧。牙签分《四库》，更芸香辟蠹，绮窗青琐朱户。飙轮不隔瀛洲路，铃索丁冬风度。寮寀雍容，鹓行鹭序。一解欣遇，欣遇小春初，五云深处启。銮舆鸣鸾风细云霞曙，拥桥门，万岁山呼。词林旷典古今无，溯心源上接唐虞。二解圣皇自昔需元辅，都俞吁咈矢嘉谟。敩学先稽古，旁求爰立梦相符。后先疏附，左右皆心膂。皆心膂，如鱼水，在藻更依蒲。三解况我朝雨露涵濡，采璚材并植天衢。承明著作重璠玙，欲方驾子云相如。四解圣学高深超邃古，行元珠。乙夜丹黄性所娱，不知劬。琳琅宛委图书府，赤文绿字《德充符》。《德充符》，敦庞浑厚登三五。五解戛球琳，鸣簧虡。际中天，堂上虞琴抚。献尧樽，接舜壶。金盦玉脍出仙厨，湛露共沾濡。六解巍焕天书，鸾翔凤翥，羲文奎画云霞护。光藻并，丽金铺。矢《卷阿》，零露湑。枚马共严徐，亿万斯年。庆龙光，歌燕誉。七解勖尔簪裾，勉思建树，风云月露终无取。崇实行，是真儒。矢《卷阿》，零露湑。枚马共严徐，亿万斯年，庆龙光，歌燕誉。八解翠华临幸恩光溥，重儒术，荣生艺圃。天禄被春风，石渠沾化雨。趋辞嘉庆九年幸翰林院乐章，改第二解"欣遇欣遇小春初"为"欣遇欣遇仲春初"。余词同。

进酒《延阁云浓之章》　延阁云浓，兰台日丽。銮舆茳，香泛玻璃，九醞传仙醴。一解深严丹地，高张黼座面南离。看广庭碧荫，早清露晨晞。锦编粼，彩仗和风度。玉琮琤，香阶昼漏移。光潋滟，云开蓬岛，雾氤氲，香袅金猊。风来丹穴，鹤在丹墀。二解云汉为章际盛时，命冬官，斧藻施，雕楹玉石焕玉楣。采椽不斫无华侈，《五经》贮腹便便笥，临轩集众思，贤才圣所资。慕神仙，虚妄诚无谓，惟得士，致雍熙。三解启天禄，斯文在兹，宵然太乙藜。入承明，花砖日影

移。覆锦袍，蒙眷礼、撤金莲，归院迟。赐玉脍，自蓬池。四解缅崆峒问道，虚怀谒具茨。更金华侍讲，流清鉴不疲。信鸿逵羽仪，通经浅汉韦。乐横汾，燕镐京，歌《在藻》，思《行苇》。咸英奏，春酒初酾。五解集簪裾，燕凤池。柳外轻飔，曲沼涟漪。陋宋言，赏花垂钓，笑唐宗，结彩评诗。六解班联肃，乐有仪天厨下逮皆珍味，凝甘天酒还如醴，御炉解香烟细。赓歌飏拜万年欢，年年侍奉天颜喜。解天颜喜，福履绥。太和保合中天世，珠联璧合奎坦丽，一心妙衍图书秘。赓歌飏拜万年欢，年年侍奉天颜喜。八解玉河东抱，清且涟兮。斯干既咏，不日成之。稽古论思，银榜亲题，用作儒林之气。培其根，达其枝，无贰无欺。若作和羹为舟楫，惟尔攸资。思赞襄，日有孜孜。亮天工，庶绩咸熙。须将器识先文艺。不为有守，汝翼汝为。九解湛露浓，卿云丽。满院芝兰臭味，秋水蒹葭寤寐思。鹤书时贲岩限，伴青松，商雒仙芝，拜手群歌既醉诗。更束帛安车，遍山巅水湄，得贤致理圣无为。趋辞嘉庆九年，改第九解"稽古论思"为"天禄储材"。余词同。

进馔《玉署延英之章》 玉署延英，环佩葱珩，法驾幸蓬瀛。龙口琮琤，碧沼澄清，壶天一镜空明。广筵日近，祥云覆阿阁，风微宝篆萦。象纬呈，泰阶平，儒林额手欢庆。一解皇心无逸常居敬，松轩云牖劳咨儆。深宫遐览千秋镜，渊思汲古资修绠。唐虞授受亲，奎壁图书炳，百年礼乐于斯盛。二解多幸，朝野从容际治平，麟阁集簪缨，凤敞云屏，鹄立轩庭。徵法曲，奏《咸英》，青袍红绶相辉映。露瀼瀼，芳泻瑶觥。瑟黄流，饫大烹，共祝一人有庆。三解小山上，参差桂影，梧桐上，雍雍凤鸣，尊罍次第沐芳罄，早斜日映帘旌。四解三都两京，鼓吹纵横，五车四库撷精英。大鸣小鸣，《柏梁黄竹》追高咏。仰看五纬骈东井，天献珍符答睿情，何止高阳聚德星。五解天心吁俊后，灼知见宅心，三俊自天保定，更保佑自天申景命。思皇多士生王国，更拔茅连茹，多士汇征并进。白驹空谷，尚无金玉尔音，席珍待聘。六解行漏永，铜鸣静，从此书带芊绵，承恩尽向荣。五老游河，尧心光被，垂衣文教成。万方矫首，喜蜉蝣蟋蟀，气求声应。七解堪庆，佩缣囊，随后乘，秘书省。龙光炳，丹黄点勘，削简汗青。勤著述，手雠目览，玉尺冰裁时共懔。入承明，不须看，花影砖影。八解玉振金声，儒林偏荷殊荣。五色云从画栋生，石室芸台有余清。颂圣寿，悠久高明，学海年年仍望幸。趋辞嘉庆九年词同。

乾隆五十年，临雍赐茶《君师兼》一章　《丹陛清乐》

仰君师兼，道统集，讲筵启，圜桥听。御论宣，皇极示纲常，五伦叙，君仁臣敬。家慈孝，与国人交正。诚不息，维天之命。体行健，同德乾元；亹缉熙，同符前圣。一解向阶前，初听讲罢，穆穆瞻天垣正。左右趋，眷彦服膺诚。抠衣拜，朝班黉序，圣贤裔，弟子青衿整。绍心学，外王内圣。五十载，久道而成。万千岁，生民之盛。二解况鸿仪彰，盛典备，四门学，岐周并。王制云，天子曰辟雍，笑炎汉，三雍非正。训辞著，复古真王政。泥古诬，重言申命。燕千叟，新岁礼行。办五更，旧文论定。三解告礼成，晋玉茗。沾渥赐，敷菌共庆。一规璧水，长随教泽生。趋辞

嘉庆三年，临雍赐茶《皇图昌》一章　《丹陛清乐》

正皇图昌，道揆协，典文启，师儒盛。序仲春，诹曰吉辰良，广筵肆，圜桥观听。崇经羲，屏百家浮竞。敦实学，人知兴行。牖群蒙，惟圣敷言；众说郛，折衷彝训。一解会章缝，谈经讲席，抑抑威仪攸慎。集大昕，先鼓徵于庭。偕槐市，同瞻云日，大哉言，著论千秋准。本皇极，大中至正。景圣域，鼓舞奋兴。溯文澜，优游涵泳。二解喜春风暄，化雨渥，菁莪长，薪樗咏。逾汉庭，淳诲集石渠，列天禄，群儒参证。轶唐代，陆孔蕾经训，玉烛调，珠囊金镜。沾教泽，庶汇敷荣，肃御宸，两言敬胜。三解告礼成，晋玉茗。沾渥赐，敷菌共庆。作人寿考，延洪亿万龄。趋辞

乾隆十四年金川凯旋，丰泽园筵宴三章　进茶、进酒《丹陛清乐》，进馔《中和清乐》

进茶《景运乾坤泰之章》　景运乾坤泰，八表归怀。迅除戎，玉垒阵云开。一封笺表达尧阶，天颜大霁宣寮寀。抒壮略，运奇才，建

肤功奏凯。永敉宁边界，锦江春色消烟霭。人工健羡天工代，方叔
师干应赛。绩著旗常，荣褒圭玠。一解指授，指授物宣差，何殊吉甫
颂平淮，运筹帷幄成功快。贺澄清，燕启蓬莱，祥光�煜袭罘罳。暖
融融，瑞气南来。二解归而饮至垂方策，平安火报乐无涯。五服施章
采，万方宁谧陟春台。车书玉帛，丕冒如天大。同天大，庆酬庸，列
爵耀三台。三解缅严冬，旗麾色展；喜今春，笳鼓声谐，都缘庙略圣
亲裁，移时节，塙浮云浮埃。四解我武维扬群虎拜，咏良哉，来享来
王亘纮垓。贡金台，洗兵何必临鱼海，作舟端藉济川材。济川材，还
资燮理调仙鼐。五解望前途，戈倒载。荷包蒙，赦宥加宽贷。驱兽散，
叶凤喈。用遍蛮方福孔皆，琛赆喜嘉盈六解花雨轻筛，香云结霭，鸿
钧气转阳和届。挖杏颊，晕桃肋，卷盈筐，嘉实采，玉案早安排。春
并恩长，畅宸襟，符帝赉。七解三殿欢谐，千官乐恺，尧尊舜乐欣重
再。知有喜，永无猜，卷盈筐，嘉实采，玉案早安排。春并恩长，畅宸
襟，符帝赉。八解明良遭际光千载，喜振旅，欢腾中外。骏烈协赓歌，
鸿猷标史册。趋辞

　　进酒《圣德诞敷之章》　圣德诞敷，皇威远布资元辅。授铖前
驱，荡定昭神武。一解鸥张巴蜀，临轩推毂掌兵符。便霜戈西指，更
羽骑南趋。威凛凛，先声驰远徼，显巍巍，挞伐审孤虚。仰台垣，权
操左相；寄专阃，星耀中枢。濯征咫尺，克捷须臾。二解奋武揆文秉
圣谟，甫临冲，奏捷书，观光扬烈志何如。申明纪律严军伍，指挥决
胜天威助。风云八阵图，机宜式范模。励公忠，德教忙宣谕。恢覆
载，宥顽愚。三解承睿算，天兵剿除，何悉蜀道纡。卜遄征，鹰扬出上
都。冻日寒，栈入云，严风劲，寻载涂。乘橇走，殚勤劬。四解乍营开
细柳，温同挟纩余。懔自天成命，声灵震八区。把宵人翦除，握要似
摧枯。息氛祲，淬戈铤，修文德，陈羽，振士气，忠信交孚。五解竞输
诚，悔负嵎。面缚来降，釜底游鱼。开汤网，遄宣露布；慰尧心，不事
征诛。六解班师庆，报捷初，鸣笳叠鼓催前部。不惊鸡犬咸安堵，威
名绰著追强弩。太平一统万年欢，潜消兵气成霖雨。七解和风扇，淑
景撼，承恩既醉趋鹓鹭。端资启沃联心膂，储胥常见风云护。堂廉

一德庆升平，春光怎及恩光溥。八解沾优渥，赐大酺。三爵言言，拜锡宫壶，餍饫天厨。波潋滟，湛露涵濡。竞称觥，介寿绥多祜。好韶华，春春衢。垂裳有道开昌宇，光浮玉盏，丽映金铺。九解庞洪异数，群歌乐胥，威驰六合，位重三孤。进献嘉谟，出靖边隅，允作中朝砥柱。企都俞，佐唐虞。百辟严趋，殿陛山呼。师济济，飑拜欢娱。戛锵锵，依永笙竽。万斯年，玉烛安舒。河清海晏金瓯固，荣生虎竹，喜溢簪裾。十解日舒长，时和煦，万汇从兹昭苏，宝篆氤氲袅御炉。玉缸香泛醁酥。想当年，在藻依蒲，镐燕何曾今昔殊。庆槐鼎云需，赓君臣相遇，曈昽旭日照宸居。趱辞

　　进馔《日耀昊之章》　日耀中天，庆祝尧年，淑气正暄妍，嫩柳芊绵，艳李飘翩，遐方永息烽烟。云峰四起迎宸幄，霞绮千重映御筵。韬略宣，羽书传，臣邻雀跃心欢忭。一解和风丽日祥云见，九天阊阖开宫殿。笙簧酒醴升平燕，勋标麟阁王猷显。寅亮载《周官》，动风征《尧典》，干戈载戢民迁善。二解堪羡，卫霍功劳相后先，楼可上筹边。征罚斯专，步伐宁愆，申军实，督戎旃。布昭圣武彰天罚，既来庭，底用攻坚。福如川，酒如泉，共沐因波不浅。三解貔貅统，山苞禹甸，橇枪埽，风调舜弦。来威补入《雅》诗篇，车啴啴，鼓渊渊。四解王师载旋，扬厉无前，温纶钟鼎姓名镌。安边定边，天涯静处消争战。蚕丛鸟道奇功建，高奉霞觞北斗连。旌旗柳拂春风暖，一点葵心傍日暄。五解仙人六膳，藉盐梅，分尝禁脔。玉阶舞汴，悬日月，双开明雉扇。共欢天意同人意，赏九重春色，饱听流莺百啭。风光满美，从看香喷金猊，花明上苑。六解画漏回，晴霞绚，嗣此作楫为霖，台鼎合韦弦。云韶灿设，彩仗森排，徽欢物更妍。一人有庆，定蚰藏戈甲，文修武偃。七解婉娈，醉仙桃，催晓箭。见花外，高桥转。治登上理，海宇晏然。亿万载，兵销刑措，惕厉精勤资拜献。喜今朝，最难忘，皇眷天眷。八解赞化调元，方踪周召，名贤袞对敷天。景福全临照，恩光应普遍。奚止是甲士三千，鳌极高擎欣永奠。趱辞

乾隆二十五年,西陲凯旋,丰泽围筵宴三章　进茶、进酒《丹陛清乐》,进馔《中和清乐》

进茶《圣武光昭世之章》　圣武光昭世,品汇咸熙。看平戎,玉塞卷云霓,开疆已轶汉关西,显承谟烈追前纪。朝授钺,暮鸣鼙,正三军鼓吹,便《武成》志喜。论功青史应无比,天心眷顾君心慰。吉甫平淮逊美,绩著鹰扬,荣分龙卫。一解堪羡,堪羡亚夫仪。晴开细柳拂前麾,英风埽尽楼兰垒。扩车书,万里丕基,仙《韶》一派绕彤墀。御炉烟,瑞霭霏霏。二解投戈解甲风云会,休休士女乐和绥。嘉乐承慈惠,九重咫尺懔天威。鹓班鹭队,群至如星缀。如星缀,尧阶上,干羽舞龙墀。三解想前兹,伊犁大定,喜今朝,回部全归。铙歌齐唱耀旌旗,回头望,过东渐西被。四解庙算都缘天锡智,相机宜,乙夜勤勤檄亲披。壮边陲,月弓星箭皆精锐。邪氛绥靖斩鲸鲵,从教斧钺驱民疢。五解听风声,同鹤唳。倒前途,草木皆兵骑。迎箪食,实缯绨,前歌后舞尽倾葵,回向仰光辉。六解笳鼓声催,平安火递,春台普遍祥光起。缵伟绩,计丰碑,际升平,扬盛美。仙燕锡蓬池,亿万斯年,集皇图,符帝轨。七解运应昌期,师师济济,御筵载启瞻云日。威赫赫,德巍巍,际升平,扬盛美。仙燕锡蓬池,亿万斯年,集皇图,符帝轨。八解赓歌环庆唐虞际,看矫矫师臣拜稽。骏烈兆鸿禧,祥和开寿域。趋辞

进酒《禹甸遐通之章》　禹甸遐通,周疆远控资良栋。挞伐成功,庭引来仪凤。一解吾皇端拱,军书方略授元戎,把准夷扩定,更朔漠来同。奉玉帛,大宛分左右,贡瑶琛,布鲁尽西东。沛殊恩,豺狼解网,思负义,枭獍逞凶。雉盟既背,螳臂称雄。二解师律严明主将忠,飚征麾,指彩虹,冲开朔雪与严风,温如挟纩咸欢哄。先声士气矜余勇,貔貅百万雄,风云指顾通,笑么麽小丑怀怔悚。惊魑魅,窜犴狱。三解扬我武,王师肃雍,凭将跋扈穷。谅鸟覆危巢岂待风。釜底鱼,迹漫逃,负嵎虎,势莫容。骑甲马,埽狂童。四解待风清三窟,天山月挂弓。更抚怀百雉,旌旗漫蔽空。任狼奔匿丛,妖氛莫避踪。渡西洱,似催枯,临拔达,如泉涌。逢义旆,双殄元凶。五解竞归

怀，乐䡶檬。愿隶王臣，争效球共。瞻舜陛，玄黄纳贡。达尧庭，笺表连封。六解班师至，露布工，西维部落咸风动。非关矜武穷荒陇，鸿谟自是承先统。圣朝大命一时新，勋华千禩膺天宠。七解皇心悦，式燕崇，追陪三殿趋鸾凤。涵濡《湛露》成歌颂，《卷阿》再续周诗咏。明良此日庆都俞，中河洗甲知无用。解葭灰起，律应宫。银雪缤纷，苑要雕琼。杖杜歌融，声窈窕，叶羽谐钟。竞承恩，筹爵玻璃奉。喜时晴，光曜瞳眬，金瓯永固山河重。春生瑞草，庆溢祥松。九解需云乍拥，晴霞朦烘，百僚鹄立，瑶佩丁东。仙仗峥嵘，芝盖玲珑，洵是珠辉玉莹。奏师昼，闲笙镛，伟烈丰功，述祖歌宗。光奕奕，安石来红，响萧萧，宛马从东。拜甒餴，簪绂雍容，油油三爵威仪重。鹤闻倡和，凤叶萋萋。十解醉仙厨，花漏永，放牛归马功成，帝德醍醐拜赐荣。玉阶蕽蕼葱茏，想当年燕镐营丰，乐恺兴歌今昔同。喜瑞霭璇宫，更辰居星拱，一庭端拜进瑶觥。趋辞

　　进馔《圣治遐昌之章》　圣治遐昌，牒纪嘉祥，六幕仰重光，化日舒长。瑞启金闾，照临宣被殊方。星云烂缦膺天庆，风雨和调佐帝觞。廓畈章，静橐枪，皇威远域宣畅。一解金茎玉露融仙掌，尧天晴日辉金榜。将军阃外寒威歛，橐戈进爵春云盎。麟阁纪勋名，潋滟恩波广，桓桓在泮王猷壮，二解遐想大业，神功迈汉唐，殊策靖疆场。兵气恢扬，士成腾骧。申天讨，遴蛮荒，庙谟布算风雷卷，握韬钤，指授戎行。庆绥康，载旗常，奏凯师旋舞唱。三解榆关外，霓旌虎帐，边城望，蜂窠蚁房，人皆赤子尽来王。清沙漠，殪天狼。四解归而解装，人尽轩昂，葱山蒲海百花香。神扬气扬，论勋饮至先名将。金樽次第邀前赏，西域葡萄美且芳。共钦王道无偏党，向日葵心率土将。五解和光驼荡，酌琼卮，珍馐百酿。蓼萧露瀼，瞻肃穆，天容霄汉朗。大官六膳调金鼎，向御筵供奉，雉扇明开两两。云霞万状，昈兹瑞气辉煌，三山蓬阆。六解承燕喜，皇风呜，从兹斥堠无惊，甲胄衅而藏。珍符纷郁，瑞应骈罗，天心降福穰。诞敷文德，更阜财解愠，薰琴接响。七解瞻望沐皇仁，抒众仰，似花柳春前放，仙桃锡燕，恩普德祥。解战袍，欢腾貔虎，还拟图形麟阁上。靖烽烟，愿长迓天锡

神贶。八解酒醴笙簧，恩膏欣遍岩廊。来享来王曰是常，偃武修文觇
治象。何异咏洛水泱泱，食德饮和声教广。趋辞

　　同治十一年，大婚，皇后朝见，进馔一章　《丹陛大乐敬平》
　　瑞日丽扶桑，晴开上界金闉。云移雉扇张，祎衣鞠服俪当阳，肃
拜答穹苍。垂环佩，叶珩璜。安贞度有常，升桂殿，晋萱堂。一解慈
闱乐且康，侍宴瑶池笃祜长。介寿嘉称觞，绛霞绀雪酌琼浆，恩风习
习翔。调凤律，奏鸾簧，仙乐听铿锵。德音播，雅化彰。二解正位佐
垂裳，坤顺承天地道昌。酿膏颂普将，八纮和气酿休祥，临照遍殊
方。辉宝篆，灿珠囊，降福庆穰穰。延洪绪，永无疆。趋辞

　　光绪十五年，大婚，皇后朝见，进馔一章　《丹陛大乐敬平》
　　瑞气盎帘栊，金炉香袅翠烟笼，瑶阶旭日烘。琼卮玉盏映玲珑，
奉斝侍深宫。仪有象，福延鸿。一解欢承凤阁中，入觐慈闱巨典崇。
介寿乐融融，问安视膳秉渊衷。躬脤锡赉隆，琼筵盛，玉食丰。韶乐
奏雍容，歌风动，咏露浓。二解清响度花丛，满进金樽酌醴醲。瞻依
恋九重，诒谋燕翼赖宸聪。祝嘏效呼嵩，容肃肃，度雍雍。福禄庆来
同，颜有喜，乐无穷。趋辞

　　同治十一年，大婚，赐承恩公及王公大臣筵宴三章　　进茶、进
酒《丹陛清乐》，进馔《中和清乐》
　　进茶《图肇鸿基之章》　图肇鸿基，祥微燕喜。华筵肆宠荷隆
仪，赐茶宣敕使。一解趋侍嘉燕沐恩施，跄跄济济肃威仪，双天雉扇
瞻天毗。运玑衡，穆穆裳垂。泰交景运洽重熙，政平成，理本修齐。
二解华门积善迎繁祉，祥钟兰阃毓坤仪，宠眷从今始。龙章凤诰荷
恩晖，荣封五等，圭爵贻孙子。贻孙子，承嘉贶，福禄屡绥之。三解集
冠裳，肜廷展礼。肆笙簧，丹陛歌诗。王公列辟翊纶扉，奏钧《韶》，
听《咸》赓乐只。四解内外修和成郅治，微嘉礼，位定乾坤，庆良时，
迓祥禧。同荣瑞木枝连理，绥丰秀麦穗双歧。穗双歧，周文仁政《雎

麟》始。五解播鸿庥，襄上理，衍云礽，虹流电光瑞。配二仪，序四时。
瑟琴迭和乐怡怡，豫悦仰慈闱。六解景焕祥曦，声腾仙吹，龙团佳茗
天家赐。金茎露，注瑶卮，帕传柑，盘荐李，携袖异香霏。玉案亲依，
近龙光，延燕誉。七解川媚山辉，礼明乐备，祥符亿载过姬姒。云纠
缦，凤来仪，戴尧天，游舜世，懿戚与荣施。玉案亲依，近龙光，延燕
誉。八解衢樽同酌酕膏被，欣燕洽，情文备致。九叙庆成功，三辰瞻
献瑞。趋辞

进酒《宝扇祥开之章》　宝扇祥开，金炉香霭欣喜会。永锡诗
谐，春满三千界。一解运隆交泰，普天人共乐春台。看金樽初泛，更
玉谱新裁。烟袅袅，祥辉分禁柳，乐融融，喜气上宫槐。邕皇风，周
南化启，歌圣治，阙北恩来。诗赓荇菜，庆洽兰陔。二解嘉礼初成百
福该，共腾欢，遍九垓，《螽斯》麟定颂声谐。隆仪共仰嫔京迈，龙光
燕喜欣和会。班联萃众才，轩轾惬圣怀。迓蕃厘，普庆乾坤泰。歌
正始，觐瑶阶。三解葡萄泛琼浆旧醅，香浓万寿杯。看肃肃筵从玉殿
开。调铿锵，夔律叶，韵浏亮凤管催。嘉福禄，自天来。四解听《睢
洲》载咏，云霞烂缦开。更鸾笙迭奏，《箫韶》宛转谐。恰天上春回，
宫花锦绣堆。漏迢迢，日似年，光滟滟，杯如海。钧天唱，境拟蓬莱。
五解肆芳筵，布两阶。蕙茂尧厨，桃实瑶台。漫斟处，味同沉灉。齐
拜扬，共酌金罍。六解翡翠罍，鹦鹉杯，琼瑶璀璨呈光彩。饮和共乐
仁风逮，皇仁广被如天大。乾坤合拱献嘉瑞，骈蕃庆典群欣戴。七解
仪文备，德意恢，宸宫化起天心泰。寿觞更喜觥兕介，和声凤翯兼鸾
翔。嘉祥普庆遍寰瀛，二《南》风教真无外。八解凝繁祉，怡圣怀。钟
鼓声催，琴瑟音谐，《雅颂》诗裁。歌椒衍，余韵低徊。咏瓜绵，喜舞
两宫彩。庆升平，更祝台莱。跄跄济济逢良会，皇情穆穆，帝治巍巍。
九解皋飏禹拜，舜阶尧阶。金甂玉胲，宝盏琼罍。燕衎叨陪，凫趋偕
来，嘉会嘉宾乐恺。千祥臻，万福来。有酒如淮，泽被埏垓。集群工，
位列棘槐，进百尔，人尽盐梅。看盈盈日丽云开，珠联璧合辉光霭。
箕畴福衍，华祝声谐。十解受洪厘，千万载，启金闾，拜玉阶。旭日和
风拉上台，缤纷彩仗云排。步花砖，如上春台，宫漏铜壶缓缓催。欣

和乐无涯,被恩膏汪沴,五云高奉紫霞杯。趋辞

　　进馔《天地成平之章》　天地成平,品物咸亨,瑞庆协玑衡。乾
主大生,坤职资生,两仪斡运祥呈。衣冠虞舜光华治,钟鼓周文豫悦
情。八音鸣,百度贞,玉牒万年流庆。一解德齐覆载刚柔应,星云辉
烂中天咏,和风甘雨绥丰庆,二南宣化敷仁政。巷舞及衢歌,咸颂吾
皇圣,万方和乐斯为盛。二解多幸,烟袅炉香瑞霭紫,懿戚聚簪缨。
酒酌瑶觥,乐奏银笙。欣嘉会,荷殊荣,螭坳彩仗光辉映。露瀼瀼,
珠泻金茎。群喜起,效歌赓,上祝一人有庆。三解宫槐上,流乌驻影。
冈梧上,飞凤送声。尊罍次第沐芳馨,侑以乐,奏《咸韺》。四解金盘
叠呈,玉高擎,山胹水豢未须称。兰燊蕙燊,天厨饱饫夸珍盛。威仪
秩秩衣冠整,领略盐梅许作羹。从教悟得调和意,合献嘉猷佐治平。
五解坤维位定,赞乾符,礼教修明。恩膏叠沛,锡圭爵,常膺宠命。今
朝丹陛龙光觌,拜温纶,赐燕翼翼,维恭维敬。庶几夙夜靖共,尔职
勤修,勋猷彪炳。六解昼漏永,瑶闱静,遥仰雉扇云开,天颜喜气增。
宝瑟初调,瑶琴叠奏,广殿乐盈盈。珠囊金镜,卜瑞启萝图,蟊诜麟
定。七解欣庆,际昌期,凝景命,协禹范,培周鼎。旁流协气,翠蓂祥
荚。更喜见山川乐寿,鸑鷟驺虞昭瑞应。庆时和,燠寒调,春令秋令。
八解乐禽谐声,椒房眷属恩承,搢笏鸣珂尽俊英,喜祝金枝玉叶荣。
绵瓜瓞,继继绳绳,图箓延长天共永。趋辞

　　同治十一年,皇太后赐承恩公妻及亲属筵宴三章　进茶、进酒
《丹陛清乐》,进馔《中和清乐》

　　进茶《庆叶重熙之章》　庆叶重熙,祥成嘉礼。隆恩赉燕侍璇
墀,欢声殷大地。一解嫔京迎渭微音嗣,蟊诜麟定衍金枝,锡庆从兹
始。特恩赐燕播仁慈,肆筵授几,趵济纡金紫。纡金紫,懿亲展,福
履以绥之。二解际昌期,鸿恩渥被,喜今兹,燕翼谋诒。卿云纠缦霭
皇畿。延景运,诞受洪厘。三解奁器执尊敦古礼,展隆仪,轩曜承光
日依依。景逶迤,华林万树连瑶厄,丛云五色荫仙芝。荫仙芝,壶中
日永中天丽。四解彩映朝曦,祥腾紫气,掖庭亲属承恩礼。甘露降,

似珠霏。帕传柑，盘撒荔，满袖共香携。亿万斯年，拜恩光，今日始。拜恩光，今日始。五解昼漏频移，香阶晴霁，筐筐昭觌骈蕃集。多且旨，乐有仪。际升平，扬盛美，钧乐奏瑶池。亿万斯年，拜恩光，今日始。拜恩光，今日始。六解神圣作合阴阳理，洪锡类，绳绳继继。四海共倾葵，万邦齐献瑞。趋辞

进酒《运会昌盈之章》　运会昌盈，海宇澄清，喜气霭彤廷。宝箓钦承，嘉礼初成，九霄日月齐明。宏开北阙辉龙陛，共祝南山酌兕觥。百礼洽，万福同，喜沐天家恩宠。一解璇闱侍燕霞觞奉，殽蒸醴荐华筵盛。联班懿戚冠裳炳，龙旗葩瑶祥映。鸿祉恰凝庥，燕喜新颁庆，彬彬齐上嘉祥颂。二解欣幸，拜舞丹墀仰圣明，燕衎荷殊荣。金罍酒澄，宝鼎香凝。云腴馥，露浆馨，流欢饮福承恩命。乐优游，玉润金声福禄成。福禄崇，人在蓬壶蹈咏。三解恒春树，卿云瑞拥。长乐花，灵曜祥呈，玲珑楼阁敞银屏。铜漏转，玉阶晴。四解藻缋承平，琴瑟和鸣，好风调出凤鸾声。箫韶九成，人间天上同倾听，钧天歌阕朝仪静。雅雅鱼鱼缛彩生。追陪仙掖联簪绂，拜赐天厨饫鼎烹。五解盛美躬逢，应知万里欢腾，就日瞻云蚁慕情。食德饮和被泽酽。锡祉福，齐颂升恒，亿万斯年宝祚永。趋辞

进馔《钧天叠奏之章》　钧天叠奏，仰思齐太任，徽音并茂。瑞启萱帏，鸾辂从容莅凤楼。同歌舞，瑶池竞进长春酒。况甘旨，左宜右有。亿万世，谋诒燕翼，欣睹壬林祜笃，申绥福佑。一解霞觞献寿，庆长生未央，欢承太后。凤髓麟羹，柏叶馨香湛露浮。彤墀下，椒房亲宴芳樽侑，更珍品分颁命妇。愿懿戚同心同德，长饫天厨鼎馔，繁厘普受。二解恩覃宇宙，喜含和履平，倾心拜手。饱德诗赓，共祝皇家百禄道。璇宫内，宝炉香馥沾衣袖。听玉瑲，声谐银漏。从今始，含饴豫庆，定卜祥徵瓜瓞，慈仁裕后。三解叶银笙，陈凤卣。排仙仗，辉煌文绣。饮和食德，讴歌九州。趋辞

光绪十五年，大婚，赐承恩公及五公大臣筵宴三章进茶、进酒

《丹陛清乐》,进馔《中和清乐》

进茶《图肇鸿基之章》 图肇鸿基,风追喜起。延景运,荷隆仪,欢声腾远迩。一解躬桓蒲谷列丹墀,赐茶宣敕沐鸿施,九重纶缛欣同被。仰恩晖,献藿倾葵,龙团凤饼味含滋。注金瓯,露挹瑶池。二解华门积善徵兰芷,天心眷顾正坤维,至德侔周姒。永《风》诗,荇菜参差,化行谷善,推暨从今始。从今始,膺多福,家室庆咸宜。三解度翩翩,纡青拖紫,韵悠悠,吹竹弹丝。颁来佳名溢金卮,漱芬芳,既甘且旨。四解平治修齐逢盛世,中宫位定采蘩时,饬威仪,著箴规。紫宸作耦称同体,彤庭端范翊昌期,翊昌期,观型妠汭追隆轨。五解宫商调角徵,颂仁慈,敬缵箕裘绪。念在兹,释在兹,璇闱侍膳奉盘匜,孝治迂蕃厘。六解雪澡香霏,云腴味美,金茎露湛重霄赐。调琼液,晋瑶卮。华如桃,秾如李,瓯泛碧琉璃。御案亲依,仰天颜,真尺咫。七解彩耀旌旗,仪修冠履,饮和食德延繁祉。贻燕翼,衍螽斯。为驹牙,为麟趾,戚属与荣施。御案亲依,仰天颜,真尺咫。八解膏饱饫芬流齿,沾阊泽,欣歌乐只。乾极俪坤珍,祥符绵万纪。趋辞

进酒《宝扇祥开之章》 宝扇祥开,猊炉烟霭占交泰。八极宏恢,春盎乾坤大。一解重霄泽沛,泛醍醐,宠锡新醅。看光浮玉盏,更香溢琼杯。歌济济,趋跄依北阙,飚贞贞,舞蹈咏南陔。毓芝兰,荣敷柯叶,绵瓜瓞,肇始根荄。垂裳肃穆,奉徘徊。二解辉粕集众才,礼初成,百福该,嵩呼华祝彻天街。去霞五色迎华盖,星辰万点辉珠旆。从容步帝阶,赓飏钭惬圣怀,听锵锵鸾凤鸣佳会。春似海,酒如淮。三解雕梁玳瑁排,瑶觞琥珀揩,正碧宇春旋北斗魁。绿凝涧,含禁柳,红捧日,映宫槐。筵式启,宴叨陪。四解看盈盈,酒满金樽酿最佳。听声声,漏永铜壶箭屡催。恰日度花砖,高烘紫禁隈。奏笙簧,凤律谐。绵统绪,鸿慈戴,徽音欣见嗣思齐。五解迓休和,偏九陔。铭晋椒盘,庆洽兰陔。二南风化真无外,咏河洲,雅句亲裁。六解融风暖,淑气催,甘敷雨露徵滂霈。寰区共乐皇仁逮,酝醽馥郁邀恩赉。金镛振响叶龙吟,瑶琴谱曲谐鸾哕。七解葡萄酒,翡翠杯,蓬阆祝嘏觥同介。珩璜度肃琼琚佩,旌旗彩耀龙蛇绘。鸿基巩固万斯年,欢

声远逮三千界。八解宫殿启，闾阖开，和煦风回。璀璨云堆，锦绣霞裁。钧天唱，境拟蓬莱。惟坤柔，德合乾刚配。千祥集，万福咸涞，宾筵歌舞明良会。材皆曲蘗，人尽盐梅。九解鸾翔凤翙，鹓鹭徘徊，皋拜夔拜，罴虎追陪。酒酌金罍，乐奏瑶阶，天地祥符交泰。八音调，六律谐。庶事康哉，元首明哉。祝维祺，有台有莱。赓雅化，条肆条枚。挹琼浆，玉盏欣开。金盘捧出蓬池脍，恩周夏甸，欢动春雷。十解帝基昌，熙景绘，迈姜嫄，启有邰，攸叙彝伦福孔皆。万方赖，兆民怀。卜从今瑞应三阶，风雨和甘化理该。恩泽遍埏垓，德教孚中外，衢歌巷舞乐无涯。赵辞

　　进馔《天地成平之章》　礼乐修明，景运启元亨。乾德资生，坤德资成。和声叶，凤凰鸣。虞廷致治由妫水，周室开基肇镐京。四时行，百度贞，南百垂裳居正。一解见天作合徵文定，睢麟化被周疆盛，式歌且舞钦仁圣，欢承寿母兰陔永。爵进紫瑶觥，妊姒徵同景，荣怀永锡拜家庆。二解欢幸，椒殿祥雾宝扇索，酒醴百壶清。绮馔调鲭，雅奏铿鲸。协舆颂，惬皇情，冠裳济济龙光觐，绘麒麟，焜耀簪缨。槐棘列，蓼萧赓，浓露九霄沐润。三解和曦暖，娲簧转韵，薰风动，虞琴送声。金樽玉盏喜同倾，麟羹进，鹿脯烹。四解霞杯色莹，云液香清，天厨水陆不知名。称觞酌觥，殷罍夏鼎相辉映。悠扬拊石夔鸣磬，珍重调梅傅作羹。甄陶元气开昌运，黼黻勋华萃散闳。五解璇宫昼静，赞乾枢，懋启休祯。分茅胙土，拜纶亲承害命。煌煌天语垂谟训，励丹忱，业业兢，无忘恭敬。庶几出壮屏藩，人赞升平，钧衡共秉。六解玉漏永，金炉烬，欣看华盖高擎，宸旒喜气迎。松栋云辉，冀阶日丽，淑气满春城。天开景运，卜瑞启珠囊，厘延金镜。七解欣庆，湛恩覃，酞泽饮，佐禹范，匡周鼎。臣邻翊赞，治定功成。愿更祝，珠联璧合，二曜五星昭瑞应。翼燕谋，诒孙子，麟振麟定。八解谊美恩明，祥符至，瑞光呈。主圣臣贤喜起赓，谱出承平雅颂声。膺繁祉，腾茂茝英；亿万年，绵绵祚永。赵辞

　　赐衍圣公部宴《洙泗发源长》一章　乾隆七年定。宴正一真人《上

清碧落乐章》，光绪中停止，词俚不载。

洙泗发源长，麟凤流芳久，眷兹后裔，克绍箕裘。诗书教泽延，礼乐家声旧。茅社长膺天眷厚，际端冕凝旒。桓圭章甫，肜廷舞缩，时觐春秋。一解诏宗伯，使饔人进羞，大酋献酬，形虎形盐，训恭训俭，慈惠兼施宠锡优。励嘉修，素风益懋。庶不负，皇朝渥泽，旨酒思柔。二解

赐文进士部宴《启天门》一章　乾隆七年定。五十年，改奏《棫朴诗》五章。赐考官各执事官宴，奏《鹿鸣》三章。具《诗乐谱》，不载。

启天门，日丽黄金榜。趁骅骝，缓步青云上。论圣贤，事业无涯量，况生平温饱何曾望。念鲰生，叨渥泽，天来广。虽持寸草心，莫报君恩荡，涓埃矢竭酬天贶。一解玳筵内，金壶玉浆。月台上，丝竹铿锵。继自今，木天清敞。增泰岩，不辞土壤。二解

赐武进士部宴《和气洽》一章　乾隆七年定。五十年，改奏《兔罝诗》三章。

和气洽，泰阶平。皇威截，烽烟靖。念兔罝，亦有干城，虎头猿臂交相庆。看雕翮，秋来劲。一解须知道，羽扇纶巾，还有那，弓强箭劲。更兼之，武库纵横。效折冲，骅骝骋。执戈殳，卫羽林，备公侯腹心。二解

乡饮酒高宗自制　《补笙诗》六章

《南陔》　我逝南陔，言陟其岵。昔我行役，瞻望有父。欲养无由，风木何补。我逝南陔，言陟其屺。今我行役，瞻望有母。母也倚闾，归则宁止。南陔有笋，筐实匕之。孱孱孩提，敦噢咻之。慎尔温清，节尔旨肴。今尔不养，日月其恛。

《白华》　有白者华，不污纤尘。咨尔士兮，宜修其身。不修其身，乃贻羞于二人。有白者华，婉兹静好。咨尔女兮，宜修妇道。不修妇道，乃贻羞于二老。白华匪玉，涅而不缁。白华匪兰，芬乃胜之。

我擷白华,载咏载思。白华匪玉,质玉之令。白华匪兰,臭兰之净。我擷白华,载思载咏。

《华黍》 瞻彼阪田,厥黍始华。胝足胼手,嗟嗟我农夫。瞻彼孤田,黍华以秀。胼手胝足,惟勤斯殖茂。华有不秀矣,秀有不实矣,其雨其雨矣,杲杲日出矣,怒予愁之恤矣。

《由庚》 由庚便便,东西朔南。六符调燮,八风节宣。由庚容容,朔南西东。惟敬与勤,百王道同。由庚廓廓,东西南朔。先忧而忧,后乐而乐。由庚恢恢,南朔东西。皇极敦建,惟德之依。

《崇丘》 涧松童童,蛙黾邻兮。邱草萋萋,荡青云兮。凡百君子,慎乃托身兮。涧松童童,涧则卑兮。邱草萋萋,邱则崎兮。凡百君子,审所依兮。有崇者邱,物无不遂。有卓者道,愚无不智。资生育德,永植毋替。

《由仪》 在上曰天,在下曰地。君君臣臣,父父子子。在下曰地,在上曰天。父父子子,君君臣臣。由其仪矣,物则熙矣。仪其由矣,物则休矣。

清史稿卷九九
志第七四

乐六　乐章四

筵宴舞曲　大宴笳吹乐　番部合奏

元旦、冬至、万寿三大节，《庆隆舞乐》九章

于铄皇清，受命于天。光延鸿祚，亿万斯年。天开令节，瑞启阶蓂。共球万国，圣寿千龄。粤自我先，肇基俄朵。长白之山，鹊衔朱果。绵绵瓜瓞，长发其祥。笃生列祖，积庆重光。式廓旧疆，东讫海表。圣圣相承，永世克绍。一章赫赫神功，龙飞崛起。戎甲十三，奋迹伊始。复雠靖难，首克图伦。天戈一指，辰愒强邻。九姓潜侵，灭迹如。蒙古五部，来奉大号。明师四路，五日而歼。定鼎辽沈，都城岩岩。阵云五色，江冰夜凝。天助有德，应运而兴。二章天亶聪明，覆帱下国。远服迩归，诞敷文德。四方来附，云集景从。建长命官，庶职是综。爰创国书，颉文羲画。声协元音，万古不易。爰定军制，彩旗央央。或纯或间，永奠八方。缔造鸿谟，创成大业。锡福无疆，庆钟千叶。三章佑启哲嗣，光阐前猷。昭崇骏德，诞迓天麻。携贰绥怀，朝鲜归款。世奉东藩，厘尔圭瓒。三十五郡，厥角称臣。西被佛土，重译来宾。濯征有明，耀师齐鲁。电埽郊圻，有而弗取。略地松杏，屡殪敌军。百战百克，用集大勋。四章帝德广运，昭受鸿名。建国纪元，永定大清。敦睦九族，彝伦式叙。尚德亲贤，股肱心膂。三馆是辟，监古崇儒。郊社禘尝，式贲皇图。爵秩以班，六曹承政。百

工允厘，万邦表正。威铄函夏，德配苍穹。敬承无斁，骏烈丰功。五章帝授神器，统一寰瀛。翦灭巨寇，乾坤载清。一著戎衣，若雨甘雨。大告武成，作神人主。躬亲大政，饬纪整纲。制礼作乐，昭示典常。纳谏任贤，慎微虑远。定律省刑，万世垂宪。克勤克俭，忠厚开基。景命维新，兢业自持。六章圣神建极，道冠百王。六十一年，福祚久长。天纵聪明，冲龄御宇。孝奉两宫，德隆千古。三孽蠢动，一举荡平。海氛永靖，浪息长鲸。亲御六师，三征沙漠。威肃惠怀，锄顽扶弱。禹功底绩，虞典时巡。敷天率土，莫不尊亲。七章惟天行健，神圣则之。典学勤政，作君作师。《无逸》为箴，宵衣旰食。一人忧劳，绥此万国。文经武纬，地平天成。中和立极，玉振金声。亿万斯年，觐光扬烈。敬天勤民，体元作哲。天鉴孔彰，翼翼后王。仪型皇祖，帝祚遐昌。八章瑶图炳焕，六合雍熙。星辉云灿，风雨以时。翕受嘉祥，调和玉烛。治霭皇风，道光帝箓。东渐西被，北燮南谐。梯航琛赆，毕致尧阶。日升月恒，万拜蒙福。击壤歌衢，嵩呼华祝。秩秩盛仪，洋洋颂声。绍休列祖，永庆升平。九章

嘉庆元年，太上皇筵宴，《庆隆舞乐》九章

洪惟太上，景福自天。纪元周甲，席瑞循环。丙辰肇岁，宝命躬膺。昊慈默吁，祖武敬绳。初愿克符，弗逾前纪。诞畀元良，丕承宗祀。孟陬朔旦，端启重光。大廷授受，申锡无疆。精一执中，心传钦守。媲美勋华，世跻仁寿。一章维圣握符，祗严昭事。肃肃泰坛，惇称殷礼。兆南就位，有举必躬。祈辛卜稼，祭雩占龙。陟降灵祇，精禋肝蠁。四序钧调，百神歆享。雨旸寒燠，曰风曰时，八徵敬念，九寓醇熙。寿增上蓥，弗懈益虔。茂膺多祜，翕应蕃骈。二章谟烈显承，福基万亿，对越在天，升馨昭格。羹墙申慕，彝训式钦。晨兴惕若，宝箓披寻。四莅陪都，珠邱展谒。缔构艰难，缅维开国。威宣弧矢，化肃冠裳。祗循前典，曰笃不忘。继继绳绳，昭哉嗣服。于万斯年，锡兹祉福。三章圣人敕政，综揽万几。至诚悠久，维日孜孜。恭乃寿徵，健为乾体。洞照八埏，励精才督。丹毫批奏，彤陛延英。劝农履

藉，展羲巡行。相度塘堤，于河于海。肆武习勤，赍藩宣恺。纯一不已，用介大年，贞恒保泰，往牒孰肩。四章民应如草，圣泽如春。大钧默运，宙合同仁。五免丁粮，三蠲庚米。豁欠宽征，恩覃肌髓。爰咨稼穑，普及封圻。偏隅有告，大赍庞施。民隐烛微，吏猷选最。岸狱平反，拊循攸赖。乾坤帱载，日月照临。莫名帝力，允享天心。五章圣谟广运，文德诞敷。道隆金镜，象丽瑶枢。礼正图编，诗厘乐府。《四库》分排，七阁崇庋。讲筵著论，史鉴宣评。圜桥集鼓，泐石横经。文荟三千，诗裒五万。云汉倬章，日星炳焕。作人敷教，恩榜骈联。梗枏杞梓，良材蔚然。六章皇猷赫濯，载缵武功。殊方奉朔，逖裔从风。准部回疆，天戈叠指。二万舆图，宅畈斯启。金川再定，邛莋犁庭。楼船震慑，海峤敉宁。缅孟叩关，交南虺阙。卫藏安禅，徼夷向日。鸿勋十告，驰骤禹汤。昔顽率服，缵继紫光。七章范九五福，惟帝时承。亿龄瑞启，奕叶祥凝。宝篆"十全"，堂颜"四得"。甲子稽找，贞元衍易。洪开寿寓，叠举耆筵。珍府阐绎，景纬昭宣。惟德之基，惟福之积。芝检文辉，萝图庆溢。九如曼羡，八表蕃厘。重轮继照，光我皇仪。八章太上立德，咸五登三。崇称却让，湛泽均覃。动植蕃昌，裨瀛照洽。子帝承颜，来昆引牒。祥源益溥，庆祚洪延。瑶图汁纪，珠斗辉躔。纯嘏绵熙，康强逢吉。光启帝期，永绥皇极。会元章蔀，正载经畡。愿齐圣算，长颂台莱九章

乾隆二十六年，皇太后七旬万寿，《庆隆舞乐》二十章

皇太后万寿弥增，皇帝至孝以承。洪福同山海，欢声率土腾。一章岁当辛巳建，寿届七旬隆。怡愉太平日，舞蹈偏寰中。二章太后宏溥慈仁，宫闱式维均。绵延百世泽，长此乐长春。三章盛际集祯祥，祈年日正长。臣民敬申舆颂，庆覃恩敷八方。四章圣节开嘉燕，雍容舞叠。允兹祺寿绥，神人共欢汴。五章金钥曈昽晓开，成行彩仗先排。臣工大小陪位，会朝称庆无涯。六章皇帝仁孝兼至，圣母福寿同绵。载考古史所纪，罕得于斯盛焉。七章皞皞熙熙盛世，氤氲氲氲元气。皇太后圣寿无疆，皇帝孝思不匮。八章如日之升，如月之恒。慈

寿绵绵，如南山是徵。九章皇帝圣治臻隆，庶汇被泽胥浓。以兹悦怿圣母，允宜福寿攸崇。十章大孝章矣，莆禄长矣。敷天嘻嘻，乐时康矣。十一章圣时文教昌，万汇欣解阜。多福允受兹，清宁并悠久。十二章异域输诚，称臣奉琛。属国以万数，去集合欢心。十三章殊方一以平，德威既遐布，长治而久安。慈怀同增豫。十四章回部偕来贺，德化渐以深，戴恩永无极，送喜承皇心。十五章乃陛金陛兮，庆筵载陈。西展舞彩兮，至德洽于无垠。十六章钟鼓既宿悬，和声娱恺乐。九重进版图，王会式增廓。十七章曰雨曰旸时若，省岁实维屡丰。泰宇既安既阜，嬉游何幸风同。十八章浃兮沦兮，沐湛恩兮。九洲万国，戴逾殷兮。十九章圣母延洪康且颐，行庆施惠人无遗。愿集多祜绥维祺，勿替引之亿万斯。二十章

乾隆三十六年，皇太后八旬万寿，《庆隆舞乐》十八章

圣母万万岁，既寿而康。皇帝逾六旬，孝治弥光。绌缊化字兮，太和翔洽。诸福毕至兮，纯嘏尔常。一章重光冒卯岁序新，万寿八秩启今辰。景祜自兹以永，庆日引而月升。二章皇帝舞彩，圣母燕喜。协气充周，福禄萃止。三章璇宫丹膴新增，卿云舞缦交凝。瑞符翕集，如松柏之茂承。四章奉安舆以时迈，乃东至于岱宗。陟乔岳而行礼，百神卫佑咸来从。五章普陀肇灵刹，宗乘宣祝延慈厘。群藩诸部长，咸来膜拜瞻威仪。六章敷天合欢汴，共球万邦献。玉册扬徽称，辉煌晋萱殿。七章庆筵乐备，孙鲁效舞。成文协节，嘏辞叠举。八章寿如南山崇，福如瀛海广。运会超郅隆，亘古实无两。九章振振绳绳乐含饴，抟抟总总福履绥。奉进如意肩相随，同祝圣寿徵攸宜。十章金门诀荡开，彩仗綦丽陈。群工汴贺，莫不尊亲。十一章八方太平日，负戴来纷阗。金曰盛哉乎斯世，维申庆于万年。十二章湛恩汪涉，中外禔福。臣庶戴德，久而弥笃。十三章鸿化迪矣，昭鸟奕矣。群黎百姓，洽教泽矣。十四章慈训式于九围，维圣母之贻。酿膏浃无外，勿替引令祺。十五章岁功屡告丰穰，五风十雨兆祥。荷昊穹兮锡佑，协皇心兮降康。十六章远藩内面诚殷，土尔扈特愿归我幅员。率

户口以数万计,呼嵩鞠踣来如云。十七章慈颜有喜安以愉,德洋恩普周寰区。纯休永永庆那居,亿万斯年乐于胥。十八章

道光二十五年,皇太后七旬万寿,《庆隆舞乐》九章

日升月恒兮,天行不息。惟圣母之寿,与天无极。一章渊渟岳峙兮,地道有常。惟圣母之寿,应地无疆。二章辰维良,月维吉。玉觞陈,金奏列。动六瑂之春阳,七旬之庆节。三章皇帝奉爵,龙衮以侑。左抚舜琴,右酌尧酒。合薄海臣庶,为圣母寿。四章圣母燕喜,悦豫且康。乃稽庆典,载考彝章。覃恩阆泽,用锡祉于万方。五章万方有庆,四海同春,凡我髦士,以逮烝民。仰思齐之盛化,咸蹈德而咏仁。六章和风习习,甘雨祈祈,嘉谷六穗。瑞麦双歧。祥源福绪,惟圣母之贻。七章万姓香花,千衢歌舞。敬祝圣母,诞膺多祜。乐意遍八埏,欢声腾九土。八章皇帝圣德,惟圣母是承。龙池春丽,凤液祥凝。永介慈福,延亿万龄。九章

同治十三年,皇太后四旬万寿,《喜起舞乐》二十章

皇太后万寿无疆,考思共仰当阳,多福符三祝,维天降百祥。一章岁逢甲戌,恭遇四旬。普天祝嘏,轸轸啟啟。二章延洪绵宝箓,佳节庆长春。敬献升恒颂,欢声遍九垠。三章九垠溥被崇厘,大化式于璇帷。万姓瞻依切,千秋统绪垂。四章垂帘十一年,夹辅任亲贤。长治久安歌永赖,武功懋兮文治宣。五章皇躬资抚育,训政昭嗣服。燕翼荷贻谋,鸿庥多景福。六章生民遂,元化濡。遏脧削,宽租逋。普乐利,醉醍醐。熙熙皡皡,怿怿愉愉。七章殊方如砥平,声教既遐布。建此丕丕基,慈怀信增豫。八章皇帝仁孝兼隆,圣母万福攸同。盛世人民乐恺,清时景物照融。九章阊阖千门启,安舆驾凤来。德晖欣普照,欢喜上春台。十章郁郁葱葱气佳,行行彩仗齐排。鹭序鹓班陪位,会朝称庆无涯。十一章萱室开嘉燕,万年觞叠献。良辰寿而康,神人共欢忭。十二章我皇舞彩,圣母情怡。太和翔洽,福禄来为。十三章奏五英,亲九族。麟定歌,鸿恩沐。本支百世感深仁,天潢一派

益敦睦。十四章藩王部长咸来宾，重译殊方职贡陈。赤子之慕抑何深，凡有血气同尊亲。十五章奔走偕来趋阙廷，鞠跽忭舞祝遐龄。锡之冠带列藩屏，小怀大畏懔威灵。十六章重皇帝治洽重熙，垂裳已无为。以兹怡悦寿母，允宜福履绥之。十七章大孝章矣，茀禄康矣，勿替引之，纯嘏长矣。十八章五风十雨兆嘉祥，频书大有告丰穰。盛哉斯世泰而昌，神功炳焕焕珠囊。十九章同游化宇戴高厚，跻金陛兮介眉寿。慈颜有喜安以愉，与天地兮同悠久。二十章

光绪十年皇太后五旬万寿，《喜起舞乐》二十章

至哉神极，悠久无疆。猗钦令德，合撰含章。尧门叠瑞，姒幄披祥。一人有怿，万寿弥臧。一章星丽南弧，日躔北陆。缇室葭飞，彤阶蓂续。太史占云，伶伦候玉。上下和同，受天百福。二章天心复旦，圣节长春。罄壤齐庆，亘霄奉珍。月仪外宙，云瑞中宸。运隆礼乐，感极天人。三章其礼伊何，荡册缪章。鸾回宝势，凤欲奇香。金支景聚，璇卫云张。肃雍长乐，艾炽眘昌。四章其乐伊何，《韶濩》亮希。天歌抗律，云舞跄仪。重华缦缦，八风回回。玉节金和，嗣音之徽。五章福以德昌，庆因善积。齐庄有临，几康无斁。训流茧观，风光椒掖。毕管书仪，倾璜奉式。六章助隆庶政，启佑我皇。蠹威弓矢，辑瑞梯航。毡乡即叙，鸟译宾王。慈和遍服，保畏弥光。七章于维广运，上媲昊穹。春育夏养，内帲外幪。薰琴解愠，嘉玉祈丰。万年翔洽，百室熙隆。八章邓林翘秀，昆岫搜奇。旁求俊乂，分职官师。四聪明达，三宅周咨。卷耳进贤，如歌风诗。九章圣人在上，席豳绥和。慈云荫远，爱日晖多。仁兽归薮，灵禽在柯。士朝而忭，民野而歌。十章帝隆孝治，躬奉天经。凝旒冲幄，鸣玉慈庭。文容属属，舜慕蒸蒸。百礼既至，四海其承。十一章丕显宗亲，葳时嘉会。溯月瞻星，编珠贯琲。璇源益浚，玉叶知芘。训俭示恭，行庆施惠。十二章济济卿士，将将会朝。人瞻丹宸，天临庆宵。缛文炳藻，睿孝图瑶。呼嵩祝华，颂鲁歌姚。十三章亦有藩长，缀于朝仪。酬珍溢阼，贡赆骈墀。来宾璋马，往赍金犀。既答皇祉，咸欢壶彝。十四章帝命重申，如纶如綍。

劝农赐租，劝位诏禄。熙熙春台，渠渠夏屋。庆赏云兴，欢声雷速。十五章昭礼告秩，慈颜恺康。旋辉玉城，鸣豫瑶觞。乔皇圣孝，庵蔼休昌。钩钤既朗，延嘉亦芳。十六章黄屋长今，彤筱自古。妫汭嫔虞，涂山赞禹。徽德孔明，重规袭矩。以祉元吉，宜延遐绪。十七章甲子章蓂，循环无端。《易》图大衍，羲画先天。箕畴演福，轩策调元。维天佑圣，于斯万年。十八章嶒嶒五岳，而岱之宗。涉涉百川，而海斯容。两仪清穆，八表熙雍。湛恩波沛，峻算山崇。十九章灵贶便蕃，昌期绥茂。帝晖缉熙，母仪纯佑。遐迩壹体，小大稽首。寿考维祺，克昌厥后。二十章

光绪二十年，皇太后六旬万寿，《喜起舞乐》二十章

皇太后福寿同绵，皇帝仁孝兼全。天佑圣母，锡之大年。一章阅逢岁之阳，其阴在敦牂。其日维吉，其月曰良。二章王会大同，星纪五复。万国万年，以介景福。三章猗欤母仪，翼我圣主。曰仁曰智，允文允武。四章其武维何，谲谋璇帷。戡靖神州，威詟殊俗，五章其文维何，崇儒礼贤。奎章藻耀，云汉在天。六章其智维何，明烛万里。中外一家，宫府一体。七章其仁维何，如汤如尧。蠲租发帑，以恤民劳。八章民劳休止，庶优游止。虽休勿休，民瘼求止。九章自普天而率土兮，咸浃髓而沦肌。圣皇之德兮，圣母之慈。十章茂矣美矣，荐嘉祉兮。唐矣皇矣，纯嘏尔常矣。十一章轻印若绶，飏拜稽首。壤歌衢讴，逮及童叟。十二章累译而至，属国以万计。咸含和而吐气，颂曰盛哉乎斯世。十三章大矣孝熙，圣皇之思。以天下养，永奠此乃基。十四章行庆施惠，湛恩汪涉，而炽而昌。退寿无有害。十五章乃镂璆册兮璪瑶章，乃展琼筵兮奉玉觞。乃瞻金陛兮穆穆皇皇，乃奏雅乐兮喈喈将将。十六章琴瑟在御，钟磬在簴。挚乎而鼓，轩乎而舞。十七章荡荡八荒，惠问所翔。愿圣母寿，应地无疆。十八章圜穹戴笠，徽音四塞，愿圣母寿。与天无极。十九章荷天衢，提地厘，迄于期颐。万有千岁，福履绥之。二十章

乾隆四十五年，高宗七旬万寿，《庆隆舞乐》九章

皇帝万万寿，福如大海源。浩元气兮春和温，泽洋溢兮弥乾坤。一章岁维庚子，恭遇七旬。太平有象，鸿禧日新。二章班禅觐后藏，十方皈依举延企。瑞霭集丰年，广法轮，宗风被。三章丽正门，开诀荡。王公大臣，拜舞瞻天仗。旗翯霭，芬芒芒。五云朗，炉烟上。四章敬天勤民久，纯德四海敷。皇帝寿，万万年，孔固南山如。五章蒙古众台吉，青海卫拉特。爱之如赤子，倾心世归德。六章土尔扈特归顺，武义金川威震。如天大德曰生，蹈舞扬休入觐。七章曼寿多福，胪欢无疆。如松柏茂，万业纯常。八章皇子及孙曾，称觞介眉寿。祝鸿禧兮岁共有，与天地兮同悠久。九章

乾隆五十五年，高宗八旬万寿，《庆隆舞乐》十八章

皇帝万万寿，福如大海源。亭育德恩普，休和畅八埏。一章岁维庚戌，恭遇八旬。神人祝嘏，景福益臻。二章洞开九重，辟公呼嵩。祥光翯霭，歌舞攸同。三章敬天勤民，岁书大有。万寿无疆，山岳悠久。四章文光炳二曜，武烈宣万方。义正以育，遐迩胥来王。五章燕千叟兮嘉庞眉，赐筇帛兮拜鸿施。胪欢介祉兮叩彤墀，群登寿寓兮祝蕃厘。六章笃天潢，赐章服。灿五采，亲九族。本支百世感殊恩，欢洽情益敦睦。七章临雍释菜，文教振兴。人材乐育，为国之桢。八章辑四库书，誉髦鼓舞。惠兹艺林，上下今古。九章修藏兮译金经，广善缘兮福群生。慈云布濩兮光晶莹，和风甘雨兮弥八纮。十章藩王部长咸来宾，遐荒重译职贡陈。依光慕化同尊亲，赤子之慕中外均。十一章安南国王趋阙廷，鞠跽忭舞祝亿龄。宠以冠带列翰屏，声教远暨海国宁。十二章缅甸来庭，宠膺纶诏。颁印锡封，永绥炎徼。十三章生番向化，倾心太平。恩浃肌髓，威畏惟诚。十四章圣明四照，福绥绵绵。吉祥屡臻，亿万斯年。十五章永承天庥，祥徵滋至。载颂九如，祚延万世。十六章子孙会玄戏彩舞，寿而康兮祝纯嘏。岁岁年年福履增，天地合德同博溥。十七章《中和》舞乐迈《韶頀》，普天率土欢同声。庆万寿兮乃禄膺，受天佑兮莫不承。十八章

嘉庆十四年，仁宗五旬万寿，《庆隆舞乐》九章

皇帝万万寿，寿与天无疆。秉德贞恒笃鸿祜，珍符曼羡恩滂洋。_{一章}岁维己巳，圣节五旬。六合昌阜，嗼嗼阳春。_{二章}我皇功德冒八极，扫除群慝登衽席。硫硫即即师象山，永绥生民偃兵革。_{三章}民生遂，元化濡。遏朘削，宽茕逋。餍餐粥，袭裯襦。乐皥皥，安愉愉。_{四章}作之君，作之师。孔容保，诞教思。厚莫厚，训宗支。仁莫仁，箴八旗。_{五章}继统恭勤兮剑德先，有孚惠心兮靡回延。泉府充羡兮轸民艰，冯蠵辑和兮功浚川。_{六章}重民耕织，雨旸寒燠。图辑授衣，纂志祖考。大孝备矣，养民为宝。_{七章}辟公卿士，后髦庞蒙。云施山应，降福屡丰。绵绵瓜瓞，上怡皇衷。_{八章}承昊佑兮抚八纮，洪景命兮方升恒。率土肤欢兮，重译职贡，于万斯年兮，福禄永膺。_{九章}

嘉庆二十四年，仁宗六旬万寿，《庆隆舞乐》九章

九有嘉吉万汇昌，贞冬妪煦日载阳。帝承昊贶锡光庶，圣寿曼羡长无疆。_{一章}十干十二枝，纪岁周复始。皇帝寿齐天，循环万甲子。_{二章}北暨穷发南雕题，耕桑直过昆仑西。黄河安恬日东注，波澄镜海腾朝曦。_{三章}景风翔兮卿云升，民游寿宇兮化日恒。世庞鸿兮多耇耋，生逢太平兮由高曾。_{四章}厚民生，省厥慝。立嘉禾，稂莠莪。崇正教，耻且格。惠元元，遍帝德。_{五章}继皇统兮承祖泽，王业艰难兮孝思靡极。眷辽沈兮夙法驾，式考训兮永无斁。_{六章}帝廑烝民，拯之德政。曰雨曰旸，天心协应。熙熙春台，丰年屡庆。_{七章}日月方升恒，川岳咸效顺。祝嘏万方同，梯航集琛赆。_{八章}岁己巳兮恩普锡，今兹己卯兮六旬圣节。帝泽汪濊兮，海寓乐康，愿逢旬庆兮万有千亿。_{九章}

乾隆四十八年，乾清宫普宴宗亲，《世德舞乐》九章

天开圣清，觉罗肇兴。列祖继绪，统一寰瀛。_{一章}溯祥长白，垂统发迹。幅员广大，景附悦怿。_{二章}圣皇立极，与天比崇。纯常弗禄，

昌后隆宗。三章笃亲九族，锡恩单厚。金黄带垂，峨冠品授。四章枝蕃萼荣，星情则怡。嘉承天和，方春载熙。五章璇宫肆筵，宗人爰集。黼绣盈庭，班行辨级。六章皇眷有喜，便蕃赉予。侍卫赐茶，恩涵露湑。七章肫仁溥泽，大府颁金。皇慈既渥，以洽壬林。八章宗人拜舞，胪欢忭祝。亿万斯年，永绥多福。九章

乾隆初，巡幸盛京，筵宴，《庆隆舞乐》一章

皇天明命，笃生太祖。锡之圣智，奄有东土。于圣太祖，开基创业。始制国书，同文六合。曰若太宗，嗣承天命。肇造区夏，仁育义正。太宗如天，丕冒纯德。于铄大清，懋建皇极。兴京聿兴，盛京斯盛。惟其至仁，九有托命。钦惟圣皇，追慕深思。率祖攸行，惠我嘉师。敬观实录，日星为昭。祖业艰难，中心切切。乃颁明诏，播告臣氓。恭谒祖陵，旋轸陪京。皇帝笃诚，珠邱展觐。文武从臣，骏奔效荩。我皇圣哉，细大不遗。从臣文武，体恤周知，乃出边关，乃经蒙古。阅七爰曼，蕃部悦舞。御光远临，旖裘毕来。宸衷轸念，锡赉恩恢。受我皇恩，祝我圣皇。合十膜拜，恩膏溥将。莅克尔素，驾言行狩。手格虎殰，马射熊仆。英哉我皇，舍矢如破。获兽孔多，万人腹果。爰莅旧邦，爰谒三陵。既躬既亲，我心则平。岂敢惮远，岂敢畏险。至止礼成，心犹缱绻。皇帝大孝，承祭至敬。肃将明禋，万拜为镜。皇仁懋哉，重齿敬老。清问殷勤，德施浩浩。盛京莅止，临朝阅武。御崇政殿，恩敷率土。

乾隆八年，巡幸盛京，大宴，高宗御制《世德舞乐》十章

粤昔造清，匪人伊天。天女降思，长白闳门。是生我祖，我弗敢名。乃继乃承，逮我玄孙。一章元孙累叶，维祖之思。我西云来，我心东依。历兹故土，仰溯始谋。皇涧过涧，缔此丕基。二章于赫太祖，肇命兴京。哈达辉发，数渝厥盟。如龙田见，有虎风生。戎甲十三，王业以兴。三章爰度爰迁，拓此沈阳。方城周池，太室明堂。不宁不灵，匪居匪康。事异放桀，何心底商。四章丕承太宗，允扬前烈。倬彼松山，明戈耀雪。以寡敌众，杵漂流备。惜无故老，为余详说。五

章余来故邦,瞻仰桥山。慰我追思,梦寐之间。崇政清宁,载启南轩。
华而不侈,巩哉孔安。六章维我祖宗,钦天敬神。执豕酌匏,咸秩无
文。帷幔再张,尊俎重陈。弗渝弗替,遵我先民。七章先民宅兹,载
色载笑。今我来思,圣日俯照。爵我周亲,荩臣并召。亦有嘉宾,欢
言同乐。八章懿兹东土,允维天府。土厚水深,周原胐胐。南阳父老,
于是道古。有登其歌,有升其舞。九章我歌既奏,我舞亦陈。故家遗
俗,曷敢弗因。浑灏淳休,被于无垠。勿替引之,告我后人。十章

乾隆十四年,金川凯旋,筵宴,《庆隆舞乐》一章

乾隆圣世,瀛寓乂康。元首惟明,股肱惟良。景运鸿昌,休德茂
著。统驭八埏,惠液遐布。金川小丑,蠢尔冥顽。惟时弗率,跳梁穷
边。用申天讨,声罪执言。长驱驿驾,油云斯屯。圣谟广运,决机万
里。聿简贤臣,良弼是倚。曰忠曰勇,经略戎功。心坚金石,诚格苍
穹。身先烝徒,跋履严阻。晨夕尽瘁,均劳共苦。奸宄是殛,逆谍是
攘。国宪孔昭,我武孔扬。窟穴梨止,岩巢圮止。坚卡堕止,峻碉毁
止。爰褫其魄,爰丧其胆。震慑股栗,潜伏于坎。如鼠窜穴,如鳞游
釜。号呼哀吁,再三求抚。元臣执义,愤欲荡除。帝德好生,曰免骈
诛。六条攸约,虔栗遵循。恩纶祗奉,解网施仁。丕革厥心,匍匐奔
赴。除道筑坛,香云拥路。帝仁覃敷,六合滂洋。苏其枯朽,赐以再
生。展也满兵,弥月功成。云何其速,皇猷是凭。神功炳焞,乾刊轩
豁。九重胜算,明并日月。勒诸琼玖,昭诸汗青。礼成钜典,乐奏升
平。肤功克奏,庆筵是侑。太和氤氲,翔洽宇宙。卿云纠缦,景纬珠
联。梯航琛贶,亿万斯年。

乾隆二十五年,西域平定,筵宴,《德胜舞乐》一章

祖志继成,翦灭远叛。筹画从容,疆辟二万。川原式廓,乃经土
田。庙算宏深,天心契焉。车楞内讧,丐恩臣服。爵锡王公,周恤其
属。鬼蜮阿酋,铺匐帝庭。宠以蕃服,秉钺专征。俘达瓦齐,再生曲
宥。念彼军劳,崇封晋授。阿酋狡狯,将伏天诛。妄冀非分,叛于中

途。反覆二心，弃厥妻子。役属离散，巨恶宜尔。汲水万里，欲息燎原。似彼狂酋，徒然自燔。窜俄罗斯，疫戕其命。遐方尊王，爰献于境。满洲索伦，凌波飞渡。奋勇莫当，峻岭爰度。俘厥逋逃，收彼牲畜。取彼子女，如摧朽木。弓矢所加，贼垒莫御。急思兔脱，震骇无措。蠢尔贼众，作乱变更。帝德涵濡，茕独遂生。岂曰黩兵，岂曰武。乘时会，忍弗远抚。回首在囚，解其禁锢。甫还库车，流言煽布。惟彼凶渠，负君莫比。罔念圣恩，能弗切齿。伊犁既戢，诸部宾服。豫策久长，悉收回族。二贼溃逸，命将追遏。逾其穴巢，直抵巴达。爰遣侍卫，乃得其情。回长捕颡，南徼输诚。邃古莫稽，列史具在。歼寇如斯，未有类。挽枪净扫，寰宇升平。师出以正，中外永清。睿谟惟诚，宵旰无逸。宏奏肤功，圣心斯怿。顺我者昌，逆我者亡。旌别恐遗，天语孔彰。酬庸封爵，表勇锡名。昭兹懋赏，章采丰明。诛锄元恶，大功告成。如春育物，德合清宁。

道光八年，重靖回疆，筵宴，《德胜舞乐》二十章

道光圣世，德洽纮埏。献琛奉赆，有翼有虔。一章蠢兹逆回，逋诛小丑。喙伏荒裔，敢为戎首。二章麇麇其群，驿驿其氛。涉卡潜煽，不戢自焚。三章皇赫斯怒，爰命扬威。汝往讨乱，执讯以归。四章浑巴什河，先声克振。进歼柯坪，靡有遗烬。五章沙岗炗炗，我兵既攻。三庄扫穴，十日奏功。六章奏功一月，四城迅复。伯克跪迎，额颂神速。七章莫赤匪狐，莫黑匪鸟。星弧所指，并伏其辜。八章帝轸八城，蠲厥祖赋。耄龄欢庆，九天甘澍。九章于铄宸谟，十条诞敷。罪人务得，勿俾稽诛。十章稽诛勿俾，征师勿俟。次第凯还，以息劳勚。十一章苍莽四山，侦骑周坏。妖鸟攸投，庭弓攸弯。十二章岁既宴矣，烝徒骧骧。制梴挞贼，阿图什壮。十三章我追彼窜，自昏徂旦。抵铁盖山，去路倏断。十四章爰丧其马，爰曳其兵。夺彼短刃，萦经长缨。十五章城柳初菁，驿骑载驰。都人夹道，遥望红旗。十六章櫜弓锡组，告于天祖。归善慈闱，孔曼受祐。十七章勒碑志事，御门受俘。聿启喜宴，露湛云需。十八章旨酒既嘉，队舞入侑。小大稽首，我皇万寿。十九

章圣武维扬,圣恩维长。餍仁饫义,万寿无疆。二十章

大宴《笳吹乐》六十七章乾隆七年定。

《牧马歌》　人君之乐,恃此纪纲。兆民之乐,恃我君王。室家孔宜,夫君之力。朋友有成,和辑之德。

《古歌》　八种成壤兮,实人世常。堕迷惘中兮,欲锁与情缰。愚人无识兮,乐兹殊未央。执空为有兮,谬语其奚当。

《如意宝》　不澡心于群经,具本性而无明。不服膺于佛乘,说妙行而听荧。

《佳兆》　一人首出,万国尊亲。湛恩汪涉,普被生民。百花敷荣,一日悦目。灌顶宝光,万众所伏。

《诚感辞》　良胡畏哉,襄以至诚。良胡过哉,竭己所能。良胡伪哉,语无文饰。良胡怠哉,罔敢休息。

《吉庆篇》　有君圣明逾戴天,有臣靖共胜后嗣。健妇持家过丈夫,如意宝珠惟孝子。

《肖者吟》　灭除己罪,仗佛真言。如欲疗病,惟良药存。菩提灯兮,出众生于黑暗;智慧梳兮,栉六欲之纠缠。

《君马黄》　大海之水不可量,天府宝藏奚渠央。良朋和睦益无方,圣有谟训垂无疆。

《懿德吟》　人君能仁,烝黎之父。君子和平,群相肺附。懿厥哲人,实维师傅。匿智怀私,乃民之蠹。

《善哉行》　惟安惟和,心意所欲。无贰无虞,朋友式谷。

《乐土谣》　分人以财,惠莫大焉。施人以慧,宁不逾旃。

《踏摇娘》　日将出兮,明星煌煌。寿斯微兮,秀眉其庞。三十维壮,五十迟暮。莫亲祖母,莫尊祖父。

《颂祷辞》　我马蹀躞,行如流水。俊英满座,交亲悦喜。族党姻娅,咸富且贵。酌酒为欢,既多且旨。

《慢歌》　十五欢娱八十衰,壮容华茂迟暮悲,祖妣最亲祖尊哉。

《唐公主》　遵王之路兮，愆尤希。素位而行兮，夫奚疑。

《丹诚曲》　罔有败事兮，遵道而行。长无离析兮，顺亲之情。

《明光曲》　瞻彼日月，虚空发光。圣君圣母，焜燿万拜。

《吉祥师》　日月之明兮，容光必照。圣君之明兮，烝黎咸造

《圣明诗》　际圣明时，良我福只。横被恩泽，良我禄只。

《微言》　倏忽变迁，顺其自然。如彼蜃楼，作生渺焉。

《际嘉平》　诸恶莫作，菩提萨多。瞑曚妄行，用堕三涂。

《善政歌》　经何本，本于宗。身何本，媪与翁。罪何本，嗔烛烛。福何本，和雍雍。

《长命辞》　靡言不适于道兮，水万派而朝宗。夫惟外道之妄语兮，井自画而不通。

《窈窕娘》　惴惴原兽，思全其身。兢兢庶士，思庇后昆。

《湛露》　维彼愚人，惟知己身。维此哲人，心周万民。

《四贤吟》　六欲相牵，微生是恋。叹彼驹光，如梦如电。

《贺圣朝》　慈悲方便，永断疑情。极乐净土，不灭不生。

《英流行》　知之而作兮，明哲所由。不知而作兮，庸愚之俦。虑而后动兮，卓彼先觉；率而妄动兮，是乃下流。

《坚固子》　马蹀躞兮，身不获康。念此身兮，本自无常。马腾骧兮，生不获宁。念此生兮，本自无生。

《月圆》　良马之德，于田可徵。良朋之行，相交乃明。

《缓歌》　良马云何，乘者所思。良朋云何，久而敬之

《至纯辞》　惟帝力兮劳来，父母力兮免怀。乘骐骥兮驰骤，仗巨擘兮弓开。

《美封君》　贡高专美，曰惟不仁。拥赏自厚，不久四分。惟不惺惺，乃不戒惧。凶心常萌，谁与共处。

《少年行》　嗟弃捐于岩穴兮，盍远播夫芳声。嗟终老于草莽兮，盍永垂夫令名。

《四天王吟》　悲哉北邙，令闻宜扬。北邙悲矣，青史不渝。

《宛转辞》　瞻彼中林，芃芃万木。旃檀有香，生是使独。万类

咸若,攘攘芸芸。民之父母,首出一人。

《铁骊》 载飞载翔,惟翮是凭。为声为律,惟心是经。射之能中,惟指是恁。交之能善,惟和斯恒。

《木穗珠》 殼之成雏兮,孚化之功。羽用为仪兮,赋命之隆。迪彼愚蒙兮,惟圣之功。明厥本性兮,实在己躬。

《好合曲》 维勤斯哲,安不可怀。溺兹小乐,至乐难期。

《章阜》 乾照无私,圣教无类。谟训洋洋,鉴兹不昧。

《天马吟》 骐骥不群蹇驴,鸿鹄不偕斥鹦。驺虞不迩狐狸,圣哲不昵愚贱。

《大龙马吟》 畴知幻躯,秘此佛性。畴不退转,佛恩来证。上德堕落,畴其知病。下士顿起,畴其知兢。

《始条理》 福慧天亶,诚哉难觏。通人达士,岂奚易逅。

《追风赭马》 葱兮茜兮,山有芳兰。僮兮祈兮,首有妙鬘。

《回波辞》 元首明哉首出,股肱良哉罕匹。贤夹辅兮王室,莫执左道兮蟊贼。

《长豫》 景行行止,下民堪怜。宜泛爱众,毋逆忠言。

《平调》 骐骥迁我体,橐鞬卫我身。嘉言资我道,经史沃我心

《游子吟》 升彼高阜兮,思我故乡。有怀二人兮,莫出户堂。陟彼崔嵬兮,思我故乡。有怀二人兮,莫出垣墙。

《平调曲》 帝王无逸,天地和宁。辟公肤敏,兆民阜成。

《高士吟》 日之升,天为经。民之行,君为程。水之流,随坎盈。牝之游,驹之情。

《生哉明》 非冒于货贿也,感兄弟之敬心。非贪于饮食也,感父老之诚忱。

《高哉行》 云何致太平,翠然望皇衢。人生夫何常,善保千金躯。民之不能忘,令名照神区。子孙振绳绳,百千万亿余。

《三章》 敬尊佛敕,如滋甘雨。莫行邪恶,种兹罪苦。

《圆音》 身无常,花到秋。名无常,雷不留。财无常,蜂酿蜜;水无常,海发沤。

《栏杆》　贤者斯贤贤，不贤不贤贤。蜜蜂见花驻，晴蜓去翩翩。

《思哉行》　千金宝马，不如先人之畀遗。尝尽诸果，不如母乳之甘兮。

《法座引》　电可畏兮，时屈朱明。霜可畏兮，五谷将登。祸可畏兮，欢乐所成。罔不畏兮，忆神魂之初降生。

《接引辞》　火宅无清凉，苦涂无安乐。鸟路谁能携，阎浮难驻脚。

《化导辞》　阎浮提界，如彼高山，越之维艰。尽却今时，大海漫漫，欲渡良难。

《七宝鞍》　瞻彼堤岸，水则不滥。有君牧民，当无畔散。飞鸟虽疲，宁甘堕地。君子固穷，之死不二。

《短歌》　嗟余生之欢乐兮，似黄离之盈昃。感韶光之荏苒兮，似叶上之青色。及芳华之当齿兮，且嘉乐以永日。

《夕照》　时乎时乎，时外无时。时其逝矣，奚与乐为。黄离既昃，定光温暾。天光既暮，噎噎其阴。

《归国谣》　皇矣圣世，蔼如仁君。怀哉怀哉，日远日分。亦有良朋，如兄如弟。日远日离，不能遥跂。

《僧宝吟》　投诚皈命，既安且吉。如佛塔庙，云胡远别。和乐且耽，手足提携。如姊如娣，云胡远离。

《婆罗门引》　酪必成酬，父将成祖。沙必成邱，母将成妪。

《三部落》　诚观三界，沤起沤灭。如彼秋云，乍兴乍没。

《五部落》　流水何汤汤，吾生如是游。虽有圣贤人，谁能少滞留。

乾隆二十五年，西域平定，筵宴，《笳吹乐》一章

阊阖煌煌，钟镛锵锵。鸣鞭祗肃，帝用燕康。荷天纯嘏，祖德凝庥。从容底定，定允升大猷。圣德宏敷，光被遐迩。如拱北辰，诸部归止。慈恩覆帱，沧海无量。争先效顺，奔走来王。宪章斯备，胜算克成。跳梁群丑，鱼贯输诚。天威震叠，小腆惕厉。大君惟仁，莫不

臣隶。圣教宏敷，额手格心。月窟同风，越迈古今。远谟是协，绝徼安康。抚绥之德，遍于遐荒。乾元功懋，滂洽垓埏。巍巍盛德，亿万斯年。

道光八年，重靖回疆，筵宴，《笳吹乐》九章

于赫皇威，式于九围。回疆耆定，饮至劳归。一章有截回疆，纯皇所绥。畏神服教，巩我藩篱。二章蠢兹逆裔，逋诛再世。燎原自焚，法不可贳。三章戎车爰西，如云如霓。一月三捷，四城其傒。四章四城既治，丑党既夷。彀绀张罹，妖鸟安之。五章回庄岁迩，有鹗萃止。蹑迹穷追，盖孔铁。六章絷以白组，报以红旗。新春送喜，皇心载怡。七章昔赋出车，今歌采薇。受厘天祖，归善慈闱。八章嘉献允仪，溥哉恩施。奉觞稽首，万寿维祺。九章

大宴，《番部合奏》三十一章乾隆七年定，惟《大合曲》、《染丝曲》、《公莫》、《雅政辞》、《凤凰鸣》、《乘驿使》六章有辞；无辞者有宫谱：曰《兔罝》，曰《西鲽曲》，曰《政治辞》，曰《千秋辞》，曰《鸿鹄辞》，曰《庆君侯》，曰《庆夫人》，曰《羡江南》，曰《救度辞》，曰《大番曲》，曰《小番辞》，曰《游逸辞》，曰《兴盛辞》，曰《艳冶曲》，曰《庆圣师》，曰《白鹿辞》，曰《合欢曲》，曰《白驼歌》，曰《流莺曲》，曰《君侯辞》，曰《夫人辞》，曰《贤士辞》，曰《舞辞》，曰《鼗鼓曲》，曰《调和曲》。不载。

《大合曲》　元绛是依，明神是祗。一心至诚，昭事勤只。巍巍大君，永底烝民。中心爱戴，稽首来臣，念人生之无常兮，合勤修夫善行。信百行之咸善兮，终和平而神听。

《染丝曲》　大群至圣，教敷率土。敉宁万邦，拜跪奉主。

《公莫》　丕显元后，惠怀万方。国彦棐恭，协赞邦常。率土之滨，诚意溥将。咸拜稽首，依戴圣皇。

《雅政辞》　皇皇圣明，无远弗烛。林林众庶，无思不服。元化惠心，为善去恶。圣人之邦，长生永乐。

《凤凰鸣》　承乾体元，惟我圣君。光开草昧，惟我圣君。纲纪

庶政，惟我圣君。父母万国，惟我圣君。惟我圣君兮，覆帱如天。惟我圣君兮，自新新民。惟我圣君兮，中外乂安。惟我圣君兮，群慝消沦。拜手稽首兮，颂溢兆民。

《乘驿使》　大地茫茫，大海沧沧。岂伊无宝，求之奚方。自古在昔，为君为王。膺图御宇，命不于常。实心实政，惠此万邦。圣御大宝，繄惟我皇，繄惟我皇兮。畴可与之颉颃。

回部乐曲一章《律吕后编》回部乐曲国书用汉对音而旁注宫谱，今以汉对音载其辞。

思那满塞勒喀思，察罕珠鲁塞勒喀思。

清史稿卷一○○
志第七五

乐七 <small>乐章五</small>

铙歌大乐　铙歌清乐　凯歌辞

《巡幸铙歌大乐》二十八章<small>乾隆七年定。</small>

《大清朝》第一　大清朝，景运隆。肇兴俄朵，奄有大东。鹊衔果，神灵首出；壹戎衣，龙起云从。<small>一解</small>雷动奏肤功，举松山，拔杏山，如卷秋蓬。天开长白云，地蹙凌河冻。混车书，山河一统。声灵四讫，万国来修贡。<small>二解</small>皇宅中，垂统斥㹴嗥嗥。圣继圣，功德兼隆。升平颂，怙冒如天恩泽浓。<small>三解</small>人寿年丰，时雍风动，荷天之宠。庆宸游，六龙早驾，一朵红云奉。扈宸游，六师从幸，万里叹声共。<small>四解</small>

《四时仗》第二　御句芒，春载阳，震位峙东方。顺时令，驾苍龙，骖吉良。见垂红，青萍渐芳。行庆施惠，恩波浩汤。<small>一解</small>御祝融，晷正长，南极星辉朗。驾朱辂，万骑腾骧。赞俊杰，遂贤良。<small>二解</small>蓐收节，露华初降，金风乍凉，兑列四方。载白旗，乘戎辂，移天仗。万宝告成，一人有庆天垂睨。<small>三解</small>颛帝司方，水泉始涸，天际彩虹藏。乘元辂，驾铁骊，云衢滉瀁。万叠明霞奉太阳，四时节物邀叹赏。<small>四解</small>皇谟圣德钦无两，舜日光天壤。花明彩仗齐，云暖龙旗飏。际昌时，咸翘企仙舆降。际昌时，咸翘企仙舆降。<small>五解</small>

《承天眷》第三　承天眷，际风云，万国车书奉一人。衣冠快睹唐虞盛，九域抒丹悃。殊荒重译尽来庭，和气召嘉祯。<small>一解</small>稽古训，

溯昌辰。元首明哉励股肱，一心敬急丹书儆。宵旰不遑宁，日新又
日宪汤铭，翼翼更钦钦。二解端不为，繁华丽，锦绣春。端不为，玉树
菁葱太液澄。喜今日，调和玉烛烽烟靖。不敢忘，百年有备军容整。
那辞得，陈师鞠旅拥旄旌。皇衷切，忧盛更危明。三解泰阶奕奕玑衡
正，功业麟兮炳。千春清晏歌，亿载登丰庆。喜金支，纷旖旎，蓬山
境。四解

《贡琛球》第四　琛球输贡，外藩归化隶版图。正朔咸尊奉。乐
浪郡，在海东，安南国，粤峤辟蚕丛。日本国，畏威震悚。琉球国，奉
朝请与内臣同。一解万邦虎拜咸修贡，干羽何须用。东风入津吹，干
吕青云涌。海安澜，更上献河清颂。海安澜，更上献河清颂。二解

《锦绣乾坤》第五　锦绣乾坤佳丽，御世立纲陈纪，四朝辑瑞征
师济。盼皇畿，云开雉扇移。黎民引领銮舆至，安堵村村飐酒旗。恬
熙，御炉中，霭叆瑞烟霏。恬熙，御炉中，霭叆瑞烟霏。一解鸾声嘒嘒
来云际，九奏《韶》钧沸。观光仰赤球，扈从盈朱芾。奉皇欢，昼三接，
天颜喜。奉皇欢，昼三接，三颜喜。二解

《中天盛世》第六　中天盛世邕安宁，瑞麦嘉禾表岁成。驺虞白
象出郊坰，共祝吾皇圣，嵩岳欣传万岁声。葱茏佳气满都城，万里皇
图巩帝京。衣冠文物际时亨，海隅宁谧无边警。巷舞衢歌乐太平，
喜今日，金瓯一统万年清。遍闾阎，操缦歌风弦涌兴。更郊原，野蚕
成茧柘队轻。一解时和岁稔调金鼎，凤宸茶相映。青畴麦两歧，黄陇
禾同颖。属车临，喜万岁，声遥应。属车临，喜万岁，声遥应。二解

　《奉宸欢》第七　奉宸欢，天单厚。风光辇路浮，遐阡迩陌，都是
黄云覆。羽盖春旗，斒斓似绣。正田家作苦劝耕时，休驰骤，金镫鞭
敲，豹尾悬车后。藏富于民，于民藏富。

《晴开五云》第八　晴开五云移翠辇，臣庶咸欢忭。载见兮载
见，怀远复怀远。圣人朝，缦云歌复旦。一解际中天，一气鸿钧转，习
习和风扇。龙津燕影低，柳陌莺声哢。望龙旌，迢递过晴巘。望龙
旌，迢递过晴巘。二解

《瑞云笼》第九　彩仗瑞云笼，度晴峦几重。金炉高拥，香烟浮

动,杏霭大夫松。和鸾到处,和鸾到处百灵从。玉检金泥,编珠毓觊,不数汉家封。

《驾六龙》第十　驾六龙,御翠华,帝德光天下。薄海内,总一家。四徼外,正朔加。者声灵赫濯,被四表,暨荒遐。

《扈翠华》第十一　扈翠华兮载驰,御帝车兮载脂。命风伯兮叱云师,洒道兮如丝,清飙兮应时。

《四时念》第十二　仲春时,司马教振旅,喜韶和,绿蒉芳草滋平楚。执铙执铎兼贲鼓,盘旋处,如组还如舞。一解念春日,万汇初荣朏。况田家,贫耒牵牛方作苦。解置去络仍驰骋,天心祐应节弥甘霔。二解仲夏时,司马教茇舍。畅恢台,铦芦茂草披平野,名州名邑驱征马。行围罢,落日征袍卸。三解念夏日,赤轮炎似炙,况我民,体足沾涂泥,栉风沐雨无晨夜。休严驾,冲默居台榭。四解仲秋时,司马教治兵。喜飒爽,金风初劲角弓鸣,载旗载旐子墠旌。戢军营,万宝正秋成。五解念秋日,气爽又风清。况郊原,农事方终稼既成,用遵周礼诘戎兵。望龙旌,壶浆父老迎。六解仲冬时,司马教大阅。正平郊,兽肥草浅寒威冽,建旗树表疏行列。多欢悦,谁道裘如铁。七解念冬日,一阳初动脉。况南郊,陶匏明水将诚洁,草甲方萌芽未茁。居金阙,万国来朝谒。八解

《壮军容》第十三　壮军容,威四方。砺戈矛,森甲仗。剖文犀,七属烂如银;带鲛函,璀璨难名状。者的是,金城保障。一解有纯钩巨阙,和盘郢鱼肠,更有湛卢紫电,承影含光。又豪曹似水,素质如霜,蹇莫邪干将。二解官笴最精良,象弭鱼服,竹箭弧桑。更红翎白镞,饮羽危梁。控弦彻札,有猿臂军中飞将。三解润铦锋,鹖鹐初莹。熔堇锡,龙雀成双。文似灵龟,象伴白虎,是灵宝,亦曰含章。比昆吾切玉,百炼纯钢。四解垂氏弦木,椉弧斯创。冬干春胶,乌号繁弱,明月当坍朗。九合既成,二弓交帐。五解振金铙,鸣金镯,昼解悠扬。月明时,风静夜,清吹还三唱,踊跃军心壮。似凤鸣,又如鹤唳,更筹向,刁斗传千帐。六解表和门,旌旆扬。象七星,建九斿,置九章。错翡翠,鸾凤炜煌。曳招摇,韬素锦,黄龙大蠹在中央。七解镂衢鞍,翠

羽矍金梁。珊瑚鞭，玛瑙勒，靡丽非常。启哗嚣，盛朝不尚。但推毂，求良将，云行雷动，正正堂堂。八解

《日初升》第十四　日初升，云光晓。旌旗暖，龙鳞耀。望云山，紫翠千里；度耕陇，桑麻隐约。黎民欢乐，道余粮栖亩，又长嘉苗。一解不读书，知忠孝。作与息，耕和凿。玉泉流，膏两千睦，丰年兆。喰其馌，士女媚依；铺斯赵，曾孙迎劳。黎民欢乐，道余粮栖亩，又长嘉苗。三解食君恩，深难报。愿圣寿，如山岳。稼既同，跂脚高眠；户不闭，官清讼少。黎民欢乐，道余粮栖亩，又长嘉苗。四解翠华临，霓旌导。遵平陆，登山峤。但只见，葆屋衡茅。一个个，体温腹饱。不如不识，日上眠方觉。惟祝君王真有道，厘恫瘝，赋轻徭。敷教泽爱亲敬老。黎民欢乐，道余粮栖亩。又长嘉苗，道余粮栖亩，又长嘉苗。五解

《嘉祥曲》第十五　溯嘉祥，华平朱草毓中唐。龙图授，龟书界，扰泽马，驾腾黄。延喜玉，从天贶。屈轶草，阶前长。一解睹荣光，白麟赤雁与芝房。游河渚，赤文绿字；舒兰叶，五色成章。仙麋叶叶滋春圃，瑞羽锵锵鸣女床。亦有祥麟一角，和鸣凤，在高风。二解日重光，载冠抱珥出扶桑。月重辉，星重润，玉绳转，南极荧煌。竹苇露，甘如酿，蒲蓬风，如秋爽。三解舞鸾凰，非烟栖阁绣衣裳。宝鼎见，驵虞出，浮沉瀣泛天浆。稽往牒，探纲。陈瑞物，难名状。四解惟我皇，不矜异物与殊祥。辟四门，明四目，求俊乂，显贤良。爱稼穑，垂旒纩。措吾民，春台上。五解

《练吉日》第十六　练吉日兮撰佳辰，百僚具兮舆卫陈。屏翳弭节兮，玉宇无尘。煌煌兮斗车，奕奕兮天轮。一解命太常兮奉牲，用昭告兮百神，洁粢盛兮肃明禋。将展轮兮效驾行。下观兮勤民。二解甸师清畿兮，缛草如茵。野庐归路兮，香雾承轮。封人设枑兮，左械右平。掌舍具仪兮，爰象太宸。玉辇兮锵锵，属车兮隐辚。三解扇微飔兮清幰，崇细霭兮朱轮。备天官兮周卫，盛舆服兮时巡。虎贲兮肃肃，徒旅兮驮驮。四解前驱兮按部，后队兮如鳞。征万玉兮警途，诏弭策兮入神。五解轶浮景兮腾青霄，驷苍螭兮骋绝尘。陵高衍

兮瑢岘，陟峦阜兮轮禾。六解仰皇舆兮肃震，岳献图兮川贡珍。若湛露之晞朝阳兮，俨列宿之拱北辰。七解荫华盖兮翊勾陈，绡纨粹缕兮，旃旌逡巡，配帝居之元圃兮，象太乙之威神。八解旖旎兮霓旌，八方兮列陈。表朱兮离位，植皂兮元冥。飞缟兮象兑。峙青兮直震。九解流星旄电属兮，盼块圠以无垠。九旗纷而扬旆兮，五辂委蛇以接轸。盛天下之壮观兮，将丰镐之是遵。颂高山之荒作兮，仰一人乡亲。十解

《谒珠邱》第十七　谒珠邱，杳霭松楸。展风筵，敬仰先猷。国家积累惟忠厚，笃公刘。一解缅音容，霜露春秋。设缀衣，大贝天球。忾闻僾见如亲觐，溯前庥。二解奉牺尊，旨酒思柔。觐羔墙，苹藻初羞，万方玉食尊亲久。无须效，汉代衣冠月出游。三解寝园展祀尊堂构，文谟弄烈光前后。葱茏佳气浮，缥缈祥云绣。亿万载，升恒景福从天祐。四解高山天作扶舆秀，辽海环其右。钟祥瑞气蟠，飞速运灵光茂。万斯年，永猷定，天同寿。万斯年，永猷定，天同寿。五解

《御黼座》第十八　御黼座，肃朝仪，沛宫法驾陈光会。云深处，天门诶荡，太极崔巍。一解九宾设，彤闱启，扶桑初拥曈昽日。传胪句，群僚济济，百神辟师师，尽呼嵩；冠带委蛇。二解献琛球，图《王会》，呼韩稽颡瞻云日。无中外，雕题凿齿，乌弋黄支。庆躬逢，盛世威仪。三解中天华阙浮佳气，缔造经营万载基。世德念豳岐，天泽陈冠履。看到处，祥飔晻霭，羽盖葳蕤。看到处，祥飔晻霭，羽盖葳蕤。四解

《长白山》第十九　长白山，远峙开原。冠高峰，峻极于天。巉岩兮插汉，千里兮巑岏。一解考山经，曾传不咸。稽地志，亦号商坚。唐名兮太白，有潭兮在颠。二解闼门潭，万顷回湍，鼓天风，潋滟文澜。源深兮流广，三江兮出焉。三解鸭绿江，流自山南。混同江，北海之源。爰滹兮东注，万折兮千盘。四解医无间，缥缈云端。桃花洞，下有飞泉。严冬兮不冰，常燠兮无寒。五解木叶山，石磴盘桓。华表山，鹤影蹁跹。乳峰兮悬溜，井洌兮寒泉。六解石门溪，屹立岩前。俨双扉，云壑连绵。回合兮诸峰，窈窕兮群峦。七解松花江，波影澄鲜。

北流兮，并海西旋。混同兮合流，自古兮长川。八解辽河兮，泙湃狂澜。辽泽兮，泥淖蹒跚。布土兮为桥，既成兮孔安。九解飞瀑岩，瀑布常悬。翠云屏，云影连蜷。圣水兮倾盆，万松兮昼寒。十解平壤城，箕子名藩。大宁城，汉曰新安。演范兮陈畴，带砺兮河山。十二解钟扶舆，虎踞龙蟠。植灵基，天作高山。拱卫兮陪京，永奠兮万年。十二解

《布尔湖》第二十　布尔湖，明如镜。库里山，秀列云屏。风来千顷碧，雨过数峰青。萃扶舆叔气，是天地钟灵。一解有天女兮，降生池畔。吞朱果兮，玉质晶莹，珍符吻合爰生圣。二解神灵始生即能言，睿知聪明。不待学，徇齐敦敏，至德莫能名。三解日角珠庭，稽古帝，握褒履己；更龙颜，载干荷胜，岐嶷总天生。四解当是时，厥有三姓角雌雄。乱靡有定，蛮触互相争。五解汲清泉，言至河滨，见真人，如日如云，稽首共来迎。六解睹尧眉，众姓咸惊。是非常，天不虚生，葵藿早输诚。七解念吾曹，原非好争。今有主，得荷生成，从此戢戎兵。八解定三姓，尊为贝勒，似岐州，虞芮质成。荒度始经营。九解溯从来诞圣，厥多瑞征。华胥履迹，青云绕身，枢星照野，虹流太清。瑶光贯月，元乌承鬶，载稽典籍辞难罄。肆皇清，至人首出，乾坤笃生。自羲昊轩农，瑞录祥经莫与京。十解

《建辽阳》第二十一　建辽阳，爰筑崇墉，矗金城兮万雉，控列辟兮朝宗，远迩兮归怀，庶邦兮是同。一解慑天威，争执鞭弭；歌孔迩，愿受絣幪。兴朝正朔咸尊奉，遂荒大东。二解有哈达，首鼠两端，数渝盟，自外陶熔。天兵一举咸惊悚，似草从风。三解有辉发，反覆不常，外生成，夜郎自雄。六师迅发如雷动，弃甲投弓。四解有乌拉包藏祸心，逞螳臂，欲试车动。戈铤一指雕弧控，似埽蚍蠓。五解有叶赫，凭陵负嵎，似游鳞，翔洋釜中。狡焉潜结朝鲜众，朝夕羽书通。六解有朝鲜，僻处海滨，与叶赫，狼狈交通。蚩蚩甘草相承奉，结垒似屯蜂。七解闵明季，阳九方丁，如悬罄，杼柚其空。朝鲜叶赫相愚弄，势蹙不知穷。八解四路兵，犄角来侵，无纪律，谁适为雄。一时乌合无拳勇，号令马牛风。九解五十万，封豕长蛇，肆贪狼，非不恟恟。

止缘逐利非心奉,临事各西东。十解恣侵陵,帅出无名,我天朝,用诘兵戎。堂堂入阵天威耸,落叶埽秋风。十一解壹戎衣,为救黎元,曾不费,蒿矢桃弓。辽阳建后金汤巩,王业首岐丰。十二解

《沈阳城》第二十二　沈阳城,王气所钟。氤氲五彩,缥渺如龙。信佳哉,郁郁葱葱。一解析木津,箕尾之东。上连天弁,右抱神宫。济津梁,霄汉垂虹。二解近北极,象逼穹窿。玄菟置郡,都护安东。越金元,频建畿封。三解我皇朝,气运方隆。此惟与宅,用恢厥功。相阴阳,宅土之中。四解维广宁,屹屹崇墉。石梯连磴,香水春溶。十八盘,万树青松。五解若旅顺,临海居动。番彝麇集,估舶云从。转南漕,天庾斯充。六解取广宁,唇齿圻封。惟兹旅顺,亦是率从。启鸿图,骏烈丰功。七解左朝鲜,右际云中。卜维洛食,龟筮斯从。叶天人,是为大同。八解带浑河,沧海朝宗。白山控峙,石柱云封。是神皋,俗厚民相。九解绕西南,辽水漾漾。襟环东北,黑水混同。壮声灵,镐京辟雍。十解扩舆图,北暨乌龙,牧羝旧部,使犬遗戎。震天威,罔不祗恭。十一解念中原,民力困穷。殚输将,比屋皆空,干戈充斥民无控。拯其涂炭,出水火中。会清明,四海来同。十二解

《铁岭山》第二十三　铁岭山,峰似削,燔白石,不消铄,辽阳之东鼓橐龠。一解绣岭山,万花谷,间松陷,连云睿。海城之南气磅礴,上有三拉甘可酌。二解平顶山,云漠漠。车曾驻,盆可浴,上有积水冬不涸。三解木查岭,如剑锷,峻而坦,宽以博。查水发源岩际落。四解降龙山,神所托。势蜒蜿,如拏攫。风雨欲来光景铄。五解水泉山,滋乳酪。清且美,用烹瀹,万斛珍珠泻帘箔。六解南双山,巨灵拓。左阳峰,右阴睿,青天秀削芙蓉尊。七解是诸山,互联络,忽低昂而岸崿。羊肠宛转缘蜂阁,鸟道穷兮挑略彴。八解聚葱菱,俨龈腭。嵌崆峒,豳寥廓。蔽亏日月愁猱獐,可喜可惊兼可愕。九解地呈符,天开。钥孕灵秀,阜飞攫。巨木如林纤草弱,茂对乘时万物育。茂对乘时万物育。十解

《孕嘉产》第二十四　孕嘉产,厥族滋蕃。悉数之,更仆为烦。《山经》《尔雅》空排纂。略疏梗概,用告司原。一解有於菟,苍质元

斑。吼腥风，林叶摧残，雾中元豹尤虓悍。异名同族，艾叶金钱。二解熊似豕，穴处空山。善搏人，春出冬蟠，罢文黄白仍修干。力能拔木，不畏戈铤。三解有野马，形质轻狷，走深山，不服鞌鞯。日行五百如奔电。野嬴似马，亦产遐边。四解扶舆鹿性喜林泉，麞无胆力心常战。惟麂惟麃，类族殷繁。五解狼白颊，前高后宽。或苍或黑皆膘健。豺尤猛厉，祭兽秋原。六解一峰驼肉自为鞍，颈修蹄曲眈刍豢。力能任重，用济军馕。七解狐性疑，狸爱安眠，毛深温厚为裘暖。貂能求食，富则资獚。八解兔婆娑，亦稍比肩，鼢鼫五技徒蒙讪。鼠名艾虎，亦属戈戈。九解貂似鼠，其质庞然，食松苗，以栗为馇。紫毫丰毳，服之孔安。十解马牛羊，闾巷喧阗。白头豕，用给盘餐，居民比屋充常膳。不须胪列以免辞烦。十一解是熙朝，茂育功宣。致物产，滋盛春田，四灵为畜麟游甸。珠祥上瑞，多载青编。十二解

《毓灵禽》第二十五　毓灵禽，五色各翚，虞人捕供时祀。沙鸡无趾，出青林，亦贡丹墀。一解有舒凫，洄胹且肥，家鹅舒雁仍甘美。青鹣次之，信天缘，鹈鹕之类。二解鸣九皋，元裳羽衣，鹳鸣于垤丹其喙。秃鹜长颈，在水之湄。翦霜翎，用饰忘归。三解鹈在梁，载咏《风》诗，淘河吸尽蹄涔水。斑鸠性拙，缩脖高飞。并翱翔，适性忘机。四解燕于飞，下上差池。善营巢，秋去春归。曙色才分，最好是，数声乾鹊，檐头报喜。五解啄木儿，利口如锥。蠹虫穴树藏身固，缘木而求必得之。在众禽中，号为多智。六解黑龙江，爱有深池。雁来初湛淡羽仪，鸽鸡麋鸹群游戏。泛清波，卵息繁孳。七解到春来，田鼠为驾，考之《尔雅》黄鹦是。仓谀鸣矣，夏日迟迟。柳阴中，好音流利。八解辽河鹰，松儿朵儿。海东青，性尤猛鸷。天鹅褫魄，狡兔何施。虎斑鹛，差可肩随。九解萃羽族，深林茂枝。饮与啄，惟性所宜。太和洋溢，民物恬熙。奏《箾韶》，鸾凤来仪。十解

《蕃珍树》第二十六　便蕃珍树，笼溪覆坞。爰有萧艾香蒲，春雨后，丛生幽渚。红杏绯桃，红杏绯桃，兔丝莘芳。连冈被楚药笼储。马蔺知时节，红蓝茜不如。一解松钗双股，是《尔雅》篇中所著。惟有神京，秀钟扶舆。岁寒姿，其针独五。八千岁为春，八千岁为秋，大

椿龄,绵绵万古。被光华,含云隐雾,瑶光降斗枢。三秠五叶滋灵草,地产奇珍泄秘符,地产奇珍泄秘符。二解

《建皇极》第二十七 建皇极,司徒度广轮;壮皇居,太史陈圭臬。端径遂,三涂达;九逵相阴阳,百堵依绳尺。一解南德盛,当阳离向时;东抚近,出震青阳辟。西怀远,金行靖甲兵;北福盛,象纬通天阙。二解前天佑,高明法健行;后地载,博厚符坤德。左内治,讦谟绥庙廷;右外攘,声教敷重译。三解表双阙,艰难念武功;致太平,垂拱思文德。崇政殿,佗隆宪紫垣;凤凰楼,朴素无雕饰。四解诀荡荡,天门辟九重;扇巍巍,云际开金阙。盛舆服,衣冠拜冕旒;肃威仪,羽卫陈刀战。五解夜漏尽,犹传卫士餐;晓钟鸣,遽进鸡人帻,规久大,朝廷多直言;谋万全,殿陛无遗策。六解援礼经,郊坛建国南;考彝章,殿敬陈苍璧。禋闷宫,春秋厪孝思;重宗盟,宗正司宗祐。七解得天心,讴歌狱讼归;孚人意;镐洛声灵赫。定中原,沤图万载基;作陪京,巡幸朝群辟。八解

《铄皇清》第二十八 铄皇清,景命隆,成天平地永宅中。圣继圣,缵丰功。制作定世符,御天乘六龙。一解乐昭德,礼备容,覃敷声教八方通。道德一,风俗同。皇威驰海徼,仙仗过崆峒。二解咏芹藻,歌辟廱,崇德,绌恶发群蒙,蛾有术,誉有宗。寿考而作人,械朴其芃芃。三解嗟保介,咨臣工,犁云耕雨劳厥功。绘《无逸》,图《豳风》。率育配彼天,仓箱裕我农。四解种浴川,桑庚风,袆衣东向明妇功。肃坛墠,比先农。父老欢德化,耕桑帝所崇。五解整屏翰,屹金埔,得人则治简帝衷。甘棠蒂,黍苗芃。废坠罔不修,万里咸提封。六解辟三宅,达四聪,旁招俊乂秉至公。雾豹蔚,云龙从。曰举尔所知,名字书屏风。七解省耕敛,宽租庸,神仓百万备荒色。胥保惠,振贫穷。暑雨与祁寒,咸化为春风。八解畎浍浚,轨涂通,诞疏地脉淀与欲。水攸利,年自逢。浩浩乎恩波,匪今颂屡丰。九解什一税,维正供,求民之莫饬司农。免沟壑,乐食饔。损上以益下,皇王俭德共。十解海汤汤,水朝宗,日东月西出其中。旦复旦,无终穷,涵乾而纳坤,何所不包容。十一解斡璇玑,走霅霪,嘉生繁植萧艾空。沛然雨,薰兮风。至

诚契天心,无为而允恭。十二解稽典礼,命秩宗,释回增美惇且庸。筼其竹,心其松,本天以毅地,夙夜襄夔龙。十三解由心生,与政通,作乐崇德应八风。舞蹲蹲,鼓逢逢,劝之以九歌,还相为其宫。十四解师出津,萃除戎,包戈衅甲百年中。戒不虞,慎厥终。有严讲武事,大阅张军容。十五解鸮食甚,泮林中,小人革面顺以从。嘉肺间,圄圈空。讼庭有青草,狱吏服儒风。十六解兰有秀,桂有丛,白驹空谷岂时雍。无遗贤,胥在公。天工人其代,六合臻郅隆。十七解屏藩寄,磐石宗,本支百世五等崇。式分玉,匪靮桐。天潢流且长,讵曰陕西东。十八解绳祖武,绍宗功,于皇继序克履中。震主器,乾飞龙。圣圣亶相承,凝旒仰笃恭。十九解祥绕电,瑞流虹,于万斯年圣绪洪。麟振趾,乙造娀。文予复文孙,千亿纪无穷。二十解休滋至,昭有融,乐胥受祜庞且鸿。醴泉溢,膏露浓。升阶协贞吉,万物泰而通。二十一解时巡狩,朝会同,淑旗绥章修革冲。珪贽集,鞮译从。声灵振夷夏,四海仰皇射。二十二解懔帝谓,敷帝衷,万年遐福韦来同。周隋岳,汉呼嵩。录图天不老,治化日方中。二十三解乐九成,歌三终一,一游一豫盛德同。臣矢音,瞍奏公。时迈戛《箾磬》,金石间笙镛。二十四解

乾隆二十五年,平定西域,郊劳,《得胜乐铙歌》十六章

《帝郊天》第一　帝郊天,天符帝,天心所在帝默契。旸雨若,风霆明,呼吸感应通以诚。龚天罚,诛诡诡,圣人之兵不得已。武功成,王道昌,顺我者存逆者亡。皇威所讫周遐荒,亿千万载德莫量。锡庆长功符,两大垂荣光。

《烁月窆》第二　燃料月渊,震日渊。埽准夷,开屯田。武扩自伊犁,地大物溥,若大宛及娑夷,勃律咸慕思弗谖。曰中国有圣人,愿隶塞垣。遂极亥章之步,网罿之乡,莫不奉正朔,备我外藩。皇帝恺乐,锡福垓埏,俾各康尔性寿尔年。

《振王铁》第三　振王铁,天西极。蠢尔回,久拘贽。茧之蚕,裸之蛊,出尔水火登袥席。俾畎尔田,宅尔邑,亭毒煦妪,沐我化泽。鹰

胡饱飏獝反啮，挑逆煽乱，其曷可弗瘗。振王铁，威棱赫。

《攻库车》第四　库车言言，我兵既攻。有狡而伺，其来如风。两奸丑徒，蜂矢蝟镞，搴厥回纛，贼颈朘综合。鄂根之河，鲸鲵横波，贼懵就毙，圈牢自苙，惟彼偾辕，毋戒伏莽。乌啼于幕，鱼漏于纲。

《厥角稽》第五　厥角稽，乃自易将速进师。所向詟伏，弗梧弗枝。势面膜拜，涕泗涟洏。曰惟我戎首，突鹗张鸥，哀我惮人肌疮痍，蚍蜉之撼，宁不自知。坑不缺，镞不遗，遂直抵乎大荒之西。

《黑水战》第六　黑水之战骑危脊，悬军深入为所搤。蜂屯蚁附聚知石，我马虽惫人无敌。立成壁垒奋戈战，贼来薄攻相距尺。瞬目一呼尽辟易，铅丸著树功我击。灵泉火米资炊汲，重围三月莫敢迫。古来谁与比奇绩，万贼之中兵四百。

《援兵来》第七　援兵来，来自天。矫蹑景，迅掣烟。援兵来，贼回顾。奋螳当，张蛙怒。援兵来，坚转战。人里血，马流汗。援兵来，前军回。摧虎穴，蹴蚁堆。援兵来，若神助。数月前，奉诏赴。

《阿克苏》第八　阿克苏何高，旅军暂以休。蓄锐淬戈鏺，选坚制兜鍪。名驹千队来，霜蹄笊云浮。以布易彼粟，筐筥为乾餱。士饱马亦腾，气已无诸酋。

《鹿斯奔》第九　鹿斯奔，威所铄。兵载入，批亢却。扼吭弗噬，犄角斯搏。豲貐并穷，驱蛮偕躩。擐载辎重弃老弱，走险假息神错愕。火燎毛，风转箨。

《回城降》第十　回城降，式歌舞。王师入，各安堵。约法数章，尔摩尔抚。赋视宾布，皇式圜府。噢咻尔民久垫苦，蕃尔畊牧，释尔刀斧。昔穴巢，今阪宇，煌煌御碣照万古。鸿荒以来，此地榛狉睢盱，岂曾隶中土。

《伊西洱》第十一　伊西洱，两马不得驱，贼歼不尽此负嵎。自言一夫当关，万夫莫逾。偏师薄之忽惊溃，倒戈降，百千辈。贼酋顾之心胆碎，独跳而走惟其嗥。伊西洱，功不刊。谁与侔格登山

《和门开》第十二　和门开，军容壮。大荒西，喁内向。传檄索伏隍，诸羌闻之弗敢藏。地犴尽，天纲张。惊弦既陨，触藩复以戕。

遣使诣献尸已僵。和门开，旌旆扬，满营箫鼓欢声长。

《天断成》第十三　黄河千年而一清，圣人千年而一生。旷古之事众所惊，惟夫有断断乃成。握神符，贯元精，二万余里雷霆行。密勿指授，六合清以宁。天断成，巍巍之功莫能名。

《皇式》第十四　皇式有告，觐于列祖。兢兢业业，诞受天绪，绥此成功，式廓是新。守成创业，兼于一人。鉴彼下国，立尔蒸民。凡有血气者，莫不尊亲。大孝承命，锡嘏以纯。慈宫稍庆，天地忻忻。

《辟雍》第十五　辟雍水，流汤汤，烂然五色昭文章。丰碑告功峙宫墙。钟镛鼛鼓同铿锵，皎如日月中天光。鸿庸钜制相得絫，包举要义重阐扬。崇论开惑示万方，群蒙洞豁祛动疑障。愿寿瑎玉揭讲堂，观摩雒诵垂无疆。

《帝图巩》第十六　帝图巩以大，率土之族，延颈面内，登三咸五昌期会。群臣请上尊号，皇帝让弗许，益持盈而保泰。钦承天命，夙夜匪懈，方论功行赏恤士卒。问民疾苦，无出明年租税。天之所覆恩皆沛，于胥乐兮千万岁。

乾隆四十一年，平定金川，郊劳，铙歌十六章

《皇威迅》第一　圣略宣，皇威迅，风行电激物震荡。物震荡，声灵驰，靡坚不破高不摧。襄西域，版图廓，二万余里我疆索。两金川，敢抗干，自作不靖适自残。五载底绩除凶顽，春风吹铙入桃关。奏凯还，虎臣黑士腾欢。

《慎行师》第二　索诺木，僧格桑，豵生羉，狃附狼。始蛮触相寻，衅事斧斯。越数岁，益蚕食邻境，遂各罹其殃。剡闻维州之谣，祸心包藏，浸假约束是偕，恩德是忘。势在不得已，整我戎行。师出以慎，动罔弗臧。用乃声厥罪，惩厥狂。

《犄角攻》第三　赫斯怒，两军指。巴朗拉，从风靡。取达围，克资哩，西路解之南路犄。约咱既得卡了牧，革布什咱复其疆里，险如达乌安足恃。钲击橛应，俾狂魄震褫。夹击威，洊雷驶。

《趱拉平》第四　小金之屏，曰僧格宗。猱攀不度，坚碉如丛。我

军先登，摧枯振箨。深入其阴，直抵美诺。布朗底木，追围穷林，厥子喙走，厥父就擒。汗牛板昭，传檄帖服，趱拉接悉，军声赫濯。

《讨促浸》第五　促浸酋，为逋逃薮罪恶尤。鞠旅移指，讨厥比周。径阻雪积，我军迟留。彼潜伺衅，刹逞其狡谋，降番应之纷相投。屹然南路，整众还辀。新壁垒，厉铤矛，遂进次乎田陇之陬。

《迅霆复》第六　简我禁旅勇且健，七千其众一敌万，统以将军旗鼓建。定西印授西路进，南路是副声并震，奖率趫材驰敢战。搴旗摩垒士气奋，履险如夷兵不顿，有若熊虎慑鼯鼹。趱拉全境薙株蔓，曾不旬日收复遍，虩虩如霆一何迅。

《八旗勇》第七　八旗兵，来如风。西路入，谷噶通。南之隘，克马尼，拉窠卡，大如砺。酾三路，心力齐，一阻险功在西。喇穆山，日则口，据默格，断其后。八旗兵，勇可贾。绿营众，悉鼓舞。

《穷猿僵》第八　我军驰先声，丑徒志以离。窜渠伏冥诛，械献贰负尸。七图及蒙固，缚之连鸡。系孥侧累来，槛致于京师。咄哉穷猿僵，祸速焚林贻。

《扼宜喜》第九　北路险，曰宜喜。则死守，限尺咫。绒布移兵，循涂西指。绰斯请留，愿效驱使。出奇制胜贼披磨，冒雨扬兵兵为洗。扼山梁，筑我垒。

《越重壕》第十　乘胜攻，贼拒遏。坚碉矗，重壕掘。康萨尔山，径险且崒。鹿角如麻，凭险缪辖。我军薄之若排闼，曷深曷巍。一跃而越，踞厥颠，蹂厥穴，木思工噶取如掇。临高压之，下视巉岩蒙茸，气吞力随拔。

《河之西》第十一　河之西，积棘不可穷。元戎決胜合力攻，俾贼颠不得顾。趾不得容。日旁以石罗寨栅，弃而逃，羸豕蹢。火其崖垠照熻赫，五十里间地为赤。贼潜喘，余烬灰。飞将军，从天来。

《后路清》第十二　夹河阵，军相望。风云通，气益壮。噶尔丹既攻，建瓴注之扼彼冲。清后路，胜算雄。狙伏为患，惟逊克尔宗，梯墙斫穴如抉业。后路清，贼势穷，世臣继勇勋名崇。

《一窟摧》第十三　昆色尔高骑脊危，拉枯下瞰烈焰飞。菑则大海鞭一麾，奇谋百出克勒围。八月中，夜半时，月光镜胆寒妖魑。狡有三窟，一窟固已摧，磨盾驰木兰，八日来红旗。

《釜底魂》第十四　西里既划，卡角斯折。彼顽不灵，螳斧当辙。索隆科布，屡摧其坚。安布鲁木，迅埽其厬。舍齐暮捗，雍中朝寋。尽撤藩以入，巢幕岌焉。贼境日蹙，百缫一存。釜底群聚，游魂曷延。

《穴蚁埽》第十五　贼负固，噶喇依。困兽犹斗四百围，批其腹心外不支。甲杂独松溃河西，马邦拾芥彼自随。陆置水罟会我师，环以巨炮焦期。计穷乞命俘渠魁，罪人斯得逮旄倪。穴蚁迅埽无留遗，定以百战诚若斯。

《武功成》第十六　武功葳，珠邱告。礼成驻跸，露布适报，策勋懋赏下明诏。遂奉慈辇东狩还，举郊劳仪，献飝俘于社庙。崇善归美，尊上徽号。亲制纪功碣，勒太学，第功臣次，燕紫光，图其貌。屯师设镇洽声教，亿千万禩安筦徼。

《巡幸铙歌清乐》二十七章乾隆七年定

《九龙旟》第一　九龙旟，旌旗列宿悬。龙角天田见，箕翼常舒展。龙尾更连蜷，牵牛近代房心建，东壁耀星躔。一解婉娈，奎文丽日天阶见，参旗曳九斿，玉井珠骈。柳七星，曲曲如钩卷。和门启，万幕褰。二解

《邠皇威》第二　邠皇威，好山如障翠屏围。凝树色，烟成缕，锁岚光，云渐低。回峻岭，丝鞚徐按，度崇冈，玉勒轻提。龟背镫，渗金盔，月明风曳素绡旗。一解靖边陲，为思将帅鼓征鼙。娴八阵，齐九伐，用三驱，式九围。撼山岳，风云动色；固封疆，鹡鸰争奇。驱缥褭，跨纤骊，日轮高拥杏黄旗。二解奠鸿基，百年不用是王师。在园囿，麟和凤，贡琛球，航与梯。因农隙，讲求弥狩；际时和，训练熊罴。狮蛮带，锦襕围，晴云不动绛红旗。三解太平时，狼烟不设羽书稀。四郊外，无烽堠，四民中，多寿耆。份榆社，我田我稼。羽林郎，如虎如貔。短后衣，曼胡垂，远山一抹蔚蓝旗。四解绿阴中，凯奏歌声美，芦管清笳沸。四海乐昌期，万国图《王会》。马如龙，迤逦车如水。马

如龙,迤逦车如水。五解

《整貔貅》第三　整貔貅,顺天因地。依山建垒,制胜争奇。郑鹅越雁,鹳鹤兼鱼丽。箕翼张舒,常山形势用神机。太乙阴符秘,先天遁甲奇。牝牡方圆,纵横斜锐,变化从心起。左戟戈,右雄战,朱矰丹羽去忘归。朝阳舒画旗,柳叶贴青骊,车书万里同文轨。

《河清海晏》第四　河清海晏,茶村犬不喧。讲武训戎旃,幕府多雄健。韬钤有秘传,虎旅列戈铤。村吹霭暮烟,钲鼓竞喧阗,郊原自晏然。轰雷制电,端的是,有征无战,有征无战。

《辇路平》第五　辇路平,锦队开,宾纛悬,日丽风和瑞气鲜。前旌载鸣鸢,春旗曳柳烟。遥听处,唤晴鸠,唬杜鹃。宝剑珊弓,缤纷在后先。气雄边,花飘柳叶鞯,鞭敲锦连钱。钲鼓声,队队悠扬出远天。农夫自力田,村童自笑喧,望前驱,早度夕阳川。望前驱,早度夕阳川。

《景清明》第六　景清明,万汇苏,云物焕皇图。集祯符,羽仪络绎在春田驻。

《圣武光昭》第七　圣武兮光照,玉烛兮时调,秋狝冬狩建旌旄。曳虹旃,四方永定乐清朝。珊弧久已囊,龙泉久已韬,句陈翊卫天枢耀。两阶干羽格有苗,埽尽橹枪舞舜韶。中天泰交文,教敷敷文教。

《皇风泰》第八　皇风泰,景物妍,元虬奕奕辰旒建。靡画旃,行炉霭细烟,落花香印马蹄圆,落花香印马蹄圆。

《庆云呈》第九　庆云呈,霞光绚,晴乌唬芳甸。柳芊绵,风来絮颠柔丝罥。盛世多清晏,颂尧年,祝尧上。

《象天行》第十　象天行,玉辇金根。扈宸游,万骑云屯,角弓箫鼓声相竞。美车攻,之子于征。简车徒,有闻无声。一解际升平,清毗芳塍。庆三农,百室盈宁,羽旗芝盖参差映。念民依,还厪皇情。乐清时,尽戴皇仁二解

《虹流华渚》第十一　红流华渚,星辉电绕枢。庆长庚灿烂,祥云氾濩,巩皇图永固。非烟非雾,非烟非务,东海扶桑,日里金乌。萧

索轮囷,楼台殿宇,天酒凝甘露。烟云杳霭中,广乐钧天,尽向风前度。时清每赐酺,民乐还蠲赋。喜随天仗,跄跄济济,几多鹓鹭。

《皇都无外》第十二　皇都无外,更日月光辉。一统车书,祥麟在薮凤来仪。贡篚,筐琲珇文犀闻说青云千吕。岛屿平夷,是中土圣主当阳,喜辇下,还将八景题。一解卢沟月晓,更西山雪霁,瑞色熹微,金台夕照曳余晖。太液池,万顷玻璃。还有居庸叠翠,峻岭崔巍。崔巍,玉泉虹,琼岛春云,蓟门外,空濛烟雨飞。二解

《夏谚歌》第十三　夏谚歌声遍九垓,又见山重复,水萦回。相风高指静尘动作,者的是,万国春台。歌元首明哉,歌股肱良哉,懋哉,庶事康哉。喜銮舆到来,喜銮舆到来,靡鱼须,桑罢霭。度高原,龙旗沛沛。彲宸襟,周览徘徊。彲宸襟,周览徘徊。识民心爱戴,民俗和谐。华封人,祝三多,红日近尧阶。从今后,祝皇图千秋万载。

《芳塍曲》第十四　看取芳塍锦甸,长楸古道,细柳清泉。风来霹雳拓弓弦,日华组甲飞晴练。吟猿落雁,垂杨已穿。红阳紫燕,蚁封又旋,军容煜耀如雷电。一解畋猎无非习战,车攻四牡,王制三田。五犯曾咏《召南》篇,七驺用戒司徒演。兽肥草浅,龙旗有虔。批颐拯额,虎贲载旋,驾言行狩遵先典。二解

《渥洼曲》第十五　渥洼中,珠雾氤氲。天产龙媒,苑蓄祥麟。命臧圉,办其物色,时其刍秣,万骑骁骁。瞳夹镜,竹批耳峻,权协月,风入蹄轻。绿蛇卫毂,紫燕骈衡。聘长途,人马相得,如圣主之得贤臣。

《美留都》第十六　美留都,崇俭法陶唐,大政当阳,十署雁分行,谘诹政事肃官常。饰棁檻,无烦刻镂;列棼橑,无取焜煌。珊瑚琳碧,何似茅茨土墙。符帝军,太乙连中央,纪元建号承天贶。启皇图,居尊驭极从民望。灵台云物纪嘉祥,五纬丽文昌。覆四国,迄八荒。瞻云就日咸归向,咏德歌风寿且康。一解金塘屹立平原旷,佳气皇居壮。天文属尾箕,地脉开蓬阆。郁葱葱,与柱轴,同轮广。郁葱葱,与柱轴,同轮广。二解

《溯兴京》第十七　溯兴京,实帝乡,艰难开创。奠中原,覆万

方，太平休养。水源木本，继序不忘。我受命溥将，率由旧章。勤祀典，不愆不忘。无怠无荒，维新旧邦。辑瑞玉，载弁奉璋。来亭来王，一轮红日拥扶桑。广乐记铿锵，歌燕镐，莅明堂。云移北斗成天象，酒近南山作寿觞。覃四国，迄八荒。瞻云就日咸归向，咏德歌风寿且康。一解周岐汉沛宁相让，觐天颜，和日霄，胥瞻仰。觐天颜，和日霄，胥瞻仰。二解

《格皇天》第十八　格皇天，民顺心，声灵赫濯云霓望。明丁百六，余分闰位，积浊天常。肃天威，一埽欃枪。定两翼，列旌旗，分八行。黄白红蓝如砌锦，东西相次，自北而南，如山岳，各为一行。握奇经，天元地黄。四奇四正，包罗造化洞阴阳，风云离合无恒象。纵横八卦，变化无方。握神机，位在中央。法河鼓，先登上将。在九星，如珠斯贯，右九星，屈曲如匡，中权玉斗安牙帐。砺戈矛，器甲精良。勋臣功绩在旗常，夑伐藉鹰扬。庙算长，军容壮。指挥大定，牛辞皂栈归桃野，马脱金羁卧华阳。一解师贞协吉天成象，圣武兵须讲。威加四海清，恩逮千夫长。看中林，寔肃肃，干城将，看中林，寔肃肃，干城府。二解

《大凌河》第十九　大凌河，爽垲高明。被春皋，细草敷荣。擢纤柯，苜蓿秋来盛。一解溜春泉，淙淙玉声。汇广泽，水净沙明。注辽河，一派澄如镜。二解宜畜牧，牝马在垌。甘水草，虻蚋不惊。岁蕃孳，刍秣无违性。四解选龙媒，曜采何精。翻紫燕，耸鬣长鸣。或乘流，沂浅过沙汀。五解志倜傥，产自幽并。控奚官，首络黄金，或轻狷，万里志长征。六解或踸踔，凭骄怒生。或偃卧，丰草长林。或就浴，潋滟玻璃净。七解或击树，身间体轻。或俯龁，沙肥草馨。或惊驰，似畏珊鞭影。八解或举足，迟回未行。或竞步，浮云共征。或骎骎，蹀躞青莎径。九解或权奇，高颡露睛。或深稳步远视明。或携驹，汗血天地孕。十解喜昌时，泽马效灵。十二闲，并毓房精。驾鼓车，远方还纳贶。十一解万年基，海宇清宁。皂飞黄，鸾辂和鸣。简巡游，不贵驹骄骏。十二解

《狩于原》第二十　狩于原，素节商秋。日华宣，月金波。山川

如绣。曳明月，靡鱼须，用三驱，载驰载骤。一解 骎褰骖如舞，遝衢去
若流，亭童羽荷遵灵圃。月满乌号劲，沙融露草柔。二解 师执提，工
执鼓，夏苗迄春蒐。觳麋颓，赞猛愁，太白其左天狼右。凤驾于原，
歼禽殪兽。三解 言观其旗，参偃风斿。言观其马，乘骃玉蚪。从戟矛，
袆继韝。兽惊人怒声啾啾，猎围日落风悠悠。四解 雨兽风禽，贯胁揣
喉。目电闪，腥云浮，濡濡一映吹剑首，序属三秋，严凝气挚，木叶山
寒翠幄稠。五解 执矢箙之，于维繁弱弓，执糜啄之，于维屈卢矛。以
作六师，医岂从禽谋。宣帝德，焕神獌，泰阶奕奕综乾纽。六解 红云
随过翠，紫气傍行辀。山似黛，水如油，清初鸣笳马上讴。伊州凉州，
华鲸撞处灵夒吼。七解 习五戎，命七驺，司徒搢扑施车罦，扬清鞞，
著岑牟，兽臣拜贺同于狩。一岁三田昭典礼，豳歌狐貉为公裘。八解
云峰绕，宸幄稠。壹发五豝，奉时辰牡，傿傿俟俟如山阜。面伤禽不
献，蹠掩迹斯求，贵人贱勇垂王獀。九解 驰深鼓利楄，趋险鸷飞辀。
塞�蠓，城筈筬，既长既溥肇公刘，云赫万国巩千秋。十解 苞杍兑
矣，析木之陬。于穆原庙，皇矣珠邱。时祭涓孝乡，对扬锡宏休。荐
芳还讲武，玉辂统貔貅。十一解 鸭绿之江绿波流，长白之山白云浮。
于京斯宅，东序陈天球。法驾莅陪都，熙啻飏道游。汤纲开三面，
《驺虞》化右伻。十二解 丸丸百尺松，郁郁千章楸。蛟龙夐遁藏，豺兕
供犯塍，天闲上驷来庭厩。来庭厩，造父执靶，王良挟辀，睥睨周朝
八骏游。十三解 温都鲁，帧沟娄。量衡皇度式，膏泽帝功流。永千禩，
光六幽，星分箕尾揭蚩尤。灵威震叠，《兔罝》肃肃皆公侯。四解 午酉
吉日诹，金德常刚大火流。皇之士，尽好仇。皇之佐，升大猷。凤仪
廷兮麟在数。献之天子，万邦其揉。十五解

《日上扶桑》第二十一　日上扶桑皇风邕，日上扶桑皇风邕。湛
露溙，金茎仙掌。圣天子，正当阳。丕显丕承，六合中，恩膏广。舟
车至，尽来王。睹一统，太平真有象。一解 叶《车攻》，咏时昌，一朵红
云六龙降。簇千官鹭序，万队鸳行。争夔击，钲镯丁东；纷熙啻，旌
旗摇漾。鸿庞兆姓天颜仰，齐道是春台上，齐道是春台上。二解 翳华
芝，排仙仗。拥貔貅，万骑腾骧，辉煌从龙应列象。纷斝斝，环卫句

陈隔御光。纷罴罢环卫句陈隔御光。皇威朗，夏谚祝，吾王游豫；《周官》纪，天子巡方。三解王路砥，骤康庄，除道清尘坦而荡，似观河刻玉，比踪陶唐。敷教化，帝德邮传；奉琛赆，臣心葵向。鸿庞兆姓天颜仰，齐道是春台上，齐道是春台上。四解调玉烛，乾坤清朗。幸遭逢，时巡狩，恩施浩荡。波翻翠，潋滟皱银塘。压黄云，葳蕤摇绣壤。同欢庆，丰年绥万邦。五解属车相望，选胜徜徉，灵风荐爽，引鸾旗，引鸾旗，转龙旂飘扬。拥耆民，欢心合掌。天麻和畅，稽首颂，九如章。鞠胜晋，万年觞。六解乍洽宸襟延睿赏，喜遥临，玉辂翠幌。喜遥临，玉辂翠幌。康衢畔，击壤交赓唱，圣寿无疆。亿舜日，矢橐弓韔，万尧年，凤舞麟翔。道敷天，道衷时，令典煌煌。风行地，籈省方。永怀柔，时迈其邦。省耕敛，万井蒙休养。省耕敛，万井蒙休养。猗欤庆熙朝，奉圣皇。七解表里山河鸿图广，洵莫敢不来享。修革和鸾，旌旗央央，化日高悬正舒长。天可参，地可两。天可参，地可两。八解合相轻，汉武横汾上。示从禽，惩舍往。旆以为辕，兰以为防。饬司徒，厉饰军实壮。不以火田，不献面伤。驾龙文，腾空旷。九解列斯青庐，还开玉帐。秩山川，同衡量。沾锡赉，咸胥畅。旌霓修虹，奉皇欢，休征叠觌。奉皇欢，休征叠觌。十解紫瑞气，天和酿。到处是上林春满望。花傍辇，若含�，含哟倾珠囊，洗尘鞅。奏韶英，典太常，霏雾雨，觅霭炉香。真遍世界，恩流德洋。看雕题漆齿咸稽颡。悬笑绍圣绪，迈前王。十一解升平宇宙年丰穰，勤补助，天工人亮，遥听嵩呼万岁长。十二解

《九五飞龙》第二十九　九五飞龙，庆时乘，九五飞龙。久万里锦江山，归大一统。今皇绍圣绪，克缵丰功。望如云，望如云，就是日垂裳端拱。寅亮天工，寅亮天工，尽梯航，齐来朝贡。一解万象辟鸿濛、趋轶姬《风》殷《颂》。修文偃武，履帝位，明目达聪，卑唐跨宋。亿万年，大宝金瓯巩。纰缦缦，沉瀣霏微，艳晶晶，旭日昭融。二解阅五载，礼成巡狩叶《车攻》，《练时日》，卤簿盛威仪。盛威仪，未央月晓度疏钟，徐张雉房屋，缓启铜龙。纷杂沓，千官前导鸾旗罃。师师济济，万灵呼拥。奉皇欢，五色云车动，从于迈，恩泽纪庞鸿。从于

迈，恩泽纪庞鸿。三解时雍万福来同，侍臣珥笔从容。昀昀禹甸，几
多甘雨和风。天颜有喜，焕宸章，挥洒腾麟凤。若云汉，倬彼昭回，
墨宝千秋珍重。四解或有时甘露珠垂，或有时甘露珠垂，或有时醴
泉玉涌。或有时泽出金车，或有时山开，山开得者银瓮。惟至圣，足
有临兮足有容。诚不显而笃恭。上云峰，鸾辂轻移，上云峰，鸾辂轻
移，凌日观，修鸽载咏。五解香炉傍日温，属车瑞云涌。看野陌，黍禾
如梁积，祝无疆，跻堂豳人颂。敷德化，民风沕穆，喜到处，时和也更
年丰。编氓遍沾膏、雨，听欢呼，自南自北自西东。六解规制度，衡量
同，式震叠，琛球贡。率遐迩，北暨恒山，率遐迩，北暨恒山，西至流
沙，南被交邕。典礼咸修，裳华胥叶，声灵神悚。信长此献嘉符，振
麟仪凤。七解百联猗欤式序，百禄宣其式总。于绎哉，永绥民，于皇
哉，允执中。时巡幸，虎贲扈从。从律奏，声谐八风。从丕冒，率俾
提封，编氓，遍沾膏雨乐饔飧，自春自夏自秋冬。八解重熙累洽如天
永，荡荡巍巍郅隆，翠辇行来紫气拥。九解

《圣德巍巍》第二十三　　圣德巍巍洽九天，大启文明会，景福绵
熙和民物更鲜妍。丽紫垣，策星夜动，鸾旆发郊原。一解河清海晏，
王道正平平，思文谟武烈，丕承丕显。缔造巍然，监于成宪，其永无
愆。二解万方宾服仁风扇，义问昭宣，雕题凿齿，重译来朝献。东风
便，黄支乌弋识时先。更白狼元菟，金马朱鸢，尽入版舆远。三解声
教无边，亘九垓，探八埏。陟尧封，过禹甸。抚殷土，历周原。渐被
暨讫，仰清光，北斗高悬。四解崆峒山色翠如烟，访道人非远。姑射
有神仙，饮风吸露，绰约婵娟，乘云气，御青天。有虞氏，亲巡遍。五
解薰风拂五弦，养恬乐利，到处桑麻鸡犬，含哺鼓腹，风光堪羡。吉
蠲，采风问俗非法驾，清跸税桑田。六解游河五老蹁跹，紫极光连。
袖里图书一卷，齐向丹陵献。八骏踏云烟，飞雷掣电，《黄竹》诗篇，
瑶池清燕。七解稽古想前贤，端垂玉冕，属车香里，晓发冲开宿雾
天。霓旌卷，兰生殿，佳气满平川。八解岱岳齐天，七十二君曾驻辇。
泰山梁父云亭，肃然崇封禅。金泥印，绿文玉检留丹篆。九解羽林周
卫锦袍鲜，万骑骖驔隐见。黄云马足，白日松颠葱茜。贝叶三花，石

芝五色,摇漾拂寒烟。十解虹旃彩仗五云连,柳映旌门,在镐承周
燕。鸣鸾幸代,旌盖横汾,中流箫鼓振楼船。十一解乘乾位,在德之
元。八卦陈,九畴衍,皇极居中建。圣帝明王,一游一豫,芳躅古今
传。十二解升平无事岁三田,临之《王制》,考之《风雅》,冬狩秋狝。
先期戒事,虞人掌焉。后道斿,前皮轩,璧贯珠联。十三角训典昭然,
时巡是五年,云沙辇路芊芊。德音腾赤县,骊龙作马,日月为旗,霜
原玉作田。盘营风辔,铙歌一阕。霓咏大罗仙。十四解

《蹀躞游龙》第二十四　蹀躞游龙,亭童羽荷,莅止青野翠郊。
看荡漾,朱旗金瑎,五色瑞云飘。选吉日,正丽景含韶。好青春,是
朝廷有道。好青春,是朝廷有道,飙轮霓烛映星旄。洽宸襟,诗歌蓼
萧,云标宝翰摛天藻,皇衢庆霭笼霄。一解恩威阊泽敷八表,百昌万
类,咸荷钧陶。西被东渐,声灵远耀,用观民而设教。元良颂,凡有
血气者,罔不孚,尊亲戴,甘露降,荣光绕。五云中,尽瞻天识赭袍。
二解长路波回兮峰绕,航海梯山匦包茅。乌弋黄支,绝域齐来到。荷
天恩,函大造。婆娑起舞,欢欣醉饱。舌人重译,感天恬冒。一游一
豫民欢乐,招音作,征与角君臣赓歌仰熙朝。三解骑竹童,扶鸠老。
万年清晏市恩膏,回辇深恩承细草。四解

《庆皇图》第二十五　庆皇图,肇域燕都。重熙累洽,圣化覃敷。
玉烛调,金瓯固,巡方兮,继迹有虞。一解圣人之生,首出庶物。握乾
符,膺宝录。载歌天保,何福不除。升恒兮,日月居诸。二解宏九有,
入三无。惠烝民,膏泽涵濡。迁善不知,衢歌巷舞。嘉祥兮,磅礴扶
舆。三解惟天之瑞,庆云甘露。日有重光,星有连珠。惟地之瑞,泽
马山车。醴泉兮,喷若醍醐。四解惟草与芝,或紫或朱。惟凤与麟,
或七或五。金船银甖,游于王所,嵩高兮,万岁长呼。五解于皇乐胥,
抚兹疆宇。思武之烈,思文之谟,念彼《车攻》,载于《石鼓》。吉日兮,
申有三驱。六解礼官整仪,羽骑星敷。有旗有旐,有旜有旟。为龟为
蛇,为熊为虎。振振兮,匪疾匪徐。七解习习祁祁,和风甘雨。稷翼
翼,黍与与。屡惟丰年,食我农夫。农夫兮,瞻望乘舆。八解翠华斯
举,香惹御炉。白云出封,青云干吕。櫜枪为阛,明月为堵。尘清兮,

环卫周庐。九解惟春有补，惟秋有助。所其《无逸》，以游以豫。圭璧
金锡，思我皇度。皇皇乎，一统车书。十解相彼东山，启我土宇。奄
有四海，缵禹旧服，圣圣相承，以笃清祜。卜年兮，无疆之祚。十一解
凤辇所经，瀼瀼湛露。五行式序，庶草蕃庑。帐殿从容，鼓吹和愉。
虎拜兮，箕畴敛福。十二解

《万国瞻天》第二十六　　万国瞻天，庆岁稔时昌。灿祥云，舜日
丽中央。翁河乔岳纪诗章，附舆执靶标星象。胥莪极，复陈常，正恩
威克壮。奉金根陟向，奉金根陟向。帝心昭格皇仁广，和铃戛击和
鸾响。德化风行草上，刑措兵销，绩熙工亮。一解春省秋省轸吾皇，
轸吾皇，句陈肃穆出瑶闾，业花练绕时和盎。时和盎，闪龙旗，浑浑
扬扬。闪龙旗，浑浑扬扬。羽林挟毂骤云骧，式仪容，玉琢金相。二
解村村绘出升平象，丰亨原野裕仓箱。一自龙舆降，九阊诀荡仰龙
光。风淳俗美，泉水都廉让。都廉让，成功奏，退轨迈陶唐。三解莅
春郊，鸟喉花笑，税桑田，晨正农祥。繁华触处艳青阳，省耕助，洵匪
几匪康。四解序入恢台当盛长，雨肥梅还酾，清阴麦风凉。乔云翔，
眷言万汇咸敷畅。芰荷香带御炉香，圣情悦豫堪延赏。五解瞩秋原，
秋气爽，导銮舆，黄菊香初放。跻公堂，稍觅觎。金凤玉露叶湑棠，
万寿祝无疆。六解乾亥风刚，巽辰日朗，礼垂冬狩排仙仗。时纳庆，
岁迎祥。时纳庆，岁迎祥。沛殊恩，沾浩荡，王辂听锵锵。酒醴笙簧，
饮尧尊，歌舜壤。七解以豫以休，引恬引养，黄童白叟欣瞻仰声教讫
被遐方。宣馨香，纷肝蟹，八骏尽调良。云锦铺张，统车书，同衡量。
统车书，同衡量。八解宸游睿藻来天上，覃闾泽，恩波演漾。喜起遘
明良，雝喈相协响。九解

《昊天命》第二十七　　昊天有成命，受此丕基。武烈文谟，式谷
是贻。曹曹我皇，克缵鸿规。敷天哀对，馨无不宜。一解钦若昊天，
敷时绎思，求民之莫，夙夜其咨。迄用康年，维星协毕与箕。既富且
谷，迪彼秉彝。圣敬日跻，帝命式于九围。二解宪宪令德，抑抑令仪。
纲纪四方，函泳圣涯。率由前模，惠泽勤施。民之攸塈，如取如携。
如取如携，迪教不违。皇帝圣神，天锡英姿。听聪视明，法式生知。

并包蓄养,解愠弦挥。仁溽施厚,元气淋漓。千秋万岁,复觏似与姬。三解百姓昭明,五典慎徽。浣濯甄陶,沁骨浃肌。如彼田畯,亦既敷菑。如彼室矣,亦涂塈茨。皇心统天,品物咸资。维嘉维时,乐矣鱼丽。四解翩翩之鸿,言渐于逵。暠暠之鹭,言集于湄。蔼蔼王多吉士,赤芾祁祁。束修其躬,慎乃枢机。左右天子,盍簪勿疑。五解嶢然双阙,晏然三陲。端拱明堂,默运璿玑。礼陶乐淑,俗易风移。金仪测象,玉律定时。四野八荒。无封靡于尔邦,惟日孜孜。六解咨我三公,及尔庶司。岂敢怠安,无平不陂。建国亲侯,王者无私。卜云袭吉,昆命元龟。农事告成,秋以为期。倬彼云汉,奎毕井嘴。揆文奋武,营垒车骑。象纬昭回,圣人法之。以补以助,上继姚妫。亿万斯年,寿考维祺。整法驾,扬华旗。六军雷动,万马星飞,白山嶒嶒,绿水溅溅。骍牼至,凤凰仪。于疆于理,皇心则怡。七解渺渺川原,坦然迤逦。遗秉滞穗。如京如坻。各峙乃粮,以飨我师。鸟兽充牣,硕大蕃兹。莫不振叠,永藉保厘。七驷既驱,万众咸随。镯镯鼓铎,幡然旌麾。逐兽追禽,大战长钘。为铙为镯,载常载旗。左律右钺,平有司。瞻彼翠华,朱英蕤蕤。星旗月钑,锦绂珠羢。礼百神,奠四维。王用三驱,勿竞厥威。我求懿德,允王保之。八解张皇六师,如虎如罴。天休震动,周道驱驰。策勋在庙,莫不寅威。戢干韬矢,说礼敦诗,天子是毗。九解灼灼芙蓉花,毵毵杨柳枝,旛旐婀娜,昼龙与螭。干盾腾拏,逐豹与麇。湛湛甘露,酌以玉卮。陛下千万岁,抚御万国归衔羁。十解《王会》有图,天葩芬奇,交閟赤帝,元缥碧基。文鼋大蟹,孔乌皋鸡。貐冠尊耳,露大星施。白鹿黄骐。献其貔皮。在彼泽宫,璧水泱泱。树尔侯矣,射熊与貍。槐宸高耸,棘路明熹。鸣莺驻罕,丽日和飔。四牡骙骙,以车伾伾,饮至言归。十一解骖四鸾,驾六螭。彤云分五老,珠露渑三峗。访姑射,拜希夷。执衡与规,循理因资。昭假迟迟,恭己无为。十二解诞敷文德,怀柔神祇。天命靡谌,念兹在兹。周原稼穑,小民之依。蠲租赐复,王言如丝。裁成辅相,于铄纯禧。首山之阳,毋采尔薇。商山之颜,毋采尔芝。三老五更,惠和宣慈。有冯有翼,尔性尔。弥。祖而割牲,谦谦是扨。示我周行,瑟鼓笙吹。十三解蠹蠹恒山,幽冀之治。绛云紫霞,歧歧巍巍。青书绿笈,神所护持。包王孕帝,驾轩铄羲。元泉神草,瑞勒丰碑。爰命太常,爰诏后夔。式祀上帝,乡以驿牺,献琼璧,奏《咸池》。奎联璧合,星斗陆离。洞箫玉琯,凤羽麟差。十四解中泽有葵,南山有棂。岂弟君子,佩玉履綦。遭逢明盛,文焕功巍。三坟五典,煌煌丽辞。愿续《雅颂》,永镇厘屦。十五解

乾隆二十五年,平定西陲,《凯歌》四十章

睿谟独运武功成,天柱西头奏永清。候月占风传自昔,试听今日凯歌声。其一往岁伊犁振旅回,名王尺组就俘来,天西月窟咸星拱,戎索遥从昧谷开。其二狼狈相兼弟与昆,虏廷久絷两花门。九天忽遇王师下,破械先施再造恩。其三赐归旧部宠荣多,俾抚残戎释纲罗。但使祁连山作砺,不教蒲类海扬波。其四何期鹰眼终违化,翻肆鸮音煽逆尘。朔草并沾天上露,黄沙偏负塞坦春。其五恢天纲本来宽,稔恶诛锄务欲殚。宵旰从容宏庙略,偏师重进取凶残。其六梯冲烈烈库车垣,逋寇仓黄竟返奔。那识降人急献款,亡巢徼幸漏游魂。其七虎符申命下丹霄,壁垒旌旗焕一朝。顿觉三门新气象,元戎更拜霍嫖姚。其八一军早定沙雅尔,百堵旋收阿克苏。万里风驰还电埽,大兵直压贼城孤。其九蚁结蜂屯三阅月,熊蹲虎踞一当千。如山军势原难撼,丑类空教倒戟旋。其十橐囊不待里粮行,早喜因粮在敌城。奇应何须惊雨粟,地留火米待神兵。其十一天浆那挹斗杓盈,陆海茫茫疏勒城。忽报巡泉随井渫,满营歌舞拜王明。其十二鼯鼠从知技已穷,著林飞炮响随风。铅丸拾得还奸寇,翻为天朝助火攻。其十三天厩飞腾万骑来,追风已过拂云堆。更番士卒符神算,恰作奇兵拔垒回。其十四六城唇齿扼和阗,一夕降旗因垒传。五里何妨迷涿野,转乘霡雾靖狼烟。其十五群番秉令尽从风,联部扶携厥角同。重译献来回字表,喜为臣仆象胥通。其十六绣旗乍卷锐师分,戈壁风沙结暮云,半夜贼营齐破胆,惊从天上下将军。其十七腹背交攻攻并力,爪牙尽挫挫安逃。天风吹荡蚍蜉阵,伏穴潜藏似犴牢。其十八叶尔奇木门洞达,哈什哈尔城崔巍。此间风景古未识,祗今

惟有天兵来。其十九缠头夹道拜旌旗，泂泽扬沙久赫曦。最是神奇
回造化，雨师今亦迓王师。其二十久传妇子望云霓，今听欢呼应鼓
鼙。跪奉雕盘争献果，葡萄蒟酱比难齐。其二十一殊方何幸戴尧天，
从此坤城列市廛。薄赋但孝供苜蓿，同文先为易金钱。其二十二劲师
分道袭刀环，转战经时草木殷。入夜穷追声影绝，山头明月一弓弯。
其二十三万众争先虏气销，呼声天半落盘雕。至今人过伊西洱，犹觉
轰霆撼碧霄。其二十四旧闻天宇原知向，今眚神锋不可撄。一一颓颜
尽泥首，夜来刁斗静无声。其二十五阵合将军飞羽箭，战酣勇士掣琱
戈。降戎奉檄皆鹰犬，兔走山前得脱麖。其二十六残生暂保齐那尔，
狡窟难寻呷布孩。白鹊旗高函逆首，都丸亲奉凯书来。其二十七虮肺
蜷肔自不支，亲离众叛欲何之。轻刀砍阵蹂轻骑，又报分张贰负尸。
其二十八奏捷星驰绝域书，御园云物小阳初。葭灰未动春先到，应瑞
花争四照舒。其二十九送喜璇闱昼正长，共邀慈福乐时康。武成敬颂
无疆寿，锡类同瞻日月光。其三十山川竞说《方舆记》，风土争传《王
会图》。此日西维逾二万，昆仑犹自在东隅。其三十一默伽乐国旧曾
橅，岂谓还成井底蛙，自此天方增喜色，真教土宇属天家。其三十二
旭日曈昽元象开，八纮七政在璇台。噜斯纳默知钦若，同向冀阶奉
朔来。其三十三万古冰山雪巘间，尽教职贡附朝班。落梅何处春风
笛，一路笳冲接玉关。其三十四献馘肤功纪泮林，天章更勒远山岑。
祇看云汉昭中外，字字唐虞二典心。其三十五功成始仰庙谟神，测海
扪盘见未真。崇论昭宣聋昧觉，共钦至理析天人。其三十六泰坛琼璧
陈天贶，清庙圭璋告大猷。盛典辉煌群祝嘏，皇心肃穆自凝厘。其三
十七日丽风暄敞凤楼，九霄丹诏瑞云浮。敷天湛露恩施溥，奏凯声
中恺泽流。其三十八骏烈都从睿断成，登三咸五总难名。祇今尺箠收
天外，岁籥才看第五更。其三十九舞羽櫜弓偃六师，策勋饮至拜丹
墀。小臣愿谱《鸣笳》曲，珥笔惭无《朱鹭》词。其四十

乾隆四十一年，平定金川，高宗御制《凯歌》三十章
廿四十秋夜丑时，木兰营里递红旗。本来不寐问军报，孰谓今

宵宛见之。其一其千里外路迢遥,向十余朝兹八朝。可识众心同一志,嘉哉行赏自宜昭。其二贼巢最是勒乌围,甲杂小连噶喇依。破竹势成应不日,速传捷信愿无违。其三行营半夜那来喧,即是红旗到叙门。五载勤劳同上下,鸿勋集总沐天恩。其四红镫一点引红旗,顷刻行营人尽知。旧部新藩同贺喜,古来报捷可如斯。其五成言原有付儿行,一见红旗即奏将。虽是慈心早知喜,更驰侍卫报山庄。其六一破贼巢飞骑驰,未遑详细尽陈之。将军宣力应优赐,先示端倪加勉宜。其七前次受降惟戡斧,今番报捷乃犁庭。敬承天眷能无慰,未至武成心未宁。其八宵衣惟吾理合然,喜而不寐那能眠。乃知展齿事诚有,较彼殊犹高下悬。其九三捷盼来一月间,此时军务正相关。执渠埽穴歌耆定,伫待郊台奏凯还。其十甲午桃花寺跸停,军书正此俯窗檽。幸哉今日仍凭处,绿柳中飞一点星。其十一勒围报捷夜行营,重值上陵昼返程。一刻万人齐色喜,光明日月永销兵。其十二三穴犹延一月余,六军奋勇岂饶渠,周遭火器炽攻处,早烂区区釜底鱼。其十三旬余栈驿八朝至,一片红旗万马飞。夹路群番喜且惧,国之庆也国之威。其十四险恶山川靖枭獍,邪深机阱绝根株。从今番部都安堵,强食奸欺自此无。其十五蚕丛绝险隐妖氛,百战功成古未闻。鼙鼓冬冬声凯献,羌儿稽首送将军。其十六坚碉林立万重山,破险冲锋历尽艰。奏绩都资军将力,红旗一道入桃关。其十七姜维征处号维州,艳羡戎人谣语留。今日勒围为内地,无忧城果是无忧。其十八盼捷经冬复入春,垂成偏觉意屦频。今宵料得方安枕,明告慎哉用武人。其十九流离此日穴巢倾,耆定从兹可罢兵。歌莫教容易听,五年功幸一朝成。其二十郊台仍是此郊台,何幸重修盛事来。漫谓数年经契阔,精神注似日相陪。其二十一勋臣率拜列灵旗,军士鸣螺赫武仪。乐奏铙歌行抱见,诘戎家法万年垂。其二十二己巳班师本受降,庚辰郊劳典鸿庞。放牛归马予素志,凯献何期此见双。其二十三准部回城定五年,金川小寇亦如前。嘉邓将士久敌忾,不觉对之增恻焉。其二十四地险加之众志坚,林碉步步载而前。小于昔事难过倍,慰意恒因意恫然。其二十五凿穴而居避火器,终于面缚出蕃城。贪生蝼蚁固如此,聚族将焚语岂诚。其二十六倏经于役五春秋,栈道崎岖似坦邮。夹路花红复柳绿,阿谁致悔觅封侯。其二十七脱却戎衣换吉衣,龙章示奖特恩稀。同心戮力还抢最,便解天闲赐六飞。其二十八兵洗金川永不波,潢池跋扈竟如何。良乡近远多黎庶,欢喜都来听凯歌。其二十九凯歌亦岂易为闻,五岁辛勤劳众军。我实未曾安午夜,几多忧虑与平分。其三十

　　乾隆五十五年,高宗八旬,吏部尚书彭元瑞集御诗为《万寿衢歌》三百章,帝自圆明园回宫,奏以前导。而内戢外攘,治定功成,群臣亦屡有奏御之篇。康熙二十年,叶方蔼上《皇雅》,曰《泾丘》十二章,美受降也;曰《关陇》十二章,平陇右也;曰《南纪》十一章,平闽也;曰《巨浸》十一章,平海寇也。徐嘉炎上《铙歌鼓吹曲》,曰《圣皇出》,皇帝受命也;《辽水奠》,平察哈尔之乱也;《安陇右》,平王辅臣也;《豫章翻》,定江西贼也;《扫七闽》,平耿精忠也;《海波平》,驱郑锦也;《平五羊》,讨尚之信也;《桂水深》,定广西也;《歼渠魁》,吴三桂死,逆党解散也;《洞庭湖》,平湖南也;《收成都》,平全蜀也;《克黔阳》,定贵州也;《定昆明》,诛吴世璠,平全滇也;《文德舞》,告成功也。凡一十四章。袁佑亦上《平滇铙歌》,曰《圣同天》,曰《出师初》,曰《皇矣》,曰《于铄》,曰《氏宙》,曰《昔夜郎》,曰《万方平》,曰《于都》,曰《审天心》,曰《山石》,凡十章。康熙二十三年,圣祖巡幸阙里。徐元文上《东巡雅》十三章。李振裕上《亲祠阙里雅》一篇。顾汧上《述圣政雅》,《东山》十章,《南勋》十章。金居敬上《驾幸阙里乐府》十二章。康熙二十八年,圣祖南巡,赵执信上《南巡乐府》,凡四章:曰《东南春》,道路无扰也;曰《岁星谣》,蠲租税也;曰《江水清》,吏知法廉也;曰《桃花然》,变民俗也。彭会淇亦上《南巡风谣》十章。康熙三十六年,亲征沙漠,厄鲁特遁,陈廷敬上《圣武雅》三篇,《惟天》十有一章,言初临沙漠,安边破敌,武功盛也;《皇矣》十有一章,言抚降人民也;《武成》十有一章,言擒孽歼凶,武功大成也。王士桢上《平北雅》一篇。杜臻上《平漠北铙歌鼓吹曲》:曰《扬圣武》,《神几

捷》,《峙金汤》,《蹈獮兽》,《天驷蝗》,《天行健》,《穿孤雏》,《伏天诛》,《衢歌繁》,《武功成》,《光芝检》,《陈王会》,凡十二章。陈论上《圣武功成铙歌鼓吹曲》:曰《圣武昭》,《行天讨》,《虔祭告》,《命将帅》,《嘉祥应》,《三出塞》,《广招来》,《大无外》,《凯歌还》,《辞尊号》,凡十章。宋骏业上《平北雅》:成命九章,言天子自将出塞,靖边尘,安万民也;《皇祐》九章,言天子再出塞,料军实,决机宜也;《天监》九章,言天子三出塞,凶丑穷蹙,服天诛,集大功也。沈涵上《圣驾北巡铙歌》四章:《抚万国》,言天威北指,厄鲁特远遁也;《乘法驾》,言大驾巡边,喀尔喀恳切输诚也;《紫坛高》,言德合天人,甘霖屡沛也;《六龙旋》,言还宫斋袚,亲诣北郊也。姜宸英上《平沙漠还宫凯歌》七章:《皇矣》,颂宸断也;《有山崔嵬》,述贞符也;《从军乐》,邮将士也;《绝大漠》,颂神武也;《二仪乐》,好生也;《雄狐》,美诸将能禀神算,成大功也;《歌凯旋》,乐寇平大驾早旋也。雍正二年,钱陈群上《青海平定铙歌》,曰《麋之穷》,《贼母俘》,《屈群丑》三章。乾隆八年,沈德潜上《谒陵庆成乐府》,曰《圣大孝》,《发銮辂》,《盛京乐》,《谒三陵》,《怀祖烈》,《礼成宴》,《群蕃朝》,《大狩阅》,《永锡类》,《六龙回》十章。万承苍亦上《帝鉴》十章。乾隆十四年,梁诗正上《平定金川雅》:《有绎》五章,美出师也;《戎车》四章,翦二竖也;《繁云》五章,番酋降也;《鸾镳》五章,告成功也。梦麟亦上《圣武远扬雅》一篇。乾隆四十二年,程景伊上《平定两金川雅》四篇:曰《苞糵》十章,缵拉肇衅,按旅组征,遂平之也;《寅威》七章,索诺木纳我叛人,守险拒命,简师济师,番戎机以摧坚锐也;《周陆》十章,师武臣力,克承睿策,悉俘群丑,武功成也;凯怿十章,圣武既昭,行庆秩典,中无疆也。雍容揄扬,第群臣之嘉颂,虽未颁乐官,而掌固有可纪者,附见于末云。

清史稿卷一○一
志第七六

乐　八

中和韶乐　丹陛大乐　中和清乐
丹陛清乐　导迎乐　铙歌乐
禾辞桑歌乐　庆神欢乐　宴乐
赐宴乐　舞乐

　　清代乐制,有《中和韶乐》、《丹陛大乐》、《中和清乐》、《丹陛清乐》、《导迎乐》、《铙歌乐》、《禾辞桑歌乐》、《庆神欢乐》、《宴乐》、《赐宴乐》、《乡乐》,器则随所用而各异,悉依乐部次第,胪列而备举之。所获藩属乐器,列于《宴乐》,古所未详,尤不可略。然第志其名称形制而已,若夫尺度声律,则有司存。

　　《中和韶乐》,用于坛、庙者,镈钟一,特磬一,编钟十六,编磬十六,建鼓一,篪六,排箫二,埙二,箫十,笛十,琴十,瑟四,笙十,搏拊二,祝一,敔一,麾一。先师庙,琴、箫、笛、笙各六,篪四,余同。巡幸祭方岩,不用镈钟、特磬,琴、箫、笛、笙各四,瑟、篪各二,余同。用于殿陛者,箫四,笛四,篪二,琴四,瑟二,笙八,余同。

　　镈钟,范金为之,凡十二,应十二律。其制皆上径小,下径大,纵径大,横径小。乳三十六。两角下垂。十二钟各虡,大小异制。黄钟之钟,两栾高一尺八寸二分二厘,甬长一尺零八分,以次递减至应钟之钟,两栾高九寸六分,甬长五寸六分八厘。黄钟之钟,十一月用之;大吕之钟,十二月用之;太簇之钟,正月用之;夹钟之钟,二月用之;姑洗之钟,三月用之;仲吕之钟,四月用之;蕤宾之钟,五月用之;林钟之钟,六月用之;夷则之钟,七月用之;南吕之钟,八月用之;无射之钟,九月用之;应钟之钟,十月用之。钟之簨虡凡四,皆涂金、上簨左右刻龙首,脊树金鸾,味衔五采流苏,龙口亦如之,下垂至跗。中簨有业,镂云龙。附簨结黄绒纠以悬钟。左右两虡,承以五采伏狮。下为跗,跗上有垣,镂山水形。黄钟、大吕、太簇三虡尺度同,夹钟、姑洗、仲吕三虡尺度同,蕤宾、林钟、夷则三虡尺度同。南吕、无射、应钟三虡尺度同,用时不并陈,如以黄钟为宫,则祇悬黄钟之钟。余月仿此。

特磬,以和阗玉为之,凡十二,应十二律。其制为钝角矩形,长股,谓之鼓,短股谓之股,皆两面为云龙形,穿孔系纠而悬之。十二磬各虡,大小异制。黄钟之磬,股长一尺四寸五分八厘,鼓长二尺一寸八分七厘。以次递减,至应钟之磬,股长七寸六分八厘,鼓长一尺一寸五分二厘。愈小者质愈厚,黄钟之磬,厚七分二厘九豪,递增至应钟之磬,厚一寸二分九厘六豪。黄钟之磬,十一月用之;大吕之磬,十二月用之;太簇之磬,正月用之;夹钟之磬,二月用之;姑洗之磬,三月用之;仲吕之磬,四月用之;蕤宾之磬,五月用之;林钟之磬,六月用之;夷则之声,七月用之;南吕之声,八月用之;无射之磬,九月用之;应钟之磬,十月用之;磬之簨虡亦四,惟上簨左右刻凤首,跗饰卧凫,白羽朱喙。十二磬不并陈,当月则悬其一,与镈钟同。

编钟,范金为之,十六钟同虡,应十二正律、四倍律,夷则、南吕、无射、应钟各有倍律。阴阳各八。外形椭圆,大小同制,惟内高、内径、容积各不同。实体之薄厚,以次递增。第一倍夷则之钟,体厚一分三厘三豪,至第十六应钟之钟,体厚二分八厘四豪。簨虡涂金,上簨左右刻龙首,中、下二簨俱刻朵云,系金钩悬钟。两承以五采伏狮,下为趺,镂山水形。

编磬,以灵壁石或碧玉为之,十六磬同虡,应十二正律、四倍律,与编钟同。阴阳各八。皆为钝角矩形,大小同制。股长七寸二分九厘,鼓长一尺九分三厘五豪,惟实体之薄厚,以次递增。第一倍夷则之磬,厚六分六豪八丝。至第十六应钟之磬,厚一寸二分九厘六豪。簨虡制同编钟,惟上簨左右刻凤首,趺饰臣兔,白羽朱喙。

建鼓,木匡冒革,贯以柱而树之。面径二尺三寸四厘,匡长三尺四寸五分七厘,匡半穿方孔,贯柱上出擎盖,下植至趺。盖上穿下方,顶涂金,上植金鸾为饰。承鼓以曲木,四歧抑匡,趺四足,各饰卧狮。击以双桴,直柄圆首,凡鼓桴皆如之

篪二,皆截竹为质,间缠以丝,横吹之。一孔上为吹口,五孔外出,一孔内出,又二孔并间下出为出音孔。管末有底,中开一孔,吹孔上留竹节以闭音。一姑洗篪,径八分七厘,自吹口至管末,九寸九分五厘九豪,阳月用之。一仲吕篪,径八分三厘二豪,自吹口至管末,九寸五分二厘五豪,阴月用之。

排箫,比竹为之,其形参差象凤翼。十六管,阴阳各八,同径殊长。上开山口单吹之,无旁出孔。自左而右,列二倍律、夷则,无射。六正律以协阳均。自右而左,列二倍吕,南吕,应锺。六正吕以协阴均。管面各镌律吕名,纳于一椟,而齐其吹口。椟用木,形如几,虚其中以受管。

埙有二,烧土为之,形皆椭圆如鹅子,上锐下平。前四孔,后二孔,顶上一孔,以手捧而吹之。一黄钟埙,内高二寸二分三厘,腹径一寸七分一厘七豪,底径一寸一分六厘八豪,阳月用之。一大吕埙,内高二寸一分三厘三豪,腹径一寸六分四厘二豪,底径一寸一分一厘七豪,阴月用之。

箫二,截竹为之,皆上开山口,五孔前出,一孔后出,出音孔二,相对旁出。一姑洗箫,径四分三厘五豪,自山口至出音孔,长一尺五寸八分四厘二豪,阳月用之。一仲吕箫,径四分一厘六豪,自山至至出音孔,长一尺五寸一分五厘二豪,阴月用之。

笛二,截竹为之,皆间缠以丝,两端加龙首龙尾。左一孔,另吹孔,次孔加竹膜,右六孔,皆上出。出音孔二,相对旁出。末二孔,亦上出。一姑洗笛,径四分三厘五豪,自吹孔右尽,通长一尺二寸五分一厘七豪,阳月用之。一仲吕笛,径四分一厘六豪,自吹孔右尽,通长一尺一寸九分七厘二豪,阴月用之。

琴,面用桐,底用梓,髹以漆。前广、后狭、上圆、下方、中虚。通长三尺一寸五分九厘。底孔二,上曰龙池,下曰凤池。腹内有天地二柱,天柱圆,当肩下;地柱方,当腰上。凡七弦,皆朱。第一弦一百八纶,第二弦九十六纶,第三弦八十一纶,第四弦七十二纶,第五弦六十四纶,第六弦五十四纶,第七弦四十八纶。轸七,徽十三。其饰岳山焦尾用紫檀,徽用螺蚌,轸结黄绒纠,承以髹漆几。

瑟体用桐,髹以漆,前广、后狭、面圆、底平、中高、两端俯。通长六尺五寸六分一厘。底孔二,是为越。前越四出,后越上圆下平。凡二十五弦,弦皆二百四十三纶。中一弦黄,两旁皆朱。设柱和弦,柱无定位,各随宫调。弦孔饰螺蚌,承以髹金几二。

笙二,截紫竹为管,环植匏中,匏或以木代之。管皆十七,束以竹,本丰末敛,管本近底削半露窍。以薄铜叶为簧,点以蜡珠,其上各按律吕分开出音孔。匏之半施椭圆短嘴,昂其末。中为方孔,别为长嘴如凤颈,置于短嘴方孔中。末为吹口,气从吹口入,鼓簧成音。小笙制如大笙而小,亦十七管,惟第一、第九、第十六、第十七管不设簧,有簧者凡十三管,余均与大笙同。

搏拊,如鼓而小。面径七寸二分九厘,匡长一尺四寸五分八厘。匡上施金盘龙二,衔小金镮,以黄绒纠系之,横置跗上。用时悬于项,击以左右手。每建鼓一击,则搏拊两击以为节。

柷,以木为之,形如方斗,上广下狭,三面正中各隆起为圆形以受击,一面中为圆孔以出音。以跗承之,击具曰止。

敔,以木为之,形如伏虎,背上有二十七龃龉刻,以跗承之。鼓之以籈,以竹为之,析其半为二十四茎,于龃龉上横轹之。

麾,黄帛为之,绣九曲云龙。上饰蓝帛,绣红日,日中绣中和字。

上绣三台星,左北斗,右南斗。帛上下施横木,上镂双龙,下为山水形,皆粜金。朱杠,上曲为龙首以悬麾,麾举乐作,麾偃乐止。

《丹陛大乐》,凡御殿受贺及宫中行礼皆用之。其器:戏竹二,大鼓二,方响二,云锣二,箫二,管四,笛四,笙四,杖鼓一,拍析一。箫、笛、笙同《中和韶乐》。

戏竹,析竹为之,凡二,各五十茎。粜朱,承以涂金壶卢,下有柄,亦粜朱。人各执其一,立丹陛上,合则乐作,分则乐止。戏音与麾同,其用亦与麾同。

大鼓,木匡冒革,面径三尺六寸四分五厘,匡高三尺二寸四分。腹施铜胆,面粜黄,绘五采云龙。匡粜朱,绘交龙,匡半金镮四。承以粜朱架,架有钩,以钩镮平悬之。架高六尺,鼓者藉蹈以击之。

方响,以钢为之,形长方,十六枚同虡,应十二正律、四倍律,与编钟、磬同。形质皆同。惟以薄厚为次。倍夷则之厚,三分三豪四丝,递增至应钟之厚,六分四厘八豪。后面近上三分之一皆为横脊,窃其上端,系以黄绒纴,悬于虡而斜倚之,击以小钢槌。各部乐皆同,惟马上凯歌乐分用其八,人各一枚,擎而击之。

云锣,范铜为之,十枚同架,应四正律、六半律,姑洗、蕤宾、夷则、无射四正律,半黄钟至半无射六半律。皆四旁穿窃,以黄绒纴系于架,中四,左右各三,合三行为九宫形,其一上出。以薄厚为次,下右应姑洗之律,厚二厘五豪二丝。递增至最上,应半无射之律,厚五厘九豪八丝。

管,即头管,以坚木或骨角为之,大小各一,皆前七孔后一孔,管端设芦哨,入管吹之。大管以姑洗律管为体,径二分七厘四豪,哨下口至末,长五寸七分六厘。小管以黄钟半积同形管为体,径二分一厘七豪,哨下口至末,长五寸六分二豪。皆间束以丝,两端以象牙为饰。

杖鼓,上下二面,铁圈冒革,复楦以木匡,细腰。匡高一心九寸四分四厘、腰径二寸八分八厘,两端径各八寸一分,上下面径各一

尺二寸九分六厘。面匡俱縢黄，绘五采云龙，缘以绿皮掩钱。上下
边缀金钩各六，以黄绒纠交络之。腰加束焉。腰饰绿皮蕉叶文。以
縢朱竹片击之

　　拍板，以坚木为之，左右各三片。近上横穿二孔，以黄绒纠联
之，合击以为节。

　　《中和清乐》，用于册尊典礼，宴飨进馔，除夕、元夕张灯亦用
之。其器：云锣二，笛二，管二，笙二，杖鼓一，手鼓一，拍板一。笛、笙
同《中和韶乐》，云锣、管、板同《丹陛大乐》。

　　杖鼓同《丹陛大乐》而小，或半之，或为三之二。

　　手鼓，木匡冒革，面径九寸一分二豪，腰径一尺二分四厘。以柄
贯匡，持而击之。

　　《丹陛清乐》，用于宴飨进茶、进酒、临雍赐茶亦用之。乐器均与
《中和清乐》同。

　　《导迎乐》、《铙歌乐》，用于乘舆出入。銮驾卤簿则奏《导迎乐》，
骑驾卤簿则奏《铙歌》之《行幸乐》，法驾卤簿、大驾卤簿则《导迎乐》
间以《铙歌乐》，惟大祀诣坛、庙则《导迎乐》、《铙歌乐》设而不作。凡
三大节进表及进实录、圣训、玉牒，又亲耕、亲蚕、授时、颁诏、殿试、
送榜、迎吻，凡前导以御仗出入者，皆奏《导迎乐》。《铙歌》之乐有
《卤簿乐》，其一部，曰《铙歌鼓吹》。有《前部乐》，其部一，曰《前部大
乐》。亦曰《大平波》。有《行幸乐》，其部三：曰《鸣角》，曰《铙歌大乐》，
曰《铙歌清乐》。有《凯旋乐》，其部二：曰《铙歌》，曰《凯歌》。《卤簿
乐》与《前部大乐》并列，亦曰《金鼓铙歌大乐》，凡圜丘、祈谷、常雩，
用大驾卤簿，则《前部大乐》、《铙歌鼓吹》、《行幸乐》三部并陈。方
泽，用法驾卤簿，则陈《前部大乐》、《铙歌鼓吹》。太庙、社稷及各中
祀，用法驾卤簿，则陈《铙歌鼓吹》。朝会用法驾卤簿同。御楼受俘，
用法驾卤簿，则陈《金鼓铙歌大乐》。巡幸及大阅，用骑驾卤簿，则陈

《鸣角铙歌大乐》、《铙歌清乐》。凯旋郊劳,则奏《铙歌》。回銮振旅,则奏《凯歌》。

《导迎乐》用戏竹二,管六,笛四,笙二,云锣二,导迎鼓一,拍板一。笙、笛同《中和韶乐》,戏竹、云锣、管、板同《丹陛大乐》。

导迎鼓,制如大鼓而小,面径二尺四分八厘,匡高一尺六寸二分。绘五采云龙,腹施铜胆。旁施金镮四,系黄绒纽。二人舁行,击以朱植。

《铙歌鼓吹》用龙鼓四十八,画角二十四,大铜角八,小铜角八,金二,钲四,笛十二,杖鼓四,拍板四。笛同《中和韶乐》,板同《丹陛大乐》。

龙鼓,木匡冒革,面径一尺五寸三分六厘,匡高六寸四分八厘。面匡绘饰金镮俱如导迎鼓。系黄绒,行则悬于项,陈则置于架。架攒竹三,贯以枢而揹之。

画角,木质,中虚腹广,两端锐。长五尺四寸六分一厘二豪,上下束以铜,中束以藤五就,鬃以漆。以木哨入角端吹之,哨长七寸二分九厘。

大铜角,一名大号,范铜为之,上下二截,形如竹筒,本细末大,中为圆球。纳上截于下截,用则引而伸之,通长三尺六寸七分二厘。

小铜角,一名二号,范铜为之,上下二截。上截直,下截哆,各有圆球相衔,引纳如大铜角,通长四尺一寸四厘。大角体巨声下,小角体细声高,不以长短论。

金,范铜为之。面平,径一尺四寸五分八厘,深二寸二分七厘五豪。旁穿二孔,结黄绒纽贯于木柄,提而击之。

钲,范铜为之,形如槃。面平,口径八寸六分四厘,深一寸二分九厘八豪,边阔八分六厘四豪。穿六孔,两两相比,周以木匡,亦穿孔,以黄绒纽联属之。左右铜镮二,击黄绒纽,悬于项而击之。

杖鼓,同《丹陛大乐》,惟面绘流云,中为太极。

《前部大乐》,用大铜角四,小铜角四,金口角四。大铜角、小铜角制同《铙歌鼓吹》。

金口角，旧名唢呐，木管，两端金口，上弇下哆。管怅九寸八分九厘。管上金口长二寸一分六厘，为壶卢形，加小铜檠二。管下金口长四寸八分六厘，刻管如竹节相间，前七孔，后一孔，以芦哨入管端吹之。

《铙歌大乐》，用金口角八，铜鼓二，铜点一，金一，钹一，行鼓一。金口角同《前部大乐》，金同《铙歌鼓吹》。

铜鼓，范铜为之，形如金，面径九寸七分二厘，中隆起八分一厘，径二寸六分七厘三豪。边穿孔二，以黄绒纠悬而击之。

铜点，制如铜鼓而小。

钹，范铜为之，面径六寸四分八厘，中隆起一寸二分九厘六豪，径三寸二分四厘。穿孔贯，左右合击以和乐。

行鼓，一名陀罗鼓。木匡冒革，上大下小，面匡绘饰如龙鼓。金镮四，贯以黄绒纠。行则跨于马上，陈则置于架。

《铙歌清乐》，用云锣二，笛二，平笛二，管二，笙二，金一，钹一，铜点一，行鼓一。笛笙同《中和韶乐》，云锣、管同《丹陛大乐》，金同《铙歌鼓吹》，钹、铜点、行鼓同《铙歌大乐》。

平笛，同《中和韶乐》，惟不加龙首尾。

《行幸乐》，合《铙歌大乐》、《铙歌清乐》之数，益以大铜角八，小铜角八，蒙古角二。大铜角、小铜角同《铙歌鼓吹》。

蒙古角，一名蒙古号，木质，中虚末哆，上下二截。角有雌雄二制，雄角上口内径三分四厘五豪，雌角上口内径二分八厘五豪，皆于管端施铜口，以角哨纳入吹之。雄者声浊，雌者声清。

《铙歌》用大角四，小铜角四，金口角八，金四，锣二，铜鼓二，铙四,钹四,小和钹二,花匡鼓四,得胜鼓四,海笛四,云锣四,箫六,笛六,管六,篪六,笙六。大铜角、小铜角、金同铙歌鼓吹,金口角同前部大乐,铜鼓、钹同《铙歌大乐》,箫、笛、篪、笙同《中和韶乐》,云锣、管同《丹陛大乐》。

锣,制同铜鼓而厚,声较铜鼓低小。

铙,范铜为之,面径一尺二寸。中隆起,穿孔贯纮,左右合击。

小和铜钹,制与钹同,面径七寸九分。中隆起,穿孔贯纮,均与钹同。

花匡鼓,即腰鼓,木匡冒革,面径一尺五寸二分,匡高一尺六寸,绘花文。座以檀,四柱交跌,以铜镮悬鼓而击之。

得胜鼓,木匡冒革,面径一尺六寸一分,匡高五寸八分,绘云龙。座为四柱,悬鼓于上而击之。

海笛,制如金口角而小,通长九寸五分。

《凯歌》用云锣四,方响八,钹二,大和钹二,星二,铜点二,锡二,箫四,笛四,管十二,笙四,杖鼓二,拍板二。箫、笛、笙同中和韶乐,云锣、管、杖鼓同丹陛大乐,钹、铜点同铙歌大乐。

方响,制同《丹陛大乐》,分用其八,人各一枚,擎而击之。

大和钹,制与钹同,面径一尺一寸八分。中隆起穿孔贯纮,左右合击。

星,铜为之,口径一寸八分,深一寸。中隆起,各穿圆孔,贯以纮,左右合击。

锡,范铜为之,面径二寸七分,口径三寸一分五厘,深六分。穿孔贯纮,击以木片。

拍板三片,束其二,以一拍之。

《禾辞桑歌乐》,亲耕、亲桑用之。亲耕用金六,鼓六,箫六,笛六,笙六,拍板六。亲桑用金二,鼓二,箫、笛、笙各六,拍板二。箫、笛、笙同《中和韶乐》,板同《丹陛大乐》。

金制同《铙歌鼓吹》而微小,槌用黄韦,瓜形,柄髹朱。

鼗,制如龙鼗而微小,悬于项击之。

《庆神欢乐》,凡群祀用之。其器云锣二,管二,笛二,笙一,鼓一,拍板一,惟祀先蚕及关帝、文昌则加隆焉。笛、笙、鼓同《中和韶乐》,云锣、管、板同《丹陛大乐》。

《宴乐》凡九:一曰《队舞乐》,一曰《瓦尔喀部乐》,一曰《朝鲜乐》,一曰《蒙古乐》,一曰《回部乐》,一曰《番子乐》,一曰《廓尔喀部乐》,一曰《缅甸国乐》,一曰《安南国乐》。

队舞有三:一曰《庆隆舞》,凡殿廷朝会宫中庆贺宴飨皆用之;一曰《世德舞》,宴宗室用之;一曰《德胜舞》,凯旋筵宴用之。三舞同制,皆舞而节以乐。其器用筝一,奚琴一,琵琶三,三弦三,节十六,拍十六。

筝,似瑟而小,刳桐为质,通长四尺七寸三分八厘五豪。十四弦,弦皆五十四纶,各随宫调设柱。底孔二。前方,后上圆下平,通体髹金,四边绘金夔龙。梁及尾边用紫檀,弦孔以象牙为饰。

奚琴,刳桐为质,二弦。龙首,方柄。槽长与柄等。背圆中凹,覆以板。槽端设圆柱,施皮扣以结弦。龙头下唇为山口,凿空纳弦。绾以两轴,左右各一,以木系马尾八十一茎轧之。

琵琶,刳桐为质,四弦,曲首长颈,平面圆背,腹广而椭。槽面施覆手,曲首中间为山口。设檀轴四以绾弦,左右各二,山口上以黄杨木为四象,下以竹为十三品,按分取声。中腰两旁为新月形,腹内以细钢条为胆,弦自山口至覆手,长二尺一寸六分,第一弦以朱饰之。

三弦,斲檀为质,修柄,方槽,园角,冒以虺皮。柄贯槽中,柄末、槽端覆以木穿孔贯弦,匙头下半凿空纳弦,以三轴绾之,左二右一。

节,编竹如箕,髹朱,背为虎形。用圆竹二,划之以为节。

拍,紫檀板四片,束其三,以一拍之。

太祖平瓦尔喀部，获其乐，列于宴乐，是为瓦尔喀部乐舞。用篥四，奚琴四。奚琴同队舞乐。

觱篥，芦管，三孔，金口，下哆，中有小孔。管端开簧，簧口距管末四寸五分三厘。

太宗时，获朝鲜国乐，列于宴乐，是为朝鲜国俳。用笛一，管一，俳鼓一。笛同《中和韶乐》，管同《丹陛大乐》。

俳鼓如龙鼓而小，悬于项击之。

太宗平察哈尔，获其乐，列于宴乐，是为《蒙古乐曲》。有笳吹，有番部合奏，皆为掇尔多密之乐，掌于什帮处。笳吹用胡笳一，筝一，胡琴一，口琴一。筝与《队舞》所用同，惟设六弦。

胡笳，木管，三孔，两端施角，末翘而哆。自吹口至末，二尺三寸九分六厘。

胡琴，刳木为质，二弦，龙首，方柄。槽椭而下锐，冒以革。槽外设木如簪头以扣弦，龙首下为山口，凿空纳弦，绾以二轴，左右各一。以木系马尾八十一茎轧之。

口琴，以铁为之，一柄两股，中设簧，末出股外。横衔于口，鼓簧转舌，嘘吸以成音。

番部合奏，用云锣一，箫一，笛一，管一，笙一，筝一，胡琴一，琵琶一，三弦一，二弦一，月琴一，提琴一，轧筝一，火不思一，拍板一。箫、笛笙同中和韶乐，云锣、管同丹陛大乐，筝、琵琶、三弦同《队舞乐》。

胡琴，二弦，竹柄椰槽，面以桐。槽径三寸八分四厘，为圆形，与笳吹之胡琴椭而下锐者不同。山口凿空纳弦，以两轴绾之，俱在右。弦自山口至柱，长二尺三分五厘二豪，以竹弓系马尾八十一茎轧之。

二弦，斫樟为质，槽面以桐，形长方，底有孔，槽面施覆手如琵琶。曲首后凿空纳弦，绾以两轴，左右各一。弦长二尺三寸四厘，设十七品，按分取声。

月琴,斫檀为质,四弦,槽面以桐,八角曲项,柄贯槽中,槽面施覆手。曲项凿空纳弦,绾以四轴,左右各二。弦长二尺三寸四厘,设十七品,与二弦同。

提琴,四弦,圆木为槽,冒以蟒皮而空其下,竹柄贯槽中,末出槽外。覆木扣弦,柄端凿空纳弦,绾以四轴,俱在右。以竹弓系马尾,夹于四弦间轧之。

轧筝,似筝而小,剜桐为质,十弦。前后有梁,梁内弦长一尺六寸一分八厘,各设柱,以木杆轧之。

火不思,似琵琶而瘦,四弦,桐柄,剜其下半为槽,冒以蟒皮。曲首凿空纳弦,四轴绾之,俱在右。弦自山口至柱长一尺七寸七分四厘。

拍板,紫檀三片,束其二,以一拍之。

高宗平定回部,获其乐,列于宴乐之末,是为《回部乐技》,用达卜一,那噶喇一,哈尔札克一,喀尔奈一,塞他尔一,喇巴卜一,巴拉满一,苏尔奈一。

达卜,木匡冒革,形如手鼓而无柄。有大小二制,一面径一尺三寸六分五厘二豪,一面径一尺二寸二分四厘,皆髹黄,面绘彩狮,以手指击之。

那噶喇,铁匡冒革,上大下小,形如行鼓。旁有小镮,系黄绒纠。两鼓相联,左右各以杖击之。

哈尔札克,形如胡琴,椰槽,冒以马革。上木柄,下铁柄。槽底中开一孔,侧开三小孔。以马尾二缕为弦,上自山口穿于后,以两轴绾之,左右各一,下系铁柄。马尾弦下设钢丝弦十,上系木柄,下系铁柄,左右各五轴。另以木杆为弓,系马尾八十余茎,轧马尾弦,应钢弦取声。

喀尔奈,状如世俗洋琴,钢丝弦十八,剜木中虚,左直右曲。左设梁如琴之岳山,以系钢弦之本。钢弦之末施木轴,似琴之轸,入于右端,高下相间作两层,转其轴以定弦之缓急。以手冒拨指,或木拨弹之,通体双弦,惟第一独弦。

塞他尔,形如匕,丝弦二,钢弦七,木柄通槽,下冒以革。面平背圆,柄有线箍二十三道,如琵琶之品。以九轴绾弦,柄端二轴绾丝弦。二面三轴,左侧四轴,绾钢质双弦一,独弦六。以手冒拨指,或木拨弹丝弦,应钢弦取声。

喇巴卜,丝弦五,钢弦二,木柄通槽,槽形如半瓶,下冒以革。曲首凿空纳丝弦,以五轴绾之,左二右三,曲首右侧以两轴绾钢弦。用手冒拨指,或木拨弹丝弦,应钢弦取声。

巴拉满,木管,上敛下哆,饰以铜,形如头管而有底,开小孔以出音。管通长九寸四分,七孔前出,一孔后出,管上设芦哨吹之。

苏尔奈,一名唢呐,木管,两端饰铜,上敛下哆,形如金口角而小。七孔前出,一孔后出,一孔左出,铜管上设芦哨吹之。

高宗平定金川,获其乐,及后藏班禅额尔德尼来朝,献其乐,均列于宴乐之末,是为《番子乐》。金川之乐:曰《阿尔萨兰》,曰《大郭庄》,曰《四角鲁》。用得梨一、柏且尔一、得勒窝一。

得梨,似苏尔奈而小。

柏且尔,范铜二片,圆径六寸,中隆起,穿孔贯纠,左右合击。

得勒窝,形似达卜。

《班禅之乐》:曰《札什伦布》,用得梨二,巴汪一,苍清一,龙思马尔得勒窝四。

得梨同《金川乐》,形制略大。

巴汪,似喇巴卜,七弦。

苍清,制同云锣。

龙思马尔得勒窝,似那噶喇而制以铜,面径一尺三寸,底锐,匡高一尺。

高宗平定廓尔喀,获其乐,列于宴乐之末,是为《廓尔喀乐舞》。用达布拉一,萨朗济三,丹布拉一,达拉一,公古哩二。

达布拉，似那噶喇，一面冒革。有二制：其一面丰底锐，其一底微丰而渐削。四围俱系韦缘，联以彩缕，悬之腰间，以左右手合击之。

萨朗济，刻木为质，韦弦四，铁弦九。项长三寸，剡其中，面以鱼牙刻佛为饰。柄长五寸二分，槽面阔三寸，自上剡之，冒以革。中腰削如缺月，束以黄韦。底椭，凿空于项以纳韦弦，左右各二。轴柄面穿孔九，自右至左，鳞次斜列，各纳铁弦。轴九，俱在右，上五下四。槽面设柱，中为九孔纳铁弦，上承韦弦。以柔木系马尾轧韦弦，应铁弦取声。

丹布拉，刻桐为质，以大匏为槽，直柄，面平背圆，铁弦四，绾以四轴，上二，左右各一。柄上以铁片二为出口，一穿孔纳弦，一承弦。

达拉，范铜二片，圆径二寸一分。中隆起，穿孔，系以彩缕，左右合击。

公古哩，范铜为铃，以彩缕联之，五十枚为一串，凡四串。歌时二人各系于股，双足腾跃以出声。

乾隆五十三年，缅甸国内附，献其乐，列于宴乐之末，是为缅甸国乐。有粗细二制：组缅甸乐，用接内搭兜呼一，稽湾斜枯一，聂兜姜一，聂聂兜姜一，结莽聂兜布一。

接内搭儿呼，木匡冒革，匡上有纽，系以帛，横悬于项，以手击之。

稽湾斜枯，制似云锣，其数八，下各四，同悬于架。架后撘以二木，斜倚而击之。

聂兜姜，木管铜口，近下渐哆，前七孔，后一孔。管端设铜哨，加芦哨于上，管与铜口相接处，以铜签掩之。

聂聂兜姜，形如金口角而小，木管木口，余与聂兜姜同。

结莽聂兜布，范铜二片，圆径三寸五分。中隆起，穿孔，贯以韦，左右合击。

《细缅甸乐》，用巴打拉一，蚌札一，总稿机一，密穹总一，得约总一,不垒一,接足一。

巴打拉,以木为槽,形如船,通长二尺七寸五分。前后两端各为山峰形,两峰之尖,络以丝绳。排穿竹板二十二片,皆阔一寸。第一片长五寸二分,厚三分五厘,以次则长递加而厚递减,至末片则长一尺一寸五分,厚一分。以竹裹绵为槌击之。

蚌札,木匡冒革,上大下小。面径六寸一分,底径四寸,匡高一尺。四围俱系韦绦,以手击之。

总稿机,十三弦,曲柄,通槽,柄上曲如蝎尾。槽面冒革,为四圆孔以出音。顺槽腹设覆手,穿孔十三,系弦,各斜引至柄束之,弹以手。

密穹总,三弦,木质,为鱼形。体长方,腹下通长剞槽,无底,两旁镂鳞甲。面设品五,为小圆孔九以出音,前四,中四,后一。首形锐而上出,镂须角钜齿圆睛,尾形亦锐。项上以铜为山口,系朱弦三,尾有镮纳弦,旁穿孔,设轴,左二右一,以手弹之。

得约总,三弦,木质,中虚,如扇形,中腰两旁弯曲向内。颈半穿孔纳弦,绾以三轴,左二右一,槽末施木以系弦。扣用木弓系马尾八十余茎轧之。

不垒,以竹为管,上端以木塞其半为吹口。七孔前出,一孔后出,最上一孔前出,加竹膜。

接足,范铜二片,口径一寸八分。中隆起,穿孔贯纠,左右合击。

乾隆五十四年,获安南国乐,列于宴乐之末,是为《安南乐舞》。用丐鼓一,丐拍一,丐哨一,丐弹弦子一,丐弹胡琴一,丐弹双韵一,丐弹琵琶一,丐三音锣一。安南土语,凡乐器之名,俱以丐字建首。

丐鼓,木匡冒革,空其下,径八寸四分,承以架。用竹桴二,或左手承鼓,右手以桴击之。

丐拍,用檀板三:其一上端缀以连钱。其一背刻雁齿,其一右为锯牙。左手执二板相击,连钱激响,右手执锯牙者,引击雁齿,错落成声。

丏哨,即横笛,截竹为筒,漆饰,二十一节。左第一孔为吹口,次加竹膜,右六孔,末二孔,俱上出,旁二孔对出,两端饰以角。

丏弹弦子,三弦,斫檀为质,槽方而椭,两面冒虺皮。匙头凿空纳弦,以三轴绾之,左二右一。

丏弹胡琴,二弦,竹柄,槽形如筒,底微丰,面冒虺皮。曲首凿空,两轴俱自后穿前绾弦,弦自山口至柱,长一尺八寸,余如番部合乐胡琴之制。

丏弹双韵,如月琴,四弦,斫檀为质,槽面以桐,形如满月。径一尺一寸六分,厚一寸八分。曲项凿空纳弦,绾以四轴,左右各二。槽面覆手,山口下七品,俱以檀为之

丏弹琵琶,四弦,剡桐为质,通长三尺。项上凿空纳弦,绾以四轴,左右各二。上设四象,下布十品。弦自山口至覆手,长二尺一寸四分。

丏三音锣,范铜,三面,绾以铁圈,联如品字。上一径二寸四分五厘,右一径二寸三分八厘,左一径二寸三分。承以檀柄,槌用角。

《赐宴乐》,凡经筵礼毕赐宴,文、武乡,会试赐宴,宴衍圣公,宴正一真人皆用之。其器:云锣二,笛二,管二,笙二,鼓一,拍板一。笛、笙、鼓同《中和韶乐》,云锣、管、板同《丹陛大乐》。

乡乐,凡府、州、县学春、秋释奠皆用之。其器麾一,编钟十六,编磬十六,琴六,瑟二,排箫二,箫四,笛六,篪二,笙六,埙二,建鼓一,搏拊二,祝一,敔一。制皆同《中和韶乐》。

乡饮酒用云锣一,方响一,琴二,瑟一,箫四,笛四,手鼓一,拍板一。琴、瑟、箫、笛、笙同《中和韶乐》,云锣、方响、板同《丹陛大乐》,手鼓同《清乐》。

节,《中和韶乐》用。结旄九重,盖以金叶,束以绿皮。朱杠,上曲为龙首以衔旄。植架于东西各一,每架二节,司乐者执之以节舞。导文舞曰节,导武舞曰旌,旌亦曰节,制与节同。

干,《中和韶乐》用。木质,圭首,上半绘五采云龙,下绘交龙,缘

以五色羽文。中为粉地，朱书"雨旸时若，四海永清。仓箱大有，八方敉宁。奉三永奠，得一为正。百神受职，万国来庭"凡八语，佾各一语。干背髹朱，有横带二，中施曲木，武舞生左手执之。

戚，《中和韶乐》用。木质，斧形，背黑刃白，柄髹朱，武舞生右手执之。

羽，《中和韶乐》用。木柄，植雉羽，衔以涂金龙首，柄髹朱，文舞生右手执之。

籥，中和韶乐用。六孔竹管，髹朱，文舞生左手执之。

舞有二：用于祀神者曰《佾舞》，用于宴飨者曰《队舞》。凡《佾舞》武用干戚，文用羽籥。干戚曰《武功之舞》，羽籥曰文德之舞，祭祀初献以武舞，亚献终献以文舞，惟先师庙、文昌庙初献、亚献、终献皆以文舞焉。若大雩，则童子十六人衣皂衣，持羽翳，歌而舞《皇舞》，凡此皆隶于《佾舞》者也。隶于《队舞》者，初名《蟒式舞》，亦曰《玛克式舞》。乾隆八年，更名《庆隆舞》，内分大、小马护为《扬烈舞》，是为武舞，大臣起舞上寿为《喜起舞》，是为文舞。是年巡幸盛京，筵宴宗室，增《世德舞》。十四年，平定金川，凯旋筵宴，又增《德胜舞》，三舞同制，各有乐章。《扬烈舞》，用戴面具三十二人，衣黄画布者半，衣黑羊皮者半。跳跃倒掷，象异兽。骑禺马者八人，介胄弓矢，分两翼上，北面一叩，兴。周旋驰逐，象八旗。一兽受矢，群兽慑伏，象武成。《喜起舞》，大臣二十二人，朝服仪刀八，三叩，兴，退东位西向立。以两而进，舞毕三叩，退。次队继进如前仪。此队舞之大较也。外此则有四裔乐舞：东曰瓦尔喀、曰朝鲜，北曰蒙古，西曰回、曰番、曰廓尔喀，南曰缅甸、曰安南，皆同列于宴乐之末。《瓦尔喀部乐舞》，司舞八人，均服红云缎镶妆缎花补袍，狐皮大帽，豫立丹陛之西。将作乐，进前三叩，退。司乐八人，分两翼上，跪一膝，奏瓦尔喀乐曲。司舞进舞，以两为队，每队舞毕，三叩，退。

《朝鲜国俳》，笛技、管技、鼓技各一人，均戴毡帽，镂金顶，服蓝云缎袍，棕色云缎背心蓝绸带，俳长一人，戴面具，青缎帽，红缨，服红云缎袍,白缎长袖,绿云缎虎补背心,十字蓝绸带。倒掷技十四人,服短红衣。立丹陛两旁。俳长从右翼上,北面立,以高丽语致辞,笛、管、鼓技从右翼上,东北面立,倒掷技从左翼上,自东向西,各呈其艺。

《蒙古乐》,笳吹,司乐器四人,司章四人,均蟒服,立丹陛旁。番部合奏,司乐器十五人,亦均蟒服,立丹陛旁,与笳吹一班同入。一叩,跪一膝,奏蒙古乐曲。

《回部乐》,司乐器八人,均锦衣绢里杂色纺丝接袖衣,锦面布里倭缎缘回回帽,青缎靴,绿绸胳膊。司舞二人,舞盘二人,皆衣靠子锦腰襕纺丝接袖衣。倒掷大回子四人,皆衣靠子杂色纺丝接袖衣,戴五色绸回回小帽。小回子二人,杂色绸衣绢里。皆豫立丹陛下,俟《朝鲜国俳》呈技后,上丹陛作乐。司舞起舞,舞盘人随舞。毕,倒掷小回子继进呈技。

《番子乐》,金川之《阿尔萨兰》,司乐器三人,司舞三人,为戏狮身长七尺,披五色毛,番名僧格乙,引狮者衣杂彩,手执绳,系耍球一,五色,番名僧格乙阿拉喀。《大郭庄》,番名《大拉噶地》,司舞十人,每两人相携而舞,一服蟒服,戴翎,挂珠,斜披黄蓝二带,交如十字;一服蓝袍,挂珠,斜披黄紫二带,交如十字。《四角鲁》,番名《得勒布》,司舞六人,戴舞盔,番名达帽。插鸡翎各六,番名达莫乙。背缚藤牌,番名赛斯丹。带系腰刀,番名江格乙。左执弓,番名得木尼也。右执箭壶,番名柏拉。盛箭五枝,番名格必乙。相对而舞。班禅之《札什伦布》,番名《柏拉噶》,司乐器六人,司舞番童十人,各披长带,手执斧一,番名沙鳖。舞而歌梵曲。

《廓尔喀乐舞》,司乐器六人,均衣回子衣,著红羊皮靴,内二人缠头以洋锦,余皆以红绿布。司歌五人,均以红绿布缠头,内一人衣绿绸衣,著红彩履,余皆回子衣、红羊皮靴。司舞二人,均衣红绿绸衣,戴猩红毡帽,金银丝巾,著红彩履,束腰皆用杂色布。舞者每足各系铜铃一串,曰公古哩,腾跃出声,歌舞并奏。

《粗缅甸乐》,司乐器五人,司歌六人,均拖发扎红,用缅甸衣冠。

《细缅甸乐》,司乐器七人,均拖发扎红,衣蓝缎短衣。司舞四人,衣闪缎短衣,皆杂色裙,以洋锦束腰,戴扎巾。歌合以粗乐,舞合以细乐。

《安南国乐》,司乐器九人,均戴道巾,衣黄鹂补服道袍,蓝缎带。司舞四人,衣蟒衣,冠带与司器同。执彩扇而舞。

清史稿卷一〇二
志第七七

舆服一

皇帝五辂　　皇帝辇舆　　皇后舆车
皇太后舆车附　**皇贵妃以下舆车**
亲王以下舆车　　亲王福晋以下舆车
京外职官舆车　庶民车附　**命妇舆车**

　　自虞廷藻绩，制创垂衣。车服之盼，式昭庸典。夏绻殷辂，文质异观。迄乎有周，监于二代。巾车典路，司服司常。各隶专官，礼明物备。秦、汉以降，代有异同。品数弥繁，曩篇具载。明初木辂，乃用于郊，崇朴去雕，亦有足尚。清之太祖，肇起东陲，远略是勤，戎衣在御。太宗缵服，遂定辽都。天聪六年，已命礼官考定仪卫，并因易服蔑祖之弊，鉴及金、元。国俗衣冠，一沿旧式。勿忘数典，昭示云礽。世祖入关，抚有中夏。武功肯定，文物浸昌。康、雍两朝，续有制作。朝章国采，斯已粲然。亦越高宗，衣闻克绍。治承熙洽，向用儒臣。馆辟《三通》，籀文缉篦。五辂之数，改符《周官》。参古准今，图详礼器。遂于乘御，增定已多。一代仪文，于斯为盛，自时厥后，上下相承，率蹈前规，尚无侈改。载稽诸制，爰志斯篇。卤簿一门，迥从附著，光、宣之际，海、陆军兴。旗式服章，旧观顿改。已见《兵志》，兹不复书。玺、宝、印、符，所以昭信。龙、龟、虫、鸟，纽篆各殊。

列代相沿,皆资法守。备详定式,悉按等差。又自海通,国交最重。往来酬赠,仿制宝星。名级攸分,以荣佩戴。逮乎末季,新制渐繁,兼有爵章,行之未久。若斯之类,櫽略云尔。

清初仍明旧,有玉辂、大辂、大马辇、小马辇之制,与香步辇并称五辇。大朝日设于太和门东。又凉步辇、大仪轿、大轿、明轿、折合明轿,均左所掌之。冬至大祀、夏至祀方泽、并乘凉步辇,升殿日亦设于太和门东。乾隆七年,定大祀亲诣行礼,均乘舆出宫,至太和门乘辇。祀毕还宫,仍备舆。八年,改大辂为金辂,大马辇为象辂,小马辇为革辂,香步辇为木辂,玉辂仍旧,是为五辂,銮仪卫掌之。遇大朝会,则陈于午门外。十三年,谕定乘用五辂,自今岁南郊始。更造玉辇,改凉步辇为金辇,是为二辇。又定大仪轿为礼舆,改折合明轿为轻步舆,定大轿为步舆,是为三舆。南郊乘玉辇,北郊、太庙、社稷坛,乘金辇,朝日、夕月、耕藉以下诸祀,均乘礼舆。遇大朝会,则并陈于太和门外。行幸御轻步舆,驾出入则御步舆。皇子舆车,俟分封后始制。兹撮集《礼器图》所载,其乾隆以前所定者为初制,依类附见,用备参稽。

皇帝玉辂,木质髹朱,圆盖方軫,高一丈二尺一寸。盖高三尺一分,青饰,衔玉圆版四。冠金圆顶一尺二寸九分,承以镂金垂云檐八尺一寸,贴镂金云版三层。青缎垂幨亦三层,绣金云龙羽文相间。系带四,绣金青缎为之,属于軫。四柱高六尺七寸九分,相距各五尺六寸,绘金云龙。门垂朱帘,四面各三。座纵八尺五寸,横八尺四寸,环以朱阑,饰间金彩。阑内周布花毯。云龙宝座在中,高一尺三寸,阔二尺九寸。两轮各十有八辐,镂花饰金。贯以轴辕二,长二丈二尺九寸五分,金龙首尾饰两端。軫长一丈一尺一寸五分,径八尺四寸。后建太常,十二斿,亦青缎为之,缫绣日用五星,斿绣二十八宿,里俱绣金龙,下垂五彩流苏。用攒竹髹朱竿,左加阘戟,右饰龙首,并缀朱旄五,垂青緌。升用纳陛五级,左右阑皆髹朱金彩。驾象一,靷以朱绒纼。陈设时,行马二承辕,亦髹朱直竿,两端俱钻铜。<small>初制,</small>

玉辂尺寸与大辂同。辂上平盘、滴珠板、轮辐、轮辋、车心、轴首、及驾辕诸索制
并同。惟无平盘下十有二楄及左右八楄之饰。辂亭前二柱，饰沥粉贴金升龙，
亭柱槛座尺寸，及门楄明枕装饰与亭内软座下诸制，悉同大辂。惟屏风上雕沈
香色描金云龙五，屏后下三楄雕木沈香色描金云龙三，下雕云板如其数，较大
辂之制少异焉。辂顶、圆盘、天轮、辂亭前诸制，及太常旗、踏梯、行马之类，皆
与大辂同。

　　金辂，亦驾象一。圆盖方轸，黄饰，衔金圆版四。黄缎垂幨三层。
系带四，亦黄缎为之，属于轸。后建大旗，十有二斿，各绣金龙。余
如玉辂之制。按金辂之名，改由大辂。初制，大辂高一丈三尺九寸五分，广八
尺二寸五分。辂上平盘，前后车榥并雁翅及四垂如意。滴珠板下二辕，各长二
丈二尺九寸有奇，俱朱髹镀金铜龙首尾，鳞叶片装钉。平盘下方箱，四周朱髹
匡，前后十二楄，内青地绘五彩云鹤，左右八隔，内上青下绿地，绘翚鸟各六。
轮二，贯以轴，每轮十八辐辋，皆朱髹，抹金铜钑花叶片装钉。输内车心各一，
抹金铜钑莲花瓣轮盘装钉。轴首左右铁插贯之，抹金铜钑龙顶管心装钉。轴中
缠红绒驾辕诸索。辂亭高六尺七寸九分，四柱各长五尺八寸四分。槛座高九寸
五分，前后柱钑金云龙文，下山水。门高五尺一寸九分，广二尺四寸九分。左右
门各广二尺二寸五分，上四周装雕木沈香色描金香草板十二片。前左右各有
楄二扇，明枕全，皆朱髹，抹金铜钑花叶片装钉。楄编黄线绦，后朱髹屏风，屏
前上三楄，雕沈香色描金云龙五。上朱髹板，钑金云龙一。中三楄，沈香色描金
云龙三。下三楄，描金云板如其数。屏后上三楄，朱髹钑金龙三。其次钑金云
板如其数。中三楄，朱髹钑金龙四。其次沈香色描金云板如其数。下三楄，沈
香色云板亦如之。俱抹金铜钑花叶片装钉。亭内黄线绦编朱髹匡，软座黄绒坠
座大索四，下垂莲花坠石。上施花毯草席，并大红织金绮褥。朱髹坐椅一，上靠
雕沈香色描金云龙一，下雕云板一，朱髹福寿板一，并衣黄织金椅靠、坐褥、四
围椅裙全。周围施黄绫帷幔，或用黄线罗。亭外青绮缘边红帘十扇，各用拽帘
黄线绦二，黄铜圈全。辂顶并圆盘高三尺一分，镀金铜蹲龙顶，带仰覆莲座，高
一尺二寸九分垂攀顶黄绒索四。盘高二寸，上加朱髹。其下外四面沈香色地，
描金云青饰。辂盖亭内贴金斗拱，承朱髹匡宝盖，斗以八顶，黄绮冒之，名曰黄
屋。中并四周绣五彩云龙九。天轮三曾，朱髹，上安雕木贴金龙耀叶板八十一
片。三层间绘五彩云，衬板数亦如之。盘下四周黄铜装钉，上施金黄绮沥水三
层，每层摺片八十有一，间绣五彩云龙文。四角垂青绮络带，各绣五彩云升龙

三。圆盘四角连辂座板用攀顶黄线圆缘，并贴金木鱼。辂亭前有左右转角阑干二扇，后一字带左右转角阑干一扇，皆朱。内嵌雕木贴金龙，间以五彩云。三扇凡十二柱，各柱首雕木贴金蹲龙一，及描金五彩装莲花抱柱。阑内四周施花毡草席。其后树太常旗二，黄云缎为之，皆十有二旒。每旒内外各绣升龙一。朱髹攒竹竿二，左竿旗腰绣日月北斗，竿首用镀金铜龙头。右竿旗腰绣黼字，竿首用镀金铜戟。各缀抹金铜铃二，垂红缨十有二，上施抹金铜宝盖，下垂青线纷。踏梯一，木质朱髹，抹金铜钑花叶片装钉。行马架二，木质朱髹，抹金铜叶片装钉，上穿黄绒区缘。黄布面绢里夹幰衣、油绸雨衣各一，红油合扇梯、红油拓叉各一。贴金铜宝瓶，并木雕贴金仰覆莲座，雕花番草贴金象鞍、鞦辔、毡笼各二副。

象辂，服马四，骖马六，设游环和铃，圆盖方轸。高一丈一尺三寸，盖高二尺六寸五分，红饰衔象牙圆版四。红缎垂幨三层，系带四，亦红缎为之，属于轸。四柱高六尺四寸九分，相距各五尺八寸。座纵一丈五分，横九尺一寸，环以朱阑。辕三，各长二丈二尺三寸，轸长一丈五分，径九尺一寸。后建大赤，十有二旒，各绣金凤。余制与玉辂同。按象辂为大马辇之改定。初制，大马辇高一丈二尺五寸九分，广八尺九寸五分。辕二，各长二丈五寸九分。辇上平盘、滴珠板、轮辐、轮辋、车心、轴首及驾辕诸索制，并如大辂。亦无平盘下前后十二槅及左右八槅之饰。辇亭高六尺四寸九分，朱髹。四柱长五尺五寸四分。槛座高如辇亭，上四周雕木沈香色描金云板十二片，下亦如之。门高五尺九寸五分，广二尺四寸五分。左右门广较减二寸。前及左右各有槅二扇，后槅三扇，明栿全，皆朱髹。抹金铜钑花叶片装钉。槅心编黄线缘。亭内软座，上施素毡。余制与大辂同。辇顶并圆盘高二尺六寸五分，上下皆朱髹。辇盖青饰，铜龙、莲座、宝盖、黄屋诸制悉如大辂。天轮三层亦如之。辇亭前一字阑干一扇，后一字带转角阑干一扇，左右阑干二扇，内嵌绣木板，亦皆朱髹。四扇凡十有二柱，各柱首雕饰同大辂。阑内周布素毡草席，太常旗、踏梯、行马、幰衣、雨衣之类亦如之。惟辂以象驾，辇以马驾，故鞍鞴、鞦辔、铃缨之饰均备焉。

木辂，服马二，骖马四，设游环和铃，圆盖方轸。高丈一尺六寸五分，盖高三尺六寸一分，黑饰衔花梨圆版四。黑缎垂幨三层，系带四，亦黑缎为之，属于轸。四柱高六尺五分，相距各五尺一寸。座纵九尺，横八尺八寸，环以朱阑。辕三，各长二丈一尺。轸长九尺，径

八尺八寸，后建大麾，十有二斿，各绣神武，余俱如玉辂之制。按木
辂为香步辇之改制。初制，香步辇高一丈二尺五寸，座高三尺，方广八尺二寸
五分。辇座朱髤，四周雕木五彩云浑贴金龙板十二片，间以浑贴金仰覆莲座，
下雕木线金五彩云板二十片。座下四辕，中二辕长三丈五尺九寸，左右辕长二
丈九尺五寸有奇，皆朱髤，镀金铜辂龙首尾装钉，攀辕黄线圆绦八。辇亭高六尺
五分，四柱各长五尺八寸。槛高二寸五分，亦皆朱髤，上四周雕木沈香色描金
香草板十二片，抹金铜辂钑花叶片装钉。门较大马辇高逾二寸，广与之同。左
右门广二尺二寸。前左右各朱髤十字楅二扇，雕沈香色描金云龙板八片，下云
板如其数，俱抹金铜钑花叶片装钉。亭内布花毯草席，大红织金绮褥，朱髤戗
金龙坐椅一。靠背以下诸制与大小马辇并同。辇顶并圆盘高二尺六寸有奇，镀
金铜蹲龙顶，余制同大小马辇。天轮制亦如之。辇亭前左右转角阑干二扇，后
一字带左右转角阑干一扇，皆朱髤，嵌雕木贴金龙，间以五彩云。三扇凡十有
二柱，各柱首雕饰与大辂同。阑内四周布花毯草席。亭内木雕浑贴金剑山一，
朱髤脚踏一，黄缎衣全。踏梯一，木质朱髤，雕贴金行龙五彩云绦环板六片，描
金五彩水板十有二片，蹲龙四，皆抹金铜钑花叶片装钉。其幨衣、雨衣类悉同
大小马辇制。

　　革辂，服马一，骖马三，亦设游环和铃，圆盖方轸。高一丈一尺
三寸，盖高二尺五寸五分，泥银饰衔圆黄革四。白缎垂幨三层，系带
四，亦白缎为之，属于轸。四柱高五尺五寸九分，座纵一丈六尺，横
八尺三寸五分，环以朱阑。辕二，各长一丈九尺五分，轸长一丈六
寸，径八尺三寸五分。后建大白，十有二斿，各绣金虎，余制均与玉
辂同。按改小马辇为革辂，始于乾隆八年。初制，小马辇视大马辇高广皆减一
尺。下二辕长一丈九尺五分。平盘、滴珠板、轮辐、轮辋诸制悉与大马辇同。辇
亭高五尺五寸九分，朱髤。四柱长五尺四寸五分。槛高一寸四分，上四周雕沈
香色描金云板十二片，下亦如之。门高五尺，广二尺二寸五分。左右门广较减
一寸有奇。前左右各有楅二扇，明栿全，皆朱髤，抹金铜钑花叶片装钉。楅心编
黄线绦。后朱髤屏风，雕沈香色描金云龙五，及沈香色描金云龙绦环板三，云
板数亦如之。周围亦抹金铜钑花叶片装钉。亭座朱髤板上施素毯草席，红织金
绮褥。外红帘四扇，其坐椅靠背以下诸制悉同大马辇。辇顶并圆盘高视大马辇
减一寸。上饰镀金铜宝珠顶。莲座、宝盖等饰，及天轮、辇亭前诸制，亦与大马
辇同焉。

玉辇，木质髤朱，圆盖方座。高一丈一尺一寸，盖高二尺，青饰、衔玉圆版四。冠金圆顶，承以镂金垂云。曲梁四垂，端为金云叶。青缎垂幨三层，周为璧积。系纩四，黄绒为之，属于座隅。四柱高五尺三寸，相距各五尺，绘云龙。门高四尺八寸，冬施青毡门帏，夏易以朱帘，黑缎缘，四面各三。座高二尺四寸，上方七尺六寸，下方七尺七寸，缀版二层，上绘彩云，下绘金云，环以朱阑，高一尺六寸八分，饰间金彩。阑内周布花毯。云龙宝座在中，高一尺三寸。左列铜鼎，右植服剑。辕四，内二辕长三丈八寸五分，外二辕长二丈九尺，金龙首尾衔两端。升用纳陛五级，左右阑皆髤朱，亦饰金彩，舁以三十六人。

金辇，圆盖方轸。高一丈五尺，盖高一尺九寸，饰盖用泥金衔金圆版四。冠金圆顶。檐径七尺一寸。黄缎垂纩二层。柱高五尺，相距各四尺九寸。门高四尺七寸五分。冬垂黄毡门帏，夏易以朱帘，黑缎缘，四面各三。座上方七尺三寸，下方七尺五寸，环以朱阑，高一尺三寸。辕四，内二辕长二丈八尺一寸，外二辕长二丈六尺一寸。舁以二十八人。余如玉辇之制。按乾隆十三年，改凉步辇为金辇。初制，凉步辇高一丈一尺二寸，座高二尺五寸。辇座朱髤，座板并四面朱髤匡，雕木浑贴金云板二十片，上贴金地雕五彩云绦环板十二片，带仰覆莲座。下四辕，中二辕长二丈八尺五寸，左右二辕长较减二尺，皆朱髤，前后俱镀金铜龙首尾装钉，攀辕黄线圆绦八。辇亭高五尺五寸五分，方四尺八寸，朱髤。门高四尺七寸，广二尺二寸。左右门广亦如之。上四周沈香色描金香草板十二片，前左右各有槅二扇，后槅三扇，明牕全，皆朱髤，编以黄线绦。辇板上施花毯草席，并红织金绮褥。朱髤戗金云龙坐椅一，坐下四周雕木沈香色描金云，其上靠背雕沈香色描金龙一，并五彩云，下雕贴金云板一片，朱髤福寿板一，并衣。亭内设雕木浑贴金剑山一，脚踏一，黄缎衣全。铜火炉及镀金镶嵌宝石铜炉各一，坐褥、椅裙、帘幔之类，悉与大小马辇同。辇顶高二尺五寸，镀金铜宝珠顶，带仰覆莲座，高一尺三寸二分，垂攀顶黄绒索四。顶朱髤，冒以黄毡，四角如意云并缘绦，亦均黄毡为之。周围施金黄绮沥水二层，每层百二十四摺，绣云龙，间经五彩云文。腰绣行龙十六。或大红罗冒顶，如意云缘绦亦红罗为之。四角镀金铜云四朵。亭内宝盖绣五龙,顶用朱鬃木匡,冒以黄绮,谓之黄屋。顶心四周绣云龙各一,辇亭四角至辇座攀顶黄线圆绦四,并贴金木鱼。亭外围红毡面、金黄毡缘绦、绢里毡衣一副。辇亭前左右转角阑干二扇,后一字带转角阑干二扇,皆朱鬃,雕木玲珑金地五彩妆云板十六片。四扇凡十二柱,各柱首雕饰同大辂。阑内四周施花毯草席,踏梯一,木质朱鬃,贴金五彩云玲珑板六片,描金水板十二片。蹲龙四皆抹金铜钑花叶片装钉。又镀金铜钩四,金黄线圆绦,数亦如之。红油高凳四,黄毡挽凳二,金黄布夹幨衣、金黄油绸雨衣各一。

　　礼舆,楠质。高六尺三寸。上为穹盖二层,高一尺三寸。上层八角,饰金行龙。下四角,饰亦如之。冠金圆顶,承以镂金垂云,杂宝衔之。檐纵四尺七寸。横三尺五寸。明黄缎垂幨二层,绣金云龙。四柱高五尺,饰蟠龙,门端及左右阑饰云龙,皆镂金。内设金龙宝座,高一尺七寸,帏用明黄云缎纱毡,各惟其时。左右启棂,夏用蓝纱,冬用玻璃。直辕二,长一丈七尺六寸五分。大横杆二,长九尺。小横杆四,长二尺二寸五分。肩杆八,长五尺八寸。皆鬃朱,绘金云龙。横钻铜,纵加金龙首尾。舁以十六人。按礼舆为大仪轿之改定。初制,大仪轿高四尺八寸五分,顶高一尺三寸,广二尺八寸。顶双层,浑贴金雕九龙,云花番草绦环,销金龙沥水二层,黄绫为之。鬃金直竿二,前后横竿如之。短杠四,肩杠倍之。撑竿二。轿顶蹲龙十二,金顶钑龙文,嵌珊瑚青金松子等石。轿杠装镀金铜龙首尾。黄布幨衣、油绸雨衣、黄毡顶各一。

　　轻步舆,亦舁以十六人,木质鬃朱,不施幨。盖高三尺四寸。倚高一尺五寸八分,象牙为之。座高一尺八寸二分,纵一尺八寸三分,横二尺二寸。踏几高二寸,鬃以金。直辕二,长一丈五尺四寸五分,加铜龙首尾。大横杆二,长九尺一寸。小横杆四,长二尺八寸四分。肩杆八,长五尺八寸五分,俱钻铜。余制与步舆同。按轻步舆之称。改由折合明轿。初制,折合明轿,金漆雕花草兽面。广二尺二寸,高三尺四寸。地平广如轿身。直竿下数亦如大仪轿。装饰、幨衣诸制并与明轿同。

　　步舆,亦舁以十六人,木质涂金,不施幨。盖高三尺五寸。倚高一尺六寸五分,镂花文。中为蟠龙座,座高一尺八寸五分,纵一尺八寸,横二尺二寸。坐具冬施紫貂,夏以明黄妆缎。四足为虎爪螭首,圆珠承之,周绘云龙。踏几高三寸一分,笼以黄缎。直辕二,长一丈五尺五寸。大横杆二,长七尺六寸,中为双龙首相对。小横杆四,长二尺八寸,肩杆八,长五尺六寸。余同礼舆之制。按步舆为大轿之改称。初制,大轿单顶朱髹,广三尺,高五尺,贴金。顶广视轿身较赢八寸,高八寸。销金龙沥水一层,黄绫为之。饰金蹲龙四。直竿下数亦如大仪轿。金顶以下诸制并同。

　　皇后凤舆,木质,髹明黄,高七尺。穹盖二重,高一尺五寸五分。上为八角,下方四隅,俱饰金凤。冠金圆顶,镂以云文,杂宝衔之。檐纵五尺,横三尺七寸六分,明黄缎垂幨,上下皆销金凤。四柱,高四尺七寸,皆绘金凤。棍四启,网以青纹。前为双扉,高二尺六寸,启扉则举棍悬之,内髹浅红。中设朱座,倚高一尺八寸。髹明黄,绘金凤。坐具明黄缎绣彩凤。前加抚式,明黄金凤髹绘亦如之。直辕二,长一丈七尺二寸五分。大横杆二,长八尺,中为铁镀金双凤相向。小横杆四,长三尺。肩杆八,长五尺一寸。皆髹明黄,横钻以铜,纵加铜镀金凤首尾,舁以十六人。亲蚕御之。按后妃舆车之制,改定于乾隆十四年。初制,凤舆外并有凤辇,柱高三尺六寸,广五尺二寸。座高一尺八寸,周围阑柱、绦环雕花卉,朱髹贴金饰。宝座在中,下有仙桥,座穿以藤。窗槅编石青线,顶衣用黄结罗为之。销金凤沥水二层。黄缎里衣。外垂珠帘。直竿四,内杠倍之。短杠如内杠之数。俱朱髹。赤金顶级凤文,嵌青金、珊瑚、松子等石。杠端装金凤首尾。红油凳四。拓叉二。黄布幪衣、油绸雨衣各一。凤舆制广三尺一寸五分,柱高三尺三寸二分,门高二尺八寸,顶广视面较赢八寸。顶楼六瓣,每瓣广一尺五寸,共高一尺二寸。辕长一丈七尺五寸,轮高五尺,俱施黄油彩绘金凤。赤金顶,镀金叶片装钉。黄素绫衣,上销金凤沥水二层。

　　仪舆,木质,髹以明黄,高视凤舆减一尺一寸。上为穹盖,高六寸七分。冠金圆顶,涂金檐,纵四尺七寸。四隅系黄绒纹,属于直辕。明黄缎垂幨。四柱,高四尺七寸。门帏红里,亦明黄缎为之。中设朱座,高一尺五寸,倚髹明黄,高一尺六寸,绘金凤。坐具明黄缎,绣彩凤。直辕二,长一丈五尺五寸。横杆二,长七尺七寸,中为铁镀金双凤相向。肩杆四,长五尺二寸,两端钻铜镀金。舁以八人。初制,仪舆广三尺二寸,柱高三尺四寸,顶广视面辕较赢三寸,高九寸,辕长与凤舆同,轮较低二寸,俱施黄油。赤金顶,镀金叶片装钉。衣以黄云缎为之。重檐沥水,红缎里。黄布幨衣、油绸雨衣、黄毡顶各一。

凤车,木质,髹明黄,高九尺五寸。穹盖二层,高一尺七寸,上绘八宝,八角饰以金凤,下绘云文,四隅饰亦如之。冠金圆顶,镂云,杂宝衔之。檐纵四尺九寸,横四尺。明黄缎垂幨,盖明黄络,四隅系纼,明黄绒为之,属于轸。四柱,高三尺三寸,左右及后皆绘金凤。中各启槅,网以青纼。门高三尺,上镂金凤相向。明黄缎帏,黄里。坐具亦明黄缎为之,上绣彩凤。轮径四尺九寸,各十有八辐。辕二,长一丈七尺五寸,两端钻以铁镀金。轸长六尺二寸。驾马一。

仪车,木质,髹明黄,高九尺五寸。穹盖,上圆下方,高九寸。冠银圆顶,涂金。檐纵五尺五寸,横四尺一寸。四隅系纼,明黄绒为之,属于轸。明黄缎垂幨。四柱,高二尺八寸,不加绘饰,里髹浅红。黄里明黄缎帏。坐具亦明黄缎为之,上绣彩凤。轮径四尺,各十有八辐。辕二,长一丈五尺,钻以铁镀银,轸长五尺八寸,驾马一。按初制无仪车,有大仪轿,广二尺九寸,高四尺八寸。顶广如仪舆。顶楼八瓣,俱施黄油。贴金云凤绦环,嵌五色宝石。黄缕为衣,上销金凤沥水二层。直横竿各二,短杠四,肩扛倍之,撑竿二,俱朱鬃。轿顶饰金凤十二,金顶钑海马文,嵌青、红、蓝三色宝石。轿扛装镀金铜凤首尾。幨衣诸制与仪舆同。

皇太后舆车之制,与皇后同,惟绘绣加龙,故遂异其名曰龙凤舆、曰龙凤车。乾隆十六年,皇太后六旬圣寿,皇上自畅春园躬奉慈驾入宫。皇太后御金辇,明黄缎绣寿字篆文。奉辇以二十八人。二十六年、三十六年,皇太后七旬、八旬圣寿,并御是辇,自畅春园入宫。定名曰万寿辇。

皇贵妃翟舆,木质,髹明黄,绘绣皆金翟。横杆中为铁镀银双翟相向,翟首镀金。凡杆纵加铜镀金翟首尾。肩杆四。舁以八人。余同皇后凤舆之制。按初制,皇贵妃舆车,有翟车、翟轿,无仪舆、仪车之称。翟轿制广二尺九寸,高四尺六寸。顶广二尺五寸。顶楼六瓣,俱施金黄油,彩绘云龙翟鸟,饰五色宝石。金黄缕衣,上销金翟沥水。直竿二,横竿如之。肩杠四,撑竿二,俱朱髹。轿顶饰金翟十。纯素金顶,铜事件全。黄布幨衣、油绸雨衣各一。

仪舆,木质髹明黄。倚绘金翟。坐具绣彩翟。横杆中为铁錽银双翟相向。翟首镀金。余舆皇后仪舆制同。

翟车,木质,髹明黄。盖饰金翟。左右及后均绘金翟。门亦镂金翟相向。坐具绣彩翟。辕钻以铁錽银。余如皇后凤车之制。初制,翟车广三尺一寸,柱高三尺三寸有奇,顶高一尺二寸,辕长一丈六尺六寸,轮高四尺八寸,俱施金黄油。金黄云缎衣。重檐沥水,红绢里。纯素金顶,镀金铜事件全。幨衣、雨衣外,金黄毡顶一。

仪车,坐具绣彩翟。余与皇后仪车制同。

贵妃翟舆、仪舆、仪车,皆木质,髹金黄。盖、幨、坐具皆金黄缎,饰彩绣皆金翟。横杆中为铁錽银双翟相向,翟首镀金。凡杆皆纵加金翟首尾,余俱同皇贵妃舆车之制。

妃嫔翟舆,木质,髹金黄。冠铜圆顶,涂金。直杆加铜髹金翟首尾。肩杆四,髹金。舁以八人。

仪舆,木质,髹金黄。冠铜圆顶,涂金。肩杆二,舁以四人。仪车,木质,髹金黄。冠,铜圆顶,涂金。余如贵妃舆车制。初制,贵妃、妃、嫔车、轿,与皇贵妃同。惟车轿顶及事件俱铜质镀金。

亲王明轿一,木质,洒金,不施幨。盖、辕、杆皆髹朱饰金。暖轿一,银顶,金黄盖幨,红帏,缎、毡各惟其时。初制,亲王明轿广三尺三寸地平广与轿面同。俱施羊肝漆洒金,上下雕玲珑花卉。直杆、横杆、撑杆各二,肩杆四,俱朱髹贴金饰。红布幨衣、油绸雨衣各一。

亲王世子明轿一,制同前。暖轿一。红盖,金黄幨,红帏。余如亲王。

郡王明轿一,暖轿一。红盖,红幨,红帏。余同亲王世子。初制,郡王以下、贝勒以上,俱坐明轿,八人舁之,如亲王仪。辅国公以上,亦坐明轿,四人舁之,愿乘马者听。郡王长子、贝勒明轿一,暖轿一。自贝勒以上,用舆夫八人。红盖,青幨,红帏。余如郡王。

贝子明轿一,暖轿一。红盖,红幨,青帏,余如贝勒。

镇国公明轿一，暖轿一，皂盖，红幨，皂帏。余如贝子。

辅国公明轿一，暖轿一。青盖，红幨，青帏。余如镇国公。自辅国公以上，用舆夫四。

固伦公主暖轿一，金顶朱轮车一。皆金黄盖，红帏，红缘，盖角金黄幨。初制，固伦公主车轿盖以金黄缎为之。盖角垂幨皆红缘。

和硕公主暖轿及朱轮车，红盖，红帏，盖角金黄缘。余同固伦公主。和硕公主以下、县主以上，舆用银顶。并按初制，固伦公主车、轿皆红缎为之，盖角亦金黄缘。

郡主暖轿及朱轮车，红盖，红帏，红幨，盖角皂缘。余如和硕公主。初制，郡主盖、帏与和硕公主同，惟盖角青缘。

县主暖轿及朱轮车，红盖，青幨，盖角青缘。余如郡主。初制，县主盖、帏俱同和硕公主，惟盖角蓝缘。

郡君车，红盖，红幨，青帏，盖角青缘。初制，郡君车盖红缎为之，蓝帏，盖角蓝缘。

县君车，皂盖，红幨，皂帏，盖角红缘。初制，县君车盖青缎为之，盖角红缘。

镇国公女乡君车，皂盖，皂帏，红幨，盖角青缘。初制，镇国公女乡君车盖、帏亦以青缎为之，盖角蓝缘。

辅国公女乡君车，青帏，盖去缘饰。余如镇国公女。郡君以下车皆朱轮。并按初制，辅国公女乡君车青盖、蓝帏。

亲王福晋暖轿及朱轮车，红盖，四角皂缘。金黄幨，红帏，朱辕，舆用金顶。自亲王以下，贝勒以上各侧室，均降嫡一等。并按初制，亲王妃车、轿红盖，红帏，金黄垂幨，盖角青缘。其侧妃车、轿亦红盖，红帏，盖角青缘，红垂幨。

亲王世子福晋暖轿及朱轮车，红幨。余如亲王福晋。初制，亲王世子妃轿、车盖、帏与亲王侧妃同。其侧妃轿、车，红盖，红帏，盖角青缘，青垂幨。

郡王福晋暖轿及朱轮车，皂幨。余如亲王世子福晋。舆用银顶。初制，郡王妃轿、车盖、帏与亲王世子侧妃同。其侧妃轿、车，红盖，红帏，盖角蓝缘,蓝垂缘。

郡王长子福晋暖轿及朱轮车,四角蓝缘,蓝幨。余如郡王福晋。初制,郡王长子妃轿、车盖、帏与郡王侧妃同。其侧妃轿、车,红盖,四角青缘,青帏,红幨。

贝勒夫人暖轿及朱轮车,四角皂缘,皂帏。余如郡王长子福晋。初制,贝勒夫人轿、车与郡王长子侧妃同,其侧夫人轿车,红盖,蓝缘,蓝帏,红幨。

贝子夫人车,红盖,青缘,青帏,红幨。初制,贝子夫人车与贝勒侧夫人同。其侧夫人车,青盖,红缘,青帏,红幨。

镇国公夫人车,朱轮,皂盖,红缘,皂帏。红幨。自公夫人以上,盖、帏均用云缎,镇国将军夫人以下用素缎。并按初制,镇国公夫人车盖、帏与贝子侧夫人同。其侧夫人车,青盖,蓝缘,青帏,红幨。

辅国公夫人车,朱轮,皂盖,青缘,皂帏,红幨。初制,辅国公夫人人车盖、帏与镇国公侧夫人同。其侧夫车,青盖,蓝帏,红幨。

镇国将军夫人车,朱轮,皂盖,青缘,皂帏,红幨。初制,镇国将军夫人车盖、帷与辅国公侧夫人同。

辅国将军夫人车,朱轮,青盖,红幨,青帏。初制,辅国将军夫人车盖、帷皆以蓝缎为之,红垂幨。

奉国将军淑人、奉恩将军恭人车,均朱轮,皂盖,皂帏,皂幨。初制,奉国将军淑人及奉恩将军恭人车,盖、帏、幨皆以青缎为之。

民公夫人车,黑辕轮,绿盖,皂缘,绿幨,皂帏。初制,公夫人车,皂盖,青缘。

侯、伯夫人车,四角青缘。余如民公夫人。初制,侯、伯夫人车,青帏,盖角蓝缘。

子夫人车,皂盖。余如侯、伯夫人。初制,子夫人车,青盖,绿幨,绿幨,青帏。

男夫人车,皂盖,不缘。余如子夫人。初制,男夫人车,青盖,青帏,绿幨。

满洲官惟亲王、郡五、大学士、尚书乘舆。贝勒、贝子、公、都统及二品文臣,非年老者不得乘輿。其余文、武均乘马。

汉官三品以上、京堂輿顶用银,盖帏用皂。在京輿夫四人,出京八人。四品以下文职,輿夫二人,輿顶用锡。直省督、抚輿夫八人。司、道以下,教职以上,輿夫四人,杂职乘马。

钦差官三品以上,輿夫八人。武职三品仍不得用,武职均乘马。将军、提督、总兵官,年逾七十不能乘马者,奏闻请旨。初制,凡公、侯、伯以下职官,三品以上,坐四人暗轿,镀金装饰,银螭,绣带,青幔。四品以下,坐二人暗轿,或乘车,愿乘马者听。其轿、车之制,四、五品素狮绣带。六品以下,素云头素带,青幔。汉武官有坐轿者,禁如例。

乾隆十五年谕:"本朝旧制,文、武满、汉大臣,凡遇朝会皆乘马,并不坐轿。从前满洲大臣内有坐轿者,是以降旨禁止武大臣坐轿,未禁止文大臣。今闻文大臣内务求安逸,于京师至近之地,亦皆坐轿。若谓在部院行走应当坐轿,则国初部院大臣未尝坐轿。此由平时不勤习技业,惟求安逸之所致也。满洲大臣当思本朝旧制,遵照奉行。嗣后文大臣内年及六旬实不能乘马者,著照常坐轿,其余著禁止。"

庶民车,黑油,齐头,平顶,皂幔。轿同车制。其用云头者禁之。

一品命妇车,黑轮、辕,皂盖,青缘,绿幨,皂帏。

二品命妇车,皂盖,不缘。余同一品命妇。

三品命妇车,皂盖,皂帏。余同二品命妇。以上輿用银顶。

四品命妇车,皂盖,青帏,輿用锡顶。余同三品命妇。

五品命妇以下车,青盖,青幨,青帏。二品以上,盖、帏、幨用缯,余均用布。并按初制,内大臣、都统、大学士、尚书、左都御史命妇车,青盖,绿缘,绿幨,青帏。散秩大臣、前锋统领、步军统领、副都统、侍郎、学士、副都御史、通政使司通政使、大理寺卿、詹事府詹事命妇车,青盖,青帏,绿幨。头等侍卫,参领,步军总尉,王府长史,太常,太仆,光禄寺各正、少卿,通政司副使,大理寺少卿,国子监祭酒,内阁侍读学士,翰林院读讲学士,侍读,侍讲,詹事府少詹事,庶子,谕德,洗马,郎中,鸿胪寺卿,给事中,监察御史,轻车都尉命妇车,青盖,青帏,青幨。闲散宗室、二等侍卫、佐领、贝勒、长史、钦天监监正、内阁侍读、国子监司业、鸿胪寺少卿、通政使司参议、詹事府中允、员外郎、步军副尉、骑都尉命妇车,青盖,蓝帏,青幨。三等侍卫、云骑尉、五品以下官命妇车,蓝盖,蓝帏,青幨。

清史稿卷一〇三

志第七八

輿服二

皇帝冠服　皇后冠服

太皇太后皇太后附

皇贵妃以下冠服

皇子亲王以下冠服

皇子亲王福晋以下冠服

文武官冠服　命妇冠服

士庶冠服

崇德二年，谕诸王、贝勒曰："昔金熙宗及金主亮废其祖宗时冠服，改服汉人衣冠。迨至世宗，始复旧制。我国家以骑射为业，今若轻循汉人之俗，不亲弓矢，则武备何由而习乎？射猎者，演武之法；服制者，立国之经。嗣后凡出师、田猎，许服便服，其余悉令遵照国初定制，仍服朝衣。并欲使后世子孙勿轻变弃祖制。"乾隆三十七年，三通馆进呈所撰《嘉礼考》，于辽、金、元各代冠服之制，叙载未能明晰。奉谕："辽、金、元衣冠，初未尝不循其国俗，后乃改用汉、唐仪式。其因革次第，原非出于一时。即如金代朝祭之服，其先虽加文饰，未至尽弃其旧。至章宗乃概为更制。是应详考，以征蔑弃旧典之由。衣冠为一代昭度，夏收殷冔，不相沿袭。凡一朝所用，原各自有法程，所谓礼不忘其本也。自北魏始有易服之说，至辽、金、元诸君浮慕好名，一再世辄改衣冠，尽去其纯朴素风。传之未久，国势寝弱。况揆其议改者，不过云衮冕备章，文物足观耳。殊不知润色章身，即取其文，亦何必仅沿其式？如本朝所定朝祀之服，山龙藻火，粲然具列，皆义本《礼》经，而又何通天绛纱之足云耶"？盖清自崇德初元，已厘定上下冠服诸制。高宗一代，法式加详，而犹于变本忘先，谆谆训诫。亦深维乎根本至计，未可轻革旧俗。祖宗成宪具在，所宜永守勿愆也。兹就乾隆朝增改之制，以类叙次，而仍以初定者附见于篇。

皇帝朝冠，冬用熏貂，十一月朔至上元用黑狐。上缀朱纬。顶三层，贯东珠各一，皆承以金龙四，饰东珠如其数，上衔大珍珠一。夏织玉草或藤竹丝为之，缘石青片金二层，里用红片金或红纱。上缀朱纬，前缀金佛，饰东珠十五。后缀舍林，饰东珠七，顶如冬制。

吉服冠，冬用海龙、熏貂、紫貂惟其时。上缀朱纬。顶满花金座，上衔大珍珠一。夏织玉草或藤竹丝为之，红纱绸里，石青片金缘。上缀朱纬。顶如冬吉服冠。

常服冠，红绒结顶，不加梁，余如吉服冠。

行冠，冬用黑狐或黑羊皮、青绒，余俱如常服冠。夏织藤竹丝为之，红纱里缘。上缀朱氂。顶及梁皆黄色，前缀珍珠一。

端罩，紫貂为之。十一月朔至上元用黑狐。明黄缎里。左、右垂带各二，下广而锐，色与里同。

衮服，色用石青，绣五爪正面金龙四团，两肩前后各一。其章左日、右月，万寿篆文，间以五色云。春、秋棉、袷，冬裘、夏纱惟其时。

朝服，色用明黄，惟祀天用蓝，朝日用红，夕月用月白。披领及袖皆石青，缘用片金，冬加海龙缘。绣文两肩，前、后正龙各一，腰帷行龙五，衽正龙一，襞积前、后团龙各九，裳正龙二、行龙四，披领行龙二，袖端正龙各一。列十二章，日、月、星、辰、山、龙、华、虫、黼黻在衣,宗彝、藻火、粉米在裳,间以五色云。下幅八宝平水。十一月朔至上元,披领及裳俱表以紫貂,袖端熏貂。绣文两肩,前、后正龙各一,襞积行龙六。列十二章,俱在衣,间以五色云。

龙袍,色用明黄。领、袖俱石青,片金缘。绣文金龙九。列十二章,间以五色云。领前后正龙各一,左、右及交襟处行龙各一,袖端正龙各一。下幅八宝立水,襟左右开,棉、袷、纱、裘,各惟其时。

常服褂,色用石青,花文随所御,裾左右开。

行褂,色用石青,长与坐齐,袖长及肘。

常服袍,色及花文随所御,裾四开。行袍同。

行裳,色随所御。左右各一,前平,后中丰,上下敛。横幅石青布为之,毡、袷惟时。冬用鹿皮或黑狐为里。

雨冠之制二:冬顶崇,前檐深;夏顶平,平檐敞。皆明黄色,月白缎里。毡及油绸,羽缎惟其时。

雨衣之制六,皆明黄色:一,如常服褂,而长与袍称。自衽以下加博。上袭重衣,领下为襞积。无袖。斜幅相比,上敛,下递丰。两重俱加掩襟,领及钮约皆青色。一,以毡及羽缎为之,月白缎里。不袭重衣。余制同。领及钮约如衣色,油绸为之,不加里。钮约青色。一,如常服褂而加领,长与袍称。毡羽缎为之,月白缎里。领及钮约如衣色。一,如常服袍而袖端平,前施掩裆,油绸不加里。领用青羽缎,钮约青色。外加袍袖如衣色。一,如常服褂,长与坐齐。毡、羽缎为之,月白缎里。领及钮约如衣色。一,如常服袍而加领,长与坐齐。油绸为之,不加里。袖端平,前加掩裆,领用青羽缎,钮约青色。

雨裳之制二,皆明黄色:一,左右幅相交,上敛下递博。上前加浅幅为襞积。两旁缀以钮约,青色。腰为横幅,用石青布,两末削为带系之。一,前为完幅,不加浅幅,余制同。

朝珠,用东珠一百有八,佛头、记念、背云、大小坠杂饰,各惟其宜,大典礼御之。惟祀天以青金石为饰,祀地珠用蜜珀,朝日用珊瑚,夕月用绿松石,杂饰惟宜。绦皆明黄色。

朝带之制二,皆明黄色:一,用龙文金圆版四,饰红蓝宝石或绿松石,每具衔东珠五,围珍珠二十。左右佩帉,浅蓝及白各一,下广而锐。中约镂金圆结,饰宝如版,围珠各三十。佩囊文绣、燧觿、刀削、结佩惟宜,绦皆明黄色,大典礼御之。一,用龙文金方版四,其饰祀天用青金石,祀地用黄玉,朝日用珊瑚,夕月用白玉,每具衔东珠五。佩帉及绦,惟祀天用纯青,余如圆版朝带之制。中约圆结如版饰,衔东珠四。佩囊纯石青,左觿、右削,交从版色。

吉服带,用明黄色,镂金版四,方圆惟便,衔珠玉杂宝各从其宜。左右佩帉纯白,下直而齐。中约金结如版饰。余如朝带制,常服带同。

行带,色用明黄,左右佩系以红香牛皮为之,饰金花文镂银环各三。佩帉以高丽布,视常服带帉微阔而短,中约以香牛皮束,缀银花文佩囊。明黄绦,饰珊瑚。结、削、燧、杂佩各惟其宜。初制,皇帝冠用东珠宝石镶顶,束金镶玉版嵌东珠带。康熙二十三年,定凡大黄礼祭坛庙,冠用大珍珠、东珠镶顶,礼服用黄色、秋香色、蓝色五爪、三爪龙缎。雍正元年,定礼服用石青、明黄、大红、月白四色缎,花样三色,圆金龙九,龙口珠各一颗。腰襕小金龙九。周身五彩云,下八宝平水、万代江山。

皇后朝冠,冬用熏貂,夏以青绒为之,上缀朱纬。顶三层,贯东珠各一,皆承以金凤,饰东珠各三,珍珠各十七,上衔大东珠一。朱纬上周缀金凤七,饰东珠九,猫睛石一,珍珠二十一。后金翟一,饰猫睛石一,珍珠十六。翟尾垂珠,凡珍珠三百有二,五行二就,每行大珍珠一。中间金衔青金石结一,饰东珠、珍珠各六,末缀珊瑚。冠后护领垂明黄绦二,末缀宝石,青缎为带。

吉服冠,熏貂为之,上缀朱纬。顶用东珠。

金约,镂金云十三,饰东珠各一,间以青金石,红片金里。后系金衔绿松石结,贯珠下垂,凡珍珠三百二十四,五行三就,每行大珍珠一。中间金衔青金石结二,每具饰东珠、珍珠各八,末缀珊瑚。

耳饰,左右各三,每具金龙衔一等东珠各二。

朝褂之制三,皆石青色,片金缘:一,绣文前后立龙各二,下通襞积，四层相间，上为正龙各四，下为万福万寿文。一，绣文前后正龙各一，腰帷行龙四，中无襞积。下幅行龙八。一，绣文前后立龙各二，中无襞积。下幅八宝平水。皆垂明黄绦，其饰珠宝惟宜。

朝袍之制三，皆明黄色：一，披领及袖皆石青，片金缘，冬加貂缘，肩上下袭朝褂处亦加缘。绣文金龙九，间以五色云。中有襞积。下幅八宝平水。披领行龙二，袖端正龙各一，袖相接处行龙各二。一，披领及袖皆石青，夏用片金缘，冬用片云加海龙缘，肩上下袭朝褂处亦加缘。绣文前后正龙各一，两肩行龙各一，腰帷行龙四。中有襞积。下幅行龙八。一，领袖片金加海龙缘，夏片金缘。中无襞积。裾后开。余俱如貂缘朝袍之制。领后垂明黄绦，饰珠宝惟宜。

龙褂之制二，皆石青色：一，绣文五爪金龙八团，两肩前后正龙各一，襟行龙四。下幅八宝立水。袖端行龙各二。一，下幅及袖端不施章采。

龙袍之制三，皆明黄色，领袖皆石青：一，绣文金龙九，间以五色云，福寿文采惟宜。下幅八宝立水，领前后正龙各一，左右及交襟处行龙各一。袖如朝袍，裾左右开。一，绣文五爪金龙八团，两肩前后正龙各一，襟行龙四。下幅八宝立水。一，下幅不施章采。

领约，镂金为之，饰东珠十一，间以珊瑚。两端垂明黄绦二，中贯珊瑚，末缀绿松石各二。

朝服朝珠三盘，东珠一，珊瑚二，佛头、记念、背云、大小坠珠宝杂饰惟宜。吉服朝珠一盘，珍宝随所御。绦皆明黄色。

采帨，绿色，绣文为"五谷丰登"。佩箴管、絜袭之属。绦皆明黄色。

朝裙，冬用片金加海龙缘，上用红织金寿字缎，下石青行龙妆缎，皆正幅。有襞积。夏以纱为之。

太皇太后、皇太后冠服诸制与皇后同。初制，皇后冠服，凡庆贺大典，冠用东珠镶顶，礼服用黄色、秋香色五爪龙缎、凤皇翟鸟等缎。太皇太后、皇太后冠服，凡遇受贺诸庆典，冠用东珠镶顶，礼服用黄色、秋香色五爪龙缎、绣缎、妆缎。

皇贵妃朝冠，冬用熏貂，夏以青绒为之。上缀朱纬。顶三层，贯东珠各一，皆承以金凤，饰东珠各三，珍珠各十七，上衔大珍珠一。朱纬上周缀金凤七，饰东珠各九，珍珠各二十一。后金翟一，饰猫睛石一，珍珠十六，翟尾垂珠，凡珍珠一百九十二，三行二就。中间金衔青金石结一，东珠、珍珠各四，末缀珊瑚。冠后护领垂明黄绦二，末缀宝石。青缎为带。吉服冠与皇后同。

金约，镂金云十二，饰东珠各一，间以珊瑚，红片金里。后系金衔绿松石结，贯珠下垂，凡珍珠二百有四，三行三就。中间金衔青金石结二，每具饰东珠、珍珠各六，末缀珊瑚。耳饰用二等东珠，余同皇后。朝褂、朝袍、龙褂、龙袍、采帨、朝裙皆与皇后同。

领约，镂金为之，饰东珠七，间以珊瑚。两端垂明黄绦二，中贯珊瑚，末缀珊瑚各二。

朝服朝珠三盘，蜜珀一，珊瑚二。吉服朝珠一盘。绦明黄色。

贵妃冠服袍及垂绦皆金黄色，余与皇贵妃同。

妃朝冠，顶二层，贯东珠各一，皆承以金凤，饰东珠九，珍珠十七，上衔猫睛石。朱纬。上周缀金凤五，饰东珠七，珍珠二十一。后金翟一，饰猫睛石一，珍珠十六，翟尾垂珠，凡珍珠一百八十八，三行二就。中间金衔青金石结一，饰东珠、珍珠各四，末缀珊瑚。冠后护领垂金黄绦二，末缀宝石。青缎为带。吉服冠顶用碧王亚玓。余同贵妃。

金约，镂金云十一，饰东珠各一，间以青金石，红片金里。后系金衔绿松石结，贯珠下垂，凡珍珠一百九十七，三行三就。中间金衔青金石结二，每具饰东珠、珍珠各六，末缀珊瑚。耳饰用三等东珠。余同贵妃。朝褂、朝袍、龙褂、龙袍、领约、朝裙、朝珠皆与贵妃同。

采帨，绣文为"云芝瑞草"。余与贵妃同。

嫔朝冠，顶二层，贯东珠各一，皆承以金翟，饰东珠九，珍珠十七，上衔砑子。朱纬。上周缀金翟五，饰东珠五，珍珠十九。后金翟一，饰珍珠十六，翟尾垂珠，凡珍珠一百七十二，三行二就。中间金

衔青金石结一,饰东珠、珍珠各三,末缀珊瑚。冠后护领垂金黄绦
二,末缀宝石。青缎为带。吉服冠与妃同。

　　金约,镂金云八,饰东珠各一,间以青金石,红片金里。后系金
衔绿松石结,贯珠下垂,凡珍珠一百七十七,三行二就。中间金衔青
金石结二,每具饰东珠、珍珠各四,末缀珊瑚。耳饰用四等东珠。余
与妃同。

　　朝褂,与妃同。龙褂,绣文两肩前后正龙各一,襟夔龙四。余同
妃制。朝袍、龙袍俱用香色。余与妃同。

　　朝服朝珠三盘,珊瑚一、蜜珀二。吉服朝珠一盘。绦用金黄色。
领约、朝裙皆与妃同。采帨不绣花文。余同妃制。初制,皇贵妃、贵妃、
妃、嫔冠服,凡庆贺大典,皇贵妃、贵妃冠顶用东珠十二颗,妃冠顶用东珠十一
颗。礼服用凤凰、翟鸟等缎,五爪龙缎、妆缎、八团龙等缎。至黄色、秋香色,自
皇贵妃以下,概不许服。嫔冠顶用东珠十颗,礼服用翟鸟等缎,五爪龙缎、妆
缎、四团龙等缎。

　　皇子朝冠,冬用熏貂、青狐惟其时。上缀朱纬。顶金龙二层,饰
东珠十,衔红宝石。夏织玉草或藤竹丝为之。石青片金缘二层,里
用红片金或红纱。上缀朱纬。前缀舍林,饰东珠五。后缀金花,饰
东珠四。顶如冬朝冠,吉服冠红绒结顶。

　　端罩,紫貂为之,金黄缎里。左右垂带各二,下广而锐,色与里
同。龙褂,色用石青。正面绣五爪金龙四团,两肩前后各一,间以五
色云。

　　朝服之制二,皆金黄色:一,披领及裳俱表以紫貂。袖端熏貂。
绣文两肩前后正龙各一,襞积行龙六,间以五色云。一,披领及袖俱
石青,片金缘,冬加海龙缘。绣文两肩前后正龙各一,腰帷行龙四,
裳行龙八,披领行龙二,袖端正龙各一。下幅八宝平水。蟒袍亦金
黄色,片金缘,绣文九蟒,裾左、右开。

　　朝珠不得用东珠,余随所用,绦皆金黄色。

　　朝带,色用金黄,金衔玉方版四,每具饰东珠四,中衔猫睛石

一,左右佩绦如带色。吉服带亦色用金黄,版饰惟宜,佩绦如带色。

雨冠、雨衣、雨裳,均用红色,毡、羽纱、油绸,各惟其时。初制,皇子冠服,凡庆贺大典,冠用东珠十三颗镶顶,礼服用秋香等色,五爪、三爪龙缎,满翠八团龙等缎,束金镶玉嵌东珠带。

亲王朝冠,与皇子同。吉服冠,冬用海龙、熏貂、紫貂惟其时。夏织玉草或藤竹丝为之。红纱绸里。石青片金缘。上缀朱纬。顶用红宝石,曾赐红绒结顶者,亦得用之。

端罩,青狐为之,月白缎里,若曾赐金黄色者,亦得用之。服用石青色,绣五爪金龙四团,前后正龙,两肩行龙。朝服、蟒袍蓝及石青随所用,若曾赐金黄色者,亦得用之。余与皇子同。

朝珠、朝带、吉服带、雨冠、雨衣、雨裳,均与皇子同。崇德元年,定亲王冠顶三层,上衔红宝石,中嵌东珠八。前舍林,嵌东珠四。后金花,嵌东珠三。带用金镶玉版四片,嵌东珠四。顺治九年,定冠顶共嵌东珠十,舍林、金花各增嵌东珠一。带四片,每片嵌东珠四。服用五爪四团龙补、五爪龙缎、满翠四补等缎。

亲王世子朝冠,顶金龙二层,饰东珠九,上衔红宝石。夏朝冠前缀舍林,饰东珠五。后缀金花,饰东珠四。吉服冠、端罩、补服、朝服、蟒袍、朝珠皆与亲王同。

朝带,色用金黄,金衔玉方版四,每具饰东珠三。左右佩绦如带色。吉服带与亲王同。顺治九年,定亲王世子冠顶三层,其嵌东珠九。带用金镶玉版四片,每片嵌东珠三。服与亲王同。

郡王朝冠,顶金龙二层,饰东珠八,上衔红宝石。夏朝冠前缀舍林,饰东珠四。后缀金花,饰东珠三。吉服冠、端罩皆与亲王世子同。

补服,用石青色,绣五爪行龙四团,两肩前后各一。朝服、蟒袍、朝珠皆与亲王世子同。

朝带,色用金黄,金衔玉方版四,每具饰东珠二,猫睛石一。佩绦如带色。吉服带与亲王世子同。崇德元年,定郡王冠顶三层,上衔红宝石,中嵌东珠七。前舍林,嵌东珠三。后金花,嵌东珠二。带用金镶玉版四片,嵌绿松石四。顺治九年,定冠顶共嵌东珠八,舍林、金花各增嵌东珠一。带四片，每片嵌东珠二。服与亲王同。

贝勒朝冠，顶金龙二层，饰东珠七，上衔红宝石。夏朝冠前缀舍林，饰东珠三。后缀金花，饰东珠二。吉服冠、端罩皆与郡王同。

补服，色用石青，前后绣四爪正蟒各一团，朝服通绣四爪蟒文，蟒袍亦如之，均不得用金黄色，余随所用。朝珠绦用石青色。余同郡王。朝带色用金黄，金衔玉方版四，每具饰东珠二。佩绦皆石青色，吉服带色用金黄，版饰惟宜。佩绦亦皆石青色。崇德元年，定贝勒冠顶三层，上衔红宝石，中嵌东珠六。前舍林，缀东珠二。后金花，缀东珠一。带用金镶玉版四片，嵌宝石四。顺治九年，定冠顶共嵌东珠七，舍林、金花各增嵌东珠一。带四片，每片嵌东珠二。服用四爪两团龙补及蟒缎、妆缎。

贝子朝冠，顶金龙二层，饰东珠六，上衔红宝石。夏朝冠前缀舍林，饰东珠二。后缀金花，饰东珠一。吉服冠顶用红宝石。皆戴三眼孔雀翎。孔雀花翎有三眼、双眼、单眼之分，遇赏均得戴用。端罩制同贝勒。补服色用石青，前后绣四爪行蟒各一团。朝服、蟒袍、朝珠皆与贝勒同。

朝带，色用金黄，金衔玉方版四，每具饰东珠一。吉服带与贝勒同。崇德元年，定贝子冠顶二层，上衔红宝石，中嵌东珠五。前舍林，后金花，各嵌东珠一。带用金镶玉版四片，每片嵌蓝宝石一。顺治九年，定冠顶共嵌东珠六，舍林增嵌东珠一，余如旧。带四片，每片嵌东珠一。服与贝勒同。

镇国公朝冠，顶金龙二层，饰东珠五，上衔红宝石。夏朝冠前缀舍林，饰东珠一。后缀金花，饰绿松石一。吉服冠，入八分公顶用红宝石，未入八分公用珊瑚，皆戴双眼孔雀翎。端罩紫貂为之，月白缎里。补服前后绣四爪正蟒方补。朝服、蟒袍、朝珠与贝子同。

朝带，金衔玉方版四，每具饰猫睛石一。吉服带与贝子同。崇德元年，定镇国公冠顶二层，上衔红宝石，中嵌东珠四。前舍林，嵌东珠一，后金花，嵌绿松石一。带如贝子。顺治九年，定冠顶共嵌东珠五，余如旧。带四片，每片嵌猫睛石一。服用四爪方蟒补。余与贝勒同。

辅国公朝冠,顶金龙二层,饰东珠四,上衔红宝石。余皆如镇国公。崇德元年,定辅国公冠顶二层,上衔红宝石,中嵌东珠三。前舍林,嵌绿松石一。后金花,嵌宝石一。带如镇国公。顺治九年,定冠顶共嵌东珠四,舍林、金花、带、服色俱与镇国公同。

镇国将军朝冠,顶镂花金座,中饰东珠一,上衔红宝石。吉服冠顶用珊瑚。补服前后绣麒麟。余皆视武一品。崇德元年,定镇国将军冠顶上衔红宝石,带用金镶圆版,嵌红宝石四。顺治九年,定冠顶中节嵌东珠,带用金镶方玉版,各嵌红宝石一。补服绣麒麟,余与镇国公同。

辅国将军朝冠,顶镂花金座,中饰小红宝石,上衔镂花珊瑚。吉服冠顶亦用镂花珊瑚。补服前后绣狮。余皆视武二品。崇德元年,定辅国将军冠顶上衔蓝宝石,带用圆金版。顺治九年,定冠顶改衔红宝石,中节嵌小红宝石一。带如镇国将军。补服绣狮。余与镇国公同。

奉国将军朝冠,顶镂花金座,中饰小红宝石一,上衔蓝宝石。吉服冠顶亦用蓝宝石。补服前后绣豹。余皆视武三品。崇德元年,定奉国将军冠顶上衔水晶石,带用玲珑镂金方铁版。顺治九年,定冠顶上衔红宝石,中节嵌小蓝宝石一。带用起花金圆版。补服绣豹。余与镇国公同。

奉恩将军朝冠,顶镂花金座,中饰小蓝宝石一,上衔青金石。补服前后绣虎,余皆视武四品,惟衣裾四启。带用金黄色,凡宗室皆如之,觉罗用红色。顺治九年,定奉恩将军冠顶上衔蓝宝石,中节嵌小蓝宝石一。带用起花金镶银圆版。补服绣虎,余与镇国公同。

固伦额驸吉服冠,顶用红宝石,戴三眼孔雀翎。吉服带用金黄色。余与贝子同。崇德元年,定固伦额驸冠服与贝子同。顺治八年,定冠顶嵌东珠六。舍林嵌东珠二。金花嵌东珠一。带用金镶玉圆版四片,每片嵌东珠一。

和硕额驸吉服冠,顶用珊瑚,戴双眼孔雀翎。朝带色用石青或蓝,金衔玉圆版四。余与镇国公同。崇德元年,定和硕额驸冠服与超品公同,如封爵在公以上者,仍照本阶服用。顺治八年,定冠顶嵌东珠四,舍林嵌东珠一。金花嵌绿松石一,带用金镶玉圆版四片,每片嵌猫睛石一。

郡主额驸朝带,用镂金圆版四,每具饰绿松石一。余视武一品。崇德元年,定郡主额驸冠顶上衔红宝石,嵌东珠一。带用金圆版四片,嵌绿松石四。顺治八年,定冠、带与侯、伯同。康熙元年,定用四爪蟒补服。

县主额驸冠服,视武二品。崇德元年,定县主额驸冠顶上衔红宝石。带用金圆版四片,每片嵌红宝石四。

郡君额驸冠服,视武三品。崇德元年,定郡君额驸冠顶上嵌蓝宝石。带用金圆版四片。

县君额驸朝带,用镂金方铁版四。余与武四品同。崇德元年,定县君额驸冠顶上衔水晶石。带用镂金方铁版四片。

乡君额驸朝带,用镂金方铁版四。余与武五品同。崇德元年,定乡君额驸冠用金顶。带用镂金圆铁版四片。并按固伦额驸若爵在贝子以上、和硕额驸爵在镇国公以上者,冠服各从其品。郡主额驸以下皆如之。

民公朝冠,冬用熏貂,十一月朔至上元用青狐。顶镂花金座,中饰东珠四,上衔红宝石,夏顶制同。吉服冠顶用珊瑚。

端罩,貂皮为之,蓝缎里。补服,色用石青,前后绣四爪正蟒。

朝服,蓝及石青诸色随所用。披领及袖俱石青,片金缘,冬加海龙缘。两肩前后正蟒各一,腰帷行蟒四,中有襞积。裳行蟒八。十一月朔至上元,披领及裳俱表以紫貂,袖端熏貂。两肩前后正蟒各一,襞积行蟒四,皆四爪。曾赐五爪蟒缎者,亦得用之。蟒袍,蓝及石青诸色随所用,通绣九蟒。

朝珠,珊瑚青金绿松蜜珀随所用,杂饰惟宜。绦用石青色,朝带色用石青或蓝,镂金玉圆版四,每具饰猫睛石一。佩帉下广而锐,吉服带佩帉下直而齐,版饰惟宜。雨冠、雨衣、雨裳俱用红色。崇德元年,定民公冠顶上衔红宝石,中嵌东珠一。带用金圆版四片,嵌绿松石四。顺治二年,定冠用起花金顶,上衔红宝石,中嵌东珠三。带用金镶圆玉版四片,各嵌绿松石一。八年,定冠顶嵌东珠四,带片各嵌猫睛石一。

侯朝冠,顶镂花金座,中饰东珠三,上衔红宝石。朝带镂金衔玉圆版四,每具饰绿松石一。余皆如公。

伯朝冠,顶镂花金座,中饰东珠二,上衔红宝石。朝带镂金衔玉圆版四,每具饰红宝石一。余皆如侯。

子朝冠,顶镂花金座,中饰东珠一,上衔红宝石,补服前后绣麒麟。余皆视武一品。

男朝冠，顶镂花金座，中饰小红宝石，上衔镂花珊瑚。补服前后绣狮。余皆视武二品。顺治二年，定侯、伯冠用起花金顶，上衔红宝石，中嵌东珠一。带用金镶方玉版四片，每片嵌红宝石一。六年，定冠顶嵌东珠二，带改用圆玉版。八年，定侯冠顶东珠三。带片各嵌绿松石一。

皇子福晋朝冠，顶镂金三层，饰东珠十，上衔红宝石。朱纬。上周缀金孔雀五，饰东珠七，小珍珠三十九。后金孔雀一，垂珠三行二就。中间金衔青金石结一，饰东珠各三，末缀珊瑚。冠后护领垂金黄绦二，末亦缀珊瑚。青缎为带。吉服冠顶用红宝石。

金约，镂金云九，饰东珠各一，间以青金石，红片金里。后系金衔青金石结，贯珠下垂，三行三就。中间金衔青金石结二，每具饰东珠珍珠各四，末缀珊瑚。耳饰左右各三，每具金云衔珠各二。

朝褂，色用石青，片金缘。绣文前行龙四，后行龙三。领后垂金黄绦，杂饰惟宜。吉服褂色用石青，绣五爪正龙四团，前后两肩各一。朝袍用香色，披领及袖皆石青，片金缘，冬加海龙缘。肩上下袭朝褂处亦加缘，绣文前后正龙各一，两肩行龙各一，襟行龙四，披领行龙二，袖端正龙各一，袖相接处行龙各二。裾后开。领后垂金黄绦，杂饰惟宜。蟒袍用香色，通绣九龙。

领约，镂金为之，饰东珠七，间以珊瑚。两端垂金黄绦二，中贯珊瑚，末缀珊瑚各二。采帨月白色，不绣花文，结佩惟宜。绦皆金黄色。朝裙片金缘，冬加海龙缘，上用红缎，下石青行龙妆缎，皆正幅，有襞积。夏以纱为之。

朝服朝珠三盘，珊瑚一，蜜珀二。吉服朝珠一盘。珍宝随所御。绦皆金黄色。

亲王福晋吉服褂，绣五爪金龙四团，前后正龙，两肩行龙。余皆与皇子福晋同。侧福晋冠顶等各饰东珠九。服与嫡福晋同，并按崇德元年，定亲王嫡妃冠顶嵌东珠八，侧妃嵌东珠七。顺治九年，定嫡妃冠顶增嵌东珠二。服用翟鸟四团龙补、五爪龙缎、妆缎、满翠四补等缎。侧妃冠顶增嵌东珠二。服与嫡妃同。

世子福晋朝冠,顶镂金二层,饰东珠九,上衔红宝石。朱纬。上周缀金孔雀五,饰东珠各六。后金孔雀一,垂珠三行二就。中间金衔青金石结一,饰东珠各三,末缀珊瑚。冠后护领垂金黄绦二,末亦缀珊瑚。青缀为带。

金约,镂金云八,饰东珠各一,间以青金石。后系金衔青金石结,垂珠三行三就。中间金衔青金石结二,每具饰东珠珍珠各四,末缀珊瑚。余皆与亲王福晋同。顺治九年,定世子嫡妃冠服如亲王侧妃。其侧妃冠顶嵌东珠八。服与嫡妃同。

郡王福晋朝冠,顶镂金二层,饰东珠八,上衔红宝石。朱纬。上周缀金孔雀五,饰东珠各五。后金孔雀一,垂珠三行二就。中间金衔青金石结一,末缀珊瑚。冠后护领垂金黄绦二,末亦缀珊瑚。青缀为带。吉服冠与世子福晋同。

金约,镂金云八,饰东珠各一,间以青金石。后系金衔青金石结,垂珠三行三就。中间金衔青金石结二,末缀珊瑚。

吉服褂,绣五爪行龙四团,前后两肩各一。余皆与世子福晋同。崇德元年,定郡王嫡妃冠顶嵌东珠七,侧妃嵌东珠六。顺治九年,定嫡妃冠服与世子侧妃同。其侧妃冠顶嵌东珠七。服用蟒缎、妆缎,各色花、素缎。

贝勒夫人朝冠,顶镂金二层,饰东珠七,上衔红宝石。朱纬。上周缀金孔雀五,饰东珠各三。后金孔雀一,垂珠三行二就。中间金衔青金石结一,末缀珊瑚。冠后护领垂石青绦二,末亦缀珊瑚。吉服冠与郡王福晋同。

金约,镂金云七。余同郡王福晋。耳饰亦与郡王福晋同。

朝褂,绣四爪蟒,领后垂石青绦。吉服褂前后绣四爪正蟒各一。余与郡王福晋同。

朝袍,蓝及石青诸色随所用,领、袖片金缘,冬用片金加海龙缘。绣四爪蟒,领后垂石青绦。蟒袍通绣九蟒。领约、朝珠、采帨绦用石青色。余皆与郡王福晋同。崇德元年,定贝勒嫡夫人冠顶嵌东珠六。侧夫人嵌东珠五。顺治九年,定嫡夫人冠顶、服饰如郡王侧妃,其侧夫人冠顶嵌东珠六。服与嫡夫人同。

贝子夫人朝冠,顶镂金二层饰东珠六。金约镂金云六,吉服褂前后绣四爪行蟒各一。余皆与贝勒夫人同。崇德元年,定贝子嫡夫人冠顶嵌东珠五。侧夫人嵌东珠四。顺治九年,定嫡夫人冠顶服饰如郡王侧妃。其侧夫人冠顶嵌东珠五。服与嫡夫人同。

镇国公夫人朝冠,顶镂金二层,饰东珠五。金约镂金云五。吉服褂绣花八团。余皆与贝子夫人同。崇德元年,定镇国公嫡夫人冠顶嵌东珠四。顺治九年,定嵌东珠五。服如贝子夫人,其侧夫人冠顶嵌东珠四。服与嫡夫人同。

辅国公夫人朝冠,顶镂金二层,饰东珠四。金约镂金云四。余皆与镇国公夫人同。崇德元年,定辅国公夫人冠顶嵌东珠三。顺治九年,定冠顶嵌东珠四。服如贝子夫人。其侧夫人冠顶嵌东珠三。服与嫡夫人同。

镇国将军夫人冠、服均视一品命妇。

辅国将军夫人冠、服均视二品命妇。

奉国将军淑人冠、服均视三品命妇。

奉恩将军恭人冠、服均视四品命妇。

固伦公主冠、服制如亲王福晋。崇德元年,定固伦公主冠顶嵌东珠八。顺治九年,定冠顶增嵌东珠二。服用翟鸟五爪四团龙补、五爪龙缎、妆缎、满翠四补等缎。

和硕公主朝冠、金约,制如亲王世子福晋。余与固伦公主同。崇德元年,定和硕公主冠顶嵌东珠六。顺治九年,定冠顶增嵌东珠二。服与固伦公主同。

郡主朝冠、金约,制如郡王福晋。余与和硕公主同。崇德元年,定郡主冠顶嵌东珠六。顺治九年,定冠顶增嵌东珠二。服与和硕公主同。

县主朝冠、金约,制如贝勒夫人。吉服褂制如郡王福晋。余与郡主同。崇德元年,定县主冠顶嵌东珠五。顺治九年,定冠顶增嵌东珠二。服用蟒缎、妆缎,各样花、素缎。

郡君朝冠、金约,制如贝子夫人。朝褂、龙袍、领约、朝珠、彩帨、吉服褂、蟒袍均如贝勒夫人。余同县主。崇德元年,定郡君冠顶嵌东珠四。顺治九年,定冠服与县主同。

县君朝冠、金约,制如镇国公夫人。吉服褂制如贝子夫人。余皆与郡君同。崇德元年，定县君冠顶嵌东珠三。顺治九年，定冠顶增嵌东珠二。服与郡同。

镇国公女乡君朝冠、金约，制如辅国公夫人。吉服褂制如镇国公夫人。余同县君。

辅国公女乡君朝冠，顶镂金二层，饰东珠三。金约镂金云三。余与镇国公女乡君同。崇德元年，定乡君冠顶嵌东珠二。顺治九年，定镇国公女乡君冠顶嵌东珠三。服与县君同。

王、贝勒侧室女，封授视嫡降二等。冠、服各视所降品级服用。贝子、镇国公、辅国公侧室女，虽降等食五品、六品俸，其冠服仍与乡君同。

民公夫人朝冠，冬用熏貂，夏以青绒为之。顶镂花金座，饰东珠四，上衔红宝石。前缀金簪三，饰以珠宝。护领绿用石青色。吉服冠，熏貂为之，顶用珊瑚。金约青缎为之，红片金里。中缀镂金火焰，饰珍珠一，左右金龙凤各一。后垂青缎带二，亦红片金里。耳饰左右各三，每具金云衔珠各二。

朝褂，色用石青，片金缘。绣文前行蟒二，后行蟒一。领后垂石青绦，杂佩惟宜。朝袍，蓝及石青诸色随所用。披领及袖皆石青，冬用片金加海龙缘。绣文前后正蟒各一，两肩行蟒各一，襟行蟒四，中无襞积。披领行蟒二，袖端正蟒各一，袖相接处行蟒各二。后垂石青绦，杂佩惟宜。吉肥褂色用石青，绣花八团。

蟒袍，蓝及石青诸色随所用，通四爪九蟒。领约镂金为之，饰红蓝小宝石五。两端垂石青绦二，中贯珊瑚。末缀珊瑚各二。

朝珠，朝服用三，吉服用一。珊瑚、青金、蜜珀、绿松随所用，杂饰惟宜。绦用石青色。彩帨，月白色，不绣花，杂饰惟宜。绦皆石青色。朝裙，夏片金缘，冬加海龙缘，上用红缎，下石青行蟒、妆缎，皆正幅，有襞积。崇德元年，定未入八分公夫人冠顶服饰，惟正室视其夫品级服用。

侯夫人朝冠，顶镂花金座，中饰东珠三，上衔红宝石，余皆如民公夫人。

伯夫人朝冠,顶镂花舍座,中饰东珠二,上衔红宝石,余皆如侯夫人。

子夫人朝冠,顶镂花金座,中饰东珠一,上衔红宝石,余皆如伯夫人。

男夫人朝冠,顶镂花金座,中饰红宝石一,上衔镂花红珊瑚。吉服冠顶镂花珊瑚。余皆如子夫人。

文一品朝冠,顶镂花金座,中饰东珠一,上衔红宝石。补服前后绣鹤,惟都御史绣獬豸。朝带镂金衔玉方版四,每具饰红宝石一。余皆如公。

武一品补服,前后绣麒麟。余皆如文一品。

文二品朝冠,冬用熏貂,十一月至上元用貂尾,顶镂花金座,中饰小红宝石一,上衔镂花珊瑚。吉服冠顶亦用镂花珊瑚。补服前后绣锦鸡。朝带镂金圆版四,第具饰红宝石一,余皆如文一品。

武二品补服,前后绣狮。余皆如文二品。

文三品朝冠,顶镂花金座,中饰小红宝石一,上衔蓝宝石。吉服冠顶亦用蓝宝石。补服前后绣孔雀,惟副都御史及按察使前后绣獬豸。朝带镂花金圆版。余皆如文二品。

武三品朝冠,冬用熏貂,补服前后绣豹。余皆如文三品。惟朝服无貂缘及无端罩。一等侍卫戴孔雀翎。端罩猞猁,间以貂皮,月白缎里。余如武三品。

文四品朝冠,顶镂花金座,中饰蓝宝石一,上衔青金石。吉服冠顶亦用青金石。补服前后绣雁,惟道绣獬豸。蟒袍通绣四爪八蟒。朝带银衔镂花金圆版四。余皆如文三品。

武四品补服,前后绣虎。余皆如文四品。二等侍卫戴孔雀翎。端罩红豹皮为之,素红缎里。朝服冬、夏均靑绒缘,色用石青,通身云缎,前后方襕行蟒各一,腰帷行蟒四,中有襞积。领、袖俱石青妆缎,余如武四品。

文五品朝冠,顶镂花金座,中饰小蓝宝石一,上衔水晶石。吉服冠顶亦用水晶。补服前后绣白鹇，惟给事中、御史绣獬豸。朝服色用石青，片金缘，通身云缎，前后方襕行蟒各一，中有襞积。领、袖俱用石青妆缎。朝带银衔素金圆版四。余皆如文四品。

武五品补服，前后绣熊。余皆如文五品。惟无朝珠。三等侍卫戴孔雀翎。端罩黄狐皮为之，月白缎里。朝服冬、夏俱䰄绒缘。余如武五品，惟得用朝珠。

文六品朝冠，顶镂花金座，中饰小蓝宝石一，上衔砗磲。吉服冠顶亦用砗磲。补服前后绣鹭鸶，朝带银衔玳瑁圆版四。余皆如文五品，惟无朝珠。<small>五品官以下，惟京堂、翰詹、科道得用貂裘、朝珠。六品官以下，惟太常寺、鸿胪寺、光禄寺、国子监所属官，坛庙执事、殿庭侍仪得用朝珠。</small>

武六品补服，前后绣彪。余皆如文六品。蓝翎侍卫朝冠顶饰小蓝宝石一，上衔砗磲，戴蓝翎。端罩、朝服、朝珠均同三等侍卫。余如武六品。

文七品朝冠，顶镂花金座，中饰小水晶一，上衔素金。吉服冠顶亦用素金。补服前后绣鸂鶒，朝带素圆版四。蟒袍通绣四爪五蟒。余皆如文六品。

武七品补服，前后绣犀牛。余皆如文七品。

文八品朝冠，镂花阴文，金顶无饰。吉服冠同。补服前后绣鹌鹑。朝服色用石青云缎，无蟒。领、袖冬、夏皆青倭缎，中有襞积。朝带银衔明羊角圆版四。余皆如文七品。

武八品补服如武七品。余皆如文八品。

文九品朝冠，镂花阳文，金顶。吉服冠同。补服前后绣练雀。朝带银衔乌角圆版四。余皆如文八品。

武九品补服，前后绣海马。余皆如文九品。

未入流冠服制如文九品。

凡雨冠，民公、侯、伯、子、男，一、二、三品文、武官，御前侍卫，乾清门侍卫，上书房、南书房翰林，批本处行走人员，皆用红色。四、五、六品文、武官，雨冠中用红色，青缘。七、八、九品文、武官，雨冠中用青色，红缘。雨衣、雨裳，民公、侯、伯、子、文、武一品官，御前侍卫,各省督、抚,皆用红色。二品以下文、武官,皆用青色。其明黄色行褂,则领侍卫大臣、御前大臣、侍卫班长、护军统领、健锐营翼领及凡诸臣之蒙赐者,皆得用之。

凡带,亲王以下、宗室以上,皆束金黄带。觉罗红带。其金黄带、红带,非上赐者,不得给予异性。

凡朝珠,王公以下,文职五品、武职四品以上及翰詹、科道、侍卫,公主、福晋以下,五品官命妇以上均得用。以杂宝及诸香为之。礼部主事,太常寺博士、典簿、读祝官、赞礼郎,鸿胪寺鸣赞,光禄寺署正、署丞、典簿,国子监监丞、博士、助教、学正、学录,除在坛庙执事及殿廷侍仪准用,其平时燕处及在公署,仍不得用。

凡孔雀翎,翎端三眼者,贝子戴之。二眼者,镇国公、辅国公、和硕额驸戴之。一眼者,内大臣,一、二、三、四等侍卫,前锋、护军各统领、参领、前锋侍卫,诸王府长史,散骑郎,二等护卫,均得戴之。翎根并缀蓝翎。贝勒府司仪长,亲王以下二、三等护卫及前锋、亲军、护军校,均戴染蓝翎。

凡坐褥,亲王冬用貂,夏用龙文赤缯。世子、郡王冬用猞猁狲、缘貂,夏蟒文青缯。贝勒冬用猞狲狲,夏青缯施采。贝子冬用白豹,夏彩缯缘青缯。均藉红白毡。镇国公冬用全赤豹皮,夏青花赤缯。辅国公冬用方赤豹皮,夏赤花皂缯。均藉红毡。镇国将军视一品,辅国将军视二品,奉国将军视三品,奉恩将军视四品。民公冬用全虎皮,夏皂缯。侯、伯冬均用方虎皮,夏侯用缘花皂缯。伯用青云缯。均藉红毡。子、男各从其品。固伦公主额驸视贝子。和硕公主额驸视镇国公。郡主额驸冬用貛,夏皂褐缘红褐。均藉红毡。郡君额驸视三品。县君额驸视四品。乡君额驸视五品。文、武官一品冬用狼,夏红褐。二品冬用貛,夏红褐缘皂褐。三品冬用貉,夏皂褐缘红褐。四品冬用青山羊,夏皂布。均藉红毡。五品冬用青羊,夏青布。六品冬用黑羊,夏棕色布。七品冬用鹿,夏灰色布。八品冬用狍,夏土布。九品冬用獭,夏与八品同。均藉白毡。

凡寒燠更用冠服,每岁春季用凉朝冠及夹朝衣,秋季用暖朝冠及缘皮朝衣,于三、九月内,或初五日,或十五日,或二十五日,酌拟一日。均前一月由礼部奏请,得旨,通行各衙门一体遵照。

凡文、武候补、候选官顶带均与现任同。崇德元年,定都统、尚书冠顶上衔红宝石。带用金圆版四片,嵌红宝石四。内大臣、大学士、副都统、护军统领、前锋统领、侍郎冠顶上衔蓝宝石。带用金圆版四片。一等侍卫护卫参领、学士、满启心郎、郎中冠顶上衔水晶。带用铵金铁版四片。二等、三等侍卫,护卫,佐领,汉启心郎,员外郎冠用金顶。带用铵金圆铁版四片。护军校、主事冠用金顶。带用铵金圆铁版二片。顺治二年,定一品官冠用起花金顶,上衔红宝石,中嵌东珠一。带用金镶方玉版四片,每片嵌红宝石一。二品官冠用起花金顶,上衔红宝石,中嵌小红宝石。带用起花金圆版四片,嵌红宝石一。三品官冠用起花金顶,上衔红宝石,中嵌小蓝宝石。带用起花金圆版四片。四品官冠用起花金顶,上衔蓝宝石,中嵌小蓝宝石。带用起花金圆版四片,银镶边。五品官冠用起花金顶,上衔水晶,中嵌小蓝宝石。带用素金圆版四片,银镶边。六品官冠用起花金顶,上衔水晶。带用玳瑁圆版四片,银镶边。七品官冠用起花金顶,中嵌小蓝宝石。带用素银圆版四片。八品官冠用起花金顶。带用明羊角圆版四片,银镶边。九品官冠用起花银顶。带用乌角圆版四片,银镶边。顺治九年,定武官补服一品、二品用狮,三品用虎,四品用豹。又雍正五年,定奉国将军及三品官冠用起花珊瑚顶。六品官冠用水晶石顶。

一品命妇朝冠,顶镂花金座,中饰东珠一,上衔红宝石。余皆如民公夫人。

二品命妇朝冠,顶镂花金座,中饰红宝石一,上衔镂花珊瑚。吉服冠顶亦用镂花珊瑚。余皆如一品命妇。

三品命妇朝冠,顶镂花金座,中饰红宝石一,上衔蓝宝石。吉服冠顶亦用蓝宝石。余皆如二品命妇。

四品命妇朝冠,顶镂花金座,中饰小蓝宝石一,上衔青金石。吉服冠顶亦用青金石。朝袍片金缘,绣文前后行蟒各二,中无襞积。后垂石青绦,杂饰惟宜。蟒袍通绣四爪八蟒。朝裙片金缘,上用绿缎,下石青行蟒妆缎,均正幅,有襞积。余皆如三品命妇。

五品命妇朝冠,顶镂花金座,中饰蓝宝石一,上衔水晶。吉服冠顶亦用水晶。余皆如四品命妇。

六品命妇朝冠，顶镂花金座，中饰小蓝宝石一，上衔砗磲。吉服冠顶亦用砗磲。余皆如五品命妇。

七品命妇朝冠，顶镂花金座，中饰小水晶一，上衔素金。吉服冠顶亦用素金。蟒袍通绣五蟒。余皆如六品命妇。崇德元年，定命妇冠服各视其夫官阶。皇后侍从妇妃冠用金顶，上衔红宝石。贵妃侍从妇女冠用金顶，上衔水晶石。亲、郡王妃侍从妇女与女侍从妇女同。贝勒夫人侍从妇女冠用金顶。贝子夫人侍从妇女冠不用顶。首饰嵌珍珠、宝石、绿松石。

会试中式贡士朝冠，顶镂花金座，上衔金三枝九叶。吉服冠顶用素金。状元金顶，上衔水晶。授职后，各视其品。举人公服冠，顶镂花银座，上衔金雀。公服袍，青绸蓝缘。披领如袍式。公服带，制如文八品朝带。吉服冠，顶银座，上衔素金。贡生吉服冠，镂花金顶。余同举人。监生吉服冠，素银顶。余同贡生。生员冠，顶镂花银座，上衔银雀。公服袍，蓝绸青缘。披领如袍式。公服带，制如文九品朝带。吉服冠，顶与监生同。外郎、耆老，冠顶以锡。从耕农官，袍以青绒为之。顶同八品。祭祀文舞生冬冠，骚鼠为之，顶镂花铜座，中饰方铜，镂葵花，上衔铜三角，如火珠形。袍以绸为之，其色南交用石青，北郊用黑，各坛庙俱用红，惟夕月坛用月白。前后方襕销金葵花。带用绿绸。武舞生冠顶上衔铜三棱，如古戟形。袍以绸为之，通销金葵花。余俱与文舞生同。乐部乐生，冠顶镂花铜座，上植明黄翎。乐部袍红缎为之，一，前后方襕绣黄鹂，中和韶乐部乐生执戏竹人服之；一，通织小团葵花，丹陛大乐诸部乐生服之。带均用绿云缎。卤簿舆士冬冠，以豹皮及黑毡为之，顶镂花铜座，上植明黄翎。袍如丹陛大乐诸部乐生。带如祭祀文舞生。卤簿护军袍石青缎为之，通织金寿字，片金缘。领、袖俱织金葵花。卤簿校尉冬冠，平檐，顶素铜，上植明黄翎。袍、带俱同卤簿舆士。顺治三年，定庶民不得用缎绣等服。满洲家下仆隶有用蟒缎、妆缎、锦绣服饰者，严禁之。九年，定凉帽、暖帽圆月，惟职官用红片金，庶人则用红缎。僧道服，袈裟、道服外，许用细绢纺丝素纱各色,布袍用土黑、缁黑二色。康熙元年,定军民人等有用蟒缎、妆缎、金花缎、片金倭缎、貂皮、狐皮、猞猁狲为服饰者,禁之。三十九年,定八旗举人、官生、贡生、生员、监生、护军、领催许服平常缎纱。天马、银鼠不得服用。汉举人、官生、贡生、监生、生员除狼皮外,例亦如之。军民胥吏不得用狼狐等皮。有以貂皮为帽者,并禁之。又兵民人等鞍辔不得用绣缎、倭缎、搭线、镶缘及镀金为饰。雍正元年,以职官不按定例,悬带数珠,马项下悬红缨,使人前马。又有越分者,坐褥至以绸为之。令八旗大臣、统领衙门及都察院严行稽察,如大臣等徇情疏忽,同罪。至诸王间赏所属人员数珠等物,并行文本旗记档,岁应汇奏。二年,又申明加级官员顶带、补服、坐褥越级僭用之禁。官员军民服色有用黑狐皮、秋香色、米色、香色及鞍辔用米色、秋香色者,于定例外,加罪议处。该管官员不行举发亦如之。

清史稿卷一〇四

志第七九

舆服三

皇帝御宝　　皇后金宝

太皇太后皇太后金宝玉宝附

皇贵妃以下宝印

皇子亲王以下宝印

文武官印信关防条记

　　清初设御宝于交泰殿,立尚宝司。其后以内监典守,当用则内阁请而用之。乾隆十一年,考定宝谱,藏之交泰殿者二十有五,藏之盛京者十。交泰殿所藏:曰"大清受命之宝",以章皇序。白玉,方四寸四分,厚一寸。盘龙纽,高二寸。曰"皇帝奉天之宝",以章奉若。碧玉,方四寸四分,厚一寸一分。盘龙纽,高三寸五分。曰"大清嗣天子宝",以章继绳。金,方二寸四分,厚八分。交龙纽,高一寸七分。曰"皇帝之宝",以布诏赦。青玉,方三寸九分,厚一寸。交龙纽,高二寸一分。曰"皇帝之宝",以肃法驾。栴檀香木,方四寸八分,厚一寸八分。盘龙纽,高三寸五分。曰"天子之宝",以祀百神。白玉,方二寸四分,厚八分。交龙纽,高一寸三分。曰"皇帝尊亲之宝",以荐徽号。白玉,方二寸一分,厚七分。交龙纽。高一寸三分,曰"皇帝亲亲之宝",以展宗盟。白玉,方二寸二分,厚一寸二分。交龙纽,高一寸二分。曰"皇帝行宝",以颁赐赉。碧玉,方四寸八分,厚一寸九分。蹲龙纽,高二寸五分。曰"皇帝信宝",以征戎伍。白玉,方三寸三分,厚六分。交龙纽,高一寸六分。曰"天子行宝",以册外蛮。碧玉,方四寸八分,厚一寸九分。蹲龙纽,高二寸三分。曰"天子信宝"以命殊方。青玉,方三寸八分,厚一寸三分。交龙纽,高一寸七分,曰"敬天勤民之宝",以饬觐吏。白玉,方三寸一分,厚一寸五分。交龙纽,高一寸七分,曰"制诰之宝",以谕臣僚。青玉,方四寸,厚二寸。交龙纽,高二寸七分。曰"敕命之宝",以钤诰敕。碧玉,方三寸五分,厚一寸三分。交龙纽,高一寸八分。曰"垂训之宝",以扬国宪。碧玉,方四寸,厚一寸五分。交龙纽,高二寸。曰"命德之宝",以奖忠良。青玉,方四寸,厚一寸四分。交龙纽,高二寸一分。曰"钦文之玺",以重文教。墨玉,方三寸六分,厚一寸五分。交龙纽,高一寸六分。曰"表章经史之宝",以崇古训。碧玉,方四寸七分,厚二寸一分。交龙纽,高二寸二分。曰"巡狩天下之宝",以从省方。青玉,方四寸七分,厚二寸。交龙纽,高二寸五分。曰"讨罪安民之宝",以张征伐。青玉,方四寸八分,厚二寸。交龙纽,高二寸五分。曰"制驭六师之宝",以整戎行。墨玉,方五寸三分,厚一寸四分。交龙纽,高二寸二分。曰"敕正万邦之宝",以诰外国。青玉,方三寸八分,厚一寸五分。盘龙纽,高二寸三分。曰"敕正万民之宝",以诰四方。青玉,方四寸一分,厚一寸五分。交龙纽,高二寸。曰"广运之宝",以谨封识。墨玉,方六寸,厚二寸一分。交龙纽,高二寸。

　　盛京所藏:曰"大清受命之宝",碧玉,方四寸八分,厚一寸九分。蹲龙纽,高二寸四分。曰"皇帝之宝",青玉,方四寸八分,厚一寸九分。交龙纽,高二寸七分。曰"皇帝之宝",碧玉,方五寸,厚一寸八分。盘龙纽,高三寸。曰"皇帝之宝",栴檀香木,方三寸八分,厚六分。素龙纽,高五分。曰"奉天之宝",金,方三寸七分,厚九分。交龙纽,高二寸。曰"天子之宝",金,方三寸七分,厚九分。交龙纽,高二寸。曰"奉天法祖亲贤爱民",碧玉,方四寸九分,厚一寸五分。交龙纽,高二寸。曰"丹符出验四方",青玉,方四寸七分,厚二寸。交龙纽，高二寸二分。曰"敕命之宝"，青玉，方三寸七分，厚一寸八分。交龙纽，高二寸五分。曰"广运之宝"，金，方二寸四分，厚八分。交龙纽，高一寸五分。

高宗御制《国朝传宝记》曰："国朝受天命，采古制为玺。掌以宫殿监正，袭以重韬，承以綦几，设交泰殿中，以次左右列，当用则内阁请而用之。其质有玉，有金、有枬檀木。玉之品有白、有青、有碧。纽有交龙、有盘龙、有蹲龙。其文自太宗文皇帝以前，专用国书，既乃兼用古篆。其大小自方六寸至二寸一分不一。尝考《大清会典》，载御宝二十有九，今交泰殿所贮三十有九。《会典》又云：'宫内收贮者六，内库收贮者二十有三。'今则皆贮交泰殿，数与地皆失实。至谓'皇帝奉天之宝'即传国玺，两郊大祀及圣节宫中告天青词用之。此语尤诞谬。大祀遵古礼，用祝版署名而不用宝。圣节宫中未尝有告天事，或道箓祝厘，时一行之。亦不过偶存其教耳，未尝命文人为青词，亦未尝用宝。且此玺孰非世之传守，而专以一宝为传国玺，亦不经。盖缘修《会典》诸臣无宿学卓识，复未尝请旨取裁，仅沿明时内监所书册档，承讹袭谬，遂至于此。甚矣纪载之难也。且《会典》所不载者，复有'受命于天既寿永昌'一玺，不知何时附藏殿内，反置之正中。按其词虽类古所传秦玺，而篆文拙俗，非李斯虫鸟之旧明甚。独玉质莹洁如截肪，方得黍尺四寸四分，厚得方之三。以为良玉不易得则信矣，若论宝，无论非秦玺，即真秦玺，亦何足贵！乾隆三年，高斌督河时奏进属员浚宝应河所得玉玺，古泽可爱，又与《辍耕录》载蔡仲平本颇合。朕谓此好事者仿刻所为，贮之别殿，视为玩好旧器而已。夫秦玺煨烬，古人论之详矣。即使尚存，政、斯之物，何得与本朝传宝同贮？于义未当。又雍正年故大学士高其位进未刻碧玉宝，一文未刻，未成为宝，而与诸宝同贮，亦未当。朕尝论之，君人者在德不在宝。宝虽重，一器耳。明等威、征信守，与车旗章服何异？德之不足，则山河之险，土宇之富，拱手而授之他人，未有徒恃此区区尺璧，足以自固者。诚能勤令德，系属人心，则言传号涣，万里奔走，珍非和璧，制不龙螭，篆不斯籀，孰敢不敬信承奉，尊为神明。故宝器非宝，宝于有德。古有得前代符宝，君臣动色矜耀，侈为瑞贶者。我太宗文皇帝时，获蒙古所传元帝国宝，容而纳之，初不藉以为受命之符。由今思之，文皇帝之臣服函夏，垂统万世，在德耶？在宝耶？不待智者而知之矣。善夫唐梁肃之言曰：‘鼎之轻重，玺之去来，视德之高下，位之安危。’然则人君承祖宗付畀，思以永膺斯宝，引而勿替，其非什袭固守之谓。谓夫日新厥德，居安虑危，凝受皇天大宝命，则德足重，而宝以愈重。玺玉自古无定数，今交泰殿所贮，纪载失真，且有重复者。爰加考正排次，定为二十有五，以符天数。并著成谱，而序其大旨如此。”又《盛京尊藏宝谱序》曰：“乾隆十一年春，阅交泰殿所贮诸宝，既详定位置，为文记之。其应别贮者，分别收贮。至其文或复见，及国初行用者，为数凡十。虽不同现用之宝，而未可与古玩并列。因念盛京为国家发祥地，祖宗神爽，实所式凭。朕既重缮列祖实录，尊藏凤凰楼上，觐扬光烈，传示无疆。想当开天之始，凝受帝命，宝符焕发，六服承式，璠玙孚尹，手泽存焉。记不云乎，‘陈其宗器’，弘璧琬琰，陈之西序，崇世守也。爰奉此十宝，赍送盛京，镵而藏之，而著其缘起如此。”

乾隆十三年九月，改镌御宝，始用清篆文，左为清篆，右为汉篆。高宗御题《交泰殿宝谱序后》曰：“《宝谱》成于乾隆十一年丙寅，越三年戊辰，始指授儒臣为清文各篆体书。因思向之国宝，官印，汉文用篆书，而清文则用本字者，以国书篆体未备也。今既定为篆法，当施之宝印，以昭画一。按谱内青玉‘皇帝之宝’，本清字篆文，传自太宗文皇帝时，自是而上四宝，均先代相承，传为世守者，不敢轻易。其檀香‘皇帝之宝’以下二十有一，则朝仪纶綍所常用，宜从新制。因敕所司一律改镌，与汉篆文相配，并记之《宝谱序》后云。”乾隆四十五年八月，高宗七旬圣寿，用杜甫句刻“古稀天子之宝”，并御制《古稀说》，兼系以诗。四十六年正月，用乾清四暖阁贮“敬天勤民宝”之例，贮“古稀天子之宝”于东暖阁。

皇后金宝，清、汉文玉箸篆，交龙纽，平台，方四寸四分，厚一寸二分。康熙四年,制太皇太后金宝、玉宝,盘龙纽。余皆与皇后宝同。玉宝台高一寸八分,余同金宝。

皇太后金宝、玉宝,俱盘龙纽。余与皇后宝同。

皇贵妃金宝,清、汉文玉箸篆,蹲龙纽,平台,方四寸,厚一寸二分。

贵妃金宝,与皇贵妃同。

妃金印,清、汉文玉箸篆,龟纽,平台,方三寸六分,厚一寸。

康熙十五年,定皇太子金宝,玉箸篆,蹲龙纽,平台,方四寸厚一寸二分。

和硕亲王金宝,龟纽,平台,方三寸六分,厚一寸。亲王世子金宝,龟纽,平台,方三寸五分,厚一寸。多罗郡王镀金银印,麒麟纽,平台,方三寸四,厚一寸。俱清、汉文芝英篆。

外国王镀金银印,清、汉文尚方大篆,驼纽,平台,方三寸五分,厚一寸。顺治十年,以朝鲜国王原领印文有清字无汉字,命礼部改铸清、汉文金印,颁给该王,仍将旧印缴进。

宗人府、衍圣公银印,直纽,三台,方三寸三分,厚一寸。俱清、汉文尚方大篆。公、侯、伯银印,虎纽,方三寸三分,厚九分。公三台,侯、伯二台。

经略大臣、大将军、将军、领侍卫内大臣银印,虎纽,二台,方三寸三分,厚九分。俱清、汉文柳叶篆。

军机事务处银印,直纽,二台,方三寸二分,厚八分。宣统三年四月,改军机处为内阁,旧内阁遂裁。

各部、都察院银印,直纽,三台,方三寸三分,厚九分。俱清、汉文尚方大篆。

理藩院银印,直纽,三台,方三寸三分,厚九分。兼清、汉、蒙古三体字,清、汉文尚方大篆,蒙古字不用篆。理藩院后改理藩部。

盛京五部银印,直纽,二台,方三寸二分,厚八分。盛京五部后裁。

户部总理三库事务银印，直纽，二台，方三寸二分，厚八分。户部后改名度支部。

翰林院银印，二台，方三寸二分，厚八分。

内务府银印，二台，方三寸二分，厚八分。

景陵、泰陵内务府总管，东陵、泰陵承办事务铜关防，凡关防皆直纽。长三寸，阔一寸九分。

銮仪卫银印，直纽，二台，方三寸二分，厚八分。宣统朝因避写故名銮舆卫。俱清、汉文尚方大篆。

通政使司、大理寺、太常寺、顺天府、奉天府银印，直纽，方二寸九分，厚六分五厘。通政司后裁，大理寺后改大理院，太常寺后归并礼部。俱清、汉文尚方小篆。

詹事府铜印，直纽，方二寸七分，厚九分。

光禄寺、太仆寺、武备院、上驷院、奉宸院铜印、直纽，方二寸六分，厚六分五厘。詹事府后裁，光禄寺后归并礼部，太仆寺后归并陆军部。

内缮书房铜关防，长三寸，阔一寸九分，俱清、汉文尚方小篆。

国子监铜印，直纽，方二寸五分，厚六分。

太医院铜印，直纽，方二寸四分，厚五分。

各道监察御史、稽察内务府御史、稽察宗人府御史、巡盐御史铜印，直纽，有孔，方一寸五分，厚三分。

宗人府左、右司，太仆寺左、右司，銮仪卫左、右司，各部、理藩院各司，铜印，直纽，方二寸四分，厚五分。

内务府各司铜印，直纽，方二寸二分，厚四分五厘。

崇文门税务管理，坐粮厅户部分司，工部木柴监督，工部木厂监督，工部管理街道各仓监督。工部后改并为农工商部。左、右翼管税，户部银库、缎匹库，户部办理八旗俸饷，户部办理八旗现审，顺天、奉天府丞，各关税监督铜关防，长三寸，阔一寸九分。

巡视五城御史，管理古北口驿务，管理独石口驿务铜关防，长二寸八分，阔一寸九分。

钦天监时宪书铜印，直纽，方二寸一分，厚四分四厘。

畅春园、圆明园、清漪园官房税库铜条记，凡条记皆直纽。长二寸六分，阔一寸九分。俱清、汉文钟鼎篆。

大理寺左右司，光禄寺四署，五城兵马司铜印，直纽，方二寸二分，厚四分五厘。

中书科铜印，直纽，方二寸一分，厚四分五厘。

内阁典籍厅铜关防，长三寸，一寸九分。

翰林院典簿，礼部铸印局，宣统三年印铸局改属新内阁，礼部亦改典礼院。理藩院银库，工部制造库，工部料估所，各部、院督催所铜关防，长三寸，阔一寸九分。

顺天府府治中、稽察盛京五部将军衙门、稽察黑龙江等处、稽察宁古塔等处铜关防，长二寸九分，阔一寸九分。

兵马司副指挥铜关防，长二寸六分，阔一寸六分。

宗人府经历司铜印，直纽，方二寸四分，厚五分。

都察院经历司铜印，直纽，方二寸二分，厚四分五厘。

銮仪卫经历司，各部、院、寺司务厅铜印，直纽，方二寸一分，厚四分四厘。

各坛、庙、祠祭署铜印，直纽，方二寸，厚四分二厘。

太医院药库铜印，直纽，方一寸九分，厚四分二厘。

国子监典籍厅铜印，直纽，方一寸九分，厚四分二厘。

礼部铸印局大使铜条记，长二寸六分，阔一寸九分。

兵马司吏目铜条记，长二寸四分，阔一寸四分。俱清、汉文垂露篆。

护军统领、前锋统领、火器营统领银印，虎纽，方三寸三分，厚九分。

提督九门步军统领，圆明园总管八旗、内府三旗官兵银印，虎纽，二台，方三寸三分，厚九分。

总管云梯健锐营八旗传事银关防，直纽，长三寸二分，阔二寸。俱清、汉文柳叶篆。

护军统领、参领、协领、云梯健锐营翼长、各处总管铜关防,长三寸,阔一寸九分。俱清、汉文�篆。

八旗佐领,宗室、觉罗族长铜图记。凡图记皆直纽。方一寸七分,厚四分五厘。俱清文悬针篆。

咸安宫官学、景山官学、养心殿造办处铜图记,方一寸七分,厚四分。

看守通州三仓首领铜关防,长三寸,阔一寸九分。俱清、汉文悬针篆。

镇守将军银印,虎纽,二台,方三寸三分,厚九分。

副都统银印,虎纽,二台,方三寸二分,厚八分。俱清、汉文柳叶篆。

察哈尔都统银印,虎纽,二台,方三寸三分,厚九分。用满洲、蒙古二种字,满文柳叶篆。

总统伊犁等处将军银印,虎纽,二台,方三寸三分,厚九分。兼满、汉、托忒、回子四种字,满、汉文俱柳叶篆,托忒、回子字不篆。

办理伊犁、乌鲁木齐等处事务大臣银印,虎纽,二台,方三寸三分,厚九分。兼满、汉、托忒三种字满汉文俱柳叶篆。

伊犁分驻雅尔城总理参赞大臣银印,虎纽,二台,方三寸三分,厚九分。兼满洲、托忒、回子中种字,满文柳叶篆。

办理叶尔羌、喀什噶尔、阿克苏诸处事务大臣银印,虎纽,方三寸三分,厚九分。兼满、汉、回子三种字,满、汉文俱柳叶篆。

管理巴里坤等处事务大臣银印,虎纽,二台,方三寸三分厚九分。

办理哈密粮饷事务大臣银印,虎纽,二台,方三寸三分,厚九分。俱柳叶篆。

八旗游牧总管,察哈尔总管、城守尉铜印,方二寸六分,厚六分五厘。俱篆。

兴京等城守尉铜关防,长三寸,阔一寸九分。

锦州等城守尉铜关防,长二寸九分,阔一寸九分。

驻防左、右翼长,协领、参领铜条记,长二寸六分,阔一寸六分五厘。俱殳篆。

防守慰铜关防,长二寸八分,阔一寸九分。

驻防佐领铜条记,长二寸六分,阔一寸六分五厘。俱清、汉文悬针篆。

直省总督、巡抚银关防,直隶总督、陕甘总督、四川总督,镌兼巡抚字样。江西巡抚、河南巡抚,镌兼提督字样。山西巡抚,镌兼提督盐政字样。长三寸二分,阔二寸,俱清、汉文尚方大篆。

钦差大臣铜关防,如督、抚式。三品以上用之。

各省承宣布政使司银印,直纽,二台,方三寸一分。厚八分。

各省提刑按察使司,后改提法使。铜印,直纽,方二寸七分,厚九分。

各省盐运使司,铜印,直纽,方二寸六分,厚六分五厘。

各省提督学政后改提学使,并改关防为印信。铜关防,长二寸九分,阔一寸九分。俱清、汉文尚方小篆。

各处管理织造铜关防,长二寸九分,阔一寸九分。

各省守、巡道后于省会地方增设巡警道、劝业道。铜关防,长三寸,阔一寸九分,俱清、汉文钟鼎篆。

钦差官员铜关防、如道员式。四品以下用之。

各府铜印,直纽,方二寸五分,厚六分。

各府同知、通判铜关防,长二寸八分,阔一寸九分。

各州铜印,直纽,方二寸三分,厚五分。

京县铜印,直纽,方二寸二分,厚四分五厘。

各县铜印,直纽,方二寸一分,厚四分四厘。

盐课提举司铜印,方二寸四分,厚五分。

淮南仪所监制官铜关防,长二寸八分,阔一寸九分。

布政使司经历司、理问所铜印,方二寸二分,厚四分五厘。

盐运使司经历司铜印,方二寸一分,厚四分四厘。

布政使司照磨所、京府儒学、各府经历司铜印，方二寸，厚四分二厘。

京府照磨所，司狱司、各府照磨所、司狱司、各府儒学、卫儒学、布政司库大使、府库大使、巡检司、税课司、茶马司铜印，方一寸九分，厚四分。

各州、县儒学铜条记，长二寸六分，阔一寸六分五厘。

县丞、主簿、吏目、盐课所、批验所、各驿丞、递运所、各局、各仓、各闸铜条记，长二寸四分，阔一寸三分。俱垂露篆。

提督、总兵官银印，虎纽，三台，方三寸三分，厚九分。

镇守挂印总兵官银印，虎纽，二台，方三寸三分，厚九分。

镇守总兵官铜关防，长三寸二分，阔二寸。俱清、汉文柳叶篆。

副将、参将、游击铜关防，长三寸，阔一寸九分。

宣慰司铜印，方二寸七分，厚九分，俱清、汉文殳篆。

都司金书铜关防，长三寸，阔一寸九分。营都司，卫、所千总铜关防，长二寸八分，阔一寸九分。

守备铜条记，长二寸六分，阔一寸六分。

卫守备铜印，方二寸六分，厚六分五厘。

宣抚司铜印，方二寸五分，厚六分。

宣抚司副使、安抚司领运千总铜印，方二寸四分，厚五分五厘。

长官司指挥、金事铜印，方二寸二分，厚四分五厘。俱清、汉文悬针篆。

卫经历、宣慰司经历铜印，方二寸一分，厚四分四厘，垂露篆。

土千户铜印，方二寸三分，厚四分五厘。

土百户铜印，方二寸，厚四分二厘。俱清汉文悬针篆。

管理京城喇嘛班第、管理盛京喇嘛班第铜印，方二寸二分，厚四分五厘。俱清汉文转宿篆。

正乙真人铜印，方二寸四分，厚五分。清、汉文垂露篆。

乾隆十四年，礼部奉谕："理藩院印文之蒙古字，不必篆书。外藩扎萨克盟长、喇嘛、并蒙古、西藏，一应满洲、蒙古、唐特文，均亦不必篆书。其在京扎萨克、大喇嘛印，满文俱篆书，蒙古文不必篆书。”又谕：“近因新定清文篆书，铸造各卫门印信，所司检阅库中所藏经略大将军、将军诸印，几百余颗。皆前此因事颁给，经用缴还，未经销毁者。《会典》复有‘命将出师，请旨将库中印信颁给’之文，遂至滥觞。朕思虎符鹊纽，用之军旅，所以昭信，无取繁多。库中所藏，其中振扬威武，建立肤功者，具载历朝实录，班班可考。今择其克捷奏凯，底定迅速者，经略印一，大将军、将军印各七，分匣收贮。稽其事迹始末，刻诸文笥，足以传示奕禩。即仍其清、汉旧文，而配以今制清文篆书，如数重造。遇有应用，具奏请旨颁给。一并藏之皇史宬。其余悉交该部销毁。此后若遇请自皇史宬而用者，蒇事仍归之皇史宬。若因遇事特行颁给印信者，事完交部销毁。将此载入会典。”

高宗御定《印谱》，钦命总理一切军务储糈经略大臣关防一，奉命、抚远、宁远、安东、征南、平西、平北大将军印各一，镇海、扬威、靖逆、靖东、征南、定西、定北将军印各一。并御制《印谱序》曰：“国家膺图御宇，神圣代兴，赫濯挞伐，光启鸿业。时则有推毂命将之典。及功成奏凯，还上元戎佩印。载在册府，藏之史宬。盖法物留诒，不啻如曩籍所称玉节牙璋，尚方齐斧者比。乾隆十七年，厘考国书篆字，成因详加酌定。交泰殿所遵奉世传御宝，仍依本文，不敢更易。其常行诰敕所钤用，以及部院司寺以下，外而督、抚、提、镇以下，咸改铸篆文，以崇典章、昭法守。而大将军、经略及诸将军之印，或存旧，或兼篆，一依交泰殿诸宝之例，各以时代为次。兹西陲武功将竣，爰谱图系说如左。《书》曰：‘其克诘尔戎兵，以陟禹之迹，方行天下，至于海表，罔有不服。’信大兵可百年不用，不可一日不备。披斯谱也，必将曰：是印也，是我朝某年殄某寇、定某地所用也。又将曰：是印也，铸自某年，某官既奉以集事，传至某年，某官复奉以策勋者也。想见一时受成庙算，元老壮猷。丰纽重台，焜耀耳目。继自今觐扬光烈，思所以宏此远谟。弼我亿万世不丕基，将于是乎在。以视铭绩鼎钟，图形台阁者，不尤深切著明也欤？然则观于《宝谱》，而一人守器之重可知；观于《印谱》，而群才翊运之殷又可知。诗曰：
'王之荩臣，无念尔祖'记曰：'君子听鼓鼙，则思将帅之臣。'一再披
阅，其何能置大风猛士之怀哉！装潢葳事，并令守者什袭尊藏。为
部凡四：一皇史宬，一大内，一内阁，一盛京也"。